세계는 평평하다
The World Is Flat

THE WORLD IS FLAT

세계는 평평하다

토머스 프리드먼 지음 | 이건식 옮김

21세기북스

2차 개정 증보판을 내며

2005년에 『세계는 평평하다The World Is Flat』를 출간한 지 겨우 2년, 그리고 2006년에 1차 개정 증보판을 내고 고작 1년 만에 굳이 힘들여 2차 개정 증보판을 쓰기로 한 이유가 뭘까? 그 이유에 대해선 아주 간단히 대답할 수 있다. 내가 반드시 해야 할 일이며 그렇게 할 수 있기 때문이다. 정확히 말해 이 책에서 자세히 설명한 강력한 정보기술력 덕분에 출판산업의 출판 속도가 훨씬 빨라졌으며, 이제는 책 한 권을 수정하는 일이 상대적으로 훨씬 수월해졌기 때문이다. 바로 이것이 내가 짧은 시간 안에 두 차례 개정 증보판을 내는 것이 가능하다고 한 진정한 속뜻이다.

내가 2차 개정 증보판을 집필해야만 했던 이유는 네 가지다. 첫째, 2005년 4월 이 책이 출판되었을 때에도 세계를 평평하게 하는 동력은 여전히 활동이 왕성했고, 나는 그 힘의 실체를 꾸준히 추적하여 나의 종합적인 이론체계에 접목시키고 싶었다. 둘째, 내가 이 책의 내용을 주제로 전국적인 강연에 나섰을 때 부모들로부터 가장 많이 받았던 질문 가운데 하나에 답하고 싶었다. 많은 부모가 이렇게 물었다.

"알겠어요, 프리드먼 씨. 세계가 평평하다는 것을 알려줘서 고마워요. 그럼 이제 우리 아이들에게는 제가 뭐라고 말해줘야 합니까?"

나는 1차 개정 증보판에서 새로운 중산층 직업을 갖는 데 필요한 올바른 교육은 무엇인지 많은 정보를 추가했으며, 이번 2차 개정 증보판에서는 훨씬 많은 내용을 더했다. 셋째, 독자들과 여러 서평자들이 전해준 많은 의견이 사려 깊고 유용한 내용이었기에 그중 몇 가지를 이번 증보판에 반영하고 싶었다. 끝으로 이전에는 내게 분명하게 와 닿지 않았지만, 이제는 매우 중요해 보이는 평평한 세상과 연관된 주제를 다루기 위해 새롭게 두 개의 장을 추가했다. 한 장에서 어떻게 정치적인 활동가와 사회기업가가 될 것인지를 다뤘다. 다른 장에서는 우리가 모두 발행인이 됨으로써 모두가 공인이 되어가는 이 세상에서 자신의 평판을 관리하는 방법 같은 훨씬 더 골치 아픈 현상을 다뤘다.

나의 졸저 『세계는 평평하다』는 『세계는 평평하지 않다The World Is Not Flat』처럼 제목을 변형한 조악한 글의 양산을 촉발했다. 나는 이런 현상에 두 가지 반응을 보였다. "어떻게 그럴 수 있지?" 하는 반응이 그 하나이다. 또 하나는 "세계는 평평하다" 같은 큰 은유화법을 쓰려면 상당한 수준의 학문적인 정확성을 갖추어야 훨씬 큰 설득력이 있다는 것이다. 당연히 세상은 평평하지 않다. 그러나 세상은 더 이상 둥글지도 않다. 요즘 세상은 과거 그 어느 때보다 더 많은 사람이 보다 동등해진 능력을 발휘한다. 평평함이란 단순한 개념은 이렇게 동등해진 능력을 이용해 어떻게 부족함을 충당하고 업무를 처리하고 경쟁하고 서로 연락하고 협력하는지를 묘사하는 데 좋다.

나는 오늘날 함께 몰려온 모든 기술적인 변화의 근본적인 영향을 이해하고자 하는 사람들에게 이 개념은 정말로 도움이 됨을 알게 되었다. 나는 이렇게 단순한 개념을 쓴 데 대해 미안하게 생각하지 않으며, 오히려 해가 거듭될수록 이 개념은 현재 일어나고 있는 현상을 설명하기에 더욱 유용하고 진실에 더 가까운 개념이라고 생각한다. 내가 쓴 '평평함flat'이란 말은 '동등한 수입'이라는 말과 같은 동등함을 뜻하는 게 아니며, 결코 그랬던 적도 없었다. 평평함이란 균등하게 해준다는 뜻이다. 평평화 동력은 오늘날 점점 더 많은 개인이 과거 어느 때보다 더 멀리, 더 빨리, 더 깊이, 더 값싸게 도달하는 힘을 갖게 하기 때문이다. 그러한 힘의 균등화 혹은 기회의 균등화는 평평화가 더 많은 사람과 서로 이어주고 경쟁하며 협력하는 능력과 도구를 제공함으로써 가능하다.

나는 이 경기장의 평평화가 오늘날 세상에서 일어나고 있는 가장 중요한 일이라고 본다. 세계화를 개인의 역량에서부터 문화와 수직적인 조직 운영방법에 이르기까지 모든 것에 영향을 미친다고 보는 대신에, 단지 무역 통계수치로 재단하거나 경제현상으로만 평가하는 데 사로잡힌 사람들은 이 변화의 영향을 놓치고 있다.

어느 시점이 되면 나는 이 책의 내용을 손보는 일을 멈출 것이다. 그러나 지금은 내가 배우고 있는 것을 여러 독자와 공유할 이 기회를 즐기고 있다. 세계의 평평화 덕분에 그 어느 때보다 쉽게 지식을 나눠 가질 수 있게 되었음에 감사한다.

토머스 L. 프리드먼
2007년 4월, 워싱턴 D.C에서

CONTENTS

제1부
세계는 언제, 어떻게 평평해졌는가?

THE
WORLD
IS
FLAT

1장

우리가 잠자는 동안에도 세상은 변한다

⋮

가톨릭 신자로서 거룩한 기독교 신앙을 사랑하고 전파하시며 이슬람과 모든 우상숭배와 이단에 대항하시는 두 분 폐하께서는 저 크리스토퍼 콜럼버스를 이단의 나라 인도로 보내시어 그곳의 왕들과 백성을 만나, 그들을 우리의 거룩한 신앙으로 개종시킬 올바른 방법을 찾으라 하셨습니다. 그뿐만 아니라 동쪽으로 가는 육로가 아닌, 지금까지 아무도 가본 적이 없는 서쪽 항로로 개척해나가라고 명하셨습니다.

— 크리스토퍼 콜럼버스의 1492년 탐험 항해일지 기록 중에서

"마이크로소프트Microsoft나 IBM 건물을 겨냥하십시오." 지금까지 골프장에서 이런 식으로 목표 방향을 제시한 사람은 아무도 없었다. 내가 남인도 벵갈루루Bengaluru 시내 한복판에 있는 KGA 골프 클럽에서 첫 번째 스윙을 준비하고 있을 때다. 내 파트너가 첫 번째 그린 뒤에 멀리 떨어진 유리 외벽으로 번쩍이는 두 빌딩을 가리켰다. 골드만삭스Goldman Sachs가 들어갈 빌딩은 아직 완공되지 않았는데 완공되었더라면 그는 골드만삭스 빌딩까지 포함해서 세 빌딩을 겨냥하라고 일러줬을 것이다. HPHewlett Packard와 텍사스인스트루먼츠Texas Instruments가 입주한 빌딩은 아홉 번째 홀과 열 번째 홀에 나란히 서 있었다. 그뿐만이 아니라 공의 위치를 표시할 때 쓰는 마커는 복사기 제조회사인 엡손Epson 제품이었다. 우리 캐디 중 한 명은 3M 제품의 모자를 쓰고 있었다. 골프장 밖 교통 신호등에는 텍사스인스트루먼츠의 광고가 부착되어 있었고, 피자

헛Pizza Hut 옥외광고판에는 "기가바이트의 맛"이라는 광고문구 밑에 김이 올라오는 뜨끈뜨끈한 피자가 그려져 있었다.

여기는 분명 피자헛이 처음 문을 연 미국의 캔자스가 아니다. 그렇다고 인도같지도 않다. 이곳은 과연 '신세계'인가, '구세계'인가, 아니면 '다음 세계'인가?

나는 콜럼버스가 그랬듯 나만의 탐험 여행을 떠나 인도의 실리콘밸리라 불리는 벵갈루루에 왔다. 콜럼버스는 세 척의 선박 산타마리아Santa Maria, 니냐Niña, 핀타Pinta의 돛을 올리고, 동인도로 가는 최단거리 항로를 개척하기 위해 대서양을 건너 서쪽으로 항해에 나섰다. 포르투갈 탐험대가 시도했듯이 그 시대에는 남쪽으로 내려가서 아프리카 대륙을 돌아 동쪽으로 가는 대신 서쪽의 열린 바닷길로 가면 인도로 더 빨리 갈 수 있을 거라고 예상했다. 인도와 향료가 나는 마법 같은 동양의 섬들은 당시에는 황금과 진주, 보석, 비단 같은 부의 원천이 가득한 곳으로 유명했다. 그때는 이슬람 국가들이 유럽에서 인도로 가는 육로를 차단하던 시절이었으므로, 빠른 해상로를 개척한다면 이는 스페인 왕실은 물론이고 콜럼버스도 부강해지는 길이었다.

분명 콜럼버스는 항해를 나섰을 때 지구는 둥글다고 생각했던 듯하다. 그는 서쪽으로 항해하면 인도에 도달할 수 있다고 확신했지만, 거리 계산을 잘못하여 지구가 실제보다 훨씬 더 작은 줄 알았던 것이다. 게다가 동인도에 도착하기 전에 또 다른 대륙을 만나리라고는 꿈에도 생각하지 못했다. 어쨌든 그는 신대륙에서 마주친 원주민을 '인디언'이라 불렀다. 귀환 후에 콜럼버스는 후원자인 페르디난드Ferdinand 왕과 이사벨라Isabella 여왕에게 인도를 발견하지는 못했지만 지구가 둥글다는 것을 확인했다고 보고할 수 있었다.

나는 인도로 가기 위해 루프트한자Lufthansa 항공사의 비즈니스클래스석에 앉아 독일의 프랑크푸르트를 경유하여 정동 방향으로 날아갔다. 항공기 좌석 팔걸이에서 꺼내 세운 스크린에 GPS 지도가 떴고 그 덕분에 나는 날아가는 방향을 정확하게 알고 있었다. 나는 안전하게 제시간에 도착했다. 나 역시 인도인을 만났고 인도의 부富를 찾아 나섰다. 콜럼버스는 그 당시 부의 원천인 귀금속, 비단, 향료와 같은 하드웨어를 찾아 헤맸다. 반면에 나는 오늘날 부의 원천인 소프트웨어, 고급 두뇌 집단, 복잡한 알고리듬, 지식노동자, 콜센터, 통신 프로토콜protocols, 혁신적 광학 기술 등을 찾아 나섰다.

콜럼버스는 자신이 만난 인디언들을 노예로 삼아 공짜로 노동력을 얻었으니 얼마나 기뻤겠는가! 하지만 나는 인도인이 미국인의 일자리를 차지하게 된 이유를 알고 싶어서 인도에 왔다. 또한 그들이 미국과 여러 선진 공업국가들에 IT 산업의 아웃소싱outsourcing 서비스를 제공하는 중요한 인력공급원이 된 이유를 이해하고 싶었다.

콜럼버스는 세 척의 선박에 100명이 넘는 선원들을 태우고 항해했다. 반면에 나는 맨발의 인도인 운전기사가 모는 낡아빠진 밴 두 대에 디스커버리 채널의 다큐멘터리 제작팀 몇 명을 태우고 함께 여행했다. 이 여행을 시작했을 때 나 역시 지구는 둥글다고 믿었다. 그러나 인도에서 겪었던 경험은 나의 이런 믿음을 흔들었다. 콜럼버스는 우연히 아메리카 대륙을 발견했지만 끝내 그곳이 인도의 일부분이라고 믿었다. 나는 진짜 인도를 발견했지만 여기서 만난 사람 중 다수가 미국인이라는 생각이 들었다. 어떤 사람들은 아예 미국식 이름을 쓰고 있었다. 콜센터 직원들은 미국식 영어 악센트를 거의 똑같이 구사했고 소프트웨어 개발 연구소에서는 미국식 경영기법이 쓰이고 있었다.

콜럼버스는 귀국 후 페르디난드 왕과 이사벨라 여왕에게 지구는 둥글다고 보고했다. 그리고 역사는 지구가 둥글다는 사실을 확인한 첫 번째 인물로 그를 기록하고 있다. 나는 여행을 끝낸 후 집으로 돌아와 내가 발견한 것을 아내에게만 알려줬다. 그리고 아내에게 이렇게 속삭였다.

"여보, 내 생각에는 말이야, 세계는 평평해."

내가 어떻게 해서 이런 결론에 이르게 되었을까? 그것은 인포시스테크놀로지Infosys Technologies라는 회사의 CEO 난단 닐레카니Nandan Nilekani의 회의실에서 시작되었다. 인포시스는 인도 IT 업계에서도 가장 주목받는 회사로, 닐레카니는 인도 산업계에서 매우 사려 깊고 존경받는 사업가이다. 나는 벵갈루루 시내 중심가에서 40분 거리에 있는 인포시스 시설을 둘러본 다음 닐레카니 회장을 인터뷰하기 위해 디스커버리 채널 팀과 함께 차를 타고 인포시스 '캠퍼스'로 갔다. 인포시스로 가는 길은 군데군데 도로가 파여 있었고 소 떼와 말이 끄는 수레, 모터를 단 인력거들로 붐볐다. 그러나 인포시스 안으로 들어가자 아주 다른 세상이 펼쳐졌다. 조경용 바위들이 널린 잘 정돈된 잔디밭 한가운데에는 휴양지에나 있을 법한 수영장이 있고 그 옆에는 퍼팅 그린이 있었다. 식당도 여러 개였고, 멋진 헬스클럽도 마련돼 있었다. 유리 외관의 현대식 건물이 잡초처럼 쉴 새 없이 들어서는 듯했다. 인포시스 직원들이 한 건물에서는 미국이나 유럽의 기업들이 주문한 소프트웨어 프로그램을 짜고 있었고, 또 다른 건물에서는 특정 연구 프로젝트의 컴퓨터 유지보수에서부터 전 세계에서 걸려오는 고객전화 응대에 이르기까지 미국계나 유럽계 다국적기업들을 위한 업무지원실을 운영하고 있었다.

보안도 철저해서 무인 카메라가 각 사무실의 출입구를 모니터한다. 만약 내가 아메리칸익스프레스American Express 직원이라면 제너럴일렉트릭GE의 업무를 처리하는 건물 안으로는 들어갈 수 없다. 젊은 인도 기술자들이 ID 카드를 달고 분주히 오간다. 어떤 직원은 내 세금정산을, 어떤 여직원은 내 컴퓨터를 분해할 수 있을 것 같다. 그리고 또 다른 직원은 아예 내 컴퓨터를 디자인할 수도 있을 것 같다!

인터뷰를 마치고 닐레카니는 우리 텔레비전 촬영팀에게 인포시스의 국제회의실을 두루 보여주었는데 이 회의실이야말로 인도 아웃소싱 산업의 핵심을 보여주는 곳이었다. 그곳은 어느 아이비리그 법대의 계단식 강의실 같은 분위기가 나는 거대한 회의실이었다. 한 벽면에는 전체를 덮는 거대한 스크린이 설치돼 있었고, 머리 위 천장에는 화상회의용 카메라가 설치돼 있었다.

"이곳이 바로 우리 회의실입니다. 이 스크린은 아마 아시아에서 가장 클 겁니다. 마흔 개의 화면을 붙여놓은 거니까요." 닐레카니는 내가 지금까지 본 것 중에서 가장 큰 평면 텔레비전 화면을 가리키며 자랑스럽게 말했다. 인포시스는 이 화상회의 시스템을 통해서 언제라도, 어떤 문제에 대해서건, 전 세계 주요 관계자들과 회의를 할 수 있다고 설명했다. 미국인 디자이너, 인도의 소프트웨어 제작자 및 아시아의 제조업자가 모두 이 화면을 통해서 동시에 서로 토론할 수 있다는 말이다. "우리는 여기 앉고 뉴욕이나 런던, 보스턴, 샌프란시스코에서도 누군가가 참여하죠. 실제 작업을 싱가포르에서 해야 할 때는 그쪽 담당자도 회의에 참여할 수 있습니다. 생방송처럼 말입니다. 그야말로 세계화지요." 스크린 위쪽에는 인포시스의 업무시간이자 하루 24시간·일주일·365일(24/7/365)을 나타내는 여덟 개의 시계가 있었다. 시계 밑에는 미국 서부와 동부, 런던 표준시, 인도, 싱가포르, 홍콩, 일본, 호주 여덟 개 지역 이름이 붙어 있었다.

"아웃소싱이란 오늘날 세계에서 일어나는 보다 근본적인 변화의 한 단면일 뿐입니다. 지난 몇 년 동안, 특히 거품 경제기에 기술 분야에 대규모 투자가 이뤄졌습니다. 전 세계에서 이 시기에 광대역 접속망 구축이나 해저 케이블 같은 데 수억 달러씩 투자되었습니다." 닐레카니는 이렇게 설명한 뒤, 같은 시기에 컴퓨터는 더 저렴해지고 전 세계로 널리 퍼졌으며 이메일이나 구글 같은 검색엔진 소프트웨어는 폭발적으로 성장했다고 덧붙였다. 그리고 어떤 업무든지 여러 조각으로 나눠서 일부는 보스턴에, 일부는 인도의 벵갈루루에 그리고 다른 일부는 베이징으로 보내 누구나 손쉽게 원격지 개발을 가능하게 하는 자체개발 소프트웨어가 많아졌다.

닐레카니는 2000년을 전후한 시기에 이런 일들이 갑자기 함께 일어났다고 말했다. "이 때문에 지식산업의 노동과 자본이 어디서든 제공될 수 있는 기반이 만들어졌습니다. 지식노동과 자본이 분리되어 배분되고 생산된 다음 다시 합쳐지게 되었고, 이는 일하는 방식에 아주 새로운 차원의 자유를 가져왔습니다. 특히 지식산업은 말입니다. 우리가 오늘날 벵갈루루에서 목격하고 있는 모든 것들이 바로 그 변화를 가장 잘 보여주는 것입니다."

촬영기사가 촬영 준비를 하는 동안 우리는 닐레카니의 사무실 밖에 있는 소파에 앉아 있었다. 그때 닐레카니가 갑자기 내 머리를 때리는 한마디를 건넸는데, 이 모든 현상에 담긴 의미를 한마디로 정리하는 말이었다. "톰, 지금 우리가 게임을 하고 있는 경기장은 평평해졌습니다."

그의 말뜻은 인도 같은 나라들도 이제 예전과는 달리 세계 지식산업 분야에서 경쟁할 수 있게 되었고, 미국도 그에 대응할 준비를 해야 한다는 것이었다. 미국은 도전받을 테지만 언제나 도전받을 때 최선을 다해 응한다면 미국에도 좋은 일이 될 것이라는 얘기였다.

그날 저녁 나는 인포시스 캠퍼스를 떠나 덜컹거리는 길을 따라 벵갈루루로 돌아왔다. 돌아오는 내내 닐레카니가 말한 "지금 우리가 게임을 하는 경기장이 평평해졌다"는 말을 되새겨보았다. 내 생각에 닐레카니가 말한 것은 지금 우리가 게임을 하는 무대가 평평해졌다는 것인데. 그게 무슨 뜻일까? 나는 잠시 '평평해졌다'는 말을 속으로 되뇌어보았다. 순간 나도 모르게 움찔하며 다음 같은 말이 입 밖으로 튀어나왔다. 하느님 맙소사! 그는 내게 세계가 평평하다고 말한 것이다.

지금 나는 벵갈루루에 있다. 콜럼버스가 그 당시 초보적인 항해술로 수평선 너머를 항해하고 무사히 돌아와 세계가 둥글다는 걸 입증한 지 500여 년도 더 지났다. 그런데 인도의 최고 기술대학에서 교육을 받고 이 시대의 가장 앞선 기술로 무장한 아주 똑똑한 인도인이 나에게 세계는 평평하다고 말한 것이다. 그가 전 세계 공급망 담당자들의 국제회의를 주재할 수 있다며 보여준 큼지막한 평면 스크린처럼 평평하다는 말이다. 더욱 재미있는 것은 이런 발전은 좋은 것이고, 우리가 세계를 평평하게 한 것은 인류 진보의 거대한 시금석이며 인도와 세계를 위해서 또 하나의 멋진 기회라고 말했다는 점이다.

덜컹거리는 낡은 밴 뒤에 앉아서 노트에 두 단어를 휘갈겨 썼다. "세계는 평평하다." 이 말을 쓰자마자 나는 이 문장이야말로 내가 벵갈루루에서 2주에 걸쳐 취재하고 촬영하면서 보고 들은 모든 것에 내재한 메시지라는 것을 깨달았다. 글로벌 경쟁 무대는 평평해지고 있었다. 세계가 평평해지고 있었던 것이다.

나는 이 새로운 깨달음에 흥분과 동시에 두려움을 느꼈다. 우선 기자로서 나는 오늘날 세계에서 매일같이 일어나는 일들과 신문을 장식하는 머리기사들을 더욱 잘 이해할 수 있는 틀을 발견했다는 사실에 흥분했다. 닐레카니가 확실히 옳았다. 분명히 지금 세계에서는 과거 어느 시대와도 비교할 수 없을 정도로 동등한 위치에 서서 경쟁하는 일이 가능해졌다. 지구상의 수많은 지역과 직종에서 다양한 사람들이 컴퓨터와 이메일, 화상회의, 강력한 소프트웨어를 이용해서 말이다. 이것이 바로 내가 인도와 동방 여행에서 발견한 사실이다. 또한 이 책의 주제이기도 하다. 세계가 평평하다거나 평평해지고 있다고 생각하기 시작하면 예전에 설명하지 못했던 많은 사실을 이해할 수 있게 된다. 나 또한 개인적으로 흥분을 느꼈다. 왜냐하면, 평평해진다는 건 정치적 힘이나 테러리즘의 방해만 없다면 지구상의 모든 지식 센터를 하나의 글로벌 네트워크로 연결해 번영과 혁신, 협력이 가능한 놀라운 시대를 열 수 있다는 의미이기 때문이다. 그리고 그것은 기업과 공동체 혹은 개인에 의해 이루어질 것이기 때문이다.

그러나 직업적으로 또 개인적으로 평평해진 세계를 곰곰이 생각해보면 굉장히 두렵다. 이런 두려움은 평평한 세상에서 소프트웨어 제작자나 컴퓨터 천재들만 협력하는 힘을 얻는 것이 아니라는 데 기인한다. 알 카에다나 다른 테러리스트 단체도 그런 힘을 갖게 될 것이다. 경쟁 무대가 혁신을 꿈꾸는 새로운 사람들을 끌어들이고 능력을 부여하는 방식으로 평평해지는 것만이 아니라, 분노와 좌절 속에서 인간을 경멸하는 새로운 집단에도 똑같이 힘을 부여한다는 말이다.

기자라는 직업적인 관점에서 볼 때 세계가 평평해졌다는 걸 이제야 깨달았다는 사실, 그리고 그런 일이 진행되는데 그것도 모르고 잠만 잤다는 사실에 화가 났다. 사실 잠만 잤다기 보다 다른 일에 몰두해 있었다. 9·11 테러 이전에 나는 세계화에 대해 천착하면서 '렉서스'로 상징할 수 있는 경제적 통합의 힘과 '올리브나무'로 상징할 수 있는 민족주의와 주체성 간의 긴장감에 관해 탐구해, 1999년에 『렉서스와 올리브나무The Lexus and the Olive Tree』를 내놓았다. 하지만 9·11 테러 이후 '올리브나무' 전쟁을 연구하는 데 내 모든 시간을 뺏겨버렸다. 나는 아랍 세계와 이슬람 국가들을 여행하면서 취재하느라 대부분의 시간을 보냈고, 그 몇 년 동안 나는 세계화가 어떻게 진행되고 있는지 까맣게 몰랐다.

2004년 2월 인도 벵갈루루 여행에서 세계화에 대한 실마리를 다시 찾았다. 그러자 내가 아프가니스탄의 카불과 이라크 바그다드에서 '올리브 숲'으로 상징되는 반세계화적인 요소에 몰두해 있는 동안 무언가 중요한 일들이 일어났음을 깨달았다. 세계화는 완전히 새로운 단계까지 온 것이다. 만약 『렉서스와 올리브나무』와 이 책을 묶어서 생각한다면 독자들은 역사적으로 세 번의 큰 세계화 시대가 있었다는 결론을 얻게 될 것이다.

　첫 번째 세계화 시대는 콜럼버스가 대서양을 항해해서 구세계와 신세계 사이에 무역의 길을 연 1492년부터 1800년 전후까지다. 나는 이때를 세계화 1.0시대Globalization 1.0라고 부르겠다. 이 시대에 거대한 세계는 중간 정도의 크기로 줄어들었으며, 세계화 1.0은 국가와 힘이 지배하는 시대였다. 마력이나 풍력, 증기로 표시할 수 있는 물리적인 힘을 국가가 얼마나 가졌는지와 그 힘을 얼마나 창의적으로 활용할 줄 아느냐가 이 시대의 세계적 통합 과정을 이끈 변화의 주된 동력이었다. 종교나 제국주의, 혹은 이 두 가지가 혼합된 이데올로기에 고무된 국가와 정부는 이 시대의 국가 간 장벽을 허물고 세계를 하나로 엮는 데 앞장섰다. 세계화 1.0의 시대에 주어진 근본적인 질문은 다음 같은 것이었다. 어느 부문을 쟁취해야 내 나라가 세계적 경쟁력의 우위에 서서 기회를 가질 수 있을까? 그리고 내 나라를 통해 어떻게 세계화를 이루고 다른 나라들과 협력할 수 있을까?

　두 번째 큰 시대는 세계화 2.0시대Globalization 2.0라고 부르자. 이 시대는 1930년 무렵 대공황과 두 번의 세계대전으로 잠시 방해를 받기는 했지만 대략 1800년에서 2000년까지 계속되었다. 이 시기에 세계는 1.0시대보다 더 작게 줄어들었다. 이 세계화 2.0시대에 세계적 통합을 가져온 동력은 국가가 아니라 다국적기업에서 나왔다. 처음에는 이들 다국적기업이 산업혁명과 영국, 네덜란드 주식회사의 확장세로 시장과 노동력을 찾아 세계로 나갔다. 이 시대 초반 100년 동안에는 증기기관과 철도의 등장으로 운송비용이 하락함으로써 세계화 진전에 힘을 얻었지만 후반 100년 동안은 바로 전보, 전화, PC, 위성통신, 광케이블 그리고 초기 월드와이드웹World Wide Web 등이 확산되면서 낮아진 통신비용이 주된 동력으로 작용했다. 이 생산물과 노동력의 시장 가치를 좇아서 세계적 규모로 상품과 정보가 대륙에서 대륙으로 이동하면서 글로벌 시장경제가 탄생하고 성장한 것을 목격한 때가 바로 이 시대였다. 이때 이러한 세계화 이면의 강력한 추진력은 초반의 화력선과 기차에서부터 후반의 전화와 대용량 컴퓨터에 이르기까지 주로 하드웨어의 혁신적인 발전에서 찾을 수 있다.

이 세계화 1.0의 시대적인 질문이라면 다음 같은 것들일 게다. 내 회사는 과연 세계경제의 어디쯤 놓여 있는가? 기회를 먼저 잡기 위해서는 무엇을 어떻게 해야 할까? 세계화된 회사에서 일할 때 다른 동료와 어떻게 협력하고, 세계화된 세상의 개인으로 어떻게 활동할 것인가?

『렉서스와 올리브나무』는 기본적으로 이 시대가 정점에 도달한 시기에 관해 쓴 책이다. 세계 곳곳에서 장벽들이 무너져 내리고 세계화의 과정이 (그리고 그에 따른 반발까지도) 아주 새로운 단계로 진전된 시기 말이다. 하지만 장벽들이 무너져 내렸을 때에도 온전한 세계화의 통합을 이루는 데에는 또 다른 장벽들이 남아 있었다. 기억할지 모르지만 1992년 빌 클린턴이 미국 대통령에 당선되었을 당시엔 학계나 정부 관계자들 외에는 이메일 주소를 가진 사람이 별로 없었다. 심지어 내가 『렉서스와 올리브나무』를 쓰던 1998년에도 인터넷과 전자상거래는 막 시작한 단계에 불과했다.

이런 변화는 내가 모르는 사이에 다른 많은 일과 함께 일어났다. 그것이 바로 내가 2000년을 전후해 우리는 전혀 다른 시대, 곧 세계화 3.0시대 Globalization 3.0로 접어들었다는 것을 이 책에서 이야기하려는 이유다.

세계화 3.0시대는 그렇지 않아도 작아진 세계를 더욱 작게 만들 뿐만 아니라 동시에 세계의 경쟁 무대를 평평하게 하고 있다. 시대별 추진 동력은 세계화 1.0시대엔 세계화하려는 국가였고, 세계화 2.0시대에는 세계화로 성장하려는 기업이었다면, 세계화 3.0시대의 변화 주체이자 동력은 바로 개인들이다. 새롭게 발견된 개인의 힘이 세계화 3.0시대의 추진 동력이며 전 세계적 차원에서 협력하고 경쟁한다는 점에서 독특하고 특별하다. 개인이나 몇 안 되는 소집단이 세계화의 주역이면서 동시에 세계화를 위한 권한과 명령을 부여받는 현상을 나는 '평평한 세계의 플랫폼flat-world platform'이라 부르고자 한다. 이 책에서 내가 상세히 설명하고자 하는 것이기도 하다. 평평한 세계의 플랫폼은 PC와 광섬유 케이블, 그리고 워크플로workflow(작업의 흐름) 소프트웨어가 한꺼번에 등장해 수렴하면서 나타난 결과라고 할 수 있다. PC는 한순간에 각 개인이 자신들의 콘텐츠를 디지털로 제작할 수 있게 해주었다. 광섬유 케이블 네트워크는 그런 개인들이 전 세계의 더 많은 디지털 콘텐츠에 거의 공짜로 접근할 수 있게 해주었으며, 워크플로 소프트웨어는 세계 각지에 흩어져 있는 개인들이 동일한 디지털 콘텐츠 상에서 거리에 상관없이 서로 협력할 수 있게 해주었다.

그 누구도 이와 같은 수렴 현상을 예측하지 못했으며, 2000년 전후에 와서 급작스럽게 발생했다. 그때야 사람들은 서서히 깨어나기 시작했고 세계화에서 '개인'의 영향력이 그 어느 때보다 강력해졌다는 사실을 깨닫기 시작했다. 이제 그들은 그 어느 때보다 지구상의 모든 개인과 경쟁하는 한 사람의 개인으로서 자신에 대해 고찰해볼 필요성을 느꼈다. 단순히 경쟁할 뿐만 아니라 다른 개인들과 함께 일할 기회도 점점 더 많이 얻게 되었다. 그 결과 우리 개인 각자는 다음과 같은 질문을 던질 수 있게 되었는데, 이것은 반드시 답을 얻어야 하는 질문이기도 하다. "나는 과연 이 시대의 세계적 경쟁과 기회의 무대 어떤 분야에서 적응해나갈 수 있는가? 또 어떻게 하면 나 스스로 지구상의 다른 사람들과 협력하며 일할 수 있는가?"

하지만 세계화 3.0시대는 세계가 어떻게 작아졌고 어떻게 평평해졌는가 그리고 개인은 어떻게 힘을 갖게 되었는가 하는 부분에서 그전 두 시대와는 전혀 다르다. 또한 세계화 1.0시대와 2.0시대엔 주로 유럽과 미국의 개인과 기업들이 주도권을 가졌다는 점에서도 아주 다르다. 물론 18세기 중국은 경제적으로 세계에서 가장 거대한 나라였음이 틀림없지만, 그 시대의 세계화를 주도하고 시스템을 만들어낸 것은 서구의 뛰어난 몇몇 탐험가와 기업, 국가들이었다. 하지만 앞으로 과거와는 점점 더 많이 달라질 것이다. 세계가 평평해지고 더욱 작아지므로 세계화 3.0시대는 개인들에 의해 주도되겠지만 동시에 더욱 다양해진 개인 그룹(비서구, 비백인)이 주도해나갈 것이다. 평평한 지구에서 개인은 어디에서 살든 과거보다 더 많은 힘을 갖게 되었다. 세계화 3.0시대는 보다 많은 사람의 참여가 가능하다. 그리하여 인종적으로 매우 다양한 개인들이 참여하는 것을 볼 수 있다.

부연하자면 개인이 이렇게 많은 힘을 가지고 세계에 반응하게 되었다는 사실이야말로 세계화 3.0시대의 가장 중요한 특징일 것이다. 물론 크든 작든 기업들 역시 새롭게 힘을 갖게 되었는데 이 부분에 대해서는 나중에 다시 설명하겠다.

굳이 말할 필요도 없이 이 모든 생각이 그날 벵갈루루의 닐레카니 사무실을 나오면서 바로 떠올랐던 것은 물론 아니다. 그때는 그저 어렴풋한 생각뿐이었다. 그러나 그날 저녁 호텔 발코니에 앉아 이런저런 생각들을 정리하면서 나는 한 가지 분명한 사실을 깨달았다. 다른 모든 일은 다 내팽개치고라도 어떻게 이런 일들이 진행되어왔고, 이런 변화의 과정이 국가와 기업과 개인에게 어떤 의미가 있는지에 대해 이해할 수 있도록 책을 한 권 써야겠다는 생각이 든 것이다. 나는 바로 아내 앤에게 전화해서 말했다. "'세계는 평평하다'란 제목으로 책을 한 권 써야겠어."

그녀는 우습기도 하고 흥미롭기도 하다는 반응을 보였다. 아마 흥미롭다기보다는 우습다고 생각했다는 편이 더 맞을 것이다. 나는 결국 세계가 더 좁아지고 디지털 기술이 세상을 평평하게 하고 있다는 점을 아내가 수긍할 수 있도록 설명했고, 지금 이 책을 읽고 있는 독자 여러분도 그 사실을 이해하도록 똑같이 이야기해주고 싶다. 그래서 내가 인도로 떠난 여행 초기부터 동양의 다른 지역을 방문해서 겪은 일들을 먼저 들려주고자 한다. 세계가 더 이상 둥근 것이 아니라 평평해졌다고 믿게 된 사건들에 대해서 말이다.

제리 라오Jaithirth Jerry Rao는 내가 벵갈루루에서 처음 만난 인도인 중 한 사람이다. 그를 릴라 팰리스 호텔Leela Palace Hotel에서 만나 대화하기 시작한 지 몇 분 지나지도 않았는데 세금정산을 비롯한 회계업무 대행 서비스를 제공할 수 있다고 말했다. 그것도 이곳 벵갈루루에서 말이다. 나는 괜찮다며 그의 제안을 거절했다. 이미 시카고에 내 업무를 전담하는 회계사가 있으니까 말이다. 라오는 내 거절에 그저 미소를 짓고는 이렇게 말했다. 소득세 신고 준비업무의 아웃소싱이 확산된 걸 고려하면 나는 이미 당신의 회계사이거나, 당신의 회계사 일을 도와주는 회계사일 수도 있다고 말이다. 아마도 이는 예의상 한 말은 아닐 것이다.

과거에 봄베이라 불리던 뭄바이Mumbai 출신인 라오 사장은 인도에 소프트웨어 회사 엠파시스Mphasis를 세웠다. 이 회사는 미국의 어느 주정부나 연방정부로부터 회계 업무를 아웃소싱 받아 처리할 수 있는 일단의 인도 출신 회계사 팀을 보유하고 있다. 라오의 얘기는 이랬다. "우리가 말한 그런 일이 실제로 벌어지고 있습니다. 우리는 미국 내 몇몇 중소규모 회계법인과 서로 협력관계를 맺고 같이 일하고 있는 걸요."

나는 "내 회계사와 같은 일을 하는 것이냐?"고 물었고, 라오는 "그렇지요. 당신 회계사가 하는 것과 같은 일입니다"라고 대답했다. 라오의 회사는 세금정산 업무를 아웃소싱 받아 더욱 저렴한 비용으로 표준화된 양식을 갖춘 업무흐름관리 소프트웨어를 선도적으로 개발해왔다. 라오는 내게 업무 처리 과정을 설명해줬다. 작년의 소득세 신고자료와 함께 올해 근로소득과 납부세액 자료, 근로소득 공제신청서, 기타 소득수입자료, 보너스 내역과 주식투자 내역을 비롯한 나의 모든 소득자료를 미국에 있는 한 회계사가 스캐닝하는 작업부터 시작한다. 그렇게 스캔된 모든 정보는 캘리포니아나 텍사스에 있는 컴퓨터 데이터 서버에 모인다. 그다음 업무를 아웃소싱한다면 고객의 정보를 고려해 이름이나 사회보장번호 등 관련 정보를 감출 것이다. 그러면 인도의 회계사는 미국에 있는 컴퓨터에서 이름이나 사회보장번호가 숨겨진 원천 자료를 암호를 이용해 곧바로 불러 읽고 세금정산을 하는데 그것이 누구의 소득신고인지는 여전히 노출되지 않는다. 모든 자료와 정보는 미국의 개인정보보호법을 준수하기 위해 미국에 남겨져 있어야 한다. 우리 회사도 개인정보와 사생활 보호를 매우 엄격하게 다룬다. 인도에서 일하는 회계사는 컴퓨터 화면을 통해 데이터를 볼 수는 있지만 그것을 다운로드하거나 인쇄할 수는 없다. 프로그램 자체가 그런 일을 허용하지 않는다. 누군가 나쁜 마음을 품는다 해도 기껏해야 머릿속에 기억하는 정도다. 세금정산 업무를 할 때 회계사들은 종이나 필기도구조차 갖고 들어갈 수 없다.

나는 이런 서비스 업무의 아웃소싱이 어떤 수준까지 진전되었는지 궁금했고 라오가 대답했다.

"우리는 지금 수천 건의 세금정산 신고업무를 하고 있습니다. 게다가 미국에 있는 당신의 회계사는 자기 사무실에 있을 필요도 없습니다. 캘리포니아 해변에 앉아서 이메일을 보내며 이렇게 말하는 거죠. '제리, 당신들은 뉴욕 주의 세금정산 업무는 정말 잘 처리할 줄 아니까 톰의 것도 맡아주세요. 그리고 소니아, 델리에 있는 당신과 당신 팀이 워싱턴과 플로리다 주 세금 신고 일을 해주세요.' 그런데 소니아는 인도에 있는 자기 집에서 일하기 때문에 회사는 소니아에게 지출해야 할 간접비용이 전혀 들지 않습니다."

2003년은 미국인 2만 5000건 정도의 세금정산 업무가 인도에서 이루어졌다고 한다. 2004년에는 그 수가 10만 건으로 늘어났다. 그리고 2005년에는 대략 40만 건에 이르렀다. 앞으로 10년 정도 지나면, 미국인이라면 으레 자신의 세무정산 업무에서 많은 부분은 아니더라도 기본적인 일들은 아웃소싱으로 처리된다고 봐야 할 것이다.

"어떻게 이 일을 시작하게 됐습니까?" 라오에게 물었다.

"예룬 타스Jeroen Tas라는 네덜란드인 친구가 있었습니다. 우리는 캘리포니아 시티그룹에서 일했죠. 내가 그의 직장 상사였습니다. 어느 날 우리가 뉴욕에서 일을 마치고 비행기로 돌아오는 길이었어요. 그때 난 곧 회사를 그만둘 계획이라고 말했습니다. 그랬더니 예룬이 자기도 그만둘 예정이라더군요. 우리는 둘 다 우리들의 사업을 해보자고 얘기를 했죠. 그래서 1997년에서 1998년 사이에 우리는 대기업들을 위한 고품질의 인터넷 솔루션을 제공하는 사업 계획을 완성했습니다. (…) 그러다 2년 전에 참석한 라스베이거스의 한 기술 관련 전시회에서 미국의 몇몇 중간 규모 정도의 회계법인들이 우리에게 접촉해왔습니다. 자신들 같은 중간 규모 회계법인들은 거대 회계법인들처럼 인도에 대규모 아웃소싱 업무 센터를 갖출 형편이 못되지만, 그래도 거대 회계법인들보다 앞서나가고 싶다고 말했습니다. 그래서 우리는 VTR Virtual Tax Room(가상 현실 세무사무소)이라 이름 붙인 소프트웨어를 개발했습니다. 중간 규모의 회계법인들도 쉽게 소득신고업무의 아웃소싱이 가능하게 된 것입니다." 라오가 상세히 설명했다.

라오의 말이 이어졌다. "그전에는 절대 안 될 것이라며 부정적이었던 이들 중간 규모의 회계법인도 지금은 아웃소싱 덕분에 대규모 회계법인들과 보다 동등하게 경쟁할 수 있게 된 거죠. 중간 규모의 회계법인도 과거 대규모 회계법인만 누릴 수 있었던 이점을 똑같이 누릴 수 있게 된 것입니다."

"그렇다면 이런 사실이 미국인에게 어떤 의미를 가집니까? 이제 미국에서 회계사라는 직업은 전망이 밝지 않으니 엄마들에게 아이를 회계사로 키우지 말라고 해야 하는 걸까요?"라고 물었다.

내 질문에 라오는 꼭 그렇지는 않다고 답했다. "우리가 하는 일은 으레 불평이 따르는 아주 귀찮은 기초업무들입니다. 소득세 정산을 위해 무엇이 필요한지 아십니까? 창조적인 업무는 거의 없습니다. 이런 일들이 바다를 건너오는 거죠."

"그럼 미국에는 뭐가 남을까요?"

"미국에서 계속 회계사를 하려면 절세와 합법적 세금회피를 위한 창의적이고 복합적인 세무전략을 짜주든가, 아니면 고객관리에 초점을 맞춰야 할 겁니다. 고객에게는 이렇게 말해야 할 겁니다. '기초적이고 간단한 일들은 멀리서 효율적으로 잘 처리되고 있습니다. 이제 저와는 부동산을 어떻게 관리하고 아이들에게 무엇을 해줄지 의논해봅시다. 신탁자산에 돈을 좀 넣어둘 생각은 없으세요?' 이는 곧 매년 2월부터 4월까지 소득세 신고 기간에 미친 듯이 정신없이 서류 작업에 파묻혀 있거나 제대로 내용을 파악하지 못해 8월로 신고기간을 종종 연장하는 일에서 벗어나 위에서 말한 것처럼 고객과 정말 질적으로 의미 있는 상담을 해야 한다는 거죠."

2004년 6월에 발행된 잡지 《어카운팅 투데이Accounting Today》에 실린 글을 보면 이런 일이 정말로 회계사들의 미래란 생각이 든다. 이 문제와 관련해 캔자스 주의 맨해튼에서 부머컨설팅Boomer Consulting을 운영하는 회계사이며 CEO인 게리 부머Gary Boomer는 이렇게 썼다.

작년 소득세 신고기간에는 10만 건의 세무정산 업무가 아웃소싱되었다. 이제 아웃소싱은 개인의 소득세 정산뿐만 아니라 신탁기금이나 소기업에서 대기업회계 분야까지 확대되고 있다. (…) 최근 3년 동안 회계 분야에서 급속하게 규모가 확대된 주요인은 아웃소싱을 맡은 국외 회계업체들의 투자가 시스템이나 교육, 업무운영 방식까지 모든 분야에서 많이 늘어났기 때문이다.

그의 설명을 따르면 인도에서는 회계학을 전공한 대학 졸업자가 해마다 약 7만 명씩 쏟아져 나온다. 이들이 인도에 있는 회계법인에 취직하면 한 달에 100달러 정도를 받고 일한다. 인도의 이런 젊은 인력은 초고속통신망과 엄격한 훈련, 표준화된 양식의 도움으로 아주 미미한 비용을 들여서 급속도로 서구의 초보적인 회계사로 탈바꿈한다. 인도의 몇몇 회계법인은 미국의 회계법인 담당자를 만나기 위해 직접 출장을 가지 않고 화상회의를 통해 미국회사에서 일감을 얻어오는 마케팅 활동을 한다. 부머의 결론은 이렇다.

최근 회계사라는 직업의 성격이 급격하게 변하고 있다. 과거에 안주하고 변화를 주저하는 사람은 점차 값싼 일반 상품과 같은 대우를 받는 처지에 놓일 수밖에 없다. 창의성과 고객관계, 리더십을 통해 가치를 창출할 줄 아는 회계사만이 기존 고객과의 관계를 강화할 수 있는 것은 물론이고 이 산업을 전환시켜나갈 것이다.

나는 라오에게 물었다. "당신이 미국인일 경우 의사, 변호사, 건축가, 회계사든지 간에 직업에 상관없이 복잡 미묘하고 까다로운 서비스를 제공하는 데 능해야 한다는 것입니까? 디지털로 변환할 수 있는 것은 가장 저렴하거나 가장 똑똑한 공급자, 아니면 이 두 가지 모두를 갖춘 사람에게 아웃소싱할 수 있는 세상이니 말입니다."

"누구나 자신이 창출해내는 가치 분야에 집중해야 합니다"라고 라오는 대답했다.

만약 내가 그저 그런 보통의 평범한 회계사라면 어떻게 해야 할까? 주립대학을 B+ 정도의 평균적인 성적으로 졸업하고 어찌어찌하다가 결국 회계사가 되었다. 큰 회계법인에서 일자리를 얻어 정형화된 일만 잔뜩 하고 있는 사람이라면 말이다. 직접 고객을 만나는 건 아주 가끔이고 굳이 날 고객들에게 소개해주지도 않는다. 그렇더라도 이건 나름대로 괜찮은 일거리를 가진 생활이고 회계법인에서도 내게 별 불만이 없는 눈치다. 이제 새로운 시스템 속에서 어떤 변화가 닥칠 것인가?

라오는 내 질문에 다음과 같이 대답했다.

"좋은 질문입니다. 우리는 이 점에 대해 솔직해져야 합니다. 지금 우리는 거대한 기술적 변화의 한가운데에 있습니다. 미국처럼 그 변화의 최첨단에 접해있는 나라에 사는 사람이라면 정말 앞일을 내다보기가 어렵습니다. 인도에 사는 사람의 미래를 예상하기는 쉽습니다. 10년이 지나면 지금 미국에서 하는 많은 일을 인도에서 하게 될 겁니다. 우리는 미래를 예측할 수 있지요. 하지만 우리 인도는 미국보다 뒤처진 나라입니다. 미국인이 미래를 정의합니다. 미국은 언제나 다음에 올 창조적 변화의 선두에 서 있었습니다. (…) 그 점을 고려하면 지금 미국의 평범한 회계사 앞에서 미래에 당신은 어떤 일을 하고 어떻게 살게 될 거라고 말하기란 어렵습니다. 물론 이런 것을 별것 아니라고 치부해서는 안 됩니다. 심각하게 받아들이고 진지하게 의견을 나눠봐야겠지요. (…) 어쨌든 주요 단계별로 세분화할 수 있고, 디지털화가 가능하며, 여러 곳에서 수행할 수 있는 작업은 이곳저곳으로 이동되어 처리될 겁니다. 아마도 어떤 사람들은 그래도 스테이크 요리는 그런 식으로 서비스할 수는 없다고 말하겠지요. 맞습니다. 그렇지만 예약을 해줄 순 있습니다. 어느 식당에 전화예약을 받는 사람이 없다고 할지라도 세계 어디든 그 식당의 테이블을 예약해

줄 수 있지요. '프리드먼 씨, 물론 창가 자리로 예약해드릴 수 있습니다.' 이렇게 말하는 걸 듣게 될 겁니다. 달리 말하면 외식으로 저녁 식사를 하려면 경험하는 과정들이 있고 그 여러 과정을 단계별로 나눠서 아웃소싱할 수 있는 부분이 있습니다. 예약이 그 좋은 예지요. 기본으로 돌아가서 경제학 교과서를 읽어본다면, 상품들은 무역을 통해 거래되지만 무형의 서비스는 동일한 장소에서 생산되고 소비된다고 가르쳐 줄 겁니다. 이발 서비스를 수출할 수는 없습니다. 하지만 지금 우리는 이발 서비스를 수출하기 직전 단계까지 와 있습니다. 이발소 예약이 바로 수출할 수 있는 단계입니다. 어떤 스타일을 원하십니까? 어떤 이발사를 좋아하십니까? 이런 질문들은 아주 멀리 떨어진 콜센터에서도 할 수 있고 고객의 답을 들으며 예약하는 것이 가능하며 그렇게 될 것입니다."

우리의 대화 끝 무렵에 나는 그의 다음 계획이 무엇인지 물었다. 그는 정말 열정이 넘치는 사람이었다. 그는 검진을 위한 CT 촬영 화면을 인터넷으로 더 쉽게 전송하기 위해 자료를 압축하는 기술로 큰 성과를 거둔 이스라엘의 한 회사와 협의 중이라고 말했다. 이 기술을 적용하면 지구 반대편에 떨어져 있는 다른 의사의 소견도 빠른 시일 안에 들을 수 있게 될 것이다.

라오와 얘기를 나누고 몇 주 지난 후에, 이 책을 쓰려는 목적으로 인터뷰했던 존스 홉킨스 대학교 총장 빌 브로디Bill Brody에게 다음과 같은 메일을 받았다.

톰에게

저는 최근 우리 대학의 방사선과 의사들을 위한 최신의학 강좌에서 강의하고 있으며 방사선과 의사이기도 합니다. 이 자리에서 저는 귀하도 당연히 관심을 기울일 것이라 생각하는 굉장히 흥미로운 사실을 알게 되었습니다. 그것은 중소 규모의 많은 미국 병원들의 방사선과 의사들이 CT 촬영 화면 판독을 인도나 호주에 있는 의사들에게 의뢰한다는 사실이었습니다! 이런 일은 병원에서 의사가 의료지원 인력을 충분히 확보하기 어려운 주말이나 야간에 주로 이뤄집니다. 큰 병원들이 원격 방사선 진단 장비를 이용해서 CT 촬영을 하면, 그 화면을 의사들의 집 혹은 케이프 코드 같은 휴양지로 전송하고 판독하여 24시간 진단 의료서비스를 제공합니다. 한편 더 규모가 작은 병원들은 CT 화면을 아예 국외에 있는 의사들에게 맡기는 거죠. 이런 아웃소싱의 이점은 명백합니다. 미국이 밤일 때 인도나 호주는 낮이기 때문에 근무시간 외 진단은 지구 반대편으로 CT 화면을 전송함으로써 간단히 해결된다는 것입니다. CT 촬영 화면이나 MRI 화면은 이미 디지털로 저장되고 표준형식으로 네트워크에서 이용되므로 세계 어디에서든 이 이미지를 검토하는 데 아무 문제가 없습니다. (…) 나는 다른 나라에서 이 일을 하려는 방사선과 의사들은 미국에서 훈련도 받고 필요한 자격증을 갖췄으리라 믿습니다. 그들을 고용한 미국의 방사선과 의사들은 근무시간 이후 이미지 판독 일을 대신해주는 외국 의사들을 '밤의 파수꾼'이라고 부릅니다.

빌이 보냅니다.

내가 방사선과 의사나 회계사가 아니라 기자인 걸 하느님에게 감사해야 하지 않나 싶었다. 어떤 이들은 내 칼럼을 쓰레기로 생각할지도 모르지만 기사를 쓰는 내 일이 아웃소싱되지는 않을 테니까 말이다. 최소한 난 그렇게 생각했다. 그러다 《로이터 통신Reuters》의 인도 이야기를 들었다. 나는 벵갈루루에서 《로이터 통신》 지국을 방문할 기회가 없었다. 하지만 《로이터 통신》의 CEO인 톰 글로서Tom Glocer를 만나서 그가 추진하는 사업에 관해 들을 수 있었다. 글로서는 뉴스 공급에서 아웃소싱을 개척한 사람이었다.

《로이터 통신》은 전 세계에 걸쳐 197개의 통신지국과 2300명에 달하는 기자를 보유한 유수의 통신사이며 서비스를 제공받는 시장은 투자 은행가부터 파생금융상품 트레이더, 주식중개인, 텔레비전과 라디오, 신문, 인터넷 매체를 포함한다. 로이터는 항상 이런 다양한 고객들을 만족시키는 어려운 일을 해왔다.

IT 산업의 거품이 꺼지면서 고객들은 비용에 더욱 민감해지기 시작했고 《로이터 통신》도 비용과 효율성에 대해 스스로 의문을 제기했다. 전 세계 뉴스 공급망에 새로운 소식을 제공하기 위해 과연 우리의 기자들은 어디에서 일해야 하는가? 정말로 기자의 작업 과정을 세분화해서 어떤 일은 런던이나 뉴욕에, 또 어떤 일은 인도에 맡길 수 있을까?

글로서는 《로이터 통신》이 제공하는 가장 기본적인 뉴스 기능을 살펴보는 것에서 시작했다. 이런 뉴스들은 대기업이 발표하는 영업실적, 이와 관련된 사업의 전개에 관한 것으로 매일, 매시간, 매초 일어난다. 그는 이렇게 설명했다.

"예를 들어 엑슨Exxon이 실적을 발표하면 우리는 그 소식을 최대한 빨리 전 세계의 뉴스 화면에 띄울 수 있어야 합니다. 한 문장이면 됩니다. '엑슨은 당분기 주당 39센트의 영업이익을 얻어서 전분기 주당 36센트보다 이익이 늘어났다.' 여기서 속도와 정확성이 바로 경쟁력입니다. 여기에는 많은 분석이 필요하지 않습니다. 기본적인 정보를 가능한 한 빨리 파악하는 것이 중요합니다. 기업이 실적을 발표한 지 몇 초 만에 속보를 내보내야 하고, 지난 몇 분기 실적의 비교표를 다음 몇 초 안에 제공해야 하는 겁니다."

기업실적 속보를 빨리 전달하는 일이 뉴스 산업에서 지니는 의미는 붕어빵 속에 든 팥과 같은 것이다. 그런데 이런 속보를 내는 일이야말로 평평한 세계에서는 어디서든 만들어낼 수 있는 기본적인 상품이다. 제대로 부가가치를 내는 일은 그다음 5분 안에 이루어진다. 그 기업으로부터 설명을 듣고, 관련 분야 최고 전문가 두 명 정도의 의견과 경쟁 기업의 논평을 듣고 모두를 종합해 기업의 설명을 정리해야 하는 바로 이때 진짜 기자가 필요한 것이다.

글로서가 말했다. "그러는 데 필요한 건 뛰어난 취재능력입니다. 발이 넓을 뿐 아니라 누가 각 산업의 진정한 최고 분석가인지 아는 기자, 제대로 된 취재원과 점심을 같이 먹을 정도로 친분이 있는 기자가 필요한 것이죠."

인터넷 거품이 꺼지고 세계가 평평해지면서 《로이터 통신》이 뉴스를 제공하는 방식에 대해 글로서도 다시 생각해볼 수밖에 없었다. 기자의 업무를 좀더 세분화해서 부가가치가 낮은 일은 인도에 아웃소싱하는 문제에 대해 고민하게 된 것이다. 그의 주요 목표는 핵심적인 저널리즘 업무를 수행하는 기자는 가능한 한 많이 유지하면서도 중복되는 인건비를 줄이는 것이었다.

"그래서 우리가 첫 번째로 실행에 옮긴 일은 실험적으로 벵갈루루에서 인도인 기자 여섯 명을 고용한 것입니다. 이들로 하여금 벵갈루루에서 간단한 속보의 머리기사를 쓰고 표를 만들어보게 하고, 할 수 있는 일이 더 있으면 해보라고 한 거죠"라고 글로서가 말했다.

이렇게 새로 고용된 인도인들은 회계학을 전공했고 로이터에서 훈련도 받았지만 급여와 복리후생, 휴가는 인도 현지 수준에 맞춰 받았다. 글로서의 말에 의하면 고용주 입장에서 보면 인도에는 금융과 기술 분야에 뛰어난 인력이 정말 믿을 수 없을 정도로 많다.

기업들이 실적을 발표할 때 첫 번째로 하는 일은 보도자료 전문 통신사인 《로이터 통신》, 《다우존스Dow Jones》, 《블룸버그Bloomberg》 같은 뉴스와이어 통신사에 자료를 배부하는 것이다.

"우리는 기업이 넘겨주는 자료를 받아 전 세계에 알립니다. 통신사들 간의 경쟁은 이 자료를 얼마나 빨리 전달하느냐는 거죠. 벵갈루루는 세계에서 통신망이 가장 발달한 도시 가운데 하나입니다. 물론 정보를 전달하는 데 약간의 시차가 있긴 하겠지만 그건 채 1초도 안 됩니다. 결국 런던이나 뉴욕에서 뉴스를 제작해서 배포하는 것과 거의 똑같이 벵갈루루의 사무실에서도 전자 뉴스를 편집 및 배부할 수 있습니다"라고 로이터의 CEO 글로서가 말했다.

차이는 단지 벵갈루루의 임금이나 임대료가 서구 주요 도시의 5분의 1수준에 불과하다는 점이다. 좋지 않은 경제 상황과 평평해진 세계는 어쩔 수 없이 《로이터 통신》을 이런 방향으로 몰고 갔으며 글로서는 CEO로서 별수 없지만 잘 해내기 위해 노력했다.

"우리는 통상적인 보도업무를 해야 하는 짐에서 벗어났습니다. 그 일은 이제 세계의 어느 한 곳에서 효율적으로 처리할 수 있다고 생각합니다. 대신에 우리는 《로이터 통신》의 베테랑 기자들에게 사건 보도와 분석 같은 부가가치가 훨씬 높고 성취감도 주는 업무를 배정할 수 있게 되었습니다. 만약 당신이 뉴욕에서 일하는 《로이터 통신》 기자라면 단순발표를 보도하는 것과 분석기사를 쓰는 것 가운데 어떤 일에서 더 보람을 느낄 것 같습니까?"라고 글로서가 물었다. 물론 그의 질문에 대한 답은 명백히 후자다.

인도로 뉴스 기사 아웃소싱을 시작한 후 《로이터 통신》은 규모가 작은 알짜 기업을 취재할 여유도 생겼다. 과거 많은 연봉을 받는 기자들이 쫓아다니기에는 비용 측면에서 효율적이지 못한 일이었다. 그러나 뉴욕 사무실에서 일하는 기자 한 명의 연봉으로 더 낮은 연봉의 인도 기자 여러 명을 채용할 수 있는 벵갈루루에서는 가능한 일이었다. 《로이터 통신》은 2004년 여름까지 벵갈루루의 콘텐츠 센서에서 일하는 인원을 300명으로 늘렸으며, 앞으로 1500명까지 늘릴 계획이다. 그들 중 일부는 아직도 기업이 발표한 실적 속보를 전달하는 일을 하지만, 기자들 대부분은 주식시장에서 주식 공모에 필요한 대량자료 분석처럼 보다 전문화된 업무를 맡고 있다. 물론 신입 인도인 기자들을 훈련하기 위해 파견된 베테랑 기자들도 있다.

"사실 투자은행처럼 매체를 이용해야 하는 회사도 우리처럼 아웃소싱을 하고 있습니다. 투자은행 역시 비용을 최대한 줄여야 하는 건 마찬가지입니다. 그래서 상당히 많은 곳이 벵갈루루에 기초적이지만 꼭 필요한 기업분석 업무를 맡기고 있지요."

최근까지 미국 월가의 큰 금융회사들은 수백만 달러를 받는 몇몇 스타 분석가를 두고 투자 분석을 해왔는데, 그들 연봉의 일부를, 최상고객에게 분석 내용을 제공해온 증권 중개사업부에 부담시키고 또 일부는 그럴듯한 기업 분석기사를 이용해 금융투자를 유치하는 투자 사업부에 부담시켰다. 하지만 엘리엇 스피처Eliot Spitzer 뉴욕 주 검찰총장이 몇몇 금융 스캔들 발생 후에 월가의 업무 관행에 대한 수사에 착수하면서 이런 밀월 관계는 더 이상 용납되지 않았다. 투자사업부문과 증권사업부문은 분리되었고 분석가들이 투자자를 유인하기 위해 기업을 과대평가하던 관행을 멈춰야 했다. 그 결과 월가의 투자은행들은 증권 중개사업부에서 온전히 부담해야 하는 시장조사 비용을 대폭 삭감해야 했고, 당연히 벵갈루루 같은 곳에 투자분석 업무의 일부를 맡기고 싶다는 생각을 하게 되었다. 게다가 런던이나 뉴욕에서는 분석가 한 명을 채용하는 데 연봉 8만 달러를 줘야 한다면 인도에서는 이런저런 비용을 모두 합쳐도 1년에 1만 5000달러면 충분하다.

《로이터 통신》이 고용한 인도인 기자들은 금융 지식수준이 높고 일에 대한 의욕도 넘쳤다. 《로이터 통신》은 최근 방콕에 소프트웨어 개발센터를 개설했다. 《로이터 통신》이 보기에 서구의 기업들이 벵갈루루의 인재를 채용하려고 경쟁하느라 방콕에서도 적은 임금으로 능력 있는 소프트웨어 개발자를 채용할 수 있다는 것을 간과하고 있기 때문이다.

나는 개인적으로 이런 현실에 마음이 아프다. 나 역시 《UPI 통신사》에서 속보 업무를 맡은 기자로 언론인 생활을 시작했기 때문에 직무상으로 또 금전적으로 이들 속보 담당 기자들이 겪을 어려움에 많은 연민을 느낀다. 그러나 내가 일을 시작했던 《UPI 통신사》는 지금 없어졌다. 만약 내가 런던에서 초년병 기자로 뛰던 25년 전에 UPI가 일부 저급 업무를 아웃소싱할 수 있었더라면 지금도 살아남아 있지 않았을까 싶다.

"직원들의 고용은 민감한 사안입니다"라고 글로서는 말했는데, 그는 대략 전체 직원의 4분의 1에 대해 정리해고를 단행했다. 그러나 기자들은 그다지 줄이지 않았다.

"로이터 직원들은 회사가 생존하고 성장해가려면 정리해고가 필요하다는 것을 이해해줬지요. 기자들은 현실을 아는 예민한 사람들입니다. 당장 우리의 고객인 기업들도 살아남기 위해 똑같은 일을 겪는 걸 보면서 상황을 이해하고 있습니다. (…) 우리가 무엇 때문에 이런 일을 하게 되었는지 그럴듯하게 포장하지 않고 솔직해지는 게 필수적입니다. 생산의 최적지에서 일이 이루어지도록 업무를 옮겨야 한다는 고전파 경제학자들의 가르침을 난 굳게 믿습니다. 물론 한 사람 한 사람의 입장에서는 얘기가 달라질 수 있다는 걸 잊어선 안 되겠지요. 새 직장을 구하기란 쉽지 않습니다. 그들에게는 재교육 과정이나 적절한 사회보장장치가 절실히 필요합니다."

《로이터 통신》 직원들의 이러한 고용 문제를 다루기 위해 현재 편집국장으로 있는 데이비드 슐레진저David Schlesinger는 모든 편집부 직원들에게 직접 편지를 보냈다. 다음은 그 내용의 일부이다.

의무감을 갖고 행해야 하는 업무의 국외이전Off-shoring

나는 코네티컷 주 뉴런던에서 자랐습니다. 그곳은 19세기 포경업의 중심지였습니다. 1960년대와 1970년대 들어 고래는 이미 사라졌는데 지역의 고용주들이 군대와 연결하여 새로운 일자리를 만들어냈습니다. 베트남전이 한창이던 시절이니 놀랄 일도 아니었습니다. 나와 같이 학교에 다녔던 친구들의 부모님은 보트 회사나 해군, 연안 경비대 같은 곳에서 일했습니다.

베트남전 종전은 뉴런던을 다시 한 번 변화시켰습니다. 이제 뉴런던은 엄청난 규모의 카지노와 제약회사 파이자Pfizer의 연구개발 센터로 유명합니다. 일자리가 사라졌다가 새로 생겨났습니다. 어떤 기술은 그 효용이 다해 쓸모가 없어졌고 신기술이 필요해지기도 했습니다. 지역사회도 변했고 주민도 변했습니다.

물론 뉴런던만 특별히 그랬던 것은 아닙니다. 한때 제분업이 유명했던 도시들에서 얼마나 많은 제분소가 문을 닫았습니까? 신발공장이 있던 곳에선 또 얼마나 많은 신발공장이 떠났습니까? 한때 섬유산업으로 유명했던 곳은 이제 중국에서 수입한 섬유제품만 사고 있지 않습니까?

변화는 감당하기 어렵습니다. 예상치 못하고 변화를 맞은 사람들이 가장 힘듭니다. 변화하기 어려운 사람에게 변화는 가장 혹독합니다. 그러나 변화는 당연한 일입니다. 변화는 새로운 것도 아닙니다. 변화는 중요합니다.

그러나 인도, 중국, 멕시코로 일자리가 옮겨가는 일에 대한 논란은 뉴런던에서 포경업이 사라질 때, 매사추세츠에서 신발공장이 사라지고 노스캐롤라이나에서 섬유공장이 사라질 때 일었던 논란과 전혀 다를 바 없습니다. 일은 가장 효율적이고 가장 생산적인 곳에서 이뤄집니다. 그렇게 하는 것이 궁극적으로 세계의 벵갈루루나 중국의 선전深圳 같은 곳뿐만 아니라 뉴런던과 매사추세츠, 뉴욕 같은 곳에도 이득이 됩니다. 일이 국경을 넘어 이동함으로써 인력과 자본은 더욱 자유로워져서 새롭고 복잡한 일을 해내고 더 낮은 비용으로 제품을 생산할 수 있는 기회를 제공합니다. 그러면 기업뿐만 아니라 소비자들도 이득을 보게 됩니다.

두말할 것 없이 내 일자리가 없어진다고 생각하는 것은 고통스러운 일입니다. 수천 마일 떨어진 곳에 사는 사람들이 나보다 연봉을 수천 달러 덜 받으며 우리 일을 대신한다고 생각하면 힘듭니다. 그러나 그 고통뿐만 아니라 기회에 대해서도 생각해볼 때입니다. 기회는 물론 일자리의 국외이전에 따르는 책무에 대해서도 생각해볼 때입니다. 모든 사람은 개별 기업처럼 경제적 흐름의 방향에 주의를 기울여야 합니다. 제분소나 신발가게, 공장에서 일했던 우리의 부모와 조부모들이 그랬던 것처럼 말입니다.

모니터에 불이 붙기라도 했나요?

인도에 있는 콜센터에선 어떤 소리를 듣게 될지 궁금하지 않은가? 인도의 아웃소싱에 관한 다큐멘터리를 찍으면서 디스커버리 채널 직원들과 나는 벵갈루루에서 인도인이 경영하는 '24/7 고객센터'라는 콜센터에서 하루 저녁을 보냈다. 그 콜센터는 대학의 시끌벅적한 남학생 사교클럽과 여러 대의 전화를 놓고 지역 공영 TV 방송국을 위해 모금 활동을 하는 사무실을 합쳐놓은 것 같았다. 스무 명가량씩 꽉 차 있는 방이 여러 층에 있는데 2500여 명의 직원이 전화를 붙들고 있었다. '아웃바운드outbound' 상담원이라 불리는 직원들은 신용카드를 비롯한 갖가지 상품을 판매한다. 다른 직원들은 '인바운드inbound' 전화, 걸려온 문의전화를 받는다. 이들은 미국이나 유럽의 항공기 탑승객이 잃어버린 가방을 찾아주는 것에서부터 말썽을 일으킨 컴퓨터 문제를 해결하는 것까지 안 하는 일이 없다. 이런 통화는 인공위성과 해저 광섬유 케이블을 통해 이곳 콜센터로 연결된다. 넓은 공간에 작은 전화부스로 구성된 소단위로 나뉘어 있다. 직원들은 그들에게 일을 맡긴 기업에 따라 팀을 나누어 일한다. 다시 말하면, 델 컴퓨터Dell 팀도 있고 마이크로소프트 팀도 있다. 근무환경은 미국의 보통 보험회사와 비슷하다. 저임금과 열악한 근무환경에 노동력을 착취하는 콜센터도 있긴 하겠지만, 내가 본 24/7 고객센터는 그렇지 않았다.

내가 직접 만나본 젊은 직원들 대부분은 월급의 전부 또는 일부를 가족에게 보낸다고 말했다. 사실 그곳 초임은 그들의 부모가 퇴직 무렵 버는 금액보다 높았다. 세계경제 시장에서 얻는 말단 직업으로서는 이만큼 좋을 수가 없다.

미국의 새벽 시간에 맞춰서 일을 시작하는 오후 여섯 시 경에 사무실 여기 저기를 둘러보고 있다가 마이크로소프트 팀의 젊은 인도인 컴퓨터 전문가에게 간단한 질문을 하나 던졌다.

"이 층에서 미국 고객의 소프트웨어에 문제가 생겼을 때 가장 길게 상담한 기록이 어떻게 됩니까?"

"열한 시간입니다." 그는 조금도 머뭇거리지 않고 대답했다.

"열한 시간이라고요?" 나는 경악했다.

"네, 열한 시간입니다." 그가 다시 대답했다.

그의 말이 사실인지 확인할 길은 없으나 24/7 고객센터 직원들의 전화 상담 소리를 어깨너머로 조금이라도 들어보면 수긍이 간다. 한 예로 그날 밤에 우리가 다큐멘터리 촬영 중에 들은 내용 일부를 들려주겠다. 할 수 있다면 이 내용을 미국이나 영국식 발음을 따라서 말하려는 인도 억양의 상담원을 상상하면서 읽어보기 바란다. 그리고 인도인 상담원들은 전화기 저편의 고객이 아무리 무례하고, 고약하고, 짜증 나게 굴어도 절대로 공손한 태도를 잃지 않는다는 걸 생각하라.

여직원: 안녕하십니까? 잠시 말씀 좀 드릴 수 있을까요? (이 말을 하는 순간 상대편은 전화를 쾅하고 끊어버렸다.)

남직원: 서비스센터입니다. 제 이름은 제리입니다. 무엇을 도와드릴까요? (콜센터의 상담직원들은 고객에게 친근감을 주기 위해 서양식 이름을 하나씩 갖고 있다. 내가 영어식 이름 사용에 관해 물어보자 젊은 직원들 대부분은 기분 나빠하기보다 재미있게 일할 기회로 받아들인다고 했다. 그들 중 몇몇은 수전이나 밥 같은 흔한 이름을 쓰고, 몇몇은 나름대로 창의적인 이름을 갖고 있다.)

미국의 고객과 통화하는 여직원: 제 이름은 아이비 팀버우드입니다. 다음과 같은 일로 전화했습니다.

미국인 고객의 신분증 번호를 확인하려는 여직원: 사회보장번호 뒤쪽 네 자리 숫자를 말씀해주시겠어요?

마치 맨해튼에서 창밖을 내다보고 있는 것처럼 말하는 벵갈루루의 여직원: 회사 위치는 맨해튼 54번가와 렉싱턴 거리 교차로에 있습니다. 다른 지점은 또…….

자신은 결코 가입할 수 없는 신용카드를 판매하는 남직원: 이 카드는 현금 서비스 이자가 가장 싼 카드입니다.

너무 일찍 전화했다며 미국의 고객에게 사과하는 여직원: 단순한 안부 전화였습니다. 저녁 시간에 다시 전화 드리겠습니다.

필요 없다는 고객에게 어떻게든 항공사 신용카드를 팔아보려는 남직원: 벨 부인, 소지하신 카드가 너무 많아서인가요? 아니면 항공사를 이용하지 않기 때문인가요?

컴퓨터가 갑자기 다운된 고객에게 조언하는 여직원: 컴퓨터를 켜시고 메모리 테스트를…….

비슷한 컴퓨터 고장 문제에 답하는 남직원: 맞습니다. 이제 숫자 3을 치시고, 엔터 키를 누르세요…….

고객이 전화를 꽝하고 끊어버린 여직원: 네, 알겠습니다. 언제쯤이 좋으실…….

고객이 전화를 꽝하고 끊어버린 경우를 또 당한 같은 여직원: 그런데 켄트 씨, 그런 것이 아니…….

고객이 전화를 꽝하고 끊어버린 경우를 또다시 당한 같은 여직원: 안전장치로……. 여보세요?

처음 들어보는 컴퓨터 문제를 문의하는 미국 고객을 도우려 애쓰는 여직원: 도대체 무슨 문제일까요? 모니터에 불이 붙기라도 했나요?

현재 전 세계에서 걸려오는 전화에 응대하거나 신용카드나 휴대전화 등 전화 판매활동을 하는 인도인은 24만 5000명에 이른다. 미국에서는 이러한 콜센터 업무종사자가 저임금에 사회적 지위가 그다지 높지 않지만, 인도에서는 고임금이고 사회적 지위도 높다. 내가 방문한 24/7과 다른 콜센터 직원들의 소속감은 매우 높은 편이었으며, 젊은 직원들은 무료 상담번호로 전화한 미국인과의 독특했던 경험을 화제로 삼아 즐거이 얘기했다. 먼 나라가 아니라 이웃 사람들과 얘기했다고 생각하는 것 같았다.

24/7 고객센터의 여직원 가운데 한 사람인 메그나가 내게 자신이 겪은 일을 말해줬다.

"우리가 취급하는 제품과는 전혀 상관도 없는 내용으로 전화를 걸어오는 고객이 꽤 많아요. 지갑을 잃어버렸다거나 그저 단순히 누군가와 대화를 나누고 싶어서 전화를 거는 고객도 있죠. 제가 '그럼 침대 밑을 찾아보시거나 평소에 지갑 두는 곳을 다시 한 번 살펴보시라'고 대답하면 여성 고객은 '도와줘서 정말 고맙다'고 말합니다."

니투 소마이야는 "어떤 남자 고객이 자기와 결혼해달라고 했다"고 말했다.

다음은 델타항공 분실물 취급부서를 위한 콜센터에서 일하는 소피 선더가 말한 내용이다. "텍사스 주에서 전화한 여성 고객이 기억납니다. 그녀는 흐느껴 울더군요. 항공편을 두 번 바꿔 탔는데 가방을 잃어버렸대요. 그 속에 딸의 웨딩드레스와 결혼반지가 들었다는 거예요. 안타까웠지만 도와줄 방법이 없었어요. 가진 정보가 전혀 없었어요."

"고객 대부분은 매우 화가 나 있습니다. 그들은 다짜고짜 '내 가방 어디 있어? 당장 내놔!'라고 말합니다. 우리는 규정에 따라 '죄송합니다, 성함이 어떻게 됩니까?'라고 말해야 하죠. 그런 질문에도 무조건 '내 가방 어디 있어?'라고 따집니다. 어느 나라 사람이냐고 물을 때도 있어요. 우리는 규정상 사실대로 말해야 해서 인도 사람이라고 대답합니다. 그런데 인도가 아니라 미국의 인디애나로 잘못 알아듣는 고객도 있습니다. 심지어 인도가 어디 붙어 있는지조차 모르는 사람도 있었어요. 그 고객에겐 파키스탄 옆에 있는 나라라고 말해주었죠."

통화 대부분은 일상적이고 지루한 내용이지만 이런 일자리의 취업경쟁은 치열하다. 이는 보수가 좋기 때문만은 아니라 야간에 일하고 낮에는 학교에 갈 수도 있기 때문이다. 그러므로 이 회사에 취업하는 것은 더 나은 삶을 위한 초석이 된다. 어떻게 해서 그렇게 될 수 있는지 24/7의 공동 창업자이자 CEO인 P. V. 칸난P.V. Kannan이 설명했다.

"현재 벵갈루루와 하이데라바드, 첸나이에서 일하고 있는 우리 직원은 4000명이 넘습니다. 세금 공제 후 수령 기준으로 첫 월급은 200달러 정도이고, 6개월이 지나면 300에서 400달러로 오릅니다. 회사에서 출퇴근 차량을 운행하고 점심과 저녁 식사도 무료로 제공합니다. 직원 가족 모두에게 생명보험과 의료보험 혜택을 주며 다른 복지제도도 있습니다."

따라서 상담직원 한 사람에 드는 총비용은 초임 월 500달러 정도에서 시작해 6개월이 지나면 월 600~700달러가 된다. 모든 직원은 실적에 따라 보너스를 지급 받는데, 보너스를 월급만큼 가져가는 직원도 있다. 칸난이 직원들의 사정에 대해 다음과 같이 자세히 알려줬다.

"직원의 10~20%가 낮에 경영학이나 컴퓨터 분야의 학위를 따러 대학에 다닙니다. 그리고 3분의 1 이상이 대학은 아니더라도 컴퓨터 학원에 다니거나 경영학 관련 교육을 받습니다. 인도에서 20대는 교육을 받는 것이 보통입니다. 부모나 기업이 자식이나 직원의 소양 개발을 적극 장려하고 있습니다. 우리는 꾸준히 실적을 내는 직원들을 주말에 종일 수업하는 경영학석사 MBA 프로그램에 보냅니다. 일주일에 5일을 근무하고, 하루 근무시간은 여덟 시간입니다. 하루에 두 번 15분씩 휴식이 있고 점심 또는 저녁 식사 시간은 한 시간씩입니다."

콜센터를 운영하는 24/7에 매일 700명의 지원자가 몰리는 것은 놀라운 일이 아니다. 그중 겨우 6%만이 채용된다. 다음은 벵갈루루의 한 여자대학에서 열린 채용박람회 풍경이다.

인사담당자 1: 여러분, 안녕하십니까?
모인 학생들: 안녕하세요.

인사담당자 1: 우리는 다국적기업의 의뢰에 따라 신규 직원을 모집하기 위해 이렇게 방문했습니다. 오늘 우리는 주로 하니웰Honeywell과 아메리카온라인America Online을 위해서 일할 직원을 채용하려고 합니다.

이제 열 명가량의 여대생이 이미 준비한 지원서를 들고 면접순서를 기다린다. 인터뷰는 보통 다음과 같이 진행된다.

인사담당자 1: 어떤 직업을 희망하나요?
지원자 1: 회계와 관련 있으면서 경력 개발을 할 수 있는 일을 원합니다.
인사담당자 1: 답변을 할 때는 좀 더 자신감 있게 말해야 합니다. 지금 매우 불안해 보입니다. 자신 있는 태도를 키운 다음 다시 지원하세요.
인사담당자 2: (다른 지원자에게) 자기소개를 해보세요.
지원자 2: 대입시험에서 우수한 성적을 받았고 지난 2년간 학교 성적도 좋았습니다.
인사담당자 2: 좀 천천히 말하세요. 초조해하지 말고 차분하게 하세요.

지원자가 합격한 후에는 교육비를 지급 받으며 필요한 훈련 과정을 수강해야 한다. 교육에서 채용회사의 상담전화 받는 절차를 구체적으로 배우고 발음교정 훈련도 받는다. 강사는 온종일 이들 인도인 신입들이 통화하는 상대에 따라 미국식, 영국식 또는 캐나다식 영어 발음과 억양으로 감쪽같이 응대할 수 있도록 가르친다. 그 수업을 지켜보는 건 특이한 경험이었다. 나는 미국에서 잘 통하는 중서부 발음을 가르치는 수업을 참관했다. 피교육자들은 특히 어려운 't'와 'r' 발음을 교정하기 위해 준비된 문장을 따라서 읽고 또 읽는 훈련을 했다. 서로 돌아가면서 혀가 꼬이는 단어들로 구성된 이런 문장들을 미국식 악센트로 연습하고 또 연습하고 있었다. 약 30분 정도 이런 훈련을 지켜본 후에 미네소타 출신인 나도 한번 해볼 수 있느냐고 강사에게 물었더니 훈련용 문장을 몇 개 줬다.

그래서 내게 건네진 문장을 소리 내서 읽어보았다. 훈련 수강자들이 열렬한 반응을 보여줬는데 미네소타 소도시풍의 영어를 말하고 열렬한 박수를 받은 것은 처음이었다. 평평해진 세계에서 경쟁하기 위해 이 사람들이 영어 발음을 익히는 게 표면적으로는 별로 설득력 없어 보이기도 한다. 하지만 그걸 깔보기 전에 이 젊은이들이 중산층 아래에 있는 계층에서 벗어나 더 나은 삶을 얻기를 얼마나 갈망하는지 여러분도 느껴봐야 한다. 그들은 그저 발음과 악센트만 조금 고쳐서 중산층의 삶으로 도약할 수 있다면 그 정도야 아무것도 아니라고 말했다.

역시 대형 콜센터를 운영하는 인포시스의 CEO 닐레카니는 이렇게 말했다. "콜센터는 스트레스가 많은 곳이지요. 일주일 내내 스물네 시간 돌아가야 합니다. 직원들은 낮에도 밤에도 그리고 다음 날 아침에도 일해야 합니다. 그러나 근무가 힘들어서라기보다 성공에 대한 스트레스가 크다고 할 수 있습니다. 업무에 대한 압박을 많이 받지만 직원들은 망설이지 않고 도전적인 삶을 선택합니다."

내가 여러 직원을 만나 대화하면서 받은 느낌도 그랬다. 현대화가 그렇듯이 아웃소싱도 전통적인 생활양식을 뒤흔든다. 교육받은 인도인들은 오랜 세월 빈곤과 사회주의식 관료주의에 발목 잡혀 왔기에 그런 장시간 근무를 전혀 두려워하지 않는다. 그들에게는 보따리를 싸서 아예 미국으로 떠나 그곳에서 자리를 잡고 새 출발 하기보다는 인도의 벵갈루루에서 열심히 일하기가 더 쉽고 만족스러운 것은 말할 필요도 없다. 평평해진 세계에서 그들은 인도에 머물며 넉넉한 보수를 받을 수 있다. 가족이나 친구와 떨어질 필요도 없고 인도의 고유문화와 음식을 계속 즐길 수 있다. 결국 이들은 다국적기업의 아웃소싱 업무 덕택에 더욱 인도인다운 삶을 누리게 되었다.

"나는 원래 인도에서 MBA 과정을 마친 다음 미국 퍼듀 대학교에 입학허가를 받았는데 학비를 감당할 수 없어서 포기했지요. 이제는 가능하지만, 많은 미국 기업들이 벵갈루루로 몰려오고 있는데 굳이 미국에 갈 필요가 없어졌지요. 바로 여기서 다국적기업에 직장을 얻을 수 있습니다. 여전히 쌀밥과 삼바

(인도 전통요리)를 먹으면서 말이죠. 미국인들이 즐겨 먹는 코울슬로나 냉동 쇠고기를 먹는 방식을 배우지 않아도 되잖아요. 인도의 전통음식을 먹으면서 다국적기업에서 일할 수 있는데 미국에 갈 이유가 있나요?"

24/7의 인력 담당 책임자 안네이 운니크리슈난Anney Unnikrishnan의 말이다.

그녀가 벵갈루루에서 작은 아파트와 자동차 한 대를 소유하고 비교적 높은 생활 수준을 유지하는 것은 미국에도 이득이다. 24/7의 고객센터를 둘러보면 모든 컴퓨터가 마이크로소프트의 윈도우 운영 프로그램을 쓰고 있다는 사실을 알 수 있다. 컴퓨터 칩은 인텔Intel 제품이고, 회사의 전화는 루슨트Lucent 제품이다. 또 냉방 시스템은 캐리어Carrier 제품이며 생수조차 코카콜라 제품이다. 게다가 이 24/7 주식의 90%는 미국인 투자자 소유다. 최근 들어 미국이 일부 3차 산업 직종을 인도에 보낸 것은 사실이다. 그러나 미국에 기반을 둔 기업들의 상품과 서비스 대對인도 수출은 1990년 25억 달러에서 2003년에 50억 달러로 증가했다. 그 이유의 일부를 이곳에서 알 수 있다. 미국에서 인도로 서비스 산업의 일자리 일부가 아웃소싱 되었지만, 인도의 성장하는 경제는 미국 제품과 서비스에 대한 인도의 수요를 더욱더 많이 창출해내고 있다.

무엇인가 주면 돌아오는 것이 있는 법이다.

일본이 미국의 자동차산업을 강타하던 9년 전, 나는 아홉 살짜리 내 딸과 '카르멘 샌디에이고Carmen Sandiego는 어디에 있는가?'라는 지명 찾기 컴퓨터 게임을 같이 했던 경험을 칼럼에 썼다. 그때 나는 게임 중에 내 딸 오를리를 도와주려고 카르멘이 자동차산업으로 유명한 디트로이트로 갔다는 힌트를 주는 한마디를 건넸다. "자동차가 만들어지는 곳이 어디지?" 오를리는 머뭇거리지도 않고 대답했다. "일본"이라고.

이럴 수가!

벵갈루루에 있는 소프트웨어 디자인 회사인 글로벌 엣지Global Edge를 방문했을 때 그 일이 떠올랐다. 이 회사의 마케팅 책임자인 라제시 라오Rajesh Rao는 조금 전에 거래를 따내기 위해 알지도 못하는 한 미국 회사의 엔지니어링 담당 부사장과 통화했다고 말했다. 라오가 인도의 소프트웨어 회사에서 전화하는 거라고 소개하자마자 미국인 부사장이 인도말로 "나마스테Namaste"라고 인사를 했단다.

"몇 년 전만 해도 미국인은 우리 회사랑 업무를 상의하지 않았습니다. 지금은 다들 우리랑 일하려고 열심인 것 같아요." 이 뿐만 아니라 인도말로 공식적인 인사법을 아는 사람도 꽤 된다고 한다. 언젠가 손녀에게 내가 인도로 간다고 말하면 "할아버지, 인도가 소프트웨어를 만드는 곳이지요?"라고 물어보지 않을까 궁금하다.

그러나 아직은 아니다. 소프트웨어를 비롯해 모든 신제품은 기초연구로 시작해서 응용연구, 실험, 개발, 시제품 테스트, 대량생산, 배급 그리고 애프터서비스와 지속적인 성능개선을 위한 작업까지 긴 과정을 거친다. 각 단계는 나름대로 전문화되어 있어서 아직 인도나 중국, 러시아는 미국의 거대 다국적기업이나 할 수 있는 이 모든 과정을 감당해낼 능력을 갖추지 못했다. 그러나 이 나라들이 연구개발 능력을 꾸준히 발전시키다 보면 점차 더 많은 단계를 감당해내게 될 것이다. 마침내 '혁신의 세계화'라 할 수 있는 단계가 시작될 것이고, 결국 이전에 미국과 유럽의 거대기업들이 신제품 개발 사이클에서 누리던 독점적 지위는 끝날 것이다. 점점 더 많은 미국과 유럽 기업들이 연구개발 업무를 인도나 러시아, 중국에 맡기고 있다.

벵갈루루가 속해 있는 카르나타카 주정부 IT 사무소의 발표로는, 시스코시스템Cisco System, 인텔, IBM, 텍사스인스트루먼츠, 제너럴일렉트릭 등의 인도 지사는 이미 미국 특허국에 1000건의 특허 신청을 내놓은 상태다. 텍사스인스트루먼츠만 해도 인도 지사가 받아놓은 미국 특허가 225건이나 된다. 다음은 2004년 말 카르나타카 주정부 IT 사무소가 발행한 소식지에 나오는 내용이다.

벵갈루루의 인텔 연구팀은 2006년에 출시할 고속 광대역 무선통신을 위한 마이크로 칩을 개발하고 있다. 벵갈루루에 있는 제너럴일렉트릭의 존 F. 웰치 기술센터에서는 혁신적인 아이디어의 항공기 엔진, 운송 시스템과 플라스틱을 연구하고 있다.

실제로 제너럴일렉트릭은 지난 몇 년간 미국에서 일하던 많은 인도인 엔지니어들을 자주 인도로 보냈다. 이는 연구개발의 세계적인 통합 작업을 위해서다. 이제는 인도인이 아닌 연구원도 벵갈루루로 보내고 있다.

비벡 폴Vivek Paul은 대표적인 인도 IT 기업의 하나인 위프로테크놀로지Wipro Technologies 사장이다. 하지만 미국 고객과 가까운 곳에 있기 위해 그는 미국의 실리콘밸리에서 일한다. 그가 위프로에 오기 전에는 밀워키Milwaukee에서 제너럴일렉트릭의 CT 스캐너 사업부문을 담당했다. 그 당시 동료 중에 프랑스에서 제너럴일렉트릭의 발전기 사업을 담당하던 한 프랑스인이 있었다.

"최근에 우연히 비행기에서 마주쳤지요. 이제는 제너럴일렉트릭의 고에너지 연구개발 분야 사장을 맡아 인도로 갔다고 하더군요." 폴이 말했다.

나는 폴에게 함께 일했던 프랑스 동료의 소식을 정말 기쁘게 생각한다고 말했다. 한때 밀워키에서 제너럴일렉트릭의 CT 스캐너 사업부 수장이었다가 지금은 미국 실리콘밸리에서 위프로 컨설팅 사업을 운영하고 있는 인도인인 폴과 프랑스에서 일하다 인도 지사로 옮기는 프랑스인이라니. 그야말로 평평한 세계가 아닌가!

가능할 것 같지 않은 일이 벵갈루루로 아웃소싱 되었다고 생각하는 순간 새로운 아웃소싱 일거리를 발견하곤 한다. 내 친구인 비벡 쿨카르니Vivek Kullkarni는 벵갈루루 시청에서 첨단기술 투자유치 업무를 담당했다. 2003년에 사직한 후 그는 B2K라는 이름의 회사를 차렸다. 이 회사의 한 부서인 브릭워크Brickwork는 전 세계의 바쁜 사업가와 임원들에게 인도에서 개인비서 역할을 제공한다. 예를 들어, 당신이 회사 경영자이고 이틀 후에 파워포인트로 프레젠테이션하며 연설해달라는 요청을 받았다고 생각해보자. 그때 브릭워크에서 소개한 인도에 있는 당신의 '원격 개인비서'가 당신을 위해 연설자료를 조사하고, 파워포인트 프레젠테이션 파일을 만들어서 연설일 전날 밤에 이메일로 당신에게 보낼 것이다. 당신은 연설 당일 아침에 책상 위에 놓여 있는 연설문과 파일을 열어보기만 하면 된다. 쿨카르니의 설명을 들어보자.

"뉴욕에 사는 사람이 퇴근하면서 당신의 원격 개인비서에게 일을 보냅니다. 다음 날 아침이면 지시한 일이 준비돼 있습니다. 인도와 미국의 시차 때문에 미국에서 잠을 자는 동안 인도에서 작업이 완료되어 아침에 전달됩니다. 다음 날 아침 컴퓨터를 켜면 완성품을 볼 수 있는 거죠."

쿨카르니는 내게도 '원격 개인비서'를 고용하여 집필 중인 책의 기본적인 자료수집을 하라고 권했다. "원격 개인비서가 있으면 당신이 읽어야 할 자료를 시간에 쫓기지 않고 파악할 수 있을 것입니다. 당신이 잠을 자는 동안 원하는 내용을 요약해서 아침까지 이메일로 보내줄 테니까요."

원격 개인비서를 고용하는 비용은 한 달에 1500~2000달러면 된다. 브릭워크가 고용 가능한 인도의 대학 졸업자 인력을 고려하면 비용보다 상당히 뛰어난 고급인력을 고용할 수 있다. 다음은 브릭워크가 만든 홍보 책자에 나온 내용이다.

인도의 인력시장은 기업에 상당한 고급인력을 폭넓게 제공할 수 있습니다. 해마다 쏟아지는 250만 대졸자들 말고도 지식과 경험이 풍부한 많은 주부도 노동시장에 진출하고 있습니다. 인도의 비즈니스스쿨에서만 해마다 8만 9000명의 MBA를 배출합니다.

고객들의 반응은 매우 좋다고 쿨카르니가 말했다. 그의 고객들은 크게 두 분야로 나뉜다. 한 분야는 미국의 헬스케어 상담전문가들로서 이들은 주로 숫자를 많이 다루는 파워포인트 작업이 필요하다. 또 다른 분야는 투자은행을 비롯한 금융회사들인데, 기업 인수와 합병의 효과를 표현하려면 다채로운 그래프를 동원한 요란한 팸플릿 작업을 많이 해야 한다. 기업합병의 경우 브릭워크는 합병보고서에서 시장의 전반적인 상황과 추세를 다루는 섹션을 준비한다. 이들 자료는 대부분 인터넷에서 얻어서 표준화된 양식에 요약해 넣는다.

"인수가격 결정은 투자은행의 몫입니다. 우리는 기초조사를 대신해주는 겁니다. 우리는 아주 기초적인 일을 할 뿐이고, 금융시장에 있으면서 판단력과 경험이 요구되는 중요한 일은 그들이 스스로 해야 합니다. 더 많은 프로젝트를 수행할수록 작업 노하우도 더 쌓입니다. 직원들은 더 어려운 과제를 떠맡아 해결하려고 애씁니다. 항상 배운다는 생각을 해야 합니다. 우리는 늘 시험을 치르고 있는 셈입니다. 배움에는 끝이 없어요. (…) 정말 누가 어떤 일을 할 수 있는지 그 끝은 없습니다." 쿨카르니가 말했다.

콜럼버스와 달리 나는 인도에서 멈추지 않았다. 미국으로 돌아온 후 세계가 평평해졌다는 사실을 보여주는 더 많은 증거를 찾아 동양을 탐험해보기로 했다. 그래서 나는 곧 인도 다음으로 도쿄로 떠났다. 도쿄에서 나는 맥킨지컨설팅McKinsey & Company의 전설적인 컨설턴트였던 오마에 겐이치를 만나게 되었다. 그는 맥킨지를 떠나서 독립해 오마에앤어소시에이츠Ohmae & Associates를 세웠다. 사업 목적은 무엇일까? 오마에 겐이치는 더 이상 컨설팅 사업은 안 한다고 설명했다. 그는 이제 중국에 일본어 대응이 가능한 콜센터와 서비스 제공 업체를 두고 일본의 저부가가치 저임금 일자리를 아웃소싱 하는 일에 앞장서고 있다고 말했다. 놀라서 그에게 물었다.

"뭐라고요? 중국으로 아웃소싱 한다고 했습니까? 과거 중국을 식민지화했던 일본에 대한 나쁜 기억 때문에 중국에서는 반일감정이 높지 않습니까?"

맞다. 그러나 오마에 겐이치는 과거사 때문에 나쁜 감정도 남아 있지만 중국에서는 초밥에서 가라오케까지 일본문화를 조금이라도 맛본 일본어 구사자들도 남아 있다고 설명했다. 만주에, 그중에서도 특히 랴오둥 반도의 항구 도시인 다롄大連에 많다고 했다. 벵갈루루가 미국이나 다른 영어권 국가에 아웃소싱의 중심지 역할을 하듯이 다롄이 일본에 그 역할을 하고 있다. 중국인들은 아마도 지난 세기에 일본이 중국에 한 짓을 용서할 수 없을 것이다. 하지만 중국은 다음 세기에 세계를 주도하는 국가가 되려고 총력을 기울이고 있기에, 녹슨 일본어를 가다듬어서 일본이 아웃소싱 할 수 있는 모든 일을 기꺼이 맡으려고 한다.

2004년 초, 인력충원은 아주 쉽다고 오마에가 말했다. "다롄과 그 주변에 사는 사람의 3분의 1 정도가 고등학교에서 일본어를 제2외국어로 선택해 배웠습니다. 그래서 많은 일본 기업들이 이 지역으로 오고 있는 겁니다."

오마에의 회사는 중국에서 기본적으로 데이터를 컴퓨터에 입력하는 작업을 주로 한다. 중국인 작업자들은 손으로 쓰인 일본어 서류들을 스캐너나 팩스, 이메일 따위로 일본에서 다롄으로 전송받는다. 그들은 전송받은 문서들을 일본어로 타이핑해서 디지털 데이터베이스에 입력한다. 한편 오마에의 회사에서는 자료를 입력하고 작은 패킷 단위로 분리하는 소프트웨어를 개발했다. 이 패킷 조각들은 요구되는 전문성에 따라 중국이나 일본으로 전송되고 타이핑으로 입력된 후, 도쿄 본사의 회사 데이터베이스에서 다시 재결합한다. "우리는 일을 가장 잘할 수 있는 사람에게 업무를 할당할 수 있는 능력이 있습니다."

그의 회사는 집에서도 데이터 입력 작업이 가능한 7만 명이 넘는 주부들과 계약을 맺고 있다. 이들 가운데에는 의학이나 법률 등 전문용어에 능통한 사람도 있다고 한다. 최근에는 일본의 주택건설 회사를 위해 컴퓨터로 디자인 설계를 하는 CAD 서비스 분야로 사업을 확장했다. 오마에는 이렇게 설명했다.

"일본에서 집을 한 채 짓기로 계약을 했다고 치죠. 맨 먼저 조감도를 그리는 게 순서일 텐데 대부분의 주택건설 회사들이 컴퓨터를 이용하지 않습니다. 그래서 일단 손으로 그린 도면을 전자통신 방법으로 중국에 보냅니다. 그럼 중국에서 디지털 도면으로 전환해 일본 회사로 보냅니다. 회사는 이 도면을 바로 건축 설계 청사진으로 전환합니다. 우리는 가장 뛰어난 중국인 데이터 오퍼레이터를 뽑아 씁니다. 이 사람들이 하루에 주택 70채의 도면을 만들어내고 있습니다."

탐욕스러운 일본군이 중국을 침략해서 수많은 집을 파괴한 지 70여 년이 지난 뒤에 중국인들은 지금 컴퓨터로 일본의 주택을 설계해주고 있다. 아마도 이 평평한 세계에서 희망을 볼 수 있는 일이 아닐까?

나는 중국의 벵갈루루인 다롄을 내 눈으로 직접 볼 필요가 있었다. 그래서 도쿄, 다롄 등 동양 세계를 돌아다녔다. 다롄은 여느 중국 도시와 달리 인상적인 도시다. 넓은 도로, 아름다운 녹지 그리고 종합대학과 기술대학, 대단위 소프트웨어 개발회사들로 구성된 복합단지를 갖추고 있어서 실리콘밸리에 있어도 두드러져 보일 것이다. 1998년에도 다롄을 방문한 적이 있지만 그 후에 무척 많은 건물이 새로 들어선 바람에 어디가 어딘지도 몰라볼 지경이었다. 베이징에서 비행기로 한 시간 거리에 있는 다롄은 가장 빠른 속도로 현대화되고 있는 중국의 도시들이 (낙후된 도시들이 아직 많긴 하지만) 단순한 제품 생산기지로서뿐 아니라 지식산업으로도 번창하고 있음을 상징적으로 잘 보여준다. 빌딩의 간판을 보면 제너럴일렉트릭, 마이크로소프트, 델, SAP, HP, 소니 등 세계적인 기업들이 즐비하다. 이들은 소프트웨어 신제품 개발은 물론이고 아시아 시장의 전진기지 역할을 한다.

다롄은 한국과 일본까지 비행거리 한 시간 내에 있다. 일본어 구사자들이 많은 데다 인터넷도 널리 보급되었고, 공원과 특히 지식노동자에게 매력적인 세계 수준의 골프장이 많아서 아웃소싱에 관한 한 다롄은 일본 기업에 매우 매력적인 무대였다. 일본에서 소프트웨어 엔지니어 한 명의 인건비로 중국인 엔지니어 세 명을 고용하고도 초임을 월 90달러로 시작하는 콜센터 직원을 다수 고용할 수 있다. 이런 점들을 고려하면 2800여 개의 일본 기업이 다롄에 지사를 세우거나 중국인과 합작회사를 차린 것은 전혀 놀라운 일이 아니다.

"많은 미국인을 다롄에 데려와 둘러보게 했습니다. 그들은 첨단기술 분야에서 중국이 급성장한 데 대해 매우 놀라더군요. 미국인들은 중국의 도전이 어느 정도인지 아직 실감하지 못합니다." 다롄에서 성장한 가장 큰 소프트웨어 회사의 하나인 DHC에 이사로 있는 리우윈의 말이다. 그의 회사는 6년 만에 종업원 수가 서른 명에서 1200명으로 늘 정도로 급속히 성장했다.

열정적인 다롄 시의 시장 샤더런은 49세로 한때 대학 총장을 지낸 인물이다 (공산당 일당 독재 체제에도 중국에서는 승진이 비교적 업적에 따라 이뤄진다. 능력에 따른 인사 문화는 중국인들의 오랜 전통 덕분일 것이다). 호텔에서 열 가지 전통 코스에 따른 중국요리를 대접하면서 그는 다롄이 얼마나 발전했는지 또 앞으로 어떤 방향으로 이끌어갈지 자신의 견해를 밝혔다.

"다롄에는 스물두 개의 종합대학과 단과대학이 있고 20만 명이 넘는 대학생이 있습니다." 그의 설명으로는, 대학생의 절반 이상이 이공계인 데다 역사나 문학을 전공하는 인문사회 계열의 대학생이라 해도 취업을 위해 일 년간은 컴퓨터와 함께 일본어나 영어를 배운다. 그는 다롄 시민의 50% 이상이 사무실이나 가정, 학교에서 인터넷에 접속하고 있을 것으로 예측했다.

다롄 시장이 말을 이어갔다. "처음에는 일본 기업들이 여기서 데이터 처리 작업을 했습니다. 그러다가 점차 연구개발과 소프트웨어 개발로 넘어갔습니다. (…) 1~2년 전부터는 미국 소프트웨어 기업들이 소프트웨어 개발 아웃소싱을 미국에서 다롄으로 옮겨오기 위한 시도를 해왔습니다. (…) 우리는 인도가 걸어간 길을 따라갔고 이제 곧 인도를 따라잡으려 합니다. 다롄은 소프트웨어 수출만 해마다 50%씩 증가했습니다. 중국은 세계에서 가장 많은 대학 졸업자를 배출하는 나라입니다. 중국인의 영어실력은 평균적으로 인도인보다 못하다고 할 수 있지만 중국의 인구는 인도보다 많습니다. 따라서 우리는 얼마든지 유창한 영어실력과 뛰어난 재능을 겸비한 학생들을 채용할 수 있습니다."

지난날 중국 침략기에 저지른 만행에 대해 아직도 공식적으로 사과하지 않는 일본을 위해 일한다는 것에 혹시 다롄 시민들이 곤혹스러워하지는 않을까?

"우리는 역사적인 중일전쟁을 절대 잊지 않을 것입니다. 그러나 경제 분야에서는 경제문제에만 관심을 둡니다. 특히 소프트웨어 아웃소싱 사업은 더욱 그렇습니다. 미국이나 일본 기업이 다롄에서 소프트웨어 제품을 생산하는 것을 긍정적으로 봅니다. 우리 젊은이들은 일본어를 열심히 배우려고 애씁니다. 일본어를 경쟁의 도구로 삼아 일본 젊은이들과 경쟁해서 장차 많은 돈을 벌 수 있는 일자리를 확실히 확보하기 위해서죠."

다렌 시장은 덧붙여 중국 젊은이들에 대해 말했다. "개인적인 느낌이지만 최근의 중국 젊은이들은 일본이나 미국 젊은이들보다 더 야심적일 겁니다. 그러나 우리 세대만큼은 아닙니다. 우리 세대는 대학에 가기 전까지 궁벽한 농촌이나 공장, 군대에서 힘든 시절을 보내야 했습니다. 어려움을 극복하려는 투지가 그만큼 강했고, 아무래도 요즘 젊은이들보다는 야심이 더 클 수밖에 없었죠."

이 세계에 대한 다렌 시장의 설명은 직접적이지만 매력적인 면이 있었다. 통역 문제로 그가 말하려 했던 내용을 전부 알아듣지는 못했지만, 그는 분명히 이 세계의 핵심적인 내용을 이해했다. 그러니 미국인들도 역시 그 내용을 이해해야 한다.

"시장경제의 법칙상 기업은 인적자원이 가장 풍부하고 노동력이 싼 곳으로 가게 돼 있습니다. 제조업부문에서 처음에 중국인들은 외국 대기업에 고용돼 일했습니다. 몇 년이 지나서 우리가 업무처리 과정과 절차에 대해 배운 후 스스로 기업을 세울 수 있게 되었습니다. 소프트웨어 산업도 같은 길을 걷게 될 것입니다. 처음에는 우리 젊은이들이 외국인 기업에 고용돼 일할 것입니다. 그 다음에는 스스로 소프트웨어 회사를 차리고요. 이는 건물을 짓는 일에 비유할 수 있습니다. 오늘날 미국인들은 설계자이자 건축가입니다. 개발도상국 사람들은 빌딩의 벽돌을 쌓는 일을 하지요. 그러나 언젠가는 우리도 건축가가 될 것입니다."

나는 동서로 탐험을 계속해나갔다. 2004년 여름에 나는 휴가차 콜로라도에 가 있었다. 1999년에 영업을 시작한 새로운 저가 항공사인 제트블루JetBlue에 대해 들었던 적이 있었다. 어떤 노선을 운영하는지는 모르고 있었지만 어쨌든 워싱턴 주에서 애틀랜타 주로 가는 비행편이 필요했다. 그런데 내가 원하는 시간에 비행기가 있는지 제대로 알 수가 없어서 나는 전화로 직접 제트블루에 문의해서 정확한 노선을 알아내기로 했다. 솔직히 거기에는 또 다른 이유가 있었다. 제트블루 항공사가 모든 예약업무를 유타 주에 사는 주부들에게 아웃소싱 했다는 얘기를 들었기 때문에 나는 그것을 직접 확인해보고 싶었다. 다음은 제트블루에 전화해서 상담원과 나눈 통화 내용이다.

"안녕하세요. 돌리입니다. 무엇을 도와드릴까요?" 할머니 목소리처럼 인자한 음성이 대답했다.

"워싱턴 주에서 애틀랜타 주로 가려고 합니다. 비행 노선이 있습니까?"

"죄송하지만 그 노선은 없습니다. 워싱턴에서 로더데일로 가는 노선은 있습니다."

"워싱턴에서 뉴욕으로 가는 비행기는 있습니까?" 내가 다시 물었다.

"죄송하지만 그 노선도 없습니다. 워싱턴에서 오클랜드나 롱비치로 가는 항공편은 있습니다."

"저, 이런 질문을 해도 될까 모르겠는데, 정말로 재택근무를 하시는 건가요? 제트블루 직원은 집에서 일한다는 글을 읽었습니다."

"네, 맞습니다." 돌리가 듣던 중 가장 유쾌하게 답했다(나중에 제트블루에서 그녀의 이름이 돌리 베이커임을 확인해줬다). "내 집 2층에 마련한 사무실에서 창밖의 화창한 날씨를 내다보고 있습니다. 바로 5분 전에 어떤 분이 전화해서 똑같은 질문을 했어요. 내 집이라고 했더니 그분은 내가 인도의 뉴델리에서 일한다고 대답할 것으로 생각했다더군요."

"어디 사시는지요?" 내가 물었다.

"유타 주의 솔트레이크 시에 살아요. 이층집에 사는데 나는 재택근무가 마음에 듭니다. 특히 눈보라 치는 겨울이면 집에서 일하는 게 정말 좋다는 생각이 들지요."

"어떻게 그 일자리를 얻었습니까?"

"제트블루는 구인광고를 하지 않아요." 돌리가 정말 다정한 목소리로 말했다. "순전히 입소문으로 사람을 뽑습니다. 나는 주정부에서 일하다 퇴직했는데 얼마 지나니 무언가 일을 해야겠다는 생각이 들더군요. 이 일이 정말 마음에 들어요."

제트블루 항공사의 창업자이자 CEO인 데이비드 닐먼David Neeleman은 이런 일의 방식에 멋진 이름을 붙였다. 그는 '홈소싱homesourcing'이라고 불렀다. 제트블루에는 돌리처럼 솔트레이크 시 지역에서 재택근무로 예약업무를 하는 상담원이 400명 있다. 이들은 아이를 돌보거나, 운동하거나, 소설을 쓰거나, 저녁 식사 준비를 하는 사이에 예약 서비스 일을 한다.

몇 달 후 뉴욕에 있는 제트블루 본사에서 닐먼을 만났다. 그는 홈소싱의 가치에 대해 설명해줬는데, 사실 이 일은 그가 몇 년 전에 처음으로 설립했다가 사우스웨스트Southwest에 매각한 모리스항공Morris Air에서 시작했다고 한다.

"모리스항공에서는 예약상담원 250명이 재택근무를 했습니다. 이들은 일반 항공사 예약 담당 직원보다 생산성이 30% 높았습니다. 일을 더 즐겁게 했다는 이유만으로 예약 건수가 30% 많았거든요. 회사에 대한 충성심은 더 커진 반면에 소모적인 일은 더 적어졌지요. 그래서 나는 제트블루를 세울 때 '100% 홈소싱으로 예약업무를 하겠다'고 단언했습니다."

닐먼이 이 일을 시작하고자 한 데에는 개인적인 이유도 있다. 그는 모르몬교도로서 엄마들이 아이들과 함께 집에 머물면서 일도 해서 돈을 벌 수 있으면 사회가 좀 더 좋아지리라 믿고 있다. 그래서 모르몬교도가 많이 사는 유타 주 솔트레이크 시를 홈소싱의 본거지로 삼은 것이다. 솔트레이크에 사는 여자들 대부분은 모르몬교도이며, 많은 여성이 집에 있는 가정주부다. 재택 상담 직원들은 일주일에 스물다섯 시간을 일한다. 한 달에 한 번 솔트레이크 시에 있는 지역사무소에 방문해서 네 시간 동안 새로운 기술을 배우며 회사 사정에 대한 최근 소식을 듣기도 한다.

"우리는 결코 인도에 아웃소싱하지 않을 겁니다"고 닐먼이 말했다. "미국에서 얻는 인력이 월등히 우수하기 때문이죠. (…) 미국보다 인도를 상대로 한 아웃소싱을 선호하는 기업주들을 이해할 수 없습니다. 어쨌든 그런 고용주들은 사람들이 자신들이나 자신이 임명한 관리자 앞에 앉아서 일해야 한다고 생각하는 겁니다. 우리 회사가 미국 내에서 아웃소싱을 해서 얻는 생산성은 인도의 저임금으로 얻는 이익을 상쇄하고도 남습니다."

다음은 《로스앤젤레스 타임스Los Angeles Times》 2004년 5월 9일 자에 실린 제트블루에 관한 기사의 일부이다.

1997년에는 적어도 일부 시간을 할애하는 형태를 포함하더라도 미국 기업의 근로자 1160만 명이 재택근무를 했다. 10년 만에 그 숫자는 2350만 명으로 급증했다. 이는 미국 전체 경제활동 인구의 16%에 달한다(그동안 사실상 집에서 일한다고 봐야 하는 자영업자도 같은 기간 동안 1800만 명에서 2340만 명으로 늘어났다).
다른 시각으로 보면 홈소싱과 아웃소싱은 서로 경쟁적인 전략이 아니라고 할 수 있다. 그 추구하는 목적이 같기 때문이다. 미국 기업들은 어떤 경영 방식을 취하든 비용은 낮추고 효율성은 높여야 한다는 무자비한 압력을 받고 있다.

그것이 바로 정확하게 내가 탐험 여행에서 얻은 결론이다. 솔트레이크 시로 홈소싱을 하는 것과 벵갈루루로 아웃소싱을 하는 것은 같은 동전의 양면일 뿐이다. 그리고 내가 알게 된 진짜 새로운 사실은 기업이든 개인이든 세계 어디서나 아웃소싱을 할 수 있게 되었다는 것이다.

나는 계속해서 이동했다. 2004년 가을, 나는 합참의장인 리처드 마이어Richard Myers 대장과 같이 이라크의 중요 지역을 방문했다. 바그다드와 미군 사령부가 있는 팔루자와 24해병사단 주둔지가 있는 바빌을 둘러보았다. 24해병사단의 임시 기지는 미국에 적대적인 수니파 주민이 많이 사는 지역 한가운데에 있었다. 마이어 대장이 장교들과 사병들을 만나는 동안 나는 자유로이 기지를 둘러보았다. 그러다 지휘센터에 들어섰을 때 대형 평면 텔레비전 스크린에 곧 시선을 빼앗겼다. 공중에 설치된 카메라에서 잡은 듯한 장면이 화면에 보였다. 어느 집 뒤편에서 서성거리는 이라크 사람들의 모습을 비추고 있었다. 바로 오른쪽 화면에는 그 영상을 보며 토론하고 있는 회의실 모습이 보였다.

나는 "저게 무슨 장면입니까?" 하고 노트북 컴퓨터를 통해 모든 화면을 주의 깊게 지켜보고 있는 한 병사에게 물었다. 그는 고성능 텔레비전 카메라가 장착된 무인항공정찰기 프레데터Predator가 24해병사단이 작전 수행 중인 이라크의 한 마을 상공을 날면서 실시간으로 정보화면을 자신의 노트북 컴퓨터와 평면 스크린에 전송하고 있다고 설명했다. 실제로 정찰기는 네바다 주 라스베이거스의 넬리스 공군기지에 있는 전문가에 의해 날려지고 조종되고 있었다. 그렇다. 라스베이거스에서 직접 이라크를 정찰하는 것이다! 게다가 정찰기가 보내는 영상은 24해병사단과 미국 탐파에 있는 중앙사령부, 카타르에 있는 중동지역사령부 그리고 워싱턴에 있는 미 국방성에서도 동시에 볼 수 있게 전송된다. 아마 CIA도 보고 있을 것이다. 전 세계 미군기지에 있는 서로 다른 전문가들이 전송되는 이미지를 놓고 어떻게 해석하고 대응해야 할지를 토론한다. 그리고 그 대화 내용은 화면의 오른쪽에서 자막으로 흘러내리고 있었다.

내가 놀라서 어안이 벙벙해졌을 때 우리와 동행하던 다른 장교가 이런 기술로 군대의 위계질서가 무너지고 "평평해졌다"고 말해서 또 한 번 깜짝 놀랐다. 최고위급 장성만이 아니라 초급장교에게도, 심지어 컴퓨터를 작동하는 사병에게도 동일한 정보가 제공되고, 수집한 정보에 관한 의사결정을 내릴 수 있는 권한이 부여되기 때문이다. 난 초급장교는 상관의 허락 없이 포격을 명령할 수 없으리라 생각했다. 하지만 고급장교만이 전체적인 정보를 파악하고 있던 시대는 끝났다. 이제는 심지어 군대까지 평평해지고 있는 것이다.

이 이야기를 북대서양조약기구NATO의 미국 대사이자 보스턴 레드삭스 야구팀의 열성 팬인 닉 번스Nick Burns에게 들려준 적이 있다. 그는 2004년 4월 카타르의 미군 중동지역사령부에서 있었던 일을 들려줬다. 존 애비제이드John Abizaid 대장과 그의 부관으로부터 브리핑을 받고 있었는데, 반대편 자리에 네 개의 평면 스크린이 있었다. 스크린 세 개는 프레데터 무인정찰기가 이라크의 서로 다른 지역에서 촬영한 영상을 실시간으로 보여주고 있었다. 번스가 주목한 것은 마지막 한 화면이었다. 그 화면에서 뉴욕 양키스 야구팀의 페드로 마르티네스Pedro Martinez와 보스턴 레드 삭스 야구팀의 데릭 지터Derek Jeter가 대결하는 모습이 나오고 있었다.

한 화면에서는 페드로 마르티네스와 데릭 지터가 대결하고 있었고, 다른 세 화면에서는 이슬람 지하드 전사와 미 제1기병사단이 싸움을 벌이고 있었던 것이다.

평평한 세계에서 햄버거와 감자튀김을 주문받는 방식

나는 동쪽으로 계속 이동해서 메릴랜드Maryland 주 베데스다에 있는 내 집으로 돌아왔다. 세계의 끝 구석구석을 여행한 후 집으로 돌아와 앉았을 때쯤 머릿속이 혼란스러웠다. 그러나 집에 오자마자 세계가 평평해지고 있다는 사실을 확인해주는 신호들을 또다시 접하게 되었다. 한 가지 신호는 신문의 머리기사였다. 그 기사는 자녀가 대학 졸업 후 어떤 직업을 갖게 될지 고민하는 학부모들을 더 근심스럽게 만들 만한 내용이었다. 예를 들면, 포레스터 리서치Forrester Research, Inc.는 2015년까지 300만이나 되는 서비스 직종과 전문직이 국외로 빠져나갈 것이라 전망했다.

그러나 2004년 7월 19일 자《인터내셔널 헤럴드 트리뷴International Herald Tribun》을 읽으면서 난 정말로 입이 다물어지지 않았다. 기사 제목은 '감자튀김을 아웃소싱해서 드시고 싶지 않습니까?'였다. 다음은 기사 내용이다.

55번 고속도로를 타고 가다 미주리 주의 케이프 지라도 부근에서 빠져나와 고속도로 옆의 맥도날드 드라이브인 주문차선으로 들어오면 빠르고 친절한 서비스를 받을 수 있다. 주문받는 사람이 식당 안에 있는 것도 아니고, 미주리 주 내에 있지도 않다. 이곳의 주문은 식당에서 900마일, 즉 1450km 떨어진 콜로라도 스프링스에 있는 콜센터에서 받는다. 주문은 주문 고객과 주방의 조리사에게 연결된 초고속 인터넷으로 전달된다. 이제 레스토랑에 관계된 일도 아웃소싱할 수 있게 된 것이다.

케이프 지라도 레스토랑의 주인인 셰넌 데이비스는 이곳 말고도 열두 개 맥도날드 매장 중에서 다른 세 곳을 콜로라도 콜센터와 연결해서 경영하고 있다. 이 콜센터는 또 다른 맥도날드 가맹점 주인 스티븐 비가리가 운영하고 있다. 셰넌은 다른 사업자들이 가진 같은 이유, 즉 낮은 운영비와 더 빠른 서비스 그리고 실수를 최소화하기 위해 콜센터를 이용한다. 값싸고 빠르며 믿을 만한 통신선 덕분에 콜로라도 스프링스의 직원이 미주리의 고객과 통화하며 주문을 받고, 디지털카메라로 고객의 스냅사진과 주문한 음식을 찍어서 스크린에서 맞는지 확인한다. 그다음 주문 내역과 사진을 함께 식당 조리실로 전송한다. 고객이 주문한 음식을 찾아가면 사진은 삭제된다고 비가리는 말했다. 햄버거를 받아든 사람들은 자신들의 주문 내역이 두 개의 주를 가로질러 왔다갔다한 줄은 전혀 모른다.

데이비스는 이런 방식의 운영을 10년 전부터 꿈꿔왔다며 "우리는 그 서비스를 쓰지 않을 수 없었습니다"라고 말했다. 자신의 가맹점 식당을 위해 콜센터를 만든 비가리도 적은 비용으로 서비스를 제공하게 돼서 기쁘다고 말했다.

이 기사에서 맥도날드 본사가 이 콜센터 아이디어를 비가리가 사용한 것과 다른 소프트웨어를 사용해 일리노이 주 오크 브룩 본사 근처의 매장 세 개에서 실험적으로 시작해볼 만큼 흥미롭다고 한 점에 주목했다. 맥도날드의 IT 담당 부사장 짐 새핑턴Jim Sappington은 미국 전역에 있는 1만 3000개의 맥도날드 매장이 모두 콜센터를 통해 주문을 받는 게 가능한지를 말하기에는 아직 너무 이른 단계라고 말했다.

그럼에도 불구하고 데이비스 외에 두 명의 맥도날드 가맹점주가 콜로라도 스프링스의 비가리에게 드라이브인 주문을 아웃소싱했다. 그들의 매장은 미네소타 브레이너드와 매사추세츠 노우드에 있다. 비가리는 이 시스템의 성공 요인이 고객의 사진과 주문 내역을 짝지음으로써 정확성을 높여 고객불만을 낮추고, 서비스는 더 빨리 제공한 방법에 있다고 말했다. 패스트푸드 사업에서 시간은 정말로 돈이다. 주문처리 시간을 5초라도 줄이는 것은 의미가 크다고 이 기사는 강조했다.

비가리는 자기 매장의 드라이브인 줄에서 약 30초 정도 시간을 줄여 평균 1분 5초에 주문을 처리했다고 말했다. 그것은 맥도날드 전 매장과 미국에서 가장 빠른 프랜차이즈 매장의 평균 주문처리 시간인 2분 36초의 절반도 안되는 시간이다. 비가리의 드라이브인 매장은 한 시간에 260대의 주문차량을 처리하는데, 이는 콜센터를 시작하기 전보다 서른 대가 늘어난 것이라고 말했다.

콜센터 오퍼레이터들은 매장 직원보다 평균 시간당 40센트를 더 받지만 비가리는 전체 인건비를 1% 줄였다. 또한 드라이브인 주문 매출도 증가했다. 회사 외부에서 시행한 테스트에서 드라이브인 주문 착오는 100건에 2회도 안 되는 것이 확인됐고, 비가리는 콜센터 운영 전보다 주문 착오가 4% 내려갔다고 말했다.

"비가리는 콜센터 운영 아이디어에 매우 열정적이어서 그가 운영하는 일곱 군데 식당에서 드라이브인 주문을 확장했다. 그곳에서는 여전히 카운터에서 주문을 받지만 고객 대부분은 이제 신용카드 리더기가 설치된 테이블 좌석에 앉아서 전화로 콜센터를 통해 주문을 한다"고 기사는 전했다.

나는 동쪽을 향해 계속 가다가 우리 집 거실로 들어섰다. 그 거실에서 초등학교 1학년 독서 교사인 내 아내 앤이 미국의 학생들과 부모들이 인도인 온라인 과외 교사에게 얼마나 의존하는지를 다룬 《AP 통신》의 기사를 보여줬다. 2005년 10월, 인도의 코친Cochin 발 《AP 통신》의 한 기사가 모든 이야기를 다음과 같이 전했다.

코얌푸라스 나미타가 인도 남부 도시의 조용한 교외에 있는 직장에 도착했을 때는 미명의 새벽하늘에 여전히 별이 반짝이고 있었다. 스무 명 남짓한 동료들은 이미 출근해서 컴퓨터와 이어폰이 갖춰진 칸막이 자리에 각각 앉아 있었고, 나미타가 커피 한 잔을 들고 새벽 4시 30분이 채 안 된 시각에 동료들과 합류했다. 1만km 이상 떨어진 시카고 외곽의 일리노이 주 글렌뷰는 인도보다 하루 전의 저녁 시간이고, 열네 살의 프린스턴 존이 컴퓨터 앞에 편안한 복장으로 앉아 한 시간짜리 기하학 수업을 들을 준비를 마친 상태였다. 고등학교 1학년생 프린스턴은 헤드셋과 마이크를 머리에 쓰고 많은 시간대를 넘어 지구 반대편에 있는 개인교사 나미타와 자신을 인터넷으로 연결해줄 컴퓨터 소프트웨어를 클릭한다.

바로 '온라인 개인지도e-tutoring'라 불리는 학습법이다. 현대의 커뮤니케이션과 고등교육을 받은 저임금의 풍부한 아시아계 인력이 어떻게 아웃소싱의 한계를 넓히며 미국인의 일상생활 속으로 파고드는가를 보여주는 또 다른 사례라 할 수 있다. 신용카드 조회 단말기CAT 판독을 통해 분실 카드를 재발급해주는 일에서부터 고장 난 컴퓨터를 다시 작동시키는 일까지 못하는 일이 없다. 프린스턴은 인도의 개인 교사에게 의존하는 수천 명의 미국 고교생 중 한 명일 뿐이다.

"안녕, 프린스턴. 시험은 잘 봤니?" 나미타의 인사말에 프린스턴이 대답한다. "안녕하세요. 예……, 그럭저럭."

나미타의 직장은 코친과 캘리포니아 주 프리몬트에 각각 근거지를 두고 있는 그로잉스타Growing Stars라는 회사다. 프린스턴과 여동생 프리실라는 일주일에 두 번 자신들의 온라인 수학 개인교사를 만나고 있다. 가벼운 대화를 끝내고 프린스턴의 컴퓨터 화면에 기하학 교재가 나타난다. 교사와 학생은 서로 대화를 나누고 메시지를 입력하기도 한다. 문제를 풀 때나 그래프를 강조할 때 그리고 오타를 지울 때는 디지털 '연필'을 사용한다. 프린스턴이 커다란 마우스패드처럼 생긴 판 위에 뭔가를 휘갈겨 쓰면 나미타의 화면에 그대로 나타난다. 프린스턴은 스캐너를 사용해 개인교사의 도움이 필요한 과제물이나 교과서의 페이지를 전송할 수도 있다. "자 시작해볼까요?" 한적한 교외의 아늑한 집에서 평행선과 여각의 개념에 관한 수업을 시작하며 프린스턴이 말했다.

온라인 개인지도 사업이 시작된 지 3년이 채 되지 않았지만 벌써 수천 명의 인도인 교사가 미국 학생들에게 수학이나 과학, 영어를 가르치고 있다. 그것도 시간당 40~100달러에 이르는 미국의 과외비와 비교도 안 되는 시간당 15~20달러의 보수를 받으면서 말이다. (…) 프린스턴의 어머니 베시 피우스턴은 2년 전부터 아이들이 온라인 개인지도를 받기 시작한 뒤로 줄곧 A 학점 아니면 B 학점을 받고 있다며 결과에 상당히 만족해했다. (…) 수업을 마치며 나미타가 프린스턴에게 다음 시간까지 풀어야 할 과제물을 준다. "또 숙제하라고요?" 프린스턴이 불평해본다. "알겠어요. 그렇지만 숙제만 없다면 인생은 훨씬 더 아름다울 거예요."

집에 돌아온 뒤에도 나는 탐구 작업을 멈추지 않고 동쪽으로 나아가서 워싱턴 D.C. 시내에 있는 내 사무실로 갔다. 2005년 가을 어느 날, 미국무역대표부U.S. Trade Representative 대사 롭 포트먼Rob Portman을 인터뷰하러 갔을 때 나는 백악관에서 근무하는 그의 보좌관 에이미 M. 윌킨슨Amy M. Wilkinson에게서 평평한 세계에 관한 아주 특이한 이야기를 들을 수 있었다. 미국과 오만 두 나라가 관세를 없애고 무역장벽을 제거하는 자유무역협정FTA을 위한 협상을 타결했다는 것이다. 특이한 것은 협상의 타결이 포트먼 대사와 오만의 상공부 장관인 마크불 빈 알리 술탄Maqbool Bin Ali Sultan 사이의 화상회의를 통해 이루어졌다는 점이다. 오만의 상공부 장관은 자국의 수도인 무스카트에서 가상현실을 통해 협상에 참여한 것이다.

평면 TV를 통해 자유무역협정 체결이 이루어졌다는 사실 외에 다른 어떤 것이 평평한 세계를 상징적으로 더 잘 보여줄 수 있을지 나 자신에게 자문해보았다. 대사의 보좌관 윌킨슨 양이 나중에 어떻게 이뤄진 일인지 설명해줬다.

"화상회의 당시 우리 측 회의실에는 서른 명가량의 신문기자가 참석했고 각자 개인 노트북을 사용했습니다. 포트먼 대사는 회의실 앞쪽 단상에 서 있었고 그 모습은 디지털 화상회의용 이원 화면dual screen에 그대로 나타났습니다. 화면의 나머지 반쪽에는 오만의 상공부 장관과 기자단이 모여 앉은 원탁이 보였죠. 협상에 앞서 먼저 포트먼 대사가 인사말을 했고 뒤이어 오만 상공부 장관이 인사말을 했습니다. 다음 순서는 기자들의 질문을 받는 시간이었습니다. 먼저 미국 기자단이 포트먼 대사에게 질문 공세를 퍼부었고, 잠시 후 오만 기자단도 자국의 장관에게 질문을 던졌습니다. 그 후에 한 미국 기자가 포트먼 대사와 마크불 빈 알리 술탄 장관을 향해 같은 질문을 던지면서 양측의 교차 질의응답이 시작되었습니다. 미국 기자단이 오만의 상공부 장관에게, 오만 기자단이 포트먼 대사에게 질문을 던지면서 질문과 대답이 계속 이어졌죠. 회담은 이원 화면의 '한 쪽'에 있던 포트먼 대사가 가상현실상으로 악수하기 위해 손을 뻗고, 화면의 '다른 쪽'에 있던 오만의 장관도 똑같이 '가상현실상의 악수'를 하는 것을 마지막으로 끝이 났습니다. 그런 장면이 재미있었던지 여기저기서 웃음이 터져 나오기도 했지만 전체적으로 회의는 성공적이었어요. 실제로 어느 한 쪽이 상대 국가로 이동해 협상을 진행하는 것보다 훨씬 더 많은 인원이 동참할 수 있었습니다. 쌍방 간의 디지털 접속에 의한 화상회의는 엄청난 규모의 낭비를 줄이는 동시에 '가상현실 속 회의'에 참석한 모든 사람이 만족하는 방법이었다고 봅니다."

몇 달이 지난 후 어느 날 내 주식거래 담당 중개인인 UBS 증권의 마크 매든 Mark Madden이 내가 건 전화를 대기시켜놓았을 때 지난번 가상현실 속 협정체결이 떠올랐다. 내가 전화를 들고 기다리는 동안 UBS 증권의 광고 소리가 수화기를 통해 계속해서 반복됐다. 그 광고에서 오늘날 국제 금융시장은 예전 어느 때보다 더욱 서로 맞물려있고 접근이 용이하다는 내용을 강조했다. 말인즉슨 이런 변화 때문에 UBS 증권의 금융 서비스는 '오로지 모든 곳 아니면 바로 당신 곁' 이 두 곳에서만 이용할 수 있다.

UBS 증권은 그 광고에서 다음과 같이 설명했다. "고객의 요구에 맞는 금융수단에는 국경도 경계도 없으므로 UBS는 전 세계 금융시장에 투자분석 애널리스트를 파견해두고 있습니다. 우리 회사는 부의 관리Wealth Management, 자산관리, 기업공개 등 투자금융 전문가를 전 세계에 두고 있습니다. 따라서 우리 UBS 금융전문가는 고객들에게 최적의 금융 방안을 제공하기 위해 다양한 자원 네트워크를 활용할 수 있으며, 이 세계를 여러분이 관리 가능한 크기로 축소해줄 겁니다."

단지 '모든 곳 아니면 바로 당신 곁에서'라는 두 개의 사무실만 가진 회사의 개념이 난 아주 마음에 든다. 그것은 평평해지고 있는 세계가 기업들로 하여금 그 어느 때보다도 더욱 세계화하는 동시에 개인에게 더욱 다가갈 수 있게 하는 방법을 완벽하게 표현하기 때문이다.

내 고향 미국에서 평평해진 세계가 보내는 여러 가지 신호는 경제 문제와는 아무 상관이 없었다. 2004년 미국 대통령선거를 한 달 앞두고 나는 미국 CBS 방송의 베테랑 기자인 밥 시퍼Bob Schieffer가 진행하는 일요일 아침 뉴스쇼에 출연했다. 뉴스쇼가 끝나자 시퍼는 일주일 전에 자신이 겪은 아주 신기한 경험을 들려주었다.

시퍼가 아침 방송을 마치고 CBS 방송국 스튜디오를 나서자 한 젊은 기자가 복도에서 기다리고 있었다. CBS, NBC, ABC, CNN을 포함한 모든 주요 언론은 자사의 일요일 아침 뉴스쇼가 끝나면 서로 상대방 뉴스에 출연한 게스트를 취재하러 스튜디오에 취재팀을 보내기 때문에 취재기자가 기다리고 있는 게 그리 놀랄 일은 아니었다. 그러나 그 젊은이는 주요 언론사의 기자가 아니었다고 시퍼가 설명했다. 그는《인디씨 저널InDC Journal》이라는 인터넷 언론의 기자라고 공손히 자신을 소개한 뒤 몇 가지 질문해도 좋으냐고 물었다. 시퍼는 예의 바른 신사라서 흔쾌히 응했다. 젊은 기자는 시퍼도 잘 모르는 장비를 가지고 인터뷰를 진행했다. 카메라가 보이지 않는데 사진을 찍어도 좋으냐는 질문을 받고 시퍼는 의아해했다. 그 기자는 카메라가 필요치 않았다. 휴대전화를 돌리더니 시퍼의 사진을 찰칵 찍었다.

"다음 날 아침 그가 말한 웹 사이트를 찾아 방문해보니 내 사진과 인터뷰 내용이 떠 있는데 벌써 댓글이 무려 300개나 있더군요"라고 시퍼가 말했다. 그는 온라인 저널리즘의 존재를 잘 알고는 있었다. 그러나 그 놀라운 속도와 낮은 비용 그리고 젊은 친구가 해낸 취재 방식에 매우 놀라워했다.

이 이야기에 몹시 흥미를 느낀 나는《인디씨 저널》의 그 젊은 기자를 찾아냈다. 그의 이름은 빌 아돌리노Bill Ardolino로 매우 사려 깊은 젊은이였다. 나도 온라인 취재 방식으로 그와 인터뷰를 진행했다. 대체 다른 어떤 방법이 더 적절할까? 우선 먼저 일인 뉴스 제작자로서 사용하는 장비에 대한 질문으로 인터뷰를 시작했다.

"녹음용으로는 소형 MP3 플레이어와 (가로와 세로가 5센티미터와 9센티미터 크기인) 디지털 녹음기를, 사진을 찍기 위해서는 디지털카메라가 장착된 휴대전화를 사용합니다. 전화, 카메라, 녹음기가 모두 한 기기에 다 갖춰진 근사한 장비는 아닙니다. 그래도 어디에서든 구할 수 있는 소형화된 기술 제품이 얼마나 유용한지 보여주는 대목이지요. 저는 늘 이 장비를 들고 워싱턴 D.C. 주변을 돌아다닙니다. 어떤 일이 벌어질지 모르잖아요. 시퍼 씨가 선 채로 갑자기 낯선 이로부터 인터뷰 질문을 받고도 사려 깊게 답변해준 것이 아마도 훨씬 더 놀라운 일일 것입니다. 그분께 정말로 반했습니다." 아돌리노의 유쾌한 답변이었다.

아돌리노는 MP3 플레이어를 125달러 주고 샀다고 말했다. "본래는 음악을 듣도록 설계된 제품이지만 컴퓨터에 올릴 수 있는 WAV 사운드 파일 형식으로 녹음하는 기능이 함께 장착돼 있어요. 저널리즘에 입문하는 데 장애가 되었던 이동용 동시 녹음장비 비용이 이젠 고작 200달러 이하면 되는 것이죠. 거기에 카메라를 추가하면 300달러이고, 꽤 성능 좋은 녹음기와 카메라를 갖추는 데 불과 400~500달러면 충분해요. 최소 200달러면 충분히 기자 일을 수행할 수 있습니다."

그가 이 일을 시작하게 된 동기는 대체 무엇이었을까?

"주류 매스컴의 왜곡되고 불완전하고 선택적이며 말도 안 되는 보도에 염증을 느끼기 때문이죠. 그래서 취미도 살릴 겸 일인 저널리스트가 된 겁니다. 나는 중도우파 자유주의자입니다. 독립 저널리즘과 그 친척뻘인 블로그는 시장의 힘이 표현된 것으로서 현재의 정보 제공자가 만족시키지 못하는 수요가 있기 때문에 생긴 것입니다. 워싱턴 D.C.에서 열린 반전反戰집회에서 처음으로 사진을 찍고 인터뷰를 했죠. 주요 매스컴이 한통속으로 집회를 조직한 사람들을 '회개하지 않는 마르크스주의자' 또는 '겉으로 드러내든 아니든 테러를 옹호하는 자들' 등으로 왜곡 보도한다고 생각했기 때문입니다. 원래는 정보를 알리는 하나의 장치로 유머를 활용하려고 했지만, 이후에 다른 분야를 다루게 됐습니다. 제게 힘이 있느냐고요? 내가 전하고자 하는 메시지를 전달할 수 있는 그런 힘이요? 네, 있습니다. 시퍼 씨의 인터뷰에는 실제로 스물네 시간 안에 2만 5000명의 방문자가 있었습니다. 제 사이트 개설이래 정점을 찍은 날은 '라더게이트Rathergate'를 터뜨리는 걸 도왔을 때였는데, 하루에 5만 5000명이 접속한 날이었습니다. (…) 댄 라더 국립 가드Dan Rather National Guard의 첫 번째 법의학수사관을 인터뷰한 기사였습니다. 기사가 나간 이후 48시간 안에 《워싱턴 포스트The Washington Post》, 《시카고 선 타임스Chicago Sun-Times》, 《글로브Globe》, 《뉴욕 타임스NewYork Times》 등의 주요 언론사들이 그 법의학전문가와 인터뷰를 했습니다."

아돌리노는 계속 이어갔다.

"CBS 방송의 가짜 메모 사건에서 불거진 정보의 수집과 수정의 속도는 놀랄 정도입니다. 그 사실이 밝혀진 뒤에 CBS 뉴스가 단지 '사실 추적을 차단'했다는 것보다도 사실 재확인을 업으로 삼는 수많은 사람과 경쟁할 수 없었다는 것이 논란거리였습니다. 매체의 속도와 개방성은 때때로 구시대적 방식의 테두리에서 벗어나지 못합니다. (…) 저는 언제나 글 쓰는 직업을 갖고 싶었던 29세의 마케팅 매니저였지만 《AP 통신》 기사 스타일의 책을 싫어합니다. 직업적인 블로거überblogger 글렌 레이놀즈가 즐겨 말하듯이 블로그는 사람들이 주로 보는 TV에다가 악쓰기를 멈추고 그 방송 과정에서 한마디 거들 기회를 제공합니다. 블로그들은 주류 미디어와 어깨를 나란히 해서 일하는 (종종 주류 미디어를 감시도 하고, 때로는 기사화 안 된 원천정보를 제공하기도 하면서) '제5의 계급fifth estate' 역할을 한다고 생각합니다. 그들은 또한 잠재적으로는 기사화에 성공하기 위해 새로운 수단을 제공하는 저널리즘과 뉴스 해설을 생산하는 시스템으로서 기능한다고 생각합니다. 당신의 책에서 다루고 있는 여러 주제처럼 이런 발전에도 좋은 면과 나쁜 면이 있습니다. 언론매체가 다양해짐에 따라 전체적인 인식보다는 선택적인 인식을 하게 되는 경향도 있기는 합니다(미국의 다양성을 보십시오). 그러나 이런 추세가 기존 거대언론의 힘을 분산시키고, 사건의 '완전한' 진실이 우리가 모르는 곳 어딘가에 조각조각으로 흩어져 존재함을 분명히 보여줍니다."

어느 날 문득, 구시대의 수직 구조가 평평해지거나 우리의 경기장이 평평해지고 있다는 얘기 그리고 이러한 전환을 이해하고 받아들이는 사람은 그 어느 때보다 큰 힘을 가지게 될 것이라는 얘기들을 우연히 접할 수도 있다. 2005년 6월 25일 자《파이낸셜 타임스Financial Times》를 무심히 넘겨보던 중에 '구글의 인재 끌어들이기Google Lures More Talent'라는 기사 제목이 내 시선을 사로잡았다. 기사 내용은 구글이 이베이eBay에서 첨단기술 관련 업무를 총괄했던 전설적인 기술자 루이스 모니어Louis Monier를 어떻게 영입했는가에 대해 상당히 직설적으로 설명했다. 하지만 순간 나의 시선이 멈춘 곳은 기사의 중간쯤이었다.

"모니어는 블로거 존 바텔John Battelle과 주고받은 이메일을 통해 자신이 '이베이를 떠나게 된' 동기를 밝혔고, 이는 존 바텔의 웹 사이트인 바텔미디어닷컴Battellemedia.com을 통해 뉴스가 되어 퍼져 나갔다."

다시 말해 한 사람의 구글 전문 블로거가 최초로 뉴스를 보도했고, 거대 신문사인《파이낸셜 타임스》는 뉴스의 출처로 이 일인 웹 사이트를 분명히 밝혀야 했다는 이야기다.

정치와 기술의 상호작용에 관한 전문가 미카 L. 시프리Micah L. Sifry는 이러한 현상을 2004년 11월 22일 자《더 네이션The Nation》에 게재한 글에서 아주 잘 요약했다.

"선거운동, 각종 단체 그리고 저널리즘이 축적하기 쉽지 않은 자본에 의해 함께 묶여서 작동되는 봉쇄된 공동체cloistered communities였던 상명하달식 정치의 시대는 끝났다. 더 격렬하고, 더 참여적이고 그리고 개인 참여자들을 끊임없이 더욱 만족시킬 무언가가 구시대의 질서 곁에 나란히 일어서고 있다."

세계의 평평화가 사회과학이 인지하는 것보다 어떻게 더 일찍 발생했고 규칙과 역할, 관계들을 어떻게 더 급속하게 변화시켰는지를 보여주는 두 가지 예로서, 아돌리노가 밥 시퍼를 취재한 블로그와《파이낸셜 타임스》기사를 제시했다. 진부한 얘기지만 '여러분은 아직 아무것도 제대로 본 게 없다'고 말해야겠다. 다음 장에서 자세히 다루겠지만 우리는 점점 더 모든 것이 디지털화, 가상화 그리고 자동화되는 시대에 살고 있다. 이 신기술 도구들을 제대로 흡수하는 국가, 기업, 개인이 얻는 생산성은 말 그대로 충격적일 것이다. 우리는 세계 역사상 그 어느 때보다도 많은 사람이 혁신과 협력의 주체로서, 그리고 불행하게도 테러리스트까지도 이러한 도구에 접근할 수 있는 시대에 접어들고 있다.

혁명을 원하는가? 진정한 의미의 정보혁명은 이제 막 시작되려는 참이다. 나는 이를 세계화 3.0시대라 부르겠다. 세계화 2.0시대에 뒤따라 등장했기에 그렇게 부르지만, 이 새로운 세계화 과정은 본질적으로 이전과 차원이 다른 시대로 판명 날 거라는 게 내 생각이다. 그것이 바로 내가 둥근 세계에서 평평한 세계로 이동했다는 개념을 도입한 것이다. 어디를 돌아보든지 기존의 수직적 위계질서는 아래로부터 도전받고 있으며, 이런 위계질서는 명령하고 지시하는 하향식 구조에서, 동등하게 협력하고 서로 돕는 수평적이고 협력적인 구조로 스스로 전환해나가고 있다.

클린턴 정부의 상무성 고위관리였으며 지금은 개인 전략 컨설턴트로 활동하는 데이비드 로스코프David Rothkopf가 다음과 같이 말했다. "세계화Globalization'는 정부와 대기업의 관계가 변하고 있음을 묘사하기 위해 고안된 용어입니다. 그러나 오늘날 벌어지고 있는 일은 그보다 훨씬 더 광범위하고 심오한 현상입니다."

이는 단순히 정부와 기업, 대중이 어떻게 소통하느냐 또는 그저 조직들이 어떻게 상호작용하느냐의 문제가 아니라 아주 새로운 사회, 정치, 사업 모델의 부상에 관한 것이다. "사회적 관계의 속성에까지 이르는, 우리 사회에서 가장 뿌리 깊게 자리 잡은 몇 가지 속성들에 충격을 주는 것들에 관한 겁니다"고 로스코프는 덧붙인다. 그리고 지적했다.

"여러분이 속한 정치체제가 사이버 공간에서 새로 생기는 직업에 대응하지 못하거나, 지구의 어느 한구석에서 일하는 사람들과 협력해서 무엇인가를 해내려는 자국의 근로자를 포용하지 못한다면 무슨 일이 벌어질까요? 또한 여러 지역에서 동시에 생산되어 완성되는 제품을 제대로 파악하지 못한다면 어떻게 될까요? 누가 그런 활동을 규제할까요? 누가 세금을 매겨야 할까요? 이러한 세금혜택은 누가 누려야 합니까?"

세계가 평평해지는 추세가 계속된다면 이는 언젠가는 구텐베르크의 활판인쇄술 발명이나 민족국가의 형성, 산업혁명 같은 근본적인 변혁의 하나가 될 것이라고 확신한다. 그런 변혁의 사건들은 그 시대 개인의 역할, 정부의 역할과 형태, 비즈니스 수행양식, 전쟁양식, 여성의 역할, 종교의 형태와 예술의 표현양식, 과학연구의 수행방식들 그리고 정치 노선에마저 말할 필요도 없이 커다란 변화를 가져왔다고 로스코프는 강조한다. "역사에는 거대한 전환점 혹은 분수령이 있습니다. 이러한 전환점이 일으키는 변화가 발생하는 당시엔 너무 광범위하고 다양해서 예측이 어렵습니다."

세계가 평평해지고 그에 따른 압박감과 이전 시대와의 단절 그리고 그에 동반하는 기회 등으로 사람들이 미래에 대해 불안감을 느끼는 것은 당연하다. 문명이 중대한 기술혁명을 겪을 때마다 전 세계는 심대하면서도 불안정한 변화의 과정을 겪었다. 그러나 세계가 평평해지고 있는 지금의 변화에는 이전 시대에 있었던 거대한 변화와 질적으로 다른 점이 있다. 그것은 변화의 속도와 범위다. 인쇄술의 도입은 수십 년간에 걸쳐 진행되었으며 오랫동안 세계의 일부 지역에만 영향을 주었다. 산업혁명의 전파도 마찬가지였다.

지금 세계가 평평해지는 과정은 엄청난 속도로 진행되면서 즉각적으로 지구상의 모든 인류에게 직간접적인 영향을 미치고 있다. 새로운 시대로의 전환이 더 빨라지고 더욱 광범위해질수록 주도권은 옛 승자에게서 새로운 승자에게로 질서정연하게 승계되는 대신에 혼란이 일어날 가능성이 더 커진다.

달리 설명하자면, 지난 수십 년간 세계가 평평해짐에 따라 발생한 여러 형태의 급격한 변화에 직면한 첨단기술기업들은 예측 가능하지만 피할 수 없는 변화에 잘 대처하지 못하고 있다. 하지만 리더십, 유연성, 변화된 환경에 적응하는 상상력이 부족한 모든 기업, 단체 및 기관들, 국가에 이것은 하나의 경고가 될 수 있다. 그들이 실패한 원인은 그들이 영리하지 않거나 인식하지 못했기 때문이 아니라 변화의 속도에 압도당했기 때문이다.

그러므로 우리 시대의 가장 큰 도전과제는 사람들이 이러한 변화에 압도당하거나 혹은 뒤처지지 않는 방법으로 이런 변화들을 받아들이게 하는 것이다. 어느 것도 쉽지 않을 것이다. 이것은 우리의 과업이다. 그런 도전은 불가피하다. 내가 이 책을 쓴 목적은 평평해진 세계에서 우리의 도전과제에 대해 어떻게 생각해봐야 할지에 대한 사고의 틀과 우리에게 최대의 혜택이 돌아오도록 그 과제를 수행할 수 있는 방법론적인 틀을 제공하는 것이다.

이 첫 번째 장에서는 개인적으로 세계가 평평하다는 걸 어떻게 발견하게 되었는지 독자 여러분에게 전했다. 다음 장에서는 세계가 어떻게 평평해졌는지에 대해 상세하게 다루겠다.

2장

세계를 평평하게 하는 10가지 동력

.
.
.

성경에는 하느님이 엿새 동안 이 세계를 창조한 후 일곱 번째 날에는 쉬었다고 쓰여 있다. 세계가 평평해지는 데는 이보다 시간이 조금 더 걸렸다. 열 가지 주요 정치적 사건, 기술혁신, 기업 활동이 합쳐져 세계는 평평해졌다. 세계가 평평해진 뒤로 누구도 휴식을 취하지 못했으며, 어쩌면 앞으로도 쉴 수 없을지 모른다. 2장에서는 세계를 평평하게 하는 열 가지 동력과 평평해진 세상이 만들어낸 협력의 갖가지 새로운 형태와 수단에 관해 생각해보자.

평평화 동력 1 _ 89·11·9
창조의 신세계: 베를린 장벽 붕괴와 윈도우의 출현

내가 처음으로 베를린 장벽을 보았을 때 장벽에는 이미 구멍이 나 있었다.

때는 1990년 12월이었다. 나는 제임스 A. 베이커James A. Baker III 당시 미국 국무장관을 수행 취재하는 기자들과 함께 베를린을 방문했다. 베를린 장벽은 그로부터 1년 전인 1989년 11월 9일에 붕괴되었다. 그렇다. 경이롭고 신비로운 날짜의 우연처럼 베를린 장벽은 11월 9일에 무너졌다. 장벽은 구멍이 뚫리고 무너진 상태에서도 여전히 베를린 시내를 가로지른 채 있어 역사가 남긴 상처를 그대로 보여줬다. 베이커 국무장관은 소련 공산주의의 상징물인 이 장벽이 무너진 것을 보기 위해 첫 방문하는 것이었다. 나는 동행취재를 하는 기자단의 일원으로서 그의 곁에 서 있었다. 베이커는 회고록『외교의 정치학The Politics of Diplomacy』에서 그날을 다음과 같이 회상했다.

안개가 끼고 음산한 날이었다. 레인코트를 입은 내가 존 러카레이John le Carré 가 쓴 첩보소설에 나오는 주인공처럼 느껴졌다. 그러나 제국의회 바로 옆에 있는 그 장벽에 난 구멍을 통해 칙칙한 황갈색이 짙게 드리운 동베를린을 보면서 동독의 평범한 보통 사람들이 평화적이지만 고집스럽게 큰일을 해냈다는 사실을 깨달았다. 장벽 붕괴는 그들의 혁명이었다.

베이커가 바라보기를 멈추고 옆으로 물러선 뒤 우리 기자들도 돌아가며 그 울퉁불퉁하게 뚫린 콘크리트 구멍을 통해 동베를린을 보았다. 나는 무너진 장벽의 시멘트 조각 몇 개를 딸들에게 기념으로 가져다줬다. 나는 당시 그 장벽이 왜 이리도 부자연스러워 보이는가 하고 생각했던 기억이 난다. 베를린 장벽은 정말로 기괴했다. 베를린이라는 현대도시를 뱀처럼 가로지르는 이 시멘트 벽은 오로지 동독 사람들이 자유를 누리기는커녕 자유를 구경도 못하게 하겠다는 목적으로 세워진 것이다.

1989년 11월 9일에 발생한 베를린 장벽의 붕괴는 소련제국 내에서 억압받아온 모든 주민을 궁극적으로 해방시킬 동력을 촉발했다. 실제로 장벽 붕괴는 그 이상의 일을 해냈다. 이 사건으로 힘의 균형추는 중앙집권적 경제체제에 기반을 둔 권위주의 통치를 옹호하는 사람들에게서, 민주적인 합의에 기초하며 자유시장에 기반한 통치를 지지하는 사람들에게로 기울었다. 냉전은 자본주의와 공산주의의 두 경제체제 간의 대결이었으나 장벽 붕괴로 한 체제만 남았고, 그 후 모두가 나름의 방식으로 자본주의를 지향해야 했다. 이후 점점 더 많은 경제체제가 변했다. 극히 일부 지배집단이 자신들의 이익을 위해 위에서 아래로 지배했던 힘이 이제는 아래에서 위로 시민의 이익, 수요, 열망의 힘으로 지배되었다. 베를린 장벽 붕괴 후 2년 만에 소련제국 또한 붕괴했다. 억압적인 정권을 뒤에 숨겨주었고 아시아, 중동, 아프리카, 중남미에서 독재정권을 지원해온 바로 그 소련제국이 붕괴한 것이다. 민주사회 혹은 민주화 과정에 있지 않거나, 중앙집권적 계획경제 또는 규제가 심한 경제체제를 계속 고집하는 사회는 역사의 잘못된 길에 서 있는 것으로 보였다.

일부 사람들, 특히 구세대에게는 이런 전환이 바람직하지 않았다. 공산주의는 대중을 똑같이 가난하게 만드는 체제였다. 사실 누구나 '똑같이' 가난하게 만든다는 점에서 공산주의보다 더 나은 제도는 없다. 자본주의는 빈부격차를 낳기 때문이다. 일은 느리게 처리되지만 제한적이나마 누구나 안전하게 먹고살 수 있는 사회주의 생활양식, 즉 빈약할지라도 직업과 주택, 교육, 연금이 모두 보장되는 사회에서의 생활에 익숙한 일부 사람들에게 베를린 장벽의 붕괴는 심각하게 불안한 일이었다. 그러나 다른 많은 이들에게는 억압에서 벗어나 자유를 찾게 된 기회였다. 그렇기에 베를린 장벽 붕괴는 베를린뿐만 아니라 많은 곳에 강한 인상을 주었고, 세계를 평평하게 하는 일대 사건이 되었다.

독일인이나 러시아인이 아닌 다른 나라 사람과 이야기해봐야만 베를린 장벽 붕괴가 끼친 광범위한 효과를 제대로 평가할 수 있다. 베를린 장벽이 무너질 당시 인도산업협회를 이끌었던 타룬 다스Tarun Das는 인도 전역에까지 밀려온 장벽 붕괴의 파급효과를 보았다. 타룬 다스가 과거를 회상하며 들려준 말은 다음과 같다.

"인도는 규제와 통제, 관료주의가 너무 심했습니다. 초대 수상 네루는 영국의 식민통치가 끝난 후 권좌에 올랐죠. 국가경영의 경험도 전혀 없는 그가 통치하기에 인도라는 나라는 너무 규모가 컸습니다. 미국은 유럽과 일본문제, 마셜 플랜으로 바빴고요. 그래서 네루는 히말라야 산맥 너머 북쪽을 바라보고 경제 전문가팀을 모스크바로 보냈어요. 전문가들은 돌아와서 소련이 경이적인 나라라고 보고했어요. 소련에서는 국가가 자원을 분배하고 인허가를 내주며, 모든 것을 결정하는 기획위원회를 두고 있었습니다. 이 모든 것에 의해 나라가 돌아가고 있었던 겁니다. 그래서 인도는 소련의 모델을 따랐고 인도에 민간부문이 있다는 것을 잊어버렸어요. (…) 민간부문은 규제의 틀에 갇히게 됐어요. 1991년까지 민간부문은 존재했으나 여전히 규제가 심했죠. 하지만 기업에 대한 불신이 컸음에도 불구하고 그들은 이익을 냈습니다! 1947년에서 1991년까지 모든 사회간접자본 시설은 정부 소유였어요. (…) 국가가 소유하고 운영하는 데 따르는 비용 부담으로 나라는 거의 파산상태가 되었습니다. 대외 채무를 갚을 수도 없었죠. (…) 물론 인도는 파키스탄과 여러 차례 전쟁을 치러 이겼지만 전쟁에서 이겼다는 사실만으로 국민에게 자신감을 심어줄 수는 없었습니다."

1991년 인도가 외화부족에 직면하자 현재 총리이자 당시의 재무장관이었던 만모한 싱Manmohan Singh은 경제를 개방해야겠다고 결심했다. 다스가 그의 말을 이어갔다. "인도 내부의 베를린 장벽도 무너졌고, 그 결정은 우리에 갇힌 호랑이를 풀어놓은 것과 같았습니다. 무역통제는 폐지되었죠. 인도는 언제나 느리고 조심스럽고 보수적인 성장, 이른바 힌두 성장률이라 불리는 3% 성장만 하고 있었어요. 더 나은 경제성장을 달성하기 위해서는 미국 쪽으로 가야 했습니다. 1991년의 경제 개혁 이후 3년이 지나자 인도의 경제성장률은 7%를 기록했어요. 마침내 빈곤을 몰아낼 수 있게 된 것이죠! 이제 부자가 되기 위해 인도에 머물러 《포브스Forbes》가 선정하는 세계의 부자 대열에 낄 수도 있었습니다. (…) 사회주의 체제하에서 국가의 통제 일색이었던 시절에는 외화보유고가 한때 10억 달러 선까지 내려갔습니다. 이제(2005년 당시) 인도는 1180억 달러를 보유하고 있지요(2012년 1월 기준으로 인도의 외화보유액은 2930억 달러였다. ─옮긴이). (…) 우리는 10년 만에 조용히 자신감에 차 있던 나라에서 굉장한 야심을 품은 나라로 변모했습니다."

베를린 장벽의 붕괴는 자유시장 자본주의에 쉽게 접할 수 있고 인도, 중국, 브라질, 구소련 같은 지역에 사는 수많은 사람이 억압되어 있던 엄청난 에너지를 표출할 수 있도록 도와주었다. 그뿐만 아니라 우리로 하여금 세계를 다른 방식으로 생각하게 하고, 세계를 단절 없이 연속되는 하나의 세상으로 볼 수 있게 해주었다. 베를린 장벽은 길만 가로막은 것이 아니라 우리의 시야, 즉 세계를 단일시장, 단일생태계, 단일공동체로 생각하는 우리의 능력을 가로막고 있었다. 1989년 이전에는 동방정책이나 서방정책을 택할 수 있었다. 그러나 동서를 가리지 않고 전 세계를 포괄하는 진정으로 '글로벌한' 세계정책을 생각하기는 어려웠다. 노벨상을 받은 인도인 경제학자로서 하버드 대학교 교수인 아마르티아 센Amartya Sen은 나에게 이런 말을 했다.

"베를린 장벽은 그저 사람들을 동독 안에 가둔 상징물이 아니었고 우리의 미래를 세계적 관점에서 바라보는 시각을 가로막는 수단이었죠. 베를린 장벽이 존재했을 때 우리는 세계를 글로벌 관점에서 생각할 수 없었습니다. 세계를 하나의 단일체로 생각할 수 없었던 거죠."

센은 덧붙여 범어梵語로 쓰인 인도 고대의 좋은 이야기를 하나 들려줬다. 우물 안에서 태어나 그 속에서 평생을 보낸 개구리 이야기였다. "그 개구리에게는 우물이 세계 전부였습니다. 그것이 바로 베를린 장벽이 붕괴하기 전 지구상의 많은 사람에게 비친 세계의 모습 같았습니다. 장벽의 붕괴는 우물이 무너진 후 개구리가 갑자기 다른 우물 속에 갇혀 살았던 개구리들과 의사소통할 수 있게 된 것과 같습니다. 내가 장벽의 붕괴를 환영하는 이유는 우리가 서로에게서 아주 많은 것을 배울 수 있다고 확신하기 때문입니다. 지식 대부분은 국경을 넘어 얻어지니까요."

그렇다. 1989년 11월 9일 이후 세계는 더 살기 좋은 곳이 되었다. 자유를 향한 분출은 각각 또 다른 자유의 분출을 촉발했고, 그 과정에서 위는 낮추고 아래는 높이면서 사회 전반에 걸쳐 세계를 평평하게 하는 효과를 가져왔다. 센은 단 한 가지 예를 통해 여성의 자유를 말했다.

"여성의 자유는 더 많은 여성이 글을 배우도록 자극할 것이고, 여성의 문자 해독 능력은 출산율과 아동사망률을 떨어뜨리며 여성의 취업기회도 확대하는 경향이 있습니다. 그 결과 정치적인 논제에 영향을 미치고, 여성이 지방자치에서도 더 큰 역할을 할 기회를 제공합니다."

마지막으로 장벽의 붕괴는 다른 지식세계에 접근하는 길만 열어준 것은 아니었으며, 공통의 표준 채택을 위한 길 또한 닦아놓았다. 경제정책 운용의 표준, 회계 처리의 표준, 은행사무의 표준, PC 제작의 표준, 경제보고서 서술양식의 표준 등. 이에 관해서는 뒷부분에서 더 많이 논의하므로, 여기서는 공통의 표준이 더욱 평평해진 활동의 장을 마련해준다는 점만 말해두겠다. 달리 말하면 베를린 장벽의 붕괴는 최고의 업무 관행을 자유롭게 확산시켰다. 경제적·기술적 표준이 출현해 세계무대에서 우수성이 증명되기만 하면 장벽이 붕괴되기 전보다 훨씬 더 빨리 채택되었다. 유럽만 보아도 장벽의 붕괴는 유럽연합EU이 열다섯 개 회원국에서 스물다섯 개 회원국으로 확대되는 데 물꼬를 텄다. 장벽의 붕괴는 유럽의 공통 화폐인 유로의 탄생과 맞물려서 한때 철의 장막으로 나뉘던 유럽을 단일경제 지역으로 만들었다.

장벽 붕괴의 긍정적 효과는 즉각적으로 드러났지만 장벽이 붕괴한 원인은 그렇게 명확하지 않았다. 원인은 하나가 아니었다. 일정 정도는 소련이라는 제국의 기초를 마치 흰개미들이 갉아 먹어 들어가는 것처럼, 체제가 안고 있던 내부 모순과 비효율성에 의해 이미 많이 약화돼 있었다. 또 다른 이유로는 레이건 정부의 군비증강으로 크렘린 당국도 어쩔 수 없이 군비 지출을 늘려야 했고, 그 비용은 소련을 파산에 이르게 만들었다. 그리고 개혁이 불가능한 체제를 개혁하려 했던 고르바초프의 노력이 수포로 돌아간 것이 또 하나의 원인이 되어 결국 공산주의의 종말을 초래했다.

그런 비슷한 여러 원인 가운데 첫 번째로 한 가지만을 지적하라고 한다면 나는 1980년대 초중반에 시작된 정보혁명을 꼽겠다. 전체주의 체제는 정보와 권력의 독점에서 나온다. 그러나 팩시밀리, 전화 그리고 마침내 개인용 컴퓨터 등의 확산에 힘입어 너무 많은 정보가 철의 장막을 뚫고 들어가기 시작했다.

1977년 스티브 잡스Steve Jobs와 스티브 워즈니악Steve Wozniak이 세상에 내놓은 선구적인 애플 II 가정용 컴퓨터에 이어, 1981년에는 첫 번째 IBM PC가 시장을 강타했다. 윈도우Windows 운영체제의 첫 번째 버전은 1985년에 출시되었고, IBM PC를 훨씬 더 사용자 편의적으로 만든 획기적인 버전(윈도우 3.0)은 베를린 장벽이 무너진 지 불과 6개월 뒤인 1990년 5월 22일에 출하됐다. 장벽의 붕괴 덕분에 물리적·지정학적 장애물, 즉 정보를 통제하고 표준이 공유되는 것을 방해하며 지구를 단일 공동체로 인식하는 세계관을 가로막았던 걸림돌이 제거됐다. 한편 윈도우 기반 PC의 등장으로 진정한 개인용 컴퓨터의 대중화가 이뤄졌고 또 다른 엄청나게 중요한 장애물, 즉 일개 개인이 축적할 수 있는 정보의 양에 대한 한계도 제거됐다.

"윈도우 기반 PC는 사상 최초로 수백만 명의 개인들이 디지털 형식의 콘텐츠 제작자가 될 수 있게 해주었습니다. 이는 콘텐츠를 보다 멀리, 보다 광범위하게 공유할 수 있게 되었다는 걸 뜻합니다." 마이크로소프트의 최고기술경영자Chief Technology Officer, CTO인 크레이그 문디Craig J. Mundie의 설명이다. 시간이 지남에 따라 애플-IBM-윈도우 혁명은 문자, 음악, 숫자 데이터, 지도, 사진 그리고 목소리와 동영상까지 모든 주요 표현양식의 디지털화를 가능하게 했다. 아울러 "PC 혁명은 그러한 디지털 콘텐츠를 과거 그 어느 때보다 쉽고 저렴하게 만들어낼 수 있는 엄청난 인력을 창출했습니다. 사업용으로 엄격하게 용도가 제한된 거대한 메인프레임 컴퓨터를 이용하는 게 아니라 자신의 책상에서, 부엌이나 침실 그리고 지하실에서 디지털 콘텐츠를 생산할 수 있게 된 거죠"라고 문디는 말한다. 어느 날 갑자기 프로그래머가 아닌 평범한 사람들도 컴퓨터의 혜택을 받을 수 있게 되었다.

세계의 평평화와 관련해 이 PC 혁명이 얼마나 중요한가에 대해 아무리 강조해도 지나치지 않다. 베를린 장벽의 붕괴와 더불어 윈도우 기반 PC의 등장이 전반적인 평평화 과정에 시동을 걸었다. 동굴 벽화 그리기에서 시작해 구텐베르크와 타자기에 이르기까지 인류는 오랫동안 분명 자기 자신의 콘텐츠를 제작해왔다. 하지만 윈도우 기반 PC와 애플 컴퓨터는 개인이 자신의 책상에서 바로 '디지털 형식으로 된' 자신의 콘텐츠를 제작할 수 있게 해주었다. 여기서 '디지털 형식으로 된'이라는 말은 상당히 중요하다. 왜냐하면 사람들이 자신들의 디지털 콘텐츠, 즉 컴퓨터 언어인 비트와 바이트로 구성된 콘텐츠를 제작할 수 있게 되었기에 컴퓨터 화면에서 자신의 콘텐츠를 조작하는 것이 가능해졌고, 이는 개인의 생산성을 훨씬 더 많이 향상시켰기 때문이다. 원거리 통신의 지속적인 발전에 힘입어 머지않아 개인은 자신의 디지털 콘텐츠를 수없이 많은 새로운 방법으로 더욱 많은 사람에게 퍼뜨릴 수 있게 될 것이다. 한 개인이 펜과 종이로 무엇을 할 수 있을까를 한번 생각해보라. 한 개인이 타자기로 무엇을 할 수 있을까를 생각해보라. 그런 다음 이제 한 개인이 PC로 무엇을 할 수 있을까를 생각해보라.

마이크로소프트의 공동 설립자인 빌 게이츠Bill Gates가 초창기에 내건 슬로건 중 하나는 'IAYFInformation At Your Fingertips(당신의 손끝에서 얻는 정보)'였다. 즉, 모든 개인이 정보에 쉽게 접근할 수 있게 하겠다는 것이었다. 앞서 세계화 3.0시대의 주역은 '세계화하려는 개인'이라는 말을 했는데, 그것이 가능하게 된 것은 애플과 윈도우 기반 IBM PC 그리고 다른 많은 컴퓨터가 있었기 때문이다. 그런 컴퓨터야말로 '개인'이 정보를 제작하고 잘 꾸미며 전파하는 일을 그들 손끝에서 처리할 수 있도록 힘을 제공하는 도구다.

"사람들은 '와! 여기 대단한 게 있어. 한번 제대로 써 보자고'라고 말했지요." 마이크로소프트의 문디가 말했다. "점점 더 윈도우가 주요 운영 시스템으로 자리를 잡아갈수록 점점 더 많은 프로그래머가 수익성 높은 비즈니스를 위한 응용 프로그램을 개발해 컴퓨터에 탑재했습니다. 컴퓨터는 이제 색다른 사업 업무를 더 많이 수행하게 되었고 그 덕분에 생산성이 더욱 향상되었습니다. 전 세계 수천만 명의 사람들이 컴퓨터 프로그래머가 되어 원하는 일을 자신들의 언어로 PC가 대신 수행하게 했습니다. 윈도우는 결국 서른여덟 가지 언어로 번역되었고, 더 많은 언어가 추가되고 있습니다. 사람들은 자신들의 고유 언어로 PC를 다룰 수 있게 되었습니다."

이와 같은 기간에 과학자가 아닌 일부 대중도 PC와 다이얼 업 모뎀을 사면 자신들의 PC를 전화로 연결해 컴퓨서브CompuServe나 아메리카온라인 같은 인터넷 서비스 회사를 통해 전자우편을 보낼 수 있다는 것을 알기 시작했다. 마이크로소프트의 문디는 이렇게 주장했다. "PC, 팩시밀리, 윈도우의 확산과 더불어 전 세계 전화망에 연결된 다이얼 업 모뎀은 1980년대 말과 1990년대 초에 함께 등장해서 세계적인 정보혁명을 개시한 기본 토대를 만들었습니다."

핵심은 이 모든 것을 융합해 상호 운용 가능한 단일 시스템으로 만드는 것이었다. 문디의 말에 의하면, 조잡한 형태나마 IBM PC와 같은 표준화된 컴퓨터 플랫폼이 나오고 윈도우를 이용한 워드프로세스, 스프레드시트용의 표준화된 그래픽 유저 인터페이스와 다이얼 업 모뎀, 전 세계적인 통신망의 표준화된 통신수단이 갖춰지자 그런 시스템이 탄생하게 됐다. 상호 운용 가능한 기본적인 플랫폼이 갖추어진 후에는 스프레드시트나 워드프로세서와 같이 많은 사람이 원하는 응용 프로그램들이 이들 플랫폼을 더욱 멀리, 더욱 광범위하게 보급시켜 나갔다.

베를린 장벽이 붕괴된 1989년 이후 그리고 중국과 인도가 세계시장에 경제를 개방한 후에 더욱 급속하게 확산된 현상이지만 점점 더 많은 사람이 윈도우 기반 PC로 글로벌 커뮤니케이션 플랫폼에 접속하게 되자 그 어떤 것도 문자, 음악, 사진, 데이터, 동영상 등과 같은 디지털 표현양식과 전 세계적 차원의 디지털 정보 교환을 막을 수가 없었다. 물론 상당한 수준의 억압이 여전히 존재하지만 개인들의 정보 접근성에 대한 정치적 제약은 베를린 장벽의 붕괴와 함께 무너졌고, 개인의 정보 접근에 대한 현실적 제약은 애플 컴퓨터와 윈도우를 기반 모뎀으로 연결하는 IBM PC가 부상하면서 와해되었다. 이처럼 우연히 같은 시기에 발생한 기술적·정치적 변혁은 오늘날 평평한 세계에 사는 개인에게 다양한 접근성과 큰 규모로 공유할 수 있는 능력을 제공한다. 수없이 새롭고 색다른 방식으로 콘텐츠를 창작할 수 있기에 원하는 대상에 접근성이 생기고 그렇게 창작된 콘텐츠를 매우 많은 사람과 공유할 수 있는 큰 규모를 갖게 된 것이다.

이런 변혁은 기존에 존재했던 것에 비하면 분명 새롭고 짜릿한 것이지만 이후에 닥쳐올 변화에 비하면 아무것도 아니었다. "이 초기 플랫폼은 사실 구조적으로 아주 많은 한계를 안고 있었어요. 기반 시설이 결여돼 있었죠"라고 문디는 말했다.

현재 우리가 알고 있는 것처럼 모든 사물과 모든 사람을 연결하는 마법 같은 전달 능력을 갖춘 인터넷은 아직 출현하지 않았다. 그 당시에는 네트워크가 파일 교환과 이메일 전송이라는 기본적인 기능만 수행했다. 물론 AOL 사용자들은 컴퓨서브 사용자들과 커뮤니케이션하는 것이 가능했지만 간단하지도 않았고 믿을 만하지도 않았다. 사람들은 특정 시스템들이 함께 작동되도록 새로운 응용 프로그램을 개발할 수 있었지만, 이는 일반적으로 단일 회사의 네트워크 안에서 PC 간의 계획된 자료교환에 한정되었다. 문디는 "그 결과 모든 컴퓨터에 방대한 양의 데이터와 창작물이 축적되었다"고 말했으나, 쉬우면서도 이를 공유하고 다시 만드는 상호 작동이 가능한 방식이 없었다.

그럼에도 불구하고 베를린 장벽의 붕괴 후부터 1990년대 중반까지 개인의 역량은 크게 진전이 있었다. 돌아보면 그 당시는 '나와 내 기계가 서로 더 빠르게 더 잘 소통해서 개인적으로 더 많은 업무를 처리할 수 있는' 시대였고, '나와 내 기계가 몇몇 친구들이나 회사 동료들과 더 빨리 더 잘 대화해서 생산성을 더욱 높일 수 있는' 시대였다. 앞서 말했듯이 이 정도 수준의 상호 연결 능력은 분명 공산주의의 장례식을 치르는 데 한몫했다. 왜냐하면 동양에서는 훨씬 드물게 쓰였지만, 서양에서는 생산성 향상을 위해 활용한 PC와 팩시밀리, 모뎀 등으로 수평적인 일대일 커뮤니케이션이 비약적으로 증가했고, 이는 공산주의가 기반으로 삼는 위에서 아래로의 철저한 수직적 커뮤니케이션 양식에 상당한 손상을 입혔기 때문이다.

당시에는 우리가 미처 주목하지 못했지만 이 흥분되는 새로운 시대에 어울리지 않는 사람들도 있었다. 베를린 장벽 붕괴를 경축하며 그에 공헌했다고 다투는 소련제국 내의 사람들과 함께 한 이들은 미국인과 유럽인만이 아니었다. 샴페인이 아니라 진한 터키 커피로 축배의 잔을 들었을 어떤 사람, 그의 이름은 오사마 빈 라덴Osama bin Laden이었고, 그는 전혀 다른 이야기를 하고 있었다. 그의 관점에서는 자신이 소련의 붉은 군대를 아프가니스탄에서 몰아냄으로써 소련제국을 몰락시킨 일원이었으며 아프가니스탄에서 싸운 지하드 전사들이었다(물론 미국과 파키스탄 군대의 도움을 어느 정도 받기는 했다). 베를린 장벽이 무너지기 9개월 전 1989년 2월 15일에 소련군이 아프가니스탄 철수를 완료함으로써 지하드의 사명이 완수되었다. 빈 라덴은 다시 주위를 둘러보았고, 또 다른 강대국 미국이 자신의 모국이며 이슬람의 두 성도聖都인 메카와 메디나가 모두 있는 사우디아라비아에 확고한 자리를 잡고 주둔해 있다는 사실을 알게 되었다. 그는 그것을 좋아하지 않았다.

그래서 우리가 무너진 장벽 위에서 춤추며 애플을 음미하고 윈도우를 열어 보면서 이제는 자유시장 자본주의에 대항할 이념적 대안이 남아 있지 않다고 선언하는 동안, 빈 라덴은 미국에 총구를 겨누고 있었다. 빈 라덴과 로널드 레이건은 둘 다 소비에트 연방을 '악의 제국'으로 여겼다는 점에서는 같다. 그러나 빈 라덴은 미국 역시 '악의 제국'으로 보았다. 자유시장 자본주의에 대한 그의 이념적 대안은 이슬람이었다. 소련의 종말에 그는 패배감을 느끼지 않았다. 오히려 소련의 해체로 그는 더욱 대담해졌다. 그는 더 넓어진 활동 공간에 끌리기는커녕 거부감을 느꼈다. 더군다나 빈 라덴은 혼자가 아니었다. 어떤 이들은 로널드 레이건이 군비경쟁을 유발해 소비에트 연방을 파산상태로 몰아넣어서 장벽을 무너뜨렸다고 생각한다. 또 다른 이들은 IBM, 스티브 잡스, 빌 게이츠가 개인이 미래를 다운로드하는 능력을 갖출 수 있게 해서 장벽을 무너뜨렸다고 생각한다. 그러나 멀리 떨어진 세계인 이슬람권의 많은 사람은 빈 라덴과 그의 동료들이 종교적 열정으로 소련과 베를린 장벽을 무너뜨렸다고 생각했다. 수많은 사람이 과거를 업로드하는 데 고무돼 있었다.

간단히 말하자면 우리가 11월 9일을 축하하고 있을 때 또 하나 기억해야 할 날짜인 9월 11일의 씨앗이 뿌려지고 있었다. 이 부분은 뒤에서 더 자세히 다룰 생각이다. 지금은 우선 지구가 평평해진 이야기를 계속하겠다.

평평화 동력 2 _ 95·8·9
접속성의 신세계: 웹 사용의 보편화와 넷스케이프의 대중화

1990년대 중반 PC 윈도우의 시대는 정체기에 접어들었다. 전 세계의 모든 사람이 자신만의 디지털 콘텐츠를 직접 제작할 수 있게 된 것은 멋진 일이었다. 하지만 우리가 이런 혁신을 제대로 활용하려면, 디지털 콘텐츠 제작자인 개인이 아주 저렴한 비용으로 원하는 곳 어디든 디지털 정보를 전송하고 다른 사람들과 정보를 공유하며 공동으로 작업을 진행할 수 있는 획기적인 진전이 이뤄져야 할 필요가 있었다. 실제로 그런 접속을 가능하게 만든 '사건'은 1990년대, 그것도 불과 몇 년 사이에 동시다발적으로 발생했다. 첫 번째 사건은 전 세계 어디든 저렴한 비용으로 접속하는 데 도구 역할을 한 인터넷의 출현과 여기에 더해 개인이 디지털 콘텐츠를 전송하고 모든 사람의 접근이 허용되는 마법과도 같은 가상 공간인 월드와이드웹의 부상이다. 그리고 최종적으로 웹 사이트에 저장된 문서나 웹 페이지를 불러들여서 어떠한 컴퓨터 화면에서나 누구든 사용할 수 있는 (그리고 누구나 사용했던) 지극히 간단한 방법으로 볼 수 있게 해주는 상업적인 웹 브라우저Web Browser의 확산 등이 바로 그 사건들에 속한다. 이처럼 순식간에 일어난 접속 능력의 혁명이 평평한 세계를 만드는 주요 동력이 되었다.

월드와이드웹의 개념(문서를 저장하고 배열하고 연결해서 인터넷상에서 쉽게 읽히게 하는 시스템)을 영국의 컴퓨터 과학자 팀 버너스 리Tim Berners-Lee가 개발해 냈다. 버너스 리는 세계를 평평하게 하는 데 공헌한 인물임이 틀림없다. 그는 스위스에 있는 유럽입자물리연구소CERN에서 컨설팅을 담당할 당시 월드와이드웹을 만들었고 1991년에 최초의 웹 사이트를 게시했다. 웹의 탄생은 과학자들의 연구 성과를 쉽게 공유할 수 있는 컴퓨터망 조성을 위해 노력한 결과였다. 전화선과 모뎀을 통해 전 세계의 PC를 물리적으로 연결하는 일이 가능해졌다. 하지만 전화선과 모뎀이 한 것이라고는 단지 이용자를 인터넷에 접속시키는 일이 전부였다. 인터넷상에서 일일이 조작을 통해 원하는 정보를 찾아내는 방법을 알지 못한다면 접속 자체는 그다지 흥미로운 일이 아니었다. 물론 새롭게 부상하는 이메일 시스템이나 인터넷상에서 커뮤니케이션을 수행할 수 있는 네트워크가 있긴 했지만 데이터의 공유에 관한 한 지극히 초보적인 단계였다. 왜냐하면 다른 사람 컴퓨터의 데이터에 생명을 불어넣어서 활용할 수 있게 해주는 웹 사이트나 웹 페이지 혹은 웹 브라우저 등이 존재하지 않았고, 더군다나 데이터를 찾아내는 일조차도 쉽지 않았기 때문이다.

컴퓨터에 통달한 똑똑한 괴짜들만 사용하는 것이 아니라 누구나 쉽게 사용할 수 있는 접속과 공유의 도구로서 인터넷에 생명력을 불어넣은 최초의 획기적 발전은 버너스 리의 월드와이드웹이었다. 사람들이 흔히 '월드와이드웹'과 '인터넷'을 구분하지 않고 혼용하지만 두 용어의 개념은 서로 다르다. 버너스 리는 자신의 웹 사이트에서 두 용어를 다음과 같이 설명하고 있다.

"인터넷(또는 넷)이란 네트워크들로 구성된 하나의 네트워크입니다. 넷은 기본적으로 컴퓨터와 케이블로 이루어져 있습니다. 인터넷의 개발자인 빈트 서프Vint Cerf와 밥 칸Bob Kahn은 정보 '패킷'을 교환하는 방법을 고안했는데 이것이 바로 인터넷이 하는 일입니다. 즉, 전 세계 어느 곳이든 대개 채 1초도 안 되는 시간 안에 정보 패킷을 전달합니다. 무수한 프로그램이 인터넷을 사용하고 있습니다. 예를 들어, 이메일은 내가 글로벌 하이퍼텍스트 시스템을 개발하고 월드와이드웹이라 이름 붙여 부르기 훨씬 이전부터 이미 사용되고 있었어요."

그렇다면 월드와이드웹이란 무엇인가? 일종의 수평적 세상이 되어버린 이 놀라운 사이버 공간은 과연 무엇일까? 버너스 리가 설명했다. "웹이란 정보가 모이는 (상상의) 추상적인 공간입니다. 넷상에서 찾을 수 있는 것이 컴퓨터라면 웹상에선 문서와 소리, 동영상 등과 같은 정보를 찾을 수 있죠. 넷상의 접속은 컴퓨터들이 케이블로 연결되는 것이지만, 웹상의 접속은 하이퍼텍스트 링크Hypertext Links로 연결됩니다. 웹은 넷상의 컴퓨터들 사이에서 커뮤니케이션을 수행하는 프로그램들이 있기에 존재합니다. 넷이 없다면 웹은 존재할 수 없습니다. 웹 덕분에 넷은 효용가치를 가지는 것이지요. 왜냐하면 사용자들이 정말로 관심 갖는 것은 정보일 뿐 (지식과 지혜에 대한 사용자의 관심은 언급할 필요도 없을 것이다!) 컴퓨터와 케이블 따위에 대해서 알고 싶어하지도 않기 때문입니다."

버너스 리가 처음으로 만든 최초의 웹 사이트 주소는 http://info.cern.ch였으며 1991년 8월 6일 처음으로 웹에 올려졌다. 그는 웹 사이트에서 월드와이드웹의 운용 방식, 개인이 브라우저를 소유하는 방법, 웹서버의 구축 방법 등을 설명했다. 1999년 6월 14일 자《타임Time》은 20세기를 빛낸 100인 중 한 명으로 버너스 리를 소개하며 그의 창조물인 월드와이드웹에 대해 이렇게 요약했다.

토머스 에디슨은 전구의 발명가로 인정받고 있지만 그의 연구소에는 자신 이외에 연구에 매달렸던 수십 명의 인력이 있었다. 윌리엄 쇼클리는 트랜지스터 발명의 아버지로 알려졌지만 사실 트랜지스터는 그를 위해 일한 연구원 두 명이 개발했다. 그리고 위원회에 의해 만들어진 것이 있다고 한다면 (프로토콜 및 패킷 교환방식과 더불어) 인터넷이 바로 그것이다. 그러나 월드와이드웹은 버너스 리 한 사람이 직접 설계한 그의 발명품이다. (…) 독점적이지 않으면서도 무료 공개 상태를 유지하기 위해 고군분투했다. 그는 또한 비교적 쉽게 배울 수 있는 부호화 체계로서 웹의 공용어(링구아 프랑카lingua franca)로 자리 잡은 HTMLHyperText Markup Language을 대중화시킨 장본인이다. HTML은 웹 콘텐츠 제작자들이 준비한 문서 내에 색깔과 밑줄로 링크를 생성하고 이미지를 삽입하는 등 작업할 때 도구로 쓰는 언어이다. 버너스 리는 각각의 웹 페이지에 특정 위치를 지정해 주소를 부여하는 방식, 즉 URLUniversal Resource Locator을 부여하는 방식을 설계했다. 그리고 인터넷에서 이 문서들끼리 서로 연결되는 것을 허용하는 일련의 규칙을 제정하고 HTTPHyperText Transfer Protocol라고 명명했다. 마침내 제7일, 버너스 리는 월드와이드웹을 이용한 최초의 (그러나 최후가 되지는 않을) 브라우저를 짜맞추었다. 이제야 사용자들이 장소에 구애받지 않고 자신의 컴퓨터 화면을 통해 자신의 제작물을 볼 수 있게 된 것이다. 1991년 월드와이드웹이 세상에 등장한 것과 동시에 혼란 그 자체였던 당시의 사이버 공간이 질서가 잡히고 명료해졌다. 그 후로 웹과 인터넷은 하나가 되어 성장해나갔으며, 때로는 가히 폭발적인 성장세를 보였다. 단 5년 사이에 인터넷 사용자 수가 60만 명에서 4000만 명으로 뛰어올랐고, 어느 시점에서는 53일마다 그 수가 두 배로 증가하기도 했다.

버너스 리의 발명품이 굉장히 중요한 만큼, 접속성과 상업거래 두 영역의 도구로서 인터넷과 웹을 제대로 대중화시킨 것은 설치와 이용이 간편한 상업 브라우저들의 탄생이 있었기 때문이다. 버너스 리 이후로 다른 많은 과학자와 연구기관이 초기 단계의 웹을 검색하기 위한 브라우저를 만들었다. 하지만 최초로 광범위한 지지를 얻은 상업적 브라우저, 즉 일반 대중도 이용이 가능한 웹 브라우징 문화를 출범시킨 것은 캘리포니아 마운틴 뷰에 자리 잡은 작은 신생회사 넷스케이프Netscape였다. 넷스케이프는 1995년 8월 9일 주식시장에 상장되었고, 이후 세계는 달라졌다.

전설적인 벤처투자 자본가로서 클라이너퍼킨스콜필드앤바이어스Kleiner Perkins Caulfield & Byers의 소유주인 존 도어John Doerr가 넷스케이프를 지원했다. 그는 뒤에 이렇게 밝혔다. "넷스케이프의 기업공개IPO는 인터넷에 눈을 뜨라고 세계를 향해 울리는 나팔 소리였다. 그때까지 인터넷은 일부 전문가와 컴퓨터광들만의 영역이었다."

넷스케이프는 여러 가지 이유로 거대한 평평화 동력이었다. 우선, 넷스케이프 브라우저는 인터넷을 활성화시켰을 뿐 아니라 다섯 살 어린아이든 90대 노인이든 모두가 인터넷을 사용할 수 있게 했다. 인터넷이 활성화되면서 각계각층의 더욱 많은 사용자가 웹에서 여러 가지 다른 일들을 하길 원하면서 문자, 음악, 데이터, 사진을 쉽게 디지털화하고 인터넷을 통해 다른 사람들의 컴퓨터로 전송할 수 있는 컴퓨터, 소프트웨어, 원거리 통신망을 더욱더 갈망하게 되었다. 이런 욕구는 촉매 역할을 한 또 다른 사건에 의해 충족되었다. 넷스케이프가 기업공개를 한 지 15일 만에 윈도우 95Windows 95가 출시된 것이다. 윈도우 95는 곧 전 세계 사람 대다수가 사용하는 운영 시스템이 되었다. 윈도우 95는 그전의 윈도우 버전과는 달리 내장된 인터넷 보조장치가 설치돼 있어서 브라우저뿐만 아니라 PC의 모든 응용 프로그램이 '인터넷을 감지하고' 인터넷과 상호 작동할 수 있게 해주었다.

되돌아보면 초기 단계부터 넷스케이프가 도약할 수 있었던 것은 수백만 대의 PC가 이미 존재했고 많은 PC에 모뎀이 갖춰져 있었기 때문이다. 그것이 넷스케이프의 지지기반이었다. 넷스케이프가 한 일은 사용자들이 모두 갖고 싶어 안달하는 새로운 프로그램인 웹 브라우저를 윈도우 95가 깔린 PC 기반에 가져다준 것이었다. 그리하여 컴퓨터와 컴퓨터의 접속성이 본래 가지고 있던 실용성은 수백만 명의 사람들에게 더욱 유용했다. 이것은 다시 디지털로 된 모든 것들의 수요가 폭발하면서 인터넷 붐이 촉발되었다. 왜냐하면 모든 투자가는 데이터, 물품재고, 상업거래, 책, 음악, 사진, 오락물 등 모든 것이 디지털화되어서 인터넷으로 운송되고 판매될 수 있다면 인터넷에 기반을 둔 제품과 서비스의 수요는 무한할 것이라는 결론을 내렸기 때문이다. 이 때문에 닷컴 주식에 거품이 끼고, 모든 새로운 디지털 정보를 주고받는 데 필요한 광통신망에 대규모 과잉투자가 일어났다. 이렇게 전개되면서 마침내 전 세계는 하나의 망으로 엮어졌고, 아무도 계획하지 않았음에도 인도의 벵갈루루는 보스턴의 한 교외도시와 같이 된 것이다.

이상의 전개 과정을 하나하나 들여다보자.

이 책을 쓰면서 넷스케이프의 CEO를 지낸 짐 박스데일Jim Barksdale과 인터뷰하는 자리에서 나는 이 책의 첫 부분이 세계를 평평하게 하는 열 가지 혁신, 사건, 경향에 관한 것이라고 설명했다. 첫 번째 사건은 11월 9일에 일어났다고 말하고, 그 날짜의 중요성에 대해 설명했다.

"두 번째 날짜인 8월 9일의 의미를 짐작하시겠습니까?"라고 그에게 말했다.

8월 9일이 내가 말한 전부였다. 박스데일은 1초도 생각지 않고 정답으로 응수했다. "그날은 넷스케이프의 기업 공개일이오!"

박스데일이 미국의 위대한 기업인 가운데 한 사람이라는 점에 이의를 제기할 사람은 별로 없을 것이다. 그는 페더럴익스프레스Federal Express의 소포추적 시스템 개발을 도왔고, 휴대전화를 제조하는 맥코셀룰러McCaw Cellular로 자리를 옮겨서는 회사를 키웠으며, 1994년에는 AT&T와의 합병을 지휘했다. 합병이 완료되기 직전에 그는 헤드헌터 회사의 권유로 지금은 전설적 혁신자가 된 짐 클라크Jim Clark와 마크 앤드리슨Marc Andreessen이 세운 신생회사 모자이크커뮤니케이션Mosaic Communications의 CEO가 되었다. 1994년 중반, 실리콘그래픽스Silicon Graphics의 창설자 클라크는 앤드리슨과 힘을 합쳐 모자이크라는 회사를 세웠고 곧바로 회사 이름을 넷스케이프커뮤니케이션Netscape Communications 으로 바꿨다. 젊고 명석한 컴퓨터 과학자인 앤드리슨은 일리노이 대학교에 기반을 둔 NCSANational Center for Supercomputing Applications(국립슈퍼컴퓨터응용센터)에서 소규모 소프트웨어 프로젝트를 주도했다. 모자이크라고 이름 붙여진 효율적이고 사용이 간편한 최초의 웹 브라우저가 이렇게 개발되었다. 클라크와 앤드리슨은 웹 브라우징 소프트웨어의 엄청난 잠재력을 재빨리 간파하고 둘이 함께 이를 상용화하기로 했다. 넷스케이프가 성장해감에 따라 이들은 기업 공개를 위한 최선의 방안에 대해 박스데일에게 조언과 식견을 구했다.

오늘날 우리는 이 단순화된 브라우저 기술을 당연한 것으로 여기지만, 사실 이 기술은 현대사에서 가장 중요한 발명품 중 하나일 것이다. 앤드리슨이 일리노이 대학교의 NCSA 실험실로 돌아왔을 때 인터넷을 통해 자료를 주고받기 위한 목적으로 갖춰진 PC, 워크스테이션 그리고 기본적인 네트워크 연결망이 그에겐 그다지 대단해 보이지 않았다. 왜냐하면 다른 사람의 웹 사이트에 있는 내용을 끌어와 보여줄 단순하면서도 관심을 끌 만한 사용자 인터페이스가 없었기 때문이다. 위키피디아Wikipedia에서 상세하게 서술하고 있듯이, 앤드리슨은 정식으로 고용된 동료였던 에릭 비나Eric Bina와 함께 사용자 친화적인 브라우저를 개발하기 시작했다. "다양한 종류의 컴퓨터에서 작동시킬 수 있는 통합 그래픽을 사용한 이 결과물은 모자이크 웹 브라우저였다. 앤드리슨은 웹 브라우저의 모니터링과 브라우저의 성능 향상과 제안을 위한 사용자 의견에 매우 꼼꼼하게 대응했다. 이는 곧 브라우저의 접근성과 대중화를 가속화하는 요인이 되었다." 간단히 말해 모자이크는 과학자든 학생이든 저능아든 노인이든 간에 누구나 웹 사이트를 볼 수 있게 해주었다. 마크 앤드리슨은 인터넷이나 월드와이드웹을 발명하지 않았다. 그러나 그는 인터넷과 월드와이드웹에 활력을 불어넣고 그것을 손쉽게 사용할 수 있는 도구로 만드는 데 역사에 길이 남을 중요한 역할을 한 것은 분명하다.

앤드리슨은 "모자이크 브라우저는 1993년 열두 명의 사용자와 함께 출발했죠. 그 열두 명 모두 다 내가 아는 사람들이었습니다"고 말했다. 당시에는 웹 사이트도 단지 쉰 개 정도밖에 없었고 그나마 웹 페이지도 대부분 한 쪽짜리였다. 앤드리슨은 이렇게 설명했다. "모자이크는 NSFNational Science Foundation(국립과학재단)의 자금 지원을 받았습니다. 하지만 그 자금은 실제로 모자이크 개발을 위해 할당된 건 아니었습니다. 우리 연구팀은 멀리 떨어진 곳에 있는 슈퍼컴퓨터를 과학자들이 이용할 수 있게 하고, NSF의 네트워크에 연결할 수 있는 소프트웨어를 만드는 게 목적이었죠. 그 결과 연구자들이 서로의 연구 성과를 '브라우즈browse(여기저기 찾아 읽기)' 할 수 있도록 해주는 소프트웨어 도구로서 최초의 브라우저를 개발했습니다. 나는 이 브라우저에 대한 반응이 긍정적이고 선순환으로 이어질 것으로 예상했습니다. 브라우저를 갖는 사람들이 많을수록 더 많은 사람이 서로 연결되기를 원할 것이고, 콘텐츠와 응용 프로그램과 도구를 만들어낼 인센티브도 더욱 커질 거라고 봤지요. 그런 일은 일단 시동만 걸어주면 바로 약진하고, 그다음에는 아무도 막을 수 없게 되는 거죠. 물론 뭔가를 개발 중일 때는 누가 사용이라도 해줄지 확신할 수 없습니다. 그러나 그 선순환 과정이 시작되기만 하면 누군가가 브라우저를 이용한다는 것은 결국 모두가 이용하게 된다는 뜻이고, 그 후 남은 질문은 얼마나 빨리 확산되느냐 그리고 그 확산 과정에서 장애물은 무엇일까 하는 정도라는 걸 깨달았습니다."

정말이지 박스데일을 포함해서 브라우저를 사용해본 사람들이 처음 보인 반응은 모두 똑같았다. 박스데일은 이렇게 회고했다.

"《포춘Fortune》은 매년 여름에 가장 멋진 스물다섯 개 회사에 관한 기사를 냅니다. 1994년에는 모자이크도 선정되었어요. 나도 클라크와 앤드리슨에 관한 기사를 읽고서 돌아보며 아내에게 말했어요. '여보, 이건 굉장한 생각이야!' 그리고 몇 주 후에 헤드헌터 회사에서 걸려온 전화를 받았습니다. 나는 존 도어, 짐 클라크와 만나 대화를 나눴고 모자이크 브라우저의 베타 버전을 써보기 시작했습니다. 그리고 그 브라우저를 쓰면 쓸수록 더욱더 그 매력에 빠져들게 됐습니다."

1980년대 후반부터 사람들은 인터넷으로 액세스되는 데이터베이스를 웹에 올려놓았다. 박스데일은 도어, 클라크와 이야기를 마친 뒤 집으로 돌아와 세 자녀를 컴퓨터 주변에 불러모아서, 각자 자신이 인터넷에서 찾을 수 있는 화젯 거리를 제시해보라고 했다. 그리고 자녀들이 말한 것에 대한 자료를 찾아내는 걸 보고서 아이들이 와! 하고 놀랐다. "그것 때문에 나는 브라우저에 대해 확 신했습니다. 그래서 헤드헌터에게 전화를 걸어서 제안에 응하겠다고 말했습 니다."

IBM PC, 애플 매킨토시, 유닉스 컴퓨터에서 동작하는 넷스케이프의 첫 번 째 상업적 브라우저는 1994년 12월에 출시되었고 1년이 지나지 않아서 시장을 완전히 장악했다. 학생이거나 영리 목적이 아닌 경우에는 넷스케이프를 무료 로 다운로드하는 게 가능했다. 개인은 소프트웨어가 마음에 드는지 평가해보 고, 원한다면 넷스케이프가 저장된 디스크를 살 수 있었다. 기업은 90일간 소 프트웨어 무료 사용 기간에 평가해볼 수 있었다.

앤드리슨의 말했다. "그 정책의 밑바닥에 깔린 논리는 지급할 능력이 있으 면 사용료를 내달라는 것이었습니다. 만약 지급할 능력이 없다면, 돈을 못 내 더라도 어쨌든 사용해달라는 것이었습니다."

왜 그렇게 했느냐고? 무료 이용은 네트워크가 크게 성장하는 데 동력이 됐 고, 그런 성장은 다른 모든 유료 고객에게도 가치 있는 일이었다. 그 전략은 적 중했다.

박스데일이 말했다. "우리는 넷스케이프 브라우저를 웹 사이트에 올렸고, 사람들은 그것을 다운로드해서 3개월간 시험적으로 사용했습니다. 이처럼 소 프트웨어 다운로드 양이 많았던 적은 저도 본 적이 없습니다. 대기업과 정부 는 자신들의 모든 정보를 풀어놓고 사람들이 정보에 접속하도록 허용한 것이 었죠. 마우스의 포인터로 찍고 클릭하는 시스템 덕분에 과학자가 아닌 어린아 이조차 브라우저를 이용할 수 있게 됐습니다. 그래서 넷스케이프가 진정한 혁 명을 일으켰다는 것입니다. 우린 이런 말을 했죠. 넷스케이프는 성장하고, 성 장하고, 또 성장할 거야!"

이제 대세를 막는 건 불가능했다. 그것이 넷스케이프가 세계를 평평하게 하는 데 또 하나 중요한 역할을 했던 이유다. 인터넷이 진정으로 상호 작동할 수 있도록 도운 것이다. 베를린 장벽-PC-윈도우 단계에서는 전자우편을 사용하는 개인과 내부 전자우편을 사용하는 회사는 그리 멀리까지 연결할 수 없었다. 라우터는 서로 다른 네트워크를 중계해주는 장치로, 시스코의 최초 인터넷 라우터는 사실 전자우편을 교환하고 싶었던 스탠퍼드 대학교의 한 부부가 만들었다. 그들은 각각 메인 프레임과 PC 사업부에서 일하고 있었지만 서로 접속할 수 없었다.

앤드리슨은 이렇게 말한다. "당시의 네크워크는 회사 재산이었고 서로 단절되어 독립적이었습니다. 각 장치는 고유의 포맷, 데이터 프로토콜, 콘텐츠를 다루는 각각의 방식이 있었죠. 따라서 모든 정보의 섬들이 서로 연결되지 않은 채 떠 있었던 겁니다. 그리고 인터넷이 대중적 상업적 기업으로 등장하며 그 또한 똑같이 서로 연결되지 않고 단절되어 나타날 위험이 있었죠."

회계부에서 근무하는 조는 사무실 PC로 1995년도 최신 판매 관련 자료를 얻으려 했지만 구할 수가 없었다. 영업부와 회계부가 각기 다른 시스템을 쓰고 있었기 때문이었다. 마치 한 사람은 독일어로 말하고 다른 사람은 불어로 대화하는 격이었다. 그래서 조가 말할 것이다. "굿이어Goodyear가 어떤 타이어를 보냈는지 최근 선적 정보를 보내주시오."

그러나 그는 굿이어가 전혀 다른 시스템을 사용하고 있고 토피카Topeka(미국 캔자스 주의 수도)에 있는 대리점도 또 다른 시스템을 운용하고 있다는 것을 알게 되었다. 집에 돌아온 조는 7학년인 자기 아이가 월드와이드웹을 이용해 기말보고서를 위한 자료조사를 하는 걸 보게 된다. 공개된 무료 프로토콜로 프랑스의 어떤 미술관 소장품을 보고 있는 것이다. 조는 이렇게 말할 것이다. "이건 미친 짓이야. 완전하게 상호 연결된 하나의 네트워크가 있어야 해."

인터넷이 상업화되기 전 수년 동안에 버너스 리, 빈트 서프, 밥 칸을 비롯한 여러 과학자가 모든 사람의 전자우편 시스템과 대학 컴퓨터망을 막힘없이 연결하려는 의도로 일련의 '공개된 프로토콜'을 개발했다. 누구도 특별히 유리한 위치를 차지하지 못하도록 하자는 의도였다.

수학적 논리를 기초로 한 이들 프로토콜은 디지털 장치들이 서로 소통하게 해주는 마법의 연결통로와 같아서 여러분의 네트워크에 채택해 쓰기만 하면, 어떤 종류의 컴퓨터에서 사용하든 간에 다른 모든 사람의 컴퓨터와 서로 호환이 되었다. 과거에나 현재나 이들 프로토콜은 어렵고 이해하기 어려운 약어로 이루어져 있다. 그런 이름들은 주로 FTP, HTTP, HTML, SSL, SMTP, POP 그리고 TCP/IP 등이다. 당신의 회사나 가정의 네트워크가 무엇이든, 당신이 어떤 컴퓨터나 휴대전화 또는 소형 무선기기를 쓰든지 간에, 이들 프로토콜은 함께 기능하며 인터넷이나 월드와이드웹을 통해 상대적으로 확실하게 데이터를 운반하는 시스템을 구성한다.

프로토콜은 각기 다른 기능이 있다. TCP/IP는 인터넷의 기본 배관이자, 열차 궤도로서 이 위에 다른 모든 것이 건설되고 서로 이동한다. FTP는 파일을 이동시킨다. SMTP와 POP는 표준화된 방식으로 전자우편 메시지를 전송하므로 다른 전자우편 시스템에서도 받은 메시지를 읽고 쓸 수 있다. 앞서 언급했듯이 HTML은 보통 사람들도 웹 페이지를 만들 수 있게 해주는 언어이며, HTTP는 사용자들이 월드와이드웹에서 HTML 문서에 연결할 수 있도록 해준다. 최종적으로 사람들이 웹 페이지를 전자상거래에 이용하기 시작하자 웹을 바탕으로 하는 거래를 안전하게 보호하기 위해 SSL이 만들어졌다.

마이크로소프트는 방대한 시장을 장악하고 있었다. 넷스케이프는 브라우징과 인터넷이 성장하면서 마이크로소프트가 공개 웹 프로토콜을 마이크로소프트 서버만 다룰 수 있는 폐쇄적인 표준으로 바꿀 수 없도록 확실히 해두고자 했다.

"넷스케이프는 프로토콜을 공공의 이익을 위해 누구나 쓸 수 있도록 상업화함으로써 공개된 프로토콜이 독점되는 것을 막는 데 일조했습니다. 넷스케이프는 브라우저뿐 아니라 이 모든 공개된 표준을 낳은 일련의 소프트웨어 제품을 출시해서 과학자들이 무슨 시스템을 사용하든 간에(크레이 슈퍼컴퓨터든, 매킨토시든, PC든 간에) 서로 통신이 가능하도록 했죠. 넷스케이프는 모든 사람이 '내가 작업하는 기반인 모든 시스템과 내가 하는 모든 일을 공개된 표준 바탕 위에서 하고 싶다'고 말할 수 있는 진정한 이유를 제공할 수 있었습니다. 우리가 인터넷을 브라우즈할 방식을 개발하자 사람들은 인터넷에 있는 것들에 접근할 수 있는 보편적 방식을 원했습니다. 공개된 표준으로 작업하기를 원하는 모든 사람은 넷스케이프로 갔고, 거기서 그들은 우리의 지원을 받았죠. 그게 아니면 사람들은 오픈소스open-source의 세계로 가서 동일한 표준을 무료로 얻었지만, 지원을 받을 수 없었습니다. 또는 자신들의 개별적인 프로그램 공급자들에게 이렇게 말했죠. '나는 더 이상 당신의 폐쇄적인 제품을 사지 않겠다. 더 이상 당신의 폐쇄된 지원을 돈 주고 이용하지도 않겠다. 당신들이 공개한 프로토콜로 인터넷에 상호 연결되는 경우에만 당신들과 함께 일하겠다'고 말입니다."

넷스케이프는 브라우저 판매를 통해서 이들 공개된 표준을 밀고 나갔고 대중은 열광적으로 호응했다. 선sun도 자신의 서버로 같은 일을 했고, 마이크로소프트도 윈도우 95로 같은 일을 했다. 마이크로소프트는 모두 알다시피 브라우징을 매우 중요하게 받아들여서 인터넷 익스플로러를 윈도우에 추가한 고유의 브라우저를 개발했다. 이 회사들은 전자우편과 브라우징을 충분히 사용하지 못하게 된 대중이 인터넷 회사들로 하여금 서로 함께 협력해서 상호운용 가능한 단일 네트워크를 만들길 원한다는 사실을 깨달았다. 대중은 각 회사가 서로 다른 응용 프로그램으로 경쟁하기를 원했다. 말하자면 소비자들이 애초에 어떻게 인터넷에 접속하게 할 것인지가 아니라, 그들이 이미 인터넷에 접속한 후에 무엇을 할 수 있는지에 대해서 인터넷 회사들이 경쟁하기를 원했던 것이다. 그 결과 큰 회사 간의 여러 '포맷 전쟁'을 거친 뒤 1990년대 후반에 이르러 인터넷 컴퓨팅 플랫폼이 완전무결하게 통합되었다. 곧 누구든 어느 곳에서든 어느 컴퓨터를 통해서든 다른 사람과 서로 연결할 수 있었다. 각자 고유의 격리된 소규모 네트워크를 유지하는 것보다 호환하는 편이 모두에게 훨씬 더 가치 있다고 판명되었다. 점점 더 많은 사람과 사람의 연결을 실현시킨 이러한 통합은 바로 세계를 평평하게 한 엄청난 평평화 동력이었다.

당시에는 모든 것이 매우 복잡해서 이런 노력이 결코 성공하지 못할 거라고 말하는 회의론자가 늘 있었다고 앤드리슨은 회상했다. "사람들은 나가서 PC 와 다이얼 업 모뎀을 사와야 했죠. '사람들이 습관을 바꾸고 새로운 기술을 습득하는 데는 많은 시간이 걸린다'고 회의론자들은 모두 말했습니다. 그러나 사람들은 빨리 배웠고, 10년이 지난 후 8억 명이 인터넷을 이용했습니다. 사람들이 습관을 바꿔야 할 강한 이유가 있을 때면 자신들의 습관을 재빨리 바꿉니다. 그리고 사람들은 본능적으로 다른 사람들과 연결되고 싶어하는 강한 욕구가 있습니다. 다른 사람들과 연결할 수 있는 새로운 방법이 제시되면 사람들은 그 어떤 기술적 난관도 돌파할 것이고 또 새로운 언어를 배울 겁니다. 사람들은 서로 연결되길 원하기에 웹에 접속하고, 연결할 수 없으면 불만을 느끼죠. 바로 넷스케이프가 대중의 욕구를 해방시킨 겁니다."

IBM의 기업전략 담당 부사장인 조엘 콜리Joel Cawley는 이렇게 말했다. "넷스케이프는 데이터 전송과 스크린에 표시하는 방식에 대한 표준을 매우 단순화하여 따라 할 수밖에 없게 했기에 어떤 사람이든지 그 표준 위에서 새로운 걸 만들어낼 수 있었습니다. 이러한 표준은 어린아이에서부터 대기업에 이르기까지, 나아가 전 세계 모두에게 단계적으로 다가갔습니다."

1995년 여름 넷스케이프 상장을 앞두고 박스데일과 넷스케이프의 임원들은 미국에서 모건 스탠리Morgan Stanley의 증권인수전문가들과 함께 넷스케이프 상장 시에 주식매입을 권유하기 위해 전통적인 방식의 로드쇼roadshow를 시작했다. 박스데일이 말했다.

"우리가 로드쇼에 나섰을 당시 모건 스탠리는 주식이 14달러 정도의 높은 가격에 팔릴 거라고 말했죠. 그러나 로드쇼가 진행되면서 주식 매수 요구가 높아져서 상장가격을 두 배로 올려 28달러로 결정했습니다. 주식 공개 하루 전날 오후에 우리는 모두 로드쇼의 종착지인 메릴랜드에 있었습니다. 한 줄로 늘어선 검정 리무진을 타고 말입니다. 꼭 마피아들처럼 보였겠죠. 그때 우리는 모건 스탠리 본사와 연락해야 했지만 휴대전화가 터지지 않는 곳에 있었습니다. 그래서 우리는 공중전화를 이용하려고 길 건너 마주 보고 있는 두 주유소로 검은 리무진 행렬을 이끌고 들어갔죠. 모건 스탠리에 전화를 걸자 그들의 견해는 이랬습니다. '31달러에 공개할 생각입니다.' 그래서 나는 '아니오, 28달러로 합시다' 하고 대답했죠. 나는 사람들이 넷스케이프를 30달러대가 아닌 20달러대 주식으로 기억하길 원했지요. 혹시라도 인기가 없을 것에 대비해서요. 다음날 주식은 결국 71달러에 공개된 걸 전화회의에서 알았습니다. 주식 공개일의 종가는 56달러였는데, 그것은 내가 처음에 결정했던 가격의 정확히 두 배였죠."

넷스케이프는 궁극적으로는 마이크로소프트의 압도적인 경쟁 압력에 희생되었다(한편 법원은 독점이라고 판정했다). 마이크로소프트가 절대적인 시장지배력을 가진 윈도우 운영 시스템 일부로 인터넷 익스플로러 브라우저를 끼워 넣어 무상 공급함으로써 넷스케이프보다 웹 브라우징에 더 좋은 자원을 더 많이 투자할 수 있는 저력이 있었다. 더불어 마이크로소프트가 빠르게 확장해 나가면서 넷스케이프에 관한 관심이 분산되었고 넷스케이프는 점진적으로 시장점유율을 잃었다. 결국 넷스케이프는 AOL에 100억 달러에 팔렸지만 이 거래를 통해 AOL도 별로 이득을 보지 못했다. 이를테면 넷스케이프는 상업적으로 볼 때 반짝 빛을 발하는 유성에 불과한 셈이 되었지만, 한때 대단한 스타였고 큰 발자취를 남겼다.

박스데일은 말했다. "우리는 거의 출발할 때부터 수익을 냈죠. 넷스케이프는 단순한 닷컴기업이 아니었습니다. 우리는 닷컴기업의 거품 대열에도 끼지 않았습니다. 우리가 닷컴 거품을 만들기 시작했습니다."

그것은 참 거대한 거품이었다.

박스데일은 이렇게 말했다. "주식을 상장한 넷스케이프는 많은 것에 영향을 주었습니다. 기술자들은 넷스케이프로 할 수 있게 된 새로운 기술 분야의 일들을 매우 좋아했습니다. 그리고 사업가들과 일반인들은 많은 돈을 벌 수 있겠다고 흥분했습니다. 사람들은 넷스케이프로 돈을 버는 젊은이들을 보고 '저런 젊은 애들이 이런 걸로 돈을 번다면 나도 할 수 있겠다'고 말했습니다. 탐욕은 나쁜 것일 수 있습니다. 보통 사람들이 많은 일을 하지 않고도 많은 돈을 벌 수 있다고 생각했습니다. 부드럽게 표현해도 분명히 탐욕은 꽤 큰 과잉투자로 이어졌죠. 더 바보스럽고 더 허황된 아이디어에 투자금이 몰렸습니다."

인터넷 사용과 인터넷 관련 제품에 대한 수요가 무한할 것이라고 믿도록 투자자들을 자극한 것은 무엇이었을까? 간단한 답은 디지털화다. PC-윈도우 혁명이 정보를 디지털화해 컴퓨터와 워드프로세서에서 다룰 수 있는 것의 가치를 모든 사람에게 보여주고, 브라우저가 인터넷을 활성화하고 웹 페이지를 노래 부르고 춤추게 하며 화면에서 보여주기까지 하자 모든 사람이 인터넷을 통해 다른 사람에게 보낼 수 있도록 가능한 모든 것을 디지털화하기 원했다. 이렇게 디지털화 혁명이 시작되었다. 디지털화는 문자, 음악, 데이터, 영화, 파일, 사진이 비트와 바이트(1과 0의 조합)로 바뀌어 컴퓨터 모니터 위에서 다뤄지고, 마이크로프로세서에 저장되며, 인공위성과 광통신망을 통해 전송될 수 있도록 하는 마법 공정이었다.

과거에는 내가 편지를 보내기 위해 우체국에 갔다. 그러나 인터넷이 활성화되자 편지를 디지털화해서 전자우편으로 보내고 싶었다. 사진을 인화할 때는 지구 반대편의 광산에서 캐낸 은으로 필름을 코팅해야 하는 등 성가신 과정이 있었다. 과거에는 카메라로 사진을 찍은 후 사진 가게에 현상을 의뢰하면 필름은 큰 사진 인화 공장으로 보내졌다. 그러나 인터넷 덕분에 전자우편으로 지구 곳곳에 사진을 보낼 수 있게 되자 나는 더 이상 은으로 코팅된 필름을 쓰고 싶지 않았다. 현상하는 게 아니라 전송할 수 있는 디지털 포맷으로 사진을 찍고 싶었다(게다가 나는 사진을 찍는 데 카메라만 사용하는 제약을 받고 싶지 않았다. 휴대전화로도 사진을 찍을 수 있길 원했다).

전에는 책을 둘러보고 사기 위해서 대형서점에 가야 했다. 지금도 여전히 서점에 가긴 하지만 이젠 인터넷의 활성화로 아마존닷컴에서 디지털 방식으로 책을 검색한다. 자료 조사를 위해서는 도서관에 갔지만 이제는 서가를 헤매지 않고 구글이나 야후!Yahoo!를 통해 디지털 방식으로 자료를 찾고는 한다. 과거에는 사이먼 앤 가펑클의 음악을 들으려고 CD를 사곤 했다. CD는 이미 레코드판 앨범을 디지털 음악으로 대체한 것이지만 인터넷이 활성화되면서 그런 음악을 더 쉽게 구해 갖고 다니면서 듣고 싶어졌다. 나는 그 음악을 아이팟iPod 으로 다운로드하기를 원한다. 근래에는 그만큼 디지털 기술이 발달해 이 모든 일이 가능해졌다.

모든 것을 디지털화하려는 광기에 가까운 현상을 지켜본 투자가들은 "이런! 모두가 이런 것들을 다 디지털화하고 비트로 전환해서 인터넷을 통해 전송하길 원한다면, 디지털화된 정보를 전 세계로 실어 날라야 하는 광케이블과 웹 서비스 회사에 대한 수요가 끝이 없을 것이다! 여기에 투자하기만 하면 돈 잃을 일은 없다!"라고 혼잣말을 했다.

이래서 거품이 태어났던 것이다.

과잉투자가 궁극적으로 바르게 쓰인다면 과잉투자도 반드시 나쁜 것만은 아니다. 나는 기술 경제의 거품이 최고조일 무렵 다보스에서 열린 1999년 세계경제포럼에서 마이크로소프트의 빌 게이츠가 가졌던 기자회견을 기억한다. 빌 게이츠는 말만 바꿔 계속되는 기자들의 질문공세를 받았다.

"빌 게이츠 씨, 인터넷 기업 주식들은 거품이 맞죠? 확실히 거품이죠? 거품이 틀림없지 않습니까?"

결국 화가 난 빌 게이츠가 다음과 같이 거품의 영향에 관해 말했다. "이봐요, 형편없는 사람들아. 물론 거품이지요. 그러나 당신들 모두 요점을 놓치고 있어요. 이 거품이 대규모의 새로운 자본을 인터넷 산업으로 끌어들이고 있습니다. 또한 그 거품이 더욱더 빠르게 혁신을 추진할 겁니다."

빌 게이츠는 인터넷 사업을 골드러시에 비유했다. 땅 파서 금을 캐내는 사람보다 그들에게 리바이스 청바지와 곡괭이, 삽을 팔거나 호텔 방을 빌려준 사람들이 더 많은 돈을 벌었다는 것이다. 빌 게이츠가 옳았다. 호황과 거품은 경제적으로는 위험할지 모른다. 수많은 사람이 돈을 잃고 많은 회사가 파산하는 것으로 결말이 날 수도 있다. 그렇지만 종종 혁신을 가속화하고 호황과 거품이 초래한 과잉 생산시설들은 그게 철도망이든 자동차 생산이든 간에 뜻하지 않은 긍정적 결과를 가져올 수 있다.

이것이 인터넷 기업 주식 호황의 결과로 일어난 일이다. 인터넷 기업 주식 붐으로 광통신 케이블 회사에 엄청난 투자금이 몰렸다. 그런 과잉투자 덕분에 기업들은 육지와 해저에 대규모로 광통신 케이블을 깔았고, 전 세계 어디로든 전화를 걸거나 데이터 전송 비용을 급격히 낮출 수 있었다.

1977년에 최초의 상업적 광통신 시스템이 설치되었다. 그 후 광섬유가 서서히 구리전화선을 대체하기 시작했다. 왜냐하면 광섬유가 데이터와 디지털화된 목소리를 더 큰 용량으로 훨씬 더 멀리 더욱 빠르게 전송할 수 있기 때문이었다. 하우스터프웍스닷컴Howstuffworks.com에 따르면 광섬유는 '사람의 머리카락만큼 가느다란' 광학적으로 순수한 유리로 만든 섬유 실이다. 광섬유를 다발로 만든 것이 '광케이블'이며 이것은 디지털화된 정보 신호를 매우 멀리까지 보낸다. 광섬유는 구리선보다 훨씬 가늘어서 일정 지름의 케이블 안에 구리선보다 더 많은 다발을 넣을 수 있다. 이는 같은 케이블을 통해 더욱 저렴한 가격으로 훨씬 많은 데이터나 음성을 보낼 수 있다는 것을 뜻한다. 광섬유의 가장 큰 장점은 장거리 전송이 가능한 매우 높은 주파수 대역폭에 있다는 것이다. 구리선도 초고주파를 실어 나를 수는 있지만 1m도 못 가 신호를 약화시키는 기생효과 때문에 신호 강도가 약해지기 시작한다. 이와는 대조적으로 광섬유는 신호를 크게 약화시키지 않고 초고주파 빛의 파동을 수 km의 장거리로 실어 나를 수 있다.

광섬유 네트워크 제조회사 중 하나인 ARC전자ARC Electronics의 웹 사이트에 설명된 광섬유 케이블의 작동방식은 데이터나 목소리를 빛의 파동으로 바꿔서 광섬유를 통해 전달하는 방식이었다. 이는 구리선으로 정보를 전달하기 위해 전자파동을 사용했던 방식을 대체하는 것이다. 광섬유 통신의 끝에는 송신기가 달려 있다. 송신기는 집 전화나 사무실 컴퓨터의 구리선에서 나오는 암호화된 전자파동 정보(언어 혹은 데이터)를 받아들인다. 그다음에 송신기는 디지털화되고 전자 암호화된 언어나 데이터를 암호화된 빛의 파동으로 처리하고 번역한다. 발광 다이오드LED나 레이저 주입 다이오드ILD는 광섬유 케이블을 타고 흘러갈 빛의 파동을 생성하는 데 사용된다. 광케이블은 케이블 한쪽 끝에서 들어온 빛의 파동을 다른 한쪽 끝으로 보내기 위한 빛의 안내자 기능을 한다. 그 끝단에서 빛에 감응하는 수신기가 빛의 파동을 다시 전자 디지털 신호 1과 0으로 전환한다. 이렇게 해서 컴퓨터 화면에 전자우편으로 나타나거나 휴대전화에서 음성으로 들리는 것이다. 광섬유 케이블은 도청이 어려워 안전한 교신에도 이상적이다.

미국에서 닷컴기업 붐과 1996년 전화통신법Telecommunications Act이 광섬유 거품을 유발한 것은 아주 우연한 일이었다. 그 법안으로 각 지역과 장거리 통신회사들이 서로의 사업에 뛰어들었으며, 각 지역의 모든 신흥 전화회사들이 전화 서비스와 인프라 공급 분야에서 AT&T와 AT&T에서 분할된 지역 전화통신사 베이비벨Baby Bell과 겨루게 되었다. 이들 신규 전화회사들이 각 지역, 장거리 및 국제 전화 서비스, 데이터와 인터넷 서비스를 제공하기 시작하자 각 회사는 자신들만의 설비를 구축하려 했다. 못할 이유가 없었다. 인터넷 붐 때문에 누구나 인터넷 통신을 위한 전송 용량 수요가 3개월마다 두 배로 증가할 것이며 증가세는 끝이 없을 것으로 예측했다. 약 2년간은 그 예측이 맞았다. 그러나 규모가 커지면 성장률은 떨어질 수밖에 없어서 두 배로 늘던 증가속도가 차츰 느려지기 시작했다. 불행하게도 전화회사들은 공급과 현실적인 수요 사이에 커지는 괴리를 직시하지 못했다. 시장은 한창 인터넷 열기에 사로잡혀 있었고 통신회사들은 계속해서 더욱더 용량을 늘려갔다. 그리고 주식시장의 호황은 공짜 돈이 넘친다는 것을 뜻했다. 그야말로 잔치판이었다! 그랬기에 모든 신설 통신회사의 믿을 수 없을 정도로 낙관적인 시나리오들도 투자금을 유치할 수 있었다. 5~6년이란 기간 동안 이들 통신회사는 세계를 통신망으로 연결하는 데 1조 달러가량을 썼다. 그리고 누구도 수요전망치에 대해 묻지도 않았다.

모든 신설 통신회사들이 전 세계를 연결하는 광통신망을 깔려고 계약을 맺은 회사들 가운데서도 글로벌크로싱Global Crossing은 가장 이성을 잃은 회사였다. 글로벌크로싱은 게리 위닉Gary Winnick이 1997년에 세워서 1998년에 주식시장에 상장됐다. 이 회사의 CEO로 고작 1년 일한 로버트 아눈치아타Robert Annunziata는 코퍼레이트 라이브러리Corporate Library의 넬 미노Nell Minow가 주주의 관점에서 봤을 때, 글로벌크로싱과 맺은 CEO 계약은 미국에서 최악의 사례로 꼽히는 것이었다. 계약에는 다른 건 차치하더라도 아눈치아타의 모친이 한 달에 한 번씩 아들을 방문할 때 일등석 항공료를 회사가 지급한다는 내용과 입사 시에 회사의 주식 200만 주를 시장가격보다 싼 한 주당 10달러에 지급한다는 것도 포함돼 있었다.

현재 워버그핀커스Warburg Pincus에서 일하는 베테랑 사업가 헨리 샤흐트 Henry Schacht는 당시 웨스턴일렉트릭을 계승한 루슨트에 영입되어 이 광기의 시대를 헤쳐나가며 회사를 경영하게 되었다. 그는 당시 분위기를 이렇게 회고했다.

"1996년의 전화통신 규제 완화 조치는 대단히 중요했습니다. 그 조치로 경쟁적인 지역 통신회사들이 자체 통신시설을 갖추고, 지역 통신사끼리는 물론이고 베이비벨과의 판매경쟁에도 뛰어들었습니다. 이들 신설 통신회사들은 글로벌크로싱 같은 회사에 의뢰해 광통신 네트워크를 깔고 송신 수준, 특히 국제통신에서 AT&T나 MCI와 경쟁할 수 있었습니다. (…) 모두가 이것은 신세계이며 절대 멈추지 않으리라고 생각했죠. 공짜 자본을 쓰는 경쟁력 있는 회사를 갖고 있으니 파이가 한없이 커질 거라고 믿었던 거죠. 모든 회사가 이렇게 말했습니다. '남이 하기 전에 내가 먼저 광통신 네트워크를 깔겠다. 그래서 남보다 더 많은 몫을 차지하겠다.' 시장은 수직으로 곧장 상승할 것으로 생각했고, 우리는 각자 몫을 차지할 수 있으리라 생각해서 모두가 최대 전망치에 맞추어 용량을 증설했으며 이익 보는 걸 당연하게 생각했습니다."

기업 간B2B 그리고 일반 전자상거래가 예측대로 늘어나는 한편 아무도 예상하지 못했던 이베이, 아마존, 구글 등 수많은 웹 사이트가 폭발적으로 늘었다. 그러나 이들이 광통신망을 아무리 써도 여전히 쓸 수 있는 용량의 극히 일부밖에 못 썼다. 그래서 닷컴의 거품이 꺼졌을 때 아주 많은 광통신망이 남아돌았다. 장거리 전화 요금은 1분당 2달러에서 10센트로 떨어졌다. 그리고 데이터 송신은 사실상 무료였다. 음성으로 작동되는 인터넷 서비스 회사인 텔미네트워크Tellme Networks의 최고운영책임자Chief Operating Officer, COO인 마이크 맥큐

Mike McCue는 2001년 6월 CNET 뉴스닷컴CNETNews.com에서 이렇게 말했다.

"전화통신산업은 지나친 투자 때문에 스스로 사업에서 퇴출당했다. 너무 많은 광통신망을 깔아버려서 스스로를 싸구려 일용품으로 만들어버렸다. 모두가 대규모 가격 전쟁을 치러야 할 것이고, 그 결과는 재앙이 될 것이다."

이는 수많은 회사와 그 회사의 투자가들에게 재앙이었다(글로벌크로싱은 2002년 1월 124억 달러의 빚을 안은 채 파산신청을 했다). 그러나 소비자들에게는 그것이 커다란 혜택이었다. 1950년대에 건설된 미국의 고속도로 시스템이 미국 전역을 평평하게 하고 지역 격차를 완화했으며 사람과 물자의 이동을 훨씬 원활하게 만든 덕분에 기업들이 생산시설을 미국의 남부 같은 저임금 지역으로 쉽게 재배치할 수 있었다. 마찬가지로 글로벌 광통신 고속도로망 건설 역시 산업화된 세계를 평평하게 했다. 또한 세계의 지역주의를 무너뜨리고 보다 단절 없는 세계적 상업망을 만들었으며, 디지털화된 노동력(서비스와 지식노동)을 비용을 거의 들이지 않고 간단히 저비용 국가로 이동하는 것이 가능하도록 도왔다.

하지만 미국 내에서 광통신 고속도로망이 마지막 순간에(가정과 연결되기 전에) 멈추는 경향이 있음은 지적해야겠다. 인도와 미국을 연결하기 위해 방대한 양의 장거리 케이블을 까는 동안 이들 신생 전화통신사 중 어떤 회사도 지역 통신기반을 충분히 조성하지 않았다. 1996년의 전화통신사업 규제 완화 법안이 케이블 방송사와 전화회사 사이에 진정한 역내 경쟁을 허용하지 않았기 때문일 것이다. 그래도 지역별로 브로드밴드(광대역) 통신망이 설치된 곳은 겨우 사무실 빌딩들인데 이미 기존 전화통신회사로부터 서비스를 잘 받고 있는 곳이었다. 그래서 기업들에 제공되는 통신 가격은 별수 없이 내려갔고 벵갈루루에서 온라인으로 사업하려는 인도도 통신 가격이 하락됐다. 그러나 미국 가정에서 대중이 값싼 광대역 통신망을 이용할 수 있도록 하는 경쟁은 이뤄지지 않았다. 그러한 경쟁은 아주 최근에야 시작되었다.

광케이블망에 대한 광범위한 과잉투자는 광섬유의 독특한 특성 덕분에 계속해서 혜택이 된다. 여타 인터넷 과잉투자와는 달리 광케이블망 투자는 영구적이다. 광케이블이 일단 깔리고 나면 누구도 굳이 파내서 과잉 용량을 제거하지 않을 것이니까 말이다. 그래서 전화통신회사가 파산하면 은행이 인수해서 광케이블망에 처음 투자한 원가 10분의 1 정도의 헐값으로 신생회사에 판다. 광케이블망을 사들인 회사는 계속해서 광케이블망 운영 사업을 이어갈 것이다. 통신망을 아주 싸게 샀기 때문에 수익을 낼 수도 있다.

광케이블은 각 케이블 안에 한 가닥이 초당 수 테라비트의 엄청난 데이터를 전송할 수 있는 잠재력을 가진 광섬유 여러 개를 담고 있다. 광케이블이 처음 깔렸을 때 케이블 양 끝에 있는 광학 스위치(송신기와 수신기)는 광섬유의 한계 용량까지 최대한 이용할 수 없었다. 그러나 그 후 매년 광학 스위치의 기능이 향상되어 점점 더 많은 음성과 데이터를 보낼 수 있게 되었다. 따라서 광학 스위치의 성능이 개선되는 한 이미 설치된 광섬유 케이블의 용량은 계속 커지고, 매년 세계 어느 곳으로든 음성과 데이터 전송이 더욱 쉬워지고 저렴해진다. 마치 미국에 전국 고속도로망을 건설했을 때 처음에는 제한속도가 시속 50마일이었다가 다음에는 시속 60마일, 70마일, 80마일로 올라가고 마침내 교통사고를 두려워 않고 같은 고속도로에서 시속 150마일로 달릴 수 있게 된 것과 같다. 단지 이 광케이블 고속도로망은 미국만의 것이 아니라 세계의 것이라는 점이 다를 뿐이다.

넷스케이프를 그만두고 또 다른 하이테크회사 옵스웨어Opsware Inc.를 세운 앤드리슨은 이렇게 말했다. "혁신의 각 단계는 다음 단계의 초석이 됩니다. 지금 내게 가장 중요한 일은 루마니아든 벵갈루루든 구소련이든 아니면 베트남 같은 나라의 열네 살짜리 어린이라도, 원한다면 지식을 활용하기 위한 모든 정보, 도구, 소프트웨어를 어떻게든 얻을 수 있다는 사실입니다. 그래서 내가 냅스터Napster 같은 것이 비주류 세계에서 또 등장할 거라고 확신하는 이유입니다. 예를 들어 실험실 대신 컴퓨터로 바이오 과학 결과를 얻고 게놈 데이터도 인터넷을 통해 쉽게 얻는다면, 어떤 시기가 오면 노트북 PC로 백신을 설계할 수도 있게 될 겁니다."

나는 앤드리슨이 평평해진 세계와 세계화 3.0시대의 독특함을 잘 말했다고 생각한다. 이 독특함은 개인과 그룹에 의해, 특히 앤드리슨이 모자이크를 개발했을 때 그의 세상을 함께 만든 열두 명의 과학자보다 훨씬 다양한 배경을 가진 개인과 그룹에 의해서 추진될 것이다. 이제 우리는 전 세계에서, (야구장 같은 평평한 경기장의) 외야 왼쪽과 오른쪽에서, 동서남북 어디서든 차세대 혁신을 이끌어갈 진정한 인간들의 모자이크가 출현하는 모습을 보게 될 것이다. 앤드리슨과 이야기를 나눈 지 불과 며칠 지나지 않은 2004년 7월 15일, 《뉴욕 타임스》 1면에 다음과 같은 머리기사가 실렸다. '미국이 쿠바에서 세 가지 항암제 수입을 허가하다.' 기사 내용은 다음과 같다.

연방정부는 캘리포니아의 한 생명공학 회사가 쿠바에서 임상 단계의 세 가지 항암제를 라이선스 생산하는 것을 허용하기로 했다. 이는 쿠바와의 교역을 엄격히 제한하는 정책에 예외가 되는 조치다.

라이선스 생산 허가를 받은 캔서벡스CancerVex의 경영진은 다음과 같이 말했다. "미국의 생명공학 회사가 쿠바산 의약품의 라이선스 생산 허가를 한 것은 이번이 처음이지만, 제약업계의 몇몇 임원들과 과학자들은 쿠바가 개발도상국치고는 생명공학 분야에서 놀라울 정도로 강하다고 말한다. (…) 지난 수년간 쿠바의 수도 아바나 서쪽 지구에 다수의 연구소가 지어지고 운영비로 10억 달러 이상이 사용됐으며, 이들 연구소의 직원들은 쿠바 과학자들이지만 대부분 유럽에서 교육을 받았다고 한다.

다시 한번 요약해보겠다. 애플 컴퓨터-IBM PC-윈도우에 의해 세계가 평평해지는 단계는 내가 가진 컴퓨터와 상호 교류하고 또 회사 내에서 나만의 제한된 네트워크와 상호 교류하는 '나'에 관한 것이었다. 그다음엔 인터넷-이메일 (전자 우편)-브라우저 단계가 도래해서 지구가 좀 더 평평해졌다. 이 단계에서는 이메일 기능으로 어떠한 컴퓨터를 사용해 어디에서나 누구와도 상호 교류하고, 웹 브라우징의 기능으로 인터넷상에서 누구의 웹 사이트와도 상호 교류하는 '나와 내 컴퓨터'에 관한 것이다.

간단히 말해서 애플 컴퓨터-IBM PC-윈도우 단계는 넷스케이프 브라우징-이메일 단계를 낳았으며, 이 두 단계는 과거 어느 때보다 더 많은 사람이 지구상의 어디든지 더 많은 다른 사람들과 서로 소통하고 교류하는 것을 가능하게 해주었다.

그러나 정말 재미있고 신 나는 일은 이제 막 시작되었다. 이 애플 컴퓨터-IBM PC-윈도우 단계는 평평한 세계를 평평하게 하는 다음 단계의 기초에 지나지 않았다.

평평화 동력 3
워크플로 소프트웨어

2004년 겨울 실리콘밸리의 한 모임에서 나는 샌프란시스코에 있는 최첨단 애니메이션 제작사 와일드브레인Wild Brain의 CEO 스콧 하이튼Scott Hyten을 만났다. 그 회사는 디즈니를 비롯한 메이저 영화사에 영화와 만화 영화를 제작해 납품하고 있었다. 벤처 투자가 존 도어에게 초청받아 갔는데, 이 책 속의 아이디어를 도어가 자금 지원한 몇몇 회사에 시험 삼아 들려주고 싶었다. 하이튼은 내가 주장하는 논지를 듣고 난 뒤에 다음과 같이 이메일을 써 보냈고 우리는 정말로 의기투합했다. "나는 마젤란의 시대에 지구를 다시 평평하게 하고 싶었던 신학자, 지리학자, 대학자들이 많았다고 확신합니다. 나는 세상이 평평하다는 사실을 알고 있습니다. 당신이 나와 같은 생각을 하는 것에 감사합니다."

하이튼은 정말 내 본심을 알아주는 사람이다.

그에게 자세히 말해달라고 부탁하자 하이튼이 날 위해 오늘날 만화 영화가 세계적 공급망supply chain을 통해 생산되는 방식을 간략히 설명해주었다. 그 또한 세계가 평평하다고 결론 내린 이유를 곧 이해했다. 그는 이렇게 말했다.

"와일드브레인은 무에서 유를 창조합니다. 우리는 평평한 세계를 활용하는 법을 배우지요. 우리는 세계와 싸우지 않습니다. 다만 평평한 세계를 이용하는 겁니다."

하이튼은 세계가 얼마나 평평해졌는지 직접 확인해볼 수 있도록 만화 영화 제작의 한 부분을 와서 보라고 나를 회사로 초청했다. 내가 방문했을 때 그들은 디즈니 채널에 공급하는 〈히글리 마을의 영웅들Higglytown Heroes〉이란 만화 영화 시리즈를 제작하고 있었다. 9·11 위기를 딛고 다시 일어서고자 애쓰는 모든 보통 사람들에게서 영감을 얻은 작품이다.

"히글리는 1950년대의 전형적인 지방의 작은 도시로 즐거움이 넘치는 마을입니다. 우리는 미국의 작은 마을 하나를 만들어서, 글자 그대로 미국의 한 마을을 또는 거기에 담긴 미국의 삶을 전 세계에 수출하고 있습니다. 이 작은 마을에서 자신의 삶을 살아가는 보통 사람들이 모두 영웅이라는 것이 이야기의 바탕입니다. 교사에서 피자 배달원까지 말이죠."

철저히 미국주의 작품인 이 애니메이션은 '전 세계적' 공급망에 의해 제작된다. 하이튼의 자세한 설명이 이어졌다.

"녹음 작업은 보통 뉴욕이나 LA와 같이 아티스트들과 가까운 곳에서 이뤄집니다. 디자인과 감독은 보통 샌프란시스코에서 이뤄지죠. 이야기 작가들은 플로리다나 런던, 뉴욕, 시카고, LA 그리고 샌프란시스코 등지의 각자 집에서 글을 쓰며 네트워크를 통해 줄거리를 완성합니다. 등장인물의 그림은 벵갈루루에서 그려지고, 샌프란시스코에서 편집합니다. 우리는 이 애니메이션 제작을 위해 벵갈루루에 각각 작가 여덟 명이 소속된 여덟 개의 팀을 병렬식 작업 방식으로 운영하고 있습니다.

이런 구조가 갖는 효율성 덕분에 우리는 스물여섯 편에 쉰 명의 스타와 계약을 맺을 수 있었습니다. 이렇게 녹음, 글쓰기, 애니메이션 작업들은 서로 정보와 자료를 주고받으며 동시에 일할 수 있기에 거의 제약 없이 녹음과 극본을 수정하면서 출연자 한 사람 분량의 녹음을 반나절 내에 마칠 수 있습니다. 평균 일주일에 배우 두 명 분량을 녹음합니다. 예를 들어 지난주에는 앤 헤이시

Ann Heche와 스모키 로빈슨Smokey Robinson 분량을 녹음했지요. 기술적으로는 이런 작업을 인터넷으로 해치웁니다.

우리는 VPNVirtual Private Network(가상 현실 네트워크)을 쓰고 있는데, 이 VPN 은 우리 사무실의 컴퓨터나, 우리가 작가들이 풋볼footballs이라고 부르는 특수한 노트북 PC에서 쓰도록 설정돼 있지요. 노트북 PC를 유선 케이블이나 무선 으로 인터넷망에 연결해 우리 '작업장field'에 접속하게 됩니다. 이 VPN 덕택에 간단한 접속으로 마이크로 입력되는 소리, 각 작업 단위별 이미지, 실시간 줄 거리, 애니메이션 디자인까지 이 모든 작업을 모든 지역에서 공유할 수 있습니다. 따라서 당신이 우리의 작업과정을 지켜보려면 우리가 당신에게 '풋볼'을 보내드리기만 하면 됩니다. 가정이나 사무실 또는 어느 호텔방에서 접속하든 무선 인터넷이 설치된 스타벅스로 가서 로그인하고, 보스Bose의 소음 감소 헤드폰을 끼고서 듣고, 보고 읽고, '샤론, 그 대사는 좀 고칠 수 없을까?' 같은 의견을 낼 수 있는 거죠. 한 편을 제작하는 데 소요되는 전체 11주 동안 하루 스물네 시간 중 아무 때나 로그인해서 마치 지구를 돌면서 태양을 따라가듯이 작업의 진행 상황을 확인할 수 있습니다. 기술적으로 해당 작업의 '풋볼'만 있으면 됩니다. 제작 기간에 '매일의 진행 상황'과 '편집물'을 보는 목적으로는 그저 보통의 노트북 PC를 이용해도 됩니다."

하이튼은 그 후 와일드브레인을 떠났지만, 내가 그날 하이튼을 방문한 것은 정말로 잘한 일이었다. 와일드브레인이야말로 베를린 장벽 붕괴─윈도우와 넷스케이프 단계 후에 광범위하게 따라온 다음 단계 혁신의 생생한 예이기 때문이다. 베를린 장벽의 붕괴는 모르는 사람이 없을 만큼 요란한 역사적 사건이었다. 넷스케이프의 주식 상장과 기업공개 역시 떠들썩했다. 하지만 워크플로 소프트웨어의 통합과 부상은 소리 없는 혁명이었다. 많은 사람은 그런 사건이 일어나고 있다는 것조차 알지 못했다. 그러나 워크플로 소프트웨어는 1990년대 중후반 들어 구체화되었고, 실제로 그렇게 되었을 때 앞서 언급한 두 가지 평형화 동력만큼이나 전 세계에 엄청난 영향을 끼쳤다. 워크플로 소프트웨어는 이전까지 모두 수작업으로 다루던 비즈니스 데이터를 더욱 많은 사람이 더 많은 장소에서 설계하고, 보여주고, 관리하고, 협력 작업할 수 있게 해주었다. 그 결과 기업 내부에서, 기업 간에, 또한 대륙 내에서 그리고 대륙 간에 일의 흐름이 과거 어느 때보다 더욱 빨라지기 시작했다.

이러한 단계에 이르기까지는 이전에 이루어진 혁신을 발판으로 한 수많은 새로운 소프트웨어 혁명이 전제되어야 했다. 워크플로 혁명이 어떻게 발전하게 되었는가를 살펴보자. 베를린 장벽이 무너진 다음, PC와 넷스케이프 브라우저를 통해 사람들이 전에 없이 다른 사람들과의 연결이 가능해지자, 접속된 사람들은 오래지 않아 인터넷상에서 정보 검색이나 전자 우편과 인스턴트 메시지, 사진, 음악 전송 외에 더 많을 것을 하고 싶어했다. 사람들은 무언가를 만들고, 설계하며, 새로운 것을 만들어 사고팔거나, 재고를 추적 관리하고, 다른 사람의 소득세 신고를 대행하며, 지구 반대편에서 다른 의사의 엑스레이 사진을 판독하고 싶어했다. 또 이런 것 중에 어떤 일이든 어떤 한 곳에서 작업하다가 다른 곳에서도, 또는 어떤 컴퓨터에서 하다가 또 다른 컴퓨터에서도 하던 일을 단절 없이 계속할 수 있기 바랐다.

사실 워크플로에서 최초의 비약적 발전은 PC와 이메일의 결합이었다. 컴퓨터와 인터넷이 보급되기 이전에 영업부서의 워크플로가 어땠는지 기억하는가? 판매부서가 전화로 주문을 받아적고 주문서를 배송부서로 넘긴다. 배송부서는 제품을 선적한 후에 선적 서류를 직접 대금 청구부서에 전달하면서 고객에게 송장을 보내라고 요청한다. 그러나 베를린 장벽의 붕괴─윈도우─넷스케이프 단계를 거친 혁신의 결과 워크플로는 크게 도약했다. 당신 회사의 판매부서가 전화나 우편으로 주문을 받아서 사내 컴퓨터 시스템에 입력하고, 회사 내의 선적부서로 주문 내역을 이메일을 이용해 보내면서 선적부서가 제품을 고객에게 발송함과 동시에 자동화된 대금청구서를 출력할 수 있게 됐다.

다시 말해 윈도우 기반 PC를 이용해 사무실 내 모든 사람이 각자의 책상에 앉아 손끝에서 자유자재로 언어, 데이터, 사진 등의 디지털 콘텐츠를 생성 및 조작할 수 있는 능력이 생긴 것이다. 이것은 종이와 타자기의 시대에서 벗어난 엄청난 도약이 아닐 수 없다. 그리고 회사 전체가 같은 하드웨어와 소프트웨어, 이메일 시스템을 사용하고 있다면 디지털화된 콘텐츠를 회사 전체 혹은 부서 간에 문제없이 주고받을 수 있으므로 생산성이 더욱 높아진다. 그러나 과거 1980년대와 1990년대 초반에는 회사 내 모든 부서가 같은 소프트웨어와 하드웨어를 사용하는 경우가 흔치 않았다. 기업들은 시스템을 일부만 단편적으로 설치하거나 회계부서에 적합한 소프트웨어, 재고관리에 최적이라고 판단되는 시스템, 이메일 운영에 적합하다고 생각되는 또 다른 시스템 등등 분야별로 적합한 소프트웨어가 달리 있었다. 따라서 판매부서에서는 마이크로소프트를, 재고관리부서에서는 노벨이나 IBM 소프트웨어를 사용했을 가능성이 높다. 결과적으로 부서 간에 디지털 방식의 커뮤니케이션이나 협력이 불가능했고, 서로의 디지털 콘텐츠를 활용한 공동 작업도 할 수 없었다. 설령 가능하다 해도 어려움이 많았다. 컴퓨터와 소프트웨어, 이메일 등으로 개별 부서 내에서 자신들의 생산성은 더 향상되었을지 모르나, 부서 간 업무 협조 측면에서는 아직 해결해야 할 문제가 남아 있었다. 여전히 판매부서의 누군가는 벽을 넘어 재고관리부서를 찾아가서 그 부서의 누군가와 직접 소통해야만 했다. 디지털화된 업무의 흐름은 여전히 불가능했고 디지털화된 부서 간 협력 또한 예상만큼 쉽게 이루어지지 않았다.

우리가 종종 잊어버리는 일이지만 소프트웨어 산업의 시작은 사실 형편없는 소방서 같은 모습이다. 도시 내 각 지역이 서로 다른 규격의 소방호스와 소화전을 갖고 있다고 한번 상상해보라. 그 지역 마을의 소방서가 화재를 진압할 수 있는 한 아무 문제가 없다. 그러나 대형 화재가 발생하면 멀리 있는 다른 지역의 소방차를 불러온다 해도 아무 소용이 없다. 이웃 지역의 소방차 호스를 불난 지역의 소화전에 연결할 수가 없기 때문이다.

문자와 음악, 사진과 데이터 등을 PC에서 디지털화하고 인터넷으로 전송하는 방식을 표준화한 것은 분명 엄청난 도약이었다. 하지만 디지털 생태계에서 기업 내부의 업무 흐름이 아무런 장애 없이 원활하고 더 나아가 외부의 다른 회사와도 소통하기 위해선 두 가지가 필요했다. 우선 회사 내부와 외부를 막론하고, 어떤 컴퓨터와 소프트웨어를 사용하든 상관없이 이메일과 응용 소프트웨어가 다른 사람의 이메일 또는 응용 소프트웨어와 연결될 수 있는 좀 더 마법 같은 연결 통로와 더 많은 전송 프로토콜과 언어가 필요했다. 또한 새로운 응용 프로그램과 소프트웨어를 만들 프로그래머도 함께 필요했다. 이로써 우리가 디지털화된 데이터, 언어, 음악, 사진을 작업해서 제품으로 만들 때 컴퓨터를 최대한 활용할 수 있게 되었다.

소프트웨어 업계는 먼저 SMTPSimple Mail Transfer Protocol로 알려진 프로토콜을 만들어 대중화함으로써 첫 번째 일을 해냈다. SMTP는 서로 이질적인 컴퓨터 시스템 간에 이메일 교환이 가능하게 해준다. 그 덕분에 상대방이 어떤 하드웨어나 무슨 이메일 서비스를 사용하는지 걱정할 필요 없이 다른 사람에게 이메일을 보낼 수 있게 되었다. 별안간 세상에 비가 오나 눈이 오나 어디로든 신속하고 저렴하게 편지를 배달해주는 전자 우체부가 등장한 것이다.

그러나 당신 회사가 진정으로 평평해지기 위해서는 이메일만으로는 충분치 않았다. 한 기업 내의 모든 부서, 예컨대 판매, 마케팅, 제조, 대금청구, 재고관리부서들이 사용하는 기계나 소프트웨어가 무엇이든 간에, 서로 교환 또는 협력하고자 하는 문서나 데이터가 어떤 것이든 간에, 모두가 시스템을 공동으로 이용하는 게 가능해야 한다. 즉, 당신의 판매부서는 이메일뿐만 아니라 관련 문서들을 대금청구부서로 전송 가능해야 하며, 공급자의 재고를 관리하는 부서와 연결되어야 한다. 또한 공급자의 재고관리부서는 다시 공급자의 공급자, 예컨대 중국의 현지 공장과도 막힘없이 연결되어야 한다.

1980년대와 1990년대 초반에 바벨탑같이 서로 다른 언어를 사용하면서 진화한 소프트웨어와 하드웨어를 넘어서기 위해서는 또 다른 혁신적인 도약이 필요했다. 모든 사람의 하드웨어 사이에서 작동할 수 있는 전자 철도와 어떤 소프트웨어를 사용하든 판독할 수 있도록 문서나 데이터를 전송하는 철도 차량이 필요했던 것이다. 철도는 앞서 언급한 프로토콜, 즉 인터넷과 월드와이드웹의 언어가 그 역할을 하게 됐다. HTML이라는 언어는 누구라도 문서와 데이터를 제작하고 공개할 수 있게 해서 어디에 있는 어떤 컴퓨터든 상관없이 모든 문서와 데이터를 전송하고 읽는 것을 가능하게 했다. HTTP란 이런 콘텐츠를 인터넷 철도 위에 올려놓는 방법, 즉 콘텐츠를 어디든 갈 수 있는 철도 차량으로 바꾸는 방법을 설명하는 컴퓨터 언어다. 그리고 TCP/IPTransmission Control Protocol/Internet Protocol는 철도 노선, 다시 말해 당신의 웹 페이지에 있는 데이터를 인터넷을 통해 컴퓨터에서 컴퓨터로, 웹 사이트에서 웹 사이트로 이동시키는 전송 시스템을 말한다. (기술 분야 웹 사이트인 스탭포스닷컴Stepforth.com에서는 다음과 같이 설명한다. "TCP/IP의 기초는 단순한 개념이다. 커다란 데이터 덩어리를 바이트 크기의 패킷으로 나눈 다음, 그것을 컴퓨터에서 컴퓨터로 데이터 크기나 하드웨어의 보충으로 확장 가능한 네트워크를 통해 보낸다. 그런 다음 각각의 패킷을 재구성해 원본 데이터를 복제하는 개념이다.")

마이크로소프트의 최고 기술경영자 크레이그 문디가 말했다. "이 프로토콜들로 사람들은 이메일이나 표준화된 워드 문서뿐만 아니라 다른 형태의 정보들까지도 전송할 수 있습니다. 누구라도 아마존닷컴의 웹 페이지에서 신용카드 결제 방식에 이르기까지 원하는 형태의 정보를 제작해서 기계에서 기계로 전송해 바로 당신의 코앞에 펼쳐놓을 수 있다는 말입니다. 물론 보내는 사람이나 받는 사람 사이에 사전 협의나 준비는 필요하지 않습니다." 1990년대 중반에 이르러 진정으로 업무의 흐름이 원활하도록 하는 것이 가능하게 된 것은 이 프로토콜 덕분이었다.

그런 일이 분명 가능해졌다. 와일드브레인은 세계 각지에 흩어진 제작팀들이 아무 제약없이 공동 작업으로 애니메이션 영화를 만들 수 있는 워크플로 소프트웨어를 원했다. 보잉Boeing도 어느 나라에서 주문이 오든 간에 미국 내 비행기 제조 공장이 보잉의 컴퓨터 주문 시스템을 통해 끊임없이 서로 다른 항공사 고객들에게 부품을 재공급할 수 있고, 자사의 디자이너들이 러시아나 인도, 일본의 항공 엔지니어를 동원해 비행기를 제작할 수 있는 워크플로 소프트웨어를 원했다. 미국의 의사들은 인도의 병원에서 어떤 컴퓨터를 쓰든 미국 메인Maine 주의 뱅거Bangor 시에서 찍은 엑스레이 사진을 인도 벵갈루루의 병원에서 판독할 수 있는 프로그램을 원했다. 그리고 일반인들은 전자 금융 거래용 소프트웨어, 주식 이트레이딩 소프트웨어, 사무실 이메일, 스프레드시트 소프트웨어 등을 사용해 집 밖에서 노트북 PC로 일을 처리하면서, 사무실 컴퓨터나 휴대용 단말기인 '블랙베리BlackBerry'와도 인터페이스로 연동되는 프로그램을 원했다. 이렇게 모든 사람의 소프트웨어가 다른 모든 사람의 소프트웨어에 연결되기 시작하자, 일의 진행은 결코 전과 같을 수 없었고, 대신 작업 과정이 조각으로 나뉘고 세분되어 세계의 각 구석으로 보내졌다.

마이크로소프트의 문디는 이렇게 말했다. "그러다 우리는 이런 생각을 하게 되었습니다. '정말로 모든 걸 자동화하고 싶다면, 단지 사람이 사람들과 대화하는 것만이 아니라 기계와 기계가 서로 소통하도록 할 필요가 있겠다. 즉, 사람이 전혀 개입하지 않아도 기계적인 커뮤니케이션을 수행하는 서로 다른 회사 간에 어떠한 사전 협력 관계가 없어도, 기계와 기계가 어떤 주제에 대해서도 상호 작용을 할 수 있게 만들어줄 필요가 있다'고 말입니다." 바로 이것이 워크플로 도약의 다음 단계였다.

기술적으로 이를 가능하게 한 것은 XMLeXtensible Markup Language이라 불리는 새로운 데이터 표현 언어의 개발과 그와 관련된 전송 프로토콜 SOAPSimple Object Access Protocol이었다. XML과 SOAP는 어떤 두 컴퓨터 프로그램 간에 대금청구 기록이나 금융거래 자료, 병원 진료 내역, 음악이나 사진, 은행 내역, 웹 페이지, 광고, 단행본의 발췌본, 워드 문서, 주식 거래 등등 어떤 형태의 정보든 상관없이 서식 데이터나 문서의 교환을 가능하게 해주었다. 마이크로소프트, IBM 등 많은 회사가 XML과 SOAP의 개발에 공헌했고 둘 다 인터넷 표준으로 승인을 받고 대중화되었다. 이로 인해 워크플로는 전혀 새로운 단계로 진입하게 되었다. XML과 SOAP을 활용해 스스로 자기만의 대금청구 프로그램을 제작할 수도 있고 사람이 관여하지 않아도, 또 회사 간에 사전 협약 없이도 내 컴퓨터가 상대방의 컴퓨터로 청구서를 전송할 수 있다는 것도 알게 되었다. 이에 따른 궁극적인 결과에 대해 문디는 이렇게 덧붙였다. "업계는 전 세계의 인력과 컴퓨터로 구성된 전 세계의 노동력을 위해 글로벌 플랫폼을 창조해낸 것입니다."

요약하자면, 우리는 사람들이 디지털 형식으로 자신의 콘텐츠를 제작하는 데 PC를 사용할 수 있게 된 것으로 1980년대를 시작했다. 당시 그들은 디지털 콘텐츠를 종이에 인쇄한 후 직접 교환하거나 우편으로 전달하다가 마침내 이메일을 사용하게 되었다. 다음으로 사람들이 자신의 PC에서 만들어낸 디지털 콘텐츠를 끄집어내어 인터넷으로 전송함으로써 어디에 있는 누구와도 공동 협력 작업을 할 수 있게 되었다. 이는 표준화된 프로토콜 덕에 가능한 일이었다. 마지막으로 오늘날에는 표준화된 프로토콜을 사용해 사람이 전혀 개입하지 않고도 인터넷상에서 기계와 기계가 서로 소통하는 워크플로의 단계에 도달해 있다.

표준화를 위한 표준화

이 추세는 어디까지 계속될 것인가? HTML, HTTP, TCP/IP, XML, SOAP 등이 가져온 가장 큰 효과는 이들이 표준으로 채택되어 모든 장비와 사람들 간에 상호 연결 능력이 점점 더 강화되고 상호 운용되면서 소프트웨어 기업들이 더 이상 소화전 주둥이의 주도권을 놓고 경쟁하지 않게 되었다는 점이다. 대신 더 많은 물을 펌프질할 수 있는 더욱 나은 호스와 소방차를 만드는 데 중점을 두게 되었다. 일단 표준이 확립되면 사람들은 '어떻게' 할 것인가보다는 '무엇을' 할 것인가에 대한 질적인 면에 집중하기 시작한다. 다시 말해 모든 사람이 다른 모든 사람과 연결된 후부터는 진정한 가치를 부여하는 일, 즉 가장 유용하고 훌륭한 소프트웨어 응용 프로그램을 만들어 협력과 혁신, 창의성을 향상시키는 일에 몰두하게 된다는 것이다.

그동안에도 점점 더 많은 표준이 채택되어 갔다. 바닥에 깔린 파이프에 대한 표준을 확립함으로써 누구라도 문서나 사진 또는 데이터 등을 다른 소프트웨어를 사용하는 다른 컴퓨터로 전송할 수 있었으며, 파이프가 운반하는 내용물, 문서 또는 업무 절차에 대한 표준화를 시작할 때에도 업무의 흐름이 원활했다. 따라서 이제 우리는 워드 문서나 웹 페이지처럼 단순히 문서나 소프트웨어 응용 프로그램을 표준화된 방법으로 입력해서 누구의 컴퓨터 혹은 어떤 기계를 통해서라도 입력된 정보를 읽을 수 있는 데 그치지 않고 그러한 문서에 나타난 업무의 절차까지도 표준화하고 있는 것이다.

IBM의 조엘 콜리는 이렇게 말했다. "예를 들어 부동산 담보대출을 신청하거나, 매매 계약을 종결하거나, 집을 살 경우에도 문자 그대로 다른 많은 회사 사이에 약 열 가지 과정의 데이터 흐름이 있습니다. 하나의 은행이 당신의 승인을 확보하고, 신용 상태를 조사하며, 금리를 확정하고, 계약을 마무리하는 업무를 처리하죠. 그 후 이 과정이 끝나면 그 대출 채권은 즉시 다른 채권 전문 은행에 팔리게 됩니다."

이러한 부동산 관련 절차의 표준이 확립된다면, 부동산 중개업자는 문서를 처리하러 쫓아다니는 대신 고객과 고객이 정말 필요로 하는 사항에 집중할 수 있다. 우리는 벌써 급여 지급 방식, 전자상거래 결제, 위험도 측정, 또 예를 들어 JPEG 표준과 같이 음악과 사진을 디지털 방식으로 전송하고 편집하는 양식 그리고 가장 중요하게 공급망이 연결되는 방식 등에 표준이 만들어지고 있는 걸 목격하고 있다.

예를 들어, 어떤 브라우저를 사용하건 어떤 기계를 통해서건, 누구나 이베이에 접속해서 판매자 또는 구매자가 될 수 있다는 것은 정말 멋진 일이다. 하지만 이베이 온라인 시장이 폭발적으로 성장할 수 있었던 것은 구매자가 판매자에게 아주 손쉽게 대금을 지급할 수 있는 표준 전자 상거래 금융 결제 시스템인 페이팔PayPal을 채택해 쓰기 시작한 때부터다. 페이팔은 1998년에 만들어진 자금 이체 시스템으로, 이베이가 구매자와 판매자를 함께 불러 모으는 것처럼 고객 대 고객 간의 C2C 자금 거래를 용이하게 하는 시스템이다. 이커머스가이드닷컴ecommerce-guide.com에 따르면, 페이팔을 사용함으로써 이메일 주소만 있으면 누구나 돈을 받아야 하는 사람이 페이팔에 계좌가 있든 없든 상관없이 이메일 주소가 있는 다른 사람에게 돈을 송금할 수 있다. 페이팔은 상거래가 실제로 이뤄지는지는 상관하지 않는다. 사무실에서 누군가를 위해 파티를 열고자 직원 모두가 몇 달러씩을 낼 때도 페이팔을 이용해 모든 일을 처리할 수 있다. 파티의 주최자는 지급 방법에 대한 명확한 지시사항을 이메일을 통해 참석 대상자에게 페이팔 알림 기능으로 보낼 수 있다. 이커머스가이드닷컴이 알려준 페이팔을 이용해 상품 구매자로부터 대금을 받는 방법 세 가지는 다음과 같다. 모든 거래에 대해 구매자의 신용카드로 대금을 청구하는 방법, 체크카드로 개인의 은행 계좌에서 결제하는 방법, 개인 당좌수표로 개설된 페이팔 계좌에서 인출하는 방법이다.

돈을 받는 사람도 역시 계좌에 있는 돈을 온라인 구매나 지급하는 데 쓸 수도 있고, 페이팔에서 수표로 대금을 결제받거나, 페이팔이 직접 자신의 은행 계좌에 입금하도록 처리할 수도 있다. 페이팔 계좌를 개설하는 방법은 대단히 단순하다. 결제자로서 이름, 이메일 주소, 신용카드 정보, 신용카드 청구지 주소를 입력하기만 하면 된다.

쌍방 처리가 가능한 금융 결제와 전자상거래의 모든 기능이 인터넷 온라인 시장을 매우 급속하게 평평하게 해버려서 이베이조차도 놀랄 지경이었다. 이베이의 CEO인 멕 휘트먼Meg Whitman은 이렇게 설명했다.

"페이팔이 생기기 이전 1999년에 만약 내가 이베이를 이용해 비즈니스를 했다면, 상품 구매자로서 대금을 지급할 수 있는 유일한 방법은 종이 서류를 기반으로 하는 결제 시스템에 따라 수표 또는 송금 요청을 하는 것이었습니다. 돈을 보낼 수 있는 전자결제 방식이 없었고, 비즈니스 규모가 매우 작은 거래자는 신용카드 계좌를 신청할 수 있는 자격 요건이 되지 않았습니다. 페이팔이 한 일은 사람들, 특히 개인들의 신용카드 결제를 가능하도록 한 것이었습니다. 누구나 이베이에서 개별 사업자가 되어 신용카드로 지급할 수 있게 되었죠. 이것이야말로 상거래 공간을 평평하게 했고, 더욱 마찰 없는 상거래가 이뤄지도록 했습니다."

사실 신용카드 사용에 따른 결과가 아주 좋아서 이베이는 페이팔을 인수했다. 그러나 이 거래는 월가의 기업 인수 합병 전문가가 아닌 이베이 사용자들의 권유로 이루어졌다.

휘트먼은 이렇게 말한다. "우리가 어느 날 갑자기 알게 된 사실은 이베이 이용자 20%가 '페이팔을 받아들이겠습니다. 페이팔로 지급하시오'라고 얘기한다는 것이었습니다. 그래서 우리는 '이 사람들이 누구며, 어떻게 하자고 하는 것인가?' 하고 말했습니다. 처음에 우리는 이들의 요구에 맞서고자 했고, 빌포인트Billpoint라는 이름으로 우리 고유의 서비스를 시작했습니다. 2002년 7월에 개최된 이베이 생중계 총회에서 드디어 이용자들의 요구가 봇물처럼 터져 나왔습니다. 이베이 커뮤니티가 우리에게 이렇게 말한 겁니다. '당신들 싸움 좀 그만둘래요? 우리는 표준화를 원합니다. 그런데 우리는 표준을 선택했고, 그것이 페이팔입니다. 당신들 이베이 회사 사람들은 우리가 선택한 표준이 이베이의 표준이었으면 하겠지만, 페이팔은 당신들이 만든 게 아니지요.' 그때가 바로 우리가 페이팔을 인수해야만 한다는 걸 알게 된 때였습니다. 왜냐하면 페이팔이 표준인데도 불구하고, 이베이 것이 아니었기 때문이죠. (…) 페이팔은 우리가 인수한 회사 중에서 최고입니다."

워크플로의 다음 단계에서는, 당신이 치과 진료 예약을 다음처럼 할 것이다. 우선 진료 예약을 위한 일반적인 표준이 있을 것이다. 당신은 컴퓨터에 진료 예약을 하라고 음성으로 지시한다. 컴퓨터는 당신의 목소리를 자동으로 디지털 신호로 바꿀 것이다. 그리고 자동으로 치과의사의 진료표에서 진료가 가능한 날짜와 당신의 일정을 비교해서 세 가지 안을 제시할 것이다. 그러면 당신이 마음에 드는 날짜와 시간을 선택하면 된다. 이 진료표 프로그램은 예약일 일주일 전에 자동으로 이메일을 보내 당신에게 예약시간을 상기시킬 것이다. 하루 전에는 또 한 차례 예약을 확인하기 위해 컴퓨터에서 전화로 음성 메시지를 보낼 것이다.

하지만 이와 같은 추세로 워크플로가 계속 발전하고 우리가 원하는 생산성 향상을 위해서는 "더욱 많은 공통 표준이 필요합니다. 이것은 우리가 함께 업무를 처리해나가는 방법에 대한 표준입니다." 하고 IBM의 전략기획 책임자 콜리가 말했다. 콜리는 우리가 XML과 같은 커뮤니케이션 공통 표준을 통해 모든 사람을 더 많이 연결하고, 그러한 프로토콜의 기반 위에서 표준화된 업무 절차를 통해 점점 더 많은 사람을 서로 연결하면, 업무를 세분해 세계 어디로든지 나눠 보내기가 더 쉬워진다고 했다. 그러한 연결과 공통 표준은 생산성을 더욱 향상시킬 것이고, 전반적인 디지털 생태계가 더욱 저렴하고 신속하게 협력이 더 잘 될 것이다. 그리고 직원들은 다른 회사와 차별화되는 고객과의 깊은 교감, 고부가가치, 고객 맞춤형 혁신과 서비스 등에 쏟을 수 있는 에너지를 더 많이 확보할 수 있다고 말했다. 표준은 혁신을 가로막지 않고, 다만 쓸데없는 것들을 말끔히 정리해서 진정으로 중요한 것에 집중할 수 있게 해줄 뿐이라고 콜리는 덧붙였다.

가장 최근의 상위 표준

내가 이 책을 쓰고 있는 동안에도 워크플로는 여전히 또 다른 단계로 나아가고 있다. 사람과 기계가 문서를 만들고 공동 작업을 할 수 있는 표준화된 방식 또는 적어도 (부동산 담보대출이나 신용카드 결제방식 같은) 특정 유형의 상거래 수행 방식을 더욱더 많이 만들어내면서, 또 다른 혁명이 진행되고 있다. 그 혁명은 바로 새롭게 부상하는 AJAXAsynchronous Javascript And XML라 불리는 웹 애플리케이션 제작 기법 덕분에 가능해졌다. AJAX는 회사의 경영에 쓸 수 있는 보다 다양하고 정교한 웹 기반 비즈니스 도구를 온라인상에서 아주 저렴한 비용에 쉽게 제공한다. 여기서 회사의 경영이란 재고관리, 고객관리, 인력 채용, 프로젝트 관리, 제품개발, 일정관리, 예산수립, 인력관리에 이르는 모든 것을 의미한다. 흔히 말하는 비즈니스 웹이란 이와 같은 도구들에 대한 접근과 이용이 웹을 통해 이루어지고, 모든 비즈니스 데이터를 개인 컴퓨터가 아닌 웹에 저장하는 것을 말한다. 머지않아 당신이 지금 구매, 설치, 갱신, 업그레이드하고 있고, 다른 시스템과 통합하기도 하는 비즈니스 소프트웨어의 일부 또는 전체를 웹 기반 서비스들이 대체할 것이다.

이것은 워크플로의 비약적 발전을 가져왔다. 마이크로소프트의 또 다른 최고기술경영자 레이 오지Ray Ozzie는 이를 가리켜 "인터넷 서비스의 분열"이라고 부른다. 그 내용을 들여다보면 다음과 같다. 오늘날 인터넷 기반 서비스를 제공하는 회사가 웹의 도처에서 생겨나고 있다. 이들 회사(예컨대 세일즈포스닷컴 Salesforce.com과 같은 회사)는 사용료를 받고 웹 기반 비즈니스 응용 프로그램을 제공하고 있으며, 사용자는 회사 운영을 위해 온라인에 접속하기만 하면 된다. 응용 프로그램들은 기존의 소프트웨어 프로그램들과 동일하게 작동되며 광범위한 업무를 처리할 수 있다. 과거와 큰 차이점은 이런 모든 관리 도구와 데이터, 심지어 사진 자료들까지도 사용자의 컴퓨터에 저장되지 않는다. 이것들은 세일즈포스닷컴의 플랫폼에 원격 저장된다. 이러한 도구들은 인터넷을 통해 전달되고 표준 웹 형식으로 제작되었기 때문에 인터넷 접속이 가능한 사람이면 누구나 사용할 수 있고, 어떤 비즈니스에도 무리 없이 이용할 수 있다.

이 정도 수준의 워크플로를 가능하게 만든 것이 AJAX이다. AJAX는 복잡한 인터넷 비즈니스 응용 프로그램들을 웹 페이지에 심어두고 간단한 브라우저만으로 불러올 수 있고, 아마존닷컴의 웹 페이지를 보는 것만큼이나 손쉽게 접근할 수 있도록 하는 웹 개발 기술을 말한다. 실제로 AJAX는 대개 개인 컴퓨터에서 전통적인 소프트웨어로 하는 모든 문자, 데이터, 업무 처리 등을 인터넷상에서 수행할 수 있게 해준다. 기업 사용자는 세일즈포스닷컴의 웹 기반 플랫폼을 사용하는 대가로 사용자 1인당 한 달에 65달러만 지급하면 된다(5인 이하 사업체는 1인당 17달러에 불과하다). 업그레이드와 관리는 다른 누군가가 책임진다. 소프트웨어를 소유하는 것이 아니라 대여하는 것으로 바뀐 것이다.

세일즈포스닷컴의 법률정책기업전략팀 부사장인 켄 저스터Ken Juster는 이렇게 말했다. "우리가 제공하는 서비스는 매일매일 업그레이드할 수 있습니다. 서비스 자체가 웹 표준으로 설계되었고 웹을 통해 전달되기 때문에 업그레이드는 한순간에 가능하며, 전 세계의 모든 고객이 즉시 접속할 수 있습니다. 우리는 단지 정보와 데이터를 이동시키려는 것이 아니라, 회사 내에서 혹은 회사들 사이에서 업무 수행을 위한 비즈니스 솔루션과 최고의 업무 처리 방식을 공유하고자 노력합니다."

당신의 회사가 원활한 업무의 흐름을 위해 세일즈포스닷컴에서 제공하는 온라인 비즈니스 도구를 사용하면서 당신 회사의 업무흐름관리 팀은 당신 회사와 고객들에게 딱 맞는 맞춤형 솔루션을 개발해낼지도 모른다. 그러면 당신은 거꾸로 세일즈포스닷컴의 플랫폼에 그 솔루션을 제공해 다른 사용자들이 무상으로 이용하도록 하거나 아니면 당신의 업무관리 혁신에 대한 소정의 대가를 받고 제공할 수도 있을 것이다. 세일즈포스닷컴은 기본적으로 그런 방법으로 플랫폼을 향상시키기 위해서 그리고 더욱 많은 기업에 자신들의 플랫폼을 심기 위해서 자신의 고객과 파트너를 활용한다. 실질적으로 세일즈포스닷컴의 고객들은 그들의 판매, 연구, 개발부서의 일원이 된다.

세일즈포스닷컴의 CEO 마크 베니오프Marc Benioff는 2005년 4월 12일에 인터넷뉴스닷컴Internetnews.com과 가진 대담에서 이런 말을 했다. "우리는 고객의 응용 프로그램을 고객들이 자신들을 위해 직접 만드는 것보다 결코 더 빠르거나 쉽게 구축하지는 못할 것입니다." 세일즈포스닷컴은 아주 방대한 업무관리 응용 프로그램 자료를 보유하고 있기 때문에 일인 기업이나 IBM과 같은 대기업도 그 자료를 활용할 수 있다. 저스터는 세일즈포스닷컴의 플랫폼을 사용하는 호감 가는 고객 한 사람이 있는데, 그는 상하이에서 소규모 사업을 운영하는 30대 사업가 저스틴 루이며, 그의 회사는 프로타임컨설팅Protime Consulting이라고 말했다. 루는 중국 내에 판로를 확보한 소니, 하얏트, 에스티로더 등과 같은 글로벌기업에 온라인 마케팅e-marketing과 웹 사이트 솔루션을 제공한다. 그는 30여 명의 직원을 두고 연간 100만 달러의 매출을 올린다. 저스틴 루가 말했다. "나는 세일즈포스닷컴을 이용해 사실상 모든 업무를 웹에서 처리할 수 있습니다. 웹을 통해 공급되는 서비스를 이용하여 시스템 관리비용을 낮추고, 더욱 높은 수익을 창출하기 위해 중요한 것에 집중함으로써 매우 빨리 성장할 수 있었습니다."

예를 들면, 루는 세일즈포스닷컴의 온라인 이메일 마케팅 시스템을 이용해 이메일을 대량으로 발송하고, 영업관리 자동화 시스템을 이용해 모든 사전 판매 데이터를 관리한다. 또한 고객과의 모든 상호 교류 전반에 관한 기록을 저장하기 위해 세일즈포스닷컴의 고객관리 시스템을 사용한다. 이 세 가지 응용 프로그램을 사용함으로써 루는 지적 자산을 얻을 수 있으며 이는 곧 아주 적은 비용으로 회사를 설립하는 힘이 된다고 저스터는 말했다.

나는 비즈니스 웹을 이용해 유기농 비타민을 판매하는 신생회사에 대해 알게 되었다. 이 사람은 인터넷 포털 사이트 야후!에 매달 비용을 지급하고서 어떤 이용자가 야후! 사이트에서 언제든지 '유기농 비타민'을 검색하면 자신의 팝업 광고가 뜨게 했다. 그리고 세일즈포스닷컴의 플랫폼으로 관리 업무를 하고 자신만의 유기농 비타민 상표를 제작할 제조업자를 찾았다. 마침내 이 사람은 집에서 비용을 거의 들이지 않고 일하며 야후!의 막강한 검색 기능과 세일즈포스닷컴의 관리기능을 적절히 활용한 덕분에 이제는 약국 판매망을 가진 큰 회사들과 당당히 경쟁하고 있다.

비즈니스 웹은 저스틴 루와 같은 소규모 사업가들에게 몇 년 전까지만 해도 자금력을 갖춘 대기업이나 사용할 수 있었던 사업에 필요한 도구를 제공함과 동시에 비즈니스 응용 프로그램 공급자들 사이의 힘의 균형에 혁신적인 변화를 몰고 올 기초를 다져나가고 있다. 비즈니스 웹의 진화를 논리적으로 생각해볼 때 다음 단계는 이베이와 같은 형태의 온라인 시장에서 비즈니스 서비스를 제공하는 것이다. 비즈니스 서비스를 개발하는 개인이나 기업들은 그들이 상하이, 벵갈루루 또는 실리콘밸리에 있든 상관없이 응용 프로그램을 개발할 수 있다. 그리고 세일즈포스닷컴과 같은 웹 플랫폼에 자신이 개발한 프로그램을 접속시킴으로써 소프트웨어 상용화에 필요한 엄청난 투자 없이도 전 세계를 상대로 하는 웹 플랫폼의 마케팅과 배급 능력을 마음껏 활용할 수 있다.

세일즈포스닷컴의 CEO 베니오프는 2005년 11월 임직원들에게 전하는 메모에서 다음과 같이 주장했다. "이것은 단지 비즈니스 웹의 시작에 불과합니다. 지금 소프트웨어 업계는 지난 20년간 보아왔던 것과는 전혀 다른, PC의 출현에 필적할 만한 전환의 시기를 지나고 있습니다. (…) 인터넷에 기반을 둔 새로운 회사들은 자신들의 서비스가 소비자와 기업들 모두가 쓰던 소프트웨어를 어떻게 대체해나갈지 보여주고 있습니다." 베니오프가 즐겨 하는 말 중에 이런 말이 있다. "마이크로소프트는 소비자들이 소프트웨어를 더 많이 구매하길 원합니다. 하지만 우리는 소프트웨어의 종말을 보기를 원합니다."

마이크로소프트에서도 이를 인지했다. 2005년 11월 9일 자 《뉴욕 타임스》는 레이 오지가 마이크로소프트의 고위 경영진에게 사업을 근본적으로 혁신하지 않으면 "인터넷 서비스를 제공하는 신흥 기업들과의 경쟁에서 심각한 상황에 직면하게 될 것"이라고 경고한 내부 메모를 보도했다. 그로부터 며칠 후 마이크로소프트는 두 가지 새로운 서비스를 제공한다고 발표했다. 바로 윈도우 라이브Windows Live와 오피스 라이브Office Live가 그것이다. 이 둘은 마이크로소프트가 보유한 가장 인기 있는 상품의 비즈니스 웹 버전이라고 할 수 있다. 그 후 몇 주 뒤에 구글은 마이크로소프트가 제공하지 않는 프로그램으로 다운로드 가능한 일련의 소프트웨어들을 무상으로 제공한다고 발표했다. 일이 흥미진진해지고 있다!

비즈니스 웹이 마이크로소프트에 도전할 것이라는 사실에는 의심의 여지가 없다. 하지만 지금 당장 마이크로소프트와 단절하거나 자신의 모든 소프트웨어를 내다 버리지는 않을 것이다. 하지만 기업들이 독자적인 시스템을 사용하던 시대에서 상호 연결되고 상호 의존적인 시스템을 사용하는 시대로, 더 나아가 비즈니스 웹을 사용해 각자가 원하는 서로 개별적인 프로그램들을 빌리거나 조합함으로써 규모에 상관없이 개별 기업의 시스템을 상호 운용 가능한 시스템으로 조립할 수 있는 시대로 가고 있는 것은 분명하다. 이런 가상 기업은 이미 우리 코앞에 와 있으며, 앞으로 상당한 혼란을 초래할 것이다. 왜냐하면 몇 년 전까지만 해도 자금력을 갖춘 대기업들만이 사용할 수 있었던 강력한 워크플로 도구에 접근할 기회를 중소규모 기업들에도 제공할 것이기 때문이다.

반드시 기억해야 할 것이 있다. 당신이 표준화된 워크플로 도구를 사용하고 있을 때 다른 누군가도 그와 똑같은 도구를 사용하고 있다는 사실이다. 당신은 여전히 독특한 제품이나 서비스를 보유하고 있어야 한다. 그러기 위해서는 당신의 핵심 가치가 무엇이 되었든 정보기술을 적용하는 독특한 방법을 개발해야 할 필요성이 있다. 웹에서 고객 관계관리를 저렴한 비용으로 수행할 수 있고, 아주 효율적인 워크플로를 갖출 수 있다는 것은 굉장한 일이다. 하지만 그보다 먼저 당신만의 고객 그리고 당신의 회사만이 가진 확실히 구별되는 경쟁력이 필요하다. 그것은 자신만의 독특한 제품이나 서비스를 구축할 수 있는 독점적인 소프트웨어나 시스템은 물론 독점적인 통찰력과 혁신이 필요하다는 의미이다. 즉, 당신 회사 둘레에 해자와 같은 방어벽을 쳐줄 차별적인 경쟁력이 끊임없이 창조되고 강화되어야 하며 또는 특정 형태의 독점적 알고리듬이나 제조 과정 또는 소프트웨어 응용 프로그램 속에 녹아들어야 할 것이다. 진열대 위에서나 웹에서 필요한 모든 것을 바로바로 얻을 수는 없다. 당신이 그렇게 할 수 있다면, 당신의 경쟁자들 역시 그렇게 할 수 있다.

만약 당신이 채권 기금을 운영하고 있다면 아무 문제 없이 채권을 사고팔 수 있게 하는 기존의 모든 표준과 워크플로는 분명 신이 주신 선물일 것이다. 하지만 채권을 언제 사고팔 것인가를 판단하는 것은 자신만의 독특한, 모두를 깜짝 놀라게 할 만한 알고리듬이며 결국 사업의 성패를 결정하는 부분이다. 마이크로소프트나 SAP와 같이 유능한 인력을 보유한 기존의 거대 소프트웨어 기업들이 여전히 개별 고객에게 딱 맞는 맞춤형 해법을 제공할 수 있는 이유도 바로 여기에 있다. 이 또한 마이크로소프트가 보여준 전례와 같이 프로그램 일부를 비즈니스 웹을 통해 제공하게 될 것이다.

그럼에도 불구하고 우리가 목격한 워크플로 혁명, 즉 전송 프로토콜의 표준에서 더 나아가 오늘날 웹을 통해 간편하게 대여할 수 있는 업무 처리관리에 이르는 혁명은 분명 엄청난 규모의 실험과 혁신으로 이어질 것이다. 그리고 이런 소용돌이 속에서 수많은 신제품과 서비스가 출현할 것이고, 발전의 원동력이 되어줄 보다 개별적이고 독점적인 소프트웨어와 IT 시스템에 대한 수요가 발생할 것이다. 그 자욱한 연기가 걷힐 때쯤에는 업무에 대한 우리의 생각, 업무 흐름을 가능하게 하는 방법, 심지어 회사를 설립하는 방법까지도 급진적으로 전환될 것이다.

인도에서 미국인들의 회계업무를 대행하는 기업인 제리 라오는 다음과 같이 말했다.

"워크플로 플랫폼은 헨리 포드가 제조업에서 이뤄놓은 일을 우리가 서비스 산업에서 실현하는 게 가능하도록 합니다. 우리는 각각의 일을 나누어 표준화한 다음, 누구든 가장 잘할 수 있는 사람에게 보냅니다. 우리는 가상환경에서 일하기 때문에 굳이 물리적으로 다른 사람 곁에 있어야 할 필요가 없죠. 끝마친 일의 조각들을 모아 본사 혹은 다른 어떤 원격지에서 새로 짜 맞춥니다. 이 것은 시시한 변혁이 아닙니다. 하나의 거대한 혁명입니다. 이 혁명으로 사장과 종업원이 각기 다른 곳에 있으면서도 같이 일할 수 있습니다. 이 워크플로 소프트웨어 플랫폼으로 사무실이나 국가의 경계에 제한받지 않고 전 세계에 가상 사무실을 열 수도 있고, 세계 여러 곳에 흩어져 있는 인재들을 활용해서 실시간으로 완성해야 하는 어떤 과제를 시키는 것도 가능하게 되었습니다. 지금 우리는 하루 스물네 시간, 일주일에 7일, 1년에 365일을 끊기지 않고 일하고 있습니다. 이 모든 것은 최근 2~3년 사이에, 사실 순식간에 일어났습니다."

창세기: 평평한 세계의 플랫폼 출현

이 시점에서 세계를 평평하게 하는 플랫폼이 갑자기 나타나기 시작했기 때문에 여기서 잠시 멈춰 신중하게 고려해봐야 할 필요가 있다. 첫째, 베를린 장벽의 붕괴, 윈도우의 등장, PC의 출현 등이 융합되어 그 어느 때보다 많은 개인이 디지털 콘텐츠 제작자가 될 수 있는 힘을 갖게 되었다. 둘째, 브라우저와 광섬유 통신 케이블에 힘입은 인터넷의 확산과 웹의 활성화는 그 어느 때보다 많은 사람을 연결해주었고, 더욱 저렴한 비용으로 더욱 많은 사람이 디지털 콘텐츠를 공유할 수 있게 해주었다. 마지막으로 모든 사람의 기계와 소프트웨어 응용 프로그램을 연결하고 표준화된 업무 처리, 즉 특정 형태의 상거래 또는 표준화된 업무 수행 방식의 개발을 촉진한 표준화된 전송 파이프와 프로토콜이 출현했다. 이것은 더욱 많은 사람이 단지 연결되는 것에 그치지 않고 과거 어느 때보다 서로의 콘텐츠를 활용한 공동 작업을 아무 장애 없이 수행할 수 있게 되었다는 것을 의미한다.

이 모든 것을 종합해보면 아직은 미완성이지만 공동 협력 작업을 할 수 있는 전혀 새로운 글로벌 플랫폼의 기초가 마련됐음을 알게 된다. 이는 창세기처럼 평평한 세계의 새로운 세상이 열린 시기로 1990년대 중반부터 후반 사이에 발생했다. 비즈니스 웹과 같은 새로운 플랫폼의 모든 요소가 완전하게 출현하고 통합되려면 생각보다 많은 시간이 걸릴 것이다. 아마 2000년대 들어서야 비로소 완성될 것이다. 하지만 1990년대 중반부터 후반에 이르는 이때야말로 사람들이 무언가 엄청난 변화가 일어나고 있음을 직감한 최초의 시기였다. 별 안간 전 세계의 다양한 사람들이 접속해서 즐기고, 경쟁하고, 연결할 수 있는 공동 작업 플랫폼 업무를 공유하고, 지식을 교환하고, 회사를 설립하고, 제품 과 서비스를 만들어내고 또 판매할 목적으로 활용할 수 있게 되었다.

"이런 특성을 갖춘 플랫폼의 탄생이야말로 진정으로 중요한 의미가 있는 지속 가능한 혁신이었으며, 이 덕분에 '세계의 평평화'라고 부르는 일이 가능하 게 되었습니다"라고 마이크로소프트의 크레이그 문디가 말했다. IBM의 전략 담당 임원 조엘 콜리가 덧붙였다. "우리는 그 어느 때보다 단지 서로 의사소통 을 원활하게 하고 있는 것만은 아닙니다. 이제 우리는 협력 관계를 맺고, 프로 젝트를 준비하고, 제품을 만드는 데 과거보다 더 협력할 수 있게 되었다는 것 입니다."

이 기초적인 플랫폼은 여섯 가지 평평화 동력, 더욱 정확하게 말하자면 여 섯 가지의 새로운 협력 형태를 양산하는 데 도움을 주었다. 나는 그 여섯 가지 를 업로딩uploading, 아웃소싱outsourcing, 오프쇼어링offshoring(생산시설의 국외이 전), 공급망supply-chaining, 인소싱insourcing 그리고 인포밍in-forming이라고 부를 것이다. 이들 여섯 가지 형태의 협력 방식 각각은 새롭게 떠오르는 평평한 세 계의 플랫폼에 의해 가능해졌거나 크게 강화되었다. 더욱 많은 사람이 이와 같은 새롭고도 다른 여러 가지 방식으로 협업을 배울 때 우리는 세계의 평평 화를 계속 만들어 갈 수 있다.

역사의 전환점을 선포하는 것은 언제나 위험한 일이다. 사람들은 누구나 자 신이 살아 있는 동안에 무언가 중대한 사건이 일어날 것으로 생각하는 경향이 있다. 내가 확신할 수 있는 것은 평평한 세계의 플랫폼이 창조된 것과 여섯 가 지 새로운 협력 방식의 양산은 언젠가 활판 인쇄술이나 전기의 발명에 필적할 만한 인류 역사의 전환점으로 기억될 것이라는 점이다. 역사적 전환점의 시기 에 누군가는 필연적으로 그 시대를 살아야 하는데, 그 누군가가 바로 나와 여 러분이다.

평평화 동력 4
업로딩: 커뮤니티의 영향력 강화

앨런 코헨Alan Cohen은 어른이 되어서 '아파치Apache'란 단어를 처음 들었던 순간을 기억한다. 그러나 카우보이와 인디언이 나오는 서부영화를 봤을 때 들은 것은 아니다. 닷컴 붐이 일던 1990년대 그리고 그가 IBM의 고위관리자로서 새로 일어나던 IBM의 전자상거래 사업관리를 돕고 있을 때였다. 코헨은 그때를 기억하며 말했다.

"나는 독립된 전자상거래 사업팀과 약 800만 달러의 예산을 받았습니다. 우리는 마이크로소프트, 넷스케이프, 오라클Oracle, 선 등의 대기업들과 치열하게 경쟁하고 있었습니다. 전자상거래에서 더욱 큰 몫을 차지하기 위한 경쟁이었죠. IBM은 전자상거래 관련 소프트웨어를 팔기 위해 큰 영업팀을 두고 있었습니다. 어느 날 같이 일하던 개발 담당 이사에게 물었습니다. '이보게 제프, 전자상거래 시스템 개발 과정에 대해 자세히 설명 좀 해주게. 어떤 웹서버Web server를 우리 전자상거래 서비스의 기반으로 쓰고 있는가?' 그가 이렇게 말했습니다. '우리 서버는 아파치에 기반을 두고 있습니다.' 그 말을 듣고 제일 먼저 생각난 것은 존 웨인이었죠. '아파치가 뭔가?' 하고 물었습니다. 그는 아파치가 웹서버용 공유 프로그램이라고 말하더군요. 일종의 오픈소스 채팅 룸에서 온라인으로 일하는 컴퓨터 괴짜들이 누구한테 돈을 받지도 않고 무료로 만든 것이라고 말입니다. 나는 놀라서 자빠질 지경이었죠. '어떻게 사는 거지?'라고 물으니, 그가 이렇게 말하더군요. '그저 웹 사이트에서 무료로 내려받으면 됩니다.' '문제가 생기면 누가 고쳐주나?' '모르죠, 그런데 잘 돌아갑니다!' 이것이 바로 내가 처음으로 아파치를 알게 된 때입니다……."

"과거에 마이크로소프트, IBM, 오라클, 넷스케이프가 모두 상업적 웹서버를 만들려 애쓰던 것을 상기해보십시오. 이들은 모두 거대기업입니다. 그런데 갑자기 우리 팀의 개발 책임자가 인터넷에서 공짜로 웹서버를 갖다 쓴다고 말합니다! 이것은 어마어마한 대기업의 경영자들이 열심히 전략을 짜고 있는데,

우편물이나 정리하던 말단 직원들이 갑자기 기업 경영을 맡는 것과 같은 이야기입니다. 나는 계속 질문했습니다. '누가 아파치를 운영하지?' 이 말은 '그들이 대체 누구지?'라는 의미로 물어본 것입니다."

그렇다. 우편물을 정리하는 방에서 놀던 괴짜들이 자기들이 어떤 소프트웨어를 쓸 것인지 그리고 당신들이 무엇을 쓸 것인지를 결정하고 있었던 것이다. 커뮤니티를 형성한 괴짜들은 이제 새로운 소프트웨어를 설계하고 세상을 향해 업로드하는 작업을 하기 위해 서로 협력하고 있다. 이것이 바로 커뮤니티 개발 소프트웨어라 불리는 것이다. 한편 평평해진 세계의 플랫폼 덕분에 웹을 사용하는 점점 더 많은 괴짜가 자신들의 뉴스와 의견을 제공하면서 신문을 대체하고 있는데 이를 가리켜 '블로깅blogging'이라 부른다. 도서관에 있는 괴짜들의 커뮤니티에서는 그들 나름의 백과사전 항목을 작성해 공개적으로 업로드하며 전통적인 도서 형태의 백과사전, 심지어 엔카르타Encarta와 같은 디지털 형태의 사전마저 사라지게 하고 있다. 이른바 '위키피디아'라고 불리는 것이 그것이다.

기숙사에 모인 괴짜들이 나와 당신 그리고 온 세상을 위해 제공하는 그들만의 음악이나 동영상, 시와 랩, 논평 등이 점점 증가함에 따라 음반가게나 전통적인 형태의 콘텐츠 공급자들은 설 자리를 잃어가고 있다. 이렇게 녹음된 콘텐츠 제공을 '팟캐스팅podcasting'이라고 부른다. 그리고 아마존닷컴의 괴짜들이 올려놓은 나름의 서평이 점점 늘어나면서 이들은 세계적으로 주목받는 주요 서평가로 변모했다. 이는 《뉴욕 서평The New York Review of Books》이나 《뉴욕 타임스 북 리뷰The New York Times Book Review》와 같은 기존 매체의 지배력을 약화시키고 있다. 오래지 않아 아마존에서 당신이 쓴 단행본이 온라인 출판될 거라고 예상한다. 이베이의 괴짜들은 이미 자신들만의 가상 상거래 커뮤니티를 만들어 별을 나눠주는 방식으로 그들 스스로 누가 믿을 만한 구매자와 판매자인지 감시하는 활동을 하고 있다. 알 카에다의 테러리스트들은 그들만의 뉴스 보도자료와 협박, 연설 등을 끊임없이 업로드하고 있으며, 영국의 BBC나 미국의 CBS 방송사가 자신들을 취재해서 방송해주기를 기다리지 않고 자신들의 테러 메시지를 AOL이나 MSN을 통해서 당신의 컴퓨터로 재빠르게 직접 전송하고 있다.

이와 같은 모든 것들이 변형된 업로딩 유형이다. 평평한 세계의 플랫폼 창세기는 더욱 많은 사람이 더 많은 콘텐츠를 제작할 수 있게 해주었을 뿐 아니라 서로 협력해서 공동으로 제작할 수도 있게 해주었다. 사람들이 파일 업로딩을 통해 콘텐츠를 전 세계에서 이용할 수 있게 한 것이다. 개인적인 혹은 자연 발생적인 커뮤니티의 일원으로서 이루어내는 이러한 콘텐츠의 세계화는 그 어떤 형태의 전통적인 계급 조직이나 기관을 거치지 않고도 실현되고 있다.

개인이나 커뮤니티들이 상업적인 기업이나 전통적인 계급체계로부터 수동적인 다운로드를 하는 데 그치지 않고, 자신들의 상품과 아이디어를 업로드하고 여기저기로 전송한다(종종 무료로 전송하기도 한다). 새로 발견된 이와 같은 힘은 창의성과 혁신, 정치적 운동 그리고 정보의 수집과 유포에 관한 흐름을 근본적으로 바꿔놓고 있다. 업로딩은 이러한 모든 변화를 독점적인 하향식 현상이 아니라 전 세계에 수평적이며 아래로부터 위로 향하는 상향식 현상으로 만들어가고 있다. 또한 전통적인 형태의 기업이나 기관 내부에서도 외부와 마찬가지로 이런 현상이 발생하고 있는 것은 사실이다. 업로딩은 의심할 여지 없이 평평한 세계에서 가장 혁신적인 형태의 협력이다. 그 어느 때보다 지금 우리는 단지 소비자뿐만 아니라 생산자가 될 수도 있다.

내가 이런 의미로 이 책에서 평평화의 네 번째 동력을 '업로딩'으로 정의한 이유는 《와이어드Wired》 잡지의 공동 설립자이자 '나이 든 독불장군Senior Maverick'이라는 직함으로 일하는 케빈 켈리Kevin Kelly가 2005년 8월에 쓴 '우리가 바로 웹이다We Are the Web'라는 글에서 영감을 얻었기 때문이다. 켈리는 그 글에서 이렇게 말했다. 넷스케이프 다음 시대에 인터넷이 처음 대중적 차원에서 출현했을 때 "케이블과 전화선의 주파수 대역폭은 비대칭적이었다. 다운로드 건수가 업로드보다 훨씬 더 많았던 것이다. 당시의 정설에 따르면 일반 사용자들은 생산자가 아니라 업로드의 필요성을 느끼지 못하는 소비자였던 것이다. 그때에서 현재로 시간을 건너뛰어 보면 새로운 인터넷 체제의 대표적인 상징은 '비트토렌트BitTorrent'다. 비트토렌트는 이제 사용자들이 각자의 온라인 음악 라이브러리를 업로드할 수 있고, 동시에 다른 사람의 콘텐츠를 다운로드하도록 해주는 웹 사이트다. (…) 우리의 커뮤니케이션 하부구조는 청중에서 참여자로 넘어가는 엄청난 전환에 겨우 첫발을 내디뎠을 뿐이지만, 그것은 바로 다음 10년 이내에 우리가 나아가야 할 곳이기도 하다. 미래의 어느 날에는 살아 있는 모든 (평범한) 사람이 작곡하고, 책을 쓰고, 동영상을 제작하고, 웹로그(또는 블로그)를 만들고, 프로그램을 짠다는 것을 상상하는 게 불가능한 것만은 아니다. (…) 데이터의 흐름이 비대칭적이라면, 그것도 만든 사람에게만 유리하다면 어떻게 될 것인가? 모든 사람이 다운로드보다 업로드에 훨씬 더 치중한다면 어떤 일이 벌어질까?"

물질적 실체가 있고 복잡한 어떤 제품은 계층적 구조의 조직이나 단체가 있어야 생산할 수 있다고 아주 오랫동안 인식되었다. 그와 같은 제품을 생산하고 세상에 내놓는 일은 위에서 아래로 내려가는 수직적인 통합 체계가 필요하다고 전제했던 것이다. 그러나 평평한 세계의 플랫폼에 의한 직접적인 결과물로서 새롭게 발견된 업로드 능력 덕분에 개인 또는 커뮤니티의 일원으로서 과거 그 어느 때보다 매우 적은 비용으로 계층별 단계가 훨씬 적은 저계층구조로도 아주 복잡한 제품을 생산할 수 있게 되었다.

여기서 나는 업로딩의 세 가지 유형에 초점을 맞추고자 한다. 커뮤니티 개발 소프트웨어 운동, 위키피디아 그리고 블로깅/팟캐스팅이 그것이다.

커뮤니티 개발 소프트웨어

'오픈소스' 커뮤니티로도 알려진 커뮤니티 개발 소프트웨어 운동은 기업이나 특정 커뮤니티가 소스 코드(응용 소프트웨어를 작동시키는 프로그래밍 지시어)를 온라인에 공개해서 누구나 그 프로그램을 개선하는 데 기여할 수 있고, 동시에 수백만 명이 무료로 다운로드해 자신들의 목적에 맞게 사용할 수 있게 하자는 인식에서 유래되었다.

이러한 커뮤니티가 소프트웨어 개발을 위해 서로 협력하는 프리랜서 엔지니어들의 채팅룸이라고 생각해보자. 그들은 각자 프로그램의 성능을 향상시키기 위해 소스 코드의 개선에 기여하고 자신이 속한 오픈소스 커뮤니티의 사용자 규정을 준수하면서 소스 코드를 사용한다.

이와 같은 커뮤니티들은 대체로 비슷한 체계로 운영되지만 하나의 중요한 기준에 의해 두 개의 그룹으로 구분된다. 편의상 한 그룹은 '지적인 보통 사람 커뮤니티'로 부르자. 기본적으로 이 그룹은 소스 코드를 개발한 최초 그룹이 있음을 인정하는 한, 이 그룹에 속한 구성원이라면 누구나 상업적 제품을 만들기 위한 기반으로 소스 코드를 사용할 수 있다고 말한다. 따라서 누구나 소프트웨어를 활용하며 그 과정에서 성능의 향상과 응용이 이뤄지고, 실무에 적용될 때마다 사용자는 최초의 커뮤니티가 개발자로서 공로가 있음을 표방해야 한다. 다른 그룹은 '무료 소프트웨어 커뮤니티'라 부르기로 하자. 이 그룹은 커뮤니티에서 개발한 무료 소프트웨어 코드에서 파생된 제품을 구축하거나 유포하는 사람은 자신이 이뤄낸 혁신도 역시 이 커뮤니티에 환원해야 한다고 주장한다. 다시 말해 당신이 개발한 제품을 무료로 공개해야 한다는 것이다.

사실 컴퓨터 천재가 아닌 나는 오픈소스 운동에 그다지 관심이 없었다. 그러나 일단 관심을 돌리자 오픈소스 운동의 놀라운 우주를 발견했다. 자발적으로 생성된 온라인 커뮤니티에 자신이 가진 재능을 있는 그대로 무료 봉사하는 차원의 우주를 알게 된 것이다. 커뮤니티 개발 소프트웨어 운동이 처음으로 그 자취를 남길 수 있었던 것은 지적인 보통 사람들의 접근법 덕분이다. 오픈소싱이 지적 공유 형태를 띠게 된 것은 학술 연구자 그리고 과학자 공동체에서 기원했다. 이런 공동체에서는 오랫동안 학자들이 자발적으로 협력해 처음에는 사적 폐쇄 네트워크를 통해 (결국에는 인터넷을 통해) 특정 과학 또는 수학 문제를 둘러싸고 그들의 지적 능력을 모으고 통찰력을 공유하며 대가 없이 보통 사람들 방식으로 해결해왔다.

아파치 웹서버는 이런 형태의 오픈소싱의 산물이다. IT 시스템 설계자인 내 친구 마이크 아구엘로Mike Arguello에게 사람들이 왜 이런 형태로 지식을 공유하고 공동 작업을 하는지 설명해달라고 부탁하자 이렇게 대답했다. "IT 분야에서 일하는 사람들은 대체로 머리가 아주 좋아. 그들은 세상이 자신들의 뛰어난 두뇌를 인정해주길 바라지."

모자이크 웹 브라우저를 개발한 마크 앤드리슨도 이 말에 동의했다.

"오픈소스는 동료들의 검증을 통해 구현되는 과학에 불과합니다. 사람들이 종종 이런 일에 기부하는 이유는 과학적 진전을 이루고, 새로운 걸 발견하면 명성이 뒤따르기 때문이죠. 때때로 그런 일을 통해 사업을 일으킬 수도 있습니다. 어떤 경우엔 단지 이 세상의 지식을 늘리고 싶어서 공헌할 수도 있습니다. 그리고 동료들의 검증은 결정적입니다. 그래서 오픈소스는 동료들의 검증 결과물입니다. 컴퓨터 버그, 보안상 허점, 표준에서 벗어난 코드 등이 모두 검토를 거칩니다."

또한 마이크로소프트나 IBM의 제품보다 나은 뭔가를 무료로 제작할 수 있다는 것을 증명해 보임으로써 그들과 같은 거대기업에 맞서서 도전해보는 것을 즐기는 사람들도 분명 있을 것이다.

나는 이런 지적인 보통 사람 유형의 소프트웨어 개발에 대해 더욱 자세히 알아보기 위해서 우편물 취급실 같은 곳에 있는 드러나지 않은 괴짜들을 찾아 나섰다. 결국 그 선구자 중 한 사람인 브라이언 벨렌도르프Brian Behlendorf를 만나게 되었다. 오픈소스 웹서버 커뮤니티인 아파치가 하나의 인디언 부족이라면 그는 이 부족의 장로이다. 샌프란시스코 공항 부근의 고층건물에 있는 사무실에서 겨우 그를 만날 수 있었다. 그는 콜랩넷CollabNet을 설립하고 최고 기술책임자로 활동 중이었다. 콜랩넷은 오픈소스 방식으로 혁신을 얻으려는 기업에 필요한 소프트웨어를 개발하는 신생기업이다. 나는 두 가지 간단한 질문으로 인터뷰를 시작했다. 지금까지 어떤 일을 해왔는지? 그리고 IBM과 맞서는 온라인 오픈소스 커뮤니티를 어떻게 이끌어 올 수 있었는지?

벨렌도르프가 과거를 회상하며 들려준 이야기는 다음과 같다.

"내 부모님은 캘리포니아 남부에 있는 IBM에서 만났다고 합니다. 저는 라 캐나다La Canada라고 패서디나Pasadena 바로 북쪽에 있는 도시에서 자랐죠. 제가 다닌 공립학교는 캘리포니아 공과대학Caltech 제트추진연구소에 다니는 과학자들의 자녀가 많았기 때문에 공부에 관한 한 경쟁이 매우 치열했습니다. 그러니까 아주 어린 시절부터 과학에 노출된 환경에서 지냈기에 공부를 잘하는 괴짜가 되는 것이 이상할 게 없는 곳이었습니다. 집에도 컴퓨터가 있었죠. 우리는 IBM 메인프레임 컴퓨터에서 쓰고 난 입력 천공 카드를 장보기 물품을 적는 데 쓰기도 했습니다. 초등학교 때는 초보적인 컴퓨터 프로그램을 만들기 시작했고, 고등학교에 가서는 컴퓨터에 푹 빠져 지냈습니다. (…) 저는 고등학교를 1991년에 졸업했는데, 인터넷이 보급되던 초기인 1989년에 친구가 '프랙틴트Fractint'라는 프로그램을 플로피디스크에 다운로드해서 복사본을 저한테 준 일이 있었어요. 그건 해적판은 아니었고 한 프로그래머 그룹이 만든 무료 소프트웨어였으며, 프랙탈fractals(미술과 수학이 결합해 만들어지는 아름다운 이미지)을 그릴 수 있는 프로그램이었죠. 프로그램이 실행되면 그것을 만드는 데 기여한 모든 과학자와 수학자들의 이메일 주소가 스크린에 보였습니다. 그 프로그램엔 소스 코드도 포함된 걸 알게 됐습니다. 제가 오픈소스의 개념을 처음으로 접했던 게 이때입니다. 그곳에는 당신이 무료로 다운로드하고 소스 코드도 같이 제공받을 수 있는 프로그램도 있었습니다. 그 프로그램은 여러 사람이 모인 커뮤니티의 공동 작업을 통해 만들어졌습니다. 이로 인해 제 마음속에는 프로그램 제작에 대한 다른 그림이 그려졌습니다. 특정 소프트웨어가 만들어졌고, 만들어지는 방법에 어떤 흥미로운 사회적 역동성이 있다고 생각하기 시작했습니다. 이것은 제가 갖고 있던 메인프레임을 관리하면서 오로지 업무 때문에 정보를 입출력하는 전문 소프트웨어 개발자의 이미지와는 달랐습니다. 그런 일은 저에게 단조로운 회계 업무보다 겨우 한 단계 정도 위에 있는 별로 신 나지 않는 일이었죠."

1991년에 고등학교를 졸업한 벨렌도르프는 버클리 대학교 물리학과에 입학했다. 그러나 수업에서 배우는 추상적인 개념과 인터넷상에서 나타나기 시작한 흥분되는 일들이 단절되자 금세 낙담했다.

"당시엔 대학에 입학했을 때 모든 학생에게 이메일 주소를 줬어요. 전 다른 학생들과 대화를 나누거나 음악에 관해 토론할 수 있는 게시판을 찾아다니는 데 이메일을 이용하기 시작했습니다. 1992년에 베이 지역Bay Area의 전자음악 활동을 주로 다룬 글을 올려놓은 나만의 인터넷 메일링 리스트를 작성했습니다. 사람들이 토론 게시판에다 글을 썼고, 참가자가 늘어났습니다. 우리는 다른 음악 행사와 음악 DJ에 관해 토론도 했습니다. 우리는 곧 '이봐, 우리가 DJ를 초청하고 우리만의 음악 이벤트를 열면 어떨까?'라고 말하게 됐죠. 곧 모두가 참여했습니다. 누구는 자신이 수집한 음반을 제공하겠다고 했고, 누구는 음향 시스템을 가져오겠다고 했습니다. 그리고 '좋은 해변을 알고 있는데 거기서 자정에 만나 파티를 열자'고 말하는 사람도 나타났습니다. 1993년까지는 인터넷은 단지 글을 써서 올릴 수 있는 메일링 리스트와 이메일 그리고 파일을 저장하는 FTP 사이트까지 세 가지 기능만 제공했습니다. 그래서 저는 전자음악 관련 자료가 모여 있는 사이트를 찾아다니기 시작했고, 이를 온라인에 올려 더 많은 사람이 이용하는 방법에 관심을 뒀습니다. 그 무렵에 모자이크(마크 앤드리슨이 개발한 웹 브라우저)에 대해 들었습니다. 그래서 버클리 비즈니스 스쿨의 컴퓨터 연구소에 일자리를 얻었고, 남는 시간에 모자이크와 그 밖의 웹 기술을 연구했습니다. 덕분에 전 1세대 웹 브라우저와 웹서버를 개발 중이던 수많은 사람과 게시판에서 숱한 토론을 하게 되었습니다."

(웹서버는 누구든 집 또는 사무실에 있는 컴퓨터를 이용해 월드와이드웹에서 자신의 웹 사이트를 운영할 수 있는 소프트웨어 프로그램이다. 예컨대 아마존닷컴은 오랫동안 아파치 소프트웨어를 바탕으로 웹 사이트를 운영했다. 당신의 웹 브라우저가 www.amazon.com으로 가면, 처음 접하는 소프트웨어가 아파치다. 브라우저는 아파치에 아마존의 웹 페이지를 보내달라고 요청하고, 아파치는 아마존 웹 페이지의 콘텐츠를 브라우저에 보낸다. 웹서핑이란 실제로 웹 브라우저가 다른 웹서버와 상호작용을 하는 것이다.)

벨렌도르프가 말했다. "팀 버너스 리와 마크 앤드리슨이 이 모든 것의 작동 원리에 관해 토론하는 걸 지켜봤는데 정말 재미있었어요. 그 토론은 관련 문제를 다 포괄한 것이었습니다. 박사학위 따윈 필요치 않았습니다. 제가 이끄는 음악 모임과 그 과학자들은 통하는 데가 있었죠. 둘 다 최초의 웹 소프트웨어 개발에 관심이 있었습니다. 저는 한동안 토론을 지켜보다가 《와이어드》 잡지의 초창기 직원인 친구에게 그 얘기를 했더니, 《와이어드》가 저에게 웹 사이트 구축을 의뢰하고 싶어할지 모른다고 말했어요. 그래서 시간당 10달러를 받고 그들의 이메일과 첫 웹 사이트, 핫와이어드HotWired를 구축해줬는데, 광고로 운영되는 최초의 온라인 잡지 중 하나가 됐습니다."

핫와이어드는 비밀번호를 쓰는 등록 시스템을 구축하려 했는데, 당시에는 논란이 있었다. 앤드루 레너드Andrew Leonard는 1997년 살롱닷컴Salon.com에 썼던 아파치의 역사에서 이렇게 지적했다.

그 당시 대부분의 웹마스터는 일리노이 대학교의 NCSA에서 개발한 웹서버 프로그램에 의존했다. 그러나 NCSA 웹서버는 핫와이어드가 필요로 하는 규모로 비밀번호 인증처리를 할 수 없었다. 다행스럽게 NCSA 서버는 공공 도메인에 있었는데, 이는 모든 방문자에게 소스 코드가 무료였음을 뜻했다. 그래서 벨렌도르프는 해커들의 특권을 이용했다. 그는 NCSA 서버에 새로운 코드로 '패치(임시 수정 프로그램)'를 개발해 붙여서 문제를 해결했다. 물론 그해 겨울 NCSA 코드를 샅샅이 뒤진 영리한 프로그래머는 그만이 아니었다. 웹이 폭발적으로 성장하는 가운데 다른 웹마스터도 스스로 문제를 해결해야 한다는 것을 깨달았다. 일리노이 대학생으로 핵심 웹서버 프로그래머였던 롭 매쿨Rob McCool이 (마크 앤드리슨, 링크스를 개발한 에릭 비나와 함께) 실리콘밸리에 있는 무명기업 넷스케이프에 스카우트되어 떠난 뒤로 원본 소스 코드는 내팽개쳐져서 먼지만 쌓여갔다. 그동안에도 웹은 끝없이 성장했다. 웹은 또한 웹서버가 해결해야 할 새로운 문제를 계속 양산했다.

이에 따라 한 구멍을 막으면 다른 곳에서 문제를 일으키는 식으로 수없이 많은 패치가 일회용 반창고가 쓰이듯이 널리 퍼져 나갔다. 한편 이 모든 패치들이 서서히 특수한 오픈소스 방식으로 최근의 새로운 웹서버를 구축하고 있었다. 그러나 NCSA가 모든 문제를 대처할 수 없었으므로, 모든 개발자는 자신들만의 패치 버전을 갖고 있었으며 여기저기서 서로 교환해 썼다.

벨렌도르프는 아파치 개발 과정을 다음과 같이 설명한다.

"저는 하마터면 아파치 개발팀에 합류하지 못할 뻔했습니다. 와이어드의 웹 사이트를 만드는 일이 재미있었고 버클리 대학교에서 배웠던 것보다 더 많은 것을 배우고 있었으니까요. 그런데 같이 작업하는 소그룹 회원들 사이에서 NCSA가 우리가 보낸 이메일에 답변하지 않고 있다는 말이 나왔습니다. NCSA 서버 시스템에 패치 프로그램을 보냈는데 응답이 없었던 것입니다. 그래서 우리끼리 이런 말을 했습니다. 'NCSA가 우리 패치에 반응이 없다면 앞으로 어떤 일이 벌어질까?' 우리는 서버 시스템 개선 작업을 기꺼이 계속했지만, 우리가 어떤 피드백도 받지 못하면서 우리의 패치들이 NCSA 시스템에 통합되는 걸 그냥 보기만 하는 것이 아닐까 염려스러웠습니다. 그래서 나는 수정 프로그램을 교환해 쓰는 다른 사람들과 접촉하기 시작했죠. 그들은 대부분 표준 설정 연구 그룹(인터넷 엔지니어링 태스크포스) 소속으로 인터넷에서 컴퓨터와 응용 프로그램을 연결하는 첫 번째 표준을 정립하고 있었습니다. (…) '우리 스스로 우리 미래를 책임져야 하지 않겠는가? 우리의 모든 패치를 통합한 우리만의 웹서버를 내놓으면 어떨까?'라는 말이 나오게 됐습니다. 우리는 NCSA 소스 코드의 저작권을 조사했는데, 일리노이 대학교는 프로그램이 개선되면 우리의 공로를 인정해주겠으며, 문제가 생기더라도 책임을 묻지 않겠다는 기본적인 답을 해왔습니다. 그래서 우리가 만든 모든 패치에 기반을 두어 우리 고유 버전을 만들기 시작했어요. 우리 가운데 웹서버 개발에 전념할 시간적 여유가 있는 사람은 없었습니다. 그러나 우리는 각자의 시간을 모으고, 공개적인 방식으로 작업한다면 시장에 나와 있는 기존 제품보다 나은 무언가를 만들어낼 수 있다고 생각했습니다. 사실 그때까지는 쓸모 있다고 할 만한 건 없었습니다. 이건 모두 넷스케이프가 최초로 상업용 웹서버를 내놓기 전 일이었죠. 그것이 아파치 프로젝트의 시작이었습니다."

1999년 2월에 이르러 이들은 NCSA 원본 서버 프로그램 개정을 완전히 끝마쳤고, 그들의 협력체를 '아파치'라는 이름 아래 공식화했다.

벨렌도르프가 말했다. "그 이름을 선택한 것은 고집스럽다는 말의 긍정적 의미를 담고 싶었기 때문이었습니다. 아파치는 밀려오는 미국 정부에 굴복한 마지막 인디언 부족이었습니다. 개발 당시 우리는 대기업들이 뛰어들어 우리 인터넷 엔지니어들이 세웠던 초기 인터넷 환경을 '문명화'한다며 정복하지는 않을까 걱정했습니다. 그래서 '아파치'가 좋은 코드 네임이라 생각했죠. 몇몇 친구들은 동음이의어로도 재미있다고 했어요." 아+패치APAtCHy 서버처럼, 그들은 패치를 오류가 난 곳 여기저기에 붙여서 봉합했다(영어에서 패치patch는 '덧대어 붙이다'란 뜻과 컴퓨터 용어로 '프로그램 오류의 임시 수정'이란 뜻으로도 쓰인다. ─옮긴이).

이를테면 벨렌도르프는 만난 적도 없이 이메일로 오픈소스 채팅방을 통해서만 알고 있는 오픈소스 동료들과 함께, 온라인 가상 현실 속에서 주인도 없고 감독자도 없는 상향식 체계의 소프트웨어 공장을 만들었다.

"우리에게 소프트웨어 개발 프로젝트는 있었어요. 하지만 업무의 조정과 방향 설정은 먼저 나서서 프로그램 코드를 작성하는 사람이 누군가에 따라서 결정되는 방식이었습니다"라고 벨렌도르프가 말했다.

그렇다면 실제로 어떻게 일이 돌아갈까? 벨렌도르프에게 물었다. 한 팀의 사람들이 통제도 없이 모두가 함께 소스 코드를 작성해서 던져놓도록 할 수 있을까?

벨렌도르프가 설명했다. "대부분의 소프트웨어 개발은 소스 코드 저장 장치를 포함하고 동시 버전 관리 시스템인 CVSConcurrent Version System 같은 도구로 관리합니다. 그러니까 CVS 서버가 어딘가에 있고, 내 컴퓨터에도 CVS 프로그램이 있지요. CVS는 내가 서버에 접속해서 코드를 끌어오도록 허용함으로써 코드 작업을 개시해 수정하는 게 가능합니다. 내가 만든 수정 프로그램이 다른 사람과 공유하고 싶을 만큼 쓸 만하다고 생각되면, 수정한 내용을 모두 담아서 새로운 파일을 만드는 '패치'라 불리는 프로그램을 돌립니다. 이를 패치 파일이라 부르는데, 이 파일을 다른 사람들에게 주면 그들은 자신들의 소스 코드에 적용해서 어떤 효과가 있나 확인해봅니다. 만약 서버에 접속할 수 있는 권한(엄격히 통제되는 감시위원회에 의해 제한되는 권리)이 있으면, 수정 프로그램을 저장장치로 옮겨 심을 수 있고 그 패치도 소스 코드의 일부가 됩니다. CVS 서버는 모든 것을 추적하는데 누가 무엇을 보냈는지도 추적합니다. 그러니까 저장 장치에 '접근해서 소스 코드를 읽는' 권한은 있어도, 소스 코드를 '바꿔놓는 권한'은 없습니다. 누군가 저장 장치에 수정 프로그램을 집어넣으면 그것은 이메일로 다른 모든 개발자에게 전해지고 동료들의 검증을 받습니다. 프로그램에 오류가 있으면, 개발자가 수정합니다."

그러면 이 개발 공동체에서는 누가 신뢰할 수 있는 회원인지 어떻게 판정할까?

"서로 진짜 믿을 수 있는 사람 여덟 명이 아파치를 개발하기 시작했습니다. 그리고 새로운 사람이 토론 포럼에 자신이 만든 패치 파일을 토론에 부치면, 우리는 그걸 평가하고 신뢰를 얻습니다. 그렇게 해서 회원이 처음 여덟 명에서 1000명 이상으로 늘었습니다. 우리는 비즈니스 세계에서 처음으로 주목받은 오픈소스 형태의 프로그램 개발 그룹이자 IBM이 처음으로 자금을 지원한 그룹입니다."

단일 서버 장치로서 음악에서 데이터, 포르노까지 수천 개의 웹 사이트를 관리할 수 있는 아파치의 성능 때문에 "인터넷 서비스 공급자 시장에서 압도적인 지위"를 차지하기 시작했다고 앤드루 레너드는 지적했다. IBM은 자체 개발했던 'GO'라는 웹서버를 판매하려 했으나 시장의 반응은 냉담했고 팔리지 않았다. 아파치가 기술적으로 더 뛰어난 데다 무료였기 때문이다. 결국 IBM은 아파치를 당해낼 수 없다면 차라리 아파치에 합류하기로 했다. 세계 최대 컴퓨터 제조기업이 계획 없이 모인 컴퓨터광들이 이뤄낸 성과를 능가할 수 없다고 판단하고서 스스로 개발한 기술을 포기하고 그들과 합류하기로 했다는 사실에 관해 독자 여러분은 잠시 생각해봐야 한다!

벨렌도르프는 IBM과 접촉하게 된 과정에 대해 이렇게 말했다.

"제가 나름대로 아파치 개발 그룹의 대변인 역할을 했으므로 IBM은 저와 접촉을 시작했습니다. IBM 측은 이렇게 말하더군요. '인터넷 커뮤니티의 비난을 받지 않으면서 우리가 아파치를 이용할 방법을 찾고 싶습니다. 우리는 이 일이 계속 운영되면서, 그저 개발자들을 등쳐 먹는 게 아니라 개선 과정에도 기여할 방법을 모색하고 싶습니다.' IBM은 오픈소스 형태의 프로그램 개발 모델이 믿을 만한 데다 가치 있다고 판단했기 때문에 여기에 투자하는 대신, 성능이 좋지 못한 자체 웹서버 개발을 포기하겠다고 말하는 것이었습니다."

존 스웬슨John Swainson은 당시 아파치와의 교섭을 담당한 팀장으로 IBM의 중역이었다(2007년 집필 당시 컴퓨터어소시에이츠Computer Associates의 CEO였으며, 현재는 델 컴퓨터의 신규 소프트웨어 사업부 사장이다. —옮긴이). 그는 당시의 이야기를 하나 들려줬다.

"그땐 오픈소싱에 관한 논의가 활발했지만, 여기저기 어지럽게 널려 있었습니다. 우리는 아파치를 만든 사람들이 우리 질문에 대한 해답을 제시했기 때문에 이들과 함께 일하기로 했습니다. 그들과 의미 있는 대화를 나눌 수 있었고 비영리 목적의 아파치 소프트웨어 재단을 세워 모든 문제를 해결할 수 있었습니다."

IBM이 비용을 지급해 고용한 변호사들이 아파치와 함께 이 재단 활동과 관련된 법적 장치를 만들었다. 이로써 IBM 같은 기업들이 아파치에 기반을 두어 개발한 응용 프로그램을 유료로 판매하더라도 저작권 문제가 발생하지 않게 되었다. IBM은 표준이 되는 범용 웹서버 아키텍처architecture의 가치를 알았다. 그 역할로 이질적인 컴퓨터 시스템과 부속장치들이 서로 데이터를 주고받고 이메일과 웹 페이지를 규격화된 양식으로 보여줄 수 있기 때문이다.

범용 웹서버 아키텍처는 오픈소스에 참여하는 커뮤니티에 의해 꾸준히 무료로 개선된다. 아파치 개발자들은 무료 응용 소프트웨어를 만들려고 계획하지는 않았다. 그들은 웹서빙Web serving이라는 공통의 문제를 해결하려 했는데, 필요한 일을 끝내기 위해 이 분야에서 가장 뛰어난 인력을 모으는 최고의 방법은 오픈소스 방식임을 알게 되었다.

스웬슨은 이렇게 설명했다.

"아파치와 같이 일하게 되었을 때 아파치 웹 사이트www.apache.or는 있었지만 공식적인 법적 장치는 전혀 없었습니다. 그리고 영리기업과 오픈소스 그룹 같은 비공식 조직은 그 안에 공존하기 어렵습니다. 소스 코드를 체계화하고, 계약 체결을 해야 하며, 법적인 책임 문제를 다룰 줄 아는 능력이 필요합니다. 오늘날은 누구나 아파치 코드를 다운로드할 수 있습니다. 다운로드한 사람이 갖는 유일한 의무는 웹 사이트에서 가져왔다는 것을 밝히고 수정했을 때는 같이 공유해야 한다는 것입니다."

코드 입출력 트래픽을 관리하는 아파치 개발 과정은 있다. 누구나 그 과정에 참여하려면 실력을 인정받아야 한다고 스웬슨이 덧붙였다. 이것은 순수한 실적주의와 비슷하다. IBM도 아파치를 사용하기 시작하면서 아파치 커뮤니티의 일원이 되었고 기여하기 시작했다.

실로 아파치 개발자들이 IBM에 협력하면서 반대급부로 유일하게 요구한 것은 IBM의 가장 뛰어난 인력을 아파치 오픈소스 그룹에 보내 다른 모든 참가자처럼 무료로 봉사토록 하는 것이었다.

스웬슨이 말했다. "아파치 커뮤니티 사람들은 IBM에 현금을 바라지는 않았습니다. 다만 아파치의 활동 기초에 기여하기를 바랐지요. 우리 엔지니어들이 이렇게 말하더군요. '아파치 개발자들은 좋은 사람들이며 계속해서 요구하는 건 그저 IBM이 뛰어난 인력을 보내주는 것뿐입니다.' 처음에 그들은 우리의 기여 수준에 만족하지 않았습니다. 그들의 기준에 미치지 못했다고 하더군요. 그들이 기대한 보상은 우리가 최고의 인력으로 개발에 참여하는 것이었습니다."

1998년 6월 22일, IBM은 웹스피어WebSphere라 명명한 그들의 신형 웹서버 제품에 아파치를 채용하겠다는 계획을 발표했다. 아파치 커뮤니티의 운영방식은 이렇다. 아파치 소스 코드의 어떤 부분이든지 꺼내 가서 개선하면 커뮤니티에 돌려주어야 한다. 그러나 IBM처럼 아파치 소스 코드에 기반을 둔 상업적 소프트웨어를 개발해서 특허를 얻을 수는 있다. 단지 개별 특허가 아파치에 기반을 두고 있다는 것만 밝히면 된다. 다시 말해 이 오픈소싱의 접근 방식은 자신들이 개발한 프로그램에 기반을 둔 상업적 제품 개발을 권장한다는 뜻이다. 오픈소스는 그들의 기반 프로그램이 누구에게나 무료로 개방되기를 원하는 반면에, 이윤을 얻으려는 엔지니어나 그렇지 않은 엔지니어 누구나 참여할 수 있는 동기가 된다면 그 기반은 초기의 신선함을 유지할 것으로 인식하고 있었다.

오늘날 아파치는 오픈소스가 낳은 가장 성공적인 도구로, 전 세계 웹 사이트의 3분의 2에 힘을 보태고 있다. 아파치는 무료로 전 세계 어느 곳에서나 다운로드할 수 있으므로 러시아에서 남아프리카공화국, 베트남에 이르기까지 세계 모든 사람이 그것을 이용해 웹 사이트를 만든다. 사용하는 웹서버에 기능을 추가하고 싶다면 IBM의 웹스피어같이 아파치에 기반을 둔 응용제품을 사면 된다.

당시 오픈소스 프로그램에 기초해서 제품을 만들어 판매한다는 것은 IBM으로서는 모험이었다. IBM이 아파치라는 범용 프로그램에 기초해서 차별화된 응용 소프트웨어를 계속 만들 수 있다고 자신한 것은 현명한 판단이었다. 많은 사람이 IBM이 응용 소프트웨어 분야에서 선두자리를 차지하고 막대한 수익을 올리는 걸 보면서 이 모델은 이후 널리 채택되었다.

이 책에서 내가 거듭 강조하는 주제가 있다. 평평한 세계에서 범용 제품에 힘쓰는 기업에는 미래가 없다. 소프트웨어뿐 아니라 다른 어떤 분야에서도 범용 제품을 만드는 것은 오픈소스 커뮤니티의 역할로 이동할 것이다. 기업에 상업적 미래의 성패는 가장 뛰어난 응용 제품을 만들 수 있는가에 달렸다. 노벨Novell 소프트웨어는 오픈소싱으로 만들어진 운영 시스템 리눅스Linux를 공급하면서 그 응용 프로그램을 판매하고 있다. 노벨 소프트웨어의 잭 메스맨Jack Messman 회장은 2004년 6월 14일 자《파이낸셜 타임스》에서 그런 상황을 가장 적절하게 표현했다.

"소프트웨어 개발기업들은 차별화를 위해 소프트웨어 단순 개발 이상의 일을 해야 한다. 오픈소스 커뮤니티는 기본적으로 인프라에 초점을 맞추고 있다."

IBM이 아파치 웹서버와 함께 협력한 것은 제대로 된 하나의 분수령이었다.

빅 블루(IBM의 별칭)는 오픈소스 모델을 믿었고, 이 엔지니어들의 오픈소스 커뮤니티가 그저 쓸모 있는 정도가 아니라 '웹서버 분야에서 최고'를 창조했다고 믿었다. 오픈소스 운동은 세계를 평평하게 하는 강력한 동력이 되었고, 그 효과를 이제 우리가 막 보기 시작한 것이다. 브라이언 벨렌도르프는 이렇게 말했다. "오픈소스 운동으로 개인도 놀라운 힘을 갖게 되었습니다. 당신이 어디 출신인지 어디에 사는지는 문제가 되지 않습니다. 인도나 남미 어딘가에 살더라도 실리콘밸리에 사는 사람과 똑같이 효과적으로 소프트웨어를 이용하거나 오픈소스 운동에 기여할 수 있습니다." 과거의 모델은 승자가 독차지하는 방식이었다. 내가 만들었으니 그 이익도 내가 다 갖는다는 게 표준화된 소프트웨어 사용 모델이었다. 벨렌도르프는 "이런 과거의 모델과 맞서 경쟁하는 유일한 방법은 모두가 승자가 되는 것"이라고 결론지었다.

커뮤니티 개발 소프트웨어의 또 다른 대표적인 형태로 무료 소프트웨어 운동이 있다. 공개 지식 사이트openknowledge.org에 따르면 이렇다.

무료공개 소프트웨어 운동은 1960년대와 1970년대 미국의 주요 컴퓨터 공학 연구실(스탠퍼드, 버클리, 카네기 멜론, MIT)의 '해커' 문화 전통에서 시작되었다. 프로그래머들의 커뮤니티는 소규모로 구성원들 사이에 깊은 유대관계가 있었다. 소스 코드는 회원들 사이에서 자유롭게 오고 갔다. 한 사람이 코드를 개선하면 다른 개발자 커뮤니티에 주는 것이 원칙이었다. 코드를 독점하는 것은 세련되지 못하다고 여겨졌다. 친구로부터 득을 보았다면 은혜를 갚아야 하는 것이었다.

무료 소프트웨어 운동은 누구나 무료로 소프트웨어를 이용할 수 있어야 한다는 윤리적 이상에 따라 시작되었고 지금도 그렇다. 그리고 가장 훌륭한 소프트웨어를 만들어 무료로 제공하기 위해 오픈소스 방식의 협력에 의존한다. 무료 소프트웨어 운동의 기본적인 목표는 가능한 한 많은 사람이 무료로 소프트웨어를 개발하고, 개량하고, 배포하게 하는 것이다. 이는 그런 방식만이 모든 사람에게 힘을 부여하고 각 개인이 거대 글로벌기업의 손아귀에서 벗어나게 할 수 있다는 믿음에서 비롯되었다.

위키피디아에 따르면, 1984년에 MIT의 연구원이면서 해커로도 활동했던 리처드 스톨먼Richard Stallman은 GNU라 불리는 무료 운영 시스템을 구축하려는 노력과 더불어 '무료 소프트웨어 운동'을 개시했다. 스톨먼은 무료 소프트웨어 재단을 설립하고 GNU 일반 공중 사용 허가서General Public License를 제정했다. 일반 공중 사용 허가서는 소스 코드 이용자들이 원본 코드와 같은 저작권 권리 아래서 코드를 수정하는 한, 소스 코드를 자유로이 복제 및 수정하거나 업그레이드할 수 있다고 명시했다.

1991년 헬싱키 대학생인 리누스 토르발스Linus Torvalds가 스톨먼의 무료 운영 시스템 구축 주도력에 힘입어 리눅스 운영 시스템을 개발했다. 그는 이것을 무료로 공개해 마이크로소프트의 운영 시스템과 경쟁하게 했으며, 다른 엔지니어들을 온라인으로 불러모아 무료로 리눅스 개선에 노력하도록 했다. 토르발스의 최초 포스팅 후에 전 세계 프로그래머들이 GNU/리눅스 운영 시스템을 다양하게 조작해보고, 보강 및 확장하고, 오류를 고치며 개선했다. 리눅스의 저작권에 의해 누구나 리눅스 소스 코드를 내려받아 개량할 수도 있으나, 업그레이드 버전을 무료로 모두에게 공개해야 한다. 리눅스는 언제나 무료여야 한다고 토르발스는 주장한다. 그러므로 리눅스의 성능을 배가시키는 소프트웨어를 개발했거나, 리눅스의 기능을 특정 용도에 응용한 소프트웨어를 개발한 영리기업들은 저작권을 침해하지 않도록 주의해야 한다. 리눅스 코드와 다른 무료 소프트웨어가 작성되고 배부될 때 적용받는 일반 공중 사용 허가서는, 리눅스 코드에 새로운 코드를 결합해서 다시 배포할 때 수정 및 결합된 결과물을 커뮤니티에 무료로 공유해야 할 의무가 있다고 명시하고 있다.

마이크로소프트의 윈도우와 거의 똑같이 리눅스도 가장 작은 PC나 노트북 컴퓨터, 팜파일럿PalmPilot뿐만 아니라 심지어 손목시계에서부터 가장 거대한 슈퍼컴퓨터나 메인프레임에 이르기까지 적용해서 쓸 수 있는 일련의 운영 시스템 제품군을 제공한다. 그러므로 값싼 PC를 쓰는 인도의 어린이도 미국 기업의 데이터 센터에서 가동되는 운영 시스템의 내부 작동 구조를 익힐 수 있다.

나는 이 부분을 집필하던 중 어느 날 오후에 파멜라와 말콤 볼드윈 부부의 버지니아 전원주택으로 소풍을 갔다. 그들과 내 아내는 교육 NGO인 월드 러닝World Learning 위원회 활동을 계기로 알게 되었다. 점심을 먹으며 나는 세계의 외딴 끝에선 세계가 얼마나 평평하게 보일지 궁금해서 말리의 팀북투Timbuktu라는 곳에 한번 가볼까 생각한다고 말했다. 마침 볼드윈의 아들 피터가 개발도상국에 기술을 소개하는 일을 돕는 괴짜군단GeekCorps이라 불리는 조직의 일원으로 말리에서 일하고 있었다.

그 며칠 후 나는 파멜라로부터 이메일을 한 통 받았다. 나와 팀북투로 동행하는 문제에 관해 피터와 상의했다는 내용이었다. 그리고 그녀는 다음과 같은 글을 첨부했는데, 내가 그곳까지 가서 알고 싶어했던 모든 내용을 다 알려주는 글이었다. "피터의 말로는 인공위성을 통한 무선 네트워크를 만드는 것이 자신의 프로젝트라고 합니다. 플라스틱 소다수 병과 창틀에서 벗겨 낸 그물망으로 안테나를 만든답니다! 말리의 모든 사람이 리눅스를 쓰는 것은 분명하네요……."

"말리의 모든 사람이 리눅스를 쓴다"는 그런 말은 오직 평평해진 세계에서나 들을 수 있는 말이다!

무료 소프트웨어 운동은 마이크로소프트를 비롯한 세계적인 소프트웨어 개발기업에는 심각한 도전이 되었다. 경제잡지《포춘》은 2004년 2월 23일 자에서 이렇게 보도했다.

어디서든 만날 수 있는 인텔의 마이크로프로세서 반도체 칩을 구동하는 단순하며 강력한 이 소프트웨어의 등장은 인터넷의 폭발적 성장과 때를 같이했다. 리눅스는 곧 전 세계 프로그래머와 기업 사용자들의 호응을 얻었다. (…) 이 혁명은 그저 리눅스라는 프로그램이 나왔다는 사실 이상의 의미가 있다. (…) 이젠 거의 모든 종류의 소프트웨어를 오픈소스 형태로 얻을 수 있다. 프로그래머들의 온라인 모임터인 소스포지SourceForge.net 웹 사이트에 가보면 놀랍게도 현재 작업 진행 중인 프로그램만 8만 6000개에 달한다. 대부분은 컴퓨터광들이 주도하는 사소한 수준의 프로그램들이지만, 그 가운데 수백 가지는 진정한 부가가치를 담고 있다. (…) 마이크로소프트 오피스 프로그램을 350달러에, 어도비 포토샵을 600달러씩 주고 가게에서 사는 것이 싫다면 오픈오피스OpenOffice.org 웹 사이트나 김프Gimp에서 놀라운 성능을 가진 대체 소프트웨어를 얼마든지 공짜로 구할 수 있다.

구글과 이트레이드, 아마존 같은 대기업은 인텔에 기반을 둔 상용 서버를 리눅스 운영 시스템과 결합해서 기술 관련 비용을 엄청나게 절감하면서도 자사의 소프트웨어 통제력을 더욱 높일 수 있었다.

진실은 알려지게 마련이다. 리눅스와 아파치가 자발적인 협력으로 업로드되는 순수한 커뮤니티 개발 소프트웨어로 시작했지만, 아파치가 IBM과 협력하는 바람에 일종의 '혼합 모델'이 되기까지는 그리 오래가지 않았다. 아파치 웹서버를 위해 어떤 사람들은 여전히 무상으로 일했다. 한편 어떤 사람들은 똑같은 일을 IBM에서 보수를 받고 했으며, 이로써 IBM은 기본 소프트웨어에 더해 아파치의 서비스와 업그레이드, 첨부 자료 등을 판매할 수 있게 되었다. 이와 동시에 벤처자본이 실제로 오픈소스 프로그램의 초기 제작에 자금을 대는 현상이 나타나고 있다. 소프트웨어 회사에 자금을 지원해 프로그램을 제작하고 무료로 공개하면서 그 이후는 온라인 커뮤니티들이 추가로 개발해주길 기대하는 것이다. 그러면 프로그램을 처음 공개한 회사는 커뮤니티를 상대로 그에 추가되는 부가 프로그램들을 판매해 수익을 창출한다. 예를 들어, 레드햇Red Hat은 리눅스와 그 밖의 오픈소스 솔루션의 개발을 지원했고, 그것을 활용한 사업의 기회도 만들어냈다. 레드햇은 리눅스를 판매하지는 않을 테지만(판매가 허용되지도 않는다) 그 대신 리눅스를 개별 사업 상황에 맞게 설계해주고 그에 대해 지원을 해주며 수수료를 받는다.

이와 같은 혼합 모델이 아마도 미래의 모습일 것이다. 왜냐고? 우선 복잡한 소프트웨어 플랫폼이 계속 유지되려면, 다시 말해 끊임없이 새로워지고 오류가 수정되고 향상되려면 이 일에 경제적 사고가 있어야만 한다. 유능한 오픈소스 커뮤니티 소프트웨어 개발자들만이 대가 없이도 코드 개발에 할애할 수 있는 많은 시간과 관심, 에너지 그리고 자원을 보유하고 있다. 하지만 커뮤니티에 속한 사람들에게 경제적인 대가가 따르지 않는다면 어느 시점에 이르렀을 때 이 일이 더 이상 최고 수준을 유지할 수 없을 것이다.

리눅스의 사례를 살펴보면 말리의 모든 사람이 무료로 소프트웨어를 내려받을 수 있는 것은 아주 멋진 일이지만 리눅스는 실질적으로 더 이상 무상으로 개발되지는 않는다. 무상 제공에 대해 지나치게 낭만적인 생각은 말아야할 것이다. IBM은 리눅스와 경쟁하는 운영 시스템이 아닌 마이크로소프트와 경쟁할 수 있는 소프트웨어를 판매하고 있다. 따라서 IBM은 유능한 소프트웨어 엔지니어들이 리눅스 개발에 참여해 마이크로소프트의 윈도우에 맞설 수 있는 리눅스를 확산시키는 데 기꺼이 투자하고 있다. 리눅스의 확산은 곧 마이크로소프트의 수익을 깎아 먹고, IBM의 전문 분야에서 마이크로소프트의 경쟁력을 약화시킬 수 있기 때문이다. 선마이크로시스템Sun Microsystems도 같은 이유에서 오픈오피스를 개설했다. 선은 웹 사이트에서 다음과 같이 밝히고 있다.

"오픈오피스 웹 사이트 커뮤니티는 선마이크로시스템에 의해 2000년에 개설되었다. 선이 주축이 된 이 활발한 커뮤니티는 오픈오피스 프로그램을 향상시키고 지원할 것이다."

이것은 지극히 사업적이다. 하지만 이것은 분명 사업이다. 소비자의 입장에서 볼 때 중요한 점은 이러한 커뮤니티 개발 소프트웨어의 혼합 모델이 더욱 많은 경쟁을 유발하고, 무료가 아닐지라도 대중들에게 더 값싸게 소프트웨어를 공급하고 있다는 것이다.

말할 것도 없이 커뮤니티 개발 소프트웨어의 전반적인 개념은 마이크로소프트에서 뜨거운 논쟁거리가 되고 있다. 마이크로소프트가 소프트웨어 사업에서 중심적 역할을 하는 현실을 고려할 때 그들의 말을 들어보는 것도 중요하리라 생각했다. 레드먼드Redmond에서 가진 토론내용 중에 일부를 소개한다.

마이크로소프트의 입장에서 보면 커뮤니티 소프트웨어 운동을 시작으로 진화한 혼합 모델은 단지 새로운 형태의 상업적 경쟁에 지나지 않는다. 따라서 사람들이 이에 대해 지나친 환상을 갖지 말아야 한다. 커뮤니티 개발 소프트웨어를 처음 시작한 사람들이 수익성을 기대하지 않는 커뮤니티 개발 소프트웨어라는 측면에서 의도했거나 희망했던 것이 무엇이든 간에, 현실적으로 분명 그들의 의도와는 다른 방향으로 전개되어 왔다. 커뮤니티를 기반으로 한 소프트웨어 개발은 이제 영리사업이고, 마이크로소프트를 비롯한 다른 모든 기업에도 수익을 올릴 가능성이 있는 사업이다.

그렇게 말했지만, 나와 이야기를 나누었던 마이크로소프트의 중역은 이러한 형태의 소프트웨어 개발이 여전히 한계를 안고 있다고 확신했다. 또한 전통적이고 상업적인 소프트웨어 업계를 무용지물로 만들지도 않을 것이며 그렇게 해서도 안 될 것이라 믿고 있다. 그런 믿음에는 몇 가지 이유가 있다. 우선 혁신에 대가가 없다면 새로운 장을 여는 혁신에 대한 동기는 결국 고갈될 것이며, 점점 더 복잡해지는 경쟁의 장에서 진보를 이뤄내는 데 필요한 진정으로 깊이 있는 연구개발에 필요한 재원도 고갈될 것이라는 게 마이크로소프트의 주장이다. 마이크로소프트는 표준 PC 운영 시스템 개발에 성공해 막대한 이익을 거두었고, 그 때문에 다양한 응용 소프트웨어를 묶은 마이크로소프트 오피스 개발을 위한 연구개발비로 수십억 달러를 쓸 수 있었다. 지금은 그렇게 개발된 오피스 프로그램이 몇백 달러에 판매되고 있다.

마이크로소프트의 최고기술경영자 크레이그 문디는 이렇게 말했다.

"기술 혁신과 수익, 재투자 그리고 더 뛰어난 혁신이라는 선순환 사이클이야말로 소프트웨어 산업에서 획기적인 신상품의 등장을 이끈 동력이었습니다. 우리가 아는 소프트웨어 산업은 규모의 경제가 적용되는 사업입니다. 하나의 소프트웨어를 만드는 데는 엄청난 개발비가 드는 반면, 한 단위의 제품 생산에 드는 추가 비용은 매우 적습니다. 그러니 대량으로 판매하면 투자비를 회수하고 차세대 소프트웨어 개발에 그 수익을 다시 투입할 수 있는 겁니다.

그러나 무료 소프트웨어를 고집한다면 단지 소프트웨어를 나눠줘야 하는 것만이 아니라 규모의 경제에 의존하는 소프트웨어 비즈니스를 사라지게 하는 겁니다. 과학 연구는 더욱 많은 커뮤니티의 노력이 필요하다는 것은 분명합니다. 하지만 그것은 문제의 복잡성 때문에 여러 전문 분야의 협력이 필요하다는 것일 뿐입니다. 진정한 혁신으로 연결되는 근본적 통찰은 이제 개인이 아닌 그룹에서 도출된다는 점에 대한 신념에서 비롯된 것은 아니라는 것이 내 주장입니다. 오픈소스는 강력한 추세로 계속될 것이라고 믿습니다. 하지만 그 형태는 경제적 대가 없이 소프트웨어를 개발하는 방식이 아니라, 근본적으로 학계에서 오래전부터 실행되어온 '지적인 보통 사람 모델'로 복귀할 것입니다."

마이크로소프트의 창업자 빌 게이츠 또한 소프트웨어 업계의 미래가 무상 공급의 형태는 아닐 것이라고 확신하고 있음이 분명하다. 빌 게이츠는 다음과 같이 말했다.

"혁신을 도모하려면 자본주의가 필요합니다. 혁신에 따른 경제적 보상을 받으면 안 된다고 말하는 건 세계적 조류에 역행하는 것입니다. 중국인과 대화하면 그들은 회사를 차리는 것이 꿈이라고 말합니다. 그들은 '낮엔 이발사로 일해서 돈을 벌고 밤엔 인류를 위해 무료 소프트웨어를 개발하겠다'고 생각하지 않습니다. (…) 당신이 쓰는 소프트웨어 시스템에 심각한 보안문제가 발생했을 때 이렇게 말하고 싶지는 않을 겁니다. '이발소에서 일하는 그 사람은 지금 어디 있나?'라고 말입니다."

한편 문디 또한 다음과 같은 지적을 했다. 어떤 업계에 종사하든지 "조만간 당신이 종사하는 비즈니스의 핵심 경쟁력(당신이 하는 일에서 다른 사람과 구별되는 독특한 본질)을 구현하고 운용하는 특정 형태의 독점적 소프트웨어와 IT 시스템 없이는 뛰어난 경쟁력 우위를 갖추고 유지하기가 상당히 어려워지는 시대가 올 것입니다. 모든 사람이 동일한 무료 소프트웨어를 사용할 수 있는 시대에는 더욱 어려워지겠지요."

기업들은 다른 누구도 소유하지 않은 자기만의 독점적 시스템이나 자신들의 제품을 설계해줄 고유한 IT 도구 상자를 원할 것이다. 바로 그 점에서 독점적 소프트웨어 시스템이 살아남을 여지가 충분하다고 마이크로소프트는 말한다.

마지막으로 규모와 범위가 중요하다. 오늘날 원하는 곳은 세계 어디든 갈 수 있고, 어디서든 컴퓨터를 사용할 수 있으며, 보고서나 논문을 작성하는 데 쓸 표준화된 마이크로소프트 워드 프로그램을 찾아 쓸 수 있다는 것 등은 학생이나 기업에 크게 유리한 점이다. 가는 곳마다 서로 다른 문서 작성 프로그램과 씨름하고 싶은 사람은 없다. 그것은 워크플로에도 도움이 되지 않는다.

그럼에도 여전히 커뮤니티 개발 소프트웨어가 남아 있어야 한다고 생각하는 이유는 다음과 같다. 소프트웨어 개발에 금전적인 대가가 없다면 어느 시점에 이르러서는 그 지속 가능성을 장담할 수 없겠지만, 혁신적인 제품을 개발하기 위한 순수한 도구로서 그리고 그 혁신적인 제품을 바이러스처럼 전파할 수 있는 도구로서 커뮤니티 개발 소프트웨어의 강력한 효력은 이미 증명된 바 있다. 2004년 이전까지는 리눅스 운영 시스템이 마이크로소프트에 도전할 수 있는 최고의 오픈소스 프로그램으로 알려졌다. 2004년 11월, 오픈소스 소프트웨어 개발을 지원하는 비영리 단체인 모질라 재단Mozilla Foundation이 무료 웹 브라우저인 파이어폭스Firefox를 공개했다. 파이어폭스는 속도가 빠르고 설치가 쉬우면서 마이크로소프트 익스플로러에 없는 기능을 많이 담고 있었다. 2004년 12월 19일《뉴욕 타임스》의 기술 분야 전문 기자인 랜들 스트로스Randall Stross는 "출시한 지 한 달 조금 지나 모질라 재단은 놀라운 이정표를 세웠다. 무려 1000만 건이나 다운로드된 것이다"라고 보도했다. 파이어폭스에 감사한 사용자들의 기부금으로《뉴욕 타임스》에는 두 페이지에 걸쳐 광고가 실렸다.

스트로스 기자는 이렇게 덧붙였다. "파이어폭스의 등장으로 오픈소스 소프트웨어는 컴컴한 사무실 뒤편에 머물고 있다가 당신의 가정으로, 그리고 당신의 부모에게로 다가갔다. (당신의 대학생 자녀는 벌써 사용하고 있다). 아주 세련되고, 인터넷 익스플로러만큼이나 사용하기 쉬운 브라우저이다."

2005년 11월, 출시 1년 만에 파이어폭스는 전 세계 브라우저 시장의 대략

10%를 삼켜버렸다. 그 대부분이 마이크로소프트의 익스플로러가 차지했던 시장이다. 파이어폭스가 급격하게 확산될 수 있었던 원인 중 하나는 커뮤니티를 통한 개발의 측면에서 찾아볼 수 있다. 사용자들은 개발 과정에 직접 기여할 수 있었고, 실제로 브라우저에 새로운 특정 응용 프로그램을 추가해 프로그램을 확장시킨 것도 사용자들이었다. 2005년 11월에는 한층 더 개선된 파이어폭스 1.5가 공개되었다.

　파이어폭스가 애초에 어떻게 시작했는가를 고려하면 이와 같은 폭발적인 성장은 실로 놀라운 것이다. 파이어폭스는 사실 1998년 마이크로소프트의 인터넷 익스플로러에 압도당했던 모자이크와 원조 넷스케이프 내비게이터 브라우저의 후속이라고 할 수 있다. 여느 오픈소스 소프트웨어와 마찬가지로 파이어폭스 또한 수많은 프로그래머의 통찰력과 프로그램 향상에 노력을 기울인 결과물이다. 미국의 유명한 IT 트렌드 잡지 《와이어드》는 2005년 2월호에 다음과 같은 기사를 실었다.

이 브라우저의 성공은 특히 블레이크 로스Blake Ross와 벤 구저Ben Goodger 두 사람의 역할이 컸다. 로스는 잠시도 가만있지 못하는 깡마르고 뻗친 머리를 한 19세의 스탠퍼드 대학교 2학년생이었으며, 벤 구저는 큰 몸집에 건장하지만 부드러운 목소리를 가진 24세의 뉴질랜드 청년이었다. 로스는 14세 때 이미 가족들이 사용하던 AOL 계정으로 접속해서 모질라 그룹, 넷스케이프 브라우저의 소스 코드를 유지 및 관리하는 핵심적인 프로그래머 그룹을 위해 오류를 수정하는 작업을 시작했다. 하지만 오래지 않아 로스는 지나치게 많은 부가 프로그램으로 느려터진 넷스케이프에 더 이상 매력을 느끼지 못했다. 2002년에 그는 그룹에서 떨어져 나와 부가장치를 모두 제거한 빠르고 사용하기 쉬운 브라우저를 개발하겠다는 무모한 결심을 했다. 그러다가 2003년에 로스가 대학에 진학해 공부에 전념하게 되자 구저가 개발을 진두지휘하게 됐다. 구저는 프로젝트의 미비점을 보완하고 휘몰아치듯 짧은 시간에 브라우저의 모양을 갖추어 2004년 하반기 늦게 파이어폭스 1.0을 내놓을 수 있었다.

결과적으로 오픈소스 커뮤니티에서 아무런 대가 없이 각각 지구 반대편에 떨어져 작업하던 두 사람, 19세의 스탠퍼드 대학생과 뉴질랜드 출신의 24세 청년이 단 6개월 만에 인터넷 익스플로러의 시장점유율 중 5%를 잠식해버린 브라우저를 개발해낸 것이다. 나는 로스가 《와이어드》 잡지와의 인터뷰에서, 업로딩을 처음으로 시작했을 때 바로 모질라 해킹을 처음 시작했던 중학교 3학년생의 심정을 표현한 부분이 특히 마음에 들었다.

"수많은 사람이 동시에 사용하는 프로그램을 내가 건드릴 수 있음을 아는 것만으로도 놀라운 경험이었습니다. 소스 코드를 약간 수정하고, 실제로 수정된 결과가 컴퓨터 화면 창에서 아주 유명한 제품으로 보이는 것을 확인하는 것은 정말 멋진 일이었습니다. 바로 내가 전 세계에서 사용되고 있는 응용 프로그램에 무언가 변화를 준 것입니다."

다운로딩의 개념에 대비되는 업로딩의 매력을 이보다 더 잘 표현해줄 말은 없다.

결론은 이렇다. 평평한 세계는 소프트웨어 업계에 또 다른 엄청난 변혁을 가져오고 있다. 언젠가 우리는 각기 다양한 형태의 소프트웨어가 저마다 자리를 찾게 되는 새로운 평형 상태의 출현을 보게 될 것으로 생각한다. 마이크로소프트나 SAP 스타일의 전통적인 상업 소프트웨어와 세일즈포스닷컴 같은 형태로 소프트웨어를 대여해주는 비즈니스 웹 모델, 그리고 자금을 후원받는 커뮤니티나 헌신적인 개인에 의해 개발되는 무료 소프트웨어 등이 서로 균형을 이루는 상태 말이다.

커뮤니티가 밝혀낸 해답

벨렌도르프는 점점 더 많은 사람과 기업이 커뮤니티 개발 방식으로 혁신적인 제품을 개발하기 위해 평평해진 세계의 플랫폼을 활용할 것이라고 장담한다. 2004년에는 기업 내부에서 소프트웨어 혁신을 활성화하는 도구로 커뮤니티 개발 방식을 쓰기 위해 콜랩넷이라는 회사를 설립했다. 콜랩넷의 역할을 예를 들어 설명하자면, 우선 비밀번호를 가진 사람들이 소스 코드를 둘러보고 해결해야 할 문제점이 있으면 엔지니어와 제품관리자, 고객지원부서 등과 함께 소프트웨어의 개선 방향에 대해 논의할 수 있는 안전한 웹 사이트를 만든다. 이 사이트는 협력을 강화하고 장애를 극복할 수 있는 완벽히 평평하고 갈등의 여지가 적은 환경이다.

벨렌도르프의 설명을 들어보자.

"콜랩넷은 세계를 평평하게 하는 세력에 무기를 공급하는 것과 같은 기업입니다. 이 세계에서 우리의 역할은 어떤 개인이라도 그가 인도나 중국 또는 어디에 살든 또 그가 컨설턴트, 고용인 또는 집에서 그저 노는 사람이라 해도 서로 협력할 수 있도록 인프라를 구축하는 것입니다. 우리는 그런 사람들에게 개발을 위해 분권화된 협력 작업에 각자 스스로 참여할 수 있는 도구를 제공합니다. 우리는 상향식 개발을 가능하게 합니다. 비단 사이버 공간에서만 그런 게 아닙니다."

기업 내부의 협력을 통해서 자신들의 오픈소스 소프트웨어를 생산하고 항상 새롭게 유지하는 방법에 중점을 두고 있을 때, 콜랩넷은 소프트웨어 외에도 다양한 비즈니스 분야가 존재하고 오늘날 커뮤니티의 혁신적인 영향력을 끌어들인다면 어떤 효과를 기대할 수 있는가를 발견해가고 있다. 2년 전 캐나다의 금 채굴회사인 골드코프Goldcorp Inc.가 '모두의 힘을 하나로' 모아 금광을 찾아내고자 했던 시도는 오픈소스 접근법이란 창조적 변화를 보여주는 또 다른 사례이다. 《패스트 컴퍼니Fast Company》 2002년 6월호에 실린 내용을 살펴보면 다음과 같다.

1848년 1월, 캘리포니아 새크라멘토Sacramento 가까운 곳에 있는 존 수터 제분소의 작업자들은 우연히 최고 품질의 금덩어리를 발견했다. 오래지 않아 50만 명에 이르는 탐광자들이 일확천금을 노리고 이 지역에 몰려들었는데 이것이 곧 골드러시의 시작이다. 그로부터 153년 후, 온타리오 주 북서쪽의 레드 레이크Red Lake라 불리는 오래된 광산에서 또 한 번의 골드러시가 촉발되었다. 하지만 뒤에 일어난 골드러시에서 대박 사냥꾼들이 휘두른 것은 곡괭이나 삽이 아니라 지질학 견본 추출 소프트웨어와 데이터베이스 검색 도구였다. 금광 개발에 가장 성공한 사람들은 호주인들이었는데, 그들은 광산을 직접 본 적이 한 번도 없는 사람들이었다. 전 세계 지질학자들에게 다음과 같은 대단한 도전 과제를 제시함으로써 이 골드러시를 촉발시킨 장본인은 토론토에 본사를 둔 골드코프의 회장이자 최고경영자인 롭 맥이웬Rob McEwen이었다. "600만 온스의 금을 채굴할 수 있는 다음 금광이 어딘지 알려준다면 레드 레이크 광산의 모든 데이터를 온라인으로 공개할 것입니다. 상금은 1등에게 주는 10만 5000달러를 합쳐 총 57만 5000달러가 될 것입니다."

광산 관련 커뮤니티는 이 도전 과제를 접하고 당황스러울 정도로 깜짝 놀랐다. "지금까지 정부 차원의 조사에서 얻은 광범위한 데이터를 온라인에 공개한 것을 본 적은 있습니다. 하지만 일개 기업이 '한치의 숨김없이 있는 그대로 나 여기 있소' 하는 식으로 그와 같은 데이터를 공개한다는 것은 상당히 보기 드문 일입니다." 도전 과제의 최후 승자가 된 호주 웨스트 퍼스의 프랙탈그래픽스Fractal Graphics의 대표이사 닉 아치볼드Nick Archibald가 말했다.

맥이웬은 그 스스로 '골드코프 챌린지'라 이름 붙인 그 시합을 추진하는 데 상당한 위험이 뒤따른다는 것을 잘 알고 있었다. 우선 데이터를 공개함으로써 자신의 회사가 적대적 기업 인수의 표적이 될 것이다. 하지만 과거와 같은 방식으로 사업을 계속해나감으로써 감수하게 될 위험은 그보다 훨씬 더 컸다. 맥이웬은 이렇게 말한다. "채광은 인류가 가장 오래 추구해온 산업의 한 형태입니다. 아주아주 오래된 구식 경제활동이죠. 그러나 광물의 발견은 기술적 발견과 다를 게 없습니다. 광산업에도 높아지는 기대감이 수익성을 증가시키는 것과 동일하게 급속히 부를 창조해내는 방식이 존재합니다. 더욱 빨리 금을 찾아내기만 하면 우리는 정말로 회사의 가치를 키울 수가 있습니다."

조그만 체구에 단정하게 손질된 콧수염과 세심하게 제작된 맞춤 양복 차림으로 부드럽게 말하는 맥이웬 회장에게는 굼뜬 경쟁자들에 비해 아주 큰 장점이 있었다. 바로 그 자신이 광부가 아니라는 점이었다. 그는 광부처럼 생각하지도 않았고 사고가 제한되지도 않았다. 젊은 시절 맥이웬은 아버지의 뒤를 이어 투자 금융 사업에 입문해 금융회사인 메릴린치Merrill Lynch에서 일했다. 그의 아버지 또한 금에 홀딱 빠져 있었던 덕분에 광부들이나 탐광자, 금맥 발견 시 이익을 차지하기 위해 시굴자에게 제공하는 공여품 등에 관한 이야기를 저녁 식탁에서 들으며 자랐다. 곧 그 역시 황금 벌레에 물려서 금광사업에 전념되었다. 그가 생각하는 바람직한 21세기 금광회사의 전형을 만들기 위해 머리를 짜냈다. 1989년 그는 기회를 포착했다. 온타리오Ontario에 있는 오래되고 수익성도 낮은 한 광산 회사의 인수전쟁에 회사를 구할 백기사로 뛰어들어서 그 회사의 최대 주주로 떠오르게 된 것이다.

그것으로 꿈이 이뤄졌다고 볼 수는 없었다. 금 시장이 불황기에 접어들었던 것이다. 광산의 운영비는 턱없이 비쌌고 광부들의 파업은 그치질 않았다. 맥이웬은 죽여버리겠다는 협박을 받기도 했다. 하지만 광산의 새 주인인 맥이웬은 광산이 가진 잠재력을 간파하고 있었다. "레드 레이크 금광 지역에는 채굴 중인 두 개의 금광과 한때 생산했던 금이 모두 1800만 온스 이상이었던 열세 개의 폐광이 있습니다. 우리 광산의 바로 옆 광산에서 한때 1000만 온스의 금을 생산했는데, 우리 광산에서는 300만 온스만이 생산됐죠." 맥이웬이 말했다.

5만 5000에이커에 달하는 레드 레이크 금광 지역 어딘가 곳곳에 이웃한 광산에 퍼져있던 순도 높은 금맥이 퍼져있을 것이라고 그는 확신했다. 금이 어디에 있는지 찾을 수만 있다면 확인할 수 있을 것으로 믿었다. 그의 전략은 1999년 MIT에서 열린 세미나에서 구체화되었다. 전 세계의 기업 대표들이 발전된 정보기술을 배우기 위해 모인 자리였다. 결국 모든 사람의 관심이 리눅스 운영 시스템과 오픈소스 혁명으로 쏠렸다. "전 그때 '오픈소스 코드! 이것이야말로 내가 원하던 거야!'라고 외쳤죠." 맥이웬은 이렇게 그때를 회상했다.

맥이웬 회장의 추론은 이러했다. 리눅스가 세계적인 수준의 프로그래머들을 끌어들여 프로그램을 개선한 것처럼, 레드 레이크에서 더욱 많은 금을 찾는 문제에 세계적인 수준의 인재들이 관심을 보이기만 한다면 그가 평소에 접근하기 어려웠던 수천 명의 인재를 활용할 수 있을 것이다. 또한 그럼으로써 그는 탐사 작업에 속도를 높여서 금을 발견할 가능성도 높일 수 있다고 생각했다.

자신들의 일급 기밀을 세상에 공개한다는 발상에 골드코프의 지질학자들은 아연실색했다. 캐나다 지질조사단의 수석 지구과학자였고 골드코프 챌린지의 심사위원이기도 한 제임스 프랭클린James M. Franklin 박사가 말했다. "이 분야는 아주 보수적이고 지극히 폐쇄적인 산업입니다. 매장량과 탐사에 관한 기밀과 보안 유지가 줄곧 이 산업의 모토였지요. 매장량과 탐사 등 데이터를 공개하겠다는 골드코프 챌린지의 결심은 그야말로 광산업계의 관습에 매이지 않은 대단한 일이었습니다."

2000년 3월에 열린 광산업계 모임에서 맥이웬 회장은 골드코프 챌린지를 공개했다. 외부 반응은 즉각적이었다. 50개국으로부터 1400명 이상의 과학자들과 기술자 그리고 지질학자들이 골드코프의 데이터를 다운로드해서 정보기술을 이용한 가상현실 탐사를 시작했다. 신청이 들어오기 시작했을 때 다섯 명의 심사위원은 그 창의적인 탐색 결과에 적잖이 놀랐다. 우승팀은 두 그룹이 공동으로 작업한 호주팀이었다. 호주 웨스트 퍼스 시의 프랙탈그래픽스와 퀸스랜드 시의 테일러월 앤어소시에이츠Taylor Wall & Associates 두 그룹이 함께 광산을 묘사할 수 있는 강력한 3D 그래픽을 개발했다.

맥이웬의 입장에서는 대회 자체가 금광이었다. "우리는 입상자들이 선정한 다섯 개의 예상지점 중 네 개 지점을 시추했고, 그 네 개 탐색지 모두에서 광맥을 찾아낼 수 있었습니다. 하지만 정말 중요한 것은 입상자들이 현장을 직접 방문하지 않고도 멀리 떨어진 곳에서 데이터베이스를 분석해 탐색 지점을 뽑아낼 수 있었다는 사실입니다. 이것이 광산업 미래의 일부임이 분명합니다."

첨단기술의 활용으로 광맥 발견 비율을 높이고 현대적 시설을 이용해 마침내 레드 레이크 광산은 맥이웬이 상상했던 성과를 지금도 거둬들이고 있다. 1996년 레드 레이크의 연간 생산량은 5만 3000온스였고 1온스당 생산비용은 360달러였다. 골드코프 챌린지 이후 2001년까지 그 광산에서 50만 4000온스의 금을 생산했고, 1온스당 생산비용은 59달러였다.

우승을 차지한 오픈소스 탐광자들에게 이 기회가 얼마나 큰 의미인지에 대해《패스트 컴퍼니》는 다음과 같이 밝히고 있다.

캐나다 온타리오 주의 레드 레이크와 호주의 웨스트 퍼스는 각각 지구 반대편에 있다. 하지만 그런 지리적 현실도 호주의 지구과학 컨설팅 회사인 프래탈 그래픽스의 닉 아치볼드와 그의 지리학자팀이 가진 캐나다에서 금광을 찾을 수 있으리란 생각을 멈추지는 못했다.

2001년 골드코프 챌린지 우승자인 아치볼드와 그의 동료들은 금광을 찾을 가능성이 있는 탐색지점 설정 과정을 자세하게 소개하는 프레젠테이션 비용으로 상금 10만 5000달러를 사용했다. 아치볼드가 말했다. "광산 현장을 직접 가본 적은 없습니다. 심지어 캐나다에도 가본 적이 없어요."

이런 대회가 있다는 걸 알게 됐을 때 아치볼드는 광산의 3D 모델 생산에 전문화된 자신의 회사에도 기회가 찾아왔음을 알아차렸다. 공동 작업을 한 테일러월앤어소시에이츠와 나눠 가진 상금은 프로젝트에 든 비용을 겨우 충당할 수 있을 정도였지만 그 우승으로 회사의 인지가 높아진 덕분에 사업이 급성장했다. 아치볼드는 이렇게 말했다. "우리가 이 프로젝트를 통해 하루아침에 얻은 인지도를 북미 지역에서 얻으려면 분명 여러 해가 걸렸을 겁니다."

무엇보다 중요한 것은 골드코프 챌린지는 광산업계가 탐사를 진행하는 방식에 과거와는 다른 새로운 길이 있다는 것에 눈뜨게 했다는 점이다. "이것은 광산업계에 아주 큰 변화입니다. 캄캄한 바다를 비추는 등대 불빛과도 같은 것이죠."

블로깅: 뉴스와 의견의 업로딩

커뮤니티 개발 소프트웨어 운동에 탄력이 붙은 직후 우리는 아래에서 위로 향하는 자연 발생적인 형태의 업로딩, 즉 블로깅의 출현을 목격했다. 종종 자신들의 이념에 따라 서로서로 링크를 걸면서 활동하는 온라인 평론가인 블로거들이 오픈소스 뉴스망을 만드는 것을 나의 직업세계인 언론 분야에서 생생하게 목격한다. 블로그('웹로그'에서 나온 용어)는 한 사람을 위한 가상의 가두

연단이다. 매일 아침 일어나서 자신이 원하는 주제에 관한 개인적인 생각을 세상을 향해 말하기 위해 칼럼이나 뉴스레터 혹은 장황한 편지글 형식으로 자신의 웹 사이트에 써서 올린다. 그러고선 누구든지 와서 그 내용을 읽어주길 기다린다. 사람들은 검색해 읽은 내용이 마음에 들면 자신의 블로그에 링크하거나 온라인 뉴스 또는 평론 같은 다른 형태의 콘텐츠와도 링크할 것이다.

이제 정보 수집을 위해 매일 블로그를 읽는 것은 빠뜨릴 수 없는 내 생활의 일부가 되었다. CBS 뉴스의 앵커 댄 래더Dan Rather가 부시George W. Bush 대통령의 공군 주 방위대 복무 경력을 조작된 문서를 근거로 오보한 사건이 있었는데, 이 사실을 폭로하는 데 상대적으로 눈에 띄지도 않던 자그마한 뉴스 블로거 집단이 기여했다. 이 사건에 관해 《워싱턴 포스트》의 하워드 커츠Howard Kurtz 기자는 다음과 같은 기사를 썼다.

그것은 기름을 흠뻑 적신 장작에 성냥불을 그어대는 것과 같았다. 불붙은 화염이 기성 언론계를 휩쓸고 지나가면서 그전까지 이름도 없던 블로거들이 저명한 뉴스 앵커인 머로우Murrow와 크롱카이트Cronkite를 수세에 몰아넣었다. 그 비밀은 '오픈소스 정보 수집'에 있다고 웹 디자이너이자 블로거인 찰스 존슨Charles Johnson은 말한다. 이는 '우리는 현장에 가서 기삿거리를 찾고자 하는 적극적인 인력풀을 가지고 있다. 현장에 시민기자 군단을 갖고 있다'는 뜻이다.

시민기자 군단은 겨우 녹음기, 카메라폰, 웹 사이트로 무장하고 있으나 평평한 세계에서는 그들이 힘을 뭉쳐 CBS 방송이나 《뉴욕 타임스》보다도 자신들의 목소리를 더 멀리, 더 넓게 퍼지게 할 수 있다. 이들 블로거는 진입 장벽이 없는 그들만의 온라인 광장을 창조했다. 이 열린 광장 안에서는 종종 헛소문이나 설익은 주장이 소용돌이친다. 관리자가 없고 행동 규범이 매우 달라서, 정말로 무책임한 주장도 가끔 나온다. 그러나 관리자가 없다는 점 때문에 정보가 아주 자유롭게 유통된다. 그리고 이 커뮤니티는 댄 래더 사건이 보여주듯이 좋은 기삿거리를 발견하면 어떤 기성 언론사 못지않게 사람들을 흥분시키는 큰 뉴스를 생산한다.

테크노라티닷컴Technorati.com은 이렇게 쉽게 업데이트되는 웹상의 글을 추적하는 사이트다. 이 사이트에 의하면 7초에 하나씩 블로그가 만들어진다고 한다. 또 현재 이미 2400만 개가 넘는 블로그가 있으며 하루 7만 개 정도의 새로운 블로그가 생성되고, 다섯 달마다 그 수가 두 배로 불어나는 속도로 점점 증가하고 있다고 한다. 전쟁의 최전방에서 스스로 찍은 생생한 뉴스를 전하는 이라크 블로거에서부터 골프코스 설계에 대해 추적하고 비평을 올리는 블로거, 카드 게임 블로거, 투자 블로거 그리고 지극히 개인적인 글들을 올리는 블로거에 이르기까지 다양하다.

샌프란시스코에 거주하며 예일 글로벌 온라인YaleGlobal Online 웹 사이트에 2005년 7월 28일에 글을 올린 자유기고가 마크 글레이저Mark Glaser는 이렇게 적고 있다.

7월 7일 런던에서 지하철 폭발사고가 있던 날, 영국의 BBC 방송은 시청자와 청취자들에게 그들이 목격한 참사 현장 사진을 보내달라고 부탁했다. BBC 사이트는 단 스물네 시간 만에 2만 건의 이메일과 1000장의 사진, 20건의 동영상을 받았다. 당일 BBC 사이트에 게시된 메인 이미지들은 아마추어가 찍은 이층버스 폭발 장면이었다. BBC와 《가디언Guardian》, MSNBC.com은 시민 저널리즘을 실증한 거대 미디어의 대표적인 웹 사이트들이다. 비록 전문적인 언론 훈련을 전혀 받지 않은 아마추어지만 순식간에 그 독자들은 기고자가 되었다. BBC는 업로딩의 힘을 더욱 강화시키고 업로딩 자료들이 유용한 편집 콘텐츠로 활용될 수 있는 통로를 열어주고 있는 것이다.

블로거들에게 기꺼이 자사의 사이트를 개방한 BBC의 결단은 블로깅의 강점과 약점을 동시에 보여주며, 또한 블로깅이 전통적인 저널리즘에 어떤 영향을 미치는지가 여전히 불투명하다는 것을 보여준다. 스물네 시간 이내에 2만 개의 블로그를 모조리 섭렵할 수 있는 사람은 없다. 뉴스를 소화전에서 쏟아지는 물 들이켜듯 할 수는 없다. 그 양이 압도적으로 너무 많기 때문이다. 따라서 소프트웨어 분야에서처럼 앞으로 우리가 보게 될 것은 필시 더 혼합된 접근방식일 것이다. 다시 말해, 전통적인 뉴스 제작자들이 블로거의 영역에서 정보를 흡수하고 여과한 후 최고를 엄선해 그것을 보다 전통적인 방식으로 편집한 자신들의 뉴스와 혼합하는 그런 접근방식이 될 것이다. 오늘날 제너럴일 렉트릭과 같은 기업들은 매일 블로그를 모니터하며 블로거들의 의견에 대응하고 있다. 당신이 아는 모든 사람이 저마다 블로그를 가지게 될 10년 후에는 세상이 어떻게 바뀌어 있을지 상상하기란 불가능하다. 하지만 우리가 지금 나아가고 있는 방향이 바로 그곳이다. 페이스북닷컴Facebook.com 현상을 생각해보라. 고등학생과 대학생들 사이에서 바이러스처럼 확산되는 온라인 소셜네트워크는 수백만 젊은이들에게 자신의 이야기를 할 수 있는 플랫폼을 제공하고 있다.

기술과 정치 간의 교차점에 대한 분석 전문가 미카 시프리Micah Sifry는 2004년 11월 22일 자《더 네이션》에 다음과 같이 기고했다.

다음 세대의 아이들은 성인이 되고 나서야 뒤늦게 온라인에 적응하는 것이 아니라 온라인과 함께 성장한다. 그룬월드어소시에이츠컨설팅Grunwald Associates에서 2003년 12월에 실시한 설문조사로는, 6세에서 17세 사이 200만 명이 넘는 아이들이 자신의 웹 사이트를 가지고 있었고 유치원에서 초등학교 3학년 사이 학생 중 29%가 개인 이메일 주소를 가지고 있었다. 일찍이 학장 선거활동에 참여한 경험이 있는 20대 중 한 명이면서 미국을 위한 음악Music for America의 공동 창업자이기도 한 조시 코니그Josh Koenig는 "지금 우리가 보는 것은 앞으로 억수같이 쏟아질 호우의 초기 빗방울일 뿐"이라고 말한다. 그가 대부분의 미국 고등학교에서 학생들이 교사들의 등급을 매기는 데 웹을 이용하고 있다고 말했을 때 나는 과장이 좀 지나치다고 생각했다. 하지만 레이트마이티처닷컴RateMyTeacher.com 사이트를 알게 되었다. 이 사이트에는 미국과 캐나다 4만여 개의 중고등학교에 근무하는 90만 명 이상의 교사들에 대해 학생들이 등급을 매긴 것이 600만 건 이상이나 되었다. 이 수치는 1년 전에 비해 세 배 정도 증가한 것으로, 두 나라를 통틀면 약 85%의 학교를 포함한다. (…) 미래는 그들의 손에 달려 있다. 우리는 다만 그들에게 끌려가게 될 것이다.

'팟캐스팅'으로 알려진 블로깅의 오디오 버전은 이제 막 시작됐다. 이 현상은 애플에서 출시해 선풍적인 인기를 누리고 있는 휴대용 오디오 플레이어 아이팟과 함께 진화했다. 팟캐스팅이란 개인이나 기업들이 직접 오디오나 동영상 파일을 제작해 애플 아이튠스iTunes와 같은 인터넷 플랫폼에 업로드하는 것을 의미한다. 음악이나 의견, 도서, 시 낭송, 개인 독주회 등 상상할 수 있는 어떤 것이든 목소리나 동영상으로 제작할 수 있으면 팟캐스트에 올릴 수 있다. 이러한 팟캐스트는 각자의 컴퓨터나 아이팟, MP3 플레이어, 휴대전화, 그 밖의 휴대장치를 통해 콘텐츠를 보고 듣는 사용자 또는 회원들에게 다운로드된다. 팟캐스팅은 무수히 많은 사람이 단지 수동적인 청취자 또는 시청자로 있는 것이 아니라 동영상이나 음악 제작자가 되는 힘을 갖도록 하기 때문에 전통적인 음반 및 비디오 제작자, 라디오 방송국 등에 엄청난 충격을 던져주고 있다.

동영상 공유 웹 사이트인 유튜브YouTube는 업로딩이 얼마나 대중화되었는지 잘 보여준다. 유튜브는 2005년 2월에 페이팔에서 일했던 몇 명의 직원들이 설립했는데, 바로 이 책 초판이 막 완결된 후였다. 이 책의 첫 개정판이 출간된 지 얼마 안 된 2006년 10월에 유튜브는 구글에 16억 5000만 달러에 팔렸다. 유튜브 웹 사이트에서는 이용자 자신이나 다른 사람들이 제작한 동영상 비디오, 영화의 일부, TV에서 뽑아낸 장면, 음악 비디오, 강연 또는 웃기는 코미디물을 올리고 감상하고 공유하는 것이 가능하다. 실제로 유튜브 덕분에 어떤 아마추어라도 네트워크의 소속이 되거나 영화를 제작하고, 후속편을 제작하는 것이 가능해졌다. 사실 몇몇 유튜브 예술가들은 이제 꽤 많은 팬을 확보하고 있다.

이제 테러 조직조차 자신들의 메시지를 유포하기 위해 유튜브를 이용하고 있는데, 그 사용처를 일일이 나열하기란 아마도 불가능할 것이다. 내가 좋아하는 부분은 유튜브가 어린 소년과 소녀들에게 얼마나 힘을 실어주는지를 강조하는 것들이다. 2006년 12월 10일에 《뉴욕 타임스 매거진》에 실린 다음 이야기를 참고해보라.

스포츠 팬들은 개인 파울과 반칙이 있을 때 잘못된 판정을 내리는 심판을 욕하고 비난한다. 그러나 최근 몇 년 사이에 대표적인 프로와 대학 운동 경기에서 심판을 비난하는 방식도 변했다. '심판, 장님이야? 눈이 하나라도 있으면 외눈박이 거인이라도 될 수 있잖아! 난쟁이 놈아, 트렁크 가방으로나 들어가버려!' 식의 유치한 초보 단계에서 벗어나 효율적인 과학의 단계로 진화한 것이다. 심판들의 아주 사소한 실수마저도 여러 대의 카메라가 순간 재생 기능으로 잡아내서 보여줄 수 있다. 거기에 유튜브의 등장으로 그런 실수들을 속속들이 파헤치고, 공론화해서 비난하는 세밀한 방법들이 등장했다. 요즘에는 의심스러운 심판 판정으로 망친 경기가 끝나면 불과 몇 시간 후에 정당한 권리를 박탈당한 팀의 팬들은 웹으로 달려가서 오심 화면을 찾아 모아 짧은 비디오로 제작한다. 때로는 정말 어처구니없는 오심 하나만을 뽑아내서 반복적으로 보여준다. 가혹하고 모욕적으로 수모를 안기는 강력한 방법이다. 많은 동영상에는 슬로 모션 분석법이 쓰이는데, 《슬레이트Slate》 잡지의 한 작가가 이 특징을 '유튜브 자프루더 영상YouTube Zapruder film'이라는 장르로 표현했다. 전체 경기 중에서 논란거리가 되는 판정만을 골라서 짧게 편집한 동영상이 가장 설득력을 얻고 있다. 작년 댈러스 매버릭스Dallas Mavericks와 휴스턴 로키츠Houston Rockets의 플레이오프 시리즈 다섯 번째 경기에서, 그냥 보기에도 매번 지나치게 댈러스 팀에 우호적인 판정을 내리는 것을 몇 분 동안 봤다면 심판 판정에 가장 무관심한 관중마저도 음모론을 믿게 할 수 있다. 올해에 가장 많이 본 심판 판정 실수 비디오는 오리건Oregon과 오클라호마Oklahoma 간 미식축구 경기 4쿼터에서 그 경기의 승패를 결정지을 수 있었던 유효한 킥에 대한 것이었다. 오리건 팀이 공을 잡아서 공격권을 넘겨받았다고 판정됐지만, 비디오를 재생해보니 오클라호마 팀에 우호적으로 판정이 났어야 했다. 유튜브에서의 반응은 즉각적이고 신랄했다. '사기꾼들!'이 한 비디오의 타이틀이었다. 또 다른 제목은 '내 인생철학을 바꿔놓은 심판 판정'이었다. 스포츠 리그들은 맞대응해 싸우기 시작했다. 미국미식축구협회NFL는 최근 심판 판정에 비판적인 많은 경기를 포함해서 미식축구 경기의 중계를 담은 수천 개의 비디오 영상을 유튜브에서 내려달라고 요청했다.

위키피디아: 커뮤니티가 업로드하는 콘텐츠

커뮤니티에 의해 개발된 소프트웨어가 업로드된 또 다른 형태이자 내가 이 책을 집필하며 정기적으로 활용하는 것은 사용자들이 참여해 내용을 채우는 온라인 백과사전 위키피디아인데, '우리 모두의 백과사전'으로 알려졌기도 하다. '위키wiki'라는 단어는 '빠르다'는 의미의 하와이 말에서 따왔다. 위키들은 사용자가 집에 있는 PC로 직접 웹페이지를 편집할 수 있게 하는 웹 사이트들이다. 홍콩 대학교의 언론연구센터 조교수인 앤드루 리Andrew Lih는 2004년 5월 5일 예일 글로벌 온라인에 게재한 논문에서 위키피디아가 어떤 역할을 하는지, 그리고 왜 대단한 혁신인지에 관해 설명했다.

위키피디아 프로젝트는 신생 인터넷 기업인 보미스닷컴Bomis.com의 사장 지미 웨일스Jimmy Wales가 엄격히 제한된 무료 봉사자를 중심으로 무료 백과사전을 만들다가 2년 만에 자금이 바닥나면서 시작된 프로젝트였다. 처음에는 박사학위를 소지한 편집자들이 프로젝트를 지휘했지만 단지 수백 개 항목만을 기술했을 뿐이었다. 그때까지 만들어 둔 콘텐츠가 버려지는 것을 원치 않았던 지미 웨일스는 2001년 1월에 그것을 위키 웹 사이트에 올려놓고, 인터넷 사용자들이 내용을 수정하거나 보충하도록 초대했다. 이 웹 사이트는 첫해에 대성공을 거두었고 열렬한 추종자들을 얻어서, 그들이 2만 개가 넘는 항목을 작성하고 열 가지가 넘는 언어로 번역해서 퍼트렸다.

여러분은 아마도 어떻게 무작위적인 오픈소스 편집 운동으로 신뢰할 수 있고 균형 잡힌 백과사전을 만들 수 있느냐는 질문을 할 수도 있겠다. 어쨌든 위키피디아의 모든 항목에는 [편집] 버튼이 있어서 누구나 해당 항목의 내용을 보다가 추가하거나 삭제할 수 있다. 위키가 기술된 항목의 현 상태를 추적하고, 개별적인 수정사항을 검토하며, 문제를 토론할 수 있는 관리능력을 제공함으로써 사회적 소프트웨어로 기능한다는 바로 이 점에 위키피디아의 성공 요소가 있다고 앤드루 리는 설명했다. 위키 웹 사이트는 어떤 항목이 수정되면 그것을 추적할 수 있기 때문에 내용에 손실을 입히는 행위가 계속될 수 없다. 위키피디아는 줄곧 모두의 공감대를 얻기 위해 노력하면서 콘텐츠의 보강과 수정을 하는 사용자들의 합의로 작동되고 있다.

한편 리 교수는 논문에서 다음과 같이 이어갔다.

그러나 기술 그 자체만으로는 충분하지 않다. 지미 웨일스는 중립적 관점 NPOVNeutral Point Of View 유지라는 편집 원칙을 만들어서 사이트의 지도원칙으로 삼았다. 위키피디아의 지침에 따르면 '중립적 관점이란, 생각과 사실을 찬반 양측이 동의할 수 있는 방식으로 제시하려고 노력한다'는 것이다. 그 결과 세계화와 같이 논란이 되는 이슈에 관한 항목은 위키피디아의 협력적이고 세계적인 규모로 참여가 이뤄지는 속성에 큰 득을 봤다. 지난 2년간 이 주제에 대해 네덜란드와 벨기에, 스웨덴, 영국, 호주, 브라질, 미국, 말레이시아, 일본 그리고 중국의 참여자들이 90개가 넘는 항목을 추가했다. 세계무역기구WTO와 다국적기업에서부터 반세계화 운동이나 문화 다양성에 대한 위협 요소에 이르기까지 다양한 이슈에 대해 다각적인 관점을 제공하고 있다.

위키피디아를 다룬 2004년 11월 1일 자 《뉴스위크Newsweek》 기사에서 영국 에식스Essex 주에 사는 자원봉사 참여자로서 위키피디아 중독자임을 자처하는 안젤라 비슬리Angela Beesley의 말을 인용했다. 그녀는 1000개가 넘는 표제 항목의 기술이 정확한지 모니터하고 있다. "여러 사람이 참여해서 백과사전을 만든다는 생각은 미친 소리로 들립니다. 그러나 스스로 자연스럽게 내용을 통제하고 있습니다."

위키피디아는 확실히 자기 자신을 팔고 있는 셈이다. 2005년 하반기까지 위키피디아의 페이지뷰는 한 달에 25억 회에 이르렀다. 이로써 위키피디아는 딕셔너리닷컴Dictionary.com과 함께 방문횟수가 가장 많은 참조 사이트가 되었다. 어린 시절 브리태니커 백과사전 외판원이 집으로 찾아와 그 육중한 책을 눈앞에 꺼내 보였을 때 굉장하다고 생각했던 적이 있을 것이다. 물론 나도 똑같은 경험이 있다. 그리고 마이크로소프트 윈도우에서 작동하는 자신만의 엔카르타 멀티미디어 백과사전을 마우스로 클릭해서 볼 수 있게 되었을 때 아주 근사하다는 생각도 했을 것이다. 최신판 엔카르타의 온라인 광고문구는 이렇다. "2006년 판 마이크로소프트 엔카르타 기본형은 판매율 1위를 자랑하는 백과사전이다. 정확하고 친숙하며 최신의 지식 세계를 탐구하는 데 신뢰할 수 있는 정보를 담고 있다. 3만 6000개가 넘는 항목, 수만 개의 사진과 사운드 클립, 동영상, 애니메이션, 게임, 지도 그밖에 다양한 자료가 수록되어 있다."

그렇다면 업로드되는 백과사전인 위키피디아에는 몇 개의 항목이 있을까? 내가 이 글을 쓰고 있는 2005년 11월 29일 현재, 위키피디아 웹 사이트는 "2001년부터 시작된 영문판에는 현재 84만 1358건의 항목이 업로드되어 수정 작업 등이 진행 중이며, 계속해서 새 항목을 세고 있다"고 전했다. 지미 웨일스의 일은 이제 막 시작일 따름이다. 그는 사전과 관련어 색인인 윅셔너리Wiktionary, 디지털 교과서와 사용 매뉴얼인 위키북스Wikibooks, 온라인 '문장 인용집'이라 할 수 있는 위키쿼트Wikiquote, 종種에 관한 사이버 사전인 위키스피시즈Wikispecies 그리고 사용자가 자신의 이야기를 써서 업로드할 수 있는 무료 콘텐츠 뉴스 소스인 위키뉴스Wikinews로 영역을 확장해왔다.

그러나 위키피디아에 언제나 눈부시게 빛나는 달콤한 현실만 존재하는 것은 물론 아니다. 위키피디아는 항상 스스로에 대한 통제가 가능한 것이 아니다. 사람들이 저마다 백과사전을 업로드할 수 있는 상황에서는 아주 다양한 일이 벌어질 수 있다. 그리고 항상 좋은 일만 생기는 것도 아니다. 당신에게 적대감을 가진 누군가가 원한다면 당신의 명예를 훼손하기 위해 글로벌 게시판을 사용할 수도 있는데, 그것을 바로잡는 데는 상당한 시간이 소요된다.

《USA 투데이USA Today》의 초대 편집국장이자 밴더빌트 대학교의 '수정헌법 제1조를 위한 자유포럼 센터Freedom Forum First Amendment Center'의 설립자인 존 세이겐탈러John Seigenthaler Sr.는 어느 날 아침 일어나보니 다음과 같이 쓰인 자신의 전기가 위키피디아에 올라와 있는 것을 발견했다.

"존 세이겐탈러는 1960년대 초반 로버트 케네디 법무장관의 보좌관을 지냈다. 한동안 그는 케네디 대통령과 동생 보비의 암살사건에 직접적인 관련이 있는 것으로 의심받았다. 하지만 증명된 것은 하나도 없다."

세이겐탈러는 자신의 전기 내용이 달갑지 않았다. 전 세계인이 그의 전기를 읽고 계속해서 재생산될 것이기 때문이다. 그는 2005년 11월 29일 자 《USA 투데이》의 사설 반대쪽 페이지에 다음과 같은 반박 기사를 실었다.

이것은 지극히 개인적인 이야기이며 인터넷을 이용한 암살이나 다름없다. 그리고 바로 당신도 그 희생자가 될 수 있다. 장장 132일 동안 위키피디아에 내 이름 아래 게재된 허위이며 악의적인 '전기'를 도대체 누가 작성할 생각을 했는지 나는 짐작조차 할 수 없다. 위키피디아는 아주 인기 있는 온라인 무료 백과사전 사이트로 글쓴이를 알 수가 없고 사실상 추적도 불가능하다. 위키피디아에 올라온 기사에는 이런 내용도 포함되어 있다.

"존 세이겐탈러는 1971년 소련연방으로 건너갔다가 1984년에 다시 미국으로 돌아왔다. 귀국 직후 그는 미국에서 가장 규모가 큰 홍보회사를 설립했다."

78년을 살았으니 나에 대한 웬만한 부정적인 이야기에는 놀라거나 상처받지 않을 줄로만 알았다. 그런 내 생각은 잘못된 것이었다. 내 전기 내용 중에 한 문장은 사실이다. 1960년대 초반 나는 로버트 케네디의 보좌관으로 재직했고 그의 장례식에서 관을 메기도 했다. NBC 뉴스의 기자로 일하던 아들이 레퍼런스닷컴Reference.com과 앤서스닷컴Answers.com에도 똑같은 내용의 상스러운 기사가 올라와 있다는 사실을 나중에 전화로 알려주었을 때는 도저히 믿을 수가 없어 내 귀를 의심할 지경이었다.

동료 교수들이나 기자들, 역사학자들로부터 몇 주에 걸쳐 직접 '위키피디아라는 놀라운 세상'에 대해 듣게 되었다. 전문지식도 없고 때로는 악의를 품은 사람들에 의해 작성되고 업로드된 '사실'을 검색하기 위해 전 세계 수백만 명에 달하는 사람들이 방문하는 사이트가 바로 위키피디아다.

앞에서 언급한 세 사이트 모두 본인의 요청으로 지금은 그 악의적인 기사를 삭제한 상태다. 하지만 그들은 여전히 누가 그런 독설을 올려놓았는지 모르며, 또 찾아낼 수도 없다.

나는 위키피디아의 설립자인 지미 웨일스에게 전화를 걸어 "내 전기를 쓴 사람이 누군지 알 방법이 있습니까?" 하고 물었다.

하지만 누가 썼는지 알아낼 방법이 없다고 그가 답했다. 나머지 다른 두 웹 사이트 대표들은 자신들의 웹 사이트는 말 그대로 위키피디아의 데이터를 복사하도록 프로그램되어 있으며, 그 내용이 거짓인지 사실인지는 확인하지 않는다고 했다.

우리는 지금 전 세계와 커뮤니케이션이 가능하며 세계 각지의 정보를 검색할 수 있는 경이적인 기회를 제공하는 새로운 미디어의 세상에 살고 있다. 하지만 그것은 독설을 쏟아내는 지식의 펜으로 무장한 자발적인 파괴자들로 이루어진 세상에 지나지 않는다. 의회는 그들에게 힘을 실어주었고 이제는 그들을 옹호하고 있다.

어릴 적 내 어머니는 소문을 퍼뜨리는 악마에 대한 교훈을 들려주곤 했다. 어머니는 깃털로 만든 베개를 공중에 들어 보이면서 말씀하셨다. "만약 내가 이 베개를 찢어버린다면 안에 있는 깃털들이 사방으로 흩어져 날아다니게 된단다. 그러면 다시는 그 깃털을 주워담을 수 없게 돼. 다른 사람에 대해 험담을 하면 바로 그런 일이 생기는 거란다."

지금 내가 처한 상황에서 그 깃털 베개는 바로 위키피디아를 은유적으로 표현한 것이다.

나는 개인적으로 위키피디아를 좋아하며 이 책을 집필하는 데도 활용했다. 하지만 나는 위키피디아의 커뮤니티가 항상 옳은 것은 아니며 네트워크가 스스로 오류를 수정하는 것도 아니라는, 적어도 오류가 퍼져 나간 속도만큼 빨리 수정되지 않는다는 사전지식을 갖고서 사용하고 있다. 현재 IBM에서 경험이 풍부한 직원을 따로 배치해 위키피디아에 올라오는 IBM 관련 기사에 대한 감시를 전담시키고, 모든 관련 기사가 사실에 맞게 정확한지를 일일이 확인하도록 하는 것은 결코 우연이 아니다. 미래에는 점점 더 많은 젊은 세대가 IBM 자체보다는 위키피디아를 통해 IBM에 대해 알게 될 것이다.

업로딩의 한계

내가 내린 결론은 개인 혹은 커뮤니티에 의한 업로딩이 이미 거대한 평평화 동력이며 널리 확산되고 있다는 것이다. 그 이유는 업로딩을 가능하게 하는 평평한 세계의 플랫폼이 확산되고 있고, 업로딩이 개입이나 참여를 통해 자신의 존재를 알리고자 하는 인간의 근원적인 갈망을 해결하는 방법이 되기 때문이다. 《뉴욕 타임스》 기자 세스 쉬젤Seth Schiesel은 2005년 6월 21일 자 신문에서 이것을 잘 설명하는 관련 기사를 썼다. 점점 더 많은 수의 젊은이들이 '텔레비전으로 실제 경기를 관전하는 것보다 스포츠 비디오 게임하기'를 더 선호하고 있다. 또한 그는 2000년 이후로 미국 내 스포츠 비디오 게임의 판매가 34% 정도 상승해 2004년 한 해 판매액이 12억 달러에 이르는 반면, 12세부터 34세까지 남성 시청자들 사이에서 거의 모든 주요 스포츠 경기 중계방송의 시청률은 떨어지고 있다고 지적했다.

그러나 기사 내용 중에 나를 가장 놀라게 한 부분은 쉬젤이 인용한 NBA 실사 비디오 게임을 정말로 즐긴다는 한 청년 앨버트 아르세의 말이었다. 게임 속에서는 실제 NBA 선수를 모델로 재현한 선수가 언제 패스와 슛을 할지 자기 스스로 모든 움직임을 조종할 수 있다는 것이다. "난 코비 선수를 좋아해요." 코비는 LA 레이커스 소속의 스타 선수 코비 브라이언트Kobe Bryant를 말한다. "하지만 실제 경기를 관전하는 것보다 코비의 캐릭터로 게임을 하면서 내 맘대로 조종하는 쪽이 훨씬 재미있어요. 텔레비전에서 플레이하는 걸 보면, 패스할 줄 모르는 것 같거든요."

그는 코비의 경기를 관전하기보다는 코비로 직접 농구 경기를 하고 싶었던 것이다! 미카 시프리가 말했다. "이와 같은 태도는 인터넷 세대가 미디어에 대한 정적이고 수동적인 접근방식에서 벗어나 적극적이고 참여적인 접근방식으로 이동했음을 암시하는 것이다. 게임에 직접 참여하는 것이 단순히 쳐다보기만 하는 것보다 훨씬 재미도 있다."

컴퓨터 서적 출판사로 유명한 오라일리미디어O'Reilly Media의 창업자이자 CEO인 팀 오라일리Tim O'Reilly는 업로딩 현상을 그만의 독특한 표현인 '참여를 위한 설계'라고 묘사했다. 사용자들이 단순히 소프트웨어를 소비만 하는 것이 아니라 생산해내기도 하는 체계라는 의미다. 그는 또한 소비자의 참여를 끌어낼 수 있는 자신들의 소프트웨어와 시스템, 웹 사이트 그리고 백과사전을 설계하는 기업들이 결국 가장 많은 고객을 확보하는 기업이 될 것이라고 주장한다.

사람들은 업로드하기 좋아한다. 그래서 세계를 평평하게 하는 열 가지 동력 중에서 업로딩은 잠재적으로 가장 파괴적일 수 있다. 다만 얼마나 많은 사람이 그런 파괴적 본성과 능력을 세계의 평평화 게임에서 실제로 사용하게 될지, 그리고 얼마나 빨리 그렇게 될지가 바로 업로딩이 얼마나 파괴적일 수 있는가를 결정하는 요소가 될 것이다. 시프리는 이렇게 지적했다.

"참여하는 행위는 반드시 사용해야 하는 근육과도 같습니다. 하지만 우리는 과정에 적극적으로 참여하는 것에 영 익숙지 않아서 지금 모든 도구가 갖춰져 있음에도 불구하고 많은 사람이 도구를 제대로 활용하지 않고 있습니다. 또한 권력과 기관에 복종하는 뿌리 깊은 관습도 여전히 존재합니다."

간략히 말해 업로드하는 사람들이 수적으로는 아직 적다. 하지만 개인에 의한 업로딩과 서로 간의 협력을 위한 도구들이 더욱 많이 보급되고 점점 더 많은 사람이 업로딩 경험을 통해 긍정적인 반응을 접하게 된다면, 모든 대규모 기관이나 수직 구조를 가진 조직에서도 업로딩의 효과를 느낄 것이라 확신한다.

여러분은 이미 경고받고 있었다.

평평화 동력 5
아웃소싱: Y2K

인도는 1947년 8월 15일 독립을 달성한 이후 여러 차례 부침을 겪었다. 그러나 20세기 후반의 역사만 본다면 어떤 면에서 인도는 가장 운이 좋은 나라로 기억될는지도 모른다.

최근까지 인도는 소위 국제금융계가 말하는 '두 번째 구매자'였다. 첫 번째 소유주가 파산한 다음, 은행이 그 자산을 원래 가격의 10%라는 헐값에 팔 때 호텔이나 골프장, 또는 쇼핑센터를 구매하는 사람이 바로 두 번째 구매자인데, 당신이 사업을 한다면 언제나 이 두 번째 구매자가 되길 원할 것이다. 광섬유 케이블 회사가 설치한 그 모든 케이블의 최초 구매자였던 미국의 주식회사 투자자들은 끝없이 확대되는 디지털 세계에서 끝도 없이 돈을 벌 수 있으리라 생각했다. 그러나 거품이 터졌을 때, 미국 주식보유 투자자들은 휴짓조각처럼 값어치가 없거나 형편없이 가치가 떨어진 주식만 들고 있게 되었다. 그래서 인도인들이 실질적으로 광섬유 케이블 회사의 두 번째 구매자가 되었다.

인도인들은 그 기업들의 주식을 매수하지는 않았다. 단지 남아도는 광케이블 시설의 혜택을 보았다. 인도인들과 그들의 미국 고객들이 과잉투자된 광섬유 케이블을 사실상 공짜로 이용할 수 있게 되었음을 뜻했다. 인도 근대사에 비춰볼 때, 인도에 커다란 행운이 몰려온 것이었다(인도보다는 덜 하지만 중국과 구소련과 동유럽에도 행운이었다). 물론 인도에도 석탄이나 철광석, 다이아몬드와 같은 천연자원 광산이 있긴 하지만 엄청난 수의 인구가 먹고 살기에는 턱없이 부족한 양이었다. 따라서 인도는 과학과 공학, 의학 분야에 뛰어난 인재를 교육함으로써 인도 국민의 두뇌에서 자원을 캐냈다. 초대 수상 자와할랄 네루Jawaharlal Nehru는 1951년 이후에 인도에 세워진 총 일곱 개의 인도공과대학Indian Institutes of Technology, IIT 중 첫 번째 인도공과대학을 그해 인도 동부의 카라그푸르 시에 설립했다. 이것은 그의 영원한 업적으로 남을 일이다. 그 후 55년간 수십만 명의 인도 젊은이들이 이들 공과대학과 그에 버금가는 몇몇 사립대학(이공계 외 경영학을 가르치는 여섯 개의 경영대학 포함)에 입학하고 졸업하기 위해 치열한 경쟁을 벌였다. 10억이 넘는 인구를 가진 인도에서의 이 경쟁은 놀라운 수준의 지적 엘리트 계급을 배출했다. 그래서 지금 인도는 공학, 컴퓨터과학, 소프트웨어 분야에서 세계에서 가장 뛰어난 인재를 배출하고 그들 일부는 수출도 하는 지식 공장 같은 나라가 되었다.

슬프게도 이것은 인도가 제대로 해낸 몇 안 되는 일 가운데 하나에 불과하다. 1990년대 중반까지 계속된 네루의 친소련적 사회주의 경제정책과 더불어 수시로 제 기능을 못하게 된 정치체제 때문에 인도는 뛰어난 엔지니어들에게 국내에 적당한 일자리를 제공하지 못했다. 그때 미국이 인도 고급두뇌의 두 번째 구매자가 되었다! 총명하고 교육을 많이 받은 인도인에게 잠재력을 발휘할 수 있는 유일한 길은 인도를 떠나는 것이었고, 특히 미국으로 가는 것이 가장 좋은 선택이었다. 1953년 이후 약 2만 5000명에 이르는 인도의 최고 공대 졸업생들이 미국에 정착해 미국의 인재시장을 크게 넓혔다. 물론 이들 인도 엔지니어들의 교육은 인도 국민이 낸 세금으로 이뤄졌다.

《월스트리트저널The Wall Street Journal》은 2003년 4월 16일 자에서 다음과 같이 지적했다.

인도공과대학들은 엄격한 기준을 낮추는 전반적인 인도 시스템의 품질 저하를 용인하지 않고 우수성을 지키는 유일한 섬 같은 곳이었다. 인도공과대학에 뇌물을 주고 입학할 수는 없었다. (…) 반드시 어려운 시험을 통과한 지원자만 입학할 수 있었다. 정부는 이 대학의 교육 과정에 관여하지 않았고 학생들이 해야 할 공부의 양은 엄청났다. 하버드 대학교나 MIT보다 더 들어가기 어렵다는 주장도 나올 만했다. (…) 인도공과대학 졸업생으로 선마이크로시스템을 공동 창업한 비노드 코슬라Vinod Khosla는 이렇게 말했다. "델리 시의 인도공과대학을 졸업한 다음 카네기 멜론 대학교에서 석사 과정을 이수할 때는 정말 편했습니다. 인도공과대학에서 공부할 때에 비하면 수업이 상대적으로 쉬웠거든요."

처음 50년간 이들 인도공과대학은 미국이 한 제일 잘한 거래 중의 하나가 되었다. 마치 누군가 인도 뉴델리에 두뇌유출 파이프를 박아두고, 거기서 뽑아낸 인력을 캘리포니아의 팔로알토Palo Alto에 쏟아놓는 것과도 같았다. 대략 인도공과대학 졸업생 넷 중 한 명은 미국으로 건너와 일했다. 이처럼 미국으로 이주한 인도공과대학 출신 인재들의 수가 엄청나게 많아서 자신들만의 독자적인 조직을 만들어 해마다 집회를 열고 있다.

그러다 넷스케이프와 1996년 미국의 전화·통신 규제 완화, 그리고 광섬유 케이블 사업에 투자한 여러 통신회사와 글로벌크로싱 회사가 함께 출현했다. 세계는 평평해졌고 모든 일의 작업 형태가 달라졌다. 월스트리트의 가장 촉망받는 젊은 헤지펀드 매니저 중 한 사람인 디나카르 싱Dinakar Singh의 부모는 인도공과대학을 졸업한 뒤 미국에 이민 갔고, 디나카르 싱은 미국에서 태어났다. 그가 말했다.

"인도는 자원도 없고 사회간접자본 시설도 없었습니다. 그러나 인도는 수많은 우수한 인력을 배출했습니다. 하지만 그들 대부분은 인도의 항구 야적장에 쌓여 있는 채소처럼 쓸모없이 썩어갔죠. 상대적으로 극소수만이 배를 타고 인도를 떠났습니다. 그러나 그런 일은 더 이상 없습니다. 광섬유 케이블이라는 대양을 가로지른 통신망을 건설했기 때문이지요. 지난 수십 년간 인도의 고급 두뇌들은 전문직을 얻기 위해 조국을 떠났습니다. 그러나 이제는 인도에서 세계와 통할 수 있습니다. 나처럼 예일 대학교를 나오고 굳이 골드만삭스에 취업할 필요가 없어졌습니다."

인도는 자국의 고급두뇌를 과학기술이 발달한 미국과 연결할 돈이 없었다. 그 비용은 말하자면 미국의 주주들이 지급했다. 분명 과잉투자도 좋을 수 있다. 결국 과잉투자된 철도가 뒷날 미국 경제에 커다란 축복이었던 것으로 판명 났던 것처럼 말이다.

"철도에 대한 과잉투자는 미국에 국한된 것이었고, 미국만이 그 혜택을 누렸습니다. 그러나 디지털 철도 투자는 그 혜택을 외국인이 보게 되었습니다." 하고 싱은 말했다. 인도도 무임승차할 수 있었던 것이다.

미국 기업들이 인도의 고급두뇌를 끌어들일 수 있음을 깨닫게 된 바로 그 시점에서 그 기회를 활용했던 인도인과 대화를 나누는 것은 즐거운 일이다. 인도의 거대 소프트웨어 기업 위프로의 CEO인 비벡 폴도 그중 한 사람이다.

"많은 면에서 인도의 정보기술혁명은 제너럴일렉트릭이 인도로 오면서부터 시작되었다고 할 수 있습니다. 1980년대 말과 90년대 초 상황을 말하는 겁니다. 당시 텍사스인스트루먼츠는 인도에서 마이크로 칩을 개발하고 있었습니다. 그 회사의 핵심개발자 몇 명이 인도인이었는데, 본국으로 돌아가서 작업하도록 배려했습니다. 당시 개발자들은 지금보다 조잡한 통신망을 활용해서 업무 연락을 했습니다. 나는 그 당시 벵갈루루에서 제너럴일렉트릭의 의료기 시스템 사업부 경영을 맡고 있었습니다. 제너럴일렉트릭의 잭 웰치 회장이 1989년에 인도를 방문했고, 제너럴일렉트릭이 활용할 수 있는 인도의 지식 인력 자원에 대해 알고 정말 반했습니다. 잭 웰치는 '인도가 선진국 수준의 고급 두뇌 자원을 보유한 개발도상국'이라고 말했죠. 그는 활용할 만한 재능 있는 두뇌들이 인도에 많다는 걸 깨달았습니다. 그는 이렇게 말하더군요. '소프트웨어 개발에 우리 회사는 많은 돈을 씁니다. 이곳에서 제너럴일렉트릭 IT 부문의 일을 일부 해볼 수는 없을까?'"

인도는 IBM 같은 외국의 IT 기업에 시장을 개방하지 않았으므로, 인도 기업들은 PC와 대형 서버를 생산하려고 직접 공장을 세웠다. 잭 웰치는 인도인들이 스스로 공장을 세워 일을 해낼 수 있다면 제너럴일렉트릭을 위해서도 당연히 잘할 것으로 생각했다.

웰치는 정보산업부문 사장이 이끄는 조사팀을 인도에 보내 그 프로젝트를 추진하기 위한 가능성을 알아보았다. 비벡 폴은 그때 제너럴일렉트릭의 인도 사업개발 매니저로서 그 조사팀에 합류했다. 그는 다음과 같이 회상했다.

"1990년대 초 인도를 처음 방문하는 제너럴일렉트릭 정보산업부문 사장을 수행하는 것이 내 임무였습니다. 그 프로젝트가 잘 굴러가도록 시험적인 초기 개발 프로젝트도 함께 가져왔지요. 프로젝트 그룹을 맞이하는 대표 사절로 1950년대 디자인의 인도 차 모리스 마이너Morris Minor 차량 행렬이 한밤중에

델리 공항으로 달려가던 것을 지금도 기억합니다. 인도정부 공무원들도 그중 한 대에 모두 탔습니다. 다섯 대의 차량 행렬에 나누어 탄 우리 일행은 공항에서 벵갈루루로 향했습니다. 나는 뒤차에 있었는데 갑자기 쾅하는 소리가 들렸습니다. 순간 '도대체 무슨 일이야?'라고 생각하며, 앞쪽으로 쏜살같이 뛰어가 봤습니다. 선두 자동차의 앞쪽 보닛이 떨어져나와 차의 앞유리창을 깨뜨렸어요. 그 차 안에는 제너럴일렉트릭의 임원들이 타고 있었는데 말입니다. 자동차 행렬은 길가로 차를 댔습니다. 그들끼리 하는 말이 들려오더군요. '이런 곳에 우리가 소프트웨어 개발을 맡길 거란 말이지?'"

인도에는 다행스럽게도, 제너럴일렉트릭 조사팀은 인도 자동차의 형편없는 성능에 실망하지 않았다. 제너럴일렉트릭은 위프로와 공동개발 프로젝트를 시작함으로써 인도에 뿌리를 내리기로 했다. 다른 기업들은 다른 사업 모델을 채택했다. 그렇지만 이때는 아직 광섬유 케이블 통신 시대가 오기 전이었다. 예를 들어 사이먼앤슈스터Simon & Schuster 출판사는 출판한 책들을 선박 편에 인도로 보내 (미국에서라면 월 1000달러는 줘야 할 것을) 월 50달러를 주고 책 내용을 손으로 타이핑해서 PC로 옮기는 작업을 했다. 디지털 파일로 저장해서 향후 편집과 수정을 쉽게 하기 위해서였다. 끊임없이 개정해야 하는 사전류의 경우 특히 유용했다.

1991년 당시 인도 재무장관 만모한 싱은 외국자본을 끌어들이기 위해 드디어 인도 경제를 국외에 개방했고, 통신 요금을 떨어뜨리기 위해 인도 통신산업에도 경쟁을 도입하기 시작했다. 외국자본 유치를 활성화하기 위해 싱 장관은 기업들이 벵갈루루에 인공위성 통신망을 설치하기가 훨씬 쉽도록 규제를 완화했다. 이에 따라 외국기업들은 인도의 전화국 시스템을 거치지 않고 미국이나 유럽, 그리고 아시아에 있는 본사와 직접 통신할 수 있게 되었다. 대외개방 이전까지는 텍사스인스트루먼츠만 기꺼이 인도의 복잡한 관료주의를 뚫고 1985년 벵갈루루에 회로 설계개발 센터를 세웠다. 벵갈루루의 텍사스인스트루먼츠 연구개발 센터에는 독자적인 위성통신망이 있는데 처음에는 인도 관리의 엄격한 감시를 받아야 했다. 인도의 정부관리는 개발센터가 송수신하는 모든 데이터를 검사할 권리가 있었다. 싱은 1991년 이후에 이러한 규제를 완화했다.

그로부터 얼마 지나지 않은 1994년, 설립 시에 인도계 미국 의사들이 자금을 일부 투자한 헬스스크라이브인디아HealthScribe India라는 회사가 벵갈루루에 설립되었다. 이 회사는 미국에 있는 의사와 병원을 위해 진단서를 필사하는 아웃소싱 작업을 한다. 당시에 미국 의사들은 손으로 진단 내용을 기록한 후 비서나 다른 사람들이 다시 필사하도록 딕터폰Dictaphone이라는 장치에 처방을 구술해 저장했다. 이런 일은 보통 며칠, 혹은 몇 주가 걸렸다. 그러다 헬스스크라이브가 의사들이 처방을 녹음하던 터치톤 전화기를 음성 녹음 기계장치로 전환하는 시스템을 개발했다. 의사가 번호를 누른 후에 음성카드가 장치된 PC에 간단하게 자신의 처방 메모를 구술하기만 하면, PC는 의사의 목소리를 디지털 신호로 저장했다. 의사는 어느 곳에 앉아서든 이렇게 처방을 구술해서 녹음하는 것이 가능했다. 위성통신 덕에 벵갈루루에 거주하는 주부나 대학생은 PC로 접속해서 의사의 음성을 다운로드하고, 두 주일이 아니라 두 시간 내에 필사할 수 있다. 그리고 텍스트 파일로 압축시켜 위성통신망을 이용해 순식간에 병원 컴퓨터 시스템으로 전송하면 진료비 청구 파일에 저장된다. 미국과 인도 사이의 열두 시간 시차로 인도인들은 미국 의사들이 잠자는 동안 진단내용을 필사한 파일을 준비했고, 미국 의사들은 아침에 파일을 볼 수 있었다. 이것은 미국의 많은 기업이 감사해야 할 혁신적인 기술이다. 왜냐하면 세계에서 가장 소송이 많이 일어나는 분야가 의료 분야인데 벵갈루루에서 의료 기록과 실험실 보고서, 의사의 진단서를 법적으로 안전하고 틀림없이 필사할 수 있다면, 많은 다른 산업에서도 후선 관리업무를 인도로 보내서 업무를 처리하도록 고려해볼 수 있기 때문이었다. 그래서 많은 미국 기업들이 인도에 아웃소싱을 했다. 그러나 음성 지체 현상이 있는 인공위성을 통해 업무를 처리할 수 있는 일은 제한적이었다. (헬스스크라이브 사의 창업자 중 한 사람인 구루조싱 할사Gurujot Singh Khalsa가 한 말은 매우 아이러니했다. 처음에 헬스스크라이브는 미

연방정부의 보조금을 이용해 미국 메인 주에 사는 미국 원주민 인디언들을 고용하는 것을 고려했다. 그러나 회사는 인디언들이 이 일을 하는 데 관심 가질 만한 협상안을 도출해내지 못했다.) 한 줄당 필사 작업을 인도에서 수행하는 데 드는 비용은 미국에서 들이는 비용의 5분의 1 정도에 불과했다. 이 비용 차이가 많은 사람의 관심을 끌게 되었다.

한편 1990년대 후반 행운의 여신이 동시에 두 방향에서 인도를 비추고 있었다. 그 하나는 광통신망 버블이 팽창하기 시작해 인도와 미국을 연결한 것이고, 다른 하나는 이른바 밀레니엄 버그라 불리는 Y2K 컴퓨터 위기가 모습을 드러내기 시작한 것이다. Y2K 버그는 컴퓨터가 만들어질 때 시계가 내장되었기 때문에 생긴 결과였다. 메모리 공간을 절약하기 위해 컴퓨터의 시계는 날짜를 단지 여섯 자리 숫자로 표기하게 되어 있었다. 즉, 두 개는 날짜, 두 개는 해당 월, 나머지 두 개는 연도를 표기한다. 이는 99년 12월 31일까지만 표기할 수 있다는 뜻이다. 2000년 1월 1일이 되면 오래전에 제조된 컴퓨터의 시계는 01/01/2000이 아니라 01/01/00으로 기록된다. 컴퓨터는 이를 1900년으로 돌아간 것으로 인식할 수 있었다. 이 때문에 엄청난 수의 기존 컴퓨터(최근에 제조된 컴퓨터에는 더 좋은 시계가 내장되었다)에 내장된 시계와 관련 시스템을 조정할 필요가 있었다. 그렇지 않으면 상수도에서부터 항공관제까지 컴퓨터화된 서로 다른 많은 관리 시스템들이 작동을 멈추고 전 세계적인 재앙을 초래할 가능성도 있었다.

이 같은 컴퓨터 조정 작업은 일의 양이 매우 많고 지루한 것이었다. 세계 어느 곳이 이 일을 할 수 있을 만큼 많은 컴퓨터 소프트웨어 엔지니어를 보유하고 있는가? 답은 인도였다. 인도는 인도공과대학과 그에 못지않은 수준의 사립기술대학과 컴퓨터 학원에서 배출되는 수많은 컴퓨터 엔지니어를 보유하고 있었다.

Y2K 문제가 목전으로 압박해오자 미국과 인도는 데이트를 시작했고, 그 밀월 관계는 세계를 평평하게 하는 거대한 힘이 되었다. 왜냐하면 PC와 인터넷, 광섬유 케이블의 조합으로 아주 새로운 형태의 협력과 수평적 가치 창출의 가

능성을 보여준 아웃소싱을 서로 다른 많은 사업 분야에서 실증적으로 보여줬기 때문이다.

콜센터, 비즈니스 지원 업무, 또는 지적인 작업 등 디지털화될 수 있는 어떤 서비스든 전 세계적으로 가장 값싸고, 똑똑하며, 능률적으로 일하는 공급자에게 아웃소싱될 것이다. 광섬유 케이블로 연결된 워크스테이션을 이용해 인도 엔지니어들은 지구 반대편에 있으면서도 미국 기업의 컴퓨터 뚜껑을 열고 들어가 필요한 수정 작업을 할 수 있었다.

지겨운 Y2K 대비 작업을 아웃소싱해서 처리했던 위프로의 경영자 비벡 폴이 다음과 같이 말했다.

"Y2K 업그레이드는 기업의 경쟁력 향상에는 그다지 도움이 되지 않는 성가신 일이었습니다. 서구의 모든 기업은 될 수 있는 한 돈을 적게 들이면서 그 일을 할 수 있는 인력을 찾아 헤맸죠. 그들은 '우리는 그 빌어먹을 2000년이 제발 그냥 지나갔으면 좋겠다'고 말했지요. 그래서 결국 인도 기술 기업들과 일하기 시작했는데, 아마도 그 지긋지긋한 Y2K 문제 때문이 아니었다면 같이 일하지 않았을 겁니다."

달리 표현하자면, 미국과 서구 기업들이 인도와 맞선을 보는 블라인드 데이트를 할 준비가 된 것이었다. 그들은 '문제를 해결할' 태세가 되어 있었다. 제리 라오가 덧붙였다.

"Y2K 문제는 사람에 따라 의미하는 바가 달랐습니다. 인도의 산업에 Y2K는 최대의 기회를 의미했습니다. 인도는 그간 거꾸로 가는 사람들의 나라로 여겨졌습니다. Y2K 문제 때문에 갑자기 전 세계의 컴퓨터 하나하나를 점검해야 했습니다. 그런데 코드를 한 줄 한 줄 일일이 점검할 수 있는 인력이 인도에 있었습니다. 인도의 IT 산업은 Y2K 때문에 전 세계에 족적을 남기게 되었습니다. Y2K는 우리의 성장 동력이 되었고, 우리를 세계에 알리는 엔진 역할을 했습니다. Y2K 이후에 우리는 더 이상 과거에 매여 뒤돌아보지 않았습니다."

2000년 초에 이르자, Y2K 업무는 마무리 단계에 접어들었지만 또 다른 새로운 비즈니스 동력이 등장했다. 바로 전자상거래였다. 닷컴 버블은 아직 터지지 않았고, 엔지니어는 부족했으며, 닷컴기업으로부터의 수요는 엄청났다. 비벡 폴은 이렇게 말했다.

"기업들은 생존을 위해 자신들이 감지한 사업에 필수적인 응용프로그램을 반드시 만들어내길 원했습니다. 그러나 달리 기댈 데가 없었죠. 그래서 인도 기업으로 눈을 돌렸습니다. 인도 기업들과 일하게 되자 훌륭한 품질, 때로는 다른 곳에서 얻을 수 있는 것보다 더 나은 품질로 복잡한 시스템을 납품받았습니다. 그 결과 인도 IT 공급기업에 대한 큰 존경심마저 생겨났습니다. Y2K 업무로 인도 IT 산업을 알게 되었다면, 이제는 홀딱 반하는 단계에 이른 겁니다."

미국에서 인도로 아웃소싱하는 새로운 형태의 협력이 폭발적으로 늘어났다. 광섬유 케이블로 벵갈루루에 있는 워크스테이션과 미국에 있는 내 회사 메인프레임 컴퓨터를 연결하면, 나도 위프로나 인포시스 그리고 타타컨설팅서비스Tata Consulting Services 같은 인도 IT 기업을 소유해서 내 전자상거래와 메인프레임 응용프로그램을 관리할 수 있게 된 것이다.

"한때는 메인프레임 비즈니스를 했고, 한때는 전자상거래를 했는데, 이제는 두 종류의 사업을 다 하고 있습니다"라고 비벡 폴은 말했다. 그러나 다시 한번 인도는 운 좋게도 해저 광케이블을 십분 활용할 수 있었다.

"나는 벵갈루루의 리라 팰리스 호텔에서 아주 가까운 곳에 사무실을 하나 두고 있었습니다. 벵갈루루 교외 화이트필드의 정보기술 테크노파크에 있는 한 공장과 계약을 맺고 일하고 있었는데, 공장과 우리 사무실 사이에 전화를 가설할 수가 없었습니다. 뇌물을 쓰지 않으면 전화를 가설해주지 않았죠. 우리는 물론 뇌물을 쓰지 않을 생각이었습니다. 그래서 사무실에서 화이트필드에 있는 공장으로 전화를 걸려면, 벵갈루루의 내 사무실에서 우리와 함께 일하는 제너럴일렉트릭의 메인프레임 컴퓨터가 있는 미국의 켄터키로 갔다가 켄터키에서 다시 화이트필드로 연결됐습니다. 우리는 대양을 가로질러 깔린 광섬유 통신선을 빌려서 이용한 거죠. 그러나 인도 내의 도시에서 다른 도시를 연결하는 전화선 가설에는 뇌물이 필요했습니다."

인도는 닷컴 붐에서만 혜택을 입은 것은 아니다. 닷컴 버블이 붕괴하자 오히려 더 큰 이익을 보았다! 정말로 아이러니한 일이다. 닷컴 붐으로 인도와 세계를 연결한 해저 케이블이 가설되었고, 버블이 붕괴하면서 통신비용은 거의 공짜가 됐다. 이 덕분에 광통신 케이블을 이용해 지식산업을 인도에 아웃소싱하고 싶어하는 미국 기업의 수가 엄청나게 증가했다.

Y2K로 프로그램 업무를 처리하기 위해 인도인의 두뇌에 대한 거의 광적인 수요가 나타났다. 인도 기업들은 가격이 저렴하면서도 서비스가 좋았다. 그러나 고객들이 가격만 우선시한 것은 아니었다. 일을 제대로 해내는 것이 항상 첫 번째였는데, 그런 면에서 인도는 그럴 만한 충분한 인력을 가진 유일한 곳이었다. 그러던 차에 Y2K 문제가 대두하면서 닷컴 붐이 함께 일어났다. 인도는 임금 수준에 상관없이 영어를 구사하는 엔지니어를 충분히 확보할 수 있는 몇 안 되는 나라 중의 한 곳이었다. 미국에선 이미 그런 엔지니어들이 전자상거래 기업에 모두 고용되어버렸기 때문이었다. 그 후 닷컴 버블이 터지자, 주식시장이 가라앉았고 투자자본은 말라버렸다. 닷컴 붐에서 살아남은 미국 IT 기업들과 여전히 투자할 만한 기업을 찾아다니던 벤처자본은 현금이 부족했다. 이제 이들 벤처자본은 인도 엔지니어들이 필요했는데 그 수가 원하는 만큼 많기 때문이 아니라, 정확하게는 낮은 임금으로도 고용할 수 있었기 때문이었다. 이에 따라 인도와 미국 기업계 사이의 비즈니스 관계는 한층 더 긴밀해졌다.

2000년대 초 많은 분석가가 저지른 커다란 실수 가운데 하나는 닷컴 붐을 세계화와 한데 묶어 둘 다 하나의 유행처럼 뜨겁게 달아오른 것이라 본 점이다. 닷컴 붐이 터져 가라앉게 되자 잘못된 판단을 내렸던 같은 분석가들이 세계화도 함께 막을 내렸다고 예단했다. 하지만 사실은 정확히 그 반대였다. 닷컴 버블은 세계화의 한 측면에 불과했다. 그래서 버블이 터졌을 때, 세계화도 함께 파멸한 것이 아니라 오히려 세계화를 가속화했다.

인도계 미국인으로 실리콘밸리에서 가장 유명한 벤처 투자가 중 한 사람이며, 노웨스트벤처파트너스Norwest Venture Partners를 운영하는 프로모드 하크

Promod Haque는 이 같은 전환기의 중심에 서 있었다. 그는 당시를 다음과 같이 설명했다.

"닷컴 버블이 걷히자 미국에 임시 취업비자로 입국했던 많은 인도 엔지니어들이 해고되었고, 인도로 돌아갔습니다." 닷컴 붐의 붕괴로 미국 내 거의 모든 주요 기업들의 IT 관련 예산도 깎였다.

하크는 말을 이어갔다. "모든 IT 관리자들이 같은 양 또는 더 많은 업무를 더 적은 비용으로 처리하라는 지시를 받았습니다. 그 상황에서 IT 관리자들이 뭘 했을지 생각해보세요. 그는 아마도 이렇게 말하겠지요. '이봐, 닷컴 붐 시절에 이곳에서 일하다가 인도 고국으로 돌아간 비제이라고 기억해? 벵갈루루에 있는 그 친구에게 전화해서 우리가 이곳 미국에서 엔지니어에게 지급해야 할 급여보다 적은 임금으로 일하겠는지 제의해보자.'"

닷컴 붐이 일어나는 동안에 설치된 광케이블 등의 통신망 덕택에 인도로 돌아간 비제이와 같은 엔지니어들을 찾아서 일을 맡기기가 쉬웠다.

하크는 컴퓨터의 Y2K 조정 작업은 대개 공대를 갓 졸업한 비숙련 인도 프로그래머들이 맡아서 했다고 말했다. "취업비자로 미국에 온 인도 친구들은 직업학교를 나온 정도의 수준이 아니었습니다. 그들은 석사 이상의 공학학위를 가진 고급인력이었죠. 따라서 내가 투자한 많은 기업은 인도 엔지니어들이 자바, C++ 언어와 컴퓨터 구조 디자인 등에 능숙했는데도 해고당해서 고향으로 돌아간 것을 알고 있었습니다. 그런데 이곳에 남아 있는 IT 관리자들은 '당신이 어떻게 일을 완성하든 상관 않겠지만, 그저 더 적은 비용으로 끝마치시오'라는 말을 듣게 되니, 고향으로 돌아간 비제이와 같은 인도 엔지니어에게 전화를 걸게 된 겁니다."

미국과 인도가 한번 밀월 관계를 맺게 되자, 벵갈루루에서 성장해가던 인도 IT 기업들은 미국 기업에 여러 가지 제안을 하기 시작했다. Y2K 업무 때문에 인도 기업들은 미국의 꽤 큰 몇몇 회사와 함께 일할 기회가 있었다. 그 결과 미국 기업들이 해결하기 어려운 골칫거리가 무엇인지, 그리고 업무의 과정을 처리하고 개선하는 방법을 이해하게 되었다. 그래서 고부가가치를 창출하는 미국 기업에 맞춤 소프트웨어 코드 관리업무를 많이 했던 인도 기업들은 자신들의 제품을 개발하기 시작했고, 유지 소프트웨어부터 컨설팅에 이르는 서비스를 제공하는 제조업체로 변신해갔다. 이 때문에 인도 기업들은 미국 기업들의 내부 업무의 더 깊숙한 곳까지 관여하게 되었고, 단순히 후선 관리업무를 처리하는 수준의 업무 처리 아웃소싱은 아주 다른 차원으로 넘어갔다.

"우리 회사에 비용지출 처리부서가 있었는데 통째로 인도의 위프로나 인포시스에 맡겨 비용을 반으로 줄일 수 있었다"고 하크가 말했다. 미국 전역에서 CEO들이 '더 낮은 비용으로 업무를 완수하라'고 말하고 있다고 그가 덧붙였다. "인도 기업들은 '당신네 회사에서 일하면서 지켜봤는데 우리가 가장 낮은 가격에 모든 일을 다 해줄 수 있소'라고 말하는 거죠." 다시 말해 인도의 아웃소싱 전문회사들은 이렇게 말했던 것이다. "우리가 귀찮은 Y2K 문제를 해결하는 것을 보지 않았소? 원한다면 다른 일들도 해드리죠. 당신은 우리를 알고 믿을 수 있으니까 일을 잘해낼 수 있다는 것도 알고 있잖아요." 인도인들은 그저 임금이 싼 것이 아니라 어떤 것도 배우려는 열망과 준비가 되어 있었다.

닷컴 버블이 걷힌 뒤 투자자본이 부족해지자 벤처 캐피털들은 투자한 회사가 가장 효율적이고도 적은 비용으로 혁신을 이뤄내도록 감독을 강화하기 시작했다. 닷컴 붐이 한창이던 시절에는 갓 창업한 기업에 5000만 달러를 투자해 기업공개 후 5억 달러를 회수하는 것도 드문 일이 아니었다고 하크가 말했다. 그러나 버블이 걷힌 다음에는 동일한 회사의 기업공개를 통해 1억 달러 정도 회수할 수 있을지 모른다. 그래서 벤처 캐피털은 신생기업을 주식시장에 공개할 만한 수준의 기업으로 키우는 데 2000만 달러 정도의 투자 위험을 부담하길 원했다.

하크가 말했다. "벤처 캐피털의 가장 큰 문제는 이것입니다. '어떻게 하면 내가 투자한 기업들과 기업가들이 손익분기점에 빨리 도달하고 이익을 내서, 더 이상 내 자본을 가져다 쓰지 않고 비싼 값에 팔려 원금과 높은 투자 수익을 회수할 수 있을까?' 많은 벤처 캐피털회사가 생각해낸 답은 이겁니다. 사업 초기에 될 수 있는 한 많은 부분을 아웃소싱하자. 투자자들을 위해 더 빨리 이익을 내고 돈을 벌어야 한다. 그러니 아웃소싱이 가능한 것은 반드시 아웃소싱해야 한다."

이 기간에 루슨트의 대표로 있었던 헨리 샤흐트는 기업의 경영 측면에서 이 모든 과정을 지켜보았다. 그는 나에게 이렇게 말했다.

"비즈니스 경제는 모두에게 매우 추악해졌습니다. 우리는 모두 주식가격은 낮아진 뒤에 하락하고 있고 시장은 침체되어 있음을 알지만, 기업들은 더 이상 감당할 수도 없는 관리업무에 여전히 엄청난 돈을 지출하고 있습니다. 비용을 줄여야 한다는 압력이 대단했습니다. 그때 평평해진 세계를 이용할 수 있었습니다. 경제상황 때문에 사람들은 예전에는 하려거나 또는 할 수 있다고 생각하지도 않았던 일을 어쩔 수 없이 하게 되었습니다. 세계화는 지식산업과 제조업 양쪽 측면을 모두 촉진했습니다."

기업들은 MIT에 가면 중국에 돌아간 다음에도 미국 기업을 위해 일해줄 네 명의 뛰어난 중국인 공학도를 미국 엔지니어 한 명의 봉급만으로도 구할 수 있다는 사실을 알게 되었다. 벨 연구소는 중국 칭다오에 미국 루슨트의 컴퓨터와 연결되는 연구센터를 열었다. 헨리 샤흐트가 설명했다.

"중국의 연구소에서는 우리 루슨트의 컴퓨터를 밤사이 사용할 겁니다. 컴퓨터 사용에 따른 추가 비용은 제로에 가까웠을 뿐 아니라, 전송 비용 역시 마찬가지였습니다. 게다가 컴퓨터들은 밤에는 대기 상태에 있으니까요."

위에서 열거한 모든 이유 때문에 Y2K는 8월 15일 독립기념일 이외에 제2의 독립기념일을 인도의 국경일로 정해야 한다고 생각한다. 어린 시절을 한동안 인도에서 보낸 존스 홉킨스 대학교의 외교정책 전문가 마이클 만델바움Michael Mandelbaum은 이렇게 표현했다.

"Y2K는 인도 '상부상조'의 날로 불려야 한다. 광섬유 네트워크로 만들어진 상호의존성 덕분에 서방 기업들과 협력하는 힘이 인도를 앞으로 크게 도약하도록 했으며, 인도인들에게 어떤 방식으로, 누구를 위해, 또 어디에서 일할지 선택할 수 있는 진정한 직업선택의 자유를 가져다주었기 때문이다."

다르게 표현하면 8월 15일은 인도가 한밤중에 자유를 얻은 날이고, Y2K

는 인도인들이 한밤중에 일자리를 얻은 날이다. 그러나 모두가 일자리를 얻게 된 것은 아니었다. 일자리는 인도의 최고 지식노동자들에게만 돌아갔다. 8월 15일은 인도에 독립을 가져다주었다. 그러나 Y2K는 인도인들에게 독립을 가져 다주었다. 적어도 인도인들 모두에게는 아니지만 어떤 식으로 생각해보더라도 50여 년 전보다는 훨씬 더 많은 사람, 특히 가장 생산적인 부류의 사람에게 독 립의 기회를 주었다. 그런 면에서 확실히 인도는 운이 좋았다. 그러나 인도는 힘든 노력과 교육, 그리고 인도공과대학을 세운 선각자들의 지혜를 통해 뿌려 놓은 것을 수확한 것이다.

오래전에 루이 파스퇴르Louis Pasteur는 이런 말을 남겼다. "운명의 여신은 준 비된 자를 편애한다."

평평화 동력 6
오프쇼어링: 가젤과 함께 달리고 사자와 함께 먹기

2001년 12월 11일, 중국이 드디어 WTO에 공식 가입했다. 이는 중국 정부 가 수출입, 국외투자 등에 관해 세계 국가 대부분이 따르는 규범을 준수할 것 에 동의했다는 의미이다. 그것은 원칙적으로 중국이 경쟁력을 갖춘 중국 시장 을 세계의 다른 나라들만큼 장벽을 낮춰 평평하게 하는 것에 동의한다는 걸 뜻한다. 그로부터 며칠 후 중국의 미국 자동차 부품 생산회사 ASIMCO가 소 유한 베이징의 한 연료펌프 공장에서, 미국식 교육을 받은 중국인 관리자가 아프리카 속담을 중국말로 번역해서 공장 바닥에 붙여놓았다고 한다.

매일 아침 아프리카에서 가젤은 깨어난다.
가젤은 가장 빠른 사자보다 더 빨리 달리지 않으면 잡아먹힌다는 것을 알고 있다.
매일 아침 아프리카에서 사자도 깨어난다.
사자도 가장 느린 가젤보다 더 빨리 달리지 못하면 굶어 죽는다는 것을 알고 있다.

당신이 사자냐 가젤이냐는 중요하지 않다.

해가 떠오르면, 당신도 뛰기 시작해야 한다.

누가 가젤이고 누가 사자인지는 모르겠지만, 나는 이것만은 분명히 안다. 중국이 WTO에 가입한 이후, 중국도 세계도 더욱더 빨리 뛰어야 했다. 중국의 WTO 가입으로 오프쇼어링이라는 또 다른 형태의 협력관계에 큰 추진력이 보태졌다. 지난 수십 년간 있었던 오프쇼어링과 아웃소싱은 다르다. 아웃소싱은 연구개발이나 콜센터, 회계 같은 기업 내부에서 수행하던 기능 일부를 다른 기업에 맡겨 똑같은 기능을 수행시키고 그 결과물을 회사의 경영활동에 다시 재결합해 넣는 것이다. 그에 비해 오프쇼어링은 미국 오하이오 주 캔턴 Canton 시에 공장이 있는 회사가 이 공장을 통째로 고스란히 중국의 광저우로 옮기는 것이다. 물론 광둥으로 옮겨간 공장에서는 똑같은 제품을 생산한다. 단지 더 값싼 임금과 낮은 세금, 전기에너지 요금 등의 보조, 그리고 더 낮은 복리후생 비용으로 생산한다는 점이 다르다. Y2K 문제가 인도와 세계를 아웃소싱으로 끌어들였다면, 중국의 WTO 가입은 중국과 세계를 전혀 다른 차원의 오프쇼어링으로 끌어들여서 더 많은 기업이 국외로 생산시설을 이전하고 그들의 세계적 제품 공급망에 통합하게 되었다.

1977년 중국의 지도자 덩샤오핑은 "부자가 되는 것은 좋은 것"이라고 선언하면서 중국을 자본주의 도상에 올려놓았다. 중국이 처음 굳게 닫힌 경제를 개방했을 때, 선진국 기업들은 중국을 엄청나게 큰 새로운 수출시장으로 여겼다. 서구와 아시아의 모든 제조기업이 단일시장에 속옷 한 가지를 팔아도 10억 장은 팔 수 있을 것이라 꿈꿨다. 그런 목적으로 중국에 아예 판매점을 여는 외국기업도 여럿 있었다. 그러나 중국은 세계무역 규범의 제약을 받지 않았으므로 여러 가지 무역과 투자 장벽을 통해 서구의 기업들이 중국 시장에 진출하는 것을 제한할 수 있었다. 중국이 의도적으로 그런 제약을 가하지 않아도 순전히 중국의 관료주의와 차이가 많은 상거래 관행도 걸림돌이 되어 같은 효과를 냈다. 이 때문에 초기에 진출한 많은 국외 투자자들은 큰 손해를 보았다. 그리고 유명무실했던 법체계 때문에 도움을 받을 길도 없었다.

　1980년대에 들어서면서 많은 투자자, 특히 중국에서 사업하는 방법을 알고 있던 국외의 화교들이 속내를 말하기 시작했다. "우리가 당장 중국인들에게 많은 걸 팔 수 없다면, 중국의 잘 훈련받은 노동력을 이용해 중국에서 물건을 만들고 국외에서 팔면 되지 않을까?" 이는 중국 지도자들의 구미에 꼭 들어맞는 것이었다. 중국 정부는 외국의 제조업자와 그들의 생산기술을 끌어들여 단지 중국 내수 판매를 위해 10억 장의 속옷을 생산하기보다는 저임금의 중국 노동력을 활용해서 전 세계시장에 60억 장의 속옷을 만들어 팔고 싶어했다. 그것도 미국이나 유럽은 물론, 멕시코의 속옷 회사가 파는 가격의 극히 일부밖에 안 되는 값에 중국과 전 세계에 속옷을 팔 수 있기를 바랐다.

　일단 생산설비의 국외이전이 시작되자 섬유산업에서 가전제품, 가구, 안경테 그리고 자동차 부품산업에 이르기까지 전 산업에 걸쳐 이전이 일어났는데, 경쟁을 계속할 유일한 방법들은 남들과 같이 설비를 국외로 이전하는 것뿐이었다. 즉, 낮은 생산원가와 높은 품질 플랫폼을 활용해야 했다. 중국이 아니라면 하다못해 동유럽이나 카리브 해 연안국이든, 아니면 다른 어떤 개발도상국에서 대안적인 생산기지를 찾아야만 했다.

　2001년 중국이 WTO에 가입하면서 외국기업이 중국으로 생산설비를 이전할 때 국제법과 국제상거래 관행에 따라 보호를 받게 된다고 약속했다. 이 조치는 생산기지로서 중국의 가치를 크게 향상시켰다. 중국 정부는 WTO 규정을 준수해서 중국법에 따른 경제적 권리와 의무를 적용함에 외국인과 외국기업을 중국 내국인과 동등하게 차별 없이 인정하는 방안을 단계적으로 시행할 것에 동의했다. 이 같은 조치는 외국기업도 중국 내에서 무엇이든 어떤 곳에서든 팔 수 있게 되었음을 뜻했다. WTO 회원국 지위는 또한 중국이 모든 회원국을 동등하게 대우하겠다고 동의한 것이며, 이는 모든 국가에 동일한 관세와 무역규정을 적용해야 한다는 뜻이었다. 외국기업 또는 다른 WTO 회원국과 무역 분쟁이 발생할 경우 국제중재에 따르는 것에도 동의한 것이다. 동시에 중국 정부와 관료들도 외국인들에게 더욱 우호적으로 대했으며, 투자절차를 간

소화했고 각 정부 부처들 또한 외국인들이 중국의 사업 관련 규정을 찾는 데 도움을 주고자 웹 사이트를 많이 개설했다. 나는 중국인들이 실제 『마오쩌둥 어록Mao's Little Red Book』을 얼마나 샀는지 모른다. 하지만 중국의 미 대사관 직원들이 확인해준 바로는 중국이 WTO에 가입하겠다고 서명한 직후 WTO 중국어 규정집은 수주일 만에 200만 부가 팔렸다고 한다. 달리 말하면, 마오쩌둥은 중국의 문을 닫고 그 당시 다른 평평화의 힘들로부터 중국을 고립시켰으며, 그 결과 마오쩌둥 자신이 중국인들의 도전과제가 되었다. 반면 덩샤오핑은 열 가지 평평화의 힘을 받아들여 중국 시장을 개방했고, 그렇게 함으로써 중국이 전 세계의 도전과제가 되게 만들었다.

중국이 WTO에 가입하기 전에는 중국이 서방과의 무역에서 이득을 챙기기 위해 시장을 개방하기는 했지만, 중국 정부나 은행들이 자국 기업을 압도적인 경쟁력을 갖춘 외국기업과의 경쟁에서 지켜줄 것이라는 느낌이 있었다고 ASIMCO의 잭 퍼코스키Jack Perkowski 회장이 말했다. 그가 뒤이어 말했다. "WTO 가입은 이제 중국이 영구히 자본주의 궤도에 들어섰음을 외부 세계에 알리는 신호였습니다. 그전에는 사람들의 마음 한편에 중국은 언제든 공산주의로 회귀할 수 있다는 생각이 자리 잡고 있었습니다. WTO 가입으로 중국이 '우리는 자본주의 한 노선만 갖고 있다'고 말한 것이지요."

숙련공과 중간 수준 기술자, 비숙련공 등 엄청난 수의 저임금 노동자를 보유하고 있고 그 많은 국민에게 일자리를 만들어주기 위해서 공장과 기계설비, 지식 서비스 일자리에 대한 왕성한 식욕이 있으며, 또한 거대한 소비시장도 급성장하고 있었기 때문에 중국은 생산설비 이전에 비교할 수 없이 가장 적합한 지역이었다. 중국에는 인구 100만 명이 넘는 도시만 160개가 넘는다. 오늘날 중국 동부 해안에 있는 생전 들어보지도 못한 도시들을 방문해보면 다음과 같은 사실을 알게 된다. 한 도시에서는 전 세계 안경테의 대부분을 생산하고 있고, 그 인근에 있는 도시의 공장들은 전 세계 일회용 라이터의 대부분을 생산하고 있다. 또 그 옆 도시에 가보면 델의 컴퓨터 모니터 대부분을 생산하고, 또 그 옆 도시에서는 휴대전화 사업이 특화되어 있다. 일본의 경영 컨설턴트인 오마에 겐이치는 그의 저서 『중국합중국The United States of China』에서 홍콩 바로 북쪽에 있는 주장강 삼각주에만 5만여 개의 전자부품 생산공급회사가 있는 것으로 추정했다.

오마에는 도쿄에서 어느 날 내게 "중국은 위협적이지만 고객이자 기회"라고 말했다. "중국이 성공할 것이라는 점을 받아들여야 합니다. 그 점을 무시해서는 안 됩니다." 중국을 적으로 여기고 경쟁하기보다는 현재 자신의 사업을 분할해서 어떤 부분을 떼어내 중국에서 생산하고, 또 무엇을 중국에서 팔며, 무엇을 중국에서 사오고 싶은가를 생각해봐야 한다고 오마에는 주장한다.

중국이 세계시장에 문을 열면서 세계는 더욱 평평해지고 있다는 사실도 눈여겨봐야 한다. 중국이 생산설비를 이전하기에 더욱 매력적인 나라가 되면 다른 선진국과 개발도상국들, 이를테면 말레이시아, 태국, 아일랜드, 멕시코, 브라질, 베트남도 자국을 과거보다 생산설비를 이전하기에 더 나은 곳으로 만들어야만 한다. 이들 국가는 중국에서 진행되고 있는 일과 일자리가 중국으로 이동하는 것을 주시하면서 스스로 이렇게 말하고 있다. "이런, 우리도 중국과 동일한 인센티브를 제공해야만 하겠어." 이런 현상은 어느 나라가 국외투자 유치 노력의 일환으로 기업들에 저임금의 근로자들 말고도 최상의 세금 혜택과 더 좋은 교육환경, 보조금 지급을 하는지 각국이 앞다투어 살피도록 하는 경쟁적인 평평화 과정을 만들어내고 있다.

『중국의 세기The Chinese Century』 저자이자 오하이오 주립대 경영학과 교수인 오데드 센카Oded Shenkar 교수는 2004년 12월 6일 자《비즈니스위크BusinessWeek》에서 미국 기업에 직설적인 충고를 던졌다.

"아직도 노동집약적인 생산을 하고 있다면, 망할 때까지 피 흘리며 싸울 생각 말고 사업을 포기하라. 5% 원가절감 따위는 아무 소용도 없다. 중국 생산업자들도 동일하게 조정할 수 있다. 경쟁하고 싶다면 아주 새로운 사업 모델을 구상해야 한다."

중국의 거대한 국내시장도 성장하고 있다는 점이 중국의 평평화 동력에 더욱 힘을 더하고 있다. 같은《비즈니스위크》기사를 보면 이 때문에 규모의 경제가 가능하고 치열한 중국 내 경쟁으로 제품 가격은 계속 내려가고 있다. 또한 해마다 35만 명의 기술자가 배출되고 공장 근로자와 관리자들은 하루 열두 시간 노동을 마다하지 않으며, 비교할 수 없는 전자와 전기 부품 사업을 낳았다. 게다가 월마트Wall-Mart나 타깃Target, 베스트바이BestBuy, J. C. 페니J. C. Penny 등 대형 수입처 고객들을 만족시키기 위해서라면 어떤 일이든 하겠다는 기업가 정신까지 이끌어냈다.

2005년 가을 베이징 방문 중에 중국 주재 미국 상공회의소 회장인 찰스 마틴Charles Martin을 만났다. 마틴 회장은 저장성浙江省에 있는 한 양말공장을 시찰하고 막 돌아오는 길이라고 했다. 그 공장은 전 세계의 대형 구매업자들에게 양말이나 여성 속옷을 만들어 납품하는 동시에 중국 내 소매상들에도 제품을 공급하고 있었다. 그 공장 사장이 양말 한 상자를 마틴에게 열어보이며 기본형 양말 열두 켤레를 자신의 공장에서 구매하면 한 켤레당 11센트의 도매가격으로 살 수 있다고 말했다. 그리고 계속해서 한 켤레당 11센트로도 가격 경쟁력에서 밀리고 있는데 경쟁업체들이 그보다 낮은 가격에 판매하고 있기 때문이라고 설명했다. 사장은 조만간 공장을 수백 마일 떨어진 내륙 지방 장쑤성江蘇省으로 이전할 계획을 세우고 있었다. 빈곤지역인 장쑤성 북쪽 지방으로 공장을 옮기면 지방정부가 더 낮은 세율과 더 낮은 토지 사용료에 더 값싼 노동력을 제공하겠다고 했던 것이었다.

결국 언젠가는 중국 내륙에서도 더 이상 생산공장을 이전할 수 있는 장소를 찾아볼 수 없을 것이고, 중국의 생산업자들도 공장의 이전만으로 생산비를 더 낮추는 것이 불가능해질 것이다. 그렇지만 아직은 그 단계까지 이르지 않았다. 그러므로 중국이 제조업 분야에서 세계를 평평화시키는 힘을 갖는 것이다. 또한 서양의 생필품 제조업체라면 단지 비용 5% 절감만으로는 경쟁할 수 없는 것이 그 이유다. 그들은 전혀 새로운 비즈니스 모델을 갖출 필요가 있다.

중국의 상거래 관습을 비판하는 사람들은 중국의 규모와 경제력은 중국이 곧 저임금뿐만 아니라 느슨한 노동법과 근로기준을 세계 기준에 맞게 정립하리라는 걸 뜻한다고 말한다. 이는 산업계에서 '중국 사업 비용'이라고 알려진 것이다.

그러나 정말로 두려운 것은 중국이 저가경쟁력만으로 전 세계의 투자를 유치하는 것이 아니라는 점이다. 이는 중국의 단기 전략에 불과하다. 어떤 기업이나 저지를 수 있는 가장 큰 잘못은 중국에 대해 논할 때, 중국이 품질과 생산성 향상은 없고 오직 저임금 때문에 경쟁에서 이기고 있다고 생각하는 것이다. US 컨퍼런스 보드U.S. Conference Board 연구에 의하면, 1995년에서 2002년 사이 중국 정부기관이 소유하지 않은 민간부문의 생산성은 자그마치 연평균 17%씩 증가했다. 이 같은 성장은 중국이 첨단기술과 현대 경영기법을 받아들였기 때문이다. 우연히도 이 기간에 미국의 제조업 분야에서는 200만 명이 일자리를 잃었고, 중국은 제조업에서 1500만 명이 일자리를 잃었다고 컨퍼런스 보드가 지적했다. "중국 제조업의 생산성이 빠르게 증가함에 따라 중국은 미국보다 훨씬 더 많은 제조업 일자리를 잃고 있다. 선진국에서 이미 경험했던 것처럼 서비스 산업에서 그 일자리를 대신 창출하고 있다."

중국의 진정한 장기 전략은 선두에 있는 미국과 유럽을 앞지르는 것이다. 출발은 아주 좋다. 중국 정부의 지도자들은 평평해진 세계에서 성공하는 데 요구되는 수학과 과학 그리고 컴퓨터 기술 교육에 다른 서양의 경쟁국들보다 더 치중하고 있다. 또한 중국인들이 더 빠르고 더 쉽게 접속해 정보를 얻도록 해줄 정보통신 기반을 어떻게 구축할지, 그리고 앞으로 어떻게 외국 자본을 유치할 매력적인 유인책을 강구할지에 대해서도 많은 관심이 쏟아지고 있다. 중국 지도자들이 정말로 바라는 것은 차세대 속옷이나 항공기 날개를 중국에서도 디자인하는 것이다. 그것이 향후 10년간 일이 진행될 방향이다. 따라서 30년 안에 중국은 '단순 판매 시장'에서 '중국산 생산기지'로, 다시 '디자인 기지'로, 이어서 '꿈의 중국'으로 변모할 것이다. 아니면 세계의 제조업자들과 협력할 게 아무것도 없던 중국에서 저임금과 고품질, 최상의 능률성을 제공하는 모든 것에서 세계의 제조업자들과 협력하는 중국으로 나아갈 것이다. 그리고 정치적 불안이 발생하지만 않는다면 중국은 전 세계를 평평하게 하는 동력 역할을 유지할 것이다. 이 장의 자료를 준비하면서 반도체산업의 동향을 전하는 실리콘밸리의 온라인 소식지《인콰이어러Inquirer》의 2001년 11월 5일 자 기사를 우연히 보게 되었는데, 그 제목 '모든 것의 중심이 되고 있는 중국'이 내 눈길을 끌었다. 이 잡지는《중국인민일보》의 기사를 인용했는데,《포브스》가 선정한 세계 500대 기업 가운데 400개 기업이 중국 내 2000여 건 이상의 사업에 투자했다는 것이었다. 그것도 이미 5년 전 자료였다.

중국에 지리적으로 매우 가까운 이웃인 일본은 중국의 도전을 받아들이기 위해 적극 대응하고 있다. 일본무역진흥기구Japan External Trade Organization, JETRO 회장인 와타나베 오사무가 도쿄에서 내게 해준 말은 다음과 같았다.

"중국은 급속히 발전하고 있으며, 저가품 생산에서 고급품, 첨단기술 제품으로 전환하고 있습니다. 그 결과 세계시장에서 경쟁력을 유지하려는 일본 기업들은 일부 제품의 생산과 중가제품의 조립공정을 중국으로 이전하고, 일본 내에서는 '부가가치가 훨씬 더 높은 제품'만 생산하도록 전환하고 있습니다. 이로써 중국과 일본은 같은 공급망의 일원이 되어가고 있습니다."

장기 침체 후에 일본경제는 수천 톤의 공작기계, 조립 로봇 그리고 기타 핵심 부품의 중국 수출이 늘어나면서 2003년부터 회복되기 시작했다. 2003년에 중국은 미국을 제치고 일본 제품의 최대 수입국이 되었다. 일본 정부는 아직도 과도하게 중국에 투자하는 일본 기업들에 조심하라고 주의를 촉구한다. 일본 정부는 와타나베가 "차이나 플러스 원"이라 부르는 투자전략을 권고하고 있다. 즉, 중국에 생산설비를 하나 두면 다른 아시아 국가에도 생산설비 하나를 갖추라는 것이다. 정치적 대격변으로 중국이 평평화에 역행할 때를 대비해서다.

중국의 경제적 부상은 전 세계의 제조업 근로자들을 괴롭혔지만 모든 소비자에게는 신의 선물이다. 2004년 10월 4일 자《포춘》은 모건스탠리의 보고서를 인용해, 1990년 중반 이후에만 중국산 저가제품 수입으로 미국 소비자들이 약 6000억 달러의 이득을 보았고, 미국 기업들 역시 말하진 않지만 수십억 달러의 비용을 절감했다고 보도했다. 이렇게 얻은 이익 덕분에 미국 연방준비

위원회는 더 오랫동안 저금리를 유지할 수 있었고, 더 많은 미국인이 주택을 구입하거나 기존 주택담보대출을 차환하도록 해주었다. 이는 또한 기업들이 더 많은 자금을 새로운 혁신에 투자할 수 있도록 도와주었다.

중국으로의 생산설비 이전이 어떻게 효과를 발휘하는지 더 잘 이해하기 위해 나는 이런 협력 방식의 선구자인 ASIMCO CEO와 베이징에서 인터뷰했다. 올림픽에 '절대 자본주의' 종목이 있다면, 퍼코스키가 금메달을 딸 것이라 장담한다. 그는 1988년에 페인 웨버Paine Webber에서 최고의 투자은행가였지만 일을 그만두고 차입기업매수LBO 회사로 갔다. 그러나 2년 후 42세에 그는 새로운 도전에 나섰다. 그는 파트너들과 함께 중국 기업을 인수하기 위해 1억 5000만 달러를 끌어모아서 인생의 모험을 떠났다. 그 이후로 그는 수백만 달러를 벌기도 하고 잃기도 하면서 힘겹게 교훈을 배웠지만, 중국으로의 생산설비 이전이 어떤 것인지 그리고 국외이전이 얼마나 강력한 협력 도구가 되는지에 대한 가장 좋은 본보기가 되었다.

"내가 중국에서 사업을 시작했던 1992년과 1993년 사이에는 중국에서 사업 기회를 실제로 찾고 활용하는 일이 누구에게나 가장 어려운 일이었죠"라고 퍼코스키는 회상했다. 당시에 돈 벌 기회는 매우 많았지만, 세계 수준의 품질을 가진 자동차 부품을 만들어 수출하고 중국 시장에도 팔아야 하는데 자본주의 사고로 자동차 부품 회사를 제대로 경영할 수 있는 현지 중국인 관리자들이 너무 없었다. 퍼코스키가 말한 대로 중국에 공장을 세우기는 쉽다. 힘든 것은 공장을 운영할 수 있는 적합한 현지 관리자를 고용하는 일이었다. 그래서 그가 초기에 자동차 부품회사들을 사들여 대주주가 되었을 때 국외에서 관리자들을 수입해야 했다. 하지만 그것은 잘못된 생각이었다. 비용이 너무 많이 들었을 뿐만 아니라, 중국에서의 공장 운영이 외국인들에게는 너무도 낯선 일이었다. 그들은 중국 현지 사정에 잘 적응하지 못했다. 첫 번째 계획은 실패였다.

퍼코스키가 계속 말했다. "우리는 외국에서 데려온 관리자들을 모두 돌려보냈는데, 이 때문에 내 투자자 그룹과 약간의 문제가 생기기도 했지요. 그리고는 후속 방안을 시도했습니다. 우리는 우리가 매수한 공장에서 일하던 '구시대 중국'의 관리자를 변화시켜 보려고 노력했지만 역시 실패였습니다."

간단히 말해 그들은 시장에 따라 대응하며 일해본 적이 없었고 생산 할당량만 채우던 계획경제하에서 일하던 방식에 너무 젖어 있었다. 기업가적인 성향이 있는 관리자들은 자본주의를 한 모금 맛보고 취해버려 무슨 일이든 저지를 태세였다.

"중국인들은 매우 기업가적인 사람들입니다. 그렇지만 WTO에 가입하기 전만 해도 중국에는 법의 지배라는 개념이 없었고, 이런 기업주의를 제약할 주식시장이나 채권시장도 없었습니다. 선택할 수 있는 인력이라곤 정부 소유 공장에서 일하던 매우 관료적인 관리자 아니면 중국의 초기 사기업에서 일하며 비열한 카우보이 자본주의를 따르는 관리자뿐이었습니다. 양쪽 다 원하는 관리자는 아니었습니다. 당신의 관리자가 지나치게 관료적이면 어떤 일도 끝나는 게 없습니다. 그들은 중국이 어떻게 다른지 변명만 늘어놓죠. 그리고 관리자들이 너무 기업적이면 그들이 어떤 일을 저지를지 알 수가 없으므로 밤잠을 편히 잘 수가 없습니다." 그때 퍼코스키는 걱정으로 밤을 지새우는 일이 많았다.

퍼코스키가 중국에서 처음 매수한 회사 가운데 하나는 고무로 된 부품을 만드는 곳이었다. 곧이어 그는 중국인 합작 파트너의 주식까지 사들이기로 합의했다. 합의 당시 조건 가운데 하나는 매각 후 경쟁 제한 조항이었다. 그러나 계약이 성사되자마자, 그 중국인 파트너는 곧바로 똑같은 회사를 차려버렸다. 합의서에 있는 '경쟁 제한'이란 중국어는 의미가 없었다. 두 번째 계획도 실패로 돌아갔다.

한편 퍼코스키는 합작 사업에서 중국의 사업법을 배우는 데 돈이 마구 빠져나가는 중에 중국 자동차 부품회사만 여러 개 보유하게 되었음을 깨달았다. "1997년이 되자 회사는 거의 최악의 상황에 있었다"고 그는 말했다. "우리 회사는 전체가 가라앉고 있었으며 이윤을 남기지도 못했습니다. 소유 회사 중 일부는 이익을 내고 있었지만, 전반적으로 힘든 상황을 겪고 있었죠. 경영권을 행사할 수 있을 만큼 많은 지분을 보유하고 있었고 사내에서 누구든지 우리가 원하는 사람을 관리자로 앉힐 수 있었지만, 기존 관리자 중에서는 도대체 쓸 만한 사람을 찾을 수가 없었습니다." 다음 새로운 방안이 시급했다.

"우리는 중국을 좋아했지만 '구시대 중국'을 원하는 건 절대 아니었고, 대신 '신중국' 관리자들에게 희망을 걸어보고 싶다는 본질적인 결론을 내렸습니다." 퍼코스키는 말했다. "우리는 열린 사고를 하고 있고 어느 정도 경영수업을 받은 중국인들을 찾기 시작했습니다. 중국에서 사업관리를 해본 경험이 있으면서 세계시장을 이해하고 중국이 가야 할 방향을 알고 있는 사람들을 찾고 있었습니다. 그래서 1997년부터 1999년 사이에 우리는 중국 본토에서 태어났고 다국적기업에서 일해본 '신중국' 관리자들을 채용해 새 팀을 꾸렸습니다. 새 관리자들이 입사하면서 우리 회사의 '구시대 중국' 관리자들을 한 사람씩 교체하기 시작했습니다."

세계시장과 고객을 이해하고 기업의 비전을 공유해 뭉칠 수 있으며, 게다가 중국을 제대로 아는 신세대 중국인 관리자들이 자리를 잡게 되자, ASIMCO는 이익을 내기 시작했다. 오늘날 퍼코스키의 회사인 ASIMCO는 중국의 아홉 개 성Provinces에서 보유하는 열세 개 자동차 부품공장에서 연간 3억 5000만 달러의 매출을 올리고 있다. 중국 전역에 서른여섯 개 판매사무소를 두고 중국 내 자동차 회사들에 부품을 공급하고 있으며, 미국의 자동차 회사에도 역시 부품을 판매하고 있다.

중국에서의 성공을 기반으로 퍼코스키는 두 번째 도약을 한다. 생산설비의 이전을 통해 벌어들인 돈을 갖고 미국 본토로 돌아온 것이다. 퍼코스키가 한 말은 다음과 같다. "2003년 4월, 우리는 자동차와 중공업 기계 등의 부품 제조회사이지만 파산상태에 있던 페더럴모굴회사Federal-Mogul Corporation의 북미 캠샤프트camshaft(밸브 작동을 조종하는 엔진 부품) 제조부문을 인수했습니다. 우리는 우선 미국의 3대 자동차 회사인 제너럴모터스General Motors와 포드, 크라이슬러, 그리고 디젤 엔진 제조사인 캐터필러Caterpillar와 커민Cummins의 부품공급사가 되기 위해 이 회사를 인수한 것입니다. 우리는 캐터필러 그리고 커민과 오랜 사업관계를 맺고 있으며 이번 인수로 그들과의 관계도 더 공고해졌지만, 북미 3대 자동차 회사에 캠샤프트를 공급하는 것이 첫 번째 목표였습니다. 그 인수의 두 번째 이유는 중국으로 가져갈 기술을 얻는 것이었습니다. 요즘 만들어지는 모든 승용자동차와 트럭에 들어가 있는 다른 대부분 기술처럼 사람들이 캠샤프트의 기술을 쉽게 생각합니다. 하지만 엔진의 흡기와 배기를 조절하는 모터 부품인 캠샤프트는 엔진 성능에 극히 중요하며 대단히 높은 수준의 기술이 요구되는 부품입니다. 사업체 인수를 통해 중국에서 캠샤프트 시장을 주도할 수 있는 기술 노하우를 얻었습니다. 그 결과 우리는 지금 중국과 미국 두 나라에서 최고의 캠샤프트 제조기술을 보유한 회사가 되었습니다."

이것은 매우 중요한 점을 시사한다. 일반적으로 생산설비의 국외이전은 미국인 노동자들에게 패-패Lose-Lose의 상황으로 인식되었고, 한 곳에서 다른 곳으로 뭔가를 옮기면 그뿐이라고 생각했기 때문이다. 하지만 현실은 이보다 훨씬 복잡하다.

기업이 생산설비를 옮기는 이유는 단순히 미국이나 유럽에 판매하려는 제품의 값싼 노동력을 얻기 위해서가 아니다. 중국과 같은 거대시장의 무역 장벽 걱정 없이 제품을 공급하고 확고한 현지기반을 다지는 것도 주요한 동기이다. 미국 상무부의 발표로는, 미국인이 투자한 국외기업 생산물의 약 90%가 국외 시장에서 소화된다. 그런데 이는 실제로 미국의 수출을 늘려준다. 한 기업이 국외에 설비투자를 하면 그 기업 모국의 수출도 증대시킨다는 것을 보여주는 연구 자료는 매우 많다. 이는 오늘날 세계무역량의 3분의 1이 다국적기업 안에서 이루어지는 내부거래이기 때문이다.

이는 또한 그 역으로도 작용한다. 인건비를 낮추기 위해 생산설비를 국외로 이전하더라도 모든 설비가 옮겨가는 것은 아니라는 점이다. 2004년 1월 26일에 나온 헤리티지 재단의 보고서를 보면, 미국과 중국 시장에 공급하는 미국과 국외의 미국 기업들은 미국 경제 생산량의 21% 이상, 미국 대외 수출의 56%를 생산하고 있으며 제조업 근로자의 5분의 3인 약 900만 명을 고용하고 있다. 만약 제너럴모터스가 중국 상해에 공장을 하나 짓는다면 그건 중국에서 생산하는 값싼 부품을 활용할 수 있게 됐다는 것뿐만이 아니라, 그들의 중국 공장이 써야 할 많은 제품과 서비스를 수출함으로써 미국 내 일자리를 창출하게 되는 것이다.

결국 미국도 이 같은 현상의 수혜자다. 미국 기업이 다른 나라로 생산설비를 이전해가는 것에 많은 관심이 쏠려있지만 매년 미국으로 들어오는 엄청난 규모의 설비이전 투자에는 별로 관심을 두지 않고 있다. 이는 미국 기업들이 외국에서 기반을 닦고자 하는 것처럼 외국기업들도 미국 시장을 활용하고 싶기 때문이다. 2003년 9월 25일 다임러크라이슬러DaimlerChrysler는 앨라배마 주 터스컬루사TTuscaloosa 시에 메르세데스벤츠Mercedes-Benz 공장을 설립하기로 한 지 10주년 되는 날에 이를 기념하기 위해 공장 확장에 6억 달러를 더 투자하겠다고 발표했다. 메르세데스 자동차 그룹의 다임러크라이슬러 경영이사회 이사 위르겐 후버트Jürgen Hubbert 교수는 "터스컬루사 시의 새로운 공장에서 새로운 근로자들과 새로운 제품을 다양하게 만들어낼 수 있다는 것을 확인한 것은 인상 깊은 일이며, 특히 독일 밖의 다른 나라에서도 '메르세데스 회사'의 자동차를 성공적으로 생산할 수 있다는 것을 입증했다"고 말했다.

ASIMCO도 중국의 공장에서 원재료를 가공하고 기초 공정 작업을 한 반제품半製品을 미국의 캠샤프트 공장에 수출해 품질에 민감한 기계 공정을 미국의 숙련 기술자들이 완성하도록 하는 것은 놀랄 일이 아니다. 이런 방식으로 미국 소비자들은 중국 제품공급망의 혜택을 받는 동시에 잘 알고 있는 미국 회사와 안심하고 거래할 수도 있다.

미국 숙련 기계공의 평균 임금은 월 3000~4000달러다. 중국의 공장 노동자의 평균 임금은 월 150달러다. 물론 ASIMCO는 의료보험, 주택비용, 퇴직금 등의 복리후생비를 포함한 중국정부지원의 연금 제도에 가입하는 비용을 지급해야 한다. 근로자 임금의 35~45% 정도인 이 비용을 중국의 지방정부에 직접 납부해야 한다. 그러나 임금이 낮고 의료의 혜택이 제한적이며 불순한 의료사고 소송이 없는 중국의 의료보험 비용이 매우 싸기 때문에, "사업을 확장하고 노동자를 더 고용할 만큼 중국은 충분히 매력적인 곳이며, 미국에서 기업이 부담하는 의료비를 줄여주는 어떤 것이라도 미국 국내의 고용을 유지하는 데 도움이 될 것"이라고 퍼코스키는 설명했다.

국내와 국외 생산공장 사이에서 각각 시장 가까이에 있는 고임금에 숙련된 기술의 미국인 근로자와 저임금의 중국인 근로자가 이처럼 협력하는 평평해진 세계의 이점을 이용해 "우리 미국 기업의 경쟁력이 더욱 강화된다. 결국 더 많은 주문을 받을 수 있고 실제로 사업을 더 키우고 있다"고 퍼코스키는 말했다.

"많은 미국인은 생산설비 이전의 이런 측면을 모르고 있습니다. 예를 들자면 우리가 캠샤프트를 생산하는 페더럴모굴을 인수한 뒤로 커민과의 매출은 두 배로 증가했고, 캐터필러와의 사업은 엄청나게 증가했습니다. 우리의 모든 고객은 글로벌 경쟁에 노출되어 있고, 그들의 부품 공급회사들은 원가 경쟁력에 관한 한 바른 경영을 할 필요가 있습니다. 그들은 평평한 세계를 이해하는 공급자와 일하고 싶어합니다. 내가 캠샤프트 사업에 대한 우리 회사의 전략을 미국의 거래 고객기업들에 설명했더니 우리가 하는 일에 매우 긍정적인 반응을 보였습니다. 왜냐하면 우리가 그들의 경쟁력을 더욱 강화시키는 방향으로 우리의 사업을 정비하고 있음을 꿰뚫어보았기 때문입니다."

사실 이런 수준의 협력이 가능해진 것은 불과 몇 년이 채 안 됐다. 퍼코스키가 말했다.

"우리가 중국에서 해온 많은 일은 1983년이나 1993년에는 할 수가 없었던 일입니다. 1993년 이후에 여러 가지 일들이 동시에 일어났습니다. 사람들은 인터넷 세상이 되면서 미국이 큰 혜택을 누리게 되었다고 말하곤 했습니다. 실상은 중국이 더 많은 혜택을 보았다고 나는 항상 강조합니다. 외부세계에서 중국에 대한 정보를 얻을 수 없었던 것과 중국인들 역시 외부세계에 대한 정보를 얻을 수 없었던 것이 과거 중국의 발목을 잡고 있었습니다. 인터넷이 보급되기 이전에는 여행을 통해서만 그런 정보의 간극을 극복할 수 있었습니다. 그러나 이제는 집에서 인터넷으로 얼마든지 정보를 얻을 수 있습니다. 인터넷 없이 전 세계에 널린 공급망을 운영한다는 것은 불가능합니다. 인터넷 덕분에 간단히 이메일로 도면을 전송합니다. 페덱스같이 신속한 운송회사도 필요치 않습니다."

특정한 업종의 경우는 도저히 무시할 수 없을 정도로 중국 생산의 장점이 커지고 있다는 게 퍼코스키의 말이다. 평평한 세계에서 일하는 경영방식으로 변화하든가 아니면 중국에 의해 납작해지든가 둘 중의 하나가 될 것이다. "미국 내에 머물기만 하고 중국에 진출할 방법을 생각해내지 않는다면 지금부터 10년이나 15년 후에는 더 이상 세계시장에서 앞서 가는 기업이 될 수 없을 겁니다"라고 그는 말했다.

전통적이고, 느리며, 비효율적이고, 또한 보호를 받던 중국의 경제부문은 이제 WTO 회원국이 되면서 극심한 경쟁에 직면하게 되었다. 오하이오 주의 캔턴 시나 중국의 광둥 시에서 힘겹게 받아들였던 그런 경쟁에 노출된 것이었다. 중국 정부가 WTO 가입을 국민투표에 부쳤더라면 "절대로 통과하지 못했을 것"이라고 중국의 WTO 가입 기간에 미중 비즈니스협회 베이징 사무소장이었던 팻 파워스Pat Powers는 단언했다. 중국 지도부가 WTO 가입을 결정한 가장 중요한 이유는 억지로라도 중국의 관료조직을 근대화하고 자의적인 국내 규제를 타파할 방법을 찾아야 했기 때문이었다. 팻 파워스는 중국 지도부에 대해 이렇게 말했다.

"중국이 세계경제에 통합되어야 하지만 그들의 기존 제도나 조직이 그대로는 변화하거나 개선되지 않을 것임을 잘 알았습니다. 그래서 WTO를 자신들의 관료주의 타파를 위한 지렛대로 삼은 것이었습니다. 지난 2년 반 동안 중국 지도부는 관료주의와 맹렬히 싸우는 중입니다."

중국이 WTO의 표준을 잘 지키면 중국 경제는 점차 더욱 평평해지고 세계도 더 평평해지는 원인을 제공할 것이다. 그러나 그 전환 과정은 쉽지 않을 것이며 정치적 혼란이나 경제위기가 일어나 속도가 느려지거나 아예 중단될 가능성도 작지 않다. 그러나 중국이 WTO가 요구하는 개혁을 모두 수행한다 하더라도 거기서 쉴 틈이 없다. 경제성장에 대한 열망이 더 큰 정치개혁을 강요하는 때가 올 것이다. 언론의 자유와 시민의 사회활동을 보장하는 제도 없이 중국은 부패를 척결할 수 없을 것이다. 법의 지배가 확립되지 않으면 중국 경제의 효율성은 한계에 도달할 것이다. 민중이 불만을 표출할 수 있는 열린 정치체제를 갖추지 못한다면 불가피한 경기침체를 감당할 수 없을 것이다. 다르게 표현하면, '정치개혁'이란 장애물을 넘어설 때까지 중국은 결코 진정한 의미에서 평평해지지 못할 것이다.

중국은 올바른 방향으로 나아가고 있는 것처럼 보이기는 한다. 그러나 아직 갈 길이 멀다. 2004년 봄, 중국 주재 미국 외교관 한 사람이 나에게 한 말을 좋아한다.

"지금 중국은 완전한 사유화를 하는 것이 아니라 그것을 미끼로 단지 기분을 좋게 할 뿐입니다. 중국의 개혁은 가림막 뒤의 움직임을 볼 수 있기 때문에 때로는 꽤 자극적이지만 투명하게 모든 것을 볼 수 있지는 않습니다. 중국 정부는 경제 관련 정보를 몇 개 기업과 이해관계가 있는 특정 그룹에만 줍니다."

왜 반투명한 방식을 취하느냐고 내가 질문하자 그는 이렇게 대답했다. "중국 정부는 완벽히 투명한 개혁을 추진할 경우 그 뒤에 돌아올 반향을 감당할 자신이 없는 겁니다. 중국 정부는 아직도 그런 질문을 다룰 방법도 모르고, 투명성의 결과를 다룰 능력이 없습니다."

언젠가 만약에 중국이 정치개혁이란 장애를 극복한다면 중국은 생산설비 이전에 적합한 기지 정도가 아니라 미국과 같은 또 하나의 자유시장 경제체제가 될 수 있을 것이다. 일부 사람들에게는 그것이 위협으로 보일 수 있지만, 나는 전 세계에 믿을 수 없을 정도로 긍정적인 발전이 될 것으로 생각한다. 2차 세계대전 이후 서유럽과 일본이 자유시장 경제의 민주주의 정치체제가 되기 위한 노력 덕분에 얼마나 많은 새로운 상품과 아이디어, 직업 그리고 소비자가 생겨났는지 한 번 생각해보라. 아직 세계가 평평하지도 않았던 때지만 그 과정은 전 세계에 전례 없는 번영의 시기를 열어주었다. 그 도중에 장애가 있긴 했지만 말이다. 인도와 중국이 서유럽과 일본이 걸었던 길로 나아간다면 세계는 더욱 평평해지고 과거보다 더욱 번영할 것이라고 나는 확신한다. 미국 같은 나라는 하나보다는 셋이 있는 것이 더 좋고, 다섯 개가 있으면 더 좋을 것이다.

그러나 내가 자유무역주의자이긴 하지만 단기적이나마 일부 미국 노동자들의 임금과 복지에 미칠 부정적 영향은 걱정스럽다. 중국의 급성장에 보호무역으로 맞선다는 건 너무 늦은 일이다. 중국 경제는 선진국의 경제와 이미 떼려야 뗄 수 없이 연결되어 이를 단절한다면 전 세계에 경제적으로 그리고 지정학적으로 파국적인 영향을 미칠 것이다. 미국인들과 유럽인들은 중국을 최대한 이용하면서 최악의 상황에 대비할 수 있는 새로운 사업 모델을 창출해야만 한다.

2004년 12월 6일 자 《비즈니스위크》의 표제는 '중국에 치러야 하는 비용China Price'이었다. 그 요지는 이렇다.

중국은 모든 면에서 압도적인 지배자가 될까? 물론 그렇지 않다. 미국은 제조업에서 세계 제일이라는 지위를 앞으로도 계속 유지할 것이다. 비록 1990년대 중반에 미국인들이 소비하는 상품의 90%를 미국 스스로 생산하던 것에 비해 그 비율이 75% 수준으로 떨어졌지만 말이다. 미국은 특히 항공과 의약, 자동차 분야 등막대한 연구개발비와 엄청난 자본 투입이 필요한 산업에서는 우위를 지킬 수 있을 것이다. (…) 그러나 어쨌든 미국이 중국의 확대로 계속 도움을 받을 것이라는 사실도 확실하다.

이것이 사실이라면, 미국이 여러 면에서 중국에 비용을 치르며 야기되는 장기적인 산업 난제들을 잘 해결하지 못하면 미국은 경제력과 그 지배력을 잃게 될 것이다.

다르게 표현한다면, 미국인과 유럽인들이 더욱 평평해지는 세계에서 그리고 세상의 모든 시장과 지식 센터들이 더욱 긴밀하게 상호 연결되는 세계에서 무언가 이득을 얻고 싶다면, 그들은 모두 가장 빠르게 달리는 사자보다 더 빨리 달려야 할 것이다. 내 생각에 그 사자는 중국이 될 것이며, 그 사자가 달리는 속도는 무서울 정도로 빠를 것이다.

평평화 동력 7

공급망 구축하기: 아칸소 주 촌구석에서 생선초밥을 먹다

아칸소Arkansas 주 벤톤빌Bentonville에는 월마트 본사가 있다. 이곳을 방문하기 전에는 공급망이 실제로 어떤 모습으로 움직이는지 실감한 적이 없었다. 월마트 본사에 도착하자 담당 안내자가 면적이 약 11만 2000㎡가 넘는 월마트 물류센터로 나를 안내했다. 우리는 그곳 조망대에 올라가 상품들이 실제로 어떻게 움직이는지 지켜보았다. 건물의 한쪽에서는 수십 대의 월마트 흰색 트레일러트럭들이 수천 곳의 공급자로부터 실어온 갖가지 제품 상자들을 내려놓고 있었다. 크고 작은 제품 상자들은 각각의 탑재창구에서 바로 컨베이어 벨트 위에 실렸다. 이들 작은 컨베이어 벨트들은 마치 작은 개천이 강의 큰 본류에 합쳐지듯이 더 큰 벨트 위로 물건을 쏟아냈다. 물품 공급 트럭들은 하루 스물네 시간 일주일 내내 길이가 거의 12마일(약 20km)에 달하는 컨베이어 벨트 위로 제품 상자들을 쏟아붓는데, 이들 컨베이어 벨트 흐름은 다시 월마트의 거대한 상자들의 흐름으로 연결된다.

그러나 그것은 쇼의 절반에 지나지 않는다. 제품 상자들이 컨베이어 벨트 위에 실려 건물의 다른 쪽으로 이동하는 동안 전자눈electric eye이 각 상자에 붙어있는 바코드를 읽는다. 거기에서 제품 상자들은 다시 분류되어 수천 개의 흐름으로 갈라진다. 각 흐름에서 뻗어나온 전자팔에 의해 특정 월마트 지점에서 주문한 상자들이 분류되고 또 다른 컨베이어 벨트로 옮겨진다. 이어서 전국의 어느 특정 월마트 지점으로 신속하게 운반할 상자를 기다리고 있는 월마트 트럭에 실린다. 그런 후에 어느 소비자가 월마트의 상품 진열대에서 상품을 하나 들고 계산대로 가져가면, 점원은 바코드를 스캔하여 읽는다. 바로 그 순간에 신호가 생성될 것이다. 그 신호는 월마트 네트워크를 가로질러 외부의 그 상품 생산자에게까지 전달된다. 그 생산공급자의 공장이 중국 연안에 있건 미국 메인 주 연안에 있건 상관없이 전달된다. 그 신호는 생산자의 컴퓨터 화면에 뜨고 공급자가 그 제품을 더 만들어서 월마트의 공급망을 통해 선적하도록 한다. 이제 이 모든 과정이 다시 시작된다. 당신이 어느 월마트 매장에서 물건을 하나 집고 계산대로 가져가자마자 또 다른 기계는 같은 물건을 전 세계 어딘가에서 만들기 시작하는 것이다. 생산과 운송, 그리고 소비가 이뤄지는 이 전 과정의 활동을 마지막 악장이 없는 '월마트 교향곡'이라 불러도 되지 않을까? 이 교향곡은 1년 365일, 하루 스물네 시간 끊임없이 연주된다. 납품, 분류, 포장, 운송, 구매, 제조, 재주문, 납품, 분류, 포장……. 이렇게 계속해서 반복되는 교향곡처럼.

예를 들어, HP 한 회사만 하더라도 크리스마스 시즌에는 전 세계 4000여 개 월마트 점포를 통해 하루 만에 40만 대의 PC를 판매한다. 이것은 HP가 월마트의 공급망에 맞춰 월마트의 기준에 맞게 자체 기준을 연동시켜야만 그들의 PC가 월마트의 공급망 흐름에 원활하게 공급되어, 월마트의 지류로 제품이 분산되고, 지점에서 판매될 수 있음을 의미한다.

월마트는 그들의 공급망을 통해 1년에 23억 개의 상품을 수많은 매장으로 이동시키는 세계적 규모로 이 교향곡을 성공적으로 연주하는 능력이 있다. 그러한 능력은 내가 이제 논의하고 싶은 또 다른 세계 평평화 동력의 가장 중요한 예가 되고 있으며, 내가 '공급망 구축하기(또는 공급망 만들기)'라고 부르는 것이다. 공급망 만들기는 가치를 창출하기 위해 공급자, 소매상 그리고 소비자들이 함께 수평적으로 협력하는 방법이다. 공급망 만들기는 세계의 평평화로 가능해졌고, 동시에 그 자체가 매우 중요한 세계의 평평화 동력이 된다. 이런 공급망이 성장하고 확산할수록, 기업 간에 공통 표준을 받아들일 수밖에 없게 되고(그럼으로써 공급망의 매 사슬은 다음 사슬과 연동될 수 있다), 사슬 간 경계에서 마찰이 되는 요소를 제거해주며, 한 기업의 효율성을 다른 기업이 더 많이 좇으며 세계적 차원의 협력을 더욱 강화하기 때문이다.

오늘날과 같은 평평한 세계에서 경쟁우위를 점하고 수익성 증가의 원천으로 변모한 공급망의 중요성을 제대로 판단하고자 한다면 이 한 가지 사실을 생각해보라. 월마트는 오늘날 세계에서 가장 규모가 큰 소매회사지만 자체적인 제품 생산은 하지 않는다. 월마트가 만드는 것이라곤 고도의 효율성을 가진 공급망이 전부이다. MIT 대학의 공학 시스템 분야 교수이자 공급망관리 전문가인 요시 셰피Yossi Sheffi 교수는 이렇게 표현하길 좋아한다. "제품을 만들어내는 것은 쉬운 일입니다. 공급망을 갖추는 것이야말로 정말 어려운 일입니다." 오늘날과 같이 기술이 고도로 발달한 사회에서는 지적재산에 대한 비밀을 유지하기 상당히 어렵고, 어떤 제품이건 완성품을 뜯어서 분석해 하루아침에 '제품을 만들어내는 것'쯤은 그리 어려운 일이 아니라는 의미다. 그러나 전 세계로 '제품을 공급'하는 절차를 수립하는 일, 즉 수십 개의 공급자와 배급자, 항만 운영자, 통관업자, 중간 물류업자 그리고 운송회사 등이 정교하게 맞물려서 조화롭게 운영되도록 하는 일은 어려울 뿐만 아니라 복제가 매우 매우 어렵다.

월마트의 사례를 자세히 살펴보기에 앞서 공급망의 몇몇 일반적인 특징과 왜 그것이 상당히 중요해졌는지에 대해 언급하고자 한다. 평평한 세계에서 당신은 가능하다면 최저 비용으로 최고의 제품을 만들어낼 수 있는 생산자를 어디에 있든 찾아내서 이용할 수 있어야 하고, 또 반드시 그렇게 해야만 한다. 당신이 하지 않는다면 당신의 경쟁자가 분명 그렇게 할 것이다. 세계 각지로부터 부품과 제품을 끌어다 쓸 수 있는 전 세계적인 공급망은 소매상과 제조업자 모두에게 필수적인 요소가 되었다. 이것은 좋은 소식이다. 셰피 교수가 지적한 것처럼 나쁜 소식은 이러한 공급망을 작동시키는 것이 생각보다 훨씬 어렵고 지속적인 혁신과 조정이 필요하다는 점이다. 그는 평평한 세계에서 전 세계적인 공급망을 구축하려면 두 가지 기본적인 도전과제가 따른다고 설명한다.

첫 번째 과제는 '글로벌 최적화'이다. 이것은 어느 한 장소에서 어느 한 부품을 저렴하게 공급할 수 있다는 것은 그다지 중요하지 않다는 뜻이다. 세계 각지에서 필요한 모든 부품을 제시간에 공장이나 소매점으로 전달하는 총비용이 낮아야 하며, 특히 경쟁자의 총비용보다 분명히 더 적어야 한다는 것을 의미한다. "만약 내가 회사의 운송관리 담당자라면 비용이 가장 적게 드는 운송회사와 함께 일하고 싶어할 것입니다. 만약 내가 생산관리 담당자라면 가장 신뢰할 만한 운송회사와 일하고 싶어하겠죠. 그 요구에 맞는 운송회사가 일치하지 않을 수 있습니다"라고 셰피 교수는 말했다. 따라서 가장 신뢰할 수 있으며 비용도 저렴한 운송 시스템을 갖추기 위해 이 모든 요소 사이에서 균형점을 찾아내는 것이 첫 번째 도전과제다.

셰피 교수가 말하는 두 번째 어려운 과제는 예측하기 어려운 수요와 혼란스러워지기 쉬운 공급을 조화롭게 조정하는 것이다. 다시 말해 당신은 한 가지 부품 또는 한 종류의 스웨터를 지나치게 많이 구매하길 원치 않을 것이다. 팔리지 않고 재고가 쌓이면 어쩔 수 없이 할인 판매를 해야 하기 때문이다. 그렇다고 해서 상품을 지나치게 적게 구매해서도 안 된다. 왜냐하면 고객이 쇼핑하러 갔을 때 원하는 물건을 찾을 수 없으면 그날 하루의 매출이 줄어들 뿐 아니라 고객 한 사람을 아예 잃을 수도 있기 때문이다.

두 가지 도전과제 모두 오늘날 패션제품과 전자제품처럼 제품 수명 주기가 짧은 탓에 해결하기가 더욱 어려워졌다. 혁신은 더욱 빠른 속도로 일어나고 있으며 제품들이 매우 빨리 유행을 탔다가 사라지기 때문에 시장의 수요를 예측하기가 훨씬 더 어려워지고 있다.

이와 같은 도전과제를 해결하기 위한 기업의 노력이 다양한 방식으로 전개되고 있다. 그 하나는 재고목록을 정보화하는 것이다. 이 방식의 개척자가 바로 월마트이다. 고객이 매장에서 구매하고 있는 물품정보(제품의 어떤 모델과 어떤 색깔을 구매하는지)를 더 빨리 입수하면, 그 정보를 제조업자와 디자이너에게 더 빨리 전달할 수 있고, 다시 그 정보를 더 빨리 공급망으로 내려보내서 빨간 스웨터의 공급을 늘리고 노란 스웨터의 공급은 줄일 수 있다. 발달한 정보기술 덕분에 월마트는 언제든지 공급망에서 이동하고 있는 어떤 제품이 어디에 있는지 한눈에 찾아볼 수 있는 '시야'를 제공한다. 예컨대 텍사스에서는 수요가 높지만 뉴잉글랜드의 수요는 기대에 미치지 못할 경우, 수요가 높은 텍사스에 제품을 공급할 수 있게 공급망의 물류 흐름을 중도에 바꿀 수 있다. 스페인의 의류 소매업체 자라Zara는 특히 이와 같은 관리방식에 뛰어나서 동종업계의 경쟁사들보다 늘 더 좋은 실적을 내는 기업이다. 자라는 재고가 남아도는 것보다는 부족한 것이 수익성을 높인다는 기업 이념에 따라 영업한다. 부족한 재고에 대해서는 빛처럼 빠른 속도로 대응해서 재고를 남기는 위험 부담을 줄이면서도 정확하게 고객이 원하는 상품을 공급하고 있다. 자라는 과연 어떻게 이런 일을 해내고 있을까?

자라는 정교한 정보기술에 대한 투자를 아끼지 않는다. 하버드 비즈니스스 쿨과 UPS의 공동 산학협력 연구인 '경도 04Longitude 04'의 내용은 다음과 같다. "자라는 모든 상점 매니저에게 송수신 기능이 있는 PDA를 지급해 고객의 성향과 기호를 파악한 데이터를 직접 중앙기획실로 전송하는 기술 등에 많은 투자를 하고 있다. 이 정보기술은 하나의 신제품이 디자인 단계에서 상점의 진열대에 올라가기까지 걸리는 시간을 30일 이내로 대폭 단축했다. 이 기술 덕분에 자라는 개별 상점에서 보내오는 최신 유행 정보를 십분 활용하기 위해 디자인 의사결정을 늦출 수 있는 시간적 여유를 준다. 변덕스러운 고객의 기호와 급속하게 변화하는 유행으로 발생하는 매일매일의 위험을 관리하기 위해 계획을 잘 수립함으로써 자라는 예상치 못한 상황이 발생할 때에도 신속하게 대응할 수 있는 준비를 하고 있다. 9·11 사태 직후 자라의 경영진은 소비자들이 침울한 분위기에 빠져 있음을 간파했다. 그래서 자라의 경영진은 단 몇 주 만에 자라의 모든 상점에 검은색이 주류를 이루는 신상품을 진열할 수 있었다."

이런 전략은 경영에서 '지연전략postponement'으로 알려졌다. 셰피 교수는 최근 『끈질긴 생명력의 기업: 경쟁우위를 지키기 위해 취약점 극복하기』The Resilient Enterprise: Overcoming Vulnerability for Competitive Advantage』라는 책을 출간했는데, 지연전략의 개념에 대해 그는 이렇게 설명했다. 수요 예측이 점점 더 어려워질수록 훌륭한 기업들은 제품에 대한 가치 부여를 가능한 한 최후의 순간까지 미루는 방법을 모색하는 것이 지연전략이다. 이것은 델의 전략적 특성이기도 하다. 델은 컴퓨터를 제조하기 전에 개별 컴퓨터의 고객을 미리 확보하기 때문에 고객이 원하는 수량만큼, 고객이 원하는 그대로 각 컴퓨터를 정확하게 생산한다. 델은 완제품 컴퓨터 재고가 없다. 제작에 필요한 기본적인 부품만을 공급하고 화면의 크기와 메모리, 그리고 소프트웨어를 개별 고객의 요구에 따라 맞춤 제작함으로써 가치를 부가한다. 셰피 교수는 이렇게 말했다. "델은 정해진 부품 요구서에 따라 구매하므로 부품 재고는 발생할 수 있습니다. 하지만 각 부품은 다양한 컴퓨터 사양에서 사용될 수 있으므로 조만간 모두 사용될 것입니다. 그러나 팔리지 않은 컴퓨터 재고를 떠안고 있는 일은 결코 없습니다." 셰피 교수는 다음과 같이 결론 내렸다. 요컨대 평평한 세계에서는 혁신적인 신제품이 일반적인 상품으로 변화하는 속도가 그 어느 때보다 빠르고, 전 세계를 상대로 경쟁해야 한다. 그리고 그 경쟁은 과거 어느 때보다 더욱 치열해지는 한편 고객의 요구는 더욱 변덕스러워지며, 유행은 전 세계에서 번개와도 같이 빠르게 왔다가 빠르게 사라진다. 이런 세계에서는 빈틈없고 신속한 전 세계적인 공급망을 보유한 기업이 경쟁자들 사이에서 두각을 나타낼 수 있는 중요한 수단 중 하나가 되어가고 있다.

소비자로서 우리는 공급망을 갖춘 기업을 환영할 수밖에 없다. 테니스화에서부터 노트북컴퓨터에 이르기까지 각종 상품을 우리가 원하는 요구사항에 더욱더 정확하게 맞춰 더욱더 값싸게 공급하기 때문이다. 바로 그것이 월마트가 세계 최대의 소매상이 된 방법이다. 그러나 근로자로서 우리는 이들 공급망을 갖추고 사업하는 기업들에 때로는 모호하고 때로는 적대적인 태도를 보인다. 이런 세계적 공급망 기업들은 근로자를 더욱더 심한 경쟁으로 내몰며 압박하고, 다른 기업이 어쩔 수 없이 경비를 줄이도록 하며 때로는 임금이나 복지혜택도 삭감할 수밖에 없도록 하기 때문이다. 이래서 월마트는 세계에서 논란을 가장 많이 불러일으키는 기업이 되었다.

사실 월마트보다 더 공급망을 효율적으로 발전시키고, 그 덕분에 세계를 평평하게 하는 소매기업은 여태껏 없었다. 또한 월마트처럼 소비자인 동시에 근로자인 우리에게 공급망이 던지는 심각한 고민거리를 전형적으로 보여주는 기업도 없다. 《컴퓨터월드Computerworld》지는 2002년 9월 30일 자 기사에서 월마트의 핵심적인 역할을 다음과 같이 요약해 실었다.

'월마트의 상품 공급자가 된다는 것은 양날의 칼이다'라고 마텔Mattel Inc.의 최고 정보경영자인 조지프 F. 에크로스Joseph F. Eckroth Jr.가 말한다. "월마트는 상품 판매를 위해서는 정말 대단한 창구이지만 동시에 그들은 상대하기 버거운 고객이기도 합니다. 그들은 최고 수준을 요구하기 때문입니다." 이는 세계 최대의 소매기업인 월마트가 사업의 국면을 변화시킨 재고와 공급관리 시스템을 만들면서 캘리포니아에 기반을 둔 장난감 제조업체 엘 세군도El Segundo와 그밖에 수천의 공급자들이 배운 교훈이다. 개별 상품 단위 수준까지 상품의 판매를 확인하고 추적하는 첨단 기술에 대규모로 조기 투자함으로써 소매업 거인 월마트는 이 같은 IT 기술 기반을 그들의 핵심적인 경쟁력으로 만들었으며, 세계의 기업들이 이를 연구하고 따라 하고 있다. 보스턴에 있는 AMR 연구소에서 첨단기술의 소매업 분야 연구부장인 피트 아벨Pete Abell은 '우리는 월마트를 역사상 최고의 공급망 운영자로 본다'고 말한다.

세계에서 가장 효율적인 공급망을 구축하려고 노력하는 과정에서 월마트는 많은 사업 관련 소송을 당했고 몇 차례 패소하기도 했다. 월마트는 뒤늦게나마 이를 전화위복으로 삼고자 애쓰고 있다. 그러나 월마트가 세계를 평평하게 하는 10대 요인의 하나인 것은 부인할 수 없는 사실이며, 이 때문에 나는 그 실체를 이해하고자 벤톤빌의 월마트 본사로 순례여행을 떠났던 것이다. 왜 그랬는지는 모르지만, 뉴저지의 라가디아 공항에서 아칸소로 날아가던 비행기 안에서 '아, 오늘 밤에 생선초밥을 먹으면 참 좋겠다'는 생각을 했다. 그런데 아칸소 주 북서부 어디에서 생선초밥 파는 데를 찾을 수 있겠는가? 초밥집을 찾았다 해도 먹고 싶을까? 촌티 나는 아칸소 주에서 내놓는 장어를 믿을 수 있겠는가?

그런데 나는 월마트 본사 근처 힐튼 호텔에 도착해서 스테이크와 생선초밥을 파는 대형 일식당이 월마트 건물 바로 옆에 있는 걸 발견하고는 신기루를 본 것처럼 깜짝 놀랐다. 호텔 숙박을 위해 체크인을 하는 중에 그 직원에게 벤톤빌에서 생선초밥 요리를 먹을 수 있으리라고는 전혀 기대하지 않았다고 말했을 때 그가 "곧 일식당 세 개가 더 문을 열 겁니다"라고 말했다.

벤톤빌에 일식당이 여러 곳 생긴다고?

아칸소에서 생선초밥의 수요가 있는 건 우연이 아니다. 벤톤빌에 있는 월마트 본사 사무실 부근 곳곳에 거래처 기업들이 모선과 가까이에서 영업활동 사무소를 운영하고 있기 때문이다. 실제로 그 지역은 '거래처마을Vendorville'로 알려졌다. 월마트 본사를 보고 놀란 점은 그곳이 진정 월마트답다는 것이다. 옛 창고 건물을 고쳐서 사무실들을 다닥다닥 집어넣었다. 외장이 골함석판으로 마감된 대형 건물을 지나면서 나는 그것이 보수용 창고일 것으로 짐작했다. 그러나 나를 안내한 월마트의 홍보실장 윌리엄 워츠William Wertz는 "그 건물이 국제업무 사무실들"이라고 말했다. 기업의 주요 사무실 내장은 심지어 내 딸의 중학교가 개선되기 전 교장, 교감 그리고 카운셀러 선생의 사무실보다도 더 수준이 낮았다. 로비를 지나다 보면 월마트에 물품을 공급하는 제조업자들이 월마트 구매 담당자와 열띤 협상을 벌이고 있는 작은 방들이 눈에 들어온다. 어떤 이는 재봉틀을, 어떤 이는 인형을, 또 어떤 이는 여성복을 테이블 가득 올려놓고 상담하고 있었다. 그 모습은 회원제 대형 할인점인 샘스클럽Sam's Club과 천막으로 덮인 다마스커스Damascus의 시끄러운 시장바닥을 섞어놓은 듯했다. 그래서 나는 혹시라도 월마트 주식을 보유하고 있는 독자가 있다면 얘기해주고 싶다. 월마트 기업은 절대 당신의 돈을 쓸데없는 일에 낭비하고 있지 않다고 말이다.

세계의 경제환경을 여러모로 바꿔놓은 아주 혁신적인 사고가 어떻게 미국에서도 가장 낙후한 아칸소 주의 한 후미진 작은 마을에서 나왔을까? 이는 내가 정말로 이 책에서 강조하고 싶은 현상의 고전적인 사례이다. 나는 이를 평평화 계수coefficient of flatness라 부르고 싶다. 천연자원이 적은 나라나 기업일수록 생존을 위해서는 혁신을 추구하지 않을 수 없다. 월마트가 세계 제일의 소매업자가 된 것은 접촉하는 누구와의 거래든 강하게 밀어붙였기 때문이다. 그러나 오판하지 말아야 할 한 가지가 있다. 월마트가 아칸소 시골의 시시한 작은 회사에서 세계 최대의 소매기업이 된 것은 다른 어떤 경쟁자보다 신기술을 더 잘 이해하고 더 빨리 받아들였기 때문이다. 그리고 지금도 월마트는 여전하다.

1988년부터 2000년까지 월마트의 최고경영자였던 데이비드 글라스David Glass는 많은 혁신으로 회사를 세계에서 가장 크고 가장 이윤을 많이 내는 지금의 기업으로 만든 경영자다. 《포춘》은 그가 두드러지게 드러나지 않으면서도 월마트 창업자인 샘 월턴Sam Walton의 비전을 조용히 실천해왔다며, 그를 "역사상 가장 저평가된 최고경영자"로 언급한 적이 있다.

데이비드 글라스의 공급망 만들기는 빌 게이츠의 워드 프로세싱에 비견된다. 1960년대 월마트가 아칸소 주에서 처음 출발했을 때에는 단지 할인매장을 운영하려고 했다고 글라스가 설명했다. 그러나 그 시절에 모든 영세 소매업자는 동일한 도매업자로부터 상품을 구매해야만 했다. 그러니 월마트가 경쟁 소매업자들보다 경쟁 우위를 얻을 여지가 없었다. 앞서 갈 유일한 방법은 월마트가 상품을 생산자로부터 직접 대량 구매하는 것이었다. 그러나 생산자가 미국 곳곳에 흩어져 있는 월마트 매장에 물건을 운송하는 것은 비효율적이었으므로, 월마트는 모든 제조업자가 그들의 상품을 운송할 수 있는 집중물류센터를 설치한 다음 월마트의 회사 트럭으로 직접 각 매장에 물품을 배송했다. 그들의 계산은 이랬다. 월마트가 물류센터를 유지함으로써 비용은 평균 3% 더 늘어났다. 그러나 제조업자들로부터 직접 대량구매를 함에 따라 줄어드는 비용이 평균 5%였다. 결국 월마트는 평균 2%의 비용을 낮출 수 있었고, 늘어난 판매량에서 이익을 키울 수 있었다.

일단 생산자에게 직접 제품을 사서 가능한 한 많은 할인을 받는 기본 구조를 정립한 월마트는 이후 세 가지에 줄곧 몰두했다. 첫째, 제조업자들과 협력해 제조원가를 최대한 줄이는 것이다. 둘째, 전 세계 어디에 있든 공급업자들로부터 월마트의 물류센터로 가능한 한 적은 비용과 마찰 없이 물품을 공급받는 공급망에 힘쓴 것이다. 셋째, 월마트의 정보 시스템을 꾸준히 개선하는 것이다. 이로써 회사는 소비자들이 무엇을 사고 있는지 알아내고 모든 생산자에게 바로 알려서, 월마트의 선반에는 언제나 소비자가 원하는 바로 그 상품들이 제때에 진열되는 것이다.

제조업자로부터의 직접 구매, 끊임없는 혁신을 통한 공급망 유지비용 절감, 고객의 요구를 즉시 파악함으로써 재고를 최소화해 돈을 아끼게 된다면 월마트는 가격 면에서 모든 경쟁자를 이길 수 있다는 것을 금세 깨달았다. 아칸소의 시골 마을 벤톤빌에서 출발한 월마트는 다른 선택의 여지가 별로 없었다.

월마트의 대외홍보 부사장Senior Vice President 제이 앨런Jay Allen은 이렇게 말했다. "우리만의 물류관리와 시스템을 구축한 것은 사실 우리가 너무도 알려지지 않은 곳에 있었기 때문입니다. 벤톤빌은 정말로 작은 마을입니다. 우리를 위한 물류관리 회사를 찾고 싶어도 사실상 불가능했습니다. 그저 생존을 위해 한 일이었습니다. 우리가 받는 많은 관심은 흔히 월마트의 낮은 가격은 우리의 기업 규모에서 비롯됐다거나, 중국에서 값싼 제품만 사들여서 그렇다거나, 우월한 지위로 생산업체들을 좌지우지할 수 있기 때문이라는 생각이 깔려 있습니다. 그러나 월마트의 진정한 가격경쟁력은 우리가 투자한 시스템과 문화의 효율성에서 나왔습니다. 비용을 쓰지 않는 저비용 문화를 갖고 있지요." 데이비드 글라스가 몇 마디 덧붙였다. "난 우리가 다른 기업에 비해 뛰어났고 비전이 있었다고 말하고 싶습니다. 그러나 이 모든 것은 필요 때문에 탄생했습니다."

공급망이 커질수록 샘 월턴과 글라스는 규모와 효율성이 성공의 가장 핵심적인 요소임을 이해하게 되었다. 단순히 표현하자면 더 큰 공급망의 규모와 범위를 가질수록 더 많은 상품을 더 낮은 가격으로 더 많은 고객에게 팔 수 있었고, 우월한 지위를 활용해 공급업체들에 가격을 더 낮추게 하는 것이 가능해졌다. 더 많은 고객에게 더 많이 팔수록 공급망의 규모와 범위는 더욱 커졌고, 월마트 주주들을 위해 더 많은 수익을 올릴 수 있었다.

이 문화를 이룩한 아버지가 창업자 샘 월턴이었다면 필요는 그 어머니였다. 그리고 그 자손은 날렵하고 영악한 공급망 시스템으로 나타났다. 2004년에 월마트는 약 2600억 달러 상당의 상품을 구매해서 미국 전역의 108개 물류센터로 이루어진 공급망을 통해 3000개가 넘는 매장에서 이들 제품을 판매했다.

데이비드 글라스의 말을 들어보자.

"처음에 우리는 매우 작은 회사였습니다. 시어스Sears나 K마트Kmart에 비하면 4~5% 정도의 규모에 불과했죠. 그렇게 규모가 작으면 경쟁에 취약할 수밖에 없습니다. 그래서 우리는 무엇보다도 시장점유율을 높이고자 애썼습니다. 우리는 경쟁사보다 싸게 팔아야 했습니다. 물류센터 운영비용을 3%에서 2%로 낮출 수 있다면 판매가격을 낮춰서 시장점유율을 높일 수 있습니다. 그러면 경쟁사가 공격적으로 나와도 타격을 받지 않죠. 말하자면 비용을 절감해서 달성한 효율을 우리의 고객들에게 돌려주는 것입니다."

일례로 생산자들이 월마트 물류센터로 제품을 실어오면 월마트는 그것들을 소단위 묶음으로 각 매장에 운송한다. 이는 월마트의 트럭들이 미국 전역을 늘 돌아다니고 있다는 말이다. 월턴은 자사의 트럭에 무선통신장치와 인공위성을 설치하고 이를 통해 운전자들과 교신하면, 상품을 매장에 넘기고 난 트럭이 빈 차로 그냥 돌아오지 않고 가까운 납품업체에 들러서 상품을 실어올 수 있다는 사실을 깨달았다. 그 결과 월마트는 생산자들이 청구할 운송비용을 줄일 수 있었다. 여기에서 몇십 원, 저기에서 몇십 원을 절약하게 되었을 때, 거래량은 많아지고 다루는 품목과 그 규모도 더욱 커지는 결과를 낳았다.

공급망을 개선하는 데 월마트가 손대지 않는 분야는 없다. 벤톤빌의 물류센터를 돌아보는 중에 헤드폰을 끼고 특수 소형 트럭을 몰고 다니는 월마트 직원들이 컨베이어 벨트에 들어갈 수 없을 정도로 큰 제품들을 운반용 상품 적재 운반대 위에 실어서 옮기는 모습을 보았다. 월마트의 컴퓨터 시스템은 직원 개개인이 시간당 화물 운반대를 서로 다른 매장으로 갈 트럭에 얼마나 실었는지 기록하고, 컴퓨터 음성장치가 직원들 각자에게 그들의 작업이 예정시간보다 빠른지 또는 늦는지 알려준다. "직원들은 자신의 컴퓨터 음성장치 목소리를 여성 또는 남성으로 할지, 그리고 영어로 들을지 스페인어로 들을지도 선택할 수 있습니다"라고 월마트 부사장인 롤린 포드Rollin Ford가 말했다. 그는 월마트의 국외 공급망을 관리하고 있으며 내 회사 탐방을 안내하고 있었다.

몇 년 전까지만 해도 이들은 어디에서 어떤 화물 운반대를 어떤 트럭에 실을지 문서로 작업 지시를 받았다. 하지만 월마트는 편안한 느낌의 컴퓨터 음성이 나오는 헤드폰을 지급함으로써 운전자들이 양손을 다 쓸 수 있게 되고 더는 종이를 들고 다니지 않아도 된다는 걸 알아냈다. 컴퓨터 음성이 끊임없이 작업상태를 알려줌으로써, 생산성 향상 효과를 얻었다고 했다. 월마트가 차별화된 공급망을 갖게 된 것은 바로 이런 아주 작은 수백만 가지의 혁신 덕분이다.

월마트가 이룬 진정한 혁신은 제조업자를 다룰 때 깐깐하게 가격 협상을 하는 한편, 계속 가격을 낮추고자 한다면 양자의 가치 창조를 위해 제조업자와 수평적으로 협력해야 한다는 것을 깨달은 때라고 글라스는 말했다. 월마트는 각 점포의 판매 및 재고 상황을 컴퓨터로 추적하고 기록하는 시스템을 도입하고, 이 정보를 제조업자와 공유하는 컴퓨터 네트워크를 최초로 구축한 기업 중 하나였다. 소비자의 구매행태에 대해 더 많은 정보를 얻을수록 월마트는 더욱 효율적인 구매를 할 수 있고, 공급업자들도 변화하는 시장의 수요에 더 빨리 적응할 수 있다는 것이 월마트의 이론이었다.

월마트는 1983년에 판매 시점 정보관리 시스템point-of-sale terminals을 도입했다. 이 시스템은 판매와 동시에 상품의 재고 감소분을 파악해서 상품의 신속한 재공급을 가능하게 한다. 4년 후 월마트는 모든 점포를 본사와 연결하는 대규모 위성 시스템을 구축했고, 이로써 월마트의 중앙 컴퓨터 시스템에 재고 현황을 실시간으로 파악해 제공함으로써 공급망이 매끄럽게 운영되도록 효율성을 극대화했다. 월마트에 제품을 공급하는 제조업자는 월마트의 외부업체 전용 인터넷망에 접속해 자사 제품의 판매상황이 어떤지, 언제 제품의 생산을 늘려야 할지 정확히 알 수 있게 되었다.

"판매와 재고 정보를 제조업자와 공유한 것이야말로 오늘날 월마트를 강력한 기업으로 만든 원동력"이라고, 캐나다 토론토에 있는 소매업 컨설팅 회사 J.C. 윌리엄 그룹J.C. Williams Group Ltd.의 선임 파트너 레나 그라놉스키Rena Granofsky는 2002년에 《컴퓨터월드》에 실린 월마트 관련 기사에서 말했다.

'월마트 경쟁사들은 판매 정보를 비밀로 취급했지만 월마트는 제품 공급업자들을 적이 아닌 파트너로 대우했다'고 레나 그라놉스키는 말했다. 월마트는 협력 공급기업 예측Collaborative Planning, Forecasting and Replenishment, CPFR 프로그램을 도입해 소매업자인 월마트와 공급업자 모두의 재고유지 비용을 낮춰주는 적기조달 재고 시스템just-in-time inventory program을 개시했다. '이 때문에 공급망에는 불필요한 재고가 훨씬 적어졌다'고 그라놉스키가 말했다.

공급망의 효율성만으로도 월마트는 경쟁사보다 원가가 5~10% 정도 낮은 것으로 추정된다.

월마트는 일일이 스캔해야 하고 때론 찢기거나 더럽혀질 수 있는 바코드를 대체해서 가장 최근의 공급망 혁신 방안으로 RFIDRadio Frequency Identification Microchips(무선 주파수 인식 마이크로 칩)를 이용한 무선인식장치를 도입해 월마트에 공급되는 모든 제품 상자와 화물 운반대에 부착했다. 2003년 6월, 월마트는 거래량이 가장 많은 100여 개 공급업자에게 2005년 1월 1일까지 월마트로 보내는 모든 제품 상자에 이 RFID 태그를 부착하라고 통보했다. 《RFID 저널》은 RFID에 대해 이렇게 설명한다. "RFID는 전파를 이용해 사람이나 사물을 자동으로 인식하는 기술을 일컫는다. 인식 방법은 여러 가지가 있는데, 가장 보편적인 방법은 사람이나 사물, 또는 다른 정보를 인식하는 일련번호를 안테나에 부착된 마이크로 칩에 저장하는 것이다. 칩과 안테나를 통틀어 RFID 태그 또는 RFID 송신기라고 부른다. 안테나는 칩이 인식한 정보를 판독기에 전달한다. 판독기는 이를 컴퓨터가 활용할 수 있는 디지털 정보로 변환시켜 컴퓨터에 전달한다.")

월마트는 RFID를 통해 공급망의 각 단계에서 모든 상품 적재 화물 운반대나 제품 상자를 추적할 수 있고 누가 제조한 것인지, 그 상품의 유효기간이 언제까지인지도 정확히 알 수 있다. 식료품이 적정한 온도에서 보관돼야 하는 경우 온도가 지나치게 높거나 낮아지면 RFID 태그가 알려준다. 태그 하나의 가격이 20센트 정도이므로 월마트는 아직은 개별 물품이 아닌 상자 또는 화물 운반대 단위로만 사용하고 있다. 하지만 이것은 분명히 미래에 적용할 기술 흐름이다. RFID 기술과 함께 시장의 미세한 동향도 감시할 수 있는 정교한 주문 분석 도구들은 소프트웨어 업계의 성배, 즉 공급과 수요의 절대적인 균형이 존재하는 위치로 신속하게 우리를 이끌고 있다.

월마트 물류 담당 부사장 롤린 포드는 "RFID 기술을 이용하면 판매 상황에 대해 더 많은 내용을 파악할 수 있습니다"라고 말했다. 금요일엔 어느 점포에서 어떤 샴푸가 더 많이 팔리고, 일요일에는 어느 샴푸가 더 많이 팔리는지 전보다 더 빨리 알 수 있다. 스페인계 소비자들의 동네에선 월요일보다는 토요일 밤에 쇼핑을 더 많이 한다는 것도 알 수 있다. "이 모든 정보가 수요 모델에 입력되면, 특정 제품의 생산 시점과 운송시기를 보다 효율적으로 알 수 있고 트럭에 실을 때 적재할 정확한 장소까지도 파악해서 훨씬 더 효율적으로 물류관리를 할 수 있습니다. 지금까지 우리는 주문한 상품을 받을 때 수량을 세어보고 바코드를 스캔해야 했습니다. 이 때문에 병목현상이 생겼지요. 이제 RFID의 도입 덕분에 제품 상자가 적재된 화물 운반대를 리더로 읽으면 주문한 30개의 품목이 확인되고, 각 상자는 어떤 제품이 어떤 색깔, 그리고 어떤 상태에 있는지까지 훤히 알 수 있게 되었습니다. 제품검수 작업이 훨씬 쉬워진 겁니다."

2004년 9월 20일, P&G Procter & Gamble의 대변인 지니 태링턴 Jeannie Tharrington 은 살롱닷컴과의 인터뷰에서 월마트가 RFID로 전환한 것에 "우리는 이런 전환이 공급망 전체에도 유익할 것이라 봅니다. 현재 우리 회사엔 재고 부족현상이 회사나 소비자들의 생각보다 더 높은 수준입니다. 이 기술의 도움으로 제품이 떨어지지 않도록 유지할 수 있을 것으로 생각합니다"라고 언급했다. RFID는 각종 이벤트에 맞춰 공급망을 더욱 빨리 조정할 수 있도록 도와줄 것이다.

허리케인이 부는 기간에는 소비자들이 탄산음료나 타르트(파이의 일종)처럼 보관하기 쉽고 오래가는 식품을 선호하고, TV를 대신할 전기 없이 작동하는 아동용 게임기가 많이 팔린다고 월마트의 고위 간부들이 내게 말했다. 또한 허리케인 태풍이 닥치면 사람들이 맥주를 더 많이 마시는 경향이 있다는 것도 알고 있다. 따라서 월마트의 세심한 기상연구원들이 플로리다에 허리케인이 접근 중이라고 본사에 알리면 월마트의 공급망은 플로리다 지역 매장을 자동으로 허리케인 대비 상품 구성으로 변경해, 초기에는 더 많은 맥주를 공급하고 나중엔 탄산음료와 타르트 공급을 늘린다.

월마트는 소비자들과 협력할 수 있는 새로운 방안을 꾸준히 모색하고 있다. 최근에는 금융 서비스업에 뛰어들었다. 주로 스페인계 주민이 사는 곳에서는 많은 사람이 특정 은행에 계좌를 갖고 있지 않으며, 수표를 현금화해주는 소규모 환전소에서 터무니없는 환전 수수료를 낸다는 것을 알게 됐다. 그래서 월마트는 저렴한 수수료를 받고 급여 수표 현금화, 현금 입출금, 송금, 공공요금 수납 등의 모든 서비스를 제공했다. 사실 월마트는 회사 내에서 직원들에게 이 같은 서비스를 제공해왔기에 이 서비스를 단순히 외부로 돌려 사업화한 것뿐이었다.

성공의 함정

월마트의 끊임없는 혁신 본능을 끌어온 요인들, 이를테면 외부세계와 단절된 외진 사업 지역, 내부의 문제를 파고들어야 했던 필요성, 멀리 떨어져 있는 점포들을 전 세계 공급망에 연결해야 할 필요성 등이 불행하게도 월마트를 곤경에 몰아넣은 요인이 되었다. 과장하지 않더라도 아칸소 주 벤톤빌에 본사를 둔 월마트는 노동자의 권리나 인권이라는 전 세계적인 시대의 흐름에서 상당히 소외되어 있었으며, 가격 인하에만 사로잡힌 이 편협한 회사의 관리방식이 일부 도를 넘어선 것도 있었다. 창업주 샘 월튼은 월마트의 공급망을 발전시키기 위해 지나칠 정도로 효율성을 추구했을 뿐만 아니라, 어느 정도 무자비한 면을 낳은 것은 확실했다. 최근에 밝혀진 것으로, 월마트는 야간 근무 노동자들이 점포 밖으로 나가지 못하게 문을 잠그기도 하고 건물관리 하청 회사들이 불법 이민자를 청소부로 고용하는 것을 허용한 점, 역사상 최대 규모의 집단소송을 당하는 피고인이 되었던 일, 월마트가 유일한 점포인 작은 마을에서도 《플레이보이Playboy》 같은 일부 잡지 판매를 거부했던 일까지 모든 것에 대해 언급하는 것이다. 이는 임금을 적게 주고 의료보험 혜택을 줄이는 월마트와 경쟁하려면 큰 경쟁사들마저도 이런 비용 절감을 따라 할 수밖에 없다고 불평하는 점은 제외한 것이다(다음에 더 자세히 말하겠다). 월마트가 지난 몇 년간 나쁜 평판을 들어가며 소비자들의 돈을 절약해주고 삶의 질을 향상시킨 고도로 효율적인 전 세계적 공급망은, 비용절감과 이윤을 추구하는 월마트가 사회적인 효익을 제공하는 동시에 빼앗아 가는 것이라는 점을 스스로 억지로라도 이해할 수 있기를 기대해볼 뿐이다.

기업들에 월마트는 이를테면 현재 세계시장에서의 중국과 같은 존재다. 압도적인 가격 협상력으로 어떤 공급자든 쥐어짜서 마지막 5원 선까지 중간이윤을 깎는다. 게다가 국외와 국내 공급자를 서로 경쟁시키는 능력을 십분 발휘하는 데 전혀 망설임이 없다.

이런 압박 아래서도 번창할 길을 찾아내서 더 잘 해내는 제조업자들이 있다. 만약 모든 제조업자가 월마트에서 착취만 당한다면, 월마트는 공급 기업들을 다 잃을 것이다. 따라서 분명 많은 공급업자는 월마트의 파트너로서 번창하고 있다. 그러나 일부 제조업자는 월마트의 끊임없는 가격 인하 압력에 대응하기 위해 노동자의 복지와 임금을 줄이거나 사업을 중국으로 옮겼다. 월마트의 공급망은 2004년 한 해에만 중국의 5000개 공급업자로부터 180억 달러어치의 제품을 구매했다. 중국 월마트의 홍보책임자 쑤준徐俊이 《차이나 비즈니스 위클리China Business Weekly》 2004년 11월 29일 자 기사에서 다음과 같이 말했다. "월마트를 하나의 나라로 치면 러시아, 호주, 캐나다보다 앞서는 중국의 여덟 번째로 큰 교역국입니다."

샘 월튼의 뒤를 이은 후계자들은 월마트의 이미지와 현실을 개선해야 한다는 것을 인식한 듯하다. 월마트가 얼마나 변할지는 두고 볼 일이다. 내가 월마트의 최고경영자인 리 스콧 2세H. Lee Scott Jr.에게 이 문제에 관해 직설적으로 물었을 때, 그는 답변을 피하지 않고 오히려 자신의 견해를 말하고 싶어 했다. "고객에 대한 우리의 약속을 제도화한 만큼 사회에 대한 기업의 의무도 제도화해야 한다는 생각을 하고 있습니다. 세계는 변했는데 우리는 그것을 몰랐습니다. 좋은 의도와 좋은 상점, 좋은 가격이면 우리가 잘 못하는 것들을 사람들이 용서해줄 것으로 믿었습니다. 하지만 우리가 틀렸습니다. 어떤 분야에서는 기대만큼 잘하지 못하고 있습니다. 우리가 개선해야만 합니다."

월마트가 자신의 책임이 아니라고 주장하는 추세 가운데 하나는 제조업의 생산설비 국외이전 문제다. 월마트의 부사장 글라스가 말했다.

"미국산 제품을 구매할 수 있다면 우리로서도 매우 좋은 일입니다. 저는 2년 동안 미국을 돌아다니며 사람들에게 이곳에서 제조업을 해달라고 설득하려 했습니다. 우리는 더 비싼 가격으로 상품을 구매하려고 했습니다. 왜냐하면 미국 도시의 제조 공장들이 우리 상점 구매 고객들의 일자리를 만들어 낼 것이기 때문입니다. 일본의 가전 회사 산요Sanyo는 시어스에 공급할 TV 생산 공장을 아칸소 주에 갖고 있었습니다. 시어스가 거래를 끊자 산요는 아칸소의 공장을 폐쇄하고 멕시코와 아시아로 설비를 이전하기로 했습니다. 당시 아칸소 주지사가 우리에게 도움을 요청했습니다. 우리는 산요가 아칸소에 공장을 둔다면 산요로부터 TV를 구매하기로 했지만, 산요가 이를 원치 않았습니다. 산요가 이전을 고집하자 주지사는 공장 유지를 설득하기 위해 산요의 기업주 가족과도 대화했습니다. 주지사와 월마트의 노력으로 마침내 산요를 설득했습니다. 이제 그들은 세계 최대 TV 제조회사이고, 우리는 산요로부터 5000만 번째 TV를 막 구매했습니다. 그러나 미국 기업들은 대부분 미국 내 생산을 포기해버렸습니다. 그들은 '월마트에 물건을 팔고 싶지만, 건물 유지, 직원들 그리고 그들의 건강보험을 책임지고 싶진 않습니다. 다른 곳에서 아웃소싱해서 공급하려고 합니다'라고 말합니다. 그래서 우리는 미국 외의 다른 곳에서 물품구매를 강요받고 있는 겁니다. 내가 걱정하는 건 미국에서 제조업이 사라지면 언젠가는 우리끼리 서로에게 햄버거나 팔고 있을 것이란 점입니다."

세계를 평평하게 하는 월마트의 위력을 맛보는 가장 좋은 방법은 일본에 가보는 것이다. 1853년 7월 8일, 미국의 매슈 캘브레이스 페리Matthew Calbraith Perry 제독은 대포를 장착한 네 척의 검은 기선을 이끌고 도쿄 만에 도착해 굳게 닫힌 일본의 문호를 열었다. 해군역사센터의 웹 사이트에 따르면, 증기선의 존재조차 알지 못했던 일본인들은 페리 제독의 기선을 보고 충격을 받았고 '연기를 내뿜는 거대한 용'으로 생각했다. 페리 제독은 다음 해인 1854년 3월 31일에 일본 정부와 가나가와 조약을 매듭짓고, 미국 선박이 시모다 항과 하코다테 항에 정박할 권한을 얻었으며 시모다 항에는 미국 영사관을 개설했다. 이 조약으로 미국과 일본의 교역이 폭발적으로 증가했고, 이후 서구세계에 대한 일본의 문호개방이 촉진되었으며 일본 근대화를 촉발했음을 널리 인정받고 있다. 이 조약을 계기로 일본인들이 얼마나 뒤처졌는지를 깨닫고 서구 열강을 따라잡으려 서둘렀기 때문이다. 그리고 일본은 정말 서구를 따라잡았다. 자동차에서 가전제품, 공작기계 그리고 소니 워크맨Sony Walkman에서 렉서스에 이르기까지 아주 많은 분야에서 일본은 서구에서 모든 것을 배웠으며, 급기야 미국을 능가했다. 단 한 가지 예외는 소매업, 특히 대형할인 소매업이다. 일본은 다른 나라가 따라갈 수 없는 소니 같은 기업을 만들 수 있다. 그러나 소니 제품을 값싸게 파는 것이라면 그것은 또 다른 문제다.

페리 제독이 일본과 조약을 체결한 지 150여 년이 흐른 2003년에 그보다 덜 알려진 조약, 실제로는 비즈니스 파트너십이 체결되었다. 그것을 세이유—월마트 조약Seiyu-Wal Mart Treaty이라 부르기로 하자. 페리 제독과 달리 월마트는 군함을 이끌고 힘으로 일본을 윽박지를 필요가 없었다. 무력보다 월마트의 명성이 앞섰기 때문이다. 그 명성 때문에 대형 할인점을 거부하기로 이름난 일본에서, 당시 고전하며 절박하게 월마트 방식을 도입하려고 애쓴 유통업체 세이유에 의해 일본에 도입된 것이었다. 총알 열차를 타고 도쿄에서 월마트 방식을 도입한 최초의 세이유 점포가 있는 누마즈로 가면서, 《뉴욕 타임스》의 통역인이 그 점포가 시모다 항과 미국의 첫 영사관에서 160km 정도 떨어져 있다고 알려줬다. 쇼핑카트를 가득 채우도록 고객을 끌기 위해 서양음악을 틀어놓고 중국산 신사복을 65달러에, 와이셔츠를 5달러에 살 수 있는 세이유 신매장에서 아마 페리 제독도 쇼핑을 즐겼을 것이다. 월마트는 이것을 EDLPEvery Day Low Prices(매일 저가)라 부른다. 월마트 사람들이 처음으로 배운 일본어 말 중의 하나가 바로 이 EDLP였다.

월마트가 세계를 평평하게 하는 영향력은 누마즈에 있는 세이유 매장에 충분히 진열되어 있다. EDLP라는 안내뿐만이 아니고 널찍한 매장 통로와 가정용품들이 쌓인 큰 상품적재 팔레트, 각 품목에 최저가임을 표시하는 커다란 안내판, 그리고 점장들이 재고를 신속히 조정할 수 있는 월마트 컴퓨터 시스템 등이다.

나는 세이유의 CEO인 기우치 마사오에게 왜 월마트에서 도움을 구했는지를 물었다. 기우치의 답은 다음과 같았다. "내가 월마트를 처음 알게 된 것은 15년 전이었습니다. 댈러스에 가서 월마트 점포를 보고는 매우 합리적인 운영 방식이라고 생각했습니다. 두 가지를 보았는데 하나는 가격을 표시하는 표지를 쓰는 방식으로, 우리가 이해하기 쉬웠습니다." 다른 하나는 일본인은 할인점이라고 하면 싸구려 상품을 저가에 파는 곳이라고 생각한다고 그가 말했다. 그가 월마트에서 쇼핑하고 PDP TV에서 최고 브랜드의 애완동물 관련 제품을 보면서 깨달은 것은 월마트는 쓸 만한 제품을 저가에 판다는 것이었다.

"내가 댈러스의 월마트 매장에서 찍은 사진을 가져와 세이유의 동료들에게 보여주며 '이것 봐. 월마트가 지구 반대편에서 하는 방식을 눈여겨봐야 해'라고 말했죠. 그러나 사진을 보여주는 것만으론 충분하지 않았습니다. 사진만 보고 어떻게 이해하겠습니까?"라고 기우치는 회상했다. 그는 결국 월마트와 접촉했고, 2003년 12월 31일에 그들은 파트너십에 서명했다. 월마트는 세이유 주식 일부를 사들이면서 월마트의 독특한 협력형태, 즉 소비자에게 최저가에 가장 좋은 상품을 공급하는 세계적 공급망 구축에 대해 가르쳐주기로 합의했다.

그래도 세이유가 월마트에 가르쳐줄 게 한 가지 있는데, 날생선을 파는 방법이 그것이라고 기우치가 내게 말했다. 일본의 할인점과 백화점은 모두 식료품 코너를 두고 있는데 그들은 매우 까다로운 일본 소비자에게 생선을 판매한다. 세이유는 생선의 신선도가 떨어지는 것에 맞춰서 하루에도 여러 차례에 걸쳐 생선가격을 할인한다. "월마트는 날생선에 대해 모릅니다. 하지만 우리는 다른 일반 상품 구매에서 그들의 도움을 얻기를 기대하고 있습니다"라고 기우치는 말했다.

월마트에 시간을 줘보자. 나는 그리 오래지 않아서 월마트 생선초밥을 보게 될 거라고 기대한다. 누군가 참치에 경고를 해두는 게 좋겠다.

인소싱: 갈색 반바지를 입은 사람들이 진짜로 하고 있는 일

이 책을 쓰기 위해 이런저런 조사를 하면서 얻은 즐거움 중의 하나는 내가 모르던 온갖 세상사를 새로이 알아가는 것이다. 미국의 택배회사인 UPSUnited Parcel Service의 이면을 알게 된 건 정말 흥미진진한 일이었다. 수수한 갈색 반바지를 입고, 그 못생긴 갈색 트럭을 몰고 다니는 사람들이 일하는 바로 그 회사 말이다. 내가 잠자는 동안 이 오랜 역사의 구닥다리 택배회사가 거대한 세계 평평화 동력이 되어 있었다.

UPS에 대해 귀띔해준 사람은 내 인도인 스승 중 한 사람으로 인포시스의 CEO인 닐레카니다. "페덱스FedEx와 UPS는 당신이 찾고 있는 세계 평평화 동력입니다. 이들은 단순히 소포를 배달하는 것이 아니라 물류사업을 하고 있습니다." 그가 어느 날 벵갈루루에서 전화 통화 중에 한 말이다. 그가 도대체 무슨 말을 하는 건지 몰랐지만, 늘 하던 대로 다음에 확인해볼 사항으로 수첩에 바로 메모해뒀다. 그리고 몇 달 뒤 중국에 갔는데 시차 때문에 잠을 못 자고 꼭 두새벽에 CNN 국제뉴스를 시청하고 있었다. 한순간 UPS의 광고가 나왔는데 화면의 광고문구로 나온 UPS 슬로건이 "당신의 세계는 동시에 움직입니다Your World Synchronized"였다.

그때 떠오르는 생각이 있었다. 그래. 이것이 닐레카니가 내게 말하고 싶었던 것이었구나! UPS는 이제 단지 물품만 배달하는 것이 아니었다. 크고 작은 회사들의 전 세계 공급망을 동기화해주고 있었다. 다음날 나는 애틀랜타에 있는 UPS 본사 방문 일정을 잡았다. 얼마 후에 루이빌 국제공항에 인접한 UPS

의 항공물류 허브인 월드포트Worldport 센터를 둘러볼 수 있었다. 밤이 되면 UPS의 화물 제트기들이 루이빌 국제공항을 점령하는데 전 세계에서 소포 화물들을 날라와 분류한 후 몇 시간 뒤에 다시 싣고 공항을 떠난다(UPS가 보유한 270대 항공기 선단은 세계에서 열한 번째로 큰 규모이다). 내가 이곳 방문을 통해서 알게 된 것은 UPS가 더 이상 우리 아버지 세대의 UPS가 아니라는 점이다. 연간 360억 달러에 이르는 UPS 매출의 대부분은 여전히 매일 1350만 개의 크고 작은 화물의 운송에서 나오고 있다. 그러나 보잘것없어 보이는 겉모습 뒤를 보면, 1907년에 시애틀에서 창업되었던 심부름 회사가 자신을 역동적인 공급망 관리자로 변신시켜온 사실을 알 수 있다.

품질보증으로 무상수리가 가능한 도시바 노트북 PC를 갖고 있다고 가정해보자. 어느 날 이 노트북 PC가 고장 나서 고치려고 도시바에 전화해 수리 요청을 하면, 도시바는 UPS 점포에 가져다 놓으면 회사로 보내질 거라고 말한다. 그리고 그 노트북 PC 수리가 끝나면 당신에게 다시 택배로 전달된다. 그러나 도시바가 당신에게 말하지 않은 것이 있다. UPS는 독자 여러분의 노트북 PC를 배달만 하는 게 아니다. 사실 UPS는 루이빌 허브센터에서 자신들이 운영하는 컴퓨터와 프린터 전문 수리공장에서 컴퓨터를 직접 고친다. 나는 소포들이 운반되는 광경을 볼 것으로 기대하고 루이빌의 UPS 월드포트를 둘러보러 갔다. 하지만 나는 그 대신에 먼지가 차단된 특수한 청정실에서 푸른 작업복을 입고 UPS 직원들이 고장 난 도시바Toshiba 노트북 PC의 주기판을 교체하는 작업을 지켜볼 수 있었다. 몇 년 전 도시바는 컴퓨터 수리가 너무 오래 걸린다고 불평하는 고객들 때문에 회사 이미지에 문제가 생겼다. 이에 도시바는 UPS에 더 나은 수선 물류 시스템을 마련해달라고 요청했다. UPS는 다음과 같이 제안했다.

"지금은 우리가 고객으로부터 컴퓨터를 우리의 허브로 받아와서 도시바의 수리시설로 보내면 당신들은 그걸 수리해서 다시 우리 허브로 보내고, 우리는 그걸 다시 당신네 고객에게 보내고 있습니다. 모든 중간 과정을 생략합시다. 우리 UPS가 고장 난 컴퓨터를 받아와서 수리한 뒤에, 곧바로 당신네 고객에게 보내겠습니다."

이제는 고장 난 도시바 노트북 PC를 보내면 다음날 수리가 끝나서 셋째 날 돌려받는 게 가능해졌다. UPS의 모든 수리공은 도시바가 검증한 인력이며, 이후 고객의 불만이 급격히 줄어들었다.

그러나 이것은 오늘날 UPS가 하는 사업의 극히 일부에 지나지 않는다. 최근에 파파존스Papa John's 피자를 먹어본 적이 있는가? 파파존스의 운반트럭이 지나가는 걸 본다면 누가 운전사를 파견하고 토마토, 피자 소스 그리고 양파 등의 재료 공급 스케줄을 짜는지 한번 물어보기 바란다. 바로 UPS가 하고 있다. 현재 UPS는 많은 기업의 내부로 들어가서 그 기업들의 이름이 붙은 차량을 인계받아 정시 배달을 하고 있다. 파파존스 피자의 경우, UPS는 피자용 밀가루 반죽까지 매일 가장 알맞은 때에 빵집과 가맹점으로 운송하고 있다. 쇼핑몰에서 테니스화를 사는 게 지겨운가? 나이키 웹 사이트에서 온라인으로 나이키 테니스화를 한번 주문해보라. 주문은 UPS로 연결된다. UPS가 관리하는 켄터키의 한 창고에서 UPS 직원이 주문받은 신발을 골라서 검사하고 포장해 운송한다. 조키닷컴Jockey.com에서 속옷을 주문해도 마찬가지다. UPS의 창고에서 조키의 상품을 관리하는 UPS 직원이 주문에 따라 상품을 고르고 포장해 배달해줄 것이다. 당신의 HP 프린터가 유럽이나 남미에서 고장 난다고 해도 마찬가지다. 현지에서 HP의 수선과 부품부서를 관리하는 UPS 수리공이 방문해서 고쳐줄 것이다. 플로리다에 있는 양어장에서 열대어를 캐나다로 배달해 달라고 UPS에 주문해보라. UPS는 그 회사와 함께 물고기를 다치지 않고 배송할 수 있는 특수포장을 개발했다. 안전한 운송을 위해 심지어 물고기에 가벼운 진정제를 놓는다. UPS의 대변인 스티브 홈스Steve Holmes는 "우리는 물고기들이 편안하게 여행하기를 바랍니다"라고 말했다.

UPS에서는 대체 무슨 일이 벌어지고 있는가? '인소싱insourcing'이라 불리는 이 과정은 전혀 새로운 형태의 협력과 수평적인 가치를 만들어내는 방식이다. 평평한 세계 덕분에 가능하게 되었고, 또 이는 세계를 더욱 평평하게 하고 있다. 앞부분에서 나는 평평한 세계에서 공급망을 구축하는 것이 왜 그토록 중요한지 자세히 설명했다. 그러나 월마트가 발전시킨 범위와 규모의 세계적인 공급망을 만들 수 있는 기업은 정말 몇 안 된다. 이 때문에 인소싱이 탄생한 것이다. 인소싱은 세계가 평평해지자 작은 회사도 큰 사업을 할 수 있게 되었고, 이로써 작은 기업들이 갑자기 세계를 돌아보게 되었기 때문에 가능해졌다. 작은 기업들도 수많은 곳에서 더 효율적으로 상품을 만들고, 만든 상품을 팔고, 원재료를 살 수 있게 되었다는 사실을 깨달았다. 그러나 대부분 소기업은 스스로 어떻게 그런 일을 해낼지 모르거나 복잡한 세계 규모의 공급망을 관리할 여력이 없었다. 대기업들도 이 복잡한 문제를 다루고 싶지 않은 건 마찬가지였는데, 그것이 자신들 핵심 경쟁력의 일부분이 아니라고 생각했기 때문이다. 예를 들어 나이키는 공급망이 아니라 더 좋은 테니스화의 디자인 개발에 자금과 노력을 쏟고 싶어했다.

이 상황이 UPS와 같은 전통적인 택배회사에 전 세계적 규모의 새로운 사업 기회를 제공했다. 1996년에 UPS는 '고객사와 동일시된 상거래 업무 지원' 사업에 뛰어들었다. 이후 스물다섯 개의 서로 다른 글로벌 물류 및 운송업 회사를 매수하는 데만 10억 달러를 지급했다. 이로써 평평한 세계의 구석구석에 뻗어 있는 공급망에 운송서비스를 제공할 수 있게 되었다. 이 사업은 2000년 전후한 시기에 빛을 보았다. 이는 UPS의 엔지니어가 한 기업의 고유한 사업영역 안으로 들어가 제조·포장·배달의 과정을 분석해 그 회사의 글로벌 공급망을 설계하고, 수정하며 관리해주기 때문에 나는 '인소싱'이란 용어를 좋아한다. 필요한 경우 채권과 상품인도결제방식 같은 금융 관련 서비스도 제공한다. 오늘날에는 많은 기업이 생산한 제품을 더 이상 건드리지도 않는다(그중 많은 기업이 익명을 요구했다). 제품이 공장에서 창고로, 소비자에게로, 다시 수리센터로 가는 전 과정을 UPS가 감독한다. 필요하다면 고객으로부터 대금을 수령하기도 한다. UPS와 UPS의 고객기업, 그리고 그 기업 고객들 간의 무한한 신뢰와 친밀함이 필요한 이런 긴밀한 협력관계는 독특하고 새로운 세계 평평화 요소다.

"우리의 고객과 파트너가 대부분 누군지 아십니까? 바로 소기업들입니다"라고 UPS의 CEO이자 회장인 마이크 에스큐Mike Eskew가 말했다. "맞습니다. 우리에게 자신들이 세계적인 규모로 사업할 수 있도록 해달라고 요청해오는 겁니다. 우리는 이런 작은 회사들이 더 큰 기업들과 동등하게 경쟁할 수 있도록 돕는 겁니다."

당신이 작은 기업을 운영하거나 재택근무하는 개인일 경우, UPS를 당신의 공급망을 관리하는 회사로 삼으면 당신은 실제보다 더 큰 사업자로 보이도록 할 수 있다. 작은 회사도 큰 사업을 펼칠 수 있다면, 경쟁의 장은 그만큼 더 평평해질 것이다. UPS는 메일박스Mail Boxes(현재는 미국 내의 'UPS 스토어') 회사를 사들여 자영업자와 소기업에 전 세계적인 규모의 공급망 서비스를 제공할 수 있게 되었다. 그러나 UPS는 동시에 대기업도 소기업처럼 활동하도록 도와준다. HP와 같은 거대기업도 소포 배송과 제품 수리를 세계 어디서든 신속히 해낼 수 있게 되면 정말로 작은 기업처럼 효율적으로 운영할 수 있다.

게다가 UPS는 상품과 서비스를 세계 곳곳에 대량으로 그것도 대단히 효율적이고 빠르게 배달해서 더욱더 많은 사람이 운송화물에 동일한 규칙과 라벨, 추적 시스템을 채택하도록 했다. 이는 관세장벽을 낮추고 무역이 원활하게 이루어지는 데 일조하고 있다. UPS는 스마트 라벨이 붙은 모든 운송품이 UPS 네트워크 안에서 어디에 있는지 추적할 수 있게 했다.

UPS는 미국 관세청과 함께, 세관이 검사하기 원하는 운송품을 보고 싶다고 UPS에 알릴 수 있는 소프트웨어 프로그램을 개발했다. '월드포트 허브를 거쳐 가는 소포 중에 악명 높은 테러리스트인 카를로스와 같은 이름의 누군가가 콜롬비아에서 마이애미로 보낸 소포를 보고 싶다'거나 '오사마라는 이름을 가진 사람이 독일에서 미국으로 보낸 소포를 보고 싶다'와 같은 것이다. 요청받은 소포가 분류대에 도착하면, UPS의 컴퓨터는 이 소포를 자동으로 UPS 허브에서 일하는 미국 세관 직원에게 우회시킨다. 기계 팔이 해당 소포를 컨베이어 벨트에서 밀어내 정밀 검사를 위한 상자로 떨어뜨린다. 이로써 검사 과정은 더욱 효율적이 되고, 전반적인 소포 운송 흐름을 방해하지도 않는다. 이러한 시간과 규모의 효율성으로 UPS 고객들의 비용을 줄여 고객 기업이 혁신에 더욱더 투자할 수 있도록 해준다. 그렇지만 UPS와 그 고객들 간의 협력관계 수준은 특별한 것이다.

플로앤허스Plow & Hearth는 '시골과 전원생활에 필요한 제품들'을 전문으로 취급하는 전국적인 온라인 통신판매 대기업이다. 어느 날 이 회사가 UPS에 와서 고객에게 배달하는 과정에서 가구 파손이 잦다고 얘기했다. UPS에 해결책에 대한 의견을 구했던 것이다. UPS는 포장 엔지니어를 플로앤허스의 조달팀에 파견해서 소포 포장에 관한 세미나를 열었다. 그뿐만 아니라 제품공급 회사를 잘 고르기 위한 지침도 만들어주었다. 공급회사로부터의 구매결정은 품질 이외에도 제품이 포장, 운송되는 방식까지 고려해서 이뤄져야 함을 플로앤허스에 이해시키는 것이 UPS의 목표였다. UPS가 고객인 플로앤허스와 공급회사들의 사업, 즉 어떤 상자와 포장재를 사용하고 있는지 깊숙이 들여다보지 않고 도울 길은 없다. 그것이 곧 인소싱이다.

이베이 판매자들, UPS, 페이팔 그리고 이베이 구매자 사이의 협력관계를 생각해보자. 내가 이베이에서 골프채를 팔겠다고 제안하고, 당신이 구매를 결정했다고 하자. 나는 이메일로 당신의 이름과 주소가 적혀 있는 페이팔 청구서를 당신에게 보낸다. 동시에 이베이는 나에게 이베이 사이트의 아이콘으로 당신에게 보낼 UPS의 우편 라벨을 프린트하게 한다. 내가 프린터로 그 우편 라벨을 출력하면 UPS의 소포추적용 바코드도 프린트되어 나온다. 동시에 UPS는 컴퓨터 시스템으로 그 라벨에 상응하는 추적번호를 생성한 후, 예를 들어 골프채를 구매한 당신에게 자동으로 이메일을 발송한다. 그로써 당신은 소포가 어디에 있는지 온라인으로 주기적인 확인을 하고, 구매물품이 언제 도착할지 정확히 알 수 있게 된다.

아마 UPS가 이 사업을 개시하지 않았더라도 다른 누군가가 시작했어야만 했을 것이다. 수평적인 전 세계적 공급망을 통해 일하는 수많은 사람이 있기에 누군가는 필연적으로 발생하는 결함과 약한 고리를 메우고 연결해야 한다. UPS의 영업마케팅 담당 부사장인 커트 쿠엔Kurt Kuehn은 이렇게 말한다.

"예를 들어, 텍사스에서 기계부품을 생산하는 기업이 말레이시아 고객의 신용이 나빠 걱정한다고 합시다. 그럼 우리가 나서서 믿을 만한 중개인으로 그둘 사이에 개입합니다. 운송제품이 우리 관리 아래 있으니까 물품 수령 시에 대금을 받으면 신용장을 없앨 수도 있습니다. 신뢰는 개인적인 인간관계나 시스템과 통제력에 달려 있습니다. 신뢰가 없으면 대금 수령 전까지는 물품을 넘겨주지 않을 믿을 만한 운송업체가 있어야 합니다. 우리는 은행보다 이 문제를 잘 관리할 능력이 있습니다. 우리에겐 운송할 물품과 고객과의 밀접한 유대관계라는 담보가 있습니다. 즉, 우리는 지렛대의 양 끝을 다 잡고 있는 겁니다."

1997년 이래 60여 개 기업이 루이빌에 있는 UPS 허브 부근으로 공장을 이전했다. 이로써 창고에 보관할 필요 없이 제품을 만들어서 허브에서 곧장 운송할 수 있게 되었다. 그러나 인소싱으로 인한 물류와 더욱 효율적인 공급망의 혜택을 작은 기업만 누리는 것은 아니다. 2001년 포드 자동차Ford Motor Co.는 꼬이고 느려터진 배급망의 문제를 파악하고 공급망을 정비하기 위해 UPS를 포드 내부 깊숙이 받아들였다. 2004년 7월 19일 자《비즈니스위크》는 이렇게 보도했다.

포드 자동차의 딜러들을 오랫동안 괴롭힌 것은 공장에서 영업소까지 자동차를 운송하는 시스템같이 단순한 일을 어렵고 복잡하게 만드는 자동차회사의 관행이었다. 자동차가 영업소까지 오는 데 빨라도 한 달이 걸렸다. 그것도 운송 중에 분실되지 않았을 때나 그렇다. 그리고 포드는 딜러들에게 어떤 차종이 운반되고 있는지 또는 재고로 어떤 차가 있는지 알려주지도 못했다. 텍사스 주 갈런드의 딜러 제리 레이놀즈Jerry Reynolds는 "우리는 자동차를 가득 실은 화물열차가 어디에 있는지 모를 때도 있었습니다. 그건 정말 미친 짓이었습니다"라고 회상했다.

그러나 UPS의 엔지니어들이 포드로 들어와서 공장에서 생산돼 나오는 400만 대 신차의 위치를 소포처럼 어디에 있는지 추적할 수 있게 차창에 바코드를 붙이고, 자동차 운송 경로 등 모든 과정을 간소화해 포드의 전 북미 운송망을 재조정했다. 결국 딜러의 영업소까지 차를 운송하는 시간을 40%, 평균적으로 10일을 줄일 수 있었다. 덕분에 포드는 매년 운영자금 수백만 달러를 절약할 수 있었고, 포드와 거래하는 6500명의 딜러는 가장 인기 있는 모델이 무엇인지 알아내기가 훨씬 쉬워졌다. 레이놀즈는 "내가 겪은 일 중 가장 놀라운 변화입니다. 내가 UPS에 한 마지막 말은 '자동차 부품도 이런 식으로 해줄 수 없습니까'입니다"며 감탄했다.

UPS는 메릴랜드 주 티모니엄Timonium에 공급망 알고리듬을 연구하는 싱크탱크인 오퍼레이션 리서치 연구소를 운영하고 있다. '소포 물류관리 기술package flow technology'이라고 부르는 수학적 연구로 UPS는 그날그날의 전 세계 소포 물동량 처리에 맞춰 끊임없이 UPS의 트럭, 선박, 항공기를 배치하고 물품의 분류 작업을 조정한다. "우리는 이제 몇 시간 내에 운송량 변화에 따라 우리의 운송망을 조정할 수 있습니다. 전체 공급망의 최적화 방안에 대한 답을 수학에서 얻고 있습니다"라고 UPS의 CEO 마이크 에스큐가 말했다. 티모니엄에 있는 예순 명의 UPS 연구소팀은 대부분 공학과 수학 전공자들로 이뤄져 있으며, 박사들도 여럿 있다.

UPS는 특정한 날 태풍이나 지정학적인 큰 사건들을 피하고자 이를 분석하는 기상학자와 전략적 위협 분석가도 직원으로 두고 있다. 또한 UPS는 공급망의 원활한 운용을 위해 세계에서 무선통신 기술을 가장 폭넓게 이용하는 사기업이다. 8만 8000대의 트럭과 밴, 트랙터 그리고 오토바이를 모는 UPS의 운전기사들만 해도 배송 과정에서 하루에 100만 통이 넘는 휴대전화 통화를 한다. UPS에 따르면, 하루에 전 세계 GDP의 2%가 UPS 운송트럭 등에 실려 움직이고 있다고 한다. UPS 캐피털이라는 금융기관도 보유하고 있다. 이곳에서는 공급망의 전환에 드는 자금을 제공하는데 특히 자금이 부족한 소기업에 대여해주고 있다.

CEO 에스큐가 예를 들며 설명했다. 상처를 꿰매는 대신 쓸 수 있지만 매우 상하기 쉬운 혈액 응고제를 판매하는 캐나다의 한 바이오 벤처 회사와 거래할 때의 일이다. 대형 병원들로부터 공급이 달릴 만큼 주문량은 증가했으나 그 회사는 생산시설을 늘리는 데 필요한 자금이 없었다. 이 회사는 캐나다 동부와 서부에 물류센터를 갖고 있었다. UPS는 댈러스 허브에 있는 냉장실을 중심으로 그 회사의 시스템을 재설계하고, UPS 캐피털을 통해 자금을 지원했다. 그 결과 재고 감소로 현금 유동성이 개선되었고, 소비자 서비스도 더욱 좋아졌다. 무엇보다 UPS는 확실한 고객을 얻었다고 에스큐가 말했다.

에스큐는 캐나다 몬트리올에서 신부의 머리쓰개와 면사포를 생산하는 한 기업도 미국과의 거래 흐름을 개선하고 싶어 했다고 회고했다. "우리는 세관의 통관 과정을 통합하는 시스템을 고안해냈습니다. 그래서 그 제품들이 이전처럼 하나씩 국경을 통과하지 않아도 되도록 했죠. 우리는 또 그 제품들을 뉴욕에 있는 창고에 보관했습니다. 우리는 인터넷으로 주문을 받으면, 직접 라벨을 붙이고 소포로 배달하고 수금도 했지요. 그리고 UPS 캐피털을 통해 그 회사의 거래 은행에 전자송금을 함으로써 그 회사는 자금을 회수합니다. 이 때문에 그 회사는 새로운 시장에 진입하는 한편 재고를 최소화할 수 있게 되었습니다."

에스큐가 덧붙여 설명했다. "우리 할아버지 대에는, 재고란 상점 뒷방에 쌓아놓은 것이었습니다. 이제는 운송트럭에 실려서 두 시간이면 도착할 상자가 곧 재고입니다. 철도나 제트기를 이용해 나라를 건너오면 몇백 시간이 걸릴 것이고, 배로 대양을 건너면 수천 시간이 걸리겠지요. 우리는 공급망 안에서 어떻게 움직이는지 훤히 볼 수 있기 때문에 모든 다양한 운송수단이 서로 맞물려 돌아가게 운용할 수 있습니다."

실제로 소비자가 인터넷을 통해 더 많은 선택권을 갖게 되고 자신들의 기호에 맞게 주문할 수 있게 되자, UPS는 주문만 받는 것이 아니라 배달 서비스를 하면서 구입자의 현관에서 주문품을 전하는 사람이 되었음을 알게 됐다. 그 결과 회사들은 "공급망의 처음이 아니라 끝에 가능한 한 많은 차별화 요소를 두자"고 말했다. 상품들이 비행기와 기차, 트럭에 실리기 전 공급망의 마지막 고리에 UPS가 있기 때문에, 많은 차별화 요소를 두어 '배송 직전 서비스End of Runway Services'라는 아주 새로운 사업을 창출했다. 내가 루이빌을 방문한 날

두 명의 여직원이 한 판매점에서 주말 특판용으로 주문한 니콘 카메라에 특수 메모리 카드와 가죽 케이스를 함께 포장하고 있었다. 주문한 상점에 따라 포장상자도 차별화된 것을 사용했다. 이런 기능을 UPS가 맡음으로써 기업들이 최종 단계에서 고객의 요구에 맞춘 제품을 공급할 기회를 더 많이 제공하고 있다.

한편 UPS는 인터넷과 워크플로 기술을 십분 활용하고 있다. 1995년 이전에는 UPS 고객의 소포가 어디에 있는지 위치를 추적해 찾아내려면 콜센터를 이용해야 했다. 고객이 직접 UPS 수신자 부담번호로 전화를 걸어 상담원에게 물어봐야만 했다. 크리스마스 바로 전주 주문이 가장 몰리는 며칠 동안은 하루 60만 건의 질문 전화를 처리했다. 전화 한 통의 처리 비용이 2.1달러였다. 1990년대에 점점 더 많은 UPS 고객들이 인터넷을 편하게 활용하고, 무선통신 기술의 발달로 소포추적 시스템도 더욱 발전했기에 UPS는 고객 스스로 인터넷에서 소포를 추적하도록 유인했다. 이로써 UPS의 요청 건당 처리비용은 5~10센트로 떨어졌다.

"그렇게 해서 우리는 서비스 비용을 엄청나게 떨어뜨린 반면, 서비스 품질은 향상시켰던 겁니다"라고 UPS의 부사장 켄 스터나드Ken Sternad가 말했다. 현재 UPS에는 하루 평균 700만 건의 소포추적 요청이 들어오고, 요청이 폭주하는 날은 1200만 건이나 처리해야 하는데도 말이다. 동시에 UPS의 운전기사들도 DIAD(운송정보전달장치)의 도입으로 업무능률이 더욱 높아졌다. DIAD는 갈색의 전자 클립보드로 UPS에서 일하는 운전기사들이 늘 가지고 다니는 것이다. 이 최신장치를 통해 각각의 운전기사에게 물품 상자를 트럭의 어디에, 정확히 어느 선반에 놓아야 하는지도 알려준다. DIAD는 다음 배송지가 어디인지도 가르쳐주고, 엉뚱한 곳으로 가면 DIAD에 설치된 GPS 시스템이 운전기사에게 정확한 위치를 알려준다. 또한 운전기사가 언제 집 근처에 도착해서 소포를 건네줄지 가정주부가 온라인으로 알 수 있도록 해준다.

인소싱은 공급망 관리 그 이상이기 때문에 공급망 구성과는 구별된다. 인소싱은 제3자가 관리하는 물류 시스템이므로 UPS와 고객 기업들, 그리고 그 기업의 고객 사이에 훨씬 더 긴밀하고 광범위한 협력관계가 요구된다. 오늘날 많은 경우 UPS와 그 직원들은 고객의 조직구조에 깊숙이 연계되어 있어서 그들이 관여하는 범위의 시작과 끝이 어디인지 결정하기가 거의 불가능하다. UPS 직원들은 운송해야 할 소포와 관련된 모든 정보를 동시에 공유하는 것뿐만 아니라 당신 회사 전체, 그리고 당신의 고객과 공급자 사이의 상호작용이 모두 같이 맞물려 돌아가도록 하고 있다.

UPS의 CEO 에스큐는 이에 대해 다음과 같이 설명했다. "이것은 더 이상 단순한 판매자와 고객 관계가 아닙니다. 우리는 고객 기업의 전화를 받고, 그들의 고객과 대화하고, 그들의 재고를 보관 및 관리하며, 어떤 제품이 잘 팔리고 안 팔리는지까지 알려줍니다. 우리가 기업의 정보에 접근할 수 있기에 고객 기업이 우리를 신뢰해야 합니다. 우리는 서로 경쟁하는 기업들도 관리합니다. 그것이 가능해지려면 우리 회사의 창업자들이 경쟁 백화점인 김벨Gimbel's과 메이시Macy's에 '우리를 믿으십시오'라고 말한 대로 신뢰가 있어야 합니다. 나는 절대 이 원칙을 어기지 않을 것입니다. 우리가 고객들에게 사업 일부를 우리에게 맡기라고 요청하는 것인 만큼 정말로 신뢰는 필수적입니다."

UPS는 누구든지 세계적인 규모로 사업을 펼치거나 이미 갖춘 전 세계 공급망의 효율성을 크게 향상시킬 수 있는 기반을 만들고 있다. 이것은 아주 새로운 사업이지만 끝없이 성장할 것이라고 UPS는 확신한다. 시간이 지나면 알게 될 것이다. 이 사업의 순이익은 아직 작지만, UPS는 2003년 한 해에만 인소싱을 통해 24억 달러의 매출을 올렸다. 우스워 보이는 갈색 반바지를 입고 촌스러운 갈색 트럭을 모는 이 사람들은 세계가 평평해졌기 때문에 가능해진, 그러나 지금 세계를 더욱 평평하게 하는 대단히 큰일을 하고 있다고 나는 감히 장담한다.

평평화 동력 9
인포밍: 구글, 야후!, MSN 웹 검색

친구와 나는 레스토랑에서 한 남자를 만났습니다. 친구는 그에게 바로 반했지만, 나는 그가 의심스러웠습니다. 구글 검색을 몇 분간 해보았더니 그 남자는 중범죄를 저질러 체포된 적도 있는 사람이었습니다. 제대로 사귈 만한 남자가 이리도 없나 싶어서 다시 한 번 실망했지만, 최소한 내 친구에게 그 사람의 폭력 전과를 알려줄 수 있었던 점은 다행이었습니다.

- 구글 사용자가 보낸 편지

구글 통역 서비스에 매우 만족합니다. 내 동료가 알선해줘서 두 명의 인부를 불러 철거 작업을 하기로 했을 때였습니다. 그런데 의사소통에 문제가 발생했습니다. 내 동료가 오전 11시에 오라고 했는데, 인력회사에서 8시 30분에 두 사람을 보냈습니다. 게다가 그들은 스페인어만 할 줄 알았고, 나는 영어를 쓰고 프랑스어를 조금 하는 정도입니다. 이웃에 사는 스페인계 주민은 외출하고 없었습니다. 그런데 구글이 제공하는 통역 서비스 덕분에 그들과 의사소통을 할 수 있었고, 일을 시작하는 시간이 잘못 전달됐으며 11시에 다시 와달라고 요청할 수 있게 되었습니다. 통역 서비스를 제공하는 구글에 감사드립니다.

- 구글 사용자가 보낸 편지

애인을 만날 방법을 가르쳐준 구글에 감사하고 싶습니다. 멀어진 남동생을 찾다가 남자 스트리퍼를 소개하는 멕시코의 웹 사이트를 우연히 접하고 깜짝 놀랐습니다. 남동생이 그곳에서 남창으로 일하고 있었거든요. 남동생을 만나서 수치스러운 직업을 그만두게 하려고 비행기를 타고 멕시코로 날아갔습니다. 그런데 남동생이 일하는 클럽으로 가서 동생을 만났을 뿐만 아니라 동생과 같이 일하는 그 남자를 만났지 뭡니까! 우린 지난주에 멕시코에서 결혼했습니다. 구글이 없었다면 남동생도 남편도 만나지 못했을 거예요. 그리고 멕시코의 남성 스트리퍼 산업이 얼마나 이익이 많이 나는지도 몰랐을 겁니다. 구글, 고마워요!

— 구글 사용자가 보낸 편지

캘리포니아 주 마운틴뷰의 구글 본사는 플로리다에 있는 디즈니월드의 에프콧센터Epcot Center와 같은 느낌이 드는 곳이다. 이곳에는 갖고 놀 우주시대 장난감들이 무수히 많지만 이를 다 즐기기에는 시간이 매우 부족해서 아쉬울 정도다. 구글을 검색하는 인구수에 따라서 빛을 내뿜으며 회전하는 지구본이 한구석에 놓여 있다. 여러분이 예상하듯이 대부분 북미, 유럽, 한국, 일본, 중국 해안지역에서 빛줄기가 뿜어져 나오지만 중동과 아프리카 지역은 꽤 어둡게 남아 있다. 또 다른 코너에는 현재 전 세계 사람들이 가장 즐겨 검색하는 단어가 무엇인지 보여주는 스크린이 있다. 2001년 그곳을 방문했을 때 안내자에게 최근 검색빈도가 가장 높은 단어가 무엇인지 물어봤다. 구글러들의 변함없는 선호 단어는 '섹스'였다. 다음은 '하느님God'이었다. 많은 사람이 '그분'을 찾고 있었다. 3위는 '일자리'였는데, 일자리는 늘 부족한가 보다. 그리고 방문 당시에 네 번째 높은 검색어는 무엇이었을까? '프로레슬링'이란 말에 나는 웃어야 할지 울어야 할지 몰랐다. 가장 괴상한 것은 '구글 요리책'이었다. 사람들은 집에 있는 냉장고 문을 열어서 무슨 음식재료가 있는지 확인하고 세 가지 재료를 구글 검색창에 입력한다. 그리고서 어떤 요리법이 나오는지 지켜본다!

다행히 어떠한 검색 단어나 주제도 특정 시간에 구글 전체 검색량의 1~2% 이상을 차지하지 못한다. 그러므로 어느 날의 구글 검색어 순위 때문에 인류의 장래를 너무 걱정하지 않아도 된다. 구글 같은 검색엔진이 세계를 평평하게 하고 있는 거대한 요소인 것은 구글을 통해 수많은 언어로 행해지는 검색의 다양성 때문이다. 지구 역사상 이토록 많은 사람이 혼자 힘으로 그 많은 사물과 사람에 대해 그렇게 많은 정보를 얻을 수 있었던 적은 없었다.

구글의 공동 창업자인 러시아 태생의 세르게이 브린Sergey Brin은 이렇게 말했다. "어떻게든 인터넷에 접속할 수 있다면 캄보디아에 사는 소년이든, 대학

교수든, 또는 이 검색엔진을 운영하는 나 같은 사람이든, 누구나 똑같이 관련 정보를 얻을 수 있습니다. 검색엔진은 모든 사람을 평등하게 만듭니다. 내가 자랄 때와는 환경이 많이 바뀌었습니다. 그때는 도서관에 가는 것이 정보를 얻는 최고의 방법이었습니다. 그런데 도서관에는 구비된 것이 그리 많지 않았죠. 아주 기본적인 책이나 최근에 나온 것만 찾아보든가 아니면 기적을 기대해야만 했습니다. 구글이 등장하면서 아이들도 전 세계 도서관에 있는 모든 정보를 어디서나 얻을 수 있게 되었습니다."

구글의 목표가 바로 전 세계의 모든 지식을 모든 언어로 찾아볼 수 있게 만드는 것이다. 구글은 앞으로 모든 사람이 세계 어느 곳에서건 주머니 안에 있는 휴대전화나 휴대용 컴퓨터로 세계의 모든 지식을 검색할 날이 올 것으로 예상한다. '모든 것'과 '모든 사람'은 구글에 대해 항상 듣게 되는 핵심 단어이다. 실제로 홈페이지에 실린 구글의 연혁에는 '구글'이란 회사 이름은 1에 0이 100개가 붙은 천문학적인 숫자, '구골googol'을 재미있게 변형했다는 설명이 있다. 구글이 구골을 이용했다는 것은 거대한, 거의 무한한 양의 정보를 '바로 당신이' 웹에서 활용할 수 있도록 체계화하는 것이 회사의 임무라고 표방한 것이다. 구글의 성공은 많은 사람이 세계의 모든 지식을 손끝으로 쉽게 얻는 데 얼마나 큰 관심이 있는지 보여준다. 세계의 모든 지식 또는 그 일부라도 누구나, 언제, 어디서나 얻을 수 있게 한다는 생각이야말로 세계를 가장 평평하게 하는 힘이다.

구글의 CEO인 에릭 슈미트Eric Schmidt는 "컴퓨터를 이용할 수 없고 다룰 줄 모르면, 구글을 이용할 수 없습니다. 그 외에는 자판을 두드릴 수만 있으면, 구글을 이용할 수 있습니다. 우리는 그 두 가지 기준으로만 구분합니다"라고 말했다. 세계가 평평해진다는 게 의미 있으려면 지식에 접근하는 데 차별이 없어야 한다고 그는 덧붙였다. "이제 구글은 전 세계 100개 언어로 검색할 수 있습니다. 우리는 새로운 언어를 찾는 대로 추가할 것입니다. 구글 아이팟을 가진 사람들이 음성으로 지시해서 지식을 검색하는 그날을 상상해보십시오. 언젠가는 컴퓨터를 사용할 줄 모르는 사람도 싼값에 그런 장치를 사서 구글을 이용할 수 있도록 할 겁니다."

인터넷 검색이 어떻게 협력이라는 개념과 부합할까? 나는 이를 '인포밍'이라 부르겠다. 인포밍은 사람들이 업로딩, 아웃소싱, 인소싱, 공급망 구축하기, 오프쇼어링을 한 개인의 수준에서 구현하는 것과 같다. 인포밍은 사람들이 정보, 지식, 오락 등의 개인적인 공급망을 구축하게 하는 능력이다. 인포밍은 자기 스스로 많은 것을 해결할 수 있는 협력방안self-collaboration이다. 이는 도서관이나 영화관에 가지 않고도 스스로 자료를 조사하고, 편집하며, 어떤 오락거리든 스스로 선택이 가능한 것을 말한다. 인포밍은 지식을 탐구하는 것이다. 또한 같은 생각을 하는 사람들이나 공동체를 찾는 것이기도 하다. 구글이 전 세계적으로 인기를 끈 현상은 이러한 형태의 협력을 사람들이 얼마나 목말라했는지 잘 보여주었으며, 결국 야후!와 마이크로소프트(MSN을 통해)도 자신들의 검색능력을 강화하도록 자극했다. 구글은 현재 하루에 약 10억 건의 검색을 처리하는데, 이는 불과 3년 전의 1억 5000만 건에서 많이 증가한 수치다.

구글의 공동 창업자인 래리 페이지Larry Page의 말을 들어보자.

"인터넷 검색이 더 쉬워지고 정확해짐에 따라, 구글 사용자의 저변이 세계적으로 더 확대되었고 구글 검색은 더욱 강력한 세계 평평화 동력이 되었습니다."

하루가 다르게 더욱더 많은 사람이 자신들의 언어로 검색하고 스스로 해결책을 찾을 수 있다.

"오늘날 구글 검색의 3분의 1만이 미국에서 나온 것이며, 영어 검색도 50%가 안 됩니다. 그리고 전에는 관심을 끌지 못하던 것들도 더 많이 검색하면서 이제는 주의와 관심을 받지 않던 분야에 관한 책이 많이 출판되고 있습니다." 페이지가 덧붙였다. 이런 현상은 인포밍이 세계를 평평하게 하는 일에 더욱 힘을 보탠다.

최근에 모든 주요 검색엔진은 단순히 웹에서 필요한 정보를 검색하는 기능뿐 아니라 사용자의 PC에 저장된 데이터, 이메일 등을 검색하는 기능을 추가했다. 덕분에 사용자들은 자료가 정확히 하드 드라이브의 어디에 보관돼 있는지 모를 때에도 찾을 수 있게 되었다. 사용자 자신의 기억을 검색할 수 있게 된 것이야말로 인포밍인 것이다. 2004년 가을, 구글은 미시간 대학교와 스탠퍼드 대학교 도서관의 모든 장서를 스캔해서 저장함으로써 수만 권이나 되는 장서의 내용을 온라인상에서 검색하고 이용하는 것이 가능하도록 하겠다는 계획을 발표했다.

검색엔진이 보급되던 당시 사람들은 자신들이 원하는 정보를 온라인에서 찾을 수 있다는 사실에 놀라고 즐거워했다. 야후!의 공동 창업자인 제리 양 Jerry Yang은 그런 즐거운 순간들은 예상치 못했던 놀라운 발견이었다고 말했다. "오늘날 사람들의 태도는 충분히 근거가 있습니다. 사람들은 누구나 원하는 정보를 확실히 얻을 수 있을 거라고 믿습니다. 낱말 몇 개만 입력해서 정보를 더욱 쉽게 찾을 수 있도록 하는 건 그저 기술자들의 일이라고 생각합니다. 정보의 민주화는 사회에 심대한 영향을 줍니다. 오늘날의 소비자들은 이전보다 훨씬 효율적으로 행동합니다. 그들은 검색엔진을 이용해서 전통적인 방법보다 훨씬 빠르게 정보나 필요한 제품, 서비스를 찾을 수 있습니다. 일자리, 건강, 레저 등과 관련된 문제에 관해 이전보다 더 많이 알게 되었죠. 소도시라도 더 이상 대도시보다 정보에 뒤지지 않습니다. 사람들은 관심 있는 주제로 더 잘 연결되고, 쉽고 빠르게 그 분야의 전문가가 될 수 있으며, 동호인들끼리 모이기도 쉬워졌습니다."

구글의 공동 창업자인 브린과 페이지는 1990년대 후반에 웹 페이지가 매일같이 수십만 개씩 증가하고 있으며, 몇몇 단어로 검색하는 기존의 검색엔진 정도로는 이를 감당할 수 없다는 사실을 알게 되었다. 1995년 스탠퍼드 대학원 컴퓨터공학 학생으로 처음 만난 브린과 페이지는 웹 페이지가 링크된 양에 따라 순위를 매기는 수학 공식을 개발했다. 이는 링크된 웹 페이지 수가 많은 것을 더 중요하게 여긴다는 가정에 기초한 것이었다. 구글이 검색엔진 가운데 으뜸이 된 것은 어느 웹 페이지가 특정 검색에 가장 적합한지 결정하는 콘텐츠 분석기능을 페이지랭크PageRank 기술과 결합했기 때문이다. 구글은 검색엔진 시장에 뒤늦게 진입했지만, 소비자들은 자신들이 원하는 정보를 구글이 좀 더 정확하게 찾아준다고 평가했다. 다른 검색엔진보다 조금 낫다는 사실 하나 때문에 사람들은 구글로 대거 이동했다(구글은 현재 경쟁사보다 언제나 한 발짝 앞서는 더 적합한 검색결과를 제공하는 검색 알고리듬을 연구하기 위해 수십 명의 수학자를 고용하고 있다).

브린이 "사람들은 왠지 온라인에서 하는 다른 것들에 비해서 정보를 찾는 일의 중요성을 과소평가하는 경향이 있다"고 말했다. "건강에 관한 정보를 찾는 일이라면 정말 제대로 알려고 할 겁니다. 어떤 경우엔 죽고 사는 문제이니까요. 심장마비 증세에 관해 구글에서 검색한 뒤 911 응급구조번호로 전화하게 된 사람들도 있습니다." 그러나 때때로 훨씬 더 간단한 일에 관한 검색정보도 제대로 활용하기를 원할 것이다.

2004년 6월에 가족과 함께 중국 베이징을 방문한 적이 있다. 어느 날 아침 아내 앤과 열여섯 살 먹은 딸 나탈리와 함께 엘리베이터를 타고 내려가고 있었다. 나탈리가 친구에게 보낼 엽서를 한 뭉치 들고 있는 것을 본 아내가 "친구들 주소도 다 가져왔느냐"고 물었다. 나탈리는 엄마를 19세기 사람 보듯 했다. 딸애가 엄마는 정말 구닥다리라는 어감으로 "아니오. 구글로 친구들의 전화번호를 검색하면 주소가 나와요"라고 말했다.

주소록이라고? 엄마는 정말 몰랐다.

나탈리는 내가 생각지도 못한 방법으로 구글을 이용해서 인포밍을 하고 있었던 것이다. 구글 덕분에 우리가 PC로 만들어내는 모든 디지털 정보가 별안간 검색 가능해졌다. 어느 날 갑자기 탐사의 대상이 된 것이다. 놀라운 것은 엄청난 정보의 양이다. 이전에는 결코 검색할 수 없었던 정보들까지 미래에는 검색이 가능해질 것이다. 전에 없이 영리한 검색엔진 덕분에 말이다. 이와 같은 검색엔진은 점점 산처럼 쌓여만 가는 다양한 종류의 데이터들, 사진에서부터 동영상, 주소록이나 교통정보, 고등학교 교내 신문이나 건강정보에 이르는 모든 데이터를 걸러낼 수 있는 기능을 갖추게 될 것이다.

베이징에 마이크로소프트 연구센터를 설립했고, 현재 중국 구글의 운영을 책임지고 있는 카이푸 리Kai-Fu Lee는 다음과 같이 말했다.

"사람들은 텍스트가 정보의 유일한 형태라고 생각했습니다. 하지만 이미지나 동영상, 책, 그것도 아주 오래된 책까지도 이제 검색 가능한 정보가 되었습니다. 지질학 정보나 지도, 지역정보 그리고 개인정보, 컴퓨터 속에 있는 정보까지도 말입니다. (…) 기본적으로 우리가 보고 듣고 만지고 글로 쓰는 모든 것이 정보입니다. 현재는 브라우징하거나 검색할 수 있는 모든 정보의 극히 일부, 그러니까 빙산의 일각에 지나지 않는 정보만 인터넷으로 검색할 수 있습니다."

어느 시점이 되면 개인은 다양한 장치를 이용해 정보가 전 세계 어디에 있든 원하는 때에 찾아낼 수 있는 능력을 갖추게 될 것이다. 그리고 그것은 엄청난 위력을 발휘할 것이다. 리가 "정말 흥분되는 것은 그런 힘이 생긴다는 겁니다"라고 덧붙였다. "미래에는 오로지 내 시간과 주의력, 그리고 두뇌의 힘을 내가 가장 잘할 수 있는 일에만 집중할 수 있게 될 겁니다. 뭔가를 찾아 헤매는 것이 아닙니다." 그것은 무언가를 만들어내고, 디자인하고, 상상하며, 창조하는 활동이다.

우리 가족이 중국을 여행하는 동안 나탈리는 아이팟을 휴대하고 있었다. 아이팟은 아이가 다른 방식, 즉 지식 대신 오락거리를 인포밍할 수 있도록 해줬다. 나탈리는 프로듀서처럼 좋아하는 노래를 모두 골라 저장해둔 아이팟을 중국 곳곳에 들고 돌아다녔다. 한번 생각해보라. 지난 수십 년간 방송산업은 TV와 라디오에 광고를 내보내고 사람들이 그것을 보고 들을 것이라는 생각 위에 세워졌다. 그러나 오락 분야에서도 세계를 평평하게 하는 기술이 보급되어 이제 그런 세계는 급속히 사라지고 있다. 이제 티보TiVo(디지털 비디오 레코더 제품의 하나)로 TV 프로그램을 당신이 스스로 편집할 수 있게 되었다. 티보를 이용해서 시청자들은 광고를 건너뛰고 보고 싶은 좋아하는 프로그램만 디지털 녹화하는 것이 가능하다. 원하는 프로그램을 원하는 시간에 볼 수 있다. 다른 사람이 맞춰놓은 시간과 장소에서 방송되는 채널을 기다리거나 광고 방송을 억지로 볼 필요도 없다. 티보로 단지 보고 싶은 프로그램과 관심 가는 상품 광고만 시청할 수 있다.

구글이 검색하는 것을 찾아주듯이 티보도 그런 기능이 있다. 당신이 정지시켜 보거나, 저장하고, 다시 보기를 하는 프로그램과 광고가 무엇인지 인지한다. 퀴즈를 하나 풀어보자. TV 방송 역사상 시청자들이 가장 많이 다시 본 장면은 무엇일까? 정답은 2004년 미국 슈퍼볼 경기에서 발생한 자넷 잭슨의 가슴 노출 장면이다. 티보에 물어보자. 2004년 2월 2일에 나온 티보가 발표한 기사를 보면, "일요일의 슈퍼볼 경기를 저스틴 팀버레이크와 자넷 잭슨이 훔쳐갔다. 티보 이용 가정의 초 단위 시청률을 보면 그 장면은 미식축구장에서 벌어지는 가장 흥분되는 장면보다 두 배나 많은 시청자를 매료시켰다. 티보가 시청률을 측정한 이래로 자넷 잭슨과 팀버레이크가 시청자의 반향을 가장 크게 일으킨 것이다. 수십만 가정에서 티보의 다시보기 기능을 이용해 그 장면을 반복해서 보았기에 티보 시청률이 180%나 증가했다"고 보도했다.

점점 많은 사람이 원하는 프로그램을 원하는 시간에 원하는 횟수만큼 볼 수 있게 됨에 따라, 광고와 함께 방송을 한번 내보내고 누가 시청하는지 알아보는 TV 방송의 개념도 점차 의미를 잃고 있다. 구글, 야후!, 티보처럼 이용자의 구미에 맞는 것을 제공하고 이용자와 소통하며 협력하는 그런 기업이 미래의 유망기업이라고 나는 확신한다. 광고회사들은 곧 이들 회사에만 광고비를 지출할 것이다.

구글, 야후!, 아마존닷컴 그리고 티보 같은 기업들은 상품이나 서비스를 고객에게 강요하는 것이 아니라 고객들이 능동적으로 참여하는 협력 시스템을 구축하고 고객들의 기호에 즉시 반응함으로써 성장하는 법을 배웠다. 그런 방식이 훨씬 더 효율적이다.

"검색은 매우 개인적인 일이어서 다른 어떤 것보다 개인들에게 능력을 부여합니다"라고 에릭 슈미트가 말했다. "누구의 말을 듣거나 가르침을 받는 것과는 대조적입니다. 그것은 자신에게 힘을 부여하는 일입니다. 개인들이 자신들이 원하는 정보로 최선이라고 생각하는 일을 하도록 해줍니다. 이전의 그 어떤 것들과도 전혀 다릅니다. 라디오와 TV는 일대 다수의 개념입니다. 전화는 일대일의 개념입니다. 검색은 개인이 컴퓨터를 사용해서 세상을 바라보고, 원하는 것을 찾을 수 있는 개인의 힘을 표현한 것입니다. 그리고 검색에서 모든 사람은 다 다릅니다."

물론 구글이 단순히 검색엔진이 아니라 엄청난 이익을 남기는 기업이 된 것은 창업자들이 표적 광고모델을 만들 수 있음을 알았기 때문이다. 이 표적 광고모델은 사용자들이 특정 주제에 관해 검색할 때 그와 관련된 광고를 보여주고 사용자들이 광고를 클릭하는 횟수만큼 광고주들에게 요금을 부과하는 방식이다. CBS 방송은 영화를 방영하면서 누가 영화 또는 광고를 보는지에 대해 대략 짐작만 할 뿐이다. 하지만 구글은 당신이 무엇에 관심을 두고 검색을 하는지 정확하게 알고, 검색하고 있는 주제와 직간접적으로 관련된 광고를 당신과 연결해준다. 2004년 하반기에 구글은 서비스를 하나 시작했다. 이를테면 사용자가 메릴랜드 주 베데스다 시 부근을 걷고 있다가 생선초밥 생각이 날 경우 휴대전화에서 '스시 20817(베데스다 지역의 우편번호)'이라고 구글에 문자메시지만 보내면 구글에서 문자메시지로 가볼 만한 일식당 몇 군데를 보내주는 것이다. 이런 서비스가 어디까지 발전할지는 아무도 모른다.

인포밍은 또한 친구, 동료, 협력자를 찾는 것을 포함한다. 모든 국가 간, 문화적 경계를 넘어서는 지구촌 형성을 가능케 하는 일이다. 이는 또 하나의 세계를 평평하게 하는 매우 중요한 기능이다. 사람들은 이제 '야후! 그룹'과 같은 포털서비스를 이용해서 특정 주제나 프로젝트의 동료, 협력자를 찾아낼 수 있다. 야후!의 사용자는 약 3억 명이고, 적극 활동하는 야후! 그룹만 400만 개에 달한다. 전 세계에서 적어도 한 달에 한 번씩은 이들 온라인 그룹에 들어와보는 회원이 1300만 명이라고 한다.

야후!의 공동 창업자인 제리 양이 해준 얘기를 들어보자.

"인터넷은 특히 셀프서비스 분야에서 성장하고 있고 야후! 그룹이 이런 추세를 대변하고 있습니다. 야후! 그룹은 공간과 시간의 제약 없이 사람들이 인터넷상에서 사적으로나 공적으로 모임을 가질 수 있게 해주는 포럼, 무대, 또는 도구를 제공합니다. 오프라인 세계에서는 비현실적이거나 불가능한 방식이지만 야후! 그룹은 사람들이 나름대로 의미 있다고 생각하는 주제를 갖고 모이는 것을 가능하게 해줍니다. 야후! 그룹은 공공 이슈(희소병 이겨내기, 처음으로 부모가 된 부부, 참전군인의 배우자 등)에 고무되어 있거나, 또는 비슷한 관심사(개썰매나 블랙잭, 실내 일광욕과 같이 난해한 취미그룹의 회원들도 많다)를 가진 다른 사람을 찾는 매우 낯선 사람들의 후원 그룹 역할도 합니다. 기존의 커뮤니티도 온라인으로 옮겨 교류가 활성화된 환경(동네 어린이들의 축구 모임, 교회의 청년부 모임, 동창회)에서 크게 성장할 수 있습니다. 활력적인 공동체를 가꾸어 가치 있는 정보를 공유하고, 조직화하며, 전파하는 데 관심 있는 그룹들의 온라인 안식처를 제공합니다. 어떤 그룹은 온라인 활동만 하며 오프라인에서는 그렇게 성공적이지 못할 수도 있지만, 다른 그룹은 현실 커뮤니티를 잘 반영하고 있습니다. 야후! 그룹은 순간적으로 생겼다가 없어질 수도 있죠. 화젯거리는 변할 수도 있고 변하지 않을 수도 있습니다. 소비자들이 점차 발행인이 됨에 따라 이러한 추세는 커져만 갈 것입니다. 그리고 그들은 선택할 수 있는 동류성과 공동체를 찾을 수 있을 것입니다. 다만 언제, 어디서, 어떻게 선택할지의 문제입니다."

개인들이 이런 모든 새로운 방식으로 인포밍할 수 있게 되었을 때 세계를 평평하게 하는 엄청난 힘이 된다. 그러나 동시에 크게 두려운 일이기도 하다. 왜냐하면 사람들이 과거에는 찾아내기 불가능했거나 아주 어려웠던 당신과 나의 개인정보를 파헤칠 수 있기 때문이다. 이전까지만 해도 우리의 현재와 과거에 관한 모든 정보는 단단한 시멘트 바닥 밑에 있었다. 그 바닥을 파헤치기 위해서는 엄청난 노력이 필요했고, 그럼에도 그 밑에 무엇이 있는지 알아내기란 쉬운 일이 아니었다. 물론 그것은 이 도시 저 도시로 옮겨 다니는 사기꾼이나 아동 성범죄자와 같은 나쁜 사람들에게 보호막이 되어주기도 했다. 뭔가를 들춰보려는 누군가가 우리의 과거 또는 현재의 삶에 지나치게 깊이 파고드는 것을 어렵게 만들어서 당신과 나, 그리고 우리의 기본적인 사생활을 보호했다. 하지만 구글이나 야후!, MSN과 같은 검색엔진이 그런 단단한 바닥을 재빨리 제거해버렸다. 그래서 누구든 팜파일럿에서 몇 번의 클릭만으로 다른 사람의 과거를 파헤칠 수 있게 된 것이다. 이제 데이터베이스 안에 개인적인 것으로 생각하고 당신이 남긴 전자적인 흔적들은 지금 당장 또는 언제라도 검색 가능한 정보가 되었다. 단지 구글 검색만으로 사람들이 혹은 기업들이 찾아낼 수 있는 당신의 개인정보, 즉 급여에서부터 사는 곳, 좋아하는 책에 이르는 그 모든 것을 알게 된다면 당신은 충격을 받게 될지 모른다.

이젠 모든 사람이 구글로 검색되는 한편 모든 사람이 구글 검색을 이용할 수도 있다. 구글은 또한 정보의 접근성을 평등하게 한다. 계층이나 교육수준, 그리고 언어의 경계도 거의 없으며 실질적으로 금전적인 경계도 사라졌다. 당신이 구글에 접속할 수 있으면, MIT 대학에 가지 않아도 이 세상에서 가장 대단한 연구 도구를 가진 것이다. "내가 구글을 이용하면 못 찾을 게 없습니다"라고 무선통신 기술회사인 에어스페이스Airespace의 부사장 앨런 코헨이 말했다. "구글은 신과 같습니다. 신은 무선으로 어디에나 있고, 신은 모든 것을 꿰뚫어봅니다. 세상의 어떠한 질문이라도 구글에 물어보십시오."

평평화 동력 10
스테로이드: 디지털화, 모바일화, 개인화, 즉시화

아이팩iPaq의 진정한 차별성은 무선연결 기능이다. 아이팩은 네 가지 방식으로 인터넷과 다른 기기에 무선으로 연결하는 최초의 손바닥 크기의 팜톱 컴퓨터이다. 우선 1m 거리 안에서는 전자명함처럼 적외선 송신장치를 통해 다른 팜톱 컴퓨터로 정보를 보낸다. 9m 거리 내에서 내장된 블루투스Bluetooth 통신으로 서로 연결된다. 45m 거리까지는 와이파이Wi-Fi 안테나를 이용한다. 지구 반대편에 정보를 전달하고자 할 때 아이팩은 비장의 기능이 있다. 바로 휴대전화이기도 한 것이다. 당신이 우주공간에 있지 않은 한 어디서나 이 아이팩으로 사무실과 연결된다.

— HP의 새로운 포켓용 PC에 관한 2004년 7월 29일 자 《뉴욕 타임스》 기사에서

나는 도쿄에서 남서쪽에 있는 미시마로 향하는 신칸센 총알 열차에 타고 있다. 왼편으로는 바닷가 어촌이 보이고 오른편으로는 눈 덮인 후지산이 보이는 멋진 경치가 펼쳐진다.《뉴욕 타임스》의 도쿄 주재 기자인 내 동료 짐 브룩 Jim Brooke은 노트북으로 기사를 쓰느라 창밖 풍경에는 아예 관심도 보이지 않는다. 사실 나 역시 노트북 컴퓨터로 작업하고는 있었지만 단순히 칼럼을 쓰고 있었을 뿐이었던 반면에 그는 지금 무선연결 장치로 인터넷 서비스를 이용하고 있었다. 도쿄에서 함께 탄 택시 뒷좌석에서 짐이 무선인터넷이 가능한 노트북 컴퓨터를 열어젖히고 야후!를 이용해 나에게 이메일을 보낸 이후 나는 일본의 놀라운 무선통신망 범위와 접속 수준에 감탄하고 있었다. 아주 외딴 몇몇 섬이나 산간벽지를 제외하고는 무선카드를 갖춘 노트북 컴퓨터나 일본 국내 휴대전화만 있으면 어디서든 온라인 접속을 할 수 있다. 깊은 지하의 전철역이나 시골을 가로지르는 신칸센 총알 열차 안에서도 가능하다. 짐은 내가 일본이 다른 많은 나라는 물론이고 미국보다 훨씬 나은 무선통신망을 갖고 있다는 데 약간의 강박관념을 갖고 있다는 사실을 알고 있다. 그래선지 짐은 자주 이 점을 꼬집는다.

일본의 시골풍경이 휙휙 지나가는 사이에 짐이 "이보게 톰, 지금 난 인터넷에 접속해 있어"라고 말한다. "카자흐스탄의 알마아타에서 통신원으로 일하는 내 친구가 아기를 낳았대. 지금 축하 메시지를 보내고 있어. 어젯밤에 딸을 낳았다는군"이라며 뭘 하고 있는지 계속해서 내게 알려준다. "이젠 오늘의《뉴욕 타임스》머리기사 요약을 읽고 있어!"

나는 결국 일본어로 약간의 의사소통이 가능한 짐에게 차장을 불러달라고 부탁했다. 기차의 차장이 느린 걸음으로 우리에게 다가왔을 때 열차가 얼마나 빨리 달리고 있는지 물어봐 달라고 짐에게 부탁했다. 두 사람이 대화를 주고받더니 짐이 차장의 말을 통역했다. "시속 240km라는군."

나는 머리를 가로저었다. 시속 240km, 그러니까 150마일의 속도로 달리는 총알 열차를 타고서 내 동료는 카자흐스탄에서 온 이메일에 답장을 보낸다. 내가 워싱턴 D.C. 교외에서 도심으로 운전해 갈 때도 휴대전화가 최소 두 번

이상은 끊어지는데 말이다. 그저께 난 도쿄에서 짐의 동료인 토드 자운Todd Zaun과 함께 약속 시각을 기다리고 있었다. 그는 어디서든지 인터넷 연결이 가능한 일본 휴대전화에 푹 빠져 있었다. 자운은 엄지손가락으로 휴대전화의 숫자 버튼을 누르면서 "난 파도타기를 즐겨요"라고 말했다. "그래서 한 달에 3달러만 내면, 숙소 근처 해변의 파도 상태를 매일 아침 알려주는 인터넷 사이트에 가입했어요. 그 정보를 확인하고 그날 파도타기에 가장 적당한 장소를 결정합니다."

(이 일에 대해 깊이 생각할수록 나는 이 한 가지 이슈를 갖고 미국 대통령에 출마하고 싶어졌다. "대통령에 당선되면, 4년 이내에 미국의 휴대전화 통신망을 가나 수준으로 만들겠습니다. 그리고 우리가 따라잡을 수 있도록 일본이 8년 동안 아무런 기술개발도 하지 않겠다고 미국과 협정을 맺는다면, 휴대전화 통신망을 8년 안에 일본 수준으로 만들겠다고 공약합니다." 내 선거운동용 트럭에 붙일 스티커는 단순하다. "내 말이 잘 들리십니까?")

나는 미국이 무선통신 분야에서 조만간 다른 나라를 따라잡을 것임을 안다. 아니, 벌써 따라잡고 있다. 그러나 세계를 평평하게 하는 열 번째 동력에 관한 이 장은 무선통신 기술에 관한 것만이 아니다. 이 장은 내가 '스테로이드steroids'라 부르는 현상에 대한 것이다. 내가 특정 신기술들을 스테로이드라고 부른 것인데 스테로이드 근육강화제처럼 다른 모든 평평화 동력을 증폭시키고 그 힘을 강화시키기 때문이다. 이 신기술들은 이 장에서 다룬 아웃소싱, 오프쇼어링, 업로딩, 공급망 구축, 인소싱 그리고 인포밍 등 모든 형태의 협력방안을 통합한다. 이들은 HP의 CEO였던 칼리 피오리나Carly Fiorina가 말했듯이 그 각각의 협력방안을 디지털화, 모바일화(또는 휴대화), 즉시화 그리고 개인화된 방식으로 실행하는 것이 가능케 함으로써 그것들을 더욱 강화하고 세계를 나날이 더욱 평평하게 하고 있다.

피오리나가 '디지털화'로 말하고자 한 것은 PC-윈도우-넷스케이프-워크플로 혁명으로 사진에서 오락, 통신, 워드프로세싱, 건축설계와 잔디 스프링클러 시스템 관리에 이르기까지 모든 아날로그 콘텐츠와 처리방식이 디지털화되고 있으며 컴퓨터, 인터넷, 인공위성, 광케이블로 전송 및 관리되고 다시 새로운 형태로 만들어지고 있다는 점이다. 그녀가 말하는 '즉시화virtual'란 디지털화된 콘텐츠를 새로운 형태로 만들고, 편집하고, 전송하는 일들이 이제 구축된 모든 디지털 파이프, 프로토콜 및 표준 덕분에 아주 쉽고 매우 빠르며 깊이 생각해볼 필요도 없이 이루어지는 것을 의미한다. '모바일화mobile'는 무선통신 기술의 발달로 어디서든 누구와도 그리고 어떤 기기를 통해서든 위에서 말한 모든 작업을 수행할 수 있고, 어디로든 이동해서 할 수도 있음을 뜻한 것이다. 또한 피오리나가 말하는 '개인화personal'란 누구라도 혼자서 자신만의 장비로, 자신만을 위해 모든 작업을 할 수 있다는 뜻이다.

이 모든 새로운 형태의 협력방안을 택하고 이런 방식으로 더욱 강화해갈 때 평평한 세계는 어떤 모습일까? 한 가지 실례를 들어보겠다. 다음은 2004년 여름 존스 홉킨스 대학교 빌 브로디 총장이 나에게 들려준 이야기이다.

"스키 휴양지인 베일Vail에서 열린 의학 세미나 참석 중에 발표자인 의사가 존스 홉킨스 대학교의 한 연구결과를 인용했습니다. 그 의사는 최근의 수술 방법에 거스르는 다른 새로운 전립선암의 치료법을 떠들어대고 있었습니다. 전립선암 부위에 최소한의 절제로 접근하는 방법이었는데, 그는 최신 전립선 수술법을 개발한 존스 홉킨스 대학교의 패트릭 월시Patrick Walsh 박사의 연구를 인용했습니다. 논란이 되는 대안적인 수술법을 제안하면서 그 제안의 근거로 월시 박사의 연구를 인용한 것입니다. 그 발표를 듣고 나는 '월시 박사의 연구 내용과는 다른데'라는 생각이 들었습니다. 그래서 강의를 듣고 앉아 있으면서 갖고 있던 PDA로 곧바로 존스 홉킨스 대학교 사이트에 접속해 월시 박사의 연구를 검색했습니다. 검색된 연구 요약본을 읽어보니 발표자가 주장하는 것과는 다른 내용이었습니다. 질의응답 시간에 손을 들어 요약본의 두 줄을 읽어주자 그 의사의 얼굴이 홍당무가 되더군요."

존스 홉킨스 대학교 연구진의 모든 연구물이 최근 몇 년간 모두 디지털화되어 컴퓨터에 저장되었고, 브로디 총장은 다른 생각할 필요 없이 즉시 검색해보는 것이 가능해졌던 것이다. 무선통신 기술의 발달로 그는 간단한 장비만으로 어디서든 검색할 수 있었다. 그리고 개인 PDA 컴퓨터 덕분에 혼자서 자신만을 위한 개인적인 검색을 할 수 있었다.

이 모든 것을 가능하게 한 스테로이드는 무엇인가?

첫 번째 스테로이드는 컴퓨팅과 관련이 있다. 컴퓨터는 크기와 관계없이 연산능력과 저장용량, 정보의 입출력 속도라는 세 가지 척도로 성능을 평가한다. 이 세 가지 기능은 엄청나게 크기만 했던 최초의 메인프레임 컴퓨터가 개발된 이후 꾸준히 발전해왔다. 이렇게 서로 힘을 강화해주는 과정이 곧 하나의 스테로이드다. 그 결과 해를 거듭할수록 이전보다 더 많은 단어와 음악, 데이터 그리고 오락 프로그램을 디지털화하고 새로운 형태로 가공하고 부수고 전송할 수 있게 되었다.

예컨대 2005년 6월 20일 자《비즈니스위크》는 "수십 년 동안 반도체 제조업체들은 반도체에 사용되는 트랜지스터의 크기를 작게 만들어 전자의 이동거리를 줄이고 데이터 처리속도를 향상하기 위해 꾸준히 노력해왔다"고 보도했다. MIPS는 '초당 백만 명령어Millions of Instruction Per Second'의 약자로 컴퓨터 CPU의 연산능력을 평가하는 단위다. 1971년 인텔이 마이크로프로세서 4004를 개발했는데 성능은 0.06MIPS, 즉 초당 6만 개의 명령어를 처리할 수 있었다. 오늘날 인텔의 듀얼코어 펜티엄 프로세서 익스트림Extreme Edition은 이론적으로 초당 처리 가능한 명령어의 수가 200억 개 이상에 가깝다. 1971년 인텔의 4004 마이크로프로세서는 2300개의 트랜지스터로 구성되었다. 인텔의 최첨단 기술이 집약된 2006년 형 이타늄Itanium 프로세서에는 17억 개의 트랜지스터가 집약되어 있다.

한 가지 문제점은 이러한 초소형 회로들이 지나치게 집적되어 있어 열이 발생하고 결과적으로 반도체의 성능에 영향을 미친다는 것이다. 하지만 걱정할 필요는 없다. 칩 제조업체들이 PC의 심장부에 있는 단일 마이크로프로세서를 하나의 마이크로프로세서 안에서 함께 작동하는 두 개 이상의 '컴퓨팅 코어'로 대체함으로써 이 컴퓨팅 스테로이드가 초고속, 그리고 그보다 더 빠른 마이크로프로세서 제작을 계속하고 있다는 것이《비즈니스위크》의 설명이다.

이 코어들은 처리용량을 공유해 어느 한 쪽이 과열되거나 지나치게 많은 에너지 소모를 방지한다.

그동안 데이터의 입출력 속도도 엄청나게 빨라졌다. 과거 286이나 386 칩으로 작동하던 하드디스크 속도로는 내 최신 디지털카메라에서 사진 한 장을 다운로드하는 데 1분이나 걸렸을 것이다. 오늘날에는 USB 2.0 디스크 드라이브와 펜티엄 프로세서에서 거의 순식간에 다운로드할 수 있다. 이와 동시에 "저장장치의 발전 덕택에 입출력 저장용량은 도표로 나타낼 수 없을 만큼 늘어났습니다. 저장용량은 기하급수적으로 늘어나고 있습니다. 이것은 IT 혁명에서 다른 어떤 요인들만큼이나 큰 의미가 있습니다." 마이크로소프트의 최고기술경영자인 크레이그 문디가 말했다.

저장용량의 증가로 모든 형태의 콘텐츠를 디지털화하고, 일정 부분 휴대가 가능해졌다. 저장장치의 가격도 싸져서 휴대용 개인 단말기에도 대용량을 저장해서 지니고 다닐 수 있게 되었다. 5년 전이라면 수천 곡의 노래를 저장할 수 있는 40GB 용량의 아이팟을 10대들도 감당할 수 있는 가격으로 팔 것이라고는 상상하기 어려웠다. 이제 이런 이야기마저 시시하게 들린다. 그리고 컴퓨터 세계에서 데이터 전송 능력도 가공할 정도로 발전했다. 광섬유의 발달로 광섬유 한 가닥이 머지않아 초당 1TB를 전송할 수 있게 된다. 즉, 케이블 하나가 마흔여덟 개의 광섬유로 이루어져 있으므로 초당 48TB 전송이 가능해진다. 루슨트 테크놀로지의 전 최고경영자 헨리 샤흐트는 이렇게 지적한다. "이 정도면 세계의 모든 인쇄물을 몇 분 안에 광케이블 하나로 전송할 수 있습니다. 비용 증가 없이 사실상 무제한으로 전송하는 게 가능하다는 말이지요." 샤흐트가 말하는 속도는 아직 기간backbone 광케이블 통신망에 국한되어 적용되고 일반 가정과 PC로 연결되는 몇 km에는 해당하지 않지만, 나는 우리의 비약적인 도약에 대해 말하고 있는 것이다.

『렉서스와 올리브나무』에서 나는 1999년에 방영된 어떤 비즈니스맨이 나오는 광고를 소개한 바 있다. 지치고 흙먼지를 뒤집어쓴 한 사업가가 갈 데가 없어 황량한 곳의 길가에 있는 한 모텔에 들른다. 그는 따분한 표정의 카운터 여

직원에게 룸서비스를 비롯한 다른 편의를 제공하는지 묻는다. 여직원이 그렇다고 말하자, 그는 방에 있는 TV로 오락 프로그램을 볼 수 있느냐고 묻는다. 여직원은 '멍청하긴, 그걸 질문이라고 하느냐'는 듯한 목소리로 대답한다. "여태 만들어진 모든 영화를 모든 방에서 각종 언어로 밤낮이고 언제든 볼 수 있습니다."

나는 그 당시에 이것을 인터넷에 접속하면 할 수 있는 예로 인용했다. 그러나 이제는 인터넷에서 떨어지면 아무것도 할 수 없는 예로 활용하고 싶다. 몇 년 후에는 저장용량의 증가와 저장장치의 소형화로 많은 영화를 주머니에 넣고 다닐 정도로 충분한 저장장치를 살 수 있게 될 것이기 때문이다.

두 번째 스테로이드는 실시간 메시징과 파일 공유의 비약적 발전이다. 파일 공유는 개인 대 개인의 파일 공유 모델peer to peer model, P2P로서 컴퓨터 사용자들이 음악이나 동영상, 그 외 다른 파일을 온라인에서 공유할 수 있게 해준다. P2P 네트워크는 냅스터와 함께 대중에게 알려졌는데, 냅스터는 두 사람의 사용자가 자신의 컴퓨터에 저장된 음악 파일을 공유할 수 있도록 한다.

하우스터프웍스닷컴은 냅스터의 인기에 대해 이렇게 말한다. "한창때 냅스터는 아마도 역사상 가장 인기 있는 웹 사이트였을 겁니다. 한 달 동안 단 한 명도 없던 방문객이 채 1년도 되지 않아 6000만 명으로 늘었습니다. 그러더니 저작권 위반이라는 법원 판결로 폐쇄되었다가 2003년에 합법적인 음악 다운로드 사이트로 다시 출발했습니다. 냅스터는 처음에 아주 빨리 큰 인기를 얻었는데 대용량 데이터베이스에서 무료로 손쉽게 음악을 구할 수 있는 독특한 상품을 제공했기 때문입니다."

그 데이터베이스는 실제로는 파일 공유 프로그램이며, 이를 통해 냅스터는 PC 간 연결을 용이하게 해줌으로써 여러 사람의 PC에 있는 음악 파일을 서로 교환하도록 해주었다. 원조 냅스터는 사라졌지만, 파일 공유 기술은 여전히 살아남아 날마다 더욱 정교해져서 사람들의 협업을 크게 향상시켰다. 2005년 6월 22일 《AP 통신》은 2004년 한 해 동안 애플의 아이튠스와 같은 온라인 상점을 통해 구매한 음악 파일은 약 3억 3000만 개에 이르지만, 파일 공유 네트워크에서 무상으로 내려받을 수 있는 e당나귀eDonkey나 비트토렌트 그리고 카자Kazaa와 같은 프로그램을 사용해 공짜로 다운로드된 음악 건수는 약 50억 건이었다고 보도했다.

세 번째로 언급할 스테로이드는 인터넷을 통해 이루어지는 전화 통화의 혁신이다. 새로 성장하기 시작한 또 다른 스테로이드인 인터넷 전화, VoIP로 알려진 음성 인터넷 프로토콜Voice over Internet Protocol 서비스 덕분에 이 모든 디지털화된 데이터를 이용한 협업이 더욱 쉽고 값싸게 가능해진다. VoIP는 음성을 데이터로 전환해 송수신함으로써 인터넷으로 전화하는 것을 가능하게 한다. 전화회사나 사설통신사 VoIP 서비스에 가입하면 인터넷을 통해 소형 마이크가 장착된 PC, 노트북 PC, PDA를 이용해 무제한으로 지역전화나 장거리전화를 걸고 받을 수 있다. 이것은 개인적이며 즉각적으로 전달된다. 즉, 당신은 생각할 필요도 없이 구축된 파이프가 통화를 가능하게 해준다. VoIP로 사업상 또는 개인적으로 전 세계 어디로든 국제전화를 지역전화만큼 값싸게 이용할 수 있을 것이고, 나중에는 거의 공짜가 될 것이다. 값싼 통화가 각종의 협업을 확대시키지 못 한다면 무엇이 그런 역할을 할 수 있을지 모를 일이다.

《비즈니스위크》의 2004년 11월 1일 자 기사에서 새 영역을 개척하고 있는 인터넷 전화회사 스카이프 테크놀로지Skype Technologies를 다뤘다.

에릭슨 번역회사Eriksen Translations Inc.는 큰일을 하는 작은 회사다. 뉴욕 시 브루클린에 소재한 이 회사는 미국 고객에게 일흔다섯 가지 언어로 상용 문서 번역 서비스를 제공하기 위해 전 세계 약 5000명의 프리랜서 직원을 보유하고 있다. 이것은 곧 회사의 한 달 전화 사용료가 약 1000달러 정도란 뜻이다. 그래서 이 회사의 사업개발팀장 클라우디아 웨이트만Claudia Waitman은 전 세계 어디든 스카이프 사용자들 간에 무료 인터넷 전화 서비스를 제공하는 스카이프 테크놀로지에 대해 듣고서 뛸 듯이 기뻤다. 서비스를 이용한 지 6개월 만에 에릭슨 번역회사의 전화요금은 10%로 떨어졌다. 요금이 줄어든 것보다 더 중요한 것은 직원들과 프리랜서들이 더 자주 통화하면서 예전보다 더욱 신속하고 효율적으로 일하게 되었다는 점이다. '우리가 일하는 방식을 대부분 바꿔놓았다'고 웨이트만은 말한다.

2005년 하반기에 스카이프는 전화 걸기 소프트웨어의 2.0 베타 버전을 출시했는데, 사람들은 이 기술이 더욱 대중화될 것이라고 말한다. 이 베타 버전에는 화상회의 기능과 함께 더욱 안정적이고 선명한 인터페이스, 그리고 본체에 연결된 마이크 선의 제약을 받지 않고 전화를 걸 수 있는 전용 전화기 시스템 등이 포함되어 있다. 스카이프나 그 외 VoIP 시스템을 활용한 덕분에 유학 중이거나 국외에 사는 자녀와 정기적으로, 하지만 거의 무료로 통화하고 있다는 부모들을 점점 더 많이 접하게 된다.

VoIP는 초기부터 거리와 사용시간에 따라 요금을 부과한 통신사업을 혁명적으로 변화시킬 것이다. 소비자들의 VoIP 선택안이 늘어날수록 통신사업자들은 경쟁하게 되면서 거리와 사용 시간으로 요금을 부과하기 어려울 것이다. 음성통화는 무료가 될 것이며, 전화회사들이 경쟁하고 요금을 부과할 대상은 다른 부가 서비스가 될 것이다. 이전의 음성 플랫폼은 혁신과 잘 맞지 않았다. 그러나 음성통화를 인터넷 플랫폼으로 구현하면 각종 혁신적 협력 대안이 가능해진다. 친구 이름이 기록된 전화번호부에서 통화하고 싶은 사람의 이름을 더블클릭하면, 전화가 바로 연결될 것이다. 걸려오는 전화번호 인식 서비스를 원하는가? 전화를 거는 상대방의 사진이 화면에 뜰 것이다.

기업은 인터넷 프로토콜 서비스Services over the Internet Protocol, SoIP로 경쟁하게 될 것이다. PC, PDA 또는 노트북 PC에서 통화하는 중에도 최고의 화상회의 서비스를 제공할 수 있는 기업, 통화 중에 세 번째 또는 네 번째 통화자도 참여시키는 서비스 제공 기업, 또는 대화뿐만 아니라 문서를 교환하는 동시에 텍스트 메시지를 보내는 서비스 기업 등이 등장해 전화하면서 서로 함께 문서 작업과 대화를 하는 것이 가능해진다. 다른 사람에게 음성 메시지를 남기면 텍스트로 변환되고, 공동 작업 중인 문서를 첨부해서 보낼 수도 있다. 시스코의 부사장인 마이크 볼피Mike Volpi가 말했다. "거리나 통화시간이 문제가 아니라 어떻게 음성 통신의 가치를 창출하느냐가 문제일 것입니다. 음성통화는 사실상 무료가 될 것입니다. 통신회사의 차별화는 고객들이 무엇을 할 수 있도록 해주느냐가 좌우할 것입니다."

벵갈루루나 베이징에 사는 사람들도 뉴욕 시의 전화번호부에 이름을 올릴 수 있을 것이다. 회계사를 찾고 있는가? 베이징의 항주, 모스크바의 블라디미르, 혹은 뉴욕의 언스트앤영Ernst & Young 회계법인 이름을 찾아 더블클릭만 하면 된다. 중국, 소련, 미국 등 회계 보고지를 원하는 대로 고르면, 그들 회계사는 세금 보고서 작성을 위해 당신과 기꺼이 협력할 것이다.

네 번째 스테로이드는 전혀 새로운 단계로 변모하고 있는 화상회의 기술의 급격한 발전이다. HP와 영화사 드림웍스 SKGDreamWorks SKG는 화상회의실을 공동으로 디자인해서 만들었다. 드림웍스는 영화 및 소리 전문가들을 보냈고 HP는 컴퓨터와 신호압축 기술을 지원했다. 결과는 환상적이었다. 화상회의 참가자는 평면 스크린과 카메라가 걸린 벽면을 마주한 긴 테이블에 앉는다. 화상회의 상대방이 전 세계 어디에 있든 평면 스크린에 비춰준다. 이 화상회의실은 참석자 모두가 한자리에 모여 회의하는 효과를 내는데, 이전에는 결코 맛볼 수 없었던 질적으로 다른 경험이다. 나도 화상회의실 시연에 참석할 기회가 있었다. 아주 생생해서 화상회의에 참석한 상대방의 숨결까지 느낄 수 있을 정도였지만, 사실 나는 캘리포니아 샌타바버라에 있었고 상대편은 800km 정도 떨어진 곳에 있었다. 세계 곳곳에서 영화와 애니메이션을 제작하는 드림웍스는 회사의 창조적인 사람들의 생각과 표정, 감정, 분노, 열정, 심지어 찌푸린 눈썹까지 보여주고 의사소통할 수 있는 화상회의 기술의 필요성을 느꼈다. HP의 전략과 기술 책임자인 셰인 로비슨Shane Robison은 나에게 HP가 2005년경에 화상회의실 하나를 25만 달러 정도에 판매할 계획이라고 말했다. 기업의 중역들이 얼굴을 맞대고 회의하기 위해 정기적으로 런던이나 도쿄행 비행기 표를 사는 비용과 피곤함에 비교하면 이 돈은 별것 아니다. 기업들은 1년이면 쉽게 비용을 뽑을 수 있다. 이런 수준의 화상회의 시스템이 널리 보급되면 원격 제품 개발, 아웃소싱, 오프쇼어링 등을 훨씬 더 쉽고 효과적으로 수행할 수 있을 것이다.

다섯 번째 스테로이드는 부분적으로 컴퓨터 게임의 발전에 힘입은 컴퓨터 그래픽 분야의 최근 발전상과 연관되어 있다. 이는 더욱 뛰어난 해상도와 함께 화면에서 이미지를 묘사하고 조작할 수 있는 다양한 방법을 제공함으로써 전반적으로 시각적 협력 작업과 컴퓨팅을 눈에 띄게 향상시켜 주었다. IBM의 어빙 래도스키버거Irving Wladawsky-Berger는 자신의 블로그에서 이 다섯 번째 스테로이드에 관해 말했다. "혁신의 가장 흥미로운 부분은 컴퓨터 게이머들에 의해 고무된 것으로 내가 제3세대 사용자 인터페이스라고 부르는 기술에서 생성되고 있다. 이것은 건강관리나 교육, 과학, 비즈니스 등 모든 응용 프로그램에 고도로 시각적이고 상호작용이 가능한 인터페이스를 사용할 수 있게 하는 보증수표와도 같은 것이다." 이것은 아주 중요한데, 그는 계속해서 다음과 같이 말했다. "사람들이 컴퓨터와 상호작용하는 방식에 매번 새로운 패러다임이 출현하기 때문에 우리는 수많은 응용 프로그램이 등장하는 걸 봐왔다. 그것들은 이전의 것들과 전혀 다르고 질적인 면에서도 앞선다. (…) 이런 면에서 비디오 게임은 특히 중요하다. 왜냐하면 사실적인 시각 이미지와 뛰어난 음향 이외에 상당히 높은 상호작용성과 점점 더 향상되는 협력 기능을 갖추고 있으므로 앞으로 사람과 컴퓨터, 그리고 컴퓨터와 컴퓨터 사이에 일어나는 가장 이상적인 상호작용의 방식에 대해 생각해볼 수 있는 훌륭한 출발점이 되기 때문이다."

여섯 번째, 그리고 아마도 가장 중요한 스테로이드는 새로운 무선기술과 무선기기들인데, 사실상 여러 스테로이드로 구성되어 있다. 이들은 상위 스테로이드로서 사용자는 물론 모든 새로운 형태의 협력 작업에 이동성을 부여했다. 그 덕분에 우리는 디지털 콘텐츠를 조작하고, 공유하고, 다듬는 작업을 어디에서든 누구와도 할 수 있는 완전한 이동성을 갖게 되었다.

에어이스페이스의 부사장 앨런 코헨은 '자연스러운 통신 방식은 무선통신'이라고 주장한다. 사람들은 언제든 어디에서나 원하는 곳으로 전화 통화가 가능하기를 원했기에 통신은 사람의 목소리로 시작됐다. 그래서 많은 사람이 가진 전화 중에서 휴대전화가 가장 중요한 것이다. 21세기 초에 사람들은 데이터 통신 분야에서도 그와 같은 욕망과 기대를 품기 시작했다. 즉, 휴대전화나 팜 파일럿 또는 다른 개인 휴대용 기기를 이용해 언제 어디서든 인터넷에 접속해서 이메일이나 업무용 문서파일을 주고받을 수 있는 능력을 개발하고 싶어 한다. (이제 제3의 요소가 나타나서 무선통신 기술에 대한 수요를 더욱 창출하고 지구를 더욱 평평하게 하고 있다. 달리 말하면 기계장치끼리 서로 무선통신을 하는 것인데, 월마트의 RFID 칩과 같은 소형 무선장치는 공급업자의 컴퓨터에 정보를 자동으로 송신해서 공급업자들이 재고를 파악할 수 있도록 한다.)

컴퓨터가 보급되던 초기(세계화 2.0시대)에는 사무실 내에서 일했다. 정보를 입력하거나 출력하려면 말 그대로 대형 메인프레임 컴퓨터를 운용하는 컴퓨터 기술자가 있는 곳으로 직접 가서 작업을 요청해야만 했다. 그것은 신전으로 가서 예언자에게 신탁을 내려달라고 부탁하는 것과 비슷한 일이었다. 그러고 나서 PC와 인터넷, 이메일, 노트북 컴퓨터, 브라우저 그리고 클라이언트 서버 덕택에 누구나 네트워크에 저장된 온갖 자료와 정보를 내 컴퓨터의 스크린으로 볼 수 있게 되었다. 현시대엔 사무실에서 벗어나 자택이나 해변의 휴양소, 혹은 호텔에서도 일하는 것이 가능해졌다. 우리는 이제 모든 것이 디지털화, 소형화, 즉시화, 개인화 그리고 무선화된 덕분에 세계 어디에서 어디로든, 한 개인이든 기계장치든, 직접 음성 또는 데이터를 가공하고 수집하고 전송할 수 있는 세계화 3.0시대에 들어섰다.

코헨은 "이제 당신이 어디를 가든 업무용 책상에서 일하는 것과 같다"고 말했다. 더 많은 사람이 언제 어디에서나 더 빨리 정보를 얻고 보낼 수 있는 능력을 갖추게 됨으로써 경쟁과 통신의 장벽이 더 많이 사라지고 있다. 내가 종사하는 언론계도 갑자기 놀라울 정도로 뉴스 배급능력이 확대됐다. 독자가 벵갈루루에 있든 다른 어디에 있든 상관없이 나는 그와 연결할 수 있고, 그도 나와 연결할 수 있다. 사람들은 전기처럼 무선이동성을 더욱더 원하고 있다. 우리는 빠르게 모바일 혁명시대로 들어가고 있다고 모토로라Motorola의 최고기술책임자인 파드마스리 워리어Padmasree Warrior가 말했다. 정보, 오락, 자료, 게임, 주식가격 등 어떤 형태의 콘텐츠든 기꺼이 돈을 지급해서라도 얻고자 하는 소비자라면 점차 언제 어디서든 그런 콘텐츠에 접속할 수 있기를 바란다.

현재 소비자들은 아직 서로 완전히 호환되지 않는 여러 무선통신 기술의 서비스와 표준 때문에 미로에 빠진 것처럼 혼란을 겪고 있다. 어떤 무선기술은 어느 한 마을, 한 주, 혹은 한 나라에서만 상용되고 있다는 것은 잘 알려진 사실이다.

어떤 기기로든 모든 도시나 국가, 혹은 전 세계를 끊김 없이 이동할 수 있게 되었을 때 모바일 혁명은 완성될 것이다. 현재의 기술 수준은 이것을 가능하게 해줄 만큼 근접해 있다. 이 기술이 충분히 확산되면 모바일 혁명은 세계를 평평하게 하는 효과를 완전히 달성할 것이고, 사람들이 언제 어디서든 어떠한 기기를 가지고도 자유롭게 일하고 통신할 수 있게 될 것이다.

나는 도쿄에 있던 어느 날 아침에 NTT 도코모DoCoMo의 본부에서 앞으로 등장할 것을 맛보았다. 이 거대한 일본 휴대전화 기업은 모바일 혁명의 선두에 서 있으며, 일본 국내에서 완전히 호환되는 통신 기술을 제공하는 데 미국을 훨씬 앞서있다. 도코모는 'Do Communications Over the Mobile Network'의 약자이며 일본어로 '어느 곳에서나'라는 뜻이기도 하다. 도코모 본사 방문은 로봇의 안내로 시작되었다. 그 로봇은 내게 완벽히 일본식으로 절한 뒤에, 상대방을 보며 통화할 수 있는 화상 휴대전화가 특히 눈에 띄도록 전시해놓은 도코모의 전시실로 나를 안내했다.

"오늘날 젊은이들은 우리 회사의 휴대전화를 양방향 화상 전화로 이용하고 있습니다"라고 도코모의 유비쿼터스 사업부 부사장인 타몬 미쓰이시가 말했다. "모두가 휴대전화를 꺼내고 전화를 걸어 상대방을 보면서 대화합니다. 물론 상대방 얼굴을 보지 않는 걸 선호하는 사람들도 있습니다." 도코모의 기술은 통화자가 원할 때 자신의 얼굴 대신 만화의 주인공을 화면에 나오게 할 수 있다. 그리고 키보드로 그 캐릭터가 통화자를 대신해서 말하게 하거나, 화내고 즐거워하는 여러 가지 감정도 대신 표현하도록 할 수 있다. "그러니까 이것은 휴대전화에다 비디오카메라를 더한 것입니다. 그러나 이제는 PC에 버금갈 정도로 기능이 확장되었죠. 엄지손가락으로 버튼을 빨리 누를 줄 알아야 합니다. 우리는 스스로 '엄지족'이라 부르죠. 요즘 여고생들은 컴퓨터 키보드로 타이핑하는 것보다 더 빨리 엄지손가락으로 버튼을 누른답니다."

나는 '유비쿼터스 사업부'가 무슨 일을 하느냐고 물었다. 미쓰이시가 대답했다. "이제 인터넷이 전 세계로 퍼졌으므로 우리가 할 일은 그다음 단계의 일이라 생각합니다. 현재까지의 인터넷 통신은 주로 개인 간에 이뤄지는 이메일과 기타 정보 등이지요. 그러나 사람과 기계 간의 통신, 기계와 기계 간의 통신도 이미 시작되고 있습니다. 우리는 이런 현상의 분야로 나아가고 있습니다. 사람들은 더 풍요로운 생활을 원하고, 기업들은 더 효율적인 경영 방식을 원하니까요. 젊은이들은 사무실에선 PC를 쓰지만, 개인적인 생활 양식은 휴대전화를 기반으로 하고 휴대전화로 요금을 지급하는 일이 많아지고 있습니다. 스마트카드로 사이버 쇼핑몰에서 구매하고 결제할 수 있게 될 겁니다. 따라서 현금출납기 옆에는 카드 판독기가 놓일 것이고, 휴대전화를 스캔해서 결제하면 됩니다. 휴대전화가 신용카드 역할도 하는 것입니다."

미쓰이시는 "휴대전화가 개인의 삶에 있어서 필수적인 관리자controller가 될 것으로 믿는다"고 말했는데, 영어의 '컨트롤'이 가지고 있는 이중의미(통제 또는 감독의 의미도 있다)를 모르고 한 말이었다. 그는 덧붙였다. "의료계를 예로 들면, 휴대전화로 신분증명서를 대신하고 진료를 받은 다음에 휴대전화로 대금을 결제할 수 있습니다. 휴대전화 없이는 일상생활을 영위하기 어려워질 겁니다. 휴대전화로 집안의 기기들도 제어할 수 있게 됩니다. 우리는 휴대전화로 관리되는 가전제품을 더 많이 만들 필요가 있다고 생각합니다."

이런 미래 세계에는 걱정거리가 많아질 것이다. 아이들은 온라인에서 음란물 판매업자의 꾐에 넘어가 휴대전화로 대금을 결제할 수 있고, 근로자는 의미 없는 휴대전화 게임에 몰두해 시간과 돈을 낭비할 수 있으며, 카메라폰을 온갖 불법적인 행위에 이용할 수도 있다. 일본인 가운데는 서점에 들어가 책은 사지 않고 요리책의 내용을 휴대전화 카메라로 슬쩍 찍어가는 사람도 있다. 다행히도 요즘 휴대전화의 카메라는 사진을 찍을 때 소리가 나게 만들어서점 주인이나 라커룸에 있는 사람이 몰래 찍히고 있는지 알아챌 수 있게 해놓았다. 인터넷 기능을 가진 카메라폰은 단순한 카메라가 아니며, 이제 전 세계로 전송할 수 있는 능력을 갖춘 복사기이기도 하다.

도코모는 일본의 다른 회사와 약정을 맺어 새로운 사업을 벌이고 있다. 사람들이 도쿄에서 열리는 마돈나 콘서트의 포스터를 길거리에서 볼 수도 있다. 포스터에는 바코드가 실려 있고, 휴대전화로 그 바코드를 스캔해서 바로 표를 살 수 있다. 다른 포스터에는 새로운 마돈나 CD 광고가 실릴 수도 있게 될 것이다. 휴대전화로 포스터의 바코드를 스캔하면 CD에 담긴 음악을 일부 들어볼 수 있다. 그 CD가 마음에 들면 다시 스캔하고 요금을 휴대전화로 지급한 후 집으로 배달시킬 수도 있다.

《뉴욕 타임스》에 근무하는 나의 동료 토드 자운은 일본 여성과 결혼했다. 그는 나에게 일본인들은 휴대전화로 인터넷에 접속해 모든 정보를 얻을 수 있기 때문에 "일본인 친척들과 한자리에 같이 있을 때 누가 질문을 하면, 처음 하는 행동이 휴대전화를 꺼내 드는 것"이라고 말했다. 듣고 보니 어쩌면 당연하다는 생각이 들었다.

나는 이 모든 것들에 대해 글을 쓰느라 녹초가 된 상태다. 그러나 세계를 평평하게 하는 이 열 번째 동력인 근육강화제와 같은 스테로이드가 어떤 형태의 공동 작업이든 더욱 확대하고 강화시킬 것이다. 그러한 스테로이드 덕분에 더 많은 사람이 더 다양한 방법으로 여러 장소에서 협력할 수 있게 됨에 따라 업로딩이 더욱 개방적이 될 것이다. 기업의 한 특정 부서가 다른 기업과 협력하는 것이 더욱 쉬워짐에 따라 아웃소싱도 보다 활성화될 것이다. 본사가 실시간으로 매장의 개별 직원, 각각의 포장상자 그리고 그 상자 안에 채워넣을 내용물을 제조하는 중국의 공장과 연결됨에 따라 공급망이 한층 강화될 것이다. UPS 같은 기업이 소매업자와 긴밀한 관계를 맺고 전체 공급망을 관리하며, PDA를 갖고 다니는 운전기사들이 기업의 창고 직원 또는 고객들과 밀접히 일할 수 있게 됨에 따라 인소싱도 향상시킬 것이다. 그리고 무엇보다 확실한 것은 이런 스테로이드들이 인포밍, 즉 지식공급망을 관리하는 능력을 강화해줄 것이란 점이다.

롤스로이스Rolls-Royce의 최고경영자 존 로즈John Rose 경은 나에게 무선통신과 스테로이드가 기업의 업무처리 능력을 얼마나 향상시키고 고객과의 협력관계를 강화시키는지를 보여주는 훌륭한 예를 한 가지 보여줬다. 여러분이 영국 항공사British Airways 회사로서 대서양을 건너는 보잉 777을 운항하는 중에 그린란드 상공에서 롤스로이스 제품인 항공기 엔진에 벼락을 맞았다고 하자. 승객과 조종사는 걱정스럽겠지만 염려할 필요가 없다. 롤스로이스가 그 상황을 파악하고 있기 때문이다. 롤스로이스 엔진은 무선 송수신기로 인공위성을 통해 엔진 상태에 관한 데이터를 줄곧 롤스로이스 본사의 컴퓨터로 보내고 있었다. 실제로 상용 중인 롤스로이스의 항공기 엔진에는 대부분 이런 기능이 있다. 인공지능이 내장된 컴퓨터는 아주 복잡한 알고리듬을 기반으로 작동 중인 엔진의 이상 여부를 추적한다. 엔진이 벼락에 맞은 것을 감지한 그 인공지능 시스템은 즉시 롤스로이스의 엔지니어에게 상태를 보고한다.

로즈 경의 말을 들어보자. "인공위성을 통해 받은 실시간 데이터로 엔진의 상태를 탐지한 뒤에 엔지니어들은 원격 진단할 수 있습니다. 통상 엔진에 벼락을 맞으면 비행기를 지상에 착륙시키고, 엔지니어를 불러 육안으로 검사합니다. 그런 후 손상된 상태를 파악해서 수리를 위해 비행을 연기해야 할지 결정합니다. 하지만 실제 항공사들은 그렇게 일을 처리할 만큼 시간적인 여유가 없습니다. 비행이 연기되면 승객들을 내리게 해야 합니다. 그리고 회항 일정에서도 벗어나기 때문에 비용이 대단히 많이 듭니다. 우리는 자동으로 엔진 상태를 실시간 점검하는 한편, 비행기가 착륙할 때쯤엔 엔지니어들이 필요한 조치가 무엇인지 정확히 판단합니다. 수집한 모든 정보로 판단해서 어떤 조치나 검사도 불필요하다고 판단되면 비행기는 일정대로 돌아옵니다. 결국 우리 고객들의 돈과 시간을 절약해주는 겁니다."

이런 스테로이드의 출현으로 엔진이 컴퓨터와 통신하고, 사람과 사람이 통신하고, 컴퓨터와 컴퓨터가 통신하고, 사람과 컴퓨터가 통신하는 일이 과거 어느 때보다 광범위하게 더욱 빠르게 더욱 저렴하게 더욱 쉽게 이루어지게 되었다. 그 결과 점점 더 많은 사람이 점점 더 다양한 장소에서 서로에게 두 가지 똑같은 질문을 하기 시작했다. 내 목소리가 들립니까? 이제 같이 일할 수 있을까요?

3장

삼중융합

⋮

삼중융합triple convergence이란 무엇인가? 그 뜻을 이해하는 데 도움이 되도록 내가 겪은 일화와 좋아하는 TV 광고 얘기를 먼저 들려주겠다.

2004년 3월에 일어난 일이다. 코네티컷 주 뉴헤이븐New Haven에 있는 학교로 진학할 내 딸 오를리를 보려고 볼티모어에서 하트포드까지 사우스웨스트 항공을 타고 가기로 했다. 첨단 기술에 능숙하다고 생각하고 있던 나는 성가시게 종이 티켓을 받는 항공권 대신 아메리칸익스프레스 카드로 결제하는 전자항공권e-ticket을 주문했다. 사우스웨스트 항공을 자주 이용하는 사람이라면 다 알겠지만, 이 저가 항공사에서는 좌석을 지정해주지 않는다. 탑승 절차를 밟으면 탑승권에 A와 B, C 세 가지로 찍혀 나온다. A 티켓을 가진 사람이 첫 번째로 탑승하고, B는 그다음에, 그리고 C가 마지막으로 탑승한다. 그러니 사우스웨스트를 자주 이용하는 사람이라면 C 탑승권을 받고 싶어하지 않는다. 사실 딸아이에게 가져다줄 봄옷이 가득 든 가방을 올려놓을 공간을 확보하거나, 가운데 좌석에 끼여 앉고 싶지 않다면 B 탑승권으로도 충분치 않다. 창문 옆이나 복도 쪽 좌석에 앉고 짐을 머리 위에 올려놓을 수 있으려면 반드시 사우스웨스트 항공에선 A 탑승권을 받아야만 한다. 그래서 나는 전자항공권을 구매했음에도 불구하고, 출발 시각 95분 전에 볼티모어 공항에 도착하기 위해 아침 일찍 일어나 서둘렀다. 순전히 A 탑승권을 받고 일찍 탑승하기 위해서 말이다. 공항에 도착한 후 곧장 사우스웨스트 항공의 전자항공권 발매기로 가서 신용카드를 집어넣고, 탑승권 발급을 위해 터치스크린을 작동시켰다. 그야말로 완벽한 현대인의 모습 아닌가? 그런데 이게 웬일인가? 발매기에서 나온 것은 B 탑승권이었다.

분통 터지는 일이었다. 나는 시계를 보며 "어떻게 B 티켓이 나왔지?" 하고 혼잣말로 투덜댔다. "절대로 많은 사람이 나보다 먼저 왔을 리는 없어. 누군가 조작한 게 분명해! 그렇지 않다면 이렇게 나올 리가 없지! 이런 식이면 슬롯머신과 뭐가 달라!"

쿵쿵거리며 화난 발걸음으로 물러나 보안검색대를 지나서, 아침으로 먹을 계피 빵 하나를 사들고는 우울한 기분으로 B 탑승 열의 뒤쪽에 앉아 비행기 탑승을 기다렸다. 혹시라도 머리 위의 빈 짐칸을 하나 찾게 되기를 기대하면서 말이다. 40분 후 탑승이 시작되었다. B 열에서 부러운 마음으로 앞서 탑승하는 A 탑승권을 가진 사람들을 지켜보았다. 그들에게는 뭔가 미묘한 우월감이 있는 것 같았다.

그때야 그것이 내 눈에 띄었다.

A 탑승 열의 대부분은 내 것과 같은 보통의 전자항공권을 지니고 있지 않았다. 그들은 구겨진 흰색 프린트 용지처럼 보이는 것을 갖고 있었는데, 그 프린트 용지에는 뭔가 씌어 있었다. 그것은 바코드가 인쇄된 탑승권이었는데, 그들 모두 집에서 웹으로 탑승권을 다운로드한 후 가정용 프린터로 출력한 듯했다. 순간 나는 그들이 정확히 어떻게 한 것인지 알아차릴 수 있었다. 난 모르고 있었지만, 사우스웨스트 항공은 예약한 항공권의 비행 당일 0시 1분부터 각 개인이 자신의 탑승권을 집에서 다운로드하고 프린터로 뽑은 다음, 탑승 전에 출구에서 바코드를 스캔하기만 하면 된다고 최근에 발표했던 것이다.

이런 상황을 보면서 나 자신에게 말했다. "프리드먼, 자네는 너무 20세기적인 사람이야. 세계화 2.0시대란 말이지." 한번 생각해보라. 세계화 1.0시대에는 항공권을 발급해주는 발권 직원이 있었다. 다시 말해 살아 숨 쉬는 사람이 있었다. 나는 예전에 워싱턴 D.C. 시내에 있는 항공사 지점으로 직접 찾아가서 번호표를 뽑고 줄 서서 차례를 기다린 다음, 내 비행 일정을 잡기 위해 발권 직원과 직접 얼굴을 마주하고서 대화해야만 했다. 세계화 2.0시대에는 항공권 발매기가 발권 직원을 대체했다. 우리는 무인발권기가 굉장히 새롭고 멋지다고 생각했다. 하지만 그것도 불과 몇 년 전의 일이다. 당신이 잠든 사이에 우리는 세계화 3.0시대로 접어들었으며, 이제는 각 개인이 스스로 항공권을 발권할 수 있게 되었다. 조금 다른 시각에서 본다면, 우리 개인들은 사우스웨스트 항공사의 직원이 되어버린 것과도 같다. 또 다른 시각으로 보면, 우리가 스스로 항공권 발권을 하기 위해 출발 전날 밤 자정이 될 때까지 잠도 못 자고 깨어 있어야 하는 그 시간을 가치로 환산할 경우, 우리 개인들은 사우스웨스트 항공사의 직원으로 일하면서 비용까지 지급하고 있는 것과 같다.

내가 좋아하는 TV 광고는 코니카 미놀타 비즈니스 테크놀로지Konica Minolta Business Technologies가 판매하는 비즈허브bizhub라 불리는 다목적 장비에 관한 광고다. 비즈허브는 사무실용 기계로 흑백 및 컬러 인쇄, 문서 복사, 문서 전송, 문서 스캐닝, 스캔과 동시에 전자우편으로 전송, 인터넷-팩스 전송을 오로지 하나의 기계로 해결할 수 있다. 광고는 사무실에 있는 한 남자와 비즈허브 기계 앞에 서 있는 다른 남자를 빠르게 교차 편집해 보여주면서 시작된다. 이들은 목소리를 높이면 이야기하기에 충분할 정도로 가까이 있다. 돔은 직장 상사지만 새로운 것에 대한 이해가 늦는 사람, 즉 변하는 기술을 따라잡지 못하는 부류다(나 같은 사람 말이다!). 그가 의자에서 뒤로 기대어 사무실 문밖을 보면 비즈허브 옆에 서 있는 직원 테드를 볼 수 있다.

돔: (책상에서) 이봐, 그 차트가 필요한데.
테드: (비즈허브 앞에서) 지금 차트를 이메일로 보내고 있어요.
돔: 복사기에서 이메일을 보낸다고?
테드: 그게 아니라 비즈허브에서 보내고 있어요.
돔: 비즈허브? 가만있어봐, 내가 부탁한 복사는 다 했나?
테드: 이번 스캔을 마치면 바로 할 수 있어요.
돔: 이메일 기계에서 스캔도 한단 말이야?

테드: 이메일 기계요? 비즈허브에서 하고 있어요.

돔: (당황하며) 복사를 한다고?

테드: (인내하려고 노력한다) 이메일을 보낸 다음에, 스캐닝을 하고, 그다음에 복사할 겁니다.

돔: (한참 후에) 비즈허브?

목소리: (비즈허브의 다양한 기능을 설명하는 그래픽 위로) 놀라운 다기능과 좋은 색상. 이것이 코니카 미놀타의 비즈허브입니다.

(비즈허브 옆에 홀로 서 있는 돔, 비즈허브가 자신의 커피잔에 커피도 따라주는지 살펴보고 있다.)

내가 삼중융합이라고 부르는 기술 때문에 사우스웨스트는 가정에서 티켓을 직접 끊는 서비스를 제공할 수 있었고, 코니카 미놀타는 비즈허브를 내놓을 수 있었다. 이 삼중융합을 이루는 요소는 무엇인가? 간단히 답하면 이렇다. 먼저 2000년경부터 앞 장에서 서술한 세계를 평평하게 하는 열 가지 동력이 합쳐지고 힘을 모으면서, 새롭고 더욱 평평하며 세계적인 활동공간을 만들어내기 시작했다. 새로운 활동공간이 마련되자 기업이나 개인은 이를 최대한 활용하기 위해 새로운 업무 방식과 기능, 과정을 받아들였다. 가치 창출을 위한 방식은 대규모의 수직적 방법에서 더욱 수평적인 방향으로 이동했다. 비즈니스를 위한 이 새로운 활동공간과 새로운 비즈니스 수행 방식의 결합이 두 번째 융합이었고, 이는 세계를 더욱 평평하게 하는 데 기여했다. 마침내 이 모든 세계의 평평화가 일어나고 있는 때에 수십억 명에 이르는 전혀 새로운 집단의 사람들이 중국, 인도, 구소련 등의 지역에서 새로 만들어진 활동공간으로 쏟아져나왔다. 새로운 평평한 세계와 새로운 수단들 덕분에 이들 중 일부는 당신과 우리의 신세대 아이들과도 함께 더욱 직접적으로, 더욱 저렴하게 그리고 과거 어느 때보다 강력하게 접속과 동시에 놀이plug and play를 하게 되고, 경쟁하고, 서로 접속하고, 협력하는 것도 가능해졌다. 이것이 세 번째 융합이었다. 이제 세 가지 융합을 각각 상세하게 들여다보자.

융합 I

앞장에서 서술한 세계 평평화 동력 열 가지는 최소한 1990년대부터는 우리 주변에 있었다. 그러나 정말 마법 같은 일을 세계에서 해내려면 이 동력들이 전파되어 뿌리를 내리고 서로 연결되어야 한다. 예를 들어 2003년의 어느 시점에 사우스웨스트 항공사는 PC의 보급이 충분하고, 컴퓨터의 용량도 넉넉하며, 인터넷에 익숙한 고객들이 아주 많아졌다는 사실을 깨달았다. 게다가 고객들이 이메일처럼 쉽게 다운로드해서 인쇄할 수 있도록 하는 워크플로 시스템을 사우스웨스트가 개발할 수 있을 만큼 소프트웨어 기술이 발달했다는 것도 알게 되었다. 결국 사우스웨스트와 고객은 새로운 방식으로 서로 협력할 수 있었다. 그리고 비슷한 시기에 다른 곳에서는 워크플로 소프트웨어와 하드웨어가 융합되어 스캐닝과 이메일 전송, 인쇄 그리고 복사 등의 서비스를 코니카 미놀타가 기계 하나로 할 수 있게 되었다. 이것이 첫 번째 융합이다.

스탠퍼드 대학교의 경제학자 폴 로머Paul Romer가 지적했듯이 경제학자들은 오래전부터 서로의 가치를 상승시키는 보완재가 존재한다는 사실을 알고 있었다. 종이는 좋은 상품이고 연필도 좋은 상품이다. 그리고 둘 중 하나를 가지면 다른 것도 필요하다. 둘 가운데 하나의 품질이 좋아지면 다른 것도 좋아진다. 이렇게 해서 생산성은 향상된다. 이것이 바로 보완재의 동시 개선이다.

베를린 장벽의 붕괴, PC의 출현, 넷스케이프, 워크플로, 아웃소싱, 오프쇼어링, 업로딩, 인소싱, 공급망 구축하기, 인포밍 그리고 이들을 확대하는 스테로이드까지 이들 모두가 보완재처럼 서로 강화했다는 것이 내가 주장하는 바다. 이들 평평화 동력이 서로를 향상시키는 방식으로 작동하기 시작하려면 시간이 필요했다. 변화의 결정적 순간은 2000년경에 왔다. 그즈음에 열 가지 평평화 동력들이 그렇게 광범위하고 강도 높게 융합되자 다른 대륙에 있는 수백만 명의 사람들이 별안간 무언가, 아주 새로운 것을 감지하기 시작했다. 하지만 그들은 무슨 일이 벌어지고 있는지 명확하게 설명하지는 못했다. 2000년에 이르러 사람들은 자신이 이전까지 한 번도 연락한 적이 없었던 지구 반대편의 사람들과 연락을 주고받고, 도전한 적이 없던 사람들로부터 도전을 받으며, 전혀 경쟁해본 적이 없던 사람들과 경쟁을 벌이고, 전혀 새로운 사람들과 협력하기도 하며, 과거에는 개인으로서는 꿈도 못 꿨던 일을 하고 있다는 사실을 감지했다.

사람들이 다름 아닌 세계가 평평해지고 있음을 느꼈던 것이다.

열 가지 평평화 동력의 융합은 전혀 새로운 플랫폼을 창조했다. 웹 기반 글로벌 플랫폼으로 다양한 형태의 협력이 가능해졌다. 이 플랫폼으로 개인이나 그룹, 기업 그리고 대학은 세계 어느 곳에 있건 혁신과 생산성, 교육과 연구, 오락 그리고 슬픈 일이지만 전쟁 유발 등을 목적으로 서로 협력할 수 있게 되었다. 그것은 과거의 그 어떤 창의적인 플랫폼에서도 찾아볼 수 없었다. 이 플랫폼은 현재 지리적 환경과 거리, 시간적 제약과 관계없이 운영되고 있으며 가까운 장래에는 언어조차도 문제가 되지 않을 것이다. 앞으로 이 플랫폼이 모든 것의 중심에 있을 것이다. 다음의 세 가지 기본 요건을 제대로 갖춘 국가와 기업, 개인, 대학 그리고 그룹들에 점증적으로 부와 힘이 모일 것이다. 바로 이 평평한 세계의 플랫폼에 연결할 수 있도록 완벽하게 갖추어진 사회기반시설, 플랫폼에서 혁신을 주도하고 업무를 수행하며 플랫폼을 잘 활용하도록 인력의 잠재성을 발굴할 수 있는 교육, 그리고 끝으로 이 플랫폼으로부터 최고의 효과를 얻으면서 최악의 부정적 영향을 완화할 수 있는 지배구조를 말한다.

아직은 모든 사람이 이 새로운 플랫폼, 즉 새로운 활동공간을 활용할 수 있는 것은 아니다. 내가 세계는 평평해지고 있다고 말할 때 모든 사람이 동등해지고 있다는 뜻으로 말한 것은 아니다. 단지 과거 그 어느 때보다 많은 사람이 더 많은 장소에서 서로 연결되고 경쟁하며 협력하기 위해, 그리고 불행하게도 서로 파괴하기 위해 평평한 세계의 플랫폼을 이용하는 힘을 가지게 되었다는 뜻이다.

이 책이 출판된 이후에 《와이어드》 잡지의 공동 설립자인 케빈 켈리도 넷스케이프의 기업공개 10주년을 기념하는 논설에서 그 나름대로 생각을 정리해 말했다. 그는 다양한 형태의 협력을 위한 이 플랫폼(켈리는 이를 '기계'라고 불렀다)이 아주 새롭고 아주 거대한 그 무엇의 시작이라고 결론지었다. 켈리가 2005년 8월호《와이어드》에 게재한 기사 내용은 이렇다.

지금으로부터 3000년 후 지적 능력을 갖춘 후손이 과거를 되짚어 볼 때, 지금 우리가 사는 이 시대가 세 번째 천 년의 시작이면서 동시에 중요하고도 새로운 역사적 신기원으로 비칠 것이라고 나는 믿는다. 우연히도 대략 넷스케이프의 기업공개와 비슷한 시기에 인간들은 자신이 가진 지적 능력의 조그만 파편을 사용해 비자발적인 요소들에 활기를 불어넣기 시작했고, 세계무대로 연결했으며, 그들의 생각을 하나로 연계시켰다. 이것은 지구상에서 가장 크고 가장 복잡하며 가장 놀라운 사건으로 인식될 것이다. 우리는 광섬유와 전자파로 신경망을 만들어 모든 지역과 모든 처리 과정, 모든 사실과 인식을 하나의 거대한 네트워크로 연결하기 시작했다. 이러한 초기 형태의 신경망으로부터 인간 문명을 위한 협력적인 인터페이스가 탄생했다.

융합 2

혁신과 생산을 위한 기본적인 운영체제인 플랫폼은 그리 자주 변하지 않는다. 신기술이나 평평한 세계와 같은 플랫폼을 도입하는 것만으로는 생산성을 비약적으로 향상시킬 수 없다. 기술적 발전 혹은 발전을 위한 플랫폼이 새로운 사업방식과 결합할 때 비로소 생산성의 폭발적 향상이 일어날 수 있으며, 언제나 시간이 지나야 이런 효과가 나타난다. 병행되는 신기술과 업무 과정 그리고 필요한 처리방식들을 최대한 활용하고 융합해, 다음 단계의 비약적인 생산성을 이뤄내려면 시간이 걸린다. 월마트가 생산성 향상을 크게 이룰 수 있었던 두 시스템의 결합 덕분이었다. 소비자가 6개월분의 비누가 든 대형 상자

단위로 구매하는 대형점포 시스템과 캔자스의 월마트 점포에서 소비자가 선반에서 꺼내 드는 제품을 중국 해안지방에 있는 월마트 공급업체가 즉시 생산할 수 있는 새로운 수평적 공급망관리 시스템을 함께 결합한 바로 그때였다. 우리는 지금 더욱 많은 사람이 이 플랫폼에 접근하고 활용법을 학습하게 됨에 따라 전 세계적이고도 거대한 관행의 변화가 시작되는 단계에 있다. 나는 이 과정을 '수평화horizontalization'라 부르고자 한다. 이것이 바로 오늘날 세계를 평평하게 하는 두 번째 거대한 융합이다. 그 내용을 보면 다음과 같다.

컴퓨터가 처음 사무실에 도입됐을 때, 모두가 비약적인 생산성 향상을 기대했다. 그러나 그런 일은 즉시 일어나지 않았고, 오히려 실망과 약간의 혼란을 초래했다. 저명한 경제학자 로버트 솔로우Robert Solow는 컴퓨터는 어디에나 있지만, 생산성 통계에만은 등장하지 않는다며 신랄하게 비평한 바 있다.

경제사학자 폴 A. 데이비드Paul A. David는 1989년 획기적 논문 「컴퓨터와 변화의 동력: 멀지 않은 과거 사례로 본 현대 생산성의 역설Computer and Dynamo: The Modern Productivity Paradox in a Not-Too Distant Mirror」에서 역사적인 전례를 통해 이 같은 시간 지체현상을 설명했다. 전구가 1879년에 발명됐지만 전구 발명이 큰 경제적 생산성 효과로 이어지기까지는 수십 년이 걸렸다. 왜 그럴까? 그건 단지 전기 모터를 설치하고 증기 엔진 같은 낡은 기술을 폐기하는 것만으로는 충분치 않기 때문이다. 전반적인 제품 생산방식이 재구성되어야만 했던 것이다. 전기가 변화한 가장 중요한 계기는 공장이 들어설 건물과 조립 설비가 다시 설계되고 관리되는 방식에 있었다고 데이비드는 지적했다. 증기기관 시대에 공장들은 증기기관의 동력을 전달하는 데 필요한 엄청나게 무거운 기계장치와 무거운 벨트, 다른 커다란 이동장치를 지탱할 수 있는 크고 비용도 많이 드는 다층 건물이었다. 작고 강력한 전기 모터가 도입되자 모두가 곧 생산성이 크게 향상될 거라고 기대했으나, 그렇게 되기까지는 시간이 걸렸다. 제대로 효과를 거두려면 많은 건물을 새로 설계해야 했다. 다양한 크기의 모든 기계를 소형 전기 모터로 작동시키는, 길고도 낮으며 더욱 값싸게 지을 수 있는 단층 공장들이 필요했다. 전기 모터, 공장의 재설계, 생산설비의 재설계 사이의 상관관계를 이해하는 경험 많은 공장 설계자와 전기기사, 관리자가 적정수준으로 늘어난 후에야 전기는 비로소 제조업에서 획기적인 생산성 향상을 가져올 수 있었다고 데이비드는 기술했다.

오늘날 세계가 평평해지는 데도 똑같은 일이 일어나고 있다. 세계를 평평하게 하는 열 가지 동력의 대부분은 오랫동안 우리 주변에 존재했다. 그러나 그 효과가 완전히 느껴지려면 열 가지 동력이 융합되는 것 외에 또 다른 요소가 필요했다. 평평해진 활동공간을 최대한 활용할 수 있는 수평적 협업과 가치창출 과정 및 비즈니스 양식에 편안함을 느끼면서 개발에 참여할 수 있는 노동자, 최고경영자, IT 전문가, 설계자, 비즈니스스쿨, 컨설턴트, 혁신가 및 관리자 군단이 등장해야 한다. 간단히 말하면 세계를 평평하게 하는 열 가지 동력의 융합은 평평한 세계를 최대한 활용하는 기술과 비즈니스 관행의 또 다른 융합을 낳았다. 그리고 이 두 융합은 서로 더 강화하기 시작했다.

폴 로머는 "사람들이 'IT 혁명이 왜 당장 생산성 향상으로 연결되지 않느냐'고 물으면, 그것은 새로운 컴퓨터 이상의 것이 필요하기 때문이라고 말했다. 새 컴퓨터가 설치되는 것만으로는 부족하고, 컴퓨터에 적용할 새로운 형태의 기술과 새로운 비즈니스 프로세스가 필요합니다. 새로운 일 처리 방식은 정보기술의 가치를 높이고, 새롭고 더 나은 정보기술은 새로운 일 처리 방식의 가능성을 높입니다."

세계화 2.0시대는 진실로 메인프레임 컴퓨팅의 시대였다. 그 시대는 매우 수직적이고, 명령과 통제 지향적이며, 회사와 그에 소속된 개별 부서는 수직적 구조로 조직되는 경향이 있었다. 세계를 평평하게 하는 열 가지 동력의 융합, 특히 PC, 마이크로프로세서, 인터넷 및 광섬유의 결합을 기반으로 세워진 세계화 3.0시대는 활동공간을 수직화된 양식에서 수평적인 양식으로 바꿔놓았다. 그리고 이런 전환은 자연스럽게 새로운 비즈니스 관행을 요구하고, 그런 관행이 자리 잡고 확산되도록 촉진했다. 이들 새로운 관행은 명령하고 통제하는 수직적 관계는 줄어든 반면 수평적으로 연결하고 협력하는 방식이 더욱 주도하게 된다.

칼리 피오리나는 "지휘하고 명령하는 수직적 방식을 통한 가치창조에서 동등한 위치에서 서로 협력하는 수평적 방식을 통한 가치창조로 변화했다"고 말했다. 그리고 HP와 같은 회사에서 혁신은 이제 점점 더 세계 곳곳에 퍼져 있는 서로 다른 부서와 팀 간의 협력을 통해 이뤄진다고 했다. 예를 들어 HP, 시스코 그리고 노키아는 디지털 사진을 빔을 통해 HP 프린터로 보내고 재빨리 인쇄하는 폰 카메라를 개발하는 작업에 협력해왔다. 각 기업은 매우 정교하고 특화된 기술을 개발했지만, 이런 기술적 장점들은 다른 두 회사가 개발한 다른 특별한 기술들과 수평적으로 결합할 때 그 가치가 더해진다.

"수평적인 협력방식과 수평적인 관리방식은 전통적인 상명하달식의 접근법과는 전혀 다른 기술을 요구합니다"라고 피오리나는 덧붙였다.

몇 가지 예를 들어보겠다. 지난 5년간 HP는 여든일곱 개의 수직적이고 독립적으로 운용되는 공급망을 가지고 있었다. 그러나 이젠 500억 달러의 사업자금을 운용하며 회사 전체를 총괄하는 시스템을 통해 회계, 대금 청구, 지급 및 인적 자원을 관리하는 불과 다섯 개의 공급망만을 가진 회사로 변신했다.

사우스웨스트 항공사는 고객들이 집에서 탑승권을 다운로드할 수 있는 시스템을 구축하기 위해 세계를 평평하게 하는 열 가지 동력의 융합을 이용했다. 달리 표현해서 사우스웨스트는 생산성을 올리고 비용을 낮추기 위해 다음과 같은 점을 받아들였던 것이다. 세상은 평평해졌고 고객들과 다른 방식으로 상호작용할 수 있어야 하며, 고객들도 항공사와 다른 방식으로 대응할 수 있어야 한다는 점 말이다. 내가 티켓 구매 습관을 바꾸고 사우스웨스트 항공과 수평적인 관계가 되도록 내 방식을 개선하기 전에는 이러한 기술적인 발전이 나에게 획기적인 생산성 향상을 가져온 것은 아니었다. 그래서 나는 나 자신을 수평화시키기 시작했다. 나는 탑승권을 다운로드해 바코드와 함께 인쇄하면 볼티모어 공항에 출발시각 95분 전이 아니라 65분 전에 도착해도 된다는 것을 깨달았다. 그러면 나는 30분의 생산성을 얻을 것이다. 그건 다른 일을 할 수 있는 꽤 많은 시간이다. 코니카 미놀타의 비즈허브 광고는 비즈허브라는 새로운 기계에 담긴 융합 기술과 그것을 제대로 활용하는 방법을 이해한 직원,

그리고 이를 이해하지 못한 직원 간의 차이를 보여준다. 그 기술을 이해하지 못한 직원이 근무행태를 바꾸지 않는 한, 광고에 등장하는 가상 사무실에서 그런 놀랄 만한 기계를 새로 도입한다 할지라도 그 사무실의 생산성은 향상되지 않을 것이다.

마지막으로 세계 2위의 광고, 마케팅 및 커뮤니케이션 연합회사인 WPP의 예를 생각해보자. 영국에 본부를 둔 WPP는 20년 전에는 우리가 지금 아는 형태로 존재하지 않았다. WPP는 관련 업계의 몇몇 대기업, 즉 영앤루비캄Young & Rubicam, 오길비앤마더Ogilvy & Mather 그리고 힐앤놀턴Hill & Knowlton의 연합으로 이루어졌다. 이 연합은 거대 고객들의 광고와 고객 우편광고, 미디어 광고, 브랜딩과 같은 더욱더 다양해지는 마케팅 수요에 부응하기 위해 힘을 합쳤다.

WPP 그룹의 브랜딩 담당 계열사인 랜더어소시에이츠Landor Associates의 전무이사로 있는 앨런 애덤슨Allen Adamson은 다음과 같이 말했다. "여러 해 동안 WPP 그룹의 가장 큰 과제는 각 계열사가 서로 도와서 일을 하게 만드는 것이었습니다. 그러나 이제 WPP 그룹의 각 계열사는 그저 그룹의 한 부분으로 같이 일하는 것만으로는 충분하지 않다는 것을 알게 됐습니다. 한 사람의 고객을 위해 때로는 각 회사에서 선발된 사원을 모아 특화된 협력팀을 구성할 필요가 크다는 것을 우리 스스로 알고 있습니다. 개별 회사로는 그런 고객을 위한 가치 창조를 할 수 없고, 그룹 전체를 기존 방식으로 통합한다 해도 답을 찾을 수 없었습니다. 훨씬 더 구체적으로 고객에게 맞게 접근해야 했던 거죠. 우리는 전 그룹 내부에서 이 특별한 고객을 위해 이미지와 미디어 등 광고 분야별로 적합한 담당자와 일할 최적의 광고 담당자를 뽑아야 했습니다."

2003년 제너럴일렉트릭이 보험사업부문에서 독립회사를 하나 만들기로 했을 때, WPP 그룹은 새 회사의 이름을 짓는 작업부터 첫 번째 광고 캠페인과 소비자에게 직접 판매하는 다이렉트 마케팅Direct Marketing 프로그램에 이르기까지 모든 것을 다루는 특별팀을 구성하기로 했다. 애덤슨은 "이 조직의 책임자가 할 일은 각 고객을 위한 가치 있는 제안을 개발하고, 그 고객만을 위해 WPP 그룹 안에서 가장 적절한 재능을 가진 사원들을 선발해서 마치 하나의 회사처럼 움직이게 하는 것이었죠. 제너럴일렉트릭은 새로 만든 팀에 클라매스 커뮤니케이션Klamath Communications이라는 이름까지 지어주었습니다"라고 말했다.

WPP는 세계가 평평해졌을 때 이를 최대한 활용하기 위해서 스스로 변신했다. 증기로 움직이던 공장의 구조를 전기 모터에 맞춰 개조한 회사들처럼 기본적으로 기존의 수직적 문화를 허물어서 사무실 구조와 업무 관행을 바꾸었다. 이처럼 스스로 변화를 시도한 결과 WPP는 엄청나게 많은 에너지와 지적인 인력을 발굴했다. 계열사의 모든 직원을 주어진 과제가 요구하는 특성에 따라 수평적으로 결합한 각각의 전문가 집단으로 본 것이다. 이 집단은 사실상 독자적인 이름을 지닌 새 회사나 마찬가지다.

수평적 사고방식은 비즈니스뿐 아니라 교육과 군사적인 계획 수립에도 적용된다. WPP가 그러했듯이 수직적 사고방식에서 수평적 사고방식으로 변화하기 위해서는 조정 과정을 거쳐야 한다. 수직적 사고방식은 종종 당신이 의도하는 최종 결과나 효율성이 아니라, 누가 어떤 시스템을 통제하고 있는지에서 시작하기 때문이다. 예를 들어, 만약 내가 이라크 주둔군 사령관이고 내가 의도하는 결과는 보다 나은 전장 정보를 실시간으로 얻는 것이라고 가정해보자. 이 경우 나의 최우선 순위는 내가 전장의 상공을 날아다니며 항공사진을 촬영하는 무인정찰기를 통제하는가의 문제가 아닐 것이다. 최우선 순위는 무인정찰기가 전송해온 사진을 가능한 한 심도 있게 그리고 신속하게 분석하는 방법을 찾아내는 것이다. 그것이 나의 최우선 과제일 때 비로소 나는 수평적으로 생각하기 시작한다. 평평한 세계의 플랫폼을 어떻게 활용할 것인가에 대해, 다시 말해 내가 가진 네트워크 또는 네트워크의 네트워크를 어떻게 사용할 것인가에 대한 방안을 생각하기 시작하는 것이다. 무인정찰기로부터 들어온 동영상을 실시간으로 전송해 CIA, 국방부정보국, 국가안전보장국 그리고 육군과 공군 정보국의 평면 TV에 띄우고 각 기관에 소속된 분석 전문가들을 한 온라인 채팅방에 집결시킨다. 전문가들은 실시간으로 전송되는 동영상을 보면서 각자가 보고 있는 것과 각종의 위협요소들에 대한 의견을 채팅창에 입력하면 그 내용은 다시 실시간 화면에 보인다. 그로써 우리가 모두 함께 분석 작업을 수행할 수 있다. 이와 같은 접근방식으로 수직적 사고방식, 즉 나는 공군이므로 지하격납고에서 무인정찰기에 대한 통제를 담당하고, 내 소속의 분석 전문가들이 독자적으로 동영상 분석을 끝내고 역시 지하격납고에서 우리가 알아낸 정보를 다시 육군에 전달하면 된다는 사고방식에서 탈피할 수 있다. 그 대신 가장 뛰어난 분석자료를 실시간으로 취할 수 있어 효율성이 높아지고, 전체 네트워크상에 있는 다른 전문가들과 접속자를 서로 수평으로 연결할 수 있다. 모두의 지혜를 합치면 어느 한 사람의 지능보다 더욱 우월하므로, 나의 최우선 순위는 누가 동영상을 통제하느냐가 아니라 어떻게 하면 동영상이 보여주는 내용을 이해하고 전문가에게서 정보를 최대한 추출하는 수평적인 반응 시스템을 만들 것인가 하는 것이다.

새로운 활동공간과 새로운 비즈니스 관행이 완전히 조화를 이루기까지는 아무래도 시간이 걸린다. 그런 작업은 현재 진행 중이다. 그러나 작은 경고 하나를 염두에 두자. 그런 변화는 당신이 생각하는 것보다 훨씬 빠르게, 그것도 전 세계적으로 일어나고 있다.

또 한 가지, 나는 삼중융합에 대해 말하고 있다는 점을 잊지 않길 바란다!

융합 3

왜 삼중융합인가? 새롭고 수평적인 공간을 만들고 주로 서방세계에서 기업과 개인들이 그러한 상황에 적응하기 시작했을 때, 이런 경쟁의 장에서 제외됐던 30억 명의 사람들은 해방된 자신들도 다른 모든 사람과 함께 연결되어 활동할 수 있다는 사실을 갑자기 깨달았다.

극소수를 제외하면, 이 30억 인구는 대부분 매우 수직적이고 위계질서가 엄격한 정치 및 경제 구조의 폐쇄적인 체제 안에서 살아왔기 때문에 그전까지는 경쟁이나 협력이 허용되지 않았다. 이들은 중국과 인도, 러시아, 동유럽,

라틴 아메리카, 중앙아시아 사람들이다. 이들 국가의 정치 및 경제 시스템은 1990년대에 모두 개방경제로 바뀌었고, 그 국민은 자유시장 게임에 점차 자유롭게 참여하게 되었다.

그러면 30억 인류가 새로운 활동공간과 새로운 사업 처리방식에 합류하는 것은 언제였을까? 그것은 바로 활동공간이 평평해졌을 뿐만 아니라 그 어느 때보다 값싸고 활용하기 쉬운 워크플로 도구로 경쟁과 협력이 가능해졌을 때였다. 세계가 평평해진 덕분에 대다수 신규 게임 참여자들은 새로운 활동공간에 참여하기 위해 자기 나라를 떠날 필요가 없었다. 세계를 평평하게 하는 열 가지 동력 덕분에 활동공간 자체가 그들에게 다가간 것이다!

생각해보면 21세기 초에 전 세계의 경제학과 정치학의 모습을 다듬은 가장 중요한 동력은 새로운 활동공간 위에 새로운 게임 참여자가 수평적으로 협력하도록 새로운 비즈니스 과정과 관행을 개발하는 바로 이 삼중융합이었다. 수많은 사람에게 검색엔진과 웹이라는 수단으로 헤아릴 수 없이 많은 생생한 원천 정보에 접근하는 능력과 도구를 제공함으로써, 다음 세대의 혁신은 평평해진 지구 곳곳에서 일어나리라는 것을 확신한다. 곧 시작될 각종 혁신과 발견에 참여할 지구촌의 규모는 한마디로 세계가 여태껏 경험해보지 못한 것이다.

냉전 시대에는 북미, 서유럽 그리고 일본과 동아시아 세 개의 주요 무역 블록이 있었다. 이들은 세계를 크게 나눈 냉전 시대 동맹이었기 때문에 그들 세 블록 간의 경쟁은 상대적으로 통제되었다. 또한 노동과 산업이 숨을 수 있는 보호장벽들이 여전히 많았다. 블록끼리는 임금 수준과 노동력, 교육수준이 엇비슷했다. "신사적인 경쟁을 하고 있었다"고 인텔의 회장 크레이그 배럿Craig Barrett이 말했다.

그러다 삼중융합이 일어났다. 베를린 장벽이 무너지고 베를린 시장의 문이 열리면서, 갑자기 장벽 뒤 폐쇄된 사회에 살던 30억 인구가 평평해진 지구라는 광장으로 걸어나왔다.

숫자가 보여주는 대략의 모습은 다음과 같다. 하버드 대학교의 경제학자 리처드 B. 프리먼Richard B. Freeman이 2004년 11월에 발표한 연구결과에 따르면,

1985년 전 세계경제계는 북미, 서유럽, 일본, 라틴 아메리카의 몇 구역, 아프리카 그리고 몇몇 동아시아 국가들로 이루어져 있었다. 국제무역에서 이 지역들이 차지하는 비중을 인구로 보면 25억 명 정도였다는 게 프리먼의 얘기다.

2000년경에 와서 소련제국의 공산주의가 붕괴하고, 인도가 자급자족 체제에서 개방경제 체제로 바뀌고, 중국이 시장 자본주의로 전환했으며, 여기에 인구가 증가해 세계에서 경제활동에 참여하는 인구는 60억 명에 이르게 되었다.

세계시장이 확대되면서 전 세계의 노동력에 합류한 신규 인력만 약 15억 명이었는데, 이는 중국, 인도 그리고 소련이 합류하기 전 2000년경에 보유했던 전 세계 노동력의 거의 두 배에 가까운 수준이라고 프리먼은 말했다.

아마도 세계경제에 진입하는 이 신규 노동력 15억 가운데 불과 10%만이 의미 있는 수준에서 타인과 협력 또는 경쟁할 수 있는 교육을 받고, 연결망도 갖고 있을 것이다. 그러나 이것만 해도 1억 5000만 명으로 미국의 전체 노동력과 맞먹는 수치다. "30억 명이 하룻밤 사이 세계경제에 진입한다면 엄청난 결과가 나타날 수밖에 없다. 특히 교육에 대해 남다른 전통이 있는 세 나라, 곧 인도와 중국, 러시아에서 배출한 인력들은 더 말할 필요가 없다"고 배럿이 말했다.

확실히 맞는 말이다. 우리가 이제 함께 섞여가는 이들 나라의 사회는 교육에 대한 열의가 상당히 높다. 미국의 교사들을 대상으로 하는 주간지 《에듀케이션 위크Education Week》에 소개된 이 이야기를 생각해보라. 2005년 11월 30일에 발행된 이 잡지에서 인도의 중산층과 그들의 열망에 관한 특별 기사를 실었다. 인도 첸나이발 기사의 내용은 다음과 같이 시작한다.

100명 정도의 12학년생이 고작 66㎡ 남짓한 보라색 방에 빼곡히 앉아 공부하는 모습은 첸나이에서 흔히 접할 수 있는 교실 풍경이다. 천장에서 선풍기가 쉴 새 없이 돌아가고 있음에도 기운을 빨아들이는 듯한 실내온도는 37℃를 훌쩍 넘겼다. 나무로 만든 교단에서 무투크리슈난 아룰셀반 교사가 칠판에 삼각형을 그리고,

내각을 각각 표시한 다음 마이크를 잡고 기하학 공식을 설명한다. 학생들은 밤 10시가 다 된 시간에도 아랑곳하지 않고 선생님의 설명을 열심히 듣는다. 교사가 질문하자 학생들은 친구들에게 질세라 입을 모아 대답한다. 교사가 문제를 내면 학생들은 공책에 머리를 파묻고 연필을 씹으며 남들보다 먼저 문제를 풀기 위해 열심이다. 이렇게 일주일 내내 쉬지 않고 계속되는 강도 높은 학교 수업은 첸나이에 있는 공과대학에 진학하는 것이 가장 큰 희망인 인도 고등학생들의 일상이다. 학교에서 집으로 돌아오면 학생 대부분은 앞으로 몇 시간 더 졸음을 쫓으며 공부하기 위해 진하고 달콤한 커피를 한 잔씩 들이켠다. (…) 인도의 중산층 가정은 자녀를 공대나 의대로 진학시키는 것이 일생일대의 꿈이다. 미국에서는 거의 생각도 못할 일이다. 십진법을 최초로 개발한 이 나라 인도에서는 스리니바사 라마누잠Srinivasa Ramanujam이나 아리야바타Aryabhatta 같은 고대의 천재 수학자나 과학자들이 여전히 추앙받고 있으며, 수학이나 과학 과목 성적이 뛰어난 아이들은 특별 대우받는다.

국제교육연구소Institute of International Education, IIE의 자료에 따르면, 2004년에서 2005년 사이에 미국의 대학으로 진학한 외국 유학생 중 인도 학생이 8만 466명으로 가장 많은 수를 차지했다. 다음으로 중국과 한국이 각각 6만 2523명, 5만 3358명으로 그 뒤를 이었다. 이들 유학생 대부분은 경영학이나 공학, 수학, 또는 컴퓨터 과학 분야를 공부한다. 너무나 다른 문화이다. 오직 공부하기 위해 그렇게 먼 길을 오기란 쉽지 않다. 오직 배고픈 자만이 가능한 일이다.

실제로 경쟁상대보다 더 많이 배워서 그들을 앞지르고자 하는 엄청난 갈망을 품은 인도나 중국 그리고 구소련 출신 신입생들은 평평한 세계의 활동공간으로 그냥 조용히 걸어 들어오지 않는다. 그들은 맹렬히 돌격해오고 있다. 교육받은 청년들이 자신들의 잠재력을 진정으로 실현할 출구가 없었던 인도나 중국, 구소련 등의 국가에서 장장 50년간 억눌렸던 열망이 분출한 것이다. 샴페인 병을 50년 동안 흔들다가 마침내 마개를 열었다고 상상해보라. 코르크

마개가 빠져나올 때 꽤 크게 뻥하며 터지는 소리를 듣게 될 것이다. 오늘날 인도나 중국, 구소련으로부터 뿜어져 나오는 폭발적인 열망은 바로 그와 같은 것이다. 샴페인 병의 코르크 마개가 튀어나오는 방향에 서 있다가 맞고 싶지는 않을 것이다.

이 삼중융합의 속도가 절대 느리지 않다고 말하는 이유다. 삼중융합은 아주 빠르게 일어나고 있다. 세계가 평평해지고 점점 더 많은 사람이 새로운 형태의 협력을 할 수 있는 이상, 승자는 그 관행, 작업 과정 그리고 기술을 가장 신속하게 익히는 사람들일 것이다. 미국인이나 서유럽인들이 앞으로도 선도해가리라는 보장은 어디에도 없다. 새로운 게임 참여자들은 종종 과거 전통에 구애받지 않고 새로운 경쟁 활동공간으로 바로 진입하고 있다는 걸 명심하시라. 이들 가운데 다수는 뒤처져 있었기 때문에 구체제를 구축하고 유지하는 데 많은 투자비용이 들었다. 하지만 이젠 회수할 수 없는 그 많은 투자비용에 대해서 걱정할 필요없이 곧바로 신기술로 도약할 수 있다. 그만큼 최첨단 신기술을 도입하는 데 굉장히 빨리 움직이고 있으며, 현재 중국의 휴대전화 사용자가 미국의 인구보다도 더 많은 것에서 그 예를 볼 수 있다. 많은 중국인이 유선전화 단계를 건너뛰어 버렸다. 달리 표현하자면 많은 중국인이 불과 10년 동안 전화가 없던 시대에서 휴대전화의 시대로 옮겨간 것이다.

나는 2005년 봄 학기에 하버드 대학교에서 세계화에 대해 공동으로 강의를 진행한 적이 있다. 어느 날 강의가 끝난 뒤 한 학생이 내게 와서 이런 얘길 했다. 그 학생을 포함한 몇몇 하버드 대학생들이 중국에 있는 학생들과 학생 조직을 만들었다. 그들은 이력서 작성부터 공동학습 프로젝트에 이르기까지 거의 모든 과제를 서로 협력해 해결했다. 흥미로운 것은 학생들의 커뮤니케이션 수단이었는데, 그들은 인터넷을 통해 무료로 전화통화 할 수 있는 스카이프를 사용한다. 더 흥미로운 사실은 미국의 학생들에게 스카이프를 소개한 쪽이 바로 중국의 학생들이었다는 것이다. 게다가 그 중국 학생들은 대도시 출신이 아니라 중국 전역의 작은 소도시 출신이었다고 한다.

우리는 세계무역이나 세계경제가 IMF, G8, WTO, 세계은행과 각국의 각료들이 체결한 무역협정에 의해 움직인다고 생각하는 경향이 있다. 나는 이들 정부기구가 세계경제의 흐름과 관계없다고 말하려는 것이 아니다. 물론 절대 그렇지는 않다. 그러나 이런 기구들의 중요성은 점차 줄어들고 있다. 앞으로 세계화는 점점 IMF의 조언이나 어떤 협정에 상관없이 평평한 세계를 이해하고, 그 과정과 기술에 자신을 신속히 적응시켜 전진하기 시작하는 개인들에 의해 추진될 것이다. 그런 개인들은 피부색에 상관없이 세계 곳곳에서 나타날 것이다.

앞으로는 세계경제를 만들어 가는 데 재무장관들의 심사숙고보다는 지피족Zippies이 자발적으로 분출하는 에너지가 더욱 힘을 발휘할 것이다. 1960년대에 미국인들은 히피Hippies와 함께 자랐다. 1980년대에는 첨단기술 혁명으로 우리 세대의 다수가 여피족Yuppies(신세대 가운데 고등교육을 받고, 도시 근교에 살며, 전문직에 종사해 연 3만 달러 이상의 소득을 올리는 일군의 젊은이들 −옮긴이)이 되었다. 이제 지피를 소개하겠다.

인도의 주간지《아웃룩Outlook》은 '지피족이 출현했다'고 선언했다. 지피족은 인도가 사회주의 체제에서 벗어나 세계의 서비스 센터로 변신하면서 세계무역과 정보혁명에 정면으로 뛰어든 이래 성인이 된 첫 세대이다.《아웃룩》은 인도의 지피족을 '자유화의 자식들'이라고 불렀으며, "큰 걸음으로 빠르게 움직이며 도시나 도시 근교에 거주하는 15세~25세 사이의 Z세대에 속하는 젊은이들이다. 여자일 수도 남자일 수도 있고, 학생일 수도 직장인일 수도 있다. 그들만의 태도와 야망과 열망이 배어 나오고, 쿨하고 자신감 넘치고 창의적이다. 도전할 만한 일을 찾고 기꺼이 위험을 감수하며 두려움이 없다"고 규정했다. 인도의 지피족은 돈을 벌거나 쓰는 데 죄의식이 없다.《아웃룩》이 인용한 인도의 한 전문가 말에 따르면, "그들은 운명에 끌려다니지 않고 목적에 따라 움직이며, 내향적이 아니라 외향적이고, 현실에 만족하기보다는 계층 상승의 욕구가 강하다." 인도인 가운데 54%가 25세 이하이며, 그것은 5억 5500만 명의 엄청난 인구다. 인도에는 열 가구 중 여섯 가구에 최소한 한 명의 잠재적 지피가 있다. 그리고 지피들은 좋은 직업을 가지려는 억눌린 욕구만 있는 것이 아니라 멋진 삶을 살기 원한다.

이 모든 변화는 매우 빠르게 일어났다. 인도의 콜센터 회사 24/7 고객센터의 최고경영자이자 공동 창립자인 칸난은, 미국에서 일자리를 찾을 수 있을까 하며 진땀 흘렸던 자신이 겨우 지난 10년 사이에 미국에서 다른 나라로 아웃소싱되는 서비스 분야에서 앞서 가는 사람이 되었다고 내게 말했다.

칸난은 그때를 이렇게 회고했다. "미국에 가려고 비자를 신청하던 때를 영원히 잊지 못할 겁니다. 1991년 3월이었는데, 저는 인도에서 회계학으로 학사 학위를 받아 인도 공인회계사 자격을 얻었지요. 당시 제 나이 스물셋이었고 여자친구는 스물다섯이었죠. 그녀도 공인회계사였습니다. 저는 스무 살에 졸업해서 타타컨설팅 회사에서 근무하고 있었습니다. 제 여자친구도 같은 회사 동료였죠. 바디숍body shop(미국 소재 회사에서 일할 인도인 인재를 수입하는 데 전문화된 채용회사)을 통해 우리 둘 다 IBM의 프로그래머 자리에 취업 제의를 받았어요. 그래서 우리는 뭄바이의 미국 영사관으로 갔습니다. 리크루팅 관련 업무는 뭄바이의 미국 영사관에서만 처리하고 있었거든요. 그 시절에는 미국 비자를 받으려는 사람들이 항상 긴 줄을 서 있었습니다. 심지어 잠을 자면서까지 줄 서서 자리를 지키는 사람들이 있어서, 20루피를 주면 그들의 자리를 살 수도 있었죠. 그렇지만 우리는 직접 가서 줄 끝에 서 있다가 마침내 우리를 인터뷰할 담당관을 만나러 들어갔습니다. 그는 미국인 영사였어요. 그의 일은 질문을 통해 우리가 일을 마치고 다시 인도로 돌아올 것인지, 아니면 미국에 남으려고 하는지를 알아내는 것이었습니다. 영사들은 뭔가 그들 나름의 비밀스러운 공식으로 판단을 내립니다. 우리끼리 비자 인터뷰를 복권이라 불렀어요. 직접 가서 줄을 서야만 했고, 모든 것이 그 인터뷰에 달렸으니 인생 복권이었던 겁니다."

그래서 인도에는 실제로 오로지 미국 대사관의 취업 비자 인터뷰를 어떻게 준비할지를 다룬 책과 세미나들이 있었다. 그것은 숙련된 인도인 엔지니어가 자신의 재능을 발휘할 수 있는 사실상 유일한 길이었다. "옷은 항상 전문가답게 입으라는 한 가지 조언이 기억납니다"라고 칸난은 말했다. "그래서 저와 여자친구는 우리가 가진 옷 중에서 가장 좋은 옷을 입고 갔어요. 인터뷰가 끝난 뒤에 영사는 아무것도 말해주지 않습니다. 저녁때까지 기다려야 결과를 알 수 있었죠. 기다리는 시간은 지옥 같았습니다. 긴장을 풀기 위해 우리는 그저 뭄바이 거리를 거닐며 쇼핑을 했어요. '나는 비자를 받는데 당신이 못 받는다면? 당신은 비자를 받고 나는 못 받는다면?' 그런 말을 주고받으며 왔다갔다했지요. 우리가 얼마나 안절부절못했는지 말할 수 없을 지경이었습니다. 비자를 받고 못 받고에 아주 많은 것이 달려 있었거든요. 고문에 가까웠죠. 저녁때 영사관으로 다시 가서 우리 둘 다 비자를 받았습니다. 하지만 난 5년 기한의 복수 비자였고 그녀는 6개월 단수 비자였어요. 그녀는 울고 있었습니다. '난 왜 6개월 체류밖에 안 된다는 거야?' 둘이 다른 비자를 받은 걸 이해할 수 없었습니다. 저는 일단 미국에 들어가기만 하면 그다음에는 모든 일이 잘 풀릴 거라 위로하느라 애썼을 뿐입니다."

지금도 많은 인도인이 취업과 유학을 위해 미국에 가려고 한다. 하지만 삼중융합 덕분에 많은 인도인이 자국에 머물며 넉넉한 보수를 받고 가장 높은 수준의 경쟁을 할 수 있게 되었다. 평평한 세계에서는 굳이 다른 나라로 가서 살지 않아도 혁신할 수 있다. "내 딸은 더 이상 나처럼 땀 흘려가며 비자를 받을 필요가 없게 되었습니다"라고 칸난은 말했다. "평평한 세계엔 당신을 시스템 밖으로 밀어낼 영사관 비자 담당자가 없습니다. 당신이 원하는 대로 플러그를 꽂으면 바로 플레이에 참여할 수 있으니까요." 이제 혁신을 위해 굳이 다른 나라에 가서 살지 않아도 되기 때문에 점점 더 많은 세계적 수준의 혁신이 인도에서 촉발되고 있으며, 특히 소프트웨어 부문의 혁신이 두드러진다. 이전에 단지 인도로 아웃소싱된 작업만 수행하던 것과는 다른 이러한 현상은 인도인들을 자국에 머물 수 있게 했을 뿐만 아니라 국외의 인력을 끌어들이는 요인이기도 했다. 인도 출신의 미국인 컴퓨터 엔지니어로 레드먼드 소재 마이크로소프트에서 근무했던 P. 아난단P. Anandan은 2005년 벵갈루루에 마이크로소프트 연구센터를 설립하기 위해 인도로 돌아갔다.

"이곳에서 나와 함께 일하는 비인도인 직원은 두 명인데 한 사람은 일본인이고 다른 한 사람은 미국인입니다. 두 사람 모두 세계 어느 곳에서든 일할 수 있죠"라고 아난단이 말했다. 그는 또한 28년 전 자신이 인도에서 공학 분야 학위를 받았던 당시에 인도에서는 모두가 국외에서 일자리를 구하기 위해 경쟁했다고 덧붙였다. 이젠 인도 내에서 IT 분야의 직업을 구하기 위해 가장 치열한 경쟁이 벌어지고 있다. "이제 더 이상 '난 어쩔 수 없이 여기 남아야겠군' 하고 낙심하는 게 아니라, '어떻게 하면 인도에 남을 기회를 잡을까?' 하고 걱정하는 상황입니다."

내가 인도에서 만난 사람들 가운데 세계화된 IT 무대에서 가장 역동적으로 활동하는 젊은이는 벵갈루루에 본부를 둔 소규모 게임 회사 드루바 인터렉티브Dhruva Interactive의 창립자이자 CEO인 라제시 라오다. 내가 여러분에게 삼중 융합을 구현한 한 사람을 예로 든다면 그가 바로 라제시일 것이다. 그와 그의 회사는 인도의 지피가 세계를 평평하게 하는 열 가지 동력을 만나면 어떤 일들이 일어나는지를 우리에게 보여준다.

드루바는 벵갈루루 인근 조용한 주택가의 가정집을 개조해서 사무실로 쓰고 있다. 내가 방문했을 때, 2층으로 된 사무실에서는 컴퓨터 그래픽 교육을 받은 인도인 게임 디자이너들과 화가들이 PC로 미국과 유럽의 고객을 위해 여러 가지 게임과 만화 캐릭터를 그리고 있었다. 그들은 일하면서 헤드폰으로 음악을 듣고 있었다. 짬짬이 각자 서로 추격하고 죽이는 집단 컴퓨터 게임을 하면서 휴식을 취하기도 했다. 드루바는 이미 휴대전화로 할 수 있는 테니스 게임에서부터 PC나 노트북 컴퓨터에서 할 수 있는 포켓 당구게임에 이르기까지 아주 혁신적인 게임을 만들었다. 2004년에는 모바일 게임용으로 쓸 찰리 채플린의 이미지 사용권을 샀다. 인도의 한 신생 컴퓨터 회사가 모바일 컴퓨터 게임용으로 채플린의 이미지 사용권을 소유하고 있는 것이 지금의 현실이다.

벵갈루루에서 그리고 이후의 이메일 대화에서 30대 중반의 라제시에게 어떻게 인도의 벵갈루루에서 세계 게임 산업에 뛰어들게 되었는지 구체적으로 말해달라는 내 부탁에 키는 작지만 헤비급의 야망을 지닌 그가 다음과 같이 답했다.

"결정적인 첫 순간은 1990년대 초로 거슬러 올라갑니다. 학생일 때 유럽에서 살면서 일도 해봤습니다만, 인도를 떠나지 않을 것이란 내 선택은 분명했습니다. 세계적으로 인정받으면서도 차별성이 있는 뭔가를 스스로 인도에서 하고 싶었습니다. 그래서 1995년 3월 15일에 창업해 직원 없이 혼자서 회사를 운영하기 시작했지요. 아버지가 준 종잣돈으로 은행에서 대출을 받아 컴퓨터 한 대와 14.4kbp 모뎀을 하나 샀습니다. 교육과 산업 분야를 겨냥해 멀티미디어 응용소프트웨어를 제작했습니다. 1997년에는 직원이 늘어 다섯 명이 한 팀으로 회사를 운영했습니다. 그때 우리는 선택한 분야에서 뭔가 획기적인 일을 해내기는 했지만, 우리의 능력을 발휘하기엔 충분치 않다는 것을 깨달았습니다. 드루바 1.0시기는 그렇게 끝났습니다. 1997년 3월에 우리는 인텔과 제휴해 우리 회사를 게임 제작회사로 재창업하는 작업을 시작했습니다. 1998년 중반에는 세계의 유수 게임 제작회사들에 우리의 게임 디자인 능력과 함께 타회사에서 디자인한 게임의 아웃소싱 부분을 개발하는 능력이 있다는 것을 보여주었습니다. 1998년 11월 26일 마침내 프랑스의 게임 회사인 인포그램스엔터테인먼트Infogrames Entertainment와 우리는 첫 번째 중요한 게임 개발사업 계약을 맺었습니다. 돌이켜보면 그 거래의 성사는 다른 무엇보다도 인포그램스에 있던 한 사람의 실용적인 태도 때문이었습니다. 우리는 그 게임 제작을 썩 잘하긴 했지만, 우리 제품이 출시되지는 못했습니다. 회사에는 큰 타격이었지만, 우리가 제작한 게임의 품질이 우수했던 점을 인정받았기에 살아남을 수 있었습니다. 우리는 가장 큰 교훈을 얻었습니다. 즉, 사업은 능력만으로는 충분치 않고 보다 영리해야 한다는 겁니다. 하나의 게임을 일괄제작하는 사업거래만 하는 방식으로는 사업을 지속할 수가 없습니다. 우리는 스스로 다르게 자리매김해야 했습니다. 이것이 드루바 2.0시기의 끝이었죠."

이 때문에 게임 개발사업의 공급자로 자리매김한 드루바 3.0시기가 시작되었다. 이미 컴퓨터 게임 산업은 그 규모가 대단히 커서 해마다 할리우드를 능가하는 이익을 거두고 있었기에 벌써 게임 캐릭터를 캐나다나 호주 같은 나라에 아웃소싱하는 방식을 취하고 있었다. 라제시가 계속 말을 이었다. "2001년

3월 우리는 새로운 게임인 살룬Saloon의 견본 제품을 세계 각국에 보냈습니다. 게임의 테마는 거칠었던 미국 서부 개척시대였는데, 그 무대는 영업이 끝난 뒤 바텐더가 청소를 하는 작은 마을 선술집이었습니다. 우리 가운데 누구도 실제 미국 서부의 선술집을 가보지는 못했지만 인터넷과 구글을 통해 그 외관과 분위기를 연구했습니다. 우리는 의도적으로 그런 주제를 선택했습니다. 우리는 미국과 유럽의 잠재 고객에게 인도인들이 게임제작을 잘할 수 있다는 확신을 심어주고 싶었습니다. 견본은 대성공이었고, 많은 일거리를 따냈습니다. 이후 우리는 대단히 성공한 회사가 되었습니다."

세계가 이렇게 평평해지기 10년 전이었다면 그런 일이 가능했을까?

라제시는 "단연코 불가능했을 것"이라고 말했다. 이런 일이 가능해지려면 몇 가지 요소가 전제되어야만 했다. 첫 번째는 그의 회사와 미국의 고객들이 전자우편으로 게임 콘텐츠에 관한 의견을 주고받을 수 있을 정도로 충분한 통신망이 있어야 한다. 두 번째 요소는 가정과 사무실에 PC가 광범위하게 보급되어 사람들이 여러 가지 업무를 하는 데 PC를 익숙하게 사용해야 한다고 라제시는 말했다. "이제 PC는 어디에나 있습니다. 오늘날엔 인도에서조차 PC가 비교적 잘 보급되어 있습니다."

세 번째로 워드Word, 아웃룩Outlook, 넷미팅Net Meeting, 3D 스튜디오 맥스3D Studio MAX 등 워크플로 소프트웨어와 인터넷 응용 소프트웨어가 출현했기에 드루바가 미니 다국적기업으로서 업계에 진출하는 것이 가능했다. 그리고 그 핵심엔 구글이 자리 잡고 있다. "구글은 환상적"이라고 라제시는 말했다. "서방세계의 고객들이 끊임없이 문제 삼은 것 중의 하나가 '당신네 인도인들이 서방세계 콘텐츠의 미묘한 뉘앙스를 이해할 수 있을까?' 하는 것이었습니다. 여러 가지 면에서 이는 매우 중요한 질문입니다. 그러나 우리는 클릭 한 번으로 다른 여러 종류의 콘텐츠를 모을 수 있습니다. 오늘날 누가 톰과 제리를 닮은 뭔가를 만들라고 요청하면, 구글 사이트에서 톰과 제리만 치면 됩니다. 그러면 톰과 제리에 관해 읽고 시도해볼 수 있는 수많은 기사와 정보, 논평, 그림을 구할 수 있습니다."

사람들이 닷컴기업의 붐과 거품 붕괴에 주목하는 동안, 진정한 혁명은 아주 조용히 일어나고 있었다고 설명했다. 바로 전 세계의 많은 사람이 한꺼번에 세계적으로 퍼진 새로운 인프라에 익숙해지기 시작했다는 사실이다. "우리는 새로운 인프라를 효율적으로 사용하는 시기의 초기에 있습니다"라고 라제시는 말했다. "점점 더 많은 사람이 사무실에서 종이에 인쇄하지 않으며 일하고, 물리적인 거리가 별 의미 없다는 것을 깨달으면서 인프라로 많은 일을 할 수 있습니다. 그것이 변화를 더욱 촉진할 것이고, 전혀 다른 세상이 펼쳐질 겁니다."

더군다나 인도의 소규모 신생 게임 회사 책정비용으로는 감당하기 어려웠던 소프트웨어를 구매할 수 있게 되었다. 이는 부분적으로 무료 공개 소프트웨어 활동 덕분이다. 라제시는 다음과 같이 말했다. "2000년대 초반에 등장해서 홍수처럼 쏟아져나온 보다 효율적이면서도 무료였던 소프트웨어 제품들이 없었다면, 꼭 필요한 소프트웨어 가격은 관련 회사들이 원하는 가격을 유지했을 겁니다. 마이크로소프트 윈도우, 오피스, 3D 스튜디오 맥스, 어도비 포토샵 등의 소프트웨어는 비교할 수 있고, 압박을 가하는 수많은 무료·공유 소프트웨어 덕분에 가격이 내려갔습니다. 인터넷 덕분에 우리 같은 작은 회사도 비교하고 선택할 기회를 갖게 된 거죠. 게임 산업에서는 이미 많은 아티스트와 디자이너들이 재택근무를 하고 있습니다. 게임 개발이 고도의 협력 작업이라는 걸 고려하면 몇 년 전만 해도 상상할 수 없었던 일이죠. 그들은 보안이 되며 안정적인 VPN이라는 네트워크로 회사의 내부 시스템에 접속합니다. 각자 집에서 일한다 해도 사무실에서 같이 일하는 거나 마찬가지죠. 인터넷은 세계를 단일시장으로 만들었습니다. 이런 IT 환경은 어떤 일이든 가장 높은 수준으로 가장 좋은 가격에 그것도 가장 유리한 장소에서 공급받을 수 있도록 해줬을 뿐만 아니라, 지식과 업무 관행을 최대한 공유하고 전례 없이 사람들이 서로 배우고 가르치는 시대를 열었습니다. 사람들에게는 대단히 좋은 일입니다. 경제가 통합을 촉진하고, 통합은 다시 경제에 활기를 불어넣는 거죠."

이런 추세에서 미국도 혜택을 받지 못할 이유가 없다고 라제시는 주장한다.

드루바가 하는 일은 인도 사회에서 컴퓨터 게임 산업을 개척하는 것이다. 언젠가 인도 시장이 게임 산업을 주된 산업활동으로 받아들일 때 드루바는 이미 유리한 고지에 서 있게 될 것이다. 라제시의 주장이 이어졌다. "그러나 그때쯤이면 시장이 너무 거대해져서 콘텐츠가 외부에서 와야 할 경우가 더욱 많아질 겁니다. 알다시피 그때 어떤 게임이 성공하고 어떤 게임이 안 될지를 가장 잘 알고, 디자인 면에서도 확실히 앞서 있을 나라는 미국입니다. 그러기 때문에 이것은 서로에게 이익이 되는 일이죠. 미국의 입장에서 보면 아웃소싱 때문에 현재 잃는 돈이나 기회는 인도 시장이 활짝 열리는 때에 열 배가 되어 되돌아갈 것입니다. 인도에는 유럽이나 미국의 총인구보다도 많은 3억 명의 중산층이 있다는 사실을 기억해야 합니다."

그렇다. 그가 지적했듯이 인도에는 현재 왕성한 기업가 정신에 서비스 태도가 몸에 밴 고학력에 저임금을 받는 영어 구사자들이 매우 많다는 큰 이점이 있다. "물론 지금은 우리 인도가 여러 가지 새로운 아웃소싱 서비스의 물결을 주도하고 있습니다"라고 라제시가 말했다. "그러나 이것은 겨우 시작에 지나지 않습니다. 만약 인도인들이 우리는 다른 나라가 가질 수 없는 우리만의 장점이 있고, 이 장점은 사라지지 않을 것이라고 믿는다면 그것은 커다란 착각입니다. 깨어나고 있는 동유럽이 있으며, 다양한 일을 해보려는 중국이 사업에 동참하려고 기다리고 있기 때문입니다. 제 말은 오늘날 세계 어느 곳에서도 원하기만 하면 최상의 제품, 서비스, 능력, 경쟁력을 찾을 수 있다는 겁니다. 그럴 수 있는 인프라가 이미 세계 곳곳에 펼쳐져 있기 때문이죠. 유일한 장애라면 이 인프라를 활용할 만큼 당신이 준비되어 있느냐는 정도입니다. 더 많은 사업 분야가 그리고 더 많은 사람이 이러한 인프라를 사용하는 데 익숙해지면 우리는 폭발적인 현상을 보게 될 겁니다. 그렇게 되기까지 5~7년 정도면 충분할 텐데, 그때는 영어를 훌륭하게 구사하는 대학 졸업자들이 중국에서 쏟아져 나올 겁니다. 폴란드와 헝가리 사람들은 이미 새로운 인프라에 잘 연결되어 있고, 유럽과도 매우 가까우며 문화적으로도 서유럽과 매우 유사합니다. 현재 인도는 앞서 있습니다만, 지금의 이 위치를 고수하려면 앞으로도 열심히 일해야 합니다. 끊임없이 새로운 것을 개발하고 또 개발해야 합니다."

라제시를 비롯해 그와 같은 세대의 많은 인도인이 가진 거친 야심은 미국인들이 주목할 만한 가치가 있다. 이 점에 대해서는 나중에 다시 자세히 이야기하겠다.

"우리는 쉴 수 없습니다"라고 라제시는 말했다. "미국은 잠시 긴장을 풀었던 것입니다. 저를 보십시오. 전 인도인입니다. 기술과 비즈니스 분야에서 인도는 전혀 다른 수준에 머물러 있었습니다. 그러나 세계를 좁아지게 만든 그 인프라를 우리도 갖고 있다는 사실을 알게 되었고, 우리는 그것을 신속하게 최대한 활용하기 위해 노력했습니다. 우리가 할 수 있는 일이 매우 많다는 사실도 깨달았습니다. 우리는 전진했습니다. 그 결과를 지금 우리가 보고 있는 것입니다. 쉴 시간이 없습니다. 그런 일들은 이미 과거가 됐습니다. 지금 세계에는 당신과 똑같은 일을 하는 사람들이 매우 많고, 그들은 더 잘하려 애쓰고 있습니다. 쟁반 위의 물이나 마찬가지입니다. 쟁반을 움직이면 물은 저항이 가장 적은 쪽으로 움직입니다. 많은 일자리에서도 같은 일이 벌어질 겁니다. 일자리는 세계에서 저항이 가장 적고 기회는 가장 많은 곳으로 이동합니다. 특별한 재능을 가진 사람이 아프리카 오지인 팀북투Timbuktu에 있다 하더라도 쉽게 세계와 접속할 수 있는 수단만 갖고 있다면, 그는 일거리를 얻을 수 있습니다. 웹사이트를 만들 줄 알고 이메일 주소만 있다면 회사를 차려 영업할 수도 있습니다. 인프라를 이용해 당신이 일한 결과를 보여주고, 사람들이 당신에게 기꺼이 일을 맡길 때 당신이 성실하고 깨끗하게 거래한다면 당신의 사업은 잘 돌아갈 겁니다."

라제시는 미국인들과 유럽인들이 아웃소싱에 대해 불평을 늘어놓는 대신에 "먼저 스스로 기대치를 높이고, 일을 더 잘할 수 있는 방식을 생각하는 게 이로울 것"이라고 말했다. "미국인들은 지난 20세기 동안 계속 혁신을 이끌어왔습니다. 지금처럼 미국인들이 투덜대는 걸 이전에는 본 적이 없죠. 나 같은 사업가들은 미국인들에게서 많은 것을 배웠습니다. 우리 인도인들이 가진 전형적인 영국적 배경을 고려하면 절대 쉽지 않은 일이지만, 우리 회사 제품을 마케팅하는 데 좀 더 공격적인 방법을 써야 한다는 것도 배웠지요."

나는 머리가 빙빙 도는 것을 느끼며 떠나기 전에 라제시에게 그가 전하고 싶은 전반적인 메시지가 무엇인지 물었다. "제가 하고 싶은 말의 요점은 지금 일어나고 있는 일들은 빙산의 일각에 불과하다는 것입니다. 모든 사람이 비즈니스 방식에 근본적인 변화가 일어나고 있다는 사실에 눈뜨는 것이 정말로 필요합니다. 그리고 모두가 자신을 계발하고 경쟁력을 갖춰야 합니다. 세계는 하나의 거대시장이 될 것입니다. 우리 회사가 판촉용으로 나눠줄 야구 모자를 만들었습니다. 그런데 스리랑카 산이더군요. 무슨 말인지 아시겠어요?"

"벵갈루루 남부의 공장에서 만든 게 아니라고요?" 내가 되물었다.

"아닙니다. 벵갈루루는 물론 의류 수출의 중심지입니다. 하지만 서너 개의 샘플 가운데 스리랑카 제품이 가격과 품질 면에서 가장 나았고 마감처리도 좋았습니다. 바로 이런 상황이야말로 앞으로 우리가 보게 될 것입니다"라고 라제시는 결론지었다. "인도인들이 쏟아내는 이런 에너지는 그동안 우리가 뒤처져 있었고, 이젠 무언가 성취하고 선망하는 수준에 도달하려는 욕구를 갖게 되었다는 뜻입니다. 인도는 장래에 초강대국이 될 것이고, 우리가 지배하게 될 것입니다."

누구를 지배한다는 말이냐고 물었다.

라제시는 자신의 단어 선택에 웃었다. "제가 한 말은 누구를 지배하느냐에 관한 것이 아닙니다. 그것이 핵심입니다. 더 이상 아무도 지배자가 될 수는 없습니다. 문제는 스스로 커다란 기회를 만들고 거기에 매달려 있거나, 번영할 새로운 기회를 계속 창출해나가느냐 하는 것입니다. 오늘날 지배한다는 건 효율과 협력, 경쟁력 그리고 그런 게임의 참여자가 되는 것에 관한 문제입니다. 그러한 게임에 참여하면서 늘 자신을 갈고 닦아야 한다는 거죠. 세계는 축구장과 같습니다. 축구장에서 경기할 수 있는 팀의 일원이 되려면 제대로 된 실력을 갖추고 있어야 하지요. 실력이 충분치 않으면 벤치에 앉아서 게임을 구경할 수밖에 없습니다. 그것이 저의 결론입니다."

'지피'를 중국어로 뭐라고 하는가?

10년 전 벵갈루루와 마찬가지로 오늘날 베이징에서 지피를 만나기 가장 좋은 곳은 미국 영사관 앞에 서 있는 줄이다. 2004년 여름 베이징에 있을 때 미국에서 일하거나 공부하기 위해 비자를 받으려는 중국 학생들의 노력이 때로는 얼마나 강렬한지 알게 된 일이 있다. 어떤 미국 영사에게는 어떤 말이 가장 잘 먹히는가에 관해 정보를 교환하는 전용 채팅방이 아주 많이 생겨났다는 사실을 알게 된 것이다. 학생들은 미국 외교관들에게 '아마존 여신', '키 큰 대머리', '미남' 등의 별명을 붙였다. 미 대사관 직원들이 내게 말해준 것을 통해 중국 학생들이 인터넷을 통해 얼마나 집중적으로 작전을 짰는지 드러났다. 그의 말에 따르면, 어느 날 한 신임 영사는 그 앞에 온 중국 학생마다 모 채팅방에서 비자 획득에 유리하다며 추천했던 "유명한 교수가 되기 위해 미국에 가고 싶습니다"라는 똑같은 말을 반복해서 들어야 했다.

온종일 같은 말을 듣던 이 영사는 한 학생이 그 앞에 와서 "어머니께서 의족을 하고 계십니다. 미국에 가서 더 좋은 의족 만드는 법을 배우고 싶습니다"라고 말하는 것을 듣고 깜짝 놀랐다. 영사는 새로운 답변에 안도하며 그 학생에게 말했다. "학생의 말이 오늘 들은 답변 가운데 가장 낫군요. 진심으로 경의를 표합니다. 비자를 발급해드리지요."

독자들은 어떤 일이 벌어질지 짐작하고도 남을 것이다. 다음날 대사관에 온 많은 학생이 어머니에게 더 나은 의족을 만들어드리기 위해 미국행 비자를 원한다고 답했던 것이다.

미국행 비자의 문을 지키는 베이징의 미 대사관 직원들과 얘기를 나누다 보면 그들이 비자 발급에 혼란스러운 감정을 느낀다는 게 분명히 느껴진다. 마음 한편으로는 수많은 중국인이 미국에서 일하거나 공부하려 한다는 사실에 기뻐한다. 다른 한편으로는 미국의 어린이들에게 경고를 해주고 싶어한다. 너희 앞날에 무슨 일이 벌어지고 있는지 아느냐고 말이다.

베이징의 어떤 미 대사관 영사는 내게 이렇게 말했다. "지금 중국에서 벌어지고 있는 일은 기술 붐, 사람들의 거대한 에너지 등과 같이 아시아의 다른 지역에서 이미 지난 수십 년간 일어났던 일입니다. 다른 곳에서 익히 봤던 일이지만, 지금은 바로 중국에서 일어나고 있지요."

2004년 봄에 예일 대학교를 방문한 적이 있다. 교정에 있는 엘리후 예일Elihu Yale(예일 대학의 창립자)의 동상 가까이 걷고 있을 때 연령대가 다양한 중국인 관광객 여행단 두 팀이 중국어로 말하면서 지나갔다. 중국인들은 이제 대규모로 국외여행을 다니기 시작했다. 중국이 더욱 개방된 사회로 발전해감에 따라 그들이 전 세계 관광산업의 지형을 바꿔놓을 게 확실하다.

그러나 단지 아이비리그 대학을 우러러보기 위해 예일 대학교를 방문하는 것은 아니다. 예일 대학 입학 당국의 통계자료를 보자. 1985년 가을 학기에는 일흔한 명의 중국 학생들이 대학원이나 학부 과정에 있었고 소련 출신은 한 명이었다. 그러던 것이 2003년 가을 학기에는 중국 학생 297명, 러시아 학생들이 스물세 명이었다. 예일 대학교에 재학 중인 전체 외국인 학생 수는 1985년 가을 학기에 836명에서 2003년 가을 학기에는 1775명으로 늘었다. 예일 대학교에 지원하는 러시아와 중국의 고교생 수도 늘었다. 중국이 2001학년도에 마흔 명에서 2008학년도 276명으로, 러시아는 2001학년도 열여덟 명에서 2008학년도 서른 명으로 증가했다. 1999년 중국 청두의 여고생 리우이팅은 전액 장학생으로 하버드 대학교의 입학 허가를 받았다. 그녀의 부모는 딸을 하버드에 입학시키기 위해 그동안 준비했던 과정을 담은 진학안내서를 펴냈다. 중국어로 펴낸 『하버드 소녀 리우이팅Harvard Girl Yiting Liu』이라는 제목의 이 책은 중국의 자녀를 하버드에 입학시키는 '과학적으로 증명된 방법'을 제시했다. 중국에서 이 책은 대단한 베스트셀러가 됐다. 2003년까지 약 300만 부 가까이 팔렸고 이를 모방해 컬럼비아, 옥스퍼드, 케임브리지 대학교에 자녀를 진학시키는 방법에 대한 수십 종의 안내서까지 나왔다.

많은 중국인이 하버드나 예일에 진학하기를 열망하고 있지만, 중국인들이 단지 미국 대학교에 입학하기 위해 기다리고 있기만 한 것은 아니다. 중국인들은 국내에서 자신들의 명문대를 만들기 위해 노력하고 있다. 2004년에 나는 과학과 공학 분야에서 강세를 보이는 세인트루이스St. Louis 소재 워싱턴 대학교의 150주년 기념식에서 연설한 적이 있다. 기념식 전에 잠시 워싱턴 대학교의 사려 깊은 총장 마크 라이톤Mark Wrighton과 한담을 나누던 중, 2001년 봄 그가 미국을 포함한 다른 외국의 학자들과 함께 초대받은 중국 명문대의 하나인 베이징 소재 칭화 대학교 90주년 기념식에 관한 이야기를 들려주었다. 그는 기념식에 초대를 받고, 왜 100주년도 아니고 90주년을 경축하는 걸까 하는 생각에 처음에는 어리둥절했다고 한다.

라이톤은 중국의 전통이지 않을까 자문했다고 했다. 결국 칭화 대학교에 도착해서야 답을 얻었다. '100주년에는 세계 최정상의 대학이 되겠다'는 선언을 하기 위해 전 세계의 학계에서 만 명 이상의 학자들을 초대했던 것이다. 라이톤은 나중에 이메일로 나에게 설명했다. "칭화대 90주년 기념식에는 베이징 시장에서부터 국가 주석까지 정부의 지도자가 모두 참석했습니다. 그들은 저마다 10년 이내에 세계 최고 수준의 대학으로 발전할 수 있도록 칭화대를 지원하는 것은 보상받을 만한 가치 있는 일이라고 확신했습니다. 칭화대는 이미 중국의 과학기술 분야를 선도하는 대학입니다. 이 대학은 기술혁신을 싹 틔우는 모든 관련 분야에서 세계적 위치를 추구한다는 엄중한 목표를 갖고 있습니다."

성공을 향한 중국인들 노력의 결과로 출생지역과 재능의 총체적 관계가 변했듯이 '난소 복권ovarian lottery'이 바뀌었다고 마이크로소프트의 빌 게이츠는 내게 주장했다. 그는 이렇게 말했다. 30년 전에는 미국 뉴욕 주에 있는 인구 3만의 소도시 포킵시Poughkeepsie에서 평범한 사람으로 태어나는 것과 뭄바이나 상하이 같은 대도시 근처에서 천재로 태어나는 것 가운데 하나를 선택하라고 한다면 사람들은 아마도 포킵시를 선택했을 것이다. 그곳에선 평범한 재능만으로도 윤택하고 꽤 괜찮은 생활을 할 가능성이 훨씬 더 많았기 때문이다. 그러나 이젠 세계가 평평해지고, 수많은 사람이 어디서든 쉽게 사업을 시작하고 활동할 수 있게 됨에 따라 타고난 재능이 출생지역보다 훨씬 우위에 서기 시작한 것이라고 게이츠는 말했다.

"요즘 세상이라면 포킵시에서 평범한 아이로 태어나는 것보다 중국에서 천재로 태어나는 걸 택하겠다"고 빌 게이츠는 말했다.

이것이 바로 베를린 장벽이 베를린 광장으로 바뀌고, 30억 인구가 이 모든 새로운 협력 도구를 만났을 때 일어나는 일이다. "우리는 과거보다 다섯 배나 많은 사람의 에너지와 재능을 활용하게 될 것"이라고 빌 게이츠는 말했다.

러시아에서 온 사랑

이 책을 쓰기 위해 러시아를 방문하거나 러시아의 지피를 인터뷰하지는 못했지만, 그에 버금가는 일은 할 수 있었다. 내 친구이자 러시아 주재 대사를 역임했으며 지금은 보잉에서 국제관계 최고책임자로 일하고 있는 토머스 R. 피커링Thomas R. Pickering에게 그간 내가 들어온 보잉의 새로운 추진사업에 대해 설명해달라고 부탁할 수 있었던 것이다. 내가 그에게 설명을 부탁했던 내용은 다름 아니라 보잉이 한때 미그기를 제작했던 러시아의 과학자들과 엔지니어들을 활용해 보잉의 차세대 여객기 디자인을 돕도록 하는 방안이었다.

피커링은 내게 그 이야기를 기꺼이 들려주었다. 1991년부터 보잉은 공기역학 문제와 새 항공기 합금 분야에서 러시아 과학자들이 가진 전문지식을 활용하기 위해 그들에게 업무를 맡기기 시작했다. 1998년에 한 걸음 더 나아가 모스크바에 항공기 디자인 사무실을 개설하기로 했다. 그 사무실은 모스크바의 12층짜리 건물에 있었는데, 그 건물은 소련의 공산주의 종식 전에 맥도날드가 빅맥을 팔아서 벌었지만 러시아 밖으로 가져가지 않겠다고 약속했던 바로 그 돈으로 지은 건물이었다.

7년이 지난 후 "현재 보잉을 위해 일하는 러시아 과학자와 엔지니어들이 800명인데 적어도 그 수를 1000명으로 늘려가고 있으며, 아마도 시간이 더 지나면 1500명까지는 늘어날 것"이라고 피커링은 말했다. 그가 설명하길, 보잉의 고용과 작업방식은 냉전 시대에 군용기 생산으로 유명했던 일류신Ilyushin, 투폴레프Tupolev, 수호이Sukhoi 같은 여러 러시아 항공기 회사들과 계약을 맺어 일하는 것이라고 했다. 이 회사들은 보잉이 가진 다른 프로젝트를 위해 주문에 맞춰 엔지니어들을 공급한다. 러시아 엔지니어들은 프랑스제 항공기 설계 소프트웨어를 이용해서 시애틀과 캔자스의 위치타Wichita에서 일하는 보잉 아메리카의 동료들과 협력해 컴퓨터로 비행기를 설계한다. 보잉은 모스크바의 2교대 조와 미국의 1교대 조로 업무팀을 구성해 스물네 시간 일하는 업무시간을 짜놓았다. 광섬유 케이블과 발달한 압축 기술, 항공 워크플로 소프트웨어를 이용함으로써 그들은 모스크바에서 미국으로 설계를 주고받는다. 보잉의 모스크바 사무실에는 층마다 화상회의 장비가 있어서 미국인 동료들과 해결해야 할 문제가 생겼을 때에도 이메일에만 의존할 필요가 없다. 그들은 서로 얼굴을 마주 보며 대화를 나눌 수도 있다.

보잉이 모스크바로 비행기 설계를 아웃소싱한 것은 하나의 보조라인으로 실험적인 의미였다. 그러나 오늘날 미국 내의 항공 엔지니어가 부족함에 따라 이런 아웃소싱 없이는 사업할 수 없다. 저임금의 러시아 엔지니어들과 고임금이지만 앞선 기술을 보유한 미국 설계팀을 잘 조합한 덕분에 보잉은 최대의 경쟁자인 에어버스Airbus Industries와 대접전을 치를 수 있었다. 여러 유럽 정부들로 구성된 합작사의 지원을 받는 에어버스 역시 러시아 기술자를 고용하고 있다. 미국인 엔지니어 한 사람은 항공기 설계에 시간당 120달러를 받는 반면, 러시아 엔지니어들의 임금은 그 3분의 1에 불과하다.

그러나 아웃소싱을 받아 일하는 회사도 다시 아웃소싱을 하기도 한다. 러시아 엔지니어들은 더 쉽게 제작하기 위해 인도 벵갈루루에 있는 힌두스탄 항공 Hindustan Aeronautics에 작업 일부를 아웃소싱한다. 이곳은 비행기 설계를 디지털화하는 분야에 전문화된 곳이다. 하지만 이 아웃소싱은 전체의 절반도 채 안 된다. 과거에 보잉은 일본의 하청 제조업자에게 "보잉 777의 날개 설계도를 보낼 텐데 날개 제작의 일부를 맡아주시오. 당신네도 우리 비행기를 사줄 것으로 믿습니다. 서로에게 이익이 되는 윈윈게임이잖소"라고 말하곤 했다.

오늘날 보잉은 일본의 거대 제조회사인 미쓰비시에 이렇게 말하게 되었다. "이것이 새 비행기 7E7의 날개 제작에 필요한 전반적인 기준값들입니다. 당신들이 직접 제품을 설계하고 제작해주시오." 그러나 일본 기술자들의 임금은 매우 높다. 그럼 어떻게 되는 건가? 미쓰비시는 보잉이 비행기의 다른 부분 제작을 위해 고용한 그 러시아 엔지니어들에게 7E7 날개 부품 제작을 아웃소싱한다. 그 와중에 일부 러시아 과학자와 엔지니어는 러시아의 거대 항공기 제조회사를 떠나서 자신들의 회사를 설립하고 있다. 보잉은 설계 역량을 확보하기 위해 그러한 신생 회사의 지분 매입을 고려 중이다.

이런 세계적 아웃소싱의 목적은 비행기를 더 빨리, 더 저렴하게 설계하고 제조하는 것이다. 이를 통해 보잉은 차세대를 대비한 지속적인 혁신에 자금을 쓸 수 있고, 에어버스와의 피 말리는 경쟁에서 살아남을 수 있을 것이다. 불과 몇 년 전만 해도 보잉이 737 비행기 한 대를 제작하는 데 28일이 걸렸는데, 이젠 삼중융합 덕분에 11일 만에 제작할 수 있게 됐다. 조립을 위해 컴퓨터로 설계된 모든 부품이 보잉의 세계적 공급망을 통해 한 공장에서 다른 공장으로 적기에 공급될 것이므로 보잉은 차세대 비행기를 이제 3일 만에도 제작할 수 있을 것이다.

부품과 기타 소모품 구매에서 최상의 거래를 하기 위해 보잉은 현재 입찰 참여 회사들이 입찰가를 올리는 게 아니라 거꾸로 입찰가격을 내리는 '역경매 reverse auctions'를 정기적으로 운영하고 있다. 보잉의 공급망 내의 회사들이 사용하는 화장지에서부터 너트, 볼트에 이르는 모든 일반 상품의 공급 계약을 따내려고 회사들은 치열하게 입찰한다. 보잉은 이 역경매를 위해 마련된 인터넷 사이트에 역경매 예정 시간을 공표한다. 각각의 공급 품목에 대해 보잉이 공정한 가격이라고 생각하는 기준 가격에 역경매를 시작한다. 그런 다음 보잉은 뒤로 물러앉아 보잉과의 사업을 따내기 위해 각 공급자가 경쟁자들보다 얼마나 가격을 낮게 제시하는지 지켜보기만 하면 된다. 물론 입찰자들은 보잉의 사전 선정기준에 따라 미리 걸러진다. 그리고 입찰서가 제출되면 서로가 모두 다른 회사의 입찰 내용을 볼 수 있다.

"시장의 압력과 시장의 작동방식을 정말이지 제대로 보게 됩니다. 마치 경마 경주를 보는 것 같지요"라고 피커링은 말했다.

또 다른 삼중융합

상원의원을 지낸 빌 브래들리Bill Bradley로부터 샌프란시스코에 처음 가본 보스턴 출신의 한 상류사회 여성에 관한 이야기를 들은 적이 있다. 여행에서 돌아온 후 샌프란시스코에 가본 소감이 어땠냐고 그녀의 친구가 묻자, 그녀는 "그다지 좋지 않았어. 대서양 바다에서 너무 멀리 떨어져 있어"라고 대답했단다.

우리 머릿속에 깃든 관점과 성향은 우리가 보는 것과 보지 못하는 것의 실체를 구성하는 데 매우 중요하다. 그 현상은 왜 수많은 사람이 삼중융합을 놓쳤는지 설명하는 데 도움이 된다. 삼중융합이 바로 그들 눈앞에서 일어나고 있는데도 그들의 생각은 전혀 다른 곳에 가 있었던 것이다. 이와는 다른 또 다른 삼중융합의 세 가지 일들이 연막을 피우면서 나타났다.

첫 번째는 2001년 3월에 시작된 닷컴 붐의 붕괴였다. 앞에서 말했듯이 많은 사람들이 닷컴 붐을 세계화와 동일시하는 오류를 범했다. 그래서 닷컴 붐이 터지고 그 닷컴 붐을 지탱했던 기업들이 무너졌을 때, 오류를 범했던 바로 그 사람들은 세계화 역시 폭삭 주저앉을 것으로 생각했다. 30분 안에 강아지 먹이 10파운드를 문앞까지 배달해주는 도그푸드닷컴Dogfood.com과 다른 10개 웹 사이트의 갑작스러운 파산은 세계화와 IT 혁명이 모두 소리만 요란하고 실속은 없다는 증거로 여겨졌다.

하지만 이는 순전히 바보 같은 생각이었다. 닷컴 붐이 곧 세계화이며 닷컴 붐의 붕괴는 세계화의 종말을 뜻한다고 생각했던 사람들은 매우 큰 오류를 범한 것이다. 다시 말하자면, 닷컴 붐의 붕괴로 부족한 자본을 아껴서 활용하기 위해 점점 더 많은 기능을 국외설비로 이전하고 아웃소싱할 수밖에 없게 되었고 이는 급속한 세계화를 가져왔다. 이것은 사실상 세계화 3.0시대의 기반을 조성하는 데 핵심적인 요소였다. 닷컴 붕괴로부터 현재까지 구글이 하루에 처리하는 검색은 1억 5000만 건에서 10억 건으로 늘어났으며, 그중 3분의 1은 미국에서 이뤄지는 검색이다. 이베이의 경매 모델이 세계를 휩쓸자 '세계화는 이제 끝났다'고 여겼던 2000년 초에서 2004년 사이에 이베이의 직원 수는

1200명에서 단번에 6300명으로 늘어났다. 닐슨/넷레이팅Nielsen/NetRating에 따르면 2000년과 2004년 사이에 전 세계 인터넷 사용량은 125% 증가했는데 아프리카에서 186%, 라틴 아메리카 209%, 유럽 124% 그리고 북미는 105% 성장했다. 그렇다. 세계화는 확실히 제대로 끝났던 것이다.

이 모든 것을 눈에 띄지 않게 가린 것은 닷컴 붐의 붕괴와 이를 둘러싼 뜨거운 분위기만은 아니었다. 다른 두 개의 거대한 구름이 끼어든 것이다. 가장 큰 구름은 물론 9·11 사태로, 이는 미국의 정치구조에 큰 충격이었다. 9·11 사태와 이에 뒤따른 아프가니스탄과 이라크 침공을 고려하면, 전쟁과 케이블 TV에서 이들 사건에 대해 떠드는 소리에 삼중융합이 잊힌 것도 놀라운 일이 아니다. 최종적으로는 엔론Enron 스캔들과 연이어 터진 타이코Tyco와 월드컴WorldCom의 파산으로 기업의 CEO들과 부시 행정부는 숨을 곳을 찾기에 바빴다. CEO들은 회의실에 앉아 사기 공모나 하는 것은 아닌지 확인될 때까지 죄인 취급을 받았다. 그리고 재계에 끌려다니며 기업 편에 섰던 부시 행정부는 이제 공개석상에서 지나치게 거대기업의 이해관계를 염려하는 것처럼 보일까봐 조심했다. 2004년 봄, 미국의 산업기반 강화를 돕는 NSF에 더 많은 연방 예산이 투입되도록 로비하기 위해 워싱턴에 온 미국의 거대 기술회사의 사장을 만났다. 내가 왜 정부가 이 문제를 부각하기 위한 최고경영자 회의를 소집하지 않는지 이유를 묻자, 그는 단지 고개를 저으며 한마디로 답했다. "엔론."

결과는 이렇다. 세계가 평평해지고 삼중융합이 미국과 다른 서방 선진국 사회에 중요한 조정이 필요한 전 세계 비즈니스 환경을 새롭게 만들어나가는 바로 그 순간에, 미국 정치인들은 미국의 대중을 교육하기는커녕 오히려 대중을 멍청하게 만드는 데 열심이었던 것이다.

2004년 대통령 선거운동 기간에 우리는 민주당이 북미자유무역협정NAFTA이 좋은 것인지 난상토론 하는 모습을 지켜봐야 했다. 또한 부시의 백악관 관리들이 백악관 경제자문회의 의장 N. 그레고리 맨큐N. Gregory Mankiw의 입에 재갈을 물리고 딕 체니Dick Cheney 부통령의 지하실로 보내버린 것도 목격했다. 인기 있는 대학 경제학 교과서의 저자인 그가 아웃소싱을 "애덤 스미스 이래 경제학자들이 얘기해온 자유무역에서 얻을 수 있는 이익의 최신 형태"라면서 대놓고 긍정적으로 말했기 때문이다.

맨큐의 발언은 누가 가장 우스꽝스러운 말로 응답할 것인가에 대한 경쟁을 불러일으켰다. 우승자는 아마도 하원의장 데니스 해스터트Dennis Hastert일 것이다. 그는 "맨큐의 이론에는 실물경제학의 기본이 빠져 있다"고 말했다. 도대체 무슨 소리인가, 데니스? 가엾게도 맨큐의 의견을 더는 들을 수 없었다.

이러한 모든 이유 때문에 사람들 대부분이 삼중융합을 잊었다. 뭔가 거대한 일이 일어나고 있었는데도 미국이나 유럽에서 회자하는 대중적인 담론 일부가 되지는 못했다. 2004년 초에 인도를 방문할 때까지 뭔가 진행되고 있다는 몇 가지 암시를 얻긴 했지만 나 역시 거의 모르고 있었다. 지난 몇 년간 내가 만났던 사람 중 가장 사려 깊은 기업 지도자 중 한 사람은 소니 회장을 지냈던 이데이 노부유키이다. 나는 그의 발언에 항상 주의를 기울여왔다. 우리는 2004년에 두 번 만났는데 그때마다 그는 내 귓가를 강하게 울리는 일본식 억양으로 뭔가를 말했다. 이데이는 기업과 기술 세계에 변화가 일어나고 있으며, 이런 변화는 시간이 흐르면 "지구에 떨어져 모든 공룡을 죽인 운석"처럼 기억될 것이라고 말했다. 다행스럽게도 최첨단 글로벌기업들은 외부 세계에서 무슨 일이 일어나고 있는지 알고 있었고, 최고기업들은 전멸당한 공룡처럼 되지 않기 위해 조용히 변화에 적응해가고 있었다.

이 책을 쓰기 위해 자료조사를 시작하면서 나는 때때로 많은 것이 모호한 여명 상태에 있다는 느낌이 들었다. 주요기업의 최고경영자들과 기술자들을 인터뷰했고, 그들은 내가 삼중융합이라고 이름 붙인 것에 대해 다들 자신의 방식으로 묘사했다. 그러나 내가 앞에서 설명했던 그런 이유들 때문에 그들 대부분은 대중이나 정치인들에게 그런 현상을 말하지 않았다. 아마도 정리가 안 된 상태였거나, 자기 일에 너무 몰두해 있었거나, 나서서 말하기 두려웠을 것이다. 그들은 모두 평평한 우주에 사는, 커다란 비밀을 간직한 '외계에서 온 사람들pod people' 같았다. 그렇다. 그들 모두 비밀을 알고 있었다. 그들은 이미 평평한 세계의 플랫폼에서 혁신을 만들어내고 있다. 그들에게는 선택의 여지가 없었다. 기업의 번창은 고사하고 오로지 생존을 위해서라도 그러한 혁신 수단을 택할 수밖에 없었다. 또한 그 과정에서 그들은 플랫폼을 강화하고 전 세계로 널리 퍼뜨리고 있었다. 그러나 누구도 아이들에게 그런 얘기를 해주고 싶어하지 않았다.

삼중융합 덕분에 이 평평한 세계의 플랫폼은 실제 우리를 둘러싸고 있던 벽과 천장과 바닥을 한순간에 날려버리고 있다. 이것이 바로 아무도 말하려 하지 않는 진실이다. 즉, 광섬유 케이블, 인터넷 그리고 워크플로 소프트웨어 등으로 전 세계를 연결함으로써 협력을 방해하는 장벽을 허물어버렸다는 말이다. 수많은 전통적인 높은 장벽이 사라진 지금 함께 일할 수 있을 거라 상상도 못했던 개인들, 그리고 한 나라에서 다른 나라로 이동할 것이라고 꿈에도 생각 못했던 직업들이 별안간 활발히 움직이기 시작했다. 바로 이와 같은 플랫폼이 우리의 머리 위에 있던 천장까지도 날려버렸다. 자신이 업로드할 수 있으리라고 상상조차 못했던 개인들이 이제는 블로그에 의견을 업로드하거나 새로운 정치적 전망, 백과사전이나 새로운 소프트웨어 등을 업로드하면서 어느 순간 한 개인도 전 세계에 영향을 미칠 수 있다는 사실을 깨닫게 되었다. 천장이 사라진 지금, 이전에는 상상도 못했던 방식으로 위나 바깥으로 개인을 분출할 수 있게 된 것이다. 그리고 마침내 바닥마저 무너져버렸다. 검색이라 불리는 새로운 산업으로 말미암아 과거에는 할 수 없었던 일이 가능해진 것이다. 이제 사람들은 정보를 파고 들어가 어떤 사실이나 인용문, 역사 그리고 낯모르는 누군가의 개인정보까지 찾을 수 있게 되었다. 어떤 주제나 사람의 과거 혹은 현재에 관해 깊이 파헤치는 것을 제한하던 그 낡고 단단한 시멘트 바닥마저도 사라지고 없다.

물론 이러한 벽과 천장, 바닥들은 상당한 기간을 두고 조금씩 침식되어왔다. 세계의 평평화는 1980년대 후반에 시작되었지만, 이제는 삼중융합으로 변화를 일으킬 수 있을 만한 수준에 도달했다. 그리고 이전보다 훨씬 더 많은 사람과 장소를 그 영향권 안에 끌어들였다.

잠시 이런 생각을 해보기 바란다. 지난 20년간 경제전문 언론에서 끈질기게 보도해온 'IT 혁명'을 기억하는가? 미안하지만 그것은 서막에 불과했다. 지난 20년은 게임 참여자 간의 협력과 연계에 사용할 수 있는 새로운 도구들을 만들고 연마하고 분배하는 기간이었다. 활동공간을 평평하게 하는 이런 도구 간의 상호보완이 제대로 이뤄짐에 따라 이제 진정한 IT 혁명이 시작되려고 한다. HP의 최고경영자를 지낸 칼리 피오리나는 장막을 열고 그 순간을 진정한 이름으로 부른 사람 중 한 명이다. 그녀는 2004년의 한 대중연설에서 닷컴기업 붐과 그 붕괴는 겨우 "시작 단계의 끝"이었을 뿐이라고 선언했다. "기술 분야에서 지난 25년은 그저 준비운동에 불과했습니다. 이제 우리는 본경기에 들어가고 있습니다. 본경기란 과학기술이 글자 그대로 비즈니스의 모든 면, 사회의 모든 면, 그리고 우리 생활의 모든 면을 바꿔놓을 시대를 뜻합니다."

4장

질서의 재편

:

세계가 기본적으로 명령과 통제라는 수직적 가치 창출 모델에서 연대와 협력이라는 수평적 가치 창출 모델로 점차 전환하고 있다. 동시에 점점 더 많은 벽과 천장과 바닥을 허물어감에 따라 사회는 갑작스럽게 엄청난 변화에 직면하게 되었다. 그러나 이러한 변화는 사업 방식에만 영향을 미치는 것은 아니다. 그런 변화는 개인, 커뮤니티 그리고 기업의 조직 구성방식, 기업과 공동체가 시작하고 멈춰야 할 곳, 개인이 소비자·피고용인·주주·시민으로서 갖는 서로 다른 정체성 사이에서 균형을 유지하는 방식, 사람들이 정치적으로 자신을 규정하는 방식, 그리고 이 끊임없는 변화를 관리하는 정부의 역할 등 모든 것에 영향을 미칠 것이다. 이는 하루아침에 일어나는 것이 아니다. 이 둥근 지구상에서 우리에게 익숙했던 수많은 역할과 습관, 정치적 정체성, 관리 관행 등이 오랜 시간에 걸쳐 평평한 세계화 시대에 맞춰 심도 있게 조정될 것이다. 간단히 말해, 2000년대를 전후해서 시작된 거대한 삼중융합에 이어 우리는 내가 '거대한 재편'이라고 이름 붙인 현상을 경험할 것이다.

내가 체제정비에 대해 생각하기 시작한 건 저명한 정치이론가인 하버드 대학교의 마이클 J. 샌델Michael J. Sandel 교수와 대화를 나눈 뒤부터다. 샌델은 내가 설명한 세계의 평평화 과정과 같은 개념이 사실은 카를 마르크스Karl Marx와 프리드리히 엥겔스Friedrich Engels가 1848년에 출간한 『공산당 선언Communist Manifesto』에서 최초로 나타났다고 말해 나를 놀라게 했다. 우리가 현재 겪고 있는 세계의 평평화와 축소 과정은 분명히 마르크스 시대에 일어났던 일과는 정도의 차이가 있다. 하지만, 마르크스가 자본주의에 관한 자신의 저서에서 강조했던 역사적 경향, 즉 세계의 교역을 가로막는 모든 장애와 장벽, 마찰, 제약을 제거하는 과학기술과 자본의 냉혹한 전진과 일맥상통한다고 샌델은 말했다.

"마르크스는 국경에 구애받지 않는 단일시장으로서 세계의 가능성을 처음 발견한 사람 중 하나"라고 샌델은 설명했다. "그는 자본주의의 신랄한 비판자였음에도 장벽을 무너뜨리고 세계적인 생산과 소비 시스템을 만드는 자본주의의 힘을 경외했지요.『공산당 선언』에서 그는 모든 봉건적, 국가적, 종교적 정체성을 소멸시키고 시장의 명령에 지배되는 세계적 문명을 출현시키는 힘으로 자본주의를 묘사했습니다. 물론 마르크스는 자본이 나름의 방식으로 발전해나가는 것은 불가피하며 바람직하다고 생각했습니다. 자본주의가 모든 국가적, 종교적 충성심을 파괴하고 난 후에는 자본과 노동 간에 적나라한 투쟁이 벌어질 것으로 생각했기 때문이지요. 끝없는 세계적인 경쟁을 강요받는 세계의 노동자들이 이 억압을 종식하기 위해 전 세계적인 혁명으로 단결할 거라는 거죠. 애국주의나 종교같이 위안으로 삼을 만한 대상이 사라지고 나면 노동자들은 자신들이 착취당하고 있다는 사실을 명확히 보게 되고, 착취를 종식하기 위해 봉기할 거라고 예상했던 거죠."

오늘날『공산당 선언』을 읽고, 산업혁명이 일어나던 시기에 세계를 평평하게 해온 동력을 마르크스가 얼마나 예리하게 자세히 설명했는지 그리고 이 동력이 현재까지 세계를 계속 평평하게 하는 방식에 대해 어떻게 그렇게 예시할 수 있었는지에 경외감을 느꼈다.『공산당 선언』의 핵심 단락이라 할 수 있는 부분에서 마르크스와 엥겔스는 다음과 같이 썼다.

굳어버리고 녹슬어버린 모든 낡은 관계, 그리고 그 산물인 오래되고 신성한 관념과 견해는 해체되었고, 새로이 형성된 것은 굳기도 전에 이미 낡은 것이 되어버린다. 정체된 것은 모두 증발하고 신성한 것은 모두 모욕당하며, 그래서 사람들은 마침내 자신들의 사회적 지위, 상호관계를 좀 더 냉철한 눈으로 바라보게 되었다. 판로를 끊임없이 확장하려는 욕구가 자본가들을 세계로 내몬다. 그들은 세계 곳곳에 둥지를 틀어야 하고, 도처에 정착해야 하며, 여러 곳에서 관계를 만들어내야 한다. 자본가들은 세계시장을 착취함으로써 모든 국가의 생산과 소비에 범세계적인 성격을 부여했다. 대단히 유감스럽게도 그들은 산업의 국가적 토대를 허물었다. 오래전에 확립된 모든 국가산업은 파괴되었고, 지금도 매일 파괴되고 있다. 그것은 새로운 산업, 즉 멀리 떨어진 식민지에서 원료를 제공하고 가공한 제품은 생산한 나라뿐만 아니라 모든 대륙에서 동시에 소비되는 형태의 새로운 산업에 밀려난 것이다.

새로운 산업의 출현은 앞으로 모든 문명국의 흥망을 좌우할 것이다. 과거에는 자국의 생산물만으로도 욕구충족이 가능했지만 이제 새로운 욕구가 나타났다. 이 새로운 욕구를 충족시키려면 멀리 떨어진 나라가, 그리고 그 나라의 땅과 생산물이 필요하다. 과거의 지역적이고 국가적인 자족과 고립은 이제 국가 간의 전면적 교류와 의존이 대체한다. 물질적인 면에서만 그런 것이 아니라 정신적인 면에서도 마찬가지다. 국가의 정신적 창작물은 공동재산이 된다. 국가적 동질성은 유지하기 어려워지고 국가로서의 제한을 두는 것도 점점 불가능해진다. 많은 국민문학과 지방문학이 이제 하나의 세계 문학이 된다.

자본가들은 생산도구를 급속히 개선하고 더욱 편리해진 통신망을 이용해 가장 미개한 국가들까지 문명 속으로 편입시켰다. 그들이 생산한 저렴한 제품은 모든 장벽을 무너뜨리고 야만인들이 외국인에게 품은 견고한 증오심을 굴복시키는 강력한 대포가 된다. 그들은 망하지 않으려면 자신들의 생산방식을 받아들이라고 강요한다. 그들은 이 국가들에 문명을 도입하라고, 다시 말해 자본가가 되라고 강요한다. 한마디로 자본가들은 자신들의 형상에 따라 하나의 세계를 창조하고 있다.

마르크스가 이 책을 1848년에 썼다는 것이 믿기지 않는다. 『공산당 선언』을 언급하면서 샌델은 내게 말했다.

"당신은 마르크스와 비슷한 주장을 하는 겁니다. 당신은 정보기술의 발전으로 기업들이 시장과 사업 운영의 모든 비능률과 비효율을 없앨 수 있을 거라고 주장하는 것이지요. 그것이 당신이 말하는 '세계의 평평화'의 의미일 겁니다. 평평해지고 마찰 없이 잘 굴러가는 세계는 축복입니다. 당신의 생각대로 그런 세계는 세계적인 비즈니스에는 좋을 수 있습니다. 혹은 마르크스가 믿었듯이 프롤레타리아 혁명의 좋은 조짐일 수도 있지요. 그렇지만 우리가 세상에서 어디에 있는지, 우리 존재의 근원이 되는 지역과 공동체에는 위협으로 작용할 것입니다.

자본주의의 첫 격변 이후부터 사람들은 세계가 보호주의 압력, 전혀 다른 법률체계, 문화와 언어의 차이 및 이념 대립에 구애받지 않는 완벽한 시장을 상상해왔습니다. 그러나 갈등과 비능률적인 요소로 가득 찬 현실세계는 그런 이상과 늘 부딪쳤습니다. 갈등 없는 하나의 세계시장으로 가는 길을 가로막는 몇몇 장애물은 낭비와 잃어버린 기회에서 파생한 것입니다. 하지만 사람들이 소중히 여기는 전통, 관습, 문화, 제도야말로 바로 비능률의 일부이며, 정확하게는 이런 비능률 요소들이 사회 결합, 종교적 신념, 국가적 자부심 같은 비시장적 가치를 반영합니다. 세계시장과 새로운 통신기술이 이러한 차이를 없앤다면 우리는 뭔가 중요한 것을 잃을지도 모릅니다. 그래서 자본주의에 관한 논쟁은 그 초기부터 갈등, 장벽 및 경계 등이 과연 낭비와 비능률의 근원인지, 아니면 우리가 지켜내야 할 정체성과 소유물의 근원인지에 관한 것이었습니다.

전신에서 인터넷까지 모든 새로운 통신기술은 사람 간의 거리를 좁히고 정보에 대한 접근성을 높이며, 능률적이고 마찰 없는 세계시장에 가까이 갈 수 있게 해준다고 약속했습니다. 그리고 그때마다 시급한 사회적 의문이 제기되었지요. 즉, 우리는 물러나 있거나 아니면 이 프로그램에 동의하고 비능률 제거를 위해 할 수 있는 일을 해야 하는가? 그리고 세계시장이 공급할 수 없는 가치를 지키기 위해 어느 정도까지 시대의 대세를 거슬러 거부해야 하는가? 일부 마찰의 원인은 보호해야 할 가치가 있습니다. 세계경제가 그것들을 납작하게 눌러놓으려는 현실에 직면했다고 하더라도 말입니다."

물론 마찰의 최대 원인은 명확하게 규정된 국경과 법을 가진 민족국가라는 개념이다. 민족국가는 전통적으로 우리 삶의 대부분을 구성하는 벽과 천장과 바닥이었다. 평평해진 세계에서 국경은 우리가 보존해야 할 마찰의 원인인가? 과연 보존이 가능할까? 저작권과 노동자 보호, 최저임금과 같이 정보와 지적 재산권, 자본의 자유로운 이동을 가로막는 법적 장애는 어떠한가? 삼중융합의 초기에 세계를 평평하게 하는 동력이 장벽과 마찰을 더욱 낮출수록, 역사적으로 노동자와 공동체를 보호하고 완충작용을 해왔던 국민국가, 문화, 가치, 국가 정체성, 민주적인 전통, 금기사항은 더욱 첨예한 대립의 날을 세울 것이다. 우리 모두 더 쉽게 협력하기 위해서는 어떤 것을 지키고, 어떤 것을 버려야 할까?

분명 우리의 경제적·정치적 삶의 구조가 되는 벽과 천장과 바닥들이 한꺼번에 모든 곳에서 빨리 사라지지는 않는다. 하지만 그것들은 점점 사라져가고 있으며, 똑같은 방식으로 수십 년 동안 사업을 해왔고 전환에 느린 전통적인 기관들에는 믿을 수 없을 정도로 파괴적인 상황이 될 것이다. 내가 종사하는 신문사업에 대해 생각해보면 세계의 평평화로 얼마나 혼란스러워졌는지 느낄 것이다. 평평화 과정은 구글로 인해 전통적으로 신문이 누렸던 광고 시장 독점을 무너뜨렸고, 블로그로 인해 뉴스와 시사해설 분야의 독점 그리고 인터넷으로 기사 배포의 독점까지 동시에 무너뜨렸다. 신문의 사업모델이 완전히 뒤집어졌으며, 평평한 세상에서 신문의 새로운 생존 결합 모델은 아직 정돈되지 않았다.

부동산사업과 주택을 사고파는 방법의 변화에 대해서도 생각해보자. "부동산 중개업자들이 그들의 부동산 매매물건 정보사이트 내에서 매도주택의 정보를 안전하게 확보하고 있던 시대는 지나갔다"고 《USA 투데이》가 2006년 5월 8일 자 기사에서 전했다.

이제 매도자들과 매수자들은 800개의 지역별 매매물건 등록 웹 사이트에서 모든 매매주택을 볼 수 있게 되었다. 판매 중인 수천 채의 새집과 미국 전역의 임대용 아파트도 볼 수 있다. 해당 주택과 동네의 항공 사진을 볼 수 있고, 그 주변의 집들이 팔린 가격과 주택 감정평가액을 알아볼 수도 있다. 그들은 대출금과 담보대출금리를 비교할 수도 있다. 미국 전역 도시들의 지역공동체 특징과 학교에 관해서 확인할 수도 있다. 온라인 모임에서 질문하고 답변을 듣기도 한다. 게다가 이 모든 것은 무료다. 인디애나 주 발파라이소Valparaiso에 소재한 맥콜리 부동산의 중개인인 아트 라비Art Raby는 '어떤 소비자 보호운동가도 하지 못한 일을 인터넷이 해냈다. 소비자와 부동산 중개인 사이의 간극을 줄여 소비자들이 충분한 정보를 갖게 되어 더 이상 예전만큼 전문가들이 필요치 않게 되었다'고 말했다. (…) 1995년에는 주택매수자의 단 2%만이 집을 알아보는 데 인터넷을 이용했다. 작년에는 주택구매자의 77%가 온라인으로 주택 탐색에 나섰으며, 전국부동산중개인연합회에 따르면 구매자의 4분의 1이 자신들이 구매한 부동산을 인터넷에서 처음으로 찾아냈다고 한다.

우리 모두 온라인 신문을 읽을까? 그렇지 않다. 우리 모두 인터넷상에서 주택을 구매할까? 아니다. 그러나 우리가 그렇게 할수록 오래된 신문과 부동산 사업 모델을 지탱해온 전통적인 벽과 천장과 바닥이 해체될 것이고, 평평한 세계에 반응하고 이를 이용하는 새로운 방식으로 재결합할 것이다. 그렇지 않으면 결국 끝장나고 말 것이다.

스칸디나비아 반도의 지도적인 독립두뇌집단 중 하나인 월요일 아침Monday Morning은 많은 기관이 거쳐야 할 혼란스러운 재편과정을 설득력 있게 설명했다. "우리는 신 글로벌 협력사회로 가는 길에 산업사회와 지식사회를 거쳐 사회가 해체되는 현단계로 가속도를 내며 이동해왔다. 신 글로벌 협력사회는 구시대적인 세력 구조와 학습한 내용이 새로운 시장의 힘과 가치의 도전을 받고 있다."

어떤 사람들은 이러한 해체 단계에 흥분과 자유의 느낌을 받을 것이다. 즉, 새로운 도구를 사용해 어떤 방향으로든 비상 또는 확장하거나 파헤치고 견고히 구축할 기회로 받아들일 것이다. 또 어떤 사람들은 자리를 지키게 해주는 것이 아무것도 없는, 끝없이 추락하는 사람들이 느낄 법한 불안감을 가질 수도 있다. 일부는 해방감을 느낄 것이고, 또 다른 일부는 방향 감각을 잃고 혼란을 느낄 것이다. 인류학자와 역사학자들은 급격하게 변하는 사회는 심각한 불안정을 초래한다고 말한다. 그렇다면 세 가지 방향으로 무수한 변화가 진행되고 있는 사회에 어떤 일이 벌어질지 불 보듯 뻔하다. 상황은 이미 힘들어지기 시작했다. 오래된 경계선인 벽과 천장과 바닥은 사라져가고 있지만 우리는 무엇이 그 자리를 대신하게 될지 아직 모르고 있다. 다만 우리는 여전히 인간이며, 인간은 벽과 천장과 바닥이 필요하다는 사실만은 알고 있을 뿐이다. 인간에겐 합의된 행동규범과 상거래의 규칙이 필요하다. 인간에겐 권한체계를 수립하고 공동체를 건설하는 방법, 일을 처리하는 방법, 저작권을 보호하는 방법, 그리고 누구를 신뢰할 것인가에 대한 상호합의가 필요하다.

이들 규범과 기준들은 어디에서 오는 것일까? 오픈소스 운동의 열렬한 참여자들은 '네트워크'가 새로운 규범을 수립하리라고 말할 것이다. 어느 정도까지는 맞는 말이다. 예를 들어, 사실상 벽도 천장도 바닥도 존재하지 않는 온라인 시장 이베이 커뮤니티의 경우에 한해서는 이 말이 사실이다. 정직한 거래에 대한 보상으로 서로에게 별을 나누어주고 사용자에게 피드백 전달 기회를 허용하며, 모든 사람의 거래기록을 커뮤니티의 모든 구성원에게 투명하게 공개하는 이베이 커뮤니티에서는 네트워크로 규범이 수립된다는 말이 사실이다. 그 결과 커뮤니티 전반에 걸쳐 나타나는 모범적 행위를 권장하며, 이것은 분명 밑에서 위로의 상향식 방법으로 관리된다. 그러나 오픈소스의 열렬한 참여자들이 이와 같은 새로운 규범을 수립하는 데 '네트워크'를 언제나 신뢰할 수 있다고 한다면 다소 섣부른 면이 있다. 결국 알 카에다와 같은 조직도 네트워크이며 그들이 내세우는 가치는 결코 평화와 평온, 글로벌 커뮤니티 강화가 아니기 때문이다. 네트워크는 소문이나 거짓말조차도 그 어느 때보다 빨리 퍼질 수 있으며, 오류를 즉시 바로잡을 수 있는 것도 아니다. 위키피디아에서 퍼져나간 존 세이겐탈러에 대한 독설을 상기해보라. 9·11 참사가 발생한 날 아침,

유대인들은 세계무역센터로 출근하지 말라는 경고를 들었다는 새빨간 거짓말이 이슬람 세계 어딘가에서 시작되어 인터넷에서 들불처럼 번져나갔다. 하지만 그 실체를 밝혀 소문을 불식시키는 뉴스는 어디에도 없었다. 나는 상당 부분 네트워크 커뮤니티의 다양성에 달렸다고 생각한다. 9·11이 발생하던 날 아침, 그런 거짓말을 유포시킨 네트워크는 고도의 동질 집단일 것으로 추측한다. 전적으로 마음 맞는 사람들끼리 모여 자신들이 퍼뜨린 거짓을 사실로 믿고 다른 견해를 절대 용납하지 않는 사람들의 집단 말이다. 이는 평평한 세계에 있는 수많은 네트워크에도 해당하는 말이다.

이 모든 이유로 미래에 우리가 어떠할지를 정의하는 벽과 천장과 바닥은 혼합된 협력 모델, 즉 낡은 것과 새것을 결합하는 모델이 될 가능성이 높다. 전통적인 민족국가와 정부, 기업 그리고 뉴스 기구는 신흥 네트워크와 가상의 커뮤니티, 힘이 세진 개인 그리고 기업과 함께 서로 협력해야 할 것이다. 그리고 평평한 세계에서 작동하는 새로운 규범과 새로운 경계, 새로운 구조 등을 다져나가야 할 것이다. 이 모두는 확실히 정치적인 그리고 경제적인 논쟁의 중심에 있을 거대한 재편의 일부분이 될 것이다. 여기 내가 의미하는 바에 관한 사례를 몇 가지 더 들어보겠다.

인도 대 인디애나: 누가 누구를 착취하는가

샌델 교수는 내가 '협력'이라고 부르는 일이 다른 사람들 눈에는 인도에서 값싼 노동력을 고용하는 것을 단지 듣기 좋게 부르는 것으로 보일 거라고 주장했다. 미국의 관점에서 볼 때 이를 부인할 수 없다. 그러나 그것은 한쪽 면에서만 바라볼 때의 얘기다. 인도 노동자의 입장에서 아웃소싱과 같은 협력은 개발도상국에서 전례 없이 개인으로 하여금 타고난 지적 능력, 즉 지구가 평평해지기 이전에는 뭄바이나 캘커타의 부둣가에서 의미 없이 썩었을 그런 능력을 계발하고 활용해 이익을 얻게 하는 일의 다른 이름이다. 평평한 세계의 미국

입장에서 바라보면 아웃소싱을 제약하는 마찰, 장벽, 가치는 유지되거나 어쩌면 더욱 강화되어야 한다고 결론 내릴 수 있다. 그러나 인도인의 관점으로는 공정성과 정의의 기준으로나, 그들 자신의 희망으로나, 마찰의 근원과 장애가 사라지기를 바랄 것이다. 평평한 세계에서 한 사람이 얻는 경제적 자유로 다른 사람은 일자리를 잃을 수 있다.

한 가지 실제 사례에 관해 생각해보자. 2003년 미국의 인디애나 주는 실업수당 지급청구를 처리하는 컴퓨터 시스템의 성능 향상을 위해 한 계약을 입찰에 부쳤다. 누가 계약을 따냈는지 짐작할 수 있겠는가? 바로 인도 타타컨설팅서비스의 미국 내 자회사 타타아메리카인터내셔널Tata America International이었다. 타타가 제시한 1520만 달러의 입찰가는 가장 근접하게 액수를 제시한 뉴욕의 딜로이트컨설팅Deloitte Consulting과 액센추어Accenture Ltd.보다도 810만 달러나 낮은 가격이었다. 계약이 감당하기엔 너무 커서 입찰에 응한 인디애나 주의 회사는 하나도 없었다.

다시 말하면, 인도의 한 컨설팅 회사가 인디애나 주 실업 담당 부서의 능력을 향상시킬 수 있는 계약을 따낸 것이다! 이런 일을 꾸며낼 수나 있겠는가! 인디애나 주는 인디애나 주민을 아웃소싱의 영향으로부터 보호해야 하는 바로 그 부서의 일을 아웃소싱한 것이다. 타타는 열여덟 명의 인디애나 주 근로자들과 함께 일할 예순다섯 명의 계약사원을 주정부 청사로 보낼 계획을 세웠다. 타타는 현지 하청업자를 고용하고 현지 노동자를 일부 모집하겠지만 대부분의 근로자는 인도에서 올 것이며, 작업이 끝나면 "실업수당 지급청구 건을 과거보다 훨씬 빨리 처리할 수 있는 것은 물론, 우편요금을 절약하고 실업세 납부에 관한 기업의 번거로움이 줄어들 것"이라고 《인디애나폴리스 스타Indianapolis Star》는 2004년 6월 25일 자에서 보도했다.

결론이 어떻게 될지 짐작할 수 있을 것이다. 당시 주지사 프랭크 오배넌Frank O' Bannon의 최측근 인사가 정치적으로 민감한 이 4년짜리 계약을 2003년 9월 13일 자신의 사망 직전에 승인했다. 그러나 계약 내용이 일반에 공개되자 공화당은 이를 선거전의 쟁점으로 부각시켰다. 이 계약은 정치적으로 뜨거운 감자가 되었다. 오배년의 뒤를 이은 민주당 출신의 주지사 조 커넌Joe Kernan은 실직한 인디애나 주민을 도와야 하는 그 주정부 기관에 계약을 파기하라고 명령했다. 그리고 이와 같은 일이 되풀이되지 않도록 법률적 장벽을 세웠다. 그는 또 이 계약을 더 작은 단위로 세분화해서 인디애나 주의 소규모 회사들도 입찰에 응할 수 있도록 했다. 인디애나 주에 소재한 회사들에는 고마운 일이지만, 주정부의 입장에서는 비용이 매우 많이 드는 비효율적인 작업이었다.《인디애나폴리스 스타》는 타타가 최신 소프트웨어의 개발과 운영을 위해 마흔다섯 명의 프로그래머들을 훈련한 8주간의 작업에 99만 3587달러짜리 수표를 받았다고 보도했다. "인디애나 주의 인력개발위원인 앨런 데그너Alan Degner는 '타타는 같이 일할 만한 좋은 회사'라고 말했다."

이제 간단한 질문을 하나 해야겠다. 이 인도 대 인디애나 이야기에서 누가 착취했고 누가 착취당했는가? 타타아메리카인터내셔널은 인도인 노동자와 인디애나 주 현지 노동력을 모두 활용해 컴퓨터 시스템을 쇄신함으로써 인디애나 주의 납세자들이 810만 달러를 절약하는 방안을 제시했다. 이 거래는 당연히 타타에 큰 수입이 될 것이다. 인디애나 주의 일부 컴퓨터 기술자들도 수입을 얻을 것이고, 다른 부문에서 주정부는 주민의 귀중한 세금을 절약해 근로자를 더 많이 고용할 수 있을 것이다. 절약된 세금은 학교를 새로 지어 교육을 통해 실업자를 영구적으로 줄이는 데도 쓰일 수 있다. 그런데도 친노조 성향의 민주당에 의해 체결되었던 그 계약은 자유무역을 지지한다는 공화당의 압력으로 백지화되었다.

이제 정리해보자.

대체로 한 회사 내의 구조가 상의하달식이거나 가치가 주로 수직적 경영으로 창출되었던 구세계에서는 누가 위에 있고 누가 아래에 있는지, 누가 착취하고 누가 착취당하는지 알기가 매우 쉬웠다. 그러나 세계가 평평해지기 시작하면서, 개인들이 큰 힘을 갖게 되고 다양한 형태의 협력 작업으로 점점 수평적인 가치가 창출될 때는 누가 위에 있고 누가 아래에 있는지, 누가 착취하고 누가 착취당하는지의 문제는 매우 복잡해진다. 우리의 낡은 정치적 사고방식은 이제 더 이상 맞지 않는다. 인도 정부가 세계 최고의 인도 과학기술기관에서 교육하고 배출했지만, 바로 그 정부가 사회주의적 경제정책을 추구했기에 일자리를 구하지 못하고 국외로 나갈 기회조차 얻지 못한 엔지니어들이 생계를 위해 택시를 몰아야만 했던 시절에 과연 그들은 '착취'당하지 않았던가? 그런 엔지니어들이 인도 최대의 컨설팅 회사에 들어가 인도 기준으로는 고임금을 받고, 평평해진 세계 덕분에 자신의 능력을 십분 활용할 수 있는 지금은 착취당하고 있는 게 아닌가? 아니면 그들이 미국 컨설팅 회사의 엔지니어들보다 훨씬 적은 돈으로 인디애나 주 실업 시스템 개선 방안을 제시해 인디애나 주민을 착취하고 있는가? 아니면 인디애나 주민이 값싼 인도 엔지니어들을 착취했는가?

누군가 내게 이 이야기에서 누가 누구를 착취하고 있는지에 대해 말해주면 좋겠다. 이 이야기에서 전통좌파는 누구를 지지하는가? 자신들이 노력해서 어렵게 얻은 재능을 선진국에서 조금이라도 높은 임금을 받는 데 이용해보려는 개발도상국 출신의 지식노동자들을 지지하는가? 아니면 주민의 압력에 의해 인도 엔지니어들의 일을 빼앗아 훨씬 큰 비용이 들게 해버린 인디애나 주의 정객들을 지지하는가? 이 이야기에서 전통우파는 누구를 지지하는가? 아웃소싱을 통해 주정부의 예산을 절감하고 세금을 낮추려는 사람을 지지하는가? 아니면 "이곳의 일거리를 지키기 위해 세금을 올리고, 그 돈을 인디애나 주민의 일자리를 찾아주는 데 쓰자"고 말하는 사람들을 지지하는가? 인디애나 주민을 돕기 위해서라면 자유무역에 관한 공화당의 본능에 반할지라도 시스템 내에 어느 정도는 갈등을 유지하려는 사람들을 지지하는가? 세계화가 개발도상국의 주민에게 해가 된다는 이유로 세계화에 반대하는 사람이라면, 이 이야기에서 당신은 어느 편에 설 것인가? 인도? 아니면 인디애나?

인도 대 인디애나 논쟁은, 예전에는 서로 연결되리라고 생각지도 못했고 협력해 일하는 사람들이 매우 적었던 두 집단의 이해관계에 선을 그어야 하는 어려움을 부각시킨다. 그러나 두 사회의 사람들은 어느 날 갑자기 작업이 계속해서 수평적 협력을 통해 이루어지는 평평한 세계에서 서로 긴밀하게 연결되어 있고, 협력해야 할 뿐 아니라 그들의 관계를 규율할 새로운 형태의 사회계약이 절실하다는 것을 깨달았다.

주요 논지는 이것이다. 경영학이든 정치학이든 혹은 제조업이든 연구개발이든, 어떤 분야에서든 셀 수 없이 많은 게임 참여자와 과정이 '수평화'와 마주칠 수밖에 없다는 점이다. 그런 수평화에는 그만큼 많은 재편 과정도 필요하다.

회사는 어디서 멈추고 어디서 시작하는가

평평한 세계에서는 서로 다른 노동자 집단 간의 관계가 새로 정립되어야 하듯이, 그들이 활동하는 기업과 지역사회 간의 관계도 재정립되어야 한다. 누구의 가치가 특정 기업을 지배할 것이며, 그 기업은 누구의 이익을 존중하고 어떻게 이익의 증대를 위해 힘쓸 것인가? 평평한 세계에서는 글로벌기업들이 세계적 차원의 기회와 자원을 최대한 활용하기 위해 적응해갈 것이다. 이는 기업이 점증적으로 평평한 세계에 적응해간다는 뜻이다. 과거에는 한 국가의 경제적 부유함이나 세계무대에서의 입지를 규정하는 데 선도 기업들의 성공이나 주도권에 상당 부분 의존했고 그로부터 이득을 취했다. 기업들이 자신들의 이윤과 노동의 기회를 국내보다는 세계적 차원으로 보는 반면, 전체 주식을 보유하기 위해서는 이런 세계적인 기준과 기회, 자원에 반하는 운영을 해야 한다면 어떤 일이 벌어질까? 기업의 주요 관심사와 요구사항들이 기업의 본사가 있는 국내 영역(국가)의 관심사와는 점차 맞아떨어지지 않게 될 것이다. 과거에는 제너럴모터스가 가면 미국도 간다는 식이었다. 그러나 오늘날에는 이렇게 말해야 할 것이다. "델이 가면 말레이시아, 타이완, 중국, 아일랜드, 인도 등도 간다."

현재 HP는 170개국에서 15만 명을 고용하고 있다. HP는 단지 세계 최대의 소비자 기술회사가 아니다. 유럽 최대의 IT 기업이며, 러시아 최대의 IT 기업, 중동 최대의 IT 기업, 그리고 남아프리카 최대의 IT 기업이기도 하다. 비록 본사가 캘리포니아 주 팔로알토에 있다 할지라도 직원과 고객 대부분이 미국이 아니라 미국 밖에 있다면, HP가 과연 미국 회사이겠는가? 오늘날 기업은 미국 같은 큰 나라에 있다 할지라도 하나의 단일국가 내에 제한된 사업체로서는 생존 자체가 불가능하다. 따라서 국가와 국민이 뜬눈으로 밤을 새워가며 생각해야 할 문제는 이러한 글로벌기업을 어떻게 다뤄야 할 것인가다. 기업은 누구에게 충성하고 있는가?

"미국이란 기업은 대단히 잘해왔고, 그와 관련해서 문제될 것은 없다. 그러나 미국은 평평한 세계에 함께 참여해왔기에 잘해낼 수 있었다"고 헤지펀드 매니저 디나카르 싱은 말했다. "미국이 잘해온 것은 많은 부품을 최대한 저렴하고 가장 효율적인 공급자들에게 아웃소싱해왔기 때문입니다. 델이 컴퓨터의 모든 부품을 중국의 해안지방에서 생산하고, 그 부품으로 만든 컴퓨터를 미국의 해안지방에 팔 수 있다면, 델이나 미국 소비자 모두에게 이로운 일입니다. 하지만 미국 노동자들에게도 이롭기는 어렵습니다." 그래서 델은 마찰과 장벽이 최소한에 그치는 가능한 한 평평한 세계를 원한다. 오늘날의 대부분 다른 기업들도 그런 평평한 세계를 원하기는 마찬가지다. 평평한 세계는 기업들이 가장 낮은 임금의 가장 효율적인 시장에서 제품을 만들어 가장 이윤이 많이 남는 시장에 팔 수 있도록 해주기 때문이다. 세계화 3.0시대에서 자본에 좋지 않은 것은 거의 없다. 자본가들은 뒤에 편히 앉아서 모든 혁신을 매점하고, 세계 어느 곳에서든 양질의 값싼 노동력을 고용해 이를 연구, 개발, 생산, 판매할 수 있게 되었다. 델의 주가가 오르면, 델의 주주도 좋고 델의 고객도 좋고 나스닥 지수도 오른다. 자본에 관계된 모든 것이 좋을 것이다. 그러나 미국 노동자들 가운데서 일부만, 그리고 일부 몇몇 지역사회만 혜택을 입을 것이다. 다른 많은 사람은 평평해진 세계가 가져올 고통을 피부로 느낄 것이다.

다국적기업들이 노동력과 시장을 찾아 세계를 샅샅이 뒤지기 시작한 이래, 그들의 이해는 언제나 그 본사가 있는 한 국가의 이해관계를 넘어섰다. 그러나 평평해진 세계에서 오늘날 진행되는 일은 이 같은 종류의 이해관계가 서로 다르게 정도의 차이만 드러낼 뿐이다. 지금 기업들은 연구개발 업무, 저급기술의 제조업무 및 고급기술이 필요한 제조업무를 세계 어느 곳에나 맡기는 데 전례 없이 적은 마찰과 많은 자유를 누리고 있다. 하나의 기업과 그 기업이 본사를 두고 있는 국가 사이의 장기적 관계에 이것이 무엇을 뜻할지는 대단히 불투명하다.

생생한 예를 하나 들어보겠다. 2004년 12월 7일, IBM은 PC 사업부 전체를 중국 컴퓨터 회사인 레노보Lenovo에 매각하며, 연간 매출액 120억 달러의 세계에서 세 번째 규모의 PC 회사를 새로이 만들 것이라고 발표했다. 이와 동시에 IBM은 레노보의 지분 가운데 18.9%를 취득함으로써 전 세계에 걸쳐 PC 판매, 금융, 서비스 분야에서 레노보와 전략적 제휴를 맺을 것이라고 밝혔다. 새 회사의 세계 본사는 뉴욕에 두고, 생산은 주로 베이징과 노스캐롤라이나 주 롤리Raleigh에서 할 것이라고 발표했다. 또 연구소는 중국, 미국, 일본에 있을 것이고 판매사무소는 세계 도처에 깔릴 것이다. 새로운 레노보는 IBM이 최우선 PC 공급자가 될 것이고, IBM 역시 레노보의 최우선 서비스 및 금융부문 공급자가 될 것이다.

IBM의 발표 내용을 이해했는가? 약 만 명의 직원들이 IBM에서 레노보로 소속을 옮길 것이다. 레노보는 1984년에 설립되어 중국에 가정용 컴퓨터라는 개념을 가장 먼저 도입한 회사다. 1997년 이후 레노보는 중국 내에서 주도적인 PC 브랜드가 되었다. IBM이 발표한 내용 중에서 가장 흥미로운 부분은 레노보의 새 임원진으로, 그 면면을 보면 다음과 같다. 이사회 의장(현 최고경영자) 양위안칭, 최고경영자(현 IBM 수석부사장 겸 인사관리 책임자) 스티브 워드Steave Ward, 일반관리부문 총괄전무(현 IBM PC 사업부 전무) 프랜 오설리반Fran O'Sullivan, 재무이사(현 레노보 재무이사) 메리 마Mary Ma 등이다.

수평적 가치창조에 관해 이야기해보자. 뉴욕에 본사를 두고 노스캐롤라이나 주 롤리와 베이징에 공장을 둔 중국 소유의 이 새로운 컴퓨터 회사는 중국인 이사회 의장을 두고, CEO와 일반관리 총괄전무는 미국인이며 재무이사는 중국인이다. 또한 회사는 홍콩 증권거래소에 상장될 것이다. 당신이라면 이 회사를 미국 회사라고 하겠는가, 중국 회사라고 하겠는가? 레노보는 어느 나라에 더 가까운 회사일까? 혹시 자신을 일종의 평평한 세계를 떠다니는 존재로 보지 않을까?

이런 질문은 새로운 회사의 출범을 발표하는 자리에서 이미 예상됐던 것이다. "레노보는 어디에 본사를 둘 것인가?"라는 질문이 이어졌다. 그 답은 "세계 기업으로서 레노보는 지리적으로 분산될 것이며, 전 세계에 인력과 자산을 배치할 것이다."

정리해보자.

냉엄하고 받아들이기 어려운 한 가지 진실은 경영진, 주주, 투자자들은 대체로 이윤의 출처나 고용이 창출되는 장소에 대해서는 무관심하다는 사실이다. 하지만 그들은 계속 운영이 가능한 기업을 원한다. 물론 정치인들은 특정한 지역에서 일자리 창출을 촉진하도록 강요받는다. 그리고 미국인이건 유럽인이건 인도인이건, 그곳 주민은 좋은 일자리가 집과 가까운 곳에 계속 있을지 알고 싶어한다.

유럽의 한 주요 다국적기업의 CEO는 내게 이렇게 말했다. "우리는 이제 세계적 연구기업입니다." 그건 주주나 투자가들에게 좋은 소식이다. 그는 이 세상의 가장 뛰어난 두뇌들이 어디 있든 그들을 활용할 수 있게 되었으며, 모든 연구를 회사 내에서 수행하지는 않음으로써 비용을 줄일 수도 있다. 그는 내게 "그러나 궁극적으로 올해는 아닐지라도 5년이나 15년 후에 국내 고용이 감소할 여지를 내포하고 있습니다"라고 고백했다. "CEO이자 유럽연합의 시민으로서 국내에서 어떻게 장래성을 유지할 것인지에 관해 정부와 대화해야 할 날이 올지도 모르겠습니다. 그러나 매일같이 주주들을 염두에 두고 결정을 내려야 합니다."

이것을 쉬운 말로 바꾸면 이렇다. 유럽이나 미국에서 한 명의 뛰어난 연구원을 고용할 수 있는 돈으로 중국이나 인도에서 다섯 명을 쓸 수 있다면, 난 연구원 다섯 명을 쓰겠다. 장기적으로 이는 내가 속한 사회가 일부 기술 기반을 잃게 된다는 뜻일지라도 나로서는 어쩔 수 없는 상황이다. 그러나 기업과 그 기업이 원래 속한 나라가 서로의 이해관계를 통합하는 유일한 방법은, 더 큰 세계시장이란 파이에서 자기 몫을 가져갈 수 있을 뿐만 아니라 스스로 새로운 파이를 만드는 정말로 영리한 주민을 갖는 것이다. "우리는 그간 고임금에 중독되었으며, 이제는 정말 그에 걸맞게 벌어야 합니다."

사실 특정 회사가 어느 나라에 속하는지 판별하는 일은 점점 더 어려워지고 있다. 롤스로이스의 최고경영자인 존 로즈 경은 내게 이런 말을 한 적이 있다. "우리는 독일에서 사업을 크게 벌이고 있습니다. 브란덴부르크에서 우리는 첨단기술을 보유한 최대의 고용주입니다. 최근에 독일의 슈뢰더Schroeder 총리와 저녁 식사를 같이 한 적이 있습니다. 그때 총리가 내게 말하더군요. '당신네 회사는 독일 기업이잖소. 다음번 러시아 방문 때 나와 함께 갑시다.' 러시아에 가서 독일 기업의 사업을 돕고 싶었던 거죠. 슈뢰더 총리는 우리 본사가 런던에 있다고 해도 우리의 사업이 독일에서 가치를 창출하고 있고, 또 그 점이 총리의 러시아와의 관계에 건설적일 수 있으리라 인식하고 있었던 겁니다."

롤스로이스는 흔히 가장 순수한 영국 회사로 알려져 있다. 이 회사는 영국에 본사를 두고 있으나 지금은 세계적인 공급망을 통해 수평적으로 운영되고 있다. 또 여왕에게 기사 작위를 받은 영국 시민 최고경영자는 러시아에서 독일 기업들의 사업을 따내는 데 도움을 달라는 독일 총리의 요청을 받고 있다. 롤스로이스의 공급망 가운데 일부가 독일의 브란덴부르크에서 운영되고 있기 때문이다.

내 친구인 글렌 후쿠시마Glen Fukushima는 일본계 미국인이다. 역시 일본계 미국인이자 군인이었던 글렌의 아버지가 일본에 주둔한 미군부대에서 근무하고 있었기에 글렌은 1949년에 일본에 있는 미군 군사병원에서 태어났다. 글렌은 스탠퍼드 대학교를 거쳐 하버드 대학교를 졸업하고, 1985년에 활동하던 법조계에서 미국무역대표부Office of the U.S. Trade Representative, USTR 일본 담당관으로 자리를 옮겼다. 그 후에는 미국무역대표부의 일본과 중국 담당 차관보에 올라 아시아의 대국 두 나라를 상대로 하는 험난한 무역논쟁에서 미국을 대변했다. 1990년에 도쿄로 건너가 AT&T 같은 미국의 다국적기업에서 고위경영직을 두루 거쳤다. 1997년 글렌은 미국 동료들에 의해 무보수 봉사직인 일본 주재 미국 상공회의소장으로 선출됐고, 그는 이 직책을 훌륭하게 수행해냈다. 내가 2005년 9월에 도쿄를 경유할 때, 우리는 항상 그랬던 것처럼 오쿠라 호텔의 구석 테이블에서 아침 식사를 했다. 글렌의 근황을 묻자, 그가 얼마 전 유럽 합작기업인 에어버스의 일본 사업부 대표로 취임하면서 최근 새로 일을 시작했다고 대답해서 나는 적잖이 놀랐다. 유럽의 핵심 제조업체의 일본 관련 사업을 총괄하며 자신의 조국 일본이 여객기 판매 분야에서 미국의 핵심 제조업체인 보잉과의 경쟁에서 이기는 일을 돕고 있었다.

미국 상공회의소장으로 재직하면서 50주년 행사를 주재하기도 했던 글렌은 이렇게 말했다. "내가 에어버스로 이직했을 때 미국 대사관에서 연락을 해왔다네. 일본 주재 미국 상공회의소 임원들이 주일 미국대사와 함께 한 달에 한 번 갖는 정기회의에 더 이상 참석하면 안 된다고 말이야." 미국 대사관의 직원들은 몸에 밴 본능적인 반응을 보인 것이다. 유럽의 대표적인 합작기업 소속의 사람이 대사관으로부터 미국 최대 기업과의 경쟁에 지원받는 것을 원하지 않았던 것이다. 그러나 글렌은 "나는 시대를 반영하고 말끔하게 정돈된 국가적인 범주를 거부하는, 이전과는 다른 아주 새로운 일을 하고 있다네"라고 주장했다. 그는 또한 글로벌기업의 고위 경영자나 기업 본사의 지리적 위치, 그리고 기업의 주력사업의 시장 사이에는 더 이상 상관관계가 존재하지 않는다고 말했다. 일본 미국상공회의소의 매월 정기 모임에 참석하는 회원사의 꽤 많은 임원이 자신들의 회사를 일본에서 창업했고 미국에는 직원과 사업장이 없으며, 미국 외 다른 나라의 회사를 위해 일하는 미국 시민권자거나 미국 회사를 위해 일하는 일본인들이다. 게다가 보잉의 새 787기종 비행기 동체의 대략 35%가 일본의 미쓰비시중공업과 다른 일본 제조회사들에 의해 일본에서 만들어지고 있다. 그리고 또 다른 제작 공정의 상당 부분은 유럽, 러시아, 중국 및 기타 지역에서 제작될 것이다. 본사를 시카고에 두고 있고, 보통 미국의 가장 큰 수출회사로 입에 오르내리는 보잉도 부품과 디자인을 평평한 세계 전역으로부터 공급받는 것이다.

그렇다. 한번 정리해보라.

명령과 통제에서 협업과 연결로

콜린 파월Colin Powell이 국무장관직을 사임하기 전에 언론 담당 보좌관 둘을 배석시키고 국무성 7층 국무장관 사무실에서 그를 인터뷰한 적이 있다. 나는 그가 세계가 평평해졌다는 사실을 어디에서 깨달았느냐는 질문을 하지 않을 수 없었다. 파월은 한 단어로 '구글'이라고 답했다. 예를 들어, 그가 2001년 국무장관에 취임했을 당시엔 유엔 결의안 내용을 알고자 하면 지시를 내린 뒤 최소한 몇 분이 걸렸고, 아니면 누군가 자료를 찾아내려면 몇 시간을 기다려야 했다.

"지금은 구글에서 '유엔 안보리 결의안 242'라고 치기만 하면 됩니다. 그럼 본문자료가 바로 나오거든요." 해가 지남에 따라 자신이 직접 검색할 때가 많아진다는 얘기도 했다. 인터뷰 도중 그의 언론 담당 보좌관이 말했다. "그렇습니다. 요즘은 장관께서 정보를 찾아오라고 지시하시는 경우가 드뭅니다. 이미 정보를 가지고 계시거든요. 지금은 행동을 취하도록 요구하러 오십니다."

AOL의 이사를 역임한 바 있는 파월은 다른 나라 외무장관과 의견을 나눌 때 정기적으로 이메일을 이용한다. 한 측근의 말에 따르면, 영국 외무장관 잭 스트로Jack Straw와는 외무장관 회담에서 마치 대학생 커플처럼 끊임없이 인스턴트 메시지를 주고받았다고 한다. 휴대전화와 무선통신 기술 덕분에 자신을 피할 수 있는 외무장관은 없었다고 파월은 말했다. 그는 바로 전 주에 러시아 외무장관을 찾았다고 말했다. 처음에는 모스크바에 있는 그의 휴대전화를 통해 추적했고, 그다음에는 아이슬란드에서, 그다음에는 라오스의 수도 비엔티안에서 휴대전화로 그를 찾았다. "우리는 세계 각국 외무장관의 휴대전화 번호를 모두 알고 있거든요"라고 파월은 말했다.

이 모든 이야기에서 얻을 수 있는 요점은, 세계가 평평해진다는 것은 위계질서가 무너지면서 보통 사람들도 큰일을 할 수 있게 되었다는 것만을 의미하지 않는다는 점이다. 높은 지위에 있는 사람들도 스스로 더 많은 일을 할 수 있게 되면서 소소한 일들을 알아서 처리하며 위계질서가 평평해지기도 한다. 파월의 언론 담당 보좌관의 부하직원이 날 배웅하기 위해 같이 걸어가면서 한 말을 듣고 제대로 깨닫게 된 것이 있었다. 이메일 덕분에 파월은 시간에 구애받지 않고 그녀와 그녀의 상관을 부를 수 있게 되었고 또 실제로 그런다는 것이다.

그녀는 파월의 끊임없는 이메일 지시에 대해 농담 삼아 말했다. "저는 장관으로부터 달아날 수가 없어요." 그리고는 주말에 친구들과 쇼핑을 즐기다가 파월로부터 공무와 관련한 지시를 받았다는 이야기를 바로 덧붙였다. "친구들이 다들 놀랐죠. 별 볼 일 없는 제가 국무장관과 직접 이야기를 하고 있으니까요!"

이것이야말로 우리가 수직적인 명령과 통제의 세계에서 수평적인 연결과 협력의 평평한 세계로 옮겨갈 때 일어나는 일이다. 당신의 상관은 자기 일에다 당신의 일까지 할 수 있다. 그는 국무장관이기도 하고 스스로 장관의 비서 역할도 한다. 그는 당신에게 밤이고 낮이고 지시를 내릴 수 있다. 따라서 당신은 절대 퇴근을 할 수 없고 언제나 근무 중이다. 당신은 항상 연결되어 있다. 상관들이 원하기만 하면 부하직원들이 누구든, 그들의 직급이 무엇이든 상관없이 그어느 때보다 더 많은 직원과 직접 협력 작업을 할 수 있다. 그러나 부하직원들은 상관보다 많은 정보를 갖고 있어야 하기에 더 열심히 일해야 한다. 오늘날에는 상사와 부하직원 사이에서 "그건 이미 알고 있는 사실이야. 나도 구글에서 검색해봤거든. 그러니 이제 뭘 해야 하는지 얘기를 해봐요"와 같이 시작되는 대화가 더 많아졌다.

다면적 정체성의 혼란

평평한 세계에서 개념의 재정립이 필요한 것은 다양한 정체성을 지닌 기업과 지역사회만이 아니다. 개인도 그렇다. 평평한 세계의 소비자이자 근로자, 시민, 납세자 또는 주주로서 우리의 여러 정체성 사이에서 오는 긴장이 점점더 첨예한 갈등으로 변해가고 있다.

비즈니스 컨설턴트인 마이클 해머Michael Hammer가 말했다. "19세기에는 자본과 노동 간에 커다란 갈등이 있었습니다. 이제는 고객과 근로자 간에 갈등이 있으며, 기업은 그 사이에 존재합니다. 소비자는 기업을 향해 말합니다. '더 싼 값에 더 많이 달라.' 그러면 기업은 종업원들을 향해 말합니다. '더 싼 값에 더 많이 줄 수 없으면 기업에 문제가 생긴다. 일자리를 보장할 수 없고, 노조위원장도 일자리를 보장할 수는 없다. 일자리를 보장하는 건 기업이 아니라 소비자다.'"

《뉴욕 타임스》는 2004년 11월 1일 자 기사에서 월마트가 고용 근로자의 약 45%인 53만 7000명의 의료보험 가입을 위해 2003년 한 해 수입 2560억 달러 가운데 13억 달러를 썼다고 보도했다. 하지만 월마트의 최대 경쟁자인 코스트코Costco는 정규직과 비정규직 직원을 합쳐 근로자 96%의 의료보험료를 지급했다. 코스트코 직원들은 3개월을 풀타임으로 일하거나 6개월을 시간제로 일하고 나면 의료보험 혜택을 받을 수 있다. 월마트에서는 풀타임 직원이라 해도 의료보험 혜택을 받으려면 보통 6개월 이상 일해야 하고, 파트타임 직원들은 최소 2년 이상 일해야 한다. 《뉴욕 타임스》에 따르면 월마트의 정규직은 평균적으로 한 달에 1200달러를 받는다고 하는데, 이는 시간당 8달러다. 월마트는 의료보험료의 33%는 직원이 부담하도록 하고 있으며, 현재 이 비율을 30%로 낮출 계획을 하고 있다. 월마트가 제시하는 의료보험 계획대로라면 한 가족의 의료보장 보험료가 매달 264달러까지 높아질 수 있고, 경우에 따라 본인 부담 비용이 1만 3000달러까지 필요하다. 이런 비용은 현재 의료보험 혜택을 받고 있는 월마트의 많은 직원도 감당하기 어렵다고 《뉴욕 타임스》는 보도했다.

위 기사는 더 나아가 이렇게 말했다. "월마트의 노동비용 정책이 지지받는 곳이 있다면 월스트리트뿐이다. 반면에 코스트코는 월스트리트의 애널리스트들로부터 노동비용이 너무 많다는 비난을 받았다." 월마트는 쓸데없는 군살과 노사 간의 알력을 코스트코보다 많이 제거했다. 이에 비해 코스트코는 근무 직원들에 대해 월마트와는 다른 의무감을 갖고 있기 때문에 더 많은 군살과 마찰을 내부에 갖고 있다. 코스트코의 세전 수익률은 매출의 2.7%로 월마트의 5.5%에 비해 절반도 되지 않는다.

그렇지만 잠깐 다른 면을 돌아보자. 월마트의 상품 구매자는 중간상이나 노사 간의 마찰이 제거돼서 가능한 한 제일 값싸게 물건을 사고 싶어하지 않는가? 그리고 건강보험도 적용받지 못하는 미국의 가장 가난한 사람들이 최대의 혜택을 보지 않는가? 2005년 11월 28일 자《워싱턴 포스트》에 실린 세바스틴 말라비Sebastine Mallaby의 논설이 주장하는 것도 바로 이것이다. 그의 주장을 귀 기울여 들어보자.

월마트를 비판하는 사람들은 가난한 미국인들에게 소매기업은 악덕 기업이라고 주장한다. 그러나 사실은 그들의 주장과는 정반대이다. 뉴욕 대학교의 제이슨 퍼먼Jason Furman은 월마트를 "점진적인 성공 스토리"라고 표현했다. 퍼먼은 2004년 민주당 후보 존 케리John Kerry가 이끈 '반역자Benedict Arnold 캠페인'의 고문 역할을 했고 월마트로부터 어떠한 대가도 받은 적이 없다. 따라서 그는 결코 월마트를 옹호하는 대변인이 아니다. 퍼먼은 식품 분야에서 월마트가 제공한 할인액은 미국 소비자들의 복지 수준을 끌어올렸고, 그 액수는 최소 연간 500억 달러 규모라고 말했다. 월마트에서 취급하는 모든 제품을 따져본다면 절약된 금액은 아마도 그 다섯 배 정도일 것이다. 이런 할인액은 빈곤 가정이나 저소득층에 특히 중요하다. 월마트 고객의 연평균 소득은 3만 5000달러로, 타깃과 코스트코의 고객 평균 소득이 각각 5만 달러와 7만 4000달러인 것에 비하면 낮은 수준이다. 이에 더해 월마트에서 실시하고 있는 '매일매일 최저가격' 행사는 식료품과 기본 생필품에 소득 대부분을 지출하는 빈곤 가정에 상당한 도움을 주고 있다. 빈곤 완화의 원동력으로서 월마트가 고객에게 제공하는 2000억 달러 이상의 원조는 연방정부에서 추진하는 수많은 프로그램에 필적할 만한 것이다.

따라서 월마트의 주주와 소비자들은 이윤을 극대화하고 상품 가격을 낮게 유지할 수 있도록 월마트가 공급망과 근로자의 복리후생 제도에서 무자비하게 군살과 마찰을 제거하길 바란다. 그러나 월마트에서 일하는 직원은 월마트가 신입직원들에게 제공하는 제한적인 복지혜택과 낮은 급여체계를 혐오한다. 그리고 월마트를 이용하는 시민들은 미국 내 최대 기업인 월마트가 직원들의 의료보험료를 모두 부담하지 않기 때문에 일부 직원들이 지역 병원의 긴급 병동에 가는 수밖에 없고, 이는 결국 납세자들의 부담으로 이어진다는 사실을 알고 있다. 《뉴욕 타임스》는 조지아 주정부의 조사 결과 "월마트 직원의 자녀 가운데 만 명 이상이 조지아 주의 아동건강 프로그램의 혜택을 받고 있고, 이 프로그램에 필요한 약 1000만 달러의 비용은 납세자들이 부담해야 한다"는 사실을 보도했다. 비슷한 예로 이 신문은 또 노스캐롤라이나 주 병원은 월마트 소속 직원이라는 1900명의 환자 가운데 31%가 주정부의 저소득층 의료지원 혜택을 받고 있으며, 16%는 의료보험에 아예 가입되어 있지 않다고 전했다.

언론인 리자 페더스톤Liza Featherstone은 『여성 판매원이 부족하다: 월마트에서의 노동권 쟁취를 위한 투쟁Selling Women Short: The Landmark Battle for Workers' Rights at Wal-Mart』이라는 2004년 출간 저서에서 월마트를 상대로 제기된 수많은 여성차별 소송을 나열했다. 2004년 11월 22일 인터넷 언론 살롱닷컴과 가진 인터뷰에서 그녀는 다음의 중요한 문제를 지적했다. "미국 납세자들은 월마트 정규직원들의 급여지급을 위해 조금씩 돈을 걷고 있습니다. 그들에게 더 많은 의료보험, 공공주택, 저소득층에게 지급되는 식권이 필요하기 때문입니다. 월마트 직원들이 자급자족하지 못하는 데에는 여러 가지 이유가 있습니다. 샘 월튼이야말로 미국식 성취의 상징으로 받아들여지기 때문에 이는 매우 모순적입니다. 월마트가 공화당을 지지하는 것이야말로 정말 정직하지 못하며 문제가 많은데, 월마트의 기업 선거운동 기부금 가운데 80%는 공화당으로 갑니다. 그러나 공화당은 보통 월마트가 의존하는 공적부조 프로그램을 지지하지 않습니다. 사실 월마트야말로 전국적인 의료보험 제도를 적극 옹호해야 하는 상황입니다. 월마트는 적어도 자신들이 직원들에게 필요한 복지혜택을 줄 수 없어서 우리가 보다 복지혜택을 늘려야 한다는 사실을 인정해야 합니다."

소비자, 근로자, 시민, 납세자 및 주주로서 당신의 다면적 정체성을 정리하고 경중을 따져본 후, 월마트의 접근방식과 코스트코의 접근방식 중 어느 쪽을 선호하는지 결정을 내려야 한다. 평평한 세계에서 이것은 중요한 정치적 쟁점이다. 당신의 여러 가지 다른 정체성을 감안했을 때 기업들이 얼마나 평평해지기를 원하는가? 왜냐하면 중간상을 사업거래에서 배제하고 공급망을 완벽히 평평하게 할 때, 그것은 우리들의 삶에서 인본주의적인 요소를 어느 정도 사라지게 하기 때문이다.

같은 질문이 정부에도 적용된다. 정부가 얼마나 평평해지길 원하는가? 평평해진 지구에서 기업들이 경쟁하기 쉽도록 정부는 규제철폐를 통해 얼마나 마찰을 없애길 바라는가?

클린턴Clinton 대통령의 고위 자문관을 지낸 일리노이 주 출신 민주당 하원의원 람 이매뉴얼Rahm Emanuel은 이렇게 말했다. "내가 백악관에서 일할 때 너무 느리게 진행되는 문제가 있다는 우려를 듣고 FDA의 의약품 승인 절차를 간소화했습니다. 의약품을 좀 더 빨리 시장에 내보내겠다는 오직 한 가지 목적만을 생각하고 조처를 했지요. 그러나 결과적으로 FDA와 제약산업 간의 유착관계가 오히려 강화되었고, 공공보건을 위기에 빠뜨리고 말았습니다. 심장마비와 심장발작을 유발할 위험이 크다고 판명된 항염증성 의약품인 바이옥스의 재앙 같은 실패는 의약품의 안전성 문제에서는 어느 정도 신속하지 않아도 괜찮다는 것을 보여주는 사건이었습니다. 바이옥스 제품의 리콜에 관한 최근의 상원 청문회는 위험한 약품을 시장에서 제거하는 데 FDA가 무능하다는 사실을 드러내고 있습니다."

소비자로서 우리는 세계적 공급망이 제공할 수 있는 가장 저렴한 의약품을 원한다. 그러나 시민으로서 우리는 정부가 그 의약품 공급망을 감독하고 규제할 것을 원한다. 설사 그런 규제가 마찰을 더하거나 유지한다는 뜻일지라도 말이다.

누가 무엇을 소유하는가?

평평해진 세계에서 꼭 정리되어야 할 문제가 하나 있다. 누가 무엇을 소유하는가 하는 점이다. 어떻게 하면 혁신자가 혁신에 따른 경제적인 이익을 수확하고, 그렇게 얻은 이익을 재투자해서 새로운 혁신을 일으키도록 그들의 지적재산권을 보호하는 법적 장치를 마련할 것인가? 다른 측면에서는 이런 문제도 있다. 어떻게 지적재산권을 공유하도록 권장할 수 있을 만큼 장벽을 아주 낮은 수준으로 유지할 수 있을 것인가? 지적재산권의 공유야말로 첨단 혁신을 꾀하는 데 점점 더 많이 요구되는 항목이기 때문이다.

마이크로소프트의 최고기술경영자인 크레이그 문디는 "지적재산권의 통일된 취급의 문제로 보면 세계는 아직 완벽히 평평해졌다고 할 수 없다"고 말했다. 지금은 혁신을 이뤄내는 한 사람이 혼자 세계 곳곳에서 필요한 자원을 모으고, 평평해진 세계 곳곳에 있는 사람들과 한 팀을 이루어 놀라운 진전을 이룬 제품이나 서비스를 만들어낼 수도 있는 세계에 살고 있다는 것은 정말로 멋진 일이라고 그는 지적했다. 하지만 문디는 "다른 누군가가 평평한 세계의 똑같은 여러 수단을 이용해서 혁신자가 애써 개발한 놀라운 신제품을 손쉽게 복제해서 퍼뜨린다면, 그 놀라운 일을 해낸 최초의 혁신자는 과연 무엇을 어떻게 할 것인가?"라고 질문했다. 소프트웨어, 음악, 의약품부문에서는 사실 이런 일이 매일 일어난다. 과학기술은 이제 "마이크로소프트의 워드 프로그램에서부터 비행기의 부품에 이르기까지 복제품을 금세 만들 수 없는 분야는 없다고 가정해야 할 지점"에 이르렀다고 그는 덧붙였다. 세계가 더욱더 평평해질수록 모든 새로운 합법적, 혹은 불법적인 협력 형태에 대응하는 세계적 규모의 통제 시스템이 더욱 필요하다는 것이다.

우리는 또한 미국에서 발전한 특허법에서 이런 측면을 확인할 수 있다. 기업은 그들이 이뤄낸 혁신으로 세 가지 선택을 할 수 있다. 우선 신제품에 대해 특허권을 취득하고, 그 특허권을 팔 수 있다. 둘째, 특허를 받은 후 다른 누군가에게 일정한 사용 수수료를 받고 생산을 허용하는 계약을 맺을 수도 있다. 끝으로 특허권을 취득한 후, 다른 여러 회사와 특허의 상호사용 계약을 맺고서 PC처럼 여러 특허의 융합이 필요한 제품을 자유롭게 만들 권리를 서로 나눠가질 수 있다. 미국의 특허법은 기술적으로는 이런 일에 중립을 지킨다. 그러나 판례법이 발전한 방식을 보면, 지금의 특허법은 가급적 많은 사람이나 기업이 서로 협력하거나 자유롭게 특허를 이용하도록 장려하는 교차 라이선스나 기타 협정을 맺는 데 정면으로 배치된다. 특허법은 특허 제품을 제조할 개별 회사의 권리를 보호하는 데 보다 더 초점을 맞추고 있다. 사실 평평한 세계에서 기업에는 두 가지 접근법 모두를 장려하는 특허법 체계가 필요하다. 법률 시스템이 교차 라이선스와 표준을 촉진할수록, 협업을 통한 혁신을 더 많이 얻을 수 있다. 예를 들어 PC는 커서에 대한 특허권을 가진 회사와 마우스, 스크린에 대한 특허권을 가진 회사 간 수많은 교차 라이선스의 산물이다.

따라서 점점 더 많은 혁신이 오픈소스 협력과 커뮤니티에 의해 출현함에 따라 지적재산에 관한 법률 또한 조정돼야 한다. 그렇지 않으면 우리 사회는 평평한 세계의 단점 때문에 어떠한 이득도 얻지 못하거나 보호를 받지 못할 것이다. IBM 회장 샘 팔미사노Sam Palmisano는 다음과 같이 주장한다. "협력에 의한 혁신이 꽃을 피우기 위해서는 지적재산에 대한 우리의 인식을 재고해야 합니다. 지적재산에 관한 법률은 개인이나 기관이 자신의 발명에 대한 경제적 보상을 받음과 동시에 사회 전체가 지적재산을 활용하게 하려고 만들어졌습니다. 그러나 이 정교한 틀 안에서도 누구의 이익이 우선되어야 하는가에 대해 의견이 분분합니다. 어떤 사람들은 혁신을 장려하는 최선의 방법은 지적재산을 최초로 고안한 사람의 이익을 엄격히 보장하는 것이라 믿습니다. 한편 다른 사람들은 완전한 개방을 통해 지적재산을 가능한 한 최대로 활용할 수 있도록 허용해야 한다고 주장합니다. 나는 우리에게 앞으로 새로운 길, 즉 두 가지 극단적인 의견 사이에서 균형점을 제공하는 접근방식이 필요하다고 생각합니다. 우리는 진정으로 새롭고 참신하고 유용한 발명품을 창조해낸 개인이나 기업의 이익을 반드시 보호해야 합니다. 동시에 혁신적인 커뮤니티와 창의적인 생태계, 즉 기업 조직처럼 설립된 기관이 아니지만 진정한, 그리고 진정으로 중요한 혁신에 열의를 다하는 집단의 이익 또한 보호해야 합니다. 우리는 탈산업화 시대를 대비해 지적재산권에 대한 보다 확장된 개념이 필요합니다."

지적재산권에 대한 문제를 정리하며 이 문제 또한 생각해보자. 2004년

11월 13일, 스무 살의 미 해병대 상병 저스틴 M. 엘즈워스Justin M. Ellsworth는 이라크에서 도보로 순찰하던 중 도로변에 매설된 폭탄이 터져 사망했다. 그해 12월 21일, 《AP 통신》은 그의 가족들이 다른 사람들과 아들이 주고받은 모든 쪽지와 이메일 내용을 볼 수 있도록 사망한 아들의 전자우편 계정 암호를 알려달라고 야후!에 요구했다고 보도했다. 저스틴의 아버지 존 엘즈워스는 "아들이 남긴 글을 통해 아들을 기억할 수 있기를 원합니다. 아들은 자신이 마땅히 해야 할 일을 한다고 생각했다는 것을 나는 압니다. 미래를 위해 아들이 남긴 글을 보관하고 싶습니다"라고 《AP 통신》 기자에게 말했다. "내가 내 아들에 관해 가질 수 있는 것은 이것 이외에 아무것도 없습니다." 점점 더 많은 통신이 사이버 공간을 통해 이동하는 비트의 형태로 존재하면서, 세계 곳곳에 널린 서버에 저장되는 세계가 되었다. 어느 정부도 이 사이버 세계를 통제하지 못한다. 그래서 만약에 당신이 죽는다면 누가 당신의 전자로 된 글들의 소유권을 갖느냐가 문제이다. 야후!는 회사의 방침에 따라 90일간 사용하지 않는 모든 이메일 계정을 지우며, 모든 야후! 사용자들은 가입 시에 사망과 함께 ID나 전자우편 내용에 대한 권리가 소멸한다는 데 동의했다는 사실을 들어, 저스틴의 전자우편 암호 제공을 거부했다고 《AP 통신》은 보도했다. 야후!의 대변인인 카렌 마혼은 "슬픔에 빠진 유가족에게 진심으로 유감을 표하지만, 야후!의 전자우편 계정과 그 내용은 사망 후에도 양도될 수 없다"고 《AP 통신》에 말했다.

문서 사용이 점점 더 줄어들고 디지털화된 형태로 통신하는 일이 점점 많아짐에 따라 만약 자신의 전자 글을 누군가에게 남기고 싶다면 죽기 전에 어떻게 할지를 정리하고, 유언장에 명시해두는 것이 좋겠다. 이것은 눈앞에 닥친 현실이다. 나는 사이버 공간이 가장 안전하리라 판단해, 이 책의 많은 부분을 내 AOL 계정에 저장했다. 집필 중에 내게 무슨 일이 생기면 이 글들을 찾기 위해 가족과 출판사가 AOL에 소송을 걸어야 할지도 모른다. 제발 누군가가 나서서 이런 문제들도 정리해줬으면 좋겠다.

세일즈맨의 죽음

2004년 가을 어머니를 만나보려고 미니애폴리스Minneapolis에 갔다가 세 번이나 연달아 평평한 세계를 만나는 경험을 했다. 첫 번째는 워싱턴의 집을 떠나기 전이었다. 미니애폴리스에 사는 친구의 전화번호를 알아보기 위해 411번 전화번호 안내에 문의했다. 컴퓨터가 전화를 받아 전자 음성이 내게 알고자 하는 전화번호 주인 이름을 말하라고 요구했다. 대체 어찌 된 영문인지 나는 컴퓨터가 내 말을 정확하게 알아듣도록 발음할 수 없었다. 컴퓨터에 녹음된 목소리는 계속해서 "△△라고 말씀하셨습니까?"라고 되물었다. "아뇨, 그게 아니라 ○○라고 말했어요." 나는 짜증을 드러내지 않고 성씨를 여러 번 말해야만 했다(그러지 않으면 컴퓨터는 결코 내 말을 이해 못 할 테니 말이다). 하지만 끝내 교환원에게 연결되었다. 아무튼 나는 사람과 사람 간의 마찰이 없는 이 전화번호 안내 서비스를 즐겨 이용하지 못했다. 나는 다른 인간과 부딪치며 하는 대화가 그리웠다. 컴퓨터가 전화번호를 안내하면 비용이 적게 들고 효율적일지 모르지만 내게는 분명 짜증 나는 일이었다.

미니애폴리스에 도착한 뒤 가족의 친구들과 저녁 식사를 했는데, 그 가운데 중동에서 제일 규모가 큰 도매상으로 평생을 일한 친구도 있었다. 그는 타고난 세일즈맨이었다. 내가 새로운 것이 좀 있느냐고 묻자, 그는 한숨을 쉬면서 사업이 예전 같지 않다고 말했다. 모든 물건이 마진율 1%에 팔리고 있다고 그가 설명했다. 별문제는 아니다. 그는 대부분 생필품을 팔고 있고, 매출 규모로 보아 빠듯한 이윤으로도 유지해나갈 수는 있다. 그러나 정말로 그를 난감하게 하는 것은 그의 가장 큰 거래처 몇 군데와는 이제 더 이상 사람들과 직접적인 접촉 없이 거래한다는 사실이다. 사실 흔히 보는 생필품이나 값싼 저가 상품들에도 분명히 알려줘야 할 어떤 차별화된 특징들이 분명히 있다. "이제는 모든 것이 전자우편으로 이뤄진다"고 그는 말했다. "나는 그 나라에서 최대 규모의 소매상 중 한 곳의 젊은 친구와 거래합니다. 그는 '전자우편으로 가격을 보내달라'고만 합니다. 그와는 만나본 적도 없어요. 내가 보낸 메일에 절반 정도는 응답도 하지 않습니다. 그와 어떻게 거래를 해야 할지 잘 모르겠어요. 예전에는 직접 회사를 찾아가 구매 담당자를 만나고, 공연 입장권이라도 몇 장 건네주곤 했지요. 그러면서 자연스레 친구가 됐고……. 톰, 요즘 사람들이 관심을 두는 건 오로지 가격입니다."

다행스럽게도 그는 성공한 사업가이고 여러 분야의 사업을 하고 있다. 그러나 그 후 그의 말을 곰곰이 생각하면서 내가 떠올린 건 아서 밀러Arthur Miller의 희곡 『세일즈맨의 죽음Death of a Salesman』에 나오는 한 장면이었다. 윌리 로먼이 자신의 동료 찰리와 달리 자기는 '남이 좋아하는 사람'이 되고자 한다고 말하는 대목이다. 로먼은 아들들에게 비즈니스와 인생에서 성품, 인격, 대인관계가 영리함보다 중요하다고 말한다. 윌리는 "비즈니스 세계에서 두각을 나타내고 이익을 내는 자가 곧 성공한 사람이다. 남의 호감을 얻는 사람은 결코 부족함을 느끼지 않는다"고 말한다.

그러나 세계가 평평해진 시대에는 그렇지 않다. 전자우편과 인터넷을 통해 인간적 유대를 맺기는 어렵다. 다음날 나는 미디어 회사를 경영하고 있는 친구 켄 그리어Ken Greer와 함께 저녁 식사를 했다. 나중에 미디어 산업에 대해서는 아주 상세하게 다룰 것이다. 켄도 비슷한 한탄을 늘어놓았다. 요새는 창의적 재능이 아니라, 단지 낮은 가격을 제시하는 광고회사에 계약이 넘어간다는 것이다. 그리고 켄은 급소를 찌르는 뭔가를 말했다. "이건 비즈니스에서 지방을 모두 제거하고 모든 것을 숫자놀음으로 바꾼 것과 다름없어. 그러나 지방이야말로 고기의 맛을 내는 부분이지. 고기가 너무 얇으면 맛이 좋지 않아. 약간의 지방은 남겨서 마블링이 있어야 맛있거든."

세계가 평평해지는 과정은 비즈니스와 우리 생활에서 무자비하게 지방질을 도려낸다. 그러나 켄이 지적했듯이 지방질은 생활에 맛과 질감을 주는 요소다. 그리고 우리의 온기를 유지해주는 것도 지방이다.

그렇다. 소비자로서 우리는 지방질이 모두 제거된 월마트의 가격을 원한다. 그러나 근로자로서 우리는 절반 이하의 종업원에게만 혜택이 가는 월마트의 경우와 달리 코스트코처럼, 거의 모든 종업원에게 의료혜택을 줄 수 있도록 뼈에 지방을 약간은 남겨놓기를 원한다. 한편 주주로서 우리는 코스트코의 수익률이 아닌 월마트의 수익률을 원한다. 반면에 시민으로서 우리는 월마트보다는 코스트코의 직원 복리후생을 원한다. 그 차이의 금액을 궁극적으로 사회가 지급해야 할지 모르기 때문이다. 소비자로서 나는 저렴한 전화요금을 원하지만, 인간적으로 411 안내에 전화를 걸었을 때 교환원과 통화하고 싶다. 그렇다. 독자로서 나는 넷서핑을 하고 블로그를 보길 원하지만, 시민으로서 나는 일부 블로그는 발송 단추를 눌러 전 세계에 뭔가 잘못되거나 불공정한 것이 있다고 주장하기 전에 사실을 한 번 더 검토해보라고 말해줄 수 있는 편집자, 즉 중간상 같은 사람을 두기를 바란다.

이렇게 모순되는 감정과 압력을 감안하면 미국 정치는 완전히 재편되어야 할 잠재적인 면을 안고 있다. 노동자와 기업의 이해관계에 따라서 지지하는 정당이 뒤바뀌어야 한다는 얘기다. 생각해보자. 지나치게 많은 외국인과 외국문화가 유입된다는 이유로 세계화를 싫어하는 공화당 우익을 비롯한 사회적 보수파라면, 아웃소싱과 일자리의 국외이전이 쉬운 세계화를 싫어하는 민주당 좌익 노조와도 연합할 수 있을 것이다. 이들은 '장벽당Wall Party'이라 불리고, 모든 곳에서 더 많은 마찰과 군살을 지키기 위해 싸울지 모를 일이다. 현실을 직시하자. 공화당의 문화 보수주의자들은 세계가 평평해진 덕분에 더욱 부유해진 글로벌 경제 관련 고급 서비스 노동자나 월스트리트의 투자 금융인들보다는, 그들처럼 더 많은 장벽을 쌓기를 원하는 중국의 농민, 사우디아라비아의 이슬람 율법학자, 오하이오 영스타운의 철강 노동자들과 공통된 이해를 훨씬 더 많이 갖고 있다.

반면에 자유무역, 규제 완화, 더 많은 통합, 낮은 세금 등 세계를 한층 더 평평하게 할 모든 것을 선호하는 공화당의 친기업 그룹은 민주당 자유주의자들과 연대하게 될지도 모른다. 민주당 내 사회민주주의 성향의 자유주의자 중 상당수가 동부 해안이나 서부 해안에 사는 글로벌 서비스의 고급 노동자들이기 때문이다. 결국엔 할리우드와 다른 연예오락산업에 종사하는 사람들도 이들에 합류할 가능성이 있다. 이들은 모두 평평해진 세계에서 막대한 이득을 보는 집단이다. 세계 통합을 더욱 촉진하자는 정당정책을 펼 이들은 '웹당Web Party'이라 불릴지 모른다. 맨해튼과 팔로알토의 많은 주민은 오하이오 주 영스타운이나 캔자스 주의 토피카 주민보다는 상하이나 벵갈루루 주민과 공통된 이해를 더 많이 갖고 있다. 간단히 말해 평평한 세계에서는 많은 자유주의자, 화이트칼라 글로벌 서비스 산업 노동자, 월스트리트와 같은 금융산업 종사자들이 함께 뭉치고, 사회주의 보수주의자, 화이트칼라의 현지 서비스 산업 노동자, 노동조합이 함께 힘을 합치는 것을 보게 될 것이다.

영화 〈패션 오브 크라이스트The Passion of the Christ〉의 관객들은 트럭 운전사나 노동조합과 한편이 되고, 할리우드 및 월스트리트의 자유주의자들과 〈유브 갓 메일You've Got Mail〉의 관객들은 맨해튼과 샌프란시스코의 글로벌 서비스 공급자, 실리콘밸리의 최첨단 기술 노동자들과 한편이 될 것이다. 영화배우 멜 깁슨Mel Gibson, 노동운동 지도자 지미 호퍼Jimmy Hoffa Jr.가 한편에 서고, 다른 한편에는 영화배우 맥 라이언Meg Ryan과 마이크로소프트의 빌 게이츠가 서는 대결 구도이다.

평평해진 세계의 정치무대에서는 어떤 가치와 규제, 군살이 유지할 가치가 있는지, 마르크스의 말에 따라 굳건히 지켜야 하는지, 그리고 어떤 것이 흔적도 없이 사라져야 하는지에 대한 질문이 점점 더 많이 생길 것이다. 국가와 기업과 개인들이 세계적인 활동공간의 진정한 본질과 구조를 이해하고, 이것이 냉전 시대와 그 이전 시대에 있었던 활동공간과는 어떻게 다른지를 알아야만 이 질문에 대한 지성적인 해답을 내놓을 수 있다. 그리고 국가와 기업과 개인들은 평평해진 활동공간을 온전히 올바르게 평가하고, 이 공간에서 경쟁하고 협력하는 데 활용 가능한 모든 새로운 도구를 완전히 이해해야만 바람직한 정치적 선택을 할 수 있다. 이 대단히 중요한 정치적 논쟁과 목전에 닥친 거대한 재편에 대비해 이 책이 미묘한 차이를 설명하는 틀을 제공할 것이라 기대한다.

이 목적을 위해 다음 세 장에서는 세계가 평평해지는 과정과 삼중융합이 미국인, 개발도상국, 기업에 어떻게 영향을 끼칠지에 대해서 살펴볼 것이다.

정신 바짝 차리길! 이제 곧 평평한 세계로 들어설 것이다.

제2부

미국과 평평한 세계

5장

미국과 자유무역

:

리카르도는 아직도 옳은가?

자유무역의 장점을 굳게 믿어온 미국인의 한 사람으로서, 인도 여행을 마치고 난 후 나는 중요한 의문을 갖게 되었다. 평평한 세계에서도 나는 여전히 자유무역을 신봉하는가? 당장 정리할 필요가 있는 핵심적인 문제다. 이 문제가 중요한 것은 미국의 정가에서 뜨거운 논란거리가 되기 때문만이 아니라, 자유무역에 대한 내 관점에 따라 평평한 세계에 대한 나의 전반적인 관점이 달라지기 때문이다. 자유무역이 모든 미국인에게 혜택을 주는 것은 아니며, 우리 사회가 자유무역으로 어려움을 겪는 이들을 도와야 한다는 것도 나는 알고 있다. 그러나 내게 핵심적인 질문은 다음과 같은 것이었다. 세계가 아주 평평해지고 수많은 사람이 우리 미국 아이들과 협력하고 경쟁하게 되었을 때도 자유무역은 전체적으로 미국에 이득이 된다고 얘기할 수 있을까? '미국인'의 일자리라고 생각했던 수많은 직업은 이제 누구나 손쉽게 차지할 수 있을 것으로 보인다. 만약 미국 정부가 무역장벽을 세우고 오프쇼어링이나 아웃소싱을 금지한다면 미국인들은 더 잘살게 되지 않을까?

벵갈루루에서 디스커버리 채널을 위해 다큐멘터리를 제작하던 중에 난 처음으로 이 문제와 씨름하게 되었다. 어느 날 오후 5시쯤 우리는 인포시스 캠퍼스에 갔는데 그 시각은 바로 인포시스 콜센터 직원들이 야간 작업을 위해 교대하는 때였다. 그들은 걸어서, 혹은 미니버스를 타거나 스쿠터를 타고 회사 안으로 밀물처럼 들어오고 있었다. 한편 고급기술 엔지니어들은 그날의 일을 마치고 퇴근하고 있었다. 촬영팀과 나는 활기차게 대화를 나누면서 들어오고 나가는 이 교육 잘 받은 젊은이들의 물결을 정문에 서서 지켜보았다. 그들은 모두 미국의 대학입학시험 SAT에서 만점이라도 받은 듯이 즐거워 보였다. 나는 정말로 눈과 마음이 따로 노는 느낌이었다. 내 마음은 내게 계속해서 "리카르도가 옳아. 리카르도가 옳다고. 리카르도가 옳은 거야"라고 말하고 있었다.

데이비드 리카르도David Ricardo는 비교우위에 입각한 자유무역이론을 세운 영국의 경제학자다. 이것은 각국이 상대적으로 가격우위에 있는 재화의 생산을 특화한 다음 다른 나라와 교역을 하면 각국은 무역에서 이득을 얻고 소득 수준도 증대된다는 이론이다. 그러니까 모든 인도 기술자들이 비교우위에 있는 일에 종사하고 그로 인해 발생하는 소득을 미국이 비교우위를 갖는 생산물, 즉 코닝의 유리와 마이크로소프트의 윈도우 등과 같은 제품을 사는 데 쓴다면, 비록 인도인과 미국인 일부가 전환기에 직업을 바꿔야 하는 일은 있겠지만 두 나라 모두가 이득을 본다는 것이다. 최근 몇 년 사이에 미국과 인도 간에 급증한 수출입에서 서로 이익을 누리고 있다는 증거를 찾을 수 있다.

그러나 내 눈은 이 모든 인도의 젊은 지피들을 보면서 마음과 다른 말을 하고 있다. "세상에! 이 많은 사람이 매우 진지하게, 매우 열심히 일하고 있구나. 이들은 파도가 밀려오듯이 계속 몰려오겠지. 이 많은 인도인이 미국 젊은이들이 받는 월급의 몇 분의 일을 받으면서도 똑같은 일을 할 수 있는데, 어떻게 내 딸과 수백만 미국 젊은이들에게 좋을 수 있을까?"라고 말이다. 리카르도가 책을 썼던 시절만 해도 재화는 교역할 수 있었지만, 지식노동과 서비스는 대부분 교역이 불가능했다. 그때는 지식노동이 교역 대상이 되게 만든 미국과 인도 사이의 해저 광케이블도 없었다. 내 걱정은 깊어만 가는데 나를 안내하던 인포시스의 여성 대변인이 작년 회사의 9000개 기술직 일자리에 인도의 젊은이 '100만 명'이 지원했다고 가볍게 말했다.

좋은 하루 보내기를.

나는 이 일이 무엇을 의미하는지 이해하려 머리를 싸매야 했다. 나는 어떤 미국인도 외국기업과의 경쟁이나 기술혁신으로 직장을 잃는 걸 보고 싶지 않다. 물론 나도 직장을 잃고 싶지 않다. 당신이 직장을 잃으면 실업률은 5.2%가 아니라 100%다. 이러한 우려를 인정하지 않거나, 경제학자들 사이에 리카르도가 여전히 옳은지에 대한 논란이 있다는 사실을 인정하지 않는다면 평평해진 세계를 다루는 어떠한 책도 정직하지 못하다. 그래도 양측의 주장을 모두 들은 다음 나는 경제학자 대다수가 내린 결론에 도달했다. 리카르도는 여전히 옳으며 아웃소싱과 공급망, 생산설비를 이전하는 데 장벽을 세우는 것보다는 그러지 않는 편이 미국인들의 삶을 더 풍요롭게 할 거라는 결론을 얻었다.

그것이 이 장에서 전하는 단순한 메시지다. 세계가 평평해지더라도 늘 그래왔던 것처럼 자유무역의 일반 원칙에 충실한 것이 무역장벽을 높일 때보다 전체적으로 미국의 이익에 부합한다는 것이다. 무역장벽은 다른 국가들로 하여금 기존과 똑같은 행동을 하도록 자극하고 결국 우리 모두를 가난하게 만들 뿐이다. 그러나 2부 전반에 걸쳐 전달하고자 하는 보다 폭넓은 나의 주장은 보호무역주의가 비생산적일지라도 자유무역 정책이 필요하긴 하지만 충분하지 않다는 점이다. 모든 미국인이 평평한 세계에서 새로운 일자리를 놓고 경쟁할 수 있도록 미국 국민 각각의 교육수준을 끌어올리는 데 초점을 맞춘 국가 차원의 전략이 반드시 동반되어야 한다. 또한 농업과 같은 미국의 몇몇 분야를 포함해 전 세계의 제한된 시장을 개방해 더욱 많은 국가를 세계 자유무역 체제로 불러들일 수 있는 외교적 전략도 동반되어야 한다. 이로써 재화와 서비스에 대한 수요를 증가시키고, 혁신을 자극하며, 전 세계에 걸쳐 일어나고 있는 일자리의 이동과 실업을 감소시키는 것이 가능하다.

물론 보호주의자와 아웃소싱 반대론자들은 이 주장에 동의하지 않는다. 이 학파는 위의 두 가지 중 어느 것도 더 이상 먹혀들지 않는다고 주장한다. 아웃소싱 반대론자들은 평평한 세계에서는 상품만 교역하는 것이 아니라 서비스도 교역한다고 주장한다. 미국의 중산층을 떠받치고 있으면서 오늘날과 같은 수준의 자동화와 아웃소싱의 위력에 노출된 적이 없었던 바로 그 서비스

부문도 교역 가능하다는 것이다. 이 같은 변화 때문에 미국을 비롯한 선진국들이 블루칼라와 화이트칼라의 직업 모두 외국과의 경쟁으로부터 제도적으로 보호하지 않으면 경제력이나 생활 수준이 모두 절대적으로 후퇴할 수밖에 없다는 것이다. 미국인이나 유럽인 그리고 일본인이 오랫동안 지배적이었던 서비스나 고급기술 제조업 분야에서도 수많은 새로운 경쟁국들이 임금 수준을 새롭게 재조정하므로 더 낮은 수준에서 균형을 맞추는 것 외에 글로벌 경제로 진입할 수 있는 다른 방법이 없다.

여전히 리카르도의 주장이 옳다고 믿는 나와 같은 자유무역과 아웃소싱 옹호론자들의 주요 반론은 무엇일까? 먼저, 특정 부문에서는 개발도상국에서 임금을 떨어뜨리는 과도기가 나타날 것이다. 하지만 세계적으로 경제가 계속 성장해 파이가 커지는 한, 이 과도기가 영원하거나 모든 경제부문에 걸쳐 나타날 것으로 생각할 이유는 없다. 그런 과도기가 영원할 것이라는 주장은 이른바 노동총량 이론lump of labor theory에 근거한 것이다. 세계에는 필요한 노동총량이 정해져 있으며 미국인, 인도인 혹은 일본인이든 상관없이 일단 그 양이 채워진 후에는 남는 일자리가 없다는 주장이다. 현재 미국이 가장 큰 몫을 차지하고 있지만, 인도인들이 더 적은 임금으로 똑같은 일을 하겠다고 나서면 인도인들이 더 큰 몫을 차지하게 되고 미국인들이 갖는 일자리는 적어진다고 주장하는 것이다.

노동총량 이론이 잘못된 주된 이유는 발명될 것은 모두 발명되었으므로 경제부문에서의 경쟁은 이미 정해진 몫을 가지고 다투는 제로섬 게임이라는 가정에 기초하기 때문이다. 그러나 이 가정은 개별 대기업의 아웃소싱이나 생산설비의 국외이전으로 일자리가 종종 무더기로 없어진다거나, 뉴스의 머리기사를 장식하지만 중소기업들이 만들어내는 10개 또는 20개의 새로운 일자리는 눈에 잘 띄지 않는다는 사실을 알지 못했다. 새로운 일자리가 만들어진다는 게 금방 수긍이 가지는 않겠지만, 이는 엄연한 사실이다. 그렇지 않다면 미국의 실업률은 현재의 4.5%보다 훨씬 높을 것이다. 이런 일이 벌어지는 이유는 다음과 같다. 단순한 서비스 업종이나 생산직 일자리는 유럽, 미국, 일본에서 인도, 중국, 구소련으로 옮겨가고 있지만, 더 많은 사람의 소득이 더욱 늘어나기 때문에 세계경제는 더욱 성장하며 새로운 일자리와 새로운 전문 분야가 더 많이 늘어나서 경제가 더욱 복잡해지기 때문이다.

간단한 예를 들어 이런 현상을 더 자세히 설명해보겠다. 세계에 미국과 중국 오직 두 나라만 있다고 가정해보자. 그리고 미국 경제는 단 100명의 인력을 갖고 있다고 하자. 100명 가운데 여든 명은 고등교육을 받은 노동력이고 스무 명은 교육을 적게 받은 단순 노동력이다. 세계는 평평해졌고 미국은 1000명의 인구를 가진 저개발국인 중국과 자유무역협정을 맺었다고 하자. 중국에도 1000명 가운데 여든 명만이 고등교육을 받은 지식노동자고, 920명이 단순 노동자다. 미국이 중국과 자유무역협정을 맺기 전에는 그 세계에 여든 명의 지식노동자만 있었다. 이제 두 나라로 이루어진 세상에는 160명의 지식노동자가 있다. 미국의 지식노동자들은 경쟁이 심해졌다고 느낄 것이고, 실제로 경쟁은 더욱 치열해졌다. 그러나 돌아보면 훨씬 확대되고 보다 복잡해진 시장이 있다. 인구 100명이 존재하는 시장에서 더 큰 수요와 일자리가 필요한 인구 1100명의 시장으로 이동한 것이다. 이는 미국과 중국의 지식노동자들 모두 더 큰 보상을 받는 윈윈게임이 될 것이다.

물론 미국의 지식노동자 가운데 일부는 중국과의 경쟁 때문에 다른 새로운 지식산업 일자리로 수평이동을 해야만 될는지 모른다. 그러나 매우 커지고 복잡해진 시장에서 자신의 능력을 꾸준히 키우는 사람에게는 과거보다 많은 봉급을 받을 수 있는 새로운 일자리가 틀림없이 열릴 것이다. 그러므로 미국인 지식노동자나 중국의 지식노동자를 걱정하지는 마라. 그들 모두 더 커진 시장에서 잘해낼 수 있을 것이다.

여러분은 다음과 같은 의문이 생길 것이다. "걱정하지 말라니, 무슨 뜻인가? 중국의 지식노동자 여든 명이 미국 지식노동자 여든 명보다 훨씬 적은 보수를 받고도 일하려는 현실을 어떻게 감당하나? 어떻게 이런 차이가 해결될 수 있는가?"

그런 일이 하룻밤 새 일어나지는 않을 것이다. 일부 미국의 지식노동자는 틀림없이 그 과도기에 영향을 받겠지만 그 영향은 영원하지 않을 것이다. 경제학자 폴 로머는 다음을 이해해야 한다고 주장한다. 중국 지식노동자들의 실력이 미국의 지식노동자들과 경쟁할 만함에도 임금이 매우 낮았던 이유는 그들이 폐쇄경제 안에 갇혀 있었기 때문이다. 북한의 컴퓨터 전문가나 뇌수술을 하는 외과 전문의가 그 거대한 감옥 같은 나라에서 얼마나 적은 보수를 받고 일하는지 상상해보라! 그러나 중국 경제가 개방되고 경제 개혁이 시행되면, 중국 지식노동자의 임금은 미국 또는 세계 임금수준으로 높아질 것이다. 그렇다고 해서 미국 지식노동자의 임금이 억압된 폐쇄경제체제 수준으로 떨어지지는 않을 것이다.

인도의 벵갈루루에서는 그런 현상으로 급여가 상승한 걸 이미 목격했다. 인도가 폐쇄경제를 유지하던 지난 수십 년간 정체되어 있던 급여 수준이 인도인 소프트웨어 개발자를 서로 고용하려는 경쟁 덕분에 미국이나 유럽의 임금 수준으로 가파르게 높아지고 있다. 이것이 바로 미국이 인도와 중국 경제의 점진적이면서도 지속적인 개방과 개혁을 촉진하기 위해 할 수 있는 모든 노력을 기울여야 하는 이유다. 장기적인 관점에서 볼 때 전반적인 임금 수준은 보다 개방적이고 생산적인 세계경제 속에서 상승할 것이기 때문이다.

이제 단순한 기술을 가진 920명의 중국 노동자들과 직접 경쟁하는 미국 내 스무 명의 하급기술 노동자들을 걱정해야 할 차례다. 이전까지 단순한 기술을 가진 스무 명의 미국 노동자들이 비교적 높은 임금을 받을 수 있었던 이유 중 하나는 여든 명의 고급인력에 비해 상대적으로 그 수가 적었기 때문이다. 어떠한 경제체제에서도 단순 육체노동자에 대한 일정한 수요는 있게 마련이다. 그러나 이제 중국과 미국이 자유무역협정을 체결했으므로, 두 나라로 구성된 세계에는 모두 940명의 단순 노동자와 160명의 지식노동자가 존재한다. 따라서 중국으로 쉽게 이전될 수 있는 대체 가능한 일을 하는 미국의 노동자들에게는 위험이 닥쳤다. 이는 부정할 수 없는 사실이다. 그들의 임금은 떨어질 것이 틀림없다. 생활 수준을 유지하거나 향상시키고자 한다면 수평이동이 아니라 수직이동을 해야 한다. 훨씬 커진 미국－중국 시장에서 틀림없이 생길 새로운 일자리를 얻기 위해서는 교육을 더 받아야 하고, 더 높은 수준의 지식을 쌓아야 한다. (이후의 장에서는 누구나 그러한 능력을 갖출 기회를 주어야 하는 우리 사회의 필요와 의무에 관해 얘기할 것이다.)

단순한 기술을 가진 노동자의 경우, 노동자의 수가 늘어나면 임금이 낮아진다. 그러나 폴 로머가 지적했듯이, 미국 역사를 돌이켜볼 때 지식노동자는 수가 늘어난다고 해서 반드시 임금이 줄어드는 것은 아니다. 1960년대부터 1980년대까지 대학교육을 받은 노동자 수가 급증했지만 임금도 빠르게 높아졌다. 경제규모가 커지고 복잡해지면 사람들의 욕구도 커지고, 이에 따라 복잡한 작업과 전문화된 과제를 수행할 수 있는 인력에 대한 수요도 같이 증가한다. 로머는 이를 부분적으로는 "아이디어에 기초한 상품과 육체노동에 기초한 상품은 차이가 있다"고 설명한다. 당신이 아이디어에 기초한 상품, 예컨대 컨설팅 서비스 또는 금융 서비스, 음악, 소프트웨어, 마케팅, 디자인 또는 신약 등을 만들어서 판매하는 지식노동자라면 시장이 커질수록 당신의 상품을 살 사람은 더 많아진다. 그리고 시장이 커질수록 새로운 전문제품시장이나 틈새시장도 더 많이 생길 것이다. 차세대 윈도우나 비아그라를 개발해낸다면 잠재적으로 세계 모든 사람에게 하나씩 팔 수 있다. 그러므로 아이디어에 기초한 상품을 만들어내는 지식노동자들은 세계화 과정에서 잘해낼 것이며, 다행히도 미국은 국가적으로 세계 어느 나라보다도 아이디어를 갖고 일하는 지식노동자가 많은 나라다.

그러나 당신이 파는 게 육체노동이거나 목재나 철판이라면 당신이 판매하기 위해 가진 상품의 가치는 시장이 커진다고 반드시 높아지는 것은 아니며, 오히려 줄어들 수도 있다고 로머는 주장한다. 육체노동을 사는 공장도 매우 많겠지만, 반대로 노동력을 팔려는 사람은 더 많다. 목수나 유모 같은 육체노동자가 파는 것은 특정 공장이나 한 가정에서 한 번씩 구매할 수 있는 일인 데 반해, 소프트웨어 개발자나 신약 개발자가 파는 아이디어에 기초한 제품은 세계시장에서 모든 사람에게 동시에 판매할 수 있다.

이 차이야말로 완전한 자유무역이 이루어지는 평평한 세계에서 미국이 계속 번영을 누릴 수 있는 이유다. 단, 세계시장에 팔 수 있는 아이디어에 기초한 상품을 만들어내며, 우리가 세계경제를 확대해나갈 뿐만 아니라 지식기반 산업의 전문적인 일자리를 채울 지식노동자를 계속 배출할 수 있다는 전제하에 가능한 일이다. 이 세상에 공장의 좋은 일자리는 제한적일지 모르지만 아이디어에 기반을 둔 일자리 수는 제한이 없다. 미국에 각각 열다섯 개 제약회사와 소프트웨어 회사가 있고 중국에 각각 두 개 제약회사와 소프트웨어 회사가 있는 세계에서, 미국에 각각 서른 개 제약회사와 소프트웨어 회사가 있고 중국에 각각 서른 개 제약회사와 소프트웨어 회사가 있는 세계로 이행한다고 생각해보자. 이는 더 많은 혁신, 더 많은 치료제, 전문화할 수 있는 더 많은 틈새시장, 개인과 시장에 특화된 더 많은 새로운 상품 그리고 그런 상품을 구매할 수 있는 구매력이 있는 고소득자들도 더 많아진다는 것을 의미한다.

"경제의 파이가 계속 커지는 것은 오늘의 사치품이 내일은 생필품이 되기 때문"이라고 넷스케이프의 공동 창업자 마크 앤드리슨은 주장한다. 그는 새로운 산업인 전자상거래를 개시하는 데 일조했으며, 현재 전 세계에 걸쳐 고용된 이 분야의 전문가는 수백만 명에 이른다. 이런 전문 직종은 빌 클린턴이 미국 대통령에 당선되었던 1992년엔 상상도 못했던 직업이었다. 나는 때때로 커피숍에 가는 것을 즐긴다. 그러나 이제는 스타벅스Starbucks가 있으니까, 내 입맛에 맞는 스타벅스의 커피를 원한다. 그 새로운 수요가 새로운 산업을 낳은 것이다. 나는 또 필요한 것에 대한 검색이 항상 가능하기를 원했는데, 구글이 탄생하자 나는 내 검색엔진을 가져야만 했다. 그래서 검색과 관련해서 새로운 산업이 세워졌다. 구글은 야후!나 마이크로소프트가 채용하기 전에 수학박사들을 대량으로 고용하고 있다. 사람들은 늘 발명되어야 할 것은 틀림없이 이미 발명되었으리라고 추측한다. 그러나 아직 발명되지 않은 게 많이 있다.

앤드리슨이 말했다. "인간의 욕구나 필요가 무한하다고 믿는다면 새로운 산업, 새로운 비즈니스, 새로운 일자리도 끝없이 생길 것입니다. 유일한 한계는 인간의 상상력입니다. 세계는 평평해지고 있으며, 동시에 상향되고 있습니다. 그 증거는 놀라울 정도로 분명합니다. 역사를 돌이켜보면, 무역규모가 늘고 통신수단이 발달할 때마다 경제활동이 증가했고 기본 생활 수준은 높아졌습니다."

미국은 2차 세계대전 이후 피폐해진 유럽과 일본을 세계경제에 통합시켰다. 유럽과 일본은 해마다 제조업, 지식, 서비스 분야의 수준을 높였고, 1770년대에 미국이 영국을 대상으로 그랬던 것처럼 미국으로부터 새로운 아이디어와 장비를 수입하거나 때로는 훔쳤다. 2차 세계대전 이후 60년간 미국의 생활 수준은 꾸준히 높아졌고, 아웃소싱에 대한 모든 저항에도 불구하고 실업률은 5%를 약간 웃돌고 있다. 5% 실업률은 가장 발달한 서유럽국가 실업률의 절반 정도에 불과하다.

"경기불황의 와중에도 우리는 180개의 새로운 일자리를 만들어낸 한 회사를 창업했다"고 앤드리슨은 말한다. 그의 회사 옵스웨어는 외진 곳에 있는 거대한 서버팜server farms, 또는 서버 클러스터 운영에 사람을 대신해 사무자동화와 소프트웨어를 이용한다. 옵스웨어는 운영과 관리의 사무자동화를 통해, 기업들은 경비를 절감하고 유능한 직원들을 쉽고 단순한 일에서 벗어나 다른 분야에서 새로운 사업을 시작하는 것이 가능하도록 해준다. 만약 당신이 새로운 의약품, 새로운 업무 처리 소프트웨어, 새로운 산업, 새로운 형태의 오락, 새로운 커피전문점 등은 절대로 필요하지 않다고 믿는다면, 그리고 자국민들이 새로운 산업이나 사업 모델에서 만들어지는 일자리를 채울 지적 능력을 개발할 수 없으리라 믿는다면 자유시장이 두려울 거라고 앤드리슨은 주장한다.

"그렇습니다. 경제학에 근거한 것일지라도 새로운 일거리들이 있을 거라고 믿기에는 맹신에 가까운 믿음이 있어야 합니다"라고 그는 결론 내렸다. 그러나 일할 만한 새로운 일자리들은 언제나 있었으며, 근본적으로 미래는 과거와 다를 것으로 생각할 이유는 없다.

150여 년 전, 미국인의 90%는 농업과 농업 관련 분야에 종사했으며, 말이 끄는 쟁기를 사용하고 작물은 모두 손으로 수확했다. 오늘날에는 농업의 산업화로 우리의 식량과 농작물을 재배하는 데 우리 인구의 3%도 안 되는 사람만이 필요하다. 그 옛날 미국 정부가 수작업으로 하는 농업 분야의 모든 일자리를 보호하고 보조금을 지급하며, 기계화 그리고 궁극적으로는 컴퓨터화된 농업을 수용하지 않았더라면 어떻게 되었을까? 재미있게 비유를 들자면, 마차를 끌던 말이 투표할 수 있었더라면 자동차가 존재하지 않았을 것이다. 그랬더라면 오늘날 미국이 더 잘살게 되었을까? 아니, 그렇지 않았을 것이다. 자유무역에 대한 전문가인 컬럼비아 대학교의 경제학자 자그디시 바그와티Jagdish Bhagwati가 말했다. "인도와 중국이 가치 사슬을 끌어올려 좀 더 지식 집약적인 상품, 즉 미국이 특화해온 분야의 상품을 생산하기 시작했으므로 그 일부 분야에서 점차 미국의 비교우위가 줄어들 것이다." 어떤 분야에서는 임금이 떨어질 수도 있고, 어떤 분야의 일자리 일부는 아마도 영원히 외국으로 이전될 것이다. 그런 이유로 지식노동자 일부는 일자리의 수평이동이 필요하다. 그들을 필요로 하는 새로운 전문직 일자리와 경쟁우위를 갖는 새로운 분야들이 어떤 것일지 지금 당장 예상하기는 불가능하다. 그러나 커지고 있는 파이는 그런 일자리와 전문 분야를 틀림없이 만들어낼 것이고, 우리가 얼마나 많은 새로운 서비스와 상품들을 상상하는가에 달려 있다. 이미 말했듯이 우리의 상상에는 한계가 없다.

미국의 반도체산업이 세계를 석권하던 때가 있었다. 그러나 다른 나라 기업들이 등장해서 반도체산업의 저부가가치 시장을 집어삼킨 예를 이미 보았다. 일부 기업들은 고부가가치 시장까지 진출했다. 미국 기업들은 넓어진 시장에서 더 새롭고 전문성이 필요한 분야를 찾을 수밖에 없었다. 그렇지 못했다면 오늘날 인텔은 반도체산업에서 도태되었을 것이다. 하지만 오히려 인텔은 지금도 사업이 번창하고 있다. 《이코노미스트The Economist》 2003년 5월 8일 자에서, 인텔 사장 폴 오텔리니Paul Otellini는 컴퓨터 칩이 특정 응용 소프트웨어를 구동할 만큼 성능이 좋아지면서 더 강력하고 복잡한 기능의 컴퓨터 칩이 필요한 응용 소프트웨어가 수없이 쏟아져 나오는데, 그런 칩 생산이 바로 인텔의 특화된 전문 분야라고 말했다.

예를 들어 구글이나 야후!, 마이크로소프트가 동영상 검색 서비스를 제공하기 시작한다면 그런 서비스를 구현할 새로운 장비와 컴퓨터 칩에 대한 수요가 생길 것이다. 10년 전만 해도 우리 중 누구도 이런 일을 상상하지도 못했을 것이다. 이런 과정이 드러나고, 구현되는 데는 시간이 필요하다. 그러나 바그와티는 결국 그런 일이 실현될 것이라고 주장하는데, 오늘날 서비스 산업에서 일어나고 있는 일들은 과거에 무역장벽이 낮아지면서 제조업부문에서 일어났던 일과 같기 때문이다. 제조업 분야에서 세계시장이 확대되고 산업의 장에 참가하는 선수들이 점점 더 많아짐에 따라 우리는 '산업 내 무역거래'가 점점 더 늘어나는 걸 지켜보았다. 멕시코는 타이어 생산에 전문화하고 중국은 자동차 부품인 캠축 생산에 전문화하며, 미국은 전반적인 자동차 디자인 분야에서 전문화했다. 우리는 지식경제로 옮겨가면서 점차 복잡해지는 서비스 산업 내에서 각기 다른 전문화된 서비스들이 거래되는 '서비스 산업 내 무역'도 점점 더 많이 목격하고 있다.

그러니 미국의 부모들이여, 대학에 다니는 당신의 자녀가 어느 날 집에 와서 검색엔진 최적화 기술자Search Engine Optimizer, SEO가 되겠다고 말하더라도 놀라지 마시라. 물론 부모로서 검색엔진 최적화 기술자가 되겠다고 하는 자녀의 말에 다음과 같이 말할지도 모른다. "잠깐만, 의사나 변호사가 되라고 대학에 보냈는데 무슨 소리야. 도대체 검색엔진 최적화 기술자가 뭐하는 직업이야? 루이 삼촌처럼 안과의사가 될 수는 없는 거냐?" 하지만 그렇게 말하고 싶은 자신을 억누르기 바란다. 검색엔진 최적화 기술자는 평평한 세계에서 새롭게 출현한 수많은 전문 직업의 하나일 뿐이다. 이 직업이 탄생한 배경을 보면 이렇다. 전 세계에 톰스슈트케이스Tom's Suitcases와 샘소나이트Samsonite라는 두 개의 거대 여행 가방 제조기업이 있다고 하자. 만약 누군가 구글에서 '여행 가방suitcase'을 검색할 때 구글이나 마이크로소프트의 첫 페이지에 톰스슈트케이스가 샘소나이트보다 위에 먼저 뜬다면 수백만 달러의 이익이 생길 수 있음을 뜻한다. 더 많은 사람이 톰스슈트케이스를 클릭할 가능성이 높고, 클릭해서 웹 사이트를 방문하는 사람들은 상품을 구매할 가능성이 높은 사람들이기 때문에 검색 결과의 대부분을 판매로 연결하는 재미를 볼 것이다. 검색엔진 최적화 기술자는 주요 검색엔진이 사용하는 알고리듬을 연구해 검색순위를 끌어

올리도록 마케팅 전략과 웹 사이트 전략을 짜는 일을 한다. 알고리듬에 광적으로 매달리는 검색엔진 최적화 기술자들이다 보니 '알고홀릭algoholics'으로 알려졌기도 하다. 그 일은 수학과 마케팅이 합성되어 있으며, 평평해진 세계의 등장으로 생긴 새로운 전문직이다. 옛날에 수학을 전공하는 친구에게 수학을 전공해서 어디에 써먹느냐고 묻던 때를 기억하는가? 그런 질문은 더 이상 하지 마라.

검색엔진 최적화는 엄청난 비즈니스 분야로 발전해 구글은 해마다 본사에서 검색엔진 최적화 기술자들이 구글의 코드 해킹을 시도하는 댄스파티를 개최하고 있다. 2005년 8월 20일에 연합통신은 구글의 연례 댄스파티에 관한 기사를 실었다. "간밤에 구글플렉스에서는 넘쳐나는 맥주와 라이브음악, 가라오케 그리고 아케이드 게임들로 고조된 파티가 열렸다. 하지만 진짜 볼거리는 조용한 구글 본사의 회의실에서 펼쳐지고 있었다. 그곳은 바로 경쟁우위를 점하기 위해 끊임없이 구글의 검색 결과 조작을 시도하는 영악한 인터넷기업가들이 구글의 최고 엔지니어들과 직접 얼굴을 마주하고 앉아 지혜를 겨룰 흔치 않은 기회를 최대한 활용하고자 안간힘을 쓰는 곳이다. 구글의 암호 해독 전문가들은 겉으로는 상당히 협조적인 것처럼 보일지언정 엄격하게 보안이 유지되고 있는 '비법'인 순위결정공식을 공개할 의사가 전혀 없다. 검색엔진에서 순위를 끌어 올릴 수 있는 최선의 방법은 가치 있는 콘텐츠와 제품을 제공하는 것이라고 말하는 샤리 서로Shari Thurow와 같은 웹 마스터들은 두뇌싸움으로 구글을 이겨보려는 그런 노력에 화를 낸다.

평평한 세계에서 리카르도의 비교우위에 대한 기본적인 통찰력은 전혀 진부하지 않다. 새로운 것이 있다면 선진국과 개발도상국들이 평평한 세계에서 각자의 비교우위를 어떻게 정하느냐의 문제다. 즉, 각 나라의 기업과 개인들은 주어진 시점에서 오래된 또는 새로운 서비스 및 산업에서 어떤 분야를 전문화할지 선택한다는 점이다. 새로운 도전과제는 바로 여기서 생겨난다. 한 국가가 가진 특정 분야에서의 비교우위는 둥근 세계에서보다 평평한 세계에서 훨씬 빨리 사라지며 또 사라질 것이다. 예를 들어 인도와 중국 같은 나라들이 한때 서방 선진국들의 독점적 전문영역이었던 분야에서 경쟁할 수 있음은 이제 명백한 사실이다. 이제 서방 선진국들이 기본적인 삶의 질을 유지하길 원한다면 여전히 새롭게 다뤄지는 분야로 신속하게 진출하고 적응할 필요가 있다. 마찬가지로 인도와 중국 또한 발전이 진행됨에 따라 기초 제조업이나 섬유 같은 비교적 단계가 낮은 분야에서 자신들이 가졌던 비교우위를 베트남이나 마다가스카르 같은 나라들에 내주어야 할 것이다. 이와 같은 경제학의 중력 법칙에서 예외일 수 있는 나라는 없다. 그렇지만 내가 지금까지 줄곧 주장해온 바와 같이, 평평한 세계에서는 새로운 분야가 점점 더 빠르게 양산되고 있으므로 새로운 일자리 또한 끊임없이 창출될 것이라는 점은 미국에 희소식이다. 검색엔진 최적화 전문가와 같이 고등교육을 받은 미국인이나 유럽인들이 전문화할 수 있는 직업이 계속 생겨날 것이다. 이와 동시에 새로운 직업이 정기적으로 일반화되고 보다 쉽게 거래할 수 있게 되면서 직업들이 선진국에서 개발도상국으로 이동할 것이다. 그러므로 그런 직업들은 인도나 중국에서 수행되는 것이 유리하다.

또한 그와 동시에 열 가지 평평화 동력 덕분에 여전히 점점 더 많은 직업이 더욱 세분되어, 더욱 정교한 업무는 선진국에서 처리하고 덜 복잡하고 덜 정교한 업무는 개발도상국에서 수행될 것이다. 즉, 분야별 비교우위가 있는 나라에서 업무가 처리된다는 것이다. 그리고 서방국가들이 아직은 비교우위를 점하고 있다고 생각하는 분야의 일부 제품생산이나 디자인, 마케팅 등을 중국과 인도에서 거꾸로 서방 국가로 아웃소싱하면서 점점 더 많은 혁신이 중국과 인도에서 생겨나는 것을 목격할 것이다. 이러한 모든 변화가 한순간에 일제히 발생하는 걸 보게 될 것이다. 하지만 세계경제라는 파이가 점점 커지고 복잡해지는 한, 그리고 각 나라의 개인들이 특화할 수 있는 새로운 서비스와 제품들을 상상해냄으로써 그 파이를 계속 키워가는 한, 또 그런 개인들이 이런 새로운 일자리에 필요한 교육과 기술 개발을 지속하는 한 인도와 중국, 유럽 및 미국의 근로자들은 모두 동시에 잘해낼 수 있을 것이다.

하지만 언제나 기억해야 할 것이 있다. 인도인과 중국인은 미국인을 밑바닥으로 몰아붙이고 있는 것이 아니다. 그들은 오히려 미국을 위로 밀어 올리고 있다. 정말 좋은 일이다! 그들이 원하는 것은 더 높은 생활 수준이지 저임금의 노동착취 공장에서 일하려는 게 아니다. 그들은 싸구려가 아니라 쓸만한 브랜드 제품을 원한다. 그들은 스쿠터를 팔아치운 후 자동차를 사고, 펜과 연필을 처분한 후 컴퓨터를 사고 싶어한다. 그들이 그렇게 생활의 질을 높여갈수록, 그들이 높이 오를수록 정상에는 더 많은 여지가 생긴다. 그들이 더 많이 소유할수록 소비도 그만큼 늘 것이고 상품시장은 훨씬 더 다양해질 것이며, 전문적인 틈새시장도 더 많이 생길 것이다.

이미 일어나고 있는 일들을 보라. 미국 기업이 지식 집약적 일자리를 인도에 보내자, 인도 기업의 사정이 좋아져서 가난한 인도인들이 빈곤층에서 벗어나 중산층으로 생활 수준을 올리는 데 사용할 제품을 개발하기 시작했다. 또한 인도 중산층은 분명히 미국 제품의 소비자가 될 것이다. 중국과 인도는 저가품과 복제품 생산에 중점을 두었다가 자신들만의 저비용 혁신에 중점을 두는 쪽으로 급속하게 발전하고 있다. 그들에게는 자신들의 문제점을 해결할 수 있는 혁신적이면서도 비용이 적당한 방식이 필요했고, 지금 그들은 바로 그렇게 하고 있다. 인도의 빈곤층에게 단지 연간 10달러로 의료보험을 제공하는 것이나 값싼 노트북 PC, 가격파괴에 가까운 휴대전화, 심지어 주유소의 간이 인터넷 매대Kiosk에서 판매하는 인도의 저가 항공권(세 시간이 소요되는 벵갈루루-델리 구간 편도 항공요금이 75달러) 등과 같은 저비용 솔루션을 내수시장에서 완성하면 그런 제품을 세계시장에도 내놓을 것이다.

2004년 10월 11일 자《비즈니스위크》는 뭄바이 남쪽 푸네 시 부근에 있는 타타자동차Tata Motors 공장의 기사를 다뤘다.

공장에서 일군의 젊은 디자이너, 기술자, 시장 전문가들이 자동차 도면과 강철 및 합성 플라스틱 견본품을 주의 깊게 살피며 열심히 연구한다. 내년 초까지 타타그룹은 가장 야심 찬 프로젝트로 2200달러에 판매할 소형자동차 모델을 디자인할 계획을 세웠다. 타타는 이 모델이 스즈키Suzuki의 5000달러짜리 마루티

Maruti를 이기고 인도에서 가장 저렴한 자동차면서 다른 개발도상국에 수출할 수 있기를 희망한다. "이것은 오늘날 인도인이 필요로 하는 국민차입니다." 125억 달러 자산 규모의 타타그룹의 회장 라탄 타타Ratan Tata가 말했다. 인도인들은 점점 더 질 좋은 제품과 더 나은 서비스를 합리적인 가격에 얻을 수 있기를 바란다. 올해의 강력한 경제성장도 이런 수요를 더 늘릴 것이다. '메이드 인 인디아'라는 단어가 새로운 세계경제에서 혁신을 상징하게 될지도 모른다.

IMF의 조사부 이사로 있는 라구람 라잔Raghuram Rajan은 개인적으로 아주 혁신적인 인도의 교육 분야 기업체 헤이매스닷컴HeyMath.com의 이사직을 맡고 있다. 이 회사는 인도의 대학생들이 인터넷을 통해 싱가포르를 비롯한 다른 지역의 학생들에게 개인 수학과외를 해준다. 또한 유치원부터 12학년 사이의 학생들에게 수학과 과학의 개념을 가르치는 가장 좋은 방법을 헤이매스가 설계하도록 인도, 영국 및 중국의 전문가를 고용한다. 헤이매스는 싱가포르뿐만 아니라 심지어 미국의 공립학교 교사들이 수학과 과학을 가르치는 데 필요한 수업계획과 파워포인트로 된 프레젠테이션 자료, 온라인 숙제 및 근사한 교수 방법을 제공한다. 이렇게 해서 절약된 시간은 교사들이 특정 수업을 위한 맞춤형 교재를 만드는 데 활용하거나 학생들을 일대일로 교육하는 데 할애할 수 있다. 싱가포르를 비롯한 다른 지역의 학교들이 인도 첸나이에 본사를 둔 헤이수학에 비용을 지급한다. 영국의 케임브리지 대학교는 전반적인 수업의 질을 관리하고 수업계획과 교수 방법을 인증해주며 이에 대해 보상을 받는다.

"모두가 이득을 보는 사업이지요"라고 라잔이 말했다. "이 사업은 런던의 시티은행과 CSFBCredit Suisse First Boston에서 일하다가 이 사업을 시작하려고 인도로 돌아온 두 인도인이 경영하고 있습니다. (…) 영국의 케임브리지 대학교도 새로운 틈새시장을 개척한 이 회사에서 돈을 벌고 있어요. 인도 대학생들은 당연히 용돈을 벌고 있고요. 그리고 싱가포르 학생들은 더 좋은 교육을 받고 있습니다." 한편 이 사업에 필요한 소프트웨어는 분명 마이크로소프트에서 공급했고 칩은 인텔이 공급할 것이며, 게다가 과외로 돈을 벌게 된 인도 대학생들은 애플, 델, HP에서 만든 값싼 PC를 살 것이다. 물론 이 과정의 어떤 것도 눈에 보이지 않는다. "파이는 커지나 누구의 눈에도 보이지 않는다"고 라잔은 말한다. 헤이매스의 사업 시작으로 일자리를 잃은 사람은 어디에도 없다. 오히려 각기 다른 장소에서 수많은 사람이 5년 전만 해도 존재하지 않았던 새로운 일자리를 얻었다.

《맥킨지 분기보고서Mckinsey Quarterly》 2005년 1월호의 기사 '저임금 노동력을 넘어서: 개발경제의 교훈'은 비교우위가 한쪽에서 다른 쪽으로 이동하고 있는 기업과 국가들에 대한 좋은 예를 보여준다.

> 이탈리아 북부의 섬유·의류산업에서 (…) 실제 의류생산 작업은 임금이 더 싼 지역으로 이동했으나 고용은 줄지 않았다. 기업들이 디자인이나 글로벌 생산망 조직 운영 같은 일에 더 많은 인적자원을 투입했기 때문이다.

자유시장과 아웃소싱이나 오프쇼어링을 자유롭게 실행하는 것을 마녀 사냥하듯 비난하기는 아주 쉽다. 사람들이 한꺼번에 무더기로 해고되는 사례는 신문의 주요 기사로 다뤄지므로 눈에 더 잘 띄는 반면에 사람들이 다섯 명이나 열 명 단위로 중소규모의 기업에 고용되는 사례는 기삿거리가 되지 못하기 때문이다. 그러나 신문도 가끔 제대로 된 심층취재를 하려고 애쓰고 있다. 내 고향의 지방지인 《미니애폴리스 스타트리뷴Minneapolis Star Tribune》이 그런 심층취재 기사를 내보냈다. 2004년 9월 5일 자에 미네소타 경제가 어떻게 평평해진 세계의 영향을 받았는지 정확하게 바라본 기사를 '생산설비 이전은 국내에 이익을 가져다준다'는 대담한 제목으로 실었다. 중국 장쑤성, 우시에서 작성된 이 기사 내용은 다음과 같다.

> 바깥 공기는 열대기후처럼 습기로 눅눅하고 더우며 먼지도 많다. 건조하고 시원한 데다 먼지 하나 없는 실내에서 이전에는 농부였던 수백 명의 직원이 NASA에서 본 듯한 옷으로 머리에서 발끝까지 가리고 미국 블루밍턴에 있는 도널드슨Donaldson

Co. Inc.이라는 기업을 위해 일하고 있다. (…) 도널드슨은 블루밍턴 본사에서 일하는 1100명의 두 배가 넘는 2500명을 중국에서 고용하고 있다. 중국에서 공장을 운영함으로써 미국에서라면 더 이상 수익을 낼 수 없는 제품을 계속 만들 수 있게 되었을 뿐 아니라, 1990년 이후에 블루밍턴에서 400명을 더 고용할 수 있었다. 도널드슨에서 높은 임금을 받는 미네소타의 엔지니어, 화학자, 디자이너들은 중국 공장에서 생산하는 컴퓨터와 MP3, 디지털 비디오 리코더에 쓰일 최신 필터를 디자인한다. 중국에서 생산하면서 가격 인하가 가능해졌기에 디스크드라이브의 수요가 유지되고 있다. "이런 추세를 따르지 않으면 우리 사업은 끝장났을 겁니다"라고 도널드슨의 디스크드라이브와 소형 전자제품 생산부를 총괄 관리하는 데이비드 팀David Timm이 말했다. 글로벌 인사이트Global Insight는 외국에 아웃소싱을 함으로써 2003년에만 미네소타에서 1854개의 일자리가 생겼다고 추정한다. 이러한 추세라면 2008년에는 미네소타에서 6700여 개의 새로운 일자리가 생길 것으로 예상한다.

경제학자들은 중국과 인도의 세계경제 진출을 미국 횡단철도가 뉴멕시코와 더 인구가 많은 캘리포니아를 연결한 순간에 비유하기도 한다.

"철도가 도시와 연결되면 먼저 눈에 보이는 것은 과잉생산력입니다"라고 위프로의 사장 비벡 폴이 말했다. "아마도 뉴멕시코 주에 살던 사람들은 캘리포니아 사람들이 철로 주변에 있는 자신들의 공장을 모두 쓸어버릴 거라고 말했을 겁니다. 실제로 일부 지역에서는 그런 일이 일어날 것이고, 몇몇 기업은 도산하겠지요. 그러나 그런 후에 자본은 재분배될 것입니다. 끝내는 철로를 따라 있는 모든 사람이 혜택을 받을 것입니다. 물론 두려움이 있지만, 그런 불안감은 좋은 것이기도 합니다. 변해야겠다는 의욕을 불러일으키고 개선을 위해 더 많은 것을 생각하고 방법을 찾을 것이기 때문입니다."

뉴욕과 뉴멕시코, 캘리포니아가 연결됐을 때 그런 일들이 일어났다. 서유럽과 미국, 일본을 연결했을 때에도 그런 일들이 일어났다. 인도와 중국을 미국과 유럽 및 일본과 연결할 때도 그렇게 될 것이다. 성공하는 길은 철도가 당신과 연결되는 것을 막는 게 아니다. 바로 당신의 상상력에 불을 지피고 당신의 기술을 향상시키며, 당신과 당신이 속한 사회가 더욱 커지고 더 복잡해진 파이에서 바람직한 한 조각을 얻을 수 있는 그런 관행과 규칙, 규정 그리고 교육기관을 받아들이는 데 있다.

6장

대체 불가능한 사람들

:

새로운 중간 계층의 발견

세계가 평평해지는 것을 절대 막지 못하는 것은 아닐지라도 어찌할 수 없이 진행되는 일이라면, 그리고 세계의 평평화가 과거에 겪었던 시장의 진화가 그 랬던 것처럼 전반적으로 미국 사회에 이익을 가져다줄 가능성이 있다면, 우리 개인은 어떻게 해서 이런 변화를 최대한 활용할 수 있을까? 우리는 자라나는 아이들에게 뭐라고 말해야 할까?

내가 할 수 있는 간단한 대답은 이렇다. 평평한 세계에서는 좋은 일자리를 잡을 수 있는 적절한 지식과 기술, 아이디어를 갖고 스스로 동기부여를 하는 사람들에게 좋은 일자리는 넘쳐날 것이다. 그렇다고 해서 새로운 도전에 사탕 발림하지는 않을 것이다. 오늘날 미국의 청년들은 자신들이 중국이나 인도, 브라질의 모든 청년과 경쟁하고 있다고 생각할 만큼 현명하다. 세계화 1.0시대에 국가들은 번영과 최소한의 생존을 위해 세계적 차원의 사고방식을 가져야만 했다. 세계화 2.0시대에는 기업들이 번영과 최소한의 생존을 위해 세계적 차원의 사고방식을 가져야만 했다. 세계화 3.0시대에 와서는 번영과 최소한의 생존을 위해 세계적 차원의 사고방식을 가져야 하는 주체가 바로 개인이다. 이 세계화 3.0시대에는 새로운 수준의 전문적인 기술뿐만 아니라 어느 정도의 정신적 유연성, 자발적인 욕구 그리고 심리적 이동성 등도 함께 요구된다. 나는 미국인들이 이 세계에서 번영을 누릴 수 있을 거라 굳게 믿고 있다. 하지만 과거 50년 동안에 그랬던 것처럼 그렇게 쉽지만은 않을 것이라는 점도 확신한다. 우리 삶의 수준을 꾸준히 향상하려면 우리 각자 한 개인으로서 좀 더 열심히 일하고 좀 더 빨리 뛰지 않으면 안 된다.

위프로의 사장 비백 폴은 "세계화는 이제 기업의 세계화에서 개인의 세계화로 변했습니다"라고 말했다. "오늘날 대부분의 직업에서 일하는 사람들은 자신이 일하는 부문이 어떻게 세계적으로 통합되어가는지 감지할 수 있으리라고 생각합니다. 인도에 있는 누군가와 함께 일하고, 중국에 있는 누군가로부터 물건을 구매하며, 영국에 있는 누군가에게 상품을 판매하게 되지요. 업무의 이동이 가능해진 결과 개개인의 입장에서 엄청난 인식의 변화가 초래되었습니다. 개인들은 자신이 맡은 일이 누군가의 세계적인 공급망에 맞춰져야 할 뿐만 아니라, 각 개인이 경쟁의 방법을 이해하고 적절한 속도로 업무를 처리하는 일련의 기술을 가지고 있어야 한다고 말하게 되었지요. 그리고 전 세계 누구와 경쟁하더라도 그들만큼 하거나 더 잘해야 한다는 것을 깨닫게 된 것이죠." 오늘날 개인들은 자신들의 발전에 대한 책임감을 과거 그 어느 때보다 깊이 인식한다. 수많은 글로벌기업에서 이제는 스스로 창조해낸 가치와 개인이 기여할 수 있는 독특한 기술로 매일매일 직무의 정당성을 확보해야 한다. 만약 그렇게 하지 못하면 당신의 일자리는 어느 때보다 더 멀리, 더 빨리 날아가 버리고 말 것이다.

요약하자면, 직장에서 평범하다는 게 결코 좋다고 할 수는 없었지만 장벽으로 막힌 세계에서는 평범해도 웬만큼 급여를 받을 수 있었다. 그럭저럭 지낼 수 있었던 것이다. 그러나 평평한 세계에서는 절대로 평범해선 안 되고 자기 일에 대한 열정이 부족해서도 안 된다. 누구도 『세일즈맨의 죽음』에 등장하는 윌리 로먼의 처지가 되고 싶지는 않을 것이다. 윌리 로먼의 아들 비프는 "아버지! 나는 지극히 평범한 사람이고 아버지도 그래요!"라고 소리치며 자신의 가족은 특별하다는 아버지의 생각을 날려버린다. 화가 난 윌리 로먼은 "나는 어중이떠중이가 아니야! 나는 윌리 로먼이고 너는 비프 로먼이야!"라고 반박한다.

내 딸들과 이런 대화를 나눈다 해도 특별히 개의치는 않을 것이다. 이 평평한 세계에서 내가 딸들에게 주는 충고는 매우 짧고 재미없는 말이 될 수밖에 없다. "얘들아, 내가 어렸을 때 할아버지와 할머니께서 나에게 '밥을 남기지 말고 먹어라. 지금 중국이나 인도에는 사람들이 굶주리고 있단다'라고 말씀하셨지. 하지만 지금 너희에게 해줄 내 충고는 이렇다. '얘들아, 숙제는 끝내라. 중국과 인도에는 네 일자리에 굶주린 사람들이 많단다.'"

평평한 세계에서는 중국인과 인도인들이 미국인들의 일자리를 가져가는 것이 가능하다. 평평한 세계에서는 미국인을 위한 일자리 같은 것은 존재하지 않기 때문이다. 거기에는 그저 일자리가 있을 뿐이며, 과거 어느 때보다도 어디에 살고 있든 상관없이 가장 뛰어나고, 가장 똑똑하고, 가장 생산적이거나 가장 저렴한 노동자에게 일자리는 돌아갈 것이다.

새로운 중간 계층

평평한 세계에서 번영을 누리고자 한다면 단지 주어진 숙제를 끝내는 것 이상의 무언가가 더 필요하다. 그리고 제대로 된 숙제를 해야만 할 것이다. 평평한 세계에 가장 훌륭하게 적응하는 기업들은 평평한 세계의 플랫폼을 활용하기 위해서 그리고 다른 기업들과 경쟁하기 위해서 전체적인 업무 모델과 업무의 수행방법까지 변화시키고 있다. 이것은 학생들이 무엇을 배우는가, 그리고 교육자는 어떻게 가르칠 것인가에 대해서 근본적으로 방향 전환을 해야 할 필요가 있다는 것을 의미한다. 기업들이 과거 50년간, 둥근 세상에서 사용했던 것과 같은 모델을 여전히 사용할 수는 없다. 이와 같은 일련의 쟁점들이 바로 내가 이 장과 다음 장에서 다루고자 하는 내용이다. 오늘날 성공적인 기업과 기업가들은 어떤 종류의 중간 계층 일자리를 창출하고 있는가? 또 중간 계층의 일자리를 차지하기 위해 노동자들은 어떤 준비를 해야 하고, 교육자들은 그들을 어떻게 도와줄 것인가?

처음부터 시작해보자. 평평한 세계에서 한 개인이 번영을 누리는 데 필요한 필수요소는 각자 자기 자신을 대체 불가능한 사람들, '언터처블untouchable'로 만들 방법을 강구해두는 것이다. 세상이 평평해진 시대에는 카스트제도의 상하가 뒤집힌다. 인도에서 언터처블, 즉 불가촉천민untouchables(네 계급으로 나누어진 카스트 체제에도 속하지 않는 하층민)은 가장 낮은 사회계급이지만 평평한 세계에서는 모두가 대체 불가능한 사람이 되어야 한다. 내 사전에서 '대체 불가능한 사람들'은 그의 일을 아웃소싱 할 수 없고 디지털화할 수도 없으며 자동화할 수도 없는 사람들이다. 기억해야 할 것은, 증권 애널리스트 데이비드 로스코프가 지적했듯이, 대부분의 일자리는 인도나 중국으로 아웃소싱되었기 때문이 아니라 '과거로 아웃소싱'되었기 때문에 사라졌다. 다시 말해 수많은 업무가 디지털화, 자동화되었다는 이야기이다. 과거 《뉴욕 타임스》의 워싱턴 지국에는 전화 상담안내인이 있었다. 지금은 그 자리에 미리 녹음된 인사말과 자동응답기가 놓였다. 상담안내인이라는 일자리는 인도로 넘어간 것이 아니라 과거로 또는 마이크로칩으로 넘어간 것이다. 세계가 평평해질수록 가능한 것은 무엇이든 점점 더 디지털화, 자동화 그리고 아웃소싱될 것이다. 인포시스의 최고경영자 난단 닐레카니가 즐겨 말하듯이, 평평한 세계에는 "대체 가능한 일과 대체 불가능한 일"이 있다. 손쉽게 디지털화, 자동화할 수 있거나 국외로 이전 가능한 일은 대체 가능한 것이다. 평평한 세계의 가장 뚜렷한 특징 중 하나는 얼마나 많은 일자리가 대체 가능한 일자리로 바뀌느냐다. 이는 단지 제조업과 같은 블루칼라 일자리뿐만 아니라 화이트칼라의 서비스직 일자리도 포함한다. 그 어느 때보다 서비스 분야에서 일하는 사람들이 점점 더 많아지고 있으니 평평한 세계의 영향을 받을 사람들도 점점 더 많아질 것이다.

환상을 갖지는 마라. 프린스턴 대학교의 저명한 경제학자인 앨런 블라인더 Alan Blinder는 그의 뛰어난 논문 「오프쇼어링의 공포Fear of Offshoring」에서 우리는 교환 가능한 것이 점점 더 늘어나는 세계에 살고 있다고 주장하고 있다. 그는 다음과 같이 설명한다.

어느 시점에서건 당시의 활용 가능한 기술, 특히 운송과 통신 기술로 어떤 재화나 서비스가 국제적으로 쉽게 거래 가능한지 또는 어렵거나 불가능한지가 대체로 결정되었다. 이런 현실을 단순화해 경제이론가들은 세상의 모든 재화나 서비스를 '무역거래 가능' 또는 '무역거래 불가능'이란 두 개 유형으로 규정했다. 닐레카니는 이 개념을 대체 가능한 일과 대체 불가능한 일로 구분했다. 전통적으로 대체로 공장에서 생산되어 상자에 넣어 선적할 수 있는 물품은 무역거래 가능한 것으로 간주하고, 서비스와 같이 상자에 넣을 수 없거나 너무 무거워 선적할 수 없는 시멘트와 같은 물품은 무역거래가 불가능한 것으로 간주했다. 그러나 이러한 개념은 이제 과거의 흔적에 불과하다.

기술은 끊임없이 향상되고 운송수단은 시간이 지날수록 보다 쉽고 저렴해지므로 무력거래 가능과 무역거래 불가능의 경계 또한 끊임없이 변화하고 있다. (…) 시간이 지나면서 점점 더 많은 것들의 무역거래가 가능해진다. 특히 물건을 포장하는 상자는 더 이상 우리가 알고 있는 과거의 상자가 아니다. 상자에 넣을 수 있으면 무역거래를 할 수 있다는 과거의 잣대는 안타깝게도 오늘날 구시대의 유물이 되고 말았다. (…) 디지털화된 정보의 패킷이 상자가 했던 구실을 하고 다양한 서비스의 무역거래가 가능해졌으며, 앞으로 더 많은 서비스의 거래가 가능해질 것이 분명하기 때문이다.

내가 다소 거침없는 예측을 해본다면 미래에는, 어느 정도는 이미 현재에도, 국제무역의 핵심 기준은 상자에 넣을 수 있느냐 없느냐 하는 문제가 아니다. 그 대신 먼 곳까지 품질의 저하 없이 전자적인 형태로 전달할 수 있는 서비스인가 아닌가 하는 것이 구분의 기준이 될 것이다. 다양한 서비스의 무역거래가 가능해진 것은 사람들이 말하듯 새롭고도 새로운 것이다. 그리고 전자적인 형태로 전달할 수 있는 서비스의 영역이 점점 더 커질 것이라는 데에는 의심의 여지가 거의 없다.

– 프린스턴 대학교 경제정책연구 조사보고서 No. 119, 2005년 12월호

세계경제 흐름의 방향이 그러하다면 '대체 불가능한 사람'은 누구겠는가? 어떤 직업이 쉽게 자동화와 디지털화, 아웃소싱이 되지 않거나 대체할 가능성

이 낮은 일자리겠는가? 나는 평평한 세계의 대체 불가능한 사람들은 크게 세 가지 범주로 나누어질 것이라 본다.

첫 번째 범주의 사람들은 정말 '특수하거나 전문화'되어 있다. 마이클 조던Michael Jordan이나 마돈나Modonna, 엘튼 존Elton John, 조앤 K. 롤링Joanne K. Rowling, 뇌수술 전문의, 미국 국립보건원National Institutes of Health, NIH의 암 연구원과 같은 사람들이 여기에 해당할 것이다. 이런 사람들은 아주 특수하거나 고도로 전문화된 방식으로 자기 일을 수행하므로 이들이 하는 일은 결코 아웃소싱될 수 없고, 자동화 또는 전자적인 무역거래도 불가능하다. 이런 사람들은 대체 불가능하다. 전 세계가 그들의 재화나 서비스를 위한 시장이며 세계적인 임금수준에 걸맞은 급여를 요구하는 게 가능하다.

두 번째는 '지역화한' 또는 '터를 잡은' 사람들이다. 이 범주에는 아주 많은 사람이 포함된다. 그들이 대체 불가능한 이유는 그들이 하는 일이 특정 지역에서 수행되기 때문이다. 특정 지역에 관한 지식이 필요한 일이거나 아니면 고객이나 의뢰인, 환자, 동료 또는 청중과의 개인적인 접촉 또는 상호작용이 요구되는 일이기 때문이다. 이런 사람들은 이미 터를 잡고 있기 때문에 대체 불가능하다. 바로 내 단골 이발사, 단골식당의 웨이트리스, 요리사, 배관공, 간호사, 치과 의사, 식당무대의 가수, 안마사, 소매점의 점원, 수리공, 전기기술자, 보모, 정원사, 청소부, 이혼 전문 변호사와 같은 직업을 가진 사람들이다. 이들의 일자리는 이혼 전문 변호사나 치과 의사처럼 상위의 직업일 수도 있고, 배관공이나 목수처럼 직업교육을 통해야 하는 직업일 수도 있으며, 환경미화원이나 가정부처럼 하위에 속하는 직종일 수도 있다는 것에 주목해야 한다. 복잡하고 정교한 정도에 상관없이 이들의 임금은 수요와 공급이라는 시장의 힘으로 결정될 것이다.

이제 세 번째 범주의 사람들인데 과거의 수많은 중간 계층 일자리가 이에 포함된다. 조립 공정 생산직에서 데이터 입력, 주식 등 증권 분석 및 특정 형태의 회계와 방사선 의학에 이르는 일자리를 망라한다. 한때 대체하거나 무역거래가 불가능하다고 간주했지만, 오늘날 열 가지 평평화 동력 덕분에 상당 부분

346

대체할 수 있고 무역거래도 가능해지고 있다. 이들을 '과거의 중간 계층' 일자리라 부르기로 하자. 세 번째 범주에 속한 많은 사람이 세계의 평평화로 압박을 받고 있다. 난단 닐레카니는 이렇게 말한다. "미국이 안고 있는 문제점은 중간 계층에 있습니다. 왜냐하면 외상 장부를 관리하는 직원이 될 거라고 자신할 수 있는 시절은 이미 지났기 때문이죠. 과거 중간 계층이 있던 위치에 수많은 중산층 사람들이 있습니다. (…) 이들 중산층 사람들은 아직 미래사회의 경쟁적 긴장감을 파악하지 못하고 있습니다. 그들이 끝내 파악하지 못한다면, 자신들의 기술 재교육에 투자하지 못할 것이며 많은 사람이 섬에서 발이 묶인 것처럼 오도 가도 못하는 지경이 될 겁니다."

하지만 어떤 이들은 눈치챘을 것이다. 자신들과 일하는 회사가 이전보다 더 생산성이 높아졌을지라도 기계와 인도의 노동자에게 일자리를 뺏길 수 있다는 위협을 느끼며 급여가 정체된 것을 감지하는 것이다.

이것이 실생활에서 어떻게 작용하는가? 《파이낸셜 타임스》는 2006년 11월 2일 자에서 다음과 같이 설명하고 있다.

잭 드레이크는 최근 몇 년 동안 미국 경제가 얼마나 강했는지 대다수의 미국인보다 더 잘 이해한다. 그는 애틀랜타 시에 있는 미디어 회사에서 애널리스트와 투자가들에게 전달하기 위해 상장회사들이 주재하는 전화회의 내용을 기록하는 일에 관련된 직업을 갖고 있다. '거의 매일 최고경영자들이 자신들의 회사가 얼마나 성과가 좋은지 설명하는 걸 듣고 있습니다'라고 말한다. 그렇지만 42세의 드레이크는 자신이 기록을 도와주는 기업의 이익이 급증하는 것과 역동적인 경제성장은 자신의 경제적인 상황에 전혀 반영되지 않는다고 불평한다. 그의 연봉은 4만 7000달러에서 5년간 거의 변동이 없었다. '의료보험료는 올라가고, 유류비도 상승하는데 내 수입은 여전히 제자리에 있습니다.' 드레이크 씨는 급여가 정체된, 기계화와 세계화 때문에 그렇다고 비난하는 수백만 명의 교육받은 중산층의 한 사람이다. '내 업무에는 수많은 전문적인 지식과 업계의 전문특수용어들이 관련되어 있기 때문에 내 일이 아웃소싱되기는 어려울 겁니다. 그러나 아웃소싱의 가능성이 급여를 낮은 수준으로 유지하는 데 무언의 위협이 되고 있지요'라고 그는 말한다.

어떻게 해야 할까? 우리가 할 수 있는 한 가지는 전체적인 그림을 그려보는 것이다. 선진국의 화이트칼라 근로자들의 평균 급여가 정체된 것은 사실이다. 그러나 그들의 급여를 쥐어짜는 바로 그 세계화 덕분에 물가가 낮아져서, 정체된 급여수준으로 훨씬 더 많은 것을 구매할 수 있는 것 또한 사실이다. 약 1조 달러의 매우 낮은 이자율로 발행된 미국채와 미국 달러를 중국이 보유함으로써 미국의 이자율이 낮게 유지되고, 많은 미국인이 엄청나게 싼 이자로 주택 담보대출을 얻어 집을 살 수 있게 되었다. 세계화 덕분에 많은 미국인이 평면 TV, 휴대전화, 컴퓨터, 신발, 의복, 자동차 등을 더 싼 값에 구매하는 것도 가능해졌다. 급여만 세계화의 영향을 받은 것이 아니라 물가도 역시 영향을 받고 있다.

이미 언급했듯이, 세계적인 통합을 계속 진전시킬 수 있을지는 근로자들이 세계화와 자유무역을 우리 전반적인 삶에 긍정적인 영향을 미치는 것으로 느끼는지에 달려있다. 단순히 DVD를 값싸게 살 수 있다는 것뿐만 아니라 중산층 부모들이 과거에 가족들을 위해 해줄 수 있었던 정도의 자녀 교육과 의료 보험 가입이 가능해야 한다. 중산층의 급여는 동결되고, 직업의 불안정성은 높아지면서, 경영자들의 급여는 거꾸로 급증하는 것은 나쁜 조합이다. 비교우위에 대한 리카르도의 강의도 이런 궁지에 몰린 사람들의 마음을 풀어줄 수 없다. 역사적으로 보통 미국인들은 자신들도 부자가 되고 사는 게 더 나아질 기회가 공정하다고 느끼는 한 부자들에게 분노한 적이 없다. 따라서 너무 많은 사람이 소외감을 느끼면, 미국이 자랑하는 정치적인 안정마저도 뒤흔들릴 것이다.

과거에 미국의 경제구조는 중간 부분이 불룩한 종 모양의 곡선 형태를 보였다. 불룩한 중간 계층의 일자리들은 그간 경제적 안정뿐만 아니라 정치적 안정의 기초였다. 민주주의는 넓고 깊은 중간 계층 없이는 안정될 수 없는 체제다.

우리에겐 종 모양의 경제구조에서, 상위 계층이 커지고 하위 계층은 그보다 더 커지지만 중산층은 거의 없는 역기 모양의 경제구조로 옮겨갈 여유가 없다. 그것은 경제적인 불평등과 정치적인 불안정을 뜻한다. 클린턴 행정부에서 국가경제 자문가로 일했던 진 스펄링Gene Sperling은 "우리는 함께 성장하지 않으면, 틈이 벌어져 서로 분열한다"고 단호히 주장한다.

자, 다시 물어보겠다. 어떻게 하면 될까? 분명한 것은 우리의 과세제도를 공정하게 유지해야 할 필요가 있다는 사실이지만, 그 부분은 다른 사람들이 정리하도록 놔두겠다. 내겐 무역 장벽을 세우는 것이 답이 아니라는 점은 명백하다. 미국 경제를 특별하게 했던 바로 그 개방성과 유연성의 숨통을 끊어놓을 수는 없다. 더 많은 미국인 노동자들이 그런 개방성에 참여하고 이익을 얻으며, 풍요로운 중산층의 일부로 남거나 상위 계층으로 이동할 수 있도록 해야 한다. 급속한 기술 변화에 적응하고, 국제적인 경쟁에 대응하며, 새로운 중간 계층의 일자리를 요구하는 숙련되고 교육받은 근로자들의 수요와 그들에 대한 보상은 오늘날 그 어느 때보다 크다. 2007년 2월 9일 자 《비즈니스위크》에서 다음과 같이 말했다. "1979년 대학 졸업자들의 중간 급여는 고등학교 졸업생보다 38%가 높았다. 작년에 그 차이는 75%로 늘어났다."

따라서 나의 관점에서 우리가 해야 하는 가장 중요한 일은 아웃소싱과 자동화 및 기술 변화 때문에 발생하는 급여의 하향 압력에 덜 취약한 새로운 일자리와 그런 직업들이 요구하는 특정한 교육과 기술을 찾는 일이다. 그럼으로써 더 많은 근로자가 새로운 일자리의 혜택을 누릴 수 있을 것이다. 미국 내에서는 새로운 중간 계층 일자리가 끊임없이 생겨나고 있다. 세계의 평평화에도 불구하고 대규모 실업사태가 발생하지 않는 이유도 여기에 있다. 그러나 이와 같은 중간 계층의 일자리를 지키기 위해서는 평평한 세계에 적합한 특정 기술이 필요하다. 그런 기술은 일시적으로나마 당신을 특별하거나 전문화된 사람 또는 터를 잡은 사람 그리고 대체 불가능한 사람으로 만들어주며, 그에 더해 급여가 인상될 수도 있기 때문이다.

새로운 중간 계층 사람들

그런 일자리와 기술을 알아내기 위해 나는 반대 방향으로 작업을 시작했다. 평평한 세계에서 성공을 거둔 미국 내 기업들을 찾아다니며 다음과 같은 단순한 질문을 던져보았다. "이 회사에는 중간 계층의 일자리가 상당히 많군요. 여기서 일하는 사람들은 누구이며 그들은 어떤 일을 합니까?" 질문에 뒤따라온 대답은 대부분 새로운 중간 계층 일자리가 포함되거나 혹은 그로부터 파생될 법한 일자리, 그리고 그에 필수적인 일련의 기술이었다. 달리 표현하면 평평한 세계에서는 '구인광고'가 어떤 사람들을 찾을지 여기 답이 있다.

뛰어난 협력자와 조정자들

새로운 중간 계층 일자리에는 다른 사람들과의 협력이나 내부적으로 혹은 회사 간에 협력을 조정하는 일이 분명히 포함될 것이다. 특히 전 세계의 다양한 인력을 고용하는 회사는 더욱 그럴 것이다. 점점 더 많은 기업이 애초부터 세계적 공급망을 갖춘 세계적 기업으로 창업하는 만큼, 새로운 중간 계층의 핵심적인 일자리는 하루 24시간, 일주일에 7일 그리고 세계 7개 대륙에서 일하는(24/7/7) 전 세계 공급망 내에서 작업을 수행하고 그들을 조정하고 조율할 수 있는 관리자의 업무일 것이다.

2005년 여름, 내 딸 오를리와 함께 인도의 벵갈루루를 방문했을 때 나는 처음 이것을 깨달았다. 그때 오를리는 벵갈루루 교외의 한 학교에서 자원봉사 교사로 활동하게 되었다. 내가 인포시스에 있는 친구를 만나러 가던 어느 날 오를리도 동행했다. 인포시스 본사에 도착했을 때 회사의 홍보담당 여직원이 회사의 이곳저곳을 소개해주었다. 홀을 가로질러 걸어가면서 홍보담당 직원이 지나는 말로 내게 말했다. "우리 인턴사원들이 프리드먼 씨가 오늘 방문한다는 것을 듣고는 대화를 나눌 수 있는지 알고 싶어하더군요."

물론 인턴들과 만나 이야기하는 걸 나도 좋아한다고 말했다. 나는 인도의 청년들과 상호 교류의 기회를 갖는 걸 항상 좋아한다. 그런데 그 홍보담당자가 말했다. "아닙니다. 우리 미국인 인턴사원들이 원하는 겁니다."

"인포시스에 미국인 인턴사원이 있단 말입니까?"

분명히 있다고 홍보담당자가 말했다. 그해 여름, 100명의 인턴사원을 모집하는 자리에 인포시스는 무려 9000여 건에 달하는 지원서를 접수했는데 주로 북미를 비롯해 중국, 프랑스, 독일에서 보내왔다고 했다. 그런 인턴사원들 중 한 명이었던 캘리포니아 주 클레어몬트 대학교의 경영학도인 중국계 미국인 빅키 첸Vicki Chen에게 왜 벵갈루루에서 인턴직을 구하려 했는지 물었다. 빅키의 대답은 이랬다. "모든 사업이 인도로 집중되고 있는데 그 사업을 좇아가지 않을 이유가 없잖아요? 이곳이 오늘날 사업을 끌어들이는 힘의 중심이라면, 직접 현장을 경험해봐야 한다고 생각해요. 그러고 나면 저 자신의 가치도 높아지겠지요."

인포시스의 CEO인 닐레카니가 지적했듯이, 인포시스가 벵갈루루에 본사를 둔 세계 최대의 아웃소싱 기업 중 하나이긴 하지만 직원의 30%는 인도 외부의 세계 각지에서 일하고 있다. 그들은 각 분야의 최일선에서 새로운 비즈니스를 창출하고 새로운 소프트웨어를 실행하며 기존의 고객에게 서비스를 제공하고 있다. 닐레카니가 말했다. "앞으로 이 새로운 세계적 협력 모델의 최일선에 서게 될 수많은 일자리가 생겨날 것입니다. 당신이 대형 제약회사에서 근무하며, 이 거대 제약회사가 인도에서 더 많은 연구를 시작한다고 가정합시다. 워싱턴에 있는 FDA 관련 업무를 처리할 직원이 필요할 것이고, 지역시장을 담당할 직원도 필요하겠지요. 이런 세계적 업무처리에는 항상 현지에서 처리해야 하는 업무 단계가 있습니다." 이 같은 중간 계층의 새로운 일자리는 영업이나 마케팅, 관리, 경영 분야에서 양산될 것이다. 하지만 이러한 일자리에는 뛰어난 수평적 협력자로서의 능력과 글로벌기업(보스턴이 아닌 베이징이나 벵갈루루와 같은 지역에 본사를 둔 기업)에 대한 적응력, 그리고 기업이 제공하는 서비스를 지역 시장에 맞춰(지역시장이 세계 어디가 되었든) 전환할 수 있는 능력 등이 요구된다. 다면적이고 다문화적인 직장에서 일하며, 직장 간에 쉽게 업무 이동을 하고 서로 자극을 주며 관리할 수 있는 능력이 있어야 한다는 뜻이다.

직업 세계에서 훌륭한 대인관계 기술은 항상 유용한 자산이었지만, 평평한 세계에서는 그 중요성이 더욱 커질 것이다. 더욱 많은 제품이 세계적인 공급망 속에서 생산되며, 중간 계층의 새 일자리 상당수는 공급망을 보다 효과적으로 만드는 일과 관련이 있기 때문이다. "세계화된 네트워크가 점점 더 복잡해질수록 점점 더 많은 기업이 세부사항과 호환성, 조사와 디자인, 글로벌 마케팅, 공급망, 데이터의 공유와 저장 그리고 보안 등과 관련된 문제 전반에 대한 협력과 관리가 필요할 것입니다"라고 카를로타 페레즈Carlota Perez가 말했다. 그녀는 베네수엘라 출신으로 기술과 사회경제 발전 분야 전문가이며 대규모의 기술경제학적 패러다임의 이동을 세밀하게 추적한 연구로 유명하다.

훌륭한 협력자 또는 팀 리더가 되면 또 다른 이유로 새로운 중간 계층의 일자리를 얻게 될 것이다. 실리콘밸리의 벤처투자 자본가인 존 도어가 말했다. "사실 우리는 사업 아이디어가 떨어지는 법이 없습니다. 우리에게 부족한 것은 그런 아이디어를 실행할 사람들입니다. 모든 사람이 실리콘밸리의 차고에서 외로이 일하는 창업가 이미지를 갖고 있습니다만, 실상은 경쟁에서 이기고 새로운 아이디어를 상품화하는 데는 함께할 팀 동료가 필요합니다." 상품과 서비스가 더 복잡할수록, 더 큰 규모의 팀이 필요하다. 그것은 "주변 사람과 일을 잘할 수 있는 사람들이 필요하고, 더욱 중요하게는 사람들과 대화하고 설명하며 분발시킬 수 있는 팀 리더가 필요하다는 뜻"이라고 그는 덧붙였다. 사람들은 벤처투자 자본가가 하는 가장 중요한 일은 신생 기업에 자금을 대는 수표를 쓰는 일이 아니라는 걸 인식하지 못한다. 벤처투자 자본가의 가장 중요한 일은 신생 기업을 분발시키며 이끌어갈 관리능력을 갖춘 적임자를 찾아내서 그 회사들을 다음 단계로 성장시키는 것이라고 존 도어는 지적한다.

뛰어난 통합가들

우리가 지식과 혁신의 경계를 더욱 확장할수록 엄청난 가치를 지니는 다음 단계의 비약적 발전이 이루어질 것이다. 바로 차세대 인기 제품과 서비스들은 점점 더 어울릴 것 같지 않은 이질적 요소들을 결합할 것이다. 예컨대 검색엔진 최적화는 수학자와 마케팅 전문가를 결합했다. 생명과학 분야에서는 인간 게놈genome 지도를 완성할 수 있는 컴퓨터 엔지니어와 그 지식을 생명을 구하는 약품으로 전환시키는 제약 회사의 공동 작업으로 차세대의 획기적인 발전이 이루어질 것이다. 바로 이런 결합을 통해 새로운 일자리가 출현한다.

이 장을 쓰고 있는 지금, 가장 잘 나간다는 새로운 비즈니스는 '매시업mash-ups'이라 불리는 기술과 관련이 있다. 매시업은 각기 다른 두 개의 웹 기반 도구를 말 그대로 혼합·결합하는 기술이다. 예를 들어, 지역 부동산업자들이 벼룩시장과 구글닷컴을 결합할 수 있다. 이를 통해 특정 지역에서 집을 매매하거나 월세를 구하려는 모든 사람의 온라인 디렉토리와 구글지도를 결합해 매물로 나온 모든 주택과 임대 가능한 아파트의 위치를 정확하게 표시하는 부동산 지도를 순식간에 작성할 수 있다. 그리고 이 지도는 거의 매초 실시간으로 업데이트된다.

벵갈루루에 있을 때 인포시스의 최고운영책임자인 S. 크리스 고팔라크리슈난S. Kris Gopalakrishnan이 하루는 내게 "예술가와 임상 엔지니어를 결합할 수 있습니까?"라고 묻고, 다음과 같이 말했다. "합성을 통해 가치가 창출된다면 그것을 통합·합성하는 통합자가 필요할 것입니다. 문제점이나 도전과제에 대한 일반적인 접근법은 관리 가능한 크기로 또는 더 작게 나누는 것이었지만 오늘날에는 이질적인 부분을 서로 합성해서 가치를 창출하려고 합니다. 과거 IBM에서는 반도체와 컴퓨터, 소프트웨어 등 모든 제품을 완전히 수직적으로 자체 생산했습니다. 그러나 델을 살펴보면, 디자인과 제작에 직접 관여하는 부분이 많지 않습니다. 델은 모든 부품을 외부 업체에서 가져다가 고객의 눈앞에서 그 부품들을 결합해 완제품을 만듭니다. 델의 가치는 다른 어떤 기업보다 결합 능력이 뛰어난 점에 있습니다. 소비자의 요구에 부응해 모든 부품을 결합할 수 있는 능력이 바로 핵심이죠. (…) 따라서 한 조직 내에는 여기저기에 흩어진 사람도 필요하고, 그런 사람을 연결할 수 있는 거시적인 안목을 가진 사람도 필요하다는 얘기입니다. 지금 인도와 인포시스에서 일어나고 있는 변화는 다름 아닌 우리가 고객을 위한 합성 창출 역량을 강화하는 방향으로 나아가고 있다는 것입니다. 우리는 산업의 흐름을 이해하고 유행을 예측하며, 융합된 해결책을 도출해내고 있습니다."

EDSElectronic Data Systems에서 미래학자로 일하고 있는 제프 웨커Jeff Wacker가 쓴 사내 배포 메모에서 앞으로 15년에서 20년 후에 더 이상 존재하지 않을 일 자리는 무엇인지 예측했다. 그의 메모에 등장하는 첫 번째로 사라질 일자리는 CIO(최고정보경영자)였다. 그는 "CIO는 사라지지 않고 여전히 존재할 것이다. 단, CIOChief Information Officer는 최고통합전문가Chief Integration Officer, CIO로 대체 될 것이다. 정보기술은 사업의 모든 측면에서 완전하게, 그리고 깊숙이 자리 잡을 것이므로 IT 기업들은 기술에서 벗어나 업무프로세스를 통합하는 사업 으로 옮겨가게 될 것이다"라고 기술했다.

뛰어난 설명가들

이질적인 것을 융합하는 훌륭한 통합가들이 점점 더 많아질수록 관리자나 작가, 교사, 제작자, 기자, 편집자 등과 같이 복잡한 현상을 간단명료하게 설 명할 수 있는 뛰어난 설명가가 점점 더 많이 필요하다. 마르시아 로프리Marcia Loughry는 기업설계 전문가로 역시 EDS에서 일하고 있다. 그녀가 새로운 중간 계층의 전형적인 사례가 될 수 있는 이유를 설명하겠다. 그 이유 중 하나는 그 녀가 뛰어난 설명가가 되기 위한 교육을 받았다는 점이다. EDS의 본사를 방 문한 내게 그녀는 무언가에 대해 다른 사람에게 설명할 수 있는 능력은 자리 에 앉아서 자신이 직접 그 일을 수행하는 것보다 훨씬 더 중요하다고 설명했 다. "소프트웨어를 배포할 수 있는 사람은 수도 없이 많습니다. 누군가는 고객 앞에 나서서 설명해야 하죠. 이 소프트웨어가 고객을 위해 앞으로 무엇을 해 줄지, 어떻게 기존의 시스템과 맞물려 운영될지, 어떤 이득을 가져다줄지, 비 용은 얼마나 들지에 관해 설명해야 한다는 겁니다."

한번 생각해보라. 복잡한 상황을 잘 설명할 수 있다면 기회도 더 잘 포착할 수 있다. 실례로 어느 부분을 서로 합성해야 할지 볼 수 있을 것이다. 그와 동 시에 검색할 수 있고 접근할 수 있는 콘텐츠가 많아질수록 검색결과를 걸러주는 여과장치와 설명가의 중요성이 점점 더 커진다. 아마존닷컴의 가치는 책을 단순히 정가보다 30% 저렴하게 판매하는 데 있는 것이 아니라 사실 방대한 책의 바다에서 아주 신속하고도 손쉽게 읽고 싶은 책을 찾아낼 수 있게 도와준다는 데 있다.

53세의 하워드 프리먼Howard Freeman은 콜로라도 주 아스펜에서 주문제작 사진현상소인 슬라이드마스터포토이미징SlideMaster Photo-Imaging을 운영하고 있다. 우리가 만난 것은 아주 우연한 일이었는데, 프리먼은 내 스키 강사였다. 어느 날 스노매스 산 정상에서 점심을 먹으며 프리먼은 자신의 사업이 어떻게 시작되었는지 설명해주었고, 그의 이야기를 들은 나는 그가 이제 막 '뛰어난 설명가'의 한 사람으로 새로운 중산층에 합류하게 되었음을 설명해주었다.

1977년 처음 사업을 시작한 프리먼은 인테리어 전문 잡지인《아키텍처럴 다이제스트Architectural Digest》의 전문 사진작가나 실력 있는 아마추어 사진작가가 찍은 슬라이드를 가공, 복제, 확대하는 일을 전문으로 했다. 그러나 삼중융합과 디지털 사진의 등장으로 슬라이드나 필름을 쓰는 사용자의 수가 급격히 감소했다.

그렇게 사업의 영역이 점차 좁아지던 시기에 프리먼은 자신이 매일매일 고객을 상대하면서 디지털카메라의 사용법을 설명하거나 컴퓨터를 이용해 디지털 사진을 인화하고 수정하는 방법을 설명하는 데 더 많은 시간을 소비하고 있다는 사실을 깨달았다. 어떤 날은 오후 5시쯤에 녹초가 되어버렸지만 정작 자신이 해야 할 돈 되는 일은 제대로 한 것이 없음을 그제야 알게 되기도 했다. 고객이나 직원들에게 디지털 사진술과 사진 처리법의 세세한 면을 설명하느라 하루를 거의 다 보내고 있었다.

그러던 어느 날 그는 "어차피 하루의 절반을 디지털 사진술을 설명하는 데 보내고 있으니, 아예 사업으로 삼는 것도 괜찮겠다"고 생각했다. 2006년 초반에 프리먼은 자신의 현상소에 있던 슬라이드 확대용 대형 프린트 프로세서를 치워버리고, 그 자리에 컴퓨터(대부분 애플의 맥 컴퓨터) 열두 대와 디지털 프린터로 바꿔 넣었다. 프리먼과 직원들은 고객의 디지털 사진을 현상할 때뿐만 아니라 설명가로서 새로운 일을 할 때 컴퓨터를 사용하기 시작했다. 우선 잠재 고객들을 영업시간이나 그 이후에 현상소로 불러들여, 약간의 수강료를 받고 최신 컴퓨터 소프트웨어를 이용해서 디지털 사진을 세련되게 가공하고 수정 및 조작하는 법 등을 가르쳤다. 또한 컴퓨터를 갖춘 고객의 집이나 사무실로 직접 찾아가는 출장 강의를 통해 고객이 배운 것을 자신들의 컴퓨터에서 즉시 적용해볼 수 있도록 했다.

프리먼의 설명이 이어졌다. "과거에 우리는 필름을 판매하고 사진을 현상, 인화하는 일을 하며 무료로 조언을 해주었죠. 지금은 그렇게 조언을 해주고 대가를 받는 겁니다. 제품을 무료로 제공하지 않는 동시에 고객들이 작게나마 우리 사업의 일부가 된 거죠."

그러한 상황을 고려했을 때 프리먼은 직원에 대한 생각을 달리해야 했다. 사람을 상대하는 대인기술이 부족한 순수 사무실형 기술자는 그 수요가 덜 했다. 반면, 사람을 상대하는 일에 뛰어나고 디지털 사진에 대한 이해력에서 고객보다 한 걸음 정도 앞서 있는 사람은 점점 그 가치가 높아질 것이다. 왜냐 하면 그런 직원은 아주 훌륭한 설명가이기 때문이다.

뛰어난 지렛대 효과를 내는 사람들

정보기술의 아웃소싱을 처음 고안한 사람은 1992년 미국 대통령 선거에 출 마했던 텍사스 출신의 유창한 언변의 소유자, 로스 페로Ross Perot다. 페로는 1957년 해군을 제대한 후 IBM의 영업사원으로 일했다. 페로는 IBM에서 일하 면서 한 기업의 컴퓨터가 멈춰 있는 시간을 활용해 (그 당시는 컴퓨터가 그리 흔치 도 않았고 상당히 비쌌다) 다른 기업의 데이터를 처리해주는 사업방안이 독특한 사업기회가 된다는 점을 발견했다. 1962년에 IBM을 떠나 기업들을 상대로 그 같은 서비스를 제공하기 위해 EDS를 설립했으며, 미국 정부를 비롯해 여러 대 기업과 계약을 성사시켰다. 이러한 페로의 사업방식은 업무처리의 아웃소싱 으로 알려지게 되었고, 세계의 평평화가 진행되면서 텍사스에서 벵갈루루까 지 확대되기에 이르렀다. 페로가 1984년에 매각한 EDS는 여전히 업무처리 아웃소싱 업체로서 인도 및 전 세계의 여러 기업과 경쟁을 벌이고 있다.

나는 2005년 11월에 텍사스 주 플라노Plano에 있는 EDS의 본사를 방문했다. 회사는 잔디가 있고, 유리와 철골 구조물 건물들이 들어선 현대적인 느낌을 주는 곳이었다. 회사 중앙에는 시스템 관리센터System Management Center, SMC라 불리는 거대한 건물이 자리 잡고 있다. 방문객을 위한 관람실에는 홈시어터 스타일의 좌석이 마련되어 있었다. 방문객이 관람실에 들어서면 닫혀 있던 커튼이 열리면서 마치 달을 관측하는 NASA의 주조종실과도 같은 거대한 제어실이 눈앞에 펼쳐졌다. 벽면 크기의 거대한 스크린이 일곱 개나 있었고, 그 밑에는 그보다 작은 TV 스크린들이 있었다. 그 아래에는 또 각각 컴퓨터 스크린과 전화기가 놓여 있는 100개의 개별 제어장치가 마련돼 있었다. 오늘날에는 20여 명의 직원만이 제어장치 앞에 앉아 업무를 보고 있다. 10여 년 전 100명의 직원이 필요했던 일을 이제는 스무 명으로도 충분히 수행할 수 있기 때문이다. EDS가 임금 수준이 낮은 인도의 기업들과 경쟁할 수 있는 유일한 방법은 직원 한 사람이 더 값싸게 더 열심히 일하기보다는 더 똑똑하고 신속하게 업무를 수행하는 것이다. 개별 제어장치에서 일하는 스무 명가량의 직원들은 새로운 기술이 등장하자마자 아주 작은 부분을 지렛대로 활용해 효율을 극대화하는 레버리지 능력을 갖고 있다.

그 광경을 보던 나는 한 가지 의문이 들었다. 저기에 있는 스무 명가량의 직원들은 도대체 누구이며, 그들의 일은 어째서 자동화되거나 아웃소싱되지 않았는가? 내가 알아낸 것은 다음과 같다. 시스템 관리센터 건립 당시 100명의 직원은 교대근무를 했고 한순간도 화면에서 눈을 떼지 못했다. 고객의 데이터를 처리해야 하는 상황에서는 EDS 또는 고객사의 컴퓨터 시스템이 99.999%로 작동하는 것도 용납할 수 없었기 때문이다. 시스템은 항상 100%로 완벽하게 작동해야 하며, 그렇지 못하면 회사 전체의 업무 처리에 손상이 생겨 큰 문제가 생긴다. 이런 이유로 시스템 관리센터의 작업자들은 제어장치의 맡은 자리를 지켜야 하고, 매우 다양한 데이터를 처리하는 EDS의 컴퓨터들이 각각의 화면에 쏟아내는 정보들을 끊임없이 지켜봐야 했다. 지켜보는 정보 메시지가

1000건에 달할지라도 오류 메시지는 한 건도 놓쳐서는 안 된다. 단 한 건도 말이다.

시스템 관리센터에서 근무하는 직원 중에는 최종 학력이 대졸이 아닌 사람들도 있다. 심지어 컴퓨터 전문가가 아닌 사람도 있다. EDS는 작업자들이 화면을 지켜보다가 오류 메시지가 뜨면 경고 알람을 울리도록 기술훈련을 시켰다. 이 시스템 관리센터의 작업자가 갑자기 '서비스 불가'라는 메시지를 보고 고객사에서 전화가 걸려오면, 작업자로서 해야 할 일은 자기 앞에 놓인 네 개의 각기 다른 스크린에 표시되는 모든 정보 간의 상관관계를 파악해 문제의 원인을 찾아내는 것이다. 라우터의 문제인가? 아니면 서버가 문제인가? 서로 다른 작업자들은 다른 방식으로 문제에 대응하고 다른 답을 내놓기도 한다.

시간이 지나면서 EDS는 컴퓨팅 능력을 더욱더 활용해 문제의 근원을 자동으로 파악할 수 있게 되었다. 날 안내해주던 EDS 직원은 이렇게 설명했다. "지금은 한 사람이 네 개의 모니터를 돌아보며 원인을 파악하던 자리가 없어졌어요. 대신 화면이 '라우터에 문제 발생'과 같은 아주 간단한 메시지를 보여주지요." 어쩌면 당신은 아주 잘 된 일이라고 생각할지도 모른다. 이젠 이전보다 교육을 덜 받고도 그 스무 개의 일자리 중 하나를 차지할 수 있겠다고 생각할 수도 있다는 이야기이다. 하지만 사실은 그 반대이다. 그 자리는 EDS에서 가장 특수하고 전문화된 자리이며 기술을 잘 활용할 줄 알아야 하고 다른 사람들이 빈틈없이 더 신속하게 일할 수 있도록 이들 컴퓨터 프로그램을 정확하게 설계할 줄 아는 그런 사람들의 몫이다. 바로 그들이 언터처블, 대체 불가능한 사람들이다. EDS에서 창출되는 새로운 중간 계층의 일자리는, 적어도 지금 현재로서는 그와 같은 새로운 프로그램 다루는 법을 배운 사람들이 차지하고 있다. 그렇다면 그 자격 요건은 무엇인가?

현재 스무 대의 개별 제어장치 앞에 앉아 있는 직원들은 모두 컴퓨터 엔지니어들이며, 그 분야의 전문가들이다. EDS의 미래학자인 제프 웨커는 이렇게 말했다. "우리가 찾는 인재는 문제점을 찾아낼 뿐만 아니라 문제가 반복되지 않도록 완전한 해결책을 신속하게 강구할 수 있는 사람들입니다. 물고기를 잡을 줄 알아야 하고, 살코기만 발라낼 줄도 알아야 하며, 연못에 새끼 물고기를 다시 풀어놓아 기를 줄도 알아야 합니다. (…) 문제점을 보면, 그 문제가 멈추고 난 후에 시스템을 재설계해서 똑같은 문제가 두 번 다시 발생하지 않도록 해줄 사람을 찾고 있습니다. 그런 일은 문제가 생겼을 때 바로 사격자세를 취하는 카우보이식의 해결책으로는 안 됩니다." 대안으로 제시되는 해결책은 반드시 표준 프로토콜을 따라야 한다. 그래야만 문제점을 해결하고 더욱 나은 업무 처리 방식을 설계한 후에 EDS 시스템 전반에 적용되는 표준적인 실행 방식을 정립할 수 있고, 더 나아가 고객에게 판매할 수도 있기 때문이다.

웨커는 이렇게 덧붙였다. "우리는 지금 고객과의 접점이 어떤 방식으로 연결되어 있는가에 대해 더욱 명확한 지식을 가진 사람들을 원합니다. 고객과의 접점이란 단순히 우리의 컴퓨터와 고객의 컴퓨터가 연결되는 것을 말하는 게 아닙니다. 한 걸음 더 나아가 우리의 비즈니스와 고객의 비즈니스 그리고 그 고객의 고객이 수행하는 사업까지 연결되는 것을 의미합니다. 우리의 고객 중에 델의 공급망에 속한 업체를 고객으로 둔 회사가 있을 수 있습니다. 그럴 경우 우리는 델을 이해하고, 델이 고객 위주의 사업 목표를 어떤 식으로 성취하고 있는지에 대해 지식을 갖춘 인력이 필요한 것입니다." 예를 들면, EDS의 고객 중에는 캐나다의 목재회사가 있다. 보다 효율적인 업무 처리를 위해 이 목재회사는 컴퓨터 기술의 시스템을 도입할 필요가 있다. 그런 시스템을 통해 목재회사는 벌목하기 이전에 이미 목재를 펄프의 원료로 쓸지 아니면 목재로 사용할지, 어느 제재소에서 가공할지 또 어느 소매상으로 팔려나갈지, 심지어 벌목한 나무에서 생산할 수 있는 목재의 정확한 크기와 그 목재가 어떤 건물, 주택, 혹은 사무실의 건축자재로 사용될지조차 미리 파악할 수 있다. 만약 그 캐나다 목재회사가 건축가들이 설계하는 건물과 목재 중간 공급업자들이 구매하는 건축용 목재, 원목 가공업체들이 각 원목을 어떤 목재로 제재할지 등을 모두 빈틈없이 통합할 수 있도록 업무 처리를 EDS가 도와준다면, 사업에 관련된 모든 비용 및 운송료를 절감하고 낭비 요소를 제거해 모두의 수익성을 높일 것이다.

미국의 장기적인 경제성장과 기본적인 삶의 질은 오랫동안 기술 활용의 극대화에 의존했다. 이런 기술 활용은 값싼 외국의 노동력과 경쟁하는 방편으로 쓰였다. 미국인들은 항상 경쟁력 있는 가격으로 제품과 서비스를 생산하면서도 근로자들에게 꽤 괜찮은 급여를 지급할 수 있는 높은 생산성 달성에 초점을 맞춰왔다. 그런 성과를 달성하기 위해서는 컴퓨터 및 장거리 통신수단의 최고 기능과 최고 수준으로 훈련받은 노동력을 함께 결합해야만 했다. 기계와 인간을 하나로 묶은 전체가 더 생산력이 좋도록 최고의 신기술을 겸비한 노동력이 최고의 업무처리 방식을 연마하고 새로운 기량을 발휘할 수 있도록 쉼 없이 재통합해가야만 한다. 그러한 기술 발전과 그 활용의 고리를 유효하게 유지한다면, 그 흐름 안에는 수많은 새로운 중간 계층 일자리가 존재할 것이다.

뛰어난 적응력의 소유자들

기술 분야의 컨설팅 회사인 가트너 그룹Gartner Group은 IT 업계에서 한 분야에 정통한 전문가보다 적응력이 뛰어나고 여러 가지 능력을 두루 갖춘 사람을 찾는 추세로 바뀌는 현상을 설명하기 위해 '다재다능한 인물versatilists'이라는 새로운 용어를 만들었다. 테크리퍼블릭닷컴TechRepublic.com이 인용한 가트너의 연구자료를 보면, 직원들을 다재다능한 인재로 만들거나 이미 다양한 능력을 갖췄거나 그렇게 되려는 직원을 찾아내는 것은 "경력 개발 계획의 새로운 모토가 될 것"이라고 한다. 가트너 그룹의 연구자료는 다음과 같이 설명하고 있다.

스페셜리스트Specialists는 일반적으로 좁은 범위에 깊이 있는 기술을 보유함으로써 동료들 사이에서는 인정을 받지만, 직접적인 관련 영역 밖에서는 가치를 잘 인정받지 못하는 전문성을 갖고 있다. 반면에 제너럴리스트Generalists는 여러 분야에 능력이 있으나 보유한 기술의 깊이가 부족하다. 그 때문에 여러 가지 일에 합리적으로 신속하게 대응하기는 하지만, 파트너와 고객의 신뢰를 얻지 못하는 경우가 많다. 이들과 대조적으로 다재다능한 인물versatilists은 깊이가 있는 전문적인 기술을 점진적으로 폭넓은 범위의 경험과 상황에 적용해간다. 이로써 그들은 새로운 경쟁력을 확보하고, 관계를 구축하며 새로운 역할을 맡게 된다.

다재다능한 인물은 끊임없이 새로운 환경에 적응해가고, 지속적으로 학습하며 성장해가는 능력이 있다.

테크리퍼블릭닷컴은 지멘스비즈니스서비스Siemens Business Service의 교육훈련 책임자 조 산타나Joe Santana의 말을 다음과 같이 인용했다. "관리자들에게 주어진 예산은 늘어나지 않거나 심지어 더 줄어들고 부하직원의 수도 더 적어졌지만, 그들은 보유한 직원들을 최대한 활용해야 합니다. (⋯) 이제는 직원을 전문적인 특수 도구로 바라봐서는 안 됩니다. 직원들은 특수한 기능을 가진 도구가 아니라 무엇이든 할 수 있는 스위스 군용칼처럼 만능이 되어야 합니다. '스위스 군용칼' 같은 사람들이 다재다능한 사람입니다."

현실을 바라보면, 내 아이들은 내가 그랬던 것처럼 한 직장에서 25년간이나 근무할 가능성이 극히 낮다. 아이들은 마치 스위스 군용칼처럼 다양성을 갖춘 적응력이 있어야 한다. 클린턴 전 대통령의 경제 자문 위원이었으며 『진보하는 성장정책The Pro-Growth Progressive』의 저자이기도 한 진 스펄링 또한 아주 근사한 방법으로 이러한 추세를 표현했다. "현대 직장인들은 올림픽을 준비하는 운동선수와 같은 자세로 직업전선에 뛰어들어야 하는데 여기에는 단 한 가지 차이점이 있을 뿐입니다. 올림픽 출전을 위해 훈련하지만 어떤 종목에 출전하게 될지 모르는 운동선수와도 같은 준비태세를 갖춰야 합니다. 어떤 일이라도 수행할 수 있는 준비가 되어야 합니다."

이 모든 것이 진실이라면 내가 EDS의 본사에서 만난 기업설계 전문가 마르시아 로프리야말로 올림픽 금메달감의 적응력을 가진 직원이다. 그녀는 상황에 따라 잘 적응해가며 새로운 중간 계층으로 진입한 전형적인 인물, 즉 일자리를 집어삼키는 자동화와 아웃소싱의 기세보다 언제나 한 걸음씩 앞서 가 있는 그런 사람의 모습을 보여줬다.

"가끔 지금까지의 과정이 중간 계층으로 진입하기middling가 아니라 뒤죽박

죽muddling이었다는 느낌이 들기도 해요.” 48세의 온화한 성품을 가진 이 적응력의 소유자는 EDS에서 자신이 밟아온 놀라운 경력에 관해 이야기했다. “1978년에 입사했죠. 한때 회계사가 되고 싶은 꿈도 있었어요. 그래서 노스텍사스 대학교에 진학했고요. 하지만 빨리 독립하고 싶어 조바심이 나서 다니던 대학을 그만두고 기술을 가르치는 야간학교로 갔어요. 거기서 타자와 속기를 배웠어요. 그리고 EDS의 워드프로세싱 센터에 취직하게 된 거예요.” 그녀가 직장 일을 시작한 때는 PC가 없던 시절이었기에 단순히 워드프로세서로 영업보고서를 타이핑 하는 일을 했다. 여러 해 뒤에 PC가 보급되고 직원들의 책상에 컴퓨터가 놓이면서 영업사원들이 보고서를 직접 작성하게 되었다. 로프리는 타이핑 일자리와 작별하게 됐다.

“그 후로 메인프레임 컴퓨터와 개인용 PC를 이용해서 문서를 작성하는 일을 맡았다”고 그녀는 설명했다. “이전과 비교해서 약간은 전문화된 업무였죠. 컴퓨터를 이용한 자료 발간을 위해 문서를 준비하면서 문서의 내용을 양식에 맞추는 등의 일을 했습니다. 하지만 그것도 오래가진 못했어요. 소프트웨어는 점점 발전했고, 사람들이 스스로 그 정도 일은 할 수 있게 되었거든요.” 그렇게 두 번째 일자리와도 작별해야 했다.

그 후 로프리는 잠깐 EDS의 동료들에게 컴퓨터 문서작성법을 가르쳐주는 일로 생계를 유지했다. “나는 문서를 양식에 맞추는 과정을 자동화했고, 각자 자신의 문서를 손쉽게 작성할 수 있도록 해준 거죠.” 그 일을 계기로 로프리는 EDS의 콜센터와 고객지원부서에 근무하게 되었다. “콜센터에서 근무한 건 1년 남짓이었어요. 왜냐하면 우리가 지원하는 네트워크에 대해 좀 더 다양한 지식을 가졌다면 고객지원업무를 훨씬 더 잘해낼 수 있다는 사실을 깨달았기 때문이었어요”라고 회상했다. “그래서 어느 날 자리에서 벌떡 일어나 헤드폰을 벗어놓고는 시스템 관리센터의 상급관리자 중 한 사람인 샘 빌링Sam Billing을 찾아가서 ‘지금 당신이 하는 일은 어떻게 하면 배울 수 있죠? 좀 가르쳐 주세요’라고 부탁했습니다. 그리고 샘이 날 가르쳐줬지요. 자신이 하는 일을 내가 지켜볼 수 있게 해줬어요. 책상 밑에서 설명서 한 권을 꺼내더니 ‘여기에 있는 내용은 배울 필요가 있는 것들이다'라고 하더군요. 문제점을 해결하는 과정에서는 네트워크 도표를 보여주며 설명하곤 했습니다. '논리적으로 접근해봅시다. 이런 증상을 겪은 많은 사람이 콜센터의 당신에게 전화를 걸면, 무슨 문제가 있다는 겁니까? 도표의 점들을 연결해보세요.' 이런 식이었죠."

그러한 훈련 과정을 거치면서 로프리는 자기 자신을 포장해 홍보하고 한 개인으로서 EDS 내의 다른 개인들과 경쟁할 필요가 있다는 사실을 깨달았다. "기술지식을 가진 사람들은 부지기수인데 무엇으로 나 자신을 차별화하고, 다른 사람이 아닌 내가 새로운 일자리를 차지할 수 있을까?" 그녀는 자문했다. "뭔가 새로운 것이 항상 생겨나고 있기 때문에 나는 끊임없이 배울 필요가 있다는 결론을 얻었습니다. 그때 내가 곧 '마르시아 주식회사'라는 걸, 즉 개인도 기업처럼 경쟁력을 가져야 한다는 걸 이해하게 됐습니다. 스스로 학습하는 데 대한 모든 책임이 내게 있고, 언제나 활용 가능한 자원이 있으며 지속적인 학습은 바로 나 자신이 취할 문제라는 결론을 얻은 것이지요. 그리고 자격을 인증받을 필요가 있다고 마음먹었죠." EDS는 당시에 주요 네트워크 운영체제로 노벨넷웨어Novell Netware를 사용하고 있었다. 로프리는 독학으로 노벨넷웨어 인증 자격증을 획득했다. 엔지니어들이 새로운 서버를 배치하는 주말이면 회사에 나가 그들과 어울리기도 했다.

"그들은 날 도와주려고 정말 애썼어요. 아마 시스템 소프트웨어에 대한 내 호기심을 높이 샀던 것 같아요. 결국 나는 아주 실용적인 현장경험을 할 수 있었습니다." 그녀가 그때를 떠올리며 말했다. "하루는 관리자 한 사람이 저를 불러놓고 '시스템 관리센터는 급속하게 성장하고 있습니다'라고 말했어요. 채용해야 할 다섯 자리가 있으니, 그중 하나를 골라보라고 말하더군요. 나는 윈도우 NT와 마이크로소프트 네트워크 운영체제를 골랐고, 시스템 관리센터에서 윈도우 NT 서버를 최초로 다룬 기술자 중 한 사람이 되었습니다. NT 서버 지원업무팀 개발을 도우면서 함께 했지요. (…) 그 후에는 몇몇 시스템 설계자의 꽁무니를 쫓아다니기 시작했습니다. 줄곧 학교에 다니고 있었는데 웹 기반 과정으로 전환했지요. 결국에는 엔지니어링 분야로 옮겨간 겁니다." 그런 과정에서 로프리는 『초보자를 위한 액티브 디렉토리Active Directory for Dummies』라는 안내서를 출간하기도 했다. 로프리의 말을 더 들어보자. "나의 책 출간은 EDS 내에서 내 경력을 확고히 하려는 계산된 행보였습니다. 그저 화면만 쳐다보는 기술자 이상으로 많은 일을 할 수 있다는 것을 증명할 필요가 있었거든요. 또한 쟁쟁한 능력을 갖춘 사람들과 충분히 경쟁할 수 있고, 그들의 일을 나도 할 수 있다는 걸 증명해 보이고 싶었죠. 최고 직책에 오르기 위해서는 책을 출간하고, 특허를 출원하고 그리고 세계적으로 중요한 프로젝트를 수행하는 일 등을 해야만 합니다." 오늘날 마르시아 로프리는 기업설계 전문가로서 EDS의 기술 분야에서 두 번째 최고위직책에 올라 있다.

해군 예비군으로 최근 이라크 시찰을 마치고 돌아온 아들을 둔 로프리는 자식을 걱정하는 여느 엄마들처럼 이렇게 말했다. "나는 아들에게 많은 얘기를 하는데 그 애가 내 말을 듣고 있는지 모르겠어요. 수학과 과학 분야에서 터득한 깊이 있는 기술적 재주는 입사하는 데 도움이 될 뿐이지, 그 자리를 유지하거나 큰 성공을 거두도록 해주는 것은 아니라고 말합니다. 핵심 경쟁력이란 단지 신입사원에게 요구되는 기본사항일 뿐이라는 거죠. 안목을 보다 넓히는 것이야말로 그 자리를 유지하도록 해줍니다. 세계가 평평해지고 있는 것과 마찬가지로 기업도 평평해지고 있어요. 이제는 사물을 사업적인 시각으로, 고객의 관점에서 그리고 시장의 관점에서 바라볼 수 있어야 합니다. 그저 고개를 숙이고 스크린에 눈을 고정하고 일하는 것만으로는 안된다는 말이죠."

로프리는 지금의 그녀가 있게 한 여태까지의 각 업무와 직책을 돌아보며 그것들은 모두 사라졌다고 말했다. "내가 맡았던 모든 업무는 일정 부분 자동화되었거나, 적어도 부분적으로 인도의 누군가가 그 일을 하고 있습니다. (…) 나를 다른 사람들과 다르게 하는 것은 순전히 굴하지 않겠다는 결심이었습니다. 나는 배우는 것을 좋아하고 여기에는 배울 것이 널려 있습니다." 하지만 그녀는 기업설계 전문가의 일조차도 어딘가 다른 곳에서 쉽게 처리될 수 있음을 잘 알고 있다. "나는 적응하기를 끝낸 것이 아닙니다. 결코 적응하기를 멈추지 않을 겁니다. 아주 오래전에 샘이 내게 '세 가지 주제에서 전문가가 되어라. 하지만 그 세 가지 주제는 항상 변한다는 것도 알고 있으라'고 말했습니다. 그래서 나는 현재 내 핵심 분야라 할 수 있는 것과 핵심 분야와 밀접하게 관련된 또 다른 분야, 그리고 다음번에 할 뭔가를 가지려고 노력하고 있습니다."

오, 깜빡하고 언급하지 않았는데 마르시아 로프리는 아직도 대학학사학위가 없다. 적응하는 일로 너무나 바빴던 탓이다. 그녀는 재미있다는 듯이 웃으며 말했다. "지금은 지리학 수업을 듣고 있어요. 졸업 학점을 거의 이수했죠. 하지만 지금까지 회계와 기술 전공은 학사학위를 받을 만큼 수업을 듣지 못했어요."

녹색환경주의자

중국과 인도, 구소련 제국에서 30억 인구가 아주 짧은 기간에 평평한 세계로 걸어들어오고 있다. 그들 각자가 모두 집과 자동차, 전자레인지, 냉장고 등을 원할 때 보다 적은 양의 에너지를 쓰고 온실가스 배출량을 낮추면서도 더욱 많은 것을 해내는 방법을 배워야 한다. 그렇지 않으면 크나큰 환경재앙을 초래하고 우리의 아이들은 이 지구에서 더 이상 살아갈 수 없을 것이다. 따라서 앞으로는 재생 가능한 에너지와 환경적으로 지속 가능한 시스템과 같이 '지속 가능하고sustainable', '재생 가능한renewable'이란 단어와 관련된 수많은 일자리가 창출될 것이다. 21세기에 이들 관련 분야는 거대한 산업으로 떠오를 것이다. 카를로타 페레즈는 "중국이나 인도, 그 밖의 개발도상국 또는 구사회주의 국가들이 산업화 될수록 환경문제가 점점 더 커질 것이고 그런 환경문제를 예방, 완화 또는 극복하기 위한 시장 또한 점점 커질 것입니다. 이러한 거대 국가들의 발전에 따라 환경 관련 산업에 대한 수요가 증가함은 물론, 엄격히 규제하는 세계적인 환경 관련 산업이 출현하기 위한 조건이 만들어질 것입니다"라고 말했다.

벤처투자 자본가이자 혁신가로서 최근 환경친화적 기술 분야의 아이디어에 투자 초점을 맞추고 있는 스티브 저벳슨Steve Jurvetson은 자신이 기대를 걸고 있는 '생물학적 르네상스biological renaissance'에 관한 그의 생각을 말하곤 한다.

그는 대학생들이 의사가 되는 대신 암담하게 다가오는 에너지와 환경문제에 대해 '생물학으로부터 파생된bioderived' 또는 '생물학의 영향을 받은bio-inspired' 해결책에 중점을 둘 그런 시대를 희망한다고 말한다. 이 분야에서도 역시 수많은 일자리가 창출될 것이다.

열정적으로 개인화하는 사람들

앤과 나는 친구들과 함께 볼티모어 오리올스 야구팀의 경기를 관람할 수 있는 시즌 티켓을 공동으로 사용하고 있다. 캠든 구장에 야구게임을 보러 가는 사람은 누구나 아래쪽 관람석에서 레모네이드를 만들 때 흔드는 춤동작을 완벽히 보여주는, 레모네이드 파는 남자를 알고 있다. 사람들이 주문한 레모네이드를 건네줄 때면 지그 댄스를 추다가 하이파이브를 한 다음에 음료수를 건네준다. 나는 그 남자가 장사하는 모습을 아주 흥미롭게 지켜보곤 한다. 그가 파는 것은 플라스틱 컵 안에 든 물과 설탕, 레몬이 전부다. 그의 레모네이드는 흔한 음료수에 불과하며, 그의 일도 아주 평범하다. 하지만 경기가 끝날 무렵 그 남자가 들고 나가는 돈다발을 보면 경기장 구내에 있는 어떤 상점보다 매상이 좋아 보인다. 이유가 뭘까? 그 남자는 아주 단순한 일에 자신만의 독특한 방식을 가미했다. 그의 레모네이드에는 초콜릿 소스와 생크림, 그리고 그 위에 체리가 올려진다. 그것들로 평범한 레모네이드가 그만의 특별한 것이 되었다. 레모네이드를 파는 곳은 많고, 레모네이드 대신 콜라나 물을 사 마실 수도 있다. 그도 그런 사실을 알고 있다. 하지만 나와 다른 사람들은 3달러 50센트에 다 팁까지 쥐어주면서 그가 파는 레몬이 들어간 설탕물을 자주 사 마신다. 그의 레모네이드가 내 갈증을 풀어줄 뿐만 아니라 내 얼굴에 기분 좋은 웃음이 번지게 하기 때문이다. 그가 추가해준 무엇인가가 내게 뭔가를 더해준다.

레모네이드를 파는 그의 일자리가 볼티모어에 자리 잡고 있다는 점에서 그는 이미 대체 불가능한 사람이다. 그가 내 자리까지 레모네이드를 배달해주고, 나는 투수의 공을 하나도 놓치지 않고 경기를 관람할 수 있으니 그는 기계나 인도의 누군가가 대신할 수 없는 현지 서비스를 제공하는 것이다. 하지만 그는 지극히 평범한 일에 개인적인 무형의 가치를 더함으로써 자신을 레모네이드 장사꾼 이상의 무엇으로 만들었으며, 남보다 나은 보수를 받는 새로운 중간 계층으로 자신의 위치를 상승시켰다. 2006년 4월에 볼티모어 오리올스 팀의 개막식 경기를 구경하러 갔다. 내 책에서 그에 대해 언급했음을 말해주고 싶어서 이 레모네이드맨을 찾으려고 경기장 구석구석을 살펴봤다. 날 초대한 사람에게 레모네이드맨을 찾고 있다고 했더니, 그들 중 한 사람이 "아직 못 들었어요? 그 친구 이제 개인 파티를 열어주는 사업을 합니다"라고 알려줬다. 그는 아주 새로운 부수사업을 개발했으며, 야구경기가 있을 때 광고지를 돌리기도 했다. 참 멋진 나라 아니면 무엇이란 말인가?

이런 개인적인 차원의 행위들은 때로는 순수한 열정이고, 때로는 그저 즐기기 위한 것이며, 때로는 누구도 더해볼 생각을 못했던 창의적인 손길이다. 이런 행위들은 반복적인 일의 수행이 필요하고, 평범한 일을 중간 계층의 일자리로 상승시킨다. 워싱턴 K가에 있는 내 사무실 근처 카리부 커피점에는 커피 서빙을 하는 나이 든 아프리카계 여성 점원 한 명이 있다. 그녀는 내가 가게에 들를 때마다 하던 일을 멈추고 근황을 묻곤 한다. 이는 리츠칼튼Ritz-Carlton호텔의 직원들처럼 가식적이고 지나치게 훈련받은 대로 대하는 인상을 주는 게 아니라 진심 어린 그녀의 서비스 방식이 맘에 들어 갈 때마다 기분이 아주 좋아진다. 그래서 그녀에게서 커피를 사 마시려고 일부러 그곳을 찾아간다. 카리부 커피점은 언젠가는 그녀를 매니저로 승진시킬 것이다. 아직도 매니저가 아니라면 말이다.

예를 들어 전화교환원에서 의료보조원, 사무실의 접수 및 안내 등 각종 서비스업 종사자들에 이르기까지 누구든지 옛날의 서비스 일자리에 개인적인 요소, 뭔가 특별한 것, 어떤 진정성 있는 열정을 더해보라. 그렇다면 그런 옛날 일자리도 아웃소싱되거나 자동화되거나 전산화되지 못하는 새로운 중간 계층 일자리를 만들 수 있을 것이다. 분명히 간호사들이 제공하는 서비스는 개인적으로 직접 전달되어야 한다. 한편 다른 서비스들은 오로지 개인적이고 열정적인 점을 가미하는 능력에 달려있다. 흥미롭게도 프린스턴 대학교의 경제학자 앨런 블라인더는 아웃소싱에 관한 그의 논문에서 아주 많은 중간 계층의 새로운 일자리가 개인적이고 독특한 무언가를 요구할 것이고, 사실상 인간이 가지고 있는 재능이지만 산업화시대와 인터넷으로 어느 정도 퇴화한 상호작용 기술이 부활할 수도 있다고 주장했다. 그는 이 논문에서 컴퓨터로 전해지는 녹음된 소리 또는 인도에서 응답하는 목소리와 같이 인간적인 면이 배제된 서비스와 반대 개념으로 사람들이 직접 전달하는 서비스가 새롭게 강조되고 있는데, 이 점은 영화 〈모던 타임스Modern Times〉에서 찰리 채플린이 효과적으로 풍자한 바 있는 사회현상과 정반대로 이어질 수도 있다고 썼다.

"인간은 다른 인간과의 접촉을 즐기는 사회적 동물이다. 과거 수십 년 동안 현대 경제생활은 마치 직장에서 사람들 간의 자연스러운 접촉을 최소화시키려는 의도를 가진 것처럼 보였다. 그러나 앞으로 수십 년 동안은 개인적인 서비스가 점점 더 널리 행해질 것이므로 과거 추세와 반대 방향으로 돌아설 가능성이 높다. 소외감은 덜해지고 직장에 대한 평균적인 만족도는 더 커질 수도 있다." 또한 블라인더는 다음과 같이 덧붙이기도 했다. "최근 수년 동안 우리의 믿음과는 반대로 컴퓨터 기술보다 대인관계 기술이 더 가치를 발할 것이다. 결국 컴퓨터에 광적인 전문가들이 이 지구를 지배하진 못할 것이다."

수학을 좋아하는 사람들

개인용 컴퓨터는 우리를 단어, 계산표 등 도표, 데이터, 사진, 블로그, 음악 혹은 비디오 등 무엇이 되었든 디지털 형태로 된 콘텐츠의 저자가 될 수 있게 해줬다. 이 사실에서 파생된 한 가지는 우리가 디자인하고 쓰고 구매하고 팔고 발명하는 점점 더 많은 것들이 수학의 기초 위에 세워지고 있다는 점이다. 어떻게 그런 일이 가능한가? 단어가 그저 종이 위의 모양이나 글자 또는 음표였을 때 우리가 그걸로 할 수 있는 게 꽤 많았다. 하지만 각종 문자, 그림, 데이터 혹은 음악이 0과 1의 조합 형식으로 디지털화되자 이 모든 콘텐츠를 유형별로 검색하고, 전혀 새로운 방식으로 뒤섞고 조합하며 조작하는 데 수학이 이용되고 있다. 디지털화는 수학을 더 많은 것에 적용할 수많은 기회를 창출한다. 게

다가 단 몇 주 만에 경쟁자들보다 앞서면 재무상 엄청난 차이가 생기는데, 평평한 세계에서 원하는 대로 수학적인 방책을 만들어 적용하고 경쟁자들과 맞붙을 수 있는 사람들은 과거 어느 때보다 더 가치를 갖게 될 것이다.

"이제 모든 것이 수학입니다. 검색엔진 전문가든 투자은행 골드만삭스의 금융전문가든, 아주 작은 경쟁우위를 얻고 그 누구보다 단 2주라도 앞서기 위해서는 그런 복잡한 수학 공식을 만들 수 있는 전문가여야 합니다." 이것이 인포시스의 CEO 난단 닐레카니가 한 말이다.

마케팅, 경영관리, 조사연구 및 물류관리 등 수학이 이용되는 새로운 방법들은 2006년 1월 23일 발행된 《비즈니스위크》에서 스티븐 베이커가 쓴 '수학은 어떻게 세상을 흔들어 놓는가Why Math Will Rock Your World'라는 기사에 잘 요약되어 있다. 모든 부모와 새로운 중산층으로 올라서려고 애쓰는 사람들은 다음 기사를 꼭 읽어봐야 한다.

세계는 수의 새로운 시대로 접어들고 있다. 수학자와 컴퓨터 공학자 간의 제휴는 전혀 새로운 사업의 영역으로 몰아쳐 가고 있으며, 수학의 효율성을 이용하도록 강요하고 있다. 이런 일은 과거에도 있었다. 고차원의 수학과 컴퓨터 모델링의 결혼은 과거 수십 년간 과학과 공학을 변화시켰다. 한 세대 전에 응용수학을 전공한 계량 금융시장 분석가quants들이 재무금융을 완전히 뒤집어놓았다. 정보탐색분석가data miners들은 방대한 소비자 및 산업 데이터베이스에서 금맥을 뽑아낸다. 그렇지만 오늘날 수학자들이 어디에 있는지 한번 살펴보라. 그들은 광고할 지역을 그려내는 걸 돕고 뉴스 편집실과 생물학 실험실에서 행하는 연구의 성격을 바꾸며, 마케팅 전문가들이 고객들과 새로운 일대일 관계를 형성하는 것이 가능하도록 한다. 이렇게 되자 더 많은 경제 분야가 수의 세계로 빨려들고 있다. 미국 국가안보국의 수학연구그룹 책임자 제임스 R. 샤츠James R. Schatz는 "수학자가 되기에 요즘만큼 좋았던 때는 없었다"고 말한다. 지난 10년간 아주 많은 사람이 일과 놀이, 가볍게 주고받는 대화 및 구매행위를 온라인으로 옮겨서 하고 있다. 한때 폐지돼서 없어졌거나 대화내용을 잊어 사라져버리던 자료들을 디지털화해 온라인 네트워크에 넘치도록 입력하고 있다. 우리 삶의 편린들은 이제 데이터베이스에 저장되고, 많은 것들이 공개되어 접근할 수 있다. 사업적인 관점에서 그런 자료들은 손쉬운 분석대상이다. 그러나 가장 강력한 컴퓨터와 대용량의 값싼 저장장치를 갖고도 숙련된 수학자와 컴퓨터 공학자를 고용하지 않으면 기업들은 넘쳐나는 정보의 바다에서 원하는 자료를 골라내지 못하고, 정보를 사업화하기 어려울 것이다. 수학의 부상浮上은 뛰어난 금융수학자들의 고용시장을 뜨겁게 달구고 있다. 대학을 갓 졸업한 수학전공자들은 10만 달러 이상의 연봉과 꽤 좋은 조건의 주식을 받고 최강의 인터넷 기업에 입사해 좋은 대접을 받고 있다. 기업가이자 MIT 대학의 응용수학 교수인 톰 레이튼Tom Leighton은 "우리 응용수학과 학생들은 한 사람도 빠짐없이 야후!와 구글의 사전 입사제의를 받아놓고 있다"고 했다. 최고의 수학자들은 새로운 세계의 엘리트가 되고 있다. 어림잡아 약 5000명 정도 되는 집단이지만, 그 한 사람 한 사람이 한 세대 전에 기업의 고위 경영진 대개편을 불러왔던 하버드 MBA 군단만큼이나 강력하다. 자료가 넘쳐나는 세상에서 우리는 수학천재들의 가장 좋은 먹잇감이다. 애트나건강의료Aetna Health Care와 아마존닷컴 및 많은 회사의 연구자는 고객과 직원 사이의 수학적인 모델을 이리저리 짜맞추고 있다. 어떤 모델은 우리가 무슨 음악을 살지 예측하고, 다른 모델은 어떤 직원이 특정한 일에 가장 적합한지를 찾아낸다. 현재 이런 예측 모델들은 조악하고 디지털 얼간이나 다름없다. 하지만 앞으로 10년이 지나면, 우리 각자는 훨씬 잘 다듬어진 가상의 우리 모습을 보게 될 것이다. 우리는 근로자, 구매자, 투표자 및 환자로 수학 모델의 분석대상이 될 것이다.

사회는 분명 검색엔진과 월스트리트의 파생상품 전략을 움직이는 각종 수학적 알고리듬을 설계하고 실행할 고급 수학 두뇌들을 더 많이 필요로 하겠지만, 미적분의 기초를 익힌 사람들도 많이 필요하다. 더욱더 많은 새로운 중간계층의 기본적인 일자리에 점점 더 많은 수학적이고 계량적인 기량들이 필요하기 때문이다.

2006년 봄에 어머니가 편찮으셔서 참 오랜만에 병원에 가게 되었다. 병실 밖의 복도에 앉았을 때 간호사들이 환자 기록을 찾고 처방 약을 투약하기 위해 얼마나 많은 컴퓨터를 이용하고 있는지 보고 나서 눈이 둥그레졌다. 병원 컴퓨터를 작동하는 데 수학적인 천재가 될 필요는 없다. 그렇다고 수학의 문외한이 되어서도 안 된다. 이제는 UPS의 배달원마저도 손바닥 크기의 무선우편물추적장치에 나타나는 단순한 내용을 수학적 사고로 이해해야 하고, UPS 본사에서 설계한 알고리듬에 따라 정해진 패턴으로 트럭을 운행할 줄 알아야 한다. 그래야 트럭에서 배달 순서에 따라 우편물을 쉽게 꺼내서 전달할 수 있기 때문이다.

IT 잡지인 《유비쿼티Ubiquity》 2006년 3월 21일 자에 실린 기사에서 노르웨이 대학교 경영대학 교수 에스펜 안데르센Espen Andersen은 오늘날 젊은 학생들이 왜 수학을 공부해야 하는지에 대한 모든 이유를 망라했는데 그중 한 이유가 특히 내 눈길을 끌었다. 그는 다음과 같이 썼다.

수학을 선택하라. 이유는 장래에 점점 더 많이 수학을 만날 것이기 때문이다. 수학은 업무와 학문의 모든 영역에서 점점 더 중요해진다. 미래의 기자들과 정치인들은 말은 적게 하고, 더 많은 분석을 할 것이다. 미래의 경찰관과 군인들은 더욱 더 복잡한 기술을 사용할 것이다. 미래의 간호사와 교사들은 매일매일 숫자 및 기술을 접해야만 할 것이다. 미래의 자동차 정비기술자와 목수는 전자칩으로 최적화하는 기능과 응력분석을 멍키 렌치나 망치만큼 많이 이용할 것이다. 직장에서 수학을 쓰는 일이 더 많아질 것이며, 학교에서도 수학이 더 많이 필요할 것이다.

다행인 것은 사람들이 수학의 중요성을 이해하기 시작했다. 웹 사이트 싱크포트Thinkport.org는 메릴랜드 주의 주민과 교육 담당자들에게 조언을 제공한다. 2006년 11월에 이 웹 사이트에는 다음과 같은 내용이 실렸다. "우리 어른은 '난 정말 수학을 못해!'라는 말을 얼마나 자주 하는가? 우리 중 몇 사람은 정말로 수학을 못할지 모릅니다. 하지만 그런 말은 우리의 아이들이 하기에 적절한 대답이 될 수 없습니다. 새로운 세대의 일자리에서 수학이 중심적인 역할을 하는 실상을 보면 충격을 받을 것입니다. 미국 디플로마 프로젝트Diploma Project의 한 연구보고서에서, 이후 10년간 미국 전체의 62%에 달하는 일자리에서 신입사원들은 대수, 기하, 자료 해석 및 확률과 통계에 정통한 지식을 가져야 한다고 한 내용을 생각해보십시오. (…) 만약 당신이 고등학생의 학부모라면, 자녀가 대수 I, 기하 그리고 대수 II 과목 수업을 듣고 학점을 받도록 하십시오. 고등학교 저학년 때 이미 그런 과목들을 다 들었다면, 고학년 때는 미적분학과 같은 수학 수업을 꼭 받도록 해야 합니다."

세계의 지역화

중간 계층의 일자리를 창출하는 데 규모가 큰 기업이 당연히 중요하지만, 중소규모의 기업에서 대부분의 고용과 해고가 이루어지는 것이 사실이다. 중소규모의 기업들이 성장해서 사람들을 고용하면 경제가 활성화되고 그렇지 못하면 경기가 침체된다. 따라서 새로운 중간 계층이 존재하기 위해서는 중소규모의 기업들이 핵심적인 역할을 담당해야 한다. 비즈니스 웹의 혁신처럼, 평평해지는 세계는 소규모 기업에 더욱 강력한 힘과 더욱 큰 비용 절감의 기회를 제공해 혁신을 일으키고 세계무대에서 경쟁할 수 있게 한다는 점이 흥미롭고 고무적이다. IBM의 전략가 조엘 콜리는 이를 가리켜 '세계의 지역화'라고 표현하며 이런 말을 했다. "중소규모 기업들이 지금 도처에 널려 있는 세계적인 역량들을 취해서 지역 사회의 수요에 맞게 다듬는 방법을 터득하기만 한다면 그들이 할 수 있는 사업은 엄청나게 많습니다. (…) 그것이 바로 세계의 지역화이며, 이제 막 시작 단계에 있습니다. 이는 일자리를 창출할 수 있는 엄청난 잠재력이 있습니다."

그런 세계의 지역화에 성공한 기업들은 떠오르는 글로벌 인프라를 이해할 것이고 그로부터 제공되는 모든 새로운 도구를 지역의 필요와 수요에 맞게 적응시킬 것이다. 그러한 과정은 수많은 중간 계층 일자리를 창출할 것이다. 세계의 지역화란 위성안테나, DSL(초고속 통신망), 블랙베리, PC 또는 몇몇 새로운 소프트웨어 사용 방법을 찾아내 자신의 안방에서 일하는 도서 편집자, 영화 편집자 또는 안방에서 일하는 이베이 기업가와 같은 프리랜서의 출현을 의미한다. 세계의 지역화란 다중위성을 통해 멀티스크린 평면 TV로 화면을 전송해 열두 개의 미식축구 경기를 동시에 중계하고 거기다 유럽의 골프 선수권 대회, 중국의 농구 경기, 호주의 축구 경기 등을 일요일 오후에 자신의 바를 찾는 단골손님들에게 제공하는 선술집 사장이 등장함을 의미한다. 세계의 지역화란 무선 인터넷 접속을 무료로 제공함으로써 고객을 더 오래 붙잡아 둘 수 있는 커피 판매점이 생김을 의미한다. 또한 아마존닷컴을 고용해 자신의 맞춤형 장서표 판매관리에 그들의 세계 물류 인프라를 활용하는 방법, 또는 온라인을 통해 자신의 맞춤형 장서표를 생산할 중국의 제조업체를 물색하고 자신은 모두 온라인으로 판매된 장서표를 서점에 공급하는 수입업자로 변신하는 소규모 기업인의 등장을 의미한다. UPS 매장을 열어 다른 소규모 사업을 지원하는 글로벌 공급망 관리자로 탈바꿈하는 사람의 출현도 세계의 지역화다. 지역의 자동차 정비소가 별안간 BMW의 휠캡과 메르세데스의 와이퍼를 로체스터보다 루마니아의 제조업자로부터 더욱 저렴한 가격에 공급받을 수 있음을 갑자기 발견할 수도 있는 것도 세계의 지역화다.

마지막으로 세계의 지역화란 다양한 종류의 기업과 산업 분야에서 '모델링 modeling'의 힘을 이해하는 개인이 된다는 뜻이다. 여기서 모델링이란 신디 크로포드Cindy Crawford 같은 패션모델에 관한 이야기가 아니다. 실제로 엄청난 비용을 들여 제작 과정을 거치기에 앞서, 컴퓨터 시뮬레이션과 그래픽으로 온갖 종류의 데이터를 하나로 모아서 복잡한 것들이 어떻게 함께 작동되는지 모형을 미리 제작해보는 것이다. 모델링 방법을 배운 부동산업자라면 높은 구매력을 가진 고객에게 주택이나 아파트의 평면도를 보여주며 취향에 따라 벽체 등 구조를 바꿔보게 할 수 있다. 모델링 제작법을 익힌 엔지니어라면 부동산업자와 같은 방법으로 다리와 도로를 미리 만들어보며 검토할 수 있다. 결국 세계의 지역화에 성공해 고객과 함께 모델의 제작, 맞춤, 해석 작업을 진행하는 기술을 터득한 정원설계사, 자산관리사, 주택설계사, 부동산 중개업자 등은 새로운 중간 계층으로 진입할 수 있는 통로를 스스로 찾을 수 있을 것이다.

지금까지 언급한 것들은 광범위한 범주에 지나지 않으며, 분명 끊임없이 새로운 것이 출현할 것이다. 이와 같은 각기 다른 전략 사이에는 고정된 엄격한 경계가 없다. 사람들은 종종 각기 다른 전략들을 서로 뒤섞고 짜맞출 것이다.

끝으로 뛰어난 수용자로서, 지역화와 개인화에 성공한 내 어릴 적 친구 빌 그리어Bill Greer의 사례를 소개하고 마칠까 한다. 그리어는 50세이며 28년간 프리랜서 예술가 겸 그래픽 디자이너라는 직업으로 살아 왔다. 1970년대 후반부터 2000년 무렵까지 그의 작업방식과 고객응대 방식에는 거의 변화가 없었다.

빌은 《뉴욕 타임스》 등 내 고객들은 완성된 작품을 원하지"라고 내게 설명했다. 그러므로 빌은 신문이나 잡지의 삽화를 그리거나 상품 로고를 그릴 때면 작품 하나를 완성해야 했다. 즉, 스케치하고 색칠하고 일러스트레이션 보드에 얹은 다음, 부드러운 종이로 덮은 후에 두 쪽으로 열리는 포장용기에 넣어 사람을 시키거나 페덱스를 통해 전달했다. 그것은 경첩처럼 두 쪽으로 열리는 포장 때문에 '플랩아트flap art'라고 불렸다. 업계에서는 '촬영용 도판camera-ready art'이라고 하는데, 이는 4겹으로 나뉜 컬러 필름으로 각각 찍고 프린트해서 인쇄할 준비를 마쳐야 하기 때문이다. "그것은 완성품이고 어느 정도 가치도 있어. 정말 예술품이야. 그래서 사람들이 바로 벽에 걸어놓기도 해. 실제로 《뉴욕 타임스》는 삽화가들이 신문에 그린 작품으로 전시회를 열기도 했잖아"라고 빌은 말했다.

그러나 지난 몇 년간 출판사와 광고회사들이 디지털 작업으로 옮겨가면서 "환경이 변하기 시작했다"고 빌이 말했다. 디지털 작업은 그래픽 예술가들이 흔히 '삼위일체'라 부르는 세 가지 새로운 소프트웨어인 쿼크Quirk, 포토샵Photoshop, 일러스트레이터Illustrator에 의존하는데, 이들 소프트웨어 덕분에 디지털 컴퓨터 디자인은 과거보다 훨씬 쉬워졌다. 예술학교 학생들은 모두 이런 프로그램 교육 훈련을 받는다. 그래픽 디자인은 훨씬 더 쉬운 작업으로 변해서 정말로 평범하고 흔하디 흔한 바닐라 아이스크림이 되어버렸다며 빌이 다음과 같이 말했다. "디자인에 관한 한 기술의 발달로 사람들은 똑같은 도구를 갖게 되었고, 누구나 선을 곧게 긋고 어지간하게는 작업을 해낼 수 있게 된 것이지. 균형이 맞는지 또는 활자체가 적합한지를 알아보는 안목이 필요했는데, 어느 날 갑자기 누구나 웬만한 수준의 작품을 뚝딱 만들 수 있게 돼버렸어."

그래서 그리어는 힘들여 지식의 사다리를 올라갔다. 출판업체들이 최종 작품을 업로드 가능한 디지털 파일로 받기를 원하면서, 가치 있었던 '플랩아트'에 대한 수요가 사라졌다. 그래서 그는 아이디어 컨설턴트로 변신했다. '아이디어를 창출하는 일Ideation'이야말로 맥도날드나 유니레버Unilever 같은 고객들이 원하던 바였다. 빌은 이제 펜과 잉크를 손에서 놓고 연필만으로 스케치한 뒤에 컴퓨터로 스캔하고, 스캔 이미지에 마우스를 움직여 색칠해서 의뢰인에게 이메일로 보낸다. 그러면 솜씨가 조금 부족한 미술가들이 그 스케치를 완성한다.

"내가 의식적으로 변한 것은 아니야. 다른 사람들은 아무나 할 수 없는 일, 젊은 친구들이 컴퓨터 기술로 내가 받는 보수의 몇 분의 1 정도를 받으며 해낼 수는 없는 그런 일을 찾아야만 했지. 그래서 '이 작업을 하면서 큰 아이디어만 제공할 수 있겠습니까?'라는 식으로 제안하는 고객들의 일거리를 받기 시작했어. 고객은 내게 하나의 개념을 제시하고, 스케치와 아이디어를 얻고 싶어 해. 완성된 작품을 원하는 게 아니야. 나는 아이디어를 전하는 작업을 할 때 완성품을 그리는 게 아니라 재빨리 손으로 스케치하는 기본 기술을 쓰지. 그런 내 아이디어에 고객들은 아직도 상당히 좋은 보수를 지급하고 있어. 그렇게 일하게 되자 사실 난 다른 수준의 작업자가 되었어. JAFAJust Another Fucking Artist(그저 그런 미술가)가 아닌 컨설턴트가 되었지. 그저 그런 미술가는 널려 있어. 이제 나는 아이디어를 파는 사람이고, 그게 내 일이야. 내 고객들은 말 그대로 콘셉트를 사는 것뿐이야." 아이디어 스케치를 마무리하는 일은 기업의 직원들인 JAFA가 사내에서 끝마치거나 아웃소싱된다. "그들은 내가 그린 미완성 스케치를 완성하고 컴퓨터 프로그램을 이용해서 삽화를 그려내지. 내가 작업하는 것만큼은 아니지만 쓸만할 정도야"라고 그리어가 말했다.

그러다 다른 현상이 나타났다. 기술의 진화로 빌 그리어가 일하는 업계의 하부에서 하는 작업들은 누구나 할 수 있는 일이 되었으나 그리어의 고객사인 잡지사와 같은 상부에 있는 회사들에 또다른 아주 새로운 시장이 열렸다. 어느 날 그의 고정 고객 중 하나가 그에게 모프morph 작업을 할 수 있겠느냐고 물었다. 모프는 한 등장인물이 다른 인물로 변해가는 만화를 말한다. 그러니까 처음 장면에 나타난 마샤 스튜어트가 모프를 거쳐 마지막 장면에선 코트니 러브로 변한다. 드류 베리모어가 드류 캐리로 변하거나, 가수 머라이어 캐리가 마지막에는 영화배우 짐 캐리로, 영화배우 셰어가 브리트니 스피어스로 변신하는 식이다. 처음 이 제안을 받았을 때 그리어는 어디서부터 시작해야 할지 몰랐다. 그래서 아마존닷컴에서 모프 작업을 가능하게 해줄 특수 소프트웨어를 찾아 구매하고는 며칠간 연습했다. 그리고 첫 번째 모프를 만들었다. 이후 그리어는 이 방면의 전문가가 되었다. 모프를 이용하는 시장이 확대되어 남성 잡지인《맥심Maxim》, 중년 여성을 위한《모어More》, 그리고 어린이 잡지인《니켈로데온Nickelodeon》등에까지 이르렀다.

말하자면 평범했던 바닐라 아이스크림에 얹을 매우 새로운 토핑을 개발해냈고, 그리어는 그 일에 바로 달려든 것이었다. 이런 일들이 세계경제에서는 어디서나 일어난다. 그리어가 말했다. "그동안의 경험으로 난 모프 기술을 아주 빨리 익힐 수 있었어. 이제는 내 맥 노트북으로 샌타바버라든 미니애폴리스든, 아니면 뉴욕에 있는 내 아파트든 어디서나 모프 작업을 해. 고객이 주제를 정해줄 때도 있고 내가 생각해낼 때도 있어. 모프 작업은 TV에서만 보던 정말로 수준 높은 그런 일 중의 하나였는데, 이렇게 일반인도 쓸 수 있는 소프트웨어가 만들어졌고 사람들은 스스로 작업할 수도 있게 되었지. 나는 잡지사에서 쓸 수 있도록 제대로 틀을 다듬고 마무리를 지어. 그리고 JPEG 파일로 만들어 순서대로 업로드하면 되는 거야. (…) 모프는 여러 잡지에 많은 수익을 안겼어. 난 요즘 애들한테서 이메일로 팬레터도 받는다고!"

기술이 개발되면서 모프라는 새로운 틈새시장이 생겼고, 빌 그리어는 바로 그 시기에 직업 환경이 바뀌어 새로운 기술을 배우려고 애를 쓰고 있었던 차였다. 하지만 그전에는 모프라는 걸 해본 적이 없었다. 그는 이렇게 고백했다. "이것이 모두 내가 의도한 것이었다고 말하고 싶지만, 사실은 단지 내가 일을 맡을 여유가 있었고 운이 좋아서 고객회사들이 내게 그런 일을 할 기회를 줬던 것이지. 일자리가 없어진 화가들을 많이 알고 있어. 삽화를 그리던 어떤 사람은 포장지 디자이너가 되었고, 완전히 이 바닥을 떠난 사람도 있지. 내가 아는 가장 뛰어난 디자이너는 조경설계사가 되었어. 그녀는 아직도 디자이너이긴 하지만, 대상이 완전히 바뀌었지. 시각예술 분야의 사람들은 상황에 적응할 수 있어. 하지만 나는 아직도 미래에 대해 불안을 느껴."

나는 그리어에게 그의 이야기야말로 내가 준비 중인 이 책에서 사용하고 있는 용어들에 매우 잘 들어맞는다고 말했다. 그는 처음에 초콜릿 토핑(일반 삽화가)으로 시작했다가 평범한 바닐라 아이스크림(컴퓨터 시대의 일반 삽화가)이 되었고, 재능을 업그레이드해 다시 특별한 초콜릿 토핑(디자인 컨설턴트)이 되었으며, 다시 새로운 틈새시장에서 평평한 세계의 새로운 도구로 틈새를 채우는 꼭대기에 얹는 체리(모프 미술가)가 되는 법을 배웠다.

그리어는 내 말을 한동안 생각하더니 말했다. "내가 노력한 모든 것은 생존을 위해서였어. 지금도 살아남기 위해 노력 중이지." 대화를 마치고 일어서면서 그는 '저글링을 같이 할' 친구를 만나러 간다고 말했다. 두 사람은 여러 해 동안 저글링 파트너로 호흡을 맞추고 있는데, 부업으로 거리에서 공연하거나 사적인 모임에서 쇼를 보여주고는 한다. 그리어는 눈—손협응hand-eye coordination 운동능력이 뛰어나다. 그가 "사실 저글링조차 평범해지고 있어"라고 투덜댔다. "한때는 공 다섯 개로 저글링 할 줄 알면 정말 특별대접을 받았지. 그런데 이제 그 정도는 기본이 되어버렸어. 나랑 같이 저글링 공연하는 파트너를 처음 만났을 때 그는 공 일곱 개로 저글링하는 부문 챔피언이었어. 하지만 이제는 열네 살 먹은 아이도 어렵지 않게 공 일곱 개로 저글링을 해. 『바보도 하는 저글링Juggling for Dummies』 같은 책들도 나와 있고, 저글링을 가르치는 도구도 있어. 수준이 전체적으로 높아져 버렸지."

7장

평평한 세계에서 갖춰야 할 것들
- 튜바와 시험관

.
.
.

노벨 물리학상 수상자인 이시도어 라비Isidor I. Rabi의 한 친구가 어느 날 그에게 어떻게 과학자가 되었는지 물었다. 라비는 매일 학교에서 돌아오면, 어머니께서 그날의 학교생활이 어땠는지 그에게 물어보며 대화했다고 대답했다. 어머니는 라비가 학교에서 무엇을 배웠는지는 큰 관심을 보이지 않았지만, 늘 "오늘 학교에서 한 가지 좋은 질문을 했니?"라고 물으셨다고 한다. 라비는 "좋은 질문하기가 나를 과학자로 만들었다네"라고 말했다.

ㅡ 출처 미상

지난 2년 동안 나는 미국 전역을 두루 여행하며 세계화와 평평한 세계에 대해서 팜스프링스의 퇴직자들에서부터 베데스다의 고등학교 교장 선생님들, 한적한 교외의 독서클럽 학부모들에 이르기까지 다양한 부류의 청중을 상대로 강연을 해왔다. 전국적으로 교육과 경쟁이라는 쟁점에 대해 얼마나 걱정하는지 놀라지 않을 수 없었다. 그들의 불안감을 굳이 요약하자면 이렇게 표현하고 싶다. 우리의 부모들은 자신의 부모보다는 나은 삶을 살 것이고 그들의 자식, 즉 우리는 자신들보다 더 나은 삶을 살 것이라고 확신했다. 그러나 슬프게도 현실은 우리가 부모들만큼 부유하게 은퇴하지 못할 것이고, 우리의 자식들 또한 지금 우리가 누렸던 만큼 여유롭게 살지 못할 것이라는 근심이 날로 커져만 가고 있다. 내가 보기에는 모두가 하나같이 하향 이동하는 미래에서 자신의 아이들을 구제할 비책을 찾는 것 같았다. 그런 부모들로부터 나는 두 번이나 다음과 같은 질문을 받았다. "우리 딸은 중국어를 배우고 있어요. 딸아이의 미래는 괜찮겠죠, 그렇죠?"

나는 "글쎄요. 꼭 그렇지만은 않을 겁니다"라고 답했다.

어째서 꼭 그렇지만은 않은 것일까? 왜냐하면 비법이란 것은 존재하지 않기 때문이다. 이런 때에는 한 걸음 뒤로 물러나 숨을 크게 들이마시고 다음과 같은 질문을 해야 유용할 것이라고 느낀다. 앞 장에서 자세히 설명한 전략들이 앞으로 개인들이 새로운 중간 계층에서 일자리를 얻고 지키는 최선의 방법이라면, 우리의 자식들을 그런 일자리에 대비하게 하는 적절한 교육은 과연 어떤 것인가? 프린스턴 대학교의 경제학자 앨런 블라인더는 다음과 같이 예리하게 지적했다. "미국을 비롯한 부유한 선진국들은 미래에 실제로 생길 직업에 준비된 노동자를 배출할 수 있도록 교육체계를 변화시켜야 합니다. (…) 특히 교육을 많이 받은 노동력이 불규칙한 업무와 직업 변화에 더 즉각적으로 대처할 수 있는 융통성을 갖추었다면, 단순히 더 많은 교육을 하는 것이 균형 잡힌 좋은 방법일 수도 있습니다. 하지만 그런 많은 교육이 만병통치약 같은 해결책이 되지는 못합니다. (…) 미래에는 얼마나 많은 교육을 했는가보다는 어떤 교육을 했는가가 더 중요하다는 점이 밝혀질 것입니다."

그렇다면 무엇이 이에 맞는 적합한 교육인가? 나는 교육자가 아니라 기자이기 때문에 고용주들과 교육자들에게 정확하게 같은 질문을 함으로써 얻은 것을 이 장에서 같이 나누고자 한다. 내가 답이 모두 담긴 완전한 목록이나 비책을 갖고 있다고 제시하는 것은 매우 주제넘은 일이다. 하지만 평평한 세계의 새로운 중간 계층의 일자리에 맞춰 젊은이들을 준비시키는 데 도움이 될 내가 조사 연구한 다섯 가지 기량 또는 태도를 다음과 같이 제안하고자 한다.

학습방법을 익히기 위해 무슨 수업을 들어야 합니까?

첫째, 평평한 세계에서 개인이 개발할 수 있는 능력 중 가장 중요한 하나는

'학습 방법을 배우는' 능력이다. 계속 지식을 흡수하며 스스로 배우는 방법, 과거의 것을 행하는 새로운 방식, 또는 새로운 것을 행하는 새로운 방식 등에 대한 학습법을 익히는 능력을 말한다. 이것은 수많은 일자리의 일부 혹은 전부가 계속 디지털화, 자동화, 아웃소싱에 노출되고 새로운 산업 전체가 점점 빠르게 돌아가는 이 시대를 살아가는 노동자 모두가 반드시 배양해야 할 능력이다. 그와 같은 세계에서 당신을 돋보이게 하는 요인은 이미 가지고 있는 지식뿐만 아니라 어떻게 학습하는가도 포함된다. 왜냐하면 지금 당신이 가진 지식은 당신이 생각하는 것보다 훨씬 빨리 시대에 뒤떨어진 것으로 전락할 것이기 때문이다.

미네소타 세인트폴에서 가진 강연회에서 이와 같은 나의 견해를 분명히 밝혔다. 강연이 끝난 뒤 질의응답 시간에 발코니 쪽에 있던 청년이 손을 번쩍 들더니 자신을 9학년이라 밝히고는 이런 질문을 했다. "프리드먼 씨, 학습 방법을 터득하는 것이 아주 중요하다고 하셨는데, 그렇다면 프리드먼 씨는 어떻게 그런 방법을 배웁니까? 저는 어떤 과목의 수업을 들어야 합니까?"

아직 철부지나 다름없는 어린 학생의 입에서 이런 아주 논리적인 질문이 나오다니……. 그 당시에는 그렇게 구체적이고 상세하게 생각해보지 않았다. 그래서 즉흥적으로 바른 방향에 있다고 생각되는 답을 해주었다. "주변의 친구들에게 '가장 좋아하는 선생님이 누구냐?'라는 질문을 해보세요. 그리고 친구들이 좋아하는 선생님의 명단을 만들고 그 선생님들이 무엇을 가르치든 혹은 무슨 과목을 담당하든 상관없이 그분들의 수업을 들어보세요." 친구들이 좋아하는 선생님들이 그리스 신화나 미적분을 가르치건, 미술사 혹은 미국 문학을 가르치건 그것은 중요하지 않다. 그 선생님의 수업을 들어보라. 왜냐하면 내가 학창시절 좋아했던 선생님들을 돌이켜 생각해보면 그들이 특별히 무엇을 가르쳤는지는 구체적으로 기억하지 못하지만, 내가 흥미롭게 배웠던 사실만은 확실히 기억하기 때문이다. 세월이 지난 후에도 나에게 남아 있는 것은 선생님들이 전달해준 지식이 아니라 그분들이 불어 넣은 학습에 대한 흥미다. 학습의 방법을 터득하기 위해서는 배우는 것 자체에 흥미를 느껴야 한다.

아니면 적어도 배움을 즐겨야만 한다. 왜냐하면 배움의 많은 부분은 스스로 학습하고자 하는 동기부여와 연관되기 때문이다. 어떤 사람은 그런 열의를 선천적으로 타고나기도 하지만 그렇지 못한 다른 사람들은 올바르게 교육하는 선생님 또는 부모님과 함께 개발하거나 전수받을 수 있을 것이다.

정보 항해기술

둘째, 우리는 '항해' 기술을 어떻게 가르칠지에 대해 많은 생각을 해볼 필요가 있다. 세상이 평평해짐에 따라 점점 더 다양한 지식, 정보, 뉴스, 소프트웨어, 상업 및 사회들이 월드와이드웹상에 놓이게 됐다. 우리의 아이들은 더 넓은 세상과 여과장치 없이 웹상에 올라온 그 모든 것들과 서로 교류할 것이다. 가상세계를 어떻게 항해할지, 그것들을 어떻게 걸러낼지, 사실과 지혜 및 진정한 지식의 원천과 쓸데없는 소음, 외설적인 내용 그리고 거짓들을 어떻게 구분할지 가르치는 것은 어느 때보다도 매우 중요한 일이 되었다. 웹이 부상한 초기에 내게 한가지 열망이 있다면 팔려나가는 모든 모뎀에 미국 공중보건국장이 제시하는 '사리분별력은 포함되어 있지 않음'이라는 경고문을 붙이는 것이라고 농담 삼아 말하곤 했다.

2002년 5월에 인도네시아 자카르타 최고의 이슬람교 기숙학교 중 하나인 폰독 페산트렌 다룬나자Pondok Pesantren Darunnajah 학교의 정원에서 스무 명의 생각 깊은 어린 학생들과 함께 앉아 미국에 대한 그들의 관점에 대해 질문하는 시간을 가졌다. 나는 세계에서 가장 큰 이 이슬람 국가가 9·11 사태와 중동 지역 위기에 어떻게 대응하고 있는지 이해하고 싶었다. 내가 이해한 대로 나의 언어로 말해줄 수도 있지만, 그 대신에 가장 똑 부러지게 표현한 18세짜리 여학생과 나눈 대화 테이프의 내용을 들려주겠다.

"이슬람교도 대부분은 미국이 이슬람을 적대시한다고 생각하므로 미국을 두려워하고 있습니다. 미국은 이스라엘 사람들을 지원하고 있으며, 이슬람과 이스라엘, 유대인 및 유대주의 간의 적대감은 명백하다는 사실을 당신도 알 것입니다. 미국인들이 이슬람교도들을 무서워하는 것이 아니라, 이슬람교도들이 미국인들을 두려워하고 있습니다. 9·11 사태의 비극에 대해서 말하자면, 우리는 9·11 테러를 이슬람교도들이 저질렀다고 증명할 수 없습니다. 현재까지는 빈 라덴이 그 테러를 주도했다고 할 증거를 아직 발견하지 못했습니다. 저는 또한 그 비극적인 테러를 저지른 진범들은 바로 미국인들이라고 몇몇 신문에서 읽었습니다. (…) 미국 의회 의원의 몇 %가 유대인인지 모르지만, 미국은 이스라엘을 지원하고 있으며 그때문에 미국에 대한 적개심이 깔려 있다고 생각합니다."

그 여학생에게 조지 부시 대통령에 대해 어떻게 생각하는지 물었다.

"조지 부시가 대통령이 된 초기에는 그의 아버지 부시 전 대통령과 비슷할 것이며, 새로운 어떤 것도 만들지 않으리라고 생각하는 사람들이 있었습니다. 사람들이 앨 고어를 원한 것도 아니었는데, 그도 유대인이기 때문이었습니다. 그래서 사람들은 '좋아, 조지 부시가 더 낫지 않겠어……'라고 말했지요. 그는 아주 좋아 보이는 많은 것을 약속했지만, 아직 그것들을 실현하지 않고 있습니다."

그 여학생은 앨 고어가 유대인이라는 점을 확실히 알고 있었다. 나는 그런 뉴스를 어디에서 접하는지 그 여학생에게 물었다.

"저는 대부분의 정보를 TV에서 얻고 있으며, 인터넷에서도 얻습니다. 저는 아랍세계의 온라인 잡지를 정말 좋아하는데, 또 다른 관점을 보여주기 때문입니다. 인도네시아 잡지를 읽어보면 이슬람교도와 이슬람에 관한 정보가 많지 않습니다."

그 어린 여학생을 생각하면 늘 다른 무엇보다도 정보를 제대로 찾아가는 항해술이 부족하다고 느낀다. 정보를 제대로 찾는 항해술이란 월드와이드웹이라 불리는 뚫린 하수구를 통해 나오는 정보와 사실, 식견, 거짓말 그리고 반쪽짜리 진실 속에 든 가공된 내용과 진실을 구별하는 능력을 말한다. 누군가 문제를 정리해줄 거라는 듯이 "그런데 그걸 인터넷에서 읽었거든……"이라고 하는 말을 얼마나 많이 들어봤는가? 기술로 덧입혀진 인터넷으로 전해지기 때문에 올바른 정보 항해술이 없는 사람들은 그 내용이 더욱 믿을 만해 보인다. 로빈 윌리엄스가 주연한, 정치와 TV 그리고 대통령 선거에 출마한 코미디언에 대한 영화 〈맨 오브 더 이어Man of the Year〉에 나오는 명대사가 하나 있다. 영화의 한 장면에서 대통령 후보인 윌리엄스의 참모 한 사람이 TV의 문제는 등장하는 모든 것과 모든 사람이 '신뢰할 만한 것으로 보이게' 하며, 모든 사람이 신뢰할 만하다면 신뢰할 사람은 아무도 없다는 것이라고 윌리엄스에게 말한다. 전문가에 맞서 코미디언 윌리엄스가 토론하는 모습은 둘을 서로 대등하게 보이게 한다. 인터넷에 대해서도 똑같이 말할 수 있다. 인터넷은 올바른 지식이 없는 사람에게는 모든 게 똑같이 신뢰할 만해 보이도록 한다. 그래서 BBC뉴스닷컴BBCNews.com은 그 웹 사이트에서 앨 고어가 기독교인이라고 했지만, 지하드닷컴Jihad.com 웹 사이트에서 앨 고어는 유대인이라고 말한다. 컴퓨터 화면에서는 둘 다 똑같이 옳은 것처럼 보인다.

인도의 신문 《데일리 뉴스와 분석Daily News and Analysis》의 2005년 11월 5일자 기사에서 워싱턴 주재원, 사친 칼백Sachin Kalbag이 쓴 다음의 내용이 내 눈길을 사로잡았다.

웹은 브리태니커 백과사전과 같은 종류의 거부할 수 없는 궁극적인 정보의 저장고이다. 따라서 비둘기들이 머리를 까딱거리는 정확한 이유를 찾을 수 있는 것처럼 이글스의 히트곡 '호텔 캘리포니아'의 가사에 담긴 '콜라이티스colitis'의 속뜻도 100% 정확히 알아낼 수 있다. 아주 새로운 세대의 동반자가 된 웹이 함께 깨어나고 있는 반면에 그 이전의 동반자는 담요를 덮고 잠들어버렸다. 당신의 박사학위 자료가 필요하면, 웹에서 찾아보라. (…) 당신의 학문 연구 논문 또는 회사 보고서에 베껴 쓸 뭔가가 필요하면, 웹이 기다리고 있다. 그건 마치 50여 개의 텔레비전 뉴스 채널에서 각종 주제에 대해 1분 동안 전문가의 의견을 들을 수 있는 것처럼, 웹은 여기저기서 즉각적으로 일군의 똑똑한 사람들을 탄생시키는 것과 같다. 그 결과 그 동일한 세대는 크기가 170TBterabytes(1TB는 1000GB)나 되지만 지혜는 몇 바이트도 제공하지 않는 그런 얕은 지식·정보와 함께 성장하는 위험에 놓여있다. 따라서 다음 세대의 부모들, 교육자들 그리고 사상가들의 과제는 정보의 보급이 아니라 사람들이 정보와 지혜를 판별하는 방법을 변경하는 데 있다. 사실 그 둘을 나누는 경계선이 너무 모호해 종종 정보가 지혜로 혼동되기도 한다.

분명 소방호스에서처럼 쏟아져 나오는 정보의 흐름에서 정보와 지혜를 찾아내는 항해술과 판단력 그리고 정보탐색능력은 항상 중요했다. 그러나 세상이 평평해지고 더 많은 사람이 《뉴욕 타임스》나 BBC와 같이 힘들여 편집하지 않는 뉴스 웹 사이트에서 정보를 얻음으로써 과거 어느 때보다 그런 능력은 더욱 중요해지고 있다. 더욱 많은 사람이 교실 밖에서 특히 온라인으로 스스로 배우고, 더욱 많은 사람이 블로그와 팟캐스트 등을 통해 자신들의 콘텐츠를 전통적인 기준 없이 생성하고, 더욱 많은 사람이 낯설고 계속 만날 것 같지 않은 많은 사람과 점점 더 많은 교류를 함에 따라 그런 능력의 중요성은 더 커진다.

이런 문제에 대해 우리는 머리를 모래 속에 처박고 숨을 수 없다. IBM의 조엘 콜리는 딸의 고등학교에서는 소논문 에세이의 각주로 위키피디아 인용을 금했다고 내게 말했다. 콜리가 이 조치에 반대하는 것은 정당하다. "학교의 의도는 좋아요. 학교 당국은 학생들에게 조심하도록 가르치고 있다고 생각하겠죠. 하지만 실제로 하고 있는 것은 학생들에게 정보를 올바르게 찾는 법을 가르칠 기회를 놓친 겁니다." 즉, 사실을 어디서 찾든지 정리하고 상호 확인하는 법을 배울 기회를 잃은 것이다. 우리 아이들에게 웹상의 자원을 무시하라고 말할 수는 없다. 하지만 그 자원을 올바르게 찾는 항해술을 더 잘 가르칠 수 있고, 그렇게 해야만 한다.

호기심지수+열정지수>지능지수

세 번째 주제는 열정과 호기심이다. 과거에도 그랬지만 무엇을 하든지 열정과 호기심을 갖고 있다면 앞으로 큰 장점이 될 것이다. 다시 말하지만 평평한 세계가 되면 일자리에 대해, 성공에 대해, 특정한 몇몇 주제에 대해, 심지어 취미에 대해서도 호기심과 열정은 과거에 그랬던 것보다 훨씬 더 중요한 요소이다. 왜냐하면 평평한 세계에서는 당신과 당신의 호기심을 더 멀리, 더 깊은 곳까지 이끌어줄 수 있는 도구가 훨씬 더 많을 것이기 때문이다.

《리눅스 저널Linux Journal》의 수석 편집장이자 미국에서 가장 존경받는 과학기술 분야 작가 중 한 사람인 닥 설스Doc Searls는 이 책의 초판(2005년 4월 28일)에 대한 서평에서 이렇게 언급했다.

평평한 신세계에서는 교육의 기회에 제한이 없으며, 학교나 정부, 교회 또는 기업으로부터 지원이 없을지라도 교육의 기회는 무한하다. 거의 필요한 지식 대부분이 웹의 어딘가에 존재하기 때문이다. 특히 당신이 과학기술자라면 더욱 그렇다. 웹이 어디나 존재하지 않는다는 말도 맞다. 그러나 웹은 평평한 곳이라면 어디든 존재한다. 그리고 평평화는 확산되고 있다. 그것도 아주 빠른 속도로. (…) 물론 평균 이하로 멍청한 사람들이 여전히 넘쳐난다는 점에는 의심의 여지가 없다. 하지만 이 교육의 개념을 규모라는 면에서 적용해보라. 교육 대부분은 큰 규모로 이뤄졌다. 교육의 상당 부분이 산업화 시대 초기부터 존재했던 학교체계에 의해 형성되었다. 그 목적은 주로 기업의 조직도에 나와 있는 획일적인 지위에 부합하는 직원을 양산하는 데 있었다. 아래는 넓고 위로 올라갈수록 좁아지는 피라미드 형태의 조직 말이다. (…) 과거 산업화 시대에는 농업이나 그밖에 상대적으로 고립된 직업을 젖혀두면 직업적인 대안은 별로 없었다. 그러나 오늘날에는 초고속 인터넷을 활용할 수 있는 개인들만큼이나 많은 무수한 대안이 존재한다.

이와 같은 근거로 나는 평평한 세계에서 IQIntelligence Quotient(지능지수)는 여전히 중요한 요소지만 CQCuriosity Quotient(호기심지수)와 PQPassion Quotient(열정지수)는 그보다 더 중요하다는 결론을 내렸다. 나는 CQ+PQ>IQ (호기심지수와 열정지수를 합한 것은 지능지수보다 크다)는 방정식에 따라 살고 있다. IQ는 높지만 열정이 모자란 아이보다는 배움에 대한 열의와 발견하고자 하는 호기심으로 가득 찬 아이를 선택할 것이다. 호기심과 열정이 가득한 아이는 스스로 학습하며, 스스로 동기부여를 한다. 그 아이들은 언제나, 특히 개인에 의한 다운로드와 업로드가 가능한 평평한 세계의 플랫폼에서는 더더욱 스스로 학습하는 방법을 터득해나갈 것이다. 설스는 "열심히 노력하는 것은 중요합니다. 하지만 호기심은 더 중요합니다. 호기심이 발동한 아이보다 배우는 데 열심인 아이들은 없습니다"라고 말했다.

내가 내는 세금으로 그 문구를 미국 내 모든 학교의 정문에 새겨두고 싶다. "호기심이 발동한 아이보다 배우는 데 열심인 아이들은 없습니다." 어떤 아이들은 천성적으로 그렇게 타고난다. 하지만 그렇지 못한 아이들 대부분은 학습에 흥미를 느낄 수 있도록 양질의 교육을 통해 아이들에게 호기심이라는 감정을 서서히 주입시켜야 한다. 또는 평평한 세계의 플랫폼이 제공하는 모든 과학기술을 직접 사용할 수 있는 환경을 만들어 아이들의 선천적인 호기심을 자극함으로써 다양하고 풍부한 방법으로 스스로 배우게 하는 것이다. 2005년 4월 24일 자 《뉴욕 타임스》 교육 특집판에 실린 기사에 대해 생각해보기를 바란다. 애리조나 대학교에 다니는 브리트니 슈미트Britney Schmidt 여학생에 관한 이야기다. 슈미트는 학과 수업에 완전히 흥미를 잃었는데, 주로 강의를 하고 교실을 떠나기 바쁜 교수들 때문에 그렇게 되었다고 한다.

"저는 모든 과목에서 A 학점을 받았어요. 하지만 뭔가 실력을 시험하는 어려운 과제가 없었기에 새로운 것에 대해 생각해보지 않았어요." 슈미트 학생이 《뉴욕 타임스》 기자에게 한 말이다. 그러던 중 어느 학기에 어쩔 수 없이 듣게 된 자연과학 강의에서 슈미트 학생은 자신의 호기심을 불러일으키고 그녀의 내면에 불을 지펴준 훌륭한 교수와 조교를 만나게 되었다. 그녀는 말했다. "저는 운이 좋았어요. 진심으로 제자를 위할 줄 아는 교수님의 강의를 들을 수 있었으니까요." 한 학기 수업이 한 명의 과학자를 탄생시켰다. 그 후로도 슈미트는 많은 과학 강의를 더 수강한 후에 UCLA 대학원의 지구물리학과와 시카고 대학교의 우주화학과로부터 동시에 입학허가서를 받아들 수 있었다.

먼저 자신의 내면에 타오르는 열정 없이 다른 누군가의 열정을 불러일으키는 것은 불가능한 일이다. 어느 날 내 강연이 끝난 후 메릴랜드 주 몽고메리 카운티에 있는 레이톤스빌 초등학교 힐러리 루니Hilarie Rooney 교장이 내게 다가와서는 말했다. 자신이 교사를 채용할 때 알고자 하는 것은 아주 단순한 한 가지, 바로 "아이들을 사랑하느냐"는 점이라고 했다. 교사가 학생들과 교감하지 못하면 교육 내용을 제대로 전달할 수 없기 때문이라는 것이다. 음악을 느끼지 못하면 결코 연주할 수 없는 것처럼 말이다.

"하지만 진정으로 아이들을 사랑하는 교사라면 교육 내용을 전달할 수 있습니다. 설사 가르치는 과목에 대한 지식이 부족할지라도 아이들은 교사를 통해 동기를 부여받고 교실 밖에서 스스로 배우기도 하지요. 교사들에게 그런 교수 방법을 가르칠 수 있겠지만 아이들을 사랑하라고 가르칠 수는 없습니다. 교사가 아이들에 대한 애정이 있는지는 교실에 들어서자마자 즉각 감지할 수 있습니다. 초등학생들은 모두 자신의 선생님을 좋아합니다. 아이들의 사랑만큼 애정으로 되돌려주는 교사는 보면 알 수 있지요. 그런 교사들은 아이들이 선생님을 바라보고 최선을 다하도록 끊임없이 자극을 주려고 노력하죠. 결과적으로 아이들의 노력은 자신을 위한 것이지만, 선생님이 진정으로 자기들을 사랑하고 가르치는 일에 열성을 다하는 모습을 본다면 그 아이들은 결코 노력을 멈추지 않을 것입니다. 그것이 바로 진정한 배움이라고 생각합니다."

하나의 주제 분야를 학습하는 데 교사나 부모의 자극 없이 아이가 스스로 높은 PQ, 즉 높은 열정지수를 끌어내는 게 가능할까? 물론이다. 당신의 어린 시절을 돌이켜보라. 당신이 처음으로 소방차나 인형, 병원놀이 장난감, 우주비행사 헬멧을 선물 받은 아이라면, 분명히 이다음에 어른이 되면 소방관이나 패션모델, 아니면 의사나 우주비행사가 되고 싶다고 말했을 것이다. 급여가 얼마인지, 근무시간은 어떤지, 또 무슨 준비가 필요한지 전혀 알지 못한 채 특정 직업에 대해 갖는 그런 순수한 열정이 바로 당신이 다시 교감하고 연결해야 하는 감성이다. "내가 하고 싶어서 그 일을 하고 싶다. 왜 하고 싶은지 설명할 필요는 없다"라는 어린이다운 감정의 재발견이 우리에게 필요한 것이다. 간단히 말하자면, 당신의 의식에 잠재된 예전의 그 소방차를 다시 찾아볼 필요가 있다는 이야기이다. 누구든 한 가지는 갖고 있으며, 스스로 그것을 발견했을 때 비로소 당신도 그게 무엇인지를 알게 될 것이다.

인문학의 중요성 강조

네 번째, 새로운 중간 계층의 직업 중 하나는 위대한 통합능력의 융합가들이므로, 젊은 사람들이 수평적으로 사고하고 이질적인 점을 연결하도록 장려하는 것을 최우선 순위에 두어야 한다. 그것이 바로 혁신이 일어나는 곳이며 혁신을 일으키는 방법이기 때문이다. 하지만 먼저 연결할 점들이 필요하다. 내게 있어 그 점들은 바로 인문학 교육이다. 인문학 교육은 매우 수평적인 형태의 교육이다. 다시 말하면, 평평한 형태의 교육이다. 이는 역사, 예술, 정치학 및 과학 간에 서로 연결하는 것을 의미한다. 물론 우리의 젊은이들은 지식을 쌓아올리는 벽돌과 같은 수학과 과학 훈련을 더 해야 할 필요가 있다. 하지만 우리는 미술과 음악, 문학 교육을 지지함에 소홀해서도 안 된다. 그런 교육도 혁신의 필수 요수들이기 때문이다. 나는 미국경제교육협의회National Center on Education and the Economy, NCEE의 회장인 마크 터커Marc Tucker가 표현한 말을 좋아한다. "우리가 창조성에 대해 단 하나 아는 바가 있다. 전혀 다른 두세 가지의 분야에서 정통한 사람들이 한 분야의 사고 틀을, 다른 분야에 대해 새롭게 생각하는 데 활용할 때 주로 일어난다는 점이다. 이것이 사실이란 걸 직관적으로 알 것이다. 레오나르도 다빈치는 위대한 예술가이며 과학자이자 발명가였고, 각각의 전문성은 다른 분야에 자양분을 주었다. 그는 위대한 횡적인 사상가였다. 그러나 당신이 전 생애를 한 우물에서만 보낸다면, 융합하고 점들을 연결하는 데 필요한 지식 또는 정신적인 민첩함을 가질 수 없을 것이다. 보통은 그런 지식과 사고의 민첩성에서 다음의 위대한 비약적인 발전이 드러나곤 하는데 말이다."

내가 생각할 수 있는 가장 좋은 예 중의 하나는 애플컴퓨터의 공동 창업자인 스티브 잡스가 2005년 6월 12일에 스탠퍼드 대학교의 졸업식 축사를 하면서 그 자신에 대해 말한 이야기이다.

　　세계에서 가장 훌륭한 대학의 하나인 스탠퍼드 대학교의 졸업식에 졸업생 여러분과 함께 하게 되어 나로서는 영광입니다. 저는 대학을 졸업하지 못했습니다. 진실을 말하자면, 오늘이 제가 대학 졸업식을 가장 가까이서 접해본 순간입니다. 오늘 여러분에게 제 인생을 돌아보며 세 가지를 이야기하고 싶습니다.

　　첫 번째는 점을 연결하는 것에 관한 이야기입니다.

　　나는 리드 대학교를 6개월 만에 중퇴했습니다. 하지만 그 후에 정말로 그만둘 때까지 18개월 정도를 청강하고 다녔습니다. 그러면 제가 왜 중퇴했을까요?

　　그건 내가 이미 태어나기도 전에 시작되었습니다. 내 생모는 대학 졸업생인 젊은 미혼모였으며, 내가 태어나자 날 입양 보내기로 했습니다. 생모는 대학을 졸업한 사람에게 입양되어야만 한다는 강한 믿음이 있었고, 그에 따라 나는 태어나자마자 변호사 부부에게 입양되도록 모든 절차가 준비되었습니다. 하지만 내가 태어나자 예정된 양부모는 딸을 입양하길 원한다고 마지막 순간에 마음을 정했습니다. 그래서 대기자 명단에 올라있던 내 부모는 한밤중에 전화를 받아 "예상치 못하게 입양 가능한 사내아이가 있는데, 입양을 원하십니까?"라는 질문을 받았습니다. "물론입니다"라고 부모님께서 대답했습니다. 나중에 내 생모는 내 양어머니가 대학을 졸업한 적이 없으며, 아버지는 고등학교도 졸업하지 못했다는 걸 알게 되었습니다. 그래서 내 입양서에 최종적으로 서명하길 거부했지요. 몇 달 뒤에 양부모님께서 날 나중에 대학에 꼭 보내겠다고 약속하자 생모는 많이 누그러져서 최종 입양서류에 서명을 해줬습니다.

　　17년 뒤에 나는 대학에 가게 되었습니다. 그렇지만 나는 아무 물정도 모르고 스탠퍼드 대학교만큼이나 학비가 비싼 대학을 골랐고, 열심히 일해야 먹고 사는 내 부모님의 저축금을 모두 대학 등록금으로 써버렸습니다. 6개월이 지나자 나는 대학에서 그만한 가치를 발견하지 못했습니다. 내 인생에서 무엇을 하고 싶은지 아무 생각이 없었으며, 대학이 어떻게 내가 그걸 찾는 데 도움을 줄지도 알지 못했습니다. 게다가 내 부모님께서 평생 모은 전 재산을 낭비하고 있었습니다. 그래서 대학을 중퇴하기로 결심했으며, 모든 게 잘 풀려나가리라고 믿었습니다. 그 당시엔 상당히 겁이 났지만, 돌아보면 내가 내린 최고의 결정 중의 하나였습니다. 중퇴한 그 순간부터 내 관심을 끌지 못했던 필수 과목들을 수강하지 않아도 되었고 흥미로워 보이는 과목들을 청강하기 시작했습니다.

그런 것들이 그렇게 낭만적이진 않았습니다. 기숙사 방도 없었기에 친구들 기숙사 방바닥에서 잤습니다. 음식을 사 먹기 위해 5센트의 병 보증금을 돌려받으려고 콜라병을 모으기도 했고, 헤어크리시나 사원에서 일주일에 한 번 따뜻한 저녁 식사를 얻어먹기 위해 매주 일요일에 시내를 가로질러 약 11km를 걸어가곤 했습니다. 전 모든 것이 좋았습니다. 내 호기심과 직관을 따라서 좌충우돌했던 것들의 대부분이 나중에 무한한 가치가 있었음을 알게 되었습니다. 예를 한 가지 들어보겠습니다.

그 당시에 리드 대학교는 아마도 전국에서 최고의 서체법 강의를 제공했습니다. 캠퍼스 곳곳에 걸린 각종의 포스터와 모든 서랍에 붙은 표지 등은 매우 아름답게 손으로 쓰여 있었습니다. 나는 중퇴했고, 정규 수업을 듣지 않아도 되었기에 그렇게 멋지고 아름답게 글자 쓰는 법을 배우기 위해 서체법 수업을 듣기로 했습니다. 세리프체와 활자서체 및 서로 다른 글자의 조합에 따라 어떻게 글자 간 공간을 조정하는지, 그리고 멋진 인쇄체가 아름답게 보이게 하는 요인이 무엇인지에 대해 배웠습니다. 서체들은 과학이 담아낼 수 없는 아름다움과 역사성, 그리고 미묘한 예술성을 담고 있었습니다. 저는 그러한 서체에 완전히 매료되었습니다.

이런 것들이 내 실생활에서 쓰임새가 있을 거라고는 꿈에도 생각지 못했습니다. 그런데 10년 뒤 첫 번째 매킨토시 컴퓨터를 디자인하고 있었을 때 그 모든 것이 내게 떠올랐습니다. 우리는 그 서체들을 모두 매킨토시에 집어넣었습니다. 바로 아름다운 활자체를 갖춘 첫 번째 컴퓨터가 탄생했습니다. 대학에서 그 서체법 강의 하나를 듣지 않았더라면 매킨토시는 다양한 활자체와 공간 비율이 잘 맞춰진 글꼴을 갖지 못했을 겁니다. 윈도우가 맥을 흉내 냈기 때문에 아마도 개인용 컴퓨터에 그런 활자체는 없었겠지요. 내가 대학에 있었을 때, 앞날을 내다보면서 점들을 연결하는 것은 당연히 불가능했을 겁니다. 그러나 10년이 지난 뒤에 뒤돌아보니 너무나도 확연하고 명확해졌습니다.

다시 말하지만, 앞을 바라보면서 점들을 연결할 수는 없습니다. 오로지 뒤를 돌아볼 때만 점들을 연결할 수 있습니다. 그러니 여러분은 점들이 어떤 경로로든지 여러분의 미래에 연결될 것임을 확신해야 합니다. 여러분은 여러분의 용기, 운명, 인생, 인연 등 그것이 무엇이든지 뭔가에 대한 믿음을 가져야 합니다. 이 접근법을 썼을 때 결코 실망스러운 결과를 얻은 적이 없었으며, 내 인생에서 모든 면을 바꿔놓았습니다.

스티브 잡스의 이야기는 기술적인 진보를 이루는 영감이 항상 기술적인 지식에만 뿌리를 두는 것은 아니라는 점을 강조한다. 수학과 과학은 필요하고 필수불가결한 요소이지만, 그것만으로는 충분하지 않다. 미국이 IBM 컴퓨터와 아이팟에 이르기까지 새로운 제품과 서비스 혁신에서 항상 앞섰던 한 가지 이유는 미국 사회가 변함없이 기술과 인문학 모두에 가치를 두었기 때문이다. 어떤 아이도 뒤처지지 않도록 하자는 우리의 정당한 바람이 있다면 미술과 음악, 극문학 그리고 문학 강의수업도 내팽개치지 않도록 해야 할 필요가 있다. 그런 분야들을 내버려둔다면 훌륭한 중간 계층 직업과 그 일자리를 차지할 일꾼들을 창출할 수 있는 경제력과 우리 능력의 중요한 원천을 훼손하는 것이다.

미국경제교육협의회 회장인 마크 터커가 다음과 같은 글을 썼다.

가장 중요한 새로운 제품과 서비스를 생산하는 국가들은 세계시장에서 그 나라 국민에게 높은 급여를 가능하게 해줄 프리미엄을 확보할 수 있다. (…) 하지만 그런 부류의 지도력은 기술에만 의존해서는 안 된다. 그런 지도력은 끊임없이 스스로 재창조하는 뼛속 깊이 든 창의력에 달려있다. 또한 이전에 존재하지 않았던 물건들을 사람들이 어떻게 쓸지 상상해내고, 독창적인 마케팅과 판매 전략을 창안해내며, 책을 쓰거나 가구를 만들고, 영화를 만들 뿐 아니라 사람들의 상상력을 붙들고 수백만의 사람들에게 없어서는 안 될 그런 새로운 소프트웨어를 상상하는 능력이 있는 수많은 사람에게 달려있다.

읽기와 쓰기, 말하기, 수학, 과학, 문학, 역사 및 예술에서 매우 높은 수준으로 학습하는 것은 근로자 대부분에게 필수적인 바탕이 되는 그런 세상이다. 아이디어와 추상적인 개념을 쉽게 다루는 것은 좋은 직업으로 통하는 증명서가 되며, 창의력과 혁신은 훌륭한 삶의 열쇠가 되고, 우리 대부분이 받았던 교육과는 판이하게 다른 높은 수준의 교육만이 (안전판이 존재한다면) 유일한 안전판이 되어줄 그런 세상이 되었다.

반복 작업이 대부분 기계로 수행되는 세상은 수학적인 합리적 사고가 수학적인 사실보다 더 중요하게 여겨지지 않고, 자신들이 생산하는 제품 디자인에 공헌할 수 없는 일선 근로자들은 그 제품의 과거 모델만큼이나 진부해져 버리는 그런 세상이다. (…) 오락산업이 발전하면서 음악가 또는 미술가이기도 한 소프트웨어 엔지니어들이 그렇지 못한 소프트웨어 엔지니어들보다 경쟁우위를 갖게 된 그런 세상이다. 또한 나노 기술에 대해 아는 것이 건축설계사들에게 도움이 되며, 주문자 생산 요트와 고깃배를 만드는 소규모 사업자는 탄소섬유 강화복합재료의 과학적인 기초에 대해 빨리 배울 수 있어야만 생존이 가능해지는 바로 그런 세상이다.

이미 말했듯이 인도와 중국에서는 수많은 젊은 학생들에게 수학과 과학을 가르쳐 확고한 기반을 닦도록 하고 있으며, 이는 그들이 가난에서 벗어나는 데 매우 중요한 역할을 하고 있다. 그러나 인도와 중국의 사업가 및 교육자들과 대화할 때면, 그들 중 일부가 수학과 과학이 미술, 문학, 음악 및 인류사회학과 함께 교육되지 못하면 인도와 중국도 다음 단계의 세계적인 경쟁 수준에 올라서는 경쟁력에 불이익이 될 것이라고 그들의 우려를 밖으로 표출하는데, 이는 결코 우연은 아니다.

인도의 거대 아웃소싱회사 엠파시스의 공동 창업자 제리 라오는 내게 이렇게 말했다. "인도에는 인문학을 공부하려는 사람은 없고, 모두가 엔지니어와 MBA가 되려고 합니다. 우리는 야심만만한 프로그래머와 영업전문가만 가진 나라가 되어가고 있습니다."

50년 전 인도에서 산스크리트어(범어) 전공학자들은 존경받았지만, 오늘날은 모두가 엔지니어, 프로그래머, MBA 아니면 의사가 전부라고 라오가 지적했다. 라오는 "올해에 산스크리트어 연구의 박사학위자는 인도보다 미국에서 더 많이 배출될 겁니다. 산스크리트어는 인도 문화의 뿌리인데 말입니다"라고 말했다.

"인문학을 공부한 사람들이 아주 없다면, 인도-트리니나드계이며 노벨문학상 수상자인 네이폴V.S. Naipauls과 인도 경제학자로서 노벨 경제학상 수상자인 아마르티아 센Amartya Sens과 같은 인물들을 다음 세대에는 기대할 수 없을 것"이라고 라오는 덧붙였다. "그것은 슬프기도 하고 위험한 일입니다."

우뇌적인 사고의 육성

끝으로 이질적인 점들을 연결하는 것에 창의력이 좌우된다면, 우리의 젊은이들에게 인문학과 같이 더 많은 점에 대해 교육할 뿐만 아니라 수평적인 사고능력, 즉 서로 다른 관점과 원리들을 혼합해 제3의 것을 만들어내는 능력에 대해 교육할 필요가 있다. 그런 재능은 우리의 우뇌에서 주로 일어나는 현상이며, 교육가들은 우리가 어떻게 그런 능력을 육성할 수 있는지 생각해봐야 한다. 『새로운 미래가 온다A Whole New Mind: Moving from the Information Age to the Conceptual Age』의 저자 다니엘 핑크Daniel Pink는 다음과 같이 설명하고 있다.

과학자들은 이미 오래전부터 인간의 두뇌가 신경학적으로 메이슨-딕슨 라인에 의해 두 개의 구역, 즉 좌뇌와 우뇌로 나뉘어 있다는 것을 알고 있었다. 그러나 최근 10년 사이에 부분적으로는 MRI 진단기능의 발전에 힘입어, 두 개의 구역이 각각 어떻게 임무를 나눠갖는가에 대해 더욱 정확하게 규명해내기 시작했다. 인간의 좌뇌는 순차적인 사고, 표면적인 해석 및 분석의 기능을 담당하는 반면에 우뇌는 맥락의 파악, 감정 표현 및 통합 기능을 담당한다. 물론 1000조에 달하는 신경망을 형성하는 1000억 개의 세포로 이루어진 인간의 뇌는 숨 막힐 정도로 복잡하다. 좌뇌와 우뇌는 서로 조화를 이루어 작동하며 우리가 하는 거의 모든 행위는 양쪽 뇌를 같이 사용한다. 이러한 인간 두뇌의 구조는 우리의 시대상을 설명하는 데 도움을 줄 수도 있다.

최근까지만 해도 학교와 직장 및 사업에서 성공으로 이끄는 능력은 좌뇌의 특질이었다. 일종의 직선적이고 논리적이며 분석적인 재능으로서 SAT로 측정될 수 있고 공인회계사들이 주로 사용하는 그런 기능들이다. 그런 능력은 오늘날에도 여전히 필요하지만 그것만으로는 더 이상 충분하지 않다. 아웃소싱에 의해 거꾸로 뒤집히고, 데이터가 범람하며, 선택의 기회가 넘쳐나는 세계에서 관건이 되는 능력은 예술적 재능이나 감정이입, 큰 그림을 볼 줄 아는 능력, 초월성의 추구 등과 같이 기질적으로 우뇌의 특성에 더 가까운 면들이다.

핑크가 주장하는 바는 더 많은 우리의 젊은이들이 대체 불가능한 사람들이 되길 바란다면, 즉 '컴퓨터나 로봇이 더 빠르게 처리할 수 없는 일 또는 재능 있는 외국인이 더 낮은 비용으로 똑같이 수행해낼 수 없는 일'을 하는 사람이길 바란다면, 우리 학생들이 계속 우뇌를 개발하도록 하는 교육에 집중해야 할 필요가 있다. '예를 들면 거래업무를 수행하기보다는 대인관계를 형성하고, 일상적인 문제점을 해결하기보다는 새로운 도전과제를 공략하며, 하나의 구성요소를 분석하기보다는 전체적인 그림을 도출해내는 것 등'이다.

우리 모두 내일 당장 일자리를 잃는 건 아닐 것이다. (⋯) 하지만 지구 반대편과의 의사소통에 드는 비용은 거의 제로가 되어가고, 인도는 영어를 사용하는 국민이 가장 많은 국가가 (2010년까지는) 될 것이며, 개발도상국들은 뛰어난 능력을 보유한 수백만 명의 지식 근로자를 계속해서 배출하고 있다. 이에 따라 서방 국가들의 전문 직업인의 생활은 엄청난 변화를 겪을 것이다. 방대한 수의 계산과 차트의 해석 및 프로그램 코드 작성 등이 국외에서 더욱 저렴한 비용으로 이루어질 수 있고, 그 결과가 광섬유 케이블을 통해 고객에게 즉각적으로 전달될 수 있다면, 바로 그런 곳으로 일자리가 옮겨갈 것이다.

하지만 이와 같은 비교우위의 돌풍은 일련의 규칙이나 정해진 반복적인 일과 지시된 사항에 의해 처리될 수 있는 단지 특정한 종류의 화이트칼라 일자리만을 휩쓸고 갈 뿐이다. 그래서 기본적인 컴퓨터 코딩, 회계, 법률적인 연구, 재무 분석과 같이 폭 좁은 좌뇌의 활동에 의한 일자리들이 바다 건너 국외로 옮겨가는 것이다. 그러나 그런 이유 때문에 덜 반복적이고 덜 정형적인 일을 하는 사람들과 기업에는 풍부한 기회가 남아 있다. 컴퓨터 시스템 전체를 설계할 수 있는 프로그래머와 인생설계사의 역할을 수행할 수 있는 회계사, 그리고 복잡한 엑셀 프로그램의 사용능력보다 협상의 기교가 뛰어난 은행가 등이 그런 기회를 가질 수 있는 직업들이다.

"외국인들이 좌뇌의 영역에 속하는 업무를 보다 저렴하게 수행할 수 있는 지금, 미국인은 우뇌의 영역에 속하는 업무를 더 훌륭하게 수행해야 한다"고 핑크는 주장한다. 이는 몇 번이나 강조해도 충분하지 않다. "외국인들이 좌뇌의 영역에 속하는 업무를 보다 저렴하게 수행할 수 있는 지금, 미국인은 우뇌의 영역에 속하는 업무를 더 훌륭하게 수행해야 한다." 핑크는 다음과 같이 더욱 상세히 기술하고 있다.

지난 세기에는 기계가 인간 근육의 힘을 대신할 수 있음이 증명되었다. 금세기에는 기술이 인간의 좌뇌를 능가하는 성과를 낼 수 있음을 증명해 보이고 있다. 기술은 순차적이고, 귀납적이며, 계산적인 업무를 IQ가 가장 높은 사람들보다 더 훌륭하고, 더 신속하고, 더 정확하게 실행할 수 있다. 컴퓨터와의 대결에서 패배한 체스의 최고수 가리 카스파로프Garry Kasparov에게 물어보면 금방 알 수 있을 것이다. (…)

이 시대에 성공하기 위해서는 이미 고도로 발달한 첨단기술력에 '하이콘셉트high concept'와 '하이터치high touch' 성향을 보충할 필요가 있다. 하이콘셉트란 예술적이고 감성적인 아름다움을 창조하고, 형태와 기회를 감지하고, 흥미로운 이야기를 엮어내며 이 세상 누구도 알아차리지 못한 것을 발명해낼 수 있는 능력을 의미한다. 하이터치는 공감대를 형성할 수 있는 능력이나 인간의 미묘한 상호작용에 대한 이해력, 자아의 내면적 즐거움에 대한 발견과 타인으로부터 그것을 도출해낼 수 있는 능력, 그리고 목적과 의미를 추구하는 과정에서 일상적인 것을 넘어갈 수 있는 능력 등을 포함한다.

이러한 하이콘셉트와 하이터치 능력을 개발하는 것은 누구에게나 쉬운 일은 아니다. 누군가에게는 도저히 손에 넣을 수 없기도 하다. 그렇다고 두려워하지는 마라. 적어도 두려움을 덜 가져야 한다. 현재 가장 관건이 되는 능력은 근본적으로 인간적인 속성들이다. 따지고 보면 그 옛날 사바나에서 동굴 생활을 했던 우리의 선조들은 스프레드시트에 숫자를 끼워 넣지도 않았고 코드를 디버그하지도 않았지만, 이야기를 전하고 감정을 이입하며 혁신을 설계했다. 이러한 능력은 항상 인간 속성의 일부였다. 다만 정보화 시대에 여러 세대를 거치는 동안 인간이 가지고 있던 하이콘셉트, 하이터치 근육들이 퇴화했을 뿐이다. 그런 근육들을 보기 좋게 되살려내는 것이 우리의 도전과제다.

그렇다면 당신은 어떤 방법으로 우뇌의 기능을 살릴 것인가? 우뇌의 기능을 풍부하게 살려내는 방법은 교육전문가들에게 맡겨둬야겠다. 하지만 우뇌 개발의 한 가지 방법이 있다면 당신이 진정으로 사랑하는 일, 적어도 좋아하는 일을 하는 것이다. 무형의 그 무엇을 가져다가 쉽게 반복될 수 없고 자동화 또는 아웃소싱될 수 없는 그 무엇을 당신의 우뇌로부터 이끌어내야만 하는 일이기 때문이다. 핑크는 이렇게 표현한다. "이 시대가 요구하는 가장 중요한 능력들은 본질적인 욕구에 따른 인간 행동과 같은 것으로 판명되고 있다. 내재한 본질적 욕구로 회계사가 되는 사람은 비교적 적을 것이다. 본질적 욕구란 인간이 창조자나 감정 이입의 주체로 변모할 수 있는 원동력이며 디자이너나 스토리텔러, 상담가나 컨설턴트로 만드는 추진력이다. 주말에 자신의 차고에서 취미 삼아 수채화를 그리는 회계사들이 있을 것이다. 영화 대본을 쓰는 변호사도 있을 것이다. 그러나 장담하건대 주말마다 다른 사람의 세금 관련 업무를 재미삼아 처리해주는 조각가는 거의 찾아볼 수 없을 것이다. 달리 말하면, 진정으로 하고 싶어서 하는 일과 경제적 혜택을 누리기 위해 하는 일들이 점점 조화를 이루게 될 것이다."

따라서 핑크는 부모님이나 당신의 대학 졸업식에서 축사하는 연사가 "자신이 진정으로 사랑할 수 있는 일을 하라"는 말을 할 때 그들은 달콤하지만 시시하기만 한 말을 전하는 것은 아니라고 결론을 맺고 있다. 그들은 당신들에게 생존 전략을 일러주고 있는 것이다.

튜바와 시험관

이제 한 걸음만 뒤로 물러나 보자. 중간 계층의 새로운 일자리가 당신에게 협력할 줄 아는 사람, 지렛대효과를 이용해 능력 이상의 성과를 내는 사람, 적응력 있는 사람, 설명할 줄 아는 사람, 통합과 합성능력이 있는 사람, 시나리오 모델을 수립할 줄 아는 사람, 지역화와 개인화한 상품과 서비스를 만드는 능력을 갖춘 사람이길 요구한다. 그리고 그런 중간 계층의 일자리에 접근하기 위해서는 다른 무엇보다 학습의 방법을 배우는 것, 열정과 호기심을 업무에 접목하는 것, 원만한 대인관계를 유지하는 것 및 우뇌의 기능을 육성하는 것 등이 필요하다면, 이것은 교육에서 구체적으로 무엇을 의미하는가?

다시 말하지만, 나는 교육자가 아니므로 상당히 겸허한 자세로 이 질문을 하게 되었다. 하지만 기자이기에 이런 질문을 회피하지 않고 답을 얻고자 애써 온 진정한 교육자가 무수히 많다는 사실을 전달할 수는 있다. 새로운 중간 계층에 '적합한 교육'을 설계하고자 노력하는 대학들의 실험적인 시도가 많다는 것에 나는 깊은 인상을 받았다. 그중에서 사려 깊은 접근법을 자세히 설명하기 위해 애틀랜타에 있는 조지아 공과대학Georgia Institute of Technology, GIT의 사례에 초점을 맞춰 다루고자 한다.

1994년 조지아 공과대학의 총장으로 취임한 웨인 클러프Wayne Clough는 평평한 세계에 적합한 교육에 대해 재고해야 할 절대적인 필요성을 느꼈다. 클러프 총장은 이런 말을 했다. "1960년대에 내가 대학의 위엄에 눌린 신입생으로 대학에 왔을 때는 신입생들을 위한 훈련 과정이 있었습니다. 거기서는 '왼쪽을 돌아보라. 오른쪽을 돌아보라. 너희 중 오직 한 명만이 졸업할 수 있을 것이다'라고 말하곤 했습니다."

그 당시에 조지아 공과대학은 오늘날처럼 입학생 선발에 까다롭지 않았다. 전적으로 성적에 초점을 맞춰서 우수한 학생이 살아남는 일종의 다윈주의 방식으로 학생들을 선발했다. 클러프 총장이 말하듯이 당시는 사회적으로나 학문적으로 재미라고는 찾아볼 수 없는 냉혹한 환경이었다. 1990년대 초반까지만 해도 조지아 공과대학을 졸업하는 학생의 비율은 입학생의 65%에 그쳤다. 학생들이 중도에 학업을 그만두었는데, 교과 과정과 교육환경 모두 학생들에게 그리 희망적이기 않았기 때문이다. 그리고 학교는 학생들의 성공을 같이 축복해주는 곳이 아니었다.

취임 당시 클러프 총장은 미국에는 지금보다 더 훌륭한 과학자와 기술자, 기업가들이 절실히 필요하므로, 전체의 3분의 1에 달하는 전도유망한 학생들이 졸업하지 못하는 걸 대학이 그대로 내버려둘 수 없다는 견해를 가지고 있었다. 그는 단순히 교육량을 늘리는 것이 아니라 질적으로 적합한 교육을 하는 것만이 더 많은 대학 지원자를 불러오고, 더 많은 졸업생을 배출할 수 있음을 깨달았다.

클러프 총장은 엔지니어로 일했던 자신의 개인적인 경험에 비추어 조지아 공과대학의 교육 방법을 다시 생각해보기 시작했다. 그가 여러 해 동안 함께 일해온 최고의 엔지니어들은 학교에서 일등만 하던 학생들이 아니었다. 클러프 총장은 "그들은 창의적으로 생각하는 방법을 알고 있었습니다. 미적분 방정식을 다른 엔지니어들보다 더 잘 풀지는 못하더라도 미적분을 활용해 해결해야 할 문제점을 다른 누구보다 잘 규명할 줄 아는 사람들이었습니다. (…) 그들은 보통 강한 개성과 무형의 뭔가를 가진 사람들이었습니다"라고 말했다.

캠퍼스에서 더 많은 시간을 보낼수록 클러프 총장은 재능있는 아주 많은 학생이 강의실에서 경험하는 것보다는 영화 제작이나 작곡 또는 어떤 아주 파격적인 취미 등과 같이 자신들의 창의력을 표출하는 방법에 더 큰 흥미를 보인다는 사실을 알게 되었다. "이런 학생들과 이야기를 나눠보면 정말 재미있는 친구들입니다. 그래서 나는 '학교에 이런 흥미로운 학생들이 더 많아지면 정말 좋겠다. 그런 학생들이 많아지면 학교는 즐거움이 넘치는 곳이 될 것이고, 일차원적 사고방식을 가진 학생들이 자신과 다른 부류의 학생들과 부딪치는 과정에서 점차 다차원적인 사고방식을 가질 수 있도록 도와줄 것'이라는 생각을 하게 되었죠."

그래서 1990년대 후반부터 클러프 총장은 조지아 공과대학의 입학정책을 점차 수정해나갔다. 그는 대학의 학생선발부서에서 공학 분야의 재능을 갖추었으면서 악기를 연주하고 합창단에서 노래했으며, 단체운동경기 팀에서 활동하기도 한 학생들을 입학시키는 데 특별한 노력을 기울이도록 했다.

"입학정책을 수정하자는 생각을 하게 된 것은 다른 분야에도 관심과 흥미를 느끼는 사람들이 대체로 커뮤니케이션을 할 줄 알고, 더욱 사교적입니다. 또한 도움이 필요할 때는 기꺼이 도움을 요청할 줄도 알고, 도움이 필요한 사람들을 더 많이 도와주려 하는 경향을 보이며, 수평적인 사고를 하고 (…) 서로 다른 원리와 분야들을 서로 함께 통합할 수 있는 능력을 갖춘 경우가 많다는 사고에 근거합니다."

클러프 총장의 말에 의하면 입학정책을 수정한 결과 지금은 조지아 공과대학에 입학하는 신입생의 절반 이상이 악기를 연주하고, 각종의 음악 그룹에서 활동한 경험이 있다. 그런 학생들이 너무 많아서 이제 클러프 총장에게 대학 교정에 더 많은 연주회장과 공연장을 건설해야 하는 힘든 일이 생겼다. 그는 "내가 골칫거리 괴물을 만들어낸 거죠"라고 농담으로 말했다. 클러프 총장은 역시 더 많은 졸업생을 배출해냈다. 그가 취임했을 당시 65%였던 졸업생 비율이 2005년에는 76%까지 높아졌다. 그리고 그들은 이전과는 다른 부류의 졸업생들이었다.

클러프 총장은 이렇게 말한다. "학생들의 반응이 아주 좋았습니다. 음악 강의를 듣는 학생들이 엄청나게 증가했습니다. 처음엔 실내악 합주단의 형태로 아주 작은 규모였지만 지금은 열두 팀이 넘습니다. 캠퍼스에 실내관현악단이 하나도 없었는데 이제는 다섯 팀이나 됩니다. 컴퓨터로 음악을 합성하는 그룹도 있고 재즈그룹도 있습니다. 드럼을 연주하는 로봇과 가상 드럼virtual drum 연주자들을 곳곳에서 볼 수 있습니다." 드럼 연주 로봇과 가상 드럼 연주자를 공대에서 볼 수 있다니!

이와 동시에 행진악대marching band나 관현악단과 같은 대규모 협주단에 참여하려는 학생의 수가 굉장히 증가했고 음악적인 기교 또한 세련되어졌으며, 남성 합창단이나 아카펠라 그룹 같은 소규모 모임들도 놀라울 정도로 발전했다고 클러프 총장이 말했다. 우리는 지금 줄리어드 음대가 아니라 조지아 공대의 음악 모임에 관해 이야기하는 중이다. 클러프 총장은 이렇게 덧붙였다. "아주 많은 학생이 이런 과외활동의 기회를 찾고 있습니다. 그래서 교정에 있던 낡은 고등학교를 음악 활동을 할 수 있는 건물로 개조했고, 넓은 강당이 있는 오래된 교회 건물은 합창단이 쓰고 있습니다. 또한 새 학생회관 건물에 있는 무대 시설처럼 학생들이 재능을 마음껏 뽐낼 수 있는 자유로운 공간을 만들었습니다."

조지아 공대를 노래하는 학교로 만들려는 클러프 총장의 노력은 조지아 대학교가 애틀랜타 올림픽 선수촌으로 사용되었던 1996년에 많은 도움을 받았다. 조지아 공대의 악단장이 애틀랜타 올림픽 악단장으로 뽑혔고 대회 폐막 이후에는 올림픽 기간에 사용했던 악기들을 반값에 사는 기회를 잡았다. "그래서 하루아침에 악단의 규모가 두 배로 커졌죠. 그것이 음악 활동에 관심을 기울이도록 한 계기 중 하나였습니다. 굉장한 수확이었어요. 덕분에 조지아 대학교의 행진 악대는 튜바를 스물네 대나 보유하게 되었습니다. 튜바를 스물네 대나 가진 행진 악대가 있는 학교도 별로 없어요. 다음에 미식축구 시합을 보게 된다면 한번 확인해보세요."

시험관만큼이나 튜바에 대해 자랑을 늘어놓는 일류 공과대학의 총장도 그리 많지는 않다. 하지만 클러프 총장은 그렇게 자랑할 만한 이유가 있다. 짐작건대 조지아 공대에 음악 소리가 넘치고, 학부의 교육 시스템에 사용자 친화적인 방법을 더하고, 또 학생들이 더욱 쉽게 국외교육을 받을 수 있게 함으로써 단순히 많은 수의 기술 엔지니어를 양산하는 것이 아니라 더욱 많은 바람직한 기술 엔지니어들을 배출하고 있었다.

클러프는 "악기를 연주하거나 악단의 일원으로 활동하는 학생들은 사회적 사교성을 더 많이 갖고 있습니다. 그런 학생들은 자신의 전공 공부만 파고들지 않습니다"라고 말했다. 그리고 그런 학생들은 다양한 분야의 견해를 조직하고 통합할 줄 아는 능력을 갖추었을 가능성이 높다고 덧붙였다. 클러프 총장이 다음과 같은 예를 들었다. 태양광선을 전기로 변환하는 광자학photonics 기술 분야에 큰 수요가 생길 것이다. 그 분야에는 기초공학과 화학공학, 전기공학 등을 전공한 학생들이 많이 필요할 것이다. 클러프 총장은 한 엔지니어링 대기업 사장이 최근 자신에게 했던 말을 들려줬다. "우리 회사에 컴퓨터로 대체할 수 있는 엔지니어를 보내지 마세요. 그런 일은 인도로 보냅니다. 적응력을 갖추고 원리 간에 넘나들며 사고할 수 있는 엔지니어를 보내주십시오."

위에서 그랬던 것처럼 아래에서도 마찬가지였다. 조지아 공대의 컴퓨팅대학은 이러한 폭넓은 주제를 골라서 수업에 반영했다. 닷컴기업의 거품이 가라앉은 이후 조지아 공대의 컴퓨터 과학 분야 입학생 수도 급격히 감소했다. HP의 최고기술경영자를 역임하고 현재 컴퓨팅대학 학장으로 있는 리치 드밀로Rich DeMillo는 이렇게 말한다. "모든 일자리가 인도나 중국으로 빠져나간다는 신문 기사를 모든 사람이 읽었습니다. 학부모들이 제일 먼저 하는 질문이 '프로그래밍 일자리가 모두 국외로 빠져나가면 우리 아이들은 뭘 하게 되는 건가요?' 였죠." 이에 드밀로 학장은 버클리 대학교의 국제컴퓨터과학연구소에서 영입한 메릭 퍼스트Merrick Furst 부학장과 함께 직접 업계로 나가 직원을 채용하는 고용주들에게 다음과 같은 두 가지 간단한 질문을 던졌다. 당신들이 고용하려고 하는 사람은 누구인가? 그리고 컴퓨터 영재들은 기업에서 부가가치를 얻기 위해 어떻게 활용되는가? 두 사람은 애틀랜타에 있는 CNN 본사를 방문했을 때 방송사의 네트워크를 통해 축적된 엄청난 양의 디지털 및 아날로그 형태의 콘텐츠를 눈으로 확인할 수 있었다. 그 모든 콘텐츠를 컴퓨터로 관리해 TV에서부터 휴대전화, 비디오 아이팟, 웹 사이트에 이르는 다양한 매체를 통해 전달할 방법을 찾는 것은 컴퓨터 과학 분야에서 적절한 교육을 받은 졸업생들(즉, 기술을 활용해 이야기를 전달할 수 있는 능력이 있는 사람들)에게 엄청난 성장성을 가진 산업임이 분명해졌다.

모든 심사숙고를 거친 후에 드밀로와 퍼스트는 2004년에 조지아 공대의 컴퓨터과학 전공 분야를 아홉 개의 스레드thread로 재편했다. 두 사람은 그것들을 스레드라는 새로운 이름으로 불렀다. 각각의 스레드는 컴퓨터공학과 또 다른 분야의 결합으로 통합된 지식을 양산하며 진정한 가치 창조의 산실이 될 터였다.

퍼스트는 그러한 교과 과정에 대해 이렇게 설명했다. "스레드는 수직적인 교과 과정, 즉 고정된 기술과 지식만을 습득한 학생들을 배출하는 교육에서 떠났음을 대변합니다. 스레드는 근본적으로 수평적인 사고이며, 학생들에게 세계적으로 경쟁하는 개념의 시대Conceptual Age에서 번영하는 데 필요한 광범위하고 다양한 기술과 학습경험 제공을 목표로 삼습니다. 스레드는 직관적이고 융통성 있으며 쌍방의 역량을 강화할 수 있는 학습 과정을 제공함으로써 학생들이 자기만의 특별한 미래를 조각해가도록 해줄 것입니다."

아홉 개의 스레드는 컴퓨팅과 지능, 컴퓨팅과 구체화, 컴퓨팅과 인터네트워킹, 컴퓨팅과 플랫폼, 컴퓨팅과 정보, 컴퓨팅과 사람, 컴퓨팅과 미디어, 컴퓨팅과 모델링, 컴퓨팅의 기초 등이다. 조지아 공대에서 컴퓨터 공학학위를 받기 위해서는 두 가지 스레드를 반드시 거쳐야 한다.

컴퓨팅과 미디어를 보면 학생들은 컴퓨터공학, 커뮤니케이션, 작문 그리고 인문교양 과정까지 모두 이수해야 한다. 퍼스트 부학장이 말하는 스레드의 궁극적인 목적은 '기술을 통해 인간을 위한 이야기를 전달하고 경험을 창조하는 데 알아야 할 것'을 학생들에게 가르치는 것이다. 이 과목에서 다루는 주제는 컴퓨터를 활용한 그래픽에서 햄릿에 이르기까지, 인간의 직관력에서 쌍방향

대화식 소설 엔진interactive fiction engine에 이르기까지 다양한 주제를 망라하고 있다고 퍼스트는 덧붙였다. 만약 당신이 최고의 게임 설계자가 되고자 한다면 컴퓨팅과 미디어 스레드가 그 출발점이 될 것이다.

컴퓨팅과 사람 스레드에서는 시스템의 설계, 구축, 평가에서 인간을 그 중심적 구성요소로 간주하는 이론적, 컴퓨터공학적 기초에 대한 이해를 도움으로써 학생들을 준비된 인재로 만들어낸다. 컴퓨팅과 사람을 공부하는 학생은 컴퓨팅과 구체화 과목과 연계해서 인간과 로봇의 상호작용을 연구하는 게 바람직할 것이다. 이처럼 아홉 개의 스레드 간에는 혼합과 짜맞추기를 통해 스타벅스에서 판매하는 커피 종류만큼이나 다양한 조합이 존재한다.

드밀로 학장은 자신이 고안한 프로그램에 대해 설명하는 논문에서 다음과 같이 기술했다.

조지아 공과대학의 컴퓨터공학과 2학년이며 컴퓨터 보안 분야에서 특히 관심이 많은 학생이 있다고 생각해보자. 이 학생은 아마 데이터의 저장, 복구, 암호화, 전송 등의 방법을 배우는 '컴퓨팅과 정보 스레드'와 사람들이 기술을 이용하는 방법, 인간을 대상으로 한 실험을 수행하는 방법을 배우는 '컴퓨팅과 사람 스레드'를 결합하고자 할 것이다. (…) 이 학생은 또 하나의 의미 있는 컴퓨팅 분야를 만들 것이며, 사람들이 안전하게 자신의 정보를 관리할 수 있도록 하는 안전한 컴퓨팅 시스템을 설계하고 발명하고 구축할 수 있는 능력을 갖춘 인재로 거듭날 것이다.

드밀로 학장은 이렇게 말했다. "개별적인 형태로든 서로 결합된 형태로든, 아홉 개의 스레드가 지향하는 핵심은 일련의 기술과 더불어 신뢰할 수 있는 기초지식을 제공함으로써 졸업생들이 한 분야에만 집중된 도구를 사용했을 때 가능했던 것을 넘어서 다양한 방법으로 가치를 창출할 수 있도록 하는 것입니다. 그러한 일련의 기술이 새롭게 부상하는 평평한 세계의 시장에서 중요한 의미가 있는 것은 분명합니다. 25년 전까지만 해도 컴퓨터 과학은 평이하게 하드웨어, 소프트웨어 및 알고리듬 이렇게 세 분야로 명확하게 구분되어 있었습니다. 그 세 분야 중 어느 하나에만 뛰어나도 일자리가 있었습니다. 자신에게 맞는 분야를 골라 전공하기만 하면 그다음은 일사천리였죠. 하드웨어 분야에서 일하거나, 시스템 소프트웨어의 프로그램을 짜거나, 응용 프로그램의 알고리듬 분야에서 일할 수 있었습니다. 이제 25년을 건너뛰어 봅시다. 하드웨어나 소프트웨어, 알고리듬 등의 명확한 구분이 없어졌습니다. 지금은 비즈니스 프로세스, 변화관리, ERP 등이 대신하고 있습니다. 이제는 모든 것이 수평적이며 끊임없이 움직이고 있습니다. 당신이 만약 교육자라면 어떻게 해야 합니까? 현재까지 변하지 않은 것이 있다면 스토리 전달 능력, 지능을 갖춘 무언가를 만드는 능력, 그리고 네트워크를 만드는 능력에 대한 필요성입니다. 그런 필요성만이 오로지 변함없이 유지됐습니다. 그러나 이제는 그런 능력을 갖추려면 서로 다른 조각들을 수평적으로 결합하는 방법을 통해야 합니다. 스레드들은 의미가 통하는 각기 다른 분야를 연결하는 데 주안점을 두고 있습니다. 대학 전체를 이러한 방식으로 운영해야 하는 이유가 바로 여기에 있습니다. 분리된 학과의 개념은 더 이상 용납되지 않습니다. 전반적인 접근법의 변화가 절실히 필요합니다. 어설프게 손을 댈 일이 아니라는 말입니다."

조지아 공과대학의 사례는 이 세계가 수평적 결합을 위한 다양한 도구와 더불어 점점 더 평평한 세계의 플랫폼에서 운영될 것임을 인정하고 있다. 따라서 학교들은 이러한 협력의 도구들과 개념을 교육 과정에 깊이 반영해야 한다. 퍼스트 부학장은 "그런 교육은 전 교과 과정에 걸쳐 반영되어야 합니다. 단일 과목으로는 어림도 없습니다. 그렇지 않으면 우리 국민 중에서 경쟁력을 갖춘 인재를 충분히 키워낼 수 없습니다"라고 말했다.

바람직한 국가

새로운 중간계층의 일자리와 그곳으로 통하는 길이 이러하다면 평평한 세계에서 이런 일자리를 창출하고 그 길을 닦는 데 미국은 얼마나 그에 걸맞은 나라인가? 간단히 답하자면, 이론적으로 볼 때 미국은 평평한 세계에서 번영할 수 있는 인재를 교육하며 일자리를 창출하는 데 필요한 모든 것을 이미 갖추고 있다.

그 목록을 훑어보자. 우선 미국은 비교적 유연함이 있고 공적 규제가 없는 자유시장 경제체제를 갖고 있으며, 조지아 공대처럼 모든 주와 대학 간에 무수한 실험과 경쟁이 이뤄지고 있다. 미국 경제의 전반적인 유연성은 경쟁력을 유지하는 데 끊임없이 변화해야 하는 시대에 엄청난 자산이 될 수 있다. 지금까지 미국은 일자리를 유지하기 위해 장벽을 세우려는 경제 보호주의자뿐만 아니라, 국외 노동력의 반입을 규제하는 국가안보 보호주의자에게도 굴복하지 않았다. 언젠가 사우스 캐롤라이나 주의 상원의원 짐 드민트Jim DeMint가 나에게 말했듯이 우리가 할 수 없는 한가지는 '번영으로 가는 길을 보호'하려고 시도하는 것이다.

우리는 가능한 한 개방성과 유연성을 유지해야만 한다. 기존에 있던 것을 부수고 새롭게 재건하는 데 거리낌 없는 미국의 문화는, 혁신과 성장을 위해 파괴와 재건이 더 자주 발생할 수밖에 없는 평평화 시대에 커다란 이점을 가져다준다. 우리는 농경사회에서 산업사회로, 산업사회에서 다시 서비스 사회로 변화해왔다. 이제 우리는 서비스가 전 세계적으로 제공되는 그다음 단계로 나아갈 필요가 있다. 각 시대의 전환기마다 힘겹게 헤쳐나왔지만, 미국은 다른 어떤 주요 경제주체보다도 신속하고 효율적으로 그 전환을 완수할 수 있었다. 바로 미국의 개방성과 유연성 덕분이었으며, 시장의 원리에 순응했기 때문이다. 물론 무수한 국민의 고통이 수반되었다. 평평한 세계로의 전환은 훨씬 더 많은 지식노동자들에게 영향을 미칠 가능성이 높으므로 특히 고통스러운 과정이 될 것이다. 그렇지만 겁먹고 얼어붙어 있을 시간적 여유가 없다.

인포시스의 난단 닐레카니는 "당신네 미국 사람들은 과거의 중간 계층에서 새로운 중간 계층으로 국민을 전환시키는 데 필요한 것을 다 갖춘 나라입니다"라고 말했다. "이 전환기를 제일 먼저 통과하기만 한다면 미국은 제왕의 자리에 우뚝 설 것입니다. (…) 하지만 구성원들이 용기를 잃고 보호주의자들이 나서서 장벽을 쌓아올리기 시작한다면 미국은 주저앉고 말 것입니다. 이것은 신념에 찬 행동이어야 합니다. 그렇게 될 것을 믿어야 합니다."

이 유연성이라는 우산 아래에서 미국은 수많은 제도적 장점을 보유하고 있다. 수학에서부터 생물학, 물리학 그리고 화학에 이르기까지 경쟁력 있는 실험과 혁신 및 획기적인 과학적 성과를 꾸준하게 쏟아내는 연구대학 네트워크에서부터 그 장점은 시작된다. "우리의 대학 제도는 세계 최고"라고 빌 게이츠가 말했다. "우리는 미국의 대학들이 많은 연구활동을 수행하도록 자금 지원을 합니다. 이건 정말 놀라운 일입니다. IQ가 높은 사람들이 대학에 오고, 그들이 혁신적인 성과를 이뤄내고, 그런 혁신을 상품화하도록 허용합니다. 우리는 위험을 무릅쓴 노력에 대해 보상합니다. 미국의 대학 제도는 경쟁적이며, 실험적입니다. 대학들은 다른 접근방법을 시도해볼 수 있습니다. 로봇 공학을 연구하는 대학만 100여 개가 됩니다. 각 대학은 다른 대학이 틀렸다고 주장하거나, 실상은 내 연구결과와 타대학의 성과가 잘 들어맞는다고 말합니다. 이런 대학 제도는 혼란스럽기는 하지만, 훌륭한 세계적인 혁신 창출 엔진입니다. 정부의 재정지원과 함께 순수한 자선기부금이 있으므로 앞으로도 계속 잘될 것입니다. (…) 우리가 정말 엄청난 실수를 하지 않는 한 미국의 국부는 늘어날 수밖에 없습니다. 우리가 똑똑하다면, 그래서 가진 장점들을 이용함으로써 국부를 더욱 빠르게 증대시킬 수 있습니다."

웹브라우저, 자기공명단층촬영기MRI, 슈퍼컴퓨터, GPS 기술, 우주탐사장비 그리고 광섬유는 기초적인 대학 연구 프로젝트를 통해 발명된 것들 중 극히 일부에 불과하다. 보스턴 은행 조사부는 「MIT: 혁신의 영향」이란 제목의 연구보고서를 발표했는데, 그 결론 가운데 하나는 MIT 졸업생들이 4000개의 기업을 세워 전 세계적으로 110만 개의 일자리를 창출했고 2320억 달러의 매출을 올렸다는 것이다.

미국을 독보적이게 하는 것은 MIT 대학을 세웠거나 MIT 졸업생들이 경제 성장을 이끌고 혁신을 창출한 것이 아니라, 미국의 각 주에는 MIT와 같은 노력을 하는 대학들이 많이 있다는 점이다. "단과대학과 종합대학을 합쳐 미국에는 4000여 개의 대학이 있습니다"라고 국제교육연구소 총재 앨런 E. 굿맨Allan E. Goodman이 말했다. "미국을 제외한 전 세계의 고등교육 기관들을 다 합쳐도 7768개에 불과합니다. 미국은 캘리포니아 주에만 130여 개의 단과대학과 종합대학이 있습니다. 이보다 많은 대학을 가진 나라는 전 세계에서 14개국에 불과합니다."

혁신이나 고등교육과는 거리가 멀 것 같은 주를 하나 예로 들어보자. 바로 오클라호마의 경우다. 오클라호마는 과학기술의 발전을 위한 오클라호마 센터Oklahoma Center for the Advancement of Science and Technology, OCAST를 두고 있는데, 인터넷 웹 사이트에는 이 기관의 사명이 다음과 같이 설명되어 있다. "신경제에서의 효과적인 경쟁을 위해 오클라호마는 고등교육을 받은 사람들과 서로 협력하는 집중적인 대학의 연구개발과 기술 기반, 그리고 아주 작은 기업에서부터 다국적기업의 본사까지 경쟁력 있는 기업을 장려하는 환경을 계속 개발해가야 한다. (…) OCAST는 대학교 다수와 기업들을 아우르는 산학협력 기술센터를 지원함으로써 새로운 기업을 탄생시키고, 신제품이 생산되며, 새로운 제조 기술이 상용화되는 결과를 얻고자 한다." 미국 공대학장협의회의 발표로는 2003년 미국 대학들이 특허로 13억 달러를 벌어들였다는데, 이는 결코 놀랄 일이 아니다.

미국만의 독특한 혁신 제조장치들인 대학교와 공공연구소, 기업연구소 그리고 소매업체 등과 더불어 미국은 새로운 아이디어를 받아들이고, 그것을 상품과 서비스로 전환하는 세계에서 가장 규제가 잘 되어있으면서도 효율적인 자본시장을 보유하고 있다. 혁신에 관한 두 권의 책을 낸 컨설팅 회사 매킨지McKinsey & Co.의 딕 포스터Dick Foster 이사는 내게 이런 말을 했다. "미국에도 '산업정책'이 있습니다. 미국의 산업정책은 증권거래소라고 불립니다. 뉴욕 증권거래소NYSE 또는 나스닥Nasdaq이라고 부르든 상관없습니다." 증권시장은 위험을 기꺼이 감수하려는 자본들이 모여 새롭게 떠오르는 아이디어나 성장하는 기업에 배분되는 곳이다. 세계에서 미국의 자본시장보다도 더 효율적으로 작동되는 시장은 없다고 포스터는 말했다. 새로운 제품과 혁신에 투자할 수 있는 벤처자본을 쉽게 이용할 수 있다는 것은 미국이 평평한 세계의 플랫폼을 최대한 활용하는 데 엄청나게 중요한 요소이다. 왜냐하면 전통적인 기업들이 신기술을 초기에 도입하거나 차세대의 뛰어난 기술적인 발전을 혁신적으로 이뤄내는 주체가 되는 경우는 아주 드물기 때문이다. 라디오를 발명한 사람이 TV도 발명한 것은 아니다. CBS는 CNN을 만들지 못했고, 렉시스/넥시스Lexis/Nexis는 구글을 만들지 못했다. 하지만 기꺼이 위험을 감수하고 구글과 CNN의 후속 또는 그 외 다른 검증되지 않은 혁신을 수용할 수 있는 풍부한 벤처자본과 자본가를 보유하고 있다는 것은 평평한 세계의 플랫폼을 최대한 활용하고자 하는 개인, 또는 신제품이나 새로운 오락의 형태, 그리고 새로운 커뮤니티 등을 창조하는 평평한 세계의 플랫폼의 위력을 진정으로 이해하는 개인들이 그런 일들을 해낼 수 있음을 의미한다.

자본의 효율적 공급이 미국에서 그토록 잘 이뤄지는 이유는 소액주주도 보호받는 미국 자본시장의 안전과 규제 때문이다. 물론 미국의 자본시장에도 사기와 낭비, 부정 등이 있다. 많은 돈이 걸려 있을 때는 늘 그런 일이 일어난다. 미국 자본시장의 차별성은 엔론 같은 회계부정 사건이 일어나지 않는다는 점이 아니다. 그런 일은 미국에서도 분명히 생긴다. 다른 점은 일단 그런 일이 벌어지면 증권감독위원회나 언론에 의해 폭로되고 교정된다는 점이다. 미국이 가진 독특한 장점은 엔론 같은 부정사건이 아니라, 뉴욕 주 검찰총장 엘리엇 스피처에 있다. 스피처는 증권업계와 기업 이사회의 치부를 정리하는 데 집요함을 보였다. 이런 자정 기능을 가진 자본시장은 뉴욕, 런던, 프랑크푸르트, 도쿄 외의 지역에서는 찾아보기가 어렵다. 포스터는 다음과 같이 말했다. "중국과 인도 그리고 다른 아시아 국가들은 자본시장이 성공적으로 작동하지 않는 한 결코 혁신에도 성공하지 못할 것입니다. 위험이 존재하는 시장에서 소액주주의 이익을 보호하는 법을 확립하지 못한다면 성공적으로 작동하는 자본시장을 갖지 못할 겁니다. (…) 미국인은 수백 년간에 걸친 경제실험의 혜택을 받은 운 좋은 사람들입니다. 그리고 우리의 실험은 성공했습니다."

이런 점이 바로 미국이 가진 소스의 핵심 비밀이지만, 지키고 키워야 할 다른 비밀도 많다. 때로는 인도 태생의 위프로 사장 비벡 폴 같은 아웃사이더가 미국인들보다 이런 점들을 잘 본다. 그는 나에게 "당신의 목록에 세 가지를 추가하겠습니다. 하나는 미국사회의 놀라운 개방성입니다"라고 말했다. 미국인은 미국이 가진 믿기 어려울 정도의 개방성을 망각하곤 한다. 미국은 무슨 말이든 하고, 무엇이든 할 수 있으며, 무엇이든 시작하고, 파산하기도 하고, 무엇이든 다시 시작하는 그런 개방적인 사회이다. 이 세상에 미국사회와 같은 곳은 없다. 미국의 개방성은 거대한 자산이며, 제약이 많은 나라에서 온 외국인들에겐 매력적인 요소가 된다.

비벡이 말하는 또 다른 장점은 사람들이 새로운 아이디어를 내놓도록 더욱더 강화하고 장려하는 '지적재산권 보호의 질적인 면'이다. 평평한 세계에서는 눈 깜짝할 사이에 세계적 규모로 신상품이나 신공정 개발을 달성할 수도 있으므로 커다란 동기가 된다. 그러나 새로운 아이디어를 가진 사람이라면 자신의 지적재산권이 보호받기를 원한다. "미국만큼 지적재산권을 존중하고 보호하는 나라는 없다"고 비벡은 말했다. 그 결과 수많은 혁신가가 미국에 와서 일하고 자신들의 지적재산을 맡기려는 것이다.

미국은 또한 세계에서 가장 유연한 노동법을 가진 나라에 속한다. 사양산업에서 직원 해고가 쉬울수록 5년 전에는 아무도 그 존재를 몰랐던 신규산업에서 직원을 고용하기가 더 쉬워진다. 특히 독일처럼 고용과 해고를 정부가 엄격하게 제한하는 경직된 노동시장의 나라와 비교하면, 유연한 고용은 커다란 자산이다. 가장 좋은 기회가 있는 부문에 노동과 자본을 재빨리 배치할 수 있는 유연성과 그런 조기 집행이 더 이상 이윤을 내지 못할 때, 노동과 자본을 신속히 재배치하는 능력은 평평해진 세계에서 필수불가결한 것이다.

미국적 성공요소의 또 다른 비법은 미국이 가장 많은 신제품의 초기 사용자들이 있는, 세계에서 가장 큰 내수시장을 갖고 있다는 점이다. 이것은 신상품이나 신기술, 새로운 서비스를 도입하려면 미국 시장에서 가진 그 입지가 있어야 한다는 뜻이다. 이 모든 것은 미국에 끊임없이 일자리가 생긴다는 뜻이기도 하다.

그다지 자주 논의되지 않는 요소는 바로 미국의 정치적인 안정이다. 물론 중국도 지난 25년간 국정을 잘 운영해왔다. 그리고 큰 탈 없이 공산주의 체제에서 다원적인 체제로 이행할지도 모른다. 그러나 그렇지 않을 수도 있다. 그러한 나라에 누가 모든 것을 투자하려 들겠는가?

이 모든 제도와 문화적 규범, 사업상 관례 그리고 법률체계 등의 종합적인 효과를 요약하길 원한다면 '신뢰'라는 한 단어로 집약할 수 있다. 제도와 문화적 규범, 사업상 관례, 법률체계 등은 높은 수준의 신뢰를 형성하고 또 고취한다. 높은 수준의 신뢰는 개방적인 사회가 가져야 할 가장 중요한 요소이다. 신뢰는 여러 가지 면에서 미국이 가진 특별한 비법소스에 들어있는 재료들로 만들어진 산물이다.

다국적기업을 상대로 기업윤리와 지배구조에 관해 컨설팅하는 기업, LRN의 설립자 도브 세이드먼Dov Seidman이 말했다. "미국은 신뢰도가 높은 국가입니다. 왜냐하면 우리는 어느 한 개인보다 차원이 높고 지속적인 미국의 제도와 법에 반영된 일련의 가치와 원칙들에 의해 지배될 것이라는 점에 동의하기 때문입니다." LRN에 관해서는 11장에서 더 상세하게 다룰 것이다. 이러한 규범들과 제도들이 더불어 예측 가능성과 확신을 낳고, 그것은 다시 신뢰를 만들어낸다. 개인이 이루어낸 혁신이 보호받을 수 있을 것이라는 신뢰, 현재 사용하는 통화에 대한 신뢰, 그리고 내가 속한 사회의 정의구현 체계에 대한 신뢰 등이 그것이다. 이 모든 신뢰가 혁신을 밀어붙인다는 것이 세이드먼이 주장하는 바다.

왜 그럴까? 그건 미국과 같이 높은 신뢰에 기반을 둔 사회의 구성원들은 항상 자신들이 처신할 근거를 정확하게 알고 있으며, 개인적·사업적 생활을 지배하는 규칙과 원칙의 틀을 신뢰하기 때문이다. 세이드먼은 이런 말도 했다. "모랫바닥에서 뛰는 사람과 단단한 바닥에서 뛰는 사람 중 누가 더 높이 뛰어오를 수 있을까요? 물론 단단한 바닥에서 뛰는 사람입니다. 신뢰란 그 단단한 바닥과 같은 것입니다. 신뢰는 믿고 큰 도약을 할 수 있도록 예측 가능성을 제공합니다. (…) 신뢰가 없다면 위험을 감수할 수 없고, 위험을 감수할 수 없다면 혁신도 없습니다. (…) 더 많은 사람이 혁신을 위해 필요한 위험을 감수하길 원한다면 더 높은 신뢰를 제공하면 됩니다." 신뢰도가 낮은 사회는 결코 지속적인 혁신을 구현할 수 없다.

수평적으로 연결되는 누군가에 의해 가치 창출과 복잡한 문제의 해결이 점점 더 증가하고 있는 평평한 세계에서는 신뢰도가 높은 사회란 매우 큰 이점이다.

세이드먼은 "협력의 세계에서 넘치는 신뢰는 필수입니다. 왜냐하면 많은 사람이 서로 간에, 또는 지도자들을 신뢰할수록 함께 조화롭게 일할 가능성도 더 높아지기 때문입니다"라고 덧붙였다.

사실상 미국은 다양한 사람들이 유대감을 갖고 인연을 맺고 서로 신뢰하는 법을 배우며, 무수한 수평적 우정과 협력관계를 이뤄나가는 세계적인 위대한 만남의 장소 중 하나가 되었다. 오클라호마 대학에서 교육받고 오클라호마 시의 소프트웨어 회사에서 첫 직장을 구한 인도 학생은, 그가 나중에 인도로 돌아갈지라도 미래의 협력에 매우 중요한 신뢰와 이해를 다지게 된다. 예일대가 중국에 연구조사를 아웃소싱하는 것만큼 이 점을 잘 대변하는 것은 없다. 예일대 총장 리처드 C. 레빈Richard C. Levin은 예일대가 현재 중국에 두 개의 대형 연구시설을 보유하고 있다고 설명했다. 하나는 베이징의 베이징 대학교에, 다른 하나는 상하이의 푸단 대학교에 있다. "대학기관 사이의 이런 협력은 대학 운영진의 상명하달식 지시로 이뤄지는 것이 아니라, 학자나 과학자들 사이의 오랜 개인적 친분 관계에서 비롯되었다"고 레빈이 말했다.

예일대와 푸단대의 협력은 어떻게 이루어졌을까? 무엇보다 예일대 교수이자 이사인 쑤티앤 교수는 두 대학과 깊은 인연을 맺고 있었다. 그는 상하이 푸단대에서 학부과정을 마쳤고, 예일대에서 박사학위를 받았다. "현재는 푸단대 교수로 있는 쑤티앤 교수의 공동연구자 다섯 명이 모두 예일대에서 공부했다"고 레빈이 설명했다. 한 교수는 쑤티앤 교수와 예일대 대학원에서 같이 공부한 친구였고, 다른 한 교수는 예일대 연구소의 방문교수였다. 또 한 교수는 푸단대 교환학생으로 예일대에서 공부하다가 중국에서 박사학위를 받기 위해 귀국했다. 그리고 나머지 두 교수는 쑤티앤 교수의 연구실에서 박사 후 과정을 마쳤다. 베이징대와 예일대가 식물분자 유전학과 농생명과학 합동연구센터를 세운 데에도 비슷한 사연이 바탕이 되었다.

쑤티앤 교수는 유전학의 앞선 전문가이고 국가보건기구와 하워드 휴스 재단Howard Hughes Foundation으로부터 지원금을 받아 유전자와 암, 그리고 신경퇴행성 질환과의 관계를 연구하고 있다. 이러한 연구를 하려면 유전자 변이 동물실험을 많이 해야 한다. "여러 유전자를 테스트하고 어떤 질병의 유발 요인일 가능성이 있는 특정 유전자를 추적하려면 수많은 실험을 할 필요가 있습니다. 연구진이 많으면 매우 유리합니다"라고 레빈 총장이 설명했다. 그래서 예일대가 한 일은 푸단-예일 생의학연구센터를 세워 푸단대에 실험실 연구를 아웃소싱한 것이다. 두 대학이 각기 자기 대학 연구진의 보수와 연구비를 부담하므로 서로에게 지급할 것은 없다. 그러나 푸단대는 중국에서 비용이 훨씬 적게 드는 대규모 기술자와 실험동물을 동원한 기술적인 기초 작업을 하고, 예일대는 수준 높은 데이터 분석 작업을 한다. 푸단대의 연구진, 학생, 기술진은 고급 연구를 많이 접할 수 있고, 예일대는 대학이 있는 뉴헤이븐에 갖추려고 시도했더라면 비용 때문에 갖지 못했을 대규모 실험시설을 얻었다. 미국에서 이런 규모의 프로젝트를 위해 실험실을 갖추면 서른 명의 기술자를 고용할 수 있는 데 비해, 푸단대에 세운 실험시설에는 150명의 기술자가 있다.

"우리 양쪽 모두가 이익을 얻는 방식"이라고 레빈이 말했다. "미국 연구원들의 생산성은 획기적으로 향상되었습니다. 그리고 중국은 대학원생들을 훈련하고, 젊은 연구원들은 해당 분야의 일인자인 우리 교수들과 공동연구자가 됩니다. 그런 협력으로 중국은 인적 자원을 기르고, 예일대에는 혁신을 가져다줍니다." 두 대학의 대학원생들은 서로 오가며 장래에 더 많은 협력을 이끌어낼 관계를 형성해간다. 동시에 새로 생긴 지적재산권의 결과를 예일대도 갖도록 보장하기 위해 이 협력 방안에 상당한 법률적 준비를 해뒀다고 레빈 총장이 덧붙여 말했다.

"과학의 세계는 하나이며, 이런 식의 국제 분업은 큰 의미가 있습니다"라고 레빈은 말했다. 예일대는 중국의 실험실이 세계 수준이 되어야 한다고 고집했다. 그 결과 중국에 있는 시설의 질적인 면을 향상하는 데 일조했다고 말했다. "실험동물의 생활환경은 미국 기준에 맞추고 있습니다. 실험용 생쥐들을 노동력을 착취하는 공장과 같은 열악한 환경에서 다루는 것이 아닙니다."

지금까지 언급한 모든 것을 한데 섞으면 바로 미국이 가진 특별한 소스를 얻는다. 제도와 법률, 신뢰의 수준을 생산하는 문화적 규범, 혁신과 협력의 이 혼합물은 경제의 지속적인 쇄신과 생활 수준을 향상할 수 있게 했다. 미국인 모두가 팔을 걷어붙이고 나서서 젊은 세대에게 이 시대에 적합한 교육을 제공하고 미국이 가진 특별한 소스를 더욱 풍부하게 하고자 노력한다면, 평평한 세계의 그 어떤 것도 미국이 감당하지 못할 것은 전혀 없다. 그렇다면 미국은 그러한 노력을 하고 있는가? 다음 두 장은 그것에 관해 썼다. 힌트를 하나 주겠다. 그에 대한 답은 '아니오'이다.

8장

조용히 다가오는 위기

⋮

지금까지 올림픽 경기에서 미국 농구팀이 접전을 벌이는 일은 드물었다. 그러나 이제 미국인들은 그런 농구 경기에 익숙해져야 할 것 같다.

– 2004년 8월 17일, 《AP 통신》의 올림픽 관련 기사 '미국 남자농구, 접전 끝에 그리스에 승리' 중에서

미국에 대한 중국인들의 동정심은 미국이 쇠락의 길을 걷고 있다는 생각에 근거한다. 꽤 많은 중국인이 미국인의 무절제와 산만함, 방탕함에 놀라워하며 "부자는 3대를 못 간다"는 중국 속담을 인용했다. 백악관 인턴이었던 모니카 르윈스키 사건을 둘러싸고 온 나라가 격분한 것은 수천 명의 첩을 거느린 황제가 존재했던 나라 사람들의 눈에는 도저히 이해할 수 없는 일이었을 것이다. 중국인들은 그에 못지않게 미국인들이 빚에 파묻히고 미국의 공립학교들은 예산 부족 사태에 빠지도록 내버려두면서 경관영양급식feeding tubes이나 십계명의 전시, 살이 찌지 않으면서 최대한 많은 음식을 먹는 방법 등등에 관한 논쟁에 언론매체가 집중되는 현상에 놀라움을 금치 못했다.

– 2005년 7월 31일, 중국에 기반을 둔 기자 출신 사업가로 중국 주재 미국 상공회의소장을 역임한 제임스 맥그리거James McGrega가 《워싱턴 포스트》에 기고한 글 중에서

과거 그 어느 때보다 세계의 다른 나라들이 더욱 효과적으로 미국과 막상막하의 경쟁을 펼칠 수 있게 되었음을 보여주는 비유로 2004년 미국 올림픽 농구대표 팀이 벌인 접전이 가장 좋을 것이다. 미국 프로농구NBA의 스타 선수들로 구성된 미국 올림픽 농구대표 팀은 푸에르토리코, 리투아니아, 아르헨티

나에 패배하고 겨우 동메달을 목에 건 채 비틀거리며 귀국했다. 그전까지 미국 농구대표 팀은 역대 올림픽 경기를 통틀어 단 한 번 졌을 뿐이었다. 미국이 올림픽에 대학의 농구스타 선수들만으로 팀을 구성해 보냈던 것을 기억하는 가? 이 팀은 오랫동안 다른 참가국들을 압도했다. 그러다 다른 나라의 도전에 힘겨워지기 시작했다. 그래서 미국은 프로 선수들을 내보냈다. 그러나 프로선 수들도 다른 나라의 도전에 힘겨워지기 시작했다. 세계가 계속해서 농구를 배우고 있으며, 농구 지식은 더욱 빠르게 전파된다. 다른 나라 감독들은 미국의 지도방법을 인터넷에서 다운로드하고, 안방에서 위성중계되는 NBA 경기를 TV로 시청한다. 그들 중 상당수는 스포츠 전문 채널인 ESPN을 통해 경기 하이라이트를 지켜본다. 삼중융합 덕에 중국, 남미, 동유럽을 비롯한 전 세계에서 다듬어지지 않은 재능 있는 선수들이 미국 프로농구로 몰려온다. 이들이 고국으로 돌아가서 올림픽대표 팀 선수로 출전해서 경기한다. 미국 NBA 무대에서 그동안 갈고 닦은 기술을 활용하는 것이다. 20년 전에는 올림픽 농구에서 자동으로 보장되던 미국 팀의 우위는 이제 사라졌다. 미국 프로농구의 기준은 점점 세계적으로 평준화된 일상품이 되어가고 있다. 미국이 올림픽 농구에서 우세를 유지하고 싶다면, 진부하지만 위대한 스포츠 격언처럼 수준을 한 단계 올려놓아야 한다. 과거의 기준은 더 이상 통하지 않는다.

IBM의 조엘 콜리가 내게 이렇게 말했다. "스타 선수로만 비교하면 리투아니아나 푸에르토리코 같은 나라의 선수들은 기량 면에서 미국 선수의 상대가 못 됩니다. 그러나 팀을 만들어서 플레이하면, 그러니까 미국 선수들보다 협력을 잘하면 그들의 경쟁력은 극히 높아집니다."

스포츠 평론가 존 파인스타인John Feinstein이 2004년 8월 26일 AOL에 미국 농구팀의 성적은 '국제적인 선수의 활약'과 '미국식 게임의 쇠퇴와 몰락'의 결과라는 글을 실었는데, 이것은 미국의 공학적 기량 또는 미국의 농구 기량에 대해 언급한 것과 같다. 미국식 게임의 쇠퇴와 몰락은 두 가지 추세의 장기적인 결과라고 파인스타인은 주장한다. 우선은 꾸준하게 쇠퇴한 농구 기술이다. 미국의 어린 선수들은 ESPN의 스포츠 하이라이트가 자주 보여주는 3점숫이나 덩크 슛만을 좋아해서 정확히 패스하는 법과 코트 경계선에 바짝 붙어서 쏘는 점프 슛, 또는 키가 큰 선수 사이를 뱀처럼 드리블해서 바스켓에 가까이 가는 기술 등을 배우려 하지 않는다. 그런 기술들을 익히려면 힘든 훈련과 지도가 필요하다. 오늘날 미국의 농구선수들은 체력에만 거의 전적으로 의존하며 기술에는 신경 쓰지 않는다고 파인스타인이 말했다. 그리고 올림픽 경기에 야심을 보이지 않는 약간은 좋지 않은 문제도 있다. 미국을 제외한 다른 세계가 농구 실력이 점점 더 나아지고 있는 한편 "점점 더 많은 미국 프로선수들이 올림픽에서 경기하는 것을 대수롭지 않게 여기고 있다"고 파인스타인은 지적한다. "밥 나이트Bob Knight 감독이 찰스 바클리Charles Barkley에게 체중을 120kg으로 줄여서 올림픽 훈련 캠프로 오라고 말했던 1984년에 비하면 사정이 참 좋아졌다. 그때 바클리는 127kg으로 훈련캠프에 왔다. 나이트 감독은 이 올스타 파워 포워드를 그날로 대표 팀에서 제외했다. 오늘날에는 올림픽대표 팀 감독이 감히 바클리의 체중을 확인해보지도 못한다. 감독은 그를 데려오기 위해 공항으로 리무진을 보낼 것이고, 호텔로 가는 길에 그가 요구하면 던킨도너츠 가게 앞에 차를 세울지도 모른다. (…) 세상은 변한다. 미국 농구는 더 나아지지 않았다."

　2차 세계대전 이후 미국의 모습은 흔히 세 번째 세대가 가산을 탕진하는 부유한 가문의 일화를 연상시킨다. 가문의 1세대는 뼈 빠지게 열심히 일한 혁신가 또는 사업가들이다. 2세대는 그러한 부모의 부를 온전히 물려받는다. 그러나 그들의 다음 세대 아이들은 뚱뚱해지고 멍청해지고 게을러져서는 서서히 가산을 모두 탕진한다. 물론 이런 이야기는 지나친 일반화일 것이다. 그럼에도 불구하고 그 안에 얼마간의 진실이 담겨 있다. 미국 사회는 1990년대에 평탄하게 접어들었다. 1990년대는 전후戰後 세 번째 세대가 성년이 되던 시기였다. 닷컴 붐으로 너무나 많은 사람이 힘들여 일하지 않고도 부유해질 수 있다고 생각했다. 오직 필요한 것이라곤 MBA 학위를 따거나, 증시의 조기 상장에 성공하거나, 또는 NBA 농구팀과 계약만 하면 인생에서 필요한 것이 모두 준비되었다. 누가 교육받을 필요가 있는가? 누가 공학 분야 학위를 따기 위해 땀 흘려 노력하겠는가? 그러나 미국이 만들어온 평평한 세계에 스스로 감탄하고 있는 동안 인도와 중국, 동유럽의 많은 사람은 평평한 세계를 어떻게 활용할지 고심하기 시작했다. 운 좋게도 미국은 2차 세계대전을 겪고도 유일하게 경제기반이 파괴되지 않았고, 그래서 지난 40년간 심각한 경쟁을 겪지 않았다. 경쟁 없는 환경은 힘을 낭비하지 않고 전력을 쏟을 수 있게 했지만, 서서히 특혜의식과 자기만족의 문화를 양산하기도 했다. 즉, 최근에 근면이나 투자보다 소비를 찬양하고, 장기적인 사고와 희생보다는 즉각적인 욕구 충족을 우선시하는 경향이 심각하게 나타났다. 미국이 9·11 테러를 당했을 때야말로 미국 국민에게 희생하고 재정과 에너지, 과학 그리고 교육 등 이제껏 내버려둔 문제에 집중하라고 촉구할 수 있었던, 한 세대에 한 번 올까 말까 한 기회였다. 그러나 미국 대통령은 우리에게 희생을 요구하지 않았다. 그는 계속 쇼핑이나 하라고 권했다.

앞장에서 나는 고전적 경제이론과 미국의 내재한 경제의 힘을 생각하면 미국인은 각자 새로운 중간 계층의 일자리를 차지하고 번영할 수 있다고 확신하는 이유를 설명하고자 노력했다. 단, 우리는 경쟁에 대비해야 하고, 각 개인이 능력을 한 단계 끌어올릴 방안을 강구하도록 모색하고, 미국이 가진 비법 소스에 대한 투자를 멈추지 않는다는 걸 전제로 한 것이다. 이번 장은 미국인들이 그러한 것들을 실행에 옮기지 않는 이유는 무엇이고, 진로를 바꾸지 않으면 미국의 앞날에 어떤 일들이 일어날지에 관한 것이다.

사실을 말하자면, 미국은 위기에 빠져 있다. 그러나 그 위기는 매우 천천히, 소리 없이 전개되는 중이다. 우리는 마치 공기를 넣어 부풀린 매트리스에 누워 잠자고 있는 사람과 같다. 공기가 서서히 빠져나가고 있는데도 그 속도가 너무 느려 머리가 시멘트 바닥에 닿기 전까지는 공기가 빠져나가는 것을 느끼지 못하고 있다. 공기가 다 빠져나가면 매트리스에 공기를 다시 넣기 너무 어렵다. 셜리 앤 잭슨Shirley Ann Jackson은 그것을 '조용한 위기a quiet crisis'라고 설명했다. 셜리 잭슨은 2004년도 미국과학진흥협회American Association for the Advancement of Science, AAAS 회장이자 1999년 이래 렌셀러 공과대학Rensselaer Polytechnic Institute

총장을 맡고 있다(렌셀러 공과대학은 1824년에 세워진 미국에서 가장 오래된 공과대학이다). 미국적인 혁신과 생활 수준 향상의 원천이 되었던 미국의 과학과 엔지니어링 기반이 꾸준히 잠식한 것도 이 조용한 위기의 한 단면이다.

물리학자로서 신중한 단어 선택이 몸에 밴 잭슨이 "하늘이 무너지지는 않습니다. 오늘 당장은 어떤 끔찍한 일도 일어나지 않을 것입니다"라고 말했다. "미국은 아직도 세계의 혁신을 주도하는 엔진입니다. 가장 우수한 대학원 과정들, 가장 우수한 과학 기반시설 그리고 혁신을 활용하는 자본시장을 갖고 있습니다. 그러나 이젠 미국 과학과 공학에 닥친 조용한 위기를 일깨워야 합니다. 오늘날 미국은 정말로 세계적인 환경에 놓여 있으며, 경쟁국들은 정신을 바짝 차리고 있을 뿐만 아니라 우리가 단거리를 뛰는 동안 그들은 마라톤을 하고 있습니다. 이런 상황을 깨닫지 못한다면 혁신을 이뤄낸 우리의 우월함과 역량은 위협을 받을 겁니다."

셜리 앤 잭슨은 자신이 무슨 말을 하고 있는지 잘 안다. 왜냐하면, 지난 50년간 미국이 왜 그렇게 번영을 구가했고 앞으로 50년 동안에는 과거와 달리 자연스레 번영할 수 없다는 것을 누구보다 그녀의 경력이 실증해주고 있기 때문이다. 아프리카계 미국인인 잭슨은 워싱턴 D.C.에서 1946년에 태어났다. 그녀는 흑백 피부색에 차별을 둔 공립학교 부설 유치원에 다니기 시작했지만, 대법원의 판결로 인종차별이 없어진 첫 번째 공립학교 중 한 곳에 다니게 된 혜택을 입었다. 그녀가 더 좋은 학교로 옮길 기회가 생긴 때인 1957년에 러시아가 인공위성 스푸트니크 호를 쏘아 올렸다. 이에 충격을 받은 미국 정부는 젊은이들을 과학자와 기술자로 양성하는 데 몰두하기 시작했다. 이런 추세는 존 F. 케네디 대통령이 유인 우주선 계획을 공약하면서 더욱 강화되었다. 케네디가 인간을 달에 보내겠다고 연설했을 때, 셜리 앤 잭슨은 그것을 들은 수백만 미국 젊은이들 가운데 한 명이었다. 그녀는 케네디의 연설이 "우리 세대 젊은이들에게 과학과 공학 그리고 수학에 대해 영감을 주고 부추겼으며, 실제로 공부에 뛰어들게 했다"고 회상했다. 그들이 이뤄낸 획기적 창안과 갖가지 발명은 우주 프로그램이 의도한 바를 훨씬 뛰어넘었다. "소련과의 우주 경쟁은 그야말로 과학 경쟁이었다"고 그녀가 말했다.

흑백 분리정책이 어느 정도 철폐된 덕도 있지만, 그녀의 지적 능력과 영감을 일찌감치 인정받아 잭슨은 MIT에서 물리학 박사학위를 받은 최초의 아프리카계 미국인이 되었다(소립자 물리 이론으로 박사학위를 받았다). 그 후 AT&T 벨 연구소에서 오랫동안 연구하다가 1995년에는 클린턴 대통령에 의해 미국원자력위원회U.S. Nuclear Regulatory Commission의 위원장으로 발탁되었다.

그러나 세월이 흐름에 따라 잭슨은 달 착륙 경쟁에 매혹되거나 수학, 과학, 공학 등에 매력을 느끼는 미국 젊은이들이 점점 줄어드는 것을 감지했다. 과학과 공학 분야의 대학원생 수는 수십 년간 증가해 1993년이 절정기였으며, 최근 약간 나아졌다고는 하지만 현재는 10년 전보다 낮은 수준에 머물고 있다. 그러니까 잭슨 세대를 잇는 과학과 공학 세대는 미국이 필요한 숫자에 비해 상대적으로 더욱 줄어들었다. 그녀가 미국의 과학과 공학에 다시금 활기를 불어넣는 데 몸과 마음을 바치겠다고 결심하고 렌셀러 공과대학 총장직을 맡았을 즈음에, 미국의 경제 체질에 심각한 장기적 위협이 되는 '대폭풍Perfect Storm'이 자라고 있다는 것을 그녀는 깨달았다. 그래서 그녀는 그것에 관해 소리 내 말하기 시작했다.

잭슨은 2004년 5월 한 연설에서 이렇게 말했다. "'대폭풍'이라는 말은 1991년 10월에 들이닥친 기상재해에서 따온 말입니다. 당시 기상현상의 강력한 힘들이 모여 대서양 연안을 며칠간 휩쓸었는데, 그 바람에 매사추세츠 주의 어부 여러 명이 사망했고 수십억 달러의 재산피해가 발생했습니다. 기상학자들은 한꺼번에 합쳐져 파괴적인 규모의 기상이변을 일으킨 기상현상이 그렇게 한번에 합류하는 경우는 매우 드물다고 역설했습니다. 그와 비슷한 최악의 시나리오가 미국 과학기술 역량의 발전을 막을 수 있습니다. 그렇게 만들 수 있는 세력은 다양하고 복잡합니다. 인구, 정치, 경제, 문화, 심지어 사회적 요인 등이 포함됩니다." 내면적으로 대폭풍에는 미국의 신세대 공학자와 과학자들이 충분히 확보되지 않은 시기에, 그리고 변화를 창출했던 외국의 인재들이 자국에 머물거나 보안상의 문제로 미국에 건너오지 못한 시기에 맞춰 미국의 구세대

공학자와 과학자들이 은퇴하게 되는 충돌현상도 포함된다. 어느 한 가지만을 놓고 보면 이러한 요인들은 그저 하나의 문젯거리 정도에 불과하지만, 이 모든 요인이 합쳐지면 그 영향력은 그야말로 파멸적인 것이 된다고 잭슨은 말한다. "100년 만에 처음으로 미국은 과학적 발견, 혁신, 경제적 발전 역량에서 다른 나라에 뒤질 수도 있습니다."

언제나 그랬듯이 지식이 최대의 관건이지만 오늘날에는 더 중요하게 인식되고 있다. 경제학자인 제프리 삭스Jeffrey Sachs가 지적했듯이, 과학혁명이 시작된 17세기 이전에는 사실상 어디에서든 누구나 할 것 없이 생존의 경계에 선 삶을 살았다. 그러나 3세기에 걸쳐 기술적·과학적 발전을 거친 오늘날에는 생존이 더 이상 지표가 되지 못한다. 증기기관, 기계 도구, 전기 그리고 궁극적으로 컴퓨터와 인터넷 등으로 개인들의 광범위한 생산성 향상이 가능해졌다. 이제 산업화 시대와 정보화 시대는 뒤로 물러나고 재능의 시대에 그 자리를 내주고 있다. 세계의 평평화는 산업화 시대와 정보화 시대의 도구들을 그 어느 때보다 많은 사람에게, 많은 곳으로 전해주었다. 이러한 도구들이 보편적인 일상용품이 되고 모든 사람에게 널리 전파됨에 따라 기업과 국가의 '유일한 지속 가능 경쟁력'은 노동인구의 차별화된 재능과 기업가 정신이라고 비즈니스 전략가 존 하겔 3세John Hagel III가 지적했다. 경제에선 항상 모두 승자가 될 수 있다. 하지만 하겔은 오늘날 가장 많은 것을 획득하는 승자는 재능있는 인재를 가장 잘 그리고 남보다 앞서 끌어모으는 사람들이 될 거라고 말했다.

내가 평평한 시대의 부는 점점 더 세 가지 기본 요소를 제대로 갖춘 국가로 집중될 것이라고 주장하는 이유가 여기에 있다. 세 가지 기본 요소는 우선 평평한 세계의 플랫폼과 가능한 한 효율적으로 신속하게 연결할 수 있는 기반시설이다. 그리고 평평한 세계의 플랫폼에서 혁신과 가치창조를 수행할 수 있도록 구성원들의 역량을 강화하는 올바른 교육 프로그램과 지식 기술이 두 번째다. 그리고 마지막으로 평평한 세계의 흐름을 강화하고 관리할 수 있는 적합한 통치원리, 즉 적합한 세금정책, 투자와 무역에 관한 적합한 법률, 올바른 연구 지원, 꼭 맞는 지적재산에 관한 법률, 그리고 다른 무엇보다 영감을 불어넣을 수 있는 적합한 리더십을 말한다.

불행하게도 미국은 이 모든 영역의 개발에 심각한 격차를 갖고 있었다. 냉전 시대 미국사회의 가장 큰 걱정거리는 소련연방과의 미사일 격차missile gap 추정치였고, 그것은 외부로부터의 위협이었다. 오늘날 미국이 염려해야 할 격차는 교육과 기반시설, 야심 등 스스로 나약하게 만드는 내부로부터의 위협이다. 이러한 격차들은 바로 미국이 가진 추악한 작은 비밀들이다. 미국이 계속해서 이들을 무시한다면, 이것은 더 이상 조용히 다가오는 위기가 아니라 '진짜 위기'가 될 것이라고 렌셀러의 잭슨 총장은 경고했다.

추악한 작은 비밀 1: 숫자의 격차

추악한 작은 비밀 가운데 첫 번째는 바로 1957년 소련의 인공위성 스푸트니크 호 발사와 케네디 대통령에 고무되어 과학계로 뛰어든 과학자와 엔지니어들이 이제 은퇴할 나이가 되어가지만, 선진경제가 정상을 유지하기 위해서 반드시 필요한 규모의 과학자와 엔지니어가 충원되지 않고 있다는 사실이다. NSF에 따르면, 미국 과학자와 엔지니어의 절반이 40세 이상이고 평균 연령도 꾸준히 높아지고 있다.

NASA를 예로 들어보자. 케네디 우주센터를 취재하고 NASA의 기록을 분석한 2004년 3월 7일 자 《플로리다 투데이Florida Today》의 기사를 보면 다음과 같은 사실이 드러났다. NASA 직원 1만 8146명 가운데 약 40%가 50세 또는 그 이상이었다. 정부기관에서 20년 근무한 직원들은 조기 퇴직이 가능한데 NASA 직원의 22%는 55세 이상이다. 60세가 넘은 직원들은 30세 미만 직원들보다 약 3 대 1 비율로 더 많다. NASA 직원의 단지 4%만이 30세 미만이다. 2003년 정부 회계국 연구보고서에 따르면, NASA는 운영에 필수적인 과학, 공학 및 정보기술 분야에서 충분한 기량을 갖춘 인력을 채용하는 데 어려움을 겪고 있다. 이들 일자리는 국가 보안상의 이유로 대부분 미국 시민이 채용된다. NASA 행정관 션 오키프Sean O'Keefe는 "우리의 사명은 우리가 사는 지구를 이해하고 보호하는 것과 우주탐사를 통해 생명체를 찾는 것이지만, 그 일을 할 인력이 없으면 사명을 완수할 수가 없다"고 2002년 의회에서 증언했다. 우주비행사 출신으로 오하이오 주 상원의원을 지낸 존 글렌John Glenn이 현재 의장을 맡은 '21세기를 위한 수학 및 과학교육 국가위원회'에 따르면, 2010년까지 수학 및 과학 교육인력의 3분의 2가 정년퇴직할 것이라고 한다.

전통적으로 미국은 국내에서 더 많은 사람을 교육하고 외국에서 관련 인력을 수입함으로써 부족한 엔지니어와 과학자들을 보충해왔다. 그러나 최근에 두 가지 방안 모두 그 힘을 잃었다.

NSBNational Science Board(미국 국립과학위원회)는 2년마다 미국 과학기술의 추세에 관해서 광범위하게 자료를 수집해, 「과학과 공학 지표Science and Engineering Indicators 보고서」를 발표한다. 2004년도 보고서를 준비하면서, NSB는 "과학자와 엔지니어가 되기 위해 교육을 받는 미국 시민의 수가 심각한 수준으로 감소하고 있다. 한편 과학과 공학 교육을 받은 사람을 필요로 하는 일자리는 계속해서 증가하고 있다"고 말했다. 이러한 추세로 미국의 경제적 복지와 국가안보는 위협받고 있으며, 2004년 지표상 드러난 추세가 억제되지 않는다면 세 가지 문제가 일어날 것이라고 NSB는 덧붙였다. "첫째, 미국 경제에서 과학과 공학 관련 일자리는 늘어날 전망이다. 둘째, 이런 일을 하는 데 필요한 교육을 받는 미국 시민의 수는 잘해야 현상 유지 수준일 것이다. 끝으로 과학과 공학 교육을 받은 외국인을 활용할 가능성도 감소하고 있는데, 이는 미국이 국가안보상의 이유로 외국인 입국에 대해 규제를 강화했기 때문이거나, 이런 기술을 가진 인력 확보 경쟁이 전 세계적으로 격화되고 있기 때문이다."

NSB의 보고서에 따르면 과학을 전공하고 졸업하는 18세에서 24세 사이의 미국인 수가 30년 전에는 세계 3위였지만 현재 세계 17위로 떨어졌다. 2003년 과학과 공학 학사학위 대학 졸업자는 전 세계를 통틀어 280만 명이었고, 그중 120만 명은 아시아에서 대학을 졸업한 아시아인이며, 83만 명은 유럽에서, 그리고 40만 명은 미국에서 학위를 받았다. 특히 공학 분야에서는 아시아 국가의 대학들이 미국보다 여덟 배나 많은 대학 졸업자를 배출하고 있다.

더구나 "다른 나라는 이공계 분야의 중요성을 더욱 강조하고 있다"고 셜리 앤 잭슨이 지적했다. 중국은 학사학위자의 60%가 이공계 분야이고, 한국은 33%, 타이완은 41%이며 미국은 대략 31% 수준이다. 미국은 항상 세계시장에서 경쟁하기 위해 발명에 능한 국민의 창의성에 의존해왔다고 NSB는 말한다. "이공계 노동인력 양성은 국가경쟁력의 결정적인 영역입니다. 그러나 이런 추세를 바꾸려는 조치를 오늘 당장 취한다 해도 상황을 돌려놓으려면 10년에서 20년은 걸립니다." 2004년 이공계 석사 또는 박사학위를 소지한 사람은 14년 전인 중학교 시절, 이공계에 필요한 수학 과정을 이수하기로 결정한 사람들이라고 NSB는 지적했다. 오늘날 중학교에서 똑같은 결정을 내리는 학생들은 2018년이나 2020년이 되어서야 이공계에서 석사나 박사 과정을 마칠 것이다. "지금 당장 이러한 추세를 바꾸기 위해 조처를 하지 않으면 2020년에 가서 미국의 연구 및 교육 기관들이 이공계 인력을 재생산하는 능력이 심각하게 훼손되어 세계의 다른 지역에 경쟁우위를 내주게 되었음을 깨달을 것"이라고 NSB는 보고했다.

이공계 분야의 이런 인력부족 현상은 최악의 시기에 일어났다. 지금은 세계가 평평해지고 있는 시대이기 때문이다. NSB의 보고는 다음과 같다. "이공계 인력에 대한 수요는 해마다 거의 5%씩 늘어나고 있습니다. 이에 비해 나머지 분야 노동력의 수요증가율은 겨우 1%를 넘습니다. 2001년 9·11 테러 이전에 노동통계국Bureau of Labor Statistics, BLS은 이공계 분야의 일자리가 전체 일자리보다 세 배나 높은 속도로 증가할 것으로 예측했습니다." NSB는 불행하게도 이공계 인력의 평균 연령이 높아지고 있다고 보고했다.

"1960년대와 70년대 확장기에 이공계로 갔던 사람들(베이비 붐 세대) 대부분이 앞으로 20년이면 은퇴하리라 예상됩니다. 그런데 그 자녀는 부모 세대만큼 많은 수가 이공계를 선택하지 않습니다. 예를 들면, 수학과 전산Computer Science 관련 직업을 선택하는 여성의 비율이 1993부터 1999년 사이에 4%나 감소했습니다"라고 NSB 보고서는 말했다. 2002년 NSB의 지표에 따르면 미국에서 이공계 박사학위 취득자 수는 1998년 2만 9000명에서 1999년 2만 7000명으로 떨어졌다. 미국의 공과대학 학생 수는 1980년대 중반에서 1998년 사이에 12%나 떨어졌다.

그럼에도 불구하고 그동안 미국의 이공계 노동인구는 미국이 직접 배출한 이공계 인력보다 높은 비율로 늘어났다. 이는 외국의 이공계 인력이 미국으로 이주했기 때문이다. 이공계 분야의 국외출생 학생과 이공계 일자리의 외국인 근로자 비율은 1990년대에 계속해서 꾸준히 증가했다. NSB에 따르면 1990년 이공계 전체 일자리의 14%를 미국 영토 밖에서 출생한 사람이 차지했다. 1990년에서 2000년 사이 이공계 일자리에서 학사학위를 소지한 외국 출생자의 비율은 11%에서 17%로 늘었고, 석사학위를 가진 외국 출생자의 비율은 19%에서 29%로, 박사학위 소지자의 비율은 24%에서 38%로 늘었다. 다른 나라에서 태어나 교육받은 과학자와 엔지니어를 끌어들임으로써, 미국은 오랜 시간에 걸쳐 인력확보를 위해 미국민을 끌어들이고 교육하는 데 부담해야 할 비용을 치르지 않고 이공계 인력의 성장을 유지해왔다고 NSB는 말했다.

그러나 세계가 동시적으로 평평해지고 통신망이 연결된 지금, 외국인들은 굳이 미국으로 이주하지 않고도 혁신을 도모하기가 훨씬 더 쉬워졌다. 각자 자기 나라에서도 세계적인 기업에서 세계수준의 일을 하며 괜찮은 급여를 받을 수 있게 되었다. 국제교육연구소의 앨런 굿맨 소장이 말한 그대로다. "세계가 둥글었을 때 그들은 고향으로 돌아갈 수 없었습니다. 돌아가 봤자 일할 연구실도 접속할 인터넷도 없었으니까요. 그러나 이제 그 모든 것들이 고국에도 있기에 이제 그들은 돌아가고 있습니다. '내 나라에서 일할 때 마음이 더 편합니다. 뉴욕에서보다는 내 나라에서 더 안락하게 살고 일도 잘할 수 있는데 왜 귀향하지 않겠어요?'라고 그들이 말합니다." 이러한 추세는 9·11 테러로 비자 발급이 까다로워지기 이전에 이미 시작되었다고 굿맨은 말한다. "2000년 무렵부터 두뇌 유입에서 두뇌 유출로 바뀌기 시작했습니다."

NSB의 연구보고서는 이렇게 지적한다. "1980년대 이래 다른 나라들은 이공계 교육과 이공계 노동인구 양성을 위해 미국보다 높은 비율로 투자를 늘려왔다. 1993년에서 1997년 사이 OECD 국가들은 이공계 연구직을 23% 늘렸다. 이것은 미국의 증가율인 11%의 두 배가 넘는다."

여기에 9·11 테러 이후 엄격해진 보안조치와 감소한 비자 신청으로 학생 및 이공계 근로자에 대한 비자 발급이 한층 느려졌다. 미 국무성은 2001년 외국 학생에 대한 비자 발급을 2000년보다 20% 줄였다. 그 이후 해마다 비자 발급률은 떨어졌다. 2004년에 미국 대학 총장들은 내게 상황이 개선되고 있다고 말했고, 국토안보부Department of Homeland Security, DHS는 외국 학생과 과학자에 대한 비자 발급 절차를 간소화하고 더 빨리 처리하기 위해 노력하고 있다지만 이미 큰 손실을 본 뒤였다. 특히 국가안보와 연관된 것으로 간주되는 분야에서 일하고 싶어하는 외국 학생과 과학자의 상황은 정말로 심각한 문제가 되고 있다. 《뉴욕 타임스》 교육담당 기자인 샘 딜런Sam Dillon이 2004년 12월 21일 자에 다음과 같은 기사를 쓴 것도 놀라운 일은 아니다. "올해 외국 학생의 미국 대학원 입학 신청 건수는 지난해에 비해 28% 감소했다. 실제 등록한 외국 학생 수는 6% 감소했다. 올가을에 발표된 연례 인구통계를 보면 학부, 대학원 및 박사 후 연구 과정을 모두 합쳐 외국 학생의 등록이 감소한 것은 30년 만에 처음이다. 한편 영국과 독일을 비롯한 다른 나라에서는 대학 등록생 수가 많이 증가하고 있다. (…) 중국학생의 미국대학원 입학신청은 올해 45% 감소한 반면에 몇몇 유럽 국가들은 자국의 대학원에 중국인 학생 등록이 크게 늘었다고 발표했다."

몇몇 분석가들은 인도, 중국, 미국에서 매년 배출되는 엔지니어의 총계만을 인용해 미국이 뒤처지고 있다는 결론을 내리는 것은 오해의 소지가 많다고 주장한다. 정확한 통계를 내기가 어려울 뿐 아니라 보통은 나라별 이공계 학위의 수준 차이를 무시하고 있기 때문이다. 예를 들어, 2005년 12월 듀크 대학교 기술경영 석사 대학원에서 발표한「공학의 아웃소싱에 관한 논쟁의 틀: 중국 및 인도와의 수평적 경쟁에 맞서는 미국의 위치 설정Framing the Engineering Outsourcing Debate」이라는 연구보고서는 다음과 같은 결론을 내리고 있다. 인도나 중국의 통계는 비교적 느슨한 2~3년제 훈련 프로그램을 마치고 학위를 받은 사람들까지 모두 포함하는 데 반해, 미국은 대개 공인된 4년제 학사 과정을 거친 졸업자만을 통계에 포함한다. 듀크 대학교의 이 연구는 공학 분야의 대학원생들을 '전문 공학자dynamic engineers'와 '단순 공학자transactional engineers'로 이름 붙인 두 그룹으로 구분한다. 전문 공학자란 '관념적 사고와 과학적 지식을 활용한 추상적 사고와 고차원적인 문제 해결 능력을 소유한 개인'을 말한다. 그들은 최소 4년제의 공인된 교육 과정을 수료했으며, 그들의 일자리는 쉽게 아웃소싱되지 않는다. 반면, 단순 공학자는 학사학위보다는 단기대학 졸업자거나 기술전문대학 졸업자 또는 학위수료증을 받은 사람을 말한다. 이들은 공학 관련 기초지식을 습득했겠지만, 지식을 보다 큰 문제에 적용할 수 있는 경험이나 전문성이 부족한 엔지니어들이라고 이 연구에서 말했다. 단순 공학자의 일자리는 손쉽게 위탁될 수 있다. 듀크 대학교의 이 보고서는 미국은 여전히 중국이나 인도보다 전문 공학자와 컴퓨터 과학자를 비교적 많이 배출하고 있으며, 아직 매우 높은 경쟁력을 유지하고 있다는 결론을 내렸다.

나는 여기에 다음과 같은 경고를 보태고자 한다. 첫째, 미국 대학의 공학 분야 학위 대부분은 미국인이 아닌 고국으로 돌아갈 외국인 학생들에게 수여되고 있다. 둘째, 인도나 중국에서 수여한 보통의 공학 학위가 미국대학의 공인된 4년제 학위와 질적으로 같지는 않을 것이다. 하지만 아주 단순하게 설명해보겠다. 인도와 중국은 미국에 비해 인구가 월등히 많고, 그 많은 인구 중 상당수가 자기 나라와 미국의 대학에서 과학, 컴퓨터 과학, 공학을 공부하고 있다. 평평한 세계에서는 훌륭한 모범사례가 급속하게 전파되는 법이다. 따라서 향후 20년 이내에 중국이나 인도의 공학 분야 학사학위의 평균적인 수준이 미국의 수준을 반면교사로 따라잡기 시작할 것을 의심치 않는다. 현재 모습의 스냅 사진이 아니라 추세를 봐야 한다.

추악한 작은 비밀 2: 고학력 교육의 격차

숫자의 격차가 나타나는 가장 큰 원인은 물론 교육의 격차다. 간단히 말해 미국은 청년들에게 수학이나 과학, 공학 분야의 고등교육 기회를 충분히 주지 않거나 아예 관심조차 없다는 뜻이다. 해마다 인텔이 개최하는 국제과학기술경시대회Intel International Science and Engineering Fare를 생각해보자. 전 세계 40여 개국이 국가별 지역 대회를 통해 우수한 학생을 선발하고 출전시킴으로써 대회에 참여한다. 인텔에 따르면, 2004년 이 대회에 출전하기 위해 미국에서는 6만 5000명이 예선에 참가했다. 중국은 어떤가? 베이징을 방문했을 때 인텔 차이나의 사장 천웨이딩에게 물어보았다. 중국에는 전국 규모의 인텔 제휴 과학경시대회가 있고, 인텔이 개최하는 세계대회에도 내보낼 학생을 선발하는 역할도 겸한다고 그가 말했다. "거의 모든 성에서 학생들을 예선에 출전시킵니다. 모두가 최고 수준은 아니지만, 전부 합쳐 600만 명이 경쟁합니다. (…) 그렇지만 학생들이 이 대회를 얼마나 중요하게 여기는지 아시잖아요. 인텔의 국제경시대회에 출전하는 학생으로 선발되면 대학 입학시험을 면제받습니다." 그 참가생은 기본적으로 중국 내 최고 대학들 가운데 어느 대학이든 선택해 진학할 수 있다. 2004년 인텔 과학경시대회에서 중국은 전체 최고상 수상자 세 명 가운데 한 명을 포함해 서른다섯 개 분야에 걸쳐 수상자를 냈다. 아시아의 어느 국가보다 많은 상을 가져갔다.

미국 전역의 교사들이 읽는 교육 잡지 《에듀케이션 위크》가 '이민자 자녀들, 수학 및 과학 경시대회에서 우승을 휩쓸다'라는 제목의 기사를 2004년 7월 28일 자에 실은 것도 놀라운 일이 아니다. 그 내용을 살펴보면 이렇다.

미국 정책을 위한 국립재단National Foundation for American Policy, NFAP의 연구에 의하면, 세 개의 학력경시대회(인텔 과학경시대회 수상자들, 국제수학올림피아드 출전 미국 팀, 국제물리올림피아드 출전 미국 팀)의 수상자들을 분석한 결과, 과학에서 최고 수준의 학생 60%와 수학에서 최고 수준의 학생 65%가 이민자의 자녀로 나타났다.

이 연구보고서의 저자이자 미국 정책을 위한 국립재단의 전무이사 스튜어트

앤더슨Stuart Anderson은 이민자 학생들의 성취가 "부분적으로는 학생들이 공부 시간을 잘 관리하도록 강조하는 부모들 때문"이라고 말했다. "많은 이민자 부모들이 자녀에게 수학과 과학에 관심을 두라고 권합니다. 그러한 재능이 좋은 기회를 얻는 데 유리하고, 편견과 직장 내에서 인적 네트워크의 부족함을 보완해 준다고 믿기 때문입니다. (…) 학생들의 부모 가운데에는 전문직 종사자에게 발급되는 H-1B 비자로 온 사람들의 비율이 높습니다. 지나치게 규제가 심한 이민정책을 옹호하는 미국의 정책 입안자들은 과학기술 분야의 인재들이 미국으로 오는 것을 막는 위험부담을 지고 있습니다." 그 기사는 2004년 인텔 학력경시대회에서 결승에 오른 18세 학생 안드레이 문티누의 말을 인용했다. 그의 부모는 루마니아 사람으로 5년 전 미국에 이민 왔다. 문티누는 미국에서 7학년으로 학업을 시작했는데, 루마니아에 비하면 수업이 매우 쉬웠다. "수학과 과학에서 같은 내용을 루마니아에서는 4학년 때 배웠다"고 그는 말했다.

도움의 손길은 아직 나타나지 않는 듯하다. 미국은 4년마다 국제 수학 및 과학 트렌드 연구에 참여한다. 여기서는 4학년 과정을 마친 학생과 8학년 과정을 마친 학생을 평가한다. 가장 최근의 연구는 전 세계 41개국의 서른 개 언어를 사용하는 약 50만 명을 대상으로 했으며, 지금까지 시행된 교육에 관한 국제연구 중에 가장 규모가 크고 종합적인 연구였다.

2004년에 발표된 결과(2003년에 치러진 시험)는 미국 학생들이 2000년에 비해 별로 나아진 게 없음을 보여주었다. 이것은 과학 분야에서 미국 노동력의 질이 경쟁국들보다 떨어진다는 것을 보여주는 사례이다. 2004년 12월 4일에 《AP 통신》은 미국의 8학년 학생들이 처음으로 시험을 치른 1995년 이후 과학과 수학에서 점수가 올라가기는 했으나, 수학 점수가 올라간 것은 주로 1995~1999년 사이로 최근은 아니라고 보도했다. 1999년에 비해 올라간 미국 8학년 학생들의 과학 점수 때문에 미국의 순위도 다른 나라에 비해 높아졌다. 그러나 걱정스러운 소식은 4학년 학생들의 수학 및 과학 점수가 1995년 이래 올라가지도 내려가지도 않은 채 정체돼 있다는 것이다. 그 결과 미국의 국가 순위는 미끄러지고, 다른 나라들은 순위가 올라갔다. "아시아 국가들은 과학과 수학의 고급 과정에서 강세를 보인다"고 이 연구를 주도한 보스턴 대학교의 국제연구소 소장 이나 멀리스Ina Mullis가 말했다. "한 예를 들면, 싱가포르 8학년 학생의 44%가 수학 최고급 과정에서 점수를 얻었습니다. 타이완의 경우 38%였는데, 미국은 겨우 7%만이 점수를 얻었을 뿐입니다." 2004년 12월에 또 다른 국제적 교육평가 연구인 국제학생평가 프로그램 결과가 나왔다. 미국의 15세 학생은 수학의 실생활 응용에서 국제 평균치 이하였음이 드러났다.

그것은 국립과학원National Academy of Science, NAS, 국립공학학술원National Academy of Engineering, NAE, 그리고 의학협회Institute of Medicine, IOM 등 세 기관에서 「몰려오는 폭풍 너머로의 상승Rising above the Gathering Storm」이라는 제목으로 공동 진행한 2005년도 연구 결과로 부분적으로나마 설명이 가능하다. 거기에 따르면 수학을 전공한 수학교사에게서 수학 수업을 받은 미국의 8학년 학생은 단지 41%로 국제적 평균치인 71%보다 현저히 낮은 것으로 나타났다. 특히 미국 내 중학교의 교육 실태는 어린 학생들의 흥미를 서서히 잠식해가는 블랙홀과도 같다. 과학에 관한 한 특히 어린 여학생들이 관심을 잃고 있다.

2005년 10월, 아내와 나는 딸아이가 다니는 예일대의 주말 학부모 모임에 참석하기 위해 뉴헤이븐을 다녀왔다. 딸과 기숙사에서 한방을 쓰는 룸메이트들과 한 룸메이트의 남자친구와 함께 점심으로 피자를 먹으러 나갔다. 나는 이름이 에릭 스턴이고, 24세인 그 남자친구와 맞은편에 앉았다. 그는 예일대 생의학 공학박사 과정에서 나노 기술을 전공하고 있었다. 에릭은 우리가 미국의 교육체계를 통해 꾸준히 배출되기를 희망하는 바로 그런 유형의 인재라 할수 있었다. 에릭의 할아버지는 시계 제조 기술자였고, 아버지는 의사로서 콜롬비아 대학교의 과학 교수이기도 하다. 그래서인지 에릭은 아주 어려서부터 과학에 흥미가 있었다. 아버지의 연구실에서 시간을 보내고, 할아버지와 함께 이것저것을 만들어보기도 했기 때문일 수도 있다. 고등학교 때 웨스팅 하우스 Westing House 과학재능발굴대회의 결승에 오르기도 했고 예일대에서 학부과정을 마쳤다. 대학원에서 조기에 박사학위 취득을 준비 중인 그는 정부의 지원을 받아 공기 중의 독성물질을 감지하는 데 나노 기술을 이용하는 연구프로젝트를 수행하고 있었다. 이 기술은 테러와의 전쟁에서 폭넓게 활용될 가능성이 있다. 에릭과 나는 곧 오늘날 미국의 과학교육 상황에 대해 대화를 나누기 시작했다.

에릭은 우리와 한 테이블에 앉은, 예일대 학부과정에 다니는 다섯 명의 여대생을 가리키며 이렇게 말했다. "지금 이 테이블을 한번 보세요. 다섯 명의 똑똑한 여대생들과 함께 피자를 먹고 있지만, 과학을 공부하는 사람은 아무도 없어요." 여대생들은 모두 인문학을 전공하고 있었다. 내가 그 이유를 에릭에게 묻자, 그는 다양한 이유가 있지만 오늘날 남녀 가릴 것 없이 미국의 모든 학생에게 공통으로 나타나는 문제라고 대답했다. 무엇보다도 "사람들은 재미있는 일을 하고 싶어합니다. 하지만 대수학이나 구구단 외우기는 재미가 없죠. 문제는 그런 기초지식이 결국 대학 신입생이 공부해야 할 화학 과목이 되는데, 그 또한 지루하기는 마찬가지라는 점입니다. 재미난 구석이라곤 전혀 없죠. 학년이 올라가서 고등 과정의 수업을 듣게 되면 그때야 비로소 재미를 느끼기 시작할 겁니다. 이러한 기초지식은 사전에 모두 익혀두어야 하지만 그 과정은 재미가 없습니다. (…) 오늘날은 재미를 쫓는 문화에 치우쳐 있습니다."

예일대에 관해 말하면서 에릭은 이런 말을 했다. "저는 예일대가 아주 좋아요. 하지만 내가 하는 공부에 관심을 두는 친구가 하나도 없어요. 내가 뭘 하고 있는지를 얘기하자면 정말 그럴싸하게 설명해서 흥미롭게 들리도록 해야 하죠. 예일대가 하는 일은 대통령을 만드는 것인데, 아주 잘하고 있습니다. 하지만 과학자를 만들지는 않아요. 예일대가 배출하는 대통령들은 과학을 공부하는 학생들과 어울리지 않기 때문에 과학을 중시하지 않아요. 그 전형적인 예로 부시 만한 인물도 없을 겁니다. 최근에 한 결혼식에 참석했는데 대학 시절의 친구들이 다 모였지요. 다들 투자은행에서 기업 인수 합병 업무를 맡고 있더군요. 제각기 자신이 얼마나 많은 돈을 벌었는지 그런 얘기만 했습니다. 그래서 저도 내가 과연 얼마를 버는지 한번 따져봤죠. 일주일에 여든 시간을 일하고 시간당 3달러 정도를 버는 셈이더군요. 하지만 그런 식으로 생각해본

적은 한 번도 없었어요."

대체로 1970년대와 1980년대 초반에는 변호사가 되길 희망하는 미국 청년들의 기세가 공학자나 과학자가 되고 싶어하는 학생들의 기세를 누른 것으로 보인다. 1990년대 들어서는 닷컴 붐으로 비즈니스스쿨에서 MBA 학위를 얻으려는 학생들이 공학도와 변호사가 희망인 학생들을 압도해버렸다.

다른 나라들이 기초지식의 교육에 헌신적으로 노력하고 그들의 교육체계에 더욱 창의적인 접근법을 접목하려고 새롭게 관심을 보이면서 미국과의 격차를 점차 줄여가고는 있지만, 미국의 문화는 여전히 가장 창의적인 과학자와 공학자들을 배출하고 있음을 믿는다고 에릭은 말했다. 그것이 바로 미국의 학생들이 수학과 과학의 기초지식 수준을 한 단계 끌어올려야 하는 이유이고, 창의력을 북돋우는 동시에 생활 속으로 서서히 스며드는 미국 문화의 특징을 포기하지 않으면서 해내야 할 일이라고 했다. 그러한 맥락에서 그는 공립학교들이 미술이나 음악 활동 프로그램을 없애는 것은 미친 짓이나 다름없다고 주장했다. 에릭은 "음악이야말로 직업윤리와 창의적 사고를 끌어내 주었으며 내 삶의 형성에 기여한 한 부분이었습니다"라고 말했다. "클래식 음악에 심취한 적이 있어요. 클래식 음악은 부단히 노력해야 한다는 것을 가르쳐주었죠. 팀을 이뤄 경기하는 스포츠 같은 훈련이 아니라 오로지 혼자 힘으로 무언가를 성취하기 위해 노력하는 것을 배울 수 있었죠. 그뿐 아니라 주제와 생각을 새로운 방식으로 해석해서 나만의 것으로 만드는 방법도 가르쳐주거든요."

미국 사회가 아직 에릭 스턴과 같은 청년들을 길러 내고 있다니 감사할 일이지만 착각해선 안 된다. 에릭과 같은 과학도는 극히 소수에 지나지 않으며, 그마저도 그 수가 줄어들고 있다. 에릭은 "오늘날 미국사회에서 이룰 수 있는 최고의 성공은 과학자나 공학자가 아니라 의사나 변호사 또는 투자은행의 인수합병전문가가 되는 것"이라고 말했다. 자신은 앞으로 어디에서 혁신이 일어나게 될지 걱정스럽다고 했다.

"우리가 우리 미국 제품을 거래하고 있나요, 아니면 중국제품을 거래하고 있나요?" 스턴은 이렇게 물었다. "나는 우리 미국의 것을 사고팔 수 있도록 하고 싶습니다." 결국 미국인들이 건강한 기초를 다져야 할 필요성을 다시 한번 알게 된다. 과학과 공학의 상당 부분은 직업관, 다시 말해 기초지식의 습득 과정을 꾸준히 견디는 것뿐 아니라 스무 번의 실패를 경험하더라도 끝까지 실험을 포기하지 않을 수 있는 자발성에 관한 것이라고 스턴이 말했다. 아시아계 학생들과 상위권을 유지하는 미국 학생들에게 가장 인상 깊었던 부분도 바로 그들이 보여준 직업관이었다고 그는 결론지었다. "어느 중국인 대학원생이 연구실에서 내게 다가와 '어떻게 그렇게 열심히 할 수가 있습니까?'라는 말을 건넨다면, 그것이 바로 내게 해주는 최고의 찬사입니다."

더 많은 미국 청년들이 그렇게 느끼길 바라지만 통계상의 수치는 그렇지 않다는 걸 말해주고 있다. 그리고 문제는 수학과 과학에 관한 것만이 아니다. 이제는 단순한 읽기와 쓰기에도 영향을 미치고 있다. 2005년 12월 16일 자《뉴욕 타임스》는 공신력 있는 전국 규모의 시험 결과를 인용해 평균적인 미국 대졸자들의 영어 사용 능력이 지난 10년간에 비해 상당히 저하되었다고 보고하는 기사를 실었다. 이것은 대학 중퇴자 얘기가 아니라 대학 졸업생들에 관한 이야기다.

2003년 교육부 주관으로 미국인의 읽기 능력을 측정하기 위해 시행한 전국 성인의 식자능력평가National Assessment of Adult Literacy는 국가적인 중요한 시험이라고 전했다. 이 시험에서도 미국 내 히스패닉계의 영어 읽기 능력은 급격하게 저하되었으나 흑인과 아시아계의 읽기 능력은 현저히 향상된 것으로 나타났다. 1992년에 시행된 직전 시험에서는 전국 대학 졸업생의 40%가 능숙한 읽기 수준을 갖고 있다고 평가되었는데, 길고 복잡한 영어 문장을 읽고 추론할 수 있는 능력을 갖추었음을 뜻한다. 하지만 2003년에 시행한 시험에서는 대학 졸업생의 31%만이 그와 같은 고난도의 지적 능력을 갖춘 것으로 나타났다. 미국에는 2640만 명의 대학 졸업자가 있다. (…) 교육부에 소속된 한 기관의 책임자이며 평가시험 주관을 도운 그로버 J. 화이트허스트Grover J. Whitehurst는 대학 졸업자의 식자 능력이 저하된 것은 최근 점점 더 많은 학생이 TV 시청이나 인터넷 서핑으로 여가를 보내기 때문이라고 생각한다고 말했다. 그는 '재미로 하는 독서가 현저하게 감소했으며, 그 결과가 읽기 능력에 그대로 반영되었다'고 지적했다.

추악한 작은 비밀 3: 야망의 격차

비디오와 TV, 그리고 온라인 게임에 대한 미국인들의 지나친 애정은 추악한 작은 비밀 세 번째를 설명하는 데 일조한다. 미국의 저명한 최고경영자 몇몇이 내게 은밀히 말해준 그 비밀의 내용은 이렇다. 일자리를 국외에 아웃소싱하면 인건비를 75% 절감하는 것만이 아니라 생산성도 100%나 높아진다는 것이다. 어떤 면에서 이해할 만하다. 콜센터 직원 같은 일자리는 미국에서는 저임금에 사회적 평판도 낮지만, 그 일을 인도로 옮기면 고임금에 사회적 평판까지 얻는 일자리가 된다. 따라서 더 낮은 급여에도 근로 의욕은 더 높은 인도인 직원들을 얻는다. 런던에 본사를 둔 한 다국적기업의 미국인 최고경영자가 내게 말했다. "추악한 작은 비밀은 아웃소싱이 값싸고 효율적일 뿐만 아니라 업무의 질과 생산성 증대 효과도 굉장하다는 것입니다." 임금의 감축 말고도 벵갈루루에서 고용하는 인도인 직원 한 사람은 유럽인 두세 명 몫을 해내며, 게다가 벵갈루루의 인도인들은 휴가를 6주나 가지는 않는다고 그가 말했다. "임금만 생각한다면 안달할 필요가 없습니다. 그러나 그들이 일을 더 잘한다는 사실이 두렵습니다."

인도에서 돌아온 지 얼마 안 되어, 내가 인도에서 쓴 칼럼에 대해 나와 대화를 나누고 싶었다던 한 젊은이가 공항에서 내게 다가왔다. 우리는 즐겁게 대화를 나누었고, 그의 명함을 달라고 해서 받았다. 그리고 우리는 이메일로 우정을 나누는 친구가 되었다. 그의 이름은 마이크 아구엘로인데, IT 시스템 설계자로 샌안토니오에 살고 있다. 그는 높은 기술 사양의 IT 시스템을 디자인하며 외국인과의 경쟁에 두려움을 느끼지 않는다. 그는 전산학도 가르친다. 미국이 우월함을 되찾기 위해서는 무엇을 해야 하느냐고 묻자, 그는 다음과 같은 이메일을 보내왔다.

저는 지역의 한 대학에서 강의하고 있습니다. 그런데 학생들이 대부분 공부에 의욕이 없는 것을 보고 실망을 느끼고는 합니다. 6학기 이상 학생들을 가르치면서 그 학생 중에서 채용을 고려할 만한 학생은 겨우 두 명뿐이었습니다. 그 외 학생들은 창의성, 문제 해결 능력 그리고 배움에 대한 열정이 부족합니다. 당신도 잘 알다시피, 중국과 러시아보다 인도가 가진 최고의 이점은 영어가 공용어인 나라라는 점입니다. 그러나 최고 수준의 인도인 소프트웨어 개발자가 최고 수준의 미국인 개발자를 능가한다고 가정하는 것은 잘못입니다. 그들이 가진 장점은 문제 해결에 투여할 수 있는 무수한 인력입니다. 저는 인도의 MIT라 할 수 있는 대학에서 교육을 받은 최고 수준의 인도인 인재들과 일하고 있으며, 그와 같은 인재들은 지나치게 많습니다. 만약 저와 함께 업무상 갖는 모임들에 동행해보면 제가 대부분의 시간을 인도인과 일하며 보낸다는 걸 확인하게 될 것입니다. 관리자의 상당수는 인도인들은 모두 '소프트웨어 어셈블리'와 같은 저급 소프트웨어 개발이나 한다고 생각합니다. 그러나 리눅스 같은 기술의 발달로 인도인들도 이전에는 미국인들의 전유물이던 고가의 시스템을 디자인할 수 있게 되었습니다. 리눅스가 인도인들이 기술 분야 먹이사슬에서 한 단계 위로 올라설 수 있는 수단을 제공함으로써 미국인 기술자와 동등한 위치에서 일하는 게 가능해졌습니다. 두뇌싸움을 벌이는 IT 분야에서 인도인들은 가히 위협적입니다. 기술적 측면에서 세계는 이미 평평해졌고, (가능하다면) 더욱 평평해지고 있습니다. 제가 아직 인도인들을 보지 못한 유일한 두 분야는 네트워크 설계와 시스템 설계부문입니다. 그러나 그것도 시간문제일 뿐입니다. 인도인들은 매우 똑똑하며, 시스템 설계자들과의 교류를 통해 시스템이 어떻게 짜맞춰 져야 하는지 빠르게 습득 중입니다. (…) 미 의회가 인도 출신 인력의 유입을 막는 법을 제정한다면 주요 소프트웨어 시스템에는 일이 어떻게 돌아가는지 아는 사람이 남아 있지 않을 것입니다. 현재 경영진은 이 상황을 제대로 이해하지 못하는 비기술 계통 사람들로 채워져 있고 이런 현실은 불행입니다. (…) 저는 경제 전문가가 아니라 정보 시스템 전문가지만, 고임금을 받는 일자리에는 고부가가치를 생산하는 사람이 필요하다는 것은 알고 있습니다. 경제는 고급 일자리와 저급 일자리를 제공하는데, 고급 일자리는 대다수의 손에서 멀어지고 있습니다. 교육수준이 낮으면 단순한 저임금 일자리를 얻을 수밖에 없습니다. 점점 더 많은 미국인이 이러한 처지에 몰리고 있습니다. 많은 미국인은 자신들이 고임금의 일자리에 맞는 자격을 갖추지 못했음을 믿지 못합니다. 저는 이것을 텔레비전의 스타 발굴 프로그램인 '아메리칸 아이돌American Idol'에 빗대어 '아메리칸 아이돌 문제'라고 이름 붙였습니다. 이 프로그램에서 심사위원인 사이먼 코웰Simon Cowell이 출전자들에게 재능이 부족하다고 평가할 때, 그들의 반응을 본 적이 있다면 아시겠지만, 그들은 황당하다는 표정으로 사이먼을 바라봅니다. 저는 언젠가 그런 아연실색한 반응을 접하지 않기를 바라고 있습니다.

그러나 문제는 더 이르게는 아니더라도 고등학교에서부터 시작된다. 2005년 여름, 나는 워싱턴 주의 고등학교 교사인 말콤 데이비드슨Malcolm Davidson으로부터 다음과 같은 편지를 받았다.

친애하는 프리드먼 씨, 저는 워싱턴 주 타코마에 있는 애니 라이트 사립학교에서 5학년 읽기와 사회 과목을 가르치는 교사입니다. 제가 가르치는 학생들의 부모 대부분은 다양한 민족 출신이며 고등교육을 받은 데다가 미국의 중상위층에 속합니다. 저는 최근 프리드먼 씨의 저서 『세계는 평평하다』를 읽었습니다. 책에 나오는 '삼중융합'과 '조용히 다가오는 위기' 두 장은 이 책이 출판되기 훨씬 전에 제가 직접 경험한 것이었습니다. 그 두 장을 읽으면서 세계가 평평해졌다는 것을 새삼 깨닫게 되었습니다. 당신이 그 두 장을 쓰기 전에 제가 경험했던 것을 함께 나눌 수 있었더라면 더 좋았을 뻔했습니다.
학부모 면담은 저의 업무 중에 가장 흥미로운 측면이라고 할 수 있습니다. 그 일이 그렇게까지 문화 공부를 할 수 있게 할 거라곤 생각해본 적이 없었습니다. 2년 전에 있었던 두 차례의 학부모 면담은 저에게 평평한 세계를 경험하게 해준 시간이었습니다. 한번은 데번과 스와티 보라 부부와의 면담이었습니다(보라 씨 가족이 어느 나라 출신인지 추측해보세요). 그들의 딸인 소니아에 대해 이런저런 얘기를 나누는 동안 보라 씨 부부가 저에게 한 말은 학교에서 숙제를 충분히 내주지 않을 뿐 아니라 과제물의 수준도 높지 않다는 것이었습니다. 그날 오후 또 다른 학부모 면담시간에 동유럽 출신의 이민자인 이레나 미케라제 씨는 아들 티모시는 왜 과학 교과서가 없는지, 그리고 과학 교과 과정이 왜 그렇게 허술한지 이유를 알고 싶어하더군요. 과학 교과서도 없는데 어떻게 경쟁력을 갖춘 학교가 될 수 있겠습니까? 두 나라의 특징을 대변하는 세 명의 학부모들 덕분에 생각해볼 기회를 가졌습니다. 슬프게도 미국의 많은 백인 중산층 학부모들은 5학년에 다니는 자식들이 배우기에 내용이 너무 어렵다고 말합니다. 그 많은 것을 도저히 다 소화할 수도 없을뿐더러 아이들이 '아이다울 수 있는' 시간을 빼앗고 있다고 합니다. 축구나 체조, 음악 수업, 외식 등으로 공부할 시간을 억지로 짜내야 할 지경인 겁니다. 어떤 부모들은 아이들의 학습 부담을 줄여달라고 요청합니다. 이 걱정 많은 부모들은 아이들이 귀찮아하는 일들을 막아주며 그들에 대한 기대치를 낮춘 것에 불과합니다. 지레 겁먹은 부모들이 다 좋다고 생각하며, 절대로 더 많은 걸 요구하지 않습니다. 자녀가 그런대로 잘 해나가고 있고 재미있게 학교에 다닌다면 그 애들이 훌륭한 교육을 받는 겁니다. 미국의 학교들은 과거 베를린 장벽이 있던 시대의 사고방식에 머물려는 경향이 있습니다. 부모들은 자녀의 학교를 주변 또는 근처 도시의 다른 학교들과 비교합니다. 학부모들은 학교가 같은 지역에 있는 공립학교나 종교단체의 부속학교 또는 사립학교보다 우수하다고 생각하면 그걸로 만족합니다. 당신이 책에서 언급했듯이, 그리고 제가 두 번의 학부모 면담에서 경험했듯이, 진짜 경쟁은 더 이상 옆 도시나 인근의 주에 있는 학교들에서 비롯되는 게 아닙니다. 여러 가지 면에서 미국인은 스스로 속이고 있다고 했던 당신의 말이 옳습니다. 학습 탐구라는 의미에서 미국인들은 배고픔이 없어졌습니다. 미국인은 응원과 미식축구 그리고 학교기금 마련 채권 발행이 실패한 경우 등에만 식욕을 보입니다. 미국인들은 자기만족에 빠져 있으며 문제점을 향해 가고 있습니다. 슬프게도 이 나라의 지도자들은 우리의 아이들이 뒤처지지 않게 하려고 고민하고 있으며, 캔자스나 조지아 주 같은 곳에서는 진화론을 빼고 지적설계론을 교과목으로 추가하는 것에 더 관심을 기울이는 것 같습니다. 누구라도 평평한 세계에 귀를 기울인다면 국외에서 밀려오는 경쟁의 소리를 들을 수 있을 것입니다. 교육자의 한 사람으로서 저의 목표는 지역이나 지방에서 최고의 학교가 되기를 그만두고, 전 세계에서 제일가는 학교로 만드는 일을 시작하는 것입니다.

세계가 평평해지기 이전에 미국은 하나의 섬과 같았다. 혁신과 안전, 늘어나는 수입이 보장되는 섬 말이다. 그 섬은 전 세계의 자본과 인재를 끌어들이는 자석과도 같았다. 자국의 화폐가 세계 공통의 화폐이고 전 세계의 인재들이 모두 내 집 뒷마당으로 못 들어와 안달한다면 어느새 그것을 당연시하기 시작하는 법이다.

아시아 국가들은 그런 호사를 누려본 적이 없다. 2004년 겨울 노무라 연구소Nomura Research Institute의 수석 경제학자인 리처드 C. 쿠Richard C. Koo와 도쿄에서 차를 마신 적이 있다. 나는 그에게 나의 '평평화 계수'를 시험해보았다. 평평화 계수란 한 나라가 천연자원이 없을수록, 즉 더 평평할수록 평평해진 세계에서 더 잘살 것이라는 개념이다. 평평한 세계에 이상적인 나라는 천연자원이 하나도 없는 국가다. 왜냐하면 천연자원이 없어야 자신의 내부로 파고들 것이기 때문이다. 이들 나라는 유정油井을 파기보다는 남녀를 가리지 않고 자국민의 에너지, 기업가 정신, 창의성 그리고 지적인 능력을 개발하기 위해 노력할 것이다. 타이완은 태풍이 몰아치는 바다 한가운데 삭막한 바위투성이 땅으로, 에너지와 야망 그리고 재능을 가진 국민 이외에 천연자원이 거의 없다. 그런데도 오늘날 세계 3위의 외환보유국이 되었다. 홍콩과 일본, 한국 그리고 중국 연안지역의 성공은 모두 이들 지역이 평평한 데서 비롯되었다.

"나는 타이완계 미국인으로 아버지는 타이완인, 어머니는 일본인입니다"라고 리처드 쿠가 내게 말했다. "일본에서 태어나 일본에서 초등학교에 다니다가 미국에 이민했습니다. 중국에는 '머리와 뱃속에 넣은 것은 누구도 빼앗아 갈 수 없다'는 속담이 있습니다. 동아시아 전 지역에는 그 말이 DNA 속에 새겨져 있습니다. 아이들은 열심히 공부해서 앞서 나가야 했습니다. 꽤 어릴 때부터 선생님들께서 '우리는 결코 미국인이나 캐나다인처럼 살 수 없다. 우리는 자원이 없다. 열심히 공부하고 일하고 수출을 많이 해야 한다'고 말해줬습니다."

얼마 후 《워싱턴 포스트》의 비즈니스 칼럼니스트이자 기자인 스티븐 펄스타인Steven Pearlstein이 쓴 '유럽 자본주의의 장막Europe's Capitalism Curtain'이라는 제목의 2004년 7월 23일 자 칼럼을 읽었다. 폴란드 브로츠와프에서 쓴 이 칼럼에서 펄스타인은 이렇게 말했다. "유럽 전역에 장막이 드리워졌다. 한편에는 희망, 낙관주의, 자유 그리고 더 나은 삶에 대한 기대가 있다. 그 반대편에는 공포와 비관주의, 숨 막히는 정부의 규제 및 옛날이 최고였다는 사고만이 있다." 이 새로운 장막은 자본주의를 받아들이고 있는 동유럽과 자본주의가 사라지기를 간절히 바라는 서유럽을 나누고 있다고 펄스타인은 주장한다.

그런데 이번에는 동유럽이 성공할 것 같다. 여기에선 에너지와 가능성이 느껴진다. 돈과 기업들이 쏟아져 들어오고 있다. 봄바르디어Bombardier, 지멘스Siemens, 월풀Whirlpool, 도요타Toyota, 그리고 볼보Volvo 같은 세계적으로 유명한 기업뿐만 아니라 반드시 이들 기업을 쫓아다녀야 하는 공급자 네트워크까지 들어오고 있다. 초기에 새로 생기는 일자리는 대부분 다양한 반숙련공들이었다. 이제는 동유럽의 많은 대학생을 끌어들이고 있는 디자인, 엔지니어링 부문이 그 뒤를 잇고 있다. 그 비밀은 단지 저임금만이 아니다. 서유럽에서는 틀림없이 몇 달간의 치열한 교섭이 필요할 법한 생산 일부를 아웃소싱하고, 주말도 포기하고 휴가 일정도 바꿔가며 일하더라도 자부심을 느끼고 성공에 필요하다면 어떤 일이든 기꺼이 하겠다는 근로자들의 태도 또한 그 비결이다. "내 고국에 있는 사람들은 자신들이 누리고 있는 것을 계속 누리려면 스스로 얼마나 변해야 하는지 전혀 모르고 있습니다." 스페인의 대형 산업체인 몬드라곤Mondragon에서 제조책임을 맡은 호세 우가르테Hose Ugarte의 말이다. "그들에게 닥친 위험은 너무 거대합니다. 그들은 이런 일이 얼마나 빠르게 진행되고 있는지 자각하지 못합니다." 브로츠와프 주민을 움직이는 것은 부자가 되려는 꿈보다는 서유럽과의 격차를 좁히고 싶어서 열심히 일하려는 의지 그리고 필요하다면 희생하려는 의지, 변화가 필요하다면 변화하려는 의지 등이 주된 요인이다. 그들이 왜 장막의 다른 쪽 '여가를 즐기는 사회'에 그렇게 위협이 되는지를 설명해주는 것은 바로 이 자부심과 의지라고 브로츠와프 시장 라파우 두트키에비츠Rafal Dutkiewicz는 말한다.

추악한 작은 비밀 4: 하층 계급 교육의 격차

미국 역사에서 지난 20세기의 초기 3분의 1에 해당하는 시기를 되돌아보면 오늘날 미국 공교육제도의 근원을 찾을 수 있다. 하지만 미국의 공교육제도는 평평한 세계에서 이미 구식이 되어버렸다. 20세기 초, 미국은 교육의 권한과 책임을 지방교육위원회에 위임하는 방식으로 교육제도를 수립하기로 결정했다. 기본적으로 각 지역 사회가 그 나름대로 학교제도를 결정하고 자체적인 교육방식과 교과서 선정 및 급여체계를 택하도록 허용했다. 다른 대부분 국가가 전국적인 차원에서 혹은 독일처럼 주정부 차원에서 수행했던 것과는 정반대이다. 미국 경제교육협의회 회장 마크 터커는 그러한 접근법으로 얻는 효과는 '부에 의해 조직된' 지방교육위원회로 교육의 권한을 이양한 패치워크 시스템patchwork system이라고 주장한다. "다시 말해, 지방교육위원회의 학군은 본질적으로 주민의 생활 수준을 중심으로 형성되었다"는 것이 터커의 설명이다. "따라서 비교적 부유한 계층에서 자체적으로 교육의 비용을 충당할 수 있는 학군을 조직하는 것이 가능해졌습니다. 그것은 부유층이 서로 연합해 비교적 낮은 교육세율을 책정하면서도 학생 1인당 학교 예산을 상당히 높은 수준으로 수립할 수 있음을 의미합니다." 그들이 소유한 고급 주택과 재산에 대한 높은 과세 덕분에 가능하다. 반면, 반대편에 속한 학군을 보면 비교적 빈곤한 사람들이 모인 학군으로 소득의 상당 부분을 교육세로 납부함에도 불구하고 학생 1인당 예산은 매우 낮을 수밖에 없다. 그리고 그러한 지역사회에서는 사회적 소음이 매우 많고 교육에 대한 기대 수준은 낮다.

이러한 현상은 2차 세계대전 이후 주택담보대출 보조금과 고속도로 건설 보조금의 출현으로 더욱 심해졌다고 터커는 지적한다. 그 두 보조금이 결합한 결과로 오늘날 우리가 알고 있는 교외지역이 생겨났다. 그 결과 민권운동으로 얻은 것이 많지만 1960년대에 미국의 학교에서 사실상 인종차별이 점점 심화됐다. 자녀가 있는 백인 가구의 상당수가 도시를 떠나면서 오늘날 미국의 현실이 된 인종이나 계급에 의한 차별이 더욱 심각해진 도시만이 남게 된 것이다. 전후에 진행된 이런 모든 일이 결합해 미 전역에 현재의 대도시가 형성되었고 그 주변을 교외가 둘러싸는 형태로 정착되었다. 교외지역은 인종이나 계급에 따라 등급이 세분되어 배치되었고, 그에 따라 교육 학군도 형성되었다.

두말할 것도 없이 가장 부유한 학군이 최고의 교사와 교장, 교과 과정 기획자 그리고 교육에 대한 요구가 많은 학부모와 교사 및 학부모협의회들을 불러들였지만, 빈곤 계층의 학군에는 실력 없는 교사와 교장 그리고 단지 생존을 위해 세 가지 일을 병행해야만 하는 학부모들만 모여들었다. 가난한 학부모들은 자녀의 숙제를 도와줄 시간이 거의 없었다. 이와는 대조적으로 산업화를 이룩한 다른 국가에서는 기본적인 교과 과정을 제공할 수 있는 기준에 준해 국가가 학교의 재정을 지원하고, 그 자금은 국가의 일반 예산에서 쓰도록 책정했다.

미국인들은 항상 학교가 사회적 계층이동의 매개체, 가난한 사람이 자립해서 경제적인 큰 성공을 거두는 아메리칸 드림의 주된 수단이 되기를 희망해왔다. 하지만 교육재원 확보의 불균형으로 오늘날 미국 대부분의 지역에서는 그러한 희망이 더 이상 현실이 될 수 없다.

터커는 다음과 같이 덧붙였다. "미국이 이러한 시스템을 그렇게 오랜 시간 유지할 수 있었던 이유는 대량생산 경제가 지배적이게 된 1930년대 초반에 미국이 매우 효율적인 방법으로 일했기 때문입니다. 대량생산의 경제활동에 종사하는 노동자 집단을 상대로 그들이 필요한 수준의 교육을 제공했고, 혁신을 창조할 수 있는 엘리트에게 돈을 쏟아부었던 겁니다." 그래서 최상의 사립학교나 부유층이 모여 사는 학군의 공립학교에 다닌다면 혁신과 창의성이 강조된 교육을 받는 데 반해 열악한 공립학교에서는 생계에 필요한 극히 기본적인 교육만 받고 사회로 내보는 것에 집중했다. 고등학교 교문을 나서면 괜찮은 보수를 지급하는 대량생산 경제체계에 관련된 생계형 일자리가 넘쳐나는 한 기본적인 교육만으로도 별문제가 없었다.

불행히도 세계가 평평해져 감에 따라 대량생산 경제활동과 관련된 일자리는 갈수록 자동화되고 아웃소싱되고 있다. 풍부한 지식을 갖추지 못한 사람들에겐 좋은 일자리가 점점 줄어들고 있다. 실례로 30년 전에는 최대 고용주가 제조 공장이었지만, 현재는 병원이나 기술단지가 최대 고용주가 되어버린 미국 내 도시가 여럿 있다. 따라서 오늘날 재정 지원과 교육자의 자질이 열악한 고등학교는 곧 파멸로 이어지는 통로인 셈이다. 터커는 다음과 같이 덧붙였다. "교육지원이 부족한 하층계급엔 더 이상 미래가 없습니다. 그러므로 미국의 모든 청소년에게 수준 높은 교육을 하는 방안을 찾아내야 합니다. 그렇지 않고 우리 아이들의 기량을 향상시키지 못하면, 기술 수준이 낮은 사람들이 경쟁할 수 있는 유일한 방법은 자신의 임금을 낮추는 방법뿐입니다."

추악한 작은 비밀 5: 자금 확보의 격차

미국은 여전히 대학원 수준에서 과학과 공학 교육에 우위를 갖고 있으며, 대학 중심의 연구에서도 마찬가지다. 그러나 중국의 향상된 고등학교와 대학교를 거쳐 많은 학생이 상급학교로 진학하면서 "10년이면 우리와 같은 수준으로 올라설 것"이라고 인텔 회장 크레이그 배럿이 말했다. "미국 대학원 졸업생은 수적으로 중국보다 못합니다. 기반시설도 미국이 확실히 우위에 있는 건 아닙니다. 새로운 아이디어에서도 성공이 확실하지 않습니다. 물리학 분야에서 미국은 현상유지 정도의 투자를 하고 있거나 실제 달러 가치로는 투자를 줄이고 있습니다."

크레이그 배럿 회장은 "미래의 일자리를 창출하기 위한 미국의 지속적인 기술적 리더십은 오늘날 기초연구에 대한 자금 지원 의지가 좌우합니다"라고 덧붙였다. 불행하게도 2004년도 미국의 미래 혁신에 관한 산학협동 태스크포스는 물리 및 수리 과학과 공학 분야 연구에 지원한 GDP 대비 연방정부의 자금이 1970~2004년 사이에 실제로 37% 감소했음을 밝혀냈다. 2004년 11월, 공화당이 우세한 하원에서 통과된 2005 회계연도 예산에서 과학기술 증진과 더 나은 과학교육 투자를 담당하는 연방 기구인 NSF의 예산은 1.9%, 액수로는 1억 500만 달러가 삭감되었다. 역사는 미국이 NSF의 예산을 배로 늘렸어야 할 시점에, 의회가 과학과 공학 발전에 도움을 줄 예산을 정치적 고려만으로 삭감했다고 기록할 것이다. 2006년 예산안에서는 미약하게나마 개선의 노력이 있어 NSF의 예산이 2.4% 증가했다. 그러나 미국의 물리학 연구에 대한 재정 지원에서 중추적인 역할을 담당하는 에너지부 산하 과학국Department of Energy's Office of Science의 예산은 2005년에 불과 2.9% 증가하는 데 그쳤고, 2006년 예산안에서는 0.9% 증가했으나 물가상승률을 감안하면 결국 삭감된 것이나 마찬가지다. 실로 터무니없는 일이 아닐 수 없다.

2006년 1월 연두교서에서 부시 대통령은 이러한 감소 추세를 대폭 전환하겠다고 약속했다. 과연 그럴지 지켜볼 일이다. 그렇다면 우리는 어떤 일을 해야 하는가? 2005년 10월에 국립과학원, 국립공학학술원, 의학협회 등이 저명한 과학자와 기업가들로 구성된 심사단의 심의를 거쳐 「몰려오는 폭풍 너머로의 상승」이라는 공동보고서를 발표했다. 이 보고서는 미국이 21세기에 대비하기 위해서는 그들 분야의 연구활동에 연방정부의 투자비율을 해마다 10%씩 향후 7년간 꾸준히 증가시켜야 한다는 결론을 내렸다. 또한 향후 5년간 가장 뛰어난 200명의 신흥 연구인력에 각각 연간 50만 달러의 연구비를 지원해 줄 것을 권장했다. 의회가 2005년 NSF의 예산을 삭감하기로 결정한 후 미시간 주 출신의 공화당 의원인 번 엘러스Vern Ehlers가 한 다음 말은 마치 광야의 외침과도 같았다. "예산의 제약으로 어려운 결정을 내려야 한다는 것을 이해 못 하는 바 아니지만, 과학 예산에 우선권을 주지 않는 것은 현명하지 않다고 생각합니다. (…) 미국은 과학 예산을 물가 상승 수준에 맞추지 못하는 정도가 아니라 오히려 전체 예산에서 기초연구부문 예산 비중을 줄이고 있습니다. 이것은 미국의 미래를 염두에 두지 않은 위험한 결정입니다. 수학과 과학 분야에서 다른 나라 학생들이 미국 학생들을 계속 앞지르고, 그 나라들은 기초 연구에 지속적으로 투자를 늘리고 있는 이때 미국이 이런 결정을 내렸다는 사실에 우려와 경악을 금할 수 없습니다. 잘 훈련되고 교육받은 인력 없이 국제 경쟁에 져서 잃어버린 일자리를 쟁취해오기를 바랄 수는 없습니다."

그 영향은 이미 드러나고 있다. NSB에 따르면, 미국인이 쓴 과학논문은 1992년 이래 10% 줄었다. 최고 수준의 물리학 잡지 《물리학 리뷰Physical Review》에 실린 미국 논문의 비율은 1983년 이래 61%에서 29%로 떨어졌다. 게다가 아시아 국가들의 특허 획득은 급격히 늘어나고 있다. 1980부터 2003년 사이에 일본이 세계 산업 특허에서 차지하는 비율이 12%에서 21%로 늘어났고, 타이완은 0%에서 3%로 늘어났다. 대조적으로 미국의 특허 비율은 1980년 이후 60%에서 52%로 떨어졌다.

미국의 의회는 정치적 이해관계가 개입된 고속도로 사업에다 예산을 낭비하는 데 유구한 역사를 자랑해왔다. 이제부터라도 고속도로 사업 대신 차라리 시험관 사업에 미국의 돈을 낭비하도록 하자. 만약의 경우를 대비해서 말이다.

추악한 작은 비밀 6: 기반 시설의 격차

일본 주재 미국 외교 공무원이었던 토머스 블레하Thomas Bleha가 국제경제와 정치에 대한 날카로운 분석으로 유명한 잡지 《포린 어페어스Foreign Affairs》 2005년 5~6월호에 발표한 기사는 이렇게 시작한다.

부시 행정부 초기 3년 동안 미국의 초고속 인터넷 사용률은 세계 4위에서 13위로 급격하게 하락했다. 현재 대부분의 미국 가정은 선진국 중에서는 속도가 가장 느린데다 사용료는 가장 비싸고, 가장 불안정한 '기본적인' 수준의 광대역 인터넷 접속만 가능하다. 또한 이동전화 인터넷 접속부문에서 미국의 순위는 훨씬 더 뒤처져 있다. 이와 같은 격차는 이론의 여지가 있기는 하지만 부시 행정부가 네트워크의 개발을 정책의 최우선 과제로 삼지 않은 결과라고 볼 수 있다. 사실상 미국은 광대역 통신망을 촉진하는 명확한 국가정책도 없는 유일한 선진 산업국가이다.

부시 행정부가 2001년 정권을 인수한 이후 정책의 최우선 목표를 세금 삭감, 미사일 방어전략 그리고 테러와의 전쟁에 두고 있고, 미국이 인터넷 혁신의 선두주자 위치를 고수하는 것은 아님을 분명히 밝혔다. 블레하가 2004년 통계를 기초로 이 기사를 쓴 이래 상황은 더욱 나빠졌다. 국제통신연맹International Telecommunication Union, ITU이 2005년 4월에 발표한 자료에 따르면, 광대역 통신망 보급율에서 미국은 13위에서 16위로 더 떨어졌다. ITU는 2004년 12월 31일 기준으로 미국의 인구 100명당 광대역 통신망 가입자의 비율을 11.4명으로 보고했는데, 이는 인구 100명당 가입자 수가 24.9명으로 세계 최대의 광대역 통신망 가입률을 자랑하는 한국의 절반에도 못 미치는 수준이다. 2005년 4월 25일 자 《내셔널 저널National Journal》에는 다음과 같은 내용이 실리기도 했다. "노르웨이, 이스라엘, 핀란드 등이 처음으로 광대역 통신망 보급률에서 미국을 앞질렀다. 프랑스의 공격적인 확대정책은 미국의 순위를 위협했다. 프랑스는 2003년 말에 인구 100명당 광대역 통신망 가입자 수가 5.61명이던 것이 2004년에는 11.2명으로 두 배 정도 늘어나 초고속 인터넷 보급률 면에서 세계 17위에 올라서며 미국보다 한 단계 낮은 순위가 되었다.

조지 부시 행정부의 집권 초기 3년간 대통령이 광대역 통신망에 대해 언급한 것은 단 두 번뿐이며 그나마도 어쩌다 말이 나온 것이라는 게 블레하의 지적이다. 그뿐만 아니라 마크 로이드Mark Loyd는 미국진보센터Center for American Progress, CAP의 일일 보고서(2004년 10월 7일 자)를 통해 미국의 광대역 통신망 서비스의 수준은 200Kbps에 그치고 있으며 이는 다른 나라와 비교할 때 세계적 수준에 미치지 못한다고 지적했다. 일본의 인터넷 이용자들은 한 달에 미화 10달러 정도의 사용료를 내고 200Kbps보다 40배나 빠른 서비스를 받는다. 세계에서 가장 영리한 국가와 도시들은 가장 빠르고 가장 저렴한 비용으로 이용할 수 있는 광대역 통신 서비스를 더욱 넓은 지역에 보급하고 있는 것이다.

왜 미국이 그런 사실에 신경을 써야 하는가?

광대역 통신과 정보기술의 중요성은 그 자체만으로도 엄청난 규모의 세계적 사업이거나 그러한 사업 가능성을 내포하고 있으며, 또한 경제 각 분야에서 생산성과 혁신을 촉진하는 데 절대적인 요소이기 때문이다. 평평한 세계의 플랫폼에서 적절한 비용을 들여 간편한 방법으로 서로 연결되는 고등교육을 받은 사람들의 수가 점점 많아질수록 그들은 더 많은 것을 자동화할 수 있다. 또 혁신에 필요한 시간과 에너지도 더 많이 가질 수 있게 된다. 그들의 혁신이 늘어날수록 플랫폼을 향상시킬 수 있는 더 많은 제품 생산도 가능하다. 그러한 선순환은 우리가 항상 최대한 장려하고 원하는 바이다.

마이크로소프트의 크레이그 문디는 평평한 세계의 플랫폼이 혁신과 생산성을 더욱 효율적으로 만드는 것이라면 "미국인은 그것을 위한 기반 시설도 없고 적합한 교육도 이루어지지 않고 있으니 평평한 세계의 플랫폼을 활용할 수 없을 것이며 조만간 아예 휩쓸려가고 말 것"이라고 밝혔다.

버틸 수 있는 한계

내가 빌 게이츠에게 미국 교육의 장점이라고 여기는 것, 즉 기계적 암기가 아닌 창의성을 강조하는 교육에 대해 의견을 물었을 때 그는 매우 부정적이었다. 게이츠는 중국과 일본이 기계적인 암기교육을 하므로 미국인과 경쟁 가능한 혁신적인 사고를 하는 인재들을 배출하지 못한다고 생각하는 사람들은 슬프지만 잘못 알고 있는 것이라고 생각한다. 게이츠가 말하길 "곱셈도 못하면서 소프트웨어를 개발하는 사람을 만나본 적이 없습니다. (…) 누가 세계에서 가장 창의적인 비디오 게임을 개발했습니까? 일본입니다! 나는 '기계적 암기 교육에 물든 일본인'을 만나본 적이 없습니다. (…) 우리 회사의 뛰어난 소프트웨어 개발자들 가운데도 일본인이 많습니다. 고정된 틀을 넘어선 발명을 하려면 있는 것부터 이해해야 합니다."

아무리 강조해도 지나치지 않다. 중국, 인도, 폴란드의 젊은이들은 우리와 밑바닥으로 먼저 추락하기 경쟁을 하는 것이 아니다. 그들은 우리와 정상을 향한 경쟁을 벌이고 있다. 그들은 우리를 위해 일하고 싶어하는 것이 아니다. 우리같이 되고 싶은 것은 더더욱 아니다. 전 세계의 많은 사람이 존경하며, 일하고 싶어서 몰려드는 그런 미래기업을 창조하고자 한다는 의미에서 그들은 우리를 압도하고 싶어한다. 그들은 이제까지 성취한 것에 만족하지 않는다. 나는 마이크로소프트에서 일하는 중국계 미국인으로 빌 게이츠의 중국 방문을 수행한 사람과 대화를 나눈 적이 있다. 그는 중국 어디에서나 사람들이 빌 게이츠를 알아본다고 말했다. 중국 젊은이들은 빌 게이츠의 강연을 듣기 위해 기둥 위에도 올라가고 암표도 구매한다. 야후!의 공동 창업자인 제리 양도 같은 대접을 받는다.

오늘날 중국에서 빌 게이츠는 브리트니 스피어스 같은 슈퍼스타다. 오늘날 미국에서 브리트니 스피어스는 그저 브리트니 스피어스일 뿐이다. 이것이야말로 미국의 문제다.

존스 홉킨스 대학교의 빌 브로디 총장이 내게 이런 말을 한 것도 놀랄 일은 아니다. "존스 홉킨스 대학교의 과학 분야 대학원생 가운데 60% 이상이 외국인이고, 거의 아시아 출신입니다. 4년 전 어느 때에는 수학을 전공하는 대학원생 전부가 중국인이었던 적도 있죠. 대학은 이들을 조교로 이용하는데 그중 일부가 영어를 그리 잘하지 못하기에 그 사실을 알게 되었습니다." 한 학생의 부모는 브로디에게 아들이 미적분학 교수의 심한 중국어식 악센트와 형편없는 영어 구사력 때문에 강의를 잘 알아듣지 못한다고 불평하는 편지를 쓰기도 했다.

기술 전문가들 사이에 오래된 격언이 하나 있는데 중국이나 일본에서는 튀어나온 못이 망치질을 당하지만 실리콘밸리에서 튀어나온 못은 페라리와 스톡옵션을 받는다는 것이다. 그 격언의 저변에는, 미국 아이들에게 수학과 과학의 탄탄한 기초지식을 가르쳐 미래를 대비하게 하는 데 어떤 부족한 부분이 있다면 뛰어난 학생들을 독립적이고 창의적으로 사고하도록 기름으로써 보완할 수 있다는 미국의 자신감이 바닥에 깔렸다. 그런 자신감에 상당한 신빙성이 있는 것도 사실이다. 중국인들조차도 자신들이 이제까지 새로운 것을 만들어내고 또 그것을 복제하는 데는 뛰어났지만 차세대의 새로운 그 무엇을 상상하는 데는 그렇지 못했다는 말을 한다. 하지만 그것도 머지않아 바뀔 것이다. 중국의 유치원생에서 12학년 학생까지 성적이 우수한 학생들은 기초 수학과 과학 분야에서 미국의 상대 학생들을 앞지를 것이라 중국은 확신한다. 그리고 이제 더욱 창의적이고 혁신적인 청년들의 기운을 자유롭게 풀어놓는 방법을 모색하는 데 역량을 집중하고 있다.

　2005년 10월 베이징을 방문했을 때 우치디 중국 교육부 차관을 인터뷰할 기회가 있었다. 베이징에 있는 정부청사 중 가장 최근에 지었고 가장 근사한 건물인 교육부 청사의 차관 집무실에서 차를 마시며 그녀가 나에게 해준 이야기를 소개하겠다. "중국이 급속한 경제 성장을 즐기고 있긴 하지만 지적 재산권을 그다지 많이 보유하고 있지 않습니다. 우리는 과거 중국의 위대한 4대 발명품인 나침반과 제지술, 인쇄술, 화약에 대해 큰 자부심을 느끼고 있습니다. 하지만 이어진 세기 동안 우리는 선조의 발명 행보에 보조를 맞추지 못했습니다. 그 발명품들은 중국인들이 무엇을 할 수 있는지 충분히 보여주었는데, 지금은 그렇게 못 할 이유가 무엇이겠습니까? 우리는 본연의 발명 본능으로 되돌아가야 합니다."

　우치디 차관은 뒤이어 "보다 창의적인 사고력과 기업가 정신을 기르는 것이야말로 오늘날 중국이 모든 관심을 집중시키고 있는 부문"이라고 덧붙였다. 물론 이것은 말하기는 쉽지만 행동으로 옮기기는 쉽지 않다. 그것은 여전히 순종을 강조하는 중국의 문화나 정치와 맞부딪치는 문제다. 하지만 바보 같은 소리는 하지 말자. 문화란 변화하기 마련이다. 그리고 중국은 지금 변화하고 있으며, 특히 점점 더 많은 중국 청년들이 미국이나 유럽에서 교육을 받으며 변화를 이끌고 있다.

우치디 차관이 말을 이어갔다. "개혁·개방정책을 시행한 이후로 많은 학자와 교사, 교수들이 중국을 떠나 국외로 나가는 것을 보았습니다. 그들은 서서히 진화하고 또 변화하는 과정에 있으며 자신들이 거쳐온 변화의 과정을 교실에서 학생들과 나눴습니다. 지금 우리는 세계가 변하고 있으며 그 중심에 인터넷이 있음을 지켜보고 있습니다. (…) 저는 앞으로는 예술이 중요한 역할을 담당할 것으로 생각합니다. 하지만 그보다 더 중요한 것은 예술과 과학을 결합해 사람들이 창의적이고 독립적인 사고력을 갖도록 하는 일입니다. (…) 교사 중 일부는 예술과 과학의 통합을 이끌어내는 훈련을 잘 받지 못했습니다."

우치디 차관은 조지아 공대의 웨인 클러프 총장과 같은 말을 하고 있었다. 미국의 강점에 필적하도록 중국은 약점을 극복하는 데 중점을 두고 있으며, 그 시작을 창의적인 사고력에서 하려는 것이다. 이것이 바로 그 핵심이다.

그것은 시간이 걸리는 일이다. 어쩌면 중국이 생각하는 것보다 훨씬 더 많은 시간이 필요할지도 모른다. 하지만 중국의 지도층이 해온 일을 살펴보면 나는 앞으로 중국이 원하는 곳에 도달할 것임을 의심치 않는다. 여기서 잠시 빌 게이츠가 중국의 두뇌집단을 끌어모으기 위해 베이징에 설립한 연구소인 마이크로소프트 리서치 아시아Microsoft Research Asia를 소개하겠다. 마이크로소프트는 전 세계 네 곳에 핵심 연구소를 두고 있다. 영국의 케임브리지, 본사가 있는 워싱턴의 레드먼드, 중국의 베이징 그리고 가장 최근에 인도의 벵갈루루에도 설립했다. 빌 게이츠는 1998년 마이크로소프트 리서치 아시아 연구소를 개설한 지 불과 몇 년 만에 가장 생산성이 높은 연구소가 되었다고 내게 말했다. "아이디어의 질적인 면에서 보면 이곳이 가장 생산적입니다. 충격적일 정도입니다."

13억 인구를 보유하고 있으며, 대학들은 세계 최고 수준으로 발돋움하기 시작한 중국에서 최고의 자리를 차지하려는 경쟁이 치열하다. 흡사 중국이라는 강의 상류로 거슬러 올라가서 중국 내 최고 수준의 대학에 들어가거나, 외국기업에 취직하기 위한 수학이나 과학 공부에 매진하는 연어 같은 학생들은 아주 똑똑하다. 중국 전역에서 과학자와 엔지니어들이 가장 일하고 싶어하는 회사 중 하나인 베이징 마이크로소프트 연구소에 대해 마이크로소프트 직원들이 전하는 말이 있다. "중국에서 당신이 100만 명 중 한 명뿐인 인재라 해도, 중국에는 당신 같은 사람이 1300명이 있다는 사실을 기억하라."

바꿔 말하면, 베이징의 마이크로소프트 연구소에서 일하기 위해 모여드는 중국의 두뇌는 이미 100만 명 가운데 한 명 나올 정도로 뛰어난 인재이다.

지금은 마이크로소프트를 떠났지만 리카이푸는 초창기 베이징 연구소 설립을 담당했던 인물이다. 내가 그에게 던진 첫 번째 질문은 "직원들을 어떻게 선발했는가?"였다. 그는 채용팀이 중국 전역의 대학으로 가서 박사 학위 수준의 학생들과 과학자들을 대상으로 수학시험, IQ 테스트, 프로그래밍 테스트를 시행했다고 대답했다.

"첫해에는 모두 2000명을 테스트했습니다. 더 시험을 치러서 2000명 중에서 400명을 선별한 다음, 또 150명으로 좁힌 후에 최종적으로 스무 명을 채용했습니다." 이들과는 2년 계약을 맺었고, 2년이 지난 뒤에 성과에 따라 계약기간이 연장되거나 마이크로소프트 리서치 아시아의 박사 후 과정 학위를 수여받을 것이라고 말해줬다. 제대로 읽은 것이 맞다. 중국 정부는 마이크로소프트에 박사 후 과정 학위를 수여할 수 있는 권한을 부여했다. 초기에 채용된 스무 명 가운데 열두 명이 성과측정에서 살아남았다. 다음 해에는 4000여 명이 테스트를 받았다. 그다음에는 "테스트를 그만두었습니다"라고 리카이푸는 말했다. "그즈음에 우리 연구소가 가장 좋은 직장으로 알려졌고, 우수한 컴퓨터와 수학 전공자들이 일하고 싶어하는 곳이 되었습니다. (…) 우리는 모든 대학생과 교수들을 알게 되었습니다. 교수들은 최고의 학생들만 보냈는데 그 학생들이 좋은 결과를 얻지 못하면 자신들의 신뢰도에 문제가 생긴다는 걸 알고 있었기 때문이죠. 우리는 이제 최고 수준의 대학에서 최고 수준의 학생들을 추천하는 최고 수준의 교수들을 보유하고 있습니다. 많은 학생이 스탠퍼드나 MIT로 가고자 합니다. 그렇지만 그들은 마이크로소프트에서 인턴으로 2년간 지내면서 MIT를 다닐 만한 자질을 가진 인재라는 추천서를 받고 싶어합니다."

리카이푸는 마이크로소프트 리서치 아시아의 연구팀에 대해 "그들은 이 기회를 인생에 한 번 있을까 말까 한 큰돈을 벌 기회로 봅니다"라고 말했다. "젊은이들은 문화혁명 당시 부모들이 고초를 겪는 걸 지켜보았습니다. 그들이 할 수 있는 최선은 교수가 되는 것이지만, 교수 월급은 비참할 정도로 적기 때문에 작은 프로젝트를 맡아서 일하곤 합니다. 그리고 논문 한 편 정도는 출판할 수도 있을 겁니다. 그러나 지금 그들은 성능 좋은 컴퓨터와 풍부한 자원으로 오로지 연구에만 집중하면 그만입니다. 그들이 연구에 전념할 수 있도록 우리가 행정 지원을 합니다. 모든 번거로운 일들을 처리해줄 별도의 인력을 고용하는 거죠. 그들에게는 정말 믿기 어려운 일입니다. 그들은 자발적으로 하루 15~18시간을 연구하고 주말에도 일하러 나옵니다. 그들의 꿈이 마이크로소프트에 취직하는 것이기 때문에 휴일에도 일하는 겁니다."

오늘날 마이크로소프트 리서치 아시아에는 200명의 전임연구원이 근무하고 있다. 카네기 멜론에서 경력을 쌓았고 지금은 마이크로소프트 리서치 아시아의 총책임을 맡은 해리 섐Harry Shum은 적절한 환경이 마련되었을 때 중국의 혁신가들이 어느 정도의 능력을 발휘할 수 있는가에 대해 명확한 견해를 가지고 있다. ACM 시그라프ACM Siggraph는 미국의 컴퓨터 그래픽과 인터렉티브 기술 관련 학회 및 전시회로서 세계적인 권위를 자랑한다. 2005년에 개최된 시그라프에는 전 세계에서 총 98편의 논문이 대학과 연구기관들로부터 쏟아져 나왔다. 그중 약 10%를 차지하는 9편의 논문이 마이크로소프트의 베이징 연구소 한 곳에서 나왔는데, 논문편수에서 MIT와 스탠퍼드를 앞섰다. 섐 소장은 이렇게 말했다. "1999년에 우리 연구소에서 발표한 논문은 한 편입니다. 2000년에도 한 편, 2001년에는 두 편, 2002년에는 네 편, 2003년에는 세 편을 발표했습니다. 2004년에는 다섯 편을 발표했죠. 그리고 올해 아홉 편이나 발표했는데 운이 좋았던 것 같습니다." 발전의 유형이 보이는가?

게다가 마이크로소프트 리서치 아시아는 엑스박스x-box에서 윈도우에 이르는 마이크로소프트 최신 제품을 만드는 데 이미 100건도 넘는 신기술을 개발했다. 이 엄청난 도약은 7년 만에 이룬 것이지만, 마이크로소프트와 같은 온실 환경을 벗어난 나머지 중국은 여전히 갈 길이 멀다.

"한 중국 기자가 언젠가 내게 이런 질문을 하더군요. '해리, 중국과 미국의 차이점이 뭐라고 생각하나요? 중국은 얼마나 뒤처진 겁니까? 솔직하게 대답해주세요.' 저는 장난기 섞인 대답을 했습니다. '글쎄요. 중국과 미국의 첨단기술 격차는 단 3개월뿐입니다. 창의력을 고려하지 않는다면 말입니다.' 제가 중국에서 학교에 다니던 20년 전만 해도 미국에서 무슨 일이 일어나고 있는지 알 수가 없었습니다. 하지만 지금은 MIT에 있는 친구들이 인터넷에 뭔가를 올려놓으면, 중국 학생들은 그걸 3개월이면 흡수합니다. 그렇다면 이곳 중국에서도 새로운 것을 창조할 수 있지 않을까? 그것은 전혀 다른 차원의 문제입니다. 저는 올바른 연구 방법을 대부분 카네기 멜론에서 배웠습니다. (…) 무언가 새로운 것을 창조할 때에는 반드시 그 분야에 이미 존재하는 것들에 대해 이해할 필요가 있습니다. 일단 이런 기초를 갖추었다면 훈련으로 창의적인 사람이 될 수 있습니다. 중국은 지금 그 기초를 쌓아가는 중입니다. 그러니 아주 이른 시일 안에, 아마 10년 또는 20년 이내에 최고 수준의 연구논문들이 홍수처럼 쏟아질 겁니다."

중국에서 많은 독창적인 발상들이 출현하기 시작하지만, 중국은 여전히 더욱 많은 벤처자본과 그 자본이 시장에서 활동할 수 있는 법률적 장치 마련이 필요하다. "부분적으로 중국의 문화는 독립적인 사고를 장려하지 않습니다." 셤 소장의 말이다. (내 생각을 덧붙이자면, 공산주의 정치 구조는 모든 방향에서 자유롭게 사고하는 걸 촉진하지도 않을 것이 분명하다.)

"하지만 벤처자본이 중국으로 유입되면, 틀림없이 중국의 신세대 기업가들에게 활력을 불어넣을 것입니다. 내년에 저는 칭화대에서 기술 기반 벤처 사업을 하는 방안에 대해 강의할 예정입니다. (…) 중국의 대학에는 기술이 있지만, 중국인들은 그 기술로 무엇을 해야 할지, 어떻게 시장에 내놓아야 할지 모르고 있습니다."

섬 소장 밑에서 일하는 몇몇 젊은 연구원들이 자신들이 수행하고 있는 새로운 연구의 프로토타입을 나에게 보여주었다. 그들의 책상 선반에 화강암으로 된 조그만 블록이 줄지어 세워져 있는 것이 눈에 띄었다. 그중 칠팔 개의 블록을 선반에 올려놓은 여성 연구원에게 내가 "저건 무엇인가요?"라고 물었다. 연구원들이 '특허를 받을 수 있는 뭔가'를 발명할 때마다 마이크로소프트로부터 연구원들이 받는 것이라고 그녀가 답했다.

중국어로 페라리를 어떻게 말할까?

2004년 12월 15일 국가경쟁력위원회Council on Competitiveness에서는 워싱턴 D.C.의 로널드 레이건 빌딩에서 국가혁신지도자회의를 개최하고 「미국의 혁신: 도전과 변화의 세계에서 번영하기Innovate America: Thriving in a World of Challenge and Change」라는 장기간에 걸친 연구보고서를 발표했다. 미국의 선도적인 기술자와 기업가들이 초당적 협력을 통해 수행한 이 구체적인 연구는 더욱 많은 연구와 교육, 혁신을 통해 미국의 국가경쟁력을 회복하는 방법에 관한 것이었다. 보고서가 발표된 몇 달 후, 워싱턴 주재 중국 대사관에서 국가경쟁력위원회에 전화로 연락을 취했는데, 중국의 과학기술부 차관이 방문할 예정이며 국가경쟁력위원회의 위원들도 초청해서 오찬 모임을 하고 싶다는 뜻을 전했다고 한다. 위원장으로 있던 데보라 윈스스미스Dehorah Wince-Smith는 언제나 활기 넘치는 사람으로 위원회의 위원들이 보고서의 내용을 다른 나라 공관의 관리들에게 제공했듯이 중국에서 방문하는 인사들과 함께 나누는 데 기꺼이 동의했다고 내게 말해주었다. 그러나 보고서를 제공하는 건 필요 없게 되었다.

"중국 공관에서 연락해온 관리가 그들은 벌써 보고서의 중국어 번역을 마쳤고, 그 내용을 중국의 20개년 전략계획과 통합하려고 준비 중이라고 했습니다"라고 윈스스미스가 말했다. 위원회가 다른 나라와 보고서 내용을 공유하는 일을 주도했는데 "중국은 먼저 우리를 찾아왔습니다. 우리가 그들을 찾아가지 않았습니다"라고 그녀가 덧붙였다. 중국 측은 분명 위원회가 웹 사이트에 게재한 연구활동의 면면을 아주 꼼꼼히 챙겼을 것이다. 윈스스미스 위원장은 요즘 「미국의 혁신」이라는 이 보고서의 내용을 미국이 먼저 실행할지, 아니면 중국이 앞질러 미국의 계획을 먼저 실행할지 궁금해하는 중이라고 했다.

웃을 일이 아니다. 미국의 혁신 보고서가 워싱턴에서 대중에게 발표되던 날, 내가 이미 말했듯이 권력을 겸비한 미국의 교육자와 산업계 지도자로 이루어진 보고서의 저자들은 대통령이 회의에 참석하게 해달라고 백악관에 간곡히 요청했다. 대통령으로서의 권위를 이용해 국민적 관심을 「미국의 혁신」 보고서로 쏠리게 할 수 있으리라는 기대에서였다. 하지만 부시 대통령의 보좌관들은 위원회의 요청을 거절했다. 같은 날 있을 대통령의 연설 내용이 훼손될 수도 있다고 판단했던 것이 확실했다.

그렇다면 그날 부시 대통령이 연설한 장소는 어디였을까? 대통령은 말 그대로 복도 끝에 있었다. 「미국의 혁신」 보고서가 발표된 것과 정확히 같은 시간에 그것도 같은 레이건 빌딩 안에 있었다. 그러면 그날 다른 무엇보다 중요하다고 했던 대통령의 일정은 무엇이었을까? 그는 자신만의 경제회담을 개최하고 있었다. 공화당의 정치자금 후원자들이 다수 포함된 신중하게 선택한 자신만의 청중 앞에서 대통령은, 결국엔 실패로 끝나버린 그의 사회보장제도의 부분 민영화 정책을 강행하기 위한 연설을 했던 것이다. 그날 대통령의 연설 내용은 「미래의 경제적 안정성Securing Our Economic Future」이라는 보고서 전반에 깔린 개념과 전혀 상반되는 것이었다. 결국 대통령의 권한을 이용해 21세기에 적합한 새로운 뉴딜 정책을 추진해야 하는 바로 그 시점에 부시 대통령은 과거의 뉴딜 정책을 평가절하하는 연설을 하고 있었다. 같은 시간 다른 한쪽에서는 IBM의 CEO인 샘 팔미사노, 조지아 공과대학의 웨인 클러프 총장 등 정치적 이해관계를 초월한 학계와 재계의 저명인사들이 국가혁신지도자회의에 모여 21세기에 맞는 새로운 뉴딜 정책을 제안하고 있었다. 하지만 미국 대통령은 그 회의에 5분도 할애할 시간이 없었던 것이다. 그러나 정작 중국인들은 즉각적으로 보고서의 번역에 착수했다. 이것은 결코 내가 지어낸 이야기가 아니다.

그로부터 얼마 후 인텔 회장 크레이그 배럿과 이야기를 나누게 되었다. 그는 공화당과 민주당 양당 정치인을 포함한 워싱턴 정치관료들이 하나같이 이 조용히 다가오는 위기를 간파하지 못하고 있고, 아니면 적어도 최소한의 절박함으로 대처하지 않는 것에 어지간히 격분한 듯 보였다.

"인텔은 재능 있는 인재라면 세계 어디에 살든 고용할 것입니다. 여전히 우리 미국 학교를 졸업하는 좋은 학생들도 꽤 있긴 합니다"라고 그는 말했다. 하지만 인텔이 공학의 발전을 위해 막대한 투자를 하는 지역을 살펴보면, 네다섯 개 국가 정도로 러시아와 중국, 인도 그리고 좀 더 적은 규모의 말레이시아와 이스라엘이라고 배럿이 덧붙였다. 이들 국가를 비롯해 그밖에 새롭게 부상하는 신흥시장도 인텔의 반도체 칩 판매가 점점 늘어나는 지역이다.

배럿은 평평한 세계에서는 당연한 사실이면서도 대부분의 미국인에게는 큰 충격일 수밖에 없는 인텔에 관한 얘기를 해주었다. 인텔은 '지금부터 미국인을 한 명도 고용하지 않는다고 할지라도' 기업으로서 번영을 지속하는 데 아무런 문제가 없다는 것이다. 물론 배럿 회장은 곧이어 그것이 인텔의 의도나 바라는 바는 아니라고 말했다. "인텔은 여전히 많은 미국인을 채용하고 있습니다. 하지만 오늘날에는 뛰어난 능력을 갖춘 인재를 세계 어디서든 고용할 수 있고, 지금까지는 아주 성공적이었습니다."

인텔은 우수한 두뇌가 있는 곳, 호기심과 열정이 넘치는 인재가 있는 곳이면 어디든 가야 할 것이다. 경쟁사들이 그렇게 하고 있기 때문이다. 인텔의 홍보담당이사 트레이시 쿤Tracy Koon은 인텔의 칩은 모래와 인간의 두뇌, 단 두 가지 요소로 만들어진다고 강조했다(모래는 실리콘의 원료이다). "지금 당장 두뇌가 문제입니다. (…) 미국에 머물고 싶어하는 사람을 채용하려면 더 많은 지원을 하는 강력한 이민 제도가 필요합니다. 그렇지 않으면 우리는 그들이 있는 곳으로 가야 합니다. 대안이 무엇입니까? 나는 데이터 프로그래머나 컴퓨터 과학 학사학위 졸업자에 대해 말하고 있는 것이 아닙니다. 우리는 고부가가치의 특수 엔지니어링을 논하고 있습니다. 우리는 이제 러시아에서 전체 엔지니어링 기능을 갖추고 업무를 시작했습니다. 러시아의 엔지니어들은 놀라울 정도로 훈련이 잘되어 있는데도 취업을 못하고 있는 사람들이 많습니다! 우리는 러시아 시설을 키우는 중입니다. 당신이라면 그렇게 하지 않겠습니까?"

바로 셜리 앤 잭슨이 경고한 대폭풍이다. 미국은 과거에 그랬던 만큼 국외에서 인재를 받아들이지 않으며, 미국의 최고 기업들이 성장할 기회가 점점 더 국외시장으로 이동하고 있다. 미국 학생들에게 수준 높은 직업교육을 시행해 그 격차를 없애는 일도 제대로 못 하고 있다. 이 대폭풍이 미국을 휩쓸고 지나간다면 인텔과 같은 미국의 기업들은 미국 땅을 떠나면 그만이다. 마치 우주선과도 같이 미국 상공에 떠 있게 될 것이다. 미국인들은 여전히 그 기업을 미국 기업이라 생각할 것이다. 여전히 뉴욕 증권거래소에 상장되어 있을 것이며, 우체국 사서함도 미국에 둘 것이다. 하지만 사실상 평평한 세계의 기업이 될 것이다. 혁신이 일어나는 장소가 어디인가는 상당히 중요한 문제이다. 왜냐하면 혁신이 일어나는 바로 그곳이 최고의 일자리가 있는 장소이고, 그 최고의 일자리는 각 공동체에 더 많은 좋은 일자리, 남부럽지 않은 일자리를 양산하는 구심점 역할을 하기 때문이다. 마이크로소프트가 본사를 워싱턴 주 레드먼드에 둔 것은 중요한 의미가 있다. 구글이 캘리포니아 마운틴뷰에 본사를 둔 것 역시 중요하다. 언젠가 그 자리에서 기업의 본사가 사라진다면 문제가 될 것이다.

배럿은 이렇게 말했다. "생활 수준은 노동력이 창출하는 평균적 가치와 관련 있습니다. 그리고 그 가치는 노동력의 평균적인 교육 수준과 관련 있습니다. 경쟁상대에 비해 노동인구의 평균 교육 수준을 낮추면, 당신들의 생활 수준도 그에 비례해서 하락할 겁니다."

미국 메이저리그에서 스테로이드성 약물 파문이 불거졌을 때 의회가 두드러지게 관심을 기울였던 것과 그에 비해 미국의 주요 대도시에서 일어나고 있는 과학 교육의 위기에 대응하는 의회의 관심을 비교해보라고 배럿이 얘기했다. 메이저리그 약물 파문과 관련해 의회가 청문회를 열기까지 소요된 시간이 어느 정도였을까? 거의 사건이 터진 직후였다. 그렇다면 과학 교육의 위기는? 그건 천천히 처리하게 기다릴 수 있는 문제였다. 의회는 보조금을 나눠주느라 분주했고 대통령에게는 그보다 더 중요한 우선순위에 놓인 일들이 있었다.

배럿이 "내 아내가 잘하는 말입니다"라며 해준 말이 있다. "역사를 공부하다 보면 흥했다가 망해버린 모든 문명사회에는 모두 공통으로 남긴 유물이 있어요. 수도 중심부에 세운 스포츠 경기장이 그것입니다."

운명은 달라질 수 있다. 단, 우리가 하는 일을 달리할 때에만 그렇다. 과학자나 고급 엔지니어를 키우는 데는 어린 남녀 학생이 초등학교에서 처음으로 과학과 수학에 재미를 느끼고 빠져들기 시작한 때로부터 15년이 걸린다. 그러므로 자금 지원이 필요한 과학과 기술 교육에 예산 배정을 늦추지 않고 지나치게 크지 않은 자금으로 할 수 있는 교육 프로그램을 당장 실행해야 한다. 과학자와 기술자는 나무에서 그저 자라나는 게 아니다. 그들은 장기간에 걸친 교육으로 배출된다. 그것은 우주로 로켓을 쏘아 올리는 과학이기 때문이다.

미국이 이런 조처를 하지 않고 있다는 사실이야말로 위기다. 그 위기는 소리 없이 슬금슬금 다가올지 모르나, 지금 가까이 와있으며 이는 진짜 위기이다. 스탠퍼드의 경제학자 폴 로머가 예리하게 경고했다.

"위기가 우리를 망가뜨리도록 내버려두기에는 그것은 너무나 끔찍한 일입니다."

456

9장

이것은 연습이 아니다

. . .

우리에게는 우리가 원하는 문명을 건설할 힘이 있습니다. 그러나 그런 사회를 건설하려면 굳은 의지와 노력, 정성이 필요합니다. 이 땅에 들어온 사람들은 새로운 나라 그 이상의 것을 건설하고자 했습니다. 그들은 새로운 세계를 추구했습니다. 나는 오늘 여기 여러분의 캠퍼스에 와서 여러분이야말로 선조의 비전을 우리의 현실로 만들 수 있다고 말하려 합니다. 지금 이 순간부터 우리의 과업을 시작합시다. 그래서 후세 사람들이 오늘을 돌아보며 길고 힘든 여정 끝에 인류가 마침내 비범한 능력으로 위업을 이루어 삶을 풍요롭게 만들 수 있었던 것은 그때, 바로 지금이었다고 말하도록 합시다.

　　　　　　　　　　– 1964년, 린든 B. 존슨 대통령의 연설 '위대한 사회Great Society' 중에서

이곳에 있는 정치인들 대부분은 서버와 웨이터의 차이점이 무엇인지도 모른다. 그것이 바로 한국의 어린이들이 사우스 브롱크스의 어린이들보다 더 나은 인터넷 접속 환경을 누릴 수 있는 이유다.

– 앤드루 라시, 2005년 뉴욕 시 인권보호국장 후보로 나서 뉴욕 시의 IT 인프라 확충에 중점을 둔 플랫폼을 운영하고자 노력했다(하지만 당선되지는 못했다).

　냉전 시대에 성장기를 보낸 나는 라디오를 들으면서 고속도로를 달리던 중 갑자기 음악이 그치고 아나운서가 심각한 목소리로, "이것은 비상 대비 연습 방송입니다"라는 말과 함께 30초 동안 고음의 사이렌 소리가 나던 것을 기억한다. 다행히도 우리는 냉전 시대에 아나운서가 "이것은 연습이 아닙니다"라

고 말하는 일은 겪지 않았다. 그러나 그것이 바로 내가 여기서 하고 싶은 말이다. "이것은 연습이 아닙니다."

세계가 평평해지면서 엄청난 기회와 도전이 미국 앞에 놓여 있다. 그러므로 미국이 해오던 방법, 다시 말해 항상 미국이 가진 경쟁력 비법에 도움되고 이를 풍부하게 만들려고 노력하지 않는 그런 방법으로 꾸려왔던 능력만으로는 더 이상 충분하지 않다. "미국처럼 부유한 나라에서 경쟁력 강화를 위해 하는 것이 거의 없다는 사실은 정말 놀라운 일"이라고 인도계 미국인 헤지펀드 매니저 디나카르 싱이 말했다. "우리는 수십억 인류의 협력이 가능한 시스템이 작동하는 세계에 살고 있습니다. 한 걸음 물러서서 이것이 도대체 무엇을 의미하는지 파악해봐야 합니다. 이전에 진실이었던 것이 아직도 진실이라면, 그것은 다행히도 우연의 일치일 뿐입니다. 이제는 많은 경우 과거와 달리 행동할 필요가 있습니다. (…) 훨씬 더 심각한 국가적 토론을 거쳐야 할 필요가 있습니다."

미국 역사에서 지금 이 순간과 비슷한 시기를 들자면, 냉전의 절정기로 소련이 인공위성 스푸트니크 호를 발사해 우주경쟁에서 미국을 앞질렀던 1957년 무렵이라 할 수 있다. 물론 그때와 지금은 여러모로 많은 차이가 있다. 그 시대 가장 강력한 도전은 장벽을 쌓으려는 이들로부터 비롯되었다. 오늘날 미국의 주된 도전은 모든 장벽이 허물어지고, 다른 나라들은 미국과 보다 직접적인 경쟁이 가능해졌다는 사실에서 비롯된다. 그 시대의 주요한 도전은 극단적인 공산주의를 시행한 러시아, 중국 그리고 북한에서 비롯되었다. 오늘날 주요한 도전은 중국, 인도 그리고 한국같이 극단적인 자본주의를 시행하는 나라들로부터 제기되고 있다. 그 시대의 주요 목표는 나라를 강하게 만드는 것이었다. 이 시대의 주요 목표는 강력한 개인을 육성하는 것이다.

그러나 이 시대와 냉전 시대의 공통점도 있다. 그것은 세계가 평평해져 가는 추세에 대응하기 위해서는 공산주의의 도전에 맞설 때처럼 종합적이면서도 열정적으로 집중해야 한다는 것이다. 평평해진 시대에 맞는 이 시대 나름의 새로운 프런티어New Frontier와 위대한 사회Great Society에 대한 구상이 필요하다. 평평한 세계가 급속하게 만들어내고 확장해가는 지식의 새로운 프런티어에 다다르기 위해서는, 더욱 현명해지고 과학과 기술 그리고 수학을 더 열심히 공부해야 한다고 국민에게 요구할 수 있는 대통령이 필요하다. 누구도 평생 고용을 보장받지 못하는 이런 시대에 미국인 개개인이 고용의 기회를 더 넓힐 수 있도록 도와주는 경제기반과 사회적 안전망, 각종 기관을 미국 정부가 설립하도록 천명하는 위대한 사회가 필요하다. 이런 문제 해결 방식을 나는 '온정적 평평주의compassionate flatism'이라 부르고 싶다.

미국인들을 온정적 평평주의 깃발 아래 불러 모으는 일은 반공의 깃발 아래로 불러 모으는 일보다 훨씬 어렵다. "국가적 위기는 개인의 위기보다 전달하기가 매우 쉽다"고 존스 홉킨스 대학교의 외교정책 전문가 마이클 만델바움 교수가 지적했다. 누구나 알다시피 경제학은 전쟁과는 다르다. 언제나 원윈게임이 될 수 있기 때문이다. 그러나 나는 종종 경제학이 좀 더 전쟁과 같았으면 한다. 냉전 시대에 미국은 붉은광장에서 펼쳐지는 소련의 미사일 퍼레이드를 보았다. 미국 한쪽 끝에서 다른 끝까지 온 나라가 겁에 질렸고, 정치인 모두가 소련에 뒤처지지 않도록 미국의 자원과 교육 프로그램을 개혁하는 데 진지하게 모든 노력을 기울였다.

그러나 오늘날에는 아쉽게도 인도로부터 그 어떤 미사일 위협도 없다. 소련의 크렘린 궁과 백악관을 연결했던 '핫라인hot line'은 미국인이면 누구든 벵갈루루에 있는 콜센터와 연결해주는 '고객지원전화 서비스help line'로 대체되었다. 핫라인이라면 그 한쪽 끝에서 레오니트 브레주네프Leonid Brezhnev 소련 공산당 서기장이 핵전쟁을 일으키겠다고 협박할 수 있었겠지만, 지금 고객지원전화 서비스의 한쪽 끝에선 부드러운 목소리로 고객의 아메리카온라인 청구서의 문제를 해결해주거나 새로운 소프트웨어 작동을 도와줄 뿐이다. 확실히 이는 니키타 흐루시초프Nikita Khrushchev 소련 공산당 서기장이 유엔에서 구두로 테이블을 치며 연설하던 때의 위협적인 목소리는 아니다. 영화 〈007 위기일발From Russia With Love〉에 나오던 으르렁거리는 악당의 목소리도 아니다. 거친 러시아 악센트로 "당신들을 매장시켜버리겠어"라고 위협하는 소련 남자나 여자도 없다. 고객지원전화 서비스의 목소리는 위협적이지도 않고 도전적인 느낌도 없는, 다정하고 쾌활한 인도인의 말투다. 그 목소리는 간단히 "안녕하세요, 제 이름은 라지브입니다. 무엇을 도와드릴까요?"라고 말할 뿐이다.

아니오, 라지브 씨. 사실 당신이 도와줄 수 있는 것은 없소.

평평한 세계의 도전에 대응하려 할 때 우리가 전화로 도움을 구할 수 있는 고객지원전화 서비스는 없다. 우리 안의 능력을 계발하는 것 외에는 방법이 없다. 7장에서 얘기한 것처럼, 미국인들은 그럴 수 있는 수단을 모두 갖고 있다. 그러나 내가 8장에서 주장한 것처럼, 미국인들은 연마했어야 하는 이 수단들을 연마하지 않았다. 그래서 미국은 지금 조용히 다가오는 위기를 맞고 있다. 미국 경제가 세계를 100년 이상 지배해왔으니 앞으로도 그럴 것이고 또 그래야 한다는 가정은, 마치 과거 1950년대에 미국은 언제나 과학과 기술에서 최고자리를 누릴 것이라고 여겼던 환상만큼이나 위험하다. 그것은 결코 쉬운 일이 아니기 때문이다. 평평한 세계에 맞추어 미국 사회가 변화의 속도를 높이는 일은 많은 고통을 수반한다. 미국은 많은 분야에서 이제까지와는 행동을 달리해야 한다. 1961년 5월 25일, 케네디 대통령이 의회에서 행한 유명한 연설 '긴급한 국가적 필요urgent national needs'에서 호소했던 것과 같은 국민적 집중력과 의지가 필요하다. 당시 미국은 케네디 대통령의 연설이 있기 두 달 전에, 스푸트니크 호 발사와 소련 우주비행사 유리 가가린Yuri Gagarin의 우주비행 성공의 이중 충격에서 조금씩 벗어나던 상태였다. 케네디는 미국이 소련보다 훨씬 거대한 인적·제도적 자산을 갖고 있음에도 이것이 충분히 활용되지 않고 있다는 사실을 알았다.

"나는 미국이 필요한 모든 자원과 능력을 보유하고 있다고 믿습니다. 그러나 미국은 그러한 자원을 활용하기 위한 적절한 방향을 정하지 못했으며, 이를 위한 어떤 국가적 정책도 세우지 못한 상태입니다. 우리는 긴급한 일정에 맞춘 장기적 목표를 설정하지도 않았고, 그 목표를 달성할 수 있도록 우리의 자원과 시간을 관리하지도 않았습니다." 향후 10년 이내에 사람을 달에 보내겠다는 전체 계획을 내놓은 다음 케네디 대통령은 덧붙여 말했다. "나는 이제 국가가 나아가야 할 새로운 방향을 제시하고자 합니다. 이 방향은 어떤 비용이 들더라도 오랫동안 변함없이 유지되어야 합니다. 나는 지금 의회와 국가에 분명히 요청하고자 합니다. 과학기술 인력의 양성에 국가적 지원을 요구하며, 막대한 자원과 시설이 필요합니다. 또한 다른 중요한 분야에 흩어져 있는 인력과 자원의 전환배치도 요구합니다. 이것은 우리의 연구개발 노력에서 이제까지 볼 수 없었던 헌신, 조직화, 규율이 필요합니다."

이 연설에서 케네디는 오늘날에도 엄청난 반향을 불러일으킬 만한 선언을 했다. "그러므로 나는 의회에 새로운 인력 개발 및 훈련 프로그램을 제시하고자 합니다. 바로 수십만 근로자, 특히 기술적 요인으로 실업이 만성화된 분야의 근로자들에게 4년에 걸쳐 새로운 직업기술을 가르치자는 것입니다. 이는 자동화와 산업의 변화로 폐기되는 기술을 새로운 산업과정에 필요한 기술로 대체하기 위한 것이기도 합니다."

아멘. 우리도 다르게 행동해야 한다. 무엇을 유지하고 무엇을 버릴지, 무엇에 적응하고 무엇을 채용할지, 어디에 노력을 배가하고 어디에 우리의 관심을 집중해야 할지를 정리해야 한다. 이 장에서는 그것을 다룰 것이다. 이것은 직관에 불과하지만, 세계가 평평해지는 것은 전통적인 사회든 선진사회든 굉장한 혼란을 일으킬 것이다. 허약한 사회는 훨씬 더 빠르게 뒤처질 것이다. 전통적 사회는 근대화의 위력을 더욱 절실하게 느낄 것이다. 새로 탄생한 사회는 더 급속하게 구사회로 변환할 것이다. 개발된 선진 사회는 저개발 사회의 도전을 더욱 강하게 받을 것이다. 나는 걱정스럽다. 왜냐하면 정치 안정은 경제 안정에 기초하는데, 경제 안정은 평평한 세계의 특징이 아닐 것이기 때문이다. 이 모든 것을 종합해보면 혼란은 더 빠르고 더 강하게 밀려올 것임을 알게 된다. 누구도 이 혼란으로부터 안전하지 않다. 나도 당신도 심지어 마이크로소프트도 예외가 아니다. 우리는 근육강화제의 득을 본 창조적 파괴의 시대에 들어서고 있다. 당신의 나라가 전략을 가졌다고 하더라도, 평평화를 다루는 것은 전혀 새로운 차원의 과제임을 명심해야 한다. 아무런 전략도 세우지 않았다면, 다시 한번 말하지만, 이미 여러 번 경고를 받았다.

이것은 연습이 아니다!

미국인이기 때문에 나는 내 나라 미국에 특별한 관심이 있다. 어떻게 평평한 세계의 혜택과 기회를 극대화하면서 그런 전환에 취약한 이들을 보호할 수 있을 것인가? 전통적인 보수주의적 대응책을 내놓는 사람도 있을 것이고, 전통적인 자유주의적 대응책을 내놓는 사람도 있을 것이다. 나는 온정적 평평주의를 제안한다. 온정적 평평주의란 내 나름의 정의로서 평평한 세계에서 진보적 성향을 뜻한다. 나는 어떠한 지정학적인 대변동이 일어나는 것도 배제하고, 해가 지면 새벽이 오는 것만큼 당연하게 세상은 점점 더 세계화 및 평평화되어 갈 것이라는 가정으로 논의를 시작한다. 이처럼 평평해지는 세계에서는 정부와 정치인들의 책무가 어느 때보다 중요하다. 그들의 책무는 세계화를 받아들이는 것, 그리고 다양한 정책으로 짜인 그물망 안에 더 공정하고 더 온정적이며 더 평등한 사회가 존재한다는 것을 이해하는 것이다. 그런 정책들은 구시대의 복지국가를 강화하거나 혹은 구시대의 복지국가를 파괴하고 시장에 내맡겨 방치하는 데 목적이 있는 것이 아니다. 더 많은 미국인에게 평평한 세계의 다른 개인들과 경쟁하는 데 필요한 견해와 교육, 기술, 안전망 등을 제공할 수 있도록 새롭게 재구성하는 걸 목표로 하는 정책들이다. 요약하면, 정부가 할 수 없는 한 가지는 평평한 세계의 세계적 노동 시장의 변동성에 맞서서 미국인 근로자들의 바람막이가 되겠다는 약속이다. 그러나 정부가 꼭 해야 하는 한 가지는 세계적 경쟁의 새로운 압박을 감소시키기 위해 미국인 근로자들을 더 많은 수단과 사회적 지원으로 무장시키는 것이다. 그것이 바로 온정적인 평평주의가 뜻하는 바이며, 이것은 다섯 가지 행동 범주를 중심으로 이루어져 있다. 이들은 리더십, 근육 만들기, 사회적 완충제도, 봉사활동, 부모 노릇하기 등 다섯 가지이다.

리더십

지역 정치인, 주정부 정치인 또는 전국적인 정치인이건 간에 미국 정치인들의 책무 중 상당 부분은 사람들에게 현재 그들이 어떠한 세상에 살고 있으며, 그 안에서 번영을 누리고 싶으면 무엇을 해야 하는지를 교육하고 설명하는 것을 돕는 일이다. 오늘날 우리의 문제 가운데 하나는 많은 미국 정치인들이 평평한 세계에 대해 털끝만큼도 아는 바가 없어 보인다는 사실이다. 벤처자본가 존 도어가 언젠가 내게 이런 말을 했다. "중국 지도부와 대화해보십시오. 그들은 모두 엔지니어 출신이고, 무슨 일이 일어나고 있는지 바로 이해합니다. 미국 정치인들은 이해 못 합니다. 그들은 다들 변호사 출신입니다." 빌 게이츠도 이렇게 말했다. "중국인들은 위험을 감수한 의사결정을 할 줄 알고, 열심히 일하며 필요한 교육도 받았습니다. 중국 정치인들을 만나보면 모두 과학자나 엔지니어 출신입니다. 그들과는 숫자를 놓고 하는 논의도 가능합니다. 정치적라이벌을 공격하는 그럴듯한 한 마디를 하기 위해 토론하는 경우는 없습니다. 이건 정말 영리한 전문 관료들을 상대하는 것입니다."

2005년 4월 원자바오 중국 총리가 처음 인도를 방문했을 때 그는 다른 국가 원수들이 대개 그렇듯이 수도인 뉴델리로 직행하지 않았다. 원자바오 총리는 베이징에서 직항편을 이용해 벵갈루루로 날아가 기술산업을 먼저 시찰한 다음 수도인 뉴델리로 향했다. 아직 벵갈루루를 방문한 미국의 대통령이나 부통령은 아무도 없었다. 나는 모든 정치인이 이공계 학위를 가져야 한다고 말하는 것이 아니다. 다만 그들이 지구를 평평하게 하는 동력에 대해 기초적인 이해를 하고 지역구민들에게 그것을 설명하고, 그래서 반응을 불러일으킬 수 있다면 도움이 될 것이라고 얘기하는 것이다. 오늘날 미국에는 너무나 많은 정치인이 그와는 반대로 행동하는 것 같다. 그들은 본분을 벗어나 지역구민들을 바보로 만드는 듯하다. 그들은 어떤 특정한 일자리는 바로 미국인의 일자리이며, 외국과의 경쟁에서 보호받을 수 있다고 믿게끔 부추긴다. 혹은 미국이 지난 시절 경제적으로 세계를 지배해왔듯이 앞으로도 그럴 것이고, 그런 한심한 정서를 보호주의와 같은 것으로 지킬 수 있다고 믿게끔 하고 있다. 경쟁국과 교육과 야심의 격차가 커지고 있고 자신들이 조용한 위기 속에 처해 있음을 미국인이 인식하지 못한다면, 평평한 세계에 대처할 국가적 전략을 마련하기는 어렵다. 예를 들어, 공화당이 지배하는 의회가 수많은 결정을 내린 가운데, 2005년 예산에서 어떻게 NSF의 예산을 1억 달러나 삭감하는 조처를 할 수 있었겠는가?

우리에게는 현실을 제대로 보고 설명해주며 국민에게 영감을 주는 정치인이 필요하다. 정치인들이 국민에게 가장 중요하게 설명해야 할 것은 루 거스너Lou Gerstner가 1993년 IBM 회장직을 맡으면서 직원들에게 회사 상황에 대해 설명했던 것과 매우 비슷하다. 그때 IBM은 수십억 달러의 적자를 보고 있었다. IBM은 자신들이 창조한 기업용 컴퓨터 시장에서 실패한 뒤 빈사상태에 빠졌다. IBM은 오만했다. 고객들의 문제를 해결하기 위해 완전한 프랜차이즈 망을 구축했지만 얼마 지나지 않아 고객의 소리에 귀 기울이기를 중단했다. 그럴 필요가 없다고 생각한 것이다. IBM이 고객의 목소리를 경청하길 멈추었을 때, 고객에게 중요한 가치의 창출이 중단되었다. 그런데 고객가치 창조야말로 IBM 사업의 전반적인 강점이었다. 그 당시 IBM에 근무했던 내 친구가 이런 이야기를 했다. 그가 입사 첫해 인턴 과정을 밟고 있을 때, 한 IBM 강사가 IBM은 아주 위대한 회사라서 '보통 수준의 인력을 가지고도 특별한 일'을 할 수 있다고 자랑했다. 그러나 세계가 평평해지기 시작하자, IBM은 고객의 목소리에 귀 기울이지 않는 회사에서 일하는 보통 수준의 인력으로는 계속해서 성공을 유지할 수 없음을 깨달았다.

기업이 개척자, 전위대, 승리자, 최고일 때는 거울을 보면서 '현재 만만치 않은 위기상황 속에 있으니 새로운 역사를 쓰기 시작해야지. 그렇지 않으면 망해서 역사 속으로 사라질 것이다'라고 스스로 말하기는 어렵다. 거스너는 그러한 거울이 되겠다고 결심했다. 그는 IBM의 상황이 지금 엉망이며, 개인용 컴퓨터에 대한 서비스로 이윤을 얻으려는 전략이 아닌 컴퓨터 제조와 판매를 중심으로 하는 전략은 말이 안 된다고 역설했다. 두말할 필요 없이, 이것은 IBM 직원들에게 충격적인 선언이었다.

거스너는 2002년 12월 9일 하버드 비즈니스스쿨의 강연에서 학생들에게 말했다. "변화는 위기의식이나 사태가 급박하다는 인식에서 시작됩니다. 지금

464

커다란 어려움에 부닥쳤으며 생존을 위해서는 뭔가 달라져야 한다고 스스로 생각하지 않는 한, 어떠한 기관도 근본적인 변화는 불가능합니다." 21세기 초의 미국이 전체적으로 IBM이 겪은 위기상황과 비슷한 처지에 놓여 있다는 것을 부인하기는 어렵다.

루 거스너가 IBM 회장에 취임한 이후 처음으로 한 일은 종신고용의 개념을 종신고용 가능 자격 개념으로 바꾼 것이다. 내 친구 알렉스 아탈Alex Attal은 프랑스 태생의 소프트웨어 엔지니어로 당시에 IBM에서 일하고 있었는데, 당시의 방향 전환을 이렇게 묘사했다. "IBM은 직원들에게 고용을 보장하는 대신, 직원 스스로 자신은 고용할 만한 가치가 있는 존재라는 것을 보증해야만 했지. 회사는 큰 틀만 제시하고 직원 스스로 그 틀을 채우고 완성해야 했다네. 그 모두가 적응에 관한 것이었지. 그때 나는 IBM 프랑스 지사에서 영업 책임자로 있었네. 1990년대 중반이었지. 나는 직원들에게 예전에는 종신고용이 기업의 책임이지 개인의 책임은 아니었다고 말했지. 하지만 일단 고용 가능 자격 모델로 바꾸자, 고용은 회사와 개인 공동의 책임이 되었다고 말이야. '회사는 여러분에게 새로운 지식 습득의 기회를 주겠지만, 그 기회는 여러분이 활용해야 한다. (…) 여러분의 경쟁자는 많을 것이므로 스스로 능력을 키워야 한다'고 말했다네."

거스너는 IBM이 패러다임을 바꾸기 시작하면서 개인이 능력을 키워야 한다고 계속해서 강조했다. 알렉스 아탈은 "그는 기업이 성과를 내는 데 필요한 최소 이상의 특별한 사람들을 보유해야 특별한 회사가 될 수 있다는 것을 이해했네"라고 말했다.

IBM이 그랬듯이 미국도 그렇다. 보통 사람은 특수한 사람, 특화된 전문가, 통합능력을 갖춘 융합가, 또는 적응력이 뛰어난 사람이 되어야 한다. 정부와 기업의 책임은 종신고용 보장이 아니다. 그러한 시대는 이미 끝났다. 그에 대한 사회적 합의는 세계가 평평해지면서 산산조각이 났다. 정부가 국민에게 보장할 수 있고 또 보장해야 하는 유일한 것은 국민이 피고용인으로서 고용될 만한 자질을 키울 기회를 마련해주는 것이다. 미국이란 나라가 1980년대 IBM

이 컴퓨터업계에서 몰락했던 것과 같은 전철을 밟기를 원치 않는다. 그것은 한때 새로운 장을 열었던 사람들이 소심해지고 거만해지고 평범해지면서 나타난 결과였다. 나는 미국이 다시 태어난 IBM이 되기를 바란다.

새로운 도전을 설명하는 것은 단순히 문제점을 진단하고 우리가 얼마나 뒤처져 있는가에 대한 진실을 말해주는 것만이 아니다. 구시대의 문제점을 해결하는 신기술의 위력에 국민의 마음이 열리도록 하는 것이다. 정치 리더십에는 소모적 사회안전망을 제공하기 위한 경쟁보다 더 중요한 할 일이 있다. 그렇다. 우리는 사람들의 두려움을 언급해야 하지만, 그들의 상상력도 키워줘야 한다. 정치인은 국민을 두려움만 가진 무능력자로 만들 수도 있고, 정신을 고양시켜 능력 있는 사람으로 만들 수도 있다.

평평한 세계에 대해 열정을 품게 하는 것은 분명히 쉬운 일이 아니다. 여기에는 상상력이 필요하다. 케네디 대통령은 소련과의 전쟁이 우주경쟁이 아닌 과학경쟁이었고, 본질은 교육경쟁이었다는 것을 이해했다. 그러나 그가 냉전에서 승리하기 위해서는 과학과 기술에 대대적인 분발이 필요했다. 그리고 미국인들이 기꺼이 희생을 감수하면서도 몰두하도록 선택한 것은 사람을 달에 보내겠다는 비전 제시였지 모스크바로 미사일을 날려보내겠다는 것이 아니었다. 부시 대통령이 이를 본받아 비슷한 프로젝트를 추진한다면 소리 높여 외쳐야 할 것은 단 하나, 국가적 과학 청사진으로 10년 안에 미국을 에너지 독립국으로 만들기 위한 대체 에너지 개발과 보존을 위한 긴급 프로그램이다. 만약 부시 대통령이 에너지 독립 프로그램을 달 착륙 계획처럼 국가적 목표로 삼는다면, 단숨에 테러 수익원을 고갈시켜버림으로써 이란, 러시아, 베네수엘라 그리고 사우디아라비아를(유가가 1배럴당 60달러를 상회하는 상황이라면 절대로 나서지 않을) 개혁의 길로 끌어들일 수 있을 것이다. 또한 에너지 독립 프로그램은 달러 가치를 높이며, 지구 온난화 현상을 막는 데 지대한 공헌을 함으로써 유럽에서 그의 입지를 강화해줄 것이다. 그리고 젊은이들이 다시 과학자와 엔지니어, 수학자가 되어 테러와의 전쟁과 미국의 미래에 기여하도록 자극을 줄 만큼 매력적인 것을 만들어낼 수 있을 것이다. 마이클 만델바움은 "이것은 단순히 양쪽이 모두 승자가 되는 원원 게임 정도가 아니다"라고 말했다. "이것은 바로 참가자 모두가 승자가 되는 원-원-원-원 게임이다."

나는 내 칼럼이 지난 몇 년 동안 독자들에게 아주 긍정적인 피드백을 일으키는 데 대해, 특히 젊은이들의 반응에 줄곧 감명을 받았다. 그들은 이 일을 국가적 과제로 착수할 것을 대통령에게 촉구해왔다. 21세기형 재생 에너지원을 만드는 일에 우리의 모든 열정과 기술을 집약함으로써 단숨에 중국과 외교를 맺은 닉슨 대통령, 그리고 달에 사람을 보낸 케네디 대통령의 반열에 부시 대통령도 설 수 있다. 부시 대통령은 2006년 연두교서에서 긴장감 있게 이 문제에 대한 인식을 표현했지만, 그리 충분히 강조하진 못했다.

근육 만들기

종신 고용은 평평한 세계에서는 더 이상 유지할 수 없는 지방脂肪이므로, '온정적 평평주의'는 정부와 기업이 각 근로자의 종신 피고용 능력을 어떻게 높이느냐에 초점을 맞춰야 한다.

그러나 종신 피고용 능력은 쓸모없는 지방을 근육으로 바꾸기를 요구한다. 진보주의자가 정부와 근로자 및 기업과 근로자 사이에서 꼭 지켜지도록 노력해야 할 사회계약은 정부와 기업이 다음과 같은 말을 하게 만드는 것이다. "우리는 여러분에게 종신고용을 보장할 수 없습니다. 그 대신 정부와 기업이 여러분의 종신고용 가능성을 높일 수 있는 수단, 즉 적응에 뛰어난 사람, 통합 능력이 있는 사람, 협력할 줄 아는 사람 등이 되는 데 필요한 지식과 경험을 더잘 습득하도록 하는 데 노력할 것을 약속합니다. "평평한 세계에서는 개별 근로자 한 사람 한 사람이 자신의 경력, 리스크, 경제적 안정을 관리하는 데 더많은 책임을 져야 한다. 그리고 근로자들이 스스로 책임지는 데 필요한 근육을 만들도록 도와주는 것이 정부와 기업의 역할이다.

근로자들이 가장 필요로 하는 '근육'은 평생학습을 위해 이동 가능한 복지

혜택과 기회다. 왜 그 두 가지인가? 이것이 근로자를 이동할 수 있고 상황 적응력을 갖게 하는 가장 중요한 자산이기 때문이다. 하버드 대학교의 경제학자 로버트 로렌스Robert Lawrence가 지적했듯이, 미국 경제가 간직해온 가장 큰 자산은 노동력 그리고 노동법의 유연성과 이동성이다.

이런 현실을 고려하면 고용 가능성을 이루는 두 가지 핵심요소, 사회복지 혜택과 교육을 가능한 한 더욱 유연하게 만드는 것이 갈수록 중요해지고 있다고 로렌스는 주장한다. 사람들이 단순히 연금과 의료보험 혜택을 유지하기 위해 오로지 한 기업에 영원히 머무는 것은 여러분도 바라지 않을 것이다. 의료보험과 연금 혜택 그리고 평생학습 가능성 등의 측면에서 근로자들이 이동할 수 있다고 느낄수록 더욱더 평평한 세계에서 탄생한 새로운 산업과 새로운 일자리에 뛰어들려고 할 것이고, 쓰러져가는 기업에서 성장하는 기업으로 옮겨가려고 할 것이다.

사회보장제도, 고령자 의료보험제도, 저소득자 및 신체장애인 의료보험제도 외에 연금과 의료보험의 이동 가능성을 법률적·제도적 틀로 만드는 것은 사람들이 그러한 근육을 키우는 데 도움이 될 것이다. 오늘날 대략 50%의 미국인들이 정부의 사회보장제도 외에 직장연금의 혜택을 못 받고 있다. 운이 좋아 혜택을 받는다고 해도 직장을 옮길 때 연금을 쉽게 옮길 수가 없다. 필요한 것은 정부가 제공하는 열여섯 개의 복잡한 서로 다른 세금유예 옵션을 폐지하고 진보정책연구소Progressive Policy Institute, PPI가 제안한 하나의 간단한 단일연금제도로 묶는 것이다. 근로자가 첫 직장을 얻을 때 개설하는 이 단일연금제도는 근로자들이 기업연금 세금 유예 저축 프로그램401K을 시작하고 싶도록 자극할 것이다. 개별 근로자와 고용주는 각 고용주가 제공하는 다양한 혜택에 따라 현금, 보너스, 이윤분배, 주식 등을 연금으로 적립할 수 있다. 이 자산은 근로자가 어떤 저축 및 투자 방안을 선택하든지 세금이 면제된다. 그러나 근로자가 직장을 옮길 때 자신의 연금을 전부 가져가며, 현금으로 인출하거나 이전 고용주의 관리하에 남겨두지 않아도 된다. 현재도 연금을 새 직장으로 옮겨 연장하는 조항이 있지만 많은 근로자가 복잡한 규정 때문에 제대로 이용하지 못하고 있다.

단일연금제도는 투자된 연금의 갱신을 간단하고도 쉽게, 또 예측 가능하도록 해주어 연금에 묶여 직장을 옮기는 일을 부담스러워하지 않게 될 것이다. 개별 고용주는 직원들을 회사로 유인하는 장려책으로서 회사만의 구체적인 기업연금 복지 플랜을 제공할 수 있다. 그러나 근로자가 다른 직장으로 옮겨가면 회사별로 특별한 기업연금 플랜에 들어간 투자금은 자동으로 단일연금계정으로 이체된다. 새로운 일자리를 얻을 때마다 새로운 기업연금 플랜이 시작되고, 직장을 옮길 때마다 적립된 돈은 동일한 단일연금계정에 들어간다.

이 간단하고 이동 가능한 단일연금제도에 덧붙여, 진보정책연구소의 소장 윌 마셜Will Marshall은 근로자가 자신이 일하는 회사의 스톡옵션을 받을 가능성을 높이고 더 쉽게 취득할 수 있도록 하는 법률안을 제안한다. 그 법률은 근로자에게 조기에 더 많은 주식매수선택권을 주는 기업에는 조세 혜택을 주고, 그렇지 않은 기업에는 벌을 주는 것이다. 근로자의 직장 이동성을 늘리는 것은 더 많은 근로자를 그저 노동력의 주체일 뿐 아니라 금융자산의 주인으로도 만들 것이다. 마셜 소장의 주장은 다음과 같다. "우리는 일반 대중이 세계 노동시장에서 단지 경쟁하는 것만이 아니라 평평한 세계의 자본 창출에 동참함으로써 지분을 가진 소유자로 자신을 바라보길 원합니다. 우리는 모두 임금소득자만이 아니라 소유주가 되어야 합니다. 공공정책은 바로 여기에 초점이 맞춰져야 합니다. 20세기에 집을 소유함으로써 부를 창출했듯이 21세기 들어서도 사람들이 부를 창출하는 자산을 가질 수 있도록 말입니다."

왜 그런가? 파이를 한 조각이라도 갖고, 이해관계를 맺은 사람들이 "민주적 자본주의인 우리 체제와 그것을 역동적으로 만드는 정책에 더 깊이 스며든다"고 말하는 학자들이 늘어나고 있기 때문이라고 마셜은 주장한다. 그것은 주택 소유 이외에 민주적 자본주의의 정통성을 보강하는 또 다른 방법이다. 또한 민주적 자본주의에 생기를 불어넣는 방법이기도 한데, 소유주이기도 한 근로자들은 근로의욕이 더욱 높기 때문이다. 더구나 모든 근로자가 치열한 경쟁에 직면하는 평평한 세계에서는 자본시장과 복리 이자의 위력으로 부를 쌓을 기회를 더 많이 얻을수록 근로자들은 더욱더 자주적이 된다. 우리는 근로자에게 가능한 한 모든 안전판을 제공해야 하며, 그들이 재산가 못지않게 주식 매수선택권을 쉽게 얻을 수 있게 해야 한다. 보수주의자들이 종종 현재 자본을 보유한 사람들을 보호하는 데 초점을 맞추는 것처럼 보이지만, 그 대신에 자본 소유자들의 폭을 넓히는 데 초점을 맞추자는 말이다.

의료보장제도에 대해서는 깊이 파고들지 않겠다. 제대로 언급하자면 다시 책 한 권 분량이 족히 될 것이고, 의료보험을 제공하고 관리하는 고용주의 부담을 일부 덜어주는 이동 가능한 의료보장제도의 개발이 필수적이기 때문이다. 내가 이 책을 쓰느라 대화를 나눈 거의 모든 기업가가 말했다. 미국에서 의료비용이 감당할 수 없을 정도로 치솟는 것이야말로 의료보험 부담이 적거나 아예 없는, 또는 정부가 의료비용을 부담하는 나라로 공장을 이전하게 된 하나의 이유라고 말이다. 나는 다시 진보정책연구소가 제안한 이동 가능한 의료보장제도를 선호한다. 이것은 미국의 주별로 의료보험 집단구매 연합pool을 만드는 것이다. 이는 현재 의회와 연방정부의 공무원들이 가입한 의료보험 방식이다. 이들 의료보험 구매 연합은 규칙을 제정하고 보험회사들이 여러 가지 선택 가능한 상품을 내놓는 시장을 형성한다. 각 고용주는 이 상품들을 새로 고용한 근로자들에게 제공할 책임을 진다. 근로자들은 의료보장범위가 높은 것, 중간 정도, 낮은 것 중에서 선택할 수 있다. 그러나 모두가 보험에 가입해야 한다. 의료보험료는 고용주에 따라서 고용주가 일부 또는 전부를 부담하고, 그 나머지는 근로자가 낸다. 그러나 고용주들은 개별적인 협상력이 크지 않으므로 보험회사와 보험 설계안에 대해 직접 협상할 책임은 지지 않는다.

협상은 주정부 또는 연방정부의 의료보험 집단구매 연합이 담당한다. 이런 방식으로 근로자들은 완전한 이동이 가능해지고, 어디로 가든지 자신들의 의료보험을 유지할 수 있다. 이러한 유형의 의료보장은 의회 의원들에게 아주 멋지게 맞아떨어졌으니 대상을 넓혀 일반 시민에게는 왜 안 되겠는가? 이런 보험에 가입하기 어려운 빈곤층이나 저소득 근로자는 정부의 보조금으로 혜택을 받을 수 있다. 핵심 요지는 정부가 감독과 통제, 보조하는 사적 보험시장을 만들어 건강한 근로자가 손해를 보는 일이 없도록, 그렇다고 치료가 필요한 환자가 진료를 거부당하는 일도 없도록 정부가 폭넓게 규정을 정해야 한다. 의료보험 자체는 사적으로 운영되고, 고용주가 할 일은 근로자가 이런 주정부의 의료보험 연합에 가입하도록 하는 것이다. 물론 이상적으로는 기업주가 보험료의 일부 또는 전부를 책임져야 하지만 의료보험 자체를 책임지는 것은 아니다. 단, 제도의 전환 과정에서 고용주는 근로자에게 인센티브의 하나로 계속해서 의료 보험을 제공할 수 있고, 근로자도 고용주가 제시하는 의료보험 계획이나 주정부의 의료보험 연합이 제공하는 의료보험 선택안 가운데 어느 것이든 원하는 대로 고를 수 있다(자세한 내용은 www.ppionline.org를 참조하라).

이들 제안의 세밀한 부분은 문제가 있을 수 있다. 그러나 제안의 배경이 되는 기본적인 생각은 매우 옳다고 생각한다. 평평해지는 세계에서는 하향식으로 연금과 의료보험 혜택을 제공하는 《포춘》 선정 500대 대기업에 의해 근로자를 위한 사회보장체계가 더 이상 보장되지 않는다. 정부와 근로자 그리고 기업이 근로자의 독립성을 강화하면서도 홀로 자신을 지키도록 내버려두지는 않는 방식으로 좀 더 협력해서 문제를 해결하는 것이 필요하다.

종신 피고용 능력의 근육을 단련하는 일에 관한 한 정부가 맡아야 할 또 다른 결정적인 역할은 미국의 모든 근로자 교육수준을 향상하는 일이다. 7장에서 새로운 중간 계층의 일자리에 바람직하고 적합한 교육에 대해 설명했다. 하지만 학습 방법을 터득하고, 우뇌의 기능을 향상하고, 적응력을 높이고, 통합 능력을 갖춘 사람이 되기 위해서는 탄탄한 기초지식을 배우는 것부터 시작해야 한다. 읽고 이해하기와 글쓰기, 수학 그리고 기초과학 등 기초지식의 바른 교육이 이뤄진 뒤에야 적합한 교육이 가능하다. 더 많은 미국인이 이와 같은 견고한 발판을 갖지 못한다면, 우리의 생활 수준을 꾸준히 향상하는 데 필요한 적정 규모의 새로운 중간 계층을 형성하는 것은 불가능하다.

우리는 분명 과거에도 이런 시기를 경험한 적이 있다. 세기마다 우리가 인류의 지식 경계를 확장하면, 어떤 수준의 일이든지 더욱 복잡해지고 이에 적합한 작업 패턴 인식과 문제 해결 방식이 필요하다. 우리는 그럭저럭 150년 전의 농업사회에서 공업사회로 전환했고, 미국인 대다수는 삶의 질이 향상되었다. 우리가 어떻게 이런 일을 해냈는가? 미국은 고등학교 의무교육을 시행하면서 시작했다.

스탠퍼드 대학교의 경제학자 폴 로머가 말했다. "우리는 누구나 중등교육까지 받아야 한다고 얘기했죠. 그것이야말로 20세기 초의 고등교육 운동이 이루려 했던 전부였습니다." 경제역사학자들이 다양한 연구조사로 입증했듯이 기술과 무역의 발달은 전체 파이를 크게 만들지만, 그 몫은 단순기술을 가진 근로자로부터 고급기술을 가진 근로자에게로 넘어가고 있다(특히 하버드 대학교의 경제학자 클라우디아 골딘Claudia Goldin과 래리 카츠Larry Katz의 연구를 보라). 미국 사회가 고등학교까지 의무교육을 시행해 고급기술을 가진 인력을 많이 배출함에 따라, 더 많은 사람이 더욱 커지고 복잡해진 경제의 파이를 더욱 많이 가져갈 능력을 갖추게 되었다. 그 세기의 흐름에 따라 고등교육 운동과 더불어 퇴역군인에게 대학을 개방하는 법안과 근대의 대학 시스템도 갖췄다.

"이것들은 대단한 생각이었습니다. 현재 부족한 것은 19세기와 20세기로의 전환기에 그랬던 것처럼, 그때만큼 거대하고 중요한 21세기로의 전환기를 맞아 무엇을 어떻게 해야 하는지에 대한 정치적 상상력입니다"라고 로머가 지적했다. 분명한 과제는 의무교육은 아닐지라도 제3의 교육기회를 만들어야 한다고 로머는 덧붙였다. 예를 들어 정부는 주립대학이건, 전문대학이건, 기술학교건 간에 최소 2년간은 학비를 보조한다. 제3의 교육기회는 세계가 평평해질수록 중요한 의미가 있다. 이는 기술의 발전이 농업경제에서 공업경제로의 전환기보다도 더욱 빠른 속도로 전통적인 일자리를 휘저어놓고, 새롭고 좀 더 복잡한 일자리를 만들 것이기 때문이다.

사람들에게 제3의 교육을 받도록 하는 데에는 두 가지 효과가 있다. 그 하나는 통합과 복잡한 문제 해결 및 업무 유형의 인식을 더욱 요구하는 새로운 틈새산업에서 부가가치가 더욱 높은 일을 따내는 능력 있는 사람을 양산하는 것이다. 그리고 다른 하나는 도로 보수에서 주택 수리 그리고 스타벅스 커피점의 일까지 저급 기술로 일하는 사람의 수를 줄인다. 그럼으로써 저급 기술

종사자들의 이민을 통제한다는 전제하에 그 일에 종사하는 사람들의 임금을 안정적으로 유지할 수 있다. 미국 주요 대도시에서 배관공들이 시간당 무려 75달러를 받거나, 솜씨 좋게 집안일을 도와주는 사람이나 실력 있는 요리사가 드문 것도 우연은 아니다. 상당히 고무적인 현상이다. 우리는 그런 인력에 대한 수요가 늘어나고 그들이 꽤 좋은 임금을 받기를 바란다.

19세기 중반에서 20세기 중반으로 오는 동안에 국민을 교육하고 이민을 제한하고 저급기술을 가진 노동력을 줄여서 상당한 임금을 받을 수 있도록 한 미국의 능력은 큰 소득격차 없이 미국 중산층이 형성된 핵심 요인이었다. 로머가 지적했다. "19세기 말에서부터 20세기 중반까지 사실 미국은 소득격차를 줄이는 데 성공했습니다. 그러나 지난 20년 혹은 30년 동안은 오히려 소득격차가 확대됐습니다. 그건 현 위치에 머물고 싶다면 더 빨리 뛰어야 한다고 말해주는 겁니다." 기술이 발전하고 서비스의 복잡성이 가중되면서 새로운 일거리는 더욱 높은 수준의 기술을 요구한다. 농장에서 일하던 단순 노동자가 영어를 제대로 구사하는 공손한 전화 교환원이 되는 것은 그다지 어려운 일이 아니었다. 그러나 전화 교환원 일이 인도로 아웃소싱되어 사라지고 난 후, 전화-메일 시스템을 새로 구축하거나 수리할 능력을 갖추는 것, 혹은 소프트웨어 개발 능력을 갖추는 것은 전혀 새로운 차원으로의 도약이다.

교육과정 최상층에 놓인 연구전문 종합대학을 늘리는 것도 중요하지만 기술학교와 지역전문대학community college을 늘리는 것도 그만큼 중요하다. 모든 사람이 고등학교 이상의 교육을 받을 기회를 가져야 한다. 그렇지 않으면 고소득층 자녀만이 우수한 능력을 갖추고 자신들의 몫을 챙기고, 저소득층 자녀는 전혀 기회를 갖지 못할 것이다. 더 많은 아이가 전문대학을 다니고 더 많은 단순 근로자들이 재훈련을 받을 수 있도록 정부 보조금을 늘려야 한다.

케네디 대통령은 사람을 달에 보내길 바랐다. 지금 나의 비전은 모든 미국인을 대학에 보내는 것이다.

고용주들은 근로자들이 평생 피고용 능력을 갖추는 데 중요한 기여를 할 수 있으며, 그것은 평생학습을 통해 더욱 적응력을 키우도록 돕는 것에서 시작된다. 세계적인 신용카드 회사 캐피털원CapitalOne의 예를 들어보자. 이 회사는 수년간에 걸쳐 회사의 후선 지원 업무 가운데 일부를 인도의 위프로와 인포시스에 아웃소싱해왔다. 글로벌 금융 서비스 시장에서 경쟁하기 위해서는 경쟁자들이 이용하는 모든 비용 절감 기회를 활용해야 할 필요성을 절감했다. 하지만 캐피털원은 회사의 경쟁력이 어려움을 겪는 이유에 관한 워크숍을 통해 근로자들을 교육시키는 것부터 시작했다. 회사는 워크숍에서 종신고용이 가능한 안전한 직장은 캐피털원 내부 또는 외부 어디에도 없다는 것을 분명히 밝혔다. 그다음에는 아웃소싱으로 가장 큰 영향을 받을 컴퓨터 프로그래머들을 위한 크로스 트레이닝Cross Training 프로그램을 마련했다. 이 기업은 메인프레임 컴퓨터 전공인 프로그래머들에게 분산 시스템 프로그래머가 되도록 가르치기도 했다. 캐피털원은 자동차 대출에서 리스크 관리까지 업무 전반에 걸쳐 비슷한 크로스 트레이닝을 실시했다. 그 결과 아웃소싱으로 결국엔 회사를 떠나야 했던 직원들이 크로스 트레이닝 덕분에 훨씬 더 나은 통합기술자, 다재다능한 기술자가 되었고 새로운 일자리를 구하는 데 더 유리한 상황이 되었다. 크로스 트레이닝을 받고 회사에 남게 된 직원들은 더욱 다양한 분야의 능력을 갖추게 되었고, 여러 가지 과제도 수행할 수 있어 캐피털원에게 더욱 가치 있는 존재가 되었다.

정부가 보조금이나 세금 인센티브로 기업이 기업 내부에서 더욱 확대된 평생학습의 기회를 제공하도록 지원할 때 그 혜택이 사회 전체로 확대되는 것도 바로 이런 이유에서다. 오늘날 인터넷 근로자 훈련 프로그램은 온라인 학위에서부터 여러 분야의 전문가 과정을 위한 사내 훈련 프로그램까지 아주 방대하다. 게다가 인터넷을 통한 교육을 더욱 쉽고 풍부하게 해주는 기술이 거의 매주 비약적으로 발전하고 있다. 예를 들어, 훌륭한 교사의 강의를 동영상으로 제작하는 것에 대한 잠재성은 아직 타진해보지도 않은 상태다. 훌륭한 교사들을 컴퓨터 화면으로 바로 접할 수 있는데 형편없는 강의를 들으며 괴로워할 필요가 있겠는가? 무수한 교육의 기회뿐 아니라 기업이 교육의 기회를 제공하는 비용도 매우 싸다. 기업이 평생학습의 기회를 더 많이 제공할수록 노동력의 기술 저변이 늘어나고, 아웃소싱으로 일자리를 잃기 쉬운 근로자들은 과거보다 고용 가능성이 높은 상태로 회사를 떠날 수 있으므로 기업으로서는 도덕적 의무를 다하는 것이 된다. 고용주와 피고용자 사이에 묵시적인 새로운 사회계약이 있다면 이런 것이어야 한다. '당신은 내게 노동력을 주십시오. 나는 당신이 여기서 일하는 한 경력개발 프로그램이나 훈련 프로그램 등을 통해 고용 가능성을 높이고, 더 다재다능한 사람이 될 수 있도록 기회를 보장하겠습니다.'

오랫동안 민주당 소속 하원의원을 지낸 조지 밀러George Miller는 샌프란시스코 이스트 베이 출신으로 아주 현명한 사람이다. 밀러는 지역의 학교 교육에 깊이 관여했는데 언젠가 내게 '교육은 장소가 아니라 과정'이라는 말을 했다. 교육은 어디에서건 항상 실행될 수 있어야 하고, 또 반드시 교육은 이루어져야 한다. 그곳이 학교든 사무실이든 가정이든 온라인상이든 교실이든 아이팟으로 하든 상관없이 교육은 받아야 한다. 그러한 교육에는 전통적인 교사들이나 자율학습, 온라인 게임 등 효과만 있다면 모든 수단이 활용되어야 한다. 그저 가만히 앉아만 있을 수는 없다. 어딘가에 있을 우리의 경쟁자들은 결코 가만히 앉아만 있지는 않을 것이기 때문이다.

미국인 개개인의 근육을 단련하기 위한 노력을 늘릴 필요가 있다. 그뿐만 아니라 미국 내에서 교육할 수 없는 부분을 보충하기 위해 국외에서 인력을 들여오는 일도 계속해야 한다. 일이나 공부를 하기 위해 미국에 오는 인도인, 중국인, 러시아인, 일본인, 한국인, 이란인, 아랍인 그리고 이스라엘 엔지니어, 물리학자, 과학자는 대부분 훌륭한 미국인이 된다. 그들은 가족적인 문화환경에서 교육을 많이 받았고 근면하기까지 하다. 그리고 대부분 간절히 미국 시민이 되고 싶어한다. 이들이야말로 미국에 필요한 사람들이다. 그러므로 FBI나 CIA, 국토안보국 같은 곳에서 모하메드 아타Mohammed Atta 같은 테러범의 입국을 막으려다가, 러시아 태생의 구글 공동 창업자인 세르게이 브린 같은 사람들의 입국을 막게 내버려둬서는 안 된다. 컴퓨터 설계자인 내 친구는 이렇게 말했다. "외국인이 언젠가 내 일자리를 가져간다고 해도, 나는 그들이 미국 시민이 되어 내는 세금으로 내 은퇴 연금에 기여하는 게 더 낫겠어."

인증받은 미국의 대학이라면 어디든지 외국인들이 어떠한 분야에서 박사학위를 받더라도 5년짜리 워킹 비자를 주는 이민정책에 나는 찬성한다. 그리스 신화 연구로 박사학위를 받았든, 수학에서 학위를 받았든 별 관심이 없다. 우리가 전 세계의 일급 지식노동자를 차지할 수 있다면, 그것은 언제나 미국의 이익으로 귀결될 것이다. 평평한 세계가 모든 지식 집합체를 연계시킨다면, 나는 그 가운데서 미국의 지식 집합체가 가장 크기를 바란다. 존스 홉킨스 대학교의 총장 빌 브로디는 이렇게 말한다. "우리는 세계적인 규모로 인재를 찾고 있습니다. 뛰어난 인재를 얻기 위해서라면 무슨 일이든 다 해야 한다고 생각합니다. 왜냐하면 그들 가운데서 야구로 치면 베이브 루스Babe Ruth 같은 사람도 나올 텐데, 우리가 왜 그런 사람들이 다른 나라로 가게 내버려둬야 합니까?"

좋은 지방질: 지킬 만한 가치가 있는 완충장치

과거 정부와 기업이 제공하던 사회안전망 중 많은 부분은 평평한 세계의 치열한 세계적인 경쟁 아래 사라지겠지만, 일부 지방질은 유지할 필요가 있으며 어떤 경우는 더 추가해야 한다. 건강에 신경 쓰는 사람이면 누구나 지방질에도 '좋은 지방질'과 '나쁜 지방질'이 있다는 것을 알 것이다. 어쨌거나 누구든 약간의 지방질은 필요하다. 이는 평평한 세계의 각 나라에 해당하는 말이다. 미국의 사회보장제도는 좋은 지방질이다. 우리는 이를 계속 유지할 필요가 있다. 사람들의 근로의욕을 떨어뜨리는 복지제도는 나쁜 지방질이다. 평평한 세계를 위해 더 생겨야 하는 좋은 지방질은 임금보험wage insurance이다.

캘리포니아 대학교 산타크루스 캠퍼스의 경제학자 로리 클레처Lori Kletzer 교수의 연구에 따르면, 1980년대와 1990년대에 제조업 분야에서 외국과의 경쟁으로 일자리를 잃은 사람의 3분의 2는 이후 다른 직업에서 소득이 줄었다. 직장을 잃고 재취업한 사람의 4분의 1은 소득이 30% 또는 그 이상 떨어졌다. 실직은 근로자와 그 가족에게 고통을 안겨준다. 특히 새로운 기술에 적응력이 떨어지는 나이 많은 근로자나, 더 높은 기술 수준의 서비스 계통 일자리에서 요구하는 교육이 부족한 사람에게는 더욱 그러하다.

임금보험이라는 아이디어는 1986년 로버트 로렌스 교수와 브루킹스 연구소Brookings Institution의 로버트 E. 리탄Robert E. Litan이 『자유무역 구하기Saving Free Trade』라는 책에서 처음 제안했다. 이 아이디어는 한동안 주목받지 못하다가 2001년 클레처와 리탄의 최신 분석을 거쳐 다시 논쟁거리가 되기 시작했다. 2001년에는 공화—민주 양당이 만든 미국무역적자위원회U.S. Trade Deficit Commission 때문에 정치적 파급력을 갖게 되었다. 이 위원회는 임금보험 외에는 무역적자의 원인과 그에 대한 대처방안까지 포함해 어떠한 사안에도 합의를 이끌어내지 못했다.

로렌스 교수의 얘기를 들어보자. "무역은 승자와 패자를 만든다. 우리가 생각하는 것은 승자가 패자를, 특히 특정 직종에서 높은 임금을 받고 즐겁게 일하다가, 어느 날 갑자기 훨씬 낮은 임금의 새 직장에서 일하는 패자들을 보상하는 구조다." 이 개념에 대해 그가 설명했다. 모든 근로자는 보수를 받는 '일반적인 능력과 고유 능력'을 보유하고 있는데, 어떤 능력이 일반적이고 어떤 능력이 고유한지는 직장을 바꿀 때 확실히 알게 된다고 한다. 예를 들어 당신이 대학 졸업장과 공인회계사 자격증을 가지고 있거나, 고등학교 졸업장과 선반 기술을 갖고 있다고 하자. 이 두 가지 능력은 모두 당신의 임금에 반영되었다. 그러나 어느 날 선반 작업이 중국으로 아웃소싱되거나 회계 업무가 인도로 아웃소싱된다. 그러면 당신은 새로운 직장을 찾아야 한다. 새로운 고용주는 당신의 고유한 능력에 대해 보상하지 않을 가능성이 크다. 왜냐하면 특정 기계를 작동할 줄 아는 능력이나 회계 업무능력이 그에게는 그다지 필요 없을 가능성이 높기 때문이다. 당신은 고등학교 또는 대학을 졸업했다는 일반적 능력만으로 보수를 받게 될 것이다. 이때 당신이 새 직장을 찾고 새로운 고유 능력을 기르는 동안 임금보험은 일정 기간 과거에 당신이 갖고 있던 고유한 능력에 대해 보상해준다.

국가 운영의 기본적인 실업보험도 근로자의 이러한 고통을 일부 덜어준다. 그러나 새 직장에서 임금이 하락하거나 실업 중 또는 일을 찾는 동안 의료보험료를 내지 못하는 것과 같은 더 큰 문제들에 대해서는 그 어떤 언급도 없다. 실업에 대한 보상으로 임금보험의 혜택을 받으려면 근로자는 세 가지 요건을 갖춰야 한다.

첫째는 근로자가 오프쇼어링, 아웃소싱, 다운사이징 또는 공장폐쇄 등으로 직장에서 해고된 경우라야 한다. 둘째, 근로자는 그 직장에 최소한 2년간은 다녔을 경우라야 한다. 셋째, 근로자가 새 직장을 얻을 때까지는 임금보험금을 지급하지 않는다. 이는 근로자가 하루빨리 새 직장을 얻도록 촉구하고, 직장에서 재훈련받을 가능성을 더 높이기 위한 목적이다. 새 직장에 대한 어떠한 약속도 없는 정부가 제공하는 일반적인 훈련 프로그램에 등록해야 하고 실업인 상태에서 훈련받아야만 한다. 하지만 대신에 직장에서 받는 실습 훈련은 새로운 기능을 익힐 수 있는 가장 좋은 방법이다.

이상의 세 가지 조건을 충족한 근로자는 이전 직장보다 소득이 줄면 2년 동안 그 절반을 보전받게 된다(상한선은 일 년에 1만 달러다). 클레처와 리탄은 정부가 퇴직당한 모든 근로자에게 6개월간은 의료보험료를 지급해 줄 것도 제안했다. 나는 임금보험이 국가가 제공하는 실업보험보다 훨씬 좋은 방안이라고 생각한다. 실업보험은 대부분 근로자가 받던 급여의 50%를 최대 6개월까지만 지불받는다. 그리고 근로자가 새 직장을 얻었을 때 이전보다 임금이 줄더라도 도움을 주지 못한다.

게다가 클레처와 리탄이 지적했듯이, 모든 해고 노동자들은 근무했던 직장에서 의료 혜택을 받았을 경우에 전 고용주로부터 보험료 지원을 받지 못하지만, 의료보험을 구입할 권리는 있다. 그런데도 일자리를 잃은 많은 근로자는 그렇게 보장된 의료보험 혜택을 이용하기 위해 내야 할 돈이 없다. 그리고 실업자가 된 근로자들이 재훈련 프로그램에 등록하면 추가로 52주간 실업수당을 받을 수는 있으나, 그 프로그램을 마친다 해도 취업이 된다는 보장이 없다.

이러한 이유 때문에 나는 클레처와 리탄의 제안이야말로 평평한 세계에서 노동자들에게 완충장치의 역할을 하는 올바른 사회보장방안이라고 생각한다. 더구나 이 프로그램은 확실히 금전적으로 감당할 수 있는 수준이다. 리탄은 실업률을 5%로 가정했을 때 임금보험과 의료 보험보조금으로 연간 80억 달러 정도가 소요될 것으로 추정한다. 하지만 이 제도가 근로자들에게 미칠 긍정적 영향에 비하면 그것은 말 그대로 새 발의 피다. 물론 근로자가 원치 않는다면 국가가 책임지는 종전의 실업보험을 이 프로그램으로 대체하진 않는다. 그러나 이것이 계획대로 잘 운영된다면 근로자들이 더 빨리 재취업함으로써 실제 새로운 제안의 비용을 절감할 수 있을 것이다.

어떤 이는 질문할지 모른다. 왜 그토록 자비로워야 하는가? 왜 지방질, 마찰 또는 장벽을 계속 유지해야 하나? 단도직입적으로 내 의견을 말하겠다. 당신이 온정적 평평주의자가 아니라면, 즉 당신이 완전한 자유시장을 옹호하는 평평주의자라면 당신은 잔인한 사람일 뿐만 아니라 바보다. 당신은 세계의 평평화 과정에 동요하는 사람들의 정치적 반동을 불러들일 것이다. 그리고 그러한 정치적 반동은 경기침체가 장기화하면 험악해질 수도 있다.

평평한 세계로의 전환은 많은 사람에게 스트레스를 줄 것이다. 이트레이드의 최고기술경영자인 조수아 S. 레빈Joshua S. Levine이 내게 이런 말을 했다. "가끔 고통스러운 경험도 하고 한 번씩 휴식도 필요합니다. 그런데 그런 휴식의 기회는 결코 안 오는 것 같습니다. 항공사 직원들을 생각해보세요. 9·11 테러 같은 끔찍한 일을 겪고, 경영진과 항공사 노조는 4개월이나 힘든 협상을 벌입니다. 경영진은 이렇게 말합니다. '임금과 복지 혜택에 드는 20억 달러를 깎는데 노조가 동의하지 않는다면 회사는 문을 닫게 됩니다.' 그리고 힘든 협상이 끝나면 노조는 동의합니다. 난 그냥 웃음이 나와요. 몇 달 지나면 경영진은 협상 테이블로 다시 돌아옵니다. (…) 끝이 나지 않는 일입니다. 누군가 내게 해마다 내가 맡은 부문의 경비를 줄이라고 요구하는 게 아닙니다. 매년 더 적은 예산으로 더 많은 일을 해내야 한다는 사실을 우리 모두 압니다. 수익 창출 부서에 있다면 당신은 해마다 더 많은 수익을 올려야 합니다. 그리고 비용담당 부서에 있다면 해마다 더 큰 비용을 줄여야 합니다. 그 굴레에서 벗어나 쉴 수 없습니다."

사회가 이 평평화 과정에서 생겨나는 긴장을 관리하지 못한다면 반작용이 나타날 것이다. 정치권에서는 세계를 평평하게 하는 동력이 이미 없애버린 마찰과 보호주의 장벽의 일부를 부활시키려 할 것이다. 물론 이런 움직임은 약자를 보호한다는 명목으로 조잡하게 시행되어, 만인의 생활 수준을 떨어뜨리는 결과만 낳을 것이다. 전 멕시코 대통령 에르네스토 세디요Ernesto Zedillo는 멕시코가 북미자유무역협정에 가입하는 과정에서 멕시코 사회에 생겨난 긴장을 관리해야 했다. 그는 이 문제에 대단히 민감하다. 세계가 평평해지는 과정을 화제로 그는 내게 이렇게 말했다. "완전히 멈추기는 매우 어렵겠지만, 잠시 멈추게 할 수는 있습니다. 완전히 멈출 수는 없어도 속도를 늦출 수는 있습니다. 25년 걸리느냐 50년 걸리느냐의 차이는 큽니다. 그 기간 사이에 두세 세대 정도는 더 많은 교역과 세계화로 혜택을 볼 테지만 아주 적은 혜택으로 종결될 것입니다."

모든 기술발전 뒤에는 그것을 가능하게 한 정치적 인프라가 있었다는 것을 기억해야 한다고 세디요는 말했다. "지난 50년간 연속적으로 세계를 현재의 상태로 다져온 정치적 결정들이 내려졌습니다. 반대로 모든 과정을 뒤틀어버릴 수 있는 정치적 결정도 있습니다."

이런 격언이 있다. 공화당원처럼 살고 싶거든 민주당원처럼 투표하라. 패자와 낙오자들을 돌봐야 한다. 평평화를 옹호하는 사람이 되는 유일한 길은 온정적 평평주의자가 되는 것이다.

올바른 자녀 양육하기

자녀 양육방식의 개선 필요성에 대해 논하지 않고서는 온정적 평평주의에 대한 어떠한 논의도 완전할 수 없다. 개인이 평평한 세계에 적응하도록 돕는 것은 비단 정부와 기업만의 책무가 아니다. 이는 부모들이 해야 할 일이기도

하다. 부모들도 자신의 자녀가 어떠한 세계에서 자라고 있는지 그리고 자녀가 잘살기 위해 무엇을 갖춰야 하는지 알 필요가 있다. 간단히 말하자면, 우리는 새로운 세대에 맞춰 자식들에게 엄격한 태도를 보일 준비가 돼야 한다. 게임기를 치우고, TV를 끄고, 아이팟도 끄고, 이제 아이들을 공부시켜야 할 때가 온 것이다.

우리에겐 어떤 자격이 있다는 의식, 우리가 한때 세계의 무역과 지정학적인 면 그리고 올림픽 농구에서 우위에 있었기 때문에 앞으로도 언제나 그럴 것이라는 의식, 아이들의 욕구 충족을 미루는 것은 체벌보다 더 나쁘다는 의식, 아이들을 안락하게 감싸고 돌보아 학교에서 나쁜 일이나 실망스러운 일 또는 스트레스를 주는 일이 전혀 생기지 않도록 해야 한다는 의식 등은 간단히 말해서 그야말로 미국 사회에서 커지고 있는 암적인 생각이다. 이런 것을 뒤엎지 않는다면 아이들은 평평한 세계에서 파생되는 사회적으로 감당하기 어려울 만큼 큰 충격을 피할 길이 없다. 정치인에 의한 다른 방식의 문제접근이 필요하지만 그것으로는 충분하지 않다.

이 책의 초판이 출판된 직후에 교사인 아내는 내게 편지 한 통에 대해 알려줬다. 내 동료인 밥 허버트Bob Herbert가 《뉴욕 타임스》 2005년 9월 1일 자에 쓴 '비틀거리는 미국의 교육'이라는 칼럼에 대해 누군가가 편집자에게 보낸 것이었다. 《뉴욕 타임스》 편집자에게 보낸 그 편지는 내 느낌을 그대로 요약해놓았다. 그 내용은 이러했다.

편집자에게: 밥 허버트는 미국의 교육 현실에 관해서 '우리는 이미 와 있는 위기를 바라보고 있는지도 모른다고 조심스레 말해본다'라고 썼습니다. 인정받는 수준의 자격을 갖춘 고등학교 영어교사로서 나도 그 말에 동의합니다. 그러나 지금 미국의 학교 현장에서 나타나는 위기는 책과 인쇄물이 점차 사라져가는 우리의 가정에 문제의 근원이 있습니다. 가정에서 학생들은 오로지 TV나 컴퓨터, 게임 등으로 여가를 보내고, 어른들도 그렇게 하는 걸 목격합니다. 많은 학생에게 기술에 의한 즉각적인 욕구의 충족은 책을 읽는 수고로움, 독서를 통해 얻는 희열

마저 대체해버렸습니다. 독서가 충분하지 않은 사람이 탄탄한 글을 쓸 수는 없습니다. 이러한 기술이 제대로 개발되지 않으면 인종이나 경제적 수준을 넘어 모든 분야에 걸쳐 시행되는 표준화된 시험에서 낮은 점수를 얻을 것입니다. 교육이란 본질적으로 독서를 가치 있고 필수적인 것으로 인식하는 가정, 열심히 배우려는 노력과 우수한 학교성적을 인정해주는 것을 최고의 우선순위로 두는 가정, 그리고 학부모들이 학교와 함께 자녀의 성공에 대해 높은 기대를 거는 그런 가정에서부터 시작됩니다. 이처럼 각 가정에서 갖춰야 할 기본적인 바탕과 지속적인 지원이 없으면, 교사들의 손발이 묶여 할 수 있는 게 없습니다.

뉴저지 주 프리홀드에서 조 앤 프라이스

노벨상을 수상한 캘텍의 데이비드 볼티모어David Baltimore 총장은 자식들에게 세계의 뛰어난 인재들과 맞서 경쟁할 준비를 시키려면 무엇이 필요한지 잘 안다. 그는 세계에서 가장 뛰어난 이공계 대학인 캘텍에 입학하는 학생들 대부분이 학교에 다니는 것만으로도 특별한 학생이라는 인식이 들게 하는 사립학교 출신이 아니라 평범한 공립학교 출신이라는 사실에 놀라곤 한다고 말했다. 볼티모어 총장이 말했다. "캘텍에 입학하는 학생들을 보면 공부를 열심히 하게 하고, 미래를 위해 욕구 충족은 잠시 미루게 하며, 세상에서 무언가 중요한 일을 하려면 재능을 갈고닦아야 한다는 것을 이해하는 가정에서 자랐더군요. 그 아이들은 흔히들 실패작으로 부르는 공립학교를 나왔기 때문에 나는 부모의 역할이 엄청나게 중요하다고 봅니다. 공립 교육이 이런 우수한 학생들을 배출한 겁니다. 그러니까 공교육이 무언가를 할 수 있다는 얘기죠. 그 부모들은 자식이 잠재능력을 스스로 실현하도록 키웠습니다. 이 나라 미국에는 교육을 둘러싼 부모의 양육 방식에 혁명이 필요하다고 생각합니다."

미국이 아닌 외국에서 태어난 부모들, 특히 아시아와 동유럽 출신 부모들은 자녀 양육을 더 잘하는 것처럼 보인다. "우리 학교 학생의 약 3분의 1이 아시아 출신이거나 최근에 이민을 온 사람들"이라고 볼티모어 총장은 말했다. 공학 전공으로 캘텍에 입학하는 학생 중 상당수가 외국 태생이며, 현재 교수진의 상당수도 외국 태생이다. "생물학 전공 박사 후 과정에는 중국 학생들이 압도적으로 많다"고 그가 덧붙였다. 오늘날 큰 과학학술회의에서 최신 생명과학 연구 논문들 대부분의 저자 가운데 중국인 과학자가 최소한 한 명 이상 있는 것도 놀라운 일은 아니다. 한편, 캘텍과 같은 성격의 MIT로 진학하는 학생들의 약 90%는 뚜렷한 목표를 갖고 진로를 결정하는 데 도움을 주는 양부모two-parent 가정 출신이었다.

2004년 7월에 코미디언 빌 코스비Bill Cosby는 제시 잭슨Jesse Jackson 목사의 무지개연합과 시민교육기금Ranbow/PUSH Coalition & Citizenship Education Fund의 연례회의에 참석해서는 아프리카계 미국인들이 자녀에게 문법도 제대로 가르치지 않으며, 흑인 아이들은 더 많이 배우기 위해 노력하지 않는다고 혹독히 비난했다. 코스비는 이미 "이 바보들만 빼고는 영어를 제대로 말하는 것이 중요하다는 것을 누구나 압니다. 입에서 저속한 말이 튀어나와서는 의사가 될 수 없습니다"라고 공언했다. 더 나은 삶을 살 기회를 허비하는 아프리카계 미국인들을 지목하면서, 코스비는 무지개연합에 이렇게 말했다. "당신들이 일자리를 얻지 못하는 것은 과거에 당신이 교육받길 원치 않았던 것이므로, 최저임금밖에 벌지 못한다고 아내를 구타하는 것을 멈춰야만 합니다. 고등학교에 다닐 때, 그리고 기회가 있었을 때 자신에 대해 더 깊이 생각했어야 했습니다." 코스비의 발언에 많은 비난이 일었으나, 잭슨 목사는 이렇게 주장하면서 그를 옹호했다. "빌 코스비는 올바른 싸움을 하자고 말하는 겁니다. 경기장을 평평하게 만듭시다. 술 취한 사람들은 그렇게 할 수 없습니다. 문맹자들도 그렇게 할 수 없습니다."

옳은 말이다. 다른 사람들을 끌어내리는 방법이 아니라 또 자신에게 유감을 가졌기 때문이 아니라, 자신을 정상으로 끌어올리기 위해 경기장을 평평하게 만들 필요성이 점차 커지고 있는 사람들은 바로 미국인들이다. 그러나 어떻게 경기장을 평평하게 만드느냐 하는 문제와 관련해 코스비는 흑인이건 백인이건, 가난하건 부자건 간에 상관없이 미국인에게 중요한 무언가를 말하고 있다. 교육은 부모에게서 받든 학교에서 받든 단순한 인식 능력 이상의 것이다. 교육은 또한 인격도 가꾸어야 한다. 사실 부모와 학교, 그리고 문화가 사람을 만든다.

가족 외에 내 인생에서 가장 큰 영향을 미친 사람은 고등학교 시절 언론학을 가르친 하티 M. 스타인버그Hattie M. Steinberg 선생님이다. 그녀는 저널리즘의 기본을 학생들에게 확실하게 가르쳤다. 단순히 사설을 쓰고 정확히 인용하는 것만을 가르친 것이 아니었다. 그보다 더욱 중요한, 직업적으로 처신하는 태도를 가르쳤다. 나를 가르치고 학교 신문의 편집 자문을 했던 1960년대 후반 무렵에 선생님의 연세는 예순에 가까웠다. 소위 쿨한 것과는 정반대였지만, 우리는 선생님의 강의실을 맛있는 과자점인 것처럼 드나들었고 선생님의 강의는 전설적인 라디오DJ 울프맨 잭Wolfman Jack과도 같이 매일 따라다니며 듣는 존재였다. 그러나 우리 누구도 이런 말을 입 밖에 내지 못했는데, 이는 선생님의 열변과 훈육과 가르침을 즐겼기 때문이다. 선생님은 불확실한 시대에 투명한 원칙주의자였다. 그분을 생각하면 나는 자리를 고쳐앉게 된다! 우리의 아이들은 점점 중국과 인도 그리고 아시아의 아이들과 치열하게 경쟁할 것이다. 그리고 그들의 부모는 우리 같은 미국인 부모보다 더 하티 선생님 같은 방식으로 아이들을 가르친다. 군사훈련 하듯이 교육을 하자는 얘기가 아니다. 그저 우리의 젊은이들이 안락함에서 벗어나 더 멀리 갈 수 있도록, 올바르게 행동하도록 그리고 먼 훗날의 이익을 위해 짧은 기간 고통을 감내하는 자세를 갖추도록 더 많은 일을 해야 한다고 제안하는 것이다.

불행하게도 미국에는 아주 오랫동안 국민에게 힘든 일을 하라고 요구할 준비가 되어 있는 지도자가 없었다. 더 많은 것을 바라기만 하는 것이 아니라 무언가를 포기하고, 오늘만을 중요시할 것이 아니라 미래의 국익을 위해 기꺼이 희생을 감수하라고 요구하는 지도자 말이다. 어쩌면 미국인들은 현재 모습과 자녀를 기르는 방법 등이 그대로 반영된, 자신에게 걸맞은 지도자를 가졌는지도 모른다. 폴 A. 새뮤얼슨Paul A. Samuelson은 MIT 출신의 경제학자로 노벨상을 받았다. 그가 저술한 책은 거의 50년간 경제학을 공부하는 학생들에게 지침서가 되었다. 좀처럼 언론과 접촉하지 않았던 그가 독일의 잡지 《슈피겔Der

Spiegel》과 가진 인터뷰 기사가 '세계화: 새로운 세계Globalization: The New World'라는 제목의 특별호(2005년 10월호)에 실렸다. 미국 경제의 미래에 대한 견해를 묻는 말에 새뮤엘슨은 이렇게 대답했다.

미국은 여전히 사이클 경주에서 뒤따라오는 주자들 앞에서 바람을 가르며 달리는 선두주자의 위치에 있는지도 모릅니다. 하지만 그 뒤의 선수들도 간격을 좁혀오고 있습니다. 미국은 저축률이 극도로 낮은 국가가 되었기 때문에 주도적인 국가였던 미국의 입지는 점점 좁아지고 있습니다. 현재와 나만을 내세우는 개인주의가 너무나 팽배해 오늘날의 미국인들은 타인이나 미래 따위는 안중에도 없습니다. 문제는 지도자가 아니라 유권자들에게 있다고 생각합니다. (…) 예전에는 훗날 수학자가 될 재능을 가진 똑똑한 아이들은 어려운 퍼즐 게임을 즐겨 하곤 했습니다. 오늘날 총명한 아이들은 TV를 봅니다. 주위를 산만하게 만드는 것들이 너무나 많은데 그것이 현재만 즐기려는 개인주의 태도를 보이게 된 또 다른 이유입니다.

만약 이것이 시험이라면, 나는 개인적으로 이것이 시험이라고 생각한다. 미국의 지도자들과 부모들은 앞으로 다가올 세상에 대비해 우리의 아이들을 좀 더 잘 준비시킬 수 있었음에도 그렇게 하지 못한 것이다. 애플 컴퓨터의 창업자이자 미국이 낳은 위대한 혁신가 중 한 사람인 스티브 잡스는 이런 말을 했다. "미국은 부富라는 액체가 4분의 3 정도 차 있는 실험용 비커와도 같습니다. 바로 그 옆에는 그보다 용량은 훨씬 크지만 훨씬 적게 채워진 비커가 놓여 있습니다. 미국은 지금 전에는 한 번도 연결된 적이 없는 이 두 비커 사이를 호스로 연결하는 작업을 하고 있습니다." 결과적으로 계속해서 '놀랄 만큼 혁신적'이지 못한다면 미국인의 생활 수준이 저하될 것은 거의 확실하다고 잡스는 말했다.

"거의 너무 늦어버리지 않았을까 걱정됩니다. 학교 시스템은 단기간에 바뀌지 않습니다. 어쩌면 미국은 지난 20년간의 방임에 대한 대가를 치르기 시작하는지도 모릅니다." 잡스가 덧붙였다. 또한 잡스는 최근 애플의 주요 생산시설을 중국에 설립하기로 했다고 말했다. 그 과정에서 중국 정부가 생산시설의 입지 결정이나 시설공사를 위한 보조금 지원 그리고 노동력의 구성을 돕기 위한 결정을 얼마나 빨리 내렸는지 놀라웠다고 말했다. "쿵 하는 소리와 함께 모든 게 단번에 처리된 것 같습니다. 15년 전이나 10년 전까지만 해도 그런 일은 텍사스나 미국 어딘가에서나 일어났습니다. 그러나 지금은 그런 일이 중국에서 일어나고 있습니다. 비커의 액체는 이미 한쪽에서 다른 쪽으로 흘러가고 있습니다. 그리고 그들이 제품을 디자인하기 시작하면 더 많은 양이 흘러들 것입니다. 나는 미국의 미래에 대해 낙관적입니다. 하지만 이렇게 가만히 앉아서 로마가 불타는 것을 바라만 보고 있다면 낙관적일 수만은 없을 것입니다."

인간의 달 착륙이란 도전과제에 맞서 전 국민이 일어서야 한다고 호소했던 케네디 대통령의 호소문으로 이 장을 시작했으니, 스티브 잡스의 호소문이 이 장을 마무리하기에 적당할 것이다. 어떻게 보면 두 사람은 미국인들에게 그들의 특기인 미래를 발명하라고 호소하는 동일한 시도를 하고 있기 때문이다.

2005년 10월 24일 《타임》은 애플의 최신 발명품에 관한 기사를 표지기사로 다루었다. 표지에는 잡스가 동영상과 음악을 재생할 수 있는 애플의 최신 아이팟을 들고 있는 사진이 실렸다. 기사의 제목은 '미래를 예견하는 남자The Man Who Always Seems to Know...WHAT'S NEXT'였다. 미래의 새로운 무엇을 계속 만들어내는 것이야말로 미국이 평평한 세계에서 번영을 이어갈 수 있는 유일한 길이다. 엠파시스를 설립한 인도인 기업가이자 내 친구인 제리 라오가 언젠가 툭 던진 말이 아직도 귓가에 맴돈다. 라오는 인도와 중국의 미래는 매우 명확하다고 말했다. 두 나라는 미래에 어떤 일을 하게 될지 정확히 안다. "인도가 미래에 할 일은 미국이 지금 하고 있는 일이라네. 미국이 할 일은 미래를 만들어가는 것이야." 정확히 맞는 말이다. 미국이 할 일은 구세계의 중간 계층을 놓고 인도나 중국과 싸우는 것이 아니라 새로운 중간 계층과 그 이상을 창조하는 것이다. "미래가 어떻게 생겼는지 모르니 그것은 항상 어려운 일"이라고 제리는 말했다. 언제나 새로운 다음 것을 창조할 수 있다는 확고한 믿음이 필요하기에 쉽지 않은 것이다.

하지만 그것은 우리 미국인의 사명이자 최대 희망이다. 그것이 바로 케네디 대통령이 이해했고, 스티브 잡스, 마크 앤드리슨, 셜리 앤 잭슨, 마이클 델Michael Dell, 크레이그 배럿, 빌 게이츠 같은 사람들이 이해했던 것이다. 미국이 생활 수준의 향상을 계속 이어갈 수 있는 유일한 길은 미래를 창조할 인재를 양산해내는 사회건설이다. 그러나 지식이 맹렬한 기세로 앞으로 나아감에 따라 바람직한 교육과 적합한 인프라, 적합한 야망, 적합한 리더십 그리고 적합한 자녀 양육과 같은 요건이 필요한 미래 창조의 과업이 점점 더 어려워지고 있다. 바로 이와 같은 도전과제 해결에 전 국민이 집중하도록 할 필요가 있다.

미래는 우리를 기다려주지 않는다. 우리가 미래를 만들어내지 않으면 다른 누군가가 만들 것이다. 제리 라오가 말하는 것처럼, 미국이 오늘 하는 일을 내일 인도나 중국이 하게 될 것이기 때문이다. 그러나 평평한 세계의 플랫폼 덕분에 모레가 되면 인도나 중국, 그 외 다른 많은 나라가 미래를 창조하는 일에 동참할 것이다. 내가 이제껏 강조했듯이, 우리를 지금과 같은 평평한 세계로 데려다 준 세계화 3.0시대는 단순히 세계화 2.0시대를 강화시켜놓은 것이 아니다. 그것은 아주 새로운 모델이다. 더욱 넓은 시장을 활용하고 값싼 노동력을 더욱 많이 확보하는 선진국들의 능력에 국한된 이야기도 아니다. 세계화 3.0시대는 차이점의 정도가 너무나 커서 본질적으로 다른 세계다. 저렴한 상호 연결성의 수준, 개인의 능력 향상의 수준, 그리고 협력을 위한 글로벌 네트워크의 수준 등에서 큰 차이가 발생한다. 이것은 경쟁의 주체는 누구인가, 그리고 어떻게 경쟁할 것인가에 관한 모든 것을 변화시킨다. 2005년 11월호《머서 매니지먼트 저널Mercer Management Journal》에 실린 '당신은 지금 세계화를 만끽하고 있는가?Are You Enjoying Globalization Yet?'라는 기사가 이러한 차이점들을 잘 요약하고 있다.

평평한 세계는 더욱 많은 사람에게 더욱 많은 장소에서 값싼 노동력과 고도의 강력한 기술을 결합하는 능력을 선사한다. 우리는 그러한 결합을 한 번도 본 적이 없다. 그리고 그 자체만으로도 선진국들에는 부담스러운 도전과제다. 인도와 중국 같은 나라들은 값싼 노동력과 고도의 기술에 한 가지를 더하고 있다. 바로 자유로운 상상력, 다시 말해 고도의 혁신성과 창의성이 그것이다. 그들은 먼저 값싼 노동력, 고도의 기술력과 창의성을 활용해 자신들의 문제점을 해결한 뒤 미래를 상상할 것이다. 그다음에 그들은 미국이 가진 것에 초점을 맞출 것이다. 따라서 미국은 그들이 하는 것과 같은 일을 할 수 있는 많은 인재가 있어야 한다. 자, 마지막으로 다시 한번 여러분에게 경고하겠다. 이것은 연습이 아니다.

제3부

개발도상국과 평평한 세계

THE WORLD IS FLAT

10장

과달루페의 성처녀

⋮

독일은 지금 영미식으로 바뀌고 있는 것이 아니다. 우리는 드디어 현실과 부딪치고 있는 것이다.

— 독일의 일간지 《프랑크푸르트 알게마이네 짜이퉁》의 발행인 프랑크 슈마허가 《뉴욕 타임스》와의 인터뷰를 통해 독일 근로자들의 정신 재무장과 근로시간 연장의 필요성을 촉구하면서

지식은 저 멀리 중국까지 가서라도 구해야 한다.

— 예언자 마호메트

이 책을 써내려갈수록 나는 전 세계에서 만나는 사람마다 과연 세계가 평평해졌다는 사실을 언제 처음 알았으며 그때 어디 있었느냐는 질문을 더욱 많이 하게 되었다.

단 2주 동안 나는 의미심장한 답을 두 개나 얻었다. 하나는 멕시코에서였고, 다른 하나는 이집트에서였다. 2004년 봄 나는 멕시코시티에 있었는데, 몇몇 멕시코 언론인들과 점심을 먹으면서 그 같은 질문을 했다. 한 친구가 답하기를 멕시코의 수호성인 과달루페의 성모 마리아 소형 조상影像이 캘리포니아 항구를 통해 중국에서 멕시코로 수입되고 있다는 언론의 보도를 보고 새로운 세상에 살고 있음을 깨달았다고 했다. 당신이 멕시코 사람이고 멕시코는 저임금의 제조업이 가능한 장점이 있다고 주장하려 할 때 다른 멕시코 사람들이 자국의 수호성인 상을 저 멀리 중국에서 수입하고 있다면, 그리고 중국에서 만들어 태평양을 건너 수입해오더라도 멕시코에서 만드는 것보다 오히려 저렴하

기 때문이라면, 당신은 평평한 세계에서 사는 것이다.

문제는 또 있다. 멕시코 중앙은행에서 나는 중앙은행 총재인 기예르모 오르티스Guillermo Ortiz에게 이 일을 아느냐고 물었다. 그는 눈을 굴리며 한동안 컴퓨터 화면의 숫자를 응시하더니 경쟁의 장이 평평해지고 있음을 느낄 수 있으며 또한 멕시코는 미국 시장에 대한 자연 지리적 이점을 잃어가고 있다고 말했다. "2001년부터 통계 수치를 보기 시작했는데, 지난 20년간 멕시코의 대미 수출이 감소한 것은 그때가 처음이었습니다"라고 오르티스가 말했다. "그건 정말로 충격이었어요. 시장점유율의 증가세가 떨어지기 시작했고 그다음에는 시장점유율을 잃기 시작했습니다. 진정한 변화가 있다고 우리는 말했습니다. 그것은 바로 중국과 연관된 문제였습니다."

중국은 아주 강력한 저비용 제조국이므로, 미국과의 교역에서 북미자유무역협정이 멕시코에 이점이 있고 멕시코가 바로 미국에 접해 있다 해도 2003년에 중국은 멕시코를 제치고 대미 수출국 2위가 되었다. 캐나다가 여전히 미국 수출 1위 국가이다. 멕시코가 아직은 자동차와 자동차 부품 그리고 냉장고 같은 운송비가 많이 드는 값비싼 제품 수출에는 강세를 보이고 있다. 반면에 중국도 강세를 보이고 있으며 컴퓨터 부품과 전기부품, 장난감, 섬유, 스포츠용품 및 테니스화 같은 분야에서는 이미 멕시코를 제쳤다. 그러나 멕시코에 더욱 나쁜 것은 중국산 의류나 장난감이 곳곳의 상점 진열대에 모습을 드러내면서 이 분야의 멕시코 기업을 도태시킨다는 점이다. 한 멕시코 언론인이 중국중앙은행 간부와 인터뷰한 이야기를 나에게 해주었는데, 미국과 중국과의 관계에 대해 그 간부의 말이 그 언론인을 혼미하게 만든 것도 놀랄 일은 아니다. "처음에 우리는 늑대를 두려워했습니다. 그다음 우리는 늑대와 춤을 추고 싶었습니다. 그리고 이제는 우리 자신이 늑대가 되고 싶습니다."

멕시코 여행에서 돌아온 지 며칠 지나지 않아, 나는 이집트 카이로에서 오랫동안 경제기자로 활동하고 있는 내 이집트인 친구 라미스 엘 하디디Lamees El-Hadidy와 아침 식사를 같이 했다. 당연히 나는 그녀에게도 언제 어디서 세계가 평평하다는 것을 알았느냐고 물었다. 그녀는 바로 몇 주 전 이슬람권의 성스러운 달인 라마단 기간에 알았다고 했다. 그녀는 CNBC 아라비야 TV를 위해 형형색색의 등불 파누스에 관해 취재했다. 파누스는 라마단 기간에 이집트의 어린 학생들이 들고 다니는 등불로 안에 촛불이 켜져 있는데, 그 전통은 7세기 이집트의 파티마왕조 시대까지 거슬러 올라간다. 아이들이 등불을 흔들며 노래를 부르면, 어른들이 사탕이나 선물을 준다. 마치 미국의 핼러윈 축제와 비슷하다. 수백 년 동안 카이로 구시가지의 소규모 저임금 작업장에서 이 등불을 제작해왔다. 바로 몇 년 전까지도 그렇게 하고 있었다.

그러다가 촛불 대신 전기 배터리로 불을 밝히는 중국산 플라스틱 라마단 등불이 시장에 홍수처럼 쏟아지기 시작했고 이집트의 전통적인 제조공장은 큰 손해를 입었다. 라미스는 이렇게 말했다. "그들은 혁신적인 방법으로 우리의 전통을 잠식하고 있습니다. 그런데 우리는 아무런 대응도 하지 않고 있습니다. 이 등불은 우리의 전통, 우리의 영혼에서 나온 것이지만, 중국산이 이집트산보다 더 창조적이고 진보된 형태입니다." 라미스가 이집트인들에게 "이 등불이 어디서 만들어졌는지 아십니까?"라고 물었을 때 모두가 모른다고 대답했다. 그들은 램프를 뒤집어보고서야 중국산이라는 것을 알았다.

라미스를 비롯한 이집트의 많은 어머니는, 끝이 뾰족한 금속과 유리로 만들어졌으며 촛불을 켜는 전통적인 이집트산보다 중국 제품이 더 안전하다고 인정했다. 중국제는 플라스틱으로 만들어졌고, 보기 좋게 빛나는 전구와 이집트의 라마단 음률을 들려주는 마이크로 칩이 내장되어 있다. 심지어 인기 있는 라마단 TV 만화영화 시리즈인 〈바카르Bakkar〉의 주제곡까지 나온다. 이집트 주재 미국 상공회의소가 발간하는 《비즈니스 먼슬리Business Monthly》 2001년 12월호에서 이렇게 보도했다. 중국산 제품 수입업자들은 자기들끼리 치열하게 경쟁할 뿐 아니라 수백 년 된 이집트 산업과도 경쟁하고 있다. 그러나 유명한 수입업자 타하 자야트Taha Zayat의 말을 들으면 중국제가 잘 팔릴 수밖에 없는 상황이다. "수입품이 전통적인 파누스 판매량을 결정적으로 떨어뜨렸습니다. 시장에 나와 있는 파누스 가운데 이집트산은 5%를 넘지 않을 거라고 봅니다." 파누스 제조업과 관련된 이집트 사람들은 중국이 이집트보다 분명히 장점이 있다고 믿는다. 그들은 중국이 우월한 기술력으로 제품을 대량생산해 가격을 낮춘다고 말한다. 대조적으로 이집트의 전통 파누스 산업은 생산 과정의 각각 다른 단계마다 전문화된 작업장들로 나뉘어 있다. 유리 제조업자, 색칠하는 사람, 용접공 그리고 금속조각가가 각기 제 역할을 한다. "라마단 기간에는 언제나 파누스가 있을 것입니다. 그러나 장차 이집트산 파누스는 사라질 것으로 생각합니다. 중국산 제품과 경쟁할 도리가 없기 때문이죠"라고 자야트가 말했다.

이 말이 얼마나 미친 소리인지 생각해보라. 이집트에는 중국처럼 저임금 노동자가 넘쳐난다. 이집트는 수에즈운하를 끼고 유럽 턱밑에 있다. 당연히 동지중해의 타이완이 될 수 있고, 또 그렇게 되어야 한다. 그러나 이슬람 국가인 이집트가 문화적으로 가장 소중한 공예품 제조에서 무신론 국가인 중국에 백기를 드는 형국이다. 《비즈니스 먼슬리》는 중국에서 파누스를 수입하는 주요 업자 이브라힘 엘 에스와이Ibrahim El Esway가 소유한 무스키 시의 수입물품 창고를 소개했다. 그는 2004년에 중국에서 열여섯 개 모델의 라마단 램프를 수입했다. "엘 에스와이는 분주한 직원 중 한 명에게 손짓해 먼지로 뒤덮인 상자 하나를 열더니, 디즈니 영화 〈라이온 킹〉에 나오는 사자 심바의 머리 모양처럼 생긴 플라스틱 파누스를 꺼내 들었다. '우리가 1994년에 수입한 파누스의 첫 모델입니다'라고 말하며 스위치를 켰다. 푸른색의 사자 머리에 불이 들어오자, '세상은 좁군요It's a Small World'라는 노래가 흘러나왔다."

자기 성찰

이 책의 앞부분에서는 각 개인이, 특히 미국인이 평평해진 세계에 야기된 도전을 어떻게 생각할지에 대해 돌아봤다. 이 장에서는 개발도상국들이 평평한 세계에서 자국의 기업과 기업가들이 번영하는 데 적합한 환경을 조성하기 위해 어떤 정책을 펼 필요가 있는지에 초점을 맞추고자 한다. 물론 내가 말할 정책의 많은 부분은 많은 선진국에도 똑같이 적용된다.

개발도상국이 평평주의의 도전을 생각해보기 시작할 때, 제일 먼저 할 필요가 있는 일은 잔인할 정도로 솔직한 자기 성찰이다. 국가도 그 국민과 지도자 못지않게 스스로 솔직해져야 하고, 다른 나라 그리고 세계를 평평하게 하는 열 가지 동력과 관련해서 현재 정확히 어디에 서 있는지 명확한 시각을 가져야 한다. 국가는 이렇게 자문해야 한다. "우리나라는 평평해진 세계에서 어느 정도까지 전진했는가? 아니면 얼마나 뒤처졌는가? 그리고 협력과 경쟁이라는 새로운 각종 틀에 어느 정도 적응하고 있으며 그것을 잘 이용하고 있는가?" 중국의 은행 임원이 내 멕시코인 동료에게 자랑했듯이, 중국은 이제 늑대가 되었다. 세계를 평평하게 하는 열 가지 동력 가운데 중국의 세계시장 진입이야말로 개발도상국과 많은 선진국에 가장 중요한 사건이다. 중국은 다른 어떤 나라보다도 고품질 저비용 제조가 가능한 나라이며 점차 고품질 고비용 제조도 할 수 있게 되었다. 중국을 비롯한 그 밖의 아홉 가지 동력이 기세등등하게 다가오고 있는 가운데 어떠한 나라도 여유를 부릴 때가 아니다. 잔인할 정도로 솔직하게 자신을 돌아보아야 한다.

자기 성찰을 위해 오늘날 세계에 필요한 것은 '익명의 알코올 중독자 모임Alcoholics Anonymous, AA'의 이름을 따서 '익명의 개발도상국들Developing Countries Anonymous, DCA' 식의 이름을 붙인 유사한 모임이 필요하다고 믿는다. 그리고 익명의 알코올 중독자 모임에 처음 참석하면 누구나 자리에서 일어나서 "제 이름은 토머스 프리드먼이고 저는 알코올 중독자입니다"라고 소개하듯이, 익명의 개발도상국 첫 모임에서 개발도상국들은 "내 이름은 시리아이고, 나는 저개발 국가입니다"라거나 "내 이름은 아르헨티나이고, 잠재력만큼 향상하지 못하고 있습니다. 저의 잠재력에 부응하지 못하고 삽니다"라고 말해야 한다.

각 나라는 '자기 성찰 능력'이 필요하다. 왜냐하면 "어떠한 나라도 자신이 어떠한 처지이고 자신의 한계가 무엇인지, 엑스레이 검사를 받지 않고는 발전할 수 없기 때문"이라고 멕시코의 북미자유무역협정 협상 주역 가운데 한 사람인 루이스 데 라 카예Luis de la Calle는 말했다. 발전이란 이름의 마차에서 떨어진 국가들은 술 취한 사람과 비슷하다. 다시 마차에 올라타려면 자신의 처지를 있는 그대로 볼 줄 알아야 한다. 발전은 자발적인 과정이다. 올바른 걸음을 내딛기 위해서는 긍정적인 결정이 필요하고, 그 긍정적인 결정은 자기 성찰에서 시작한다. 냉철하고 정직하게 자신의 강점과 약점을 바라보고, 평평한 세계에서 정확히 어떤 의미가 있는지 알아야 한다.

데 라 카예는 말했다. "당신과 내가 태어난 시절에 우리의 경쟁 상대는 바로 이웃들이었지요. 오늘날 우리의 경쟁 상대는 일본인이거나, 프랑스인 또는 중국인입니다. 평평한 세계는 자신의 경쟁 순위가 어느 정도인지 금방 알게 됩니다. 당신들은 지금 다른 모든 사람과 경쟁 중입니다."

거시적 개혁

내가 이 책에서 처음부터 줄곧 주장하고 있는 것처럼 평평해진 세계에서 한 나라가 발전하기 위해서는 네 가지 기본적인 일을 잘 해내는 데 초점을 맞춘 결정을 내려야만 한다. 그 첫 번째로 할 일은 값싸게 이용하는 인터넷 접속망과 휴대전화 통신망에서 현대적인 공항과 도로에 이르기까지 평평한 세계의 플랫폼에 더 많은 사람을 연결하는 적절한 기반 시설을 갖추는 것이다. 평평한 세계의 플랫폼 위에서 더 많은 사람이 혁신을 이루고 협력하도록 제대로 된 교육을 하는 일이 그 두 번째다. 세 번째는 올바른 통치 구조로서, 건전한 재정정책에서 법치와 관료정치의 질적인 면까지 국민과 평평한 세계 사이의 흐름이 가장 생산적으로 이뤄지도록 관리하는 것이다. 사람들은 종종 이 점을 놓친다. 세계화의 경제에 관한 모든 논의에서 사람들은 세계화가 한 나라의 공공부문과 기타부문 간의 경쟁이기도 하다는 사실을 보지 못한다. 즉, 한 나라의 창조적인 힘을 전파하고 관리하고 증대시킴으로써 개인으로서 국민이 새로운 상품과 서비스를 상상할 뿐 아니라 거기에 생명을 불어넣고 시장에 내놓을 수 있도록 하는 수준 높은 관료사회가 필요하다. 네 번째로 적합한 환경이 필요하다. 한 나라는 환경을 오염시키면서도 수년 동안 별 탈 없이 잘 지낼 수 있다. 그러나 결국에 가서는 녹지 공간을 보존하는 나라들이 이동성이 높고 선택권을 가질 것이다. 그리고 개발경제를 선진경제로 전환하는 데 결정적인 차이를 만드는 지식 노동자들을 보존하고 끌어들일 가능성이 높다.

1970년대 후반, 특히 1989년 베를린 장벽이 무너진 뒤에 세계가 진정으로 평평해지기 시작했을 때 많은 나라가 그에 따라 스스로 개혁하려고 노력했다. 그 나라들은 교육과 기반시설의 개선, 특히 더 나은 통치 구조를 채택하는 데 초점을 맞췄다. 그러나 통치 구조에 맞춰진 초점 대부분은 사실 더욱 시장 친화적인 거시경제 정책의 도입이었다. 나는 이것을 '거시적 개혁reform wholesale'이라 이름 붙였다. 세계가 중간 크기에서 작은 크기로 줄어든 세계화 2.0시대는 거시적 개혁의 시대, 바로 광범위한 거시경제 개혁의 시대였다. 이러한 거시적 개혁은 중국과 러시아, 멕시코, 브라질 및 인도 같은 나라의 얼마 안 되는 지도자들에 의해 주도되었다. 이들 소수의 개혁가들은 국가가 질식시킨 시장의 힘을 자국 사회에서 활성화하기 위해 종종 권위주의적 정치체제에 의존했다. 그들은 국유기업 민영화, 금융시장 규제 완화, 환율 조정, 외국인 직접투자, 정부 보조금 삭감, 보호관세 장벽 낮추기 그리고 유연한 노동법 도입 등을 기반으로 국민의 의사를 묻지도 않고 상명하달 방식으로 그들의 나라를 더욱 수출 지향적인 자유시장 전략으로 몰아넣었다.

1994년부터 2000년까지 멕시코 대통령을 역임한 에르네스토 세디요Ernesto Zedillo는 그 이전에 재무장관을 지냈는데, 멕시코 경제를 개방으로 이끈 것은 세 사람의 결정이라고 나에게 말한 바 있다. 덩샤오핑이 "부자가 되는 것은 영광스러운 일이다"라고 선언하면서 중국경제를 개방하기 전에, 혹은 중국이 공산주의에서 자유시장으로의 전환에 의문을 품은 사람들에게 중요한 것은 일자리와 소득이지 이데올로기가 아니라고 말하며 일축할 때, 그가 대체 몇 명과 상의했다고 보는가? 덩샤오핑은 수십 년간 전승되어온 공산주의 이데올로기를 "검은 고양이든 흰 고양이든, 쥐만 잘 잡으면 된다"라는 단 한 마디로 뛰어넘었다.

1991년 인도 재무장관 만모한 싱이 인도 경제를 개방해 국외 무역과 투자 및 경쟁을 더욱 촉진하려는 잠정적인 조처를 한 것은, 당시 인도 경제가 동맥경화증에 걸려 외국인 투자가에게 전혀 매력적인 곳이 아니어서 외화보유고가 바닥날 지경에 이르렀기 때문이다. 미하일 고르바초프Mikhail Gorbachev가 개혁에 손을 댄 것도 소련 지도부 가운데 몇 안 되는 동지와 더불어 크렘린 장벽을 등진 것이었다. 1984년 마거릿 대처Margaret Thatcher 영국 수상이 탄광 노동자의 파업에 맞서고 침체한 경제에 대규모 거시적 개혁을 강제한 것도 같은 맥락에서였다.

　이 지도자들이 마주친 반박할 수 없는 사실은 더 개방적이고 경쟁적인 시장만이 국민을 가난에서 벗어나 성장하게 하는 지속 가능하고 유일한 수단이라는 것이었다. 왜냐하면 그것만이 새로운 아이디어, 기술, 모범 사례와 관행이 국가 전체에 흘러들게 해 사기업과 정부마저 그것을 받아들여 일자리와 상품을 만들 인센티브와 유연성을 보장하기 때문이다. 그러므로 세계화를 하지 않은 나라들, 가령 북한처럼 어떠한 거시적 개혁도 거부한 나라들은 1990년대에 1인당 GDP가 감소한 반면, 사회주의 모델에서 세계화 모델로 나아간 국가들의 1인당 GDP는 늘어났다. 데이비드 달러David Dollar와 아트 크레이Art Kray가 그들의 저서 『무역, 성장 그리고 빈곤Trade, Growth and Poverty』에서 결론 내렸듯이, 경제 성장과 무역이 세계의 빈곤퇴치 프로그램 가운데 최선책이다.

　중국에는 하루 1달러도 안 되는 소득으로 살아가는 극빈층이 1990년에 대략 3억 7500만 명 있었다고 세계은행이 보고했다. 그러나 2001년에는 극빈층이 2억 1200만 명으로 줄었고, 현 추세가 계속된다면 2015년에는 하루 1달러 이하로 살아가는 사람이 1600만 명밖에 안 될 것이다. 주로 인도와 파키스탄 그리고 방글라데시 같은 남아시아 지역에서는 소득이 하루 1달러도 안 되는 사람이 1990년 4억 6200만 명에서 2001년에는 4억 3100만 명으로 감소했고, 2015년에는 2억 1600만 명으로 줄어들 전망이다. 이와는 대조적으로, 세계화가 지체된 사하라 사막 이남의 아프리카에서는 하루 소득 1달러 미만으로 살아가는 사람이 1990년 2억 2700만 명에서 2001년에는 3억 1300만 명으로 늘었고, 2015년에는 3억 4000만 명이 될 전망이다.

세계화가 진전되고 있는 개발도상국들의 문제는 거시적 개혁으로도 충분하다고 생각하는 점이다. 1990년대에 일부 국가들은 국유산업을 민영화하라, 전기통신산업의 규제를 풀어라, 관세를 내리고 수출산업을 육성하라 등등 거시적 경제개혁안 십계명만 있으면 성공적인 개발 전략을 마련한 것으로 생각했다. 그러나 중국은 제조업 전반에 걸쳐 어디에서나 어떤 누구와도 경쟁할 수 있게 되었고, 인도는 자국의 우수 두뇌를 전 세계에 수출하고 인도 기업들은 어느 곳의 어떠한 일도 아웃소싱할 수 있게 되었다. 또한 이전과 달리 인도의 개인들이 전 세계적으로 경쟁하는 것이 가능해진 현실을 보면, 세계가 더 작아지고 더 평평해지기 시작하면서 국가가 계속 성장하기 위해서는 거시적 개혁만으로는 더 이상 충분하지 않게 되었다. 그래서 더 깊은 개혁 과정이 필요해졌는데, 그것은 바로 교육과 기반시설 그리고 통치 구조를 더욱더 깊이 전환하는 개혁이다.

미시적 개혁

세계의 각 지역이 한 도시 안의 이웃들 같다면 어떨까? 세계는 어떤 모습일까? 나라면 이렇게 묘사하겠다. 서유럽은 사치스럽게 터키 간호사들의 간호를 받는 나이 든 사람들이 사는 정부 보조시설이다. 미국은 정문에 금속탐지기가 있고 앞마당에는 많은 사람이 앉아 다른 나라 사람들은 다들 너무 게으르다고 불평을 늘어놓지만, 정작 뒤쪽 담장에 개구멍이 있어서 멕시코 노동자와 활력이 넘치는 이민자들이 들어와 동네가 제대로 돌아가도록 도와주는 울타리로 둘러싸인 주택가일 것이다. 라틴 아메리카는 일과가 밤 10시 이전에는 시작되지 않으며 모두가 아침 늦게까지 잠을 자는 도시의 유흥가 나이트클럽 지구이다. 이곳은 분명 어울려 놀기 좋은 곳이지만, 칠레 사람들이 사는 거리 외에는 나이트클럽 사이를 봐도 새로 사업을 시작하는 사람이 별로 없다. 이

동네의 지주들은 이윤을 이곳에 재투자하지 않고, 동네 건너편에 있는 은행에 예금한다. 아랍의 거리는 두바이, 요르단, 바레인, 카타르, 모로코라 불리는 몇몇 측면도로 말고는 외부인들이 들어가길 두려워하는 어두운 골목이다. 유일한 신흥 비즈니스는 주유소인데, 그 주인들은 라틴 아메리카의 엘리트들처럼 자기가 사는 동네에 자금을 거의 재투자하지 않는다. 아랍거리에 사는 사람들은 대부분 커튼을 내린 채 셔터를 닫고 산다. 그들의 앞마당의 잔디에는 '출입금지. 개 조심'이라고 쓴 경고문이 있다.

인도와 중국, 동아시아 동네는 거리의 반대편에 자리 잡고 있다. 이 동네는 사람들이 와글거리는 시장으로 작은 가게와 방 하나짜리 공장, 입시 전문학원과 공과대학 따위가 곳곳에 들어서 있다. 이 동네에서는 누구도 잠을 자지 않는다. 모두가 대가족으로 살고, 잘 사는 반대편 동네로 가기 위해 일하고 저축한다. 중국 거리에는 법치가 이뤄지지 않으나, 도로는 잘 닦여 있다. 도로 바닥에 팬 구멍도 없으며 신호등도 모두 정상적으로 작동한다. 대조적으로 인도 거리는 고장 난 신호등을 수리하는 사람이 없고, 도로가 엉망인데도 교통경찰은 규칙만 까다롭게 내세워 딱지를 끊는다. 인도 거리에서는 레모네이드를 파는 노점을 열려고 해도 허가가 필요하다. 다행히 지역 경찰에게 뇌물이 통하고, 기업가들은 모두 자체 발전기로 공장을 돌린다. 그리고 유선전화망이 작동하지 않으므로 최신 휴대전화를 갖고 있다. 아프리카 거리는 슬프게도 모든 가게가 망해서 합판으로 창문을 다 막아놨다. 평균 수명은 감소하고 새로 생기는 건물은 건강진료소뿐이다.

내가 전하고자 하는 요점은 세계의 모든 지역이 나름대로 장단점이 있으며 어느 정도의 미시적 개혁reform retail이 필요하다는 점이다. 그렇다면 미시적 개혁이란 무엇인가? 간단하게 말해 문호를 개방해 국외무역과 투자를 더욱 받아들이거나 지도자의 지시에 따라 몇 가지 거시경제정책을 변화시키는 이상의 것이다. 미시적 개혁은 거시적 개혁이 이루어진 다음에 하는 것이다. 미시적 개혁은 사회 기반시설과 교육, 통치구조를 제대로 바라보고 그 각각을 향상시키는 것을 포함한다. 그럼으로써 더 많은 국민이 최고 수준에서 혁신하고 협력할 수 있는 수단과 법적인 틀을 가진다.

미시적 개혁의 핵심 요소 대부분은 세계은행의 IFCInternational Finance Corporation(국제금융공사)와 수석 경제학자 마이클 클라인Michael Klein이 이끄는 경제분석팀이 행한 연구에서 가장 잘 정의되었다. 그들의 연구에서 우리가 배울 것은 무엇인가? 우선, 모두에게 직업을 보장한다고 국가가 빈곤에서 벗어나지는 않는다. 이집트는 해마다 대학 졸업생 모두에게 일자리를 보장했으나 지난 50년간 느린 경제 성장 때문에 빈곤의 수렁에 빠져 있다.

"단순히 일자리의 수가 문제라면 해결책은 쉬울 것"이라고 클라인과 비타 하지미카엘Bita Hadjimichael은 자신들의 세계은행 연구보고서인 「개발에서의 민간부문The Private Sector in Development」에서 지적한다. "예를 들면, 국유기업은 고용이 필요한 모든 사람을 흡수할 수 있다. 정말 문제는 단순히 고용이 아니라 생활 수준을 향상시키는 점진적으로 생산적인 고용이다." 그들은 또한 국유기업과 국가의 지원을 받는 민간기업은 대개 생산성이 계속 향상하지 않고, 사람들이 성장의 비결이라고 생각하는 다른 많은 접근법도 그다지 많이 보유하지 않았다고 지적한다. 외국인 투자를 많이 유치한다고 해서 성장이 자연스럽게 이루어지지는 않는다. 그리고 교육에 대규모로 투자한다 해도 성장이 보장되지는 않는다.

클라인과 하지미카엘은 "생산성이 향상되어 빈곤에서 벗어나는 것은 단지 문제 분야에 자원을 투입해서 해결될 사안이 아닙니다. 더 중요한 것은 자원을 효율적으로 사용하는 것"이라고 말한다. 다시 말해 국가가 위로부터 책임지는 재정금융정책의 관리, 즉 거시적 개혁을 할 때에만 가난에서 벗어나는 것이 아니다. 최근 수년 동안 지독하게 되풀이되는 가난의 문제, 특히 아프리카 지역의 가난에 많은 관심과 도덕적인 우려가 쏟아졌다. 바람직한 현상이다. 끈질기게 되풀이되는 가난은 도덕적인 문제일 뿐 아니라 실제적인 문제이기에, 우리가 관련된 나라와 정부들의 실제적인 결점이 아니라 도덕적인 약점에 초점을 맞추는 것은 우리에게 절대 이롭지 않다. 정부가 조성한 환경, 즉 창업하고, 자본을 조달하고, 기업가가 되기 쉬운 물리적, 법적 기반을 교육받은 근로자와 자본가가 누릴 수 있을 때 그리고 국민이 외부의 경쟁에 직면하도록 할 때, 그 국가의 국민은 성장해 가난에서 벗어날 수 있다. 경쟁자가 있는 기업과 국가가 언제나 더 많이, 더 우수하게 그리고 더 빠르게 혁신을 일으키기 때문이다.

IFC는 「2004년 사업 실태Doing Business in 2004」라 이름 붙인, 130개국 이상을 다룬 종합 연구보고서에서 이 점을 생생히 보여주었다. IFC는 각국의 사업 운영 실태에 관해 다섯 가지 기초 설문조사를 시행했다. 다음의 다섯 가지 항목이 얼마나 쉽거나 어려운가 하는 질문이었다.

첫째, 현지 법률이나 규정, 창업에 드는 라이선스 비용에 비춰볼 때 창업이 쉬운가, 어려운가?

둘째, 근로자의 고용과 해고가 쉬운가, 어려운가?

셋째, 계약 이행을 강제하기가 쉬운가, 어려운가?

넷째, 좋은 신용평가를 얻기가 쉬운가, 어려운가?

다섯째, 파산하거나 망하고 있는 사업을 접기가 쉬운가, 어려운가?

이것을 내 식대로 표현하면, 앞의 사항들을 상대적으로 간단하게 마찰 없이 처리하는 나라는 미시적 개혁을 한 것이다. 그렇지 않은 나라는 거시적 개혁에 머물러 있어 평평한 세계에서 번영을 누리기 어렵다. IFC의 기준은 페루와 다른 개발도상국들이 가난한 사람들을 위한다는 규제 환경과 사업 환경을 고치고 협력할 수단을 마련해주면, 나머지는 스스로 알아서 할 것이라는 점을 입증한 에르난도 데 소토Hernando de Soto의 총명하고 혁신적인 작업에서 아이디어를 얻었다.

「2004년 사업 실태」는 몇 가지 눈에 띄는 예를 들어 각각의 논점을 설명하려고 노력했다.

인도네시아 자카르타의 사업가 테우쿠는 섬유공장을 설립하길 원한다. 그에게는 고객이 대기하고 있었고, 수입한 기계와 유망한 사업 계획도 갖고 있다. 그가 사업등록을 할 때 처음 정부를 접했다. 법무부에서 표준양식 서류를 받아서 작성하고 공증을 한다. 테우쿠는 자신이 현지에 살고 있으며 전과기록이 없다는 사실을 증명한다. 납세번호를 받은 다음에 사업 허가를 신청하고, 1인당 국민소득세 배 금액의 최소자본을 은행에 예치한다. 그런 다음 관보에 회사 정관을 등록하고, 인지대를 납부한 후 법무부에 등록하고 사회보장제도에 등록신청서를 제출하기 전까지 90일을 기다린다. 이 모든 절차를 개시한 지 168일이 지난 후에야 비로소 법적으로 그의 사업 개시가 가능하다. 그 사이에 그의 고객들은 다른 회사와 이미 계약을 체결한다.

파나마의 또 다른 사업가 이나는 19일 만에 그녀의 건설회사를 등록한다. 사업은 번창해가고, 그녀는 2년 계약으로 한 사람을 채용하고자 한다. 고용법에 따르면 구체적 임무에 따라 고정된 조건으로만 계약해야 하고, 최대 고용기간은 1년이었다. 그럴 때에 근로자 하나가 아무 말 없이 자주 조퇴해 회사에 꽤 큰 손해를 끼치는 일이 일어났다. 그를 해고하려면 노조에 통보해 동의를 받아야 하고, 퇴직금으로 5개월 치 임금을 지급해야 했다. 이나는 더 유능한 입사 희망자를 채용하고 싶었으나 포기하고 그 말썽 많은 직원을 계속 데리고 있어야 한다.

아랍에미리트의 무역업자 알리는 쉽게 직원을 채용하고 해고한다. 그러나 그의 고객 가운데 한 사람이 석 달 전에 인도한 장비에 대금을 지급하지 않는다. 이 대금 결제 문제를 법정에서 해결하려면 27단계의 소송 절차와 550일 이상의 시간이 소요된다. 거의 모든 소송 절차를 문서로 작성해야 하고 법적 증명과 변호사 비용이 과도하게 든다. 이 일을 겪은 다음 알리는 자신이 잘 아는 고객하고만 거래하기로 한다.

에티오피아의 젊은 사업가 팀닛은 은행에서 돈을 빌려 성공적으로 잘 되는 컨설팅 사업을 확장하고 싶다. 그러나 이 나라에는 신용정보 등록 기관이 없어서 신용을 잘 지켰다는 과거 기록을 갖고 있지 않다. 그녀의 회사는 상당히 큰 금액의 외상매출금을 보유하고 있지만 은행이 이를 담보로 할 수 없도록 법이 제한하고 있다. 은행은 법정이 비효율적인 데다 채권자를 보호하는 법이 미비한 상황이므로 그녀가 파산하면 채권을 회수할 수 없다는 걸 잘 알고 있다. 그래서 그녀가 신용으로 돈을 빌리려는 요청을 거절한다. 결국 그녀는 사업을 확장하지 못한다.

사업자 등록을 하고, 근로자를 채용하고, 계약을 이행하고, 신용으로 돈을 빌린 인도 사업가 아빅은 이윤을 내지 못하고 사업이 망한다. 파산 절차를 밟는 데 10년이나 걸리는 상황에 직면하자 아빅은 그의 직원들, 은행, 세무서에 아무것도 남기지 않고 도피했다.

거시경제 측면에서 남미, 아프리카, 아랍권 그리고 구소련 등 핵심국가에서 20년 동안의 위로부터의 거시적 개혁이 있었음에도 왜 빈곤의 확산을 막지 못하고 새 일자리를 충분히 만들지 못했을까? 그것은 미시적 개혁이 거의 없었기 때문이다. IFC의 보고서에 따르면 삶의 질을 높이는 생산적인 일자리를 창출하고 싶거나 혁신적이고 경쟁적이며 부를 창출하는 새로운 사업의 성장을 촉진시키고자 한다면 파산한 사업을 청산하기 쉽도록 제도적 환경을 마련해 주어야 한다. 쉽게 창업할 수 있고 변화하는 시장 환경과 기회에 비즈니스를 쉽게 적응시킬 수 있고 자본이 족쇄에서 풀려나 더 생산적인 용도로 쓰일 수 있기 때문이다.

IFC의 보고서가 확인한 사실은 다음과 같다.

오스트레일리아에서는 창업하는 데 이틀이 걸린다. 그러나 아이티에서는 203일, 콩고민주공화국에서는 215일이 걸린다. 덴마크에서는 사업을 새로 시작할 때 비용이 들지 않지만 캄보디아에서는 1인당 국민소득의 다섯 배 이상, 시에라리온에서는 열세 배 이상의 돈이 든다. 홍콩, 싱가포르, 태국 그리고 36개국 이상에서는 사업을 시작할 때 최소 자본이 필요치 않다. 대조적으로 시리아에서는 1인당 국민소득의 56배에 해당하는 자본이 필요하다. 체코공화국과 덴마크에서는 어떠한 일자리에도 임시직 또는 정규직으로 최대 고용기간을 정하지 않고 고용 계약을 체결할 수 있다. 대조적으로 엘살바도르의 고용법에 따르면 특정된 일자리에는 정규직 조건으로만 고용계약을 맺을 수 있으며 최대 고용기간은 1년으로 정하고 있다. 간단한 상거래 계약의 이행은 튀니지에서는 7일 안에 해야 하고 네덜란드에서는 39일 이내에 해야 하지만, 과테말라에서는 거의 1500일이 걸린다. 계약을 강제 이행하게 하는 데 드는 비용은 오스트리아, 캐나다, 영국에서는 문제되는 금액의 1% 미만이지만 부르키나파소, 도미니카공화국, 인도네시아 그리고 필리핀에서는 100% 이상이다. 뉴질랜드, 노르웨이, 미국에서는 신용기관이 거의 모든 성인의 신용기록을 보관하고 있다. 그러나 카메룬과 가나, 파키스탄, 나이지리아, 세르비아 그리고 몬테네그로의 신용기관은 1%가 안 되는 성인의 신용기록만 갖고 있다. 영국의 담보와 파산 관련법은 채무자가 파산하면 돈을 회수할 수 있도록 채권자에게 강력한 권리를 부여한다. 콜롬비아, 콩고민주공화국, 멕시코, 오만 그리고 튀니지에서는 채권자들에게 그런 권리가 없다. 아일랜드와 일본에서는 파산 절차를 밟는 데 6개월이 채 안 걸리지만, 브라질과 인도에서는 10년 이상 걸린다. 핀란드와 네덜란드, 노르웨이, 싱가포르에서는 채무변제 불능상태를 해결하는 데 자산의 1% 미만의 비용이 들지만 차드와 파나마, 마케도니아, 베네수엘라, 세르비아, 몬테네그로, 시에라리온에서는 거의 자산의 절반이 든다.

IFC 보고서가 지적하듯이, 지나친 규제는 오히려 보호해야 할 사람에게 가장 큰 피해를 주는 경향이 있다. 부자나 연줄이 많은 사람은 돈이나 다른 부정한 방법으로 번거로운 규제를 뛰어넘는다. 노동시장을 엄격히 규제한 탓에 고용과 해고가 어려운 국가에서는 특히 여성들이 일자리를 찾는 데 어려움을 겪는다.

"좋은 규제란 규제가 없는 것을 뜻하는 게 아니다"라고 IFC 보고서는 결론짓는다. "최적의 규제 수준이 제로는 아니지만 현재 대부분 국가, 특히 가난한 국가에서 나타나는 규제보다는 더 적어야 한다." IFC 보고서는 내가 미시적 개혁을 위한 5단계 체크리스트라 부르는 것을 권고한다.

첫 번째는 경쟁 시장에서 가능한 한 규제를 줄이고 절차를 간소화하라는 것이다. 왜냐하면 소비자와 근로자를 위한 경쟁이야말로 최선의 업무방식을 낳는 가장 좋은 원천이 될 수 있다. 과도한 규제는 뇌물을 요구하는 부패한 관료에게 문을 열어줄 뿐이기 때문이다. "포르투갈은 이미 두 번이나 고용법을 개정해 노동시장을 유연하게 했는데, 포르투갈 법을 채용한 앙골라가 포르투

같이 내던진 경직된 고용법을 유지할 이유가 없다"고 IFC 보고서는 말한다.

두 번째, 재산권 증진에 초점을 맞춰라. 에르난도 데 소토가 주도해 페루 정부는 지난 10년간 120만 명에 달하는 도시의 국공유지 무단거주자에게 재산권을 부여했다. IFC 보고서에 따르면, "재산권을 갖게 됨으로써 부모들은 집을 지키기 위해 집 안에 머무는 대신 일자리를 찾아 나섰다. 가장 큰 수혜자는 이제 학교에 갈 수 있게 된 그들의 자녀다."

세 번째, 규제의 실행을 위해 인터넷 사용을 확대하라. 그럼으로써 더 빠르고 투명하게 행정이 실현되고 뇌물공여의 여지가 줄어든다.

네 번째, 경제적인 사업 문제에 법원의 개입을 줄여라.

덜 중요하다는 의미는 아니지만 마지막 다섯 번째 IFC의 권고는 "계속 개혁하라"이다. "사업 실태 보고서의 전 지표에서 좋은 성과를 내는 나라들은 지속적인 개혁 덕분에 그것이 가능하다."

IFC의 기준과 관련해 놀라운 것은 많은 사람이 이 기준이 페루나 아르헨티나 같은 나라에나 해당한다고 생각한다는 사실이다. 그러나 사실 최악의 점수를 기록한 나라 중에는 독일과 이탈리아도 있다. 실제로 독일 정부는 그 결과에 항의했다.

장난꾸러기 요정의 뒤를 쫓아서: 아일랜드

행정조직과 사회기반시설, 교육의 발전과 미시적 개혁을 하기로 선택해 거대한 도약을 이룬 대표적인 나라 중 한 곳이 아일랜드다. 독자 여러분도 미처 몰랐을 사실 하나는 아일랜드가 유럽공동체 회원국들 가운데 룩셈부르크 바로 다음으로 가장 부유한 나라라는 점이다. 그렇다. 수백 년 동안 국외 이민과 비극 시인들, 굶주림, 내란 그리고 시와 요정의 나라로만 알려졌던 아일랜드가 지금은 독일이나 프랑스, 영국보다도 더 높은 국민소득을 자랑하는 나라가 되었다. 어떻게 아일랜드가 한 세대도 지나지 않아 유럽의 병자에서 가장 부유한 나라로 변신할 수 있었는지 정말 놀라운 이야기가 아닐 수 없다. 사실 전환점은 1960년대 말 아일랜드 정부가 중등교육을 무료화하면서부터였다. 과거보다 더 많은 노동자 계층 자녀가 고등학교에 진학하고 기술교육을 받을 수 있었기 때문이다. 그 결과 아일랜드가 유럽공동체에 가입한 1973년 이후에 이전 세대보다 훨씬 많은 교육받은 노동력을 활용할 수 있게 되었다. 그리고 1980년대 중반 즈음에 아일랜드는 유럽공동체에 가입해서 사회기반시설 개선을 위한 보조금을 받고 제품을 팔 수 있는 확대된 시장을 갖는 등 초기 혜택을 누렸다. 하지만 실제로 아일랜드는 오랜 기간의 보호장벽과 잘못된 재정정책으로 확대된 시장에 내다 팔 수 있는 경쟁력 있는 제품이 많지 않았다. 나라는 파산 지경에 이르렀고 대학 졸업자 대부분은 국외로 이민을 떠나고 있었다. 아일랜드에는 올바른 통치가 자리 잡고 있지 않았다.

2005년 6월에 내가 더블린을 방문했을 때 만난 아일랜드의 메리 하니Mary Harney 부총리가 "우리는 계속해서 돈을 빌리고, 낭비하고, 세금을 거둬 쓰는 방만함에 빠져 우리 자신을 위기로 몰아갔습니다"라고 말했다. "우리가 변화에 대한 용기를 낼 수 있었던 건 바로 우리가 위기에 내몰렸기 때문입니다." 그리고 정말 아일랜드는 변화했다. 믿기 어려운 일들이 계속해서 일어났다. 정부와 노동조합, 농부들 그리고 기업가들이 하나가 되어 법인세를 유럽의 다른 어느 나라보다 낮은 12.5%로 낮추고, 임금과 가격을 조정했으며 외국인 투자 유치에 적극 나서는 긴축재정 방안에 의견 일치를 보았다. 1996년에는 국공립 대학의 등록금을 모두 없애버렸고, 이 조치로 더 많은 고급 인력을 배출했다. 결과는 놀라웠다. 오늘날 세계 10대 제약회사 가운데 아홉 개 회사가 아일랜드에 현지 공장을 갖고 있다. 20대 의료장비회사들 가운데는 열여섯 개 회사, 그리고 10대 소프트웨어 업체들 가운데 일곱 개 회사가 아일랜드에 설비를 갖추고 있다. 2004년의 경우, 아일랜드가 미국에서 유치한 국외직접투자 규모는 중국이 미국에서 유치한 것보다도 더 많다. 그러면서도 정부의 조세 수입은 꾸준히 늘고 있다.

델 컴퓨터의 창업자 마이클 델이 내게 이메일을 통해 설명했다.

우리가 아일랜드에 공장을 세운 건 1990년입니다. 그럴 만큼 아일랜드가 우리에게 매력적이었던 요소는 무엇이겠습니까? 바로 잘 교육받은 노동인력과 좋은 대학들이 주변에 있다는 것 때문이었습니다. 게다가 아일랜드는 집권하는 정당과는 무관하게 대단히 친기업적인 조세정책이나 산업정책을 시행하고 있습니다. 이것은 정치가 경제정책에 영향을 미쳤던 나쁜 결과들을 많은 사람이 기억하고 있기 때문일 겁니다. 아일랜드는 수송과 물류도 좋고, 생산된 제품을 유럽의 주요 시장에 빠르게 보낼 수 있는 대단히 좋은 입지조건을 갖추고 있습니다. 아일랜드 사람들은 경쟁적입니다. 성공을 원하고, 승리에 목말라하며 어떻게 하면 이길 수 있는지를 압니다. 우리 공장은 리메릭에 있지만 우리 제품의 판매와 기술 인력 수천 명은 더블린 교외에 살고 있습니다. 아일랜드의 재능 있는 많은 젊은이야말로 우리에겐 귀한 자원입니다. 재미있는 사실 한 가지는 델이 아일랜드의 최대 수출 기업이란 점입니다.

인텔이 아일랜드에 최초로 반도체 칩 공장을 설립한 것은 1993년이다. 인텔의 부사장인 제임스 자렛James Jarrett은 인텔이 아일랜드의 고등교육을 받은 많은 젊은이 그리고 낮은 법인세율 이외에 향후 10년간 10억 달러 규모에 이르는 각종 인센티브에 매력을 느꼈다고 말했다. 인텔의 의료보장 의무를 확실히 경감해주는 아일랜드의 국민의료보험 체계 역시 나쁘지 않았다. "지금 우리는 아일랜드의 네 군데 공장에 4700명의 근로자를 고용하고 있습니다. 샤논에서는 아일랜드 출신 기술자들과 함께 첨단반도체 칩을 설계하고 있습니다."

역시 아일랜드에 많은 설비 투자를 한 세계적인 의료장비회사인 백스터인터내셔널Baxter International의 해리 크래머Harry Kraemer Jr. 전 CEO는 '열정, 근로정신, 낮은 세율과 노동시장의 유연성'이야말로 근로자 한 명을 해고하는 것도 힘든 독일이나 프랑스보다 아일랜드가 말할 수 없이 매력적인 이유라고 설명했다. 그는 또 아일랜드인들은 노동시장의 유연성이 어떤 일자리를 사라지게도 하지만 계속해서 다른 많은 일자리를 낳는다고 믿으며, 실제로 그렇게 되었다고 부연했다. 독일이나 프랑스는 '수세적인' 입장인 반면 아일랜드는 '공세적'

이라며, 독일이나 프랑스가 전통적인 일자리를 모두 보호하려고 할수록 끌어들이는 새로운 일자리는 더 적어진다고 크래머는 말했다. 실제로 나타난 결과를 보자. 아일랜드에는 1990년에 110만 명의 취업자가 있었지만 2005년 말에는 그 수가 약 200만 명으로 늘어나 실업률이 사실상 제로였다.

아일랜드는 역시 다른 많은 방식으로 공세적으로 나서기 시작했다. 아일랜드는 우선 좋은 사회기반시설과 유연한 노동시장 그리고 고등교육을 받은 근로자와 낮은 세율을 제공해 미국 첨단기술기업의 투자를 유치하는 데 집중했다. 그러나 이제 아일랜드는 교육에서의 미시적 개혁 수준을 한 단계 더 높이는 조처를 하길 원한다고 교육부 장관 메리 하나핀Mary Hanafin이 설명했다. 즉, 2010년까지 과학기술 분야에서 박사학위 졸업자를 지금보다 두 배로 높이려는 활동을 개시했으며, 세계적인 기업과 다양한 분야의 우수한 두뇌들이 아일랜드에 들어와서 연구하도록 여러 지원기금을 조성했다. 현재 아일랜드는 특히 중국의 과학기술자들을 불러오기 위해 활발한 활동을 벌인다. "우리의 뛰어난 학생들이 외국에서 온 우수 학생들과 함께 공부하는 것은 좋은 일입니다. 산업이란 결국 가장 중요한 연구개발이 이뤄지는 곳으로 이동하게 마련이죠." 하나핀 장관의 설명이다. 아일랜드는 지금 전 세계 어느 나라 출신의 연구개발자든 간에 그 연구 결과가 훗날 어떤 제품이나 기업으로 이어질 가능성이 있는 아이디어를 아일랜드에서 연구하도록 재단을 운영해 기금을 제공하고 있다. 2001년과 2005년 사이에 아일랜드 과학재단Science Foundation Ireland은 새로운 연구개발 그룹을 160개 이상 만들었는데, 그중 서른네 개는 국외연구소에서 건너온 과학자들이 연구를 이끌고 있다고 아일랜드 정부의 의뢰를 받은 독립연구기관이 보고했다. 우연히도 아일랜드 과학재단의 초대 원장은 미국의 NSF에서 일했던 미국인이었다.

아일랜드는 자본이 그저 값싼 노동력만을 얻기 위해 세계를 돌아다니는 것은 아니라는 점을 보여준다. 만약 그랬다면 세계의 모든 일자리는 아이티나 방글라데시에 몰려있어야 할 것이다. 자본은 가장 낮은 비용에 가장 높은 생산성을 올릴 수 있는 노동력을 찾고 있으며, 결국 자본을 유치하려는 나라는 네

가지 기본적인 요소인 사회기반시설과 교육, 통치구조 및 환경을 바르게 가져야 한다는 의미이다. 인터넷 라우터를 생산하기 위해 세계적인 공급망을 이용하고 각국으로부터 항상 투자 요청을 받는 시스코시스템의 존 체임버스John Chambers CEO가 그에 대해 가장 정확히 말했다. "일자리는 최고의 교육을 받은 노동력이, 경쟁력을 갖춘 사회기반시설과 창의성을 키워주는 사회적 환경 및 친기업적인 정부와 함께 있는 나라로 갈 것입니다. 이건 불가피한 일이에요. 당연히 그런 나라의 사람들은 가장 높은 생활 수준을 누리게 되겠지요. 이런 나라들은 산업혁명을 주도했던 나라였을 수도 있고, 아닐 수도 있습니다."

롤스로이스의 최고경영자인 존 로즈 경도 언젠가 내가 평평한 세계라고 부르는 곳에서는 '선진국, 개발도상국, 저개발국'이라는 개념은 덜 쓰이고, '똑똑한smart 나라, 더 똑똑한 나라, 그리고 가장 똑똑한 나라'라는 개념으로 더 많이 얘기할 것이라고 내게 얘기한 적이 있다.

적어도 몇 나라들이 이에 관심을 보이고 있다. 2005년 6월, 버티 어헌Bertie Ahern 아일랜드 총리가 내게 말했다. "지난 2년간 중국의 총리를 다섯 차례 만났습니다."

문화의 중요성: 현지화

미시적 개혁의 중요성은 그 어느 때보다 크고, 대부분 나라도 그것을 잘 알고 있지만 세계를 한번 돌아보면 모든 나라가 그런 일을 해내지는 못한다는 사실을 알게 된다. 극소수 사람들이 단순한 행정명령이나 독재적 명령으로 이룰 수 있는 거시적 개혁과 달리, 미시적 개혁을 위해 정치 경제적 기득권을 극복하려면 훨씬 폭넓은 대중의 지지를 얻고 의회를 설득해 동참시키는 것이 꼭 필요하다. 몇몇 나라들은 미시적 개혁의 온갖 장애를 극복하고 지도자들이 국민을 움직여 사회간접자본과 교육제도 및 정부 조직의 개혁에 성공하는 데 왜 다른 나라는 정체돼 있는가?

그런 의문에 대한 한 가지 답은 바로 문화다.

한 나라의 경제적 성과를 문화 요인 하나로 좁혀 말하는 것은 우스운 일이다. 비록 많은 경제학자와 정치학자들이 한 나라의 경제적 성과를 분석할 때 문화적 요인을 배제하길 원하지만, 문화 관련성을 제외하는 것도 우습기는 마찬가지다. 이 주제는 뜨거운 논쟁거리가 되고 있으며 본격적으로 논하기에는 정치적으로 부정확하다고 인식되고 있다. 이는 종종 눈 가리고 아옹 하는 식으로 회피하고 있다. 그러나 나는 매우 단순한 한 가지 이유로 이 문제에 관해 언급하고자 한다. 세계가 평평해지고 점점 더 많은 협력 수단이 확산되고 얻기 쉬워지면서, 이 새로운 수단을 빨리 받아들여 응용하려는 의지와 방안 및 집중력을 가진 문화와 그렇지 않은 문화의 차이는 더욱 뚜렷해질 것이다. 그리고 두 문화 간의 차이는 확대될 것이다.

이 주제와 관련해 두 권의 책이 내게 큰 영향을 끼쳤는데, 한 권은 경제학자 데이비드 란데스David Landes가 쓴 『국가의 부와 빈곤The Wealth and Poverty of Nations』이다. 그는 기후, 천연자원 그리고 지리적 요소 모두 어떤 나라들이 공업국가로 도약할 능력이 있는지 설명하는 데 도움을 주지만, 그가 꼽는 핵심 요소는 실제로 한 나라의 문화적 유산이며 특히 근면, 절약, 정직, 인내, 끈기의 가치를 내면화한 수준과 그에 못지않게 변화, 신기술 및 남녀평등에 대한 개방성 정도가 핵심적인 요소라고 주장한다.

다른 한 권은 미국 국제개발처The United States Agency for International Development, USAID에서 일하다 퇴직했으며, 현재 터프츠 대학교의 교수로 재직 중인 로렌스 E. 해리슨Lawrence E. Harrison이 쓴 『자유주의 진실의 핵심: 정치가 어떻게 문화를 바꾸고 스스로 구제하는가The Central Liberal Truth: How Politics Can Change a Culture and Save It from Itself』이다. 해리슨은 한 사회는 문화의 가치와 접하는 태도를 자녀 양육과 교육, 언론 및 지도력과 특히 종교를 통해 한 세대에서 다음 세대로 다양한 수단과 제도를 통해 전하면서 문화의 연속성을 지켜간다고 주장한다. 사실 해리슨은 "종교와 인류 진보 사이의 연관성이란 면에서, 어떤 종교는 다른 종교들보다 민주적인 정치와 사회 정의 및 경제적 번영이란 목표 달성을 장려함에 더 능하다는 강력한 증거들을 찾아내곤 한다"고 주장한다. 어떤 종교와 문화는 '진보지향적'이며, 어떤 종교와 문화는 '진보에 저항적'이란 것이 해리슨의 주장이다. 하지만 역사를 보면 다른 정치와 종교 또는 지도자 아래에서 진보적인 성향에서 저항적으로 또는 그 반대로 바뀐 문화적 사례가 넘친다.

나는 여행하는 동안 평평한 세계와 관련해 문화의 두 가지 측면이 특히 인상적이었다. 하나는 한 나라의 문화가 얼마나 외향적인가 하는 것이다. 즉, 외국의 영향과 사상에 어느 정도 개방적인가 또는 그것을 '현지화glocalize' 하는 데 얼마나 능한가 하는 점이다. 또 하나는 좀 더 추상적인데, 한 나라의 문화가 얼마나 내향적인가 하는 것이다. 그 말이 뜻하는 바는 국민적 일체감이 어느 정도인지, 개발에 대한 집중도는 어느 정도인지, 한 사회가 외부인과의 협력을 얼마나 신뢰하는지, 국가 엘리트들이 대중의 삶에 어느 정도 관심을 두고 국내에 투자할 준비가 되어있는지, 그렇지 않으면 가난한 국민에 무관심하고 국외에 투자하려는지 등이다.

한 나라의 문화가 자연스레 현지화할수록, 다시 말해 문화가 외국의 아이디어와 최고의 관행을 쉽게 받아들이고 전통문화와 잘 융합할수록 평평한 세계에서 더 큰 이점이 있다. 현지화하는 능력은 인도나 미국, 일본 그리고 최근에는 중국 문화의 강점 중 하나다. 예를 들면 인도인들은 역사적으로 무굴 제국이 왔다가 갔고, 영국도 왔다가 떠났다. 그래서 우리는 그들의 장점을 받아들이고 나머지는 버린다는 관점, 즉 우리는 여전히 커리를 먹고, 여성들은 전통의상인 사리를 입으며 유대가 강한 대가족제도에서 산다는 관점을 취한다. 그것이 최선의 현지화이다.

"개방적이고 변화를 잘 받아들이는 문화는 이 세계에 엄청난 장점이다"라고 엠파시스의 CEO이자 인도 하이테크 무역협회 회장인 제리 라오가 말했다. "나의 증조모는 문맹이었습니다. 할머니는 초등학교 2학년까지만 다녔고요. 어머니도 대학을 가지는 못했습니다. 하지만 내 누이는 경제학 석사입니다. 그리고 내 딸은 시카고 대학에 다니고 있습니다. 우리가 해낸 이 모든 것들은 우리 기억에 생생합니다. 우리는 늘 변화를 받아들이는 태도로 살았습니다. 강인한 문화를 가져야 합니다. 그러나 상황에 적응하고 다른 문화를 받아들이는 개방적인 태도도 필요합니다. 문화적 배타주의자는 정말로 불리합니다. 중국 황제(청나라의 6대 황제인 건륭제)가 영국 사절을 내쫓지 않았습니까? 그때를 생각해보세요. 누가 손해를 보았나요? 바로 중국인입니다. 배타적인 태도는 위험합니다."

결정적으로 개방적인 태도가 중요하다고 라오가 부연했다. "왜냐하면 재능과 능력으로 그 사람을 보기 시작하니까요. 세계의 다른 지역에 사는 개발자와 채팅을 할 때, 그의 피부색은 모릅니다. 당신이 배경주의가 아닌 능력주의와 성과주의 세계에서 산다면, 인종이나 혈통이 아닌 재능을 바탕으로 사람을 상대할 것입니다. 시간이 지남에 따라 그것이 당신의 인간관을 미묘하게 변화시킵니다."

이것은 왜 그렇게 많은 이슬람 국가들이 세계가 평평해지면서 갈등을 겪고 있는지 설명한다. 터키, 레바논, 바레인, 두바이, 인도네시아 그리고 말레이시아 같은 예외가 있지만 복잡한 문화적, 역사적 이유로 많은 이슬람 국가가 현지화를 잘하지 못한다. 예외적인 나라들은 모두 비교적 세속적인 이슬람 국가다. 문화가 가지는 가장 큰 장점이 적응성adaptability과 수용성adoptability인 세상에서 오늘날 이슬람 세계는 이쥬티하드Ijtihād, 즉 문자 그대로 현시대 상황에 따라 이슬람 원리의 재해석을 금하는 종교지도자들이 지배하고 있다.

빈 라덴 추종자들의 의식구조를 생각해보라. 그들의 사고방식은 사우디아라비아에서 모든 외국인과 외세의 영향을 '정화'하겠다는 것이다. 이것은 현지화와 협력의 정반대 의미다. 부족 문화와 사고방식은 아직도 많은 아랍 국가를 지배하고 있다. 부족적인 의식구조는 협력과는 상극이다. 부족주의자들의 구호는 무엇인가? 바로 "사촌은 나와 내 형제의 적이고, 외부인들은 나와 내 형제 그리고 내 사촌의 적이다." 그렇다면 협력적인 공급망을 구축하는 세계화주의자의 구호는 무엇인가? 바로 "나와 나의 형제 그리고 사촌, 어린 시절부터의 친구 셋, 오스트레일리아의 네 사람, 베이징에 사는 두 사람, 인도 벵갈루루에 사는 여섯 사람, 독일 출신 세 사람 그리고 단지 인터넷에서 만난 네 사람, 이 모두가 단일한 세계적 공급망을 구성한다"가 되겠다. 평평한 세계에서 분업은 서로 알지도 못하고 만난 적도 없는 많은 사람이 상호작용함에 따라 점점 더 복잡해지고 있다. 현대적인 복잡한 분업체계를 원한다면 낯선 사람을 더 신뢰할 수 있어야만 한다.

아랍-이슬람권에서는 특정한 문화적 태도가 여러모로 발전에 장애가 되고 있으며, 특히 여성을 위험이나 오염의 원천으로 간주해서 공공장소에 나오지 못하게 하고 경제활동을 금지하는 경향은 큰 장애로 작용한다고 데이비드 란데스는 주장한다. 문화가 여성을 그렇게 믿게 한다면 사회의 잠재적 생산성의 큰 부분을 잃는 것이다. 단순히 남자라는 이유로 태어날 때부터 우월적 지위를 얻고 여자 형제와 사회의 다른 여성보다 더 많은 권한을 갖는 체제는 남성에게도 나쁘다고 란데스는 주장한다. 그 때문에 남자들의 마음속에 일종의 특권의식이 생기고, 그들이 향상하고 진보하고 성취하는 데 지장을 준다. 이런 종류의 차별은 물론 중동의 아랍 세계에만 국한된 것은 아니라고 그는 지적한다. 실제로 정도는 다르지만 그와 유사한 것이 전 세계적으로, 심지어 이른바 선진공업사회에서도 발견되곤 한다.

요즘 일부 진보적인 아랍 평론가들이 아랍-이슬람 세계가 현지화에 저항하는 데 초점을 맞추고 있다. 사우디아라비아의 영자신문 일간지 《아랍 뉴스 Arab News》 2004년 5월 5일 자 기사에서 사우디의 진보적인 언론인 라이드 쿠스티 Raid Qusti는 '첫 걸음을 딛기까지 얼마나 걸리나? How Long Before the First Step?'라는 제목의 기사를 썼다.

사우디아라비아에서 테러 뉴스는 일상이 되고 있다. 테러가 끝나길 바라고 기도할 때마다 상황은 더욱 악화되는 듯하다. 일간지 《알 리야드 Al-Riyadh》의 편집장 투르키 알 수다이리 Turki Al-Sudairi가 이러한 일이 벌어지는 이유를 테러리스트들의 행위의 뿌리를 규정하는 특집 기사에서 제시했다. 테러 공격을 실행하는 자들은 1970년대 메카의 이슬람 대사원을 점거했던 주하이만 Juhaiman 운동의 이데올로기를 갖고 있다고 말했다. 그들의 이데올로기는 자신들 이외 다른 사람들을 싸잡아 이교도라고 비난한다. 아울러 그들의 논리를 따르자면, 아라비아 반도에서 축출되어야 할 서양인이든 자신들과 같은 길을 가지 않는 무슬림이든, 아무 거리낌 없이 죽여도 된다고 믿는다. 그들은 1980년대와 1990년대에는 대중의 시야에서 사라졌다가 그 파괴적인 이데올로기를 가지고 다시 나타났다. 알 수다이리가 미처 제기하지 못한 문제는 우리 사우디 사람들은 이에 대해 어떻게 할 것인가 하는 점이다. 우리 국민이 지난 20년간 그래 왔던 것처럼 근본 원인을 직시하지 않는다면 동일한 이데올로기를 가진 다른 집단이 출현하는 것은 오로지 시간 문제일 뿐이다. 우리는 이 괴물들의 출현을 돕지 않았는가? 다른 이슬람 학파의 사상을 인정하지 않는 것은 말할 것도 없이, 다른 종교에 대한 관용을 강조하지 않는 우리의 교육체계도 머리끝에서 발끝까지 재평가할 필요가 있는 문제다. 사우디아라비아의 문화 자체와 우리의 다수가 다른 생활양식을 받아들이지 않고 우리 문화를 다른 사람들에게 강요하는 것은 또 다른 문제다. 그리고 4학년에서 12학년에 이르는 우리 아이들에게, 세상에는 다른 문명도 있으며 우리가 지구촌의 일원이라는 것을 가르치지 않고 이슬람 제국만을 반복해서 강조하는 것도 재평가할 만한 가치가 있다.

단적으로 경제활동에서 한 국가나 공동체가 가질 수 있는 가장 큰 장점 가운데 하나가 관용의 문화라는 것을 아주 쉽게 잊어버린다. 관용이 사회규범일 때는 모두가 번영을 구가한다. 관용은 신뢰를 낳고, 신뢰는 혁신과 기업가 정신의 기본이기 때문이다. 어떠한 집단이나 기업, 사회에서든 신뢰 수준을 높이면 좋은 일만 일어난다. 영국의 역사학자 폴 존슨Paul Johnson은 2004년 6월 21일에 발행된《포브스》에 기고한 글에서 다음과 같이 썼다.

중국은 혐오스러울 정도로 관용이 없는 마오쩌둥의 극단적인 공산주의를 버리고 전체주의적 자유방임이라 불릴 수 있는 체제로 전환함으로써 상공업 분야에서 놀라운 도약을 시작했다. 인도는 또 하나의 예다. 관용은 힌두교의 속성 중 하나이고 힌두교 나름의 독특한 방식으로 관대하다. 사람들이 그런 전통 속에서 살 수 있게 놔두면 인도인들은 중국인들처럼 공동체로서 번영을 구가할 것이다. 독재자 이디 아민Idi Amin에게서 축출되어 관용적인 영국 사회로 이주한 인도인들을 보라. 근래 영국에 이민 온 어떤 나라 사람들보다 이들 가운데 백만장자가 많다. 그들은 빼앗긴 사람들을 얼마나 크게 성공시키는지를 보여주는 근면의 놀라운 사례들이다.

예부터 이슬람은 이슬람교도인 무어인들이 살았던 스페인의 예에서 보듯, 관용의 문화를 강조했을 때 번성했다. 그러나 현대에 와서는 관용, 변화 또는 혁신을 받아들이지 않는 정신적 지도자들이 이슬람을 장악하고 해석하는 경우가 너무 많다. 존슨이 지적한 것처럼 그로 인해 이슬람 지역에서 경제 성장이 지체되고 있다.

여기서 다시 평평화 계수로 돌아가 보자. 천연자원이 없는 나라는 인간의 진화 과정을 통해 새로운 사고에 개방적일 가능성이 크다. 왜냐하면 그것이 생존과 진보의 유일한 길이기 때문이다.

그러나 좋은 소식이 있으니 문화는 중요할 뿐 아니라 변할 수도 있다는 점이다. 문화는 우리 인간의 DNA 속에 고정되어 있지 않다. 문화는 어느 사회에서든 환경과 상황, 다시 말해서 지리, 교육 수준, 지도력 그리고 역사적 경험 따위의 총체적 산물이다. 문화의 조성 환경이 변하면 문화도 변한다. 일본과 독일은 지난 50년간 고도로 군대화된 사회에서 매우 평화적이고 견고한 민주사회로 이행했다. 바레인은 최초로 석유를 발견한 아랍 국가 중 하나이자 석유가 고갈된 첫 아랍 국가이다. 또 여성이 선거권과 피선거권을 가지는 의회 선거를 시행한 최초의 아랍 국가다. 문화혁명기의 중국은 이데올로기의 광기에 사로잡힌 국가인 듯했다. 그러나 오늘날의 중국은 실용주의의 대명사가 되었다. 이슬람이 지배하던 시절의 스페인은 세계사에서 가장 관용적인 사회였다. 그러나 같은 이슬람권인 오늘날의 사우디아라비아는 관용과는 거리가 가장 먼 나라이다. 이슬람 지배 시절의 스페인은 무역과 상업 문화가 주도한 사회로 사람들은 자신의 지력에 따라 살아야 했기에 타인과 잘 어울려 사는 법을 배웠다. 오늘날의 사우디아라비아는 단지 석유 판매로 먹고산다. 그러나 사우디아라비아 바로 옆에는 오일 달러로 걸프 만에 무역, 관광, 서비스 그리고 컴퓨팅 센터를 세운 아랍의 도시국가 두바이가 있다. 두바이는 세계에서 가장 관용적이고 국제적인 지역 중 한 곳이며, 가끔 이슬람 사원보다는 일본식 횟집과 골프장이 더 많아 보인다. 그리고 관광객은 비자가 필요 없다. 그러므로 문화가 분명히 중요하지만, 문화는 유전자가 아닌 환경에 깃든다. 환경과 지도자들이 변화하고 상황에 적응하듯이, 문화도 그러하다.

무형자산

각국의 스카이라인을 비교해보면 많은 것을 알 수 있다. 많은 인도계 미국인들이 그렇듯이 헤지펀드 매니저 디나카르 싱은 가족을 만나러 정기적으로 인도를 방문한다. 2004년 겨울, 그는 가족 방문차 뉴델리로 갔다. 몇 달 후 그를 만났을 때 첨단 기술 분야를 제외하고 왜 인도 경제가 전반적으로 마땅한 도약을 못했는지 깨달은 순간에 대해 내게 말해주었다. "저는 뉴델리의 한 호텔 6층에 있었습니다. 창밖을 보니 몇 마일이나 멀리 바라볼 수 있었습니다. 어떻게 그게 가능했겠습니까? 뉴델리에서 엘리베이터를 작동하기에는 전기 공급이 안정적이지 않아서 고층 빌딩이 별로 없기 때문입니다." 제정신이라면 아무 때나 정전되어서 20층이나 걸어 올라가야 하는 고층 빌딩을 지으려는 투자자는 거의 없을 것이다. 그 결과 도시는 더욱 불규칙적으로 확장하고 공간은 비효율적으로 이용됐다. 나는 싱에게 그 이야기는 내가 중국 다롄 시를 방문했을 때를 떠올리게 한다고 말했다. 나는 1998년 다롄을 방문했는데 2004년에 다시 갔을 때 어디가 어딘지 전혀 몰라볼 정도였다. 유리와 철골로 된 현대적 타워를 비롯해 새 빌딩이 너무 많아서 내가 1998년에 정말로 이 도시를 방문했는지 의심이 들었다. 그런 다음에 나는 싱에게 기억나는 것을 한 가지 더 말했다. 1974년 여름에 나는 카이로에서 학교에 다녔다. 그 당시 카이로에서 가장 눈에 띄는 빌딩 셋은 나일 힐튼 호텔, 카이로 타워 그리고 이집트 TV 빌딩이었다. 30년 후인 2004년에도 그 세 빌딩은 여전히 카이로에서 가장 큰 빌딩이었다. 카이로의 스카이라인은 거의 변하지 않았다. 카이로를 재방문할 때마다 도시 지리를 정확히 알 수 있다. 다롄에 가기 직전에 5년간 찾지 못했던 멕시코시티를 방문했다. 시장이 도시 전 지역에서 벌인 캠페인 덕분에 도시는 내가 기억하고 있던 것보다 훨씬 청결해졌다. 몇몇 새로 지은 빌딩도 눈에 띄었으나, 북미자유무역협정을 체결한 지 10년이 지났으면서도 내가 기대한 만큼 많지는 않았다. 빌딩 안에서 만난 나의 멕시코 친구들도 약간 의기소침해 있었다. 그들은 멕시코가 궤도를 벗어나 과거에 성장해왔던 만큼 성장하지 못했고, 멕시코 국민의 자신감도 약해지고 있다고 말했다.

그러니까 뉴델리에서는 시내가 저 멀리 끝까지 보인다. 카이로에서는 스카이라인이 언제나 같다. 하지만 중국 도시들은 1년만 가지 않아도 전혀 가본 적이 없는 도시 같은 느낌이 든다. 멕시코시티는 마치 멕시코인들이 드디어 모퉁이를 완전히 돌았다고 생각했을 때, 다른 길로 훨씬 빠르게 달려온 중국과 충돌한 상황이었다.

이 차이를 어떻게 설명해야 할까? 우리는 경제가 성공하기 위한 기본 공식, 즉 거시적 개혁, 그다음에는 미시적 개혁, 이에 더해 정부의 우수한 행정, 교육, 사회기반시설 그리고 현지화 능력이 필요함을 안다. 그러나 우리가 모르는 것은 그리고 내가 안다면 병에 담아 팔고 싶은 것은, 왜 어떤 나라는 하나로 결집되어 이 모든 것을 계속 추진할 수 있고 어떤 나라는 못하는가 하는 질문에 대한 답이다. 왜 어떤 나라의 스카이라인은 하루아침에 바뀌는데, 어떤 나라는 반세기가 지나도 변하지 않는가? 내가 찾을 수 있었던 유일한 답은 무엇이라 규정지을 수 없는 그 어떤 것이다. 나는 그것을 '무형 자산intangible things'이라 부르겠다. 여기에는 크게 두 가지 특징이 포함된다. 첫 번째는 한 사회 구성원들이 경제발전을 위해 단결하고 희생할 의지와 능력이 있는가다. 그리고 발전을 위해 무엇을 해야 하는지 헤아릴 수 있는 비전과, 권력을 개인적 치부와 현상유지를 위해 행사하는 것이 아니라 변화를 위해 쓰려는 의지가 있는 지도자가 존재하는가다. 한국이나 타이완 같은 일부 국가들은 그들의 에너지를 우선 경제개발에 집중할 수 있는 능력이 있어 보이고, 이집트나 시리아 같은 다른 나라들은 이데올로기에 휘둘리거나 내분에 휩싸여 있다. 어떤 나라의 지도자들은 집권하는 동안 개인적인 치부를 위해서가 아니라 근대화를 추진하기 위해 노력한다. 그리고 어떤 나라의 엘리트들은 부패해서 집권하는 동안 개인적인 치부에 몰두하고 스위스의 부동산을 구매한다. 왜 인도에는 공과대학을 세운 지도자들이 있고 파키스탄에는 그런 지도자가 없는가 하는 문제는, 나로서는 무형 자산들이라고 정리할 수밖에 없는 역사, 지리 및 문화의 산물 때문이다. 이 무형자산은 쉽게 계측할 수도 없지만 정말로 중요하다.

이것을 설명하기 위해 내가 아는 가장 좋은 예는 멕시코와 중국을 비교하는 것이다. 멕시코는 겉보기에 평평한 세계에서 번영할 수 있는 완벽한 위치에 있다. 세계에서 가장 크고 가장 강력한 경제에 바로 이웃해 있기 때문이다. 1990년대 미국 및 캐나다와 북미자유무역협정을 맺었고, 이 두 경제대국을 향한 남미의 도약대가 될 준비가 되었다. 그리고 석유라는 귀중한 천연자원이 정부 수입의 3분의 1 이상을 차지한다. 한편 중국은 미국에서 수천 마일 떨어져 있고 인구과잉이라는 짐을 지고 있으며 천연자원은 별로 없다. 최상의 노동력은 해안 평야지대에 밀집해 있으며 50년간의 공산통치라는 부담스러운 부정적인 유산이 있다. 10년 전에 이 두 나라의 프로필을, 이름을 가리고 어떤 이에게 보여주었다면, 그는 틀림없이 멕시코의 장래에 희망을 걸었을 것이다. 그러나 중국은 멕시코를 제치고 미국에 두 번째로 수출을 많이 하는 나라가 되었다. 비록 미국에서 수천 마일이나 떨어져 있어도 중국은 경제적으로 미국에 더 가깝게 성장하고 있지만, 미국과 국경을 맞댄 멕시코는 수천 마일 점점 멀어지고 있다고 생각하며 멕시코인들도 그렇게 인식한다. 하지만 나는 결코 멕시코가 가망 없다고 생각하지 않는다. 시간이 흐르면 멕시코는 토끼같이 빠르게 성장하는 중국에 비해 꾸준한 거북이 같은 모습을 보일 수도 있다. 중국은 여전히 엄청난 정치적 변화를 거쳐야 하고, 그 때문에 언제든지 궤도에서 이탈할 수 있다. 더구나 멕시코에는 기업가적 자질이 가장 많은 중국인 못지않게 우수한 기업가들이 많다. 그렇지 않았다면 2003년에 미국에 1380억 달러어치의 물품을 수출하지 못했을 것이다. 그리고 중국의 많은 농민은 멕시코 농민보다 선진적이거나 생산성이 높지 않다. 그러나 세계가 평평해질 때 멕시코가 훨씬 더 많은 이점을 안고 출발한 것처럼 보이는데도 전체적으로 모든 것을 비교해보면, 중국이 토끼가 되었고 멕시코는 그렇지 못했다. 왜일까?

이것은 멕시코인들도 자문해보는 의문점이다. 요즘 멕시코시티에 가면 멕시코인들이 한 목소리로 '빨아들이는 거대한 소리'를 스테레오로 듣고 있다고 말할 것이다. "우리는 인도와 중국 사이에 갇혔습니다"라고 전 멕시코 외무장관 호르헤 카스타녜다Jorge Castaneda가 2004년에 나에게 말했다. "고부가가치 산업을 제외하고는 중국과 경쟁하기가 매우 어렵습니다. 또 우리가 경쟁해야 하는 서비스 분야는 기업의 후선 지원업무를 처리하고 콜센터를 운영하는 인도에 타격을 받고 있습니다." 중국이 아직도 다양한 기득권과 낡은 관행을 강압적으로 누를 수 있는 권위주의 체제라는 점이 어느 정도 이득이 된다는 것은 의심할 여지가 없다. 중국 정부의 지도부는 그것이 새로운 도로를 건설하는 것이든 WTO 가입이든, 위에서부터 여러 가지 개혁을 명령할 수 있다.

그러나 오늘날의 중국은 더 나은 무형 자산, 즉 지역적 에너지를 미시적 개혁에 불러모을 수 있는 능력이 있다. 중국은 권위주의 국가일지는 몰라도 실력주의에 기초해 유능한 사람들이 핵심정책을 결정하는 지위로 승진할 수 있도록 관리하는 강력한 국가기관과 관료체계를 갖고 있으며, 어느 정도 공공정신도 갖고 있다. 관료의 역할이 국익을 증진하고 보호하는 것으로 생각하는 중국 관료의 전통이 아직 건전하게 살아있다. 지금은 고전이 된 『역사의 종말과 최후의 인간The End of History and the Last Man』의 저자 프랜시스 후쿠야마Francis Fukuyama는 "중국에는 실력주의 전통이 있다. 그리고 이 전통은 한국과 일본에서도 계속되고 있다"고 말했다. 그들은 모두 공무원들이 국가의 장기적인 이익을 살펴야 한다는 기본적인 '국가의식'을 지니고 있다. 그리고 제도적으로 그렇게 함으로써 보상받는다.

이와 대조적으로 멕시코는 1990년대 일당 독재에서 다당제 민주주의로 이행했다. 그러므로 미시적 수준에서 미시적 개혁을 위한 의지와 에너지를 모을 때, 더 합법적이긴 하지만 국민적 지지를 얻기 위해 훨씬 느린 민주적 절차를 밟아야 한다. 멕시코에서 "우리는 상명하달 방식으로 구조적인 개혁의 첫 단계를 마쳤습니다"고 기예르모 오르티스 멕시코 중앙은행 총재가 말했다. "다음 단계는 훨씬 더 어렵습니다. 아래로부터 이뤄나가야 합니다. 민주주의적인 의미에서 개혁을 추진하려면 더욱 폭넓은 합의를 이뤄야만 합니다." 다시 말해, 변화를 바라는 그 어떤 멕시코 대통령이라도 개혁을 실행하기 위해서는 포고령으로 실행했을 전제적인 선임 대통령들보다 더욱 수많은 이익집단을 마치 고양이 몰듯 구슬려야 한다. 노동조합 또는 소수의 엘리트 등 그 누구든지 수많은 이해관계 집단은 현 체제에서 강력한 기득권을 누리고 있으며 개혁을 누를 힘을 보유하고 있다. 그리고 멕시코의 국가 시스템은 다른 이웃한 남미 국가들처럼 국익이 아니라 단순히 집권당의 이익이나 지역적 이해를 보호하는 도구로 이용된 오랜 역사가 있다.

이들 무형 자산의 또 다른 것은 문화가 얼마나 교육의 가치를 높이 평가하느냐이다. 인도와 중국에는 부모가 자식에게 인생에서 가장 큰 성공은 엔지니어나 박사라고 가르치는 오랜 전통이 있다. 그러나 멕시코에서는 그것을 가능하게 해줄 학교마저 없다. 오늘날 미국에서 유학하는 인도와 중국의 대학생은 각각 5만 명 이상이다. 그들은 미국과 열두 시간 시차가 있는 곳에서 왔다. 이들 나라보다 작지만 미국과 바로 이웃한 멕시코는 미국에 겨우 1만 명의 유학생을 보냈다. 멕시코는 공용어를 영어로 쓰는 세계에서 가장 큰 경제 미국에 바로 이웃해 있다. 그러나 멕시코는 시급하게 영어 교육 프로그램을 마련하지 않고 있으며, 영어 공부를 위해 장학금을 조성해 멕시코 학생들을 미국에 보내려는 노력도 하지 않는다. 멕시코의 기성 정치권에서는 세계화의 도전과 더불어 국민을 어느 수준까지 교육해야 하고, 이 과제에 맞서 대중을 어떻게 준비시킬 것인가 하는 문제를 두고 상호 의사소통이 '단절돼' 있다고 세디요 전 대통령은 말했다. 중국과 인도 대학생들이 미국 대학의 석박사급 과학과정이나 수학과정을 휩쓰는 것처럼, 멕시코대 학생들이 미국 대학에서 그러는 모습을 보려면 오래 기다려야 할 것이다.

멕시코와 중국을 보면 민주주의는 미시적 개혁에 방해될 수 있다는 결론을 내리기 쉽다. 나는 그렇게 결론 내리는 것은 성급하다고 생각한다. 정말로 문제가 되는 것은 리더십이라고 나는 생각한다. 먼저 영국의 전 수상 마거릿 대처가 생각나는데, 이처럼 미시적 개혁의 장점을 널리 적극 알리고 국민을 거기에 집중시키는 능력을 갖춘 지도자를 가진 축복받은 민주주의 국가들이 있다. 그리고 현대 독일처럼 고통을 감수하지 않고 오랫동안 표류하는 민주주의 국가도 있다. 또 현대 중국처럼 개혁에 집중하는 전제주의 국가가 있다. 한편 짐바브웨처럼 지도자들이 정통성을 갖지 못한 이유로 국민에게 어떠한 고통을 지우는 것이 두려워 개혁을 설득할 의지도 목표도 없이 표류하는 전제주의 국가도 있다.

멕시코와 남미는 대부분 '환상적인 잠재력'을 보유하고 있다고 세디요 전 대통령은 말한다. 세디요의 말을 계속 들어보자. "30년 전에는 남미 국가들이 모든 나라보다 앞서 있었습니다. 그러나 25년간 우리는 정체되었고, 다른 나라들은 우리에 근접했거나 앞서나갔습니다. 우리의 정치제도는 미시적 개혁 사고를 가공하고 채택해 실행할 역량이 없습니다. 우리는 아직도 선사시대를 논하고 있습니다. 1960년대에 사는 것처럼 다른 모든 곳에서 당연하게 여기는 것을 우리는 아직도 토론하고 있습니다. 오늘날까지 남미에서는 시장경제에 관해 공공연히 말할 수 없습니다. 중국은 매달 발전하고 있습니다. 그런데 우리는 사람들에게 당장 긴급히 필요한 기본적인 개혁을 결정하는 데도 몇 년씩 걸립니다. 우리는 사회기반시설이 부족하기에 경쟁력이 없습니다. 세금을 낼 수 있는 국민이 필요합니다. 북미자유무역협정 체결 이후 멕시코와 미국을 연결하는 새 고속도로가 몇 개나 생겼습니까? 사실상 하나도 없습니다. 정부의 지출로 혜택을 입을 많은 사람이 세금을 내지 않습니다. 정부가 공공서비스를 제대로 제공하는 유일한 길은 국민이 더 많은 세금을 내도록 하는 것입니다. 그러나 포퓰리즘이 등장해 증세를 막아버립니다."

최근 멕시코의 한 일간지에 신발회사인 컨버스Converse가 어떤 방식으로 멕시코 접착제를 사용해 중국에서 테니스화를 제조하는지에 관한 기사가 실렸다. 세디요가 기사 내용에 대해 그의 의견을 말했다. "기사내용이 전부 왜 우리가 그들에게 접착제를 제공하느냐는 것이었습니다. 얼마나 더 많은 접착제를 그들에게 팔 수 있느냐 하는 것이 올바른 태도인데 말입니다. 우리는 아직도 정신적 장벽을 부숴야 할 필요가 있습니다."

멕시코가 수출산업을 현대화하는 데 실패했다는 것이 아니다. 중국이 더 빠르고 폭넓게 변했고, 특히 지식노동자 교육 분야에서 두드러졌기에 중국에 입지를 내주고 있다. 비즈니스 컨설턴트인 다니엘 로젠Daniel H. Rosen이 《인터내셔널 이코노미International Economy》 2003년 봄호에 썼듯이, 멕시코와 중국은 1990년대 경제활황기에 자동차 부품에서 전자제품, 장난감 그리고 스포츠용품에 이르기까지 동일한 여러 분야에서 전 세계 수출 비중이 증대하는 것을 경험했다. 그러나 중국의 수출점유율이 더 빠르게 성장했다. 그 이유는 중국이 잘해서가 아니라 멕시코가 미시적 개혁을 통해 경쟁력을 꾸준히 키우는 데 실패한 잘못 때문이었다. 멕시코가 성공한 것은 몬테레이Monterrey와 같은 경쟁력 갖춘 섬들을 조성한 것인데, 몬테레이 섬에서는 바른 정책을 썼고 미국에 근접한 이점을 살렸다. 그러나 멕시코 정부에겐 그런 섬들에서 성공한 정책을 전국 각지로 퍼뜨리는 전략이 없었다. 이는 1996년에서 2002년 사이 「세계 경쟁력 보고서」에서 멕시코는 순위가 떨어진 반면 중국은 순위가 오른 이유를 설명하는 데 도움이 된다. 로젠은 그것이 단지 저임금 때문만은 아니라고 말했다. 중국이 교육, 기업 민영화, 사회기반시설, 품질관리, 중간급 관리자 그리고 신기술 도입에서 뛰어났기 때문이다.

"그러니까 중국은 멕시코의 점심을 먹어치우고 있습니다"라고 로젠은 결론을 내렸다. "그러나 중국의 저임금 노동력 그 자체 때문이라기보다는, 멕시코가 몇몇 성공을 잘 활용하지 못하고 더 폭넓은 개혁을 이끌어내지 못했기 때문입니다." '바보야, 필요한 건 미시적 개혁이야'라고 말하고 싶다. 「2005년 사업 실태Doing Business in 2005」 보고서에 따르면, 멕시코에서 창업하려면 평균

58일이 걸리는 데 비해 싱가포르에서는 8일, 터키에서는 9일이 걸린다. 멕시코에서는 재산 등록을 하는 데 74일 걸리지만, 미국에서는 겨우 12일 걸린다. 멕시코의 법인세율은 34%로 중국보다 두 배나 높다.

《맥킨지 분기보고서》의 「저임금을 넘어서Beyond Cheap Labor」라는 보고서에 따르면, 중국이 WTO에 가입해 세계가 평평해지는 것을 이용하기 시작한 2000년 이래, 멕시코는 27만 개의 조립 작업 일자리를 잃었고 수백 개의 공장이 문을 닫았다. 그러나 중국에 밀리고 있다고 느끼는 멕시코와 다른 중간 소득 국가에 맥킨지 보고서가 들려주는 핵심 조언은 이렇다.

이들 나라는 중국에 잃은 일자리를 아쉬워하기보다는 경제에서 분명한 한 가지 사실을 기억해야 한다. 세계에서 영원히 저비용 생산지로 남을 수 있는 곳은 없다. 중국조차도 언젠가 그 자리를 잃을 것이다. 멕시코와 다른 중간 소득 국가들은 저임금의 단순조립 일자리를 지키려 애쓰기보다 부가가치가 높은 일자리 창출에 중점을 두어야 한다. 부가가치가 더 높은 활동을 하는 생산적인 기업이 더 많아져서 덜 생산적인 기업을 대체해야만 중간 소득을 올리는 국가들이 경제발전의 길을 계속 갈 수 있다.

간단히 말해서 멕시코가 번영하는 유일한 길은 중국을 바닥이 아닌 꼭대기에서 이길 수 있게 하는 미시적 개혁 전략에 있다. 왜냐하면 중국은 멕시코가 아니라 미국을 이기는 데 초점을 맞추고 있기 때문이다. 그러나 정상을 향한 경주에서 이기기 위해서는 무형의 자산인 집중과 의지가 필요하다.

기본을 잘 닦고 무형 자산을 잘 갖춘 경쟁자에 맞서 경쟁하고 있을 때 평평한 세계에서 높아지는 생활 수준을 계속 유지하긴 어렵다. 중국은 단지 부유해지기만을 바라지 않는다. 강력한 국가가 되기를 원한다. 중국은 단지 GM의 자동차 만드는 법을 배우려고만 하지 않는다. 중국은 GM이 되고 싶어 하고, GM을 업계에서 밀어내려 한다. 이것을 의심하는 사람은 중국 젊은이와 같이 있어봐야 한다.

멕시코의 개발을 위한 연구소Mexico's Center of Research for Development 소장 루이스 루비오Louis Rubio는 이렇게 말했다. "자신감을 가지면 가질수록 그 자신감은 그릇된 생각과 콤플렉스를 더욱 줄입니다. 1990년대 초반 멕시코에 좋았던 일 가운데 하나는 멕시코인들이 할 수 있다, 성공할 수 있다는 것을 직접 목격했던 것입니다." 그러나 근래에는 자신감을 많이 잃었는데, 이는 정부가 개혁을 멈추었기 때문이다. "자신감 부족은 한 나라가 과거의 추억만을 곱씹게 합니다. 멕시코가 자신감이 부족한 것은 이 나라 사람들 누구나 미국이 멕시코를 청소부로 데려다 쓸 것으로 생각한다는 것을 의미합니다." 그래서 북미자유무역협정이 멕시코에 자신감을 심어주는 데 그렇게 중요했던 것이다. "북미자유무역협정이 성취한 것은 멕시코인들이 과거와 내부가 아니라 미래와 외부를 보게 한 것입니다. 그러나 북미자유무역협정을 구상한 멕시코인들은 그것을 시작이 아닌 끝으로 보았습니다. 정치 및 경제 개혁 과정의 종결로 보았던 겁니다. 불행하게도 멕시코에는 미래를 향한 전략이 없습니다."

월 로저스Will Rogers는 오래전에 이렇게 말했다. "올바른 궤도에 있더라도 거기에 앉아 있기만 하면 뒤따라오는 차에 치일 것입니다." 세계가 평평해질수록 그런 일은 더 빨리 일어날 것이다. 거시적 개혁을 할 때 멕시코는 올바른 궤도에 올라섰다. 그러나 그다음 가시적인 이유와 무형적인 이유로 주저앉았고, 미시적 개혁은 중단되었다. 멕시코는 주저앉아 있을수록 더욱 거세게 치이기만 할 것이다.

다양한 속도로 한 방향으로 달리기

나는 종종 세계화를 옹호하는 몽상가라는 비판을 받는다. 이 책을 읽는 독자들은 세계화의 장단점을 알 것이다. 하지만 한 가지 죄를 지었음을 고백하겠다. 나는 중국과, 인도 또는 아일랜드와 같은 나라들이 기본적으로 친세계화 전략을 취하고, 그들의 정치, 사회 및 경제적인 상황에 적응시키며 그 혜택을 수확하는 걸 볼 때 가슴이 뭉클해짐을 느낀다. 물론 성장에는 정부가 나서서 감시하고 완화시킬 필요가 있는 환경과 사회적 결속력 그리고 경제적 불평등 등에 관한 비용도 있다. 그러나 경제적인 혜택을 깔보는 것은 그만두자. 반세계화 운동가들이 많은 사람을 그만큼 빨리 가난에서 벗어나게 할 어떠한 현실적인 전략을 가진 것처럼 가장하는 것도 그만두자. 도대체 그런 대안을 갖고 있기나 했으면 좋겠다. 한 나라가 세계화 가도를 달리는 데는 많은 속도 수준이 있다. 각국은 그 나라별 사회와 정치적 상황에 맞게 적정한 속도를 선택해야만 한다. 단, 나아갈 방향은 오로지 한 가지이다.

이 문제에 대해 맥길 대학교McGill University의 정치학과 명예교수인 발데브 라지 나야르Baldev Raj Nayar보다 더 정확히 짚은 사람은 없다. 나야르 교수의 논문 「인도의 세계화: 경제적 영향 평가India's Globalization: Evaluating the Economic Impact」를 예일글로벌 온라인이 발췌해 2007년 2월 1일에 올린 글에 잘 나타나 있다. 나야르는 경제학에서 쓰는 언어를 이용하지만, 그가 주장하는 본질은 인도가 세계화 전략을 채택한 덕분에 경제적 혁명을 경험하게 되었다는 것이다.

1970년대 중반 이후 세계경제의 추진 동력으로서 세계화는 좋지 않은 결과를 가져오기도 했는데, 이는 개발도상국들이 팽창해가는 전 지역에서 광범위한 공격을 불러일으켰다. 핵심을 압축해보면, 그런 공격은 세계화가 미치는 충격이 경제 불황, 산업기반의 저하, 경제적 불안정 그리고 불평등의 증가를 가져온다고 가정한다.

열정은 있지만, 그 비판은 실증적인 엄격함이 부족하다. 간단히 말해서, 인도는 적당한 수준으로 세계경제에 통합된 것만으로도 세계화의 대단한 수혜자가 되었다. 1956년에서 1975년까지 이어진 엄격한 '자급자족 및 계획과 통제 경제' 체제 후에 초보적인 형태지만 세계경제에 재통합되는 길로 천천히 접어들었다. 흥미롭게도 세계경제로 인도가 재통합되는 시점은 더 크게 진행되는 세계화의 개시 시점과 맞아떨어졌다. 그렇지만 경제 자유화는 세계화의 국내정책에 대응되는 것으로, 인도에서 시험적으로 최소의 범위만 은밀히 실행되었다. 1991년이 되어서야 중대한 경제 위기를 맞고서 여전히 제한적이지만 경제 자유화로 패러다임의 전환을 시작했다.

자유화 이전과 이후 기간에 대한 실증적인 비교를 통해 경제 자유화 이후에 인도는 경제 불황이 아니라 현저하게 빨라진 경제 성장을 이뤘음을 확인할 수 있다. 실제로 인도는 세계화 이전에 마치 국가의 숙명과도 같았던 경제 불황의 장벽을 무너뜨렸다. 1975년에서 2007년 사이 인도의 경제성장률은 5.5%를 넘었다. 1956년과 1975년 기간 동안 냉소적으로 불린 '힌두Hindu' 성장률 3.4%와 특히 1975년의 초기 경제 자유화 이전 10년 넘게 안타까울 정도로 낮았던 2.6%의 경제성장률과 비교해보라. 1995년부터 2007년까지 12년간 경제성장률은 6.5%를 넘었다. 한편 최근 4년간 인도는 이전에 달성해보지 못했던 평균 8%의 높은 경제성장률을 보였다.

성장이 가속되는 이런 성과에 대해 과장해서 말하기는 어렵다. 그런 성장 덕분에 인적 자원뿐만 아니라 공적 사회부문과 빈곤 퇴치에 투자할 수 있는 추가적인 재원이 제공되었다. 게다가 이런 성장과 연관된 경제적 역동성은 통합국가를 성공적으로 건설할 수 있다는 자신감도 낳았다. 만성적으로 국외 원조를 애걸해 '아시아의 병자'라고 조롱당했던 나라를 아시아의 세력 균형을 유지하는 중요한 역할에 도전하는 믿을 만한 나라로 변모시켜놓았다.

비슷한 양상으로 산업기반을 망가뜨릴 것이라고 비판가들이 불안감을 쏟아냈지만, 인도가 세계경제에 재진입하는 일환으로 관세를 낮춘 이후에 국외 수입품들은 인도 국내산업을 무력화시키지 않았다. 오히려 시장 자유화 이전에 보였던 성장률보다 더 높은 경제성장률을 달성했다. 1975년 이래 제조업 성장률은 6.5% 전후를 유지했으며, 2006년까지 12년 동안은 성장률이 거의 7%에 달했다. 7% 성장률로는 제조업의 규모가 10년마다 두 배가 된다. 이는 산업기반이 약화하는 것과는 정반대다. 인도 제조업의 발전은 산업 전반에 걸쳐 일어났고, 소비재산업에 국한된 것도 아니었다.

경제 불안정에 대해 말하자면, 1975년 최초로 세계시장에 경제 개방을 시작하기 이전의 자립경제 기간에 인도는 암울한 경제 위기에 시달리고 있었다. 실로 자립

경제 전 기간에 걸쳐 인도는 엄청난 규모로 외환이 줄어들었고 이 때문에 어려움을 겪었다. 1991년의 경제 위기 기간에 인도의 외화보유고는 120억 달러까지 급감했다. 이 환율 문제는 인도의 발전을 저해하고 왜곡하고 있었다. 1990년대 초반에 경제 자유화로 패러다임을 전환한 이후 인도는 아직 또 다른 경제위기를 경험한 적이 없으며, 현재 보유한 1700억 달러의 누적된 외화보유고 덕분에 더 이상 외환의 제약에 직면하지는 않을 것이다. 외환 위기의 부재는 인도의 국가적인 자신감을 고양했다.

빈곤문제에 대해서 살펴보면, 세계화 기간에 장기간에 걸쳐 빈곤이 감소하는 복지의 증대 효과를 경험하고 있다. 1973년 빈곤선 아래에 놓인 인구의 비중이 55%였던 데 반해 그 이후에는 꾸준히 감소하고 있다. 2000년에 빈곤선 아래 인구는 26%였다. 마지막 26%라는 수치는 통계조사 방법의 설계에 따라 논쟁의 여지가 있지만 장기적으로 빈곤층이 감소해온 것에 의심의 여지가 없다. 세계화와 경제 자유화에서 성장률의 가속과 빈곤의 감소로 이어진 인과관계는 명백하다. 이는 혹독한 비판을 받는 '낙수효과이론trickle down theory'이 건강하게 살아있음을 보여주는 놀라운 증거이다.

그럼에도 불구하고 최소 열량 섭취량을 기준으로 정의해보면 여전히 많은 빈곤층이 존재한다. 빈곤층이 감소한 성과를 경제 자유화 축하 기회로 삼는 것은 냉혹하고, 실로 잔인한 일이다. 실제로 엄청난 인구가 유산으로 물려받아 겪고 있는 끈질긴 가난은 세계화의 열렬한 비판을 강조하는 데 이용된다. 하지만 놀라울 정도로 높은 빈곤과 경제 불황이 있었던 1975년 이전의 상황과 1975년 경제 자유화 개시 이후의 추세에 대한 비교 분석에서 드러난 결론은 다르다. 정기적으로 이뤄진 자유화 조치로 경제성장률이 촉진되었고 빈곤층이 계속 감소했다. 그러므로 그 정책이 내포하고 있는 의미는 더 적은 게 아니라 더 큰 경제 자유화가 급속한 경제 성장을 강화하고 유지한다는 점이다.

세계화를 비판하는 사람들의 입장과는 반대로 세계화가 인도의 빈곤을 줄여주었듯이, 세계화는 인도를 경제 불황과 끊이지 않던 경제 위기에서 건져낸 해방군의 역할을 해냈다. 하지만 자립경제 기간에 계속된 깊이 자리 잡힌 사회문제들은 여전히 골칫거리가 되고 있다. 그러나 그런 사회문제들을 아직 제거하지는 못한다 하더라도 경감시킬 수 있는 추가적인 자원은 다름아닌 세계화로 생성된 경제 성장, 정확하게 바로 그 가속화된 경제 성장이다.

말도 안 되는 헛소리는 집어치우자. 세계화는 제대로 시행되고, 그것도 지속 가능한 방법으로 시행되었을 때 수도 없이 많은 사람을 가난으로부터 구제할 수 있는 대단한 가능성을 내포하고 있다. 그리고 인도와 중국 또는 아일랜드와 같은 나라에서 수많은 사람이 빈곤에서 탈출하는 걸 보았을 때 어쩐지 약간은 가슴이 뭉클해진다. 내 감정에 대해 사과할 일이 아니겠다.

제4부

기업과 평평한 세계

11장

기업들은 어떻게 대처하나

⋮

혼란에서 단순함을 찾자.
불일치에서 조화를 찾자.
기회는 어려움 속에 있다.

—앨버트 아인슈타인

이 책을 쓰기 위해 인터뷰를 하는 내내 기업의 많은 경영자로부터 똑같은 말을 들었다. 참 이상한 일이었다. 마치 모두가 미리 입을 맞춘 것처럼 같은 말을 했다. 바로 "불과 지난 몇 년 동안에……"라는 말이다. 반복해서, 크건 작건 각종 다른 사업 분야의 기업가들과 혁신가들이 내게 말하기를 "불과 지난 몇 년 동안에" 그전까지는 가능하리라고 꿈도 꾸지 못했던 일들을 할 수 있었고, 또 이전에는 필요하다고 꿈에도 생각해본 적 없는 일들을 할 수 없이 해야만 했다고 한다.

나는 이들 기업가와 CEO가 평평해진 세계에 반응하고 있다고 확신한다. 그들 각자가 이 새로운 환경에서 그들 기업의 번영을 위해, 아니면 최소한 생존하기 위해 전략을 강구하고 있었다. 개인들이 평평해지는 세계에 대처하기 위한 전략이 필요하듯이, 기업도 그런 대응전략이 필요하다. 경제학자 폴 로머는 다음과 같이 말하기를 좋아한다. "누구나 경제성장을 원한다. 그러나 누구도 변화를 바라지 않는다." 불행하게도 하나가 없으면 다른 하나도 없다. 2000년 이래 경기장이 극적으로 변화한 이후에는 특히 그렇다.

이 책은 비즈니스에서 성공하는 법을 다룬 책이 아니다. 이 책을 쓰기 위해 조사하면서 내가 알게 된 것은 오늘날 살아남아 성장하는 기업들은 변화할 준비가 된 기업이라는 사실이다. 그러한 기업들은 세계의 평평화로 인해 실현 가능해진 모든 새로운 것과 역시 그로 인해 할 수 없게 된 모든 새로운 것을 그들의 경쟁자들보다 더 빨리 인식하는 기업들이다. 또한 세계 평평화의 새로운 가능성을 활용하거나 새로운 요구사항에 대처할 수 있는 전략을 처음으로 개발하는 기업들이 곧 오늘날 성장하는 기업이다.

이 장에서는 이들 기업이 평평한 세계에서 지키며 살아가는 몇 가지 규칙과 전략을 집중적으로 소개하겠다.

규칙 1: 세계가 평평해질 때 가능한 일이라면 무엇이든 해낼 수 있다. 그 일이 당신에 의해 처리되느냐, 아니면 마무리되어 당신에게 전달되느냐의 문제일 뿐이다.

이 규칙은 별로 놀랄 것도 없다. 평평해진 세계의 결과로 너무나 많은 사람이 너무나 많은 연결을 맺고 있으며, 아주 많은 사람이 낮은 비용으로 이용 가능한 혁신도구를 보유하고, 그렇게 많은 사람이 새로운 것을 발견하거나 발명하며, 새로운 것을 전 세계로 재빨리 보급하기 위해 서로의 시장과 노동력, 높은 지능의 인재 및 아이디어를 활용할 수 있게 되었다. 이런 때에 가능한 일이라면 무엇이든 해낼 수 있다. 따라서 당신이 아이디어를 갖고 있다면, 실행하라. 왜냐하면 누군가 비슷한 아이디어를 갖고 있을 것이고, 당신이 생각하는 것보다 훨씬 빠르게 실행할 것이기 때문이다.

오늘날 나는 가는 곳마다 이런 증거를 본다. 즉, 개인과 기업가 그리고 대기업이 각종 기술과 시장 및 혁신성과를 마구 뒤섞어 무無에서 새로운 사업을 시작하거나 기존 사업에 완전히 새로운 영역을 만들어낸다. 내가 그걸 증명할 순 없지만, 항상 눈에 잘 띄는 것이 아닌 이런 경향이 오늘날 세계경제의 가장 강력한 동력 중 하나가 되고 있다고 생각한다. 또한 그런 경향은 누군가 인식하거나 경제학자들이 충분히 측정할 수 있는 것보다 훨씬 더 빨리 중소기업들이 전 세계시장에 접근할 수 있도록 해준다. 몇 가지 실례를 제시해보겠다.

2006년 5월에 나는 헝가리 부다페스트의 중앙유럽대학의 회의에 초대받았다. 머무는 동안 회의 주최자 측에서 나를 태우고, 약속 장소에 데려다 주고, 회의가 끝난 후에 공항으로 데려다 주도록 차량을 마련해주었다. 일요일 이른 아침에 부다페스트 중심가에서 공항으로 가는 길에 운전사 요제프 바코가 내게 헝가리에 올 계획이 있는 친구가 있다면 자신의 웹 사이트를 통해 자신에게 연락하도록 해달라고 부탁했다. 그는 웹 사이트에서 여러 다른 종류의 차량을 볼 수 있고, 타고 싶은 차량과 외교와 사업 및 관광 등 무엇이든 필요한 서비스를 고를 수도 있다고 설명했다. 그때 약간 잠이 덜 깬 상태였는데 헝가리 운전사가 자신만의 웹 사이트를 갖고 있다는 사실이 내 관심을 자극했다.

"온라인으로 얼마나 일을 얻습니까?"라고 그에게 물었다. "약 20~25% 정도입니다"라고 공산주의 시대의 엔지니어에서 리무진 사업가로 변신한 운전사가 대답했다. 나는 집에 도착하자마자 그의 웹 사이트, 'www.felimo.hu'를 검색해봤다. 웹 사이트는 잘 짜여 있었으며, 바코의 서비스가 영어와 마자르어, 독일어로 각종 다른 차량의 사진과 함께 설명되어 있었다. 음악까지 흘러나왔다. 갑자기 한 가지 생각이 떠올랐다. 전 미국 국무장관을 역임한 제임스 베이커가 정부에서 은퇴한 후에 가끔 했던 말인데, 워싱턴에서 '타고 있는 리무진 색깔이 노란색이고 현대 페르시아어를 쓰는 운전사가 몰고 있다면' 그때에 당신이 실직자인 줄 알게 된다는 것이다. 이제 이렇게 답하겠다. "당신 차를 모는 헝가리인 운전사가, 음악이 나오고 마자르어와 독일어 그리고 영어로 제공되는 자신의 웹 사이트를 갖게 된 때의 평평해진 세계에서 가능한 일이라면 누구에 의해서든 처리됩니다!"

2006년 6월 국제보전협회Conservation International가 후원한 여행에 참가해 페루를 방문했다. 하루는 우리의 여행안내인 알프레도 페레이로스가 쿠스코 근처 마을에 사는 그의 페루 친구가 수공예 전통식기를 '인터넷'으로 팔고 있다고 말했다. 속으로 '그거 괜찮군. 페루 마을까지 전자상거래가 전파되었다니

기쁘군'이라고 생각했다. 그런데 그다음에 알프레도가 예상치 못한 말을 던졌다. 그의 친구는 페루의 전통 도자기를 중국에서 더 싸게 만들어 중국 현지에서 직접 미국으로 배송하게 할지를 조사해보고 있다는 것이다! 가능한 일이라면 무슨 일이든 해낼 수 있다. 그리고 마을의 이웃 주민이 하기 전에 당신 스스로 중국과 그 일을 하는 게 좋을 것이다.

《뉴요커The New Yorker》는 피터 스타이너가 그린 개 두 마리가 나오는 한 컷짜리 만화를 게재했는데, 한 마리가 컴퓨터 키보드 위에 앉아서 다른 개에게 말하는 장면이다. "인터넷에서는 네가 개인 줄 아무도 몰라." 세상이 평평해지면 당신이 우루과이 사람인 줄 아무도 모른다.

브라질과 아르헨티나 사이에 쐐기처럼 박힌 340만 명이 사는 작은 나라인 우루과이는 인도의 가장 큰 소프트웨어 회사인 타타컨설팅서비스와 갑자기 협력관계를 맺고서 단 5년 만에 라틴아메리카에서 가장 큰 아웃소싱 회사로 성장했다. 그렇다. 뭄바이에 있는 타타의 인도인 직원들이 잠들 때 타타의 650명 우루과이 엔지니어와 프로그래머들이 일을 이어받아 아메리칸익스프레스, P&G 그리고 미국의 몇몇 주요 은행들과 같은 기업들의 컴퓨터와 후선관리업무를 운영하는 걸 돕고 있다. 이 모든 업무는 우루과이의 수도 몬테비데오Montevideo에서 이뤄진다. 어떻게 이런 일이 가능한가? 간단하다. 오늘날 올바른 상상력과 인터넷 통신망 그리고 어느 정도의 자본만 있으면 누구든지 어느 곳에 있는 근로자와 고객들을 연결함으로써 누굴 위해서든 무엇이든 처리하는 전 세계적인 회사를 만들어낼 수 있다.

그래서 가브리엘 로즈만Gabriel Rozman은 사업의 결과물이 자신에게 전달되는 것이 아니라, 그 사업이 자신에 의해 시행되도록 하겠다고 결심했다. 우루과이에서 자랐고 미국 언스트앤영 파트너로 은퇴한 그는 타타와 손잡고 몬테비데오를 전 세계 아웃소싱 중심으로 만들려는 계획을 기획했다. 그가 타타와 접촉했을 때 그에겐 직원과 고객이 한 명도 없었다. 그가 가진 것이라곤 달랑 두 개였다. 우루과이의 수준 높은 교육제도가 양질의 수많은 저비용 엔지니어를 양산한다는 직감과 그의 헝가리인 부모들에게 히틀러를 피할 수 있는 안식처를 제공한 우루과이를 위해 뭔가 좋은 일을 해보고 싶은 본능적인 욕망이 그것이었다. 5년이 지난 뒤에 TCS 이베로아메리카TCS Iberoamerica는 직원들을 충분히 빨리 충원할 수 없을 지경에 이르렀다. 내가 그 본사를 방문했을 때 사람들이 복도와 계단에서 컴퓨터로 일하고 있었다(또한 로즈만은 브라질에서 1300명, 칠레에서 1200명의 직원을 관리하고 있기도 하다). 많은 다국적기업은 위험 분산을 위해 그 회사들의 모든 아웃소싱 업무를 인도에서만 처리하지 않는 방안을 좋아하는 것으로 나타났다. 특히 뭄바이에 발생한 홍수로 인해 인도의 데이터센터가 마비되고, 같은 날에 닥친 허리케인이 플로리다의 운영설비를 마비시킨 작년에 미국의 한 거대 은행이 거의 영업을 못하게 된 상황을 맞은 후에 더욱 그렇게 되었다.

로즈만이 그 미국 은행과의 첫 상담을 회상하며 말했다. "제가 그 거대 미국 은행을 처음으로 방문해 인도 대신에 몬테비데오로 그들의 서비스를 아웃소싱하자고 했을 때, 저와 상담한 직원은 '몬테비데오가 어디 붙어 있는지도 모른다'고 답하더군요. 그래서 제가 그에게 '그게 핵심입니다!'라고 답해줬습니다." 하루 스물네 시간 후선관리업무 운영을 인도 회사에만 의존하고 있는 다국적기업들은 세 번째 교대조의 여덟 시간만 미국의 하루 중 핵심 업무시간에 쓸 수 있었던 것이 또 다른 요인이었다고 로즈만은 덧붙였다. 그것은 최고 수준의 인도 엔지니어들은 야간근무조로 일하길 원치 않기 때문이다. 미국과 시차가 한 시간 앞선 몬테비데오에 아웃소싱센터를 설립함으로써 타타는 인도의 낮(미국의 밤) 근무시간에 최고의 인도 엔지니어를, 그리고 미국의 낮(인도의 밤) 근무시간에 최고의 우루과이 엔지니어를 고객들에게 제공할 수 있게 되었다. 이곳의 대부분 직원은 우루과이인들이지만 타타에서 파송된 인도인들 또한 상당히 많다. 양국 직원들에게 모두 문화적 충격과 불협화음이 생긴다. 몬테비데오에는 인도 식당이 하나도 없다. 회사는 마치 뭄바이에 있는 것처럼 엄격하게 타타의 원칙에 따라 운영되기 때문에 우루과이인들이 미국인들에게 서비스를 제공하는 인도인인 것처럼 말하는 걸 보면 꽤 볼 만하다. 27세의 우루과이인 관리자인 로시나 마미온은 "우리 고객들은 우리가 인도인처럼 행동하고 똑같은 방식으로 응대하길 원합니다"라고 설명했다.

무슨 일이든 가능하다. 오늘날의 세계에서는 인도 회사를 헝가리계 우루과이 CEO가 이끌고, 우루과이 채소 먹는 법을 배운 인도 기술자들이 몬테비데오의 우루과이 엔지니어들을 관리하면서 미국 은행들에 서비스를 제공하는 것이 그저 새로운 보통 일이다.

2006년 봄의 어느 날, 나는 미국에서 아웃소싱 받아서 일하는 인도 최고의 회사 중 한 곳인 사티암컴퓨터서비스Satyam Computer Services 회장 B. 라마린가 라주B. Ramalinga Raj를 인터뷰 중이었다. 그는 지나는 말로 어떻게 사티암이 회사가 수주받은 미국 업무의 일부를 인도의 마을에 아웃소싱하기 시작했는지 언급했다. 아웃소싱을 받아 일하는 회사가 아웃소싱을 하게 된 것이다! 왜 안 되겠는가? 라주의 설명은 다음과 같았다. "우리는 스스로에게 말했습니다. 아웃소싱된 업무가 선진국의 도시들을 지원하기 위해 인도의 도시들에서 처리된다면, 왜 인도의 도시들을 지원하기 위해 인도의 마을에서 그 일들이 처리되면 안 되는가? 직원들 기록을 처리하는 것과 같은 일들은 어디에서도 마칠 수 있으며, 어느 마을에서 처리하지 못할 이유가 하나도 없었습니다." 사티암은 1년 전에 마을 두 곳으로 시작했으며, 150군데로 늘릴 계획이다. 현재는 큰 인도의 마을에까지 도달한 충분한 인터넷 대역폭이 있어서 이 일을 떼어줄 수 있고 마을 주민들도 몹시 하고 싶어한다. "자연감소 수준은 낮지만, 해보겠다고 다짐하는 수준은 높습니다. 그것은 마을에 경제적인 삶을 불어넣는 방법입니다"라고 라주는 말했다.

2006년 가을, 나는 네브라스카 주의 사우스 수 시티South Sioux City를 방문했다. 그곳에서 더그 파머Doug Palmer를 만났는데 그와 그의 동업자 패트 보샤Pat Boeshart는 건물에 이용되는 폼접합 단열 콘크리트insulated concrete form를 만든다. 폼으로 콘크리트를 단열하는 전통적인 방법은 폼을 만든 후에 콘크리트에 접합시키기 위해 트럭으로 건설현장까지 운반하는 것이다. 그들의 회사 라이트폼Lite-Form이 가진 장치를 덧붙여 결합하면 폼과 콘크리트를 현장에서 함께 만들 수 있는 한국산 기계를 찾아냈다. 결국 트럭 운반비용을 크게 절약하게 되었다. 현재 사우스 수 시티의 회사는 이런 기계를 한국에서 수입해 회사의 장치를 부착하고, 그렇게 만든 기계를 쿠웨이트에 수출한다. 그의 회사는 쿠웨이트인에게 그 장비의 사용법을 가르쳐주는 아랍어로 된 홍보책자도 갖고 있다. 그 홍보책자는 네브라스카의 미국 인디언 위네바고족이 소유한 그 지역의 광고대행사에서 제작했다. '위너베가스Winna Vegas'라 불리는 도박 카지노에서 사업을 다각화하려는 노력의 일환으로 그 부족의 경제개발공사가 그 광고대행사 사업을 시작했다. 여러분이 제대로 읽은 게 맞다. 쿠웨이트에 있는 고객을 위해 사우스 수 시티의 한 회사에 의해 주문 제작될 기계를 한국에서 수입하는 네브라스카 주민을 위해 북미의 평원 인디언들Plains Indians이 아랍어로 된 홍보책자를 만들어준다.

구닥다리 좌파들은 자유무역이 단지 다국적기업만 이익을 보는 뭔가라고 생각한다. 사실 자유무역은 이제는 다국적으로 활동하는 소기업과 개인들에게 절대적으로 중요하다. 회사에 스물여덟 명의 직원을 둔 파머는 "우리는 보호무역주의가 두렵습니다"라고 말했다. "적의 침입을 막기 위해 성 주위에 못을 파두던 식으로 무역을 계속하면서 세상에서 우리가 제일 똑똑하다고 생각한다면, 우리는 곧 죽을 겁니다. 우리는 교환하고 교역하는 데 필요한 유연성을 가져야만 합니다."

몇 주 뒤에 실리콘밸리에서 아리지트 셍굽타Arijit Sengupta를 만났는데 그는 스탠퍼드 대학교와 하버드 비즈니스스쿨에서 공부한 젊은 인도계 미국인이며, 그의 회사 비욘드코어BeyondCore는 아웃소싱된 관리업무의 작업에서 생기는 실수를 찾아내고 줄여주는 알고리듬을 가진 소프트웨어를 개발했다. 내가 셍굽타 씨를 만났을 때, 그는 회사의 로고가 찍힌 명함을 한 장 건네주면서 전 세계의 프리랜서들이 모이는 웹 사이트를 통해 온라인으로 찾아낸 루마니아에 사는 그래픽 아티스트가 그린 것이라고 설명했다. 그 사이트에서 필요한 디자인을 입찰에 부쳤고, 아르헨티나와 인도, 이탈리아, 말레이시아, 뉴질랜드, 루마니아, 우크라이나, 우루과이 그리고 미국에서 정말 많은 제안을 받아 그중의 최고작을 선정했다. 불과 200~300달러 정도를 주고 몇 주 후에 자신의 사업상 명함에 쓰일 고유한 회사 로고를 손에 쥐었다. 그의 데이터베이스와 웹 서버는 무료 소프트웨어를 이용해서 설치했고, 블로그와 웹 사이트 일부는 무료로 호스팅되는 구글을 이용하고 있다. 또한 마케팅과 영업지원 및 특허 신청 등의 업무는 인도 회사들에 아웃소싱했다. 내가 사무실이 어디냐고 물으니, 그는 자신의 블랙베리 휴대전화를 들어 보였다. 그 블랙베리로 인도와 보스턴 그리고 팔로알토에서 등록한 전화번호에서 착신전환된 전화를 받는다. 그때 그와 일곱 명의 직원들은 이미 《포춘》 500대 기업 중 한 곳을 고객으로 확보했다. "제가 이 회사를 창업했을 때 전 지리적인 문제를 생각할 필요가 전혀 없었어요"라고 그는 말했다. "제가 고려해야 했던 것은 오로지 업무처리를 위한 최고의 자원이 어디에 있는가였습니다. 필요한 것은 큰 아이디어입니다. 그거야말로 발견하기 어렵습니다." 셍굽타는 모든 일을 처리하는 아주 뛰어난 감각을 가졌고, 그런 방식으로 일함으로써 바닥에서부터 자신의 세계적인 소기업을 만들어냈다.

기억하라. 소기업은 고용창출 엔진이다. 이 더 평평해진 세계는 소기업들이 꿈꾸고, 창조하며, 판매하는 새로운 시대를 촉발시키고 있다. IBM의 조엘 콜리는 그가 아는 한 청년에 대해 들려줬는데 그는 아이팟의 완전 흰색인 이어폰 대신에 컬러로 색을 입힌 이어폰이 좋겠다고 생각했다. 그래서 그는 중소기업들이 전 세계적으로 무역인과 판매인 그리고 제조업자와 계약을 맺도록 도와주면서 영어로 운영되는 알리바바닷컴Alibaba.com을 온라인으로 방문했다. 알리바바에서 중국에 있는 이어폰을 디자인하는 사람과 그 이어폰을 생산하는 또 다른 사람을 찾아냈다. 그런 다음 그는 아마존닷컴이 물류, 구매 그리고 결제 등 계약 이행에 관한 플랫폼을 그에게 제공하는 계약을 체결했다. "그 청년은 자본을 거의 들이지 않고, 세계적으로 업무를 수행하는 세계적인 공급망을 개시했습니다"라고 콜리가 말했다.

이런 이야기들은 평평해진 세계의 플랫폼 덕분에 역사 이래 유례없이 협력적이며 스스로 사업을 구축하는 사업모델의 출현을 목격하고 있다는 점을 말해준다. 또한 가능한 무슨 일이든 성사될 수 있음을 보여준다.

규칙 2: 이번 규칙은 규칙 1의 곁가지다. 우리는 가능한 일이라면 무슨 일이든 해낼 수 있는 세계에 있기 때문에 오늘날 가장 중요한 경쟁은 바로 당신과 당신의 상상력 간의 경쟁이다.

물론 나라들은 여전히 서로서로 경쟁하며 앞으로도 항상 경쟁할 것이다. 물론 기업들도 여전히 서로 경쟁하며 앞으로도 항상 경쟁할 것이다. 그러나 평평한 세계에서 독특한 점은 개인들 또는 소집단들이 전 세계적으로 움직이고 경쟁할 수 있는 그들의 수준이다. 개인들이 자신들의 아이디어와 제품 또는 서비스를 개인적으로 업로드하고 세계화할 수 있게 된 때에 그들이 상상하는 바가 그 어느 때보다 더욱 중요해졌다. 그것이 바로 앞으로 가장 큰 경쟁은 당신과 당신의 상상력 사이에서 생긴다는 이유이다. 이젠 스스로 훨씬 더 많은 것을 해낼 수 있기 때문이다. 나는 B. 라말링가 라주B. Ramalinga Raju를 만나서 이런 개념을 얻었는데 그는 "당신 자신의 상상력 또는 직원들로부터 최대한 좋은 성과를 이끌어내는 것"이 우리의 시대를 정의하는 특징이 될 것이라고 말했다. 앞으로 번영하는 국가와 기업들은 국민과 직원들이 그들의 상상력을 끝없이 활짝 펴고 그런 꿈을 신제품과 새로운 서비스로 전환시킬 수 있는 환경을 조성하는 그런 국가와 기업들이다. 앞에서 말한 이야기들의 공통점은 이들 개인 또는 그들이 창업한 회사에서 제공하는 제품과 서비스는 그 이전에 없었다. 이 기업가들은 단순히 다른 사람들의 아이디어를 채택하거나 발전시켜 더 싸고 더 좋게 만든 것이 아니다. 그렇지 않았다. 그들 대부분은 가능한 일에 대해 자기 자신, 자신만의 상상력과 경쟁했다. 그들은 다른 사람들이 같은 것을 상상하고 그들보다 먼저 행동하기 전에 자신들이 상상한 것을 실천에 옮겼다.

그것이 바로 오늘날 보호주의의 장벽을 더 높이 쌓아야 한다거나 자유무역을 제한해야 한다고 주장하는 미국 사람들을 무시해야 하는 한 가지 이유다. 그런 주장은 잘못된 시기에 잘못된 것을 잘못된 나라에 적용하는 것이다. 나는 이제 사람들에게 말한다. "무역에 대한 제 입장을 다시 생각해봤습니다. 저는 더 이상 자유무역주의자가 아닙니다. 네, 아닙니다. 저는 이제 급진적인 자유무역주의자입니다." 가능한 일이면, 무슨 일이든 해낼 수 있다면 세계 어디에서나 일이 진행되는 것과 경쟁 등에 가장 개방적이고, 다른 한편으로 자국민과 이민자들이 상상하도록 유인해 어떤 일이든 가능한 것을 해내는 사회가 가장 번영하는 사회가 될 것이기 때문이다.

또한 이것으로 왜 평평한 세계에서 미국의 잠재력에 대해 내가 여전히 낙관적인지 설명된다. 미국은 앞서 말한 요인들을 다른 어떤 나라보다 더 많이 갖고 있기에 나는 낙관적이다. 그리고 우리는 쓸데없이 그것에 손대서는 안 된다. 워싱턴 D.C.는 아마도 뇌사상태인 것 같다. 민주당과 공화당도 뇌사상태일지 모른다. 의회도 그럴지 모르지만, 미국의 자유롭고 개방적이고 원하는 것은 무엇이든 상상하라는 유연한 경제와 사회는 아직도 생생히 살아 있다. 수도 워싱턴 D.C.를 벗어나서 전국을 여행할 때면 이런 미국을 매일 목격한다. 자유롭게 개방된 미국의 경쟁적인 환경은 미국을 독보적이게 할 뿐만 아니라 뇌사상태에 빠진 미국 정치인들로부터 미국을 구해주는 것이다.

"생각과 다양성, 개념, 그리고 경쟁 신호의 끊임없는 흐름에 가장 저항이 없는 사회가 이깁니다. 또한 가능한 것이면 무엇이든지 신속하게 생각에서 시장으로 전환시킬 수 있는 효율성을 가진 사회가 승리합니다"라고 난단 닐레카니가 말했다.

내게는 그 말이 여전히 미국에 대해 말하는 소리로 들린다. 그러니 내가 장벽을 세우려는 사람들에게 반대한다면 날 용서하시라. "영국은 19세기를 지배했고, 미국은 20세기를 지배했으며, 이제 중국이 21세기를 지배할 것이다"라는 말을 들을 때면 내가 "아직은 어림도 없다"라고 대답하더라도 역시 날 용서하시기 바란다. 아마도 중국은 21세기에 경제를 지배하는 대국이 될 수도 있고, 아닐 수도 있다. 나는 아직 중국에 21세기를 내줄 준비가 안 됐다. 우리 미국인들이 승리에 취해 쉬면서 또는 당연하게 21세기를 지배할 수 없는 것은 명백하다. 우리는 더 열심히 더 똑똑하게 일해야 한다. 하지만 미국이 자동적으로 중국에 치이지도 않을 것이다. 중국에서는 구글이 검열을 당하는데, 이는 가능한 일을 상상하고 실천하는 데 수많은 장애와 제한이 있음을 대변해주는 것이다.

그래서 나는 미네소타 주에 사시는 할머니께서 추운 겨울 동안 벽난로 옆에 놓인 흔들의자에 앉아 오늘날까지 날 이끌어온 지혜 하나를 알려주셨던 추억을 농담 삼아 말하길 좋아한다. 할머니께서는 내게 이렇게 말씀하시곤 했다.

"토미야, 구글을 검열하는 어떤 나라에도 결코 한 세기를 양보해서는 안 된다."

규칙 3: 작은 기업도 크게 행동해야 한다. 평평한 세계에서 작은 기업이 번영하는 한 가지 방법은 정말로 크게 행동하는 방법을 배우는 것이다. 상상력이 필요하지만 충분하지 않다. 상상하는 것을 실행할 수 있는 능력을 갖춰야만 한다. 작은 기업이면서 크게 행동하는 것의 핵심은 더 멀리, 더 빠르게, 더 넓게, 그리고 더 깊이 뻗어 나갈 수 있도록 협력의 새로운 도구를 신속하게 활용하는 것이다.

이 규칙을 설명하는 데 아라멕스Aramex의 공동 창업자이자 최고경영자인 나의 친구 파디 간도르Fadi Ghandour의 이야기를 해주는 것보다 더 나은 방법이 떠오르지 않는다. 아라멕스는 아랍 세계에서 소포 배달 서비스로 성장한 최초의 기업이며, 나스닥에 상장한 최초이자 유일한 아랍 기업이다. 원래 레바논에 살던 간도르의 가족은 1960년대에 요르단으로 이주했고, 그의 아버지 알리는 요르단에서 로열요르단항공사Royal Jordanian Airlines를 설립했다. 그러니까 간도르는 항공 사업의 유전자를 가지고 있는 셈이다. 워싱턴 D.C.의 조지워싱턴 대학교를 졸업하고 얼마 후, 간도르는 집으로 돌아와 자신이 성공할 수 있다고 생각하는 틈새사업 기회를 보았다.

간도르와 미국인 공동 창업자 윌리엄 킹슨William Kingson은 자금을 모집해 1982년 중동 지역을 대상으로 페더럴익스프레스처럼 소포를 배달하는 자그마한 회사 아라멕스를 세웠다. 당시 아랍 세계에서 영업 중인 세계적인 소포 배달 서비스 회사는 현재 독일 우정국 소유인 DHL뿐이었다. 페더럴익스프레스나 에어본익스프레스Airborne Express같이 중동에서 영업하지 않는 미국 기업에 접촉해 중동에서 그들의 배송 서비스업체가 되겠다고 제안하는 것이 간도르와 킹슨의 묘안이었다. 그래서 아랍 기업이야말로 현지 사정을 잘 알고, 아랍권과 이스라엘의 충돌, 이란−이라크 전쟁(1980~1988), 미국의 이라크 침공(1991) 같은 당혹스러운 일에 대처할 수 있다는 사실을 근거로 제시했다.

간도르는 아라멕스의 이야기를 다음과 같이 펼쳐놓았다. "우리가 미국 회사들에 제안하면서 말했습니다. '우리는 당신네 안방 시장에서 당신들과 경쟁하지 않습니다. 우리는 중동 시장을 잘 알고 있습니다. 그러니 당신네 소포를 여기 있는 우리에게 맡겨 주십시오. 우리는 당신의 중동 지역 배달부가 되겠습니다. DHL 같은 세계적 기업에 그 시장을 내줄 작정입니까?'" 에어본익스프레스가 긍정적인 반응을 보였는데, 간도르는 그것을 이용해서 사업을 구축한 뒤에 사업망은 이집트에서 터키, 사우디아라비아까지, 나중에는 인도, 파키스탄 및 이란 각지의 작은 배달 서비스 회사를 매입하거나 파트너십을 맺었다. 그리하여 자신의 현지 네트워크를 만들었다. 에어본익스프레스는 페더럴익스프레스가 세계 전역에 투자해 영업망을 구축하고 나가는 것과 같은 자금이 없었기 때문에 아라멕스 같은 지역 배달 서비스 업체 40여 곳과 제휴를 맺어 가상의 글로벌 네트워크를 만들었다. 에어본익스프레스의 파트너들이 얻은 것은 그 당시 개별 기업 차원에서는 구축할 수 없었던 것으로, 세계시장에서 영업하는 기업이 된 것과 페더럴익스프레스나 DHL과 경쟁할 수 있는 전산화된 배달물품 추적 시스템이었다.

에어본익스프레스는 "모든 파트너가 온라인 배달물품 추적 전산 시스템을 이용하도록 했습니다. 그에 따라 에어본과 제휴를 맺은 기업들은 소포를 배달하고 추적하는 방식에 통일된 언어와 품질 기준안을 마련했습니다"라고 간도르는 설명했다. 간도르의 회사는 요르단의 수도 암만에 있는데, 간도르는 시애틀에 있는 에어본 본사의 메인프레임 컴퓨터를 활용하기 위해 암만까지 연결하는 데이터라인을 리스했다. 중동에서 접속단말기terminal를 통해 에어본의 메인컴퓨터에 접속함으로써 아라멕스는 소포를 추적했다. 사실 아라멕스는 에어본 시스템을 가장 먼저 채택한 협력회사였다. 간도르가 고용한 요르단 직원들이 시스템을 효율적으로 제대로 운용하게 되니 에어본은 그들에게 전 세계에 자사의 시스템을 설치하고 다른 협력사업자들을 훈련시키는 일을 맡겼다. 그래서 영어를 구사할 줄 아는 이 요르단 직원들은 스웨덴이나 극동 지역 같은 곳으로 가서 에어본의 배달물품 추적 시스템을 가르쳤다. 결국 에어본사는 제휴관계를 더욱 확고히 하기 위해 아라멕스 지분의 9%를 샀다.

이 협력방안은 모두에게 잘 맞게 작동되었고, 아라멕스는 아랍 세계에서 소포 배달 시장을 석권하기에 이르렀다. 아주 성공적이었기에 1997년에 간도르는 아라멕스를 나스닥에 상장하기로 결정했다. 아라멕스는 계속 성장해서 어떠한 큰 정부 계약도 없이 연간 매출액이 2억 달러에 달하는 기업이 되었고, 직원도 3200명으로 늘었다. 아라멕스처럼 민간부문을 위한 사업을 민간부문에서만 키워낸 기업 사례는 아랍 세계에서는 매우 드문 일이다. 닷컴 붐 때문에 아라멕스 같은 구세대 서비스 기업은 관심을 못 받았고, 그 거품이 꺼지면서 나스닥이 휘청대는 바람에 아라멕스의 주가는 한 번도 크게 올라가지 못했다. 금융시장이 아라멕스의 가치를 제대로 평가하지 못한다고 생각한 간도르는 두바이의 사모펀드회사Private Equity Firm와 함께 2002년에 아라멕스의 주식을 주주들로부터 사들였다.

당시 간도르는 몰랐지만, 이것은 세계가 평평해지는 과정에 이뤄진 일이었다. 그는 새로운 일을 할 수 있게 되었다는 것뿐만 아니라, 이전에는 상상도 할 수 없었던 일을 해야만 한다는 사실을 갑자기 깨달았다. 에어본이 DHL에 매각된 2003년에 그는 세계가 평평해졌다는 것을 처음 실감했다. 에어본은 2004년 1월 1일에 그 사실을 발표했는데, 그에 따라 기존의 제휴회사들은 에어본의 배달물품 추적 시스템을 더 이상 쓸 수 없게 되었다. 안녕. 당신들의 앞날에 행운이 있기를 빕니다.

세계가 평평해지면서 거대기업 에어본이 더 평평해질 수 있었던 것처럼, 작은 기업인 간도르의 회사도 한 단계 올라서서 에어본의 시스템을 대체할 수 있게 되었다. 간도르는 이렇게 말했다. "에어본이 매각과 제휴관계의 정리를 발표한 순간, 나는 런던에서 제휴그룹의 주요 파트너들을 전부 모아놓고 비상회의를 열었습니다. 우리가 가장 먼저 취한 조치는 새로운 제휴관계를 맺는 것이었어요." 그러나 간도르에게는 한 가지 복안이 있었다. "나는 아라멕스가 요르단에서 에어본의 배달물품 추적 시스템을 대체할 소프트웨어를 개발 중이라고 참석한 기업들에 말했습니다. 그리고 에어본의 시스템 지원이 중단되기 전에 우리 시스템을 가동할 수 있다고 모두에게 약속했습니다."

간도르는 사실상 생쥐가 코끼리를 대체할 수 있다고 그들에게 말한 것이었다. 상대적으로 작은 그의 회사가 에어본이 시애틀 본사에 있는 메인프레임 컴퓨터로 해오던 것과 같은 관리업무 지원을 해주고, 에어본과의 결별로 동맹에 생긴 구멍을 메울 글로벌 파트너를 찾겠다는 것이었다. 그러기 위해서 그는 파트너가 될 만한 기업들에 그들이 유럽이나 미국에서 처리하느라 지급해야 되는 관리지원업무 비용의 몇 분의 일에 업무를 처리할 수 있도록 요르단인 전문가들을 고용하겠다고 말했다. "아라멕스는 그 제휴그룹에서 가장 큰 회사는 아닙니다"라고 이제 40대 중반의 정력이 충만한 간도르가 말했다. "그러나 내가 주도권을 쥐었습니다. 독일의 내 사업 파트너는 12억 달러짜리 기업인데, 상황에 대처하는 속도가 그다지 빠르지 않습니다."

그는 어떻게 그렇게 빠르게 움직일 수 있었을까? 답은 삼중융합이다. 우선 무엇보다 요르단의 소프트웨어와 산업 엔지니어들이 충분히 성장해서 평평한 경기장으로 걸어나왔다. 그들은 시애틀에 있는 에어본의 직원들과 똑같이 큰 사업활동에 필요한 모든 협력 작업 도구들을 그들도 활용할 수 있음을 알아냈다. 이제 이런 도구와 수단을 골라 제대로 이용하는 것은 에너지와 상상력을 발휘하는 문제일 따름이었다.

"우리에게 중요한 핵심은 기술을 찾아내서 에어본의 기술을 즉각적으로 대체하는 것이었습니다. 왜냐하면 온라인 실시간 추적 시스템 없는 대기업과 경쟁할 수 없으니까요. 우리의 소프트웨어 엔지니어들만으로 웹에 기반을 둔 추적 및 배송관리 시스템을 개발했습니다."

인터넷을 통해 제휴기업들의 관리업무를 지원하는 것은 그들이 각자 시애틀에 있는 에어본의 메인프레임 컴퓨터에 연결해서 쓰는 것보다 훨씬 효율적이었다. 에어본의 시스템은 상당히 중앙집중적이었고, 이미 새로운 웹 구조에 적응하는 데 힘겨워하고 있었다. 웹이 있으므로 제휴를 맺은 모든 협력회사의 직원들은 PC 단말기나 손바닥 크기의 휴대용 단말기를 이용해 인터넷이나 무선통신으로 아라멕스의 추적 시스템에 접속할 수 있다고 간도르는 말했다. 런던에서 그런 제안을 한 지 몇 달 후, 간도르는 파트너가 되려는 뜻을 가진 모든 이들을 암만에 불러 아라멕스가 개발 중인 시스템을 보여주고 요르단인 소프트웨어 전문가와 엔지니어들을 만나게 했다. 프로그래밍 작업의 일부는 아라멕스 사내에서 진행되었고, 일부는 아웃소싱되었다. 아웃소싱은 아라멕스도 가장 뛰어난 인재를 찾아 활용할 수 있다는 뜻이다. 파트너들은 개발되는 시스템을 좋아했고, 그리하여 전세계배송연합Global Distribution Alliance이 탄생했다. 아라멕스는 한때 아라비아의 로렌스가 배회하던 암만의 강가에서 지원업무를 제공함으로써 마이크로소프트와 빌 게이츠가 있는 곳에서 고속도로로 연결되는 바로 근처에 있는 에어본을 대체했다.

간도르가 에어본을 그렇게 빨리 대체할 수 있었던 또 다른 이유는 그가 새로운 환경에 적응시켜야 할 오랫동안 써온 시스템이 없었다는 것이다. "저는 곧장 인터넷으로 가서 최신 기술을 이용했습니다"라고 그가 말했다. "웹 덕분에 크게 행동할 수 있었고, 대기업들이 수백만 달러씩 투자한 대규모 기술을 몇 분의 일 정도의 비용으로 복제할 수 있었습니다. 비용 측면에서 보자면, 우리 같은 작은 기업에는 아주 이상적이죠. 나는 세계가 평평해졌다는 사실을 알았습니다. CEO로서 제가 직원들에게 가르치는 것은 우리는 경쟁할 수 있다, 우리가 들어갈 여지는 얼마든지 있다, 게임의 규칙이 변하고 있다, 덩치가 클 필요는 없다, 틈새시장을 찾을 수 있다, 그리고 기술만 있으면 대기업과 얼마든지 경쟁할 수 있다고 말하는 것이 전부입니다."

2004년 1월이 되자 에어본은 시스템 지원을 중단했다. 아라멕스는 매끄럽게 스스로 개발한 시스템을 작동시켰다. 인건비가 더 적게 든 요르단 프로그래머들이 주로 개발한 소프트웨어를 이용하는 인터넷 플랫폼의 새로운 시스템을 가동할 수 있었기 때문에 아라멕스가 엔지니어를 파견해서 제휴 기업을 훈련할 필요 없이 새로운 시스템을 가상현실에서 설치할 수 있었다. 각 파트너 기업들은 아라멕스 시스템을 통해 인터넷에서 각자의 고객 현황 자료를 구축할 수 있었고, 스스로 소포의 위치를 추적하며 새로운 가상 현실의 전 세계 항공운송 네트워크에 참여할 수 있게 되었다.

"지금 우리는 40개의 파트너사와 더불어 이 전 세계 네트워크를 관리하고 있으며, 세계 곳곳에 서비스를 제공하지 못하는 곳이 없습니다. 뿐만 아니라 비용을 크게 절약할 수 있었죠. 웹에 기반을 둔 시스템이기에 아라멕스 네트워크에 들어오는 데 필요한 것은 브라우저와 비밀번호가 전부입니다. 그러면 곧장 글로벌 배송관리 시스템에 들어오게 됩니다." 간도르가 말했다. 아라멕스는 파트너 회사의 많은 직원에게 다양한 온라인 채널, 즉 인터넷을 이용한 음성통화, 온라인 채팅 그리고 아라멕스 인트라넷에서 이용 가능한 가상 훈련법 등을 이용해 시스템 사용법을 가르쳤다. 이 때문에 훈련비용은 믿을 수 없을 정도로 적게 들었다.

UPS처럼 아라멕스도 재빨리 인소싱을 했다. 중동에 있는 아랍 은행과 외국 은행들은 신용카드 배달 업무를 아라멕스에 아웃소싱했다. 아라멕스의 배달원들은 휴대전화회사의 요금 수금을 대행했다. 배달원은 고객의 신용카드를 스캐닝하고 영수증만 발급해주면 되었다. 아라멕스는 첨단기술 기업이라 할 수 있지만, 이스라엘과 팔레스타인 간의 충돌로 웨스트뱅크 지역의 도로가 폐쇄되자 당나귀를 이용해 군이 설치한 노상 장애물을 넘어가서 소포를 배달하길 꺼리지 않았다.

"우리는 매우 평평한 조직입니다"라고 간도르는 설명했다. "이것은 아랍의 전통이 아닙니다. 왜냐하면 민간부문의 아랍 기관들은 매우 계층적이고 가부장적인 정부기관과 비슷한 면을 보입니다. 아라멕스는 그렇게 운영되지 않습니다. 나와 우리 회사의 어떤 직원 사이든지 두세 개의 계층만 존재합니다. 우리 조직의 모든 지식노동자는 각자 인터넷과 이메일을 쓸 수 있는 컴퓨터를 갖고 일합니다. 바로 여기에서 당신의 컴퓨터로 회사의 인트라넷에 접속해 내부에서 무슨 일이 일어나고 있는지 정확히 알 수 있죠. 간부 직원들이 보고할 필요도 없습니다."

요약하자면, 파디 간도르는 새로운 형태의 여러 가지 협업, 즉 공급망, 아웃소싱, 인소싱 그리고 모든 근육강화제를 이용해서 연 매출 2억 달러인 그의 작은 회사를 매우 크게 만들었다. 아니면 그가 미소 지으며 말한 대로다. "저는 이 지역에서는 규모가 컸지만 세계적인 규모로 보면 작았습니다. 그런데 저는 그것을 뒤집었습니다. 국제적으로 크게 활동하지만, 요르단에서 작은 회사를 유지하고 있습니다."

규칙 4: 큰 기업은 작게 움직여야 한다. 대기업이 평평한 세계에서 번영하는 한 가지 방법은 고객들이 크게 활동하도록 해줌으로써 기업이 작게 움직이는 법을 익히는 것이다.

스타벅스의 창업자이자 회장인 하워드 슐츠Howard Schultz는 어떤 스타벅스 매장이든 메뉴판을 기초로 1만 9000종의 다양한 커피를 만들 수 있다고 말했다. 이것은 말하자면 스타벅스가 고객을 커피 맛을 설계하는 사람으로 만든 것이고, 고객들이 자신의 취향에 맞는 커피를 주문해서 마실 수 있도록 해준 것이다. 슐츠 회장은 또 스타벅스는 처음에 두유 같은 건 제공할 생각도 못 하다가 매니저들이 고객으로부터 빗발치는 요청을 받고 또 고객들이 팩에 든 두유를 사러 대낮에 건너편에 있는 식품점까지 가는 모습을 보고 나서야 생각을 바꾸었다고 말했다. 스타벅스는 고객으로부터 배웠으며, 지금은 스타벅스가 파는 음료의 8%에 두유가 들어 있다. "두유를 넣어서 다양한 음료를 만든다는 건 꿈도 못 꿨습니다. 고객들이 생각해낸 겁니다"라고 슐츠는 말했다. 스타벅스는 단지 고객들과 협력한 것뿐이다. 영리한 대기업들은 삼중융합으로 고객과 아주 새로운 방식으로 협력할 수 있다는 사실을 분명히 알고 있다. 그리고 그럼으로써 정말로 작게 움직일 수 있다. 대기업이 작게 행동하는 법은 개별 소비자에 초점을 맞춰서 그 고객에게 개인적으로 서비스를 제공하는 것이 아니다. 그것은 불가능하며, 그 비용도 너무 높아서 할 수가 없다. 대기업들은 가능한 한 뷔페식으로 사업함으로써 그걸 가능케 한다. 이들 기업은 소비자 개개인이 자기만의 방식으로, 자기의 속도에 맞춰, 자기의 시간에, 자기의 취향에 따라 자기에게 서비스하는 것을 가능하게 만드는 여건을 조성한다. 대기업들은 사실상 자신들의 고객을 직원으로 만들어 자기 취향대로 즐기면서 회사에 돈을 내도록 하는 것이다!

이런 방식으로 작게 행동하는 것을 배운 대기업 가운데 하나가 온라인 은행 겸 주식중개회사인 이트레이드E*Trade이다. 이 회사의 CEO이자 바로 이웃에 사는 내 친구 미첼 H. 캐플란Mitchell H. Caplan은 닷컴 붐과 붕괴에 따른 대소동 뒤에 무언가 매우 중요한 일이 벌어지고 있음을 깨닫고서 그걸 배웠다고 말했다. "어떤 사람들은 인터넷이 한계 없이 세상의 모든 것에 대변혁을 가져올 것으로 생각했죠. 인터넷으로 감기도 고칠 수 있다는 식으로 말입니다"라고 캐플란이 말했다. 물론 그것은 과장된 기대였다. 사람들은 미쳤다고 할 만큼 과대평가를 했고, 엄청난 수익을 기대했다가 결국에는 무너져 내렸다. 그러는 동안 인터넷은 그다지 요란스럽지 않게 "기업을 위한 전혀 새로운 공급 기반을 만들어냈고, 기업과 소비자가 서로에게 접근하는 전혀 새로운 방식을 만들었다"고 캐플란은 말했다. "우리가 잠자는 동안 내 어머니는 이메일 보내는 법을 익혀서 내 아이들과 편지를 주고받았습니다. 아이들은 친구들에게 메신저 등으로 메시지를 주고받습니다. 어머니는 인터넷 사용법을 배우셔서 이트레이드 계정 잔액도 확인합니다."

주의 깊게 상황을 지켜본 기업들은 '자기 결정권을 가진 소비자'가 탄생했다는 것을 이해했다. 이는 인터넷을 비롯한 여러 가지 수단을 통해 어떤 소비자든 자신이 원하는 대로 가격, 경험, 서비스를 정확하게 맞춰 주문하는 방법이 생겼기 때문이다. 자기 결정권을 행사하는 소비자들에게 힘을 부여하는 데 자신의 기술과 비즈니스 과정을 적응시키는 대기업은 고객들이 매우 크게 행동할 수 있도록 함으로써 정작 자신은 매우 작게 행동하게 되는 것이다. 대기업들은 소비자들에게 모든 제품과 서비스가 그들의 개별적 필요와 욕구에 맞춰 나오는 것처럼 느끼게 한다. 그러나 사실 기업이 하는 일은 소비자들이 셀프 서비스를 하도록 디지털 뷔페를 창조하는 것이다.

　금융 서비스 산업에서는 이 때문에 영업기법에서 심대한 변화가 일어났다. 역사적으로 금융업은 고객들에게 받는 서비스가 무엇이며, 어떻게, 언제, 그리고 어디에서 받게 되며, 지급해야 하는 비용이 얼마인지도 말해주는 대형 은행들과 대형 증권회사들, 그리고 대형 보험회사들이 지배했다. 고객들은 이 대기업들에 무관심에서 혐오에 이르는 다양한 감정을 가지고 반응했다. 그러나 은행이 고객을 다루는 방식이 싫더라도 실제적인 다른 대안이 없었다. 그러던 중에 세계가 평평해졌고, 인터넷이 나타났다. 소비자들은 자신들이 더 많은 통제력을 갖게 된 것을 느끼기 시작했고, 소비자들이 인터넷 구매방식에 익숙해질수록 서적 판매에서 금융업에 이르기까지 더 많은 기업이 이에 적응해 소비자가 통제권을 가질 수 있는 수단을 제공해야만 했다.

　"물론 거품이 터졌을 때 인터넷 주식도 날아갔다"고 캐플란은 말했다. 이트레이드의 주가도 닷컴 붕괴로 시장에 광풍이 불었을 때 크게 폭락했다. "그러나 그 밑에서는 소비자들이 권력의 맛을 보기 시작했고, 일단 소비자들이 그 맛을 보게 되자 기업이 소비자의 행동을 통제하던 것에서 소비자가 기업의 행동을 통제하는 쪽으로 상황이 바뀌게 되었습니다. 전쟁의 규칙이 변했으니 소비자들이 원하는 것에 반응해서 그것을 제공하지 못하면 다른 누군가가 그렇게 할 것이고, 그러면 당신 회사는 망하는 겁니다." 예전에는 크게 행동했던 금융기업들이 이제는 작게 행동하고, 소비자들이 크게 행동하도록 해주려 애쓰고 있다. 캐플란은 "오늘날 번영하는 기업은 스스로 결정권을 가진 소비자를 이해하는 기업"이라고 주장했다. 이트레이드에 이것은 기업이 각각의 금융 서비스, 즉 은행업, 주식중개업, 대출업의 집합이 아닌 스스로 결정권을 가진 금융 소비자에게 봉사하는 통합된 금융 경험체라는 것을 의미한다. 캐플란의 말이 이어졌다. "자기 결정권을 가진 소비자는 원스톱 금융 쇼핑을 원합니다. 우리의 온라인 사이트를 방문할 때 그들은 자신들이 결정할 수 있는 모든 금융 서비스가 하나로 통합되기를 원합니다. 그러나 우리는 겨우 최근에서야 우리의 세 가지 사업, 그러니까 은행업무와 대출, 주식거래를 정말로 통합하는 기술을 갖추었고, 이제는 그것을 통합해 단지 가격이나 서비스를 전달하는 것이 아니라 소비자들이 원하는 종합금융 서비스를 제공하게 된 겁니다."

3~4년 전에 이트레이드의 사이트를 찾았다면 한 화면에선 주식 계정을, 다른 화면에서는 대출 계정을 볼 수 있었다. 캐플란이 말했다. 오늘날에는 "단하나의 웹 페이지 안에서 실시간으로 주식매수 가능 금액을 포함한 주식 계정과 지급 내역, 상환해야 할 주택담보대출 잔액 및 단기간 이용 가능한 신용대출 잔액 등 은행계좌와 대출금의 상환 일정이 어떤 상태인지 정확히 알 수 있고, 최적으로 현금을 운용하기 위해 이 세 가지 계좌 사이를 자유로이 이동할 수 있습니다."

파디 간도르가 작은 회사로 크게 사업할 수 있는 전략을 만들어 삼중융합에 대응하는 한편, 미첼 캐플란은 큰 회사를 일으키고 자신의 큰 회사는 작게 행동하면서 그의 고객들은 크게 행동할 수 있게 함으로써 살아남았다.

규칙 5: 최고의 회사들은 최고의 협력자들이다. 평평한 세계에서는 점점 더 많은 사업이 기업 내부와 기업 간의 협력으로 이루어질 것이다. 그 이유는 간단하다. 기술 또는 마케팅, 바이오 신약 혹은 제조 등 어떤 분야에서든 가치창조의 다음 단계는 너무나 복잡해져서 한 회사 혹은 한 부서 단독으로 감당할 수 없을 것이다.

IBM의 전략기획부문 최고책임자인 조엘 콜리는 이렇게 말했다. "많은 분야에서 확인할 수 있는 한 가지는 대단히 높은 수준의 특화된 기술들이 만나는 교차점에서 다음 단계의 혁신이 이루어진다는 것입니다. 어떤 분야에서든 최첨단의 기술적인 혁신은 갈수록 전문화되고 있습니다." 대부분은 한 회사 또는 한 부서가 보유한 전문기술은 어떤 의미 있는 사업 또는 사회적인 요구의 아주 작은 한 부분에만 적용될 것이다. "그러므로 어떤 가치 있는 혁신을 이루려면 점차 그 적용 범위가 협소해진 특수한 기능들을 결합해야 합니다. 그래서 협력이 중요합니다." 콜리의 말이다. 예를 들어 한 생명공학회사가 개발하려고 연구 중인 신약을 제조할 수 있는 새로운 스텐트를 한 제약회사가 개발했다고 하자. 두 회사 모두에게 진정한 이익을 가져다주는 진정한 혁신은 한 회사의 혁신적 신약을 다른 회사의 혁신적인 약품의 전달 시스템과 결합하는 두 회사의 협력에서 발생하는 걸 알게 될 것이다.

더욱 생생한 예를 하나 들어보자. 비디오 게임 이야기다. 게임 제작자들은 오래전부터 게임에 맞는 음악을 별도로 제작한다. 그들은 게임과 잘 맞아떨어지는 음악을 삽입하면 게임을 훨씬 더 많이 팔 수 있을 뿐만 아니라, 음악만을 별도로 CD나 다운로드 형태로 판매할 수 있다는 것도 알아차렸다. 그래서 일부 대규모 게임 제작사들은 회사 내에 음악사업부를 출범시켰다. 또한 일부 음악가들도 라디오보다는 디지털 게임과 함께 음악을 발표하는 것이 성공 가능성이 더 높다고 판단하게 되었다.

앞서 지적한 바와 같이 새로운 중간 계층 일자리의 대부분은 뛰어난 통합능력을 가진 사람들의 차지가 될 것이다. 세계의 평평화로 인해 지식 저변의 상호연결이 점점 더 많아짐에 따라 특화된 제품이 더 많이 양산될 것이고 더 많은 혁신이 이러한 특화된 제품들을 새롭고 다른 방법으로 합성함으로써 생겨날 것이기 때문이다. 그것이 진실일수록 회사 내에서 통합과 협력이 더욱 깊이 있는 수준으로 이뤄지도록 배양하는 좋은 경영이 더 많이 등장할 것이다. 스티브 잡스와 애플의 비디오 아이팟에 관한 2005년 10월 24일 자 《타임》의 커버스토리 기사 중 한 단락이 내 시선을 확 잡아끌었다. 내용은 다음과 같다.

애플의 임직원들은 자신들이 '깊이 있는 협력deep collaboration'이나 '이화 수분 cross-pollination' 또는 '협력적인 엔지니어링concurrent engineering'이라 부르는 것에 대해 끊임없이 이야기한다. 그것은 본질적으로 제품이 그저 팀에서 팀으로 전달되는 것이 아니라는 뜻이다. 개별적으로 분리된 순차적인 개발 단계는 더 이상 존재하지 않으며, 대신 동시다발적이고 유기적인 개발 과정을 거친다. 디자인과 하드웨어, 소프트웨어 등 여러 부서가 같이 관여하는 디자인 검토회의를 수없이 거치면서 모든 부서가 병렬적으로 동시에 제품 개발을 진행한다. 다른 기업의 관리자들은 자신들이 회의로 낭비하는 시간이 얼마나 적은지 자랑하는 반면 애플은 그런 수많은 협력회의에 열정적으로 참여하며, 그런 개발 과정을 자랑스럽게 여긴다. 디자인 부서장인 조나단 이브Jonathan Ive는 상냥하지만 당돌한 영국인인데 다음과 같이 말했다. '당신들이 우리만큼 야심이 있을 때는 전통적인 방식의 제품 개발은 통하지 않을 뿐입니다. 해결해야 할 문제들이 그렇게 복잡한 경우, 보다 협력적이고 통합적인 방식으로 제품을 개발해야 합니다.'

이러한 패러다임의 변화를 가장 적절하게 보여주는 방법은 롤스로이스처럼 오랜 전통의 제조업체가 어떻게 변화에 적응했는가를 살펴보는 것이다. '롤스로이스'란 말을 들으면 제일 먼저 떠오르는 것이, 유니폼을 입은 기사가 운전석에 앉아 있고 완벽하게 차려입은 커플이 뒷좌석에 앉아 애스컷의 경마장이나 윔블던 테니스 경기장으로 가는 번쩍거리는 수제 자동차일 것이다. 롤스로이스는 전형적인 진부한 영국 기업이 아닌가? 그런데 롤스로이스는 이제 더이상 자동차를 만들지 않는다고 말하면 어떤가? 실제로 자동차 제조부문은 1972년에 매각되었고, 롤스로이스 상표는 1998년 BMW가 이용하도록 사용료 계약을 맺었다. 이제 롤스로이스 이익의 50%가 서비스 분야에서 나오고, 1990년까지 모든 직원이 영국에 있었던 데 비해 오늘날에는 40%가 영국 밖의 국외에 있으며 중국에서 싱가포르, 인도, 이탈리아, 스페인, 독일, 일본 그리고 스칸디나비아 반도에 이르는 전 세계적 기업활동에 통합되었다. 그렇다. 이제 당신 아버지 세대의 롤스로이스가 아니다.

"이미 오래전에 우리는 '단지 영국 회사로 머무를 수는 없다'고 말해왔다"고 롤스로이스의 대표인 존 로즈 경이 중국을 방문했을 때 나와 가진 인터뷰에서 말했다. "영국은 조그마한 시장입니다. 1980년대 후반 우리 사업의 60%는 방위산업이었고(특히 제트엔진), 우리의 주 고객은 영국 정부였습니다. 그러나 우리는 세계시장에서 활동할 필요가 있었고, 그러기 위해서는 우리의 사업 전반에서 최대의 고객은 미국이라는 점을 인정해야 했습니다. 그리고 방위산업 외의 시장에서도 성공해야 했습니다. 그래서 우리는 동력 시스템과 관련한 전문기술로 승부하는 회사가 되었습니다." 오늘날 롤스로이스의 핵심 경쟁력은 민간항공기와 군용항공기, 헬리콥터, 선박용 가스 터빈 제조와 석유, 가스 및 전력생산 산업용 가스터빈 제조에 있다.

롤스로이스의 고객은 이제 120개국에 있으며, 직원은 3만 5000명이나 된다. 그러나 단지 2만 1000명만이 영국에서 일하고 나머지 직원은 글로벌 네트워크의 연구, 서비스, 제조 분야에서 일한다. 롤스로이스의 사업 수익 절반은 이제 영국 밖에서 이뤄지는 사업에서 나온다. 로즈 경은 말하기를 "영국에서 우리는 영국 회사로 인식됩니다. 그러나 독일에서 우리는 독일 회사입니다. 미국에서는 미국 회사, 싱가포르에서는 싱가포르 회사지요. 고객뿐만 아니라 공급자, 직원 그리고 기업이 활동하는 지역사회와 가까워지기 위해서는 그래야 합니다." 오늘날 롤스로이스는 50여 개 언어를 사용하는 50개국에서 고용한 직원들의 국적이 50개 이상으로 매우 다양하다. 이 회사는 부품의 약 75%를 전 세계 공급망을 통해 아웃소싱 또는 오프쇼어링한다. "우리가 만드는 제품들 가운데 25%만이 타 기업과 차별화되는 요소를 갖고 있습니다. 그것은 고열을 견뎌야 하는 엔진, 터빈, 컴프레서, 팬 및 그 제작에 들어가는 합금과 항공역학입니다. 터빈의 날은 우리만의 특수 합금으로 만들어졌으며 매우 복잡한 냉각 시스템을 가진 진공 용광로의 단일결정체에서 증식됩니다. 부가가치가 높은 이 제조 분야는 우리의 핵심 경쟁력 가운데 하나입니다." 로즈 경이 계속해서 설명했다. "우리는 아직도 핵심 기술을 보유하고 있습니다. 우리는 고객이 요구하는 제품이 어떤 것인지 알아내고, 공급할 능력이 있습니다. 우리는 이 제품들을 생산해내는 데 최신 과학을 접목할 능력도 있습니다. 또 이 제품들의 시장 유통망도 쥐고 있습니다. 그리고 우리 제품을 사용하는 고객들이 내놓는 데이터를 이해하고 수집할 능력이 있기 때문에 사용 중인 제품에 고객 서비스를 제공하면서 끊임없이 부가가치의 창출이 가능합니다."

그러나 롤스로이스는 이들 핵심부문을 제외한 나머지 비핵심적인 요소들은 세계 도처의 공급자들에게 아웃소싱하고 있으며, 영국을 넘어 세계 곳곳에서 고급 두뇌를 찾는 등 매우 수평적인 접근방식을 채택했다. 대영제국에서 해는 졌는지 모른다. 그리고 롤스로이스의 멋진 시절도 가버렸다. 그러나 새로운 롤스로이스에서는 결코 해가 지지 않는다. 현재 전력생산 사업에서 혁신 제품을 생산하기 위해서는, 전 세계에 퍼져 있는 수많은 전문가의 능력을 결합해야 한다고 로즈 경은 설명했다. 그리고 차세대 에너지, 즉 연료전지 기술을 상품화하기 위해서는 그 이상의 것이 필요하다. "오늘날 사업에서 핵심 경쟁력의 하나는 제휴관계 형성입니다. 우리는 생산과 서비스 제공부문에서 제휴관계를 맺습니다. 또 대학들과 우리 산업의 다른 참여자들과 협력관계를 이룹니다. 그들이 제공하는 것과 우리가 수용할 수 있는 것에 대해 규칙이 서 있어야 합니다. 연구개발 시장과 공급자 시장 그리고 제품 시장이 있으며, 이 모든 시장에 대응하는 조직을 갖춰야 합니다." 그는 덧붙여서 말했다. "10년 전에 우리는 연구와 기술의 98%를 영국에서 수행했는데 이제는 그 비중이 40%가 채 안 됩니다. 미국과 독일, 인도, 스칸디나비아 반도, 일본, 싱가포르, 스페인 그리고 이탈리아에서도 연구와 기술 업무를 다룹니다. 또 지금은 10년이나 15년 뒤에 필요하게 될 기술과 국적의 좋은 조합을 예상하고 훨씬 더 많은 세계의 대학에서 직원을 채용합니다."

롤스로이스가 영국 중심의 회사였을 때는 매우 수직적인 조직이었다고 그는 말했다. 롤스로이스가 판매할 수 있고 지식을 뽑아낼 수 있는 시장이 세계적으로 점점 더 열림에 따라 "우리는 스스로 평평해져야만 했다"고 로즈 경은 말했다.

그리고 미래에는 무엇이 있을까?

롤스로이스가 세계가 평평해지는 것에 대응해 완벽하게 변화한 방식은 점점 더 많은 신생기업에 모범적인 사례가 될 것이다. 오늘날 당신이 실리콘밸리의 벤처투자회사에 가서 새로 회사를 세우고 싶지만 어떤 일이든 아웃소싱이나 오프쇼어링은 못하겠다고 말하면 자본투자가들은 당장 사무실을 나가달라고 문을 가리킬 것이다. 오늘날 벤처자본가들은 당신 회사가 세계 어느 곳에서든 찾을 수 있는 가장 똑똑하고 유능한 사람들과 협력해 일하기 위해 삼중융합을 활용할 것인지를 첫날부터 알고 싶어한다. 그것이 바로 평평한 세계에서는 점점 더 많은 기업이 전 세계를 상대로 하는 회사로 탄생하는 이유다.

"옛날에는 기업을 시작할 때 스스로 이렇게 말했을 겁니다. '20년 뒤에는 다국적기업이 되었으면 좋겠군.' 하지만 오늘날에는 창업 바로 다음날부터 다국적기업이 되어야겠다고 말합니다. 요즘엔 직원 서른 명인 회사가 실리콘밸리에 스무 명, 그리고 인도에는 열 명을 두고 시작하기도 합니다. 여러 가지 제품을 생산하는 회사라면 당신은 말레이시아나 중국의 제조회사와 관계를 맺을 것이고, 일부 디자인은 타이완에서, 고객 지원은 인도와 필리핀에서 그리고 엔지니어링 작업은 러시아와 미국에서 할 가능성이 높습니다." 위프로의 사장 비벡 폴이 해준 말이다. 이 회사들은 이를테면 미니 다국적기업이며, 그들이 미래의 물결이다.

오늘날 비즈니스스쿨을 나온 사람이 맡게 될 첫 번째 관리직은 아마도 3분의 1은 인도에 있고, 또 다른 3분의 1은 중국에 있으며, 나머지 6분의 1씩은 캘리포니아 팔로알토와 보스턴에 있는 지식노동자 그룹의 전문화된 능력들을 결합하는 역할일 것이다. 이런 팀을 관리하기 위해서는 아주 특별한 기술이 있어야 할 것이고, 그 기술은 평평한 세계에서 꽤 수요가 많아질 것이다.

규칙 6: 평평한 세계에서 최고의 기업은 정기적으로 흉부 엑스레이 검사를 받고, 그 결과를 고객에게 팔아 건강을 유지한다.

평평한 세계에서는 과거 어느 때보다 틈새사업도 순식간에 보통의 일반사업으로 바뀌기 때문에 오늘날 최고의 기업들은 정말로 흉부 엑스레이 검사를 정기적으로 받는다. 달리 말하면, 자신의 틈새경쟁력을 찾아 강화하고 차별성이 없는 것은 아웃소싱해야 한다. 흉부 엑스레이 검사라니 무슨 뜻인가? IBM의 부사장으로 사업 컨설팅을 하는 로리 트로피아노Laurie Tropiano를 소개하려는데 나는 그녀를 기업 검사 방사선 기사라고 부른다. 트로피아노와 그녀의 IBM 회사팀이 하는 일은 기본적으로 당신들 회사를 엑스레이 촬영하고, 사업을 요소별로 분해한 후에 그 결과를 커다란 벽면 스크린에 비춰서 기업의 전반을 연구할 수 있게 한다. 모든 부서와 모든 기능이 분해되어 상자에 담긴 뒤에 회사에 비용이 되는지 수익원이 되는지, 아니면 약간씩 둘 다인지 그리고 핵심 경쟁력을 가진 요소인지 아니면 다른 곳에서 더 싸게 더 잘할 수 있는 일반 기능은 아닌지 판별된다.

어느 날 IBM에서 기업 골격을 스크린에 보여주면서 트로피아노가 내게 설명했다.

"회사는 전형적으로 40~50개 요소를 갖습니다. 그러니까 우리가 하는 일은 이들 40~50개 요소를 판별하고 분리한 다음, 회사와 마주 앉아서 다음과 같은 질문을 합니다. '각 요소에 얼마나 지출하고 있습니까? 회사가 가장 잘하는 것이 무엇입니까? 차별성을 가진 요소는 무엇입니까? 당신의 사업에서 전혀 차별성이 없는 부문은 무엇입니까? 잠재능력은 있으나 원하는 것보다도 많은 투자를 해야 하기에 잘될지 확신하지 못하는 분야는 무엇입니까?'"

그런 질문을 통한 분석이 끝나면 기본적으로 기업의 내부를 들여다볼 수 있는 엑스레이를 얻게 되고, 네다섯 개의 관심을 집중해야 할 '열점hot spots'을 발견한다. 한둘은 핵심 경쟁력이 될 수 있다. 다른 것들은 기업이 보유하고 있는지도 잘 모르고 키워야 할지도 잘 모르는 능력일 수 있다. 엑스레이에 나온 다른 열점들은 같은 기능을 회사의 다섯 부서가 중복적으로 일하고 있는 요소일 수 있다. 아니면 아웃소싱할 때 드는 모든 비용과 혼란을 감안해도 여전히 비용절감이 생긴다는 전제하에 기업 외부에서 다른 누군가가 더 싼 값에 더 잘할 수 있는 것이라서 아웃소싱해야 하는 서비스들일 수도 있다.

트로피아노는 이렇게 말한다.

"기업 엑스레이를 보고 당신은 말합니다. '여기 이곳이 정말로 핵심이 될 수 있구나.' 그리고 아웃소싱이 가능한 것은 내보낸 다음, 마련된 여유자금을 언젠가 핵심 경쟁력이 될 만한 것을 키우는 프로젝트에 집중투자합니다. 평균적인 회사라면, 25% 정도가 전략적인 핵심 경쟁력을 갖추고 남다른 차별성이 있다면 잘하고 있다고 얘기할 수 있습니다. 나머지는 계속할 수도 있고, 개선하거나 아웃소싱할 수도 있습니다."

인터넷의 사업 관련 뉴스의 머리기사 하나가 내 눈길을 끌었을 때 처음으로 이런 현상에 관심이 생겼다. 'HP, 인도은행과 1억 5000만 달러짜리 계약 체결'. 《컴퓨터월드닷컴》은 2004년 2월 25일, HP가 뭄바이에 있는 인도은행Bank of India과 10년간 아웃소싱 계약을 체결했다는 HP 발표를 인용해 기사를 실었다. HP 인도 서비스의 마케팅 책임자인 나타라잔 순다람Natarajan Sundaram에 따르면, 1억 5000만 달러 규모의 계약은 HP 서비스 아시아 태평양 지역에서 체결한 계약 가운데 규모가 가장 큰 것이었다. 이 계약에 따라 HP는 인도은행의 750개 지점에서 사용하는 핵심 은행업무 시스템을 구축하고 관리해야 한다. "아시아 태평양 지역에서 우리 HP가 처음 보는 은행의 핵심 기능에 대한 아웃소싱 사례입니다"라고 순다람이 말했다. 이 계약을 위해 경쟁에 뛰어든 기업은 IBM을 포함해 대여섯 개의 다국적기업들이었다. 계약에 따르면, HP는 인도은행 업무 전반에 걸쳐 데이터 저장과 서류를 이미지화해서 저장하는 기술, 텔레뱅킹, 인터넷뱅킹, 현금입출금기 등을 책임진다.

인도은행은 국책은행과 민간은행 그리고 다국적기업 은행들과 갈수록 치열해지는 경쟁에 직면했었다고 다른 기사들은 전한다. 인도은행은 웹 기반의 업무방식을 채택해 컴퓨터 시스템을 표준화하고 업그레이드해야 하며, 거래비용을 줄이고, 더욱 고객친화적으로 변모할 필요성을 느꼈다. 그래서 다국적기업이 흔히 하는 일을 인도은행도 하게 되었다. 바로 엑스레이 촬영을 통해 핵심 경쟁력이 아니라고 판단되는 부분과 내부에 남아 있어서는 최고 수준으로 높이기 어려운 분야를 모두 아웃소싱하기로 결정한 것이다. 그렇더라도 인도은행이 은행업무의 관리부문을 미국의 한 컴퓨터 회사에 아웃소싱하기로 결정했을 때 듣기에 참 묘하게 느껴졌다. 나는 눈을 비비면서 "다시 한 번 들려줘봐"라고 중얼거렸다. "내 프린터가 말썽을 일으킬 때 부르는 친구들인 HP가 750개 지점이 있는 인도은행의 전산업무 대행 계약을 따냈다? 도대체 HP가 인도은행의 전산 시스템 운영에 대해 뭘 알고 있기나 한가?"

호기심이 생긴 나는 자세히 알아보기 위해 팔로알토에 있는 HP 본사를 찾기로 했다. 거기서 신흥시장을 담당하고 있는 HP의 부사장 모린 콘웨이 Maureen Conway를 만나서 갖고 있던 의문을 곧장 얘기했다. "우리는 어떻게 우리 회사 내부의 능력을 이용해 다른 고객들에게도 유용하게 쓰이게 할 수 있다고 생각하게 되었을까요?" 그녀는 수사적인 표현을 쓰며 설명했다. 그녀의 짧은 설명은 다음과 같았다. HP는 꾸준히 기업 고객들의 HP 방문을 유치한다. 기업 고객은 HP 본사에 와서 HP의 정보 시스템 관리에 도입한 혁신을 눈으로 확인한다. 고객의 대다수는 이 거대한 기업이 어떻게 평평한 세계에 적응하게 되었는지 궁금한 채 돌아간다. 그들이 궁금해하는 것은 한때 독자적인 관리와 지원업무 체계를 갖추고 수직적이며 독립적으로 여든일곱 개의 서로 다른 공급망이 운영되었던 HP가 어떻게 500억 달러의 사업을 관리하는 다섯 개의 공급망으로 압축하고, 회계와 대금 청구, 인적자원관리 등의 업무 기능을 단일 시스템으로 운영할 수 있는 건가 하는 점이었다. HP는 이 모든 것을 효율적으로 통합하기 위해 어떤 컴퓨터와 업무처리 절차를 도입했는가? 178개국에서 영업하는 HP는 각국의 고객 계좌를 그 해당 국가 내에서 처리했다. HP의 관리는 완전히 조각나 있었다. 하지만 불과 몇 년 사이에 HP는 벵갈루루와 바르셀로나, 과달라하라 세 곳에 업무처리의 중심 허브를 만들어 178개국의 모든 사무실이 이 세 곳의 허브를 통해 모든 대금 청구 처리가 가능하도록 해주는 표준 절차와 업무처리 소프트웨어를 도입했다.

자신들의 기업 운영에 대한 고객의 반응을 본 HP는 어느 날 다음과 같은 생각을 하게 된다. "가만있자, 우리는 왜 이것을 상품화하지 못하지?" 콘웨이가 말했다. "그것이 우리의 기업 업무 서비스 아웃소싱 사업의 핵심이 되었습니다. 우리는 스스로 흉부 엑스레이 촬영을 하고 다른 사람들이 관심을 둘 만한 것을 발견했습니다. 그것이 사업입니다."

다시 말해, 세계의 평평화는 인도은행에는 질환인 동시에 치료제였다. 평평해지는 인도의 금융업 환경에서 인도은행이 경쟁자들과 경쟁력을 유지하는 것은 확실히 불가능했으며, 동시에 흉부 엑스레이 검사를 받고 은행에서 직접 처리하는 데 의미가 없는 일은 모두 HP에 아웃소싱했다. 그리고 자체 흉부 엑스레이 검사를 한 HP는 자신들의 내부에 전혀 새로운 컨설팅 사업기회를 안고 있음을 발견했다. 인도은행의 업무 대부분은 인도의 HP 직원이나 실제로 HP로 이직하게 될 인도은행 직원들에 의해 처리될 것이다. 그러나 일부 이익은 팔로알토에 있는 본사로 흘러들어 갈 것이고, 본사는 글로벌 지식 공급망을 통해 모든 작업을 지원할 것이다.

오늘날 HP가 거둬들이는 수익 대부분은 미국 밖에서 나온다. 그러나 인도은행의 전산업무 운용과 같은 계약을 따낼 수 있는 업무 과정을 통합하는 HP의 핵심 지식팀은 아직도 미국에 있다.

"꿈꾸는 능력은 세계의 다른 어느 곳보다 바로 여기 미국에 있습니다"라고 콘웨이는 말했다. "창조력의 핵심은 미국에 있습니다. 사람들이 더 똑똑해서가 아닙니다. 환경 때문입니다. 생각의 자유가 있는 환경 말입니다. 꿈꾸는 기계는 아직도 이곳에 있습니다."

규칙 7: 최고 기업들은 축소하기 위해서가 아니라 승리하기 위해 아웃소싱을 한다. 더 성장하고 시장점유율을 높이고, 더 많은 다양한 전문가를 고용하기 위한 목적으로 더 빨리 더 저렴하게 혁신하려고 아웃소싱을 한다. 더 많은 직원을 해고함으로써 비용을 절감하려는 것이 아니다.

이미 말했듯이, 더브 사이드먼은 LRN을 경영한다. 이 회사는 온라인으로 세계적인 기업의 직원들에게 법률과 기업의 법규 준수의무, 윤리교육을 제공하고, 기업 대표나 중역들이 기업경영에 관한 책임과 의무를 관리하도록 도와준다. 2004년 가을에 사이드먼과 함께 점심을 먹었는데, 최근에 인도 컨설팅 회사인 마인드트리MindTree와 아웃소싱 계약을 체결했다고 그가 무심코 말했다.

"왜 비용을 줄이려 합니까?" 하고 내가 물었다.

사이드먼은 "돈을 아끼기 위해서가 아닙니다. 이기기 위해서 아웃소싱합니다"라고 답했다. "우리 회사의 웹 사이트에 한번 가보십시오. 직원이 필요한 일자리가 서른 개가 넘습니다. 모두 지식이 필요한 자리입니다. 우리 회사는 확장 중이고, 사람도 더 뽑고 있습니다. 저는 직원을 늘리고 있으며, 새로운 업무 절차를 구축 중입니다."

사이드먼이 경험한 것은 아웃소싱이 실제로 지향해야 할 바이다. 기업이 아웃소싱을 하는 것은 단순히 비용을 줄이기 위해서가 아니라 사업을 키울 수 있는 지식을 갖춘 인재를 얻기 위해서다. 사이드먼의 회사는 평평한 세계에서 갓 태어난, 전혀 새로운 업종에서 뛰는 선구자다. 이 회사는 세계 곳곳에 퍼져 있는 다국적기업의 종업원들이 윤리적인 기업문화를 조성할 수 있도록 돕는다. LRN은 비록 엔론 사건이 터지기 10년 전에 생긴 회사이지만, 포스트 엔론 시대에 LRN의 서비스에 대한 요구가 급증했다. 엔론의 붕괴와 다른 기업들의 지배구조 스캔들이 잇따라 터지자, 많은 기업이 LRN이 제공하는 서비스에 관심을 두게 되었다. LRN은 위로는 고위 중역에서부터 아래로는 일선 근로자들에 이르기까지 기업의 법적·윤리적 책임에 대한 이해와 상식적 기대를 할 수 있도록 도와주는 프로그램을 온라인으로 제공한다. 기업이 LRN과 계약을 체결하면 그 회사의 직원들은 온라인으로 교육을 받는다. 교육 내용에는 기업의 사규에서부터 선물을 받는 것이 허용되는 조건, 이메일을 보내기 전에 생각해야 할 것, 외국 관리에게 주면 뇌물이 될 만한 것에 이르기까지 모든 것을 다루는 테스트까지 있다.

2000년대 초반 기업 지배구조의 문제에 관한 전반적인 논의가 쏟아지자, 사이드먼은 이트레이드 같은 회사의 고객들처럼 LRN의 고객들도 더욱 통합된 플랫폼을 원할 거라는 사실을 깨달았다. 종업원들을 한 온라인 교육과정으로 가르치고 다른 과정에서 윤리 문제에 관해 이사진에게 조언하는 것은 좋기는 하지만, 기업의 대표들은 웹에 기반을 둔 원스톱 인터페이스로 자신의 조직이 직면한 기업관리와 윤리 문제를 다룰 수 있기를 바란다는 사실을 사이드먼은 알아챘다. 기업이 직면한 윤리 문제에는 직원 교육, 변칙행위 보고, 기업이 힘들게 얻은 명성의 관리, 정부의 법규 준수 그리고 기업의 실적을 즉시 알 수 있는 회계 시스템 등이 있다.

그러므로 사이드먼은 이중의 어려움에 직면했다. 그는 두 가지 과제를 동시에 해결해야 했다. 즉, 온라인 기업 교육에서 시장점유율을 높이는 것과 계약 맺은 기업을 위해 전혀 새로운 통합 플랫폼을 설계하는, 기술의 도약이 필요한 작업을 해야 하는 것이었다. 그가 인도의 컨설팅 회사인 마인드트리와 아웃소싱 관계를 맺기로 한 것은 바로 이러한 과제를 받았을 때였으며, 미국에서 한 사람을 고용하는 인건비로 뛰어난 소프트웨어 엔지니어 다섯 명을 제공받았다.

사이드먼의 설명이다.

"어떤 상품이 세일에 들어가면 사람들이 더 많이 사는 경향이 있습니다. 마인드트리는 시즌 정리용 마지막 세일이 아니라, 내가 찾기 어려운 최고의 소프트웨어 엔지니어링 인재를 제공한 겁니다. 나의 핵심 사업을 지키고 확장하느라 돈이 많이 필요했고, 우리의 교육을 끝내고 그만두는 고객들을 관리해야 했습니다. 그리고 동시에 고객들이 요구하는 다음 단계의 서비스, 즉 고객 기업의 윤리, 기업의 지배구조 및 법규 준수의무 등에 관해 더욱 강력하고 종합적인 온라인 솔루션을 고객들에게 제공하기 위해 커다란 도약을 감행해야 했습니다. 내가 고객의 요구를 충족시키지 못한다면 다른 누군가가 그 일을 대신할 것입니다. 마인드트리와 제휴하면서 나는 기본적으로 작업팀을 두 팀 보유하게 되었습니다. 한 팀은 대부분 미국인으로 구성되었는데, 우리의 핵심 사업을 지키고 확장하는 일을 맡았습니다. 우리의 인도인 컨설턴트가 포함된 다른 한 팀은 우리 사업을 성장시키기 위한 다음 단계의 전략적 도약을 이루는 데 집중합니다."

윤리 문제야말로 로스앤젤레스에 본부를 둔 LRN의 핵심 요소이기 때문에 사이드먼이 아웃소싱 문제를 다룬 과정도 그 결과 못지않게 중요하다. 마인드트리와의 제휴관계를 발표하는 대신, 그는 170명쯤 되는 직원들을 전부 모아놓고 자신이 생각하는 아웃소싱에 관해 토론하게 했다. 그는 경제적인 논쟁거리가 될 만한 사항을 펼쳐놓고 직원들로 하여금 논의하게 했으며, 미래에는 어떤 일자리가 필요할지, 그리고 사람들이 어떻게 스스로 적응할 준비를 해야 하는지 모두에게 청사진을 제시했다. 사이드먼은 "우리 회사가 승리하는 데 필요한 걸 보여줄 필요가 있었습니다"라고 말했다.

단지 경비를 절약해서 주주나 경영진에게 나눠주기 위해 좋은 일자리를 아웃소싱하고, 또 그렇게 할 기업이 있는 것은 의심할 여지도 없다. 그런 일은 없다거나 앞으로도 일어나지 않을 거라고 보는 것은 지나치게 순진한 생각이다. 그러나 아웃소싱을 혁신이나 빠른 성장을 위해서가 아닌, 비용절감을 위한 수단으로만 이용하는 기업은 다수가 아니라 소수이다. 나라면 그런 기업의 주식은 사지 않겠다. 최고의 기업들은 노스다코타에서 가장 좋은 것, 그리고 로스앤젤레스에서 가장 좋은 것을 갖고서 인도에서 가장 좋은 것을 최대로 활용하는 방안을 찾는 기업이다. 그러한 의미에서 '아웃소싱'이란 단어는 정말로 퇴출당해야 한다. 적당한 단어는 '소싱sourcing'이다. 그것이야말로 평평한 세계를 가능하게 한 것이고 또 요구하는 것이기도 하다. 소싱을 제대로 하는 기업이 더 낮은 점유율과 더 적은 직원을 갖는 게 아니라, 더 높은 시장점유율과 더 많은 종업원을 보유하게 될 것이다.

사이드먼은 자신의 새로운 플랫폼 개발에서 중요한 업무를 마인드트리에 소싱하기로 한 데 대해 다음과 같이 말했다.

"이것은 더 빨리 더 크게 성장하도록 노력하는 것, 그리고 어떻게 하면 더 큰 성공을 확신하고 다음 단계로의 도약을 더 짧은 시간에 이룰 수 있는지에 대한 것입니다."

그는 이렇게 덧붙였다.

"단순히 지름길로 가려는 게 아닙니다. 우리는 전 세계에 걸쳐 200곳 이상의 기업고객이 있습니다. 이 회사들을 내가 원하는 방식으로 키울 수 있다면, 회사 곳곳에 더 많은 사람을 고용할 것이고, 더 많은 사람을 승진시키며, 근무 중인 종업원들도 더 많은 기회와 더 보람 있는 경력을 쌓도록 해주는 것이 가능합니다. LRN의 사업이 더 확장되고, 더 복잡해지고, 더 세계화할 것이기 때문입니다. 우리는 매우 경쟁적인 분야에 있습니다. 아웃소싱을 이용하기로 한 결정은 방어적이 아니라 공격적인 경영입니다. 시대가 우리를 앞서기 전에 우리가 시대를 앞서기 위해 노력 중입니다."

규칙 8: 한 기업으로서 어떻게 사업을 하느냐는 오늘날 과거 그 어느 때보다 중요하다.

나는 더브 사이드먼의 책 『어떻게How』에서 이 개념을 도출했다. 사이드먼의 본질적인 주장은 두 가지다. 오늘날 어떻게 사업을 영위하느냐가 매우 중요해진 이유 하나는 평평한 세계에서 사업의 대부분 영역은 쉽게 일반 상품화되고 복제될 것이라는 점이다. 경쟁에서 차별화하기 위해 더 이상 가격이나 서비스 혹은 심지어 우수 사례에 기댈 수도 없다. 시간문제일 뿐이지 모두가 그런 것들을 곧 갖게 될 것이다. 사업을 계속하는 누구나 말이다. 어떻게 사업을 영위하느냐에 따라 다른 기업과 당신 회사를 차별화할 수 있다. 결국 오늘날 타깃, K마트, 월마트, 코스트코, 노드스트롬Nordstrom, 색스Saks, 니먼마커스Nieman Marcus와 같은 유통회사들 사이에 얼마나 큰 차이가 있는가? 가격 또는 기본적인 상점 디자인과 운영방법 면에서는 그다지 차이가 없다. 그 회사들의 차이는 "회사가 직원과 고객, 공급업자 및 투자자들을 어떻게 대우하느냐"에 있다고 사이드먼은 말한다. "당신이 다른 사람들과 갖는 상호작용이 더 의미 있는 고객 경험을 전한다면, 공급자와 투자자들을 더욱 일관되게, 개방적으로 그리고 정직하게 대하고 직원들을 더욱 합당하게 대우한다면, 당신은 그들을 다시 불러오는 충성도와 더 큰 협력을 가능케 하는 신뢰를 불러일으킬 수 있습니다. 어떻게the hows를 실천함에 있어서 시장에는 여전히 너무나 많은 변형이 있습니다. 변형이 있는 곳에 기회도 존재합니다. 수놓은 양탄자 같은 인간 행동은 아주 다양하고, 아주 풍부하며, 세계적이어서 보기 드문 기회를 제공합니다. 경쟁자들보다 나은 성과를 거둘 수 있을 뿐 아니라 더 나은 행위를 보일 그런 기회가 생기는 것이죠."

다른 이유 하나는 오늘날의 기업들은 더욱 투명해졌으며, 그 고객들은 더욱 강력한 힘을 갖게 되었다. 세계가 둥글고 장벽이 많았을 때, 사장은 직원들에게 "일을 끝내. 어떻게 하든 상관없어. 다만 법을 어기지는 말라고"라고 말하곤 했다. 사장이 그렇게 할 수 있었던 것은 다른 어떤 사람도 회사의 속을 들여다보기 어려웠기 때문이다. 그럴듯한 부인과 '질문 않고, 말하지 않기'가 그 시대를 지배했다. 회사는 요새였으며, 일방적인 통보자였다. 또한 소비자들의 의견교환이 불가능하도록 마케터, 광고, 대변인 및 공식발표문과 같은 대리자를 내세워 자신을 규정하는 힘을 가졌다. 회사들은 단지 최고의 광고대행인을 고용하거나, 최고의 '메시지'를 교묘히 작성함으로써 차별화할 수 있었다. 그러나 더 이상 통하지 않는다. 이제 작은 사내아이와 여자아이들이 세상이 들을 수 있도록 맞받아서 말할 수 있게 되었다. 당신 회사에 대해 블로그를 작성하거나 팟캐스팅을 하고, 전 세계에서 다운로드 가능한 비디오로 유튜브에서 당신네 제품을 조롱하는 방법으로 가능해졌다.

"과거에는 회사가 대화를 독점했습니다"라고 사이드먼은 말한다. "이제 우리는 양방향 대화를 하는 세상에 있습니다. 휴양지에 가거나, 도구를 사고, 책을 읽고 싶을 때, 소비자들이 의견을 교환하는 곳에서 의견을 확인합니다. 저는 회사가 자신에 대해 말하는 어떤 것보다 그런 의견을 더욱 신뢰합니다. 소비자들은 맞받아칠 뿐 아니라 사업이 어떻게 굴러가는지 속속들이 들여다볼 수 있고, 소비자들이 인정하는 방법으로 경영하고 있는지 결정할 수 있습니다. 이 세상에서 이젠 외부인에 의해 훨씬 더 측정 가능해진 당신의 처신과 상호교류의 총합이 곧 회사의 명성이 됩니다."

회사가 사업을 어떻게 영위하는지에 대한 소비자들의 식견은 매장으로 들어서는 고객뿐 아니라 협력을 원하는 사람이나 회사에까지 영향을 미친다. 또한 평평한 세계에서 신뢰를 불러일으키는 회사의 능력이 전부다. 사업의 협력자들이 세상의 반대편에 있으며, 다른 문화를 갖고 있다면 그리고 당신과 그들이 만난 적도 없다면 윤리적으로 바르게 사업한다는 명성을 키워온 사실은 매우 중요하다. 그들은 당신을 좋게 여기는 기회를 줄 것이다. 하지만 '한 번에 한 가지 교류'를 통해 그런 신뢰를 얻어야 한다고 사이드먼은 말한다. 더 이상 힐앤놀턴과 같은 홍보대행사를 통해 살 수 없다. 사이드먼이 다음과 같이 결론지었다. "예전에는 올바른 것들만 하면 됐습니다. 하지만 이젠 그런 올바른 것들을 올바른 방식으로 처리할 필요가 있습니다."

규칙 9: 세계가 평평해지면, 그리고 당신이 평평해지고 있다는 느낌이 들면 삽을 찾아 자신의 내면으로 파고들어 가라. 벽을 세우려고 하지 마라.

세계가 평평해졌다는 사실을 어렴풋이나마 짐작하게 된 것은 인도 방문을 통해서였다. 그러나 그걸 실감한 것은 미네소타의 내 고향 집으로 돌아가서 옛 친구들과 대화를 나누고 나서였다. 약 25년 전 질과 켄(그의 형제 빌은 앞에서 소개한 바 있다)은 그리어앤어소시에이츠Greer & Associates라는 멀티미디어 회사를 시작했는데, TV 광고 제작과 상품 카탈로그용 사진을 전문으로 하는 회사였다. 미니애폴리스 시에서 그래픽 전문가와 웹 디자이너를 포함해 직원이 마흔 명 이상이며, 그들 소유의 스튜디오와 작지만 그 지역과 미국 전역에 걸쳐 고객을 확보하고 있는 성공적인 사업을 일구었다. 중간 규모의 이 회사는 언제나 바쁘게 일했지만, 켄은 풍족한 삶을 누릴 수 있었다.

2004년 4월 초, 켄과 질은 내 아내의 50번째 생일을 축하하러 워싱턴에 와서 주말을 함께 보냈다. 나는 켄이 사업 때문에 고민이 많다는 걸 눈치챘다. 어느 날 아침 우리는 버지니아의 한적한 교외를 오래도록 산책했다. 나는 내가 쓰고 있는 책에 관해 이야기했고, 그는 사업이 어떤지에 대해 이야기했다. 얼마 후 우리는 서로 똑같은 얘기를 하고 있다는 것을 깨달았다. 세계는 평평해지는데 진행 속도는 아주 빠르면서 그의 사업에도 큰 영향을 미치고 있어서 그 대응방안을 놓고 씨름하고 있었다. 그가 이전에는 겪어보지 못한 종류와 깊이의 경쟁과 가격 인하 압력에 직면한 것은 분명했다.

"프리랜서들이야"라고 그리어가 말했다. 그들이 마치 메뚜기 떼처럼 갑자기 그의 비즈니스 세계로 쳐들어와 눈에 보이는 모든 것을 먹어치우고 있다고 말했다. "우리는 지금 프리랜서들과 경쟁하고 있어! 전에는 그들과 경쟁한 적이 없었지. 이제까지는 비슷한 크기에 비슷한 능력을 갖춘 기업들과 경쟁했으니까. 우리는 비슷한 일을 각자 좀 다른 방식으로 처리했고, 어떤 회사든지 틈새시장을 찾아 그런대로 먹고 살 수는 있었지." 오늘날 이 비즈니스의 역동성은 아주 달라졌다고 그는 말했다. "지금은 이제껏 상대해온 기업들하고만 경쟁하는 게 아니야. 작은 일부터 중간 규모와 대규모의 작업까지 처리할 능력을 갖춘 거대기업도 상대해야 해. 게다가 혼자서 집에서 일하는 일인 사업자와도 경쟁해야 해. 최신 기술과 소프트웨어를 사용해서 사무실에서 일하는 직원과 이론적으로는 똑같은 일을 할 수 있어. 고객이 보기에 결과물에 무슨 차이가 있겠어? 예를 들어 대기업의 햇병아리 디자이너가 컴퓨터로 한 작업이나, 우리 회사의 초보 디자이너가 컴퓨터로 한 작업이나, 혼자 일하는 초보 디자이너가 지하실에서 컴퓨터로 작업한 거나, 다 그게 그것처럼 보이지 않을까? 기술과 소프트웨어로 작업 능력이 향상되어 모든 작업 결과가 비슷하게 보일 정도가 되어버렸어. 지난달에는 프리랜서들에게 일을 세 건이나 빼앗겼어. 그들은 다 좋은 회사에서 근무했고 경험도 많이 쌓은 다음에 자기 사업을 시작한 사람들이지. 우리 고객들은 모두 같은 말을 한다네. '당신네 회사는 정말로 뛰어납니다만, 존도 매우 유능합니다. 그런데 존은 더욱 싼 값에 일을 해주거든요.' 예전에 다른 회사에 질 때 기분이 나빴는데, 이제는 한 개인에게 지고 있는 거야!"

어떻게 이런 변화가 그리도 빨리 일어났을까 하고 내가 물었다.

그들의 일은 대부분 카탈로그를 만드는 데 필요한 상품과 모델의 사진을 찍는 것이라고 그리어는 설명했다. 지난 25년간 작업 방식은 일 전부를 맡는 것이었다. 고객들은 그리어에게 정확하게 어떤 사진이 필요한지 말해주고, 그리어 회사의 작업팀이 그에 딱 맞는 좋은 사진을 내놓을 거라고 '신뢰'했다. 다른 모든 상업 사진가들처럼 그리어도 모델이나 상품을 촬영할 때 자신의 창조적인 본능이 옳았는지 확인해보기 위해 폴라로이드 카메라를 사용했고, 그런 다음 실제 필름으로 촬영했다. 사진을 찍고 나면 그리어는 필름을 현상소로 보내 사진을 현상하고 색을 분해했다. 사진을 손보고 수정할 필요가 있으면 다시 그 작업을 전문으로 하는 곳에 보냈다.

"20년 전에 우리는 우리가 찍은 필름을 직접 현상하고 인화하지 않기로 했어. 그 일에 꼭 맞는 기술과 훈련, 전문성을 갖추고 그 일로 돈을 벌려고 하는 전문 기술자에게 그 작업을 맡겼지. 우리는 오로지 사진 촬영에만 집중하고

568

싶었어. 그때는 그게 좋은 업무 방식이었고, 현재도 좋은 사업 방안일지도 몰라. 하지만 이젠 더 이상 그렇지 않아." 그리어가 과거를 돌아보며 설명했다.

왜 그런가? 세계는 평평해졌고, 모든 아날로그 과정이 디지털화, 버추얼화, 모바일화, 개인화되었기 때문이다. 지난 3년간 전문 사진가용 디지털카메라는 완전히 새로운 기술 수준에 도달했고, 전통적인 필름 카메라보다 우수하지 않을지는 몰라도 그에 버금가는 성능을 갖게 되었다.

"그래서 우리는 대여섯 가지의 디지털카메라를 실험적으로 사용해보고서 필름 카메라와 성능이 가장 비슷한 최신의 최고급 디지털카메라를 골랐어. 모델명이 캐논 D1인데 컴퓨터가 내장되어 있고, 우리가 찍는 사진이 어떤지 볼 수 있게 해주는 소형 TV 화면이 뒤에 달린 것 말고는 필름 카메라와 똑같아. 똑같은 렌즈가 사용되었고, 셔터 스피드나 조리개도 같은 방식으로 조절하지. 사진기를 쥐고 찍는 공학적인 디자인도 같아. 캐논 D1은 필름 카메라와 흡사하게 작동하는 최초의 전문가용 디지털카메라였어. 그때가 획기적인 순간이었지. 디지털카메라는 처음에는 놀라울 정도로 우리를 자유롭게 만들었어. 사진 촬영할 때 맛보는 모든 긴장과 흥분되는 요소들이 다 있었어. 필름이 공짜라는 것만 빼고 말이지. 디지털카메라라서 필름을 살 필요도 없었고, 현상소에 보내고 현상한 것을 받을 때까지 기다릴 필요도 없었어. 현장에서 찍고, 제대로 찍혔는지 바로 확인할 수 있었으니까. 사진을 찍는 순간 희열을 맛보곤 했지. 우리는 디지털카메라를 '전자 폴라로이드'라고 불렀어. 우리가 만들어내려는 이미지를 제대로 포착했는지 감독하는 아트디렉터를 썼지만, 필름이 현상되어 나올 때까지는 정말 그 결과를 알 길이 없었어. 모두가 믿음과 신뢰를 바탕으로 일해야 했지. 우리 고객들이 우리에게 수수료를 지급하는 것은 단순히 카메라 셔터를 누를 줄 아는 것이 아니라 영상 이미지를 어떻게 구성하고 담아내야 하는지를 정확하게 아는 전문가가 필요하다고 느끼기 때문이야. 그들은 우리가 그렇게 할 능력이 있다고 신뢰했지."

약 1년 정도는 디지털카메라가 새로운 능력과 자유, 창조성 그리고 작업 전반에 걸친 통제능력을 안겨주는 느낌이 있었다. 그러나 그 후에 켄과 그의 팀은 자유를 가져다준 이 새로운 기술이 사람을 속박시키기도 한다는 사실을 깨달았다. "사진을 찍어서 기대했던 예술적 효과를 내야 한다는 책임 말고도, 사진 기술 그 자체에 관여할 수밖에 없다는 것을 깨달았지. 우리 스스로 현상소가 되어야 했거든. 어느 날 아침 깨어나서 '우리가 바로 현상소다'라고 말하게 된 거지."

왜 그렇게 되었는가? 디지털카메라로 인해 그리어는 디지털 이미지를 PC나 노트북에 입력하고 마법 같은 소프트웨어와 하드웨어를 이용해 각종의 새로운 기능을 쓸 수 있었기 때문이다. "우리는 사진을 찍는 것 말고도 현상소 역할에, 색을 분해하는 일까지 맡아야 했어"라고 그리어가 말했다. 기술로 그런 것들이 가능하게 되자 고객들의 요구가 생겼다. 사진 작업 과정의 더 많은 과정을 관리할 수 있게 되었으니 그리어가 그일까지 직접 해야 한다고 고객들이 요구한 것이다. 고객들은 이제 모든 것이 디지털화되었고, 그가 관리할 수 있으니, 이미지의 창조자로서 제공하는 서비스 안에 그런 일들도 포함돼야 한다는 것이다. "고객들은 '그 일에 별도로 비용을 지급하지는 않겠다'고 말했다"라고 그리어가 말했다. "우리는 사진에서 점이나 눈이 붉게 나온 것 등을 보정하는 작업을 외부 전문가들에게 맡기곤 했었지. 그런데 이제는 우리가 직접 손을 봐야 해. 고객들은 받아보기 전에 디지털 기술로 빨간 눈 등은 미리 작업해서 없애주길 바라거든. 20년 동안 우리는 색상이나 구성, 질감 그리고 사람들이 카메라 앞에 편안히 서게 하는 사진 촬영기술에만 집중해왔어. 그것이 바로 우리가 잘하는 분야지. 그런데 이제는 다른 모든 일도 잘할 줄 알아야 해. 우리가 하겠다는 게 아니라 경쟁이 심해진 시장과 기술이 우리가 그 일을 할 수밖에 없도록 하는 거야."

그리어는 회사의 모든 면에서 비슷비슷한 평평화 과정을 거쳤다고 말했다. 영화 제작이 디지털화되었고, 그에 따라 시장과 기술이 회사가 직접 영화 편집인이 되고, 스스로 DVD 프로듀서가 되는 등 그래픽 스튜디오와 음향 시설과 기타 모든 것을 함께 떠맡을 수밖에 없게 했다. 그전에는 모두 각각의 외부 회사에 맡겼던 일이다. 그러나 전체 공급망이 평평해지면서 데스크톱 컴퓨터 위의 한 작업 상자 속으로 압축되어 들어가버렸다. 똑같은 일이 회사의 그래픽 사업부문에서도 일어났다. 그리어앤어소시에이츠는 스스로 식자공, 일러스트레이터 그리고 때로는 인쇄기사가 되어야 했는데, 바로 회사가 보유한 디지털 컬러 프린터 때문이었다. "일들이 더 쉬워진 건 사실"이라고 그리어는 말했다. "이제는 맥도날드에 가는 것만큼 쉬운 일이 되어버렸어. 그런데 가게에서 편안하게 햄버거나 먹는 게 아니라 내 식탁으로 음식을 가져오고 접시까지 닦아야 한다고 요구받고 있는 거야."

그리어는 계속해서 말했다. "이건 기술 개발회사들이 고객과 함께 결탁해서 모든 작업을 우리에게 아웃소싱한 거나 다름없어. 만약 고객의 요구를 거절하고, 각각의 작업에 대해 비용을 지급하라고 얘기한다면, 바로 우리 등 뒤에서 '제가 모두 다 하겠습니다'라고 말하는 사람이 나타나겠지. 결국 요구하는 일은 엄청나게 늘어나고 청구할 수 있는 보수는 똑같거나 내려가겠지."

그것은 작업의 범용상품화commoditization라고 불린다. 이런 일은 삼중융합이 일어나면서 산업의 전반에 걸쳐 더욱 빠르게 일어나고 있다. 점점 더 많은 아날로그적인 일의 과정들이 디지털화, 가상화, 모바일화 그리고 개인화되면서 점점 더 많은 일과 기능들이 표준화, 계수화되며, 둘 다 더욱 간편해져 일할 수 있는 사람이 엄청나게 늘어났다.

모든 것이 동일하고 공급이 풍부하면 고객으로서는 선택의 폭이 넓어지고, 바른 선택을 위한 기준조차 없어진다고 그리어는 말했다. 이렇게 되면, 당신들은 보통의 일반 상품이 된다. 특별한 존재가 아닌 바닐라 아이스크림이다.

다행히 그리어는 유효하고 하나뿐인 생존전략을 선택함으로써 작업의 범용상품화 현상에 대응했다. 바로 장벽을 쌓는 것이 아니라 삽을 선택한 것이다. 그와 동료들은 회사의 진정한 핵심 경쟁력을 찾기 위해 그들 내부로 파고들었다. 그리고 이것은 평평한 세계에서 그들이 사업을 밀고 나가는 주요한 힘의 원천이 되었다. "우리가 지금 파는 것은 전략적 통찰, 창조적 영감, 불꽃 같은 예술적 감각"이라고 그리어는 말했다. "우리는 창조적 해결방안을 판매하지. 인간의 개성을 파는 거야. 우리의 핵심 경쟁력과 중점적인 사업은 이제 디지털화할 수 없는 것들에 맞춰져 있어. 우리를 찾는 현재 또는 미래의 고객들은 모두 이 점 때문에 우리를 찾아와 함께 일하겠지. 그래서 우리는 사고력이 있는 사람을 더 많이 고용했고, 기술적인 작업은 더 많이 아웃소싱했지."

그리어가 말을 이어갔다. 예전에는 많은 기업이 "기술 뒤에 숨어 있었어. 유능하더라도 세계 최고가 될 필요는 없었어. 왜냐하면 세계와 경쟁한다는 생각을 하지는 않았거든. 저 멀리 지평선이 있지만 아무도 그 너머를 볼 순 없었던 거야. 그런데 불과 몇 년 사이에 같은 거리에 있는 회사와 경쟁하다가 지구 반대편에 있는 기업들과 경쟁하게 되었어. 3년 전만 해도 그리어앤어소시에이츠가 영국에 있는 회사에 계약을 뺏기는 일은 상상도 할 수 없었지만 이제는 가능해. 이제는 누구나 다른 사람들이 뭘 하는지 볼 수가 있고, 모두 똑같은 도구를 가지고 있어. 그래서 우리는 최고 중의 최고가 되어야 하고, 가장 창조적으로 사고하는 사람이 되어야 해."

흔해 빠진 보통 상품으로는 먹고살 만큼 밥벌이를 할 수 없다. "무언가 아주 독특한 것을 제공해야 한다"고 그리어가 말했다. "아이스크림을 만들어도 다른 회사가 못 만드는 특별한 맛이 나는 것을 만들어야 하는 거야. 평범한 바닐라 아이스크림이 아닌 이국적인 맛을 선보여야 해. 예전에는 무엇을 할 수 있느냐가 문제였어. 고객들은 '이 일을 할 수 있습니까? 아니면 저 일을 할 수 있습니까?'라고 말했어. 하지만 이제는 맡은 일에 반영할 수 있는 창조적인 안목과 남다른 개성이 더욱 많이 요구되고 있어. 이 모든 것이 상상력에 관한 것이야."

제5부

당신과 평평한 세계

12장

지역의 세계화
– 임박한 문화혁명

⋮

    1999년에 발간된 나의 책『렉서스와 올리브나무』에서 나는 20세기 말 세계화를 주도했던 세력과 그들이 경제, 정치, 지정학, 환경 그리고 문화에 미치는 영향에 대해 설명하고자 했다. 『세계는 평평하다』 초판이 발간되었을 때 몇몇 독자들은『렉서스와 올리브나무』에서 밝혔던 내 견해의 문화적 측면에 대한 적절한 언급이 뒤따르지 않았음을 지적했다. 21세기의 미명에 시작된 세계화라는 이 새로운 평평화의 시대가 전 세계의 문화에 어떤 영향을 미칠지에 대해 일절 언급하지 않았던 것이 사실이다. 나는 그러한 지적을 인정하고 문화적 쟁점에 대해 깊이 생각할 시간적 여유가 없었다고 간단히 설명했다. 이 증보판을 통해 나는 세계의 평평화가 문화에 미치는 영향에 대해 고찰하고자 한다. 세계의 평평화는 전 세계의 문화에 대해 놀랍고도 중요한 역설적인 영향을 미치고 있기 때문에 그럴 기회를 갖게 되어 기쁘다.

    베를린 장벽이 붕괴한 이후 세계의 평평화 단계가 탄력을 받기 시작하면서 '세계화가 곧 미국화를 의미하는 것'은 아닌가 하는 신중하고도 정당한 염려가 전 세계에 팽배했다. 그러한 염려는 불합리한 것이 아니었다. 왜냐하면 장벽의 붕괴와 세계의 평평화에 따른 가장 큰 수혜자는 미국에 기반을 둔 제조업자들과 서비스 공급자들, 미국의 브랜드와 미국의 영화제작자, 미국의 가수와 미국의 연예사업 종사자들, 미국의 의상 디자이너와 미국의 패스트푸드 체인이었기 때문이다. 그들은 관문을 통과하는 첫 번째 주자였다. 전 세계 문화의 동질화를 위해 그들이 평평한 세계를 활용하는 것은 필연적이며 그것을 막을 방법은 없는 것처럼 보였다. 만약 당신이 다른 문화권 출신이라면 당신이 가진 차별적인 의상과 언어, 음식 또는 음악 등이 제아무리 확고하고 활력이 넘치는 것이라 해도 너무나 쉽게 사라져버릴 수도 있다는 걱정을 하지 않을 수 없을 것이다. 세계화에 대한 동질화 세력과 차별화 세력 간의 끊임없는 다툼 속에서 동질화하는 미국 문화 세력의 승리는 예정된 듯이 보였다. 세계화는 미국의 얼굴과 생김새, 미국의 입맛을 가졌다.

이것은 자연적으로 '미국의 문화제국주의'라는 형태의 세계화에 저항하는 반작용을 촉발시켰다. 전 세계의 많은 사람이 자국의 문화를 강화하고 환경을 보호하기 위한 진지한 조처를 하지 않는다면, 불과 수십 년 내에 미국화라는 세계화의 강력한 파괴력에 의해 인간과 동식물들이 진화하면서 수백 년에 걸쳐 이룩한 문화적·생태학적·동물학적 다양성이 완전히 소멸할 것이라고 주장했다.

앞 장에서 설명했듯이 세계의 평평화가 환경에 미치는 위험성을 최소화하는 방법은 없다. 그러나 문화적인 측면에 한해서는 세계의 평평화가 반드시 미국 문화가 지배하는 동질화로 이어지는 것은 아니라는 희망을 가질 충분한 이유가 있다. 실제로 평평한 세계의 플랫폼이 문화의 동질화라는 잠재력이 있는 반면, 전 세계적으로 한 번도 경험하지 못했던 정도로 다양성을 증진하는 훨씬 더 큰 잠재력도 가지고 있음이 명백해지고 있다는 게 내가 주장하는 바다.

어째서 그런가? 우선은 업로딩 때문이다. 업로딩은 '지역의 세계화'를 가능하게 해준다. 이제는 전 세계의 수많은 사람이 자신들의 뉴스 기사나 의견, 음악, 동영상, 사진, 소프트웨어, 백과사전 그리고 사전 등과 같은 자기만의 콘텐츠를 만들고 업로드할 수 있는 도구를 갖게 되었다는 사실은 문화적 자율성과 특수성을 보존하고 강화할 수 있는 아주 강력한 힘이 된다. 평평한 세계의 플랫폼은 당신이 속한 지역사회의 문화를 전 세계에 업로드할 수 있게 만들어준다. 그것은 더 이상 미키마우스나 맥도날드를 다운로드하는 데 갇혀 있지 않다는 것을 의미한다. 아니다. 절대 그렇지 않다. 당신은 이제 직접 작곡을 할 수도 있고, 어떤 언어로든 자신이 원하는 언어로 팟캐스트를 제작할 수도 있다. 그리고 팟캐스트 사이트를 통해 그것을 전 세계와 공유할 수도 있다. 다른 사람들이 당신의 콘텐츠를 좋아하면 그것은 널리 퍼져 나간다. 이제는 아주 저렴한 웹캠 및 소프트웨어와 함께 일괄 판매되고 있는 마이크로소프트 무비메이커Movie Maker로 홈비디오를 제작하고 그것을 업로드할 수 있다. 세계적으로 가장 대중적인 인기를 누리는 음식은 빅맥이 아니라 피자다. 그렇다면 피자란 무엇인가? 그것은 문화마다 각기 다른 독특한 음식과 맛을 올려놓은 넓적하고 평평한 밀가루 반죽이다. 그래서 일본에는 초밥 피자가 있고 방콕에는 타이 피자, 레바논에는 메제mezze(샐러드의 일종) 피자가 있는 것이다. 평평한 세계의 플랫폼은 바로 그 피자 반죽과 같다. 각기 다른 문화가 저마다 고유한 양념과 향을 첨가할 수 있는 밑바탕 말이다. 지금부터 당신은 그 어느 때보다 그런 것을 자주 접하게 될 것이다.

이와 동시에 인도나 중국같이 새롭게 부상하는 국가의 국민이 이민이라는 수단을 쓰지 않고도 혁신을 이룰 수 있다는 사실은 지역의 문화가 보존될 수 있는 확률이 그만큼 높아졌다는 것을 의미한다. 인도의 젊은 엔지니어들은 이제 더 이상 복권에 당첨되기를 바라는 사람처럼 혹한의 미네소타로 이주할 수 있는 미국 비자를 받기를 간절히 바라며 뉴델리의 미국 대사관 밖에서 줄을 설 필요가 없어졌다. 오로지 3M의·엔지니어링 부문 일자리를 얻기 위해 고유의 문화를 형성하는 고유의 의복과 고유의 음식 및 음악, 그리고 가족과 친지 등 모든 것들을 포기할 필요가 없다. 그것은 인도의 고유한 문화를 보존하는 데 아주 긍정적인 요소이다. 문화는 환경에 둥지를 틀고 자리를 잡는다. 더욱 많은 사람이 자신이 살던 곳에, 그리고 익숙한 환경에 그대로 머물면서 생존할 수 있고 번영을 이룩할 수 있게 된 것은 동질화 세력에 대항하는 다양화 세력의 측면에서 볼 때 궁극적인 이득이 아닐 수 없다.

더 나아가 개발도상국에서 서방 선진국, 특히 유럽이나 미국으로 삶의 근거지를 옮겨야 했던 개인들도 비록 고국에서 1000마일이나 떨어진 타 문화권의 한복판에 산다 할지라도 자신들의 고유한 문화를 지키는 데 세계의 평평화를 이용할 수 있게 되었다. 온라인으로 고국의 신문을 읽을 수 있고, 인터넷 기술을 활용해 거의 공짜로 고향의 가족이나 친구들과 전화통화를 할 수도 있으며, 인터넷이나 인공위성 TV를 통해 카이로나 캘커타의 일일 뉴스를 아랍어 또는 힌두어로 시청할 수도 있는 기술력 덕분에 차별화 세력은 이제 동질화 세력만큼이나 강력한 것처럼 보인다.

물론 세계화를 통한 미국화는 여전히 아주 막강한 기세다. 결코 그것을 과소평가해서는 안 된다. 그러나 베를린 장벽이 무너지고 10년도 더 지난 지금에 와서는 어쩐지 세계화로 인해 미국인의 생김새와 언어, 음악과 춤 그리고 사고방식을 쫓아가는 현상이 필연적인 것은 아닌 듯하다.

공교롭게도 내가 '지역의 세계화'라는 표현을 처음 접한 것은 인도 출신으로서 세계화와 문화적 정체성 분야의 전문가이자 아시아 매스컴 정보조사센터Asia Media Information and Communication Centre, AMIC의 사무총장 인드라짓 바네지Indrajit Banerjee에 의해 쓰인 뒤였다. 싱가포르의 일간지《스트레이츠 타임스The Straits Times》의 2005년 9월 11일 자에 실린 펠릭스 소Felix Soh 기자와의 인터뷰 기사에서 바네지는 현재 사는 곳이 어디든 상관없이 전 세계의 이주자 공동체에서 각자 출신 지역의 관습과 소식, 전통, 친구들과의 연결을 위해 세계적인 미디어 네트워크를 사용하는 현상을 설명하고자 이 용어를 새로 만들었다고 설명했다. 펠릭스 소 기자는 인터뷰 기사의 도입부에 이렇게 적었다. 지역의 세계화란 "반대 방향의 세계화라 할 수 있다. 세계적인 미디어가 아시아 지역을 둘러싸는 것이 아니라 지방의 현지 '미디어'가 세계화되는 것이다. 이와 같은 지역의 세계화는 지역 뉴스와 정보에 대한 아시아 출신 이주민 공동체의 수요, 특히 전 세계에 흩어져 있는 수백만에 달하는 중국계와 인도계 이민자 사회의 수요에 의해 움직이고 있다."

파리의 소르본 대학교에서 커뮤니케이션 박사학위를 취득하고 싱가포르의 대학에서 강의하고 있는 바네지는 이러한 현상을 내려다보고 있다. 그는《스트레이츠 타임스》와의 인터뷰에서 이렇게 말했다. "이주민들로 형성된 시장은 순수하게 그들의 모국어로 된 국제적인 신문이나 국제적인 TV 또는 라디오 채널 등이 존재할 수 있다는 것을 의미합니다. 이것이 바로 내가 지역의 세계화라고 부르는 현상입니다. 세계가 우리에게 다가와 감싸는 것이 아닙니다. 지역이 세계로 나아간다는 얘기입니다."

오늘날 영국과 미국에는 순전히 중국어나 스페인어, 아랍어 또는 일본어로 제작되는 TV 채널들이 있다. 바네지는 이렇게 덧붙였다. "전 세계에 방송을 보는 시청자가 널리 퍼져 있다면, 세계 곳곳에 있는 소집단들에 방송을 내보내기 위해 인공위성 플랫폼을 효율적으로 이용할 수 있습니다. 이 소집단들을 이어서 통합하면 거대한 세계시장이 됩니다."

펠릭스 소 기자는 인도 최대의 엔터테인먼트 네트워크로 인도의 다른 TV 채널이 아시아 지역으로 진출하는 길을 개척한 ZeeTV의 사례를 들었다. 바네지의 설명은 다음과 같다. "ZeeTV는 명확하게 구분되는 인도인 시장이 있습니다. 바로 인도인 이주민 공동체입니다. 프로그램은 모두 힌두어로 제작되죠. ZeeTV에 경쟁은 그다지 중요하지 않습니다. 타 언어권 시청자들의 관심을 끌고 싶어하지도 않습니다. 가까운 장래에 아시아는 미디어 콘텐츠의 주요 생산자가 될 것입니다. 상당히 긍정적인 발전상이라고 할 수 있죠. 아시아는 오랫동안 서양의 콘텐츠를 받아들였습니다. 이제 우리도 성장했고 성숙해졌기 때문에 미디어 경험이 견고하게 자리 잡았습니다. 이런 상황은 풍부한 문화유산과 더불어 콘텐츠 무역의 허브가 될 수 있는 거대한 잠재력을 제공합니다. 인도는 세계적으로 가장 큰 영화산업을 가진 국가에 속하며, 수많은 TV 콘텐츠를 제작하고 있습니다. 한국과 일본은 애니메이션 분야에서 매우 강합니다. 저는 개인적으로 지역적인 요소가 가미되어야만 세계화되었을 때 흥미로울 것이라고 믿습니다. 한 사람의 콘텐츠 제작자와 한 가지 언어, 한 가지 문화의 관점, 그리고 한 가지 사상이 세계를 지배하는 것이 아니라 지역 특유의 경험과 콘텐츠가 가지는 다양성이 관건이라는 얘기입니다."

예를 들어 인도는 최근 게임 디자인과 만화 애니메이션 아웃소싱의 플랫폼으로서 폭발적으로 성장했다. 인도를 방문했을 때 나는 그 산업의 한 기업 대표가 했던 말을 듣고 충격을 받았다. 벵갈루루에 있는 자두웍스Jadoo Works의 최고운영책임자 아시시 쿨카르니Ashish Kulkarni의 설명에 의하면, 인도에는 전통 예술을 컴퓨터 디지털 그림으로 쉽게 전환할 수 있는 기술력을 갖춘 전통 예술가가 아주 많다. 이들 대부분은 힌두 사원의 조각가나 화가의 자녀들이다. 쿨카르니는 "우린 그들이 가진 전통적인 기술을 애니메이션이나 디지털 형태로 전환하도록 훈련시킵니다"라고 말했다. 하지만 인도의 전통적인 예술기법을 유지, 발전시키기 위해 자두웍스는 예술가들이 고유의 예술에 심취할 수 있는 공간을 따로 마련해주었다. 두 가지 기술이 서로 증진시키는 작용을 하기 때문이다. 자두웍스와 같은 회사는 세계시장의 수요에 따라, 그리고 주어진 때에 누가 가장 저렴하고 최고로 뛰어난 예술가를 공급할 수 있는가에 따라 흥하고 망한다. 그러나 세계가 평평해지기 이전에는 인도에서 이러한 사업을 하는 회사를 전혀 찾아볼 수 없었다. 오늘날 인도의 신세대 예술가들은 적어도 생활비를 벌기 위해 택시 운전을 하기보다는 자신이 가진 기술을 유지, 발전시킬 기회를 갖게 되었다. "우리는 이제 부모들에게 '당신의 자녀가 중학교 1학년인데 미술에 소질을 보인다면 애니메이션 분야의 직업을 고려해봐야 합니다'라고 말합니다"라고 쿨카르니가 말했다. "5년 전만 해도 그런 말을 한다는 것은 어려웠지만, 지금은 관련된 분야가 많아졌기에 부모 세대로부터 전수받은 기술을 다른 형태로 전환할 수도 있으니 그 기술을 붙들고 있어야 한다는 생각을 하도록 해주었습니다."

　나는 당시 자두웍스에서 근무하는 28세의 호리호리한 컴퓨터 아티스트 디팍 강굴리Deepak Ganguly와 인터뷰를 했다. 그는 이렇게 말했다. "부모님께선 모두 예술가이십니다. 어머니는 조각가로 집에서 작업하셨고, 아버지는 카펫디자이너로 인도산 카펫을 디자인하셨죠. 그런 환경에서 자라다 보니 저는 그림에 재능이 있었고, 그래서 이 분야에서 일하게 된 겁니다. 제가 애니메이션 업계에서 처음 일을 시작했을 때 인도에는 그림을 그릴 수 있는 3D 컴퓨터 프로그램이 아직 없었어요. 그래서 기존의 2D 애니메이션 과정을 마친 후, 2D 애니메이터가 되었죠. 지난 몇 년 사이 인도에 3D 붐이 일어나면서 한 단계 도약해야겠다고 결심했습니다. 그때 전 델리에 있는 작은 스튜디오에서 일했는데 〈스타워즈Star Wars〉 같은 영화를 보면서 거기에 사용된 컴퓨터 그래픽 화면을 보곤 했습니다. 그러다가 바로 그 기술을 배울 수 있는 기회를 잡게 된 겁니다." 강굴리는 세계화 때문에 이제는 자신의 기술을 갖고서 전 세계를 상대로 그 기술을 판매할 수 있게 되었다고 말했다. 그는 "전자 미디어를 아주 쉽게 공유할 수 있게 됨으로써 여기서 일을 구하는 것도 또 우리의 기술을 다른 쪽으로 전송하기도 더욱 쉬워졌습니다"라고 덧붙였다.

그러나 일부 비평가의 말을 들어보면 세계화란 아둔한 자본주의와 글로벌 브랜드, 패스트푸드, 소비자 가치 등이 확산되어 훈훈하고, 아늑하며, 번창하고 있는 지역의 공동체와 산업 및 문화를 몰아내는 현상일 뿐이라고 생각하게 된다. 세계화 세력이 많은 지역에서 아주 오랫동안 그런 일의 일부 또는 전부를 해온 것은 의문의 여지가 없다. 그러나 세계화란 단순히 자본주의나 시장의 확산 또는 무역의 강화만을 의미하는 것이 아니다. 그것은 전적으로 경제현상에만 국한되는 것이 아니며 그 파급효과 또한 경제적인 것에 한정되지 않는다. 새로운 형태의 커뮤니케이션과 혁신을 포함하는 훨씬 더 광범위하고, 더 깊고, 더 복잡한 현상이다.

세계의 평평화는 일과 지식, 엔터테인먼트를 다양한 형태로 공유할 수 있는 세계적 차원의 플랫폼을 창조하는 것에 관한 것이다. 세계화의 전통파괴 효과를 염려하는 것은 지극히 정당한 일이며, 이는 실제로 아주 중요한 부분이다. 그러나 개인의 역량 강화와 문화의 보고를 더욱 풍성하게 만드는 힘이 있음을 무시하면, 인간의 자유와 다양성 측면에 미치는 잠재적인 긍정적 효과를 놓치게 된다. 이에 관한 내 요지는 세계의 평평화가 언제나 문화를 보존하고 풍성하게 한다는 것이 아니다. 내가 주장하고 싶은 것은 세계화를 비판하는 사람들이 말하는 것처럼 세계의 평평화가 언제나 문화를 파괴하는 것은 아니라는 점이다. 세계화의 철칙은 매우 간단하다. 만약 세계화가 좋기만 하다거나 모두 나쁘다고만 생각한다면, 세계화를 이해하지 못한 것이다. 세계화에는 역량의 강화 기능과 무력화 기능, 동질화와 특수화, 민주주의와 권위주의적 경향 등이 모두 복합되어 있다. 세계화는 세계시장에 관한 문제인 동시에 인터넷과 구글에 관한 문제다.

나를 비롯한 누군가는 평평한 세계가 빛의 세력을 강화시키는 만큼 어둠의 세력도 강화시킨다는 사실을 의심치 않는다. 평평한 세계의 플랫폼에서는 누구든 집에서 제작한 포르노 영상이나 지역에서 자라난 인종차별주의, 거짓말이나 음모론, 아니면 단순한 허튼소리들을 업로드할 수 있고, 그것을 더욱 쉽게, 더욱 빠르게, 보다 멀리까지 확산시킬 수도 있다. 2005년 12월 19일 자《뉴욕 타임스》는 저스틴 베리Justin Berry라는 10대 소년의 끔찍한 이야기를 머리기사로 다루었다. 저스틴은 "웹캠을 이용해 자신이 옷을 벗는 모습, 샤워하는 모습, 자위행위를 하는 모습, 심지어 성관계를 갖는 모습을 동영상으로 찍어서 그에게 여러 해에 걸쳐 수십만 달러의 돈을 지급한 1500명 이상에게 보여주는 일에 빠졌다." 정말 아이러니한 것은 네티즌들이 지불 수단으로 주로 이용한 것이 페이팔닷컴이었다는 점이다. 페이팔닷컴은 이베이 소유의 온라인 결제 시스템으로 이베이의 경매 사이트에서 개인의 구매 및 판매가 보다 쉽도록 도와주기 위한 시스템이다.

이 모든 이유를 볼 때, 우리의 임무는 이 플랫폼을 쓰레기 취급할 것이 아니라 그것으로부터 최선을 취하고, 최악을 예방하는 일이다.

현재 논의되고 있는 세계화의 유형은 인터넷 및 세계의 평평화와 더불어 "세계화를 비판해온 사람들의 마음속에 들어 있는 세계화와는 다르다"고 이스라엘의 정치학자 야론 에즈라히Yaron Ezrahi가 언급했다. "그것은 다른 기회와 위험 요인을 가지고 있습니다." 그는 다음과 같이 말했다. 문화적 관점에서 본 지역의 세계화는 "지역 단위의 인권단체가 국제적 공동체의 일부가 되어 연대의식을 갖도록 해주는데, 이것은 환경주의자들에게도 마찬가지입니다. 그리고 불행히도 신나치주의자나 알 카에다의 동조자들에게도 똑같이 적용됩니다. 인간에게 공동체 형성의 자유가 있는 한 그들이 형성한 공동체는 진취적인 단체가 될 수도 있고 범죄단체가 될 수도 있습니다. 그러나 한 가지 사실은 인터넷이 자기만의 스토리를 만들어내고, 개인으로서 또 공동체의 일부로서 자신의 존재를 세계 속에 각인시킬 수 있는 개인의 역량을 확대했다는 사실입니다. 우리가 그런 현상에 저항해야 합니까? 물론 안 됩니다."

이 책의 인쇄 즈음에 구글은 아랍어에서부터 줄루어, 수많은 중국 방언에 이르기까지 116개 언어로 이용되고 있었다. 자신의 언어로 자신의 의견을 표현하는 사람들이 많아질수록 그들의 언어가 생존할 가능성도 점점 높아질 것이다. 다른 사람들이 그 언어로 글을 쓰고, 영어로 전환해야 할 부담을 갖지 않게 될 가능성도 점점 커질 것이다. 검색은 열 가지 평평화 동력 중 하나이며, 검색엔진이 평평해진 세계의 구석구석까지 점진적으로 퍼져감에 따라 지역의 세계화는 지속적으로 강화될 것이다.

그러나 세계의 평평화는 인터넷도 없이 세계 곳곳에 다양성을 가져다주고 있다. 오늘날에는 더욱 많은 TV와 라디오, 더욱 많은 전화가 있고, 더욱 빈번한 여행과 무역이 이루어진다. 가나 출신으로 프린스턴 대학교 교수이자 철학자인 크웜 앤서니 아피아Kwame Anthony Appiah는 2006년 1월 1일 자 《뉴욕 타임스 매거진》에 기고한 '오염의 문제The Case for Contamination'라는 논설에서 이것을 아주 잘 표현했다. 자신이 태어나고 자란 가나의 쿠마시에 사는 어머니를 찾아간 일을 통해 그는 오늘날 아프리카 사람들, 심지어 오지의 주민까지도 더 이상 서구 또는 현대세계에 각인된 것처럼 단순한 객체가 아니라는 점을 지적할 수 있는 다양한 사례를 제시했다. 그들 또한 채택과 적응, 수입과 재수출, 혁신과 같이 더욱 역동적인 상호작용의 관계를 전 세계와 맺고 있는 주체이다. 물론 세계화 덕분이다. 그는 다음과 같은 글을 썼다. "세계화는 동질화를 양산할 수 있다. 그러나 세계화는 또한 동질화에 대한 위협이 될 수도 있다. 세계화로 인한 동질화에 관해 이야기할 때 사람들은 다음과 같은 것에 대해 말한다. 심지어 비록 이 지방의 고유 언어로 방송되긴 하지만 이런 오지 마을 사람들도 라디오를 들을 것이다. 호나우두Ronaldo나 마이크 타이슨Mike Tyson, 투팍Tupac에 대해 나누는 토론을 들을 수 있게 된다. 사람들은 가나의 고급 저장맥주인 스타Star 또는 클럽Club뿐 아니라 기네스나 코카콜라도 마실 수 있게 된다. 하지만 그런 것을 접하게 되었다고 이 오지 마을이 더 동질화되었는가? 그들이 코카콜라를 마신다는 사실만으로 그들의 정신세계에 대해 당신이 언급할 수 있는 것은 무엇인가? 오늘날 우리가 접하게 되는, 펜실베이니아의 아산테 Asante 같은 곳에서 발견하게 되는 동질성을 가진 고립된 소집단들은 100년 전에 비해 차별성이 약화되었지만 대부분 좋은 방향으로 변화했다. 보다 효과적인 의약품, 깨끗한 식수, 학교 교육의 혜택을 받는 사람들이 과거에 비해 많아졌다. 하지만 여전히 흔한 일이지만, 아직 그런 혜택조차 받지 못하는 곳에서라면 그런 차별성은 축하할 일이 아니라 슬퍼해야 할 일이다. 그리고 그런 사회에서 잃어버린 차별성이 무엇이든 새로운 형태의 차별성을 만들어내고 있다. 새로운 헤어스타일, 새로운 은어, 심지어 간혹 새로운 종교까지도 생성된다. 지구촌이 똑같아지고 있다고 말할 수 있는 사람은 아무도 없다."

가장 최근의 반동질화 세력이라 할 수 있는 것은 팟캐스팅으로 지역을 세계화할 수 있는 획기적인 새로운 도구이다. 내가 이런 현상을 어렴풋이나마 감지한 것은 바로 중국의 대표적인 팟캐스팅 웹 사이트인 투도우닷컴Toodou.com의 발상지인 상하이 외곽의 조그만 아파트를 방문했던 2005년 10월이다. "투도우의 웹 사이트에는 1만 3000개의 채널이 등록되어 있고, 약 5000개는 정기적으로 업데이트되고 있습니다"라고 개리 왕Gary Wang이 설명했다. 그는 푸저우에서 태어나고 중국어로 '감자'라는 뜻의 투도우를 설립한 미국과 프랑스에서 교육을 받은 32세의 엔지니어다. 중국인이라면 누구나 투도우에서 자기만의 비디오나 오디오 콘텐츠를 위한 채널을 생성할 수 있고, 다른 사용자들은 새로운 자료가 업로드될 때마다 그 채널에 등록한 후 콘텐츠를 이용할 수 있다. 지금까지는 투도우의 서비스가 무료지만 결국 매월 가입비를 부과하게 될 것이다.

개리 왕은 이렇게 덧붙였다. "평범한 사람들에 의해 유지되고 다른 사람들이 자유롭게 접근해 자료를 다운로드할 수 있는 수십만 개의 다양한 채널을 만들고 싶습니다." 그의 소망은 이루어질 것이다. 왜냐하면 업로딩과 팟캐스팅의 용이함은 곧 컴퓨터와 카메라, 마이크 같은 장비만 갖춘다면 거의 아무런 제약 없이 동참할 수 있다는 것을 의미하기 때문이다(중국에서는 여전히 정치적 발언에 대한 제약이 있다. 하지만 그런 제약이 언제까지 계속될지 누가 알겠는가. 투도우닷컴에서는 음란물과 중국 법률에 반하는 내용 또는 공산주의 정권을 직접 위협하는 내용 등을 스스로 검열한다).

내가 방문했을 때 투도우에서 가장 인기 있었던 팟캐스트는 두 명의 스무 살짜리 중국 여성이 광둥어로 된 유명한 록음악을 립싱크하는 동영상이었다. "어느 날 갑자기 지루해진 거죠." 개리 왕의 설명이다. 두 여성은 상하이에서 미화 6달러만 주면 쉽게 구매할 수 있는 웹캠을 사고 윈도우 XP에 일괄적으로 끼워주는 윈도우 무비 메이커 소프트웨어를 사용해 MTV 스타일의 3분짜리 팟캐스트를 제작하고 그것을 투도우닷컴에 업로드했다. 처음 3개월 동안 이 동영상의 조회 건수는 7만 5000회에 달했다. "제작하는 데 한 시간, 편집하는 데 15분이 걸린 동영상"이라고 왕이 설명했다. '더 빈스The Beans'라고 자칭하는 이 여성들은 현재 그녀들의 온라인 팬클럽까지 가지고 있다.

또 다른 인기 팟캐스트는 두 명의 중국인 건축학도가 휴스턴 로키츠Houston Rockets(중국 출신 NBA 스타인 야오밍 선수의 소속팀)의 팀 셔츠를 입고 백스트리트 보이스Backstreet Boys의 노래를 립싱크하는 동영상이다. 중국 남쪽 지방 선전 시의 일상을 담은 슬라이드 쇼의 조회 수는 1만 6000회로 중국 전역의 네티즌들이 댓글을 달았다. 내가 방문했을 때 조회 수가 두 번째로 많은 팟캐스트는 상하이의 한 바에서 연주활동을 하는 언더그라운드 록 밴드의 콘서트였다. 개리 왕이 말하는 투도우의 목표는 '중국인들을 서로 기호가 맞는 사람끼리, 미래의 잠재적 협력자와 연결해주는 것과 거대한 규모의 콘텐츠 데이터베이스를 구축해 콘텐츠 제공자들과 이익을 공유하는 것'이다. 개리 왕은 이렇게 덧붙였다. "누구나 자유롭게 참여할 수 있게 하려고 이 플랫폼을 만들었고, 사람들이 찾아온 것입니다. 다양한 종류의 도구들이 점점 저렴해지고 있으니 인간이 가진 창의적인 부분이 자연히 커질 것으로 생각합니다."

물론 내가 너무 앞서 가고 있다는 것을 잘 안다. 극소수를 제외하고는 아이팟을 본 적도 없는 사람이 중국에는 아직도 많다. 그러니 여기에 올려진 대부분의 팟캐스팅은 PC를 통해 제작되고, 시청한다. 그러나 음악 또는 비디오용 아이팟의 가격이 내려간다면, 거대한 팟캐스트 시장이 생길 것이다. 대부분의 팟캐스트들이 아직은 잡동사니 수준에 머물러 있지만 질적인 수준 또한 분명히 향상될 것이다. 그리고 팟캐스팅의 용이함 때문에 경쟁과 실험이 생겨날 수밖에 없을 것이다. 개리 왕이 팟캐스팅을 처음 접한 것은 2004년이다. 불과 13개월이 지난 지금, 그는 중국에서 가장 인기 있는 팟캐스팅 사이트를 소유하고 있고, 그의 사이트에 가입한 이용자는 10만 명이며, 여덟 명의 직원과 마흔 명의 자원봉사자들이 일하고 있고, 미국의 한 벤처투자회사가 자금 지원을 하고 있다. 개리 왕의 사이트에 관한 뉴스는 중국의 블로거들에 의해 무료로 퍼졌다. 내가 방문했을 당시 그가 사무실로 사용하던 아파트는 월세 500달러에 임대한 것으로 거기서 숙식을 해결하는 직원도 있었다. 투도우닷컴을 작동시키는 거의 모든 소프트웨어는 웹에 있는 무료 오픈소스 자료들이었다. 아파치 웹서버와 무료 유닉스 운영체제인 FreeBSD, 무료 데이터베이스 시스템인 MySQL, 무료 프로그래밍 언어인 PHP 등이 그것이다. 투도우를 운영하는 알고리듬은 개리 왕 자신이 직접 작성했다. 자신이 유학했던 미국이나 유럽 등지와 중국을 비교하면서 개리 왕은 이렇게 말했다. "같은 돈으로 중국에서는 열 배의 일을 할 수 있습니다. 상하이에서는 미화 1000달러로 한 달 생활을 하면서 첨단기술과 이 모든 서버 등을 운용할 수 있습니다. 미국에 있는 것은 무엇이든지 모두 이곳 중국에 있습니다."

중국에서는 저비용과 규제의 완화가 결합되어 문화 콘텐츠의 제작 과정을 보다 저렴하게 해주고, 결과적으로 더욱 인기를 얻도록 만들어주고 있다. 그것이 이 세계화의 평평화 단계가 단지 미국화의 심화 과정이 아니라 세계 각지의 문화와 예술의 형태, 스타일, 요리법, 문학, 동영상, 의견 등이 더욱 세계화되어 가는 과정, 다시 말해 점점 더 많은 지역 콘텐츠가 세계화되는 걸 뜻한다고 확신하게 된 이유이다.

개리 왕은 이런 말을 했다. "중국에는 미국과는 다른 음악이 있고, 중국인은 미국인들과는 다른 것을 표현하고 싶어합니다. 그러나 그 욕구는 같습니다. 사람은 누구나 주목받기를 원하고, 좋아하는 것을 만들어내고, 타인과 공유하기를 원합니다. 전 세계 모든 사람이 동일한 기술 플랫폼에서 지식과 영감을 이끌어낼 것입니다. 하지만 그 위에서 각기 다른 문화가 꽃을 피울 것입니다. 토양은 같아도 다른 나무가 자라는 것과 같은 이치입니다."

문화혁명이 이미 종결되었다고 생각했다면, 미안한 얘기지만 그것은 이제막 시작일 뿐이다. 이번에 진행되는 중국의 최신 문화혁명은 평평한 세계의 플랫폼 덕분에 바로 애플의 소형 흰색 아이팟을 사용하는 팟캐스터들에 의해 아래에서부터 추진되고 있다. 빨간색의 『마오쩌둥 어록』에 의해 위에서부터 아래로 진행되는 것이 아니다.

지역의 세계화는 문화적인 현상일 뿐 아니라 상업적인 현상이기도 하다. 세계의 평평화가 문화의 흐름을 평등하고 다양하게 하면서 자본 투자의 흐름도 평등하고 다양화하기 시작했다. 즉, 세계화가 더 이상 미국과 유럽의 다국적기업에 의해 우선적으로 주도되지 않는다. 더욱더 많은 중국과 인도, 브라질, 러시아, 아시아 그리고 심지어 아프리카의 기업들이 전 세계적으로 사업을 펼치고 있다.

다보스세계경제포럼Davos World Economic Forum은 언제나 세계경제 흐름의 유용한 척도이다. 나는 2007년의 다보스포럼에서 처음으로 지역의 세계화가 경제사업 분야에서 눈에 띄게 진행되고 있는 걸 제대로 느꼈다. 우선, 선도적인 이집트 기업가인 모하메드 샤피크 가브르Mohammed Shafik Gabr와 아침을 함께 먹었다. 샤피크의 회사 아르토크투자개발그룹Artoc Group for Investment and Development은 이집트에서 신도시 두 곳을 토대부터 끝까지 건설하는 사업에 관여하고 있었다. 하지만 내게 가장 충격적이었던 얘기는 그것이 아니다. 급속히 팽창하는 그의 회사 운영을 위해 새로 채용해 카이로로 불러오는 관리자를 보고 상당히 놀랐다. 코카콜라의 애틀랜타, 런던 그리고 아프리카 지역본부에서 일했던 이집트 태생의 미국인을 그룹 최고업무총괄이사로 새로이 채용했다고 그가 내게 설명했다. 홍콩에 기반을 둔 미국인 아시아 전문가를 회사의 정책과 사업 개발을 맡길 부회장으로 영입했다. 또한 그의 부동산 계열회사를 관리할 그룹의 관리부장으로 프랑스인을 채용했다. 샤피크는 신시장, 곧 미국과 아시아 및 프랑스의 '신시장'으로 공격적으로 진출하기 위해 준비하고 있음이 명백했다.

그로부터 일주일 뒤인 2007년 1월 31일 자 《파이낸셜타임스》에 다음과 같은 기사가 실렸다. "인도의 타타스틸Tata Steel은 수요일에 여덟 시간 넘게 진행된 브라질의 콤파니아내셔널철강회사Companhia Siderúrgica Nacional와의 입찰경쟁에서 치열한 접전 끝에 영국과 네덜란드 합작 철강회사인 코러스Corus의 경영권 인수전에서 승리했다." 이것은 인도 회사에 의한 첫 번째 대규모 국외 기업 인수 건이었으며, 영국과 네덜란드 철강산업의 거의 전부를 소유한 코러스 인수에 62억 파운드를 들인 기업 인수의 대단한 걸작이었다. 그렇게 한 인도 회사가 영국과 네덜란드를 통틀어 가장 큰 철강회사 인수전에서 브라질 회사와의 입찰에서 더 큰 금액을 써냈던 것이다!

다보스 포럼이 진행되는 중에 《글로벌 뷰포인트Global Viewpoint》의 편집장인 네이튼 가델스Nathan Gardels가 이런 흐름을 요약하는 에세이를 《인터내셔널 헤럴드 트리뷴International Herald Tribune》에 기고했는데 2007년 1월 24일 자에 실렸다. "세계화는 이제 어떻게 하면 그 기회를 활용하면서 혼란을 최소화할지를 알아낼 수 있는 모든 사람의 것이 되었다. 미국인 손에 키워진 기술은 세계화의 산파겠지만, 결코 미국인들만이 세계화의 유일한 부모는 아니다. 그것은 실로 커다란 권력이동이다."

정말로 이런 추세가 계속된다면, 세계화가 결국에 세계적으로 확산하는 건 필연적이다. 문화적으로도 상업적으로도 그 추세를 피할 수 없으며, 더 이상 미국과 유럽에서 주도되는 것이 아니라 평평한 세계의 구석구석에서 주도되는 일련의 과정이다.

13장

아무 일도 생기지 않는다면
그건 당신이 행동하지 않고 있기 때문이다

⋮

"아침에 사무실로 출근해서 컴퓨터를 켰는데 갑자기 5000건이 넘는 이메일이 내 편지함에 들어와 있는 걸 발견했습니다. 전부 다 기본적으로 똑같은 불만을 담고 있었습니다. 모두가 전에 들어본 적도 없는 한 기관, 즉 두 사람이 개 한 마리와 1만 달러 자금으로 만들어 캐나다에서 운영하는 일개 웹 사이트를 가진 작은 집단에 자극받아서 그런 겁니다. '이 사람들이 누굽니까? 도대체 뭐 하는 사람들입니까?'라며 돌아서서 내 비서에게 물어봅니다. 비서도 영문을 모르니, '사장님, 저도 들어본 적이 없는 사람들입니다'라고 대답합니다. '우리 애들에게 한번 물어보겠습니다'라고 합니다. '그것 참 대단하군. 자기 애들에게 물어본다고? 이제 내 비서의 꼬마 애들이 내 전략자문위원들이 됐군!' 하고 속으로 되뇌었습니다. 그래서 PR 담당자들에게 전화해서 '이 사람들이 꺼져버리게 하려면 어떻게 해야 하는지 누가 말 좀 해보시오'라고 묻습니다."

내가 꾸며낸 얘기이긴 하지만 완전히 허구는 아니다. 이번 개정판을 준비하면서 같은 주제이지만 조금씩 다른 수많은 얘기를 CEO들에게 들었다. 전부가 CEO들이 '이런 부류의 사람들'을 처음 만나게 된 순간에 관한 얘기들이다. '이런 부류의 사람들'은 평평해지고 있는 세계에서 힘이 아주 세진 지금 세대의 사회운동가social activists와 사회적 기업가social entrepreneurs들이다. 아주 작은 그룹들도 이제 인터넷상에서 세계적인 공조를 구축함으로써 가장 거대한 다국적기업들의 행위를 폭로하고 그들을 당혹하게 만드는 자신들의 활동을 세계에 알리는 게 인터넷 기술로 가능해졌다. 이런 활동을 하는 사람들이 인터넷 상에서 어떤 기만적이고 부정직한 공격을 한다면 결코 오래 영향을 끼치지 못할 것이다. 가치가 담긴 행위라면 가장 힘센 다국적기업들마저 하룻밤 새 그들의 행태를 변화시키며 대중들의 용서를 빌게 할 수 있다. 기업들이 올바른 행위를 하기만 하면, 또 그렇게 실천했을 때 그 기업들이 사회활동 단체들로부터 받는 찬사는 진정한 가치가 있는 찬사다.

사회적 기업가들이 사업 의사결정에 얼마나 큰 영향을 미칠 수 있는지 깨달은 것은 바로 국제 비정부기구NGO이며 비영리단체인 환경보호기금 Environmental Defense이 관여하게 된 대형거래 협상의 자문역으로 월스트리트에서 특화된 기업금융과 자산운용 자문사인 페렐라 와인버그 파트너스Perella Weinberg Partners를 고용했다는 기사를 《뉴욕 타임스》의 2007년 3월 7일 자 신문에서 읽었을 때였다. 그 이야기는 텍사스의 거대 전력회사인 TXUTXU Corp.가 석탄을 태워 이산화탄소를 내뿜는 화력발전소 열한 개를 새로 건설하겠다는 계획을 발표한 2006년에 시작됐다. 이 발표는 곧 환경변화를 걱정하는 환경운동가들의 분노를 불러일으켰다. 텍사스에 사무실을 두고 있는 환경보호기금Environmental Defense의 회장인 프레드 크럽Fred Krupp이 TXU 전력회사의 CEO인 C. 존 윌더C. John Wilder에게 그 문제에 대해 미팅을 하자고 요청하는 서신을 보냈으나, 간단히 거절당하고 말았다. TXU는 텍사스 주지사도 자기들 편이며 발전소 건설은 빠르게 진행되고 있다고 단호히 전했다. 환경운동가들에게 보내는 메시지는 분명했다. '꺼져버려!'

TXU가 자신들이 지금 어떤 세상에 살고 있는지 얼마나 모르고 있었는지에 대해 얘기해보자.

TXU가 그렇게 나오자 환경보호기금은 웹상에서 도움을 요청하기로 하고 TXU를 저지하자는 웹 사이트 StopTXU.com을 개설했다. 이 사이트에서 TXU의 계획에 대해 정기적으로 전자 편지를 발송했고, 그 거래에 대해 반대하는 전국적인 구독자 연합을 구축했다.

"발전소 열한 군데를 짓는 계획은 일 년에 7800만 톤의 이산화탄소를 배출해내는 것으로 탄소배출 규모 면에서 볼 때 TXU에 골리앗의 이미지를 갖게 했다. 우리는 TXU가 탄소배출 면에서 주류에서 얼마나 벗어나 있는지 확실히 알려야만 했다. 그들의 계획을 지속적으로 대중들 관심의 초점에 놓이게 할 목적으로 만든 웹 사이트를 통해 텍사스 주의 미디어와 정치 참여자들, 여론 선도자들과 사회운동가에게 전자 우편을 정기적으로 보냈다"라고 활동 전개 과정에 대해 크럽이 말했다.

그런 모든 노력이 빛을 본 것은 바로 2007년 초반 큰 규모의 기업인수 전문 회사인 콜버그 크래비스 로버츠Kohlberg Kravis Roberts와 텍사스 퍼시픽 그룹Texas Pacific Group이 연합해 450억 달러에 TXU를 매수하겠다고 제안했던 때였다. 그 것은 역사상 규모가 가장 큰 금융기관차입부 기업매수leveraged buyout 건이었지만 한 가지 단서가 있었다. "매수자들은 환경운동가들과의 전쟁으로 허우적대는 회사를 합병하고 싶지는 않았던 것입니다. 그래서 그 매수자들은 우리에게 다가와서 '우리는 당신들과 환경보호단체인 미국 NRDCNatural Resources Defense Council(천연자원보호위원회)가 우리가 이곳에서 진행하려는 사업을 환영할 때만 추진하길 원합니다'라고 말했습니다"라고 크럽이 말했다. 환경보호기금과 NRDC는 그 거래를 통해 새 회사가 더욱 환경친화적인 기업이 된다는 전제하에 그 기업 인수 건에 관여할 준비가 되어 있었다.

"인수 협상은 열흘에 걸쳐 진행되었다. 핵심적인 협상은 샌프란시스코에 있는 만다린 오리엔탈 호텔에서 오전 8시부터 다음 날 아침 1시까지 열일곱 시간 연속으로 쉬지 않고 진행되었다"고 크럽이 말했다. 종국에는 기업인수 그룹이 TXU의 석탄 화력발전소를 열한 개에서 세 개로 줄여서 연방정부의 탄소배출량 한도 목표에 맞추고, 에너지 효율화와 풍력발전기 구매를 두 배로 늘리는 데 드는 4억 달러를 부담하겠다고 합의했다. 반대급부로 환경운동가들은 그 인수 건을 기꺼이 받아들인 한편, 매수 계약이 완료될 즈음 그 세부 사항의 협상을 지원하기 위해서 페렐라 와인버그를 고용했다.

돈을 벌기 위해 일하지 않는 사람들이 하루에 해치운 일치고는 정말 대단한 일을 해낸 것이다.

어떤 교훈을 얻었는가? 크럽은 한 가지 질문을 던짐으로써 답변했다. "역사상 가장 큰 기업 인수가 그 안에 포함된 온실가스 계획에 대해 칭찬 듣는 것에 따라서 매수자들이 그 성사 여부를 결정하게 될 때 우리에게 주는 메시지는 무엇이겠습니까? 시장이 정치가들보다 앞서 있음을 말해주는 겁니다. 세상은 변했고, 이 친구들은 그걸 아는 것이지요."

TXU는 변하지 않았다. 텍사스에서 자기네들끼리만 말하다 보니까 그들은 단순히 보도자료만 내보내는 것으로는 자신들의 명성을 유지할 수 없게 된 걸 이해하지 못했다. 왜냐하면 인터넷의 도움으로 보통 사람들도 돈 한 푼 들이지 않고 웹을 통해 전 세계적으로 TXU의 기업이미지를 만들어낼 수 있게 되었기 때문이다.

크럽이 계속해서 말했다. "기업들의 평판은 PR 담당자들의 실력에 덜 의존하게 되고 더욱더 실제적인 행동으로 결정됩니다. 그렇기에 가치에 대한 정직한 논의가 더욱 위력을 발휘합니다. 온라인으로 가면서 우리는 이 문제를 전기를 생산하는 지역적인 논의에서 탄소배출량을 제한하고 줄여나가는 전국적인 논쟁으로 전환시켰습니다. 그래서 TXU가 단지 지역적인 사소한 다툼이 되길 바랐던 사안이 오히려 모든 세계시장의 컴퓨터 화면에서 감시받게 되었습니다. TXU의 예는 진실과 열정 그리고 인터넷이 더해지면 거스를 수 없는 변화의 조류를 만들 수 있다는 것을 보여줍니다."

시민 행동주의의 돌연한 출현에 대해 언급하면서 대표적인 세계적 생화학 회사의 워싱턴 로비스트가 내게 말했다. "우리는 아직도 낡은 규칙에 따라 일하고 있는데 이제는 오래되고 낡은 규칙들이 변했지요. 그러나 아무도 바뀌었다고 신호를 보내지 않았습니다." 그녀는 이전 패러다임은 단순하다고 설명했다. 기업은 제품을 개발하고, 정부는 그 제품을 승인하며, 사람들이 그걸 사면 모두가 행복하다. 그녀는 또 새로운 패러다임에 따르면 이젠 다음과 같이 진행된다고 설명했다. 당신이 제품을 개발하고, 당신이 개발된 제품을 시험하며, 정부는 그 제품을 승인하고, 농부들이 그걸 사서 사용한다. 그런데 소비자들이 "이봐요, 잠깐만. 우린 이 제품을 싫어해요!"라고 말한다. 그리고 "내 음식을 갖고 장난친 당신들은 대체 누굽니까?"라고 요구하는 전 세계 사람들이 갑자기 당신 회사를 향해 생명공학에 반대하는 거대한 인터넷 운동을 펼친다.

규칙을 하룻밤 새에 바꿔버린 사람들을 소개하고자 한다. 그런 사람들은 여러 유형으로 나타난다. 일부는 평화봉사단의 봉사 정신으로 무장한 경영대학 졸업생들이고, 일부는 웹을 이용해 모금을 하거나 지원자를 모으는 데 능숙한 정치활동가들이고, 일부는 녹색경영을 통해 기업들이 이익을 높이는 방법을 거대기업들에 가르쳐서 지구를 구하려는 희망을 가진 환경론자들이며, 또 다른 일부는 저비용의 통신 장비가 확산되는 속에서 가난한 사람들이 스스로 가난을 벗어나도록 도울 수 있는 전혀 새로운 도구를 발견해낸 박애주의자들이다.

하지만 그들이 가진 공통점은 세상에 좋은 영향을 주겠다는 불타는 열정과 평평해진 세계로 인해 이전 어느 때보다 더 쉽고 값싸게 활동하는 기업가가 될 수 있다는 확고한 신념이다. 사실 이런 방식의 행동주의는 이제 가장 왜소한 참여자에게도 매우 쉽고, 매우 싸고, 언제든 활용 가능하므로 나는 감히 오늘날 젊은 세대에게 도전장을 던지겠다. 아무 일도 생기지 않는다면, 그건 당신이 행동하지 않고 있기 때문이다.

아프리카 가난 구제와 다르푸르 난민들, 스리랑카의 코끼리를 살리기 위해 모금을 하고 싶은가? 웹은 전 세계에 걸친 글로벌 플랫폼과 지지자들을 제공해준다. 아마존 정글의 환경 파괴와 사는 동네 도로로 움푹 파인 곳에도 사람들의 관심을 끌고 싶은가? 그럼 당신은 플리커에 사진을 올리거나, 당신이 촬영한 동영상을 유튜브에 업로드하거나, 애플이 운영하는 인터넷 장터 아이튠스의 팟캐스트에 직접 녹음 파일을 저장해두면 된다. 부당한 행위에 대해 블로그에 글을 올리거나 당신이 좋아하는 후보자를 위한 모금활동에 블로그를 쓸 수도 있다. 당신의 주장, 비디오, 사진 또는 녹음한 내용에 강한 설득력이 있다면, 결국엔 당신의 말에 귀 기울이는 독자층을 찾게 되고 아니면 독자들이 당신을 찾아오게 될 것이다.

그러나 웹이 없어도 효과적으로 접근할 수도 있다. 당신이 기업가적인 성향과 여권, 약간의 현금이 있고, 꽤 진취적이라면 거의 어떤 곳에서든지 소규모 사업을 즉시 시작할 수 있다. 그렇게 하면 하루에 1달러밖에 못 버는 사람들을 위해 그저 다음번 세계은행 총회에서 항의 시위를 벌이는 것보다는 더 나은 일자리를 창출할 수 있다. 세계가 평평해지면 자유 시장이 세계 곳곳으로 깊숙이 뻗어 나갈 것이기 때문에 사회적 기업가들은 이제 그런 자유 시장을 지렛대 삼아 단지 부자들만을 위해서가 아니라 가난한 사람들과 신분상승을 열망하는 중산층까지 다양한 사람들에게 직업과 서비스, 이윤을 가져다줄 수 있다.

평평해진 세계에 의해 가능해진 사회적 기업과 행동주의를 조사해본 사례 몇 가지를 간략히 소개하고 싶다.

아마도 오늘날 세계에서 가장 잘 알려진 사회적 기업가이자 행동주의자는 무하마드 유너스Muhammad Yunus일 것이다. 그는 2006년도 노벨 평화상을 수상한 방글라데시인이다. 1976년에 유너스는 방글라데시에서 가장 빈곤한 사람들에게 담보 없이 소액 대출을 해주는 그라민은행Grameen Bank을 설립했다. 4반세기가 지난 후에 그가 가난한 사람들이 이 대출금을 잘 활용해서 원금을 갚을 수 있음을 증명함으로써 아주 새로운 은행산업인 '소액 금융microfinance'에 생기를 불어넣는 데 일조했다. 2005년 가을에 유너스를 인터뷰했을 때 무엇보다도 그의 열정과 확연히 느낄 수 있는 내적인 힘에 크게 감명받았다. 그가 해온 일들은 이미 국제적으로 많은 관심을 받았으며 노벨상을 받기 직전이었지만, 그가 원하는 것이라곤 내 소매를 잡고 현재 진행하고 있는 프로젝트에 대해 말하는 것과 그다음 프로젝트에 대한 의견을 구하는 것뿐이었다.

나는 그와 같이 가난한 사람들의 기업가적인 재능을 존중하고 아무리 작더라도 사업을 함으로써 얻게 되는 자존감이 얼마나 큰지를 그처럼 잘 이해하고 있는 사람을 만나본 적이 없다. 유너스의 설명이다. "가난한 사람에게 소액신용대출은 능력을 풀어놓는 열쇠가 되고, 한번 그렇게 해보면 자신을 달리 보게 됩니다. 항상 도움을 구하기보다 스스로 할 수 있는 일을 찾으러 나섭니다.

자신의 무한한 잠재력을 시험해보게 됩니다." 그것이 그가 최근에 거지들에게 작은 돈, 불과 10달러에 해당하는 작은 소액대출을 시작했던 이유였다. 유너스는 그의 은행에는 방글라데시 다카Dhaka 시 거리의 거지들에게 다가가서 다음과 같은 질문을 하는 직원들이 있다고 말한다. "'집집마다 돌아다닐 때, 사탕과 장난감을 들고 다니면 어때요? 그러면 당신은 구걸도 하면서 장사도 하는 셈이지요. 어느 것이든 잘 팔리는 게 생기면 그걸 선택해서 팔면 됩니다.' 그런 일이 얼마나 큰 변화를 가져오는지 아십니까? 왜냐하면 거지 입장에서 생각해볼 테니까요. '뭐가 잘 팔릴까? 음, 이걸 좋아하세요? 제가 내일 더 갖다 줄 수 있어요'라고 생각하겠지요. 그 프로그램에는 8000명이 넘는 거지가 있으며, 이미 많은 거지가 구걸을 그만두었는데 벌써 성공적인 상인이 되었기 때문입니다. 많은 거지가 잠깐씩 구걸도 하지만, 온종일 판매상인으로 일하고 있습니다."

그라민은행에서는 차입자의 97%가 여성이며, 대출 상환율은 98%다. 유너스는 내게 "담보로 제공할 것이 없는 것과 신용이 없는 것은 별개"라고 말했다. 기회가 주어지면 가난한 사람들은 신용을 잘 지키는 걸 보여준다.

유너스가 시도해보기 전에는 누가 알았겠나? 1976년에 그는 치타공 대학교에서 '우아한 경제이론'을 가르치고 있었다. 하지만 그는 캠퍼스에서 보아온 가난하고 굶주린 사람들을 도울 방법을 찾고 싶었다. 그는 "사람들이 쓰러질 때의 마지막 피 한 방울까지 쥐어짜내는 대출업자들을 봤다"고 말했다. 그는 개발도상국의 무뢰배들이 가난한 사람들에게 터무니없이 높은 이자율로 대출해주고 돈을 갚지 않으면 뼈를 분질러 놓으며 가난한 사람들을 등쳐먹는 방법에 대해 언급했다. 그래서 자신의 느낌에 따라 유너스는 27달러를 가난한 가내수공업자들에게 대출해준 다음 그 돈을 더 키우기 위해 그들이 일반 은행에서 더 큰 대출을 받을 수 있게 그 스스로 보증을 서줬다. 그 대출을 통한 사업은 성공적이었다. 그 작은 불꽃이 바로 그라민은행으로 성장했다.

《비즈니스위크》는 2005년 12월 26일 자 기사에서 '유너스의 혁신이 폭넓은 호응을 얻다'라는 제목으로 다음과 같이 보도했다. "2005년도 소액신용 운동

현황 보고서에 의하면, 1997년에는 전 세계적으로 약 760만 가구만이 소액신용을 이용할 수 있었다. 같은 보고서에서 2004년 12월 31일 현재, 약 3200개의 소액신용 기관이 9200만 명이 넘는 고객에게 서비스를 제공할 수 있었다. 대출자의 약 73%는 첫 대출을 받을 당시 완전빈곤 상태로 살고 있었다. '은행이 큰 금액의 대출을 해줬다면, 유너스는 소액 대출을 해줬다. 은행에선 준비해야 하는 서류가 많았다면, 그의 소액대출은 글 읽을 줄 모르는 문맹자들을 위한 것이었다. 은행이 어떤 일을 하든지 유너스는 그 반대로 했다'고 소액신용 운동의 이사 샘 달리 해리스Sam Daley-Harris가 감탄하며 말했다."

나는 유너스와 같은 사회기업가들이 여기저기에서 생겨나고 있는 걸 목격하고 있다. 그런데 그들 모두가 사회의 밑바닥에만 관심을 두고 있는 것은 아니다. 가난한 사람들을 소규모 사업가가 되도록 돕는 일이 중요한 만큼 개발도상국의 소규모 사업가들이 자신들의 이웃 사람들을 고용할 수 있는 큰 사업을 운영하는 사람으로 성장하도록 돕는 일 또한 그만큼 중요하다. 어떤 사람에게 물고기 한 마리를 주면, 그 사람을 하루 먹여 살린 것이다. 물고기 잡는 법을 가르쳐주면, 그 사람에게 평생 먹을거리를 준 것이라고 말하곤 한다. 나는 그에 더해서 다음과 같이 말하고 싶다. 그 사람이 물고기 잡는 사업을 키우도록 도와주라. 그러면 그 가족뿐 아니라 그 마을 사람들의 절반을 먹여 살리게 될 것이다.

내가 '멘토 자본가mentor capitalists'로 부르는 린다 로텐버그Linda Rottenberg와 피터 켈너Peter Kellner가 1997년에 설립한 엔데버Endeavor를 예로 들어보자. 엔데버www.endeavor.com는 라틴아메리카에서 시작해서 신흥 시장의 기업가정신을 고취할 목적으로 설립되었다. 기본적인 사업 방식은 중소규모의 기업들을 경험이 풍부한 대기업과 연결시켜줌으로써 젊은 청년들이 자기 회사를 더 많은 사람을 고용할 수 있는 더 큰 회사로 성장시키는 데 필요한 조언을 얻고 업계의 사람들을 만나도록 주선하는 것이다. 이것이 최고의 가난 퇴치 프로그램이라고 생각한다. 이런 유형의 사회기업활동은 절대적으로 중요하지만, 항상 그 가치를 인정받는 것은 아니다. 《월스트리트저널》 2003년 4월 15일 자 엔데버에 관한 기사에서 이렇게 전했다.

라틴아메리카는 기업가적인 꿈을 키워주는 데 필요한 자금 조달도 어렵고, 사회적으로 이동성도 낮아서 오랫동안 창업의 불모지로 인식되어왔다. 이 지역의 많은 개발지원 기구들은 소액신용에 중점을 두었다. 엔데버가 선택한 수혜자들인 부자가 되고자 열망하는 중소기업 소유자들은 기부자들로부터 항상 공감을 얻지는 못했다. 로텐버그 여사는 한 단체가 자신이 '그저 중산층을 돕고 있다'는 이유를 내세워 퇴짜 놓았음을 기억한다.

하지만 한 사회에서 가장 많은 일자리와 커다란 혁신을 창출하는 주체는 다름 아닌 이런 종류의 중산층 신생기업과 소기업들이다. 엔데버의 공동 창업자이자 CEO인 로텐버그 여사가 내게 이메일로 다음과 같이 설명했다. "그라민과 악시온Acción, 반코솔BancoSol 그리고 기타 훌륭한 소액금융 기관들이 해낸 중요한 일은 피라미드의 바닥에 있는 남녀들을 지원해주는 소규모 대출의 필요성에 관심을 기울이도록 한 점입니다. 그렇지만 우리가 신흥시장에서 끊임없이 발견하는 바는 어떤 격차입니다. 소액신용 단계 이상으로 기업인들에게 해주는 지원이 거의 없습니다. 그 정반대 쪽을 돌아보면, 세계 수준의 컨설팅과 투자를 얻는 것은 5000만 달러에서 1억 달러 사이의 매출을 달성한 기업들로 제한됩니다."

로텐버그의 설명이 이어졌다. "대조적으로 엔데버는 기업가들이 대단한 미래 성장 잠재력을 갖추고 50만 달러에서 2000만 달러의 매출과 사업을 성공적으로 이뤄냈을 때 필요한 일들을 떠올립니다. 우리는 가끔 창업 초창기 기업을 지원하기도 하지만, 기업가들이 회사를 일정 시점까지 성장시킨 후에 진정한 변곡점을 맞게 되며, 그때가 더 큰 규모로 가기 위해 멘토링과 전략적인 지원이 필요한 때라는 걸 알게 되었습니다. 신흥시장의 기업들 중 대부분은 이 변곡점을 맞아 잘 이겨내지 못합니다."

엔데버의 실적은 인상적이다. 로텐버그가 말하기를 그 프로그램의 지원을 받은 기업가들의 96%가 여전히 사업 중이며 지속 가능한 좋은 보수의 일자리를 만들어내고 있다고 한다. 엔데버가 지원한 한 회사당 평균적으로 214개의 일자리와 최저임금의 열 배의 급여, 그리고 훨씬 더 좋은 복리후생도 제공하고 있다. "우리에게 있어서 이렇게 출중한 효과를 내는 기업인들을 지원해서 얻는 지렛대 효과는 직접적인 일자리 창출뿐 아니라 승수 효과를 통해 나타납니다. 한 개의 출중한 효과를 내는 기업인은 수백 개의 일자리를 양산하고, 수천 명의 미래 기업인에게 긍정적인 자극을 주며, 그런 순환주기는 계속됩니다." 이런 점은 거의 자선사업 활동 또는 심지어 경제 개발의 논제로 채택되질 못한다.

"10년 전 엔데버가 사업을 개시했을 때 스페인어 또는 포르투갈어에는 기업인entrepreneur 또는 기업가정신entrepreneurship에 해당하는 말이 없었습니다. 작게는 우리의 노력으로, 더 크게는 세계경제의 영향을 받아 스페인어와 포르투갈어 사전에 기업인과 기업가정신에 해당하는 말이 등재되었습니다."

이런 형태의 사회기업정신에는 아직 활용하지 못한 거대한 잠재력이 있다. 우리는 너무 많은 빈곤추방 토론을 벌이곤 하지만, 친기업가 정신에 대해서 논의하지는 않는다. 어떤 지역 기업의 영감을 주는 강력한 성공담은 그 가치를 산출하기 어려울 정도다. 자신들과 비슷한 처지의 사람이 크게 성공한 것을 보고서 "그녀가 할 수 있으면, 나도 할 수 있다"라고 말하는 것보다 가난한 사람들에게 더 크게 자극과 동기를 유발하는 것은 없다.

한편 사회적 기업가social entrepreneur의 다른 한 유형은 내가 직접 기업을 세우고 다른 사람들이 혜택을 얻는 모델이다. 내가 제일 좋아하는 본보기는 제레미 호켄슈타인Jeremy Hockenstein이다. 제레미는 하버드 대학교를 졸업한 뒤 맥킨지컨설팅에 들어가는 엘리트들처럼 정통의 길을 걸어간 젊은이였다. 그러다가 맥킨지에서 일하던 동료와 함께 인생행로를 완전히 바꾸기로 결심하고, 비영리 목적의 데이터 입력회사를 창업했다. 그는 회사를 세계에서 가장 사업하기 나쁜 환경인 폴 포트Pol Pot 정권 이후의 캄보디아에 세우고 미국 기업의 아웃소싱을 받아서 데이터 입력 작업을 하기로 했다. 사실 이것은 평평한 세계이므로 가능한 일이었다!

여기에 그 이야기를 소개하겠다. 2001년 2월 호켄슈타인과 맥킨지 출신의 몇몇 동료들은 반은 휴가 목적으로, 반은 사회적 기업에 적절한 일을 찾겠다는 생각으로 캄보디아의 수도 프놈펜으로 갔다. 이들은 도시 곳곳에 인터넷 카페와 영어를 가르치는 학교가 있는 것을 보고 놀랐다. 그러나 졸업생들에게는 일자리가 아예 없거나 있어도 제한적이었다.

"교육과 일자리의 차이를 줄이고 사람들이 소득을 얻을 기회를 마련하기 위해 우리는 미국에 있는 우리의 기존 네트워크를 좀 활용하기로 했습니다." 호켄슈타인의 말이다. 그해 여름 그들은 스스로 돈을 마련해 DDDDigital Divide Data(디지털디바이드데이터)라는 회사를 차렸다. 프놈펜 현지에서 사람을 채용하고 미국 기업들이 디지털 자료화하길 원하는 인쇄물을 타이핑해 컴퓨터에 입력할 계획이었다. 그러면 미국 기업은 데이터를 데이터베이스에 저장해놓고 필요할 때마다 컴퓨터에서 검색하고 열람하는 것이 가능해진다. 자료는 미국에서 스캔한 뒤 인터넷 파일 형태로 전송해준다. 호켄슈타인이 처음으로 한 일은 캄보디아인 관리자 두 명을 채용한 것이었다. 맥킨지에서 같이 일했던 동료 제이슨 로젠펠드Jaeson Rosenfeld는 캄보디아인 관리자 두 명을 받아서 훈련시켜 줄 만한 데이터 입력회사가 단 한 곳이라도 있는지 알아보려고 인도 뉴델리로 가서 데이터 입력회사들의 문을 두드렸다. 그런데 아홉 개 인도회사가 문전박대해서 쫓아냈다. 그들은 캄보디아에서 더 낮은 비용으로 같은 일을 할 수 있는 경쟁자들이 출현하는 게 싫었던 것이다. 그러나 너그러운 영혼의 라리트 굽타Lalit Gupta가 받아들여 준 덕분에 호켄슈타인은 캄보디아인 관리자들을 훈련시킬 수 있었다.

그다음에는 대부분이 전쟁난민인 캄보디아인 스무 명을 데이터 입력 직원으로 채용하고, 컴퓨터 스무 대와 한 달에 100달러가 드는 인터넷 회선을 구입했다. 이 프로젝트는 호켄슈타인과 동료들이 마련한 2만 5000달러와 실리콘밸리 벤처자본가들이 시작한 글로벌 촉매재단Global Catalyst Foundation이 지원한 2만 5000달러로 추진할 수 있었다. 2001년 7월에 사업을 시작해서 하버드 대학교의 교내 신문인《하버드 크림슨Harvard Crimson》의 일을 처음으로 맡게 되었다.

"《하버드 크림슨》을 온라인에서도 볼 수 있도록 이제까지 나온 모든 신문을 디지털화하려고 했습니다. 우리가 하버드 출신이었기 때문에 그 일의 일부를 우리에게 던져줬습니다"라고 호켄슈타인이 회사의 초창기를 떠올리며 말했다. "맨 처음 맡은 일은 1873~1899년에 발행된 《하버드 크림슨》의 하버드 대학교와 예일 대학교의 요트 경기 기사를 입력하는 것이었습니다. 나중에는 캄보디아 사태가 일어난 시기인 1969~1971년에 이르렀을 때 캄보디아 직원들은 바로 자신들의 이야기를 다룬 《크림슨》 기사를 입력하게 되었습니다. 우리는 마이크로필름으로 저장된 옛 《하버드 크림슨》 기사들을 오클라호마의 한 전문기업을 통해 디지털 이미지로 전환했습니다. 그다음에는 파일전송 프로토콜FTP을 이용해서 캄보디아로 디지털 이미지를 전송해서 자료 입력을 마칩니다. 이제는 크림슨닷컴thecrimson.com으로 들어가 모든 기사를 다운로드할 수 있게 됩니다." 캄보디아 직원들은 영어를 몰라도 되었고 영문 글자만 알면 충분했다. 그들은 2인 1조로 똑같은 기사를 타이핑했는데, 컴퓨터 프로그램이 두 사람의 작업을 비교해 오류를 찾아냈다.

타이핑하는 직원들은 일주일에 6일, 하루 여섯 시간씩 근무했고 월급은 75달러를 받았다. 캄보디아의 평균 연소득이 400달러 이하이니 그 정도면 캄보디아 최저임금의 두 배였다. 여기에다 모든 직원이 근무시간 뒤에 학교를 다녔고, 회사에서는 장학금을 지급했다. 대개 고등학교에 다니지만 대학에 다니는 직원도 있다. "우리의 목표는 젊은이들이 가족을 부양하기 위해 학교를 그만두는 악순환의 고리를 끊는 것입니다"라고 호켄슈타인은 말했다. "우리는 사회에 책임을 다하는 아웃소싱의 선구자가 되려고 노력해왔습니다. 우리와 같이 일하는 미국 기업들은 단지 비용을 절약해서 다른 곳에 투자하려는 것이 아닙니다. 세계의 가난한 시민 중 일부나마 더 나은 생활 수준을 누릴 수 있도록 도와주고 있는 겁니다."

창업한 지 4년이 지난 지금 DDD는 세 개 사무실에 170명의 직원을 두고 있다. 사무실은 수도 프놈펜, 캄보디아 제2의 도시인 바탐방 그리고 라오스의 수도 비엔티안에 있다. "우리는 처음에는 프놈펜에서 관리자 두 명을 뽑아 인도에 보내서는 데이터 입력 훈련을 받게 했습니다. 그리고 라오스에 사무실을 열 때는 두 명의 관리자를 뽑아 프놈펜 사무실에 있는 우리 직원이 가르쳤지요." 호켄슈타인이 설명했다.

이 나무는 다양한 종류의 씨앗을 뿌렸다. 구글이 장서로 가득 찬 도서관의 책들을 스캔하겠다는 논란의 프로젝트를 발표한 2005년에 DDD는 이 프로젝트가 그들의 사업을 잠식할까 봐 걱정했다. 그러나 평평한 세계에서 실리콘 밸리에서 발표한 이 프로젝트는 라오스에 더 많은 일자리를 만드는 결과를 낳았다. 사정은 이렇다. 또 다른 거대 검색 포털이 미국에서 수만 권의 책을 스캔하기로 결정했다. 그래서 한 아이비리그 대학이 물리적으로 미국에서 스캔하지만, 라오스의 DDD 직원들이 미국의 컴퓨터에 접속해서 각 이미지를 검토하고 보수를 받게 되었다. 호켄슈타인은 "우리 팀이 이미지가 삐뚤어지지 않고, 스캐너가 한 페이지라도 건너뛰지 않도록 확인합니다"라고 설명했다. "평평한 세계이므로 훨씬 더 많은 책을 더 높은 품질로 스캔할 수 있게 되었습니다. 반면에 예전에는 그 모든 과정이 도서관에서 수작업으로 이뤄져야만 했습니다."

책을 스캔해서 디지털화하는 것과 《하버드 크림슨》 입력작업 외에 가장 큰 일감은 여러 NGO에서 나왔다. 이들은 건강상태나 가족상황, 노동조건에 대한 조사자료들을 디지털화하고 싶어했다. 이것은 내가 좋아하는 종류의 이야기인데, DDD가 처음 뽑은 직원 가운데 몇몇은 아예 직접 회사를 차려 자료조사를 원하는 NGO의 데이터베이스를 디자인하기도 했다! 왜 그랬을까? 이유가 있다. DDD에서 근무하는 동안 NGO의 조사 작업을 진행한 경험이 풍부했을 뿐만 아니라 문제점도 알고 있었기 때문이다. NGO들은 자신들이 수집한 자료를 미리 표준화해 두지 못한 상태였다. 이 때문에 효율적으로 디지털화하기 어려운 적이 많았다. 이로써 이들 캄보디아 직원들은 공급망에서 초기 단계에 부가가치가 있다는 것과 그 일을 하면 더 많은 수입을 올릴 수 있다는 것을 깨달았다. 타이핑을 하는 것이 아니라 NGO들이 자료를 수집하는 데 필요한 표준화된 양식을 설계해서, 조사 작업을 더욱 값싸고 쉽게 디지털화하고, 취합하며, 원하는 방식으로 조작할 수 있게 하는 것이다. 그래서 그들은 그 일을 캄보디아에서 하기 위해 스스로 회사를 세운 것이다.

캄보디아의 일자리 가운데 미국에서 온 것은 없다고 호켄슈타인은 주장한다. 데이터 입력 작업은 오래전 인도와 카리브 해 연안 국가들에 아웃소싱되었다. 따라서 일이 왔다면 그것은 미국이 아니라 다른 나라들로부터라고 해야 할 것이다. 그러나 10년 전이라면 캄보디아에서는 할 수 없는 일이었다. 불과 몇 년 사이에 가능해진 일이다.

호켄슈타인은 그의 캄보디아인 동업자 소파리Sophary에 대해 내게 말해줬다. "1992년까지 그는 캄보디아와 태국의 국경에 있는 난민 캠프에 살고 있었습니다. 그 시기에 저는 하버드 대학교 학생으로 하버드 스퀘어에 살고 있었지요. 우리는 세계 반대편에 떨어져 살았습니다. 캄보디아에서 유엔 평화협정이 체결된 후, 그는 열흘 동안이나 걸어서 고향 집으로 돌아갔습니다. 그리고 지금은 프놈펜에서 살면서 DDD 사무실을 운영합니다." 이들은 매일 밤 단문메시지를 교환하며 전 세계 사람들과 기업을 대상으로 서비스를 제공하는 일에서 어떻게 협력할지를 논의한다. 오늘날 가능해진 이러한 유형의 협력은 "우리들이 대등한 파트너가 되도록 해줍니다"라고 호켄슈타인은 말했다.

2007년 초까지 DDD의 프로그램을 수료한 200명의 사람이 평균적으로 한 달에 153달러를 받는 일을 하고 있다. 그들 대부분은 고등학교를 중퇴했으며, 회사에 들어가기 전에 하루에 1달러 이상 벌 수 있다는 생각을 하지 못했다. 그들에게는 돈 만큼이나 자신감과 무엇이든 가능하다는 마음가짐이 중요한 가치가 있다. "우리 두 사람 가운데 누군가가 다른 한 사람을 지배하는 것이 아닙니다. 밑바닥에 있는 사람이나 정상에 있는 사람이나, 누구에게나 더 나은 미래를 창조해주는 것이 진정한 협력입니다"라고 호켄슈타인은 말했다.

놀랄 일도 아니지만, 회사의 프로그램에 대한 소식이 퍼지자 호켄슈타인과 그의 동업자들은 몽골과 파키스탄, 이란, 요르단 등지에서 세계에 IT 서비스를 제공하고 싶은 사람들의 부름을 받고 있다. 2004년 중반 한 고객이 DDD

에 영어-아랍어 사전을 디지털화해달라고 요청했다. 거의 같은 시기에 호켄슈타인의 사무실로 낯선 이란의 데이터 입력회사에서 이메일을 하나 보내왔다. "그들은 구글 검색을 통해서 우리를 찾아냈습니다"라고 호켄슈타인이 말했다. 호켄슈타인은 그 이란인들에게 영어-아랍어 사전을 디지털화할 수 있겠느냐고 물었다. 이란의 언어는 페르시아어인데, 아랍어와 일부는 같지만 똑같은 문자를 쓰는 것은 아니기에 업무를 맡을 수 있는지 물었던 것이었다. "그들이 할 수 있다고 말하더군요. 그래서 우리는 우리 고객이 아랍어 사전을 디지털화하는 공동 작업에 협력하기로 했습니다." 호켄슈타인의 말이다.

호켄슈타인의 다음 말은 내가 그에게서 들은 이야기 가운데 가장 인상적이었다. 이는 지구가 평평해졌다는 사실을 가장 적절하게 표현한 말이기도 하다. "사실은 아직도 그 이란 친구들을 만나보지 못했습니다. 우리는 야후!에서 단문메시지와 이메일로 거래를 마쳤습니다. 수수료 대금은 캄보디아를 거쳐서 보냈습니다. 제 결혼식에 초대하긴 했는데 그가 오지는 못했습니다."

호켄슈타인은 오늘날 "우리는 다른 사람이나 어떤 것들과 단지 한 등급 차이가 있을 뿐입니다"라고 지적했다. 그는 DDD를 창업하면서 자신과 동료들이 얻은 경험을 되돌아보며, "두 사람과 컴퓨터 한 대가 300명의 더 나은 삶을 이끌어낼 수 있었습니다. 두 사람과 하나의 웹 사이트는 이제 어떤 일이든 해낼 수 있습니다"라고 덧붙였다.

누구도 호켄슈타인에게 캄보디아로 가라는 임무를 부여하지 않았다. 아무도 그에게 돈을 주면서 하라고 하지도 않았다. 그는 그냥 갔다. "우리는 아는 사람이 아무도 없는 프놈펜에 무턱대고 가서 아파트를 빌리고, 기회의 문을 두드렸습니다. 스물네 시간 만에 우리는 캄보디아에 인터넷을 도입했으며, 일자리를 만들어낼 방도를 찾고 있던 한 사람의 사무실에 있게 됐습니다." 호켄슈타인의 말이다. 그래서 그에게 물었다. "요즘 젊은이들에게 조언한다면, 무슨 말을 해주고 싶은가? 비정부기구를 위해 일하라고 할 건가? 세계은행? 자선단체? 아니면 비즈니스스쿨?"

"진정한 지속 가능성은 시장의 답에 달려 있습니다"라고 호켄슈타인은 대답했다. "사람들에게 컴퓨터 사용법을 가르치고 기업에 보조금을 지급하는 비정부기구는 수백 개입니다. 그러나 돈이 떨어지면 이런 사람들의 극히 일부만이 스스로 살아갈 수 있는 삶을 이룰 수 있습니다. 캄보디아에 사는 사람 대부분은 가족이 있는 농장으로 가거나 성매매로 돌아갑니다." 성매매나 마약 사업을 근절하려고 할 때, "꽤 많은 사람의 문제를 논한다면, 그 문제를 궁극적으로 해결할 수 있는 경제적으로 대안적인 기회가 필요합니다. 지금은 우리 사무실에서 일하고 있는 스무 명의 캄보디아 여성을 구해냈습니다. 그들은 아직 예전의 비참한 삶으로 돌아가지 않았습니다. 수많은 다른 사람들은 먹고살기 위해 성매매로 돈을 버는 일로 다시 돌아가야만 합니다."

물론 캄보디아의 많은 대다수 사람은 가난하고 불리한 상황에 놓여 있다. 그건 옛날 일이다. 새로운 것은 캄보디아와 라오스를 덜 가난하게 만들 수 있는 그들 나라에서 자생한 엔진의 출현이다. 아직도 갈 길이 멀지만, 어딘가에서 시작해야만 할 일이다.

호켄슈타인이 대학생들에게 보내는 충고는 다음과 같다. "젊은이들은 뭔가 중요한 일을 해보고 싶을 때라도 의미 있는 일에 관여하기가 쉽지 않습니다. 한 가지 이유는 그들이 기업의 인사채용 담당자들이 대학교로 와서 세상을 변혁할 일자리를 제공할 때까지 기다린다는 점입니다. 그 대신에 컨설팅회사나 투자 은행이 나타나지요. 인사부의 채용담당자들이 당신과 인터뷰하러 캠퍼스로 올 때까지 기다리지 마십시오. 당신의 비행기표 살 돈을 당신 스스로 모아야 합니다."

서로 지구 반대편에 있는 두 명의 교사가 전혀 다른 방식으로 협력에 대해 가르치기 위해 평평해진 세계를 활용하기로 했다. 그리고 그들은 교육행정관이 교육과정을 변경하거나 상부에서 지시가 내려오길 기다리지 않고 그렇게 했다. 나는 웹 서핑을 하다가 우연히 방글라데시의 다카국제학교International School Dhaka에서 근무하는 줄리 린제이Julie Lindsay 선생님과 조지아 주 카밀라 Camilla 시에 있는 웨스트우드 학교의 비키 데이비스Vicki Davis 선생님이 하는 일을 접하게 되었다. 두 분은 나의 이 책을 교육과정에 이용하고 있었으며, 각 학교의 고등학생들이 각자 다양한 측면에서 경험해보도록 해줌으로써 그들에게 평평해진 세계에 대해 가르쳐주는 것이 선생님들의 목표였다.

"비키 선생님이 『세계는 평평하다』에 대한 학생들의 관점을 그녀의 블로그에 올렸을 때, 나는 우리가 통하는 점이 있다는 걸 알았습니다"라고 린제이 선생님은 회고했다. "다른 선생님의 블로그를 읽으면서, 일반 교육과정을 가르칠 목적으로 다른 선생님들과 직접 접촉함으로써 세계를 평평하게 할 수도 있음을 자각했고, 이것이 바로 우리가 해낸 일입니다."

"줄리가 저에게 연락했을 때, 저는 우리의 프로젝트 중심 학습 환경이 줄리의 교육과정과 잘 융합될 것을 알았기에 우리는 즉시 위키wiki를 만들고 교육적인 공동 사업계획을 세우기 시작했습니다." 데이비스 선생님이 덧붙여 설명했다.

평평한 교실 프로젝트http://flatclassroomproject.wikispaces.com는 계획에 6주가 걸렸고 2주에 걸쳐 진행됐다. 방글라데시와 조지아 주의 학생들을 서로 짝짓고 열 가지 평평화 동력 중 하나에 기반해 위키 페이지(이 웹 페이지의 '회원'들은 콘텐츠를 올리고 편집할 권한이 생긴다)를 만드는 과제를 받았다. 이 과제를 효과적으로 수행하기 위해서 학생들은 말 그대로 한 교실에서 얼굴을 마주하고 있는 것처럼 인터넷을 통해 정기적으로 의견을 교환하고, 사진과 음악 및 비슷한 자료들을 공유했으며, 그들의 프로젝트를 계획했다. 예를 들어 어떤 학생들은 발표용 비디오 제작의 일부를 그들의 국제 파트너에게 '아웃소싱'했다고 선생님들이 내게 설명했다. 두 곳의 시차는 극복해야 할 과제였다. 두 선생님은 종종 이른 아침이나 저녁 늦은 시간에 서로 단문 메시지로 대화했다. 학생들은 한 번도 같은 교실, 같은 대륙, 심지어 동시에 같은 시간대에 있었던 적이 없었다.

선생님들이 내게 공동으로 보낸 이메일에서 학생들은 각종의 소프트웨어와 하드웨어 그리고 웹 애플리케이션을 문제없이 왔다갔다하면서 그들의 주제에 대한 웹 발표 자료를 효과적으로 준비했다고 말해줬다. 이런 과제에는 "위키 기본 페이지, 대화를 위한 토론 위키 페이지 및 교사들의 피드백 그리고 변경 내용을 감독할 수 있는 RSS 피드가 포함되었습니다. 학생들과 선생님들은 스카이프와 인터넷 전화 서비스, 인스턴트 메시지 채팅 서비스, 서로 연결하기 위해 마이스페이스MySpace, 음성을 공유하기 위한 에보카Evoca, 유튜브, 구글 비디오, 파일 전송 목적의 드롭로드Dropload, 그리고 기타 많은 협력을 위한 기술 도구를 이용했습니다." 이렇게 그 이메일에서 언급해주었다. 한 사례에서 자신들의 영어 이름(Casey와 Cannelle)의 첫 알파벳을 따서 C팀이라고 부른 학생들이 '가상 공간에서의 의사소통virtual communications'이라는 주제를 공략했다고 선생님들은 말했다.

린제이와 데이비스 선생님은 소셜네트워킹이 세계적 협력을 배우고 고무시키기에 좋은 잠재력이 있다는 점에 동의했다. "이 프로젝트 역시 세계적으로 우정을 맺고 오늘날 우리 세계가 필요로 하는 문화적인 이해를 증진시켰습니다"라고 그들은 말했다. "우리는 서로 세계의 정반대 편에 있을지 모르지만, 우리 학생들은 보이지 않는 비트와 바이트의 줄로 한 반으로 결속되었습니다."

린제이와 데이비스 선생님에게 이 일을 통해 무엇을 배웠느냐고 물었을 때, 나는 다음과 같이 아주 많은 얘기를 들었다. "학생들은 서로 간에 의미 있는 연결에 목말라 있습니다. 학생들은 많은 대중매체에 의해 투영된 고정관념이 진실인지 알고 싶어하며, 스스로 서로 간에 연결하고 결정하길 원합니다. 그렇게 해서 마이스페이스 또는 유튜브와 같은 사이트들처럼 폭발적인 성장을 이루고 싶어합니다. 이렇게 연결할 수 있는 능력은 전반적으로 무시되고, 교육계 내에서 100년 넘게 유지되어 온 갇힌 교실의 형태를 지키려는 많은 사람에 의해 가로막혔습니다. 그렇지만 안전하고, 의미 충만한 그리고 참여적인 '평평한' 온라인 프로젝트를 창안해내는 여러 교육자가 있습니다. 또한 교실 내에서 믿을 수 없을 정도의 성과를 경험하고 서로가 그 성과를 나누는 공동협력자들이 여럿 있습니다."

그 프로젝트들이 학생들에게 선생님들께서 학생들이 배우도록 의도한 그런 '의도적인 지식'을 가르쳐줄 뿐 아니라 학생들은 지구의 반을 돌아 반대편에 있는 사람들과 협력하는 경험으로 얻게 되는 '의도하지 않은' 지식도 얻게 되었다. "우리는 내일의 학생들이 걸어서 건너가야 할 관계의 다리를 건설합니다"라고 두 선생님은 설명했다. "우리는 기술을 연결했으니, 이젠 진정으로 사람들을 연결할 때가 되었습니다."

교육자들이 전통적인 지식 전달 방식을 우회해 교육자원과 선례, 그리고 정보를 공유하는 걸 보게 되어 가슴이 뿌듯하다. 어떻게 하면 더 많은 걸 할 수 있는지 배우는 데 관심이 있는 선생님들은 이메일로 연락하면 된다 (flatclassroomproject@gmail.com).

현재 여러 사회기업가는 평평한 세계의 플랫폼을 미국에서 정부의 기능을 향상할 목적으로 이용하고 있다. 이것은 그들이 이 새로운 기반이 매스미디어나 선거운동위원회가 아니라 민주주의의 풀뿌리 대중들을 위한 활동가들에게 전혀 새로운 능력을 부여해주는 걸 이해하기 때문이다. 전직 음반 제작자이자 뉴욕 시의 학교들이 앞선 기술을 접하게 하려는 목적으로 출발한 웹 사이트 마우스MOUSE.org의 개설자이며, 지역사회 관계와 도로에 움푹 팬 구덩이에서 시민봉사에 이르기까지 모든 불만사항을 조사해 시장을 보좌하는 일종의 옴부즈맨 역할의 뉴욕 시 인권보호국장 선거에서 2005년 민주당의 후보이기도 했던 내 친구 앤드루 라시Andrew Rasiej에 대해 잠깐 생각해보자. 내가 라시를 만난 것은 그가 뉴욕 시에 전천후 와이파이 인프라를 구축해서 누구라도 어디서든 초고속 인터넷에 접속할 수 있고 휴대전화 통화가 가능하도록 하겠다는 공약으로 사람들의 주의를 끌기 위해 노력하던 시기였다. 결국 그가 선출되지는 못했지만, 그는 시대를 앞서 갔다. 하지만 궁극적으로 이 시대가 그를 뒤쫓을 것이다.

라시는 정치에 대한 낡은 산업적 접근방식은 '일대 다수' 방식이라고 주장했다. 다시 말해 우리의 문제점을 해결해줄 누군가를 선출하는 것이다. 새로운 사업모델은 커뮤니티와 고객을 현재 진행 중인 모든 안건에 직접 참여할 수 있게 만드는 것이다. 제품의 기획에서부터 어떻게 디자인할지, 제조와 공급을 위한 공급망, 고객의 반응을 관찰하고 수집하는 방식, 그리고 끝없이 변화하는 소비자의 기호에 더 신속하게 대응하는 방법 등에 이르는 거의 모든 사업과정에 그들을 포함시키는 것이다.

라시는 다음과 같이 주장했다. "바로 지금이 이 새로운 사업모델, 즉 다수의 힘을 시민의 삶의 질을 쇄신하고 민주주의를 다시 활성화시키는 데 적용할 시기입니다. 민원서비스의 질적 향상을 도모하고 삶의 질을 개선할 뿐 아니라 사람들에게 자신의 삶에 어떤 식으로든 영향을 미치게 될 의사결정 과정에 쉽고, 결과를 직접 볼 수 있는 방식의 기회를 제공하게 됩니다."

라시는 시민 누구나 도로의 구덩이 사진이나 위험에 노출된 망가진 울타리, 심지어 범죄로 추정되는 행위 등을 휴대전화로 촬영해 시청에 이메일로 전송하거나 공식 웹 사이트에 공개할 수 있는 사이버 공간을 만들어서 시민 각자가 실질적으로 잠재적인 옴부즈맨이 되도록 하자고 제안했다.

민주당의 대권 후보였던 하워드 딘Howard Dean은 당선되진 못했지만 백악관을 향한 선거에서 온라인 선거모금 활동을 시작했을 때 네트워크가 가진 힘을 우연찮게 발견하고도 그 이후에 필요한 대응을 하지 않았다고 라시는 믿는다. "딘은 인터넷을 통해 자신에게 쏟아진 정치 후원금이 실제로 민주당원의 활발한 커뮤니티와 입소문을 통해 그의 출마를 지지하며 부시와 전쟁에 반대하는 분노한 유권자들이 가져다준 부산물이었다는 사실을 깨닫지 못한 것입니다." 다른 어떤 후보자도 그렇게 하지 못했다. 2004년에는 누구도 평평한 선거운동을 시도하지 못했다. 그러나 가까운 미래에 후보자들은 그것을 이해하게 될 것이라고 장담한다. 미국의 정치계에는 첨단기술을 가장 빨리 흡수해 적용하는 정당이 항상 정권을 잡는다는 철칙이 있다. 루스벨트 대통령은 벽난로 옆에서 펼친 대담을 통해 라디오를 장악했고, 케네디 대통령은 텔레비전으로 중계되는 정치토론에서 승리를 거뒀다. 공화당은 청취자와 직접 대화하는 라디오 방송을 이용해서 일어섰고, 공화당의 정책 담당관 칼 로브는 이메일과 전산화된 데이터베이스에 정통했다. 차세대 기술이 접목된 정치 모델은 커뮤니티와 개인에 의한 업로딩의 힘이 중심이 될 것이다. 이러한 정치 모델에서는 한 사람의 정치가가 더 이상 다수의 문제를 해결해주겠다고 약속하는 사람이 아니다. 오히려 대중이 서로 협력할 수 있게 해주는 연결성의 중심에서 대중의 대변인들로 이루어진 네트워크를 만들게 될 것이다. 이를 통해 그들의 문제점을 파악하고 해결하며, 정부와 사람들이 바른 방향으로 옮겨가도록 할 준비가 된 후보자들을 뒤에서 후원할 것이다.

"한 사람의 당선자가 800만 명의 문제점을 혼자서 해결한다는 것은 불가능합니다. 하지만 800만 명이 서로 연결된 네트워크라면 한 도시의 문제들을 충분히 해결할 수 있습니다. 그들은 그 어떤 관료들보다 신속하게 문제점을 지적하고 더 나은 해결책을 제시할 수 있습니다. 이 새로운 지평을 점령하는 정당이 21세기에 다수당이 될 정당입니다"라고 라시는 주장한다. "민주당 사람들은 뭔가를 제대로 이해해야 합니다. 현재 그들의 정치 기반은 네트워크에서 단절되어 있습니다."

미국의 민주주의는 변모하고 있다. 라시는 이런 변화를 염두에 두고 전《네이션Nation》의 편집장이었던 미카 시프리와 함께 기술이 어떻게 정치분야에서 활용되는지를 알리는 웹 사이트 www.personaldemocracy.com를 새로 만드는 데 동참했다. 다음은 그들의 글이다. "인터넷 위에 또는 그 주변에 구축된 새로운 도구와 행위에 뿌리내린 새로운 세력이 자본 집중적인 홍보 정치의 오래된 시스템의 곁에서 부상하고 있다. 네트워크를 형성한 목소리는 시민의 대화를 부활시키고 있다. 더 많은 사람이 매일 이 새로운 힘을 발견하고 있다. 오랫동안 마케팅과 조종의 수동적인 대상으로 취급받은 후 사람들은 이제 그들의 목소리를 누군가 들어주길 원한다. 회원들은 자신들이 가입하는 기관의 의사결정 과정에서 목소리를 내고 싶어한다. 뉴스의 독자들은 뉴스메이커들에게 의견을 전하길 원한다. 시민은 정부가 더욱더 개방적이고 투명해지라고 요구한다. 모든 전통적인 기관들과 그 참여자들인 큰 기금, 상명하달식 정당들, 거대한 저널리즘, 닫힌 기구들은 적응해야 하고, 그렇지 못하면 힘과 지위를 잃을 처지에 놓일 것이다. 각자가 완전한 참여자가 되는 개인중심의 민주주의가 도래하고 있다."

버지니아 주의 상원의원 조지 앨런George Allen이 자신을 비판하는 한 젊은이를 비하해서 '마카카macaca(늘보원숭이 암컷으로 여자를 추녀로 비하할 때 지칭하는 말)'라는 말을 사용하는 것이 비디오에 찍히고, 그런 모욕적인 언사가 어떻게 인터넷에 올려져 그의 재선에 치명타를 날렸는지 돌아봐야 한다. 미래의 선거는 '선거의 절차와 행정의 투명성을 강제하는 투표인이 생성하는 각종의 콘텐츠와 시민운동, 소셜네트워크 그리고 기술력의 힘을 가진' 인터넷의 범위와 그 미치는 지역에 훨씬 더 깊은 영향을 받는 것이 확실하다고 라시와 시프리는 주장한다.

장벽은 단적으로 옛날과 달라졌다. 심지어 왕과 여왕에게도 이것은 마찬가지다. 이런 변화는 이전에는 상상할 수도 없었던 정치활동에 새로운 기회를 열어주고 있다. 《파이낸셜타임스》의 윌리엄 월리스William Wallis 기자가 2006년 11월 24일 자 기사에서 생생한 사례를 전했다. 그는 바레인의 마나마Manama에서 송고한 기사에서 다음과 같이 보도했다. "올해 초 바레인 정부가 개인 저택과 왕궁을 내려다보는 구글 어스 웹 사이트를 막고부터 많은 바레인 국민이 재미 삼아 바레인 왕궁을 구글에서 검색하는 것으로 시간을 보내게 되었다."

바레인은 사우디아라비아 동쪽 바다에 있는 작은 섬나라 국가다. 약 60% 인구가 시아파Shi'a 회교도지만, 집권하고 있는 알 칼리파al-Khalifa 집안은 수니파Sunni다. 시아파 바레인 국민은 부와 권력의 더 많은 부분을 차지해야 한다고 오랫동안 요구해왔다. "왕족과 다른 개인 지주들이 섬의 약 80%를 나눠 가진 반면 나머지 일반 국민은 고통스러운 주택부족 문제를 겪고 있다고 반대주의자들은 주장한다"고 기사는 전했다.

"구글 어스는 인터넷 이용자들이 여러 단계로 나뉜 상세한 세계 위성사진을 볼 수 있도록 해준다. 구글이 최근에 고화질의 바레인 지역 위성사진을 게재했을 때 사이버 공간의 활동가들은 조그만 걸프만의 왕국 내에서 토지의 불평등한 분배를 두드러지게 보여주는 지배층 알 칼리파 집안 소유의 부동산과 개인 소유의 섬들을 보게 되었다"고 월리스는 설명했다. 정부의 고위관리가 월리스에게 "구글 어스가 일반 국민이 개인 저택을 염탐하고, 엔진으로 움직이는 요트와 수영장을 질투 어린 눈으로 바라보게 했습니다"라고 말했다고 전했다. "그러나 그 관리는 구글 어스를 사흘 동안 막으려고 했던 시도가 결국 정반대의 결과를 낳았음을 시인했다. 그로 인해 구글 어스를 즉각 알려주고, 바레인 국민이 웹 검열을 우회하는 방법을 제공하게 되었다. 하마드 빈 이사 알 칼리파 바레인 국왕이 2001년에 도입한 제한적인 정치개혁 이후 두 번째로 치러지는 2006년 의회 선거를 앞두고 민주주의 운동가들에게 공격거리도 제 공한 셈이었다."

월리스의 설명이 이어졌다. "마무드의 사랑방이라는 정치 블로그와 채팅방 을 가진 사업가이자 바레인인들에게 가장 인기 있는 사람 중 한 사람인 마무 드 알 유시프는 긴장된 선거 준비기간에 실업이 만연하고 공공서비스는 결핍 된 시아파 인구 밀집지역과 근처의 거대한 왕궁들과 요트 정박지, 그리고 골 프장을 비교하면서 왕국의 지형을 검색해보지 않은 바레인인들이 거의 없을 정도라고 말한다. 구글 어스를 볼 수 있는 인터넷 접속용량이 부족한 사람들 은 PDF 파일로 다운로드된 왕족의 토지 등 소유지 사진 수십 장을 익명의 이 메일로 돌려보았다. 요시프는 사진 공유 사이트에 이미지 사진을 올리라고 초 기에 이용자들을 독려한 사람 중 한 명이다. '왕궁 몇 개는 근처의 서너 개 마 을을 합친 것보다 더 많은 땅을 차지하고 있으며, 어부들이 바다로 나가는 통 로를 차단하고 있습니다. 사람들은 이것을 벌써 알았습니다만 본 적은 없었지 요. 국민이 본 것은 빙 둘러 처진 벽이 전부였습니다'라고 요시프는 말했다. 그 는 바레인의 블로그 사회에서 원조로 여겨지고 있다.

그와 다른 활동가들은 아랍 세계에서 접속 속도가 가장 높은 국가에 속하 는 바레인의 인터넷을 창의적으로 활용하면 전 국민이 어쩔 수 없이 불합리한 현실을 마주하게 되고 더욱 평등한 사회로 나가는 일을 촉진할 수 있다고 믿 는다. 하지만 왕정 지지자들은 웹상에서 왕족에 대해 불손한 논의를 하는 것 은 모욕적이며 위험한 일이라고 여긴다. 왕족의 일부 젊은이들은 구글 어스를 막는 것이 소용없는 일이라는 걸 금세 알아차리고 재빨리 그 조치를 철회한 반면 정부의 다른 사람들은 급증하고 있는 사이버 공간 활동가들과 언론검열

법을 무기로 가상공간에서 전쟁을 벌였다. '아직도 통신을 아주 쉽게 통제할 수 있었던 텔렉스 시대에 사는 사람들이 정부 내에는 꽤 남아 있다. 그러나 이들 전체주의적인Orwellian 질서유지 방법은 요즘 같은 현대에서 설 자리가 없다'고 요시프는 말한다."

오랜 세월 동안 그래 왔던 것처럼 모든 바레인 왕궁들은 사람들이 안을 들여다볼 수 없도록 높은 벽으로 감싸져 있다. 그런 때에 구글 어스가 등장해서 모든 벽을 없애버렸다. 그러자 갑자기 '모든 사람들이' 내부를 들여다볼 수 있게 되었으며, 이제 그들은 본 대로 행동한다.

아랍 세계와 이스라엘의 분쟁을 취재하면서 커다란 변혁을 이루는 방법은 분야별 강자들이 뜻하지 않았지만 올바른 일을 하도록 하는 것임을 배웠다. 정당한 사유로 모든 사람이 올바르게 처신하는 걸 기다린다면 평생을 기다려도 모자랄 것이란 말이다. 이런 접근법은 평평해진 세계로 가능해진 사회적 기업의 또 다른 유형의 토대가 된다. 사회운동가들이 세계적인 다국적기업들과 손을 잡고 그들이 사업 관행을 변화시키도록 함으로써 훨씬 광범위한 효과를 얻는 방법이다.

평평한 세계에서는 세계적인 기업들과 그 기업이 활동하는 각 지역사회의 세력 균형이 점점 기업 쪽으로 기울고 있으며, 그중 많은 기업이 미국에 기반을 두고 있다. 그러므로 이들 기업은 가치를 창조할 뿐 아니라 가치를 이전하면서 많은 정부보다 더 힘이 세지 않더라도 그만큼 강력한 힘을 행사한다. 평평한 세계에서 세계적으로 펼쳐지는 반대운동의 주된 대상이 되는 걸 회피하려는 기업들의 열망이 기업들로 하여금 더 많은 이윤을 내면서도 평평한 지구가 과거보다 더 살기 좋은 곳이 되도록 진보적 기업들과 협력하는 사회운동가와 환경운동가들과 더 개방적으로 일하도록 만들었다.

몇 가지 예를 들어 이런 인식에 대해 설명하겠다. 지구의 생물 다양성을 해치는 요소에 관해 말하자면 농업보다 더 강력한 것은 없다. 그러므로 거대 먹거리 생산자들이 농사짓고 고기 잡는 방법과 그 장소는 자연환경과 생물 종을 보존하는 데 대단히 중요하다. 세계에서 가장 큰 NGO 가운데 하나인 국제보전협회는 생물의 다양성 보존을 사명으로 활동하고 있다. 이 기구는 가능하다면 대기업과 협력하는 것이 중요하다고 믿는데, 이는 전 세계적으로 활동하는 기업과 같이 일하면 환경에 큰 영향을 줄 수 있기 때문이다. 2002년 맥도날드와 국제보전협회는 협력관계를 맺어 쇠고기, 생선, 닭고기, 돼지고기, 빵, 상추, 오이절임, 토마토, 감자 등을 평평한 세계 곳곳에서 빨아들이는 괴물인 맥도날드의 글로벌 공급망을 금전적 가치뿐 아니라 환경을 위한 다른 가치들을 창조하는 데도 이용하기로 했다. "맥도날드와 우리는 일련의 환경문제를 바라보고서 '식품공급자들이 거의 또는 전혀 비용을 들이지 않으면서도 환경에 미치는 영향을 줄일 방법이 있다'고 말했습니다"라고 국제보전협회 선임 부총재인 글렌 프리켓Glenn Prickett이 설명했다.

맥도날드는 주요 식품 공급자들과 만나, 국제보전협회와 함께 '사회적 책임을 다하는 식량공급체계'라고 이름 붙인 일련의 가이드라인을 만들었다. 프리켓의 말을 들어보자. "환경보호론자들에게 어려운 일은, 시장의 반응 외에는 귀 기울이지 않으려는 농업 및 어업 관련 수백만 종사자와 그에 관계된 수많은 사안과 의사결정자들에게 어떻게 접근하느냐 하는 것이었습니다. 그래서 우리가 추구한 것은 환경에 도움이 되는 것이 그들에게도 좋고, 생산자에게도 도움이 되며, 생물의 다양성에도 좋은 영향을 미칠 수 있도록, 그들의 구매력을 사용하는 파트너를 찾는 일이었습니다. 그런 방식으로 훨씬 더 많은 의사결정권자의 마음을 끌어들일 수 있는 겁니다. 생물 다양성을 보호하는 세계 정부 기관은 없습니다. 영향을 미칠 수 있는 조직과 협력해야만 하는데, 맥도날드가 그 가운데 하나입니다."

국제보전협회는 이미 맥도날드의 제품 공급자 중에서 수자원과 에너지 보존과 쓰레기 절약 및 어업관리 등에서 상당한 성과를 거두고 있다. 그러나 아직 이것은 초기 단계이며, 이 방법이 정말로 환경에 긍정적 영향을 주는지는 종합적인 자료를 수집해 상당한 기간이 지난 뒤 평가해야 할 것이다. 이런 형태의 협력이 정부의 법률과 감시를 대체할 수는 없으며 그렇게 돼서도 안 된다. 그러나 제대로 작동하면 법률을 집행하는 수단은 될 수 있다. 이런 협력을 위한 노력보다 정부의 규제를 선호하는 환경주의자들은 농부의 의지에 반해 강요된 엄격한 규제가 제대로 집행되지 못하거나 전혀 집행되지 못한다는 사실을 종종 무시하곤 한다.

이것이 맥도날드에는 무슨 의미가 있는가? 우선 선량한 세계 시민으로 행동함으로써 글로벌 브랜드로 기업 이미지를 개선할 엄청난 기회다. 국제보전협회는 맥도날드와 비슷한 공급망 협력관계를 스타벅스 그리고 오피스디포 Office Depot와도 체결해 그들의 공급망 내의 커피 농장주나 종이 제품의 공급업자들을 위한 규칙을 세울 수 있었다.

이런 형태의 협력은 '이해관계가 다른 집단 간의 벽 허물기'를 시작하는 것이라고 프리켓은 말한다. 환경보호론자와 농부들은 서로 다른 편에 서서 각자 정부가 자신들에게 유리한 규정을 만들게 하려고 애쓴다. 이때 정부는 주로 기업에 이익이 되는 법률을 만드는 게 보통이다. 프리켓은 이렇게 말했다. "그 대신에 이제는 '우리는 세계적인 공급망을 좋은 일에 쓰려 합니다. 그러나 효과를 거두기 위해서는 농부들과 환경보호론자들이 협력해야 한다는 것을 잘 알고 있습니다'라고 말하는 사기업들을 우리 편으로 갖게 된 겁니다."

맥도날드와의 성과 후속으로 프리켓은 그의 관심을 세계적으로 가장 큰 소매기업인 월마트로 돌렸다. 국제보전협회는 회사가 환경에 미치는 영향을 생각해보고 부정적인 측면을 긍정적으로 전환할 전략을 도출하기 위해 월마트의 경영진과 함께 일하고 있다. 월마트가 판매하는 제품 포장에 드는 에너지 이용법에서부터 그 제품들이 전 세계에서 어떻게 생산되는지에 이르기까지 모든 면이 고려대상이다.

프리켓의 설명을 들어보자. "월마트와 일하면서 흥분되는 것은 월마트가 전 세계에서 가장 큰 소매기업이란 점입니다. 월마트가 공급업자들이 적용해야 하는 기준이란 측면에서 그 공급망에 영향력을 행사하기 시작하면, 각 구매망과 전 세계에 걸쳐 6만 개 이상의 공급업자들이 영향을 받습니다. 또한 월마트가 업계 전반에 보내는 신호가 갖는 의미가 큽니다. 월마트가 다른 기업의 CEO들에게 세계에서 가장 큰 소매기업이 이 정책을 심각하게 받아들였다면 뭔가 중요한 뜻이 담겨 있음을 웅변하는 것입니다. 그러면 '녹색경영'이 갑자기 받아들일 만한 사업전략이 됩니다. 이런 일들이 공급망에 적용할 훌륭한 녹색경영 아이디어들은 있되 경영진으로부터 시행 승인을 얻지 못한 대기업 내에서 개인들에게 힘을 실어주는 걸 목격하고 있습니다. 기업들이 월마트의 공급회사여서 녹색경영을 도입해야 하거나, 월마트의 효과를 보고 나서 회사의 경영자들이 '이 전략에 중요한 뭔가가 있군'이라고 말하게 되었기 때문이든지 간에 기업들이 이제는 녹색경영을 시행합니다. 월마트가 갑자기 녹색경영을 도입함으로써 녹색경영운동을 주류 기업계가 따르게 하고 있습니다. 그것은 궁극적으로 정치적인 영향력을 갖게 될 것입니다. 바로 지속 가능성의 민주화입니다. 이것은 미국 동서부 해안의 엘리트들만을 위한 동기가 아닙니다."

HP-델-IBM의 연합으로 이와 비슷한 운동이 소비자용 전자제품업계에서도 한동안 전개되어왔다. 2004년 10월, 이들 거대한 세 기업은 자신들의 컴퓨터와 프린터의 공급망에서 가장 중요한 기업들과 협력해 전 세계적으로 사회적 책임을 지는 제조 관행을 지키자는 통일된 규범을 만드는 데 힘을 합쳤다. 이 새로운 전자산업 행동규범Electronics Industry Code of Conduct은 뇌물, 아동 노동, 횡령과 착취, 지적재산권 위반을 금지하며, 그 밖에 폐수, 유해 물질과 오염물질 사용에 관한 규정과 직업병 보고 규정에 관한 사항을 담고 있다. 셀레스티카Celestica, 플렉스트로닉스Flextronics, 자빌Jabil, 산미나-SCISanmina-SCI, 솔렉트론Solectron 등 IBM, 델, HP의 공급망을 이루는 주요 전자업체 몇몇도 이 행동규범 작성에 협력했다.

규범 준수가 제일 중요하다. 그렇지만 이들 대기업이 공급자들을 얼마나 날카롭게 주시할지는 물론 두고 봐야 할 일이다. 그럼에도 하나가 아닌 여러 가치를 창조하는 데 이렇게 공급망을 이용하는 건 미래의 새로운 조류가 될 수 있다.

"국외에 있는 공급자들에게 회사의 생산과정 대부분을 맡기기 시작했기 때문에 그만큼 그들이 어떻게 작업하는지에도 책임을 질 수밖에 없다는 점을 우리는 분명히 인식하고 있습니다"라고 HP의 홍보 수석 부사장 데브라 딘Debra

Dunn이 설명했다. 첫 번째로, 최우선적으로 시행하라는 것이 HP의 많은 고객이 가장 원하는 것이다. 던이 말했다. "고객들이 알아줍니다. 유럽 고객들이 더 인정해주고 있어요. 기업에 대한 신뢰가 떨어지면서 세계적으로 영향력을 얻고 있는 인권단체와 NGO들은 기본적으로 '당신들은 힘이 있습니다. 당신들은 세계적인 기업이기 때문에 신흥시장에서 환경보호와 인권 관련 행위에 영향을 줄 수 있는 규범을 정립할 수 있습니다'라고 말합니다."

그런 목소리들은 다 옳다. 더욱이 인터넷을 활용해서 그런 점을 이해하지 못하는 세계적인 기업들에 요지를 전할 수 있게 되었다.

"HP나 맥도날드와 같은 구매 규모를 갖고 있으면, 누구든 당신 회사와 거래하고 싶어합니다. 그러니까 일종의 지렛대를 가지고, 규범을 정할 만한 위치에 있는 겁니다. 그래서 규범을 정할 책임도 있는 겁니다"라고 데브라 던이 말했다. "우리는 우리가 현지의 법규를 잘 지키는 한 그 정도가 우리가 할 수 있는 전부라고 말하곤 했습니다. 그러나 지금은 힘의 불균형이 너무 커져서 월마트나 HP가 정부가 그들을 멈추지 않는 한 뭐든지 원하는 대로 할 수 있다고 말하는 건 실용적이지 못합니다. HP가 협상 테이블에서 행사할 수 있는 영향력은 그 엄청난 힘을 고려하면 부도덕할 정도이기 때문입니다. 우리에겐 우리의 공급자들과 직원들, 그리고 소비자들로 구성된 아주 광범위한 세계에 지배구조를 전파시킬 힘이 있습니다."

나는 개발도상국의 전자산업 공장들, 특히 중국에 있는 공장에는 아직도 수많은 악습이 남아 있다는 사실을 의심치 않는다. 심지어 HP나 델, 그리고 IBM 같은 회사를 위한 생산공장에서도 그런 일은 벌어지고 있다. 그러나 전자산업 행동규범과 같은 프로그램들이 향상된 업무 환경을 얻기 위해 행사할 수 있는 훨씬 더 강력한 무기를 노동운동가들에게 제공해주는 것도 사실이다. 핵심은 실행이다. 그 실행을 위한 열쇠는 사회적 기업가들이 소비자들은 힘을 갖고 있고, 그들의 구매의사결정과 구매력은 정치적인 도구가 되며, 그 힘을 쓸 필요가 있다는 사실을 소비자들에게 교육하는 것이다.

하지만 사회적 기업가들이 행진운동이 아니라 시장을 통해 세상을 변화시키려는 노력을 보이는 것은 변절이 아닌가? 나는 이 의문을 에코테크인터내셔 널EcoTech International의 CEO이자 회장인 롭 왓슨Rob Watson에게 제기했다. 왓슨은 환경운동 분야에서 성장했으며, 중국의 환경문제를 다루는 가장 존경받는 환경운동가였지만, 최종적으로 비즈니스스쿨에 진학하고 회사를 경영하기로 결심했다. 내가 그에게 그 이유를 물었을 때, '내가 비즈니스스쿨에서 배운 것들What I Learned in Business School'이란 제목의 이메일을 답으로 보내왔다. 여기에는 중요한 의미가 담겨 있다.

43세의 가장이 2년간 비즈니스스쿨에서 힘겹게 공부하고 정신적으로도 힘겹게 지구 반대편에서 새로운 사업을 시작하기 위해 비영리활동 세계에서 20년 넘게 매우 성공적으로 쌓아온 경력을 버린 데에는 어떤 의미가 있을까요? 내 인생은 항상 최대 다수를 위해 최대 선을 추구하는 것이었습니다. 나는 지구상의 인류 존재의 기반이 되는 환경을 보호하는 데 나의 온 노력을 기울이기로 결심했습니다. 그것은 항상 내 임무였으며, 조직과 기구들은 그 목적을 위한 수단이었습니다. 그 기구는 20년 넘게 몸담은 세계에서 가장 영향력 있는 환경 보호 단체 중 하나인 비영리단체 NRDC였습니다. NRDC에서 나는 정부와 기업들이 환경에 도움을 주는 정책과 프로그램 및 프로젝트를 만드는 걸 도우면서 네 대륙에서 일하는 행운을 얻었습니다. 미국의 그린빌딩위원회U.S. Green Building Council의 창립 회원이자 자원봉사자로서 리드Leadership in Energy and Environmental Design, LEED(에너지와 환경 디자인의 우수사례) 녹색빌딩 평가제도를 창안했습니다. 이 인증제도는 나와 같은 수백 명의 자원봉사자와 미국 그린빌딩위원회 위원들의 멈출 줄 모르는 헌신에 힘입어 세계에서 가장 우수한 녹색빌딩 인증제도가 되었습니다. 의심할 여지 없이 나는 변화를 만들어냈습니다.

그럼에도 비영리단체 활동에서 내가 얻은 경험을 통해서 나는 다른 일을 해봐야 할 필요를 절감했습니다. NRDC에서 일하던 수년 동안 사람들이 내게 와서 어떻게 하면 환경문제에 관여하고 변화를 일으킬 수 있는지 조언을 구했는데 필연적으로 어떤 법과 환경공학 프로그램에 지원해야 할지 묻곤 했습니다. 그런 프로그램 대신에 나는 비즈니스스쿨을 권했습니다. 환경보호 법률 및 규제적 체계는 전반적으로 잘 자리 잡았다는 내 믿음에 근거해서 그런 조언을 했습니다. 현 상황을 고려할 때 환경문제는 확산과 실행에 관한 것이며, 실행이야말로 기업들이 무엇보다 잘하는 일입니다. 이 믿음은 환경사업가보다 환경문제를 다루는 변호사와 과학자들이 훨씬 더 많다는 점과 환경보호가 자리 잡기 위해서는 녹색환경 사업이 필요하다는 단순한 사실과 연결되었습니다.

나는 산업계의 주류가 계속해서 환경문제의 해결책이 아니라 문제를 일으키는 원인이 되는 것은, 과거와 달라지지 않은 기업들이 21세기의 문제 해결을 위해 19세기의 경제학과 20세기의 공학기술을 계속해서 사용하고 있기 때문이라고 느꼈습니다. 나는 환경적으로 깨끗한 방법이 가장 이익을 남기는 사업인, 새로운 녹색경영 체계 사업의 필요성을 보았습니다. 경제학과 재무 및 회계는 인간이 만든 법칙이며, 한 종이 아니라 모든 생물 종에 적용되는, 말하자면 중력과 같은 자연법칙과 달리 변화할 수 있습니다. 우리가 지구상의 한 나쁜 생물학적 실험 대상이 되길 원하지 않는 한 우리는 자연법칙에 따라 우리의 이런 법칙을 재정렬할 필요가 있습니다. 나는 비영리 환경보호 운동가로서보다는 한 사람의 사업가(희망적으로는 성공한 사업가)로서 이런 패러다임 전환 문제를 더욱 효과적으로 처리할 수 있다고 느꼈습니다. 하지만 효과적으로 변화를 이끄는 역할을 맡기 위해서는 내가 변화시키려고 노력하는 제도에 대해 잘 알아야 할 필요가 있었습니다. 그래서 나 자신의 조언을 쫓아 컬럼비아 비즈니스스쿨에 진학했습니다. MBA 과정을 통해 세 가지 사항에 대해 배우고 다시 한번 확신하게 됐습니다.

(1) 사업을 잘하는 것은 어렵고도 어려운 일이다.
(2) 사업을 잘하는 사람은 거의 없다.
(3) 오늘날 사업 행위의 기저에 깔린 사고 체계와 도구들은 위에서 언급했듯이 절망스러울 만큼 진부해졌다.

새로운 사업체계를 구축하는 과정은 실천하면서 배우게 되는 것이며, 그 과정에서 사람들이 원하는 것을 제공하는 진정으로 지속 가능한 방법을 창출하기 위해 이론과 그 집행이 서로 겨루는 것으로 생각합니다. 첫 단계로서 시장과 규제 및 감독에 대해 논객들은 서로 비난하며 괴롭히는 일을 그만둘 필요가 있습니다. 양측이 다 옳기도 하고, 양측이 다 틀리기도 합니다. 시장과 규제 및 감독은 각각 필요하지만 충분하지는 않습니다. 좋은 규제란 시장이 제대로 작동하게 하며, 최악의 행위자는 쫓아냅니다. 반면 시장은 제품과 서비스의 혁신과 효율적인 공급을 촉진합니다. 비즈니스스쿨에 진학하고 비영리단체에서 영리사업으로 경력을 바꾸면서 가진 내 목표는 기업이 대규모로 효율적이고 효과적으로 인류의 더 나은 복리를 위해 운영될 수 있는 새로운 패러다임의 본보기가 되는 것입니다. 나에게 행운을 빌어주길 바랍니다.

롭, 행운을 빕니다. 그 외 여러분에게는 이미 했던 말을 한 번 더 해주고 싶다. 아무 일도 생기지 않는다면, 그건 당신이 행동하지 않고 있기 때문이다.

14장

우리에게 개의 뛰어난 청력이 있으면
무슨 일이 벌어질까?

...

    2006년 가을에 독일과 프랑스로 기사 취재와 책 홍보 여행을 다녀왔다. 파리의 찰스드골 국제공항에 도착한 밤에 내 책을 출판하는 프랑스 출판사가 보내준 기사가 나를 마중 나왔다. 아프리카인 후손의 젊은 기사가 내 이름이 적힌 푯말을 들고 서 있었다. 내가 그에게 다가갔을 때 그 친구는 신이 나서 혼잣말을 프랑스어로 하고 있었다. 더 가까이 다가가서야 귀에 무선 블루투스 이어폰을 꽂고 누군가와 깊은 대화에 빠져 있는 걸 알아챘다. 그 기사가 마중 나온 사람이라고 손가락으로 날 가리키자 그는 고개를 끄덕이고 전화 상대방이 누군지 모르지만 계속해서 통화했다. 내 가방이 도착하고, 운반 벨트에서 들어내니 그가 출구를 가리켰다. 나는 계속 통화 중인 그를 따라나섰다. 차에 탔을 때 내가 묵을 호텔을 아느냐고 물었다. 프랑스어로 아니라고 대답하기에 호텔 주소가 적힌 종이를 보여주니 그는 곧 전화 통화에 열중했다. 차가 출발한 후 알았지만 운전석 쪽의 대시보드에 있는 작은 스크린에서 영화가 상영되고 있었는데 보통은 GPS 위성지도가 표시된다. 이걸 알아챈 것은 내가 뒷좌석에 앉아서 노트북 컴퓨터로 기사 작성을 마치려고 애를 쓰고 있을 때 운전사가 전화 통화하는 소리와 영화에서 흘러나오는 소리가 들리니 집중을 할 수가 없었기 때문이었다. 내가 쓸 수 있는 만큼 기사를 마쳤을 때 나는 아이팟을 꺼내서 스티비 닉스의 음악을 들었다. 그 와중에 운전사는 말하며, 운전하며, 영화를 보곤 했다. 차가 호텔에 도착할 즈음에 차를 같이 타고 온 상황을 생각해봤다. 운전사와 나는 한 시간을 함께 있으면서 우리 둘이 모두 여섯 가지의 다른 일을 했다. 그는 운전하고, 전화 통화하고, 영화를 봤다. 나는 차를 타고, 내 노트북 컴퓨터로 기사를 작성했고, 아이팟으로 음악을 들었다.

우리 둘이 하지 않은 유일한 것이 있었다. 서로 대화하는 일이었다.

유감스러운 일이었지만, 그가 내게 말해준 것은 많았다. 내가 이 모든 것을 친구이자 《르몽드Le Monde》의 수석편집장인 알랭 프래숑Alain Frachon에게 말했더니 "국외 특파원들이 택시 기사의 말을 인용하는 시대는 끝이 난 것 같군!"이라고 놀리듯 말했다. 알랭이 뜻한 것은 전통적으로 의견을 전하는 기사들이 거의 예외 없이 "프랑스 선거에 대해 내가 탄 택시의 기사가 말하기를……"로 시작했다는 말이다. 더 이상 그렇게 시작하는 기사를 읽는 것은 잊어버려도 되겠다. 내가 탄 파리의 택시 기사는 정치에 대한 의견을 말하는 것은 고사하고, 너무 바빠서 인사말도 하지 않았다. 나 또한 비행기에서 시작한 기사 작성을 마치느라고 너무 바빠서 새로운 내 주변 환경에 주의를 다 기울여보지 못했다.

그렇다. 기술은 먼 곳을 가깝게 느끼도록 해준다. 그렇지만 가까운 것을 매우 멀게 느끼도록 하기도 한다. 내가 아는 한 그 운전사는 아프리카 어딘가에 사는 그의 부모와 전화로 통화하고 있었다. 우리는 서로 60cm 정도 떨어져 앉아 있었다. 두 사람이 여섯 가지를 하면서 서로에게 부분적인 관심만 보이는 이런 행위를 '부분적 관심의 지속continuous partial attention'으로 명명하고 인터넷 시대의 질병이라고 말한 과학 기술자인 린다 스톤Linda Stone에게 내 경험을 말했을 때, 그녀는 다음과 같이 말했다. "우리는 매우 접근 가능하고, 매우 접근이 어렵습니다. 우리가 지닌 기기 또는 우리 자신을 끄는 스위치를 찾을 수가 없는 겁니다. 아이팟을 끼고 우리가 원하는 음악을 듣고 싶은 만큼 나머지 세상을 차단하고 다른 모든 소음으로부터 우리 자신을 방어하고 싶어합니다. 우리는 이제 모든 곳에 있습니다. 육체적으로 실제로 존재하는 곳을 제외한 모든 곳에 말입니다."

파리로 출장을 떠나기 한 달 전에 나는 샌프란시스코에 있었다. 내가 사거리에서 길을 건너려고 기다리며 서 있는데 한 남자가 아이팟을 끼고 조깅을 하면서 내 옆으로 왔다. 신호등이 녹색으로 바뀌자마자 그가 건널목으로 뛰어나갔다. 황색 신호에 교차로를 지나던 차 한 대가 운전자가 브레이크를 밟기 전에 거의 그를 칠 뻔했다. 여성 운전자는 오른쪽 귀에 휴대전화를 대고 있었고 왼손으로는 운전대를 잡고 있었다. "내가 막 첫 번째 포스트 모던 지역 신문기사를 목격했군"이라고 스스로 생각했다. 그리고는 곧바로 머릿속으로 어떻게 쓸지 구상해봤다. "휴대전화로 통화하면서 운전 중이던 한 여성이 아이팟을 들으면서 건널목을 뛰어 건너던 한 청년을 치다. 기사는 6페이지에."

우연히 겪은 이런 일들은 세계의 평평화에 일조한 모든 접속성이 가진 사회적으로 부정적인 측면의 수많은 예의 일부를 보여준다. 그리고 나는 이번 장에서 그런 부정적인 면들을 다루려고 한다. 사회적으로 부정적인 측면을 논할 때 오사마 빈 라덴이 휴대전화를 이용한다거나 테러 집단이 웹 사이트를 만드는 것과 같은 사례를 말하려는 것은 아니다. 내가 뜻하는 바는 당신과 나, 우리의 아이들과 이웃들, 낯선 이와 친구들 그리고 이 모든 새로운 접속성이 우리의 교류와 공공 생활에 미치는 영향에 대해 발생하는 사회적으로 부정적인 요소들이다.

우리를 결집하게 하는 바로 그 기술들이 우리를 갈라놓기도 한다는 점은 분명하다. 이전 어느 때보다 우리를 서로 연결해주는 그 동일한 기술들이 역시 전에 없이 우리 사이에 끼어들고 있다. 개인들이 자신들의 콘텐츠를 블로그와 팟캐스트 그리고 단문메시지를 통해 업로드하고 세계에 자신들을 각인시키는 힘을 갖게 해준 기술들이 우리의 언어를 천박하게 만들고 대화의 수준을 낮추는 데 일조하고 있다. 가장 곤란하고 충분히 이해되지도 않는 건 우리 자신의 콘텐츠를 저작해서 세계적으로 업로드할 뿐 아니라 향상된 접속성과 검색엔진 덕분에 사람들이 우리 자신에 대해 쓰는 모든 콘텐츠를 읽게 되었을 때 벌어지는 일이다. 인터넷이 거의 모든 곳에 퍼져 있고 검색엔진은 매우 정교해져서 우리 모두 갑자기 우리에 대해 속삭이는 모든 것을 들을 수 있게 되었을 때 무슨 일이 벌어질까? 우리 모두에게 개의 뛰어난 청력이 있으면 무슨 일이 벌어질까?

이런 문제들을 하나씩 짚어보자. 내가 탔던 파리 택시의 기사와 있었던 일의 진정한 의미는 우리를 더 쉽게 연결해주는 모든 새로운 기술과 장난감들은 더 쉽게 우리를 단절시킨다는 것이며, 곳곳에서 그런 일을 보고 느낄 수 있게 되었다. 과거 25년간 우리 가족은 크리스마스 연휴에 콜로라도로 스키를 타러 갔다. 낯선 사람들과 리프트 또는 큰 곤돌라를 같이 타는 것은 항상 재미있었는데, 산 위로 올라가는 한참 동안 어떤 사람과 같이 타고 갈지 알 수가 없었기 때문이다. 가끔 외국인과 같이 타면 실제로 리프트에서 우연히 만난 기회에 뭔가를 배우기도 한다. 하지만 이제는 곤돌라에 타면 그 안에 타고 있던 사람들은 휴대전화를 꺼내 들고, 그 사람이든 다른 누구든 무슨 문제인지 같이 대화를 나눌 기회는 아예 없다는 것이 기본이다. 기차에 탔을 때 휴대전화로 통화하는 사람 뒤에 앉아서 종종 돈, 가족 또는 남녀관계 등 아주 개인적인 일에 대한 대화를 어쩔 수 없이 들어보지 않은 사람이 있는가? 전화하는 사람이 낯선 수십 명에게 그런 내용을 고스란히 들려주는 게 믿기는가? 전화로 통화하는 사람들이 낯선 사람 옆에 앉아 있었다면 결코 그들에게 속삭이는 소리로라도 말하지 않을 개인적인 문제들을 휴대전화에 대고 크게 말하는 걸 보고 나는 깜짝 놀란다.

사람들이 온라인 데이트를 해야만 하는 게 이상하지 않다. 스키 리프트나 기차 또는 버스에서 누군가를 만날 가능성이 예전에 비해 오늘날엔 현저히 낮아졌다. 당신 옆에 앉은 사람이 옆 사람과 대화라도 할 만큼 개방적이기보다는 휴대용 기기에 깊이 빠져 있을 가능성이 훨씬 더 높기 때문이다. 또한 회의도 예전과 같지 않다. 회의실에 있는 사람들의 반이 당신 쪽을 보거나 한 번씩 고개를 끄덕이면서 테이블 아래에서 팜파일럿이나 블랙베리를 확인하는 상황을 보면 분명히 달라졌다. 큰 회의 탁자에 앉아서 여럿이 회의를 할 때면 나는 다음과 같은 말로 시작한다. "자 여러분, 양손을 테이블 위에 올려두세요. 열 손가락 모두가 보이도록 해주세요. 블랙베리는 허용되지 않습니다." 그것만이 회의 참석자들이 당신 말에 귀를 기울이게 할 수 있는 유일한 희망이다.

나는 연락할 사람이 많은 것과 쉽게 연결되는 걸 좋아한다. 하지만 내가 아는 수많은 사람 또한 심지어 알지도 못하는 더 많은 사람이 접촉해올 수 있는 이 시대에 그런 연결로 인해 점점 더 혼란스럽게 된다는 걸 알게 된다. 나는 이 시대를 '방해받는 시대the Age of Interruption'라고 부르겠다. 당신이 완전히 전원을 뽑아버리지 않는 한 이 시대는 정말로 계속해서 끊기고 방해받는 시대이기 때문이다. 철기 시대에서 산업화 시대로, 다시 정보화 시대로, 이제는 방해받는 시대로 옮겨 간 것이다. 현재 우리가 하는 것이라고는 서로서로, 그리고 우리 자신을 이 모든 단문메시지와 이메일 또는 휴대전화로 방해하는 것이다. 누군가 의도적으로 당신을 방해하려고 하지 않더라도 기차에서 잠깐 눈을 붙이거나 글을 쓰려고 하는 중에 또 다른 사람이 차이코프스키의 1812년 서곡으로 시끄럽게 울려대는 휴대전화 벨소리로 의도하지 않은 방해를 하고 있다. 그런 상황에서 깊은 생각을 하거나 혁신적인 사고를 할 수 있는 사람이 있을까? 나는 접속성이 생산성을 뜻한다는 것을 안다. 하지만 접속성이 지나쳐서 너무나 많은 방해와 중단으로 이어지고 오히려 우리의 창의성을 질식시키는 어떤 지점에 이르는 것도 가능하다. 사실 점점 사고하고 주의 집중하는 시간이 짧아지고 우리 모두가 일종의 주의결핍장애를 겪고 있다고 진단받을수록 사람들은 방해받는 시대가 문명의 쇠퇴로 이어지지 않을까 우려한다.

이에 대한 칼럼을 쓴 후에 독자들의 의견이 폭주했다. 내가 가장 좋아하는 의견 하나가 매사추세츠 주의 윌리엄스타운Williamstown에 사는 엘리자베스 윈드롭Elizabeth Winthrop에게서 왔다. 그녀의 글을 소개한다. "내가 소설가로서 모든 전자기기로부터 아주 멀어질 수 있는 숲 속의 오두막집을 하나 찾고 있다고 말했을 때 친구들은 크게 웃었습니다. 그렇게 하지 않으면 전화벨이 울리고, 이메일이 날 찾고, 인터넷이 요부처럼 날 유혹하고 있는데 어떻게 다음 등장인물이 내게 속삭이는 소리를 들을 수 있을 만큼 조용하게 있을 수 있겠습니까?" 그녀가 느낀 것을 안다. 나도 가끔은 한 번에 하나씩 할 때 머리가 훨씬 더 잘 돌아가는 걸 느끼며, 그런 느낌이 드는 것은 나 혼자만이 아니란 걸 안다. 2006년 가을의 어느 날, 예루살렘에 사는 내 친구 야론 에즈라히에게 질문이 있어서 연락하기 위해 여러 시도를 했다. 그의 휴대전화로 계속해서 전화했지만 응답이 없었다. 결국 집에 있는 야론과 통화할 수 있었다. "야론, 휴대전화에 무슨 문제가 있었어?"라고 그에게 물었다.

"몇 달 전에 휴대전화를 도난당했어"라고 그가 대답했다. 그리고 전화벨 소리가 끊임없이 그의 집중을 방해했기 때문에 다시 사지 않기로 결심했다고 그가 덧붙였다. "그 이후에 매일 아침 내가 첫 번째로 하는 일은 휴대전화를 훔쳐간 그 도둑에게 감사하고 장수하길 빌어주는 일이라네."

휴대전화가 야론에게 이동성을 준 반면에 그가 더욱 주의가 산만해지도록 했던 것이다. 갑자기 그가 어디로 가든지 족쇄처럼 그의 사무실이 그에게 매달려 있었던 것이다. 그런 수준의 접속성은 아마 당신이 증권거래 중개인이라면 매우 유용할지 모르겠지만, 사고하는 직업을 가졌거나 교수 또는 작가라면 그렇지 않을 것이다. 항상 접속되어 있으면, 항상 그 속에 참여하고 있다. 결코 일에서 벗어날 수 없다. 일에서 벗어날 수 있는 시절은 끝났다. 이제 사무실에서 제대로 벗어나는 유일한 길은 사무실 문을 열고 빠져 나와서 소유하고 있는 모바일 기기를 모두 꺼 놓는 두 가지를 다 하는 것이다. 기술 덕분에 우리가 점점 더 많은 정보에 접속하며, 정보를 만들고, 받을 수 있게 되었다고 우리의 정신이 그 모든 것을 다 흡수할 수 있다는 뜻은 아니다. 무어의 법칙이 반도체 칩에는 적용되지만, 인간의 뇌에 적용되는 건 아니다. 정보를 처리하고 분석하는 우리의 능력이 24개월마다 두 배가 되지는 않는다. 내 컴퓨터에서 날 기다리는 모든 이메일을 보면서 단 한 단어도 읽지 않고 전부 다 싹 지워버리고 싶었던 때가 여러 날 있었다. 물컵에는 이미 물이 가득 차있는데도 누군가 계속해서 물을 따르고 있는 것 같은 느낌이 들었다. 들어오는 정보가 너무 많아서 어느 것이 더 중요한 것인지, 즉 정말 중요한 정보와 단순히 긴급을 요하는 정보를 구분해서 가려내기가 점점 더 어려워진다. 이젠 복도 한구석에서 우편물을 정리해주던 사환은 사라졌다. 모든 사람이 자신의 우편물을 정리해야 하는 것은 괜찮지만, 나에겐 또 다른 할 일이 있다는 것이 문제다.

연결이 완전히 차단되어 보지 않으면 벗어나 있는 게 얼마나 해방된 느낌인지 이해할 수가 없다. 2006년 6월에 페루의 열대우림 지역으로 여행을 다니면서 특히 두 가지 강한 인상을 받았다. 첫 번째 열대우림이 믿을 수 없을 정도로 얼마나 격렬한 곳인지 감명받았다. 나무들과 식물들, 그리고 넝쿨들이 햇빛을 받기 위해 서로 엉켜서 다투고 있었으며, 동물들과 곤충들, 그리고 새들도 먹을 것을 찾아 똑같이 쟁투를 벌이고 있었다. 그러나 내가 또 감명받은 것은 열대우림이 너무도 단절된 지역이었다는 점이다. 나는 탬보파타 연구소Tambopata Research Center에 가야만 했는데 페루의 열대우림 깊숙한 곳에 있는 걸 알았다. 아직도 인터넷과 휴대전화 서비스가 안 되는 지역이 있음을 알릴 수 있다. 물론 여전히 그런 곳이 많이 있지만, 이틀 전에 신성한 잉카의 유적지 마추픽추Machu Picchu 그 높은 곳에서도 사람들이 휴대전화로 통화하는 걸 보고서 안데스 산맥에서조차 연결이 단절된 곳이 매일 점점 더 적어지는 걸 새삼 느꼈다. 완전히 단절된 채 4일을 보낸 여행기간에는 정화시키는 무엇인가가 있었다. 그것은 린다 스톤이 말한 '부분적 관심의 지속'이란 증상에 대한 최고의 해독제이다.

아마도 우리는 곧 일에서 벗어나는 경험을 일부러 만들어봐야 할 것이다. 아마도 우리는 아름다운 해변과 객실에 더해 인터넷 접속이 안 되는 걸 약속하는 포시즌Four Seasons 리조트 광고를 곧 보게 될 것이다. 광고문구는 다음과 같을지 모른다. "우리 리조트는 모든 객실에 인터넷 서비스가 안 되는 걸 보장합니다." 아니면 "우리 호텔 전 지역은 무선통신 차단지역입니다. 무선인터넷이 가능한 곳이 한 군데도 없습니다. 무선인터넷 서비스가 전혀 안 됩니다." 당신은 분명히 더 나은 휴식을 취하고 집으로 돌아갈 수 있을 것이다.

우리의 페루 열대우림 안내인이었던 길버트는 휴대용 전자기기와 휴대전화를 갖고 있지 않았으며, 부분적 관심의 지속과 같은 증상을 겪지 않았다. 그 정반대였다. 그는 열대우림에서 나는 각종 새소리, 나뭇잎들이 내는 소리, 동물들의 울음소리, 발밑에서 뭔가가 밟히는 소리 등을 듣고서 길을 따라가는 우리 일행을 멈춰 세우고는 우리가 들은 소리의 주인공이 어떤 새, 곤충, 또는 짐승인지 금세 알아냈다. 그의 시력은 놀랄 정도로 좋아서 하나의 거미줄, 한 마리의 나비, 한 마리의 왕부리새, 또는 한 줄로 이어가는 흰개미 떼 등마저도 놓치는 법이 없었다. 그는 인터넷 웹web과는 완전히 단절되어 있지만, 그의 주변에 있는 놀라운 생명의 그물web과는 철저하게 밀착되어 있었다.

거기에 우리의 교훈이 있다.

인터넷 등의 지나친 연결은 개인의 마음의 평화를 저해할 뿐 아니라 사회 전체로 봐서도 건강하지 못하다. 너무 많은 사람이 그들의 목소리와 동영상, 블로그, 그리고 인스턴트 메시지가 업로드하고 세계화하기 쉽다고 해서 다들 그렇게 하게 되면 그것 자체가 그 사람들과 우리에게 너무 습관적인 일이 되고 만다. 수백만 명의 사람들이 일종의 정보통신으로서 그 성격상 편집되지 않고, 즉각적이고, 걸러지지 않고, 검열을 거치지도 않은 내용에 빠져드는 것이 좋은 일인지 확신이 서질 않는다. 어디에서든 일할 수 있는 훌륭한 블로거와 팟캐스트 운영자들이 일부 있긴 하다. 평평한 세상이 그들이 출현하도록 기회를 열어준 것은 참 좋은 일이며, TXU를 무너뜨린 것도 좋은 일이다. 나는 그들이 해놓은 성과를 즐기며 존중한다. 그러나 편집인이 필요하거나 자기 생각을 혼자만 갖고 있어야만 할 사람들도 꽤 많이 있다. 아니면 여가에 블로그를 하거나 팟캐스팅을 하기보다 책을 읽거나 수업을 들어야 할 사람들이 너무 많다.

《타임》이 (유튜브의 보통 사람으로서 당신과 같은) '당신You'을 2006년 올해의 인물로 선정했을 때, 그 잡지의 커버스토리에는 NBC 나이트 뉴스NBC Nightly News의 앵커 브라이언 윌리엄스Brian Williams가 이러한 주제에 대해 쓴 다소 회의적인 글이 포함돼 있었다. 모든 사람이 블로그와 팟캐스트 또는 인스턴트 메시지를 이용해서 자신의 충동적인 의견과 생각이 떠오르는 대로 인터넷에 올리는 것을 가능케 한 이런 접속성이 생겨났기에 "그 위험성은 바로 다음에 나올 위대한 책 또는 다음에 나올 위대한 사상을 놓치거나, 혹은 다음에 맞을 커다란 도전과제를 해결하지 못하게 될 것이다. 왜냐하면 우리가 자기 스스로 칭송하는 데 너무 바쁘기 때문이다"라고 윌리엄스가 썼다. 《워싱턴 포스트》의 2006년 12월 21일 자 기사에서 언론인 조지 F. 윌George F. Will 역시 스스로 콘텐츠의 저자가 되는 '당신'의 힘을 축하하는 데 회의적인 시각을 표현했다. 윌은 다음과 같이 썼다.

《타임》의 편집장인 리처드 스텡글Richard Stengel은 '토마스 페인Thomas Paine이 실질적으로 최초의 블로거'이며, '벤 프랭클린은 본질적으로 18세기의 마이스페이스에 자신의 페르소나persona를 올리고 있었다'라고 말한다. 꼭 그렇지는 않다. 프랭클린의 비범한 페르소나는 그가 쓴 글을 알려주는 것이지 그가 글을 쓴 대상에 대해 알려주는 것은 아니다. 페인은 아마도 역사에서 가장 중요한 소책자 발행인이었을 것이다. 2007년 중반까지 세계적으로 약 1억 명의 블로거가 생길 것으로 예상하는데, 그렇기에 프랭클린 또는 페인과 같은 인물이 나오지는 않을 것이다. 그 두 사람은 천재였으며, 천재는 흔하지 않다.

방해받는 시대의 다른 영향은 그 때문에 발생하는 언어의 무분별한 변형이다. 이제 서로가 항상 연결되어 있으니 많은 사람이 적절하게 글을 쓰는 데 너무 적은 시간을 할애한다. 많은 젊은이가 단문메시지와 휴대전화에서 텍스트 메시지를 타이핑할 때 하는 것처럼 엄지손가락을 써서 위대한 책을 쓴 저자는 없었다. 《워싱턴 포스트》의 로리 아라타니Lori Aratani 기자가 2006년 12월 25일자에 쓴 기사에서 인스턴트 메시지의 짧은 글쓰기가 어떻게 고등학생들과 대학생들의 에세이에 슬그머니 기어들어왔는지 묘사했다. 10년 뒤에 산문체 영어 글이 어떤 모습일지 상상해보길 바란다.

조 밤베리Zoe Bambery는 베데스다 시의 월터 존슨 고등학교Walter Johnson High School의 12학년 학생이며, 저녁에 보통 100건의 단문메시지를 보내곤 한다. 이 18세 여학생은 SAT 시험을 보는 중에 에세이를 끝내기 위해 급히 쓰다가 무심코 단문메시지를 작성하듯이 '때문에(because)'라고 쓰지 않고 '땜에(b/c)'라고 써놓은 걸 알았다.

이 경험을 통해 이제 그녀는 인쇄 버튼을 누르기 전에 주의 깊게 철자검사를 한다. 줄임말을 많이 쓰는 단문메시지 문구를 학교의 글쓰기에도 쓰는 학생들이 이 학생만은 아니다.

몽고메리 카운티 클락스버그 고등학교의 영어 교사인 사라 굿맨Sara Goodman은 "학생들이 줄임말과 은어를 안 쓰는 곳이 없습니다"라고 말했다. 그녀는 에세이와 시험에서 불쾌감을 주는 문구를 표시하느라 보라색과 빨간색 마커를 수없이 써서 없앴다. 단문메시지 쓰는 법이 이렇게 잘못된 글쓰기 습관으로 굳어져 버린 학생들의 사례는 끝이 없다. 심지어 일상 대화에도 스며들고 있는 것이 문제다.

그것은 10대들만의 문제가 아니다. 대학생들의 대화에서도 수시로 인터넷에서 사용하는 은어가 여기저기서 터져 나온다고 대학의 여러 교수가 말한다. 학생들이 교수들에게 이메일을 보낼 때도 친구들 사이에서 쓸 법한 단문메시지 방식의 글을 거리낌 없이 써서 보낸다.

시라큐스 대학교의 정보과학학과 소속 부교수인 제프 스탠튼Jeff Stanton도 학생들이 격식이라고는 찾아볼 수 없는 글을 써서 보낼 때는 정말 당황스럽다고 말했다.

현재의 방해받는 시대에 내가 걱정하는 사회적인 부작용이 한 가지 더 있다. 우리 모두가 마이스페이스 블로그와 팟캐스트에서 우리가 원하는 것은 무엇이든지 크게 떠들어대거나 속삭일 뿐 아니라 우리 자신에 관해서 그렇게 큰 소리로 말하거나 수군대는 걸 듣게 될 때는 무슨 일이 벌어질까?

무슨 말인지 궁금할 것이다. 오늘날 수백만 명이 블로그와 팟캐스트를 하며, 유튜브 또는 자신의 마이스페이스, 페이스북, 야후! 그룹 혹은 프렌드스터Friendster 등에 올릴 동영상 콘텐츠를 제작하거나, 온라인 신문과 잡지에 글을 쓰기도 한다. 수많은 이런 콘텐츠가 순전히 조악한 아마추어적인 수준 너머로 문제가 될 만한 사회적, 법적인 쟁점들을 우리 또는 우리의 법률체계가 처리할 준비가 된 것보다도 훨씬 더 빨리 불러올 수 있다.

만약 당신이 정치와 스포츠, 연예계, 교육, 방송, 사업 또는 정부에서 대중에게 알려진 사람이라면, 누군가 어디에서든 지금 당신에 대한 블로그를 쓰고 있을 가능성이 높다. 사람들이 당신에 대해 무슨 말을 하고 있는지 알고 싶다면, 구글 또는 테크노라티닷컴에 가서 당신 이름을 입력하고 검색 버튼을 누르기만 하면 된다. 2007년 4월에 이 글을 쓰고 있을 때 구글 검색에서 '세상은 평평하다'와 연관된 것들이 6010만 개가 올라왔다. 고백하는데 내 책에 대해 어떤 의견이 쓰였는지 알아보기 위해 구글을 이용했던 때가 있었다. 이제 더 이상 찾아보지 않는다. 많은 관련 글들이 중립적이거나 칭찬으로 가득 차있었지만, 일부는 신랄하고 노골적으로 말도 안 되는 소리를 늘어놓고 있었다.

대중의 눈에 노출되어 일하거나 비평에 익숙한 어떤 사람들처럼, 나도 얼굴이 두꺼워졌다. 칼럼니스트로 일하려면 그래야만 한다. 그렇지만 독자 여러분에게 질문을 하나 하겠다. 당신 주위의 모든 이웃사람 또는 당신의 학생들 전부가 그들 자신의 블로그를 가지면 무슨 일이 벌어지겠는가? 당신은 그런 일에 대비가 되어 있는가? 얼마나 낯이 두꺼운가? 왜냐하면 우리 모두 우리 자신의 블로그에 글을 쓰고, 우리 모두 유튜브를 통해 방송하며, 휴대전화의 카메라 덕분에 우리 모두가 파파라치가 되었을 때, 우리 모두 대중적인 인물이 되기 때문이다. 모든 사람이 공격의 대상이 된다. 모든 사람이 뉴스거리가 되는 것이다.

이웃에 사는 사람이 자신의 마이스페이스에 당신에 대해 불쾌한 글이나 당신을 난처하게 만드는 사진을 여러 장 올리면, 그래서 이제는 당신은 물론이고 세상이 그 글과 사진들을 볼 수 있게 되면 무슨 일이 벌어지겠는가? 어느 날 밤에 당신 이웃이 당신 집에서 소리 지르고 접시가 깨지는 소리를 듣고서 그의 마이스페이스 블로그에 "존슨네 부부가 지난밤에 부부싸움을 크게 했어요. 접시 깨지는 소리도 들었습니다!"라는 글을 쓰면 어떤 일이 벌어질까? 그런데 사실은 당신네는 그리스계이며 당신 남편은 접시를 벽난로에 던져 깨뜨리면서 생일을 축하하길 좋아한다면 어떻겠는가? 그런 잘못된 인식이 당신의 전 이웃에게 그리고 전 세계로 보내진 뒤에 어떻게 바로 잡을 수 있겠는가?

바로 그런 문제를 둘러싸고 발생하는 법정 소송의 예를 이미 목격하고 있다. 2006년 10월 11일에 기술 뉴스 웹 사이트인 아르스테크니카닷컴arstechnica.com에 실린 이 기사를 생각해보자. 기사의 제목은 '마이스페이스 문제로 교장이 학생과 학부모를 고소하다'였다. 네이트 앤더슨Nate Anderson이 쓴 기사는 다음과 같이 시작되었다.

마이스페이스는 결국에 벽에 끼어 갇힌 귀여운 강아지의 생명을 구하는 데 이용될 것이고, 회사는 예상치 않게 언론의 좋은 조명을 받고 기쁨에 빠질 것이다. 그러나 그런 일이 일어날 때까지 우리는 성폭력자들, 온라인 성희롱, 그리고 마이스페이스를 그저 불결한 암 덩어리 정도로 여기는 학교 행정관들의 고리타분한 이야기를 먼저 받아들여야 한다. 그것이 텍사스에서 일어난 사건이다. 법원의 고소 기록에 따르면 교감 선생님을 레즈비언으로 묘사하며 외설적인 표현과 사진 및 그림 등으로 채운 마이스페이스 웹 페이지를 두고 해당 교감이 두 학생과 그들의 학부모를 고소한 사건이다.

앤더슨은 샌 안토니오 고등학교의 교감이 어떻게 해서 "수차례에 걸쳐 두 학생에게 벌을 줘야 했으며, 그녀에 대한 그들의 악감정을 인지했지만, 그들이 복수하기 위해 얼마나 집요했는지는 전혀 의심해보지도 않았다"고 설명했다. 앤더슨의 설명에 따르면 그 두 학생은 교장의 이름으로 교감이 레즈비언임을 암시하는 마이스페이스 웹 페이지를 개설했는데, 교감은 레즈비언이 아니었다. 게다가 그 웹 페이지에는 교감을 아는 다른 마이스페이스 사용자들로부터 받은 의견도 게재했다. 그 내용 역시 폭력적인 표현을 담고 있었다.

법원에 접수된 내용을 보면, 학교의 직원이 알려줘서 교감이 그 웹 페이지를 알게 되었고, 그녀는 굉장히 화가 났다고 앤더슨은 보도했다. "그런 상황은 학교의 행정 담당자들을 당혹하게 만들기에 충분했으며, 학교의 웹 사이트에서 교감의 사진은 내려지고, 마이스페이스의 위험성에 관한 간단한 동영상이 대신 올려졌다. 블로그의 내용으로 제기된 다른 많은 소송 건과 이번 사건이 구별되는 것은 웹 사이트를 개설한 10대들만을 대상으로 한 소송이 아니라는 점"이라고 앤더슨은 보도했다. "이 소송 건은 아이들을 감독하지 못한 부모들에게 부주의했던 죄를 묻고 있으며, 중상 비방하는 웹 사이트에 관한 책임을 부모들도 일부 부담해야 한다고 주장하고 있다. 경찰은 웹 사이트 개설에 이용된 컴퓨터가 학생들의 집에 있었다고 결론지었다. 그리고 소송에서 부모들도 자신들의 아이들이 무슨 일을 하고 있는지 알고 있어야 할 의무가 있다고 주장했다"

이것은 단지 시작에 불과하다. 도브 세이드먼Dov Seidman이 '비열한 비난'이라고 부른 악의적인 험담은 항상 누군가의 삶을 망쳐놓는 위력을 가졌으며, 이제 그 위력이 증폭되었다. 옛날에는 낯선 사람들이 당신에 대해 쓰는 글을 걱정할 정도면 톰 크루즈와 같은 영화배우이거나 유명한 정치인이어야 했으며, 보통 이런 명사들이 걱정했던 최악의 내용은 《내셔널 인콰이어러National Enquirer》와 같은 슈퍼마켓의 선정적인 타블로이드판 대중잡지에 실린 거짓이거나 과장된 이야기였다. 그러나 세계가 평평해지고 우리 모두, 심지어 텍사스의 한 교감마저도 어느 정도 대중적인 인물이 되면서 나쁜 간행물을 염려해야 한다. 어쨌든 《내셔널 인콰이어러》는 어떤 잡지였나? 주로 슈퍼마켓에서 팔리는 타블로이드판 신문이었다. 편집자와 기자, 그리고 명예훼손 전담 변호사도 두었으며, 그들은 모두 저널리즘과 그 한계가 뭔지를 알았다. 가끔은 경계선에 바짝 다가섰고, 어쩌다가 한계선을 넘기도 했지만 말이다. 《내셔널 인콰이어러》가 모욕적인 만큼 게재한 글에 대해 항상 책임도 졌다. 그리고 잡지 내에 발행 회사의 주소도 있었기 때문에 법정에서 책임을 묻는 것이 가능했다. 또한 널리 팔리긴 했었지만, 오로지 그 잡지를 사보거나 인용하기 위해 보는 사람들이 그 미치는 범위였다. 미국 밖에서는 잡지를 쉽게 살 수도 없었다. 타블로이트판이어서 도서관이나 비슷한 기관에 보관되지도 않았다. 한 번 지나가 버리면 없어져 버렸으며, 그 속에 담긴 이야기도 보통은 같이 사라졌다.

이제 현재로 돌아와보자. 세계가 평평해진 덕분에 우리 모두 잠재적인 포르노 작가이며, 황색언론인yellow journalist, 그리고 파파라치다. 편집인 또는 명예훼손 전담 변호사를 두고 있는 사람도 거의 없고, 웹에 올리는 콘텐츠의 언어와 정확성에 책임을 지는 사람도 거의 없다. 무엇보다 중요한 것은 당신이 쓰는 것과 당신에 대해 쓰이는 것을 막아주는 벽은 더 이상 존재하지 않는다는 점이다. 글이 웹에 올려지면 전 세계로 퍼져간다.

더군다나 《내셔널 인콰이어러》의 구매자는 다른 사람들과 또는 그 잡지의 편집인들과 연결할 쉬운 방법이 없었다. 정보는 기본적으로 《내셔널 인콰이어러》에서 독자들에게로 일방적으로 흘러갔다. 더 이상 그렇지 않다. 이제 독자적으로 한계도 없이, 그리고 명예훼손 전담 변호사도 없이 전 세계적으로 방송할 수 있을 뿐만 아니라, 웹 사이트를 방문하는 다른 사람들과 연계할 수도 있다. 대화는 이제 양방향이자 다면적인 형태가 되었다.

비슷한 생각을 하는 사람들끼리 이렇게 쉽게 연결할 수 있을 때, 사람들은 대상이 진실이든 아니든 생산적이든 파괴적이든 서로 동원하고 거대한 메아리 효과를 만들어낸다. 극단적이거나 좁게 정의된 웹 사이트 또는 블로그들을 방문해보면, 그들이 인종주의자이거나 진보적이든, 무신론자 또는 환경주의자이든, 아니면 급진적인 이슬람교도이거나 낙태를 반대하는 기독교인이든, 많은 곳이 그들의 언어와 어조에 진정으로 악의를 품고 있음을 알아채게 된다. 그런 악의는 스스로 선택한 공동체가 자신에게 말하며 더욱 강화해가는 소리이다. 그 누구에게 답하거나 눈을 똑바로 바라봐야 할 의무도 없는 소리다. 스킨헤드skinhead 또는 과격한 이슬람 급진주의자들은 20년 전에 꽤 많은 수의 동료를 찾기 위해 많은 에너지를 쏟아야만 했다. 현재는 네트워크를 통해서 서로 자극하며 강화할 수 있고, 공공연한 집회에 함께 모습을 드러낼 필요도 없다. 마치 허리케인 카트리나가 뉴올리언스를 강타하기 전에 멕시코 만의 따뜻한 바다를 거치면서 격렬함을 더했던 것처럼 이런 공동체들도 서로 연결함으로써 도출하는 내부의 따뜻함으로 악의적인 격렬함을 얻게 된다.

안타깝지만 평평한 세계의 플랫폼은 어떤 조직이나 운동단체에도 값싸고 쉬운 명령과 통제 체계이자 네트워크다. 민주주의 사회의 사람들은 이런 생각을 좋아하지 않는다. 그러나 우리는 이 체계를 세상에 펼쳐 놓았고, 아무리 작더라도 선한 마음을 가진 모든 사회기업가 그리고 모든 정신병자 같은 사람에게도 활용할 수 있도록 해줬다. 위협과 도전 또는 선한 행동이 아무런 간섭 없이 전 세계로 방송되는 걸 보면서 서로 동원하고, 강화해주며 정신적인 보상을 받는 수단이 되는 무료 사설 글로벌 채널이 그들 모두에게 제공된 것이다. 신문의 옴부즈맨이 하는 것처럼 최고의 블로거들은 스스로 또는 서로 교정하겠지만 체계적이고 일관된 교정은 되지 않는다. 조작되거나 거짓된 보도 행위가 밝혀지면 신문기자들은 실제로 처벌을 받는다. 보통은 정직되거나 일자리를 잃는다. 블로거들의 세계에는 그런 제도가 없다. 독자를 잃을 수도 있고, 아닐 수도 있다. 하지만 누구도 당신의 인터넷 서비스를 한 달간 정지시키지는 않는다.

나는 우리가 아직 공적인 영역과 사적인 영역의 경계가 이렇게 빨리 사라진 상황을 맞을 준비가 되었다고 생각지 않는다. 사적 공간이 사라지는 것은 매우 심각하다. 오래지 않아서 사람들이 저녁 식사 모임에 참석해 자리에 앉으면 모임의 주관자가 나서서 "오늘 밤은 블로그를 쓰지 않는 날입니다. 여기 이 모임에서 들은 말은 블로그에 써서는 안 됩니다"라고 발표하는 것이 그의 첫 번째 일이 될 것으로 생각한다. 우리는 부모가 아이들에게 "이 대화는 우리끼리 하는 말이야. 너의 마이스페이스에서 이 내용을 읽고 싶지 않아!"라고 말해야 되는 상황에 직면해 있는가?

그런 상황이 오는 데는 그렇게 오래 걸리지 않을 것이다. 사실 사람들이 그들의 말이 편집과 검열 없이 세상을 돌아다니도록 하는 데 필요한 규범과 윤리를 준비하는 것보다 더 빠르게, 또한 자신들에 대해 속닥이는 모든 것을 듣는 것에 적응되기보다 더 빠르게 세상은 평평해졌고, 서로가 더욱 연결되었다. 민주주의는 위대하다. 그러나 책임지지 않는 민주주의는 정말로 끔찍하다.

무엇을 해야 하는가? 첫 번째 규칙은 더 뻔뻔해지는 것이다. 여기가 바로 우리가 사는 세상이다. 자신들의 성과 또는 괴상한 짓으로 대중들의 눈길을 끌려고 하는 사람들, 심지어 그런 구애를 하지 않는 많은 사람도 더 많은 디지털 잡동사니를 참아내는 법을 배워야 할 것이다. 과거 어느 때보다 더 많은 사람에 의해 훨씬 다양한 곳에서 제약은 덜 받으면서 훨씬 편하게 그런 것들이 마구 양산되어 원치 않더라도 보내진다.

또 하나의 규칙은 이런 디지털 잡동사니를 읽느라고 너무 많은 시간을 허비하지 않도록 노력하는 것이다. '인터넷 중독'은 어른들과 십대 청소년들을 비슷하게 괴롭힌다.

세 번째 규칙은 이 모든 것을 균형감을 갖고 바라보는 것이다. 모두가 그런 것은 아니지만 이런 잡동사니 대부분은 거대한 글로벌 반향실echo chamber에서 더 큰 소음이 된다. 세상에 너무나 많은 소음이 생기면, 결국 그런 소음도 듣기에 괜찮은 백색소음white noise으로 바뀐다. 에어컨을 켜둔 채로 잠들어 본 사람은 알듯이 백색소음도 나름대로 조용하다.

마지막 규칙은 아마도 제일 중요한 규칙일 것이다. 자녀에게 어떤 세상에 살고 있는지 가르치라는 것이다. 개인들이 디지털 형태로 자신들의 콘텐츠를 만들 수 있게 되고, 검색 엔진과 컴퓨터의 성능이 더욱더 향상되어 그 모든 디지털 콘텐츠를 아주 작은 것까지 찾아내어 우리에게 되돌려주게 되었기에 인터넷은 일종의 영구적인 기록, 항상 열려있는 책과 같은 구실을 할 것이다. 당신이 보내는 이메일과 페이스북, 마이스페이스 또는 유튜브에 게재하는 내용은 파도에 의해 씻겨 사라지지 않는 디지털 발자국이다. 당신이 내는 소리는 어디에선가 곧 녹음될 것이다. 그것은 젊은이들이 웹을 현명하게 이용해야 할 뿐 아니라, 방문한 웹에 뭔가를 남길 때도 현명하게 판단해야 한다. 시간이 지나면 구글, MSN 검색, 야후!는 영화배우들, 과학적인 진보, 정신 나간 음모들에 대해 미세한 조각을 찾아내기 위해 작고 작은 돌멩이를 하나씩 뒤집어볼 수 있는 능력이 생길 것이다. 그리고 예상하듯이 당신과 당신의 자녀에 대해서도 그렇게 알아낼 수 있을 것이다. 이것은 새로운 현상이지만, 그 정도가 더 강해질 것이다. 그러므로 부모들과 선생님들은 젊은이들이 이전 세대들보다 훨씬 이른 나이에 자신의 평판을 시멘트에 단단히 굳혀둬야 한다는 걸 이해하도록 도와줄 필요가 있다.

기업 윤리학자인 도브 세이드먼은 대학 졸업생들이 첫 직장과 그 이후 다른 직업에 지원하기 위해 다년간 사용해왔던 개인 이력서를 간단한 예로 들었다. 이력서는 사람들이 다른 사람들을 평가할 수 있도록 사회가 만들어낸 매우 효율적인 도구다. 그렇지만 가장 중요한 점은 자신의 이력서는 본인이 직접 작성해야 하며 원하는 나름의 방식으로 자신의 삶 이야기를 전하지만, 그 이력서는 다르게 밝혀지지 않는 한 일반적으로 자신의 진술이 정직하고 진실한 것이라는 믿음을 바탕으로 인정된다.

그런 시절은 끝났다. "이력서는 당신의 대리인입니다. 당신의 삶에 관한 것들을 다른 사람에게 말하는 문서인 것입니다"라고 세이드먼은 지적한다. "이력서와 같은 대리인은 투명하지 않은 세계에서는 매우 효율적입니다." 누군가가 벽으로 막힌 사회에서 당신의 이력서에 있는 가장된 사실을 확인하는 것은 매우 어렵고 비용이 많이 든다. 그러나 평평한 세계와 구글의 시대에는 전혀 그렇지 않다. 이제는 당신 인생을 X-레이 사진을 찍듯 속속들이 살필 수 있다. 또한 현재 그것이 쉽다면, 10년 뒤에 얼마나 더 쉬워질지 상상해보라. 세이드먼의 말을 들어보자. "이제 우리는 이력서와 같은 대리인을 획 지나쳐서 당신을 직접 조사할 수 있습니다. 고용주들은 더 이상 대리인이 필요치 않습니다. 그들은 당신의 마이스페이스 웹 페이지에 가서 어떤 글을 쓰고 어떻게 친구들과 사귀는지를 알아보고, 잘했든 잘못했든 당신이 한 일을 웹에서 검색해보거나 당신의 온라인 연감에 자신에 대해 뭐라고 말했는지 평가합니다. 그들은 당신 인생의 인공적인 유물들을 재구성할 수 있습니다. 심지어 당신이 그것들을 지워보려고 해도 그런 재구성은 가능합니다."

"인품이 바꿀 수 없는 숙명이고, 낯선 사람들이 당신의 됨됨이를 들여다볼 수 있는 아주 많은 도구를 쥐고 있다면, 어릴 때부터 올곧은 인품을 가꾸기 시작하는 게 좋습니다"라고 세이드먼이 덧붙였다. 그것이 교육자들이 청년들에게 전해야 할 교훈이다.

2006년 3월 7일 자에서 《워싱턴 포스트》는 법률회사를 포함한 많은 고용주가 직원으로 뽑을 유망한 사람들에 대한 세심한 사전 조사의 일환으로 구글 검색을 이용하고 있다고 보도했다. 기사의 내용은 다음과 같다.

사생활 조사기관인 포네몬연구소Ponemon Institute의 12월 조사보고서에 따르면, 미국 채용담당자의 절반가량이 채용지원서를 심사하는 데 인터넷을 이용하고 있다. 조사대상의 약 3분의 1이 채용을 거부하는 이유가 되는 결과로 나타났다고 보고서는 발표했다. 법률 인력고용시장은 매우 경쟁적이다. 그 균형을 깨는 것은 지원자가 논쟁거리에 앞장서는 모습이라고 워싱턴의 법률가이자 인터넷 관련 쟁점의 전문 컨설턴트인 마크 라쉬Mark Rasch가 말했다. 이런 추세는 주 임무가 고객을 대신해 온라인에서 손해를 끼칠 만한 콘텐츠를 찾아내서 제거하는 새로운 서비스 회사인 평판수호회사Reputation Defender를 탄생시켰다고 보고서는 언급했다. 일반적으로 법에서 웹 사이트 운영자들이 불쾌감을 주는 항목들을 지우는 걸 막지도 않으면서, 다른 사람들이 올린 콘텐츠에 대한 웹 사이트 운영자의 책임을 면해주고 있다. '많은 사람에게 인터넷은 주홍글씨이자 장애가 됩니다'라고 평판수호회사의 사장인 마이클 퍼틱Michael Fertik이 말했다.

그러니 어머니들은 아이들에게 평평한 세계에서는 다시 주어지는 기회가 더 적다는 사실을 말해주길 바란다. "요즘 세상에서는 첫 번째에 제대로 해내는 것이 좋습니다. 가진 것을 챙겨서 다른 도시로 이사 간다고 해도 자신의 모습을 새로 만들기가 그리 쉬운 일이 아닙니다"라고 세이드먼이 말했다. 조지 부시 대통령이 이 시대에 태어나서 자랐더라면, 대통령은 고사하고 결코 주지사로 선출되지도 못했을 것이다. 휴대전화 카메라로 찍은 사진과 같은 그가 디지털 발자취로 남긴 과거를 상상할 수 있겠는가? 부시는 예일 대학교에서 자신이 언젠가 "내가 젊고 무책임했을 때, 난 젊고 무책임한 사람이었습니다"라는 말로 정리한 인생의 한 시기를 과거로 남겨놓게 되었을 것이다.

세이드먼이 다음과 같이 언급했다. 당신의 인생사가 온라인에서 영원히 살아남고, 모든 사람의 접근이 가능한 세상에서 "당신의 평판은 당신을 쫓아와서 다음번 정거장에서 앞서 가게 될 것입니다. 당신보다 먼저 도착합니다. 술에 취해서 대학교 4년을 보내서는 안 됩니다. 당신의 평판은 인생에서 훨씬 이른 시기에 자리를 잡습니다. '항상 진실을 말하라. 그러면 무슨 말을 했는지 기억할 필요가 없다'고 마크 트웨인이 말했습니다." 서로 연결된 세상에서 "어떻게 행동하느냐는 그 어느 때보다 중요하다"고 세이드먼이 덧붙였다. "그저 고

발당할 만한 행동을 피하는 것만이 아니라 타인과의 연대를 강화해주는 행동을 개발하라는 것입니다. 어떻게 의사소통하는지, 편지는 어떻게 쓰는지, 어떻게 '미안해요'라고 말하거나 그렇게 말하면 안 되는지, 어떻게 타인을 신뢰해야 하는지, 얼마나 협력을 잘하는지, 그리고 우리의 약속을 얼마나 잘 지키는지 등등 이 모든 것이 이제는 어느 때보다도 더 중요합니다."

확실히 이런 모든 사회적인 부작용에도 일부 긍정적인 면이 있다. "어떻게 해야 하는지 제대로 이해한 사람들은 그것이 능력과 강점이 되는 걸 알게 됩니다"라고 세이드먼은 주장한다. "그런 사람들이 앞서 가며, 자신의 비전에 다른 사람들을 참여시키는 사람들입니다. 혼자서 해내기엔 어려운 일을 성취하기 위해 다른 사람들과 많이 협력하는 사람이 될 것입니다. 이것은 모든 사람이 취할 수 있는 번영 전략입니다." 올바른 당신의 삶을 살고, 한 번에 하나의 성취로 평판을 얻으며, 탄탄하고 견실한 평판을 구축하는 것이 승리의 전략이다. 우리 모두 개의 뛰어난 청력을 가진 이 시대에서도 통하는 전략이다.

그럼에도 모든 것을 합산해봤을 때 '걱정스럽다'는 결과를 얻었다. 기껏해야 사이버 공간은 일반 대중의 토론을 풍부하게 하고, 사람들이 이전에는 들어본 적이 없을 법한 새롭고 가치 있는 목소리를 제시한다. 그러나 최악의 경우, 사이버 공간은 제약은 더욱 적어진 채 더욱 극단적이고 무책임한 목소리를 내놓으며, 과거 어느 때보다 반칙적인 투구를 더 많이 하도록 허용한다. 후자의 경우 때문에 더욱더 많은 사람이 회전식 건조기와 같은 이 반향실에 빠져서 벗어나지 못하거나, 벗어나더라도 멍들고 두들겨 맞은 상태여서 다시는 사이버 공간 가까이 가고 싶지 않게 될 것이 두려워서 일반 대중의 시선과 서비스를 회피할 것이다. 민주주의에 공공기관을 이끌어나갈 최고의 남녀가 절박하게 필요한 때에 우리는 젊은이들이 공공의 영역을 회피하는 것이 아니라 그곳을 향해 달려가게 하길 원한다.

제6부
지정학과 평평한 세계

THE
WORLD
IS
FLAT

15장

평평화 되지 않은 세계
– 총기 또는 휴대전화 소지 금지

⋮

건설은 수십 년이 걸리는 더디고 힘든 일이고, 파괴는 단 하루 만에 끝날 경솔한
일이다.

– 윈스턴 처칠 경

내 친구 질 그리어가 말해줘서 최근 새로운 총기 관련법을 미네소타 주정부
가 통과시켰음을 알게 된 것은 내 고향인 미네소타를 방문했던 2004년 겨울
어느 날, 퍼킨스 팬케이크 식당에서 켄과 질 그리어 두 친구와 함께 점심을 먹
는 자리에서였다. 그때 2003년 5월 28일 통과된 총기의 은닉과 휴대에 관한 법
률은, 고용주가 명시적으로 그 총기휴대권리를 제한하지 않는다면 지역 보안
관은 무기를 숨긴 채 직장에 가겠다고 요청한 누구에게나 허가증을 발급해야
한다고 규정하고 있다. 단, 중범죄의 전과가 있거나 정신이상 판정을 받은 자
는 제외된다. 이 법 때문에 범죄자들이 총을 겨누고 강도질을 하려 할 때 당신
이 무기를 휴대하지 않았다고 확신할 수 없어서 범죄를 억제할 것이라는 취지
였다. 그렇지만 이 법에는 사업주들이 종업원이 아닌 사람이 레스토랑이나 헬
스클럽 같은 영업장소에 무기를 감춘 채 소지하는 것을 금지할 수 있는 조항도
담겨있다. 이 조항은 어떤 사업체든 총기 휴대를 금한다는 표지를 입구에 내걸
기만 하면 권총 휴대를 금지할 수 있다고 규정한다. (보도에 따르면, 법령 공포 후
한 교회가 총기 금지 표시로 성경을 인용할 권리를 주에 청원했고, 한 식당은 요리용 앞
치마를 입은 한 여인이 기관총을 들고 있는 사진을 사용하는 등 대단히 창의적인 표지

판도 일부 생겼다고 한다). 점심을 먹을 때 이 이야기가 나온 이유는 질 그리어가 테니스를 하기 위해 다니는 도시의 헬스클럽들이 정기적으로 내거는 두 개의 안내판을 보았다고 말했기 때문이었다. 한 예로 그들이 다니는 블루밍턴의 테니스 클럽에는 정문 바로 옆에 '총기 휴대 금지'라는 표지판이 있다고 한다. 그리고 그 옆 라커룸 바깥쪽에는 '휴대전화는 허용되지 않음'이라는 표지판도 있다고 했다.

음, 총기와 휴대전화가 허용되지 않는다고? 총은 이해하지만 휴대전화는 왜 안 되는가라고 내가 말했다.

내가 바보 같았다. 몰지각한 어떤 사람들이 카메라가 달린 휴대전화로 라커룸에서 벌거벗은 남녀의 사진을 은밀하게 찍어서 세계 각지에 이메일로 보내기 때문이었다. 그다음에 그들은 무슨 생각을 할까? 어떤 혁신이든지 사람들은 그 사용법과 악용할 방법까지 찾게 마련이다.

팔로알토에 있는 벤처 캐피털 회사 노르웨스트벤처파트너스Norwest Venture Partners의 프로모드 하크와 인터뷰할 때였다. 그때 나는 그 회사의 홍보 담당 이사 케이티 벨딩Katie Belding의 도움을 받았는데, 그녀는 나중에 이런 메일을 보내왔다. "남편과 함께 일전에 프로모드와 가진 당신의 인터뷰에 대해 대화했습니다. 남편은 샌마테오San Mateo에 있는 고등학교의 역사 교사입니다. 내가 "당신은 세계가 평평해지는 걸 어디서 경험했어요?"라고 남편에게 물었습니다. 남편은 학교에서 교무회의가 열렸던 어느 날이었다고 하더군요. 한 학생이 시험에서 친구의 부정행위를 도운 일로 정학 처분을 받았답니다. 신발 바닥에 답을 써놓거나 커닝 쪽지를 돌리는, 우리가 예전에 써먹던 전통적인 방식이 아니었습니다."

호기심이 생긴 나는 그녀의 남편 브라이언에게 전화를 걸어서 그의 이야기를 마저 들었다. "시험시간이 끝나고 모든 시험지가 교실 앞에 모였을 때, 그 학생이 카메라폰을 얼른 꺼내 일부 시험문제를 몰래 찍은 다음 그걸 곧바로 다음 시간에 똑같은 시험을 치르게 되는 친구에게 이메일로 보냈지요. 그의 친구도 디지털카메라와 이메일 기능이 있는 휴대전화를 갖고 있어서 시험 시작전에 문제를 볼 수 있었을 겁니다. 그 학생은 쉬는 시간에 휴대전화를 꺼내다가 다른 교사에게 적발되었죠. 모든 학생이 휴대전화를 갖고 있다는 사실은 알고 있습니다만 교내에서 휴대전화 휴대는 교칙 위반입니다. 그래서 교사가 휴대전화를 빼앗았고, 시험문제가 담긴 걸 보게 된 겁니다. 규율 담당 교사가 교무회의에서 '새로운 걱정거리가 생겼다'고 말했지요. 사실 그는 '아이들이 과학기술 면에서 우리를 훨씬 앞서고 있으니, 주의하시고 눈을 부릅뜨고 살펴보시오'라고 말한 셈입니다."

그러나 이 새로운 과학기술과 관련해서 말한다면 모든 것이 나쁘지는 않다고 브라이언은 지적했다. "올해 초 지미 버핏Jimmy Buffett의 음악회에 갔습니다. 카메라는 허용되지 않았지만 휴대전화는 괜찮았습니다. 음악회가 시작되자 모든 사람이 갑자기 카메라폰을 꺼내 들더니 지미 버핏을 찍기 시작했어요. 저도 그때 찍은 사진 한 장을 우리 집 벽에 걸어놓았습니다. 우리는 두 번째 줄에 앉아 있었는데 옆에 앉은 사람이 휴대전화를 들기에 나는, '여봐요, 찍은 사진 몇 장 이메일로 좀 보내줄 수 있어요? 누구도 우리가 이렇게 가까이 앉았다고 믿지 않을 거라서요'라고 말했죠. 그는 '그러지요'라고 대답했고, 우리는 이메일 주소가 담긴 명함을 건넸습니다. 정말 기대한 건 아니었는데, 그다음 날 그가 이메일로 많은 사진을 보내줬습니다."

앞서 얘기한 내 베이징 여행은 1989년 6월 4일에 발생한 천안문광장 학살 15주년 직후였다. 《뉴욕 타임스》에서 일하는 동료들은 이날 중국정부의 검열로 휴대전화 상에서 천안문광장 사건과 관련된 어떠한 문자 메시지도 보낼 수 없었다고 했다. 심지어 숫자 6과 4도 차단되었다고 전했다. 따라서 누가 우연히 664-6464라는 번호로 전화를 걸었거나 4층에서 오후 여섯 시에 만나자는 문자를 보냈다면, 중국 검열관들이 전파방해 기술로 차단했을 것이다.

마크 스테인Mark Steyn은 런던의 아랍어 신문 《알 쿠즈 알 아라비Al-Quds al-Arabi》의 기사와 관련된 이야기 하나를 2004년 10월 25일 자 《내셔널 리뷰National Review》에 옮겨서 보도한 적이 있다. 수단의 수도 카르툼에서 남자가 무슬림이 아닌 사람과 악수를 하면 남성성을 잃게 된다는 엉터리 같은 소문이

도시를 휩쓴 후 일어난 공황에 관한 이야기인데 다음과 같다. "그 이야기 가운데 내게 충격을 준 것은 세부적인 내용이었다. 이 히스테리 증세는 휴대전화와 텍스트 메시지 전달로 확산되었다. 생각해보라. 휴대전화를 갖고 다니는 어떤 사람이 외국인과의 악수가 자신의 성기를 녹일 것이라고 믿고 있다. 기술적으로는 진보된 그런 원시성이 텍스트 메시지 너머로 나아간다면 무슨 일이 일어날까?"

이 장은 휴대전화에 대해 말하는 장이 아니다. 그런데 왜 이 이야기를 끄집어냈을까? 세계화에 대해 글을 써온 이후 일부 사람들은 한결같이 나를 비판해왔다. "당신의 주장에는 기술 결정론이 들어 있지 않은가? 프리드먼 당신의 말을 들으면, 세계를 수렴시키고 평평하게 하는 열 가지 동력이 있으며, 사람들이 할 수 있는 것이라곤 이를 받아들이고 그 흐름에 합류하는 수밖에 없다. 세계화 이후에는 모두가 더 부유해지고 더 똑똑해지며 모든 것이 좋아진다. 그러나 당신은 틀렸다. 세계사를 보면 대체이념과 대체권력이 어느 체제에서도 나타났다. 세계화도 예외는 아닐 것이다."

합당한 질문이다. 따라서 그 질문에 직접 답하겠다. 비판하는 사람들의 주장대로 나는 과학기술 결정론자이다!

나는 능력이 의도를 낳는다고 믿는다. 온라인 상점을 열 수 있고, 전 세계에서 공급자들, 소비자들 그리고 경쟁자들을 갖게 해주는 인터넷이 생기면, 사람들은 온라인 가게 또는 온라인 은행 또는 온라인 서점을 열 것이다. 기업이 어느 특정한 일을 여러 단계로 분해해 가장 낮은 가격에 가장 효율적으로 수행할 수 있는 세계 어느 지역을 찾아 그곳의 지식센터에 아웃소싱이 가능하도록 하는 업무 흐름 기반이 만들어지고 나면, 기업들은 그런 종류의 아웃소싱을 하게 될 것이다. 카메라가 부착된 휴대전화가 일단 만들어지고 나면 사람들은 그것을 갖가지 일에 쓸 것이다. 시험의 부정행위에서부터 요양원에서 90회 생신을 맞는 할머니와 뉴질랜드의 산꼭대기에서 전화하는 일에도 쓴다. 경제발전사가 이런 일을 반복해서 가르쳐준다. 할 수 있으면 해야 한다. 그러지 않으면 다른 경쟁자들이 할 것이다. 그리고 이 책에서 말하고자 하는 것처럼 평평한 세계에서 번영을 누리려면 기업, 국가, 개인이 할 수 있고 해야 하는 아주 새로운 일이 많이 있다.

그러나 내가 과학기술 결정론자라 해도 역사 결정론자는 아니다. 자신과 국가와 인류의 이익을 위해 모두가 이 새로운 과학기술 또는 삼중융합을 활용할 것이라는 보장은 없다. 그것은 단지 기술일 뿐이다. 기술이 사람을 더욱 현대적이며, 총명하고, 도덕적이고, 현명하고, 공정하고, 고상하게 만들지는 않는다. 단지 더 빨리 더 광범위하게 의사소통하고, 경쟁하고, 협력할 수 있게 해줄 뿐이다. 세계를 불안정하게 만들 수 있는 전쟁만 없다면 이 모든 과학기술은 보다 비용이 덜 들고, 더 작고, 가벼워지며, 더욱더 개인적이고, 이동 가능해지며, 디지털화될 것이다. 따라서 점점 많은 사람이 신기술을 이용할 보다 다양한 방식을 찾게 될 것이다. 우리는 단지 더 많은 곳에서 더 많은 사람이 창조하고 협력하고 생활 수준을 높이는 데 신기술을 이용하길 기대하지만, 그 반대의 일을 기대하지는 않는다. 그렇지만 그런 일이 반드시 생겨야 할 필요는 없다.

단도직입적으로 말해서 나는 세계가 평평해지는 현상이 어떤 결과를 낳을지 알 수가 없다. 나는 지금 더 넓고 깊은 차원의 고해성사를 하고자 한다. 즉, 나는 세계가 완전히 평평하지 않다는 것을 안다.

그렇다. 독자 여러분은 내 글을 바로 읽었다. 나는 세계가 평평하지 않다는 것을 안다. 걱정 마시라. 알고 있다.

그렇지만 한동안 세계가 점점 좁아지고 평평해져 왔으며, 이 과정이 최근에는 대단히 빨라졌다고 확신한다. 오늘날 세계의 절반은 직간접적으로 평평화 과정에 참여하고 있거나, 그 영향을 느끼고 있다. 나는 세계가 평평해지는 과정이야말로 오늘날 세계에서 가장 중요한 유일한 흐름이라고 생각하기 때문에 평평화 과정과 빨라지고 있는 속도에 대한 관심을 높이기 위해 나는 이 책의 제목을 '세계는 평평하다'라고 정했다.

그러나 아직 평평화되지 않은 세계의 나머지 지역도 평평해질 것이라거나, 이미 평평해진 지역이 전쟁, 경제적 혼란 혹은 정치에 의해 평평하지 않은 지역으로 돌아가지는 않는다는 것은 역사적인 필연이 아니라고 확신한다. 지구상에는 평평화 과정에 뒤떨어져 있거나 압도당한다고 느끼는 수억 명의 사람들이 있고, 그들 가운데 일부는 이 체제에 순응하기 위해서가 아니라 반대하기 위해서 평평화로 나타난 수단을 충분히 쓸 수 있다. 세계가 평평해지는 과정이 어떻게 잘못될 수 있는가를 다루는 것이 이 장의 주제이며, 다음의 질문에 답함으로써 그 주제에 다가가 보고자 한다. 평평화 과정을 방해하는 최대의 세력, 지지자, 문제는 무엇인가? 그리고 이들을 극복하기 위해 우리는 어떻게 더 나은 협력을 할 수 있는가?

전염병으로 무기력한 사회

나는 언젠가 야후!의 공동 창업자인 제리 양이 중국의 한 고위관리의 말을 인용하는 것을 들은 적이 있다. "사람들이 희망을 품은 곳에는 중산층이 있다." 이는 매우 유용한 통찰력이다. 광대한 안정적인 중산층이 세계 곳곳에 존재하는 것은 지정학적 안정의 핵심이다. 그러나 실제로 중산층은 마음가짐이지 소득수준을 의미하는 것은 아니다. 그래서 미국인 대다수는 항상 자신을 '중산층'이라 자부한다. 이들 중 일부는 소득 통계로는 중산층으로 간주될 수 없다. '중산층'은 현재의 빈곤이나 저소득 상태에서 벗어나 더 높은 생활 수준으로 가는 길이 있다고 믿거나, 자녀는 보다 나은 미래를 맞이하게 될 것이라는 믿음을 가진 사람들에 대한 다른 표현이다. 하루에 2달러를 벌든지 200달러를 벌든지, 자녀가 더 나은 삶을 사는 것이 가능하고 근면함과 사회적 규칙에 따라 행동하면 목표를 이루게 될 것이라는 사회적 이동 가능성에 대한 믿음을 가지고 있다면 마음속에서는 중산층이다.

여러 가지 측면에서 평평한 세계의 사람들과 그렇지 않은 세계의 사람들을 구분하는 선은 희망을 갖고 있는지의 여부다. 인도와 중국, 구소련 연방 국가에 좋은 소식은 그 많은 결함과 내부 모순에도 불구하고 그 나라들에는 중산층이 되려는 희망에 가득 찬 수억 명의 사람들이 살고 있다는 것이다.

오늘날의 아프리카, 인도의 벽촌, 중국, 라틴아메리카 그리고 선진국의 많은 구석진 어두운 지역들에 나쁜 소식은 수많은 사람이 희망조차 없으며, 이들이 중산층으로 진입할 가능성도 없다는 점이다. 두 가지 이유로 그들에겐 희망이 없다. 그들이 너무 병들어 있거나, 미래가 없다고 생각할 수밖에 없을 정도로 정부가 파탄에 빠진 경우다.

몸이 너무 병든 첫 번째 집단은 에이즈 바이러스와 말라리아, 결핵, 소아마비 등에 시달리는 사람들이다. 이들은 식수와 전기도 제대로 공급받지 못하고 있다. 이들 중 대다수는 놀랍게도 평평한 세계와 가까운 곳에 살고 있다. 벵갈루루에 있을 때 산티 브하반Shanti Bhavan, 즉 '평화의 안식처Haven of Peace'라는 이름의 실험학교를 방문한 적이 있다. 타밀나두 지방의 발리가나팔리 마을 가까이에 있고, 벵갈루루 시내의 유리 외벽으로 번쩍이는 하이테크 센터 밀집 지역(이들 가운데에는 '황금구역'이라는 적절한 이름이 붙여진 곳도 있다)에서 가자면 자동차로 한 시간 거리다. 그 학교의 교장으로 있는 랄리타 로Lalita Law는 인도에선 흔치 않은 기독교 신자로, 면도날처럼 날카롭고 강인한 인상을 가진 사람이었다. 학교로 가는 자동차 안에서 그녀는 분노를 간신히 억누르며 학교에는 모두 160명의 학생이 있는데, 부모들이 모두 근처 마을에 사는 불가촉천민들이라고 내게 설명했다.

여기저기 구멍이 뚫린 도로를 덜컹거리며 달리는 지프 안에서 그녀가 말했다. "부모들은 넝마를 줍거나, 날품을 파는 저급 노동자거나, 채석장에서 일합니다. 운명에 따라 주어진 대로 살아야 하는 카스트제도의 최하층 계급인 불가촉천민이며, 빈곤선 밑에서 사는 가정 출신들입니다. 학교에선 4~5세의 유아들부터 받습니다. 이들은 깨끗한 물을 마신다는 것이 무엇인지도 모릅니다. 더러운 시궁창 물을 마시는 데 익숙하죠. 아니, 어쩌면 사는 곳 가까이에 도로 배수구라도 있으면 그마저도 행운입니다. 화장실과 욕실을 본 적도 없습니다. 제대로 된 옷 한 벌 가진 게 없습니다. 우리는 이들을 사회화시키는 일부터 시작해야 합니다. 처음에 그들을 데려오면, 애들은 달아나고, 아무 데서나 내키는 대로 대소변을 봐버리곤 합니다. 침대에서 자는 것 자체가 문화적 충격이었기 때문에 처음에는 침대에서 재울 수도 없었습니다."

지프 뒷좌석에 앉은 나는 마을의 비참한 생활에 대해 통렬한 마음으로 주절대는 그녀의 말을 받아 적느라고 노트북 PC로 미친 듯이 타이핑했다.

"집권 '바라티야 자나타 당Bharatiya Janata Party, BJP'이 2004년 선거 당시 내세웠던 '빛나는 인도' 같은 선거구호는 정말 우리 같은 사람을 속상하게 합니다. 이런 곳으로 와서 정말 인도가 빛나고 있는지 봐야 합니다. 그리고 아이들의 얼굴을 들여다보고 인도가 정말 빛나고 있는지 보아야 합니다. 화려한 컬러 화보가 가득한 잡지에는 인도가 밝게 빛나고 있습니다. 그러나 벵갈루루 밖으로만 나가면 빛나는 인도에 관한 모든 것이 부정되는 걸 목격할 수 있습니다. 마을에서는 알코올중독이 일상적이고, 여아 살해와 범죄는 증가하고 있습니다. 전기와 물을 공급받으려면 뇌물을 줘야 합니다. 또 주택 재산세 평가를 제대로 받으려면 세무공무원에게 뇌물을 줘야 합니다. 그렇습니다. 중산층과 상류층은 떠오르고 있습니다. 그러나 7억 명은 뒤처져있고, 그들에게 보이는 것은 음울함과 어둠과 절망뿐입니다. 운명대로 살게 태어났고, 이렇게 살고 이렇게 죽어가야 합니다. 그들에게 빛나는 유일한 것은 태양뿐입니다. 그러나 태양은 뜨거워 견딜 수 없고, 너무 많은 사람이 일사병으로 죽습니다." 이 아이들이 접해본 유일한 마우스는 컴퓨터 마우스가 아니라 진짜 마우스mouse(쥐)뿐이라고 그녀는 덧붙였다.

인도와 중국, 아프리카, 라틴아메리카의 지방에는 이러한 마을이 수천 곳이다. 그래서 개발도상국, 즉 평평하지 않은 세계의 어린이가 평평한 선진국에 사는 어린이보다 백신으로 예방할 수 있는 질병에 걸려 죽을 확률이 열 배나 높은 것도 놀랄 일이 아니다. 최악의 지역인 남아프리카의 농촌에서는 임산부의 3분의 1이 에이즈 양성반응을 보인다. 에이즈 하나만으로도 사회 전체가 붕괴할 수 있다. 이들 아프리카 국가에서는 많은 교사가 에이즈에 걸려 교단에 서지 못한다. 아동들은, 특히 여아들은 병들어 죽어가는 부모를 간호하느라 아니면 에이즈로 부모를 잃는 바람에 등록금을 낼 수 없어서 학업을 포기해야 한다. 그리고 젊은이들은 교육을 받지 못하므로 여성이 자신의 몸과 성교 상대를 제대로 통제할 수 있도록 삶의 질을 향상시키는 능력을 갖추는 것은 고사하고 에이즈나 다른 질병으로부터 자신을 보호하는 법을 배울 수도 없다. 인도와 중국에서, 남부 아프리카를 약화시킨 것과 같은 유의 에이즈가 창궐할 가능성은 매우 높은데 전 세계적으로 에이즈 위험에 노출된 인구의 5분의 1만이 예방 혜택을 받는 것이 주된 이유다. 가족계획 예산의 지원을 받고자 하는 수천만 명의 여성들이 현지 예산 부족으로 혜택을 못 받고 있다. 인구의 50%가 말라리아에 걸려 있거나, 아동의 절반이 영양실조거나, 어머니 가운데 3분의 1이 에이즈에 걸린 곳에서는 경제 성장을 추진할 수 없다.

주민 가운데 적어도 일부가 평평한 세계에 살고 있다는 점 때문에 인도와 중국이 그래도 낫다는 데에는 의문의 여지가 없다. 사회가 번영하기 시작하면 선순환이 생긴다. 사람들이 농사에서 벗어날 수 있을 만큼 충분한 식량을 생산하기 시작한다. 그런 잉여 인력이 교육과 훈련을 받게 되고, 공업 분야와 서비스 분야에서 일하기 시작한다. 이는 혁신, 더 나은 교육과 대학, 자유시장, 경제성장과 발전, 더 나은 사회간접자본, 질병의 감소, 인구증가의 둔화 등 선순환으로 이어진다. 중국과 인도의 일부 도시에서 활발한 이런 역동성이 사람들을 평평한 활동 공간에서 경쟁하고 수십억 달러의 외자 유치를 가능하게 해준다.

그러나 이 선순환의 외곽에서 사는 그 외 사람들이 너무나 많다. 이들은 범죄자나 살고 싶어할 교외 지역이나 폭력과 내란, 질병 등이 번갈아가며 주민 대부분을 파괴하는 지역에 살고 있다. 세계가 이 모든 사람까지 받아들일 때, 비로소 매우 평평한 세계가 될 것이다. 전 마이크로소프트 회장 빌 게이츠는 변화를 일으킬 만큼 큰 재산을 갖고 이런 어려운 일에 나선 몇 안 되는 거부 중의 한 사람이다. 그가 270억 달러의 자금으로 설립한 '빌앤멜린다게이츠재단Bill and Melinda Gates Foundation'은 질병에 시달리고 기회를 박탈당한 많은 사람에게 집중적으로 지원한다. 나는 수년 동안 마이크로소프트의 비즈니스 관행을 비판해왔고, 지금도 이 회사의 독점적 전술에 대해 쓴 글에 대해 전혀 후회하지 않는다. 그러나 나는 빌 게이츠가 평평하지 않은 세계에 대해 알리기 위해 그의 재산과 역량을 쏟는 확고한 의지에 감명받았다. 지금까지 빌 게이츠와

두 번 대화했지만, 이것이야말로 그가 가장 열정적으로 얘기하고 싶어한 주제였다.

빌 게이츠는 "그런 딴 세상에 사는 30억 인구를 위한 일에 자금 지원을 한 사람은 아무도 없습니다"라고 말했다. "미국에서는 흔히 한 생명을 구하는 데 드는 비용이 500~600만 달러 정도라고 합니다. 그 정도가 우리 사회가 쓸 용의가 있는 돈이라는 겁니다. 그러나 미국을 벗어나면 100달러가 안 되는 돈으로도 한 생명을 구할 수 있습니다. 그러나 얼마나 많은 사람이 그 적은 돈을 쓰고 싶겠습니까?"

게이츠가 그의 말을 이어갔다. "그게 만약 시간문제라면, 20~30년 기다린 후에 더 많은 사람이 평평한 세계에 합류할 것이고, 마침내 전 세계가 평평해졌다고 선언할 수 있다면 그건 정말 멋진 일일 겁니다. 그러나 실상은 이들 30억 인구는 지금 덫에 발목이 잡혀있습니다. 그들은 더 나은 교육, 더 나은 보건환경, 더 나은 자본주의, 더 나은 법치 및 더 큰 부를 얻게 해줄 선순환에 발을 들여놓을 수도 없을 겁니다. 저는 세계가 그 절반만 평평해진 채로 그 상태가 계속될까 봐서 걱정스럽습니다."

모기가 옮기는 기생충에 의해 감염되는 말라리아를 예로 들어보자. 현재 지구상에서 아기 엄마들을 가장 많이 죽이는 질병이 말라리아다. 평평한 세계에서는 오늘날 말라리아로 죽는 사람이 거의 없는 반면에 평평하지 않은 세계에서는 해마다 이 병으로 100만 명 이상이 죽는다. 이들 가운데 약 70만 명이 어린이이고, 대부분은 아프리카에 산다. 지난 20년간 말라리아로 인한 사망자는 두 배로 늘었다. 모기들이 기존의 말라리아 치료제에 내성을 갖기 시작했고, 이익이 되는 시장이 없다고 판단한 제약회사들이 새로운 말라리아 백신 개발에 투자하지 않았기 때문이다. 이런 위기가 평평한 세계에서 일어났다면 시스템이 작동할 것이라고 빌 게이츠는 지적했다. 이를테면 그 질병을 퇴치하기 위해 정부는 필요한 모든 조처를 할 것이고, 제약회사는 시장에 치료제를 내놓는 데 필요한 모든 일을 할 것이며, 학교는 젊은이들에게 필요한 예방조치를 가르칠 것이다. 그러면 문제는 해결될 것이다. "그러나 이 멋진 대응은 사람들이 돈을 갖고 있을 때만 가능합니다"라고 빌 게이츠는 말했다. 게이츠 재단이 말라리아 퇴치를 위해 5000만 달러를 승인했을 때 그는 말했다. "사람들은 우리가 전 세계의 말라리아 퇴치기금을 두 배로 늘렸다고 말했지요. 도움을 받아야 할 사람들이 돈이 없을 때 제도적인 도움을 받는 순간까지 이끌어갈 외부단체와 자선단체가 필요합니다."

빌 게이츠는 "지금까지 우리는 이 사람들에게 평평한 세계로 들어올 기회를 주지 않았습니다"라고 주장했다. "오늘날 인터넷에 접속할 수 있는 아이라면, 그리고 그 아이가 호기심이 충만하다면, 그 애도 나만큼 능력을 갖추게 된 겁니다. 그러나 제대로 먹지도 못한다면 그 애는 나와 맞붙어보지도 못합니다. 세계는 확실히 더 작아졌습니다. 하지만 우리는 그 사람들이 어떤 환경에서 살아가는지 제대로 보고 있습니까? 우리가 그 사람들이 사는 실제 생활조건, 단돈 80달러에 살릴 수 있는 아이들을 못 볼 정도로 세계는 아직도 너무나 거대하지 않은가요?"

여기서 잠시 중국과 인도, 아프리카의 벽촌 같은 곳이 경제와 기회라는 면에서 미국과 유럽연합과 같이 성장한다면, 미국과 세계에 얼마나 좋은 일이 될지를 상상해보자. 그러나 평평한 세계의 기업, 박애주의자 그리고 정부가 진정한 인도주의적 노력을 기울여 더 많은 자원을 쏟아붓지 않는다면, 이들이 선순환에 합류할 가능성은 거의 없다. 유일한 탈출구는 세계의 평평한 지역과 평평하지 않은 지역 간의 새로운 형태의 협력이다.

2003년 게이츠 재단은 '범세계 보건을 위한 위대한 도전Grand Challenges in Global Health'으로 불리는 프로젝트를 시작했다. 나는 문제를 해결하기 위한 게이츠 재단의 접근 방식이 마음에 든다. 그들은 "서방의 부유한 재단인 우리가 당신들에게 해결책을 내놓겠습니다"라고 말하며 지시를 내리고 수표를 써주지 않았다. 대신에 "문제를 찾고 해결책을 구하기 위해 수평적으로 협력해봅시다. 같은 방식으로 가치도 만들어봅시다. 그러면 재단은 우리가 합의해서 만들어낸 해결책에 투자할 것입니다"라고 말했다. 그래서 게이츠 재단은 선진 세계와 개발도상국의 방송과 웹에 두루 광고를 게재하고 과학자들이 하나의 큰 질문에 답해 달라고 요청했다. 즉, 과학이 도전해서 해결해낸다면 높은 영유아 사망률, 낮은 기대수명 그리고 질병의 지독한 악순환에 갇혀 있는 수십억 인구의 운명을 가장 극적으로 변화시킬 수 있는 가장 커다란 문제들은 어떤 것들인가? 게이츠 재단은 노벨상 수상자를 포함해 전 세계 수백 명의 과학자로부터 8000페이지에 이르는 아이디어를 받았다. 전 세계의 과학자와 박사들로 구성된 특별위원회의 선별 과정을 거쳐 개발도상국 보건 문제 해결의 심각한 장애요인들을 제거할 수 있는 기술혁신들을 다룬 열네 개의 위대한 도전과제를 선정했다. 2003년 가을에 게이츠 재단은 전 세계에 이들 열네 개의 위대한 도전과제들을 발표했다. 여기에 포함된 것으로는 출생 직후에 사용할 수 있는 단 한 번의 접종으로 효과가 있는 백신 개발, 냉장 보관이 필요 없는 백신 준비, 주사기가 필요 없는 백신 주사 방법, 어떤 면역반응이 면역력을 주는지에 대한 이해증진 방법, 병원체를 옮기는 곤충을 더 잘 억제하는 법, 병원체를 옮기는 곤충을 무력화하는 유전공학적 화학적 전략의 개발, 식용작물 중에서 생물학적으로 이용 가능한 최선의 영양소 추출법, 만성전염병을 치유할 면역법 개발 등이 있다. 1년 이내에 게이츠 재단은 75개국의 과학자들로부터 이들 문제의 해결 방법으로 1500개의 제안을 받았다. 재단은 가장 적합한 마흔세 개 제안에 대해 현금 4억 3600만 달러에 상당하는 기금을 배정했다.

미국 국립암연구소National Cancer Institute, NCI 소장을 지냈고 2005년 가을 자리에서 물러나기 전까지 게이츠 재단의 지구 보건 프로그램을 운영했던 릭 클라우스너Rick Klausner가 "우리는 이 프로그램으로 두 가지 일을 성취하려고 합니다"라고 설명했다. "첫째는 과학적 상상력에 도덕적 호소를 하는 것입니다. 과학계가 얼마나 국제적으로 활동하고 있는지 자부하지만 해결해야 할 엄청난 과제들을 과학계가 무시해왔다는 걸 보여주는 겁니다. 우리들이 스스로 국제적인 공동체로서 인식하는 만큼 지구문제의 해결자로서 해야 할 책임을 다하지 않았습니다. 우리는 위대한 도전과제 프로젝트를 통해 이런 문제들이 지구에 있는 누구나 당장 그 해결을 위해 착수할 수 있는 가장 짜릿하고 흥분되는 과학적인 과제라는 점이 알려지길 원합니다. 우리는 상상력에 불을 붙이려는 것입니다. 둘째는 물론 과학계가 그 일을 해낼 수 있는지 확인하기 위해 재단의 자원을 사용하는 것입니다."

흥미로웠던 점은 자금 지원을 받은 각기 다른 과학자들이 아주 신속하게 상호 협력적인 커뮤니티를 형성했다는 사실이라고 클라우스너는 말했다. 그 정도 복잡한 문제를 해결하기 위해서 과학계 전체가 동원되어야 하며, 과학자들은 서로 경쟁관계에 있지 않았음을 금세 깨달았기 때문이었다. 클라우스너는 이렇게 지적했다. "오늘날과 같은 세계에서 진정으로 큰 문제를 해결하고자 한다면 보다 수평적으로 협력해야 합니다. 그리고 이 평평한 세계는 그런 수평적인 협력을 가능하게 해줍니다. 혼자서 연구를 수행할 수는 있지만, 큰 문제를 혼자 힘으로 해결할 수는 없습니다. 하지만 우리는 이렇게 될지 예측하지 못했습니다. 왜냐하면 우리가 협력에 관해 이야기하는 동안 문제를 해결할 수 있는 보다 규모가 큰 커뮤니티의 일부로 참여하기 위해 사람들이 과학의 창의적 촉진제로 깊이 자리 잡은 경쟁을 내려놓을지 분명하지 않았기 때문입니다. 이것은 자연스러운 경향이 아니고 우리에게도 상당히 놀라운 일입니다."

지난 20년간 과학기술이 이룩한 놀라운 발전을 볼 때, 우리가 이미 이들 과제의 일부를 해결할 수단을 가지고 있고, 단지 부족한 것은 자금뿐이라고 생각하기 쉽다. 나도 그러기를 바라지만 실상은 다르다. 말라리아를 예로 들어보면, 부족한 것은 의약품만이 아니다. 아프리카나 인도의 농촌지역을 가본 적이 있는 사람이라면 이들 지역의 보건체계가 대부분 망가져 있거나, 기능한다 하더라도 매우 낮은 수준에 머물고 있다는 사실을 알 것이다. 그래서 게이츠 재단은 무너진 보건체계의 역할을 수행하고, 그 지역의 평범한 사람이라도 스스로 투여할 수 있는 약물 전달 시스템과 의약품 개발을 장려하고 있다. 평평하지 않은 세계에서 작동할 수단을 만들어내기 위해 평평한 세계의 수단을 사용하는 것이야말로 가장 위대한 도전일 것이다. 클라우스너는 "세계에서 가장 중요한 보건 시스템은 아이의 어머니"라고 말했다. "어머니가 이해하고, 경제적인 형편에 맞으며, 사용 가능한 것을 어떻게 아이 어머니의 손에 쥐어줄 수 있을까요? 개발도상국의 보건문제를 생각할 때 남성은 문제의 근본적인 원인 중 일부인 경우를 제외하고는 거의 눈에 띄지도 않는 존재입니다. 문제는 모두 여성과 관련되어 있습니다."

이 모든 사람의 비극은 진실로 이중의 비극이라고 클라우스너는 덧붙였다. 질병으로 사형선고를 받거나 가정 파괴와 희망의 상실로 종신형 선고를 받아야 하는 개인적 비극이 겹친다. 그리고 여전히 평평한 세계 밖에 있는 사람들이 세상에 기여할 수는 있었으나 구현되지 않고 상실된 커다란 공헌 때문에 이는 세계의 비극이기도 하다. 모든 지식 세계를 연결할 수 있는 평평한 세계에서 그 사람들이 교육이나 과학에 어떤 지식을 보탤 수 있을지 상상해보라. 혁신이 어느 곳에서든 가능한 평평한 세계에서 우리는 잠재력을 가진 너무나 많은 기여자와 협력자를 잃고 있다. 빈곤이 건강을 망치고, 건강이 악화되면 사람은 빈곤의 덫에 걸린다. 이 악순환은 사람들을 약화시켜 중산층으로 가는 희망의 사다리를 잡을 수 없게 한다는 데 의문의 여지가 없다. 이들 거대한 문제 일부라도 해결할 때까지 또한 해결할 수 없다면, 아직 평평하지 않은 세계의 절반 중 대부분 지역은 세계의 다른 절반이 아무리 평평해져도 그 상태로 머물러 있을 것이다.

그렇지만 우리가 고려해야 할 또 다른 측면이 '심각하게 병든 사람들'에게 있다. 이 병든 사람들이 진짜 평평한 세계를 만나면 어떤 일이 벌어질까 하는 문제다. 달리 표현해보겠다. 오랫동안 세계는 아주 짧은 기간에 수백만 명의 목숨을 쓸어간 전염병의 창궐을 목격해왔다. 세계는 최근에 월마트와 지구 한쪽 끝에서 반대편까지 단시간 내에 제품을 운송하는 놀라운 속도를 자랑하는 공급망의 출현을 지켜보았다. 세계가 아직 보지 못했던 것은 월마트 세계에서 퍼지는 구식 유행병이었다.

월마트 세계에 발생하는 독감은 두 가지 측면에서 동시에 세계의 평평화 추세를 상당히 역행하는 악몽과도 같다. 그 하나는 평평한 세계가 전염병을 더욱 급속하고 광범위하게 확산시켜 보다 많은 사람이 죽는 결과로 이어진다는 점이다. 또 다른 측면은 인플루엔자 바이러스 등의 확산은 사람과 재화의 이동과 상호작용에 의한 것이기 때문에 전염병에 대한 인간의 본능적인 반응은 장벽을 만들고 직접적인 대면 접촉과 연결을 차단하는 것이므로 그로 인한 경제적 파급효과가 더욱 엄청나고 갑작스러워진다는 것이다. 1918년에 출현한 스페인 독감에서 경험한 것처럼 둥근 세상에서도 그 파괴력은 엄청났다. 그러나 미국 내에서 판매되는 약품 원자재의 약 80%가 국외에서 공급되고, 외과수술용 마스크를 조여주는 고무 밴드의 원료가 인도네시아나 아프리카에서 시작되어 유럽을 거쳐 미국으로 유입되는 적기just-in-time 납품방식의 공급망을 통해 조달되는 것과 같이 세계가 평평해지는 이런 때에 유행성 전염병에 대한 우리의 대처 능력은 심각하게 저하될 수밖에 없다. 모두가 도로 차단 표지판과 '접근 금지' 경고문을 내걸기 시작하면서 전 세계의 공급망을 혼란에 빠뜨릴 것이다. 간단히 말해, 평평한 세계에서 발생하는 전염병에 대응하는 데 있어 인명 구조용 백신이나 그 외 의료용품의 공급을 적기 납품방식에 의해 획득하는 것이 어느 때보다 중요하다는 말이다. 그러나 그런 약품을 적기에 구할 수 있는 능력은 그 어느 때보다 저하될 것이다. 그런데 평평한 세계에서는 재고 유지가 낭비로 인식되기 때문에 당장 쓸 수 있는 약품 재고도 갖고 있지 못할 것이다. 사람들은 모든 것을 필요에 따라 적기에 납품받으려고 하기 때문이다.

전염병연구및정책센터Center for Infectious Disease Research and Policy의 책임자이자 미네소타 대학교 공중보건학과 교수인 마이클 T. 오스터홀름Michael T. Osterholm 은 2003년 사스Severe Acute Respiratory Syndrome, SARS 바이러스의 확산은 많아지고 빨라진 국제 항공여행 때문에 평평한 세계에서 전염성 질병이 얼마나 빠르게 확산하는가를 극명하게 보여준 사례였다고 지적했다. 사스는 중국 농촌 지역에서 처음 출현한 뒤 스물네 시간 내에 주변 5개국으로 확산했고, 단 몇 달 사이에 여섯 개 대륙의 30개국으로 퍼져 나가서 수십억 달러의 경제적 손실을 입혔다고 오스터홀름 교수가 지적했다. 그 한 예로, 미국 서부 연안의 항만 노동자들이 감염 지역에서 온 화물의 하역 작업을 거부했기 때문이다.

하지만 사스의 전파 속도는 독감의 확산에 비하면 거북이걸음에 불과하다.

오스터홀름 교수는 이렇게 말했다. "인간은 어떤 바이러스든지 더욱 급속하게 전파될 수 있는 환경을 구축해왔습니다. 그러나 오늘날의 세계에서 살인적인 독감이 지닌 함축성은 훨씬 더 파괴적일 것입니다."

그로 인해 당연시되는 현대사회의 특징과 비즈니스 관행, 편의성의 수많은 것들이 훼손되고, 세계의 평평화 과정을 멈춰 세우게 될 것이다.

누릴 권리를 박탈당한 사람들

지구상에는 평평한 세계와 평평하지 않은 세계만 있는 것이 아니다. 그 사이 회색지대에도 많은 사람이 산다. 내가 '누릴 권리를 박탈당한 사람들'이라고 부르는 사람들도 그에 속한다. 이들 많은 사람은 평평해진 세계가 제대로 보듬어 안지 못한 집단이다. 평평한 세계에 발도 들여놓지 못한 심각하게 병든 사람들과는 달리, 이들은 반쯤은 평평해진 세계에 살고 있다. 이들은 영토의 많은 지역이 이미 평평해진 세계에 속하는 국가에 사는 건강한 사람들이기는 하지만, 의미 있고 지속적으로 참여할 수단이나 기술이나 인프라를 갖고 있지 못하다. 이들은 자신들 주변 세계는 평평해지고 있지만 그 혜택은 전혀 못 받고 있다는 걸 알 정도의 정보만 갖고 있다. 세계가 평평해지는 게 좋기는 하지만 다양한 압력으로 가득 차있고, 반대로 평평하지 못한 세계는 견디기 힘들고 고통으로 가득하다. 그러나 반쯤 평평한 세계도 나름대로 근심이 있다. 평평한 인도의 첨단기술산업은 눈부시고 흥분할 만하지만, 이 산업의 고용률은 인도 전체의 0.2%에 불과하니 환상은 금물이다. 여기에 수출용 제조업에 종사하는 인도인까지 더해도 인도 전체 고용의 2%라는 결과를 얻는다.

반쯤 평평화된 지역은 특히 인도와 중국, 동유럽의 농촌들이며 이곳에 사는 사람들은 평평한 세계를 가까이에서 보고, 느끼고, 아주 가끔은 혜택을 누리기도 하나, 그들 스스로가 평평한 세계 속에 살고 있지는 않다. 2004년의 전국 선거에서 인도의 고도성장을 이끌어낸 당시의 집권 BJP당이 거대 도시를 제외한 지역의 세계화 속도가 너무 느린데 불만을 품은 농촌의 유권자들에 의해 정권에서 쫓겨났던 것만 봐도 이 집단이 얼마나 크고 얼마나 분노하는지 알 수 있다. 이들 유권자는 "세계화 열차를 멈춰라. 우리는 열차에서 내리고 싶다"고 말한 게 아니다. "세계화 열차를 멈춰라. 우리도 열차를 타고 싶다. 그러나 누군가 더 나은 발판을 마련함으로써 우리를 도와줘야 한다"고 말한 것이다.

인도 인구의 대다수를 차지하는 소작농과 농장주들인 이들 지방 유권자들은 자동차와 주택, 교육기회 등 평평한 세계의 혜택을 살펴보려면 가까운 대도시에서 하루를 보내야만 한다. "시골 사람들이 마을의 TV에서 비누나 샴푸 광고를 볼 때마다 그들의 눈에 들어오는 것은, 비누나 샴푸가 아니라 그것을 사용하는 사람들의 생활양식이다. 즉 오토바이와 입는 옷, 사는 집"이라고 인도 태생의 《예일글로벌 온라인》의 편집자 나얀 찬다Nayan Chanda가 설명했다. "그들은 자신들이 접하고 싶은 세계를 본다. 부러움과 분노가 선거 결과를 결정했다. 상황이 개선되고 있으나 많은 사람을 만족하게 할 정도로 빠르게 개선되지 않을 때 일어나는 전형적인 혁명이었다."

동시에 인도의 농촌 사람들은 본능적으로 왜 평평한 세계의 혜택이 그들에게 발생하지 않는지 정확히 이해했다. 지방정부가 부패하고 부실한 행정으로 세계화의 몫을 공정하게 얻는 데 필요한 학교와 사회기반시설을 빈곤층에 제공할 수 없었던 것이다. 혜택받은 부유층 사회의 담장 밖에 사는 수백만 인도인들 중 일부는 희망을 잃어감에 따라 "종교에 더 의지하게 되고, 카스트제도에 더욱 묶이게 되고, 보다 급진적 사고를 하게 되고, 무엇을 창조하기보다 남에게서 **빼앗고자** 하며, 경제적 신분 이동이 막혀있기 때문에 비열한 정치를 계층 이동의 유일한 출구로 본다"고 위프로의 비벡 폴은 말했다. 인도는 세계 최첨단의 전위에 설 수 있으나 능력 없고, 교육받지 못하고, 정당한 대우를 못 받는 많은 사람을 더 포용하는 길을 찾지 못하면, 발사 후 지속적인 추진력이 없어서 바로 땅으로 떨어져 버리는 로켓과 같은 운명을 맞게 될 것이다.

인도 국민회의당the Congress Party은 그 메시지를 잘 이해했다. 그래서 집권하자마자 반세계화주의자가 아닌 전 재무장관 만모한 싱을 총리로 지명했다. 그는 수출과 무역, 거시적 개혁을 강조하며 1991년에 처음으로 인도 경제를 개방하기 시작했던 인물이다. 그리고 싱은 이에 화답해 농촌 인프라에 정부 투자를 늘릴 것과 농촌의 지방정부까지 개혁할 것을 약속했다.

외부의 제3자들이 어떻게 이 과정에 협력할 수 있을까? 나는 우선적으로 해야 할 가장 중요한 일은 외부인들이 지구적 포퓰리즘의 의미를 재정의하는 것으로 생각한다. 대중주의자populist들이 진정으로 농촌의 빈민을 돕기 원한다면, 그 방법은 맥도날드 점포를 태우고 IMF 사무실을 폐쇄하거나, 지구를 평평하지 않게 만드는 보호무역의 장벽을 높이 세우는 것이어서는 안 된다. 농촌 빈민에게는 털끝만큼도 도움이 안 된다. 그들을 돕는 길은 세계적 대중주의 운동의 에너지를 결집해 인도와 중국의 농촌같이 낙후된 곳의 지방정부, 사회기반시설, 교육 개선에 초점을 맞추는 것이다. 그러면 그곳의 주민이 평평한 세계에 참여하고 협력할 수단을 손에 넣을 수 있다. 반세계화 운동으로 더 잘 알려진 세계적 대중주의 운동은 많은 동력을 안고 있으나, 지금까지는 지나치게 분열된 데다 혼란스럽기까지 해서 의미 있거나 지속적인 방식으로 빈민들에게 효과적인 도움을 주기가 어려웠다. 정책에 대수술이 필요하다. 세계의 빈민들은 선진국의 좌파 정당들이 상상하는 것만큼 부유층을 미워하지는 않는다. 그들이 분개하는 것은 부유해지고, 평평한 세계에 합류하고, 제리 양이 말했던 중산층의 경계선을 넘어설 어떠한 수단도 가지지 못했다는 점이다.

여기서 잠시 반세계화 운동이 그동안 세계 빈민층의 진정한 열망에 부응하지 못했다는 사실을 살펴보자. 반세계화 운동은 1999년 시애틀에서 WTO 회의가 열렸을 때 태동해서 몇 년 사이에 전 세계로 퍼졌다. 이들은 주로 세계은행과 IMF, G-8 선진국 회의를 공격하기 위해 집회를 갖는다. 기원을 따져보면 시애틀에서 나타난 반세계화 운동은 주로 서방진영이 주도하는 현상이어서 군중 속에 유색인종은 별로 없었다. 서로 이질적인 다섯 세력에 의해 주도되었다. 그중 하나는 베를린 장벽 붕괴 후 닷컴 호황으로 미국이 축적한 어마어마한 부와 힘에 죄의식을 느낀 미국 중산층에서 상위에 있는 자유주의자들이었다. 주식시장 호황의 정점에서, 여유롭게 자라서 제멋대로인 많은 미국 대학생들이 명품 옷을 입고는 속죄하는 방식으로 저임금 장시간 노동에 시달리는 공장에 관심을 가지기 시작했다. 두 번째는 사회주의자와 무정부주의자,

트로츠키주의자와 같은 구좌파가 보호무역을 선호하는 노동조합과 동맹해서 후위에서 지원하는 세력이다. 이들의 목표는 비록 사회주의 사상 아래에서 오래 살았던 중국과 구소련의 주민들에 의해 파산되어 내쫓긴 사상이지만, 세계화에 관한 관심이 증폭되는 것에 편승해서 사회주의의 일부 형태를 되살리는 것이다(이제 러시아, 중국 그리고 동유럽에는 이렇다 할 반세계화 운동이 없는 이유를 알 것이다). 이들 구좌파 세력은 세계화를 해야 하는지에 대한 논쟁이 다시 불붙기를 원한다. 그들은 제3세계 빈민의 이름으로 말한다고 주장한다. 그러나 내 생각에는 이들이 옹호했던 파산한 경제정책이야말로 빈민을 계속 가난하게 만드는 동맹을 결성시키고 있다. 세 번째 세력은 무정형의 집단이다. 많은 나라에서 반세계화 운동에 소극적 지지를 보내는 많은 사람이 이에 해당하는데, 반세계화 운동에서 구세계가 사라지고 평평해지는 속도에 대한 항의가 제기되고 있다는 것을 알기 때문이다.

반세계화 운동을 지지하는 네 번째 세력은 반미주의자들로, 유럽과 이슬람 세계에서 특히 강세다. 소련연방 붕괴 후에 미국과 다른 모든 곳 사이의 정치력과 경제력의 차이는 매우 커져 미국은 전 세계에서 그 나라의 정부 이상으로 사람들의 생활에 직간접적으로 영향을 미치기 시작했거나 그렇게 인식되고 있다. 전 세계적으로 사람들은 이를 직관적으로 느끼고 있다. 이 때문에 반미운동이 태동했으며, 시애틀에서 벌어진 반세계화 운동은 이를 반영하고 촉진시켰다. 그 운동을 통해 사람들은 "미국이 이제 우리나라 정부보다 더 직간접적으로 내 삶에 영향을 미치고 있다면, 나도 미국 권력 선택에 한 표의 투표권을 행사하고 싶다"라고 말하는 것이었다. 시애틀 회의 때에는 사람들이 가장 관심을 두었던 영향력이 미국의 경제력과 문화적 영향력에서 나온 것이었으므로 표결권 요구는 WTO 같은 경제규범 제정기관에 초점이 맞춰졌다. 클린턴이 대통령으로 있던 1990년대의 미국은 알게 모르게 사람들을 경제 및 문화 영역에서 마구 밀어붙이고 압박하는 거대하고 우둔한 용으로 여겨졌다. 미국은 입으로 훅 불어 마법을 부리는 용이었고, 사람들은 이것에 끼어들고 싶었던 것이다.

그다음 9·11 사태가 터졌다. 그리고 미국은 전 세계 사람들에게 경제·문화적으로 영향을 미치는 마법의 용에서 어깨에 활을 메고, 불을 내뿜고, 꼬리를 거칠게 흔들며, 경제 측면뿐 아니라 군사와 안보 면에서도 영향을 미치는 괴물, 고질라로 자신을 변화시켰다. 일이 이렇게 되자 세계 사람들은 "이제 우리는 미국이 어떻게 힘을 행사해야 하는지를 결정하는 데 정말로 한 표를 행사하고 싶다"고 말하기 시작했다. 여러 가지 면에서 이라크 전쟁을 둘러싼 논란은 이러한 논쟁의 대리전이었다.

마지막으로 반세계화 운동의 다섯째 세력은 매우 진지하고 좋은 의도를 지니고 있으며, 건설적인 집단으로 환경보호론자에서 노동운동가 그리고 지배구조에 관심을 두는 비정부기구가 그들이다. 이들은 세계화의 방식에 대한 지구적 토론을 촉진할 수 있다는 희망에서 1990년대에 대중주의적인 반세계화 운동에 참여했다. 나는 이 다섯째 운동 세력을 존경하며 어느 정도 공감하기도 한다. 그러나 2001년 7월 이탈리아 제노바에서 열린 G-8 정상회의 동안 어느 반세계화주의자가 불을 끄는 소화기로 이탈리아 경찰 차량을 공격하다가 살해되는 등, 반세계화 운동을 지나치게 과격하게 몰고 간 이들 단체의 참가자들 때문에 이들은 끝내 침몰했다.

삼중융합과 제노바의 폭력, 9·11 테러, 강화된 보안조치의 결합으로 반세계화 운동은 산산이 부서졌다. 더 진지하게 세계화 방식을 찾는 집단은 경찰과의 충돌을 일삼는 무정부주의자들과 한통속이 되고 싶지 않았다. 그리고 9·11 이후 미국의 많은 노동단체는 반미감정에 사로잡힌 운동과 연합하려 하지 않았다. 9·11이 일어난 지 3주 뒤인 2001년 9월 말, 반세계화 지지자들이 IMF와 세계은행의 워싱턴 회의에 항의하기 위해 워싱턴 거리에서 제노바를 재현하려고 할 때, 이것은 더욱 뚜렷해졌다. 그러나 9·11 이후 IMF와 세계은행은 회의를 취소했고, 많은 미국인 반세계화 운동가들은 방향을 수정해야만 했다. 워싱턴 거리에 나타난 사람들은 오사마 빈 라덴과 알 카에다 제거를 명분으로 한 미국의 임박한 아프가니스탄 침공에 반대하는 행진으로 전환시켰다. 동시에 삼중융합으로 중국인과 인도인, 동유럽 사람들이 세계화의 최대

수혜자 대열에 들면서, 세계화가 세계의 빈곤지역을 황폐하게 했다는 주장을 더 이상 하지 못하게 되었다. 오히려 정반대다. 세계가 평평해지고 세계화가 진전된 덕분에 수백만 명의 중국인과 인도인들이 세계의 중산층 대열에 합류하게 되었다.

세계화 방식에 고민하는 세력이 갈피를 잡지 못하고, 세계화의 혜택을 입는 제3세계의 사람들은 늘어가고, 부시 행정부가 이끄는 미국은 더욱 일방적으로 군사력을 행사하기 시작하면서, 반세계화 운동의 반미적인 요소는 목소리가 커지면서 더 큰 역할을 하게 되었다. 그 결과 반세계화 운동 자체가 더욱 반미 운동이 되었고, 세계화 방식에 관한 지구적 토의를 형성하는 데에는 어떤 건설적 역할을 할 의지도 능력도 사라지게 되었다. 세계가 더욱 평평해짐에 따라 이런 역할이 더욱 중요해진 바로 그 시기에 그렇게 되었다. 이스라엘 히브리 대학교의 정치이론가 야론 에즈라히는 적절히 지적했다. "세계화에 영향을 미칠 수 있도록 대중의 힘을 결집하고, 자비롭고 공정한 세계화가 되도록 하고, 그것이 인간의 존엄성에 어긋나지 않도록 하는 중대한 과업은 조악한 반미주의로 낭비되거나, 그저 반미밖에 모르는 사람들의 손에 내맡기기에는 너무도 중대한 일입니다."

채워져야 할 거대한 정치적 공백이 있다. 지금은 세계화를 할지가 아니라 어떻게 세계화를 할 것인지에 대한 의제를 발전시킬 진정한 역할이 세계화 운동에 있다. 이러한 운동을 시작할 최적의 지역은 인도 농촌이다.

"2004년 선거에서 잘못된 결론을 이끌어낸다면 국민회의당과 그와 연합한 좌파정당들은 인도의 미래를 위태롭게 만들 것"이라고 델리의 정책연구소Center for Policy Research 소장인 프라탑 바누 메타Pratap Bhanu Mehta가 《힌두The Hindu》 신문에 기고했다. "이는 시장에 대한 반대가 아니라 정부에 대한 항의다. 국영기업 민영화 때문에 이득에 분개하는 것이 아니라 더 강도 높은 개혁을 통해 바른 행정을 펴려는 정부에 대한 요구이다. 집권자들에 대한 반감은 부유층에 대한 빈곤층의 반란이 아니다. 지식인들이 생각하는 것과는 달리, 보통 사람들은 다른 사람의 성공을 그다지 질시하지 않는다. 선거 결과는 국가의 개혁이 충분하지 않다는 사실을 드러낸 것이다.

나의 관점으로는 오늘날 인도에서 가난과 싸우는 가장 중요한 세력은 부패와 부실한 경영, 탈세에 대한 사회적 관심을 높이기 위해 인터넷과 평평한 세계가 제공해주는 여러 가지 현대적 도구를 사용해 더 나은 지방 행정을 위해 싸우는 NGO들이다. 오늘날 세계에서 가장 중요하고 효율적이며 의미 있는 대중주의자들은 돈을 나누어주는 사람들이 아니라, 각 나라의 지방 차원에서 미시적 개혁을 추진하겠다는 의제를 가진 사람들이다. 이들의 목적은 힘없는 남녀가 비록 무단 거주자라 할지라도 그들의 땅을 더 쉽게 등록할 수 있고, 아무리 소규모일지라도 사업을 시작할 수 있으며, 법체계로부터 최소한의 정의를 보장받을 수 있도록 하는 것이다. 현대의 대중주의가 의미와 효율성을 가지려면, 지방행정을 개선해 세계화가 더 많은 사람에게 공정하고, 지속 가능하며, 잘 작동되도록 함으로써 빈곤층에 배당된 자금이 실제로 그들의 주머니에 들어가고 그들의 타고난 기업가정신이 발현되게 할 수 있는 미시적 개혁과 연관되어야 한다. 사람들이 평평한 세계를 바라보기만 하는 게 아니라 시스템에 접속하고, 그 세계의 혜택을 누리도록 하는 것은 지방정부를 통해서 가능하다. 평균적인 인도 지방의 마을 주민은 인도의 첨단 과학기술 회사처럼 될 수 없고, 정부의 도움 없이 스스로 전기와 물을 공급하고, 치안과 대중버스 운송체계, 위성방송 수신용 접시를 자체 공급할 수도 없다. 그런 서비스에는 정부가 필요하다. 정부가 제대로 통치하지 못하는 것을 보완해달라고 시장에 기대할 수는 없다. 정부가 개선되어야 한다. 정확히 말해 인도 정부가 1991년 세계화 전략을 선택하고 외화보유고를 거의 바닥 나게 만들었던 50년간의 사회주의를 포기했기 때문에 인도는 2004년에 1000억 달러의 외화를 보유하게 되었고 더 많은 주민을 평평한 세계로 이끌 자원을 손에 넣었다.

라메시 라마나탄Ramesh Ramanathan은 인도 태생으로 시티은행에서 중역으로 일한 뒤에 지방정부의 행정 개선에 전념하는 '자나아그라하Janaagraha'라는 NGO를 이끌기 위해 인도로 돌아온 인물이며, 내가 염두에 두고 있는 바로 그런 종류의 새로운 대중주의자의 한 사람이다. 그는 이렇게 말했다. "인도에서 공교육을 받는 사람들, 이를테면 그 서비스의 고객들은 지금 교육 서비스의 질에 대해 분명한 신호를 보내고 있습니다. 다른 방법으로 교육받을 형편이 되는 사람은 누구나 그만두고 있으니까요. 보건의료 서비스도 마찬가집니다. 보건비용이 급상승하는 것을 고려할 때, 만약 인도의 공중보건체계가 견실하다면 빈민만이 아니라 시민 대부분이 공중보건시설을 선택할 겁니다. 도로와 고속도로, 상수도, 위생, 출생 및 사망신고, 화장, 운전면허증 등등에도 똑같이 적용됩니다. 정부가 이런 서비스를 제공한다면, 그건 모든 시민의 편의를 위한 것이어야 합니다. 그러나 실제로는, 상수도 공급과 위생 같은 일부 서비스의 경우, 빈민층은 중산층이나 부유층만큼 기본적 서비스 혜택을 똑같이 받지 못하고 있습니다. 누구나 기본적인 서비스를 받도록 하는 것이 중요한 과제입니다." 빈곤층이 자신들의 몫인 예산과 사회기반시설을 확보하는 데 지방차원에서 협력할 수 있는 NGO가 있다는 것은 빈곤 퇴치에 큰 영향을 미칠 수 있다.

지금 세계에 필요치 않은 것은 반세계화 운동이 사라지는 것이다. 내게서 이런 말을 듣는 것이 다소 이상하게 생각될지 모르지만, 나의 이 생각은 이 책의 전반적인 흐름과 완전히 일맥상통한다. 오히려 반세계화 운동은 성장해야 한다. 이 운동은 많은 에너지와 대중 동원력이 있다. 그러나 이 운동에는 실제 도움이 되는 방법으로 빈민층과 협력해서 그들을 지원할 수 있는 일관된 주제가 부족했다. 빈곤을 최소화하려고 돕는 진정한 단체는 책임과 투명성, 교육 및 재산권을 증진하고 부패를 부각하고 퇴치하기 위해 인도와 아프리카, 그리고 중국의 농촌 같은 곳에서 지방의 마을 차원에서 일하는 사람들이다. 얼굴을 가리고 맥도날드 가게에 돌 던지는 것으로는 세계의 빈민층을 도울 수 없다. 그들이 자립하도록 도구와 기관을 마련해줌으로써 그들을 도울 수 있다. 이는 워싱턴과 제노바의 거리에서 세계 지도자들에게 항의함으로써 CNN으로부터 많은 관심을 끄는 것만큼 짜릿하지는 않지만 훨씬 더 중요한 일이다. 인도 농촌에서 누구에게든 물어봐라.

빈곤 퇴치를 위한 협력은 NGO에게만 해당하는 것은 아니다. 다국적기업에도 그런 협력은 필요하다. 인도와 아프리카, 중국의 농촌 빈민들은 거대시장이며, 기업들이 가난한 사람들과 수평적인 협력을 수행할 준비가 되었다면 그런 지역에서 돈도 벌고 그들을 도와주는 것도 가능하다. 내가 찾아낸 이런 형태의 협력 가운데 가장 흥미로운 예는 HP가 운영하는 프로그램이다. HP는 NGO가 아니다. HP는 우리가 빈민에게 팔 수 있는 것으로 그들에게 가장 절실히 필요한 것은 무엇인가 하는 단순한 질문으로 시작했다. 팔로알토에 앉아서 이것을 설계할 수는 없다. 사용자이자 고객인 수익자들과 함께 만들어야 한다. 이 질문에 답하려고 HP는 인도 중앙정부와 안드라프라데시Andhra Pradesh(인도 남동부에 있는 주) 지방정부와의 민관공동 협력관계를 만들었다. 그 다음에 HP 기술자들은 쿠팜이라는 농촌 마을에서 일련의 회의를 열어서 그곳 주민에게 다음의 두 가지 질문을 던졌다. 3년이나 5년 후의 희망은 무엇인가? 그리고 어떤 변화가 당신들의 삶을 진정으로 향상시킬 수 있는가? 마을 사람의 대부분은 문맹이므로 그들이 자기 생각을 표현하는 걸 도와주기 위해서 HP는 그래픽 퍼실리테이션graphic facilitation 기법을 활용했다. 마을 사람들이 꿈과 소망을 얘기하면 미국에서 데려온 시각예술가가 실내 벽면에 붙여진 종이 위에 그들의 소망을 이미지로 그려서 보여주는 것이었다.

"사람들, 특히 문맹인 사람들이 무언가를 말하고, 그것이 곧바로 벽에 표현되자 자신들의 생각이 제대로 전달되었음을 확인할 수 있었습니다. 그래서 그들은 더욱더 활기를 띠고 그 작업에 참여하게 되었습니다. 결과적으로 그들의 자존감을 높여주었습니다." 이 프로젝트를 이끄는 HP의 신흥시장 담당 부사장인 모린 콘웨이의 말이다. 벽촌에서 사는 이 가난한 농부들은 마음이 열리자 소망을 표현하기 시작했다. "농부 중 한 명은 '우리에게 진정으로 필요한 것은 공항'이라고 말했다"라고 콘웨이는 전했다.

비전을 파악하는 회의가 끝나자, HP 직원들은 마을에서 사람들이 어떻게 사는가를 관찰하는 데 더 많은 시간을 보냈다. 그들의 생활에 없는 과학기술 제품 한 가지는 사진이었다. 다음은 콘웨이의 설명이다. "신분증명서, 자격증, 지원서와 정부가 발행하는 각종 허가증에 넣을 사진 수요가 매우 큰 것을 발견했습니다. 우리끼리 '사람들을 마을 사진사로 만들면 사업 기회가 생길 것 같다'고 말했습니다. 쿠팜의 시내에는 사진관이 하나 있었습니다. 주변 사람들은 모두 농부였죠. 사람들은 마을에서 버스를 두 시간 타고 와서는 사진을 찍고, 그 사진을 찾으러 일주일 후에 다시 왔는데 사진이 완성되지 않았거나 잘못 나온 것을 알게 되기도 했습니다. 우리만큼 그들에게도 시간은 소중합니다. 우리가 '잠깐만, 우리 HP는 디지털카메라와 휴대용 프린터를 만듭니다. 무엇이 문제입니까?'라고 말했습니다. HP는 왜 이들에게 디지털카메라와 프린터를 많이 팔지 않았을까요? 마을 사람들은 '전기'라고 아주 짧게 답했습니다. 그들은 안정적인 전기 공급을 받을 수 없었고, 요금을 낼 돈도 없었습니다."

"그래서 우리는 '우리는 기술자들입니다. 태양전지판을 마련해 수레에 싣고 이곳 사람들과 이동사진관을 만든다면 마을 사람들과 HP의 사업이 될지 한번 알아봅시다'라고 말했습니다. 그것이 우리가 택한 접근방식이었죠. 태양전지판으로 카메라와 프린터 모두 충전할 수 있습니다. 우리는 곧 자립 여성단체를 찾아갔습니다. 거기서 다섯 명을 선발한 뒤 장비의 사용법을 가르쳐주겠다고 말했습니다. 그리고 우리가 그들을 2주간 훈련한 후에 카메라 등의 장비와 물품을 지원할 테니 찍은 모든 사진에 대한 수입을 나눠 갖자고 제안했습니다." 그것은 자선사업이 아니었다. HP로부터 소요 물품을 구매하고 수입을 HP와 분배했어도, 사진관 경영에 참여한 여성들은 소득을 두 배로 늘렸다. "솔직히 신분증명서 용도로 필요한 건 전체 사진의 50% 이하였고, 나머지는 사람들이 결혼사진, 자녀 사진, 자신들의 사진을 원했던 것을 알게 되었습니다"라고 콘웨이가 말했다. 부유한 사람들만큼 가난한 사람들도 가족앨범을 좋아하고, 돈을 주고 만들 준비가 되어 있었다. 지방정부는 이 여성단체를 공공사업 프로젝트의 공식 사진사로 채용했기에 수입은 더 증가했다.

이것이 이 이야기의 끝인가? 아직 아니다. 내가 말했듯이, HP는 NGO가 아니다. "4개월 후 우리가 '이제 실험은 끝났으니, 카메라를 회수하겠다'고 말했습니다. 그러니까 마을 사람들이 우리더러 미쳤다고 하더군요." 콘웨이의 말이다. 그래서 HP는 여성단체에 카메라와 프린터, 태양전지판을 갖고 싶다면 대금지급 계획을 세워야 한다고 말했다. 그들은 한 달에 9달러로 임대하겠다고 제안했고, HP는 동의했다. 그리고 이제 그들은 다른 마을에 지점을 내고 있다. 반면 HP는 NGO와 협력해 여러 여성단체에 똑같은 이동사진관 기술을 가르치기 시작했다. 여기에 HP가 NGO를 대상으로 인도 전역에 사진관이라는 걸 팔 수 있다는 가능성이 있다. 이들 모두가 HP의 잉크를 포함한 여러 제품을 사용하게 될 것이다. 인도의 다른 곳에서는 또 어떤 제품을 사는지도 모른다. 그걸 누가 알겠는가?

"그들은 지금도 카메라와 작동의 편의성에 대해 그들의 의견을 우리에게 제공해주고 있습니다. 그 사업이 여성들의 자신감을 변화시킨 일은 정말로 놀랍습니다"라고 콘웨이는 말했다.

깊은 좌절에 빠진 사람들

의도한 것은 아니지만, 평평한 세계의 특징 가운데 하나는 이질적인 사회나 문화 간의 접촉이 과거보다 훨씬 직접적으로 이뤄진다는 것이다. 평평해진 세계가 사람과 문화가 만날 준비도 되기 전에 더 빨리 사람과 사람을 연결한다. 이렇게 세계적으로 높아진 친밀도로 가능해진 급작스러운 협력의 기회 덕분에 일부 문화권은 번영한다. 이런 긴밀한 접촉으로 어떤 문화권 사람들은 위협을 느끼고, 좌절하기도 하며, 심지어 모욕감을 느끼기도 한다. 다른 무엇보다도 이런 접촉을 통해 자신이 세계 다른 사람들과 비교해 세계에서 어느 위치에 있는지를 매우 알기 쉽게 해준다. 이 모든 것은 오늘날 세계의 평평화에 가장 위험한 반대 세력의 출현을 설명하는 데 도움이 된다. 그들은 이슬람 세계와 유럽의 이슬람 공동체에서 나타나고 있는 알 카에다와 다른 이슬람 테러 조직의 자살폭탄 공격자들이다.

아랍-이슬람 세계는 10억 이상의 인구에 모로코에서 인도네시아까지, 그리고 나이지리아에서 런던 교외까지 포함하는 광대하고 다양한 문명이다. 수많은 인종과 민족으로 구성된 복잡한 종교 공동체를 일반화해 설명하는 것은 매우 위험하다. 그러나 분노와 좌절이 이슬람 세계에 널리 확산되어 있다는 것을 이해하려면, 특히 아랍-이슬람 세계의 많은 젊은이가 갖가지 이유 때문에 들끓고 있다는 사실을 이해하려면, 그저 매일 신문에서 기사 제목을 보기만 해도 충분하다. 가장 명백한 것 가운데 하나는 아랍-이스라엘 분쟁의 악화, 이스라엘의 팔레스타인과 동예루살렘 점령이며 이는 아랍-이슬람 세계에 강력한 감정적 호소력을 가지고 있다. 그리고 미국이나 유럽과 오랫동안 쓰라린 관계를 낳게 한 불평의 씨앗이다.

그러나 이것이 이슬람 공동체에 분노를 키운 유일한 이유는 아니다. 많은 경우 아랍과 이슬람교도의 좌절과 분노는 권위주의 정부 치하에 살면서 겪는 고통과 연관되어 있다. 권위주의 정부는 미래에 대한 사람들의 발언권을 빼앗을 뿐 아니라, 특히 수많은 젊은이로부터 좋은 직장과 현대적인 교육을 통해 스스로 잠재력을 발휘할 기회를 빼앗고 있다. 세계가 평평해지면서 사람들이 자신과 다른 사람들의 상황을 너무도 쉽게 비교할 수 있게 됨으로써 이슬람 세계 젊은이들의 좌절감을 첨예하게 만든다.

일부 젊은 아랍-이슬람교도는 서방세계에서 기회를 찾기 위해 이민을 선택하기도 한다. 또 어떤 이들은 변화가 있기를 기대하며 고향에 남아 침묵 속에서 고통을 감내하기도 한다. 9·11 이후 기자로서 내가 겪은 가장 강렬한 경험은 아랍 세계에서 이들 젊은이와 만난 일이었다. 런던에 본부를 두고 전 아랍에 배포되는 한 주요 신문 《알 샤르크 알 아우사트Al-Sharq Al-Awsat》에 사진과 함께 내 칼럼이 아랍어로 실리고, 내가 종종 아랍 위성 TV의 뉴스 프로그램에도 나오기 때문에 그 지역에서 꽤 많은 사람이 나를 알아본다. 나는 9·11 이후 카이로나 아랍 걸프 지역의 거리에서 나에게 다가오는 아랍-이슬람 남녀 젊은이들이 많은 것에 놀랐다. 이들은 모두 어느 금요일 오후 알 아즈하르 이슬람 사원에서 기도회가 끝나고 한 젊은이가 던진 것과 똑같은 말을 했다. "당신이 프리드먼 씨죠?"

나는 고개를 끄덕여 그렇다고 대답했다.

그는 "쓰고 있는 글을 계속 써주세요"라고 말했다. 그가 말한 뜻은 사상 및 표현의 자유와 기회를 아랍-이슬람 세계로 도입하는 것의 중요성에 대해 글을 씀으로써 젊은이들이 자신들의 잠재력을 깨달을 수 있게 해야 한다는 것이 었다.

그러나 불행하게도, 이들 진보적인 젊은이들은 오늘날의 아랍–이슬람 공동체와 전 세계와의 관계를 규정하는 주체가 아니다. 지금은 아랍–이슬람 세계에서 단순한 비난만으로 좌절감을 발산시키는 종교적 과격투쟁주의자와 극단주의자들이 점점 더 이 관계를 정의하고 지배하고 있다.

폭력적인 이슬람교도들이 어떻게 해서 이렇게 과격해졌는가? 아랍–이슬람 세계의 다수는 이들 단체의 폭력적 의제나 종말론적 전망에 동의하지 않는다고 나는 확신하지만, 오늘날 이슬람 세계에서 수동적이지만 그렇게 많은 지지를 얻는 이유는 무엇인가? 이 장에서 내가 탐구하고 싶은 질문은 이것이다.

이 질문은 매우 단순한 이유로 평평한 세계에 관한 책과 관련이 있다. 9·11 테러와 같은 규모로 미국에 대한 공격이 다시 생길까? 아니면 더 나쁜 경우로 모든 곳에서 벽이 세워지고 세계가 평평해지는 과정이 매우 오랫동안 정체될까?

물론 그것이야말로 이슬람 근본주의자들이 원하는 바일 것이다.

이슬람 급진주의자들과 근본주의자들이 서방세계를 바라볼 때, 이들 눈에 우선 보이는 것은 그들이 보기에 서방세계를 퇴폐적이고 성적으로 문란하게 만든 개방성이다. 그들에겐 브리트니 스피어스나 패리스 힐튼을 낳은 개방성만 보인다. 미국을 강력하게 만든 사상과 연구의 자유, 빌 게이츠와 샐리 라이드Sally Ride(1983년 챌린저 호에 탑승한 미국 최초의 여성 우주비행사)를 낳은 개방성은 보지도, 보려고도 하지 않는다. 그들은 의도적으로 이 모든 것을 퇴폐라고 정의한다. 개방성, 여성의 지위 향상, 사상과 학문의 자유가 서방세계의 경제적 힘의 진정한 원천이라면 아랍–이슬람 세계도 변해야만 한다. 그러나 근본주의자들과 극단주의자들은 변화를 원치 않는다.

개방 위협을 격퇴하기 위해 이슬람 극단주의자들이 매우 의도적인 공격 목표로 삼은 것은 신뢰였다. 개방성을 유지하고, 혁신이 가능하도록 하며, 세계를 평평하게 하는 것이 바로 신뢰이기 때문이다. 테러리스트들이 우리가 사용하는 일상생활의 수단인 자동차와 비행기, 테니스화, 휴대전화 등을 손에 넣어 무차별적인 폭력에 사용하는 무기로 바꿔 놓을 때, 그들은 신뢰를 무너뜨릴 수 있다. 우리가 아침에 시내 중심가에서 자동차를 주차하고 그 옆에 있는 차가 폭발하지 않을 때 우리는 신뢰한다. 디즈니랜드에 갔는데 미키마우스 복장을 한 사람이 옷 안에 폭탄 조끼를 입고 있지 않을 때 우리는 신뢰한다. 보스턴에서 뉴욕으로 가는 비행기 안에서 옆자리에 앉은 외국 학생이 자신의 테니스화에 숨긴 폭탄을 터뜨리지 않을 때 우리는 신뢰한다. 신뢰가 없으면 개방사회도 없다. 개방사회의 구석구석을 순찰할 만큼 경찰력이 충분하지는 않기 때문이다. 신뢰가 없으면 평평한 세계도 있을 수 없다. 신뢰하기 때문에 우리는 벽을 허물고, 장애물을 걷어내며, 국경에서의 분쟁을 제거할 수 있다. 서로 본 적도 없는 수많은 사람을 포함하는 공급망이 존재하는 평평한 세계에서 신뢰는 필수이다. 개방사회가 무차별적인 테러에 노출될수록 신뢰를 더 잃게 되고, 개방사회는 더욱 벽을 세우고 참호를 파게 될 것이다.

알 카에다의 창시자들은 그 자체로는 종교적 근본주의자들이 아니다. 단적으로 그들은 자신과 신의 관계나 종교 공동체의 가치나 문화적 규범에 초점을 맞추고 있는 것이 아니다. 알 카에다는 종교적 현상이라기보다는 정치현상이다. 나는 이들을 이슬람-레닌주의자Islamo-Leninists라 부르고 싶다. 나는 알 카에다의 자체 이미지뿐 아니라 그들의 유토피아-전체주의적인 비전을 전달하려고 레닌주의자란 말을 쓴다. 알 카에다의 주요 이론가인 아이만 알 자와히리Ayman al-Zawahiri가 말했듯이, 알 카에다는 이념적 전위이며 미국과 다른 서방 목표물에 대한 공격은 미국의 지원을 받는 이슬람 세계의 부패한 통치자들에 맞서 봉기할 것을 이슬람 대중에게 권하고 힘을 불어넣는 데 목적이 있다. 모든 충실한 레닌주의자들처럼, 이슬람-레닌주의자들은 이슬람 대중이 자신들의 상황에 심한 불만을 느끼고 있다고 여긴다. 따라서 서방세계의 '폭정의 기둥'에 대한 성전을 위해 몇 가지 시선을 끌 만한 극적인 일만 저지르면 이슬람 대중의 봉기를 끌어내, 이슬람을 모독하는 부정하고 부도덕한 세속의 아랍-이슬람 정권을 타도할 수 있을 거라고 확신하고 있다. 그러나 이슬람-레닌주의자들은 그 자리에 노동자의 천국이 아니라 이슬람 종교의 천국을 세우고자 한다. 그들은 이슬람 전성기에 갖고 있었던 모든 영토에 걸쳐, 모든 이슬람교도를 단일 공동체로 묶어 정치와 종교를 아우르는 한 명의 최고 지도자, 즉 칼리프가 다스릴 이슬람 국가를 세우겠다고 맹세한다.

이슬람−레닌주의는 여러 측면에서 19세기와 20세기의 급진적인 유럽 이념과 같은 역사적 맥락에서 나왔다고 할 수 있다. 깊은 유대감과 대가족 환경에서 살던 마을 공동체가 갑자기 흩어져버리고 아버지와 아들은 거대한 산업회사에서 일하기 위해 도시로 나가버린 중부 유럽과 독일의 급속한 산업화, 근대화의 환경에서 파시즘과 마르크스−레닌주의가 자라났다. 이 전환기에 특히 젊은이들은 전통사회가 지탱해온 정체성, 뿌리의식, 개인의 존엄성을 잃었다. 이 빈자리에 히틀러와 레닌, 무솔리니가 등장해서 이들 젊은이에게 그들의 혼란과 굴욕감에 해답을 제시하겠다며 나섰다. 이제 그 젊은이들이 더 이상 작은 마을과 소도시에 속해 있지 않지만, 노동계급 혹은 아리안 민족이라는 더 큰 공동체의 자랑스럽고 고귀한 일원이라는 것이다.

빈 라덴은 아랍과 이슬람 젊은이들에게 같은 종류의 이념적 해답을 주었다. 9·11 공중납치범들은 근본주의자라기보다는 극단적인 폭력 정치단체의 추종자들이었는데, 이들의 이슬람−레닌주의 성격을 처음으로 인식한 사람은 미국의 인권단체 프리덤하우스Freedom House의 총재 에이드리언 캐러트니키Adrian Karatnycky였다. 2001년 11월 5일 《내셔널 리뷰》의 '바로 우리의 코밑에서Under Our Very Noses'라는 글에서 캐러트니키는 다음과 같이 주장했다. "핵심 납치범들은 고등교육을 받은 특권층의 자녀였다. 이들 중 누구도 직접 경제적 궁핍을 겪거나 정치적 탄압을 받은 적이 없었다." 그리고 그들 중 누구도 특별히 이슬람 근본주의 가정에서 자라지 않았다. 정말로 9·11의 비행기 조종사 모하메드 아타와 마르완 알 세히Marwan al-Shehhi는 함부르크에 있는 아파트에 살면서 그곳의 기술대학을 다녔고, 유럽으로 온 후 세포조직과 기도 모임을 통해 알 카에다 단원이 되었다.

테러 기획자 중 중동에서 빈 라덴에게 발탁되어 수년 전에 미리 유럽에 침투된 사람은 없었다고 캐러트니키는 지적했다. 반대로 모두 자발적으로 유럽에 와서 살았고, 주위의 유럽 사회에서 소외된 채 성장했으며, 그 지역의 기도회나 이슬람 사원에 이끌려 그곳에서 온정과 연대감을 느꼈고, '다시 태어나는' 개종을 거쳤다. 그러고는 이슬람 요원들에 의해 급진적으로 변해 군사훈련을 받기 위해 아프가니스탄으로 갔다. 그렇게 급속히 테러리스트가 한 명 탄생했다. 이들에게 종교의 발견은 단지 개인적인 의미 찾기의 일환이 아니었다. 그것은 근본주의를 훨씬 넘어선 것이었다. 이들은 이슬람을 정치이념 혹은 종교적 전체주의로 변환시켰다. 9·11 테러의 비행기 납치범들이 1970년대 초 버클리 대학교를 다녔다면 급진 트로츠키주의자Trotskyite가 되었을 것이다. "9·11 테러리스트를 이해하려면 고전적 혁명가들의 프로필을 염두에 두어야 한다. 그들은 중산층 출신으로, 뿌리를 잃은 채 망명생활을 해야만 했다. 의식의 형성은 그런 경험을 통해 이뤄졌다. 스위스 취리히의 레닌 또는 파리의 호치민 혹은 폴 포트의 이미지를 떠올려보라. 테러리스트들에게 이슬람주의는 새로운 전 세계적 혁명의 신조다. 그리고 빈 라덴은, 이를테면 아랍의 체 게바라다"라고 캐러트니키는 썼다. "미국의 웨더 언더그라운드Weather Underground, 독일의 바더 마인호프Baader-Meinhof, 이탈리아의 붉은 여단, 일본의 적군파 지도자들처럼, 이슬람 테러리스트들은 대학교육까지 받으면서 새로운 전체주의 이념을 흡수한 개종자들이다."

내 친구 압달라 슐레이퍼Abdallah Schleifer는 이집트 카이로의 언론학 교수로, 빈 라덴 조직의 이인자며 이론가인 아이만 알 자와히리가 젊은 의사에서 젊은 이슬람-레닌 혁명가로 변신해가던 때 그를 알았다. 내가 카이로를 방문할 때 슐레이퍼가 "아이만 알 자와히리는 10대 때부터 이슬람 국가의 유토피아적 비전에 이끌렸다"고 말했다. 그렇지만 알 자와히리는 종교의 전통적 관심인 자신과 신의 관계보다는 정치이념으로서 종교에 이끌렸다. 충실한 마르크스주의자나 레닌주의자처럼 알 자와히리는 '신의 왕국을 지상에 건설'하는 데 관심이 있었다고 슐레이퍼는 말했다. 그리고 이슬람주의는 그의 마르크스주의이자 '유토피아 사상'이 되었다. 그리고 모하메드 아타가 알 자와히리를 만난 것은 분노와 굴욕이 이슬람주의 이념과 만나 잘 어울리게 되었다. "아이만은 모하메드 아타 같은 사람에게 말한다. '불의가 보이는가? 우리에게는 종교가 아니라 당신에게 정의를 가져다줄 시스템이 있다. 종교는 당신에게 마음속 평화를 줄 뿐이다.' 종교가 꼭 사회문제를 해결하지는 않는다. 그러나 알 자와히리는 정의를 가져다줄 시스템이 있다고 말한다. 당신은 좌절감을 느끼는가? 우리에겐 당신을 꽃피울 수 있는 시스템이 있다. 그 시스템이 이른바 이슬람주의다. 고도로 정치화된 이슬람으로, 개인과 신의 관계의 정신적 내용은 사라지고 파시즘이나 공산주의와 같은 새로운 형식의 종교 이데올로기로 변형된 이슬람이다." 완벽한 계급, 노동계급의 지배를 원했던 레닌주의자들과도 다르고, 완벽한 종족, 아리안족의 패권을 원했던 나치와도 달리, 빈 라덴과 알 자와히리는 완벽한 종교의 지배를 원했다.

불행히도 빈 라덴과 그의 동료들은 아랍-이슬람 세계에서 자신들을 위해 일할 조직원을 모집하기가 너무도 쉽다는 것을 알게 되었다. 부분적으로는 이것도 많은 아랍-이슬람 젊은이들이 사는 지역이 절반 정도만 평평해진 것과 연관이 있다고 생각한다. 특히 유럽에 사는 이슬람교도가 그렇다. 그들은 이슬람이야말로 유일신이 인류에게 전하는 메시지의 가장 완벽하고 완전한 표현이며 예언자 마호메트는 신의 마지막, 그리고 가장 완전한 예언자라고 믿으며 자랐다. 비판하자는 게 아니다. 이것은 이슬람이 스스로 밝히는 정체성이다. 그러나 평평한 세계에서는 이 젊은이들, 특히 유럽에 사는 청년들은 주변을 둘러보고, 아랍-이슬람 지역이 세계의 다른 곳보다 뒤떨어져 있다는 사실을 깨닫는다. 내 세계는 다른 문명처럼 민주적이거나 번영을 누리고 있지 못하다. 어째서 그런가? 이들 아랍-무슬림 젊은이들은 자신에게 질문을 던져야 한다. 우리에게 남보다 우월한 종교가 있다면, 그리고 우리의 믿음이 종교만이 아니라 정치와 경제를 모두 포괄한다면, 왜 다른 사람들은 우리보다 그렇게 잘사는 것인가?

바로 이 같은 질문이야말로 많은 아랍-무슬림 청년들이 뼈저리게 느끼고 있는 불쾌함의 원인이다. 이처럼 불쾌한 현상, 그로 인한 자존감의 훼손은 분노를 낳고 이들 중 일부는 바로 그 분노 때문에 폭력단체에 가담해 세계를 공격한다. 다른 많은 사람, 보통의 대중이 알 카에다 같은 급진단체에 소극적이나마 지지를 보내는 것도 이런 불쾌한 현상 때문이다. 다시 말해서 세계의 평평화는 다른 지역에 비해 뒤처진 아랍-무슬림 지역의 후진성을 더욱 뚜렷하게 느끼게 해서 무시할 수 없는 상황이 되게 한다. 이런 현상을 무시하는 것은 불가능해져서 일부 아랍-무슬림 지식인들은 이 후진성을 통렬히 지적하고 해결책을 요구하기 시작했다. 이들은 이렇게 해서 자신들의 권위주의 정부에 도전한다. 권위주의 정부는 정직한 토론을 장려하는 대신 관영매체를 이용한 선전만을 좋아하며, 모든 문제를 남의 탓으로 돌리려 한다. 이슬람 권위주의 정부의 억압을 제외한 미국, 이스라엘 혹은 서방 식민주의의 유산 등 다른 모든 것에 책임을 전가한다.

용기 있는 아랍의 사회과학자들이 유엔 개발 프로그램으로 2003년에 작성한 두 번째 「아랍 인간개발보고서Arab Human Development Report」에 따르면, 1980년과 1999년 사이에 아랍 국가들은 모두 171개의 국제 특허를 얻었다. 그러나 같은 기간 한국은 1만 6328개의 특허를 등록했다. HP는 하루 평균 열한 개의 새로운 특허를 등록한다. 아랍 국가에서 연구개발에 종사하는 과학자와 엔지니어의 평균 숫자는 100만 명당 371명꼴이다. 반면 세계적인 평균치는 아프리카와 아시아, 라틴아메리카 국가까지 포함해서 100만 명당 979명꼴이라고 이 보고서는 보고했다. 바로 이것이 외국의 과학기술이 대규모로 아랍 지역에 들어가도 실제 혁신으로 이어지는 사례가 극히 드문 이유이다. 1995년과 1996년에 아랍 세계의 대학 졸업자 가운데 25%가 서방으로 이민을 떠났다. 오늘날 아랍 지역에는 인구 1000명당 열여덟 대의 컴퓨터가 있지만, 세계 평균은 1000명당 일흔여덟 대이며, 아랍 인구의 1.6%만이 인터넷 서비스에 가입돼 있다. 아랍인은 세계 인구의 5%에 달하지만 출판서적은 세계의 1%를 차지하는 데 불과하며, 세계 평균의 세 배가 넘을 정도로 종교 서적의 비율이 유별나게 높다. 《AP 통신》이 2004년 12월 26일 자로 보도한 국제노동기구 International Labor Organization, ILO의 연구보고서에 따르면, 세계적으로 15세에서

24세 사이의 남성 실업자 수는 8800만 명인데, 거의 26%가 중동과 북아프리카 지역에 산다.

같은 보고서에서 아랍 국가들의 총인구는 지난 50년 사이에 네 배가 늘어나 거의 3억 명에 달한다. 이 중 37.5%가 15세 이하이고, 매년 300만 명이 구직시장에 발을 들여놓는다. 그러나 이 지역 내에 좋은 직장이란 별로 없다. 이는 국외투자를 끌어들이고 지역 혁신을 촉진하는 데 필요한 개방적인 환경이 오늘날 아랍-무슬림 세계에는 매우 드물기 때문이다. 대학이 인재와 아이디어를 만들고, 그다음에 인재와 아이디어가 자금을 지원받아서 새로운 일자리를 창출하는 선순환이 이 지역에는 존재하지 않는다. 시어도어 달림플Theodore Dalrymple은 영국에서 내과 의사 겸 정신과 의사로 일하며, 런던《스펙테이터 London Spectator》라는 신문에 칼럼을 쓴다. 그는 2004년 봄, 런던 시의 정책대안 잡지《시티 저널City Journal》에다 영국에 수감된 무슬림 청년들과의 접촉을 통해 알게 된 사실에 관해 기사를 썼다. 달림플은 오늘날 대부분의 이슬람 학교에서 코란은 신의 영감이 담긴 텍스트로, 어떠한 문학적 비판이나 창조적 재해석도 허용되지 않는 것으로 여겨진다고 지적했다. 코란은 암기해야 할 신성한 책이지 현대생활의 필요와 기회에 맞춰질 수는 없다. 그러나 창조적 재해석의 여지를 허용하고 촉진하는 문화가 없다면 비판적 사고나 창의적 생각은 자라날 수 없게 된다. 이래서 많은 학자가 인용하는 세계수준의 과학 논문 가운데 아랍-이슬람권의 대학에서 나오는 것이 거의 없는 이유가 설명된다.

달림플은 기사에서 다음과 같이 말했다.

서방세계가 셰익스피어를 우리 학문의 유일한 목적이요, 우리 생활의 유일한 지침으로 만들어놓았더라면, 우리는 곧 후진성과 정체 상태에 빠질 것이다. 문제는 그런 정체와 권력 두 가지 모두를 수많은 무슬림이 원한다는 사실이다. 그들은 완벽한 7세기로 회귀해 21세기를 지배하길 원한다. 이는 그들 교리의 계승자가 받은 상속권이 곧 인간에 대한 신의 마지막 약속이라고 그들은 믿고 있기 때문이다. 만약 그들이 7세기의 뒤떨어진 환경에서 살면서, 지극히 조용한 철학 속에 스스로 안주하는 데 만족한다면 그들에게든 우리에게든 아무 문제 될 것이 없다. 그들과 우리의 문제는 그들이 자유로운 연구를 보장할 기관이나 철학, 자유로운 연구도 없이 자유로운 연구만이 가져다줄 수 있는 권력을 원한다는 사실이다. 그들은 이럴 수도 저럴 수도 없는 고민에 빠져 있다. 소중히 간직해온 종교를 버리거나 아니면 과학기술 발전에서 뒤처진 상태로 남아 있는 것이다. 어떠한 선택도 설득력이 없으며, 한편으로는 현대세계에서 성취와 권력을 얻고 싶은 욕망과 다른 한편으로는 자신들의 종교를 버리고 싶지 않은 욕망 간의 긴장을 해소하는 방법으로 자신들을 폭탄으로 폭발시키는 것만이 일부 사람들에게는 유일한 해결책이다. 처리하기 어려운 딜레마에 빠질 때 사람들은 분노한다. 결국 분노를 표출하게 된다.

실제로 어느 곳에서든 젊은 아랍인과 이슬람교도와 이야기해보면, 이 뚜렷한 부조화와 '굴욕'이란 단어가 대화 중에 언제든 튀어나온다. 2003년 10월 16일 말레이시아에서 개최한 이슬람 정상회의에서 마하티르 모하메드Mahathir Mohammed 말레이시아 수상이 총리직에서 물러나면서 행한 고별연설을 통해 동료 이슬람 지도자들에게 이슬람 문명이 굴욕을 당하게 된 이유에 대해 말했다. 그는 굴욕이란 단어를 다섯 번 사용했다. "우리가 겪은 굴욕의 예를 일일이 나열하지는 않겠습니다. 우리의 유일한 반응은 점점 더 분노하는 것입니다. 분노한 사람은 바른 사고를 할 수 없습니다. 이슬람 국가와 국민 사이에는 절망감이 있습니다. 자신들은 아무것도 제대로 할 수 없다고 느낍니다."

이 굴욕감이야말로 문제의 핵심이다. 돈이 부족한 가난에서 테러리즘이 생겨나는 것은 아니라는 게 내 관점이다. 테러리즘은 존엄성의 결핍에서 파생된다. 국제관계와 인간관계에서 굴욕은 가장 낮게 평가받는 요소이다. 국민이나 국가가 굴욕감을 느낄 때 그들은 극단적 폭력에 가담하고 행사한다. 오늘날 아랍-이슬람 세계 대부분의 정치적·경제적 후진성을 받아들이고, 여기에 과거의 영광과 종교적으로 우월하다는 자기 이미지가 더해지고, 또다시 여기에 아랍-무슬림 남성들이 고향을 떠나 유럽으로 이주하거나 유럽에서 자라면서 느끼는 차별과 소외감까지 결합하면 강력한 분노의 칵테일이 만들어진다. 내 친구인 이집트 극작가 알리 살렘Ali Salem이 9·11 공중납치범들에 대해 말했듯이, 그들이 "도시의 거리를 헤매고 다니면서 파괴할 고층 빌딩을 찾는 것은 바로 그런 고층 빌딩처럼 스스로 높아질 수 없기 때문이다."

나는 빈 라덴이 신병을 얼마든지 모집할 수 있도록 하는 이 좌절감이 나아지기보다는 악화될 것이 두렵다. 예전에는 지도자들이 장벽과 산맥과 계곡을 이용해 사람들의 시야를 차단하고 다른 사람들과 비교하는 것을 막아 자신들이 어떤 상태인지 모르도록 지키고, 그래서 이웃세계에 무관심하게 할 수 있었다. 단지 이웃 마을만 볼 수 있었을 뿐이다. 그러나 세계가 평평해짐에 따라 사람들은 저 먼 곳까지 볼 수 있게 되었다.

평평한 세계에서는 광섬유를 통해 굴욕감을 순식간에 전달할 수 있다. 빈 라덴과 관련된 재미있는 예를 우연히 접했다. 2004년 1월 4일, 빈 라덴은 카타르에 있는 위성 TV 네트워크인 알 자지라al-Jazeera 방송을 통해 테이프에 녹음한 메시지를 발표했다. 그해 3월 7일, 이슬람연구조사센터Islamic Studies and Research Center는 웹 사이트에 그 전문을 실었다. 그중 한 단락이 내 눈에 번쩍 띄었다. 그것은 빈 라덴이 아랍 통치자들, 특히 사우디아라비아 통치자 가문의 사악함을 논하는 부분의 중간에 있었다.

다음은 빈 라덴의 말이다. "그리하여 모든 아랍 국가는 삶의 모든 면에서, 종교적인 면과 세속적인 면에서 모두 형편없이 타락하고 있다. 그것은 지금 아랍 국가들을 모두 합쳐도 그 경제 규모가, 우리가 진정으로 이슬람 교리에 충실했던 때에는 이슬람 세계에 속했던 한 나라의 경제 규모보다 못하다는 사실을 아는 것만으로도 충분할 것이다. 그 나라는 이슬람이 잃어버린 (스페인의) 안달루시아Andalusia다. 현재 스페인은 이교도의 나라이다. 그러나 그 나라는 통치자의 책임감 때문에 우리 경제보다 건실하다. 그러나 이슬람 나라에서 통치자는 아무 책임을 지지 않고 처벌도 받지 않는다. 오직 통치자에 대한 복종과 그들을 위한 만세소리만 들릴 뿐이다."

이 글을 읽으면서 나는 모골이 송연함을 느꼈다. 왜냐고? 빈 라덴의 말은 바로 2002년 7월에 나온 최초의 「아랍 인간개발보고서」에 실린 내용이었기 때문이다. 이때는 그가 아프가니스탄을 빠져나와 어딘가 동굴에 은신해 있던 시기였을 것이다. 그 보고서의 아랍인 저자들은 이슬람 세계가 얼마나 낙후되었는지 알리고 싶었다. 그래서 스물두 개 모든 아랍 국가의 GDP를 합친 것보다 조금 더 많은 국가를 찾았다. 그들이 통계 도표를 살펴보니, 그에 적절한 국가는 스페인이었다. 노르웨이나 이탈리아일 수도 있었겠지만, 스페인은 우연히도 모든 아랍 국가들을 합친 것보다 GDP가 약간 더 많았다. 동굴에 있는 빈 라덴은 어떤 방법으로든 「아랍 인간개발보고서」에 대한 이야기를 들었거나 읽었던 것이다. 혹시 그 보고서를 집중적으로 다루고 스페인과의 비교를 강조한 내 칼럼을 읽었는지도 모르겠다. 또는 인터넷에서 그 정보를 얻었을지도 모른다. 그 보고서는 인터넷을 통해 100만 번 정도 다운로드되었다. 그러므로 어딘가의 동굴 안에 있었더라도 빈 라덴은 그 보고서를 입수할 수 있었으며, 그의 면전에 던져진 그 굴욕적인 결론을 보게 되었을 것이다. 모든 아랍 국가들을 합쳐도 스페인보다 못하다고 부정적으로 비교했으니 어떠했겠나! 어디에 은신해 있든지 이러한 비교를 알았을 때 빈 라덴은 그것을 모욕 혹은 굴욕으로 받아들였을 것이다. 이슬람교도가 한때 지배했던 나라로, 현재는 기독교 국가인 스페인이 모든 아랍 국가를 합친 것보다 GDP가 더 크다는 것이다. 이 보고서의 저자들은 아랍인이고 이슬람교도들이다. 그들은 누구에게도 모욕을 주려 하지 않았는데, 빈 라덴은 그렇게 받아들였다. 나는 그가 이 굴욕을 56K 모뎀으로 맛보았을 것이라고 확신한다. 지금쯤은 초고속 통신망을 이용할지도 모르겠다.

이런 식으로 굴욕을 느낀 빈 라덴과 그의 추종자들은 똑같은 방식으로 되돌려줄 줄 안다. 왜 이슬람─레닌주의자들이 이라크와 사우디아라비아에 있는 미국인을 참수한 뒤 목이 잘려나간 시체 위에 피가 떨어지는 머리를 올려놓고 그 사진을 인터넷에 띄우는지 아는가? 사람의 목을 자르는 것보다 더 치욕적인 처형 방법이 없기 때문이다. 그것은 그 사람과 그의 육체적 존재를 극단적으로 모욕하는 방법이다. 미국인을 참수한 이라크 테러 조직이 관타나모 기지에 수용된 알 카에다 포로들이 입는 것과 똑같은 오렌지 색 점프슈트 jumpsuit(바지와 상의가 붙은 기능복 또는 죄수복)을 그 미국인들에게 입힌 것은 우연이 아니다. 그들은 오렌지 색 죄수복에 대해 인터넷이나 위성 TV로 알게 되었을 것이다. 그러나 나를 정말 놀라게 하는 것은, 이라크전쟁의 와중에 그들이 그와 똑같은 죄수복을 이라크에서 만들어서 자신들의 미국인 포로에게 입혔다는 사실이다. 너희가 나를 모욕했으니 나도 너희를 모욕하겠다는 의미일 것이다. 테러리스트들의 지도자인 아부 무사브 알 자르카위Abu Musab al-Zarqawi 가 9·11 테러 3주년인 2004년 9월 11일에 발표한 녹음테이프에 대해 어떻게 생각하는가? 그는 이렇게 말했다. "성스러운 전사들이 국제적 동맹세력에 굴욕을 맛보게 했다. 그들은 아직도 교훈을 절실히 느끼고 있을 것이다." 그 테이프의 제목은 '우리의 명예는 어디에 있는가?'였다.

그러나 이미 지적한 것처럼, 이런 좌절감은 이슬람 세계 일부에 국한된 것이 아니다. 이슬람-레닌주의자들이 세계화와 미국화에 가장 열렬하고 공공연한 반대자들이 되고 오늘날 세계의 평평화 과정에 가장 큰 위협이 되는 이유는 단지 그들의 극단적인 폭력 때문만이 아니라 소극적이기는 하지만 아랍-이슬람권에서 일부는 그들을 지지하고 있기 때문이다.

아랍-이슬람 세계의 정부 대부분이 이 급진주의자들과 이념전쟁을 벌이지 않고 있는 것이 그 이유 중 하나이다. 아랍 세계의 정권들은 이슬람-레닌주의자들을 색출하고 체포해서 열심히 가두지만, 이슬람교를 현대적이고 진보적으로 해석해 그들과 맞서는 데는 매우 소극적이다. 이는 아랍-이슬람권의 거의 모든 지도자가 정통성을 갖고 있지 못하기 때문이다. 무력으로 집권했으므로 온건하고 진보적인 이슬람 교리를 실행할 신임을 얻지 못했다. 그래서 그들은 제대로 된 이슬람교도가 아니라고 비난하는 강경파 성직자들에게 언제나 취약한 입장에 서 있다. 그러므로 이슬람 급진주의자들과 이념적으로 대결하는 대신에 투옥하거나 매수하려고 한다. 이 때문에 무서운 정신적·정치적 공백이 생긴다.

이슬람-레닌주의자들이 소극적 지지를 얻고, 아랍-이슬람권의 자선단체와 이슬람 사원을 통해 그 많은 자금을 모을 수 있는 또 다른 이유는 너무나 많은 선량하고 예의 바른 사람들까지, 가장 격렬히 분노하는 많은 젊은이가 느끼는 것과 동일한 좌절과 굴욕감을 느끼기 때문이다. 그리고 폭력을 자행하는 이 젊은이들이 세상과 그 지도자들에 맞서 그들 문명의 명예를 지키는 방식에 대해서는 약간의 존경심도 깔렸다. 9·11 테러 후 몇 달이 지나 카타르를 방문했을 때 카타르 정부에서 일하는 상냥하고 사려 깊고 자유주의적인 내 친구 하나가 나에게 속삭이는 작은 소리로 심각한 고민을 털어놓았다. "열한 살짜리 아들 녀석이 빈 라덴을 좋은 사람이라고 생각하네."

대부분의 중산층 아랍인과 이슬람교도는 9·11 테러로 3000명의 무고한 미국인이 사망한 것을 기뻐하지 않는다고 나는 확신한다. 나는 나의 아랍인 친구와 이슬람교도 친구들이 그렇지 않다는 것을 안다. 그러나 많은 아랍인과 이슬람교도는 미국의 얼굴에 주먹을 날린다는 생각을 칭찬하며, 그것을 행동으로 보여준 사람들에게 은근히 박수갈채를 보낸다. 그들은 자신들을 모욕하고 자신들의 세계에서 불의라고 여기는 것, 즉 미국에 석유를 수출하는 아랍의 왕이나 독재자에 대한 미국의 지원과, 이스라엘이 옳은 일을 하든 그른 일을 하든 변함없이 미국이 이스라엘을 지지하는 것 등에 동조했다고 생각하는 나라와 국민에게 누군가 굴욕감을 안겨주는 것을 보는 것이 기쁜 것이다.

미국의 흑인 대부분은 O.J. 심슨이 전처를 살해했다는 것을 거의 의심하지 않는다고 나는 확신한다. 그러나 그들은 그의 석방을 로스앤젤레스 경찰 당국과 사법 시스템에 대한 일격이라고 여기며 갈채를 보냈다. 그들은 경찰 당국과 사법 시스템이 흑인들에게 계속 굴욕을 주어왔고 불공정하다고 여기기 때문이다. 굴욕감은 사람을 그렇게 만든다. 빈 라덴과 아랍 대중의 관계는 심슨과 미국 흑인의 관계와 같다. 빈 라덴과 심슨의 석방은 불공정한 미국과 그 지도자들에 대한 일격이다. 벨기에의 말콤 X로 불리며 그곳에서 소외된 모로코 젊은이들을 대변하고 있는 디아브 아부 자자Dyab Abou Jahjah와 인터뷰를 한 적이 있다. 나는 세계무역센터에 비행기가 충돌하고 무너지는 걸 보면서 그와 그의 친구들이 무슨 생각을 했는지 물었다. 그의 대답이다. "스스로 정직하자면,

전 세계의 이슬람교도 대부분은 미국이 뺨을 맞았고 그것이 잘못된 것은 아니라고 느꼈으리라 생각합니다. 나는 그에 대해 지적인 대답을 하고 싶지 않습니다. 아주 간단하게 대답하겠습니다. 미국은 우리의 엉덩이를 50년간 걷어차고 있었습니다. 그것도 정말로 심하게 말입니다. 그것이 이스라엘이건 우리 이슬람 정권이건 간에 미국은 이 지역의 깡패들을 지원하면서 우리의 코피를 터뜨린 정도가 아니라 우리 목을 부러뜨렸습니다."

1920년대와 1930년대의 경제 불황이 정상적이고 지적이고 사려 깊은 많은 미국인을 공산주의의 소극적 또는 적극적 지지자로 만들었듯이, 아랍-이슬람권의 수치스러운 경제, 군사, 정서적 우울증이 정상적이고 지적이고 사려 깊은 너무나 많은 아랍인과 이슬람교도를 빈 라덴주의의 소극적 지지자로 만들고 있다.

쿠웨이트 정보부 장관을 지낸 언론인 사드 빈 테플라Sa'd Bin Tefla 박사는 런던의 아랍어 일간지 《알 샤르크 알 아우사트》에 9·11 테러 3주년을 맞이해서 "우리는 모두 빈 라덴이다"라는 제목의 글을 기고했는데, 그는 이 점을 정확하게 지적하고 있다. 그는 이슬람 학자와 성직자들이, 예언자 마호메트를 모독했다는 소설 『악마의 시The Satanic Verses』를 쓴 샐먼 루시디Salman Rushdie에게 사형선고를 내린 파트와fatwa(이슬람 율법에 따른 최고 성직자의 판결)를 열렬히 지지했으면서, 왜 오늘날까지 3000명의 무고한 민간인을 살해한 빈 라덴을 비난하는 파트와를 발표하지 않느냐고 물었다. 샐먼 루시디에 대한 파트와가 발표되자 이슬람교도들은 이슬람권 전역에서 영국 대사관으로 몰려가 그 책에 대한 항의시위를 벌이고, 샐먼 루시디의 인형과 책을 불태웠다. 파키스탄에서는 이러한 시위 도중 아홉 명이 살해되기도 했다.

"샐먼 루시디의 책을 금지하고 그를 죽이라는 종교재판이 수없이 이뤄졌다"고 빈 테플라는 썼다. "이란은 누구라도 호메이니의 파트와를 실행해서 샐먼 루시디를 죽이는 사람에게는 100만 달러를 포상하겠다고 밝혔다." 그러면 빈 라덴은? 아무런 비난도 없었다. "빈 라덴이 우리 종교의 이름으로 수천 명의 무고한 사람들을 살해했는데도 불구하고, 그리고 그것이 전 세계 이슬람교도

680

에게 준 피해, 특히 서양에 사는 이슬람권의 무슬림보다는 생활 수준이 나은 이슬람교도들에게 준 피해에도 불구하고, 빈 라덴이 아직도 '알라 외에 신은 없다'고 공언하고 있다는 것을 핑계로 오늘날까지 빈 라덴을 죽이라는 파트와는 단 한 번도 발표된 일이 없다"고 테플라가 썼다. 더 나쁜 것은 아랍과 이슬람의 위성 TV 채널들은 샐먼 루시디의 책이 배포되는 것을 막을 때처럼, 빈 라덴의 설교와 파트와가 전파되는 것을 막는 대신에 앞다투어 그것을 방송했다는 사실이다. 빈 라덴에 대한 이런 이중적인 자세로, 처음부터 우리가 모두 빈 라덴이라는 인상을 전 세계에 남겼다.

독일은 제1차 세계대전이 끝나고 굴욕을 맛보았다. 그러나 독일은 그 굴욕에 국가적으로 대응할 근대적 경제 기반이 있었다. 그것은 제3제국이라는 형태로 나타났다. 대조적으로 아랍 세계는 모욕에 대해 국가적으로 대응할 수 없었다. 대신에 지난 50년간 국가가 아닌 실제보다 더욱 커 보이는 두 인물로 세계무대를 흔들었다고 정치학자 야론 에즈라히는 말했다. 한 사람은 사우디아라비아의 석유장관 야마니Ahmed Zaki Yamani였고, 또 한 사람은 오사마 빈 라덴이었다. 둘 다 세계적으로 악명을 얻었고, 잠시나마 세계를 손안에 쥐었다. 한 사람은 석유를 무기로 사용하고, 또 한 사람은 상상할 수 있는 가장 이례적인 자살테러를 이용해서 달성했다. 둘 다 잠깐이나마 아랍-이슬람권을 '고취' 시켰다. 세계 무대에서 힘을 썼다는 느낌이었다. 그러나 빈 라덴과 야마니는 힘의 허상에 불과하다고 에즈라히는 지적했다. 사우디아라비아의 석유무기는 생산성이 없는 경제력이고, 빈 라덴의 테러 무기는 그것을 뒷받침할 진정한 군대, 국가, 경제, 혁신 엔진이 없는 군사력이다.

야마니의 정책과 빈 라덴의 테러가 세계에 대한 아랍의 영향력을 위한 전략으로 너무나 불행한 것은 아랍 문화와 문명 안에 있는 모범사례를 무시하고 있기 때문이다. 아랍 문화와 문명이 절정을 이루었을 때는 규율, 근면, 지식, 성취, 과학에 관한 탐구, 다원주의를 품고 있었다. 《예일글로벌 온라인》의 편집자 나얀 찬다가 지적했듯이, 대수학algebra과 알고리듬을 탄생시킨 것은 아랍-이슬람 세계였고, 두 단어 역시 아랍어에서 나온 것이다. 찬다는 이렇게 말했다. "현대의 정보혁명 전체는 대부분 알고리듬에 기초해 이루어졌습니다. 그 뿌리를 거슬러 올라가면, 물론 아랍-이슬람 문명과 바그다드와 알렉산드리아의 거대한 지식센터에 이르게 됩니다." 아랍-이슬람 문명은 이 개념을 처음으로 도입했고, 이슬람 지배하의 스페인을 통해 유럽에 전했다. 아랍-이슬람 주민은 믿기 어려울 정도로 풍부한 문화적 전통과 문명을 가지고 있으며, 젊은이들에게 영감을 주고 모범이 될 만한 성공과 혁신을 오랜 세월 동안 이룩해왔다. 그들은 원한다면 불러모을 수 있는, 근대화에 필요한 모든 자원을 고유문화 속에 이미 가지고 있다.

불행하게도 아랍-이슬람권에서 그런 근대화에 대한 거센 저항이 권위주의적이고 종교적인 반계몽주의자로부터 나오고 있다. 그러기 때문에 이들 내부에서 이념투쟁이 시작되고 온건파가 승리해야만, 이 지역은 해방되고 자신의 힘을 자각하게 될 것이다. 미국도 사실 약 150년 전에 관용과 다원주의, 인간의 존엄성 그리고 평등이란 이념을 두고 내전을 겪었다. 국외자들이 오늘날의 아랍-이슬람 세계를 위해 할 수 있는 최선의 길은, 그 안의 진보세력과 아랍과 이스라엘 간의 갈등을 해결하려 노력하는 것에서부터 이라크를 안정시키고, 가능한 한 많은 아랍 국가들과 자유무역협정을 체결하는 것에 이르기까지 가능한 모든 방법으로 협력하기 위해 노력하는 것이다. 그래서 그들의 문명 내부에서 비슷한 이념논쟁을 조성하는 것이다. 다른 방법이 없다. 그렇지 않으면 이 지역은 세계의 평평화 과정을 뒤엎는 강력한 힘이 될 가능성이 있다. 우리는 이곳의 선량한 사람들이 잘되기를 기원해야 한다. 그러나 실제 전투는 그들이 직접 싸워서 이겨야 한다. 누구도 대신해줄 수는 없다.

런던에 본부를 둔 알 아라비야al-Arabiya 뉴스 채널의 책임자인 압델 라흐만 Abdel Rahman보다 정말 필요한 게 무엇인지 잘 표현한 사람은 없을 것이다. 오늘날 활동하고 있는 아랍 언론인 가운데 가장 유명하고 가장 존경받는 그는 체첸에서 사우디아라비아, 이라크에 이르는 지역의 이슬람극단주의자 그룹이 연속적으로 테러를 일으킨 뒤《알샤르크 알 아우사트》2004년 9월 6일 자에 다음과 같은 글을 썼다.

스스로 치료하는 방법은 먼저 스스로 깨닫고 고백하는 것으로부터 시작된다. 그 다음에 우리는 우리의 테러리스트 아들들이 기형화된 문화가 낳은 신포도라는 것을 충분히 인식하고 그들을 찾아 나서야 한다. 이슬람 사원은 한때 안식처였고, 이슬람교는 평화와 화합을 말했다. 이슬람교의 설교는 도덕적 질서를 지키고 윤리적 삶을 살라고, 따뜻하고 간절하게 부탁하는 것이었다. 그런데 신이슬람교도neo-Muslims들이 등장했다. 긴급한 필요가 없는 경우에는 벌목까지 금지하고, 살인을 가장 미워해야 할 범죄로 규정하며, 한 사람을 죽이는 것은 인류 전체를 죽이는 것이라고 분명히 말하는 순수하고 자비로운 종교가 지금은 전 세계적 차원에서 증오와 전쟁구호를 외치는 메시지로 바뀌었다. 우리는 테러가 이슬람의 남녀에 의해 자행되는 거의 독점적인 이슬람교의 기업이 되고 말았다는 부끄러운 사실을 먼저 인정하지 않는 한 우리의 이름을 정화할 수 없다. 자신의 자녀는 유럽이나 미국으로 유학 보내는 반면 남의 집 자녀는 죽음으로 내보내면서 자신들은 혁명적인 이념 지도자로 재탄생하는 것이 가능하다고 생각하는 종교 지도자들과 맞서지 않고 가증스러운 범죄를 저지르는 극단주의에 빠진 우리의 젊은 이들을 구원할 수는 없다.

고갈되는 천연자원과 신음하는 환경

전염병으로 무기력한 사회와 누릴 권리를 박탈당한 사람들, 깊은 좌절에 빠진 사람들은 모두 나름의 방식으로 세계가 완벽히 평평해지는 것을 막고 있다. 그들의 문제가 제대로 언급되고 대비되지 못하면 미래에는 더욱 방해될 것이다. 그러나 세계의 평평화에 대한 또 하나의 강력한 위협 요인이 수면 위로 떠오르고 있다. 그것은 인적자원의 제약이나 질병이 아니라 천연자원의 제약이다. 과거 오랜 세월 동안 평평한 세계 밖에서 살았던 인도와 중국, 남미 그리고 구소련 제국의 대다수 사람 수백만 명이 저마다 자동차와 주택, 냉장고, 전자레인지, 토스터 등을 소유하겠다는 아메리칸 드림을 안고서 평평한 세계의 플랫폼으로 한꺼번에 몰려오기 시작하면, 잘 대비한다 해도 우리는 심각한 에너지 부족에 직면할 것이다. 최악의 경우 부족한 천연자원을 놓고 전 세계가 전쟁을 벌이게 될 것이다. 그러면 역사상 그 어느 때보다 빨리 이 조그만 행성 지구에는 폐기물이 쌓여가고 온도는 올라갈 것이며, 쓰레기와 이산화탄소 가스 등으로 가득 차서 넘쳐날 것이다. 두려워해야 한다. 나는 정말 두렵다.

제러드 다이아몬드Jared Diamond는 자신의 저서 『문명의 붕괴Collapse』에서 지속 가능성이라는 쟁점에 대해 논할 때 실질적으로 중요한 것은 지구상에 사는 인구수가 아니라 각자의 생활방식이 지구 환경에 미치는 영향력이라고 지적했다. 전 세계 60억 인구 대부분이 냉장고 안에서 먹지도 숨 쉬지도 않고, 신진대사 활동도 하지 않는다면 인간이 환경에 미치는 영향은 최소한이 될 것이라고 다이아몬드는 주장한다. 현재 우리가 직면한 문제는 인간이 냉동상태에 있지 않다는 데 있다. 인간은 자원을 소비하고 쓰레기를 배출한다. 우리가 어떻게 하고 있는지 보라! 다이아몬드가 쓴 글을 인용했다.

인구 1인당 자원 소비량과 쓰레기 배출량에서도 세계적으로 엄청난 차이를 보이는데, 제1세계인 선진공업국이 가장 높고 제3세계 국가가 가장 낮게 나타난다. 평균적으로 미국이나 서유럽, 일본과 같은 선진국의 인구 1인당 화석연료와 같은 천연자원 등의 자원 소비량은 제3세계 국가와 비교했을 때 서른두 배를 더 소비하고 있으며, 쓰레기 배출량 또한 서른두 배 높은 것으로 나타났다. 하지만 환경에 적은 영향을 미치던 사람들도 점차 그 영향력이 높은 사람들이 되어가고 있다.

실제로 그렇다. 세계의 평평화는 인류 역사상 그 어느 때보다 저영향력low-impact 인구를 고영향력high-impact 인구로 더욱 빠르게 변화시키고 있으며, 그 수와 파급효과도 더 많고 더 커지고 있다. 다이아몬드는 이렇게 지적한다.

세계가 현재 인구의 두 배 정도는 감당할 수 있을 거라고 주장하는 낙관주의자들도 많다. 하지만 환경에 미치는 영향력이 현재 수준보다 열두 배 정도 커질 수도 있다는 문제에 대해 진지하게 주장하는 사람은 아직 한 번도 만나본 적이 없다. 비록 제3세계 국가의 국민이 서방 선진 공업국의 생활 수준을 쫓아가려는 노력의 결과로 환경에 미치는 영향이 커지는 결과가 생기긴 할 것이다.

바로 그것이 우리가 지향하는 목표이기도 하다.

앞에서 언급했듯이 2004년 여름에 나는 아내와 아직 10대인 내 딸 나탈리와 함께 베이징을 방문했다. 베이징으로 떠나기 전에 나는 나탈리에게 말했다. "너는 정말로 베이징을 좋아하게 될 거야. 모든 간선도로에 널찍한 자전거 도로가 있어. 지난번에 갔을 때 자전거를 빌려 탔었는데, 아주 즐거웠지. 베이징에 도착하면 자전거를 빌려서 함께 시 주변을 돌아다닐 수 있을 거다."

바보 같은 프리드먼! 나는 2001년 이후 베이징에 가보질 못했는데, 지난 3년간의 폭발적인 성장으로 그 매력적인 자전거 도로 대부분이 감쪽같이 없어졌다. 자전거 도로는 폭이 줄어들었거나 아예 없어지고, 자동차 또는 버스 차선이 하나 늘어나 있었다. 내가 할 수 있었던 유일한 자전거 타기는 호텔 방에 고정된 헬스용 자전거에서 페달을 밟는 것뿐이었다. 베이징의 교통혼잡으로 차 안에서 많은 시간을 허비해야 했던 스트레스를 해소하는 좋은 방법이기도 했다. 내가 베이징에 간 것은 국제 비즈니스 회의에 참석하기 위해서였으며, 머무는 동안에 자전거가 모두 사라진 이유를 찾아냈다. 회의에 참가했던 한 연설자가 베이징에는 매달 약 3만 대의 신차가 도로에 쏟아진다고 말해줬다. 하루에 신차 1000대가 쏟아진단다! 나는 그 통계를 믿을 수가 없어서 《뉴욕 타임스》의 베이징 사무실에서 일하는 젊은 조사연구원 마이클 자오Michael Zhao에게 확인을 부탁했다. 다음은 그가 이메일로 보낸 답장이다.

안녕하세요, 톰. 이메일이 잘 전달되기를 바랍니다. 베이징에서 하루에 몇 대의 신차가 나오느냐는 당신의 질문을 받고 인터넷을 검색해서 알아낸 내용입니다. 2004년 4월 베이징에서 4만 3000대의 자동차가 팔렸습니다. 이것은 작년 같은 기간에 비해 24.1% 증가한 것입니다. 그러니까 하루에 1433대의 차가 베이징 시에 나오지만, 이 숫자는 중고차를 포함한 것입니다. 이달은 베이징의 신차 판매량은 3만 대, 즉 하루 1000대입니다. 2004년 1월에서 4월까지 자동차 판매량은

16만 5000대로 이 기간에 하루 1375대의 차가 베이징의 도로에 쏟아져 나온 것입니다. 이 자료는 베이징 시의 지방통상국에서 발표한 것입니다. 베이징 시의 통계국에 따르면, 2003년의 자동차 총판매량은 40만 7649대로 하루 1117대입니다. 작년의 신차판매량은 29만 2858대로 하루 802대꼴이었습니다. 베이징의 자동차는 모두 210만 대입니다. 그러나 최근 몇 달 동안에 판매량이 급증한 것 같습니다. 그리고 주목할 것은 작년에 사스가 발발했을 때 많은 가정에서 차를 샀는데, 이는 공공장소에서의 감염에 대한 공황에 가까운 우려와 함께 종말의 날을 염려해 즐기고 보자는 심정에서 구입한 것으로 보입니다. 게다가 많은 신차 구입자들은 드라이브를 즐길 수 있었는데, 많은 사람이 사스 감염을 우려해 자발적으로 외출을 삼가고 집 안에 틀어박혀 있었던 탓에 교통 상황이 많이 개선되었기 때문입니다. 이후에는 중국이 WTO에 가입하면서 관세 인하로 인해 차값이 떨어진 것과 맞물려 자동차를 예정보다 앞당겨 구입하는 가정이 늘어났습니다. 반면 차값이 더욱 떨어지기를 기다리는 사람도 많습니다. 감사합니다. 마이클.

베이징에서 한 달에 3만 대씩 느는 자동차, 베이징 시를 안개로 뒤덮고 있는 수많은 날, 베이징 시의 공식 웹 사이트가 '푸른 하늘'을 보는 일수를 기록하고 있다는 사실 등이 모두 삼중융합으로 일어날 수 있는 환경파괴를 웅변한다. 청정하고 재사용이 가능한 대체 에너지가 조만간 개발되지 않으면 발생할 일이다. 세계은행에 따르면 세계에서 오염이 가장 심한 스무 군데 도시 가운데 열여섯 개 도시가 중국에 있다. 그리고 오염과 환경악화로 인해 중국이 치르는 비용은 연간 1700억 달러에 이른다고 《이코노미스트》 2004년 8월 21일 자에서 보도했다.

그런데 아직도 정말 심각한 문제는 겪어보지 않았다. 석유와 천연가스를 보유한 중국은 한때 순수 수출국이었다. 그러나 이제는 더 이상 수출국이 아니다. 2003년 중국은 석유수입에서 일본을 앞질러, 미국에 이어 세계 두 번째 수입국이 되었다. 중국의 전체 에너지 소비량은 단 2002년부터 2005년 사이에 65%나 증가했지만, 여전히 중국의 산업화 용량에 비해 턱없이 부족하다.

중국 선전에 있는 월마트에서는 2005년 어느 무더웠던 여름 주말에만 에어컨을 1100대나 팔았다. 단 한 군데 월마트 매장에서! 중국의 주요 도시마다 그런 월마트가 하나씩 있다고 할 때 환경적인 영향을 생각해보라.

지금 중국의 13억 인구 가운데 7억에서 8억에 이르는 국민이 농촌에 살고 있다. 그러나 그들은 평평한 세계로 나아가고 있으며, 대략 그 절반 정도가 향후 20년 사이에 도시로 이주할 것으로 예상한다. 그들이 도시에서 일자리를 찾을 수만 있다면, 이와 같은 인구의 대이동으로 인해 자동차와 주택, 강철 빔, 발전소, 학교, 쓰레기 처리장, 전선망에 대한 수요가 폭증할 것이다. 2005년 8월 16일 자 《파이낸셜타임스》가 전 세계 석유 생산량에서 불과 15%만을 담당하는 중국과 인도가 점증하는 세계 석유 소비량의 35%를 차지하게 된 2003년 이후, 전 세계 에너지 수요 증가율이 이전 10년에 비해 2.5배가량 높아졌다고 지적한 것도 이상한 일은 아니다.

내가 참석한 베이징의 비즈니스회의에서 나는 말라카 해협에 대해 언급하는 것을 계속 들었다. 이 해협은 말레이시아와 인도네시아 사이에 있는 좁은 바닷길로, 중동에서 중국과 일본으로 오는 모든 유조선이 이곳을 지나고, 미 해군이 순시한다. 사실 1970년대 석유위기 이후로 여태까지 말라카 해협에 대해 얘기하는 것을 듣지 못했다. 그러나 중국의 전략가들은 이제 미국이 단지 말라카 해협을 봉쇄하기만 하면 중국 경제를 어느 때건 목조를 수 있다는 사실에 주목하고 우려하기 시작한 것은 명백하다. 그리고 이 위협에 대해 중국 군부에서 점점 더 드러내놓고 논의하기 시작했다. 이것은 에너지에 대한 잠재적 권력투쟁의 작은 조짐이다. 따라서 위대한 아메리칸 드림, 위대한 차이나 드림, 위대한 인디언 드림, 혹은 위대한 러시안 드림이 에너지 측면에서 상호배타적으로 인식되면 얼마든지 나타날 수 있는 일이다.

스스로 속일 것 없다. 오늘날 중국의 외교정책은 크게 두 갈래로 나뉜다. 타이완의 독립을 막는 것과 석유를 비롯한 천연자원을 구하는 것이 그것이다. 중국 외교부의 한 관리는 석유를 확보하기 위한 중국의 노력에 대해 이렇게 말했다. "중국의 입장에서 보면 절대 음모가 아닙니다. 결코 누군가를 지배하려는 노력이 아니니까요. 중국은 그저 뒤늦게 게임에 참여했고, 주변을 둘러봤을 때는 이미 빈 의자가 하나도 남지 않았을 뿐입니다." 중국은 특히 타이완을 침공하더라도 중국에 보복하지 않을 나라로부터 석유를 안정적으로 공급받는 방안을 마련하는 일에 사로잡혀 있다. 바로 이 때문에 베이징은 세계 최악의 몇몇 독재정권들하고도 좋은 관계를 유지하기 위해 노력을 기울이고 있다. 석유의 확보가 절실하면 할수록 새로운 원유 생산국이 국제무대에서 어떤 끔찍한 짓을 자행하더라도 중국은 그 원유 공급 국가에 대한 제재를 막기 위해 유엔 안전보장이사회에서 거부권을 행사하는 횟수가 늘어나게 될 것이다. 수단의 이슬람 원리주의 정부는 현재 석유 생산량의 7%를 중국에 공급하고 있으며, 중국은 수단의 석유 채굴시설에 30억 달러를 투자했다. 2004년 9월, 중국은 수단이 다르푸르 지방에서 저지르고 있는 인종 학살에 대해 유엔이 제재를 내리는 데 대해 거부권을 행사하겠다고 위협했다. 중국은 이란이 핵무기 제조를 못 하도록 막으려는 국제사회의 노력에 마지못해 합류했다. 이란은 중국 석유 수요량의 13%를 공급한다. 한편《데일리 텔레그래프The Daily Telegraph》가 2004년 11월 9일 자에서 보도했듯이, 중국은 일본이 국경선으로 간주하는 경계선 바로 서쪽에 있는 동중국해에서 천연가스를 채굴하기 위해 시추 작업을 시작했다. 그 신문의 보도에 따르면 "일본은 그 천연가스 개발 프로젝트를 공동으로 해야 한다고 항의했으나 소용이 없었다. 두 나라는 러시아 석유를 놓고도 충돌하고 있다. 중국은 러시아가 극동에 건설하려는 석유 파이프라인 루트를 결정하기 위한 싸움에서 일본이 더 많은 돈을 걸고 입찰한 사실에 격분하고 있다." 이와 같은 시기에 중국의 핵잠수함이 우연히 길을 잃어 일본 영해를 침범했다는 보도가 있었다. 물론 중국 정부는 그 '기술적 실수'에 대해 사과했다. 만약 여러분이 그것을 실수라고 믿는다면, 나는 하와이에 가진 유전을 팔고 싶다는 말로 당신을 속일 수도 있겠다.

2004년 중국은 캐나다와 베네수엘라에서 석유 탐사 기회를 두고 미국과도 경쟁하기 시작했다. 중국이 계속 이런 방향으로 나간다면, 캐나다와 베네수엘라 유전에 빨대를 들이대고 마지막 한 방울마저 빨아들일 것이다. 그렇게 되면 미국은 사우디아라비아에 더욱 의존할 수밖에 없는 부정적인 영향이 생길 것이다.

나는 중국 동북 지방에 본사를 둔 주요 미국 다국적기업의 일본인 관리자를 인터뷰한 적이 있다. 그는 회사 이름을 밝히지 않는 조건으로 말했다. "중국은 일본과 한국이 지나온 길을 따르고 있습니다. 그런데 중국의 13억 인구가 그 길을 따라 같은 차를 몰고 같은 양의 에너지를 쓰게 되면 세계가 감당할 수 있는가 하는 큰 의문이 생깁니다. 나는 세계가 평평해지는 것이 눈에 보입니다. 그러나 21세기의 도전은 우리가 또 다른 석유 위기를 겪을 것인가 하는 점입니다. 1970년대의 석유위기는 일본과 유럽의 부상과 때를 같이했습니다. 미국만이 유일하게 석유를 많이 소비하던 시절이 있었습니다. 그러나 일본과 유럽도 석유 소비 대열에 합류하자 석유수출국기구Organization of Petroleum Exporting Countries, OPEC의 힘이 세졌습니다. 그러나 중국과 인도가 석유를 많이 쓰는 소비자가 되면, 이는 그 규모의 차원이 다른 엄청난 문제가 될 것입니다. 국제정치에서도 대격변이 일어나겠죠. 1970년대 성장의 한계는 기술의 발전으로 극복했습니다. 우리는 이전보다 더 영리해졌고, 시설은 더 효율적이 되었으며, 1인당 에너지 소비도 줄었습니다. 그러나 중국과 인도, 러시아가 강력한 나라가 되고 있는 지금은 열 배의 가중치를 두어야 합니다. 우리가 진정으로 심각하게 고려해야 할 것들이 있습니다. 우리가 중국, 러시아 그리고 인도의 성장을 제한할 수는 없습니다. 그들은 성장할 것이고, 또 성장해야 합니다."

인도나 러시아, 폴란드 또는 중국 젊은이들이 평평한 경쟁의 장에 들어섰을 때, 우리가 그들에게 할 수 없는 말 한 가지는 더 큰 세계적 공익을 위해 자제하고 덜 소비하라는 말이다. 베이징 외교대학 학생들에게 강연하면서 나는 중국, 인도 그리고 구소련이 석유를 더 소비하게 됨에 따라 필연적으로 일어날 수밖에 없는 석유와 다른 에너지 자원에 대한 경쟁을 포함해, 세계의 안정을 위협할 수 있는 가장 중요한 이슈들에 관해 말한 적이 있다. 강연을 끝내자마자 한 여학생이 손을 번쩍 들고 기본적인 질문을 했다. "미국과 유럽은 과거 발전을 위해 원하는 만큼 에너지를 마음껏 소비했습니다. 그런데 중국은 왜 에너지 소비를 자제하고 환경오염을 걱정해야 합니까?" 나는 훌륭한 답이 준비되어 있지 않았다. 중국은 자존심이 강한 나라다. 중국, 인도 그리고 러시아에 소비를 덜 하라고 말하는 것은 1차 세계대전 후에 떠오르는 일본과 독일을 세계가 수용하지 못했던 것과 같은 지정학적 결과를 초래할 수 있다.

현재의 추세가 유지된다면, 중국이 수입하는 원유량은 현재 하루 700만 배럴에서 2012년까지는 하루에 1400만 배럴로 증가할 것이다. 세계가 이런 증가를 수용하려면 또 하나의 사우디아라비아를 찾아내야 할 것이다. 그러나 그럴 수는 없을 테고, 다른 좋은 대안도 별로 없다. "지정학적 이유만 고려해도 우리는 그들에게 그러지 말라고 말할 수 없습니다. 우리는 중국과 인도에 당신들 차례가 '아니오'라고 말할 수는 없습니다." 대표적인 석유 분야 경제학자 필립 벌리거Philip K. Verleger Jr.의 말이다. "도덕적인 이유 때문에라도 우리는 다른 사람을 훈계할 능력을 잃었습니다." 그러나 우리가 아무것도 하지 않는다면, 여러 가지 결과가 나타날 것이다. 첫째, 휘발유 가격이 계속 상승세를 보일 것이다. 둘째, 수단이나 이란, 사우디아라비아 같은 세계 최악의 정치체제가 더욱 강화될 것이다. 셋째, 환경이 더욱더 훼손될 것이다. 중국 신문들은 이미 매일 머리기사로 에너지 부족, 정전, 절전에 관해 보도하고 있다. 미국 관리들은 중국 서른하나의 지방 성 가운데 스물네 개 성의 전력공급이 부족하다고 추정한다.

우리는 모두 이 지구라는 혹성을 지키는 집사다. 그리고 우리 세대가 치러야 하는 시험은 우리가 알게 되었을 때만큼 좋게, 또는 더 나은 상태로 지구를 후손에게 물려줄 수 있느냐는 것이다. 세계의 평평화 과정은 그 책임 문제를 제기하게 될 것이다. "야생생태학의 아버지인 앨도 레오폴드Aldo Leopold는 언젠가 이렇게 말했습니다. '땜질을 잘하려면 우선 모든 조각을 보존해야 한다.'" 국제보전협회의 선임 부총재 글렌 프리켓의 말이다. "우리가 그렇게 하지 않으면 어떻게 될까요? 세계 무대에 새로 들어온 30억이나 되는 사람들이 모든 자원을 게눈 감추듯 먹어치워 버리면 어떻게 될까요? 생물 종과 생태계는 그렇게 빨리 적응하지 못합니다. 그러면 우리는 지구에 남아 있는 생물학적 다양성의 대부분을 잃게 될 것입니다." 프리켓이 이미 지적했듯이 최후의 대규모 야생생태지역인 콩고 분지와 아마존, 인도네시아의 열대우림에서 일어나고 있는 현상을 보면 커져만 가는 중국의 왕성한 식욕에 잠식당하고 있는 걸 알게 된다. 중국에 공급하기 위해 점점 더 많은 야자 기름이 인도네시아와 말레이시아에서 추출되고 있으며, 브라질에서는 콩이, 중앙아프리카에서는 목재가, 그리고 위의 모든 나라에서 천연가스가 추출되고 있다. 그리고 그 결과 모든 자연생태계가 위협받고 있다. 이러한 추세에 제동이 걸리지 않고 계속된다면 모든 자연생태 서식지가 농지와 도시로 전환될 것이고, 지구 온난화가 계속되어, 현재 멸종위기에 처한 생물 종 가운데 다수가 정말로 사라지고 말 것이다.

중국은 화석연료의 수요가 환경이나 성장을 위한 열망에 끼치는 영향에 직면하고 있으므로 에너지 소비를 대폭 줄이려는 움직임은 중국 내부에서 시작되어야 한다. 다행히도 그런 움직임이 조금씩 시작되고 있다. 2005년 3월 7일 자 《슈피겔》에 실린 중국 국가환경보호총국 부국장 판 위에Pan Yue의 충격적인 인터뷰 기사의 내용을 살펴보자.

중국의 천연자원은 부족합니다. 토지는 충분하지 않고, 인구는 계속 증가하고 있습니다. 현재 중국 본토에 거주하는 인구는 13억 명으로 50년 전에 비해 두 배가 늘어났습니다. 2020년이 되면 중국의 인구는 15억 명에 이를 것입니다. 도시가 점점 성장하고 있지만, 그와 동시에 사막지대도 확장되고 있습니다. 지난 50년간 주거와 활용이 가능한 땅이 반으로 줄어들었습니다. 환경이 더 이상 보조를 맞출 수 없기 때문에 중국의 기적적인 GDP 성장도 조만간 끝날 것입니다. 7대 하천의 수량 절반 이상이 전혀 쓸모 없게 되었고, 도시 인구의 3분의 1은 오염된 공기를 호흡하고 있습니다. 경제의 발전은 당연히 정치적 안정을 동반할 것이라고 우리는 믿어 의심치 않았습니다. 저는 그것이 대단한 착오라고 생각합니다. 빈부의 격차가 날로 커진다면, 중국 내 여러 지역과 중국 사회 전체가 불안해질 것입니다.

우리 미국이 중국을 훌륭한 환경보존 국가로 이끌어 가기 위해서 할 수 있는 최선의 방법은 스스로 소비행태를 바꾸어 모범을 보이는 일이다. 그래야 다른 사람들에게 설교할 자격이 생긴다. "에너지에 대해 도덕적 지위를 회복하는 것은 이제 중대한 국가안보와 환경문제입니다"라고 필립 벌리거는 말했다. 우리가 취할 수 있는 차선책은 미국의 두뇌와 강력한 경제력을 탄소배출이 거의 없는 에너지 기술 개발에 투입하고 혁신과 비용 곡선을 급속히 낮춤으로써 그 기술의 비용이 '중국의 가격'에 도달하도록 하는 것이다. 중국과 기타 개발도상국들이 대량으로 구매하고 실제 사용을 위해 배치할 수 있을 만큼 싼 가격이 되도록 해야 한다.

미국은 오늘 당장에라도 이를 시행할 수 있다. 하지만 그러기 위해서는 단순히 '로비활동의 총량'이 아닌 에너지 전략이 필요할 것이라고 미국해방연합 Set America Free Coalition의 창립 멤버인 갈 루프트Gal Luft는 말한다. 미국해방연합은 당파를 초월한 국가안보, 노동, 환경, 종교 관련 단체들의 연맹으로서 석유 소비량을 줄이는 것이 국가 차원의 최우선 과제라 믿고 있다. 로비활동보다는 차라리 보존과 새로운 연합세력이 지지하는 깨끗하고 재활용 가능한 대체 에너지의 개발, 양쪽 모두에 대한 새로운 전략적 접근이 필요할 것이다. 나는 이 세계관을 '신녹색주의geo-greenism'라 부르고자 한다. 신녹색주의자들은 기후변화의 원인이 되는 화석연료의 사용을 줄여야 한다고 주장하는 환경주의자들과 신이 주신 푸른 지구와 그 피조물들을 보호하고자 하는 복음주의자들, 그리고 세계에서 몇몇 최악의 정권에 자금을 대는 효과가 있는 원유에 대한 의존도를 낮춰야 한다고 주장하는 전략지정학자들을 모두 한곳에 모아 단일한 정치운동으로 통합하는 방법을 모색한다.

종합적인 신녹색 전략은 달러화의 강세로 이어져 미국의 무역 적자를 감소시키고, 기후 변화에 맞서는 전투에서 미국의 선도적 입지를 확고히 해줄 것이며, 동시에 중국과 인도의 산업화가 진행됨에 따라 전 세계가 절실히 필요로 할 녹색 기술의 개발을 주도하도록 미국의 기업들을 자극할 것이다. 그러한 신녹색 전략의 개발을 꺼리는 부시 행정부는 너무나 무책임해서 우리의 숨을 멎

게 할 정도이다. 이것은 특히 많은 문제점에 대한 해결책들은 이미 준비되어 있다는 것을 깨닫는 순간 특히 진실임을 느끼게 된다. 그린 에너지를 활용하기 위해 바퀴를 재발명하거나, 공상과학소설에 나오는 수소연료 전지셀이 나오길 기다리거나, 또는 급격하게 생활의 수준을 양보해야 할 필요도 없다. 우리에게 필요한 것은 오직 약간의 리더십이다. 에너지 분야의 최악의 적자는 우리의 지도자에게서 비롯된다. 그들에겐 우리가 가야 할 대안적인 길을 상상하는 에너지가 부족하고, 국민을 새로운 신녹색 에너지의 방향으로 밀고 갈 의지도 부족하다.

만약 마당에 풍력발전기를 설치했거나 지붕에 몇 개의 태양전지판을 설치했다면, 당신의 마음 씀씀이에 축복을 기원합니다. 그러나 전력체계를 근본적으로 질 낮은 더러운 석탄과 가스 및 원유에서 청정한 석탄과 핵연료, 풍력 그리고 태양에너지로 바꿀 때만이 세계를 그린 에너지로 밝힐 수 있다. 그것은 그 어떤 정치가가 미국 국민에게 설명해봤던 것보다도 더 큰 거대한 산업 프로젝트가 될 것이다. 그것에는 대통령과 의회가 '녹색 뉴딜Green New Deal' 정책을 펼 소신이 요구된다. 녹색 뉴딜에 있어서 정부의 역할은 원조 뉴딜 정책과 같이 거대한 프로젝트에 자금을 대는 그런 것이 아니라 기본적인 연구를 개시하고, 필요한 경우 자금 대출보증을 서주면 된다. 또한 시장을 형성하고 전력생산에서부터 바이오 연료, 더 효율적인 운송수단 그리고 그린 빌딩에 이르는 모든 것에 중점을 두는 1000개가 넘는 청정기술회사를 탄생시킬 정책 관련 표준과 관련 규정, 세금 그리고 인센티브를 설정하는 것도 정부의 역할이다.

오늘날의 녹색 뉴딜 정책은 정부의 규제와 가격 두 가지를 바르게 준비해야 한다. 캘리포니아 주를 보자. 건물과 장비들의 에너지 효율 기준을 꾸준히 높이고, 전력회사들이 소비자들과 협력해 전기를 적게 쓰도록 하는 장려책을 제공함으로써 캘리포니아 주는 주민 1인당 전기 소비를 지난 30년 동안 거의 일정한 수준으로 유지하고 있다. 반면 미국의 다른 지역은 거의 50%에 가까운 1인당 전기 소비 증가를 목격하고 있다고 미국 NRDC가 보고했다. 이런 유형의 에너지 절약으로 캘리포니아 주는 스물네 개나 되는 거대한 발전소를 건설하지 않게 되었다. 높은 표준은 혁신을 강요하고, 혁신은 대규모 에너지 절약과 보존으로 이어진다.

하지만 가격 또한 중요하다. 더 높은 연방 휘발유 세금이나 탄소세든, 포괄적인 에너지세BTU tax든, 또는 탄소배출권 거래제cap-and-trade system든 무엇이 되었든지 내게는 상관이 없다. 단, 전력생산회사들, 공장들 그리고 자동차 소유자들은 그들이 대기에 품어내는 탄소배출량의 실제 총비용을 사회에 지급해야만 한다. 화석 연료의 더 높은 비용은 더 비싼 청정 대체에너지를 더욱 경쟁력 있게 해준다. "규제 대상인 전력회사들은 장기투자 관점에서 보면 가장 중요한 에너지 소비자다. 그들이 탄소배출 감소에 가치를 둘 의무가 없다면, 에너지 효율성과 재생에너지에 충분한 투자를 하지 않을 것"이라고 퍼시픽가스 앤일렉트릭Pacific Gas & Electric 회사의 회장인 피터 다비Peter Darbee가 말했다. 점진적으로 높아지는 에너지 효율 기준과 더 높은 화석연료 가격을 포함하고 있지 않은 어떠한 에너지 정책도 에너지 관련 정책이라고 할 수가 없다.

일반 사람들은 이런 주제를 대할 준비가 되어 있다. 더욱더 많은 회사가 청정 및 그린 에너지로 운영하는 것이 비용을 절감해주고, 경쟁력에서 유리한 면이 있다는 걸을 알아가고 있기 때문에 산업계는 이미 움직이고 있다. 환경 보존이나 에너지 효율성, 그리고 환경보호주의 등은 우리가 비용을 감당하기 어려운 취미라는 것과 같은 어리석은 말은 들을 만큼 들었다. 그런 관점보다 더 비열하거나 비미국적인, 혹은 덜 현실적인 어떤 것도 생각나지 않는다. 진정한 애국자, 전 세계에 민주주의를 확산시키는 진정한 민주주의 옹호자 그리고 진정한 기업가는 녹색 환경에 살고, 녹색산업에 투자하고, 녹색 환경을 건설하며, 녹색 사고를 하는 사람들이다.

녹색은 새로운 빨강, 하양 그리고 파랑이다.

16장

델의 충돌예방 이론
─구생산 방식 대 적기공급생산 방식

⋮

> 자유무역은 하느님의 외교다. 평화의 유대감으로 사람들을 결속시켜주는 확실
> 한 방법은 이것 말고는 없다.
>
> ─영국 정치가 리처드 코브던(1857)

내 노트북 컴퓨터에 관한 짧은 이야기를 들려주고 싶다. 이 책을 쓰는 데 사용해왔으며, 이 장에서 다루려는 주제와도 연관이 있기 때문이다. 내 노트북 컴퓨터는 델의 인스피론Inspiron 600m 모델이고, 서비스 태그 넘버는 9ZRJP41이다. 이 책의 대부분은 이 컴퓨터를 이용해서 썼다. 이 책을 쓰기 위한 자료 조사의 방편으로 텍사스 주 오스틴 부근에 있는 델의 본사를 방문해 경영진을 만났다. 나는 그들과 함께 이 책에 담길 여러 가지 아이디어에 대해 의견을 나누고, 한 가지 부탁했다. 바로 이 책을 쓰는 데 사용한 내 노트북 컴퓨터를 구성하고 있는 모든 부품을 조립해 완성한 전 세계 공급망의 경로를 추적해달라고 부탁한 것이었다. 나의 델 노트북 컴퓨터를 만드는 데 들어가는 개별 부품과 그 부품이 어느 나라에서 왔는지, 그리고 가능하다면 제조 과정에서 조립을 담당했던 사람들의 이름을 모두 알고 싶었다. 그렇게 해서 내가 알아낸 것은 다음과 같다.

내 컴퓨터 구매 주문은 2004년 4월 2일 내가 델의 무료주문 서비스 번호로 전화를 걸었을 때 접수되어, 판매상담원 무즈테바 나크비에게 연결되었고, 그는 곧바로 내 주문을 델의 주문관리 시스템에 입력했다. 그는 내가 주문한 노

트북 컴퓨터의 종류와 나의 특별 주문사양과 나의 개인정보, 배송지, 요금청구지, 신용카드 정보 등을 같이 입력했다. 내 신용카드가 비자카드 사와 연결된 델의 업무처리 시스템을 통해 검증된 후에 내 구매주문이 델의 생산 시스템으로 넘겨졌다. 델은 아일랜드의 리머릭Limerick, 중국의 샤먼Xiamen, 브라질의 엘도라도 도 술Eldorado do Sul, 테네시 주의 내슈빌Nashville, 텍사스 주의 오스틴Austin, 그리고 말레이시아의 페낭Penang 등 전 세계에 여섯 개의 공장을 갖고 있다. 내 주문 내역은 이메일로 말레이시아의 페낭 공장으로 전달되었고, 곧장 그 공장 부근에 있는 공급자 물류센터supplier logistics center, SLC로 컴퓨터 부품 주문이 나갔다. 델에 여러 가지 부품을 공급하는 공급업자들의 물류센터들이 전 세계의 델 공장 주변에 포진해 있다. 이러한 물류센터들은 작전 수행 전에 집결하는 중간 대기구역과 같다. 당신이 세계 어딘가에 있는 델의 부품 공급업자라면, 델 공장에서 적기공급생산just-in-time manufacturing이 가능하도록 트럭으로 운송해줄 부품을 창고에 가득 채워서 대기하고 있어야 한다.

델의 글로벌 제조 책임자 3인 가운데 한 사람인 딕 헌터Dick Hunter의 설명은 다음과 같았다. "우리는 하루 평균 14만에서 15만 대의 컴퓨터를 판매합니다. 주문은 인터넷의 델닷컴Dell.com이나 전화로 들어옵니다. 주문이 들어오자마자 델의 공급업자들은 그걸 알게 됩니다. 그들은 고객이 주문한 컴퓨터의 각 부품에 대한 주문 시그널을 받고, 배송할 부품이 어떤 것인지 압니다. 만약에 그가 데스크톱 컴퓨터 전원선을 공급한다면, 매분 몇 개를 배송해야 하는지 보입니다." 페낭의 델 공장은 두 시간마다 부근의 여러 공급창고에 이메일을 보내서, 그때부터 90분 이내에 어떤 부품을 얼마만큼 보내야 하는지 알려준다. 1분이라도 늦으면 안 된다. 90분 이내에 페낭 인근의 여러 부품 물류센터에서 보낸 트럭들이 두 시간 전에 주문한 각종 노트북 컴퓨터 부품을 델 공장에 하역한다. 온종일 두 시간마다 이렇게 진행된다. 그 부품들이 공장에 배달되자마자, 델 직원들이 부품을 내리고, 바코드를 등록하고, 조립설비로 향하는 통에 넣는 데 30분이 걸린다. "우리는 모든 공급물류센터의 모든 부품이 델 생산 시스템 내에서 어디 있는지 항상 알고 있습니다"라고 헌터는 말했다.

그러면 내 노트북 컴퓨터의 부품들은 어디에서 왔는지 헌터에게 물었다. 우선 내 노트북 컴퓨터는 텍사스 주 오스틴의 델 엔지니어 팀과 타이완의 노트북 디자이너 팀이 공동 디자인했다고 그는 말했다. "고객의 요구, 필요한 기술 그리고 델의 디자인 혁신은 고객과의 직접적인 관계를 통해 모두 델이 결정합니다"라고 헌터가 말했다. "컴퓨터의 기초 기능을 발휘하는 마더보드와 외장의 기초 디자인은 타이완 ODMOriginal Design Manufacturer(제조자 설계 생산) 회사의 제조명세서 사양에 따라 디자인되었습니다. 우리는 그들의 공장에 우리 엔지니어를 투입하고, 그들 또한 우리 오스틴에 오면서 실질적으로 이 시스템을 공동 디자인합니다. 이 세계적 공동 작업은 전 세계적으로 배분되어 말 그대로 하루 스물네 시간 쉬지 않고 개발이 가능한 추가적인 효과를 얻게 해줍니다. 협력회사들이 기본적으로 전자기술 분야를 다루고, 우리는 우리가 파악하고 있는 고객들이 원하는 디자인과 특정한 기능을 ODM 회사가 디자인하도록 도와줍니다. 우리는 고객들을 매일 직접 다루고 거래하기 때문에 부품 공급업자나 경쟁자보다도 고객들을 더 잘 압니다." 델의 노트북 컴퓨터는 대략 12개월마다 새로 디자인되지만, 하드웨어 부품과 소프트웨어가 발전함에 따라 새로운 사양은 공급망을 통해 1년 내내 꾸준히 추가된다.

나의 노트북 컴퓨터 주문이 페낭 공장에 접수됐을 때, 부품 가운데 하나인 무선 카드를 품질관리 문제로 구할 수 없어서 노트북 조립이 며칠간 지연되는 일이 생겼다. 이윽고 품질 좋은 무선 카드를 가득 실은 트럭이 도착했다. 4월 13일 오전 10시 15분, 물류센터에서 페낭 공장으로 모든 부품이 모이면 자동적으로 발행되는 주문 전표를 델의 말레이시아 직원이 뽑았다. 그러자 델의 다른 말레이시아 직원이 부품을 담아 보호하도록 설계된 특수한 운반용기인 '트래블러Traveler'를 꺼내서 내 노트북에 들어갈 모든 부품을 하나씩 꺼내 담기 시작했다.

그 모든 부품은 어디에서 왔는가? 델은 노트북 컴퓨터에 들어가는 핵심 부품 서른 개의 대부분을 복수의 공급자들로부터 받는다. 그런 방법으로 만약 어느 한 공급자가 잘못되거나, 급증하는 수요를 맞추지 못해도 델은 궁지에 빠지지 않는다. 다음은 나의 델 인스피론 600m 노트북 컴퓨터의 핵심부품 공급자들이다. 인텔 마이크로프로세서는 필리핀, 코스타리카, 말레이시아, 중국의 인텔 공장 중의 한 곳에서 온다. 메모리칩은 한국 기업(삼성) 소유의 한국에 있는 공장, 타이완 기업(난야Nanya) 소유의 타이완에 있는 공장, 독일 기업(인피니온Infineon) 소유의 독일에 있는 공장, 또는 일본 기업(엘피다Elpida) 소유의 일본 공장에서 제조됐다. 내 컴퓨터의 그래픽카드는 중국의 타이완 기업(MSI)이나 중국 소유 기업(폭스콘Foxconn)에서 만든 것이다. 냉각 팬은 타이완의 타이완 기업(CCI 또는 오라스Auras)에서 제조됐다. 마더보드는 상해의 한국 공장(삼성), 상하이의 타이완 공장(콴타Quanta), 또는 타이완의 타이완 소유 공장(콤팔Compal 또는 위스트론Wistron)에서 제조되었다. 키보드는 중국 톈진의 일본계 공장(알프스Alps), 중국 선전의 타이완 공장(선렉스Sunrex), 또는 중국 쑤저우의 타이완 공장(다르폰Darfon)에서 제조됐다. LCD 디스플레이는 한국(삼성 또는 LG 필립스LG Philips), 일본(도시바 또는 샤프Sharp), 또는 타이완(치메이옵토일렉트로닉스Chi Mei Optoelectronics, 한스타디스플레이Hannstar Display, AU옵트로닉스AU Optronics)에서 제조된 것이다. 무선 카드는 중국의 미국 공장(아게레Agere), 또는 말레이시아의 미국 공장(애로우Arrow), 또는 타이완에 있는 타이완계 공장(아스키Askey 또는 젬테크Gemtek), 또는 중국의 타이완 공장(유에스아이USI)에서 생산됐다. 모뎀은 중국의 타이완 공장(아수스테크Asustek 또는 리테온Liteon) 또는 중국의 중국 소유 공장(폭스콘)에서 제조됐다. 배터리는 말레이시아의 미국 공장(모토로라), 멕시코, 말레이시아, 중국에 있는 일본 공장(산요), 또는 한국과 타이완의 공장(삼성SDI 또는 심플로Simplo)에서 생산됐다. 하드디스크 드라이브는 싱가포르의 미국 공장(시게이트Seagate), 태국의 일본 공장(히타치Hitachi 또는 후지쯔Fujitsu) 또는 필리핀의 일본 공장(도시바)에서 제조됐다. CD/DVD 드라이브는 인도네시아와 필리핀에 있는 한국 공장(삼성), 중국과 말레이시아에 있는 일본 공장(NEC), 인도네시아·중국·말레이시아에 있는 일본 공장(티악Teac), 중국의 일본 공장(소니)에서 제조됐다. 노트북 컴퓨터 가방은 중국의 아일랜드 기업(텐바Tenba) 또는 중국의 미국 기업(타거스Targus, 샘소나이트, 퍼시픽디자인Pacific Design)

에서 생산됐다. 전원 어댑터는 태국의 태국 기업(델타Delta), 또는 중국에 있는 타이완, 한국, 미국 기업(리테온Liteon, 삼성 또는 모빌리티Mobility)에서 제조됐다. 전원선은 중국, 말레이시아, 인도에 있는 영국 기업(볼렉스Volex)에서 제조됐다. 이동 저장 메모리 스틱은 이스라엘에 있는 이스라엘 기업(엠시스템M-System), 또는 말레이시아의 미국 공장(스마트모듈러Smart Modular)에서 만들었다.

나의 전화주문에서 생산과 내 집까지 배달로 이어지는 이 공급망 교향곡은 평평한 세계의 놀라운 일들 가운데 하나이다.

헌터는 "우리는 협업을 많이 해야 합니다"라고 말했다. "마이클 델 회장은 이들 공급업체의 CEO들과 개인적인 친분이 있으며, 우리는 업무절차 개선과 실시간 공급-수요 균형을 맞추는 작업을 늘 그들과 함께합니다." 수요 조절 demand shaping 또한 끊임없이 이루어진다고 헌터는 말했다. '수요 조절'이란 무엇이고, 어떻게 진행되는지 살펴보자. 오스틴 현지 시간으로 오전 10시 그날 아침에 너무 많은 고객이 40GB 하드 드라이브를 장착한 노트북 컴퓨터를 주문해서 두 시간이면 공급망에 부품이 떨어진 걸 델이 발견한다. 이를 알리는 신호가 자동으로 델의 마케팅 부서와 웹 사이트 델닷컴, 그리고 주문을 받는 델의 모든 전화상담원에게 전달된다. 10시 30분에 내가 델에 전화주문을 하게 되면, 델의 전화상담원은 이렇게 말할 것이다. "톰, 오늘 운이 참 좋은 날입니다. 다음 한 시간 동안 주문하시려는 노트북 컴퓨터에 40GB 하드 드라이브 대신 60GB짜리로 업그레이드하는 데 단 10달러만 추가 부담하시면 됩니다. 그리고 지금 주문하시면, 노트북 가방도 함께 드리겠습니다. 우리의 소중한 고객이시기 때문입니다." 한두 시간 동안 이러한 판매촉진책을 써서 델은 글로벌 공급망의 계획된 공급에 맞추어 노트북 컴퓨터나 데스크톱 컴퓨터의 특정 부품에 대한 수요를 조절할 수 있다. 오늘은 메모리가 세일 대상이라면, 내일은 CD롬이 세일 대상이 될지도 모른다.

내 노트북 얘기로 돌아가면, 4월 13일 오전 11시 29분, 모든 부품이 페낭에 있는 적기공급 재고 상자에서 꺼내져서 사티나라는 이름을 가진 직원이 나사를 직접 돌려가며 모두 조립했다고 델의 생산 보고서를 통해 내게 얘기해줬다.

그다음에 노트북 컴퓨터는 컨베이어를 통해 소프트웨어를 장착하는 장소로 운반되어 톰이 요구한 특정 소프트웨어가 다운로드되었다. 델은 최신 마이크로소프트, 노턴 유틸리티 그리고 다른 인기 있는 응용 소프트웨어로 가득 찬 거대한 서버 은행을 보유하고 있다. 여기서 고객의 취향에 따라 새로 조립한 컴퓨터에 소프트웨어를 다운로드한다.

"오후 2시 45분, 톰의 노트북에 소프트웨어가 모두 다운로드되었고, 이 노트북을 사람이 직접 포장 라인으로 옮겨놓았다. 오후 4시 5분, 톰의 노트북은 주문번호, 추적 코드, 시스템 유형, 운송 코드가 찍힌 라벨이 붙여지고, 보호 스티로폼에 싸여서 운송상자에 담겼다. 오후 6시 4분, 톰의 노트북은 특수 적하목록을 달고 팔레트에 실린다. 합류시설에서는 이 적하목록에 따라 어느 팔레트(팔레트는 일흔다섯 개가 넘고 팔레트 하나당 152대의 컴퓨터가 실린다)에 싣고 어떤 주소로 배송할지 결정한다. 오후 6시 26분, 톰의 노트북은 델 공장을 떠나 말레이시아의 페낭 공항으로 보내졌다."

델은 타이완에서 전세 낸 중화항공China Airlines 747기를 페낭에서 타이페이를 경유해 내슈빌까지 일주일에 6회 운항한다. 747기는 노트북 2만 5000대를 싣는데, 무게는 전부 합쳐 11만kg이 나간다. 미국 대통령 전용기를 빼고는 내슈빌에 내리는 유일한 747 비행기이다. "2004년 4월 15일, 오전 7시 41분, 톰의 노트북은 다른 델 컴퓨터와 같이 페낭과 리버릭으로부터 내슈빌에 도착했다. 오전 11시 58분, 톰의 노트북은 더 큰 상자에 담겨 포장 라인으로 보내져서 톰이 주문한 외장재가 부착됐다."

내가 주문한 지 13일이 걸렸다. 내 주문이 처음에 접수되었을 때 말레이시아에서 부품 공급이 지연되지 않았다면, 전화로 구매 신청을 하고 노트북이 페낭에서 조립되어 내슈빌에 도착할 때까지 겨우 4일 걸렸을 것이다. 내 컴퓨터를 제작하기 위해 가동한 공급망은 공급자의 공급자까지 포함하여 북미, 유럽 그리고 주로 아시아에서 대략 400개 기업이었고, 그중에서 핵심 공급회사는 서른 개가 관련되었다고 헌터가 말했다. 델이 다음과 같이 보고했듯이 공급망은 어떻게든 하나가 되어 잘 작동되었다. 2004년 4월 15일, 오후 12시

59분 "톰의 컴퓨터는 내슈빌에서 UPS 추적번호 1Z13WA374253514697을 달고, UPS 소형 트럭(3~5일 지상운반, 톰의 주문처)으로 운송되었다. 2004년 4월 19일 오후 6시 41분, 톰의 컴퓨터는 베데스다에 도착했고 컴퓨터를 수령했다는 서명을 받고 전달되었다."

사실 평평한 세계의 더 큰 지정학적 이야기를 하기 위해서 내 노트북 이야기를 꺼냈다. 앞 장에서 언급했던 세계의 평평화 과정을 붙들고 있거나 되돌릴 수 있는 세력에 더해 여기서는 이보다 더 전통적인 위협이라 할, 구세계를 흔들고 경제를 파괴하는 전쟁의 발발을 추가해야 한다. 전쟁을 일으킬 나라는 독립국가 타이완을 영원히 없애려는 중국일 수도 있고, 두려움과 광기로 인해 핵무기로 한국이나 일본을 공격하려는 북한일 수도 있다. 혹은 이스라엘과 곧 핵무기 보유국이 될 이란이 서로 싸우게 될 수도 있다. 인도와 파키스탄이 결국은 핵전쟁을 벌일 수도 있다. 이러저러한 지정학적 충돌은 언제든 일어날 수 있고, 세계의 평평화 과정을 지체시키거나 심각하게 반평평화로 작용할 수 있다.

이 장의 진짜 주제는 이들 고전적인 지정학적 위협이 평평한 세계가 요구하고 키운 새로운 형태의 협업, 특히 공급망에 의해 어떻게 약화되거나 영향을 받느냐는 것이다. 세계의 평평화는 우리가 어떤 결정적인 결론을 내리기에는 아직은 그리 오래 진행되지 않았다. 그러나 확실한 것은 세계가 평평해지면서, 국제관계에서 주시해야 할 가장 흥미로운 드라마 가운데 하나는 세계에 대한 전통적 위협과 새로이 형성되고 있는 글로벌 공급망 사이의 상호작용일 것이다. 중국과 타이완이 서로 맞서는 것과 같은 오래된 위협과 중국과 타이완이 서로 협력하는 것과 같은 적기생산공급망 사이의 상호작용은 21세기 초의 국제관계 연구 분야에서 다뤄질 주제가 참으로 많다.

『렉서스와 올리브나무』에서 나는 각국이 자국의 경제와 미래를 세계적인 통합 및 무역과 깊게 결합하는 정도에 따라서 이웃 나라와 전쟁을 하는 데 제약 요인으로 작용할 것이라고 주장했다. 여행을 다니면서 맥도날드 햄버거 체인을 유치한 두 나라가 서로 전쟁을 치른 적이 없다는 것을 알아챘던 1990년대 후반에 이러한 생각을 하게 되었다. 작은 국경 충돌과 내전은 그리 고려하지 않아도 되는데, 이는 맥도날드가 그런 역할을 동시에 해주고 있기 때문이다. 이것을 맥도날드 측에 확인한 다음, 나는 '황금아치 이론Golden Arches Theory'이라 이름 붙인 것을 내놓았다. 황금 아치 이론은 맥도날드 체인점을 지탱할 만큼 중산층을 보유한 경제수준에 이른 나라는 맥도날드 나라가 되었다는 것이다. 그리고 맥도날드 국가의 국민은 더 이상 전쟁을 원하지 않는다. 그들은 햄버거를 먹기 위해 줄 서는 것을 더 선호한다. 약간은 우습게 들릴지 모르겠지만, 내가 강조하고 싶은 요점은 맥도날드 프랜차이즈 네트워크의 형성이 상징적으로 보여주는 생활 수준의 향상과 글로벌 무역의 틀이 잘 형성되어 가는 국가일수록 점차 전쟁의 대가는 승자에게나 패자에게나 감당할 수 없을 정도로 높아진다는 것이다.

이 맥도날드 이론은 유효성이 꽤 잘 유지되어왔다. 그러나 이제 북한이나 이란 같은 최악의 불량국가를 제외하고는 거의 모든 나라에 맥도날드가 있으므로, 이 이론은 평평한 세계에 맞는 상황을 반영할 필요가 있어 보인다. 그런 생각에서, 나는 델의 충돌예방 이론을 내놓는다. 그 요체는 평평한 세계에서 적기생산 글로벌 공급망의 도래와 확산은 맥도날드로 상징되는 생활 수준의 전반적 향상보다 더 지정학적 모험주의의 억제 요인이 된다는 것이다.

델의 충돌예방 이론은 다음과 같다. 델 같은 주요 글로벌 공급망의 일부분인 두 나라는 그들이 같은 글로벌 공급망에 속해 있는 한 서로 전쟁하지 않는다. 주요 글로벌 공급망에 편입된 사람들은 구식 전쟁을 더 이상 원하지 않기 때문이다. 그들은 상품과 서비스를 적기에 배달해주고, 그로 인해 향상된 생활 수준을 즐기기를 바란다. 이 이론 뒤에 있는 논리를 가장 잘 실감하는 사람의 하나가 델의 창업자이자 회장인 마이클 델이다.

그는 자신의 아시아 공급망 내에 있는 국가들에 대해 언급했다. "이들 국가는 자신들이 가지고 있는 위험 요인을 잘 이해하고 있습니다. 그들은 이제까지 키운 국가자산을 보호하는 데 열심이고, 어떤 모험적인 일을 하더라도 걱정하지 않아도 되는 이유를 우리에게 알려줍니다. 중국을 방문한 다음 나는 중국에서 일어나고 있는 변화는 세계와 중국 모두에게 최선의 이익이 된다고 믿습니다. 사람들은 경제적 독립, 더 나은 생활양식, 자녀에게 더 나은 삶 등 무엇이라고 부르든지 한번 그 맛을 보게 되면, 그것을 절대로 포기하려 들지 않는 법입니다."

동아시아나 중국의 전쟁 혹은 장기적 정치 격변은 "그곳에 대한 투자와 이제까지의 발전에 찬물을 끼얹는 결과를 낳을 것"이라고 델이 말했다. 그리고 그는 그 지역의 각국 정부는 이러한 사실을 매우 명확히 이해하고 있다고 생각한다고 덧붙였다. "우리에게는 안정이 가장 중요하다고 그들에게 분명히 해두었습니다. 당장은 우리가 매일 걱정할 문제가 아닙니다. 시간이 지나고 발전이 계속됨에 따라 정말로 세상을 뒤흔들 일이 일어날 가능성은 놀라울 정도로 줄어든다고 믿습니다. 물론 우리 산업이 이 지역에서 행하고 있는 공헌에 합당한 좋은 평가를 받고 있다고는 생각하지 않습니다. 인간이란 돈을 벌고 생산적인 활동을 하며 생활 수준을 높여가고 있을 때, 가만히 앉아서 누가 우리에게 이런 혜택을 주었나, 또는 왜 이렇게 살기가 어렵지 하고 생각하지는 않게 되는 법입니다."

그의 말에는 많은 진실이 담겨 있다. 노동자들과 산업이 주요 글로벌 공급망에 엮여 있는 국가들은 단 한 시간이라도 전쟁을 일으키게 되면, 세계경제와 산업에 혼란을 야기하고, 공급망에서 자신의 지위를 오랫동안 상실할 위험을 부담해야 하며, 그 대가는 너무나 크다는 것을 잘 안다. 천연자원이 없는 나라가 세계적 공급망의 일부가 되는 것은 바닥이 드러나지 않는 유전을 개발해낸 것과 같다. 그러므로 전쟁을 벌여 공급망에서 떨어지는 것은 유전을 마르게 하거나, 시멘트를 부어 유전을 폐쇄하는 것과 같은 꼴이다. 그렇게 망가진 유전은 쉽게 복구되지 않을 것이다.

내가 델의 부품조달 담당 수석 부사장인 글렌 E. 니랜드Glenn E. Neland에게 이웃 나라와 전쟁을 벌이기로 결정해서 공급망을 혼란에 빠뜨리는 아시아의 주요 공급망 국가가 있다면 그 나라에 무슨 일이 일어날 것인가 하고 물었더니, 그는 "정말로 값비싼 대가를 치를 것"이라고 말했다. "지금 당장만 휘청거리는 것이 아니라 오랫동안 대가를 치를 것입니다. 왜냐하면 정치적으로 극단적인 행동을 보여주면 모든 신뢰를 잃을 것이기 때문입니다. 그리고 중국은 이제 겨우 산업계에서 투명하고 일관성 있는 규율을 가지고 번영할 수 있는 사업 환경을 창출해나가고 있는 수준의 신용을 쌓아가는 중입니다." 니랜드는 공급자들이 그에게 정기적으로, 지난 반세기 동안 수차례 전쟁위기로 치달았던 중국과 타이완에 대해 우려하는지 물어보고는 했는데, 그는 언제나 "그들이 힘자랑하는 것 이상"을 상상할 수 없다고 대답했다. 니랜드는 델의 공급망 기업과 정부, 특히 중국인들과의 대화나 거래에서 "그들은 기회를 잘 인식하고 있고, 다른 아시아 국가들이 이룩한 것을 재현하려고 정말로 애쓰고 있는 걸 안다"고 말했다. "무지개 끝에 커다란 경제 꿀단지가 있다는 것을 그들은 잘 알고 있으며, 진정으로 그것을 추구하고 있습니다. 우리는 올해 부품 생산에 약 350억 달러를 쓸 예정인데, 이 가운데 30%는 중국에서 쓸 것입니다."

공급망의 진화를 추적해보면, 처음에는 일본에 번영과 안정을 가져왔고 다음에는 한국과 타이완 그리고 지금은 말레이시아, 싱가포르, 필리핀, 태국, 인도네시아라고 니랜드는 덧붙였다. 국가가 세계적 공급망에 자리를 잡으면, "그들의 실제 사업 역량보다 훨씬 더 큰 것의 일부가 되었다는 느낌을 갖게 된다"라고 그는 말했다. 일본무역진흥기구JETRO의 대표인 와타나베 오사무는 어느 날 오후 도쿄에서, 일본 기업들이 어떻게 기술 수준이 낮거나 중간 정도인 비즈니스 분야를 대량으로 중국에 옮겨가 그곳에서 기초적인 작업을 끝내고, 일본으로 가져와서 최종 조립을 하는지 설명해주었다. 지난 세기에 일본의 중국 침략으로 심화된 두 나라 간의 불신이라는 역사적 장벽에도 불구하고 일본은 이런 일을 하는 것이다. 역사적으로 강력한 일본과 강력한 중국은 공존하기 어려웠다고 그는 지적한다. 그러나 오늘날은 그렇지 않다. 최소한 지금은 공존이 가능하다. 어떻게 그것이 가능한가? 동시에 강력한 일본과 중국이 존재할 수 있는 이유는 "공급망 때문"이라고 그는 말했다. 그것은 양측에 윈윈-게임이다.

이라크, 시리아, 남부 레바논, 북한, 파키스탄, 아프가니스탄 그리고 이란은 명백히 어떠한 주요 글로벌 공급망에도 들어가 있지 않다. 그러므로 이 나라들은 어느 때고 폭발해 세계의 평평화 속도를 늦추거나 뒤집을 수 있는 문제 지역이다. 나의 노트북 제조과정이 웅변하듯이, 델 충돌예방 이론의 가장 중요한 시금석은 중국과 타이완의 상황이다. 이 두 나라는 세계에서 가장 중요한 컴퓨터, 가전제품 그리고 점차 소프트웨어 공급망에 깊숙이 자리 잡고 있다. 주요 컴퓨터 기업의 대다수 부품이 중국 해안지역, 타이완 그리고 동아시아에서 제조된다. 게다가 타이완이 중국에 투자한 액수도 1000억 달러가 넘는다. 그리고 타이완 전문가들이 다수의 중국 최첨단 기술 제조업체를 운영하고 있다.

잡지 《일렉트로닉 비즈니스 아시아Electronic Business Asia》의 전 편집장인 크레이그 애디슨Craig Addison이 《인터내셔널 헤럴드 트리뷴》 2000년 9월 29일 자에 '실리콘 방패A Silicon Shield가 타이완을 중국으로부터 지켜준다'라는 제목의 글을 썼던 것도 놀라운 일은 아니다. 그의 주장은 다음과 같았다. "컴퓨터와 네트워크 시스템 같은 실리콘에 기초한 제품은 미국, 일본 그리고 다른 선진국 디지털 경제의 기반이 된다. 지난 10년간 타이완은 미국과 일본의 뒤를 이어 세계 3위의 정보기술 하드웨어 생산국이 되었다. 타이완에 대한 중국의 군사 공격으로 세계적으로 공급되는 이들 기술제품이 공급되지 못하게 될 것이다. 이러한 사태의 전개는 미국과 일본 그리고 유럽에 상장되어 있는 기술 기업의 시장가치를 수조 달러나 날려버릴 것이다." 한때 중국 전자공업부 장관이었던 전 국가주석 장쩌민 같은 지도자들이 중국과 타이완이 세계 컴퓨터 공급망에서 얼마나 긴밀히 통합되어 있는지를 놓칠 때가 있는데, 그때는 그들의 자식 세대에게만 최근 시장 상황에 대해 물어봐도 충분하다. 장쩌민의 아들 장미엔헝이 상하이에서 타이완 그레이스그룹Grace T.H.W. Group의 윈스턴 왕과 웨이퍼 생산 프로젝트의 동업자라고 애디슨은 기사에서 썼다. 타이완 기업가뿐만이 아니다. 미국의 거대 첨단기술 기업들 수백 곳이 중국에서 연구개발을 수행하고 있다. 이런 상황을 혼돈으로 몰아넣는 전쟁이 벌어지면 기업들은 공장을 다른 곳으로 옮길 뿐만 아니라, 중국 정부가 자국의 발전에 기여하리라 크게 기대를 걸고 있는 중국 내에서 수행하는 연구개발 투자도 심각한 피해를 볼 것이다. 그러한 전쟁은 발발 양상에 따라 다르겠지만, 중국이 타이완 민주주의를 압살한다고 하면 미국에서 광범위한 중국 상품 불매운동을 촉발할 수 있다. 이는 중국 내 경제의 커다란 혼란으로 이어질 것이다.

델 충돌예방 이론은 타이완에서 의회 선거가 열린 2004년 12월에 첫 번째 심각한 테스트를 받았다. 타이완 독립을 주장하는 천수이볜 총통의 민주진보당은 의회 선거에서 중국과 더 긴밀한 관계를 선호하는 주요 야당인 국민당을 이길 것으로 예상했다. 천 총통은 그 선거를 현재의 애매한 상황을 벗어나 타이완 독립을 공식적으로 명문화 할 새 헌법을 제정하겠다는 제안에 대한 국민투표로 몰고 갔다. 천 총통이 승리해 타이완이 중국의 한 지방이라는 현상 유지적 가설을 유지하는 대신에 타이완을 완전독립국으로 만들겠다는 의제를 밀고 나갔다면, 중국이 타이완을 무력으로 공격하는 사태가 벌어졌을 수도 있다. 타이완 국민 모두 숨을 죽였다. 그리고 어떻게 되었는가? 컴퓨터 마더보드motherboard가 독립된 조국motherland이라는 꿈을 이겼다. 타이완 국민 다수가 독립을 주장하는 집권당에 반대해 의회의 다수당이 되는 것을 막았다. 타이완 국민이 보낸 메시지는, 타이완이 독립국이 되는 것을 절대 원하지 않는다는 것은 아니라고 나는 생각한다. 다만 대부분의 타이완 사람들에게 이익을 가져다준 현재 상황을 뒤엎고 싶지 않았던 것이다. 유권자들은 자신들이 중국 본토와 얼마나 밀접하게 서로 엮여 있는지 분명히 이해했던 것으로 보인다. 그래서 현명하게 중국의 침략을 유발하고 미래를 너무나 불확실하게 만드는 법적 독립보다는 현재와 같은 사실상의 독립 상태 유지를 선택한 것이다.

내가 맥도날드 이론을 내놓을 때 말했던 것을 델 충돌예방 이론에서 더욱 강하게 반복해서 말하는 것에 주의를 기울여야 한다. 그 어느 이론도 전쟁을 무력하게 만들지는 않는다. 또한 각국 정부가 자국이 주요 공급망의 한 부분이라 하더라도 전쟁을 선택하지 않는다고 보장해주지 않는다. 그렇게 주장하는 것은 순진한 생각이다. 글로벌 공급망에 들어간 국가의 정부는 방어전이 아닌 어떤 침략전쟁을 감행함에 있어서 두 번이 아니라 세 번도 더 생각하게 한다는 것을 보장할 따름이다. 어찌 되었든 전쟁을 선택한다면 그 대가는 10년 전보다 열 배는 클 것이고, 그 나라의 지도자들이 생각하는 것보다 아마도 열 배는 클 것이다. 당신의 맥도날드 가게 하나를 잃는 것과 한 번 잃어버리면 오랫동안 돌아오지 않을 21세기 공급망 내에서 자리 잡은 자국의 자리를 잃어버리게 할 전쟁을 치르는 것은 완전히 별개의 문제다.

델의 충돌예방 이론이 시험당했던 사례가 중국 대 타이완의 대결인 반면, 사실상 인도와 파키스탄 사이에 벌어진 사건에서 그 이론이 어느 정도 입증되었기에 내가 그런 맥락으로 생각하게 된 계기가 되었다. 인도의 적기공급 서비스 공급망이 구시대의 지정학적 요인들과 충돌했던 2002년에 마침 인도에 있었는데, 공급망이 승리했다. 인도와 파키스탄의 사건에서 델의 충돌예방 이론은 인도 한쪽에만 적용된다. 그러나 그 영향력은 여전히 심대하다. 지식 및 서비스 공급망에서 인도와 세계의 관계는 제조업 분야에서 중국과 타이완의 관계와 같다. 이제 여러분은 모든 요점을 알게 되었을 것이다. 지금쯤 이 책의 독자들은 알겠지만, 제너럴일렉트릭의 가장 큰 국외 연구소는 인도 벵갈루루에 있으며 1700명에 이르는 인도 엔지니어, 디자이너 그리고 과학자들이 일한다. 많은 유명 휴대전화의 핵심 칩이 벵갈루루에서 설계된다. 에이비스 온라인에서 자동차를 렌트하는가? 그것도 벵갈루루에서 관리한다. 델타 항공이나 브리티시 항공의 분실 수하물을 찾아내는 작업도 벵갈루루에서 이뤄진다. 수십 개 글로벌기업의 회계 업무와 컴퓨터 유지 및 보수 작업도 벵갈루루, 뭄바이, 첸나이와 그밖의 인도 주요 도시에서 처리된다.

인도와 파키스탄 사이에 벌어질 뻔했던 충돌 사건은 이랬다. 2002년 5월 31일, 미 국무부 대변인 리처드 바우처Richard Boucher가 "미국 정부는 현재 인도에 체류하고 있는 미국 시민이 인도를 떠나게 할 것을 촉구한다"는 여행자 경고를 발표했다. 파키스탄과의 핵전쟁 가능성이 매우 현실적인 상황이 되고 있었기 때문이었다. 두 나라는 각각 국경에 군대를 집결시켰고, 정보기관들은 양쪽 다 핵무기를 쓸 준비를 하고 있을지도 모른다고 보고했다. 그리고 CNN 방송은 인도에서 홍수처럼 빠져나오는 사람들의 모습을 화면에 내보냈다. 후선관리업무와 연구개발부문을 벵갈루루에 이전한 미국의 글로벌기업은 매우 초조해졌다.

"웹 서핑을 하다가 금요일 저녁에 인도 여행에 대해 경고 방송이 나오는 것을 보았습니다." 인도에서 여러 미국 다국적기업의 후선관리업무를 맡은 위프로의 사장 비벡 폴이 말했다. "그것을 보자마자 나는 고객들이 이 문제에 관해 엄청나게 질문을 하겠다고 생각했죠. 마침 연휴가 겹친 긴 주말 전 금요일이었으므로, 주말 동안 우리 위프로는 고객들의 업무가 끊임없이 수행되는 것을 보장하는 사업수행계획을 세웠습니다." 위프로의 고객들은 위프로의 대응을 보고 기뻐했지만, 그럼에도 다수의 기업이 불안해했다. 그들이 아주 중요한 연구와 관리업무를 인도로 아웃소싱하기로 결정했을 때 이런 상황은 고려되지 않았다. 비벡 폴은 이렇게 말했다. "우리 고객인 미국 대기업의 한 CIO가 내게 이런 이메일을 보냈습니다. '인도를 대체해 아웃소싱할 나라를 찾느라 많은 시간을 보내고 있습니다. 내가 이러는 것을 당신이 원한다고 생각지 않습니다. 물론 나도 이러고 싶지 않습니다.' 나는 곧장 그의 메시지를 워싱턴 주재 인도 대사에게 보내, 책임 있는 사람들에게 전달하라고 말했습니다." 비벡 폴은 그 대기업이 어딘지 나에게 말해주지 않았다. 그러나 나는 외교 소식통을 통해 그 회사가 유나이티드테크놀로지United Technologies라는 것을 확인했다. 그리고 아메리칸익스프레스American Express나 제너럴일렉트릭같이 벵갈루루에 관리업무를 아웃소싱한 다른 많은 기업도 똑같은 걱정을 했을 것이다.

많은 글로벌기업들이 "사업의 핵심적인 지원을 이곳에서 받고 있습니다"라고 벵갈루루에 있는 지식산업 아웃소싱의 선도기업 마인드트리의 사장 N. 크리쉬나쿠마르N. Krishnakumar는 말했다. "국가분열 사태가 발생하면 대혼란에 빠집니다." 정부의 대외정책에 관여하지 않으려 노력한다면서도 그는 이렇게 덧붙였다. "인도산업연맹Confederation of Indian Industry, CII을 통해 우리가 정부에게 설명한 것은 안정적이고 예측 가능한 작업환경을 제공하는 것이 인도 발전의 열쇠라는 점이었습니다." 인도가 세계의 지식 공급망에서 얼마나 중요해졌는지 충분히 이해하지 못하는 뉴델리의 나이 많은 지도자들에게 이것은 실제적인 교육이었다. 아메리칸익스프레스, 제너럴일렉트릭, 에이비스 같은 기업의 핵심적인 후선관리업무를 처리한다든지, 브리티시항공이나 델타항공의 잃어버린 짐을 추적하는 책임을 맡고 있으면, 이들 기업의 업무에 혼란 없이 한 달이나 한 주가 아니라 심지어 하루라도 일을 중단할 수 없다. 사업의 일부나 연구개발을 인도에 아웃소싱하기로 결정했다면, 그 일을 계속 인도에서 수행하려고 계획한 것이다. 이것은 중요한 결정이다. 만약 지정학적 요인으로 심각한 파국이 발생하면, 그들은 떠날 것이고 결코 쉽게 돌아오지 않을 것이다. 이러한 서비스 교역을 한번 잃으면, 아예 그 관계가 끝나버릴 수 있다.

비벡 폴은 이렇게 설명했다. "당신이 말한 평평한 세계에서는 일이 잘못되면 그것을 바로잡을 기회가 단 한 번뿐입니다. 평평한 세계에서 불리한 점은 기업이 보유한 각종 좋은 계약 조건과 업무들 그리고 고객의 이탈을 어렵게 하는 장벽에도 불구하고, 오늘날 모든 기업 고객들은 다양한 선택 대안을 갖고 있습니다. 그러므로 기업의 책임의식은 고객을 위해 잘하겠다는 욕구만이 아니라 자기보존 욕구에서 나온 것이기도 합니다."

인도 정부는 이 메시지의 뜻을 알아들었다. 세계 서비스 공급망에서 인도가 가지는 중심적 지위가 바지파예Atal B. Vajpayee 인도 수상의 요란한 목소리를 낮추고 벼랑 끝에서 물러서게 한 유일한 요인인가? 물론 아닐 것이다. 분명 파키스탄의 핵무기가 가진 억제효과와 같은 확실히 다른 요인들이 있었다. 그러나 인도가 글로벌 서비스 시장에서 갖는 역할이 행동을 억제하게 만드는 중요한 추가 요인이었으며, 뉴델리의 인도 정부가 그것을 계산에 넣었음이 분명하다. "나는 그것이 많은 사람을 진정시켰다고 생각한다"고 인도 하이테크무역협회 총재인 제리 라오가 말했다. "우리는 진지하게 이 일에 관여했습니다. 그리고 인도 산업에 매우 나쁜 영향을 미칠 것이라는 점을 강조했습니다. 실제로 그 사태는 인도 경제에 매우 나쁜 영향을 끼쳤습니다. 많은 사람이 그때까지도 우리가 얼마나 갑자기 세계와 통합되어버렸는지 깨닫지 못했습니다. 우리는 이제 1년 365일 하루도 빠지지 않고 운영되는 공급망의 공동운영자입니다."

2002년 그 당시에 벵갈루루 지방정부에서 정보통신 기술을 담당하던 비벡 쿨카르니는 나에게 이렇게 말했다. "우리는 정치에 관여하지 않습니다. 그러나 전쟁이 일어나면 인도 IT 산업이 직면할 문제로 정부의 관심을 유도했습니다." 그리고 이것은 인도 정부가 고려할 완전히 새로운 요소였다. "10년 전에는 인도 다른 주의 IT 장관이 로비하는 일 따위는 없었다"고 쿨카르니는 말했다. 이제 이것은 인도에서 가장 중요한 사업 관련 로비이고, 어떤 인도 정부도 무시할 수 없는 협력관계다.

비벡 폴은 "모든 관점에서 보더라도 맥도날드가 문닫는다고 다른 분야가 크게 타격을 입지는 않습니다"라고 말했다. "그러나 위프로가 문을 닫게 되면 정말로 많은 기업의 일상적 활동에 영향을 주게 됩니다." 콜센터는 고객의 전화를 받지 않을 것이다. 벵갈루루에서 지원을 받는 많은 전자상거래 업체들이 문을 닫을 것이다. 인도에 핵심 컴퓨터 응용 소프트웨어 관리, 인력관리업무 또는 요금청구 처리 등을 의존하는 많은 기업이 멈춰 서게 될 것이다. 비벡 폴은 이들 기업들이 대체지역을 찾고 싶어하지 않는다고 말했다. 세계적 기업이 매일 처리해야 하는 매우 중요한 관리업무를 이관하는 데에는 굉장히 많은 훈련과 경험이 요구되기 때문에 아웃소싱 지역을 바꾸는 것은 매우 어려운 일이다. 그것은 패스트푸드 식당을 여는 것과는 전혀 다른 일이다. 비벡 폴은 위프로의 고객들이 그에게 "나는 당신에게 투자한 겁니다. 내가 당신에게 보내는 신뢰에 상응하는 책임을 져야 합니다"라고 말한다고 전했다. "우리에게 책임 있는 행동을 하라고 말하는 것은 엄청난 압력이라고 생각합니다. 지정학적 이득보다 경제적 이득으로 얻는 것이 더 많다는 것이 갑자기 더욱 분명해졌습니다. 자기만족에 불과한 파키스탄과의 전쟁보다 수출산업을 창조할 수 있는 활기차고 부유한 중산층을 구축해서 얻을 수 있는 이익이 더 큰 것입니다." 비벡 폴의 말이다. 인도 정부도 주위를 둘러보고는, 10억이나 되는 인도인의 절대다수가 "우리는 더 많은 영토가 아니라 더 나은 미래를 원한다"고 말하고 있음을 깨달았다. 내가 콜센터의 젊은 인도인 직원들에게 카슈미르 사태나 파키스탄과의 전쟁에 대해 되풀이해서 물었을 때, 그들은 똑같이 "우리는 해야 할 더 좋은 일이 많습니다"라고 간결하게 대답하고 말았다. 맞다. 그들은 다른 할 일이 더 많다. 미국은 아웃소싱을 전반적으로 고려할 때 이 점을 명심해야 할 필요가 있다. 나는 미국의 일자리 일부를 국외에 보내는 것이 인도와 파키스탄의 평화 유지 방안이라는 이유만을 들이대며 이를 옹호하려는 것이 아니다. 그러나 아웃소싱 자체의 경제논리에 의해 추진된 이러한 과정이 발생하는 수준에 따라 아웃소싱은 지정학적으로 긍정적인 효과를 갖게 된다고 말하고 싶다. 아웃소싱은 분명 미국의 아이들에게 더욱 안전한 세상을 가꿔줄 것이다.

내가 인터뷰한 인도 경제계의 지도자들은 모두가 파키스탄에 의해 테러나 침공과 같은 충격적인 행위가 발생하면 인도는 자국의 방위를 위해 모든 조치를 취할 것이며, 그들은 제일 앞장서서 지지할 것이라고 대답했다. 그런 상황에서 델 충돌예방 이론은 형편없이 구겨지고 말 것이다. 때로는 전쟁을 회피할 수 없다. 상대방의 무모한 행동 때문에 어쩔 수 없이 대응해야 하면서도 대가는 당신이 치러야만 한다. 그러나 사람들은 파키스탄이 곧 글로벌 서비스 공급망으로 함께 묶이길 희망하지만, 인도가 이런 공급망으로 더욱 깊이 연결되고, 국경에서 일어나는 사소한 충돌이나 말로 하는 전쟁 외에 전면전을 벌이게 만들 요인은 더욱 줄어들게 될 것이다.

2002년 인도-파키스탄 핵전쟁 위기 사례는 최소한 우리에게 희망을 안겨준다. 제너럴(육군 장군) 파월General Powell이 아니라 제너럴일렉트릭이 충돌을 멈추게 한 장본인이었다.

우리가 훌륭한 것들에 생기를 불어넣는다.

인포시스 대 알 카에다

불행하게도 제너럴일렉트릭마저도 그렇게 많은 일을 할 수 있을 뿐이다. 안타깝게도 최근의 델 충돌예방 이론도 억제력을 발휘하지 못하는 지정학적 불안정의 출처가 아주 근래에 새로이 등장했기 때문이다. 전 세계 공급망의 돌연변이들, 바로 범죄자 혹은 테러리스트들인 비국가 행동주의자들non-state actors이 출현했다. 그들은 세계를 불안정하게 만드는, 심지어 무정부주의적인 의제를 주창하기 위해 평평한 세계의 모든 요소의 사용법을 배운다. 내가 이 문제에 대해 처음으로 생각해보기 시작한 것은 인포시스의 CEO인 난단 닐레카니가 내가 1장에서 언급한 벵갈루루 본사의 화상회의 센터를 보여준 순간부터였다. 닐레카니가 그 방에서 화상회의를 열기 위해 어떻게 자사의 글로벌 공급망을 일제히 함께 모으는지 설명할 때, 한 가지 생각이 떠올랐다. 그 외 누가 업로딩과 공급망을 상상력을 발휘해 이용하는가? 답은 물론 알 카에다al-Qaeda다.

알 카에다는 인포시스가 이용하는 것과 똑같은 글로벌 협업을 위한 많은 도구의 이용법을 익혔다. 그러나 알 카에다는 그 도구들을 인포시스와 달리 제품과 이익을 창출할 목적이 아니라, 파괴와 살인을 양산하는 데 이용한다. 이것은 특히 어려운 문제다. 아마도 이는 미래에 초점을 맞추려는 평평한 세계의 국가들을 가장 괴롭히는 지정학적 문제일 것이다. 평평한 세계는 불행하게도 인포시스의 친구지만 알 카에다의 친구이기도 하다. 델 충돌예방 이론은 이들 비공식 이슬람-레닌주의 테러 네트워크에는 힘을 쓰지 못한다. 그들은 지도자들에게 책임을 지우는 국민이 있거나, 그들을 억제하는 사업적인 로비가 국내에 있는 국가가 아니기 때문이다. 이들 돌연변이적인 세계적 공급망은 이윤이 아닌 파괴를 목적으로 형성되었다. 이들은 투자자가 필요치 않으며, 오직 신참자와 자금기부자, 그리고 희생자만 있으면 된다. 그렇지만 재무적으로 자급하는 이들 돌연변이 공급망은 평평한 세계가 제공하는 모든 협업 수단을 사용한다. 자금 모금과 추종자 모집, 그리고 사상을 고무시키고 확산시키기 위해 웹에 자료를 올리며 신참자 훈련을 아웃소싱하고, 테러작전을 수행할 자살폭파범과 도구들을 공급하기 위해 공급망을 이용하고 있는 실정이다. 중동지역을 관할하는 미국의 중부사령부US Central Command는 이 지하 네트워크에 '가상의 칼리프 국가the Virtual Caliphate'라는 이름을 붙였다. 그들의 지도자들과 혁신가들은 평평한 세계를 월마트, 델 그리고 인포시스만큼이나 잘 이해한다.

이 책의 15장에서 세계의 평평화를 감안하지 않고 정서적으로나 정치적으로나 알 카에다의 부상을 이해할 수 없다고 설명했다. 내가 여기서 강조하는 바는 세계의 평평화를 감안하지 않고는 기술적으로도 알 카에다의 부상을 이해할 수 없다는 점이다. 세계의 평평화는 알 카에다가 이슬람교도의 정체성과 결속을 부활하고 강화하는 걸 도와주었고, 인터넷과 위성 TV 덕분에 다른 나라 이슬람 형제들의 투쟁을 보고 연민을 느끼는 이슬람교도들이 있다는 면에서 전반적으로 세계화는 알 카에다의 친구가 되었다. 동시에 앞에서 지적했듯이, 지난날 이슬람권이 우월하게 느꼈던 문명들, 인도와 유대, 기독교 그리고 중국 문명은 이제 그들보다 번성하고 있다는 사실을 두고 평평화 과정은 이슬람 세계의 일부 지역에서 그들의 굴욕감을 증대시켰다. 모두가 이를 알고 있다. 세계의 평평화는 도시화를 더욱 진행시키고, 좌절감을 느끼고, 실업 상태에 있는 아랍-이슬람권의 젊은 남자들이 서방으로 대규모 이민을 떠나도록 유도하고 있다. 그와 동시에 이런 젊은이들의 비공식 네트워크가 형성되고 활동하며, 서로 연락하기 더욱 쉽도록 해주고 있다. 이것은 확실히 지하 이슬람 극단주의자 그룹들이 원하던 바였다. 오늘날 아랍-이슬람권 전체에 하왈라hawala(은행 등 금융기관을 통하지 않는 이슬람의 전통적인 자금 송금방식으로 거래인 신분과 금액 등의 비밀이 유지된다)를 통해 자금을 이동하고, 이슬람 신학교 madrassa 같은 대체 교육기관을 통해 새로운 동조자를 모집하며, 인터넷과 글로벌 정보통신 혁명의 다른 수단을 통해 서로 통신하는 사람들의 소규모 네트워크로 구성된 이들 비공식 공급망이 널리 퍼져 있다. 100년 전 무정부주의자들은 서로 연락하고 협력하며 동조자를 찾고 군사행동을 위해 무리를 짓는 능력에 한계가 있었다. 하지만 인터넷이 있는 지금은 그것이 문제가 되지 않는다. 오늘날에는 유나바머Unabomber(미국에서 16건의 우편물 폭발사건을 일으킨 연쇄 폭탄 테러범의 명칭)조차도 자신만큼 왜곡된 세계관을 가진 자들이 그의 '힘'을 증폭시켜줄 조직을 함께 만들 동지를 규합할 수도 있다.

우리가 이라크에서 목격하고 있는 것은 훨씬 더 고약한 돌연변이 공급망인데, 바로 자살 공급망이다. 미국이 2003년 3월 이라크를 침공한 이후, 수백 명의 자살폭탄범들이 이라크와 이슬람권 전역에서 모집되어 지하 철도를 통해 이라크 국경으로 보내졌다. 그곳에서 폭탄 제조자들과 접속한 후에 어떤 것이 되었든 이라크의 이슬람 저항세력이 매일같이 전술적 목표로 설정하는 미국과 이라크의 목표물을 공격하기 위해 파견된다. 37년이 넘는 이스라엘의 요르단 강 서안 지배가 일부 팔레스타인 사람을 자살 테러로 몰아넣었다는 인식을 이해하긴 하지만 받아들일 수는 없다. 그러나 미국이 이라크를 점령한 지 몇 달도 지나지 않아 자살 공급망의 공격을 받기 시작했다. 어떻게 성전이라는 명목으로 자살 공격 준비가 된 그 많은 젊은이를, 더구나 그들 가운데 상당수는 이라크인도 아닌 그들을 '진열대에서 상품을 꺼내듯이' 뽑아 쓸 수 있었을까? 게다가 그들은 적어도 이 세계에서는 이름도 밝히지 않고, 공적으로 인정받으려고 하지도 않는다. 서방의 정보기관들은 이러한 자살 공급망이 어떻게 운영되는지 거의 아무 단서도 가진 게 없는 것으로 보이며, 이 공급망은 이제까지 이라크 주둔 미군을 곤경에 빠뜨렸다. 하지만 우리가 아는 바로는, 이 가상의 칼리프 국가는 내가 앞서 묘사한 공급망들과 유사하게 운영된다. 버밍엄의 할인점에서 진열대에 놓여 있는 제품을 하나 집으면, 그와 똑같은 제품 하나가 바로 베이징에서 만들어지는 것과 흡사하게 자살 소매업자들이 바그다드에 인간 폭탄 하나를 배치하면, 또 다른 인간 폭탄이 베이루트에서 모집되어 세뇌된다. 이 전술이 퍼지는 정도에 따라, 미국의 군사전략을 전면적으로 재고해야만 되는 상황을 맞게 될 것이다.

평평한 세계는 작은 조직이 크게 행동할 수 있게 하고, 사람 몇 명 죽이는 것과 같은 작은 행위가 큰 효과를 낳는 방식 때문에 알 카에다나 그 패거리들에게는 어마어마한 축복이다. 《월스트리트저널》 기자 대니 펄Danny Pearl이 파키스탄의 이슬람 전사에게 참수당하는 끔찍한 동영상이 인터넷을 통해 전 세계로 퍼졌다. 전 세계 어디에서든 그것을 보거나 그 기사를 읽은 언론인 가운데 공포에 떨지 않은 사람은 없었다. 그러나 동일한 참수 동영상이 동조자를 모집하는 도구로도 쓰였다. 평평해진 세계로 인해 테러리스트들은 테러를 전파하기가 훨씬 더 쉬워졌다. 인터넷을 이용하면, 서방이나 아랍의 언론기관을 통할 필요도 없이 당신의 컴퓨터에서 바로 방송할 수 있다. 더욱 큰 불안을 전파하는 데도 다이너마이트는 훨씬 적게 든다. 미군이 언론인들에게 나름대로 자신들에게 유리하게 이야기를 전개하듯이, 자살 공급망도 테러리스트들에게 똑같은 방식으로 자신들의 이야기를 심어놓는다. 나는 아침에 일어나서 인터넷을 켰을 때 복면에 총을 든 테러리스트가 어느 한 미국인의 목을 베겠다고 위협하는 동영상과 대체 몇 번이나 마주쳤는가? 이 모든 것은 친절하게도 아메리카온라인의 홈페이지를 통해 내게 전달되었다. 인터넷에 나오는 것은 더욱 그럴듯해 보이게 만드는 기술을 엄청나게 광범위한 범위로 전달하는 힘과 결합하기 때문에 인터넷은 선전과 음모이론, 그리고 명백한 거짓을 퍼뜨리는 데 굉장히 유용한 도구이다.

"새로운 정보확산 시스템인 인터넷은 합리성보다는 비합리성을 전파시킬 가능성이 높습니다"라고 미디어와 정치의 상호작용을 연구하는 정치이론가 야론 에즈라히가 말했다. "왜냐하면 비합리성에는 감정적인 면이 더 많이 실려있고, 지식은 덜 필요하며, 더 많은 사람에게 더 많은 것이 설명되고, 이해도 더 쉽습니다." 그런 이유로 오늘날 아랍-이슬람권에 음모이론이 그리도 유행하고 있으며, 불행하게도 서구세계에서도 그런 내용이 점점 더 번지고 있다. 음모이론은 곧장 혈관으로 들어가 '빛'을 보게 하는 마약과 같다. 그리고 인터넷은 그 마약을 주입하는 주삿바늘이다. 젊은이들이 현실 도피 수단으로 LSD(맥각균에서 합성한 향정신성 의약품의 하나)를 복용하고는 했었다. 그들은 이제 인터넷으로 접속한다. 이제 마약을 정맥에 주사shoot up하지 않고, 다운로드하면 된다. 당신의 모든 편견에 호소하는 딱 맞는 관점을 다운로드한다. 평평한 세계가 이 모든 것을 훨씬 더 쉽게 만들어준다.

많은 경우에 알 카에다 같은 네트워크들은 인터넷을 손쉽고, 값싼 세계적인 명령과 통제를 위해 활용할 뿐 아니라, 더 중요하게는 자신들의 주장을 확산시키기 위해 세계를 향해 떠드는 확성기로 이용한다. 사실 일부 이슬람 과격운동단체는 진정한 명령과 통제가 없으며, 그런 명령과 통제를 하고 있다고 가장하지도 않는다. 그들은 그저 평평한 세계의 플랫폼을 이용해서 자신들의 주장을 퍼뜨리고, 각지에서 보유한 개별적인 능력을 활용해 행동하도록 사람들을 고무시키고 훈계한다. 예를 들어 스페인에서 기차를 또는 런던에서 지하철을 폭파하는 식이다. 단일 본부에서 현장으로 내려지는 명령은 없으며, 단지 정신을 고무시키고 훈련하는 정도이다. 나머지는 현지의 대원들이 스스로 처리한다.

이스라엘 하이파 대학교의 신문방송학과 교수인 가브리엘 와이만Gabriel Weimann은 테러리스트들의 인터넷 활용을 정밀하게 연구했으며, 그 논문이 2004년 3월 미국평화연구소United States Institute of Peace, USIP에 의해 출간되었고, 2004년 4월 26일 《예일 글로벌 온라인》에 발췌되어 실렸다. 그는 다음과 같이 주장했다.

인터넷상의 사이버 테러 위험성에 대한 논의가 자주 있는 반면, 테러리스트들의 인터넷 활용으로 제기되는 위협에 대해서는 놀라울 정도로 알려진 것이 없다. 근래 6년간의 연구를 통해 테러리스트 조직과 후원세력이 후원자를 모집하고 자금을 모금하며, 전 세계적으로 공포를 일으키는 활동을 하기 위해 인터넷이 제공하는 각종 도구를 모두 이용해왔다는 걸 밝혀냈다. 테러리즘을 효과적으로 퇴치하기 위해 단순히 그들의 인터넷 도구를 탄압하는 것은 충분하지 않다는 점도 명백하다. 2003~2004년 기간에 인터넷을 자세히 조사해본 결과, 가끔 중복되지만 수백 개의 웹 사이트가 테러리스트들에게 여러 가지 방식으로 도움을 주고 있음이 드러났다. 테러리스트들이 허위정보를 퍼뜨리고, 공포와 무기력감을 심도록 의도된 위협을 전하고, 최근에 저지른 테러의 무서운 이미지를 전파하기 위해 이들 검열받지 않는 매체를 어떻게 이용했는지 수많은 사례가 있다. 2001년 9월 11일 이후, 알 카에다는 자신들의 웹 사이트에 미국 내 목표물에 '대규모 공격'이 임박했다는 경고문을 줄줄이 냈다. 상당히 많은 언론이 이러한 경고를 보도했고 이는 전 세계에 걸쳐, 특히 미국 내에서 많은 시청자 사이에 폭넓게 공포와 불안감을 조성하는 데 기여했다.

인터넷은 테러리스트들이 대중에게 자신의 존재를 알릴 기회를 굉장히 확대해주었다. 인터넷이 도래하기 전에는 그들의 대의와 활동을 대중에게 알리고 싶어도

TV와 라디오, 인쇄매체의 관심을 끌었을 때만 가능했다. 테러리스트들이 자신들이 운영하는 웹 사이트의 내용을 직접 통제할 수 있다는 사실은 서로 다른 목표 시청자들에게 인식되는 이미지를 형성하고, 그들과 적들의 이미지 조작이 가능한 기회가 확대되었음을 의미한다. 테러리스트들의 웹 사이트 대부분은 자신들의 활동을 자랑하지 않는다. 대신에 그들의 속성, 동기 또는 소재지에 상관없이 그들 사이트는 두 가지 이슈만을 강조한다. 하나는 표현의 자유에 가해진 제약이고, 또 하나는 현재 정치범 죄수인 그들의 동료들이 처한 곤경이다. 이 두 가지 이슈는 그들의 지지자들 사이에 강력한 반향을 일으키며, 표현의 자유를 소중히 여기고 정치적 반대자들을 침묵시키려는 조치에 눈살을 찌푸리는 서구 시청자들의 동정심을 사려는 계산에서 비롯되었다.

테러리스트들은 온라인 마케팅뿐 아니라 월드와이드웹이 제공하는 수십억 페이지에 달하는 자료에서 필요한 정보를 찾아내는 데도 능숙하다. 그들은 인터넷을 통해 운송시설, 원자력발전소, 공공건물, 공항과 항구 같은 목표물의 위치와 시간표뿐 아니라, 심지어 테러대비책에 관한 정보를 알아낼 수 있다. 도널드 럼스펠드Donald Rumsfeld 국방장관의 말에 따르면, 아프가니스탄에서 확보한 알 카에다의 훈련 매뉴얼에서 조직원들에게 "꼭 알아야 하는 적의 정보 중에서 80% 이상을 불법적 수단에 의존하지 않으면서 공개된 정보를 이용해 수집할 수 있다"고 알려주는 내용이 있었다. 노획한 알 카에다의 컴퓨터 하나에는 인터넷에서 다운로드 된 댐 건축의 구조적·공학적 구조물 특성이 들어 있었는데, 알 카에다의 엔지니어와 기획자들이 재난을 야기하는 고장을 시뮬레이션해볼 수 있게 해주는 것이었다. 또 다른 노획 컴퓨터들 속에서 알 카에다의 기술 담당자들이 전력, 상수도, 운송 그리고 통신설비를 디지털 스위치로 조종할 수 있게 하는 소프트웨어와 프로그램 작성법을 제공하는 웹 사이트에서 시간을 많이 보냈다는 증거를 미국 수사관들이 발견했다.

다른 많은 정치조직과 마찬가지로 테러리스트 조직도 인터넷을 이용해 자금을 모은다. 예를 들면, 알 카에다는 언제나 기부금에 크게 의존해왔으며 자선재단과 비정부조직, 그리고 웹 사이트와 인터넷 기반의 채팅룸과 포럼을 이용하는 다른 금융기관 등의 토대 위에 그들의 세계적인 자금모집 네트워크가 구축되어 있다. 러시아로부터 독립하려는 체첸 공화국의 전사들도 공감하는 사람들이 기부할 수 있도록 은행 계좌번호를 공개하는 등 유사한 방법으로 인터넷을 활용했다. 그리고 2001년 12월, 미국 정부는 텍사스에 있는 자선단체가 테러 조직 하마스와 연결되었다는 이유로 그 자산을 몰수했다.

온라인으로 자금을 모집하는 것 외에 테러리스트들은 자신들의 메시지 전달이 더 효과적으로 이뤄지도록 오디오, 디지털 비디오 등의 모든 웹 사이트 기술을 충분히 활용해 개종자들을 모은다. 그리고 소비자 프로필을 개발하려고 방문객의 활동을 추적하는 상업 사이트처럼, 테러리스트 조직들은 자신들의 웹 사이트에 접속하는 사용자에 관한 정보를 수집한다. 그런 다음에 조직의 대의에 가장 흥미를 보이거나 자신들의 과업 수행에 최적일 것 같은 방문객을 접촉한다. 새로운 조직원 모집 담당은 인터넷 기술을 이용해 반응을 보이는 대중, 특히 젊은이들을 찾아 온라인 채팅방과 사이버 카페를 돌아다닌다. 워싱턴 D.C.에서 알 카에다의 인터넷 통신을 감시하는 테러 연구 그룹인 사이트연구소SITE Institute는 알 카에다가 이라크로 가서 미국과 연합군을 공격할 전사들을 모집하기 위해 2003년에 개시한 하이테크 인원모집 운동high-tech recruitment drive의 등골이 서늘하게 하는 상세 자료를 제공했다. 인터넷으로 인해 테러리스트들은 값싸고 효율적인 네트워킹 수단을 갖게 되었다. 하마스와 알 카에다를 포함해 많은 테러리스트 그룹들은 정해진 지도자가 있는 엄격한 위계질서를 가진 조직에서, 단일 명령체계가 없는 반독립적인 세포조직의 연합체로 변신했다. 서로 느슨하게 연결된 이들 그룹은 인터넷을 통해 서로 간의 접촉을 유지할 수 있으며, 다른 테러 조직의 조직원과의 접촉을 유지하는 것도 가능해졌다. 인터넷은 동일 테러 조직원들만이 아니라 다른 그룹의 조직원들과도 서로 연결해준다. 예를 들면, 성전이라는 이름으로 테러를 지원하는 수십 개의 사이트는 체첸에서 말레이시아까지 멀리 떨어져 있는 테러리스트들이 폭탄 제조법, 테러 세포조직을 창설하는 법, 공격을 수행하는 법 등에 관해 의견과 실질적인 정보를 교환할 수 있게 해준다. 알 카에다 공작원들은 9·11 테러 공격을 계획하고 조율하는 데도 인터넷에 크게 의존했다.

이 모든 이유로 우리는 이제 겨우 세계의 평평화가 미치는 지정학적 영향을 이해하는 초기 단계에 와 있다. 한편 실패한 국가와 실패한 지역은 우리가 어떻게든 회피하고 싶은 곳들이다. 그들은 경제적 기회도 제공하지 못하고 있고, 그러한 국가들에 영향력을 행사하기 위해 우리와 경쟁하는 소련도 더 이상 존재하지 않는다. 다른 한편 오늘날 광대역 통신시설을 가진 실패한 국가보다 더 위험한 것은 없다. 실패한 국가들조차도 전자통신 시스템과 인공위성 통신망이 있어 알 카에다가 아프가니스탄에 침투했듯이, 테러리스트 그룹이 실패한 국가에 침투하면 자신들의 힘을 엄청나게 키울 수 있다. 강대국들이 그러한 국가들을 멀리하고 싶어하는 그만큼, 어쩔 수 없이 그런 국가들에 더욱 깊숙이 관여할 수밖에 없다고 느낄 수도 있다. 아프가니스탄과 이라크에 개입한 미국과 체첸에 개입한 러시아 그리고 동티모르에 개입한 호주를 생각해보라.

평평한 세계에서는 숨어 있기가 더 어려워졌지만, 서로 연결되기는 더욱 쉬워졌다. 존스홉킨스 대학교의 대외정책 전문가인 마이클 만델바움이 말했다. "중국 공산혁명 초기의 마오쩌둥을 생각해보십시오. 중국 공산주의자들은 중국 북서부 지역의 동굴에 은신해야만 했습니다. 그러나 그들이 통제할 수 있다고 믿는 모든 지역으로 움직일 수 있었습니다. 이와는 대조적으로 빈 라덴은 자신의 얼굴을 드러내지 못합니다. 그러나 인터넷 덕분에 세계의 모든 가정과 연결할 수 있습니다." 빈 라덴은 어떠한 영토도 장악할 수 없지만, 수백만 사람들의 상상력을 사로잡을 수는 있다. 그리고 그는 2004년 미국 대통령 선거 전날 미국 가정의 거실에 자신의 모습을 내보이면서 사람들의 상상력을 사로잡았다.

지옥에도 위성 안테나와 상호 통신할 수 있는 웹 사이트를 가진 테러리스트와 같은 분노의 화신은 없으리라.

개인적으로 너무 불안한 사람들

2004년 가을, 나는 우드스톡 음악 페스티벌로 유명한 야스거 농장에서 그리 멀지 않은 뉴욕 우드스톡에서 열리는 유대교 집회에 연사로 초대받았다. 나는 주최 측에 모든 장소를 제쳐놓고 우드스톡에서 어떻게 연속 강의를 할 만큼 큰 유대 교회당을 마련할 수 있었느냐고 물었다. 단순한 이유 때문이라고 그들이 말했다. 9·11 테러 이후, 유대인들과 다른 사람들도 다음번 그라운드 제로ground zero(9·11 테러로 파괴된 뉴욕 무역센터가 있던 터)가 생길 것으로 염려되는 곳을 벗어나기 위해 뉴욕 시에서 우드스톡 같은 곳으로 이주하고 있다. 현재 이러한 추세는 작은 물방울에 불과할지 모르지만 유럽이나 미국 도시에서 핵폭탄이 터진다면 격류가 될 것이다.

이러한 위협은 모든 반평화 요소의 모태이므로, 그 문제의 논의 없이는 이 책은 완성되지 못할 것이다. 우리는 많은 것들을 감수하며 산다. 우리는 9·11 테러를 이겨냈다. 그러나 우리는 핵 테러를 감내할 수는 없다. 그런 일은 세계를 영원히 평평하지 않은 곳으로 되돌려 놓을 것이다.

오사마 빈 라덴이 9·11 테러에서 핵무기를 쓰지 않은 유일한 이유는 그럴 의도가 없어서가 아니라 그럴 만한 능력이 없었기 때문이다. 그리고 델 충돌예방 이론이 자살 공급망을 억제해준다는 희망이 없으므로, 우리가 취할 수 있는 유일한 전략은 최악의 사태를 일으키는 그들의 능력을 제한하는 것이다. 이미 세상에서, 특히 구소련에서 유통되고 있는 핵분열물질을 모두 사들여 공급을 제한함으로써 핵무기 확산을 차단하고, 더 많은 국가의 핵무장을 방지하는 세계적 차원의 더욱 진지한 노력이 있어야 함을 의미한다. 하버드 대학교의 국제문제 전문가 그레이엄 앨리슨Graham Allison은 자신의 저서 『핵 테러: 예방 가능한 최후의 재앙Nuclear Terrorism: The Ultimate Preventable Catastrophe』에서 테러리스트들이 핵무기와 핵물질에 접근하지 못하도록 하는 전략의 개요를 설명했다. 그는 그것이 가능하다고 주장한다. 그것은 우리의 의지와 신념에 대한 도전이지만, 우리 능력에 대한 도전은 아니다. 앨리슨은 이 문제를 다루기 위해 미국이 주도하는 새로운 국제안보질서를 제안한다. 그것은 그가 '세 가지 금지 독트린'이라 부르는 것에 기초하고 있는데, 곧 방치된 핵무기 금지, 새로운 핵무기 개발 금지 그리고 새로운 핵무기 보유국 금지이다. 방치된 핵무기 금지는 핵무기와 핵폭탄을 제조할 수 있는 모든 핵물질을 이제까지 해온 것보다 훨씬 더 엄격한 방법으로 봉쇄하는 것이라고 앨리슨은 말했다. "우리는 포트 녹스Fort Knox(미국 재무성 금 저장고가 있는 곳)에서 금을 잃어버리지 않습니다. 러시아는 크렘린의 저장고에서 보물을 잃어버리지 않습니다. 그러므로 둘 다 하려고 결정만 하면, 우리에게 너무나 값진 것들을 도난당하지 않도록 예방하는 법을 압니다." 새로운 핵무기 개발 금지는 막 부화하려는 핵폭탄이나 다름없는 고농축 우라늄이나 플루토늄을 생산할 수 있는 일단의 무리가 존재함을 인정하는 것을 뜻한다. 우리는 핵분열물질을 모두 거둬들이는, 훨씬 더 신뢰할 만한 다자간 핵무기 비확산 체계가 필요하다. 마지막으로 새로운 핵무기 보유국 금지는 "현재 여덟 개 핵보유국에 선을 긋고, 그것이 아무리 불공정하고 비이성적이라 하더라도 핵보유국이 더 늘어나서는 안 된다는 것"을 의미한다고 앨리슨은 말했다. 이 세 가지 조치를 통해 더욱 공식적이고 안정적이며, 국제적으로 인정받는 체계를 도출하는 데 걸리는 시간을 벌어줄 것이라고 그는 덧붙였다.

알 카에다와 동류의 무리가 인터넷에 접근하지 못하게 막는 것도 좋은 방안이겠으나, 우리도 피해를 보지 않으면서 할 수 있는 일이 아니다. 그래서 그들의 능력을 제한하는 것이 필요하지만 충분치 않다고 하는 이유이다. 또한 우리는 그들의 최악의 의도를 파악하는 방법을 찾아야 한다. 세계를 평평하게 하는 인터넷을 비롯한 다른 모든 창조적이고 협력적인 도구를 폐쇄하지 못한다면, 그리고 그들이 그것에 접근하는 것을 막을 수 없다면 우리가 할 수 있는 유일한 방법은 사람들이 그들에게 전해주고, 그들로부터 이끌어 내는 상상력과 의도에 영향을 미치는 것이다. 내가 이 문제와 이 책의 광범위한 주제를 제기하자, 나의 종교적인 스승인 네덜란드 출신의 랍비 츠비 마르크스Tzvi Marx는 내가 묘사하는 평평한 세계가 바벨탑 이야기를 연상시킨다고 말해 나를 놀라게 했다.

어째서 그런지 내가 질문하자, 랍비 마르크스가 대답했다. "하나님이 바벨탑에서 인간들을 추방하고 모두가 다른 언어를 사용하게 한 이유는, 사람들이 협력하는 것 자체를 원치 않아서가 아닙니다. 그들이 협력하는 목적이 곧 하늘에 이르는 탑을 건설해서 신이 되려고 노력을 쏟는 것이었기 때문입니다." 이것은 인간 능력의 왜곡된 모습이었기에 하느님은 인간의 결속과 의사소통 능력을 파괴한 것이다. 이제 수많은 시간이 흐른 뒤에 인류는 세계 곳곳으로부터 더 많은 사람이 그 어느 때보다 충돌을 줄이면서 더 쉽게 협력할 수 있는 새로운 플랫폼을 다시금 창조했다. 인터넷이 바로 그 새로운 플랫폼이다. 하나님께서는 인터넷을 이단으로 여기실까?

"절대로 그렇지 않습니다"라고 마르크스가 말했다. "인류가 협력하는 것이 이단은 아닙니다. 어떤 목적이 있느냐는 것이 요체입니다. 우리가 올바른 목적을 위해, 즉 과대망상적인 목적이 아닌 건설적이고 인간적인 목적을 위해 의사소통하고 협력하는 이 새로운 능력을 활용하는 것이 필수적입니다. 바벨탑을 쌓은 것은 과대망상적인 행위였습니다. 빈 라덴이 자신이 진리를 말하고 있으며, 자신의 말에 귀를 기울이지 않는 그 어떤 사람의 탑도 쓰러뜨리겠다고 주장하는 것도 과대망상입니다. 협력해서 인류의 잠재능력을 충분히 발휘하는 것이 하나님이 바라는 것입니다."

우리가 어떻게 그런 유형의 협력을 더욱 증진시키느냐 하는 문제가 바로 마지막 장에서 다룰 내용이다.

제7부

결론: 두 가지 상상력

17장

11·9 그리고 9·11

⋮

상상력은 지식보다 더 중요하다.

— 알베르트 아인슈타인

세계가 평평해진 기간인 지난 15년간을 회고하던 가운데 우리 삶의 모습에 크게 영향을 준 2일이 있었다는 생각이 났다. 바로 11월 9일과 9월 11일이다. 이 두 날짜는 오늘날 세계에서 작동하고 있는 두 가지 유형의 경쟁적인 상상력을 대표한다. 11월 9일이라는 창조적 상상력과 9월 11일이라는 파괴적 상상력이 그 둘이다. 하나는 장벽을 무너뜨리고, 세계의 창windows을 열었다. 윈도우Windows 운영체제와 우리가 세상을 바라보는 관점의 창 두 가지를 열었다. 그날에 우리 지구의 반을 개방시켰고, 그곳의 시민을 우리의 협력자이자 경쟁자로 삼았다. 또 다른 상상력은 세계무역센터를 무너뜨렸고, 그곳이 상징하던 세계라는 식당의 창을 완전히 폐쇄해버렸다. 그리고 11월 9일이 장벽을 영원히 없애버렸다고 생각했던 시기에, 보이지 않고 굳건한 새로운 벽을 사람들 사이에 세웠다.

11월 9일의 베를린 장벽 해체는 다른 더 개방된, 모든 사람이 자신의 잠재력을 실현할 자유가 있는 그런 세계를 상상했던 사람들과 그 상상에 따라 행동할 용기가 있었던 사람들에 의해 이루어졌다. 여러분은 그 일이 어떻게 일어났는지 기억하는가? 아주 간단했다. 정말로 단순했다. 1989년 7월, 수백 명의 동독인이 헝가리의 서독 대사관에서 망명을 신청했다. 1989년 9월, 헝가리 정부는 오스트리아와의 국경을 개방하기로 했다. 이것은 헝가리로 들어온 동독인은 누구나 오스트리아나 다른 자유세계로 갈 수도 있다는 뜻이었다. 너무도 당연한 결과지만, 1만 3000명이 넘는 동독인들이 헝가리의 뒷문을 통해 탈출했다. 그로 인해 동독 정부에 대한 압력이 가중되었다. 그해 11월에 동독 정부가 여행 제한을 없애겠다는 계획을 발표했을 때, 수만 명의 동독인이 베를린 장벽으로 모여들었다. 그리고 1989년 11월 9일, 국경경비대가 베를린 장벽의 문을 열어놓았다.

헝가리의 어떤 사람이, 그가 수상이었을지도 모르고 그저 한 사람의 평범한 관리였을지도 모르지만, 스스로 틀림없이 이런 말을 했을 것이다. "상상해보라. 오스트리아와의 국경을 개방하면 무슨 일이 일어날지 상상해보라." 소련이 제자리에서 얼어붙어 있으면 무슨 일이 벌어질지 상상해보라. 서유럽으로 탈출하는 이웃을 보고 용기를 얻은 남녀노소 동독인들이 어느 날 베를린 장벽에 떼 지어 몰려들어서 장벽을 허물기 시작했다면 어땠을지 상상해보라. 여러 사람이 그런 대화를 나눴을 것이고, 그랬기 때문에 수백만 동유럽 사람들이 철의 장막 뒤에서 걸어 나와 평평한 세계와 조우하게 되었다. 이때가 미국인으로 살기에 참 좋은 시대였다. 미국은 유일한 세계 초강대국이었고, 세계는 미국인의 것이었다. 장벽은 없었다. 미국 젊은이들은 한 학기 동안 또는 여름방학 동안 그 이전의 어떤 세대보다 많은 나라를 여행하겠다는 생각을 할 수 있었다. 상상력과 지갑에 든 돈이 허용하는 한 멀리 여행할 수 있었다. 또한 그들이 교실 주위를 둘러보면, 그들의 선배들보다 다른 나라에서 온 다른 문화 배경을 가진 급우들을 더 많이 볼 수 있었다.

9·11 테러가 물론 이 모든 것을 바꿔놓았다. 그것은 매우 다른 종류의 상상력이 가진 힘을 우리에게 보여주었다. 9·11 테러는 가능한 한 많은 무고한 사람을 살생할 방법을 상상하는 데 수년을 보낸, 증오심으로 가득 찬 한 무리의 사람들이 가진 힘을 우리에게 보여주었다. 어느 한순간 빈 라덴과 그의 무리는 서로를 보면서 틀림없이 이렇게 말했을 것이다. "우리가 세계무역센터 쌍둥이 빌딩의 94층과 98층 사이를 정확하게 강타하는 모습을 상상해보라. 그리

고 쌍둥이 빌딩이 각각 카드로 만든 집처럼 무너지면 어떨지 상상해보라." 유감스러운 일이지만, 몇몇 사람들이 그런 대화를 했다. 그리고 그 결과 한때 우리 세상이었던 그 세계는 굴처럼 입을 굳게 닫아버린 듯 보였다.

역사에서 인간의 상상력이 중요하지 않았던 때는 단 한 번도 없었다. 그러나 나는 이 책을 쓰면서 평평한 세계에서는 협력을 위한 그 많은 도구가 누구에게나 이용 가능한 일상용품이 되고 있기 때문에 지금보다 상상력이 더 중요한 때는 없었다는 것을 알게 되었다. 이제는 훨씬 더 많은 개인이 자기만의 콘텐츠를 생성하고 세계화하는 힘을 갖게 되었다. 그러나 아직 손쉬운 일용품이 되지 않았고 앞으로도 결코 그렇게 될 수 없는 한 가지가 있다면 그것은 바로 상상력이다. 어떤 콘텐츠를 만들 것인가 꿈꾸는 상상력 말이다.

여러 국가가 독점적인 권력을 보유했던 더욱 중앙집권적이고 더 수직적 구조의 세계에서 살던 시절에는 초강대국의 지도자가 스탈린이나 마오쩌둥, 히틀러처럼 뒤틀린 인물일 때 개인의 상상력은 큰 문제였다. 그러나 오늘날에는 개인들이 모든 협력의 도구에 쉽게 접근할 수 있고, 그래서 개인들 스스로 또는 작은 조직들이 상상하기 어려운 능력을 갖추게 된 이때에 대중을 위협하기 위해 개인들이 굳이 국가를 통제할 필요도 없다. 이제는 작은 조직 또는 개인이 큰일을 할 수 있게 되었고, 국가를 도구로 동원하지 않고도 세계질서에 심각한 위험이 될 수 있다.

그러므로 어떻게 긍정적인 상상력을 자극할지 생각해보는 것이 제일 중요한 일이 되었다. IBM의 컴퓨터 과학자인 어빙 래도스키버거는 내게 이렇게 말했다. "우리는 사람들이 어떻게 하면 문명을 진보시키고 결속시켜주는 생산적인 결과에 초점을 맞추도록 장려할지에 대해 더욱 진지하게 생각해봐야 합니다. 우리는 소외를 최소화하고, 자급자족보다는 상호의존을, 배척이 아니라 포용을, 제한과 의심 및 불만보다는 개방적 태도와 기회 그리고 희망을 추구하는, 이를테면 평화적인 상상력을 생각해봐야 합니다."

예를 들어 설명해보겠다. 1999년 초 불과 몇 주 사이에 두 사람이 항공 사업을 기초부터 새로 시작했다. 두 사람 모두 항공 사업에 관한 꿈과 그와 관련된 뭔가를 할 수 있는 능력이 있었다. 그중 한 사람은 데이비드 닐먼이었다. 그는 1999년 2월에 제트블루 항공을 개시했다. 벤처캐피털로부터 1억 3000만 달러의 자본금을 모아서 에어버스 A-320 여객기 몇 대를 사들이고, 조종사는 7년 계약으로 고용했다. 그리고 유타 주 솔트레이크 시 인근에 사는 가정주부들과 은퇴자들에게 집에서 컴퓨터로 예약 업무를 처리하도록 예약 시스템을 아웃소싱했다.

항공 사업을 시작했던 또 다른 한 사람은 9·11 테러위원회 보고서를 통해 밝혀진 오사마 빈 라덴이다. 1999년 3월 혹은 4월, 아프가니스탄 칸다하르에서 열린 모임에서, 그는 파키스탄에서 태어난 기계공학 엔지니어로 9·11 테러의 설계자인 칼리드 셰이크 모하메드Khalid Sheikh Mohammed가 초안부터 준비한 제안을 받아들였다. 제트블루의 구호는 '같은 고도Altitude, 다른 태도Attitude'였다. 알 카에다의 구호는 신은 위대하다는 뜻의 '알라후 아크바르Allahu Akbar'였다. 양 항공사는 뉴욕으로 비행하도록 설계되었지만, 닐먼의 항공은 케네디 공항으로, 빈 라덴의 비행기들은 맨해튼을 향해 날았다.

아마도 내가 실리콘밸리로 가는 비행기에서 9·11 테러 보고서를 읽었기 때문에 노스캐롤라이나 농업기술 주립대학에서 학위를 받은 칼리드 셰이크 모하메드가 오사마 빈 라덴에게 자신에 대해 얼마나 많이 얘기하고, 얼마나 자신을 열정적인 공학을 전공한 사업가로 소개했는지 알아챌 수 있었다. 그는 한 명의 부유한 벤처자본가로 등장한 오사마 빈 라덴에게 자신의 아이디어를 팔기 위해 열심히 설명했다. 그러나 안타깝게도 모하메드는 말 그대로 '모험 자본adventure capital'을 찾고 있었다. 다음은 9·11 테러 위원회 보고서의 일부다.

9·11 테러의 주 설계자 칼리드 셰이크 모하메드보다 테러를 파는 기업가의 전형을 더 잘 보여주는 자는 없다. 고등교육을 받았고, 정부의 관공서에서나 테러리스트의 은신처에서나 똑같이 편안함을 느끼는 칼리드는 자신의 상상력과 기술적 능력, 관리능력을 비범한 테러 계획을 꾸미고 기획하는 데 이용했다. 이러한 아이디어에는 재래식 차량 폭파, 정치인 암살, 항공기 폭파, 비행기 납치, 저수지

에 독극물 퍼뜨리기 그리고 궁극적으로 자살공작원에 의해 운전되는 항공기를 미사일처럼 이용하는 방법까지 포함되어 있었다. 칼리드는 벤처자본과 인력을 구하는 사업가로 자처했다. 빈 라덴은 1999년 3월 또는 4월에 그를 칸다하르로 불러들여, 알 카에다가 그의 계획을 지원하겠다고 말했다. 그 후 이 음모는 알 카에다 내부에서 '비행기 작전'으로 불렸다.

빈 라덴은 아프가니스탄에 있는 자신의 사업 본부에서 자신이 매우 능숙한 공급망 관리자임을 입증했다. 그는 다른 거대기업이 평평한 세계에서 하는 것과 똑같이 이 프로젝트를 위해 가상 회사를 차리고 각 업무에 적격인 전문가를 찾아냈다. 그는 9·11 테러를 위한 전체 기획과 청사진을 모하메드에게 아웃소싱했고, 전반적인 자금 문제는 모하메드의 조카인 알리 압둘 아지즈 알리Ali Abdul Aziz Ali에게 맡겼다. 알리는 국외에 있는 은행 계좌에서 전신송금과 현금, 여행자 수표, 신용카드 이용 등의 방법으로 비행기 납치범들에게 자금 전달을 조율했다. 빈 라덴은 알 카에다 명부에서 사우디아라비아 아시르 지방 출신의 건장한 단원을 뽑았고, 유럽에서는 적합한 파일럿을, 함부르크에서는 적합한 팀 리더를, 파키스탄에서는 적합한 지원 인력을 뽑았다. 빈 라덴은 파일럿 훈련을 미국의 비행 학교에 아웃소싱했다. 작전 수행을 위해서 보잉 757기, 767기, 에어버스 320기 그리고 가능하다면 보잉 747기를 '임대'하는 것이 필요하다는 것을 잘 알았던 빈 라덴은 이 다양한 기종의 항공기를 조종할 파일럿을 훈련하는 데 필요한 자금을 알 카에다에 우호적인 이슬람 자선단체와 기타 이슬람 모험자본가adventure capitalists들로부터 모았다. 9·11 테러에 든 총 예산은 40만 달러 정도였다. 작전 팀이 모아지자, 빈 라덴은 자신의 핵심 경쟁력인 조직 전체를 이끄는 리더십과 자살 공급망에 이념적 정당성을 부여하는 일에 집중했다. 이런 일에 그의 참모들인 모하메드 아테프Mohammed Atef와 아이만 알 자와히리Ayman al-Zawahiri의 지원을 받았다.

2001년 12월 미국 버지니아 동부지구 지방법원이 9·11 테러의 이른바 열아홉 번째 납치범이라 불리는 자카리아스 무사위Zacarias Moussaoui에 대해 작성한 기소장의 한 부분을 읽어보면 빈 라덴이 가진 공급망의 전체적인 느낌과 알카에다가 얼마나 적극 신기술을 수용했는지 이해할 수 있다. 기소장에는 이런 내용이 있다. "1999년 6월 또는 그즈음, 아랍어 TV 방송국과의 인터뷰에서 오사마 빈 라덴은 모든 미국 남성을 죽여야 한다고 주장하는 협박을 발표했다." 그리고 2000년 내내, 무사위를 포함한 비행기 납치범들은 모두 미국의 비행학교에 다니거나 훈련과정에 대해 문의하기 시작했다. "2000년 9월 29일 또는 그 무렵, 자카리아스 무사위는 말레이시아에 있는 인터넷 서비스 제공 회사를 통해 9월 6일에 등록한 이메일 계정을 이용해 오클라호마 주의 노먼에 있는 에어맨 비행학교Airman Flight School에 연락했다. 2000년 10월 또는 그즈음에 자카리아스 무사위는 말레이시아 기업인 인포커스테크Infocus Tech가 그를 그 회사의 미국과 영국 및 유럽 마케팅 컨설턴트로 임명했으며, 한 달에 2500달러를 지급할 것이라는 내용의 편지를 받았다. 2000년 12월 11일 또는 그 무렵, 모하메드 아타는 보잉 767 모델 300ER과 에어버스 A320 모델 200의 비행을 다룬 비디오테이프를 오하이오의 파일럿을 위한 한 전문점에서 구입했다. 2001년 6월 또는 그 무렵, 자카리아스 무사위는 오클라호마 주 노먼에서 항공방제 회사를 설립하는 것에 대해 문의했다. 2001년 8월 16일 또는 그 무렵, 자카리아스 무사위는 다른 물품 이외에 다음과 같은 것들을 소지하고 있었다. 칼 두 자루, 쌍안경 하나, 보잉 747 모델 400 비행 매뉴얼, 비행 시뮬레이션 컴퓨터 프로그램, 권투 글러브와 정강이 보호대, 휴대용 위치확인 시스템과 캠코더를 언급한 종이 한 장, 보잉 747 모델 400의 조종 절차를 점검하는 데 사용하는 소프트웨어, 무사위가 인포커스테크의 미국 담당 마케팅 컨설턴트임을 알려주는 편지들, 살충제 공중 살포에 관련된 정보를 담은 컴퓨터 디스크 한 장, 휴대용 항공무전기 한 개.

그의 아버지가 《UPI 통신사》의 특파원으로 활동했던 남미에서 자란 독실한 모르몬 교도인 데이비드 닐먼은 대조적으로 고전적인 미국 기업가이며 매우 성실한 사람이다. 그는 대학을 다닌 적이 없지만, 모리스 항공과 제트블루 두 항공사를 성공적으로 창업했다. 그리고 세 번째 항공사인 사우스웨스트를 세우는 데 중요한 역할을 했다. 그는 지금 e-티케팅으로 알려진 비행기표 없는 항공여행업의 대부이다. 그는 나에게 자신의 혁신적인 유전자가 어디서 비롯되었는지를 설명하면서 "저는 뼛속까지 낙관주의자입니다. 저의 아버지도 낙관주의자라고 생각합니다"라고 말했다. "저는 매우 유복한 가정에서 자랐습니다. 제트블루는 기획되기 전에 내 마음속에서 먼저 만들어졌습니다." 신경 써야 할 전통적인 구형 시스템이 없었으므로 닐먼은 낙관주의적 상상력과 최신 기술을 재빨리 채택하는 능력을 이용해서, 이윤을 많이 내는 항공사를 출범시킬 수 있었다. 그리하여 일자리와 저렴한 비용의 항공여행, 인공위성의 지원을 받는 독특한 기내 엔터테인먼트 시스템 그리고 여러분이 상상할 수 있는 가장 사람 중심적인 직장 가운데 한 곳을 만들어냈다. 그는 또한 사랑하는 가족의 갑작스러운 죽음이나 질병에 직면한 직원 가족을 돕기 위해 회사 내에 재난구제기금을 개시했다. 현재 이사회 의장인 닐먼은 직원들이 이 기금에 내는 매 1달러에 맞춰 자신의 월급에서 1달러를 기부한다. "사람들이 조금이라도 기여하는 것이 중요하다고 생각합니다. 다른 사람을 위해 봉사할 때면 조금은 흥분되는 좋은 기분을 갖게 되는 바뀌지 않는 천국의 법칙이 있다고 믿습니다"라고 닐먼이 말했다. 제트블루 주식으로 이미 부자가 된 닐먼은 2003년에 20만 달러인 그의 월급에서 12만 달러를 회사의 재난구제기금에 기부했다.

닐먼의 뉴욕 사무실 밖 대기실에는 제트블루의 에어버스 여객기가 세계무역센터 위를 날아가는 컬러 사진이 한 장 걸려있다. 9·11 테러가 일어났을 때 닐먼은 자신의 사무실에 있었고, 쌍둥이 빌딩이 불타는 것을 지켜보았다. 그러는 동안 제트블루의 여객기는 착륙대기 선회 비행경로를 따라 케네디 공항 상공을 선회하고 있었다. 내가 글에 쓰게 될 그와 빈 라덴의 유사점과 차이점에 대해 설명해주자, 그는 불편해하면서도 호기심을 가졌다. 인터뷰 후에 노트북을 닫고 떠날 준비를 할 때, 그는 내게 질문이 하나 있다고 했다. "빈 라덴이 정말로 자신이 하는 일을 기뻐하는 신이 저 위에 존재한다고 믿으리라고 생각합니까?"

나는 모르겠다고 대답했다. 내가 분명히 아는 것은 이것이다. 세계를 평평하게 하는 데는 두 가지 방법이 있다. 하나는 모든 사람을 같은 수준으로 끌어올리는 데 당신의 상상력을 사용하는 것이다. 다른 하나는 모든 사람을 같은 수준으로 낮추는 데 당신의 상상력을 사용하는 것이다. 데이비드 닐먼은 낙관적인 상상력과 평평한 세계에서 쉽게 이용할 수 있는 기술들을 높은 수준으로 사람들을 끌어올리기 위해 이용했다. 그는 놀랍도록 성공한 새로운 항공사를 발족시켰고, 회사 이윤의 일부를 근로자들을 위한 재난구제기금으로 전환했다. 오사마 빈 라덴과 그의 제자들은 비틀린 상상력과 닐먼이 이용한 것과 똑같은 많은 수단을 써서 미국 국력의 상징인 쌍둥이 빌딩을 그들의 낮은 수준으로 무너뜨리는 기습공격을 감행했다. 더 나쁜 것은 그들이 종교의 탈을 쓰고 돈을 모아서 인간에게 커다란 재앙인 이런 일을 일으켰다는 것이다.

"유전자 변종 두 개가 태초의 세계화의 늪에서 출현한 겁니다." 인포시스의 최고경영자 난단 닐레카니의 말이다. 하나는 알 카에다이고, 다른 하나는 인포시스나 제트블루 같은 기업들이다. "그러므로 우리는 어떻게 하면 좋은 돌연변이를 장려하고, 나쁜 돌연변이는 막을 수 있는지에 중점을 둬야 합니다."

나는 이 말에 전적으로 동의한다. 정말로 그런 노력은 지구를 온전히 보존하기 위해서 우리가 배워야 할 가장 중요한 일이다.

홍채인식 보안기술에서부터 엑스레이 촬영장치와 같은 기술 발전이 평평한 세계가 제공하는 도구들을 이용해 오히려 평평한 세계를 파괴하려는 자들을 확인하고, 찾아내어, 체포하는 데 도움을 줄 것이라는 사실을 나는 조금도 의심치 않는다. 그러나 궁극적으로 기술만으로는 우리를 안전하게 지킬 수 없다. 우리는 협력 수단을 만들어낸 세계를 파괴하기 위해 그 협력 수단을 사용하려는 자들의 상상력에 영향을 줄 방법을 찾아내야 한다. 그러나 사람들이 더 희망적이고, 더 긍정적이고, 더 관대한 상상력을 키우도록 하려면 어떻게 해야 하는가? 모두가 자신에게 이런 질문을 던져야 한다. 나는 미국인의 한 사람으로서 질문한다. 다른 무엇보다도 미국이 모범을 보임으로써 이 문제가 개시된다고 생각하기 때문에 내가 이 마지막 요점을 강조하는 것이다. 다행스럽게도 자유롭고 진보적인 사회에서 살아가는 우리 같은 사람들이 모범을 보여야 한다. 우리는 가능한 한 최고의 세계 시민이 되어야 한다. 우리는 세계로부터 물러나 도망칠 수가 없다. 우리는 반드시 우리의 상상력을 최대한 활용해야 하며, 우리의 상상력이 우리를 능가하도록 내버려둬서는 안 된다.

미국이 정당한 자기방어 조치와 미국의 상상력이 미국을 능가하도록 허용하는 것 사이에서, 언제 그 한계선을 넘어 예방 조치로 우리 자신을 마비시키게 되는지 알기는 항상 어려운 일이다. 나는 9·11 테러 직후 미국의 정보기관들이 9·11 테러 음모자들을 찾아내지 못한 이유는 '상상력의 실패' 때문이라고 주장했다. 우리는 미국의 정보기관 내에 빈 라덴과 칼리드 셰이크 모하메드의 상상력에 맞먹는 수준의 병적인 상상력을 가진 사람들을 충분히 보유하지 못했다. 미국의 정보기관 내에 그러한 사람들이 어느 정도 필요하다. 그러나 물론 우리 모두 그럴 필요는 없다. 미국인 모두가 우리 주변의 모든 사람이 품고 있는 최악의 것을 상상하는 데 사로잡혀 움츠려 살 필요는 없다.

2003년에 내 딸 오를리는 자기가 다니던 고등학교의 오케스트라 단원이었다. 그해 3월 뉴올리언스에서 열리는 전국 고등학교 오케스트라 경연대회에 참가하기 위해 오케스트라 단원들은 1년 내내 연습에 열중했다. 3월이 다가오자 이라크와의 전쟁이 임박했음이 드러났고, 몽고메리 카운티의 교육위원회는 테러가 발생할 것이 두려워서 오케스트라의 뉴올리언스 대회 참가를 포함해 학생들이 단체로 참여하는 도시 외부의 모든 행사를 취소해버렸다. 완전히 말도 안 되는 일이라고 생각했다. 9·11 테러를 저지른 사악한 상상력에도 한계가 있다. 오사마 빈 라덴과 아이만 알 자와히리가 아프가니스탄의 동굴에 앉아서, 아이만이 오사마에게 "오사마, 뉴올리언스에서 해마다 열리는 고등학교 오케스트라 경연대회를 기억하지요? 올해 대회가 다음주로 다가왔습니다. 제대로 놀랄 만한 일을 한번 벌여봅시다"라고 말하고 있을지 어느 시점에서는 자문해봐야 한다.

나는 그렇게 생각하지 않는다. 빈 라덴이나 동굴에서 살게 내버려두자. 우리는 우리 상상력의 주인이 되어야지 포로가 되어서는 안 된다. 레바논의 수도 베이루트에 사는 내 친구는 비행기를 탈 때마다 자기는 폭탄을 여행 가방 안에 챙긴다고 농담을 한다. 한 비행기 내에 두 사람이 폭탄을 갖고 탑승할 가능성이 훨씬 낮기 때문이란다. 필요한 조처를 하되, 문밖으로 나서라.

그와 관련해서 9·11 테러 희생자의 간단한 전기를 정리한《뉴욕 타임스》연재기사 '슬픔의 초상Portraits of Grief'에서 가장 감동했던 이야기를 소개하겠다. 노스이스턴 대학교의 경영학과 학생이었던 20세의 캔디스 윌리엄스의 이야기다. 그녀는 세계무역센터 1빌딩의 14층에 있는 메릴린치증권의 사무실에서 2001년 1월부터 6월까지 인턴으로 일했다.《뉴욕 타임스》와의 인터뷰에서 캔디스의 어머니와 동료들은 그녀가 매우 즐겁게 인턴생활을 했으며, 에너지와 야망이 충만한 젊은 여성이었다고 말했다. 실제로 그녀와 같이 일했던 메릴린치의 직원들이 그녀를 아주 좋아했기에 그녀의 인턴 마지막 날 저녁을 사주고 리무진에 태워서 집으로 보내주었다. 그리고 그들은 이후에 노스이스턴 대학교에 캔디스 같은 학생 다섯 명을 더 보내달라는 편지를 써서 보냈다. 캔디스 윌리엄스의 학기는 6월에서 12월까지였는데 중간고사를 치르고 몇 주 지나서 캘리포니아에 있는 룸메이트의 집을 방문하기로 했다. 캔디스는 우등생이기도 했다. "상을 받을 때를 대비해서 무개차까지 빌렸어요. 캔디스는 캘리포니아에 가서 커다란 할리우드 표지판을 배경으로 사진을 찍고 싶어했어요." 그녀의 어머니 셰리가《뉴욕 타임스》에 한 말이다.

불행하게도 캔디스는 2001년 9월 11일 아침 8시 2분에 보스턴의 로건 공항을 이륙한 아메리칸 항공의 11번 여객기를 탔다. 그 비행기는 8시 14분에 좌석 8D에 있던 모하메드 아타를 포함한 다섯 명의 테러범에 의해 납치되었다. 아타가 조종하는 보잉 767-223 ER은 맨해튼으로 방향을 돌렸고, 캔디스가 인턴으로 일했던 바로 그 세계무역센터 건물의 94층과 98층 사이에 충돌했다.

비행 기록에 의하면, 그녀는 80세 된 자신의 할머니 옆에 앉아 있었다. 두 사람은 인생에서 반대편 양 끝에 있었다. 한 사람은 추억으로 가득 차 있었고, 또 한 사람은 미래에 대한 꿈으로 가득 차 있었을 것이다.

이 이야기가 나에게 무엇을 말해주는가? 캔디스 윌리엄스가 11번 비행기에 탑승했을 때, 그녀는 어떤 일이 일어날지 상상도 해보지 못했다. 그러나 9·11 테러가 벌어졌고, 이제 우리는 어떻게 끝이 날지 상상해보지 않고 비행기를 타는 사람이 없다. 캔디스 윌리엄스에게 일어났던 일이 우리에게도 벌어질 수 있다고 상상한다. 아프가니스탄의 동굴에 숨어 사는 한 미치광이의 자의적인 뜻에 따라 한 사람의 목숨이 깨끗이 사라질 수 있음을 우리 모두 훨씬 잘 인식하게 되었다. 그러나 실상은 우리가 탄 비행기가 납치될 가능성은 아직도 극히 낮다. 오히려 차를 몰고 가다가 사슴을 치는 바람에 죽거나 벼락에 맞아 죽을 가능성이 더 높다. 그러므로 우리가 비행기를 탈 때 무슨 일이 일어날지 상상하더라도, 우리는 어쨌든 비행기를 타야 한다. 비행기를 타지 않는 쪽을 선택하는 것은 우리가 스스로를 동굴에 가두는 것이기 때문이다. 상상력은 재방송에 관한 것이 아니다. 상상력은 새로운 내용을 쓰는 것이라야 한다. 캔디스 윌리엄스에 관한 기사를 읽어본 바로는 그녀는 낙관주의자였다. 나는 그녀가 사고를 당할 가능성이 있어도 오늘도 여전히 비행기를 탈 것이라고 장담한다. 그리고 우리 모두도 그렇게 해야 한다.

미국 건국 초기부터 세계 속에서 미국의 역할은 과거가 아닌 미래지향적인 국가가 되는 것이었다. 9·11 테러 이후 부시 행정부의 미국에서 일어난 일 가운데 가장 위험한 일은 미국이 희망을 수출하던 나라에서 공포를 수출하는 나라로 변한 것이다. 미국은 세계로부터 최선의 것을 얻기 위해 회유하는 노력을 기울이던 나라에서 너무도 자주 세계를 향해 으르렁거리며 윽박지르는 나라로 바뀌었다. 그리고 공포를 수출하면 다른 모든 사람의 공포를 수입하는 결과를 낳게 된다. 그렇다. 우리에겐 최악을 상상할 수 있는 사람이 필요하다. 그건 9월 11일에 최악의 상황이 발생했고, 그런 일이 또다시 일어날 수 있기 때문이다. 그러나 예방과 망상은 분명히 다르며, 미국은 때때로 그 선을 넘었다. 유럽인들과 다른 많은 나라 사람들은 종종 미국의 낙관주의와 순진함을 비웃는다. 모든 문제에는 해결책이 있으며, 내일은 어제보다 좋을 것이고, 미래는 언제나 과거를 묻어버릴 수 있다는 식의 미국만의 터무니없는 생각을 비웃는 것이다. 그러나 나는 전 세계 사람들이 저 마음 깊은 곳에서는 미국의 바로 그

낙관주의와 순진함을 시기한다고 믿는다. 세계는 미국의 낙관주의가 필요하다. 그것은 세계가 앞으로도 질서 있게 돌아가도록 돕는 요소 중의 하나이다. 미국이 음울한 사회가 되면, 우리 미국이 세계의 '꿈의 제조공장' 역할을 멈춘다면, 우리는 세계를 더욱 음울한 곳으로 만드는 것만이 아니라 더욱 가난한 곳으로 만들 것이다.

　분석 전문가들은 언제나 한 사회를 고전 경제학이나 사회통계 몇 가지로 재단하는 경향을 보였다. 가령 GDP 대비 국가채무 비율 또는 실업률 혹은 성인 여성의 문맹률 등이 이용되는 통계다. 이런 통계들은 중요하고, 그 사회의 내면을 드러내기도 한다. 그러나 측정하기는 더 어렵지만, 더욱 중요하고 사회에 대해 더 많은 걸 밝혀주는 다른 통계가 하나 있다. 즉, 당신이 사는 사회는 미래에 대한 꿈보다 과거에 대한 추억이 더 많은가, 아니면 미래에 대한 꿈이 과거에 대한 추억보다 더 많은가?

　내가 말하는 꿈은 적극적이고 삶을 긍정적으로 바라보는 다양성을 뜻한다. 저명한 기업경영 컨설턴트인 마이클 해머가 말했다. "기업에 문제가 있다는 걸 알려주는 신호 하나는 사람들이 자기 회사가 과거에 얼마나 좋았는지 말할 때입니다. 국가도 마찬가지입니다. 사람들은 자신의 정체성을 잊고 싶지 않습니다. 당신의 나라가 14세기에 위대했다면 좋은 일입니다만, 그것은 그때 얘기고, 지금 이것은 현실입니다. 추억이 꿈보다 많으면 파국이 가까이 와있습니다. 정말 성공하는 조직의 특징은 성공을 가져온 요인을 버리고 새롭게 출발하려는 의지입니다."

　꿈보다 추억이 많은 사회에서는 너무 많은 사람이 과거를 돌아보는 데 너무 많은 시간을 허비한다. 그들은 현재에 천착하지 않고, 과거를 되씹으며 존엄과 자기긍정, 자부심을 느낀다. 그것도 대개는 실제 했던 과거가 아닌 상상으로 꾸며진 과거이다. 실제로 그런 사회는 가상의 과거를 실재했던 과거보다 더 아름답게 꾸미는 데 모든 상상력을 쏟아붓는다. 그리고 더 나은 미래를 상상하고 그것을 위해 행동하는 대신, 걱정거리가 있을 때 만지작거리는 염주처럼 과거에 매달린다. 다른 나라들이 이런 길로 가게 되면 매우 위험하다. 그러나 미국이 자신의 길을 잃고 이런 방향으로 나가는 일은 재앙이 될 것이다. 나는 상무부 관리를 지내고 지금은 카네기 국제평화재단Carnegie Endowment for International Peace 연구원으로 있는 내 친구 데이비드 로스코프가 이 문제를 가장 잘 언급했다고 생각한다. "우리가 구하는 답은 변해버린 것에 있지 않고, 변하지 않은 것을 인식하는 데 들어 있습니다. 이런 인식을 통해서만 정말로 중요한 문제, 즉 대량살상무기 확산에 대한 효과적이고 다각적인 대응, 세계의 최빈국들 가운데서 진정한 세계화의 이익 참여자들의 조성, 아랍 세계의 개혁에 대한 필요성, 그리고 더 많은 사람이 자발적으로 미국의 가치에 동의할 수 있도록 함으로써 미국에 대한 세계적인 지지 기반을 구축하려고 노력하는 리더십 등에 우리가 집중하기 시작할 겁니다. 우리는 그러한 가치들이 진정한 우리 안보의 기반이며, 힘의 진정한 원천이라는 것을 명심해야 합니다. 그리고 우리의 적은 결코 우리를 이길 수 없다는 사실 또한 인식할 필요가 있습니다. 오직 오랜 세월 유효하게 작동했던 규칙들을 포기함으로써 우리 스스로 무너질 수 있습니다."

나는 부시 대통령이 정치적 목적 때문에 9·11 테러로 형성된 국민 정서를 파렴치하게 악용했음을 역사는 분명히 밝힐 것으로 믿는다. 부시 대통령은 9·11 테러 이전부터 가지고 있던 세금, 환경 그리고 다른 사회적 문제에 관해서 그가 국민으로부터 위임받은 적이 없는 극우적인 공화당의 주요정책들을 채택하기 위해 9·11 테러로 형성된 국민 정서를 이용했고, 그런 정책들을 9·11 이후의 세계로 몰아넣었다. 그 과정에서 부시는 미국인들 간에, 그리고 미국인과 세계 사이에 분열을 조장했을 뿐 아니라 미국과 미국의 역사와 정체성 사이를 갈라놓았다. 부시 행정부는 미합중국을 '테러와 싸우는 합중국'으로 변신시켰다. 나는 이것이야말로 세계의 수많은 사람이 부시 대통령을 너무나 싫어하는 이유라고 본다. 그들은 부시가 자신들에게 매우 소중한 무언가, 예를 들면 공포가 아닌 희망을 수출하는 미국을 앗아갔다고 느낀다.

미국은 자국의 대통령이 9월 11일을 달력에서 제자리로, 즉 9월 10일과 9월

12일 사이에 있는 보통의 날로 돌려놓게 할 필요가 있다. 우리는 9월 11일이 미국을 정의하는 날이 되도록 해서는 안 된다. 9월 11일은 궁극적으로 우리가 아닌 그들, 그 못된 자들의 날이기 때문이다.

미국의 날은 독립기념일인 7월 4일이다. 미국의 날은 베를린 장벽이 무너진 11월 9일이다.

미국의 상상력 가운데 최선의 것을 유지하려는 노력 이상으로, 다른 나라에서도 같은 것들을 육성하려고 노력하는 미국인으로서, 그리고 세계 속의 한 사회로서 우리는 다른 무엇을 할 수 있을까? 이 문제는 아주 겸손하게 접근해야 한다. 무엇이 어떤 사람을 파괴의 즐거움으로 이끌고, 또 어떤 사람을 창조의 즐거움으로 이끄는지, 무엇이 어떤 사람은 베를린 장벽을 무너뜨리는 상상을 하게 만들고, 또 어떤 사람은 세계무역센터를 무너뜨리는 상상을 하게 만드는지는 확실히 현대의 큰 미스터리 가운데 하나이다. 더구나 우리가 우리 아이들에게 그리고 어쩌면 동료 시민에게 긍정적인 상상력을 키워주는 방법에 대해서는 조금 안다고 할 수 있을지도 모르지만 다른 사람들, 특히 문화가 다르고 언어가 다른 세계 반대편에 사는 사람들에게도 그럴 수 있다고 생각하는 것은 주제넘은 일이다. 그럼에도 9·11 테러나 세계가 평평해진 것, 그리고 세계를 계속 위협하는 테러는 이 문제에 관해 고민하지 않는 것은 그 자체로 위험스러운 순진함이 된다는 걸 암시한다. 그러므로 나는 그런 노력을 해야 한다고 주장한다. 그러나 나는 어떤 외부인이 무엇을 알고, 또는 무엇을 할 수 있는지에 대해 그 한계를 명확히 인식하고 이 문제에 접근한다.

일반적으로 상상력은 그걸 형성하는 두 가지 힘의 산물이다. 하나는 사람들의 정신적인 양육의 바탕이 되는 담화들, 바로 그 나라 사람들, 그 나라의 종교나 국가 지도자들이 들려주는 그런 이야기들이다. 그리고 이 담화들이 사람들의 상상력을 어떤 식으로 키우는지도 중요하다. 다른 하나는 성장할 때 사람들이 가진 주변 정황이다. 이런 정황상 관계는 세계와 다른 사람들을 바라보는 시각 형성에 아주 큰 영향을 미친다. 외부인들이 미국 내부로 들어가 그들의 담화를 조정하거나 변경할 수 없는 것처럼 멕시코나 아랍 또는 중국에 대해서도 마찬가지로 그렇게 할 수 없다. 사람들은 오로지 자신들의 담화를 재해석하고 더 관대하게, 더 미래지향적으로 변화시키며 현대에 적합하게 변모시킬 수 있다. 누구도 그 일을 대신해주거나 같이할 수도 없다. 하지만 우리가 더 많은 사람이 9월 11일보다는 11월 9일과 같은 상상력을 키우도록 도와주기 위한 목적으로 사람들이 성장하고 일상적인 삶을 영위하는 그들의 정황을 바꾸기 위해 다른 사람들과 협력하는 방법을 생각해볼 수 있다.

몇 가지 예를 제시하고자 한다.

이베이

이베이의 최고경영자 멕 휘트먼이 내게 다음과 같은 멋진 이야기를 들려줬었다. "우리는 닷컴 붐이 한창이던 1998년 9월에 이베이를 나스닥에 상장시켰습니다. 9월과 10월에 회사의 주가가 하루 만에 80포인트나 오르고, 50포인트나 떨어지기도 했습니다. '이건 비정상이야'라고 생각했지요. 어쨌든 그러던 어느 날, 제 사무실에 앉아서 업무를 보는 중에 비서가 달려와서는 '멕, 증권거래위원회 이사장 아서 레빗Arthur Levitt에게서 전화가 왔습니다'라고 말했습니다." 미국 증권거래위원회The Securities and Exchange Commission, SEC는 주식시장을 감시하고, 항상 주가의 급등락과 주가조작 문제를 조사하는 기관이다. 그 당시에 최고경영자가 "아서 레빗에게서 전화가 왔다"는 말을 들으며 하루를 시작하는 것은 결코 즐거운 일이 아니었다.

"그래서 저는 법률 고문을 불렀습니다. 자기 사무실에서 나온 그는 얼굴이 백지장처럼 하얗게 질려있더군요. 저는 그와 함께 아서 레빗에게 전화를 걸어 스피커폰으로 연결하고, '안녕하세요? 이베이의 멕 휘트먼입니다'라고 말했지요. 그러자 그가 말했습니다. '안녕하세요? 미국 증권거래위원회의 아서 레빗입니다. 나는 당신이 어떤 사람인지 모르고, 우리는 만난 적도 없습니다. 다만, 얼마 전에 당신의 회사가 기업공개를 했다는 사실은 알고 있습니다. 기업공개 업무는 잘 처리되었습니까? 거래소 직원들이 친절했었는지 알고 싶군요.'

우리는 안도의 한숨을 내쉬고, 기업공개에 대해 좀 더 대화를 나눴습니다. 그런 후에 레빗이 말하기를 '사실 내가 전화를 건 또 다른 이유는 이베이에서 열번째 긍정적인 응답을 받아서 노란 별을 획득했습니다. 아주 자랑스럽습니다'라고 하더군요. 그가 덧붙여 설명했습니다. '나는 1929년 이후 대공황기의 안경 수집가입니다. 그래서 이베이를 통해 안경을 사고파는데, 구매자와 판매자들은 고객 피드백을 받지요. 그래서 당신이 알고 싶을 것으로 생각했습니다.'"

모든 이베이 이용자는 자신과 거래를 한 다른 이베이 이용자들이 올린 거래 후기, 즉 사고판 상품이 예상대로였는지, 거래가 매끄럽게 진행되었는지에 관한 의견으로 구성된 응답 평가를 받는다. 이것이 당신의 '공식적 이베이 평점'이 된다. 긍정적인 의견마다 1점을, 중립적 의견에는 0점, 부정적인 의견마다 −1점을 받는다. 10점 또는 그 이상 평점을 얻으면 이용자의 이베이 ID에 여러 가지 색깔의 별이 붙는다. 예를 들어 내가 이베이에서 사용하는 ID가 TOMF(50점)가 되면 파란 별이 붙는다. 이는 내가 다른 이용자로부터 쉰 개의 긍정적인 의견을 받았다는 것을 의미한다. 그 옆에 있는 박스는 판매자가 100% 긍정적 평가를 받았는지를 알려주고, 클릭하면 모든 구매자가 판매자에 대해 평가한 내용을 읽어볼 기회를 준다.

휘트먼은 이렇게 설명했다. "중요한 건 모든 사람은, 그가 아서 레빗이든 잡역부든 웨이트리스든 의사든 대학교수든, 검증과 긍정적 반응이 필요하고 그걸 갈망한다는 겁니다." 그런 것이 금전적이어야만 한다는 것은 매우 잘못된 생각이다. "정말 보잘것없는 것, '정말 잘했어. 네가 멋진 역사 논문을 썼다는 걸 인정해'와 같은 말이라도 좋습니다. 우리의 이용자들은 이베이의 별표 시스템에 대해 '다른 어디에서 아침에 깨어나서 사람들이 자신을 얼마나 좋아하는지 확인할 수 있겠습니까?'라고 말했습니다."

그러나 정말 놀라운 것은 이베이로 들어오는 반응의 절대다수가 긍정적이라는 사실이라고 휘트먼은 말했다. 흥미로운 이야기다. 사람들은 월마트에서 환상적인 구매를 했다고 칭찬하는 편지를 월마트 경영자들에게 보내지는 않는다. 그러나 자신이 주인의식을 느끼는 공동체의 일원일 때는 정황이 달라진다. 당신의 이해관계가 걸려 있다. "가장 많이 받은 긍정적인 응답 수가 25만 개를 훨씬 넘겼는데, 그 각각을 일일이 볼 수 있습니다. 구매자든 판매자든 그들의 거래 내역을 다 들여다볼 수 있습니다. 그리고 반박할 수 있는 기능도 도입했습니다. 이베이에서는 누구도 익명일 수 없습니다. 자신이 누구인지 밝힐 의향이 없다면 의견을 말해서는 안 됩니다. 그리고 이 규칙은 정말 빠르게 공동체의 규범이 되었습니다. 우리는 거래소를 운영하는 것이 아니라 공동체를 운영하는 것입니다." 이상은 휘트먼의 설명이었다. 190개 나라에서 1억 500만 명이 회원으로 등록하고 연간 상품거래 규모가 350억 달러인 이베이는 실제로 스스로 다스리는 국민국가이면서, 가상국가인 이베이 공화국Virtual Republic of eBay이다.

이 국가는 어떻게 다스려지는가? 이베이의 철학은 "규칙을 적게 만들자, 만들어진 규칙은 반드시 집행하자, 그리고 사람들이 자신의 잠재력을 충분히 발휘할 수 있는 환경을 창조하자입니다. 물건을 사고파는 것 말고도 여기에서는 무언가 일어나고 있습니다." 휘트먼의 얘기다. 기업이 스스로를 선전하려는 측면을 감안하더라도 휘트먼 얘기의 본질적인 의미는 숙고할 만한 가치가 있다. "사람들이 서로 속이고 의심해서 별 도움이 되지 않는 세상과는 대조적으로 '이베이가 인간에 대한 내 믿음을 다시 살렸어'라고 사람들이 말할 것입니다. 나는 이베이가 일주일에 두 번 프랜차이즈에 가입하지 못한 소규모 판매자들에게 완벽히 평평한 경기장에서 경쟁할 기회를 주고 있다고 듣고 있습니다. 우리 회원들 가운데는 장애인과 소수민족의 비율이 매우 높습니다. 이것은 이베이 사람들이 상대가 누군지 알 수 없기 때문입니다. 이베이 사람들은 자신이 제공하는 상품과 그에 대한 반응 평점으로만 평가받습니다."

휘트먼은 올랜도에 사는 한 부부가 그녀가 연설할 예정이었던 '이베이 라이브' 행사에 참석한다며 보낸 이메일을 받은 걸 회상했다. 이 이벤트는 이베이를 부흥시키자는 판매자들의 대규모 모임이다. 그 부부는 휘트먼의 연설이 끝난 뒤 무대 뒤편으로 와서 그녀를 만날 수 있겠느냐고 물어왔다. "기조연설이 끝난 뒤 내가 쉬고 있는 방으로 그들이 왔습니다. 부부와 휠체어를 탄 열일곱 살 소년이 들어왔습니다. 소년은 심한 뇌성마비 장애인이었습니다. 그들은 이렇게 말하더군요. '카일은 장애가 심해서 학교에 갈 수 없습니다. 그러나 이 아이는 이베이 사업망을 구축했고, 남편과 나는 작년에 직장을 그만두고 아이를 돕고 있습니다. 우리는 이베이를 통해 직장에 다닐 때보다 더 많은 돈을 법니다.' 그리고 가장 멋진 말을 했습니다. '이베이 세상에서 카일은 더 이상 장애인이 아닙니다.'"

휘트먼은 내게 또 다른 이베이 라이브 행사에서 한 젊은이가 그녀에게 다가와서, 자신은 이베이에서 규모가 큰 판매자로서 이베이 사업 덕분에 집과 자동차를 살 수 있었고, 직원도 채용하고, 사장이 되었다고 말한 것을 들려줬다. 그러나 그 젊은이의 이야기 중에 다음 말이 가장 멋진 부분이었다고 말했다. "저는 이베이를 생각하면 마구 흥분됩니다. 저는 대학도 졸업하지 못했고, 내 가족에게 의절 당했던 사람이었습니다. 그러나 지금 저는 우리 가족의 자랑입니다. 저는 성공한 기업가입니다."

"이베이를 움직이는 것은 바로 이 경제적 기회와 검증 절차의 조화로운 융합"이라고 휘트먼이 말했다. 검증받은 사람은 투명하게 좋은 사업자로 인정받는다. 나쁜 검증 결과를 얻은 사람은 전 공동체에서 하나의 선택 대안이 될 뿐이기 때문이다.

핵심은 이베이가 단지 온라인 시장을 창조한 것이 아니라는 점이다. 이베이는 자치 공동체, 즉 심한 장애인부터 증권거래위원회 이사장에 이르기까지 누구든 참여해서 자신의 잠재력을 실현하고, 공동체 전체로부터 훌륭하고 신뢰할 만한 사람으로 인정받을 수 있는 정황을 창조해냈다. 이러한 자존감과 검증은 굴욕을 벗어 던지고 존엄함을 되찾는 데 가장 바람직하면서도 효율적이다. 평평화된 경쟁의 장에서 젊은이들이 성공하고 자신들의 잠재력을 최대한 성취하며, 내세로 들어가기 위한 순교를 통해서가 아니라 현 세상에서 성취를 통해 존재 가치의 검증과 존중을 얻을 수 있는 환경이 만들어져야 한다. 이를 위해 미국이 아랍-이슬람 세계 같은 지역들과 얼마나 협력할 수 있는지에 따라, 우리는 더 많은 젊은이가 미래에 대한 꿈을 더 키우도록 도와줄 수 있다.

인도

이와 똑같은 일이 좀 더 현실적인 사회에서 이뤄지는 것을 보고 싶다면, 세계에서 두 번째로 이슬람교도가 많은 나라를 연구해보면 된다. 세계에서 이슬람교도가 가장 많은 나라는 인도네시아이지만, 두 번째로 이슬람교도가 많은 나라는 사우디아라비아나 이란, 이집트 또는 파키스탄이 아니다. 바로 인도다. 1억 5000만 명의 이슬람교도가 있는 인도에는 파키스탄보다 신자가 더 많다. 그런데 9·11 테러를 통해 얻은 흥미로운 통계자료가 있다. 알 카에다 조직원 중에는 우리에게 알려진 인도인 이슬람교도가 없고, 9·11 테러 이후 미국의 관타나모 기지에 수감된 포로 가운데에도 인도인 이슬람교도가 전혀 없다. 이라크에서 미군과 투쟁하는 테러 조직원 가운데도 인도인 이슬람교도는 발견되지 않았다. 왜 그런가? 왜 우리는 다수의 힌두교도가 지배하는 나라에서 소수파인 인도 이슬람교도가 자신들의 모든 문제를 책임지라고 미국을 비난하면서, 비행기로 타지마할이나 영국 대사관으로 날아들어 갔다는 신문기사를 볼 수 없는가? 인도의 이슬람교도들도 경제적 상황과 정치참여의 한계로 불만이 크다. 그리고 인도에서 종교 간에 폭력 사태가 터져서 끔찍한 결과를 초래하는 경우도 가끔 발생한다. 나는 언젠가 인도의 1억 5000만 이슬람교도 가운데 몇 사람은 알 카에다 같은 조직에 가담할 것이라고 확신한다. 미국에서 테러조직에 가담한 이슬람교도가 나온다면, 인도에서도 그런 이슬람교도가 나올 것이다. 그러나 이 경우엔 그런 전형적인 통념이 적용되지 않는다. 왜 그럴까?

인도는 정황상 비폭력 문화와 힌두교의 관용정신 전통에 크게 영향을 받아왔고, 세속적이며 자유시장 경제와 민주적 정치환경으로 떠받쳐진 사회라는 점이 그 해답이다. M.J. 아크바르M.J. Akbar는 인도 신문 《아시아 시대Asian Age》의 편집장이며 이슬람교도이다. 주로 비이슬람교도 인도인들의 자금으로 발행되는 이 영자 신문은 일간 전국지다. 아크바르가 내게 이렇게 말했다. "간단한 문제 하나 내겠습니다. 지난 50년간 민주주의를 잘 지탱해온 가장 큰 이슬람 공동체 단 한 곳은 어디입니까? 답은 인도의 이슬람교도 사회입니다. 결코 인도의 이슬람교도들이 누린 행운을 과장하려는 것이 아닙니다. 갈등과 경제적 차별, 그리고 1992년에 힌두교 민족주의자들이 아요디아Ayodhya의 이슬람 사원을 파괴한 것 같은 분개하게 하는 일들도 있습니다. 그러나 인도 헌법은 세속적인 면이 강해서, 재능을 보이는 어느 공동체에든 경제적 발전의 진정한 기회도 제공합니다. 그러기 때문에 인도의 중산층 이슬람교도들의 신분이 상승하고 있으며, 비민주적인 많은 이슬람교 국가에서 보이는 일련의 깊은 분노가 드러나지 않는 겁니다."

이슬람교가 권위주의적인 사회에 자리 잡으면 성난 항의 수단이 되는 경향이 있다. 이집트와 시리아, 사우디아라비아 그리고 파키스탄을 보라. 그러나 이슬람교가 터키나 인도와 같은 다원주의적 민주사회에 자리 잡으면 진보적 전망을 보인 사람들이 사회에 대해 가진 생각을 사회가 더 잘 귀담아들어 주고, 자신들의 사상을 더 평등한 사회 기반에서 주장할 수 있는 민주적 광장을 가질 기회를 잡는다. 2003년 11월 15일, 이스탄불의 주요 유대교 교회 두 곳이 자살폭탄 테러 공격을 받았다. 그로부터 몇 달 후 유대교 교회가 다시 문을 열었을 때, 마침 나는 이스탄불에 갈 기회가 있었다. 당시 나는 여러 가지로 놀랐다. 우선 거리의 군중이 던져주는 붉은 카네이션을 맞으며, 최고 랍비가 이스탄불의 최고 이슬람 성직자, 시장과 함께 손을 잡고 행사장에 나타났다. 둘째로, 이슬람교 정당 소속인 레셉 타입 에르도간Recep Tayyip Erdogan 터키 수상이 최고 랍비의 사무실을 방문했다. 이 방문 전에 터키 수상이 최고 랍비를 방문한 전례가 없었다. 끝으로 한 자살폭탄 테러범의 아버지가 터키 신문《자만Zaman》에 한 말이었다. "우리 아이가 저지른 그런 짓을 왜 했는지 이해할 수 없습니다. 먼저 우리 유대인 형제들의 최고 랍비를 만나야겠습니다. 내가 그를 안을 수 있게 해주십시오. 그의 손과 옷에 입 맞출 수 있게 해주십시오. 내가 아들의 이름으로 사과할 수 있게 해주시고, 고인들에게 애도의 뜻을 전할 수 있게 해주십시오. 우리가 그들과 화해하지 않으면 저주받을 것입니다."

다른 사회적 정황, 다른 이야기, 다른 상상력이다.

나는 억압적인 카스트제도를 비롯해 인도 민주주의가 가진 결함을 깊이 인지하고 있다. 하지만 10억이 넘는 인구에 지방마다 수십 개의 다른 언어를 사용하는 나라가 그 많은 결함에도 불구하고 민주주의 체제를 50년 이상 유지해왔다는 사실은 기적 같은 일이며, 이로써 세계의 안정에도 크게 기여했다. 역대 인도 대통령 가운데 두 명이 이슬람교도였고, 현직 대통령인 A.P.J. 압둘 칼람A.P.J. Abdul Kalam은 이슬람교도이자 인도 핵미사일 프로그램의 아버지다. 인도에서는 이슬람교도 여성이 대법관이 되는 반면, 사우디아라비아에서 이슬람교 여성은 자동차 운전이 허용되지 않는다. 여성을 포함해 인도 이슬람교도 가운데는 주지사가 된 사람도 여러 명이 있었다. 게다가 이슬람교도인 아짐 프렘지Azim Premji는 인도에서 가장 중요한 테크놀로지 기업 가운데 하나인 위프로의 회장으로서 오늘날 인도 최고의 부자이며, 미국의 경제지 《포브스》가 선정하는 세계의 억만장자 명단에서도 상위에 올라 있다.

2001년 말 미국이 아프가니스탄을 침공한 지 얼마 지난 후 인도를 방문했다. 그때 인도 TV에서 여배우이자 국회의원인 이슬람교도 샤바나 아즈미 Shabana Azmi와 뉴델리에서 가장 큰 이슬람 사원의 이맘imam(이슬람사원의 지도자)과의 논쟁을 방영했다. 그 사원의 종교지도자는 인도 이슬람교도에게 아프가니스탄으로 가서 미국에 대항하는 성전에 참가하라고 촉구했고, 아즈미는 생방송 중인 인도 TV 방송에서 꺼져버리라는 투로 말하면서 그를 맹렬히 비난했다. 그녀는 그 종교지도자에게 당신이나 칸다하르로 가서 탈레반에 가담하고 나머지 다른 인도 이슬람교도는 그냥 내버려두라고 말했다. 그렇게 말하고도 어떻게 별 탈 없이 지낼 수 있었을까? 답은 쉽다. 이슬람교도 여성으로서 그녀는 마음에 품은 생각을 말할 자격도 있고 그것이 보호되는 환경에서 살아왔다. 심지어 영향력 있는 종교지도자에게도 그런 발언을 할 수 있었던 것이다.

다른 사회적 정황, 다른 이야기, 다른 상상력이다.

이런 일이 가능하게 하는 것은 그리 복잡하지 않다. 청년들이 긍정적인 상상력을 현실화할 수 있는 사회적 정황을 조성해주라. 청년들에게 부당한 일로 불만이 생긴 누군가가 판사에게 뇌물을 주지 않고도 그 억울한 일을 법정에서 재판으로 바로 잡을 수 있는 사회적 분위기를 만들라. 그들의 사회적 배경이 어떻든지 청년들이 기업가의 꿈을 추구해 가장 큰 부자가 되거나, 지역사회에서 가장 창의적인 사람 또는 가장 존경받는 인물이 될 수 있는 사회적 정황을 조성해주라. 어떤 불만이나 아이디어라도 신문에 발표하고, 누구라도 공직에 출마할 수 있는 사회적 정황을 만들라. 그러고 나면 어떻게 되겠는가? 청년들은 보통은 세계를 폭파시키기를 바라지 않는다. 그들은 오히려 세계의 한 부분이 되고 싶어한다.

동남아시아에 사는 이슬람교도인 내 친구 한 명이 내게 이런 이야기를 들려주었다. 그의 인도인 이슬람교도 가족은 1948년에 흩어져 반은 파키스탄으로 가고 반은 뭄바이에 남게 되었다. 그 친구가 나이가 들었을 때 아버지에게 인도에 사는 가족이 파키스탄에 사는 가족보다 잘사는 것처럼 보이는 이유를 물었다. 그의 아버지가 다음과 같이 대답했단다. "아들아, 이슬람교도가 인도에서 자라면, 언덕 위의 대저택에 사는 사람을 보았을 때 '아버지, 언젠가 저도 저런 사람이 될래요'라고 말한단다. 그러나 이슬람교도가 파키스탄에서 자라고, 그런 부자를 보게 될 때 '아버지, 저는 언젠가 저 인간을 죽이겠어요'라고 말하기 때문이란다." 성공한 남자 또는 성공한 여자가 되는 길이 있다면, 당신은 그 성공의 길과 꿈을 성취하는 데 집중하는 경향이 있다. 그러나 성공의 방법을 찾지 못할 때, 당신은 자신의 분노 그리고 과거의 추억을 소중히 지키는 것 두 가지에 집중하는 경향을 보인다.

삼중융합 이전, 겨우 20년 전의 인도는 뱀을 부리는 사람과 가난한 사람들 그리고 테레사 수녀의 나라로 알려졌다. 하지만 오늘날 인도의 이미지는 달리 자리매김하고 있다. 이제는 우수한 두뇌를 가진 사람들의 나라, 컴퓨터 천재들의 나라로 주목받고 있다. 아웃소싱 컨설턴트 기업인 NeoIT의 CEO 아툴 바시스타Atul Vashistha는 종종 미국의 매스컴에 등장해 아웃소싱을 옹호한다. 그는 내게 다음과 같은 이야기를 들려주었다. "어느 날 내 HP 프린터에 문제가 생겼습니다. 인쇄하는 게 너무 느려진 겁니다. 문제를 파악해보기 위해 HP 기술지원팀에 전화했습니다. 한 친구가 전화를 받아서 내 모든 개인정보를 기록

하더군요. 전화로 들리는 목소리로 짐작하건대 인도 어딘가에 있는 것이 분명했습니다. 그래서 그가 어디에 사는지, 날씨는 어떤지 물었습니다. 우리는 즐겁게 대화를 나눴습니다. 그가 10분인가 15분쯤 나를 도와준 후에 말하더군요. '선생님, 제가 한 가지 말씀드려도 될까요?' 나는 '물론입니다'라고 대답했습니다. 아마도 그는 내가 프린터에 뭔가 안 좋은 짓을 했다고 말하려고 공손하게 말하려고 애쓴다고 생각했습니다. 그런데 그 대신에 그가 '미국의 소리Voice of America, VOA 방송에서 선생님께서 말씀하시는 걸 듣고 정말 뿌듯했습니다. 정말 잘하셨습니다'라고 말했습니다. 세계화 및 아웃소싱에 대한 반발 등의 문제를 다룬 미국의 소리 방송에 출연한 직후였습니다. 그 프로그램에 나온 출연자는 셋이었는데, 노조 간부와 경제학자 그리고 저였습니다. 나는 아웃소싱을 옹호했고, 그 친구가 그걸 들은 겁니다."

평평한 세계에서는 굴욕감만이 광섬유를 타고 당신에게 전달되는 것이 아니란 걸 명심해야 한다. 자긍심 또한 광섬유를 타고 당신에게 날려져 온다. 한 인도인 고객지원센터 직원은 자신의 동포 한 사람이 지구 반대편에서 인도를 대표하고 있다는 사실을 갑자기 그것도 실시간으로 알게 된다. 그리고 그런 일은 그가 자신에 대해 자부심을 느끼게 해준다.

프랑스 혁명과 미국 혁명, 인도 민주주의 그리고 심지어 이베이까지 이 모두가 기반을 두고 있는 사회적 계약의 주된 특징은 권력이 아래로부터 생겨난다는 것과 사람들은 자신들의 숙명을 개선할 힘이 있다고 느끼거나 그렇게 느낄 수 있도록 해준다는 것이다. 그런 사회적 정황에서 사는 사람들은 다음에 누구를 비난할까보다는 다음에 무엇을 할까에 집중하는 데 시간을 쏟기 마련이다.

석유의 저주

베네수엘라, 나이지리아, 사우디아라비아 그리고 이란 같은 나라에서 민주적인 사회적 정황의 출현을 방해하는 가장 큰 원인으로 석유의 저주만 한 것이 없다. 이들 산유국을 통치하는 군주나 독재자들은 국민의 재능과 에너지 대신 석유라는 천연자원을 발굴해 부를 얻는 한 영원히 권력을 유지할 수 있다. 그들은 군대, 경찰, 정보기관 등 모든 권력기관을 독점하는 데 석유로 번 돈을 사용하고, 진정으로 투명한 제도와 권력 분산을 도입할 필요가 없다. 그저 석유 파이프의 꼭지만 움켜쥐고 놓지 않으면 된다. 국민에게서 세금을 걷을 필요도 없으므로 지배자와 피지배자와의 관계는 크게 왜곡된다. 과세 없이는 대표도 없다. 지배자는 국민에게 신경 쓸 필요도 없고, 어떻게 돈을 쓰고 있는지 설명할 필요도 없다. 왜냐하면 세금을 거둬 예산을 확보한 것이 아니기 때문이다. 그러기 때문에 유전개발에 열을 올리는 나라들은 언제나 제도적으로 취약하거나 제도 자체가 아예 없다. 국민을 계발하는 데 집중하는 나라는 그 나라 남녀 국민의 능력을 최대한 활용하기 위해 진정한 제도와 재산권, 법의 지배, 사법부 독립, 근대적 교육, 국외무역, 국외투자, 사상의 자유 그리고 과학적 탐구방법 등을 개발하는 데 집중해야만 한다. 《포린 어페어스》 2004년 여름호에 실린 '석유로부터 이라크를 구해내기Saving Iraq from Its Oil'에서 개발경제학자 낸시 버드샐Nancy Birdsall과 어빈드 서브라마니언Arvind Subramanian은 이렇게 지적했다.

현재 서른네 곳의 저개발국가들은 적어도 국가 총수출액의 30% 이상을 차지할 정도로 넘치는 석유와 천연가스 자원을 자랑한다. 그러나 그 국가들의 풍부한 천연자원에도 불구하고, 이 중 열두 국가의 1인당 연평균 소득은 1500달러를 밑도는 상태에 있다. 게다가 이들 34개국의 3분의 2는 민주적 정치체제가 아니며, 34개국 가운데 프리덤 하우스가 평가한 세계 각국의 정치적 자유 순위에서 상위 절반에 들어 있는 나라는 세 곳에 불과하다.

달리 말하자면, 상상력은 필요의 산물이다. 주변 환경이 도피주의적인 또는 급진적 환상에 빠지도록 하는 것이 아니라면, 당신은 그런 환상에 빠지지 않는다. 오늘날 아랍-이슬람권에서 가장 창의적인 혁신이 일어나고 있는 곳을 살펴보라. 바로 석유 매장량이 적거나 없는 지역에 있다. 앞서 얘기했듯이,

바레인은 석유를 발견한 최초의 아랍 걸프만 국가이자 석유가 바닥나버린 최초의 아랍 국가이다. 그리고 바레인은 오늘날 근로자의 능력 개발을 위해 종합적인 노동개혁을 실행한 최초의 아랍 국가이고, 미국과 자유무역협정을 체결한 최초의 아랍 국가이며, 여성에게도 참정권을 부여하고 공정한 자유선거를 시행한 최초의 아랍 국가이다. 같은 지역에서 개혁이 중단되거나 뒷걸음친 나라들은 어디인가? 석유로 벌어들이는 돈 속에 빠져버린 사우디아라비아와 이란이다. 원유가격이 거의 배럴당 50달러까지 치솟던 2004년 12월 9일 《이코노미스트》는 이란에 관한 특집기사를 실었다. 이 기사가 지적한 내용은 다음과 같았다.

> 유가가 지금같이 하늘로 치솟지 않으면 이란 경제는 비참하게 궁핍한 상태에 빠질 것이다. 석유 수입이 정부 재정 수입의 절반 정도를 차지하며, 수출로 벌어들이는 돈 가운데서는 적어도 80%를 차지한다. 그러나 이란이 또다시 의회 내 종교적 강경파에 장악됨으로써 석유로 벌어들인 현금이 시급한 개발사업이나 신기술을 개발하는 데 쓰이기보다는 또다시 소모적인 보조금을 확대하는 데 쓰이고 있다.

1989년은 석유 가격이 급락하고, 걸프 지역 산유국의 원조를 더 이상 기대하기 어려웠던 시기였다. 요르단이 교육체제를 선진화하기 시작하고 경제를 민영화, 근대화하고 규제도 줄이기 시작했던 때가 바로 그 1989년부터였음에 주목할 만한 가치가 있다. 요르단이 미국과 처음으로 자유무역협정을 체결했던 1999년에 요르단의 대미 수출액은 1300만 달러였다. 2004년 요르단은 미국으로 10억 달러가 넘는 상품을, 그것도 요르단 사람들의 손으로 만든 제품들을 수출했다. 또한 요르단 정부는 모든 학교에 컴퓨터를 설치하고 광대역 인터넷을 깔았다. 2004년에 이슬람 사원의 기도를 주관하는 성직자가 되기 위한 필수교육과정에 대한 개혁안을 발표한 것은 가장 중요한 정책이었다. 전통적으로 요르단의 고등학생들은 대학입학시험을 치렀고, 성적이 가장 우수한 학생들은 의대나 공대에 진학했다. 성적이 가장 나쁜 학생들이 이슬람 사원의 설교자가 되었다. 2004년에 요르단은 새로운 제도를 점진적으로 단계별로 도입하겠다고 결정했다. 이에 따라 사원의 성직자가 되려면, 우선 어떤 분야의 학사학위를 취득해야 하고 대학원에 진학해야만 이슬람법을 공부할 수 있다. 이는 재능 있는 더 많은 젊은이가 성직자가 되도록 장려하고, 다른 일을 못해서 성직자 직업으로 떨어지는 사람들을 걸러내기 위한 개혁이었다. 그것은 이슬람 사원에서 양육되는 요르단 젊은이들의 입장에서는 시간이 흐른 뒤에 이익이 돌아가는 사회적 정황상 중요한 변화다. "우리는 개혁의 필요성을 받아들이기 위해 위기를 겪어야 했습니다"라고 요르단의 기획부 장관 바셈 아와달라Bassem Awadallah가 말했다.

필요만큼 훌륭한 발명의 어머니도 없으며, 추락한 유가로 인해 중동의 지도자들이 어쩔 수 없이 그들의 사회적 정황을 바꿀 수밖에 없게 될 때 비로소 그들은 개혁에 나설 것이다. 사람들에게 변화해야 한다고 아무리 말해도 그들은 변하지 않는다. 변화의 당위성을 스스로 자신에게 일깨워 말할 수 있을 때 변화한다. 존스 홉킨스 대학교의 대외정책 교수 마이클 만델바움이 말하듯이, "더 나은 선택 안이 있다고 말해줄 때 사람들이 변화하는 것은 아닙니다. 사람들은 다른 대안이 없다고 스스로 결론을 내릴 때 변합니다." 유가를 배럴당 10달러로 떨어뜨려 주면, 나는 러시아에서 사우디아라비아와 이란에 이르기까지 정치적인 개혁과 함께 경제 개혁도 안겨주겠다. 미국과 그 동맹국들이 유가를 끌어내리는 데 협력하지 않으면, 이들 지역에서 개혁을 일으키고자 하는 그들의 열망은 빛을 보지 못할 것이다.

고려해야 할 요소가 한 가지 더 있다. 그저 뒷마당에서 유전을 파는 것이 아니라, 번영하기 위해 자신의 손으로 직접 제품을 만들고 다른 나라와 무역을 시작해야만 할 때, 그런 과정을 통해 필연적으로 상상력을 넓히고 더 큰 관용과 신뢰를 하게 된다. 이슬람 국가들은 전 세계 인구의 20%를 차지하지만, 세계무역에서는 겨우 4%만 차지하고 있다는 사실은 결코 우연이 아니다. 다른 누군가가 원하는 물건들을 만들지 않는 국가들은 거래하는 무역량이 더 적다.

무역량이 더 적다는 것은 곧 아이디어의 교환이 더 줄고 세계를 향한 개방이 적게 이뤄짐을 뜻한다. 오늘날 이슬람 세계에서 가장 개방적이고 관용적인 도시는 베이루트와 이스탄불, 자카르타, 두바이 그리고 바레인 등 무역 거점도시들이다. 중국에서 가장 개방적이고 관용적인 도시는 홍콩과 상하이다. 세계에서 가장 폐쇄적인 곳은 사우디아라비아 중심부다. 이 폐쇄적인 지역에서는 기독교인과 힌두교인, 유대교 신자와 그 밖의 이슬람교도가 아닌 사람들은 공개적으로 자신의 종교를 밝히거나 예배당을 세우는 것도 허용되지 않으며 그들은 심지어 이슬람 성지 메카에는 한 발짝 들어서는 것조차 금지되어 있다. 종교는 상상력을 제련하기도 하고, 새로운 상상력을 만들어내기도 한다. 힌두교, 기독교, 유대교, 이슬람교, 혹은 불교 등 어떤 종교든지 외로이 고립되어 갖는 망상 속에서 또는 어두컴컴한 동굴 속에서 그 종교의 상상력이 형성될수록 더 위험한 방향으로 빗나가게 된다. 세계와 연결되고 다른 문화와 관점을 접해본 사람들은 베를린 장벽을 붕괴시킨 11·9와 같은 상상력을 키울 가능성이 훨씬 높다. 세계와 단절된 사람들, 그리고 개인의 자유와 성취가 유토피아적 환상으로 여겨질 뿐인 사람들은 끔찍한 테러를 일으킨 9·11과 같은 상상력을 키울 가능성이 더 높다.

단 하나의 모범사례

IMF 수석 부총재를 지낸 스탠리 피셔Stanley Fischer가 내게 이런 말을 했다. "하나의 모범사례는 1000개의 이론만 한 가치가 있다." 나는 이 말이 사실이라고 생각한다. 사람들은 어쩔 수 없이 변해야 할 때에만 변하지 않는다. 사람들은 자기와 비슷한 다른 사람들이 변화해서 번영하는 것을 보았을 때 역시 변화한다. 또는 마이클 만델바움이 지적했듯이, "사람들은 스스로 인지하고 깨달아야만 변화합니다. 사람들은 듣는 것만으로는 변화하지 않습니다." 특히 그들이 알아차린 것이 그들과 똑같은 누군가가 잘하고 있다는 사실일 때 그러하다. 앞에서 말했듯이, 나스닥에 상장될 정도로 세계 정상급의 사업을 일궈낸 아랍 기업이 단 하나밖에 없는데 바로 아라멕스이다. 미국인들이 애플과 마이크로소프트와 델의 기업성공 이야기를 아는 것처럼 모든 요르단 사람들, 아니 모든 아랍인은 아라멕스의 성공 이야기를 알고 자랑스러워해야 한다. 이것이야말로 1000개의 이론만큼 가치가 있는 모범사례다. 세계무대에서 성공한 동시에 자사의 직원들을 부유하게 해주었기 때문에 아라멕스는 아랍의 두뇌와 기업가정신으로 운영되는, 스스로 경영할 힘을 가진 아랍 기업의 역할 모델이 되어야 한다.

2005년 파디 간도르가 아라멕스를 이번에는 두바이 주식시장에 다시 상장시켰을 때, 스톡옵션을 보유했던 아랍 전 지역에서 온 약 400명의 아라멕스 직원들이 1400만 달러를 나눠 갖게 되었다. 간도르가 이들 직원이 얼마나 자랑스러워했는지 모른다고 말하던 것을 나는 결코 잊지 못할 것이다. 그렇게 자랑스러워했던 직원들 가운데에는 관리자도 있고 배달 기사도 있었다. 스톡옵션으로 번 돈으로 그들은 집을 사고 아이들을 더 좋은 학교로 보낼 수도 있었다. 이 사람들이 가족과 이웃에게 돌아가서 자신들이 일하는 세계적인 아랍 기업이 주식시장에 상장되었기에 새집을 지을 거라고 말할 때 느낄 자존감을 상상해보라. 유산상속이나 토지매각, 또는 정부와 모종의 계약을 맺어서 성공하는 전통적인 중동방식이 아닌 진짜 기업, 한 아랍의 기업에서 일하는 방식으로 그들이 평평한 세계에서 성공함으로써 앞서나가는 자신을 보고 느낄 자존감을 상상해보라. 알 카에다 조직에 인도 이슬람교도가 없는 것이 우연이 아닌 것처럼, 아라멕스에서 일하는 3000명 직원이 자살폭탄이 아니라 오로지 경제 성장과 아랍의 번영을 위한 소포만을 배달하고 싶어하는 건 결코 우연이 아니다.

스톡옵션을 받은 아라멕스 직원들에 관해 이야기하면서, 간도르는 이렇게 말했다. "직원들 모두가 마치 주인이라도 된 것처럼 느낍니다. 많은 직원이 내게 와서 이렇게 말했지요. '감사합니다. 하지만 우리는 스톡옵션을 회사에 재투자해서, 새로운 기업공개에서의 투자자가 되고 싶습니다.'"

아라멕스와 같은 성공사례를 100개만 내게 알려주면, 나는 다른 사회적 정황, 그리고 다른 이야기를 들려주기 시작하겠다.

불가촉천민에서 대체 불가능한 사람으로

기업의 모범사례를 찾을 때 에이브러햄 조지Abraham Georges 같은 사례도 100명쯤 내게 알려주면 좋겠다. 자신들이 놓인 상황을 벗어나서 남다른 모범을 보여주는 개인들은 다른 수많은 사람의 상상력에 엄청난 영향을 미칠 수 있다. 2004년 2월 어느 날, 벵갈루루의 호텔 방에서 휴식을 취하고 있는데 전화벨이 울렸다. 전화를 건 젊은 인도 여성이 자신은 도시 외곽에 있는 한 사립 언론학교에 다니고 있으며, 내가 그곳에 와서 그녀의 학급 친구들을 만날 수 있는지 알고 싶다고 말했다. 나는 이런 예기치 못한 초청으로 종종 흥미로운 만남이 이뤄진다는 것을 오랫동안 배워서 알고 있었다. 그래서 나는 "물론입니다. 가겠습니다"라고 말했다. 이틀 후에 나는 벵갈루루 도심에서 90분 동안 차를 몰아 언론학교와 기숙사가 외롭게 서 있는 텅 빈 들판에 도착했다. 에이브러햄 조지라는 잘생긴 중년의 인도 남성이 문 앞에서 나를 맞아주었다. 인도 남부 케랄라 주에서 태어난 조지는 인도군에 복무했는데, 그 와중에 어머니는 미국에 이민해서 NASA에서 근무하게 되었다. 퇴역 후 조지는 어머니를 따라 미국으로 가서 뉴욕 대학교에서 공부하고, 국제금융 분야 전문 소프트웨어 회사를 차렸다. 그 회사를 1998년에 매각하고 인도로 돌아가서 인도를 밑에서부터, 절대적인 저 밑바닥에서부터 변화시키려는 노력에 미국에서 번 돈을 쓰기로 결심했다.

미국에서 살았던 경험에서 그가 배운 것 하나는 더욱 책임 있는 인도 신문과 언론인 없이는 인도는 결코 그 통치수준을 개선할 수 없다는 사실이었다. 그래서 그는 언론학교를 세웠다. 그의 사무실에 앉아 같이 주스를 마시면서, 나는 그가 그 작은 언론학교를 자랑스러워하지만 그것보다 더 자랑스러워하는 게 있다는 사실을 곧 깨달았다. 그는 인도의 최하층계급인 불가촉천민에 의해 오염된 벵갈루루 외곽의 이 마을에 초등학교를 설립한 것을 더 자랑스러워했다. 인도에서 불가촉천민은 더 높은 카스트 계급 사람들이 숨 쉬는 공기를 오염시킨다는 이유로 그들 가까이에 가는 것이 금지되어 있다. 조지는 다른 지역의 인도인들이 평평한 세계무대에서의 활동이 가능하게 해준 것과 똑같은 기술과 탄탄한 교육을 이들 불가촉천민의 자녀에게 제공한다면 이 아이들도 같은 일을 해낼 수 있다는 사실을 증명해 보이고 싶었다. 그가 그 초등학교에 관해 얘기하면 할수록 나는 언론에 대해 논하기보다는 그 초등학교에 가보고 싶어졌다. 그래서 언론학교 학생들을 위한 강연을 마치자마자, 교장 랄리타 로Lalita Law와 같이 그의 지프에 올라타고 두 시간이 걸리는 샨티 브하반 학교로 향했다. 15장에서 설명한 바와 같이, 이 학교는 벵갈루루 교외에서 직선 거리로 16km쯤 떨어져 있을 뿐 아니라 벵갈루루와는 1000년이나 떨어져 있었다. '비참하다'라는 단어만으로는 학교 주변 마을의 생활조건에 대해 표현하는 걸 시작조차 할 수 없다.

학교가 있는 곳에 도착하니 주변의 형편없는 작은 마을과는 너무나 대조적으로 주변에 잔디와 꽃들이 심어진 산뜻하게 페인트칠 된 건물들이 보였다. 우리가 처음 걸어 들어간 교실에는 컴퓨터로 엑셀과 마이크로소프트 워드를 배우고 있는 불가촉천민 학생 스무 명이 있었다. 옆 교실의 다른 반에서는 컴퓨터 타이핑 프로그램으로 타자 연습을 하고 있었다. 나는 교사에게 반에서 누가 가장 빨리 타자를 잘 치느냐고 큰 소리로 물었다. 그녀는 빙하라도 녹일 것 같은 따뜻한 미소를 지으며 여덟 살짜리 소녀를 가리켰다.

나는 "한번 겨뤄보고 싶다"고 아이에게 말했다. 그 반의 학생들 모두 우리 주변에 모여들었다. 나는 그 여자아이 옆자리에 칸막이가 있는 컴퓨터용 탁자의 자그만 의자에 웅크리고 앉아서 누가 1분 동안 같은 글을 반복해서 더 많이 타자로 치는지 내기를 시작했다. "누가 이기고 있지?" 내가 큰 소리로 외쳤다. 아이들이 그 여자아이의 이름을 큰 소리로 외치며 응원을 보냈다. 내가 금방 졌다고 손들자 그 아이가 아주 기분 좋게 웃었다.

샨티 브하반 학교의 입학생 선발 과정은 아이가 빈곤선 아래에서 사는가, 그리고 부모가 기꺼이 아이를 기숙학교에 보낼 것인가 하는 두 가지를 기준으로 한다. 내가 도착하기 바로 얼마 전에 학생들은 미국 캘리포니아 주의 학과 성취시험을 봤다고 했다. "우리는 인도든 세계 어디서든 아이들이 고등교육을 받을 수 있도록 영어 교육을 하고 있습니다"라고 로 교장이 말했다. "우리의 목표는 그 아이들이 세계 수준의 교육을 받게 함으로써 그 애들이 열심히 공부해서 과거 수많은 세대 동안 가질 수 있는 직업과 일자리라고 꿈꿔볼 수도 없었던 그런 경력과 직업을 가질 수 있도록 해주는 것입니다. 이 지방에서는 그들의 이름만으로도 불가촉천민untouchable임을 언제나 알 수 있습니다. 그러나 그들이 다른 곳으로 가면, 그리고 잘 교육받고 사회적인 품위로 세련되면, 그 아이들은 이 장애물을 깨부술 수 있습니다."

그렇게 되면 그들은 특별하거나 전문화되거나 상황에 잘 적응하는 젊은이로서 나와 같은 대체 불가능한 사람untouchable이 될 수 있다.

그 아이들을 바라보며 조지가 말했다. "우리가 가난한 사람에 관해 얘기할 때 흔히 그들이 굶지 않도록 길거리 생활을 그만두게 하든지 일자리를 얻어주는 것에 대해 말합니다. 그러나 그들에게 탁월한 능력을 갖추게 해주는 일에 대해서는 절대 말하지 않습니다. 저는 그들에게 지워진 이 모든 사회적 장애를 그들이 뚫고 나온 뒤에라야 불평등 문제를 다룰 수 있다고 생각합니다. 한 사람만이라도 성공하면 그 성공한 사람들이 1000명을 같이 끌고 나아갈 수 있습니다."

조지의 말을 듣고 나니까 불과 4개월 전, 내가 아랍-이스라엘 갈등에 관한 다큐멘터리를 하나 더 찍기 위해 요르단 강 서안에 머무르던 2003년 가을이 떠올랐다. 그 프로젝트의 일환으로, 라말라Ramllah 시에 가서 아라파트의 준군사조직 탄짐Tanzim의 단원인 세 명의 팔레스타인 청년과 인터뷰했다. 그 인터뷰에서 드러난 젊은이들의 심정 변화는 놀랄 정도였다. 그들은 자살하도록 하는 절망감과 멋진 일을 꿈꾸는 갈망을 함께 가진 젊은이들이었다. 그 셋 중 한 청년 모하메드 모테브에게 이스라엘 군의 점령하에서 사는 삶이 최악이라고 느끼는 것은 무엇이냐고 묻는 말에 그는 검문이라고 대답했다. "여자들이 보는 앞에서까지 옷을 벗으라고 할 때입니다. 셔츠와 바지를 벗고 돌아서면 소녀들이 그쪽에 서 있는데 그렇게 수치스러울 수가 없습니다." 이것이 오늘날 모든 팔레스타인 청년이 자살폭탄 테러범이 되어 자기 차례를 기다리게 하는 한 가지 이유라고 그는 말했다. 그가 자신들을 '자기 차례를 기다리는 순교자들'이라고 부를 때 옆에 있던 두 친구가 동의의 뜻으로 고개를 끄덕였다. 이스라엘이 당시에 살아 있었던 팔레스타인 자치정부수반 야세르 아라파트Yasser Arafat를 죽이면, 그들은 요르단 강 서안 전 지역을 사람이 사는 '지옥'으로 만들어버릴 것이라고 내게 경고했다(아라파트는 미래에 대한 꿈이 아닌 과거에 대한 기억을 자극하는 방법만 알았던 지도자였다). 이 점을 강조하기 위해 모테브는 지갑을 꺼내 아라파트의 사진을 보여주었다. 그러나 내 눈을 사로잡은 것은 그 옆에 있던 한 소녀의 사진이었다.

"이 소녀는 누구죠?" 내가 물었다. 그는 얼굴을 약간 붉히면서 자신의 여자친구라고 대답했다. 그러니까 그는 한쪽에 있는 사진의 주인공인 아라파트를 위해 죽을 준비가 되어 있고, 다른 한쪽에는 그가 살아야 할 이유인 애인 사진을 넣어둔 지갑을 갖고 있었다. 몇 분 후에 그 옆의 동료 아나스 아사프가 흥분했다. 그는 셋 가운데 유일하게 라말라 근처의 비르 제이트 대학교에서 공학을 전공하는 학생이었다. 그는 아라파트를 위해 기꺼이 죽을 수 있다고 열변을 토한 후 '공학을 공부하기 위해' 삼촌이 사는 미국의 멤피스 대학교에 얼마나 가고 싶은지 속마음을 표현하기 시작했다. 그러나 불행하게도 지금은 미국 입국 비자를 받을 수 없다고 말했다. 그의 동료처럼 아사프도 아라파트를 위해 죽을 준비가 되어 있지만, 멤피스 대학교에 가기 위해 살아남길 원했다.

이들은 테러리스트가 아닌 선량한 청년들이었다. 그러나 그들의 역할 모델은 모두 성난 사람들이었으며, 이 청년들은 자신들의 잠재력을 실현하기 위해서가 아니라 그들의 분노를 분출시킬 방법을 상상하느라 많은 시간을 보냈다. 대조적으로 에이브러햄 조지는 그의 학교에 다니는 불가촉천민 아이들을 위해 다른 환경과 다른 교사의 역할 모델을 만들어냈다. 그리고 그들은 학생들의 마음속에 매우 다른 상상력의 씨앗을 함께 심었다. 다른 모든 곳에서 에이브러햄 조지 같은 인물이 수천 명은 더 나와야 한다. 불가촉천민 아이들의 수업 광경을 물끄러미 바라보는 사람들은 그 아이들 각자가 가진 뛰어난 점을 볼 줄 알아야 하고, 뛰어난 자질을 키울 수 있는 도구를 마련해주면서 아이들 스스로 내면에 있는 훌륭한 점을 보도록 이끄는 것이 더 중요하다.

샨티 브하반 학교에서 타자 치기 시합을 한 후에, 교실을 둘러보며 모든 아이에게 크면 무엇이 되고 싶은지 물어보았다. 더러운 하수구 곁에 살다가 학교에 다니기 시작한 지 겨우 3년밖에 안 된 아이들이 대부분이었다. 이 여덟 살짜리 인도 아이들의 부모는 불가촉천민이었다. 이 아이들을 만나고 장래 소망에 대해 들은 건 내 인생에서 가장 감동적인 경험 가운데 하나였다. 우주비행사, 의사, 소아과 의사, 여류시인, 물리학자 또는 화학자, 과학자 아니면 우주비행사, 외과의사, 탐정, 작가가 되고 싶다는 그 아이들의 대답이 이어졌다.

죽을 차례를 기다리는 순교자들이 아니라, 꿈을 먹고 행동하는 아이들이었다.

이제 마지막 한 가지 이야기로 끝을 맺겠다. 2004년 가을에 내 딸은 대학에 입학하면서 집을 떠났다. 아내와 나는 9월의 따뜻한 날씨 속에 딸아이를 기숙사에 데려다 주었다. 태양은 밝게 빛나고 딸은 잔뜩 들떠 있었다. 그러나 솔직하게 말해 그날은 내 인생에서 참 슬픈 날이었다. 단순히 부모가 다 큰 자식을 학교에 떨어뜨려 두고 돌아서는 그런 것 때문이 아니었다. 난 다른 무엇 때문에 걱정이 되었다. 그것은 그 애가 이 세상에 태어났던 때보다 훨씬 위험해진 세계로 내 딸을 떨어뜨려 놓았다는 느낌 때문이었다. 나는 딸에게 언제든 집으로 돌아와도 좋다고 약속해줄 수는 있다. 하지만 나는 이 세상에 대해 약속할 수는 없다. 내가 딸의 나이만 했을 때 걱정 없이 탐구하며 다닐 수 있었던 그런 세상 말이다. 그런 생각이 날 마음 졸이게 했다. 지금도 여전히 마찬가지다.

내가 이 책에서 실증적으로 보여주려고 노력했듯이 세계의 평평화는 우리에게 새로운 기회, 새로운 도전, 새로운 협력 상대를 만들어줬지만 안타깝게도 이와 함께 특히 미국인에게 새로운 위험을 안겼다. 우리에게 시급한 것은 이 모든 것들 사이에서 적절히 균형 잡는 일이다. 우리가 될 수 있는 한 최고로 훌륭한 세계 시민이 되는 일 또한 매우 중요한 일이다. 왜냐하면 평평한 세계에서는 당신이 나쁜 이웃을 방문하지 않더라도 나쁜 이웃들이 당신을 방문할 것이기 때문이다. 새로운 위협에 경계를 늦추면 안 되지만, 그런 위험들로 인해 우리가 결코 무기력해지는 일이 생겨서는 안 된다. 하지만 무엇보다 더 많은 사람이 에이브러햄 조지와 파디 간도르의 상상력을 갖도록 육성하는 일이 긴요하다. 11·9와 같은 상상력을 발휘하는 사람들이 더욱 늘어날수록, 또 다른 9·11과 같은 사태를 질식시켜 못 일어나게 할 가능성도 더 높아진다. 미국인이 두 번 생각하지 않고 갈 수 있는 장소가 점점 더 줄어들고, 미국에 오면서 편안하게 느끼는 외국인이 점점 더 감소한다는 의미, 그런 잘못된 인식으로 더 작아진 세계에 안주하기를 거부한다.

달리 말하자면, 미국이 직면한 가장 큰 위험 두 가지의 하나는 과도한 보호주의다. 즉, 또 다른 9·11에 대한 지나친 두려움이 개인의 안전을 지키려는 미국인들 스스로 그들 주변에 장벽을 치도록 자극하기 때문이다. 또 다른 큰 위험은 베를린 장벽 붕괴 이후의 세계에서 치러야 할 경쟁에 대한 과도한 두려움이다. 이런 과도한 두려움은 경제적 안전을 추구하는 우리 스스로 보호장벽을 쌓아서 외부 세계와 차단하도록 자극한다.

그렇다. 평평한 세계에서 경제 분야의 경쟁이 얼마나 더 치열해지고, 얼마나 더 많은 경쟁자가 생길지에 대해 많은 얘기를 했다. 더 많은 미국인이 평평한 세계의 플랫폼에서 연결하고, 경쟁하고, 협력하며, 혁신을 도모할 수 있도록 해주기 위해 미국인들은 더 열심히 일하고, 더 빨리 달리고, 더 똑똑해져서, 평평한 세계의 플랫폼이 제공하는 모든 혜택을 누려야 한다. 그러나 이제 가장 중요한 경쟁은 바로 자기 자신과 하는 경쟁임을 명심해야 한다. 따라서 당신의 상상력을 최대한 발휘해 가장 훌륭한 것을 얻도록 항상 노력해야 한다는 걸 잊지 말아야 한다.

다른 사회나 문화권에 사는 사람들에게 자신의 자녀를 위해 그들이 어떤 말을 해줘야 한다고 말할 수 없다. 그러나 내가 내 딸에게 해주는 이 말은 말해줄 수 있다. 세계는 평평해지고 있다. 내가 시작한 것도 아니지만, 인류의 발전과 너의 장래를 담보로 큰 대가를 치르지 않고서 우리는 이 과정을 멈출 수도 없다. 더 좋아질지 혹은 더 나빠질지 모르지만, 우리는 그것을 기울여도 보고 다른 모양으로 만들어볼 수도 있다. 상황이 더 악화되는 것이 아니라 더 나아지려면, 그렇게 되려면 너와 너희 세대는 테러리스트나 내일에 대해 걱정하거나, 알 카에다나 인포시스를 두려워하면서 살아서는 안 된다. 이 평평한 세계에서 너도 멋지게 살 수 있다. 그러나 그러기 위해서는 올바른 상상력과 올바른 동기를 가져야 한다. 너희의 삶의 모습은 9·11 테러로 크게 달라졌지만, 이 세계는 11·9의 상상력이 낳은 세대로 영원히 살아가는 너희를 필요로 한다. 전략적 사고를 하는 낙관주의자들의 세대, 과거의 기억보다는 꿈을 더 많이 가진 세대, 매일 아침 일어나 좋은 일이 있을 것이라 상상하는 세대, 그리고 그 상상에 따라 행동하며 날마다 살아가는 세대가 필요함을 잊지 않길 바란다.

감사의 말

1999년에 나는 『렉서스와 올리브나무The Lexus and the Olive Tree』라는 제목으로 세계화에 관한 책을 펴냈다. 우리가 세계화라 부르는 현상이 막 도약을 시작하던 때였고, 『렉서스와 올리브나무』는 그런 현상을 대하는 관점의 틀을 만들어보려는 초기의 시도 가운데 하나였다. 이 책은 『렉서스와 올리브나무』를 대체할 의도로 쓰인 것이 아니다. 오히려 그것을 기초로 세계화라는 현상을 더 연구하고, 세계가 발전해감에 따라 논의의 진전을 도모하고자 한 것이다.

이 책 쓰는 일을 감당할 수 있게 휴가를 내준 《뉴욕 타임스》의 발행인 겸 회장인 아서 설즈버거 2세에게 깊이 감사드린다. 《뉴욕 타임스》의 논설주간인 게일 콜린스에게도 내 휴가와 이 책의 집필 계획을 지지해준 데 대해 역시 깊이 감사드린다. 위대한 신문사에서 일하는 것은 하나의 특권이다. 디스커버리 타임스 채널의 다큐멘터리를 위해 글을 써보도록 권한 것은 아서와 게일이었는데, 그 일을 위해 인도로 출장을 가게 되었고, 결국 많은 내용이 담긴 이 책을 쓴 자극제가 되었다. 그런 면에서 디스커버리 채널의 빌리 캠벨에게 인도 다큐멘터리를 열정적으로 성원해준 데 대해 고마움을 전하며, 다큐멘터리가 완성되도록 도와준 켄 레비스Ken Levis, 앤 데리Ann Derry, 그리고 스티븐 리버런드Stephen Reverand에게도 고마움을 전한다. 디스커버리 채널이 없었더라면 그 다큐멘터리를 찍지 못했을 것이다.

그렇지만 기술계와 경영계 및 정치계의 특출한 내 개인교사 여러 사람의 도움이 없었더라면 내가 결코 이 책을 끝내지 못했을지도 모른다. 특별히 고마움을 표시하기 위해 몇 사람은 꼭 언급해야겠다.

인도의 테크놀로지 기업인 인포시스의 CEO 난단 닐레카니의 도움이 없었다면, 나는 결코 평평한 세계의 암호를 풀어낼 수 없었을 것이다. 그가 경기장이 어떻게 평평해졌는지 내게 처음으로 가르쳐준 인물이다. 인도의 테크놀로지 기업인 위프로의 사장 비벡 폴은 나에게 평평한 세계에서의 사업은 어떻게 이뤄지는지 그 내막을 보여주었고, 그 어려운 내용을 날 위해서 반복적으로 해석해줬다. IBM 전력기획팀의 책임자인 조엘 콜리는 평평한 세계에서의 기술, 사업과 경영, 그리고 정치 사이에 놓인 수많은 점을 내가 연결할 수 있도록 도와주었다. 그의 도움이 없었다면 그런 연관성을 찾아낼 수 없었을 것이다. 마이크로소프트의 최고기술경영자인 크레이그 문디는 평평한 세계를 가능하게 한 기술의 진보를 이해하게 해주었고, 내가 그 부분에 관해 글을 쓰는 데 망신당하지 않도록 내 글을 봐주었다. 그는 지칠 줄 모르는 엄격한 개인교사였다. 스탠퍼드 대학의 경제학 교수로서 신경제에 관한 좋은 책을 많이 펴낸 폴 로머는 시간을 할애해서 이 책의 초고를 읽어주었으며, 대여섯 개의 장에 걸쳐 그의 인문적 소양과 지성을 불어넣어 주었다. 넷스케이프의 공동 창업자 가운데 한 사람인 마크 앤드리슨, 델Dell Inc.의 마이클 델, 롤스로이스의 최고경영자인 존 로즈 경, 그리고 마이크로소프트의 빌 게이츠는 너그러이 이 책의 일부에 조언을 해주었다. 내 친구인 발명가 댄 심킨스는 초보자인 나를 그의 복잡한 세계로 안내하는 큰 도움을 주었다. 마이클 샌델 교수는 언제나 답하기 어려운 까다로운 질문으로 나를 자극해주었고, 덕분에 아주 새로운 한 장인 '질서의 재편'을 쓰게 되었다. 그리고 야론 에즈라히는 내가 쓴 네 권의 책에 연속해서 면도날 같은 날카로운 지성을 보태 내가 수많은 아이디어를 떠올릴 수 있게 해주었다. 데이비드 로스코프도 마찬가지였다. 물론 내 책에 오류가 있다면 이들 가운데 그것에 대해 책임져야 할 사람은 없다. 그들은 오직 내게 통찰력을 주었을 뿐이다. 나는 정말 이들에게 많은 빚을 졌다.

그 외 수많은 사람이 내게 귀중한 시간을 내주었고, 이 책의 여러 부분에 걸쳐 조언을 해주었다. 나는 특히 다음에 열거하는 사람들에게 진심으로 감사를 표하고 싶다. 앨런 애덤슨, 그래험 앨리슨, 알렉스와 조슬린 아탈, 짐 박스데일, 크레이그 배럿, 브라이언 벨렌도르프, 케이트 벨딩, 자그디시 바그와티, 세르게이 브린, 빌 브로디, 미첼 캐플란, 빌 캐리코, 존 체임버스, 나얀 찬다, 웨인 클러프, 앨런 코헨, 모린 콘웨이, 리치 드밀로, 라미스 엘 하디디, 람 이마누엘, 마이크 에스큐, 주디 에스트린, 다이애너 파렐, 조엘 핀켈스타인, 칼리 피오리나, 프랭크 후쿠야마, 메릭 퍼스트, 제프 가튼, 파디 간도르, 빌 그리어, 질 그리어, 켄 그리어, 프로모드 하크, 스티브 홈스, 댄 호니그, 스콧 하이튼, 셜리 앤 잭슨, P.V. 칸난, 앨런 코츠, 게리와 로라 로더, 로버트 로렌스, 제리 레만, 릭 레빈, 조수아 레빈, 윌 마셜, 월트 모스버그, 모세스 나임, 데이비드 닐먼, 래리 페이지, 카를로타 페레즈, 짐 퍼코프스키, 토머스 피커링, 제이미 팝킨, 클라이드 프레스토비츠, 글렌 프리켓, 사리타 라이, 제리 라오, 라제시 라오, 빌 리츠, 에릭 슈미트, H. 리 스콧 2세, 더브 사이드먼, 테리 시멜, 아마르탸 센, 디나카르 싱, 에릭 스턴, 래리 서머스, 제프 울린, 아툴 바시스타, 필립 벌리거 2세, 제프 웨커, 윌리엄 워츠, 멕 휘트먼, 어빙 블라다프스키-베르거, 밥 라이트, 제리 양, 그리고 에르네스토 세디요 등이다. 내 영혼의 친구요, 영원한 지적 동반자인 마이클 만델바움과 스티븐 코헨에게는 특별한 고마움을 표한다. 그들과 생각을 나누는 것은 내 인생의 기쁨 중 하나다. 그리고 매우 까다롭고 비판적인 동료들이 이 책을 읽어보고 출판 전에 서평을 하도록 기회를 마련해준 존 도어와 허버트 앨런 2세에게도 역시 특별히 감사드린다. 또한 사실 검증작업을 완벽하게 수행해준 질 프리럭에게도 감사를 전한다.

내 아내 앤은 늘 그렇듯이 최우선적인 내 편집인이고, 비평가이며, 전폭적인 후원자다. 그녀의 도움과 지적인 지원이 없었다면 이 책은 빛을 보지 못했을 것이다. 아내가 내 파트너인 것은 내게 커다란 행운이다. 사무실에 틀어박혀 그 많은 시간을 보낸 아빠를 잘 참고 기다려준 내 딸 오를리와 나탈리에게도 고맙다는 말을 전한다. 매일같이 언제 책이 나오느냐고 물어주신 내 어머니, 마가렛 프리드먼 여사에게도 감사드린다. 맥스와 엘리 벅스바움은 아스펜에서 매일 아침 일찍 전화로 격려해주어 큰 힘이 되었다. 내 누이들인 셸리와 제인은 언제나 내 편이 되어주었다.

내가 여러 권의 책을 쓰는 동안 계속해서 같은 사람들이 출판을 맡아준 것도 축복이었다. 출판 에이전트 에스더 뉴버그와 출판인 조나단 갤러시와는 네 권을, 편집자 폴 엘리와는 최근 세 권의 책 작업을 함께했다. 이 책의 초판과 증보판 작업에서 폴의 역할은 절대적이었다. 이들은 단연 출판계 최고들이다. 이 책을 쓰는 동안 뛰어난 재능을 갖췄으며 헌신적인 내 비서 마야 고먼의 도움을 받은 것도 행운이었다.

내 인생에서 매우 특별한 의미가 있는 세 사람, 장인어른 매트 벅스바움과 장모님 케이 벅스바움, 그리고 가장 오래 사귄 어린 시절의 친구인 론 소스킨에게 이 책을 바친다.

찾아보기

Nous 사회와 경제를 꿰뚫는 통찰
'nous'는 '통찰'을 뜻하는 그리스어이자 '지성'을 의미하는 영어 단어로,
사회와 경제를 꿰뚫어 볼 수 있는 지성과 통찰을 전하는 시리즈입니다.

Nous 08

세계는 평평하다

1판 1쇄 발행 2013년 2월 15일
1판 7쇄 발행 2024년 11월 1일

지은이 토머스 프리드먼
옮긴이 이건식
펴낸이 김영곤
펴낸곳 (주)북이십일 21세기북스

정보개발팀장 이리현
정보개발팀 이수정 강문형 박종수 최수진 김설아
디자인 표지 디스커버 **본문** 박숙희
출판마케팅팀 한충희 남정한 나은경 최명열 한경화
영업팀 변유경 김영남 강경남 황성진 김도연 권채영 전연우 최유성
해외기획팀 최연순 홍희정 소은선
제작팀 이영민 권경민

출판등록 2000년 5월 6일 제406-2003-061호
주소 (10881) 경기도 파주시 회동길 201(문발동)
대표전화 031-955-2100 **팩스** 031-955-2151 **이메일** book21@book21.co.kr

ISBN 978-89-509-4660-9 03320
KI신서 4719

(주)북이십일 경계를 허무는 콘텐츠 리더

21세기북스 채널에서 도서 정보와 다양한 영상자료, 이벤트를 만나세요!
페이스북 facebook.com/jiinpill21 **포스트** post.naver.com/21c_editors
인스타그램 instagram.com/jiinpill21 **홈페이지** www.book21.com
유튜브 youtube.com/book21pub

서울대 **가**지 않아도 들을 수 있는 **명강**의! 〈서가명강〉
유튜브, 네이버, 팟캐스트에서 '서가명강'을 검색해보세요!